# 비트코인 사용 가이드

개인 지갑 · 결제 · 풀 노드 · 라이트닝 노드 · 노스터 · 홈 채굴 가이드

제3편 철근 콘크리트

**비트코인 사용 가이드**: 개인 지갑, 결제, 풀 노드, 라이트닝 노드, 노스터, 홈 채굴 가이드, 제2판
저작권 없음 ⓒ ⓪ 필레몬, 2025
필레몬은 2025년 『비트코인 사용 가이드』 제2판을 CC0 1.0 Universal에 따라 퍼블릭 도메인에 헌정합니다.

| 필레몬의 퍼블릭 도메인 선언 |

지식과 문화는 인류 모두의 자산입니다. 정보는 희소하지 않으며, 따라서 희소한 재화에 적용하는 재산권이 정보에는 적용될 수 없습니다. 정보에 대한 독점적 재산권 부여는 오히려 정보를 정당하게 취득한 소비자의 물리적 재산권을 침해합니다.

소비자 각각의 재산권 보호가 훨씬 중요하므로 저자는 본 저작물(비트코인 사용 가이드 제2판)에 대한 모든 저작재산권을 최대한도로 포기합니다. 이에 따라 소비자는 일반적으로 저작재산권에 따라 제한되는 복제, 전시, 배포, 전송, 수정, 상업적 이용을 자유롭게 할 수 있습니다. 본 선언은 크리에이티브 커먼즈 CC0 1.0 Universal에 따라 이루어집니다.

선언문 해시값: 45046C4A0858AD664122B30974353D46580D7F107A68CF761724A4E30170BA0D
비트코인 메시지 서명: H9gTJUOT1JIYQGVxsDd89AOTgiE1by7bdk4EDXf7arjFDg3gqP/wdqoRcl
SiwXwp/rNNSen3t/pxK2AFDDxmkjE=

서명 검증을 위한 저자의 공개된 비트코인 주소는
keybase.io/philemon21에서 확인할 수 있습니다.

| 출판사 고지 |

저자의 저작재산권 포기가 상표권, 저작인격권, 퍼블리시티권, 프라이버시권, 저자에게 귀속되지 않는 제3자의 권리 등의 포기를 의미하지 않습니다. 이를 무시하여 발생하는 문제에 대한 책임은 전적으로 사용자에게 있습니다.

본 책은 저자와 계약한 출판사 익스토스가 제작한 유일한 **공식판**입니다. 본 책의 배포는 출판사 익스토스를 통해 이루어졌습니다. 출판사 익스토스는 저자의 원문을 변조하지 않고 그대로 본 책을 인쇄했음을 확인합니다.

# 비트코인 사용 가이드

개인 지갑 · 결제 · 풀 노드 · 라이트닝 노드 · 노스터 · 홈 채굴 가이드

2판
2025. 9. 1. 기준

**필레몬** 지음
**HYPE** 감수
**익스토스** 출판

## 서문. 당신의 돈을 스스로 통제하라

> 내용 없는 사상은 공허하며, 개념 없는 직관은 맹목이다. (…)
> 지성은 아무것도 직관할 수 없으며, 감각기관은 아무것도 사유할 수 없다.
> 직관과 지성이 결합할 때만 인식이 성립된다.
> ─임마누엘 칸트, 『순수이성비판』

비트코인을 진정으로 이해하기 위해서는 단지 이론서 몇 권을 읽는 것만으로는 부족하다. 분산화, 검열 저항성, 고정된 공급량, 자발적 합의와 같은 비트코인의 철학들은 책 속에서 찾아볼 수도 있다. 그러나 그 진짜 의미는 지갑을 생성하고, 첫 사토시를 송금해 보고, 블록 컨펌을 기다려보고, 풀 노드를 운영해 블록과 거래를 독립적으로 검증하고, 단일한 장부를 보유하고 열람하며, 라이트닝 네트워크에서 비트코인으로 실물을 결제해 보는 과정에서 비로소 피부에 와닿는다.

임마누엘 칸트는 『순수이성비판』에서 내용 없는 사상은 공허하고, 개념 없는 직관은 맹목이라고 했다. 내용이란 직관들이 제공하는 감각적 요소로, 머리로만 생각하는 것이 아니라 실제로 우리가 경험하며 얻는 느낌들을 말한다. 사상은 생각의 산물이다. 따라서 이 말은 직관적 경험 없이 생각만 하는 것은 공허하다는 말이다.

비트코인도 마찬가지다. 아무리 분산화, 검열 저항 같은 개념의 원리와 철학을 공부해 봐도 직접 비트코인을 송금하거나 풀 노드를 운영해 비트코인 네트워크에 참여해 본 적이 없으면 그런 개념들은 공허하다.

경험 없이 혼자만의 상상에 갇혀 비트코인이 이렇게 되면 어떻고, 저렇게 되면 어떨지 생각하는 것들은 의미가 없다. 검증은 사유만으로 성립하지 않는다. 적어도 비트코인에서는 더욱 그렇다.

거꾸로 지식 없이 경험만 있는 것도 위험하다. 칸트가 개념 없는 직관이 맹목적이라고 말한 것처럼 말이다. 어떤 개인이 비트코인의 작동 원리나 정신에 대한 이해가 전혀 없이 비트코인을 모으기만 한다고 해보자. 이들의 경험의 폭은 매우 제한되고 비트코인에 대한 이해는 왜곡되기 쉽다. 비트코인은 사용자가 자신의 삶을 스스로 책임지고, 사용자에게 자유를 가져다줄 시작점이 될 수 있는 돈이다. 하지만 지식 없이 맹목적으로 비트코인을 경험하는 사람은 오히려 외부에 의존할 수밖에 없다. "국가나 은행, 기업, 정치인들이 비트코인을 채택해 줬으면 좋겠어.", "어서 제도권으로 들어가서 내가 가진 비트코인의 가격이 상승해 줬으면 좋겠어.", "비트코인 가격이 올라서 내가 일을 그만둘 수 있으면 좋겠어." 등등. 안타깝게도 비트코인은 "…해줬으면 좋겠어."라고 생각하는 사람들에게 적합한 돈이 아니다. 그보다는 자신이 스스로 "…하겠어."라고 생각하는 사람들에게 더 적합한 돈이다. 전자의 사람들은 외부 요인에 대한 맹목적 기대가 좌절될 경우 자신에게 가야 할 비난의 화살을 비트코인으로 쉽게 돌린다. 그게 그 사람의 마음을 조금 편해지게 해줄지언정, 그가 미래에 놓칠 기회들에 대한 책임은 그 스스로 책임져야 한다. 지식 없이 비트코인에 대한 경험만 하는 것은 사람을 맹목적으로 만들면서도, 그의 자유에 대한 의지는 매우 취약한 상태에 있게 되므로 자신의 비트코인을 지키기 어렵게 만든다.

따라서 자유와 비트코인에 대한 끊임없는 공부가 비트코인에 대한 경험과 병행되어야 한다. 직관과 지성이 결합할 때만 지식이 생긴다. 자유는 쉽게 얻어지는 것이 아니다. 끊임없이 공부하고 사유하고, 경험하고 실천해야 도달할 수 있는 이상인 것이다.

필자가 『비트코인 백서 해설』의 일부를 집필했을 때 이메일로, 혹은 주변 사람에게 많이 받았던 문의는 다음과 같은 것이었다. "그래서 어떻게 해야 하는가?" 이 책은 그에 대한 답을 스스로 찾을 수 있게 하기 위한 실용서다. 그러나 전문적인 수준의 실용서가 아니라 일단 비트코인을 경험하기 위한 실용서다. 이 책은 실용서이므로 여러 가지 기기와 소프트웨어들을 다루고 있다. 따라서 각 기기의 펌웨어가 업데이트되는 등의 사건이 발생하면 책에 나와 있는 방법과 현재 수행해야 하는 방법이 약간씩 달라질 수 있다. 그러므로 독자들은 이 점을 인지해야 한다. 책을 보며 따라 할 계획이었다면 미루지 말고 최대한 빠르게 시간을 들여 따라 해보길 권장한다. 또한 모든 부분을 다 읽으려 하기보다는 사전처럼 필요한 부분을 찾아 읽되 각 부의 첫 장에 서술한 기본 지식 글은 읽을 것을 권장한다.

이 책은 어떤 제품이나 소프트웨어를 광고하려는 목적으로 저술한 것이 절대 아님을 밝힌다. 모두 필자가 직접 돈을 들여 구매한 것들이며, 업체로부터 그에 상응하는 대가를 받은 적이 없다. 개인 지갑의 경우 에어-갭 상태를 유지할 수 있고 전용 프로그램을 강제하지 않는 것을 기준으로 선정했으며, 해당 지갑이 대한민국에서 판매 중인지도 중요한 요인이었다(더 다양한 비트코인 콜드월렛이 한국에서 판매되기를 바란다). 접근성 때문에 지갑의 경우 스마트폰 공기계를 콜드월렛으로 사용하는 방법도 (개인적으로 추천하지 않음에도 불구하고) 서술했고, 풀 노드의 경우에는 직접 미니 PC를 조립하거나 남는 노트북을 이용해 운영하는 방법도 서술했다.

이 책은 총 6개의 부로 이루어져 있다. 1부에서는 개인 지갑(콜드월렛) 사용 방법, 그중에서도 특히 에어-갭 지갑의 사용 방법을 알아볼 것이다. 비트코인을 개인 지갑에 보관하는 것을 '셀프 커스터디'라고 부른다. 셀프 커스터디를 하고 나면 비트코인이 어느 누구도 빼앗을 수 없고 자신의 구매력을 지켜줄 돈이라는 것을 경험할 수 있다. 2부에서는 비트코인으로 실물 상품을 결제하거나, 결제받는 방법을 알아볼 것이다. 이를 통해 비트코인이 '돈'이라는 것을 경험할 것이다. 3부는 풀 노드 운영 방법에 관한 것으로, 비트코인 네트워크에 직접 참여하고, 자기 지갑의 잔액 조회나 거래 전파 등을 자신의 풀 노드를 통해 직접 하는 단계까지 알아볼 것이다. 이를 통해 비트코인의 분산화 속성이 개인 사용자들로부터 나오고, 자신이 네트워크의 일부가 됨으로써 비트코인의 분산화 속성을 강화할 수 있다는 것을 경험할 것이다. 4부에서는 라이트닝 노드 운영 방법에 대해 알아볼 것이다. 누군가에게 수탁하는 라이트닝 지갑을 사용하지 않고, 스스로 라이트닝 노드를 운영하고 채널을 개설해 볼 것이다. 이로써 비트코인 제2레이어에 대해 이해하고, 비트코인의 확장성에 기여하는 것을 경험할 것이다. 5부에서는 분산 소셜 미디어 프로토콜인 노스터 사용 방법에 대해 알아볼 것이다. 기존 소셜 미디어의 문제점들을 훑어본 뒤, 콘텐츠 생산자에게 비트코인을 직접 전송하고 본인도 비트코인을 받을 수 있는 분산 소셜 미디어 프로토콜을 직접 경험할 것이다. 6부는 비트코인의 홈 채굴 방법에 관한 것으로, 비트코인 네트워크를 스스로 보호하는 것을 경험할 것이다.

필자는 『비트코인 백서 해설』의 일부를 집필할 때 어떤 당위를 주장하지 않으려고 애를 썼다. 생각은 본인 스스로 하는 것이기 때문이다. 물론 개념에 주관은 반영되어 있을 수 있지만, 그에 대한 판단은 독자의 몫이라는 것을 인지하고 있었다. 그러나 이 책에서는 적극적으로 당위를 주장하겠다. 비트코인을 적극적으로 경험할 것을 권고한다. 이렇게 당당히 주장할 수 있는 이유는 어차피 경험 이후에 오는 느낌은 당신의 몫이기 때문이다.

거래를 직접 전파하라. 돈을 사용해 보기도, 저축해 보기도 하라. 네트워크에 직접 참여하라. 전 세계에서 일어나는 모든 비트코인의 거래장부를 직접 보유하고 업데이트하라. 거래와 블록을 독립적으로 검증하라. 남을 신뢰하지 말고 스스로 잔액을 조회하고, 거래와 블록을 전파하라. 스스로 네트워크를 확장하라. 네트워크를 직접 보호하라. 금융 주권을 가져라. 신뢰하지 말고 검증하라. 당신의 돈을 스스로 통제하라.

이 과정에서 얻는 경험과 느낌이 당신을 진정한 자유로 이끄는 데 도움이 되길 바란다.

필레몬

## 감수의 글

2024년 초, POW라는 이름의 비트코인 커뮤니티를 처음 알게 되었다. 그때 나는 한창 셀프 커스터디에 관심을 가지기 시작한 입문자들을 도우면서 스스로도 많이 배우고 있었다. 그해 여름, 커뮤니티에 올라온 글 하나가 시선을 붙잡았다. 그 글은 비트코인 백서의 한 부분을 해설한 글이었다. 글을 읽으며 생각했다. "이건 좀, 다른데?" 단순한 요약이 아니라 기술적 정확성과 철학적 통찰이 뛰어났고, 말 한마디 한마디에서 진심이 느껴졌다. 이런 글을 쓰는 사람이라면, 뭔가 보여줄 게 많겠구나 싶은 생각이 들었고, 지금 돌이켜보면 그 직감은 틀리지 않았다. 이 책은 그 느낌이 어떤 결과로 이어졌는지를 잘 보여준다.

그렇게 시작된 인연은 시간이 흐른 뒤, 나에게 한 통의 메시지로 이어졌다. 저자는 『비트코인 사용 가이드』라는 제목으로 새 책을 준비하고 있었고, 그 감수를 맡아줄 수 없겠느냐고 조심스럽게 부탁해 왔다. 나는 망설일 이유가 없었다. 그가 초보 비트코이너들을 위해 어떤 노력을 해왔는지, 그리고 그 노력이 단지 기술적인 안내가 아니라 '비트코인 스탠다드'를 위한 실천이자 헌신이었다는 것을 누구보다 잘 알고 있었기 때문이다. 그 요청은 내게 부담이 아닌, 영광스러운 제안이었다.

원고를 처음 읽었을 때, 저자가 자신의 경험을 얼마나 성실하게 담아냈는지가 가장 먼저 눈에 들어왔다. 이 책은 단순한 매뉴얼이 아니다.

저자는 책이라는 매체가 인터넷 정보보다 더 무게감 있고, 쉽게 사라지지 않는다고 보았다. 그래서 더 많은 일반인들이 직접 해볼 수 있도록, 셀프 커스터디부터 결제, 풀 노드, 라이트닝, 채굴에 이르기까지 하나하나 안내하고자 했다. 나는 감수자로서 책의 구성이나 흐름을 바꾸기보다는, 저자의 의도가 왜곡되지 않도록 표현의 정확성을 다듬고 실용적 맥락에서 혼동을 줄이는 데 집중했다. 그로 인해 독자의 입장에서 이 책을 처음부터 끝까지 따라가 볼 수 있었고, 『비트코인 사용 가이드』의 가장 큰 강점이 정보와 실천, 철학과 실제가 유기적으로 연결되어 있다는 점임을 자연스럽게 느낄 수 있었다.

지갑을 만들고 노드를 설치하며 라이트닝 채널을 개설하는 설명이 이어질 때조차, 그 모든 절차에는 '왜 이걸 해야 하는가?'라는 질문이 깔려 있다. 독자가 단순히 따라 하기만 하도록 놔두지 않고, 행동의 배경에 있는 동기를 함께 전달하려는 책이다. 설명은 실천을 위한 것이지만, 그 방향은 언제나 자유와 주권이라는 본질을 향한다. 바로 그 지점에서, 서문에 인용된 칸트의 말이 의미를 선명히 드러낸다. "내용 없는 사상은 공허하며, 개념 없는 직관은 맹목이다." 이 문장을 서문에서 처음 읽었을 때, 나는 그 의미를 곱씹지 않을 수 없었다. 비트코인을 단지 이론으로만 이해하는 것은 공허할 수 있으며, 실천 없이 접근한다면 그 가치를 온전히 체감하긴 어려울 것이다. 결국 우리는 직접 해보는 과정을 통해서 비트코인을 더 잘 배울 수 있고, 그것이 비트코인의 방식이라고 생각한다. 지갑을 설치하고 사토시를 보내며 블록 컨펌을 기다리는 일은, 자유에 대한 실천이자 철학을 몸으로 이해하는 방식이다. 은행이 아닌 나의 키를 갖고, 제3자의 서버가 아닌 내가 직접 운영하는 노드를 선택하는 모든 행위가 곧 '나는 누구에게도 의존하지 않겠다'는 선언이자 실천이 된다.

요즘 우리는 너무 쉽게 소유하고, 너무 가볍게 내려놓는다. 무언가를 '갖는다'는 말은 이제 클릭 한 번이면 가능하지만, 비트코인은 그렇게 되지 않는다. 갖는다는 것은 지킨다는 것이고, 지킨다는 것은 알아야 가능한 일이다. 그 앎은 책 속 이론이 아니라, 손끝의 경험에서 비롯된다. 이 책은 특정한 독자만을 위한 책이 아니다. 비트코인을 처음 접하는 사람에게는 좋은 입문서가 될 것이며, 이미 경험을 쌓은 사람에게는 다시 초심으로 돌아가는 계기를 제공할 것이다. 무엇보다, 비트코인의 가치를 실천하고 책임지려는 이들에게 꼭 필요한 책이다.

비트코인을 이해하는 데 가장 중요한 자산은 '시간'이다. 『비트코인 사용 가이드』는 독자의 시간을 아끼지 않는다. 대신, 들인 시간만큼 확실한 경험과 깨달음을 되돌려준다. 그러니 이 책을 단순히 읽는 데 그치지 말고, 각 챕터를 실행해 보며 따라가기를 권한다. 노드를 직접 설치하고, 키를 지키며, 자신의 거래를 전파하는 사람들이야말로 비트코인을 진정으로 이해한 사람들이다. 당신도 그중 한 사람이 되기를. 그리고 이 책이 그 출발점이 되기를 진심으로 바란다.

HYPE

| 목차 |

서문. 당신의 돈을 통제하라 ...................................................................... 7
감수의 글 ........................................................................................... 12

## 1부. 셀프 커스터디 가이드

■ **비트코인 지갑 사용을 위한 지식** ........................................................ 26

셀프 커스터디・26 | 비트코인의 소유권과 셀프 커스터디의 필요성, 책임・27 | BTC와 sats 단위・28 | 잔고 모델과 UTXO 모델・28 | 에어-갭 지갑과 워치-온리 지갑・31 | PSBT・33 | 개인키와 주소・34 | 니모닉과 개인키, 주소・35 | 확장 공개키・37 | 주사위를 굴릴 때 주의할 점・38 | 거래 데이터(트랜잭션)・39 | UTXO에 대한 비유・40 | 거래 데이터와 블록・41 | 수수료・43 | 멤풀 웹사이트・43 | UTXO 정리・45 | 주소 재사용 주의・46 | 파생 경로・46 | 갭 리밋과 주소 순차 사용・47 | 패스프레이즈・48 | 니모닉 체크섬과 MFP・49 | 5달러 렌치 공격과 수량 발설 주의・52 | KYC (고객 확인) 제도와 트래블 룰・54 | 라이트닝 네트워크와 인보이스, 라이트닝 주소・55

■ **키스톤 지갑** .................................................................................. 57

필수 준비물・57 | 권장 준비물・59 | 업데이트를 위한 마이크로SD카드 준비・60 | 기기 검증・63 | 펌웨어 2.0.4 검증 및 업그레이드・66 | 최신 펌웨어 업데이트・70 | 지갑 생성・77 | 키스톤 사전 설정・85 | 블루월렛에 확장 공개키 내보내 워치-온리 지갑 만들기・88 | 넌척에 확장 공개키 내보내 워치-온리 지갑 만들기・94 | 코코넛 월렛에 확장 공개키 내보내 워치-온리 지갑 만들기・101 | 블루월렛으로 서명 연습・105 | 넌척으로 서명 연습・111 | 코코넛 월렛으로 서명 연습・116 | 복구 연습・119

■ **시드사이너 지갑** ............................................................................ 125

필수 준비물・125 | 권장 준비물・128 | 이미지 파일 다운로드・129 | 소프트웨어 변조 여부 확인(윈도우OS)・130 | 소프트웨어 변조 여부 확인(맥OS)・141 | 부팅 마이크로SD카드 만들기・150 | 발레나에처로 시드사이너 이미지 파일 플래싱이 안 될 경우 해결 방법・156 | 무선 통신 모듈 제거(라즈베리파이 제로 W 보드만 해당)・164 | 시드사이너 조립・166 | 시드사이너 케이스까지 조립・174 | 지갑 생성・182 | 시드 QR 제작・188 | 니모닉 입력하기 or 시드 QR 스캔하기・194 | 블루월렛에 확장 공개키 내보내 워치-온리 지갑 만들기・196 | 넌척에 확장 공개키 내보내 워치-온리 지갑 만들기・204 | 코코넛 월렛에 확장 공개키 내보내 워치-온리 지갑 만들기・212 | 블루월렛으로 서명 연습・218 | 넌척으로 서명 연습・224 | 코코넛 월렛으로 서명 연습・231 | 시드사이너를 게임기로 만들기・236

■ 공기계 지갑 ............................................................................................................ 247

스마트폰 공기계를 콜드월렛으로 사용해 지갑 생성하기 • 247 | 블루월렛에 확장 공개키 내보내 워치-온리 지갑 만들기 • 256 | 넌척에 확장 공개키 내보내 워치-온리 지갑 만들기 • 262 | 블루월렛으로 서명 연습 • 269 | 넌척으로 서명 연습 • 274 | 공기계 블루월렛에서 간접 복구 테스트 • 279

■ 거래소에서 지갑으로 비트코인 옮기기 ........................................................... 282

거래소에서 비트코인으로 환전하는 방법 • 282 | 빗썸 가입 및 KYC 인증 • 285 | 바이낸스 가입 및 KYC 인증 • 298 | 빗썸에서 원화 입금하고 테더 구매하기 • 304 | 빗썸에서 바이낸스로 테더 보내기 • 307 | 바이낸스에서 테더로 비트코인 구매하기 1: Convert 사용 • 310 | 바이낸스에서 테더로 비트코인 구매하기 2: 시장가 매수 • 312 | 바이낸스에서 온-체인을 통해 바로 개인 지갑으로 전송하기 • 316 | 바이낸스에서 라이트닝 네트워크와 볼츠 스와프 서비스를 통해 개인 지갑으로 전송하기 • 317

■ 지갑에서 거래소로 비트코인 옮겨 원화 출금하기 ........................................... 322

전송 경로 • 322 | 개인 지갑에서 해외 거래소로 전송 • 323 | 해외 거래소에서 국내 거래소로 전송 • 324 | 국내 거래소에서 원화 환전 후 은행 계좌로 출금 • 330

■ 스패로우 지갑 사용 방법 및 UTXO 정리하기 ................................................ 334

준비물 • 334 | 스패로우 설치 • 335 | 풀 노드 서버 설정 • 337 | 워치-온리 연동하기 • 340 | UTXO 정리 • 345 | 앨리스의 UTXO 정리 • 346 | 스패로우에서 UTXO 정리하기 • 348 | 넌척에서 UTXO 정리하기 • 368

■ 수수료율 설정, RBF와 CPFP ........................................................................ 376

온-체인 수수료 • 376 | 멤풀 웹사이트 보는 방법 • 379 | 적정 수수료율 설정하기 • 382 | RBF • 386 | CPFP • 401

■ 패스프레이즈 ................................................................................................. 418

패스프레이즈와 주의 사항 • 418 | 키스톤에서 패스프레이즈 설정하기 • 420 | 시드사이너에서 패스프레이즈 설정하기 • 424 | 공기계 콜드월렛에서 패스프레이즈 설정하기 • 425 | 서명 기기에서 서명이 안 될 때 • 430

■ 멀티시그 ........................................................................................................ 431

멀티시그(다중서명) • 431 | 블루월렛에서 멀티시그 지갑 생성 • 434 | 넌척에서 멀티시그 지갑 생성 • 446 | 스패로우 지갑에서 멀티시그 지갑 생성 • 461 | 블루월렛 멀티시그 지갑에서 서명하기 • 478 | 넌척 멀티시그 지갑에서 서명하기 • 487 | 스패로우 멀티시그 지갑에서 서명하기 • 495 | 멀티시그 워치-온리 지갑 삭제 후 복구하기 • 505

## 2부. 비트코인 스탠다드 가이드

### ■ 비트코인은 돈이다 ......................................................................................... 524

비트코인은 돈이다・524 | 교환 매개・525 | 구매력 보존・529 | 회계 단위・534 | 비트코인의 레이어 구조・536 | 라이트닝 네트워크를 사용하는 방법・539 | 비트코인 결제 체험이 중요한 이유・539

### ■ 라이트닝 수탁 지갑 이용 방법 ......................................................................... 541

라이트닝 수탁 지갑 설치・541 | 커스텀 라이트닝 주소 발급・544 | 온-체인으로 라이트닝 수탁 지갑에 비트코인 입금하기・549 | 라이트닝 수탁 지갑에서 온-체인으로 비트코인 출금하기・553 | 원화 환전을 위해 라이트닝 수탁 지갑에서 해외 거래소로 비트코인 송금하기・556

### ■ 오프라인 매장에서 라이트닝 결제하기 ........................................................... 561

비트코인으로 커피 사 마시기・561

### ■ 온라인 매장에서 라이트닝 결제하기 .............................................................. 565

비트코인으로 물건 구매하고 택배 받기・565

### ■ 1분 만에 비트코인 결제 매장 되기 ................................................................. 571

매장에서 라이트닝 결제받는 방법・571

## 3부. 풀 노드 운영 가이드

### ■ 풀 노드 운영을 위한 지식 ............................................................................... 574

풀 노드와 풀 노드 운영의 중요성・574 | 풀 노드가 수행하는 검증 작업・575 | 풀 노드가 보관하는 데이터・576 | 가지치기 풀 노드・579 | 비트코인 클라이언트: 비트코인 코어와 노츠・579 | 초기 블록 다운로드(IBD)・580 | 아웃바운드 연결과 인바운드 연결, 인바운드 허용 노드・581 | 일렉트럼 서버・584 | RPC 인터페이스・585 | 진정한 금융 주권의 실천・586

### ■ 엄브렐 홈 구매 및 세팅 ................................................................................... 587

풀 노드 구축 방법・587 | 엄브렐 홈 구매 방법・588 | 엄브렐 홈 세팅・596

### ■ 미니 PC 조립하고 엄브렐OS 설치하기 ........................................................... 598

미니 PC 준비물・598 | 미니 PC 조립하기・603 | 바이오스에서 램 설정하기・609 | OS 설치용 USB 만들기・611 | 엄브렐OS 설치하기・618

### ■ 라즈베리파이5 조립하고 엄브렐OS 설치하기 ................................................. 623

라즈베리파이5 준비물・623 | SSD에 엄브렐OS 설치하기・630 | 라즈베리파이5 조립・639 | 부팅이 안 될 경우・650 | 케이스 조립・660

■ 노트북에 엄브렐OS 설치하기 ................................................................... 664

남는 노트북에 엄브렐OS 설치하기 · 664 | OS 설치용 USB 만들기 · 665 | 노트북에 엄브렐OS 설치하기 · 673 | 노트북에서 엄브렐 화면 띄우기 · 677

■ 엄브렐 설정 및 풀 노드 동기화 ................................................................ 685

엄브렐 설정 및 업데이트 · 685 | 비트코인 노드(코어) 또는 노츠 설치 · 690 | 가지치기(프루닝) 설정 · 694 | 노츠의 사용자 정책 설정 · 696

■ 외부에서 엄브렐 접속하기 ...................................................................... 704

테일스케일 설치 및 연결 · 704

■ 워치-온리 지갑과 자신의 풀 노드 연동하기 ............................................ 710

일렉터스(Electrs) 설치 · 710 | 블루월렛과 자신의 풀 노드 연결하기 · 712 | 넌척과 자신의 풀 노드 연결하기 · 714 | 코코넛 월렛과 자신의 풀 노드 연결하기 · 716 | 스패로우와 자신의 풀 노드 연결하기 · 718 | 토르를 이용해 자신의 풀 노드와 워치-온리 지갑 연결하기 · 722 | 블루월렛에서 토르를 이용해 워치-온리 지갑 연결하기 · 728 | 넌척에서 토르를 이용해 워치-온리 지갑 연결하기 · 730

■ 멤풀과 RPC 명령어 .............................................................................. 733

멤풀 앱 연결하기 · 733 | RPC 익스플로러 사용하기 · 734 | 터미널에서 RPC 명령어 사용하기 · 745

■ 도달 가능한 노드 되기 ........................................................................... 752

자기 노드가 도달 가능한 노드인지 확인해 보기 · 753 | 익명 네트워크에서 도달 가능한 노드 되기 · 755 | 클리어넷에서 도달 가능한 노드 되기 · 757 | TP링크 공유기: DHCP 서버 설정, 포트 포워딩 · 758 | IP타임 공유기: DHCP 서버 설정, 포트 포워딩 · 763 | 인터넷 서비스 업체의 공유기를 사용하는 경우 · 768 | 엄브렐 인바운드 연결 허용 및 방화벽 해제 · 770 | 도달 가능한 노드가 되었는지 확인하기 · 774

■ 윈도우OS에서 풀 노드 운영하기 ............................................................ 775

윈도우OS에 비트코인 코어 설치하고 동기화하기 · 775 | 윈도우OS에 비트코인 노츠 설치하고 동기화하기 · 784 | 같은 기기에서 스패로우 지갑 연결하기 · 793

■ 맥OS에서 풀 노드 운영하기 .................................................................. 800

맥OS에 비트코인 코어 설치하고 동기화하기 · 800 | 맥OS에 비트코인 노츠 설치하고 동기화하기 · 810 | 같은 기기에서 스패로우 지갑 연결하기 · 822

■ 로컬 네트워크에서 스패로우 지갑과 비트코인 코어, 노츠 연결하기 ............ 828

코어, 노츠가 설치된 기기의 로컬 IP 주소 알아내기 · 828 | bitcoin.conf 파일 설정하기 · 830 | 윈도우OS에 코어, 노츠가 설치되어 있는 경우 방화벽 해제 · 833 | 맥OS에 코어, 노츠가 설치되어 있는 경우 방화벽 해제 · 836 | 로컬 네트워크에서 스패로우 지갑 연결하기 · 837

## 4부. 라이트닝 노드 운영 가이드

■ 라이트닝 노드 운영을 위한 지식 ...................................................................... 842

라이트닝 네트워크 • 842 | 라이트닝 채널의 원리 • 843 | 인바운드 유동성과 아웃바운드 유동성 • 847 | 다중 경로 결제 • 852 | HTLC • 854 | 협력적 종료와 비협력적 종료, CSV, 페널티 • 855 | 라이트닝 노드의 유형 • 857

■ 라이트닝 노드 설치, 복구, RTL 설치 ................................................................ 859

라이트닝 노드(LND) 설치 • 859 | 라이트닝 노드 제거 후 복구 • 863 | CLN을 설치하는 경우 • 866 | RTL 설치 • 873

■ 일상적인 지갑 목적으로 라이트닝 노드 운영하기 .............................................. 876

라이트닝 노드 온-체인 지갑에 자금 전송 • 878 | 라이트닝 노드 검색 및 피어 추가, 채널 개설 • 880 | 두 번째 채널 개설 • 889 | 세 번째 채널 개설 • 892 | 네 번째 채널 개설 • 894 | 다섯 번째 채널 개설 • 896 | 인바운드 유동성 확보 • 898 | 여섯 번째 채널 개설 • 908 | 일곱 번째 채널 개설 • 910 | 여덟 번째 채널 개설 • 912 | 채널 추천 목록 • 914

■ 외부에서 라이트닝 노드 사용하기 .................................................................... 917

토르를 통해 라이트닝 노드와 제우스 앱 연동하기 • 917 | 테일스케일을 통해 라이트닝 노드와 제우스 앱 연동하기 • 920 | 제우스 앱 사용 방법 • 925

■ 라이트닝 노드 설정하기 .................................................................................. 931

라이트닝 노드 네트워크 설정과 개인 맞춤 설정 • 931 | 채널 설정 • 935 | 라우팅 설정 • 938 | 워치타워 설정 • 946

■ 채널 관리 가이드 ............................................................................................ 953

라우팅 수수료 부과 원리 • 953 | 특정 노드가 유동성을 다 흡수할 때 • 955 | 채널별 라우팅 수수료, 최대/최소 HTLC 금액 조정하기 • 957 | 수수료 조정보다는 적절한 노드 찾고 채널 맺기 • 959 | 채널 닫기 • 961 | 라이트닝 노드 SCB 파일 백업과 복구 • 963

■ 라이트닝 주소 설정, 자신의 노드 알리기 ......................................................... 969

알비 허브로 라이트닝 주소 연결하기 • 969 | 알비 유료 결제하고 커스텀 라이트닝 주소 만들기 • 978 | 앰보스에서 노드 정보 입력하기 • 984

■ 라이트닝 노드로 온라인 비트코인 결제 매장 구축하기 .................................... 990

워드프레스에 BTCPay Server, 우커머스 플러그인 설치 • 990 | 우커머스 기본 설정 및 테마 선택 • 992 | 우커머스 상품 올리기 • 996 | 엄브렐에서 BTCPay Server 다운로드하고 설정하기 • 1001 | 클라우드플레어 회원가입 • 1009 | 클라우드플레어 터널 연결 • 1016 | 도메인 연결 • 1020 | SSL 적용 • 1025 | 워드프레스 우커머스와 자신의 BTCPay Server 연결 • 1029 | 기타 설정 • 1033 | 법률 문제, 세금 문제 • 1034

# 5부. 노스터 가이드

■ **노스터 사용을 위한 지식** ................................................................ 1038

기존 소셜 미디어의 문제점과 노스터 • 1038 | 노스터 클라이언트 • 1041 | 노스터 릴레이와 이벤트, 작동 원리 • 1042 | 노스터 구현 제안(NIP) • 1044 | 개인키(nsec)와 공개키(npub), 노스터 주소 • 1045 | 노스터의 DM과 종단간 암호화 • 1046 | 잽(Zaps)과 NWC (노스터 지갑 연결) • 1047 | 노스터의 단점과 광고 필터, 리스트 구독 • 1049

■ **프라이멀 사용 방법** ........................................................................ 1051

프라이멀 앱 설치 및 개인키-공개키 쌍 생성 • 1052 | 다른 사람들에게 npub 알려주기 • 1056 | 팔로우 추가 • 1057 | 잽을 위한 지갑 추가 • 1058

■ **다무스 사용 방법** ............................................................................ 1062

다무스 앱 설치 및 개인키-공개키 쌍 생성 • 1062 | 다른 사람들에게 npub 알려주기 • 1065 | 팔로우 추가 • 1066 | 잽을 받기 위한 라이트닝 주소 연결 • 1068 | 다른 사람에게 잽 보내기 • 1070

■ **피닉스 사용 방법** ............................................................................ 1073

피닉스에서 개인키-공개키 쌍 생성 • 1073 | 다른 사람들에게 npub 알려주기 • 1079 | 팔로우 추가 • 1081 | 잽을 받기 위한 라이트닝 주소 연결 • 1083

■ **노스터 서명 확장 프로그램** ............................................................. 1084

서명 확장 프로그램을 쓰는 이유 • 1084 | 크롬에서 알비 익스텐션 사용 방법 • 1085 | 알비에서 노스터 주소 사용하기 • 1092 | 웹 클라이언트에서 알비 익스텐션으로 로그인하기 • 1094

■ **노스터에서 기사, 칼럼 등의 긴 글 쓰기** ............................................ 1098

하블라에서 긴 글 쓰기 • 1098 | 마크다운 문법 간략히 알아보기 • 1103

■ **엄브렐에서 노스터 릴레이 서버 운영하고 연결하기** ........................ 1112

프라이빗 릴레이 서버 운영하기 • 1112 | 로컬 네트워크에서 자신의 릴레이 서버에 연결하기 • 1114 | 테일스케일을 이용해 원격으로 자신의 릴레이 서버에 연결하기 • 1117 | 도메인을 연결해 퍼블릭 릴레이 서버로 만들기 • 1119

■ **NWC를 이용해 자신의 라이트닝 노드에서 잽 보내기** ..................... 1124

알비 허브를 통해 NWC 지갑 생성하기 • 1124 | 다무스에서 NWC 지갑 연결하기 • 1126 | 피닉스에서 NWC 지갑 연결하기 • 1129

■ **NWC를 이용해 제우스에서 라이트닝 주소 발급하기** ...................... 1132

제우스에서 라이트닝 주소 발급하기 • 1132

# 6부. 홈 채굴 가이드

■ **홈 채굴을 위한 지식** ...................................................................... 1136

비트코인 채굴・1136 | 채굴 방식의 분류・1139 | 채산성 계산하기・1141 | 채굴 풀 보상 방식・1144 | 스트라텀 프로토콜・1151 | 채굴 풀의 한계・1153 | 다텀과 채굴 주권・1155 | 홈 채굴의 의미・1157

■ **비트엑스 감마 601로 솔로 채굴하기, 채굴 풀 참여하기** .............. 1159

준비물・1159 | 비트엑스 스탠드 조립 및 전원 연결・1161 | 비트엑스 네트워크 연결・1162 | 비트엑스 펌웨어 업데이트・1164 | 솔로 채굴 설정하기(ckpool)・1167 | 채굴 풀 참여하기(브레인스 풀)・1170 | 라이트닝 네트워크로 보상 받기(브레인스 풀)・1176

■ **아발론 나노 3로 솔로 채굴하기, 채굴 풀 참여하기** ...................... 1179

준비물・1179 | 아발론 나노 3 전원 연결・1181 | 아발론 나노 3 설정하기・1182 | 솔로 채굴 설정하기 (ckpool)・1186 | 채굴 풀 참여하기(브레인스 풀)・1190 | 라이트닝 네트워크로 보상 받기(브레인스 풀)・1197

■ **다텀으로 풀 노드와 채굴기 연결하기** ........................................... 1200

비트코인 노츠 설치・1200 | 다텀 설치・1202 | 다텀에서 솔로 채굴 설정하기・1204 | 비트엑스를 다텀에 연결하기・1208 | 아발론 나노 3를 다텀에 연결하기・1210 | 채굴이 잘 되는지 확인하기・1211 | 다텀을 이용하여 채굴 풀(오션 풀) 참여하기・1213 | 블루월렛에서 생성된 지갑 주소 사용・1214 | 라이트닝 노드에서 생성된 온-체인 주소 사용・1216 | 다텀 설정하기・1216 | 비트엑스를 다텀에 연결하기・1220 | 아발론 나노 3를 다텀에 연결하기・1222 | 채굴이 잘 되는지 확인하기・1223 | 라이트닝 지갑으로 채굴 보상 받기・1228 | 코어 라이트닝(CLN)으로 Offer 생성하기・1231 | 메시지 서명하기・1236 | 마무리하며・1246

# 부록

## ■ 부록 1. 기기별 니모닉 생성 알고리즘 ........................................................ 1248

니모닉 생성 알고리즘 검증·1248 | 키스톤 3 프로 기기의 니모닉 생성 알고리즘·1249 | 시드사이너 기기의 니모닉 생성 알고리즘·1251 | 블루월렛에서의 니모닉 생성 알고리즘·1253

## ■ 부록 2. 니모닉 복구 방법 및 니모닉 목록 ..................................................... 1256

BIP-39 목록 설명·1256 | 니모닉 복구 전 주의 사항·1256 | ① 영단어 4자리로 백업되어 있는 경우·1258 | ② 이진법(비트)으로 백업되어 있는 경우·1260 | ③ 영단어 4자리 순서로 백업되어 있는 경우·1263 | BIP-39 니모닉 목록·1267

비트코인 사용 가이드

# 1. 셀프 커스터디 가이드

# 1. 셀프 커스터디 가이드

## | 비트코인 지갑 사용을 위한 지식

### 셀프 커스터디

비트코인 개인 지갑을 사용하기 위한 지식들을 알아보자. 처음 보는 내용이 많을 수도 있지만 겁먹을 필요 없다. 차근차근 연습하다 보면 체득하게 될 것이다. 먼저 셀프 커스터디self-custody가 무슨 뜻인지부터 알아보자. '커스터디'는 한국어로 '수탁'이다. 수탁은 누군가에게 맡기는 것을 뜻한다. 셀프는 '자신'을 뜻하니까 셀프 커스터디는 '자신에게 맡긴다', 즉 비트코인을 내가 직접 보관한다는 뜻이다. 그래서 셀프 커스터디를 다른 말로 '비수탁'이라고도 한다.

  셀프 커스터디의 반대를 생각해 보면 더 이해가 쉬울 것이다. 셀프 커스터디의 반대는 커스터디, 즉 수탁이다. 내 비트코인을 거래소 등에 맡기는 것이 수탁이다. 정리하면 비트코인을 업비트나 빗썸, 바이낸스 같은 거래소에 보관하면 커스터디, 비트코인을 내가 직접 개인 지갑에 보관하면 셀프 커스터디다.

## 비트코인의 소유권과 셀프 커스터디의 필요성, 책임

비트코인 사용자들 사이에서 아주 중요하게 다뤄지는 말이 있다. '당신의 키가 아니면, 당신의 비트코인이 아니다. (Not Your Keys, Not Your Bitcoin.)'라는 말이다. 잠시 뒤에 개인키가 무엇인지 좀 더 자세히 알아볼 텐데, 개인키가 있어야 비트코인을 사용할 수 있다. 그래서 비트코인 세계에서는 비트코인을 사용할 수 있는 개인키를 가진 사람이 그 비트코인을 가진 것으로 여겨진다.

어떤 사람이 비트코인을 잃어버렸다면, 그건 비트코인을 잃어버린 게 아니라 사실 비트코인을 쓸 수 있는 개인키에 대한 통제권이 없어진 것이다. 그러므로 셀프 커스터디란, 개인키를 자기가 직접 보관하는 것을 의미한다.

거래소를 이용해 본 적이 있는가? 거래소를 이용할 때 거래소가 개인키를 알려주던가? 그렇지 않다. 개인키는 거래소만 알고 있다. 따라서 거래소에 비트코인을 두는 것은 내가 그 비트코인을 소유한 것이 아니다. 거래소에 둔 비트코인은 거래소의 것이다. 이런 방식은 내가 출금을 요청했을 때 거래소가 나에게 순순히 출금 처리를 해줄 것이라는 믿음에 기대야 한다. 이런 상황에서는 거래소가 갑이고, 내가 을이다. 출금해 줄지 말지는 거래소 마음이다. 거래소는 출금을 빌미로 온갖 개인정보를 요구할 수 있고, 갑자기 출금을 정지할 수도 있다.

비트코인은 소유권을 포함한 금융 주권을 개인이 온전히 누릴 수 있게 하는 돈이다. 그런데 거래소에 비트코인을 보관한다면 그 비트코인은 나의 것이 아니게 된다. 따라서 비트코인을 내가 갖고자 한다면 셀프 커스터디는 선택이 아닌 필수다.

비트코인은 모든 권한이 분산화되어 있다. 중앙 관리 주체가 없기 때문에 운영자나 고객센터가 없다. 따라서 셀프 커스터디를 할 때는 모든 것을 자신이 책임지는 태도도 필요하다. 공부하기 싫어하고, 남에게 맡기기 좋아하는 사람은 진정한 소유권을 누릴 수가 없다. 자유에는 책임이 따르기 때문이다.

**BTC와 sats 단위**

본격적으로 비트코인을 알아보기 전에 꼭 알고 가야 할 사실이 있다. 1 비트코인은 1억 분의 1로 쪼갤 수 있다. 그러니까 비트코인이 너무 비싸서 못 산다는 말은 잘못된 말이다. 비트코인은 꼭 1개, 2개만 살 수 있는 게 아니라 0.5개를 살 수도 있고, 0.00000001개를 살 수도 있다. 비트코인은 BTC라는 단위로 표현한다. 1억 분의 1 BTC는 1 sat (사토시)라고 한다.

    0.00000001 BTC = 1 sat

    1 BTC = 100,000,000 sats (1억 sats)

**잔고 모델과 UTXO 모델**

이제 비트코인에 대해 본격적으로 알아보자. 비트코인은 우리가 일반적으로 사용하는 은행 시스템과 근본적으로 다르다. 내 은행 계좌에 100만 원이 들어있으면 은행은 '앨리스의 계좌번호 XXXX에 100만 원이 들어 있음.'이라는 데이터를 저장해놓는다. 이런 시스템을 '잔고 모델'이라고 한다. 잔고 모델의 문제점은 돈을 마음대로 생성해 내는 것에 취약하다는 것이다. 해커가 이 시스템을 해킹해서 자기 계좌 잔액을 100

만 원에서 100억 원으로 바꾼다고 생각해 보자. 물론 은행은 이를 막기 위해 잔고 데이터에 오류가 없는지 매일 밤 정산을 한다. 밤 12시쯤에 이체가 안 되는 것을 경험해 본 적이 있다면, 이 정산 때문이다.

비트코인은 잔고 모델이 아니라 UTXO 모델이다. 비트코인에는 '어떤 주소에 100만 sats가 들어 있음.'이라는 데이터가 없다. 다만 '100만 sats가 앨리스 주소에서 밥의 주소로 이동했음.', '그렇게 이동한 100만 sats가 밥의 주소에서 캐롤의 주소로 이동했음.' 이러한 꼬리에 꼬리를 무는 데이터만 저장된다. 즉, 잔액이라는 데이터는 없고 비트코인의 소유권을 계속 바꿔주는 것이다. 이것이 비트코인의 장부에 저장되어 있는 데이터다.

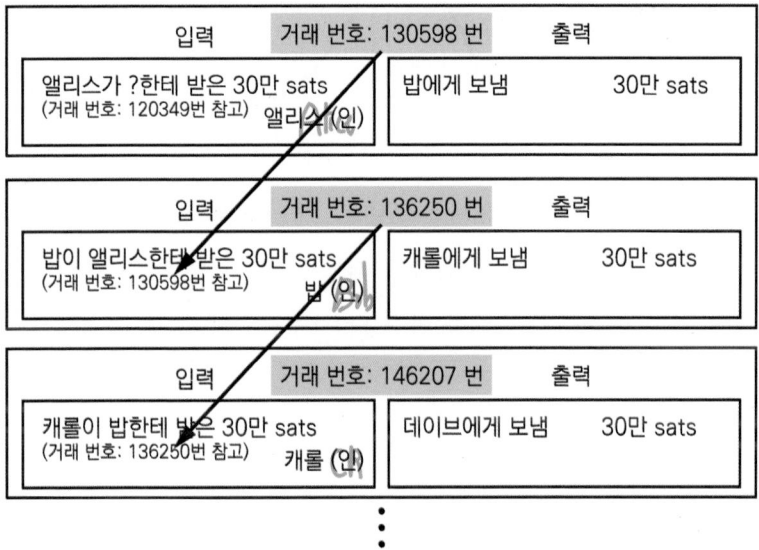

그러니까 비트코인은 어디에도 저장되지 않는다. 내가 비트코인을 100만 sats 갖고 있다면, 비트코인 100만 sats는 어디에도 없다. 그저 '캐롤이 갖고 있던 100만 sats가 내 주소로 이동했다.' 이 데이터만 있는 것이다. 그리고 이 데이터는 전 세계 2만 개가 넘는 풀 노드full node(컴퓨터)에 전부 저장되어 있다. UTXO 모델의 장점은 금액을 누군가의 마음대로 생성해 낼 수 없다는 것이다. 그래서 투명성과 보안성이 높다.

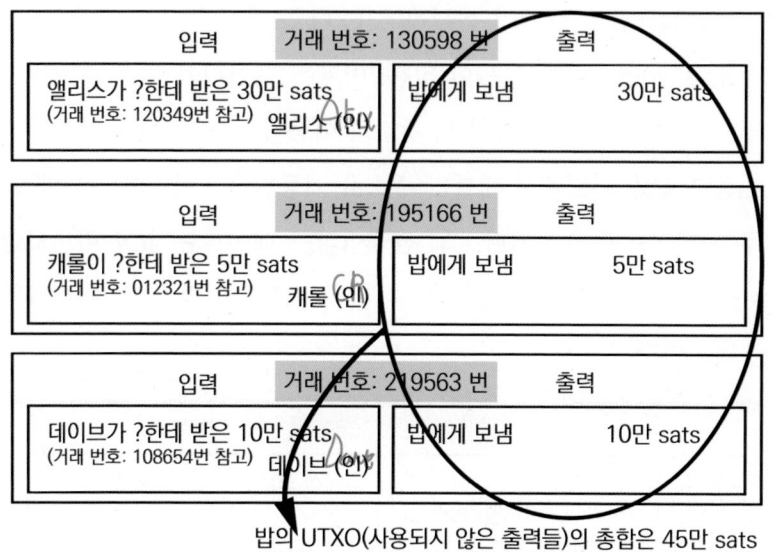

앨리스가 밥에게 30만 sats를 보내고, 캐롤도 밥에게 5만 sats, 데이브도 밥에게 10만 sats를 보냈다고 해보자. 밥은 총 45만 sats를 받았다. 만약 밥이 이 45만 sats를 아직 다른 누군가에게 보내지 않았다면, 이를 '사용하지 않은 거래 출력UTXO, Unspent Transaction Output'(이하 UTXO)이라고 한다.

비트코인 지갑 앱을 사용해 보면 잔액을 보여주는 것을 알 수 있다. 비트코인 장부에는 잔액이 저장되지 않는다고 했는데, 지갑 앱들은 어떻게 잔액을 보여주는 것일까? UTXO들의 금액을 합해서 화면에 표시해 주는 것이다. 30만 sats의 UTXO, 5만 sats의 UTXO, 10만 sats의

UTXO가 있다면 지갑 앱은 이 금액들을 더해 총잔액이 45만 sats라고 화면에 표시해 준다. UTXO는 조금 뒤에 더 자세히 알아보도록 하자.

## 에어-갭 지갑과 워치-온리 지갑

셀프 커스터디를 하려면 지갑을 골라야 한다. 지갑은 크게 핫월렛과 콜드월렛으로 나눠진다. 핫월렛은 지갑 기기가 인터넷에 연결된 것을 말한다. 콜드월렛은 지갑 기기가 인터넷에 연결되지 않은 것을 말한다. 무엇이 안전할까? 당연히 콜드월렛이 더 안전하다. 기기가 인터넷에 연결되어 있으면 해커가 인터넷을 타고 내 기기에 있는 개인키를 해킹할 수도 있기 때문이다.

어떤 콜드월렛은 비트코인을 전송하려고 할 때 USB나 블루투스를 통해 잠깐 인터넷에 간접적으로 연결되어야 하는 경우가 있다. 잠깐 인터넷에 연결된 순간에는 핫월렛과 다를 바가 없게 되니 개인키가 노출될 위험이 생긴다. 따라서 최고의 보안을 위해서는 콜드월렛 중에서도 에어-갭 지갑air-gapped wallet을 사용하는 것이 좋다. 에어-갭 지갑은 와이파이 같은 인터넷은 물론이고, 블루투스, NFC, USB 연결 같은 모든 연결이 막힌 지갑을 뜻한다.

또한, 지갑을 고를 때 전용 프로그램을 강제하는 지갑은 사지 않을 것을 권장한다.

중요한 사실이 있다. 에어-갭 지갑은 인터넷을 포함한 어떠한 통신도 안 되기 때문에 비트코인 잔액을 확인하거나 거래 전송 등을 할 수가 없다. 에어-갭 지갑이 데이터를 내보낼 때는 주로 QR 코드만을 사용한다.

핫 월렛은
도로(인터넷)가 연결된 섬과 같다.
해커가 이 도로를 이용해
섬에 들어갔다 나올 수도 있다.

에어-갭 지갑은 고립된 섬과 같다.

이 때문에 에어-갭 지갑은 잔액 확인이 가능한 워치-온리 지갑watch-only wallet과 함께 사용한다. 보통 워치-온리 지갑은 스마트폰에 설치하는 앱이다. 대표적으로 블루월렛BlueWallet이나 넌척Nunchuk, 코코넛 월렛이 있고, PC에 설치하는 앱으로는 스패로우 월렛Sparrow Wallet이 있다. 워치-온리 지갑은 잔액을 보는 것만 가능하다. 왜냐하면 워치-온리 지갑에는 개인키가 없기 때문이다. 따라서 어딘가로 비트코인을 보내려고 할 때는 워치-온리 지갑과 에어-갭 지갑이 협력해야 한다. 에어-갭 지갑이 개인키를 이용해 서명을 하면, 그 서명 데이터를 워치-온리 지갑이 QR 코드로 읽어와서 인터넷에 퍼뜨린다.

　다시 말하지만 비트코인은 에어-갭 지갑에 저장된 것도 아니고, 워치-온리 지갑에 저장된 것도 아니다. 전 세계 모든 풀 노드에 비트코인이 어디로 이동했는지가 다 저장되어 있다. 단지 에어-갭 지갑은 개인키를 저장하고 필요할 때마다 비트코인을 옮길 수 있게 디지털 서명을 계산하는 역할을 한다.

에어-갭 지갑
인터넷 연결 없음
서명 용도

QR 코드로
데이터 주고 받음

워치-온리 지갑
인터넷 연결됨
잔액 조회,
거래를 네트워크에 보내기

## PSBT

PSBT는 '부분적으로 서명된 비트코인 거래Partially Signed Bitcoin Transactions'(이하 PSBT)다. 워치-온리 지갑과 에어-갭 지갑이 QR 코드로 데이터를 주고받을 때 이 PSBT라는 정보를 공유한다.

트랜잭션(거래)을 만들 때 먼저 워치-온리 지갑이 거래를 구성한다. 워치-온리 지갑에는 개인키가 없으므로 서명을 할 수가 없다. 따라서 워치-온리 지갑이 만드는 정보를 '서명되지 않은 PSBT'라고 한다.

이 QR 코드를 에어-갭 지갑이 인식하면 에어-갭 지갑은 서명을 해서 그 데이터를 QR 코드로 내보낸다. 이때 에어-갭 지갑이 만든 정보를 '서명된 PSBT'라고 한다. 워치-온리 지갑이 에어-갭 지갑으로부터 서명된 PSBT를 읽어오면 이 정보를 직렬화된 정보로 바꿔 네트워크에 전파한다(정확히는 워치-온리 지갑과 연결된 일렉트럼 서버에서 풀 노드의 RPC 명령을 이용해 전파한다). 쉽게 이해하자면 거래/서명을 위해 워치-온리 지갑과 에어-갭 지갑이 주고받는 QR 코드를 PSBT라고 생각하면 된다.

**개인키와 주소**

비트코인 공부를 하다 보면 개인키와 공개키, 주소에 관한 내용이 많이 나온다. 개인키에서 타원곡선 암호화ECC, Elliptic Curve Cryptography 함수라는 암호 함수를 통해 공개키를 만들고, 공개키에서 해시 함수라는 암호 함수를 통해 주소를 만든다.

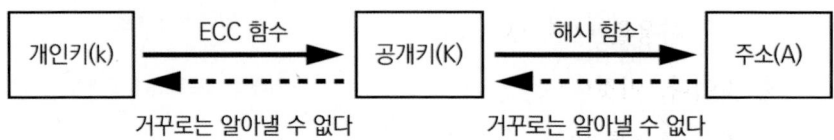

그런데 비트코인을 사용하면서 우리가 가장 많이 보게 되는 데이터는 주소뿐이다. 개인키나 공개키는 보통 콜드월렛들이 알아서 저장하고 계산하기 때문에 우리가 볼 일이 거의 없다. 따라서 비트코인을 사용할 때는 개인키, 주소 이 두 가지만 우선적으로 알아도 된다.

주소는 계좌번호에 비유할 수 있다. 내가 비트코인을 받으려면 나의 주소를 상대방에게 알려줘야 한다. 앞에서 비트코인 장부에는 '비트코인이 앨리스의 주소에서 밥의 주소로 이동', '밥의 주소에서 나의 주소로 이동' 이런 데이터들만 저장된다고 했다. 사실 '앨리스', '밥', '나' 이런 데이터도 없다. '주소 bc1q222…에서 주소 bc1q333…으로 이동', '주소 bc1q333…에서 주소 bc1q444…으로 이동' 이런 데이터만 있다. 이 주소들은 실제 신원과 연결되지 않으므로 어느 것이 누구의 것인지 알 수가 없다.

내가 가진 비트코인을 다른 주소로 전송하려면 개인키가 필요하다. 개인키는 비밀번호라고 생각하면 편하다. 정확히는 개인키로 서명해야 비트코인을 이동할 수 있는 건데, 이 서명이라는 것도 우리가 종이에 사인하는 그런 서명이 아니라 디지털 서명이다. 디지털 서명은 개인키를 갖고 있다는 것을 증명할 수 있는 특정 숫자를 계산하는 것이다. 이체를 할 때 계좌 비밀번호를 입력해야 하는 것처럼 개인키를 알아야 어떤 주소에 들어있는 비트코인을 전송할 수 있다.

### 니모닉과 개인키, 주소

처음 지갑을 사용할 때 주사위를 굴리고 나면 기기가 어떤 영어 단어를 보여줄 것이다. 이것이 니모닉mnemonic이다. 니모닉 하나를 통해 수많은 개인키와 주소를 만들 수 있다. 워치-온리 지갑에서는 보통 처음에 10-20개 주소만 보여줄 것이다. 사실 우리가 사용할 수 있는 주소는 니모닉 하나에 42억 개가 있는데, (일반 주소 21억 개, 잔돈 주소 21억 개이지만 이론적으로는 이것보다 훨씬 많다.) 그중에 10-20개만 보여주는 것이다. 주소를 사용하면 그다음 주소를 계속 보여줄 것이다.

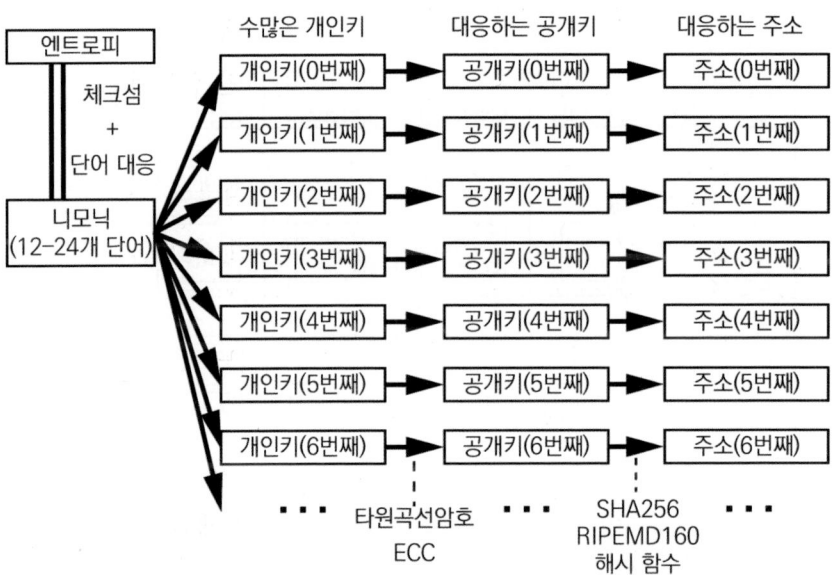

니모닉으로 개인키를 계산하는 것이기 때문에 니모닉만 잘 보관하면 언제든지 42억 개 주소에 들어있는 비트코인에 접근할 수 있다.

그리고 니모닉은 어딘가에서 생성해 주는 게 아니라 그냥 자기가 고르는 것이다. 은행 계좌를 개설할 때는 은행이 계좌를 개설해 준다. 이때 은행은 중복되지 않는 계좌번호를 골라 계좌를 개설해 준다. 그런데 비트코인은 운영자도 없고, 고객센터 같은 건 더더욱 없다고 했다. 따라서 니모닉 개설 같은 건 있을 수가 없다. 그냥 여러 숫자 중 랜덤한 숫자 하나를 자기가 고르는 것이다. 그 랜덤한 숫자를 고르기 위해 주사위를 굴리는 것이다. 그러면 혹시나 다른 사람과 니모닉이 겹치진 않을까 하는 걱정이 생길 수도 있다. 지구상에서 모래 한 톨을 고를 수 있다고 해보자. 내가 고른 모래 한 톨과 똑같은 모래를 다른 사람이 고를 수 있을까? 랜덤하게 고른 니모닉이 겹칠 확률은 이것보다 훨씬 어마어마하게 희박하다. 경우의 수가 너무 커서 우주에서 일어날 수가 없는 일이다.

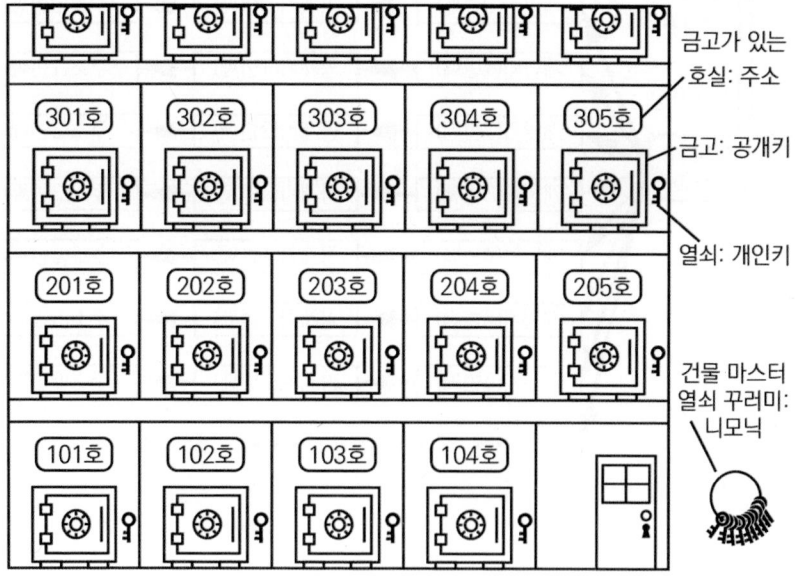

니모닉에 관해 마지막으로 정리하고 가자. 니모닉은 12개 혹은 24개의 단어 목록이다. 니모닉 하나로 수많은 개인키와 주소를 만들어낼 수 있다. 주소가 금고이고 개인키가 열쇠라면, 니모닉은 열쇠 꾸러미 같은 것이다. 따라서 니모닉은 절대 노출되지 않게 조심해야 한다.

## 확장 공개키

워치-온리 지갑은 개인키를 모르고 주소만 알고 있다. 워치-온리 지갑이 처음에 이 주소들을 계산하기 위해서는 확장 공개키ex-pub라는 것이 필요하다. 그래서 에어-갭 지갑과 워치-온리 지갑을 연동할 때, 에어-갭 지갑이 보여주는 QR 코드를 워치-온리 지갑이 스캔한다. 이 스캔하는 과정이 에어-갭 지갑이 워치-온리 지갑한테 확장 공개키를 넘겨주는 과정이다. 이 과정을 진행하고 나면 워치-온리 지갑에서 잔액을 조회하는 것이 가능하다.

정확히 알고 가야 할 것이 있다. 공개키와 확장 공개키는 완전히 다르다. 확장 공개키는 개인키 없이 수많은 공개키와 주소를 계산할 수 있게 하는 값이다. 공개키는 개인키로부터 만들어지는 값이고, 공개키를 통해 주소를 만들 수 있다. 쉽게 말하자면 공개키 하나는 개인키 하나로부터 하나의 주소를 계산할 때 중간에 거치는 계산값이고, 확장 공개키는 개인키들 없이 수많은 공개키와 주소를 계산할 수 있게 해주는 값이다. 둘은 의미가 완전히 다르다.

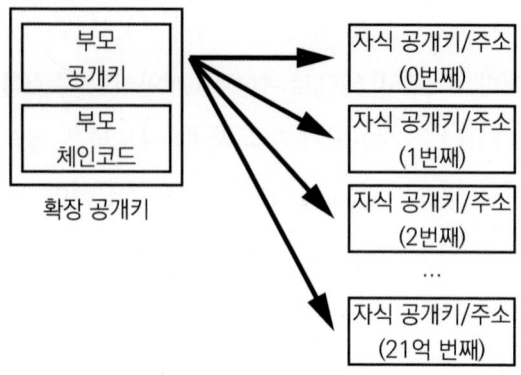

## 주사위를 굴릴 때 주의할 점

필자는 비트코인에 입문하는 사람이라면, 반드시 주사위를 굴려서 니모닉을 만들라고 이야기한다. 기계가 만들어주는 니모닉을 사용하면 그 기계를 신뢰해야 하는 문제가 생기기 때문이다. 주사위를 굴리면 완전히 랜덤하게 생성된 니모닉을 고를 수 있게 된다.

 주사위를 굴려 니모닉을 만들 때는 주변에 카메라가 없는지 꼭 확인하고, 카메라가 없는 장소에서 해야 한다. 또한 전자기기 옆에서 니모닉을 소리 내어 읽어서도 안 된다. 해커들은 인터넷만 연결되어 있다면 무엇이든 할 수 있다는 걸 항상 생각하자. 처음에 부주의한 상태로 니모닉을 만들면, 문제가 없더라도 나중에 찜찜해서 바꾸게 된다.

 니모닉은 절대로 온라인 기기에 입력해서는 안 된다. 예를 들어 니모닉을 적은 종이를 스마트폰 카메라로 찍어놓는다거나, 스마트폰 메모장 앱 등에 기록하면 안 된다. 인터넷이 연결되어 있으면 해커가 해당 파일들을 해킹할 수 있는 여지가 생기기 때문이다. 종이나 철판 등에 잘 기록하거나 아예 외우는 것이 좋다.

## 거래 데이터(트랜잭션)

비트코인을 사용하다 보면 '트랜잭션'이라는 단어를 많이 듣게 될 것이다. 트랜잭션은 간단하게 그냥 거래 데이터다.

거래 데이터에는 입력 부분과 출력 부분이 있다. 입력 부분에는 내가 사용할 UTXO가 들어간다. 출력 부분에는 어느 주소로 얼마만큼의 금액을 보낼 건지에 대한 데이터가 들어간다.

거래 데이터에는 여러 개의 입력과 여러 개의 출력이 들어갈 수 있다. 만약 1만 sats 짜리 UTXO를 사용해 1천 sats짜리 버스 요금을 내면 거래 데이터는 어떤 형식이 될까? 입력에는 나의 1만 sats 짜리 UTXO가 들어갈 것이다. 출력에는 버스 회사의 주소로 보내는 1천 sats의 출력과 나머지 거스름돈 9천 sats를 나의 잔돈 주소로 보내는 데이터가 들어갈 것이다.

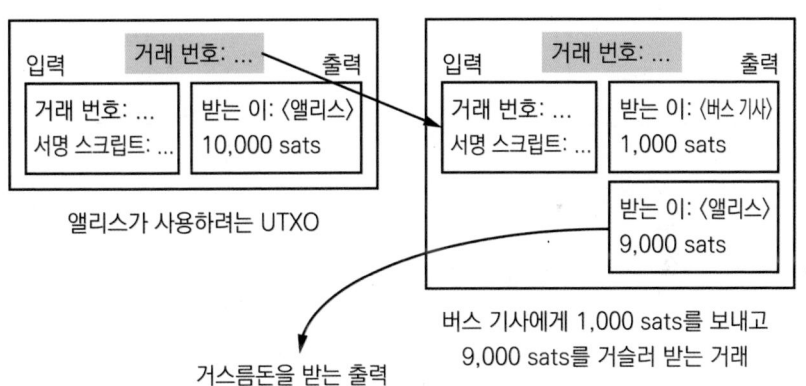

**UTXO에 대한 비유**

자신에게 왔지만 아직 소비하지 않은 거래들(정확히는 거래 출력들)을 UTXO라고 한다고 했다. UTXO 하나하나는 모두 동전 하나 또는 지폐와 같다. 금액이 모두 다르게 적힌 지폐나 수표를 생각하면 된다.

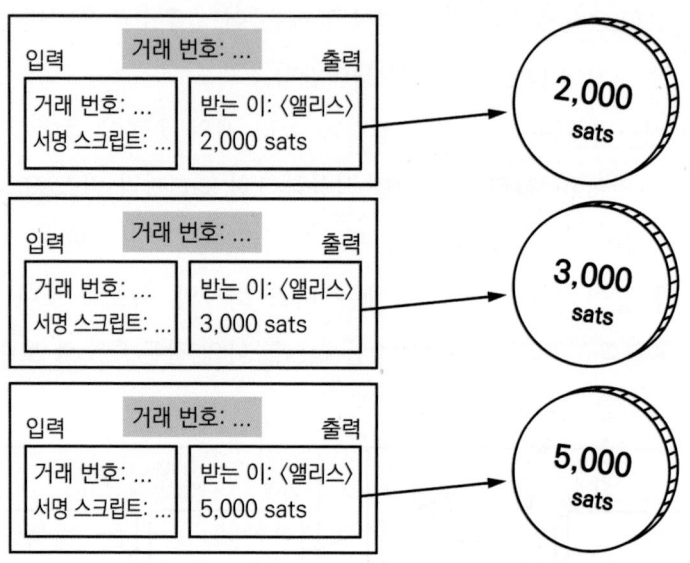

만 원짜리 물건을 사는 상황을 생각해 보자. 이때 만 원짜리 지폐 1장을 내도 되고, 천 원짜리 지폐 10장을 지불해도 되고, 10원짜리 동전 1,000개를 내도 된다. UTXO도 똑같다. 앨리스가 1만 sats를 내야 하는 상황이면 1만 sats 짜리 UTXO 하나를 써서 지불할 수도 있고, 2천, 3천, 5천 sats 짜리 UTXO를 한 번에 써서 지불할 수도 있다. 지갑 앱들은 보통 비트코인을 전송할 때 자기들이 알아서 UTXO를 선택해 주지만, 스패로우나 넌척, 코코넛 월렛 같은 지갑의 경우 어떤 UTXO를 써서 지불할지 직접 선택할 수도 있다.

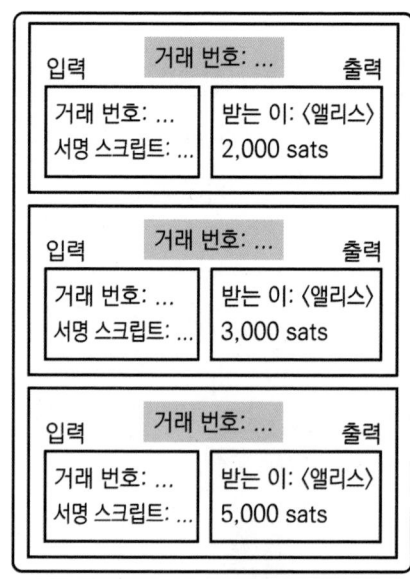
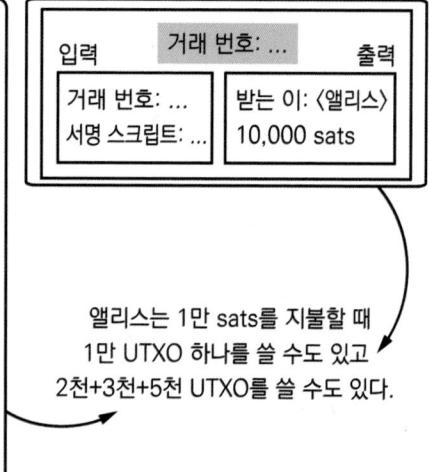

앨리스는 1만 sats를 지불할 때
1만 UTXO 하나를 쓸 수도 있고
2천+3천+5천 UTXO를 쓸 수도 있다.

**거래 데이터와 블록**

내가 비트코인을 다른 누군가에게 전송하는 거래를 생성했다고 해보자. 만약 지갑 앱을 통해 이 거래를 네트워크에 전송하면 거래가 네트워크에 퍼지기 시작한다.

비트코인을 공부하다 보면 '채굴'이라는 용어를 듣게 될 것이다. 채굴자들은 이렇게 사람들이 제출하는 거래 데이터들을 모아 블록을 만들려는 사람들이다.

거래 데이터가 블록에 담기기 전에는 먼저 풀 노드들의 멤풀mempool이라는 공간에 담긴다. 채굴자들은 멤풀에 담겨있는 거래 데이터를 블록에 넣고, 규칙에 맞는 블록을 생성하기 위해 열심히 해시 함수를 돌린다. 이렇게 조건에 맞는 블록을 생성하는 것을 작업증명PoW, proof-of-work이라고 한다. 블록을 생성하기 위해서는 에너지와 시간이 비용으로 들어간다. 만약 작업증명에 성공하여 블록을 생성하면 채굴자들은 보상을 받는데, 이 보상은 '코인베이스' 보조금과 수수료 인센티브가 합쳐져 있다. 작업증명과 인센티브 시스템을 합쳐 채굴이라고 한다.

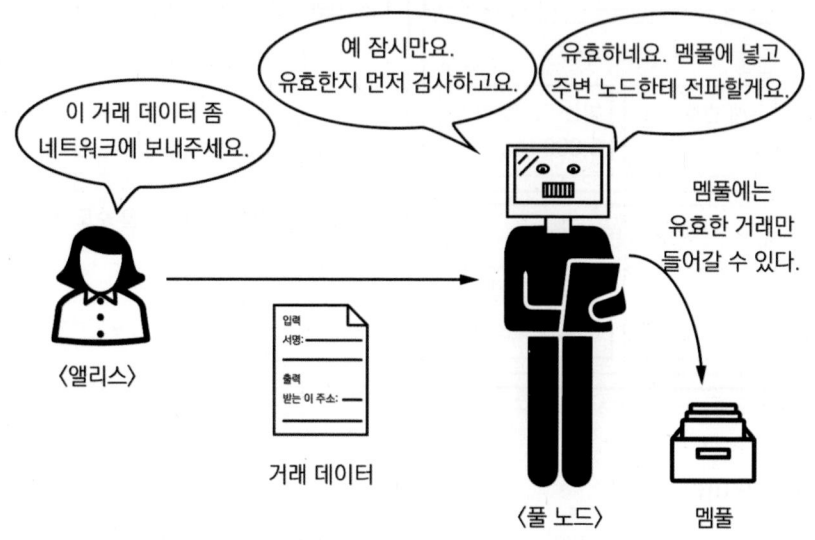

 거래를 전송하는 우리 입장에서 생각해 보자. 거래 데이터를 전송하면 거래 데이터가 우선 풀 노드들의 멤풀에 들어간다. 채굴자들은 멤풀에 있는 거래들을 꺼내서 블록을 만든다. 아직 내 거래가 블록에 실리기 전이면 지갑 앱에서는 미확정unconfirmed 거래라고 뜬다. 만약 내 거래가 실린 블록이 채굴되면 거래가 확정confirmed(컨펌)되었다고 뜬다. 종종 2컨펌, 6컨펌 이런 말을 들을 텐데, 2컨펌은 거래가 실린 블록을 포함하여 총 2개 블록이 채굴된 것을 말한다. 6컨펌은 거래가 실린 블록을 포함하여 총 6개 블록이 채굴된 것을 말한다. 거래가 실린 블록 위에 블록이 쌓일수록 거래를 바꾸는 것이 불가능에 가까워진다.

## 수수료

비트코인 온-체인에는 수수료 시스템이 있다. 이 수수료는 채굴자들에게 지불하는 것이다. 블록의 크기에는 제한이 있어서 모든 거래가 들어갈 수 없을 때가 많다. 그러면 채굴자들은 당연히 수수료를 많이 지불하는 거래 데이터를 먼저 블록에 싣는다. 그래야 자기가 비트코인을 많이 벌 수 있으니 말이다.

수수료는 데이터당 수수료(sat/vB)로 측정한다. 만약 수수료를 너무 낮게 설정하면 어떤 일이 일어날까? 거래가 네트워크에 퍼져 있는데 채굴자들이 아무도 거래를 블록에 실어주지 않아 거래가 계속 컨펌되지 못하는 사태가 일어난다. 이런 상황을 해결하기 위해 'RBF'나 'CPFP'를 사용할 수도 있지만, 초보일 때부터 이것저것 다 해보며 힘들게 훈련할 생각이 아니라면 적당한 수수료를 설정하는 것이 좋다.

## 멤풀 웹사이트

그렇다면 적당한 수수료율은 어디서 확인할 수 있을까? 대표적으로 멤풀 웹사이트가 있다. 멤풀 웹사이트는 멤풀과 다르다. 멤풀은 앞에서 봤듯이 풀 노드들이 거래가 블록에 실리기 전 임시로 저장해놓는 공간을 뜻하는 것이다. 멤풀 웹사이트는 이 멤풀에서 이름을 따온 웹사이트다.

멤풀 웹사이트는 현재 비트코인 네트워크 상황을 보여준다. 사실 멤풀 웹사이트는 웹사이트 운영자의 풀 노드와 연결되어 있는 것이므로 이 웹사이트 운영자의 풀 노드 상황을 보여주는 것이다. 만약 멤풀 웹사이트 운영자의 풀 노드를 신뢰하기 싫다면 자신이 직접 풀 노드를 운영하면 된다.

멤풀 웹사이트에서는 현재 적정 수수료율을 확인할 수 있다. 이 웹사이트를 보고 수수료율을 설정할 때 중간 우선순위 이상으로 설정하는 것을 추천한다. 낮은 우선순위로 수수료율을 설정하면 거래가 언제 컨펌될지 모르는 채로 한참 기다려야 하는 사태가 일어날 수도 있다. 보통 지갑 앱들은 현재 네트워크 상황에 따라 적정 수수료율을 자동으로 설정해 준다. 하지만 자기가 직접 수수료율을 설정할 수도 있다.

이 외에도 멤풀 웹사이트에서는 거래 데이터도 확인할 수 있다. 각 거래에는 'txid'라는 고유의 이름이 붙어 있다. 이 txid를 멤풀 웹사이트에서 검색하면 거래도 더 자세히 확인할 수 있다.

멤풀 웹사이트 링크는 다음과 같다.

https://mempool.space/ko/

## UTXO 정리

UTXO는 너무 큰 금액으로 보관해도, 너무 작은 금액으로 보관해도 단점이 있다. 그래서 적당한 금액으로 쪼개놓는 것이 좋다.

   UTXO의 금액이 너무 크면 다음에 거래할 때 자신이 대략 얼마의 비트코인을 가졌는지 노출되기 때문에 좋지 않다. 당신이 요금이 천 원인 버스에 탔는데 1,000만 원짜리 수표를 냈다고 해보자. 버스 기사가 999만 9천 원을 거슬러 주면 될 일이다. 하지만 당신이 그 수표를 사용함으로써 당신은 1,000만 원을 가졌다는 사실이 드러났다. 따라서 UTXO는 일상에서 사용할 수 있는 적절한 금액으로 쪼개 놓는 것이 좋다.

하지만 너무 잘게 쪼갠다면 한 번의 거래에서 많은 입력을 사용해야 한다. 앞에서 말했듯이 데이터 크기가 커지면 내야 하는 수수료도 많아진다. 입력이 많아지면 거래 데이터의 크기가 커지니 당연히 내야 하는 수수료도 커질 것이다.

따라서 권장하는 UTXO 관리 방법은 하나의 UTXO 당 2주-세 달 정도마다 사용할 양으로 분할하는 것이다. 약 100만-200만 sats 정도로 말이다. 큰 지불에 대비해 좀 더 크게 쪼갠 UTXO를 만들어도 좋다.

**주소 재사용 주의**

앞에서 우리는 니모닉 하나에 엄청나게 많은 개인키와 그에 대응하는 주소가 있다는 것을 알아보았다. 한 번 사용한 주소는 다시 사용하지 않는 것이 좋다. 프라이버시의 이유가 크다.

같은 주소를 반복해서 사용할 경우, 해당 주소로 입금된 과거 내역이 모두 공개된다. 그러면 새로운 거래 역시 해당 기록과 연결되어 추적이 쉬워진다. 이는 사용자의 전체 잔고나 거래 패턴을 타인이 파악할 수 있게 만들어 프라이버시를 심각하게 침해할 수 있다.

**파생 경로**

주소에는 여러 형식이 있다. '1'로 시작하는 주소도 있고, '3'으로 시작하는 주소, 'bc1q'로 시작하는 주소, 'bc1p'로 시작하는 주소가 있다. 하지만 비트코인에 처음 입문하면 대부분 'bc1q'를 사용하게 될 것이다.

주소 형식이 다르면 당연히 워치-온리 지갑이 스캔하는 주소들도 달라진다. 따라서 자신이 어떤 주소로 파생했는지 기억하는 것도 중요하다. 많이 사용하는 주소 형식을 표로 정리하면 다음과 같다.

| 주소 접두사 | 목적 구분(BIP 번호) | 종류 |
|---|---|---|
| 1 | 44 | 레거시 주소 |
| 3 | 49 | 네스티드 세그윗 주소 |
| bc1q | 84 | 네이티브 세그윗 주소 |
| bc1p | 86 | 탭루트 주소 |

이 주소가 어떤 주소인지 파악하기 쉽게 하기 위해 파생 경로라는 것이 있다. m/84'/0'/0'/0/10 이런 방식으로 표현되는 것이 파생 경로다. 간단히만 훑으면 두 번째 구분인 84'는 네이티브 세그윗 주소로 파생한다는 뜻이다. 마지막 구분인 10은 이 지갑의 10번 주소(11번째 주소)라는 것이다. 10번 주소가 10번째가 아니라 11번째인 이유는 숫자를 0부터 세기 때문이다.

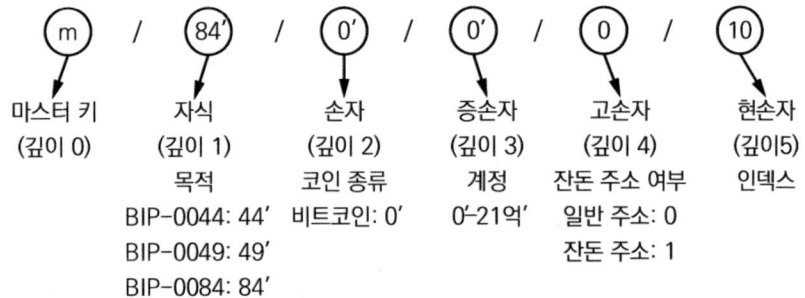

## 갭 리밋과 주소 순차 사용

니모닉 하나에는 매우 많은 주소가 있다고 했다. 이 주소들에는 '인덱스'라는 각각의 번호가 붙는다. 파생 경로에서 맨 마지막에 오는 숫자가 인덱스다. 예를 들어 파생 경로 m/84'/0'/0'/0/0은 0번 주소, m/84'/0'/0'/0/10은 10번 주소라는 식으로 이야기한다.

주소는 앞에서부터 순차적으로 사용하는 것이 좋다. 특정한 목적을 위해 후순위 주소를 사용할 수도 있겠으나 다른 목적이 없다면 앞번호 주소부터 순차적으로 사용하는 것이 좋다. 앞번호 주소보다 후순위 주소를 계산하는 데 특별히 시간이 더 걸리는 것도 아니다.

워치-온리 지갑들이 한 번에 수억 개 주소를 스캔하는 것은 불가능하다. 시간이 매우 많이 걸릴 테니 말이다. 그래서 보통 워치-온리 지갑들은 한 번에 마지막 사용 주소로부터 20개 정도의 주소만 더 스캔한다. 워치-온리 지갑들이 한 번에 스캔하는 주소의 개수를 갭 리밋gap limit이라고 한다.

갭 리밋이 20인 워치-온리 지갑이 있다고 해보자. 이 지갑의 주소를 사용한 적이 없다면 20개 주소만 스캔할 것이다. 만약 10번 주소까지 사용했다면 20개 주소를 더 스캔해 30번 주소까지 스캔할 것이다. 그러면 50번 주소에 비트코인이 있더라도 워치-온리 지갑이 스캔하지 못한다. 워치-온리 지갑이 스캔을 못 하면 당연히 PSBT도 생성할 수 없으므로 그 주소에 있는 비트코인은 다른 곳으로 보낼 수 없는 상태가 된다. 이럴 때는 다른 특수한 방법을 통해 비트코인을 앞번호 주소로 보내야 한다. 이렇듯 워치-온리 지갑들에는 보통 갭 리밋이 있으므로 주소는 순차적으로 사용하는 것이 좋다.

**패스프레이즈**

간혹 패스프레이즈passphrase라는 것을 들어볼 수도 있다. 입문자라면 패스프레이즈를 설정하지 않기를 권장한다. 패스프레이즈를 적용하면 같은 니모닉이어도 완전히 다른 지갑이 생성되기 때문이다. 이에 대한 제대로 된 이해 없이 패스프레이즈를 설정했다가 비트코인을 완전히 잃어버린 입문자들이 많다. 패스프레이즈는 먼저 그 원리와 필요성을 제대로 알고 난 후에 설정해도 늦지 않다.

패스프레이즈를 설정하면 완전히 다른 지갑이 생성된다고 했다. 패스프레이즈를 설정해 놓고 패스프레이즈를 설정한 지갑에 대부분의 비트코인을 보낸 뒤, 패스프레이즈가 없는 지갑에는 소량의 비트코인만 보냈다고 해보자. 강도가 들어서 비트코인을 내놓으라고 하면 그냥 니모닉만 알려주고 그것을 가져가게 할 수 있다.

같은 니모닉에 서로 다른 패스프레이즈를 이용해 여러 지갑을 생성할 수도 있다. 하지만 이러한 목적이라면 패스프레이즈보다는 파생 경로의 계정 구분을 이용할 수 있고, BIP-0085에서 정의된 자손 니모닉을 이용할 수도 있다. 너무 깊게 들어가지는 않겠다. 어쨌든 이와 같은 용도로 패스프레이즈를 쓸 수 있다. 이 부분에 대한 이해가 제대로 되어 있지 않은 입문자는 패스프레이즈를 쓰지 말 것을 권고한다.

## 니모닉 체크섬과 MFP

주사위를 굴려 만든 숫자(엔트로피)는 외우기가 너무 어렵기 때문에 이를 니모닉 단어로 변환하는데, 이때 체크섬checksum 정보가 추가된다. 니모닉에는 오기입을 방지하기 위한 몇 가지 장치가 있다.

먼저 니모닉 단어는 2,048개 영단어인데 이들 중 맨 앞 4글자가 겹치는 단어는 없다. 예를 들어 니모닉 단어에는 base (기초)라는 단어가 이미 있는데 맨 앞의 4글자가 똑같은 basement (지하실)가 포함될 수 없는 것이다. 따라서 니모닉 단어를 적을 때는 사실 앞 4글자만 적어도 무방하다. 5번째 자리부터 나는 오타는 보정이 가능하다. abandon (포기하다)이라는 단어를 실수로 abandoned (포기된)라고 적어도 니모닉 단어 목록을 보고 보정이 가능하다는 뜻이다.

    니모닉에는 체크섬 정보가 추가된다. 니모닉에서 체크섬은 실수로 다른 니모닉 단어를 입력하진 않았는지 확인할 수 있게 하는 정보다. 체크섬이 무엇인지 이해를 돕기 위해 예시를 들어보겠다. 0 또는 1로만 이루어진 네 자리 수열이 있다고 해보자. 1 1 0 1과 같이 말이다. 여기에 혹시 오타가 나지는 않는지 확인하기 위해 마지막에 각 자리를 전부 더한 값을 쓰면 3이 추가될 것이다. 1 + 1 + 0 + 1 = 3이기 때문이다. 그러면 전체 수열은 1 1 0 1 3이 된다. 만약 실수로 오타가 나서 두 번째 숫자를 1이 아닌 0으로 썼다고 해보자. 그러면 수열은 1 '0' 0 1 3이 된다. 우리는 마지막에 각 자리를 전부 더한 값을 뒤에 추가한다는 규칙 덕분에 무언가 잘못되었다는 것을 알 수 있다. 1 + '0' + 0 + 1은 3이 아니기 때문이다. 이렇듯 마지막에 추가되는 3과 같이 수열에 잘못된 것이 있는지 알려주는 정보가 체크섬이다. 이 상황에서 정말 우연히 세 번째 자리도 오타가 나서 0을 1이라고 썼다고 해보자. 그러면 수열은 1 '0' '1' 1 3이 될 것이다. 이때는 체크섬이 제 기능을 못 하게 된다. 그러므로 체크섬은 대체로 잘못된 정보가 있는지 알려주지만, 완벽하게 알려주는 것은 아니다. 니모닉 생성 시 들어가는 체크섬은 이 예시처럼 정보를 다 더한 값은 아니고 해시 함수라는 규칙을 통해 만들어진다.

    니모닉에는 체크섬 정보가 12단어는 12번째 단어에, 24단어는 24번째 단어에 포함되어 있다. 그래서 니모닉은 마지막 단어까지 자기 마음대로 고를 수는 없다. 당연히 자기 마음에 드는 니모닉 단어를 고르는 것은 추천하지 않는다. 알게 모르게 인간의 어떤 편향이 들어갈 수 있으므로 주사위를 던져 니모닉 시드를 만드는 것을 추천한다. 아무튼 체크섬 때문에 중간에 단어 하나를 잘못 써도 이 니모닉이 잘못되었다는 것을 알 수 있다. 다음 니모닉을 보자.

abandon abandon abandon abandon abandon abandon abandon abandon abandon abandon abandon about

이런 니모닉이 있는데 실수로 첫 번째 단어를 다음처럼 바꿔서 입력했다.

"abuse" abandon abandon abandon abandon abandon abandon abandon abandon abandon abandon about

그러면 체크섬 계산 결과가 맞지 않으므로 기계는 잘못된 니모닉이라고 판별해 우리에게 잘못된 니모닉이라는 것을 알려준다.

이러한 장치들은 매우 중요한데, 비트코인은 중앙 주체가 전혀 없으므로 자신이 모든 걸 책임져야 하기 때문이다. 일반적으로 우리가 사용하는 중앙 집중형 웹사이트에서 ID와 비밀번호를 입력했을 때를 생각해 보자. 비밀번호에 오타가 나면 웹사이트 서버는 비밀번호가 잘못되었다는 정보를 우리에게 보낸다. 하지만 비트코인에는 그런 게 없다. 그래서 지갑 같은 기계가 스스로 계산할 수 있도록 이러한 체크섬과 같은 기능이 들어 있는 것이다.

하지만 체크섬 기능도 완벽하지 않다. 12단어의 경우에는 다른 니모닉을 입력해도 16분의 1 확률로 니모닉이 잘못되었다는 것을 감지하지 못할 수도 있다. 사실 이런 경우에는 '잘못된' 니모닉이 아니라 그냥 다른 지갑이 만들어진 것이다. 지갑은 생성하는 것보다는 그냥 무작위적인 숫자를 고르는 것에 가깝기 때문이다(체크섬을 제외하면). 24단어의 경우에는 256분의 1 확률로 감지하지 못할 수도 있다.

따라서 지갑을 사용할 때 MFP도 꼭 함께 기억하거나 백업할 것을 권장한다. MFP<sub>Master Fingerprint</sub>혹은 XFP는 지갑의 고유 식별자라고 생각하면 된다. MFP가 무엇인지 정확히 이해하려면 니모닉과 엔트로피, 마스터 공개키 등에 대해 알아야 한다. 니모닉을 통해 시드를 만들고, 시드로 마스터 개인키를, 마스터 개인키로 마스터 공개키를 만든다. 마스터 공개키를 SHA256과 RIPEMD160 함수로 순차적으로 해싱하여 HEX 값 8자리를 취하면 MFP가 나온다.

쉽게 생각하자. 무슨 뜻이냐면 지갑마다 고유의 이름 같은 게 있다고 생각하면 된다. MFP는 서로 다른 지갑에서 겹칠 확률이 약 42억 분의 1이다. 따라서 내가 지갑을 복구했는데 다른 MFP가 보인다면 예전에 쓰던 지갑과 다른 지갑이 생성되었다는 것을 알 수 있다.

MFP는 특히 패스프레이즈를 사용할 때 중요해진다. 패스프레이즈는 '틀린다'는 개념이 아예 없다. 무엇을 입력하든 그대로 지갑을 생성해 준다. 따라서 패스프레이즈에 대소문자, 점 하나, 공백 하나를 잘못 입력하면 완전히 다른 지갑이 생성되어 버린다. 이를 알기 위해서는 기존에 사용하던 지갑의 MFP를 알아놓는 것이 좋다. 패스프레이즈를 사용하지 않아도 MFP는 적거나 백업하는 것을 추천하며, 패스프레이즈를 사용한다면 필수적으로 MFP를 적거나 백업해야 한다.

### 5달러 렌치 공격과 수량 발설 주의

비트코인을 얼마나 모았는지 자랑하고 싶은 사람들도 있는 것 같다. 이는 비트코인이 얼마나 중요해질지 잘 모르기 때문인 것도 있다. 자산을 자랑하는 것은 아직 부를 지키는 방법에 대해서는 배우지 않은 졸부들의 특징이라 저급 아비투스로 여겨진다는 것은 둘째 치고 말이다. 당신이 비트코인을 에어-갭 지갑에 모으고 있다면 누군가가 이 소중한 비트코인을 해킹하는 가장 쉬운 방법이 있다. 바로 당신을 해킹하는 것이다. 당신을 납치하고 협박하여 니모닉을 말하게 하고, 패스프레이즈를 말하게 하면 된다.

잘 보관된 비트코인을 컴퓨터로 해킹하는 것은 불가능에 가깝다. 왜냐하면 천문학적인 비용과 시간이 들어가기 때문이다. 무차별 대입 공격brute-force attack에 들어가는 비용을 따져보자면, 전 세계 에너지 사용량을 다 합쳐도 안 되는 수준임은 물론이고 우리 태양계를 전부 에너지 발전소로 바꿔도 어려운 일이다. 시간으로 따져보자면 빅뱅부터 지금까지의 시간(약 138억 년)이 여러 번 반복되어도 어려운 일이다. 따라서 가장 저렴한 해킹 방법은 그냥 5천 원짜리 둔기를 산 뒤 비트코인이 많이 있는 것이 확실한 사람을 공격하는 것이다. 이를 '5달러 렌치 공격'이라고 한다.

비트코인이 매우 중요해진 사회를 생각해 보자. 약탈 이익이 극대화될 때는 이런 공격에 대한 동기가 커진다. 단순히 생각해 봐도 리스크가 동일하다면 5천만 사토시가 있는 사람보다는 50억 사토시가 있는 사람을 공격하는 편이 좋지 않겠는가.

따라서 비트코인 세계에서는 수량을 말하는 것을 피해야 하는 것이 암묵적인 규칙처럼 여겨진다. 물론 말하는 것은 자신의 자유지만 그에 따르는 결과도 얼마든지 책임질 각오가 되어 있어야 한다.

가끔 평단가를 묻는 사람들이 있는데, 개인 지갑을 사용하면 평단가를 알 수가 없다. 따라서 평단가를 묻는 행위는 개인 지갑을 사용하지 않는다는 방증이며, 아직 비트코인에 대해 제대로 경험해본 적이 없다는 뜻이다. 평단가보다 수량이 중요하다. 만약 평단가나 수량에 대한 곤란한 질문을 받는다면 비트코인이 하나도 없다고 유쾌하게 답하거나 비밀이라고 답해도 된다.

### KYC (고객 확인) 제도와 트래블 룰

비트코인의 프라이버시는 주소와 개인의 신원이 연결되지 않는 데서 온다. 그렇다면 국가가 계속 개인의 소비 내역을 감시할 수 있으려면 어떻게 해야 할까? 주소와 개인의 신원을 연결하면 된다. 백서에도 적혀 있다. "어떤 키의 소유자가 드러나면, 이 연결 고리가 동일 소유자의 다른 거래들도 드러낼 수 있는 위험이 있다." 그래서 대한민국을 비롯한 몇몇 국가들에서는 거래소가 고객 신원 확인KYC, Know Your Customer(이하 KYC)을 의무적으로 실시한다. 각 국가들은 지갑 주소와 개인 신원을 연결하기 위해 온 힘을 다하고 있다. 자금 세탁이나 범죄를 막기 위함이라는 명분으로 말이다. 감시할 수 있는 수단을 확보하기 위해 국가는 계속 KYC 제도를 강제할 것이다.

　트래블 룰은 대한민국에서 가장 빠르게 비트코인 거래에 제도화되었다. 이는 자금 세탁을 방지하기 위한 것이라고 명시하고 있다. 트래블 룰은 거래소에서 다른 주소로 비트코인이 이동할 때 송/수신자의 정보를 반드시 함께 전송하도록 요구하는 규제다. 트래불 룰 때문에 본인의 신원과 일치하는, 고객 인증이 완료된 지갑 주소로만 비트코인을 전송할 수 있다. 한국 거래소들은 여기에 더해 신원이 일치하더라도 입출금을 처리해 주지 않고 자금 출처를 묻거나 머그샷을 찍게 하는 등의 만행을 저지르고 있다.

따라서 한국에서는 자금 세탁을 방지한다는 이유로 등장한 각종 규제 때문에 거래소에서 등록되지 않은 개인 지갑으로 비트코인을 바로 전송할 수가 없다. 반대 방향도 마찬가지다. 개인 지갑에서 국내 거래소로 비트코인을 바로 전송할 수가 없다. 한국 거래소의 신원과 동일한 신원이 인증된 해외 거래소로 먼저 비트코인을 보내고, 그 해외 거래소에서 개인 지갑으로 비트코인을 보내야 한다.

한국 거래소에서 해외 거래소로 보낼 때는 보통 비트코인보다는 '테더'를 이용한다. 이유는 한국 거래소들이 라이트닝 네트워크 전송을 지원하지 않고, 비트코인 출금 수수료는 비싼 반면 테더 출금 수수료는 저렴하기 때문이다.

**라이트닝 네트워크와 인보이스, 라이트닝 주소**

비트코인은 거래가 컨펌되기까지, 즉 블록이 채굴되기까지 평균적으로 10분을 기다려야 한다. 평균적으로 10분이기 때문에 컨펌되기까지 40분이 걸릴 수도 있고, 운이 좋아 2분 만에 컨펌될 수도 있다. 이는 정산의 측면에서 보면 매우 빠르다. 하지만 결제의 관점에서는 느리게 느껴질 수 있다.

속도와 수수료 문제를 해결하기 위해 라이트닝 네트워크Lightning Network, LN가 나왔다. 라이트닝 네트워크는 비트코인을 훨씬 빠르게 전송할 수 있는 기술이다. 라이트닝 네트워크를 이용하는 방법은 라이트닝 지갑 수탁 서비스를 이용하거나 자신이 직접 라이트닝 노드를 운영하는 것이다. 라이트닝 지갑 수탁 서비스에는 대표적으로 월렛 오브 사토시, 블링크, 스피드 등이 있다.

온-체인 거래와 라이트닝 네트워크 거래는 다르다. 온-체인은 비트코인을 주고받을 때 '주소'를 이용해 거래한다. 하지만 라이트닝 네트워크를 이용한 전송에서는 주소가 아니라 '인보이스'를 사용한다. 인보이스는 메모나 금액과 같은 정보도 포함할 수 있다. 그리고 인보이스는 일회용이다.

인보이스는 재활용이 불가능하기 때문에 상시 사용하는 라이트닝 주소도 있다. 라이트닝 주소는 ~@walletofsatoshi.com과 같은 주소를 말한다.

여기까지가 셀프 커스터디를 위해 알아야 할 지식이다. 처음 보는 내용이 많았을 수도 있지만 괜찮다. 앞에서 이야기했듯이 차근차근 연습하다 보면 체득하게 될 것이다. 이제 본격적으로 지갑 사용법을 알아보자.

# | 키스톤 지갑

키스톤은 대한민국에서 입문자들이 가장 많이 선택하는 지갑이다. 터치 스크린 방식이 편리하고 QR 인식률이 높기 때문이다. 키스톤 사용 방법에 대해 알아보자.

**필수 준비물**

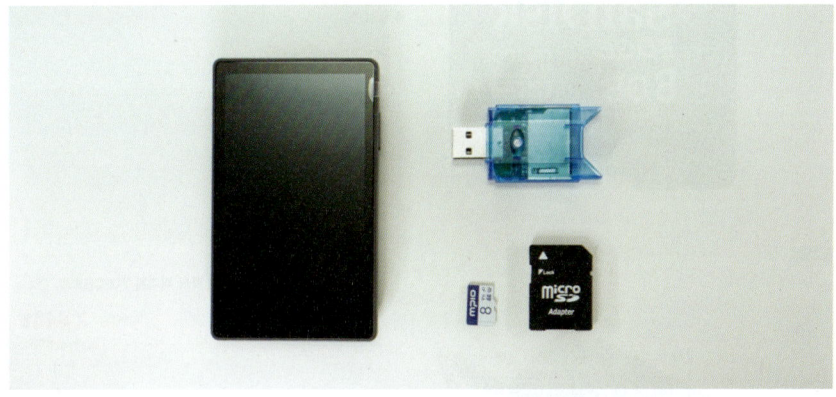

1. 키스톤 3 프로

## 2. 마이크로SD카드와 리더기

마이크로SD카드는 8GB를 추천한다. 앞으로 비트코인에 점점 깊게 빠질수록 마이크로SD카드는 쓸 일이 많다. 집에 없다면 '마이크로SD카드 8GB'랑 'SD카드 리더기'를 검색해서 구매하면 된다. 노트북 같은 경우 마이크로SD카드를 꽂는 칸이 있기도 한데, 그러면 리더기는 안 사도 된다. (다음 사진 참고)

## 권장 준비물

### 1. 주사위

주사위는 1개여도 상관없다. 하지만 많을수록 편하다. 니모닉을 만들면서 주사위를 총 50-100번 던져야 하는데 주사위가 많으면 한 번에 던질 수 있기 때문이다.

### 2. 5V 1.2A C타입 충전기

키스톤 충전 규격은 5V 1A다. 원래 전류 단위인 A는 좀 높아도 된다. 키스톤 측에서는 5V 2A까지 괜찮다는데 필자의 경험상 5V 1A가 제일 충전이 잘 됐다.

또한, 필자의 주관적 의견으로는 중간에서 이상한 짓 하기 힘든 일체형이 좋다고 생각한다. '5V 1.2A C타입 충전기'라고 검색해서 하나 구매하면 된다. (다음 사진 참고)

준비물을 마련했다면 본격적으로 지갑을 만들어보자. 먼저 배송 과정에서 변조가 없었는지 확인하고, 펌웨어 업데이트를 할 것이다.

## 업데이트를 위한 마이크로SD카드 준비

마이크로SD카드를 리더기에 연결하고 컴퓨터에 꽂는다.

먼저 SD카드를 FAT32 형식으로 포맷해야 한다. 내 컴퓨터(혹은 내 PC) → SD카드 우클릭 → [포맷]을 누른다. 그다음 파일 시스템에서 [FAT32]를 선택하고 [시작]을 누른다. 경고가 뜨면 확인을 누르면 된다.

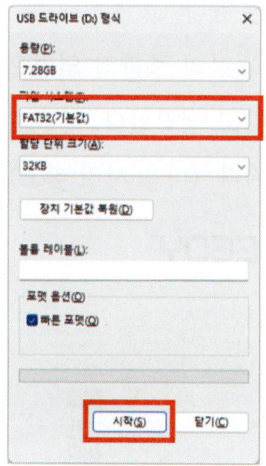

컴퓨터에서 다음 웹사이트에 접속한다.

https://keyst.one/firmware

스크롤을 아래로 내려 'Bitcoin-Only Firmware' 아래에 있는 [SD card Update]를 누른다.

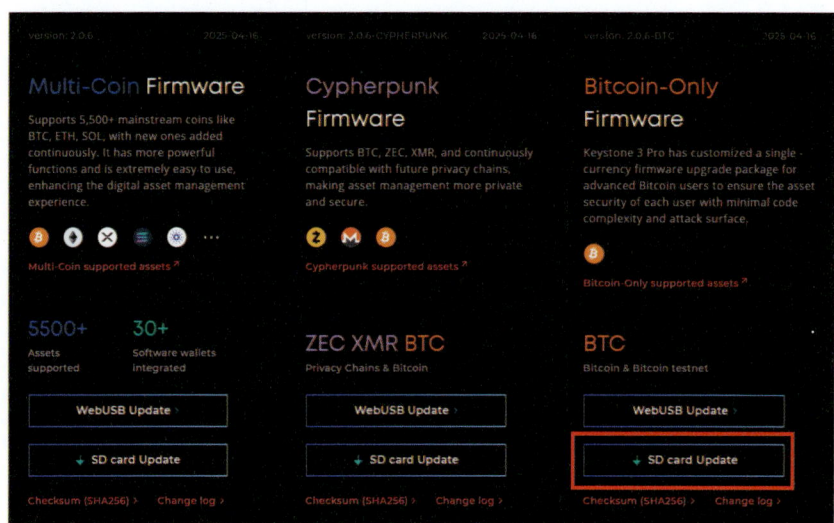

키스톤을 처음 구매했을 경우 보통 펌웨어 버전이 2.0.0 이전일 것이다. 따라서 'Current device version < 2.0.0.' 아래에 있는 [Download Bitcoin-Only 2.0.4]를 누른다.

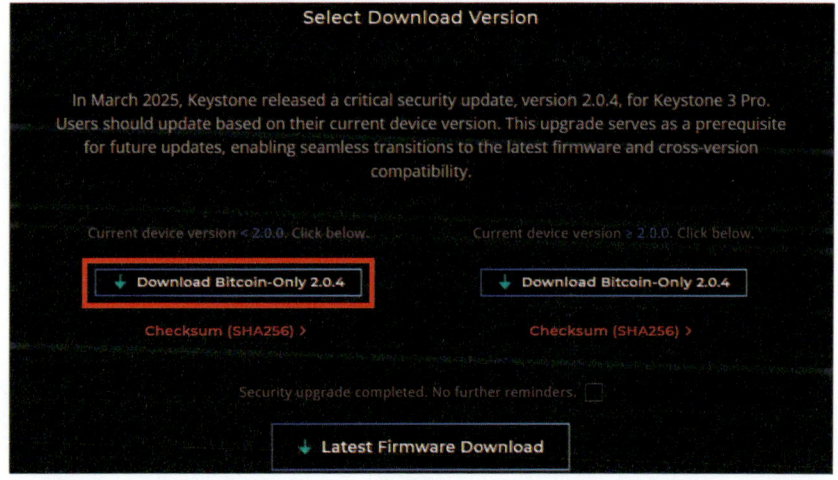

keystone3.bin이라는 파일이 다운로드 되었다. 다운로드한 파일을 SD카드에 복사한다. 주의할 점이 있다. 파일을 여러 번 다운로드할 경우 keystone3(1).bin 이런 식으로 뒤에 숫자가 붙는데, 숫자가 붙은 파일을 SD카드에 복사하면 안 된다.

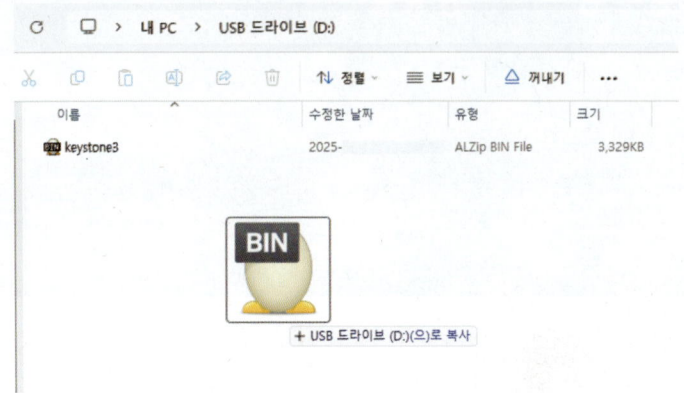

이제 업데이트를 위한 마이크로SD카드가 준비되었다. 마이크로SD카드를 컴퓨터에서 분리하고, 키스톤 좌측에 꽂는다.

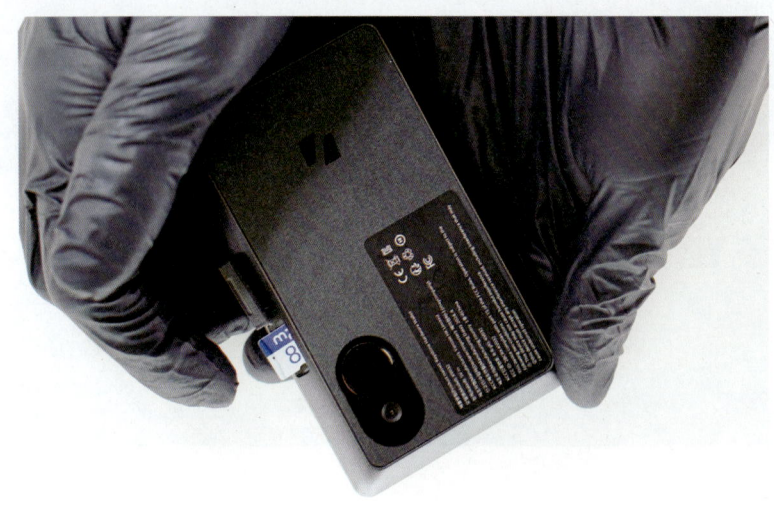

## 기기 검증

우리는 앞으로 니모닉을 만들고 니모닉으로부터 파생된 주소에 비트코인을 보낼 것이다. 그런데 불안함이 들지 않는가? 혹여나 배송 과정에서 어떤 해커가 몰래 키스톤 기기에 악성 코드를 심거나, SD카드에 다운로드한 업데이트 파일에 악성 코드가 심겨 있으면 어떡할까? 이를 확인하기 위해 기기 변조가 일어난 적은 없는지, 펌웨어 변조는 일어나지 않았는지 확인할 것이다.

이제 키스톤 우측 버튼을 꾹 눌러서 키스톤의 전원을 켜자.

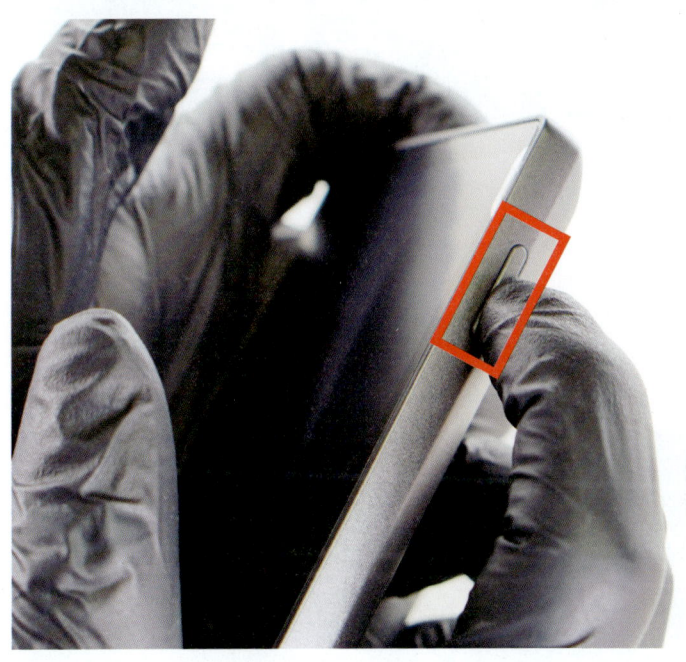

언어는 한국어로 설정한다. 장치 확인 창이 나오면 [QR 코드 스캔]을 누른다.

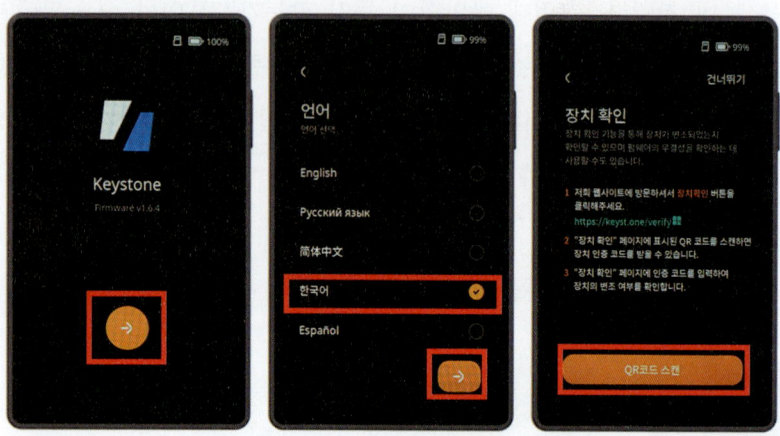

PC에서 다음 웹사이트에 접속한다.

https://keyst.one/authentication

[Verify Device]를 누른다.

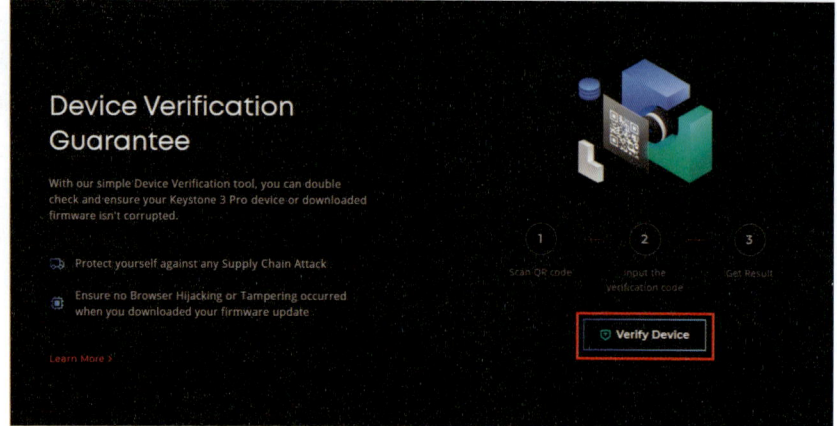

화면에 뜨는 QR 코드를 키스톤으로 스캔한다.

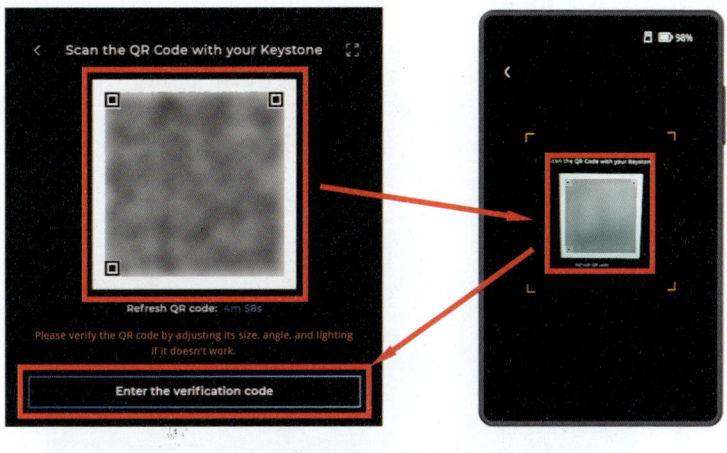

잠시 기다리면 키스톤 화면에서 8자리 코드가 나온다. 이 코드를 PC에 나오는 화면에 입력하고, [Verify]를 누른다.

아래와 같은 화면이 뜬다면 기기 변조가 발생하지 않았다는 뜻이다. 이제 키스톤에서 [인증 성공]을 누르고 펌웨어 업데이트를 해보자.

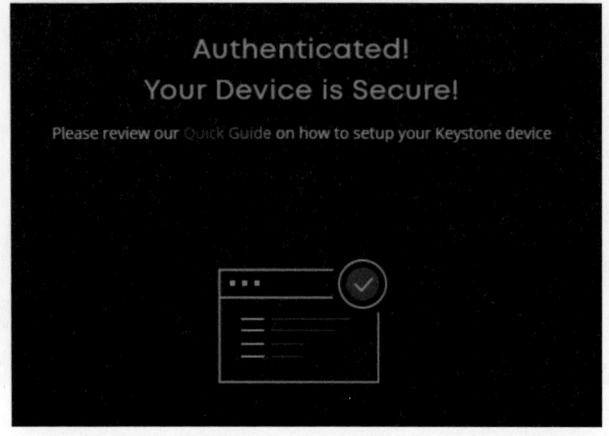

### 펌웨어 2.0.4 검증 및 업그레이드

이제 펌웨어 업그레이드를 하기 전에 펌웨어 검증을 할 것이다. 컴퓨터에 SD카드가 잠깐 연결되어 있는 사이에 업그레이드 파일에 변조가 일어났을지 모르는 일이다. 이런 일이 없었는지 검증을 해보자. 이 과정을 건너뛰고 싶다면 바로 [업데이트]를 누르면 된다.

[펌웨어 검증]을 눌러보자. '계산 중' 화면이 뜨고 나서 체크섬 밑에 어떤 코드가 보인다.

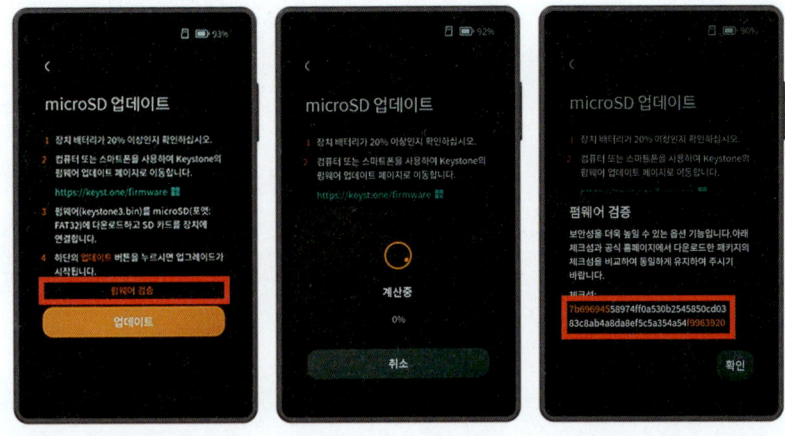

업그레이드 파일을 다운로드했던 링크로 다시 들어간다.

https://keyst.one/firmware

'Bitcoin-Only Firmware' 아래에 있는 [SD card Update]를 누르고, 아래에 있는 [Checksum (SHA256)]을 누른다.

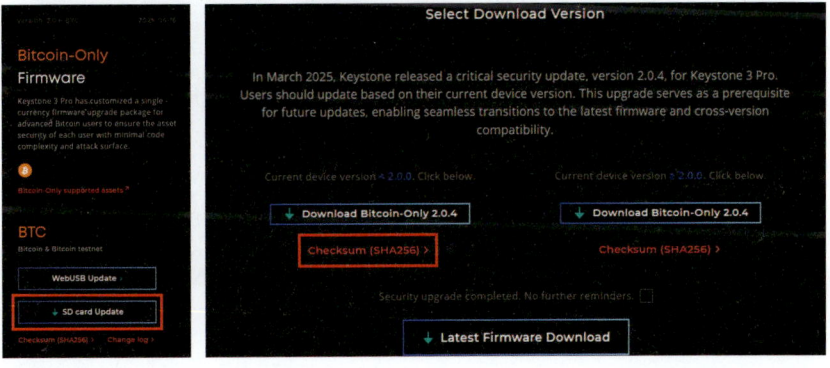

그러면 어떤 코드가 적혀 있는 창이 나온다. 이 코드가 키스톤에 표시된 코드와 일치한다면 변조가 일어나지 않은 것이다.

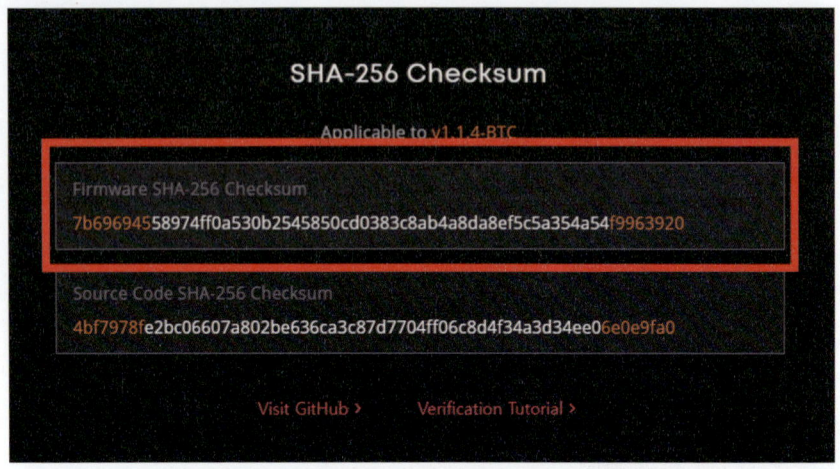

이제 펌웨어 검증까지 완료했으니 펌웨어 업그레이드를 하자. [업데이트]를 누른다.

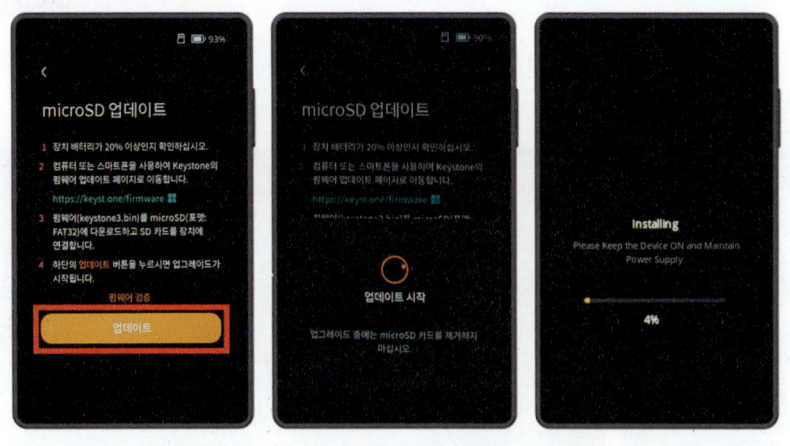

펌웨어 버전 2.0.0 이후부터는 보안 업그레이드 화면이 나타날 수도 있다. 이때 충전 전원선이 연결되어 있어야 한다. 장치에 연결할 건지 안내 창이 나오면 [지금 안 함] 버튼을 누른다. 이 안내창은 설정에서 에어갭 모드를 켜고 나면 안 뜰 것이다. [시작]을 누르면 알아서 펌웨어 검증을 한다.

잠시 후에 화면이 꺼졌다가 켜진다.

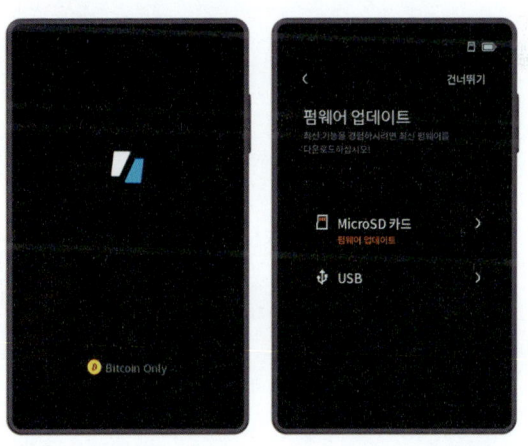

**최신 펌웨어 업데이트**

지금은 2.0.4 이후의 버전이 나왔다. 따라서 최신 펌웨어로 업데이트를 다시 해줘야 한다. 2.0.4로 업그레이드하는 건 앞으로의 펌웨어 업데이트를 위해 필수적인 과정이었다. 2.0.4로 업그레이드를 했으면 새로운 펌웨어가 나올 때마다 다음과 같은 방법으로 업데이트하면 된다. 최신 버전으로 업데이트하는 방법은 앞의 내용과 거의 똑같다.

마이크로SD카드를 빼서 컴퓨터에 다시 꽂는다.

먼저 마이크로SD카드를 포맷할 것이다. 내 컴퓨터(혹은 내 PC) → SD 카드 우클릭 → [포맷]을 누른다. 그다음 파일 시스템에서 [FAT32]를 선택하고 [시작]을 누른다. 경고가 뜨면 확인을 누르면 된다.

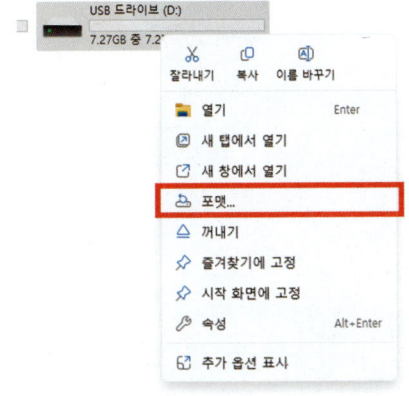

컴퓨터에서 다음 웹사이트에 접속한다.

https://keyst.one/firmware

스크롤을 아래로 내려 'Bitcoin-Only Firmware' 아래에 있는 [SD card Update]를 누른다.

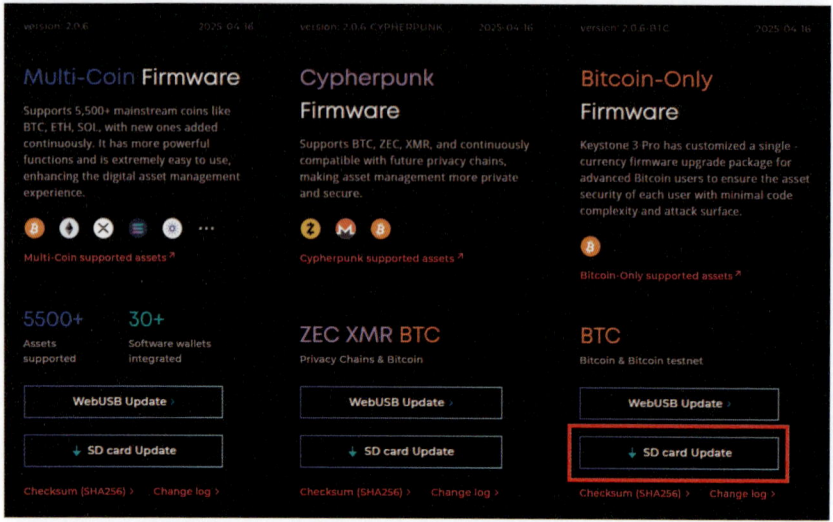

이제는 버전 2.0.4가 아니라 더 최신 버전으로 업데이트를 해야 한다. [Latest Firmware Download]를 누른다.

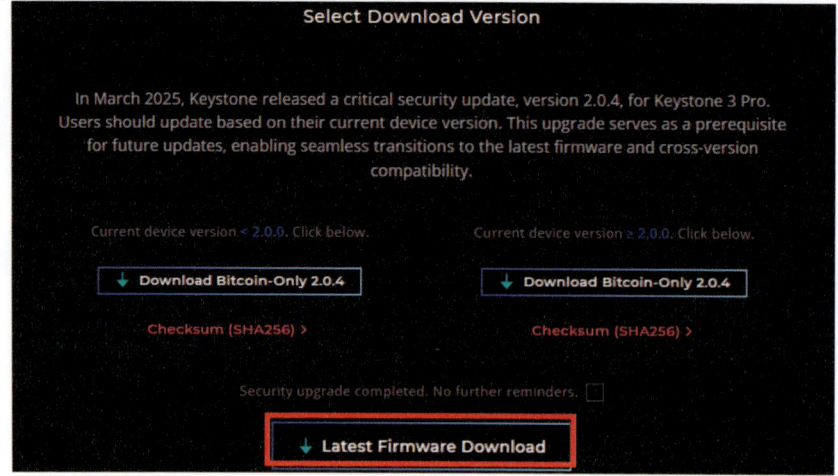

keystone3.bin이라는 파일이 다운로드 되었다. 다운로드한 파일을 SD카드에 복사한다. 앞서 언급했듯이 파일을 여러 번 다운로드할 경우 keystone3(1).bin 이런 식으로 뒤에 숫자가 붙는데, 숫자가 붙은 파일을 SD카드에 복사하면 안 된다. 이런 경우에는 먼저 다운로드 폴더에 있던 keystone3.bin 파일을 전부 지우고, 다시 keystone3.bin 파일을 다운로드하자.

이제 업데이트를 위한 마이크로SD카드가 준비되었다. 마이크로SD카드를 컴퓨터에서 분리하고, 키스톤 좌측에 꽂는다.

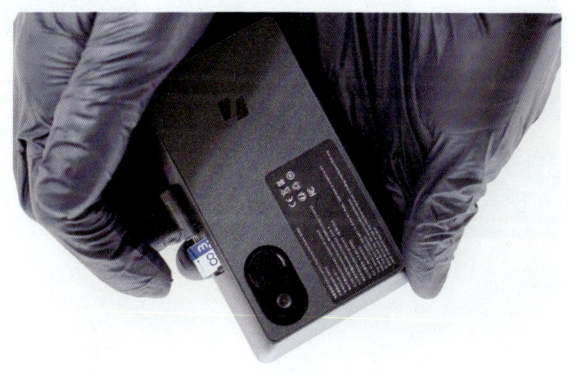

펌웨어 업데이트 화면에서 [MicroSD 카드 펌웨어 업데이트]를 누른다.

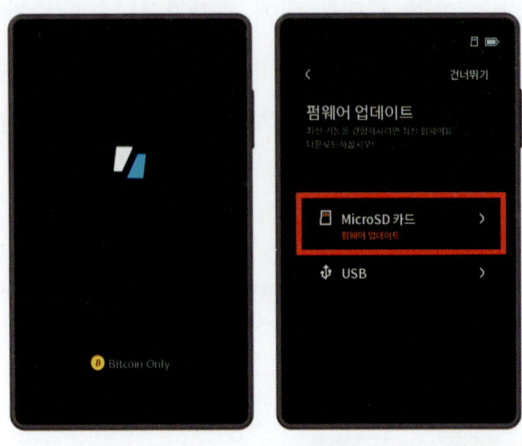

[펌웨어 검증]을 누른다.

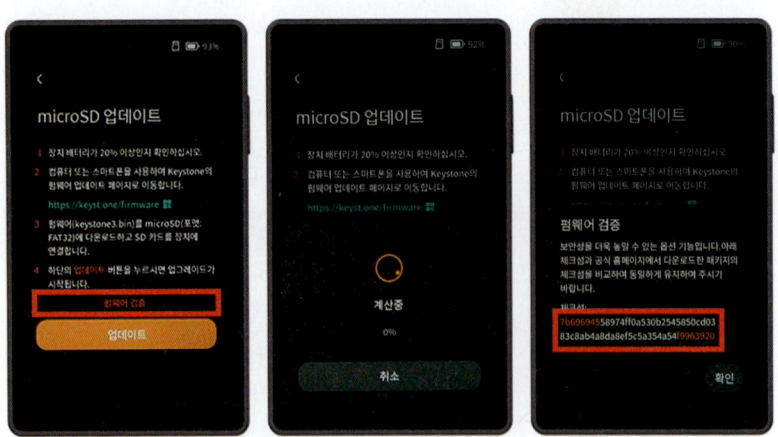

업데이트 파일을 다운로드했던 링크로 다시 들어간다.

https://keyst.one/firmware

'Bitcoin-Only Firmware' 아래에 있는 [Checksum (SHA256)]을 누른다.

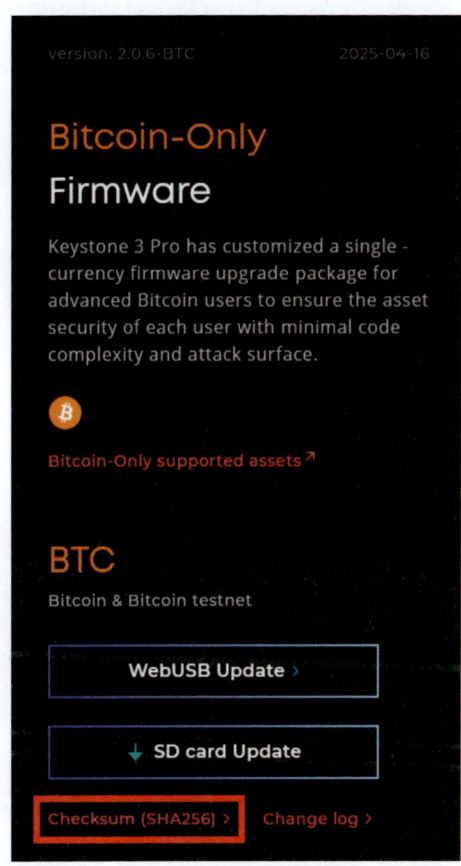

어떤 코드가 적혀 있는 창이 나온다. 이 코드가 키스톤에 표시된 코드와 일치한다면 변조가 일어나지 않은 것이다.

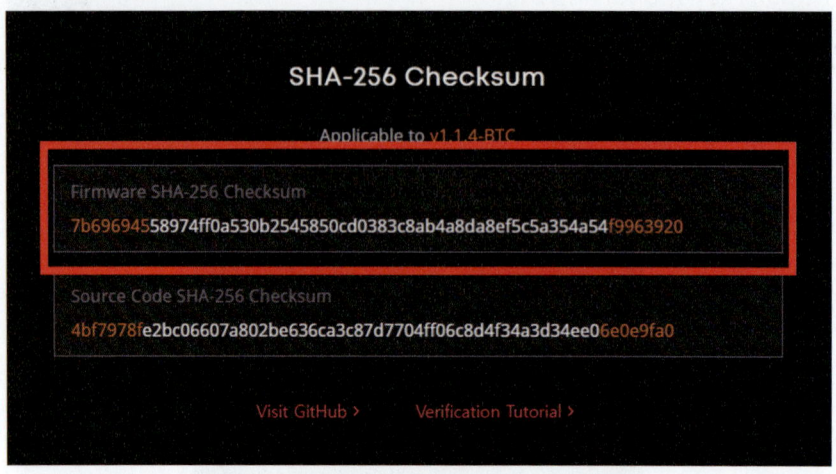

이제 펌웨어 검증까지 완료했으니 펌웨어 업데이트를 하자. [업데이트]를 누른다.

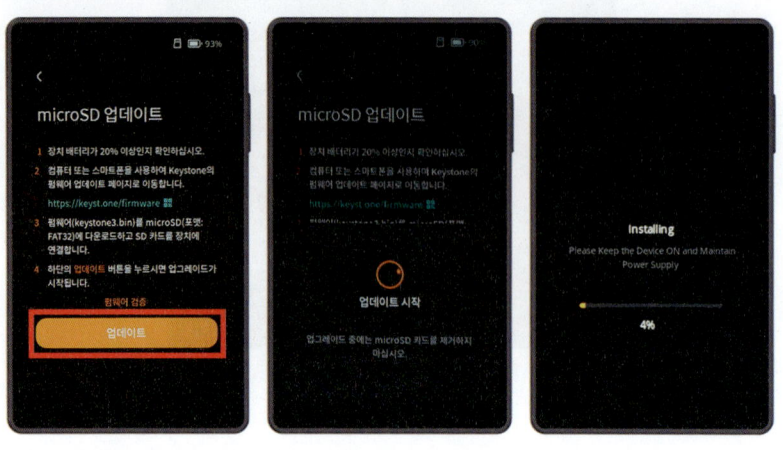

업데이트가 완료되면 마이크로SD카드를 제거한다.

펌웨어 업데이트도 완료되었으니 이제 본격적으로 지갑을 만들어보자.

**지갑 생성**

이제 지갑을 만들어보자. 주의할 점이 있다. 지갑을 만들 때는 어떠한 카메라, 녹음 장치 등이 없는 곳에서 하자. 필자는 주사위를 굴릴 때 전자기기가 아무것도 없는 방에 들어가 가족과 수신호로만 대화하며, 주사위 굴리는 소리가 나지 않도록 담요를 깔거나 침대 위에서만 진행한다.

키스톤에서 [지갑 만들기]를 누른다.

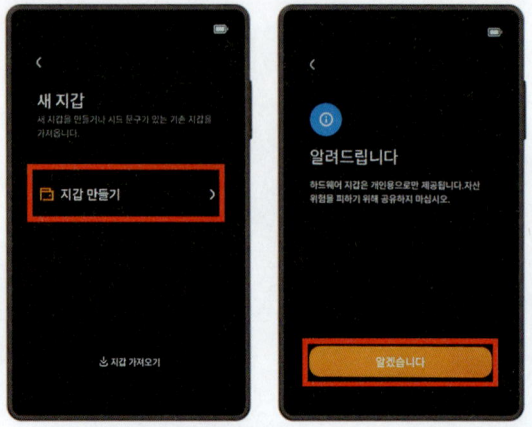

6자리 PIN 코드를 설정한다. 도둑이 키스톤 프로 3가 어디 있는지 알아서 기기를 훔쳐 가고 PIN 코드도 안다면 비트코인을 탈취할 수 있다. 그러니 보안을 생각해서 000000이나 123456 같은 PIN 코드는 설정하지 않도록 하자. 참고로 키스톤 프로 3는 최대 3개의 지갑을 만들 수 있다. 이때 각 지갑의 PIN 코드는 달라야 한다. (PIN 코드는 6번 틀리면 1분간 잠기고, 7번째에는 5분, 8번째에는 15분, 9번째에는 60분간 잠기며, 10번째에도 틀리면 기기가 초기화된다.)

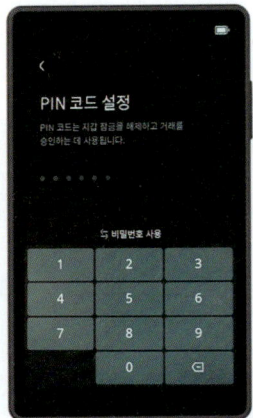

지갑 이름을 설정하자. 자기 마음대로 설정하면 된다. 백업 옵션에서 넘어가기 전에 엔트로피 생성 방법을 변경할 것이다. 우리는 직접 주사위를 던져서 지갑을 만들 것이므로 이 화면에서 그냥 넘어가면 안 된다. 오른쪽 위 점 세 개 → [엔트로피 변경]을 누른다.

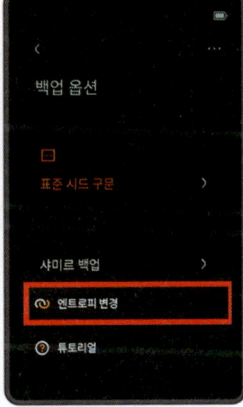

'엔트로피 변경'에서 [주사위 수]를 선택한다. 그다음 '백업 옵션'에서 [표준 시드 구문]을 선택한다.

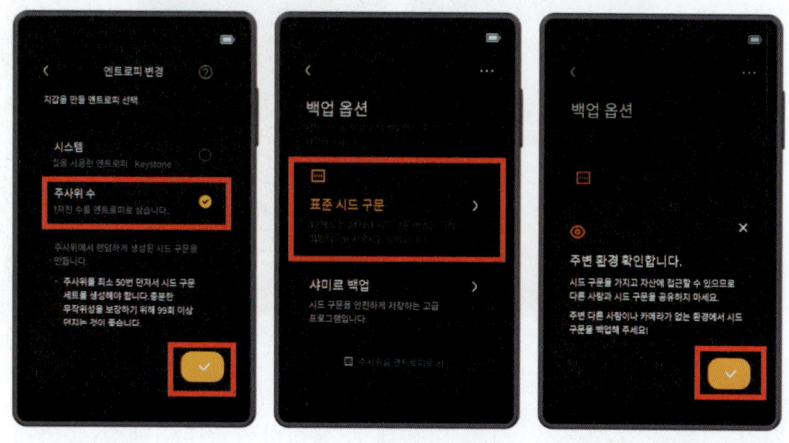

이제 주사위를 던져보자. 12단어 니모닉을 만들 것이라면 50번 이상, 24단어 니모닉을 만들 것이라면 100번 이상 주사위를 던지면 된다. 그 이상 던져도 보안이 더 높아지진 않는다.

어떤 다른 사람이 주사위를 50번 연속으로 당신과 똑같이 던질 확률은 로또 1등에 당첨될 확률보다 9,000만 × 1조 × 1조 배 더 희박하다. 우주에서 이런 일이 일어나는 것은 불가능하다.

니모닉 단어 수에 대해 이야기해보겠다. 12단어로 할지 24단어로 할지 고민이 될 것이다. 필자는 주변인에게 셀프 커스터디를 알려줄 때, 12단어는 충분한 것이고, 24단어는 과도한 것이라고 말한다. 앞에서 본 확률처럼 12단어(주사위 50번)도 똑같이 재현하는 것은 불가능하다. 그러나 보안에 있어서는 과도한 것도 나쁘지 않다. 12단어는 외우기 쉽다는 장점이 있으므로 자신이 선택하면 된다. 비트코인은 자신이 온전히 통제권을 갖는 것이므로, 누군가 정해줄 수 없고 자신이 직접 선택해야 할 일이 많다. 다만 12단어로 할 때는 꼭 주사위를 50번 이상 던지고, 24단어로 할 때는 꼭 주사위를 100번 이상 던지자.

주사위를 다 굴리고 다음으로 넘어가면 '시드 구문 백업'이 나올 것이다. 여기 나와 있는 단어들이 '니모닉'이라고 하는 것이다. 먼저 오른쪽 위에서 24단어로 할지, 12단어로 할지 선택하자. 필자는 이번에 12단어를 선택했다.

이제 니모닉을 어딘가에 적어놓자. 이 니모닉은 절대 누군가에게 노출되어서는 안 된다. 다시 말하겠다. 니모닉은 절대 누군가에게 노출되어서는 안 된다. 누군가 도움을 준다고 하며 니모닉을 요구해도 절대로 주면 안 된다.

니모닉이 노출되면 나중에 여기에 비트코인을 보냈을 때 해커가 당신의 소중한 비트코인을 탈취할 수 있다. 앞에서 말한 것처럼 카메라 녹음 장치 등을 조심해야 한다. 카메라 렌즈가 니모닉 단어들을 향하지 않도록 하고, 니모닉 단어를 입으로 소리 내어 말하지 않도록 한다.

지금은 종이로 적어놓지만, 언젠가는 외우는 것이 좋다. 집에 불이 나서 니모닉을 적어놓은 종이가 타버릴 것에 대비해 철판에 새기기도 한다. 그만큼 니모닉은 중요하다.

니모닉은 순서도 중요하다. 순서를 헷갈리면 나중에 복구가 어려워질 수도 있다.

아래 주의 사항을 꼭 읽어보자.

1. 절대로 니모닉을 사진 찍지 않는다.
2. 절대로 니모닉을 소리 내어 읽지 않는다.
3. 절대로 니모닉을 전자기기(메모장 앱) 등에 기록하지 않는다.
4. 니모닉을 적은 종이는 자신의 통제하에 있는 곳에 안전하게 보관한다. 다른 누군가에게 종이의 위치를 발설하지 않는다.
5. 니모닉을 외우지 못했다면 철판 등에 니모닉을 백업하는 것도 고려하자.
6. 누군가 니모닉을 알려달라고 요구한다면 어떠한 경우에도 절대 응하지 말자.

니모닉만 있다면 키스톤 기기가 고장 나도 얼마든지 다른 기기로 자신의 비트코인을 복구할 수 있다.

이 사진에 나와 있는 니모닉을 절대 사용하지 말 것. 이 니모닉은 테스트용으로 쓰였으며 온라인에 노출되었다. 이 니모닉에서 파생되는 주소에 비트코인을 보내면 영영 되찾지 못할 수도 있다.

'시드 구문 확인'에서 니모닉 단어를 순서대로 누른다. 이는 사용자가 니모닉을 잘 적었는지 확인하기 위한 과정이다. 다 누르고 나면 지갑이 만들어진다.

축하한다. 이제 당신만의 지갑이 완성되었다. 이제 주소도 확인하고 비트코인을 빨리 보내보고 싶은 마음이 크겠지만, 아직 할 일이 남았다. 꼭 복구 연습을 먼저 해보고 나서 비트코인을 본격적으로 보내봐야 한다. 나중에 갑작스럽게 기기가 망가졌을 때 처음 복구하게 되면 큰 혼란에 빠질 수 있기 때문이다.

따라서 워치-온리 지갑에 확장 공개키를 내보내고, 소액의 비트코인을 보내본 뒤 일부러 지갑을 초기화하고 복구해 볼 것이다.

**키스톤 사전 설정**

지갑을 본격적으로 사용하기 전에 몇 가지 설정을 하고 가자. 홈 화면에서 오른쪽 위 점 세 개를 누르고, [장치 설정]을 누른다.

[연결]에 들어가 [에어갭 모드]를 활성화한다. 이 모드를 켜면 USB 연결을 통해 데이터에 접근할 수 없고 충전만 가능하다.

뒤로 가기를 누른 후 [지갑 설정]에 들어간다. 여기서 지문 설정을 할 수 있다.

이제 여기 보이는 MFP를 기록할 것이다. MFP는 자기 지갑이 맞는지 쉽게 검증할 수 있도록 하는 역할을 한다. 필자는 니모닉과 함께 적었다.

 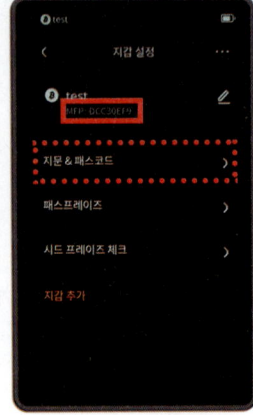

마지막으로 '시스템 설정' → [디스플레이 & 잠금 화면] 설정에 들어가서 [자동 종료 시간]을 1시간으로 설정한다. 키스톤은 전원이 켜져 있기만 해도 배터리가 금방 닳아서 방전된다. 따라서 사용할 때마다 기기를 켜고, 사용하지 않을 때는 알아서 기기가 꺼지도록 이렇게 설정하는 것이다.

사전 설정은 끝났다. 이제 워치-온리 지갑에 확장 공개키를 내보낼 것이다.

## 블루월렛에 확장 공개키 내보내 워치-온리 지갑 만들기

스마트폰에서 사용하는 워치-온리 지갑에는 블루월렛과 넌척, 코코넛 월렛 등이 있다. 블루월렛은 잔오류가 많다는 단점이 있지만, 현재 한국어를 지원하기 때문에 영어가 불편한 사람들은 편하게 사용할 수 있다. 넌척은 블루월렛보다 훨씬 안정성이 있지만 한국어 지원이 안 돼서 영어를 못하는 경우 불편하다. 코코넛 월렛은 한국의 포우팀에서 개발한 지갑으로, 당연히 한국어가 지원되고 기능도 많다(심지어 고객센터도 있다). 워치-온리 지갑은 어느 하나만 사용하는 것보다는 두 가지 이상을 사용하며 교차 검증하는 것이 좋다.

블루월렛과 넌척, 코코넛 월렛을 먼저 설치하자. 구글 플레이스토어나 애플 앱스토어에서 BlueWallet, Nunchuk, 코코넛 월렛을 검색하고 다운로드한다. iOS 기준으로 설명하지만, 안드로이드도 크게 다르지 않다.

블루월렛 앱을 실행한다. 한국어가 편하다면 언어 설정부터 바꾸자. 오른쪽 위 점 세 개 → [Language] → [한국어]를 선택하고 뒤로 가기를 누른다.

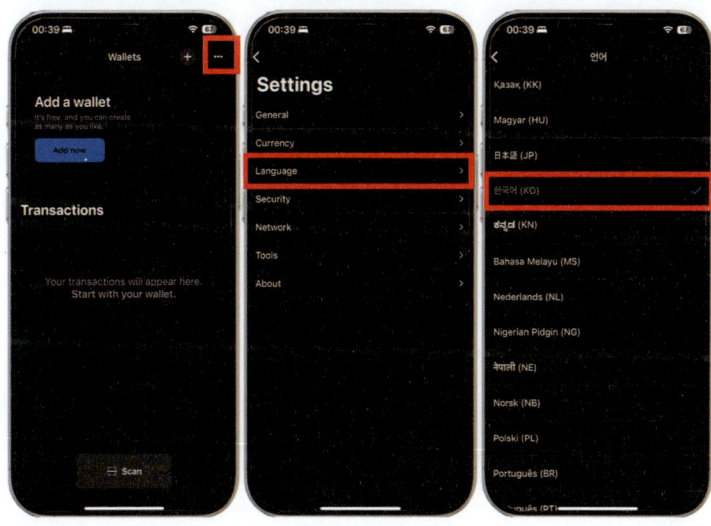

키스톤 기기 홈 화면에서 오른쪽 위 점 세 개 → [소프트웨어 지갑 연결] → [BlueWallet]을 선택한다. 그러면 QR 코드가 계속 바뀔 것이다.

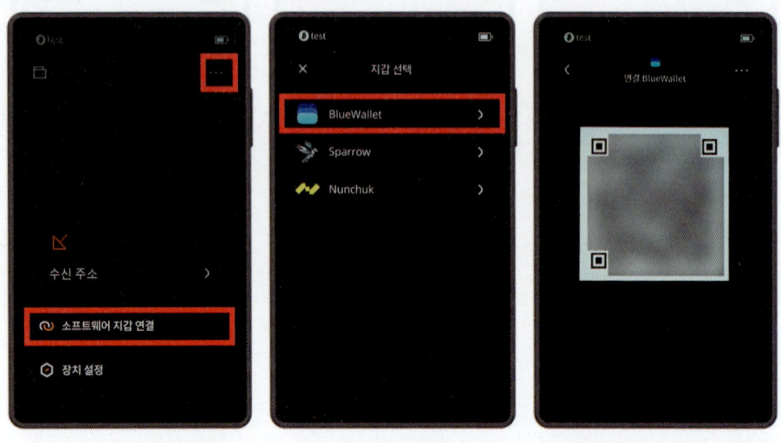

스마트폰의 블루월렛에서 우측 상단 [+] → [지갑 들여오기] → [스캔 또는 파일 들여오기] → 카메라 [허용]을 누른다.

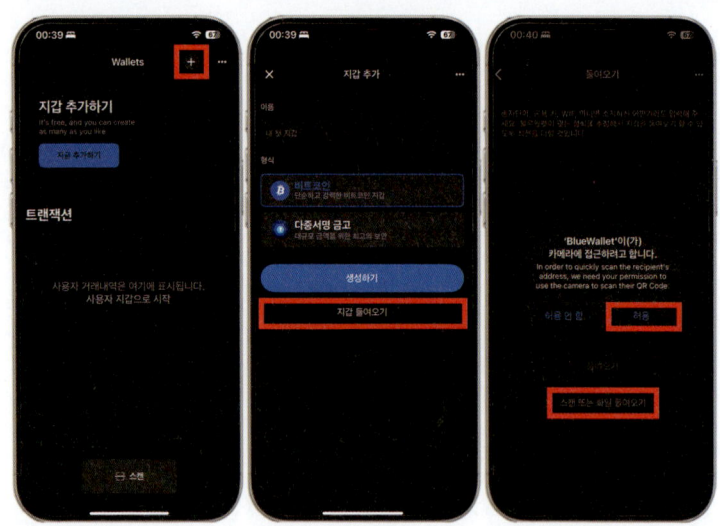

블루월렛에서 카메라 화면이 뜨면 키스톤에 나오는 QR 코드를 찍는다. 이것이 확장 공개키를 내보내는 과정이다.

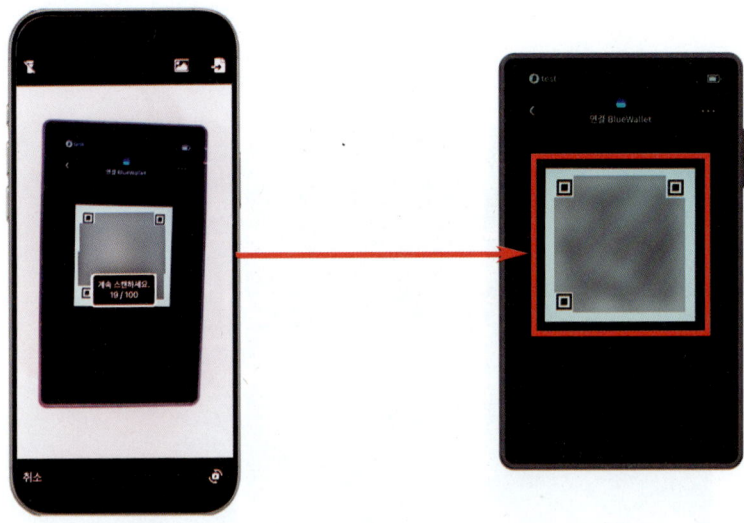

우리는 네이티브 세그윗 주소로 만들었으므로(키스톤에서 기본 설정이 네이티브 세그윗 주소: 84로 되어 있다) 맨 위의 [zpub]을 선택한다. 경고창이 나오면 [확인]을 누른다. 경고창은 현재 서명 기능이 꺼져있다는 뜻이다. 잘 들여와졌으면 지갑을 누른다.

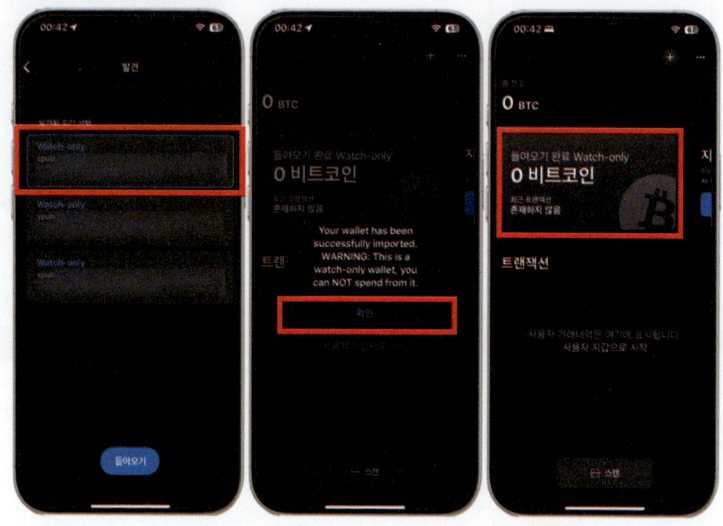

지갑에 들어와서 오른쪽 위 점 세 개를 누른다. 지갑의 이름을 설정한다.

[하드웨어 지갑 사용하기]를 켠다. 앞에서 나온 경고창이 이 옵션 때문에 떴던 것이다. 이 옵션을 켜야 키스톤에서 서명을 받아올 수 있다. 마스터 지문 아래에 있는 [보기]를 눌러 MFP를 확인한다. 키스톤에서 확인했던 MFP와 동일한지 확인한다. 대소문자는 상관없다.

[주소 보이기]를 누르면 주소 목록이 나온다.

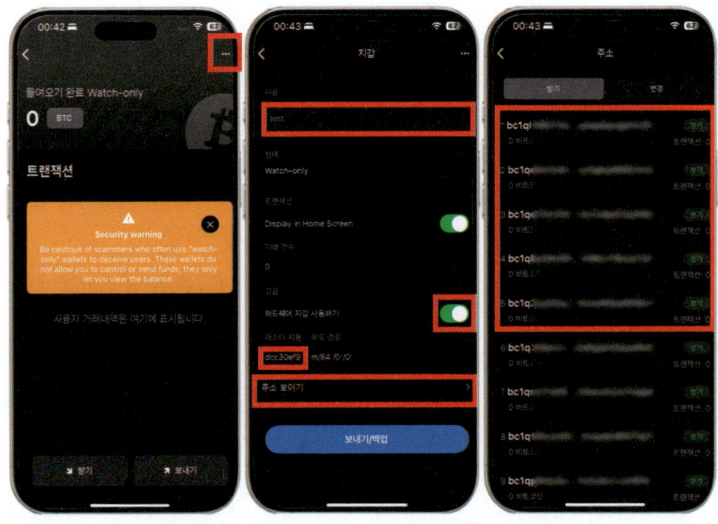

블루월렛에서 보이는 주소들과 키스톤에서 보이는 주소들이 같은지 한번 확인해 보자.

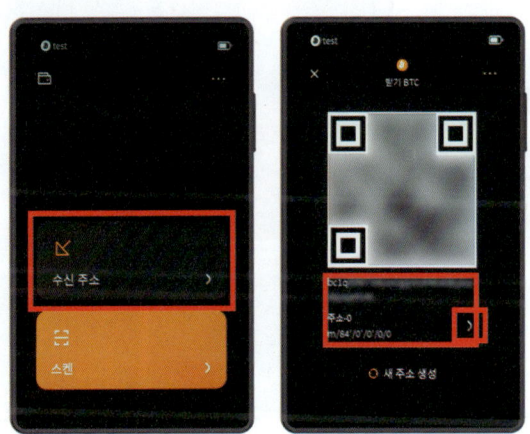

1부 • 셀프 커스터디 가이드

이제 워치-온리 지갑인 블루월렛과 키스톤 연동이 끝났다. 앞으로 블루월렛에서 '받기'를 누르고 비트코인을 받으면 된다. 하지만, 일단 소액만 보내보고 복구 연습을 한 뒤에 본격적으로 사용하길 바란다.

## 넌척에 확장 공개키 내보내 워치-온리 지갑 만들기

이제 워치-온리 지갑인 넌척과 키스톤을 연동해 보자. 앞에서 설치했던 넌척을 켠다. 우리는 게스트 모드로 넌척을 사용할 것이다. 어차피 얼마든지 키스톤과 넌척을 연동할 수 있으므로 로그인이 필요 없기 때문이다. [Continue as guest]를 누른다.

이후 화면에서 [Add key] 버튼이 보인다면 바로 누르고, 안 보인다면 아래 탭에서 [Keys]를 누른 뒤 [Add key]를 누른다.

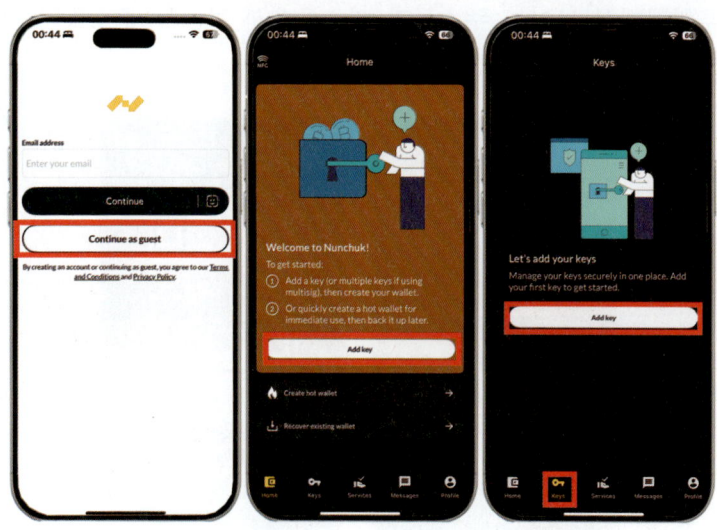

기기를 선택하는 창이 나오면 [Keystone]을 선택한다. 이후에 [Continue]를 누른다.

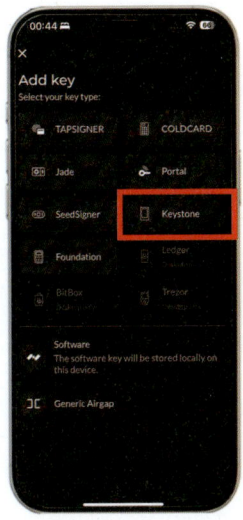
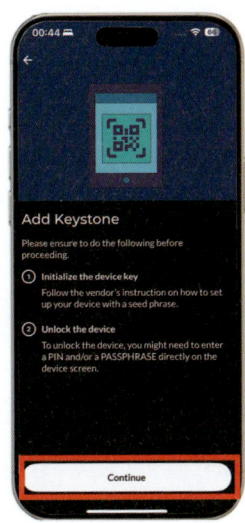

이제 키스톤 홈 화면에서 오른쪽 위 점 세 개 → [소프트웨어 지갑 연결] → [Nunchuk]을 누른다. 앞에서와 마찬가지로 움직이는 QR 코드가 나올 것이다.

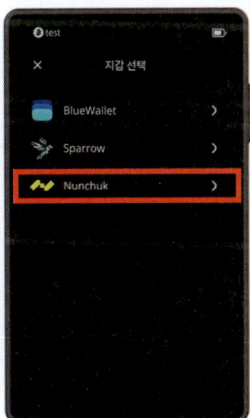

넌척에서 [Scan Qr]을 누른다. 카메라 접근 권한을 요구하면 [허용]을 누른다.

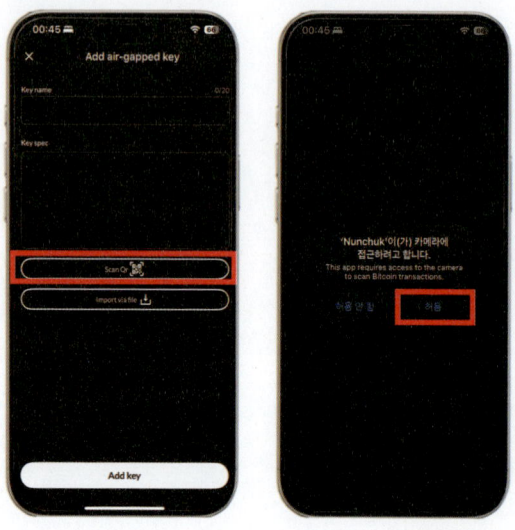

넌척에서 카메라 화면이 뜨면 키스톤의 QR 코드를 스캔한다.

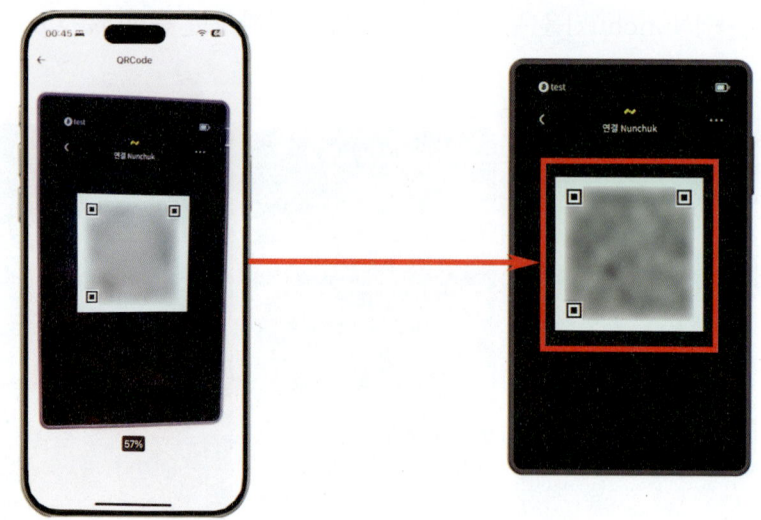

파생 경로는 [m/84h/0h/0h]를 선택한다. 그다음 나오는 창에서 지갑 이름을 설정하고, 아래에 있는 [Add key]를 누른다. 그다음 왼쪽 위 [x] 버튼을 누른다.

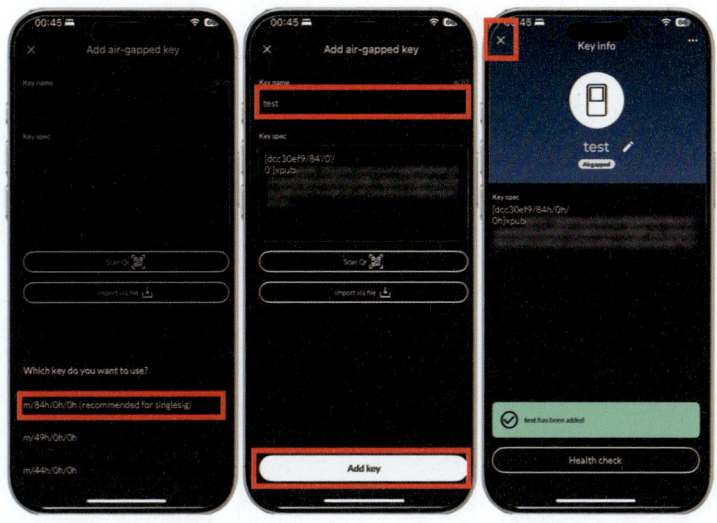

XFP 옆에 있는 문자가 MFP다. 앞에서 적었던 MFP와 일치하는지 확인해 보자.

아래 탭에서 [Home]을 누르고 [Create new wallet]을 누른다. 다음에 뜨는 화면에서 [Custom wallet]을 누른다.

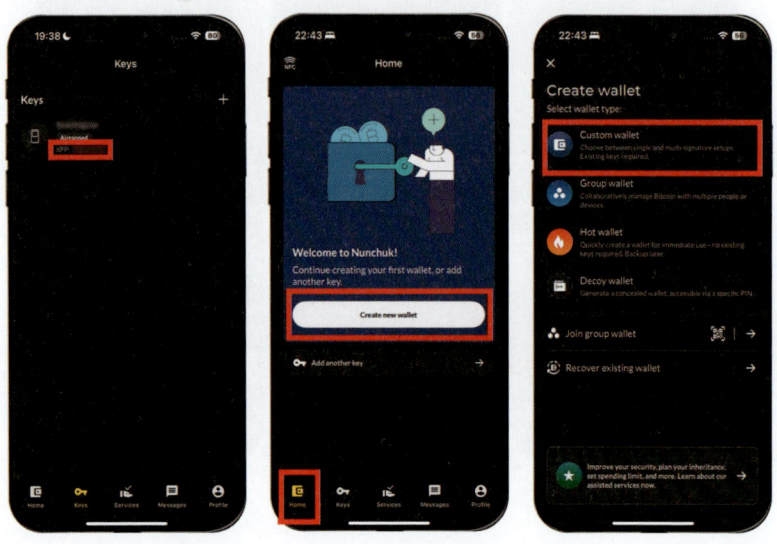

지갑 이름을 설정하고, [Continue]를 누른다. 앞에서 추가했던 Key를 선택하고 [Continue] → [Create wallet]을 누른다.

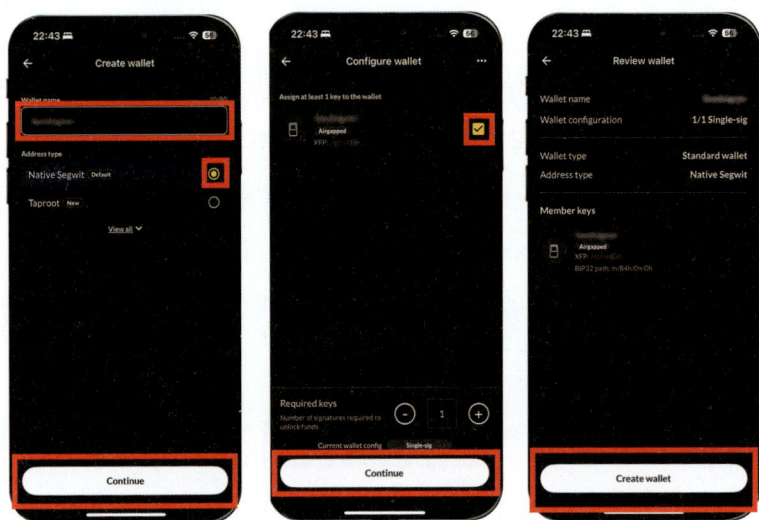

이제 [I'll do this later]를 누른다. 그러면 넌척에 확장 공개키를 내보내는 것도 완료되었다. [Receive]를 누르고 주소가 키스톤 기기에서 나오는 주소와 같은지 확인하자.

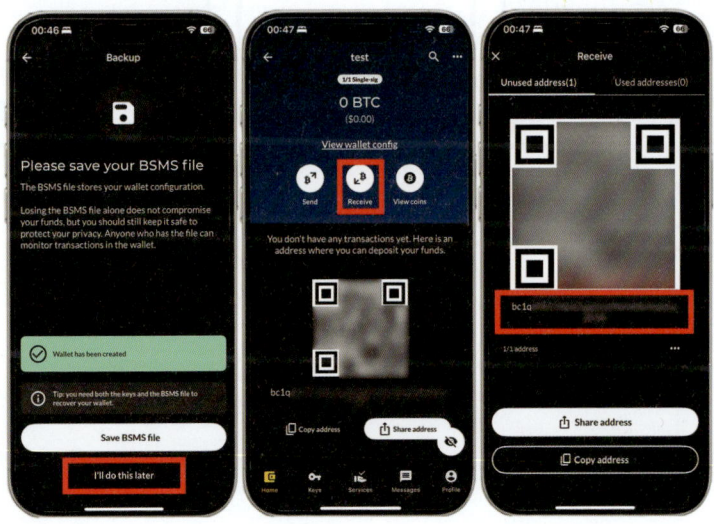

참고로 넌척 하단 탭의 [Profile]을 선택하면 몇 가지 설정을 할 수 있다. [Display settings]에서 일상적인 단위인 sat로 변경할 수 있다. [Display unit]을 누르고 [satoshi]를 선택하면 된다. 이 외에도 [Local currency]에서 [South Korean Won (KRW)]를 선택해 통화 단위를 바꿀 수 있고, [Fee settings] → [Default fee rate] → [Priority]를 선택해 온-체인 수수료를 좀 더 많이 지불하는 대신 거래가 빠르게 컨펌되도록 할 수도 있다.

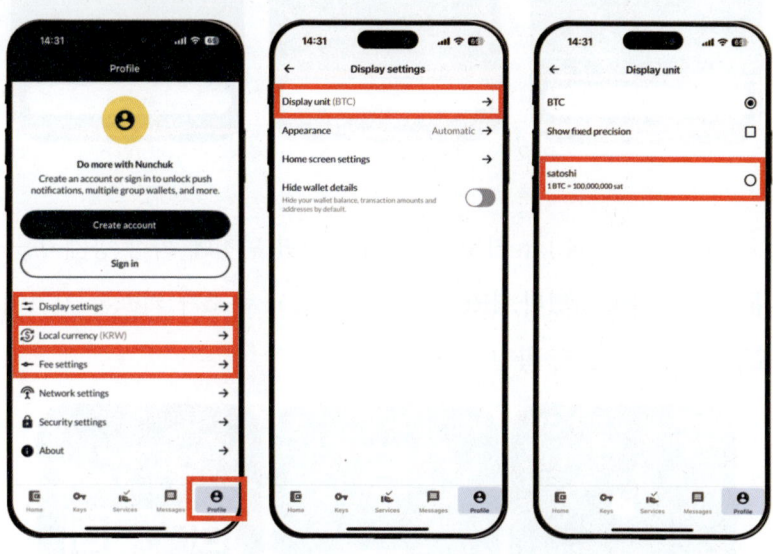

## 코코넛 월렛에 확장 공개키 내보내 워치-온리 지갑 만들기

이제 워치-온리 지갑인 코코넛 월렛과 키스톤을 연동해 보자. 앞에서 설치했던 코코넛 월렛을 켠다.

일상적으로는 BTC 단위보다 sats 단위를 더 많이 쓰므로 단위를 바꿔보자. 코코넛 월렛 홈 화면에서 우측 상단 점 세 개 → [설정]을 누르고, 단위: 비트코인을 'sats'로 바꾼다.

이제 오른쪽 위의 지갑 추가 버튼을 누르거나 아래의 [보기 전용 지갑을 추가해 보세요!]를 누른다.

지갑을 고르는 창이 나오면 [키스톤 3 프로]를 누른다. 카메라 접근 권한을 요구하면 [허용]을 누른다.

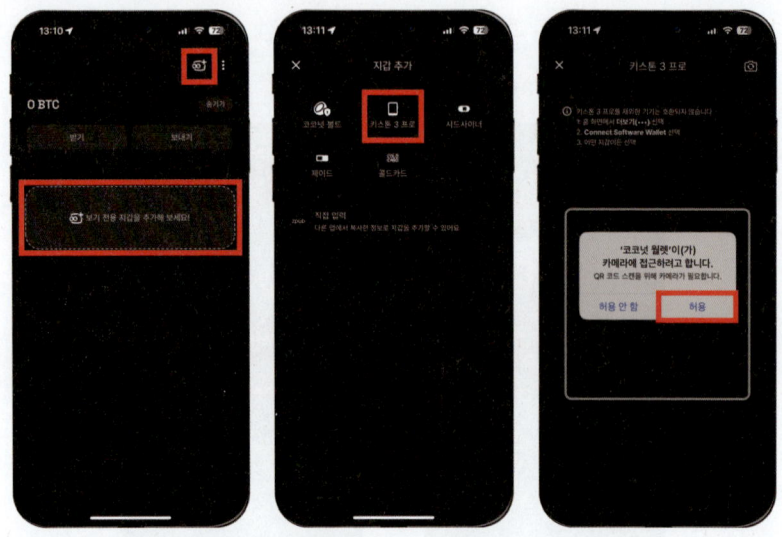

키스톤 기기 홈 화면에서 오른쪽 위 점 세 개 → [소프트웨어 지갑 연결] → [BlueWallet]을 선택한다. 그러면 QR 코드가 계속 바뀔 것이다.

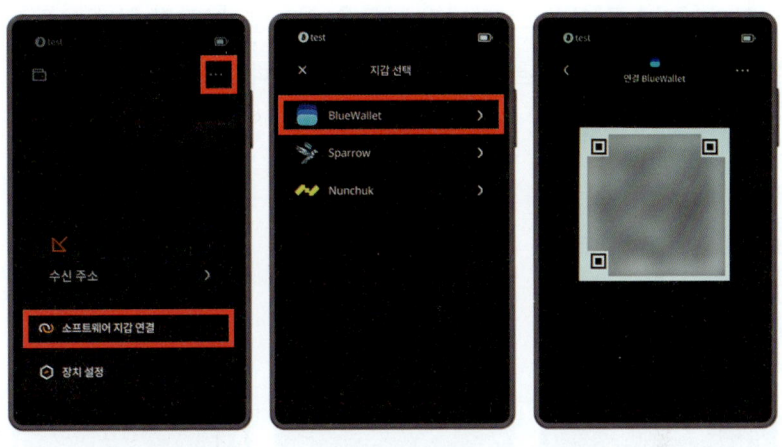

스마트폰의 코코넛 월렛에서 카메라 화면이 나오면 키스톤에 나오는 QR 코드를 스캔한다.

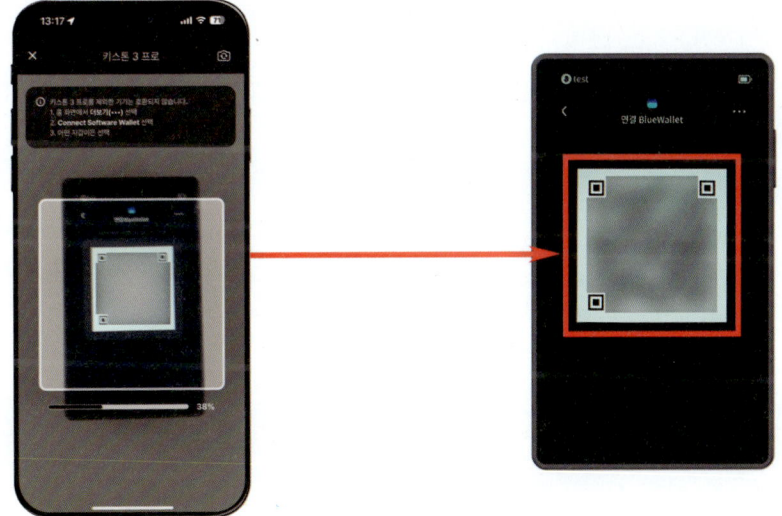

바로 워치-온리 지갑이 불러와진다. 상단의 [키스톤 >]을 누른다. 먼저 오른쪽에 보이는 MFP가 키스톤에서 확인했던 MFP와 일치하는지 확인한다. [키스톤]을 누르면 지갑 이름을 설정할 수도 있다.

[전체 주소 보기]를 누르면 주소 목록이 나온다.

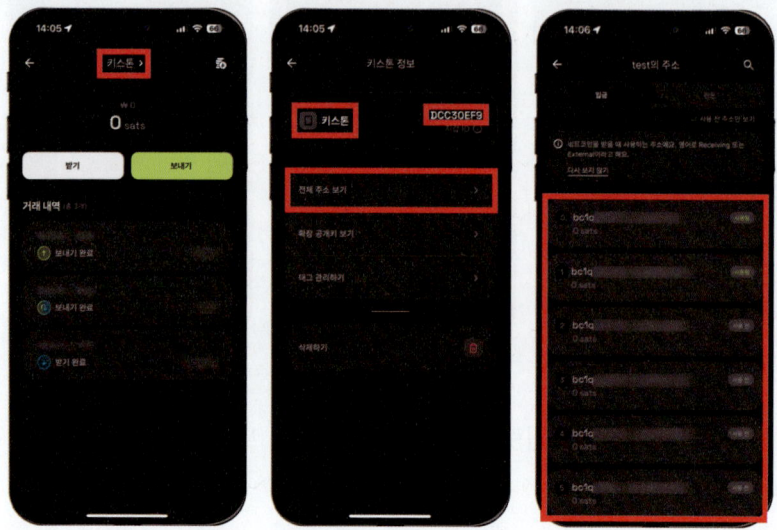

코코넛 월렛에서 보이는 주소들과 키스톤에서 보이는 주소들이 같은지 한번 확인해 보자.

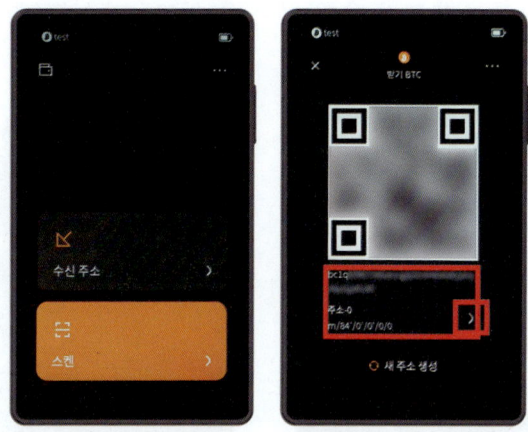

### 블루월렛으로 서명 연습

본격적으로 비트코인을 지갑에 보관하기 전 꼭 해야 하는 것이 있다. 서명이 잘 되는지 확인과 복구 연습을 미리 해봐야 한다. 비트코인을 다른 곳으로 보내려면 서명을 해야 한다. 만약 서명이 안 되면 다른 곳으로 보낼 수가 없으니 해당 주소에 모은 비트코인은 그림의 떡이 된다. 이것을 안 하고 덜컥 비트코인 모으기부터 시작하는 경우가 있는데, 이러면 나중에 거액이 들어간 상태에서 서명이나 복구를 처음 해보다가 안 되는 경우 난감해질 수 있다.

서명 연습을 해보자. 서명을 연습하기 위해 9천 sats 정도를 지갑에 일단 보내보았다. 비트코인을 지갑에 보내는 방법은 뒤에 나오는 '거래소에서 지갑으로 비트코인 옮기기' 장을 참고하라. 블루월렛과 넌척 둘 다 금액이 잘 확인된다.

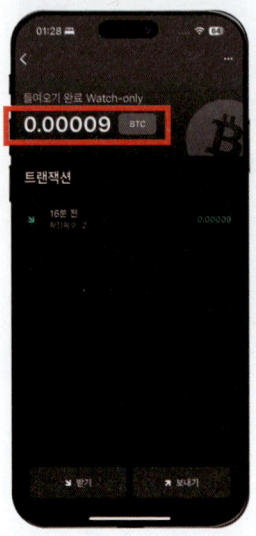 

블루월렛에서 서명 연습을 해보자. 먼저 [받기] 버튼을 누르고 뜨는 주소를 복사한다. 프라이버시와 보안을 위해 주소는 재사용하지 않는 것이 좋은데, 블루월렛과 넌척, 코코넛 월렛은 안 쓴 주소를 자동으로 보여준다. 주소를 한 번 누르면 자동으로 주소가 복사된다.

이제 [x] 버튼을 누른 뒤 [보내기] 버튼을 누른다. 주소창에 아까 복사했던 주소를 붙여넣는다. 서명 연습을 하기 위해 내 비트코인을 다시 나에게 보내는 거래(트랜잭션)를 일으키는 것이다.

그 위에 있는 금액에는 수수료를 제외하고 보낼 금액을 입력한다. 비트코인 온-체인에는 수수료가 있기 때문에 2,000-3,000 sats 이상 제외하고 송금 연습을 해야 한다.

참고로 '수수료' 옆에 있는 민트색 박스를 누르면 수수료율을 자신이 직접 설정할 수도 있다. 멤풀을 보고 적정 수수료율을 설정하는 연습도 해보면 좋다.

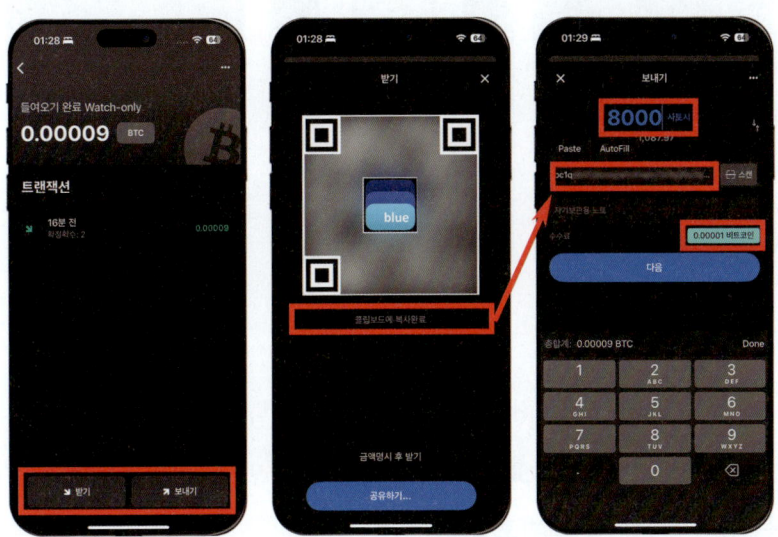

키스톤에서 [스캔]을 누르고, 블루월렛 화면에 나오는 움직이는 QR 코드를 스캔한다.

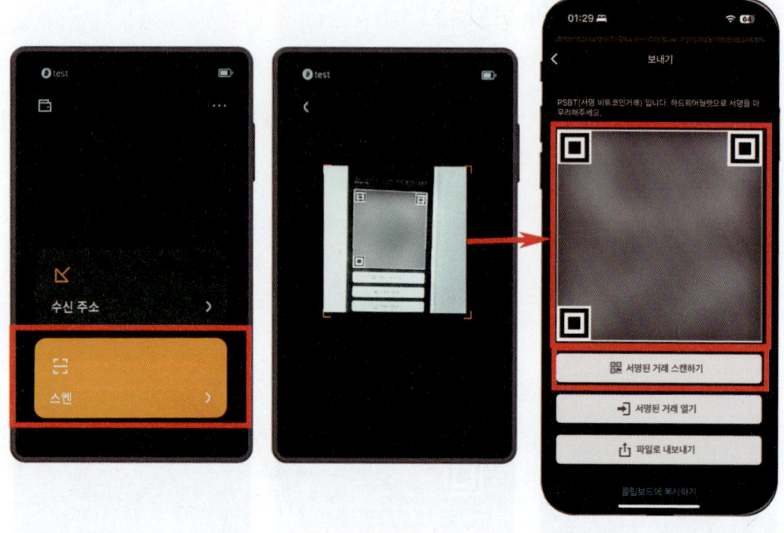

키스톤에 나오는 화면에서 스크롤을 내려 'To'에 있는 주소를 확인한다. 주소가 맞다면 화살표 버튼을 오른쪽으로 민다. 비밀번호를 입력하라는 창이 나오면 비밀번호를 입력한다.

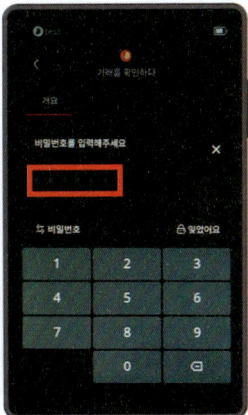

키스톤에서 QR 코드가 나올 것이다. 블루월렛에서 [서명된 거래 스캔하기]를 누르고 키스톤 화면을 스캔한다.

서명이 올바르다면 직렬화된 서명 데이터(나열된 숫자들)가 나타날 것이고, 여기서 [바로 보내기]를 누르면 네트워크에 전송된다.

## 넌척으로 서명 연습

넌척에서 서명할 때도 블루월렛과 비슷하게 진행한다. 먼저 [Receive (받기)]를 누르고 [Copy address]를 눌러 주소를 복사한다.

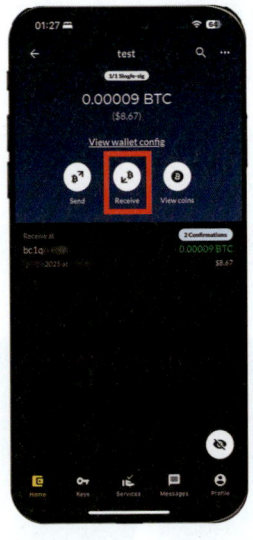 

이제 [Send]를 누르고 보낼 금액을 입력한다. 이때 수수료는 제외하고 보내야 한다. [Continue]를 누른다. 아까 복사했던 주소를 붙여넣기 하고 [Create transaction]을 누른다. 참고로 [Customize transaction]을 누르면 수수료율을 직접 설정하거나, 어떤 UTXO를 선택해서 보낼지 설정할 수 있다.

[Customize transaction]에서 [Subtract fee from send amout] 옵션을 체크하면 넌척이 보낼 금액에서 알아서 수수료만 차감하고 보낸다. 이렇게 하면 예상 수수료를 계산할 필요 없이 전액을 보내면 되기 때문에 편리하다.

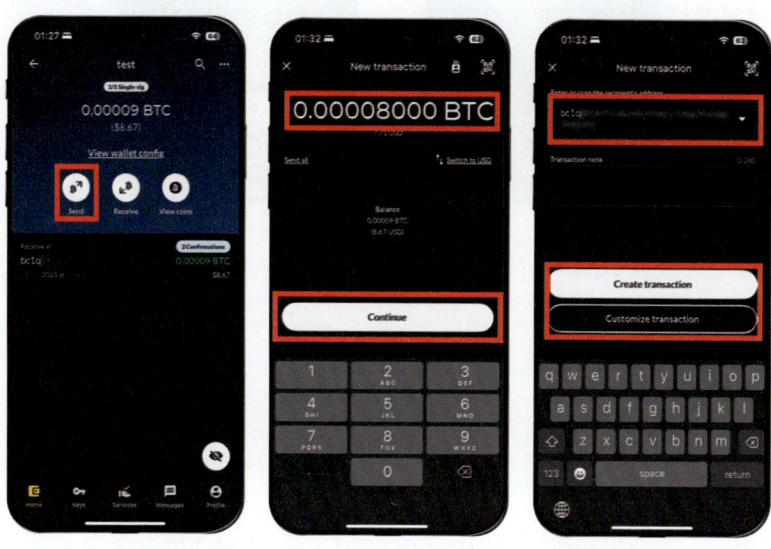

[Sign]을 누르고, [Export transaction]을 누른다. 그다음에 맨 위에 있는 [Export via QR]을 누르면 QR 코드가 나올 것이다.

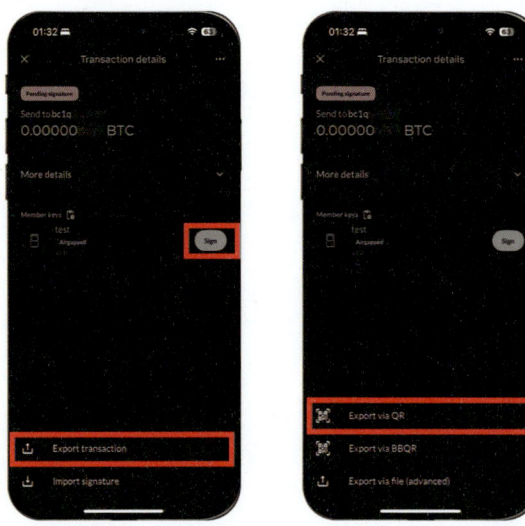

키스톤에서 [스캔]을 누르고 넌척이 보여주는 QR 코드를 스캔한다.

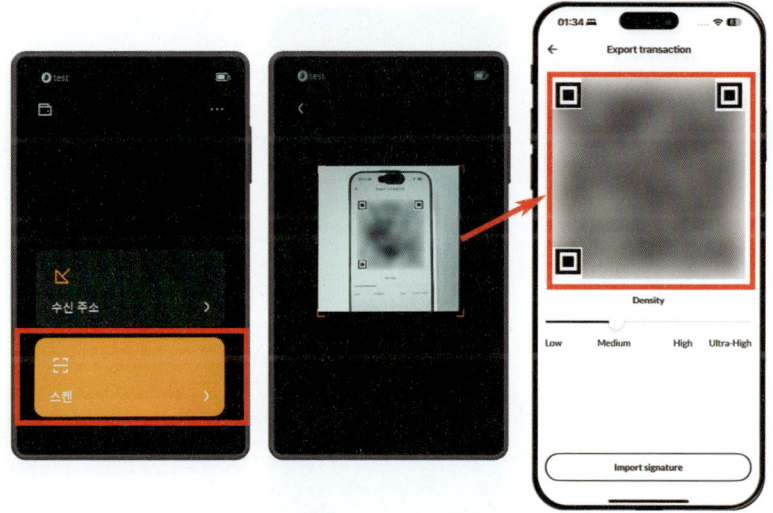

키스톤에 나오는 화면에서 스크롤을 내려 'To'에 있는 주소를 확인한다. 주소가 맞다면 화살표 버튼을 오른쪽으로 민다. 비밀번호를 입력하라는 창이 나오면 비밀번호를 입력한다.

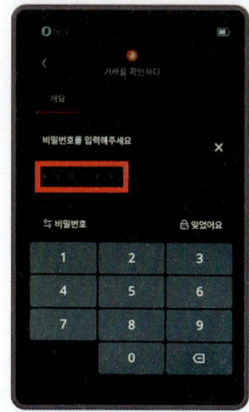

키스톤에서 QR 코드가 나올 것이다. 넌척에서 [Import signature]를 누르고 키스톤 화면을 스캔한다.

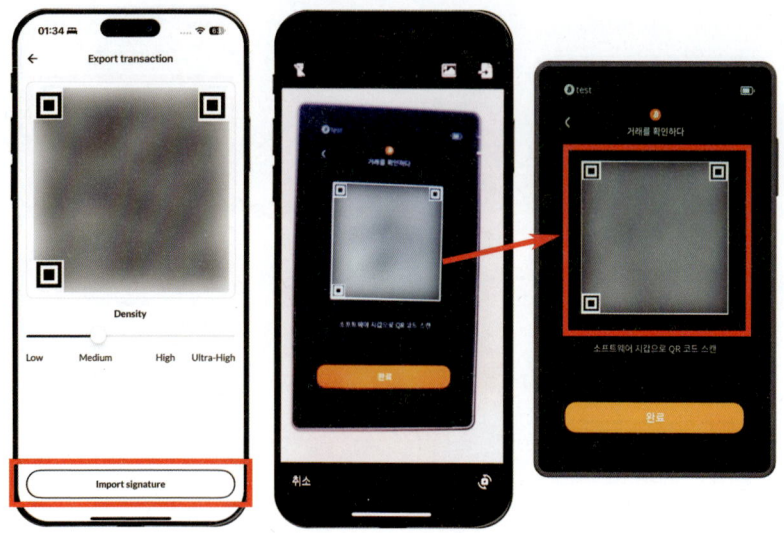

[Broadcast transaction]을 누르면 네트워크에 전파된다.

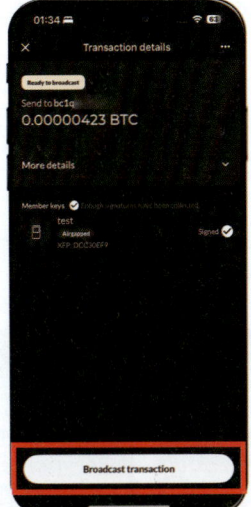

## 코코넛 월렛으로 서명 연습

코코넛 월렛에서 서명하는 과정도 비슷하다. 코코넛 월렛 홈 화면에서 지갑을 선택하고 [보내기]를 누른다.

  금액을 입력하고 아래 보낼 주소 입력창을 누른다. 코코넛은 다른 워치-온리 지갑들보다 서명 연습하는 것이 훨씬 편하다. 보낼 주소 입력창을 누르면 아래에 자신의 지갑 주소 목록이 나오기 때문이다. '내 주소' 아래에 있는 주소를 누른다.

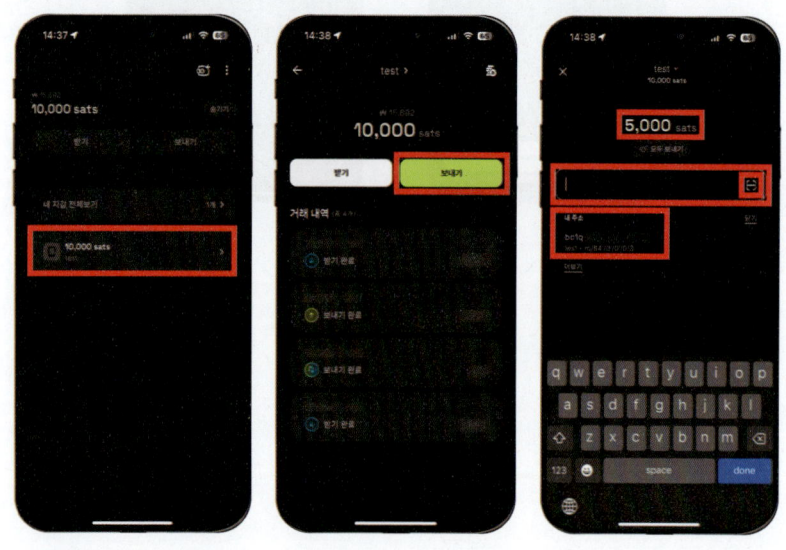

  코코넛 월렛에서는 바로 수수료율을 조정할 수 있다. 현재 적절한 수수료율이 자동으로 입력되어 있지만 더 안정적으로 바로 다음 블록에 거래가 컨펌되게 하고 싶다면 수수료율을 높여도 좋다. 수수료율까지 설정했으면 [완료]를 누른다.

  보낼 주소와 예상 수수료 등을 확인한 뒤 정보가 맞으면 [다음]을 누른다.

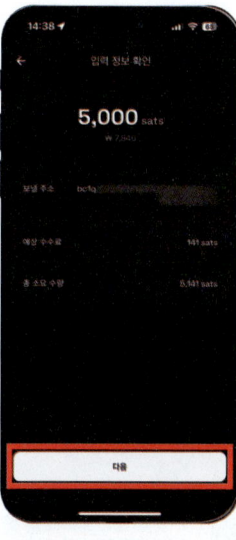

키스톤에서 [스캔]을 누르고, 코코넛 월렛 화면에 나오는 QR 코드를 스캔한다.

1부 • 셀프 커스터디 가이드

키스톤에 나오는 화면에서 스크롤을 내려 'To'에 있는 주소를 확인한다. 주소가 맞다면 화살표 버튼을 오른쪽으로 민다. 비밀번호를 입력하라는 창이 나오면 비밀번호를 입력한다.

 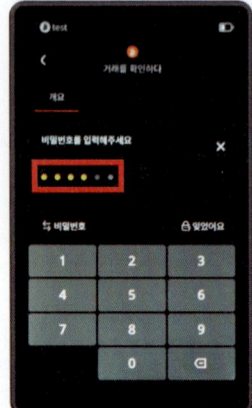

키스톤에서 QR 코드가 나올 것이다. 코코넛 월렛에서 [다음]을 누르고 키스톤 화면을 스캔한다.

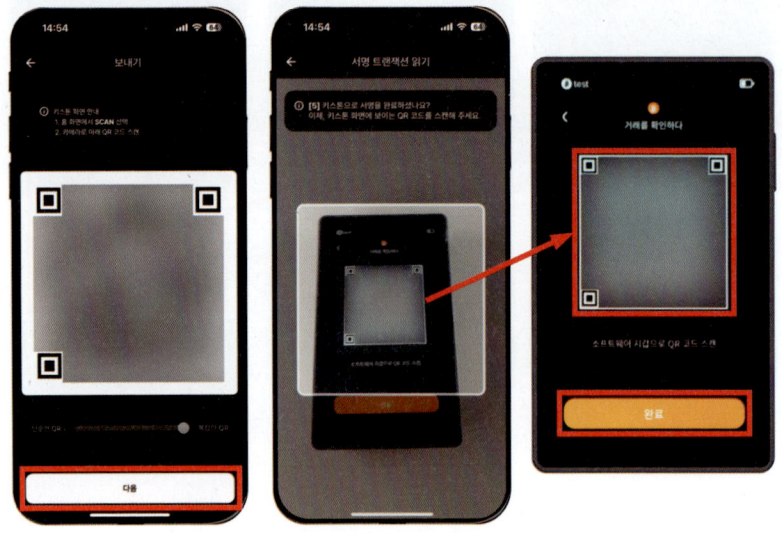

거래 정보를 한 번 더 확인하고 [보내기]를 누르면 네트워크에 전파된다.

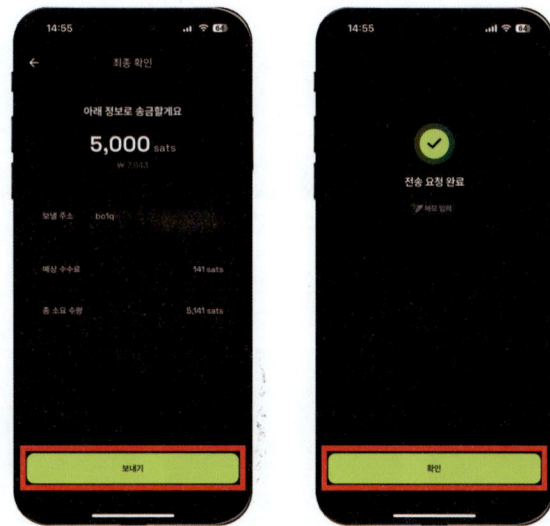

이로써 서명까지 잘 되는 것을 모두 확인해 보았다.

## 복구 연습

어떤 기기든지 수명이 있기 마련이다. 지갑을 쓰다가 지갑이 망가질 수도 있고, 지갑이나 워치-온리 앱이 깔린 스마트폰을 바꿔야 할 수도 있다. 따라서 복구 연습은 미리 해보는 것이 좋다.

니모닉만 있다면 어떤 지갑이든 상관없이 내가 가진 비트코인을 복구할 수 있다. 지금부터 지갑을 복구하는 방법을 알아보자.

먼저 스마트폰에서 워치-온리 지갑인 블루월렛과 넌척, 코코넛 월렛을 모두 지운다.

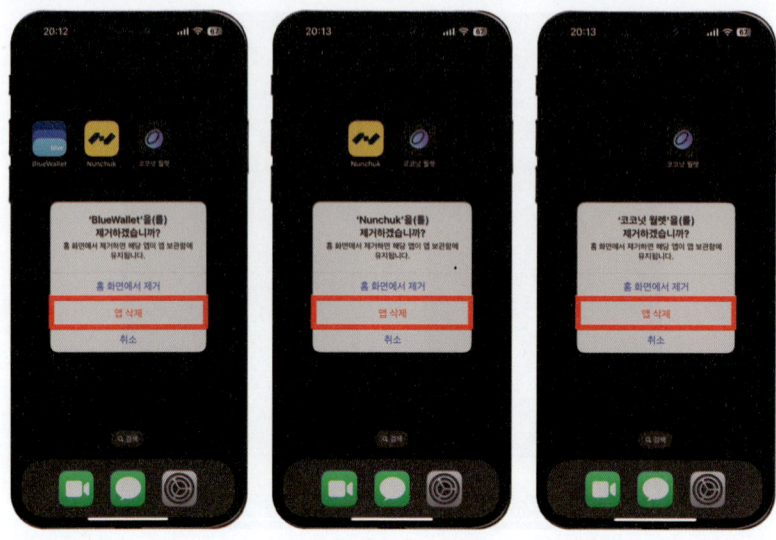

지갑을 초기화하기 위해 키스톤 홈 화면에서 오른쪽 위 점 세 개 → [장치 설정] → [시스템 설정] → [장치 초기화]를 누른다.

비밀번호를 누르고, [지금 장치 지우기]를 누른다. 알림창이 뜨면 [삭제]를 누른다.

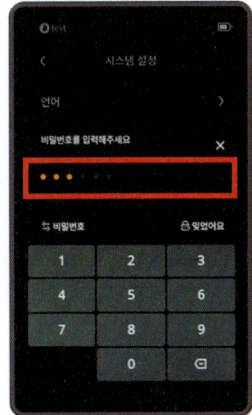  

잠시 기다리면 장치가 초기화될 것이다. 화살표 버튼을 누른 뒤 언어는 [한국어]를 선택한다.

 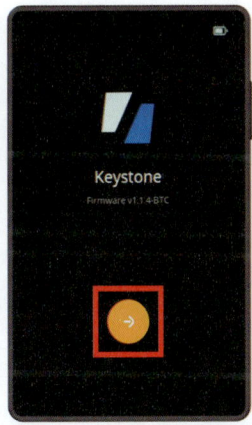 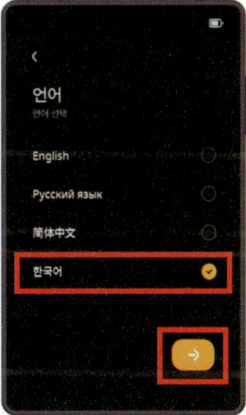

장치 확인은 처음에 했으므로 건너뛰겠다. 펌웨어 업데이트도 했으므로 건너뛰자. 복구할 때는 '새 지갑'에서 [지갑 가져오기]를 눌러야 한다.

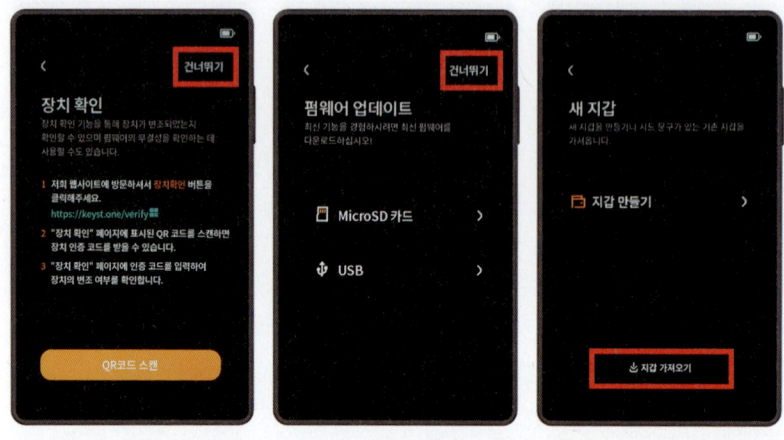

PIN 코드를 설정한다. PIN 코드 확인까지 끝나면 지갑 이름을 입력한다.

가져오기 방법에서 [시드 구문]을 선택한다. 그러면 시드 구문 수를 선택하는 창이 나온다. 필자는 니모닉 12단어로 지갑을 만들었으므로 12단어를 선택했다. 그다음 '시드 구문 가져오기'에서 니모닉을 틀리지 않게 순서대로 입력한다.

잠시 기다리면 지갑이 만들어진다.

이제 앞에서 했던 워치-온리 연동과 서명 연습을 다시 해보면 모든 복구 연습이 끝난다. 참고로 블루월렛은 앱을 삭제해도 잔여 캐시가 남아 지갑이 제대로 삭제되지 않기도 한다. 이런 경우에는 넌척과 코코넛 월렛에서 제대로 복구가 되는지를 중점적으로 확인해 보자.

여기까지 완료됐다면 이제 비트코인을 모으면 된다.

## | 시드사이너 지갑

편리함 때문에 키스톤으로 입문을 많이 하긴 하지만, 시드사이너는 자신이 직접 부품들을 구해 기기를 조립할 수 있다는 점에서 키스톤보다 더 신뢰 지점이 없어 안심이 된다.

또한, 저장 장치가 없어서 매번 니모닉을 입력해야 한다는 점은 단점이기도 하지만, 정말 큰 장점이기도 하다. 누가 훔쳐 가도 상관없기 때문이다(콜드부트 공격 가능성이 있긴 하지만 거의 불가능에 가깝다).

편리하게 시드 QR을 만들고 스캔하는 방법도 있지만, 아예 니모닉을 외워서 그때그때 입력하는 게 조금 불편하더라도 마음이 훨씬 편하다. 편리함과 보안은 반비례한다.

그럼 이제 시드사이너 사용 방법을 알아보자. 필자는 '비트키트'에서 구매한 시드사이너를 기준으로 글을 썼다.

### 필수 준비물

시드사이너를 만들 때 제일 좋은 건 자기가 직접 부품들을 따로 구하는 것이겠지만 비트키트처럼 필요한 부품들을 모아서 파는 곳도 있으니 참고하기 바란다.

https://smartstore.naver.com/bitkit/

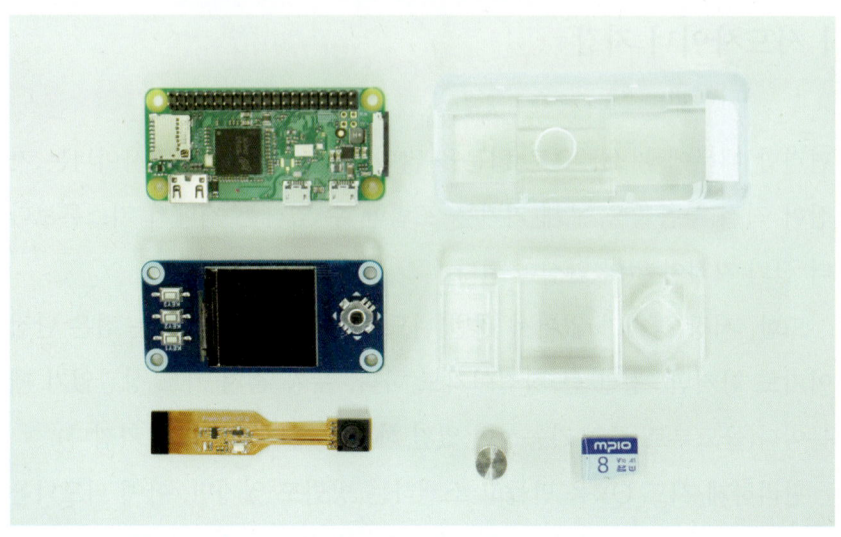

### 1. 라즈베리파이 제로 보드(핀 납땜 버전)

라즈베리파이 제로 보드가 제일 좋다. 라즈베리파이 제로 보드는 처음부터 무선 통신 모듈이 없는 채로 나온다.

하지만 국내에서는 라즈베리파이 제로 보드를 구하기가 어렵다. 그래서 보통 라즈베리파이 제로 W 보드를 사고, 와이파이/블루투스 모듈을 단선시켜 사용한다. 비트키트에서 시드사이너 조립 세트를 구매한 경우 라즈베리파이 제로 W 보드가 온다.

필자는 알리에서 라즈베리파이 제로 보드(핀 납땜 되어있는 버전)도 구매해서 사용 중이다. 부품을 각각 구할 용기가 없다면 비트키트 같은 쇼핑몰을 이용하고, 용기가 생기면 부품을 각각 구해보는 것도 방법이다.

다음 사진에서 위에 있는 보드가 라즈베리파이 제로 오리지널, 아래 있는 보드가 라즈베리파이 제로 W 보드다. 라즈베리파이 제로 오리지널 보드는 앞면에 와이파이/블루투스 칩이 없고 대신 라즈베리파이 로고가 있는 것을 알 수 있다.

(상) 라즈베리파이 제로 오리지널, (하) 라즈베리파이 제로 W

2. 라즈베리파이 제로용 LCD 1.3인치 240 x 240 px

따로 구하는 경우 인치 수와 픽셀 수를 꼭 맞춰서 사야 한다.

3. 라즈베리파이 제로용 카메라 모듈

4. 마이크로SD카드 8GB (4GB 이상)

5. 케이스

(필자는 투명 케이스를 사용하므로 사진상에서 잘 안 보인다.)

**권장 준비물**

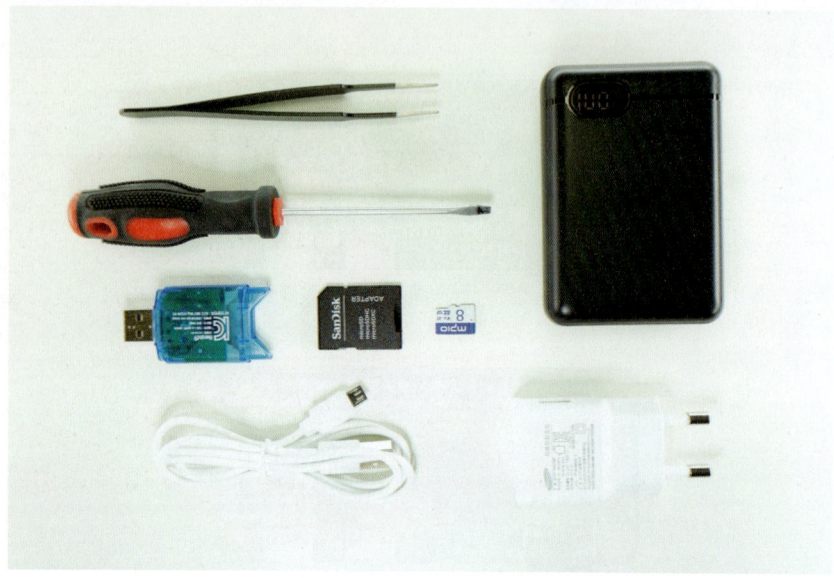

**1. 핀셋 또는 얇은 일자 드라이버**

라즈베리파이 제로 W 보드의 경우 무선 통신 모듈을 단선시켜야 한다. 이때 핀셋이 있으면 편하다. 핀셋이 없는 경우 얇은 일자 드라이버로 밀어서 뗄 수도 있다. 다만 이때 다른 부품들이 상하지 않도록 힘 조절을 잘 하면서 밀어야 할 것이다.

**2. SD카드 리더기**

마이크로SD카드를 부팅용 카드로 만들기 위해 컴퓨터에 연결해야 한다. 이때 SD카드 리더기가 필요하다.

**3. 마이크로 5핀 충전 케이블**

### 4. 5V 1↑A 어댑터 또는 보조배터리

시드사이너는 배터리가 없으므로 전원 공급이 되어야 사용할 수 있다. 어댑터와 5핀 케이블을 이용할 수도 있고, 보조배터리를 이용할 수도 있다. 보조배터리를 이용하면 돌아다니면서 사용할 수 있다.

### 이미지 파일 다운로드

먼저 깃허브에서 시드사이너 소프트웨어 이미지 파일을 다운로드할 것이다. 아래 링크에 접속한다.

https://github.com/seedsigner/seedsigner?tab=readme-ov-file#downloading-the-software

스크롤을 내리고 보드가 라즈베리파이 제로인지, 라즈베리파이 제로 W인지에 따라 알맞은 img 파일을 다운로드한다.

비트코인을 관리할 때는 누구도 믿지 않고 스스로 검증하는 태도가 중요하다. 우리가 다운로드한 파일이 시드사이너 측이 배포한 파일이 아니라 우리의 소중한 비트코인을 노리는 해커가 만든 변조된 파일일 수도 있지 않겠는가? 이런 의심이 드는 경우 다음 절에서 말하는 소프트웨어 검증 절차를 따라 해보면 된다(다소 어려울 수 있다).

### 소프트웨어 변조 여부 확인(윈도우OS)

이제 윈도우OS와 맥OS에서 이미지 파일 무결성 검증을 하는 방법을 알아볼 것이다. 먼저 윈도우OS에서 하는 방법을 알아보자. 맥OS에서 검증하려면 다음 절로 넘어가면 된다.

스크롤을 조금 더 내려보면 다음 사진과 같은 파일 링크가 있다. 이 링크를 누르면 seedsigner.?.?.?.sha256.txt 파일과 seedsigner.?.?.?.sha256.txt.sig 파일이 다운로드 될 것이다. ?로 표기한 부분에는 버전 숫자가 들어간다.

```
Note: If you have physically removed the WiFi component from your board, you will still use the image file of the
original(un-modified) hardware. (Our files are compiled/based on the processor architecture). Although it is better to
spend a few minutes upfront to determine which specific Pi hardware/model you have, if you are still unsure which
hardware you have, you can try using the pi0.img file. Making an incorrect choice here will not ruin your board,
because this is software, not firmware.

also download these 2 signature verification files to the same folder
The Plaintext manifest file
The Signature of the manifest file
```

seedsigner.?.?.?.sha256.txt 파일은 우리가 다운로드한 이미지 파일의 해시값이 적혀 있는 텍스트 파일이다. seedsigner.?.?.?.sha256.txt.sig 파일은 그 해시값이 적힌 텍스트 파일을 시드사이너 개발자의 개인키로 서명한 것이다.

※ 주의: 3개 파일을 모두 같은 경로에 다운로드해야 한다. '다운로드' 폴더에 모두 다운로드하는 것을 권장한다.

        📄 seedsigner_os.0.8.6.pi0.img
        📄 seedsigner.0.8.6.sha256.txt.sig
        📄 seedsigner.0.8.6.sha256

서명 파일은 PGP 암호화 방식을 통해 서명된 것이다. 따라서 서명 검증은 PGP의 오픈소스 버전인 GPG 프로그램을 통해 할 수 있다. PGP는 개인키를 이용해 메시지를 암호화하고 공개키를 이용해 암호화된 메시지를 복호화할 수 있는 기술이다. 또한 자신의 공개키가 공개된 상태에서 자신의 개인키로 메시지나 파일에 서명을 할 수가 있다. 그러면 사람들은 공개키를 이용해 그 서명을 검증할 수가 있는데, 오직 개인키를 가진 사람만이 서명을 할 수 있으므로 이는 그 메시지를 자신이 썼다는, 위조할 수 없는 강력한 증거가 된다. 비트코인과 굉장히 비슷하다고 느꼈다면 잘 이해한 것이다. PGP 암호화 방식은 일반인이 쉽게 사용할 수 있던 최초의 암호학 기술이다. 비트코인은 그 계보에서 내려왔다. PGP의 의미가 무엇인지 궁금하다면 필자가 공동 집필자로 참여한 『비트코인 백서 해설』 10장의 심층적 이해에서 '필 짐머만, PGP 배포' 절을 읽어보면 좋다.

변조 여부 검증은 다음과 같이 한다. 시드사이너 개발자는 시드사이너 프로그램의 해시값을 공개해 놨다. 우리는 시드사이너 이미지 파일을 SHA256 함수로 해싱해 보고 그 해시값을 공개된 해시값과 비교하면 된다. 만약 파일의 코드에 한 글자라도 변조가 있었다면 완전히 다른 해시값이 나올 것이기 때문이다.

하지만 문제가 있다. 해시값이 적힌 텍스트 파일이 정말 시드사이너 개발자가 공개한 것인지 어떻게 알까? 해커가 파일을 변조해 놓고 변조한 파일의 해시값을 텍스트 파일로 공개한 것인데 그걸 철석같이 시드사이너 개발자가 공개한 것이라고 믿을 수도 있는 것이 아닌가? 그래서 서명 파일이 있는 것이다. 우리는 해시값 파일의 서명이 시드사이너 개발자가 한 서명이 맞는지를 시드사이너 개발자의 공개키로 검증할 것이다. 맞다면 우리가 다운로드한 시드사이너 해시값 텍스트 파일이 해커가 아닌 시드사이너 개발자가 만든 것이라고 확신할 수 있다.

이제 GPG의 윈도우 버전인 Gpg4win을 다운로드할 것이다. 다음 링크에 접속한다.

https://www.gpg4win.org/

[Download Gpg4win]을 누른다.

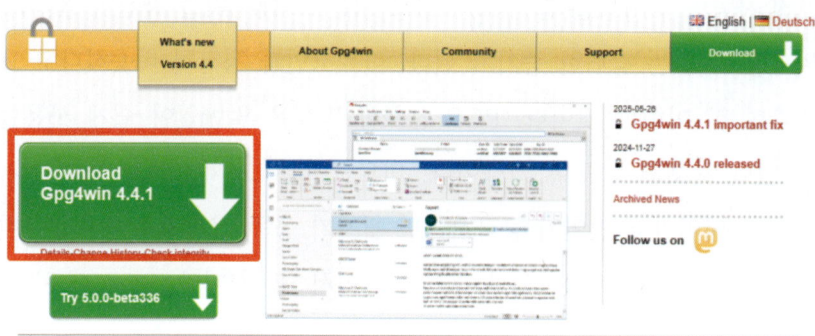

그러면 기부를 바라는 안내창이 나올 것이다. 'PayPal'에서 $0를 선택하고 [Donate & Download]를 누르거나, 왼쪽의 비트코인을 누르고 [Download Gpg4win ?.?.?]을 누른다.

'gpg4win' 설치 프로그램이 다운로드되면, 프로그램을 실행한다.

설치를 원하는 프로그램을 모두 선택하고, [Next]를 누른다. 참고로 'Kleopatra'는 이메일이나 파일 등의 메시지를 쉽게 암호화/복호화하고, 서명/검증을 하기에 용이한 프로그램이다. 프로톤 메일에서는 기본적으로 PGP 암호화/복호화/서명/검증을 지원하지만, 지메일이나 네이버 메일은 그렇지 않으므로 'Kleopatra'를 사용할 수 있다. 지금은 PGP 서명 검증이 목적이므로 'GnuPG'만 설치하겠다.

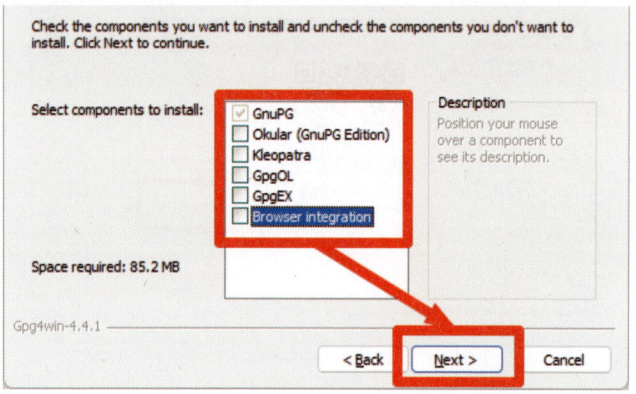

설치 위치를 정하고 [Install]을 누른다.

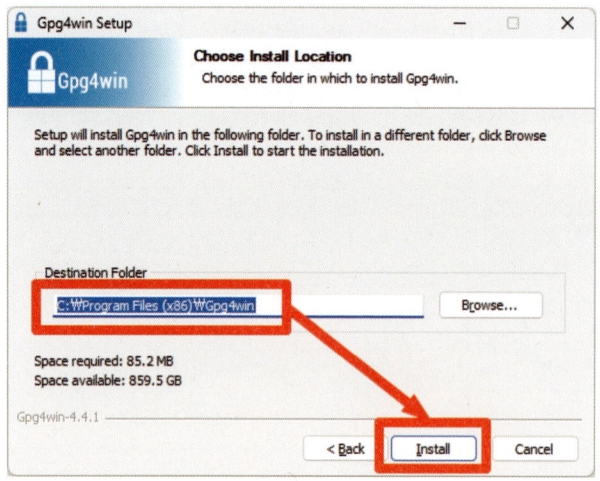

설치가 완료되면 [Next] → [Finish]를 누른다.

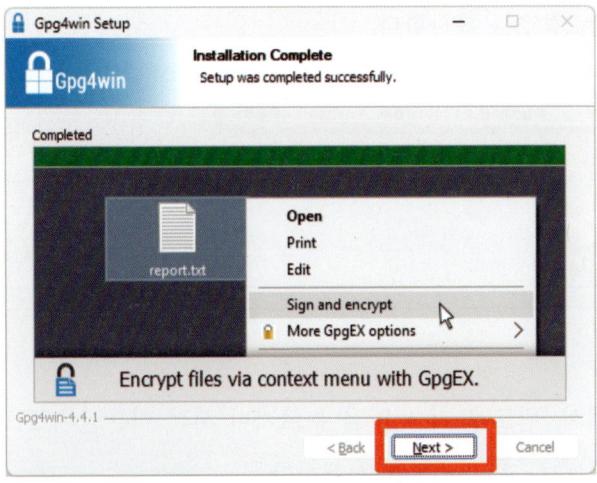

파일 탐색기에서 3개 파일이 다운로드 된 곳에 들어가 주소창을 클릭하면 나오는 경로를 복사한다.

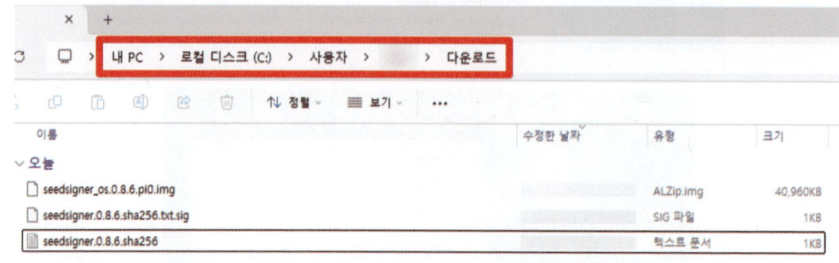

키보드에서 '윈도우 키 + R'을 누르거나 시작 버튼을 누르고 '실행'을 검색하여 실행하고, 'cmd'를 실행한다.

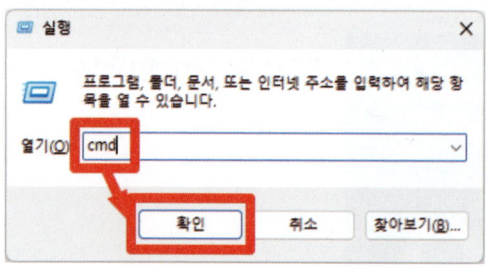

그러면 터미널 창이 나온다. 여기에 다음과 같이 입력한다. 이는 해당 폴더로 이동하라는 명령어다.

cd [방금 복사한 경로]

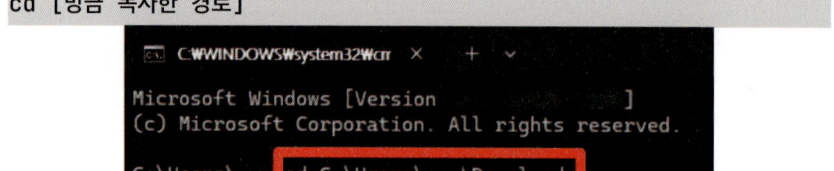

이제 다음과 같이 입력한다. 이는 시드사이너 개발자의 공개키를 가져오는 명령어다. 보통 PGP 공개키는 keybase 웹사이트에 등록하여 사용하는데 여기 등록된 시드사이너 개발자의 공개키를 가져오는 것이다.

```
gpg --fetch-keys https://keybase.io/seedsigner/
    pgp_keys.asc
```

그러면 다음 사진과 같이 결과가 표시되어야 한다.

이제 다음과 같이 입력한다. 이는 시드사이너 개발자의 공개키와 해시값 파일을 통해 서명을 검증하는 명령어다.

```
gpg --verify [서명 파일 이름] [해시값 텍스트 파일 이름]
```

아마 다음과 같은 형태일 것이다.

```
gpg --verify seedsigner.?.?.?.sha256.txt.sig
    seedsigner.?.?.?.sha256.txt
```

그러면 다음 사진과 같은 결과가 나올 것이다. 여기서 `Good signature ~`가 꼭 있어야 한다. 마지막에 나오는 공개키 지문도 확인해 놓자.

만약 이 결과가 나오지 않는다면 다시 시도해 보자. 그래도 나오지 않는다면 즉시 과정을 중단하고, 이미지 파일과 해시값, 서명 파일을 깃허브 공식 시드사이너 페이지에서 받은 것이 맞는지 확인해 보자.

```
C:\Users\    \Downloads>gpg --verify seedsigner.0.8.6.sha256.txt.sig seedsigner.0.8.6.sha256.txt
gpg: Signature made
gpg:                using RSA key 46739B74B56AD88F14B0882EC7EF709007260119
gpg: Good signature from "seedsigner <btc.hardware.solutions@gmail.com>" [unknown]
gpg: WARNING: This key is not certified with a trusted signature!
gpg:          There is no indication that the signature belongs to the owner.
Primary key fingerprint: 4673 9B74 B56A D88F 14B0  882E C7EF 7090 0726 0119
```

터미널에 나온 공개키 지문을 대조하여 우리가 검증에 사용한 공개키가 정말 시드사이너 개발자의 것이 맞는지 확인할 것이다. 다음 웹사이트에 들어간다.

https://keybase.io/seedsigner

열쇠 옆에 있는 16자리 지문 코드를 눌러 지문 코드 전체를 확인한다.

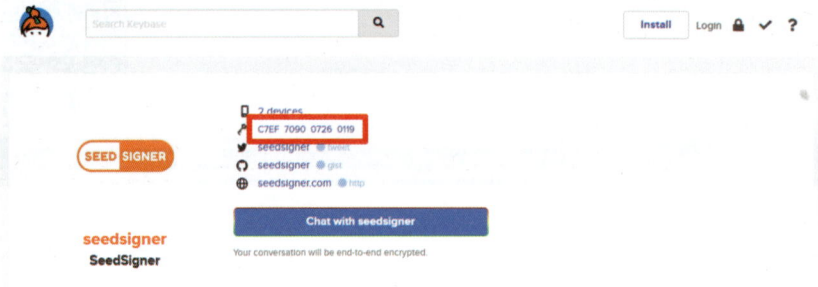

138  비트코인 사용 가이드

지문 코드 전체가 터미널에 나온 지문 코드와 일치하는지 확인한다.

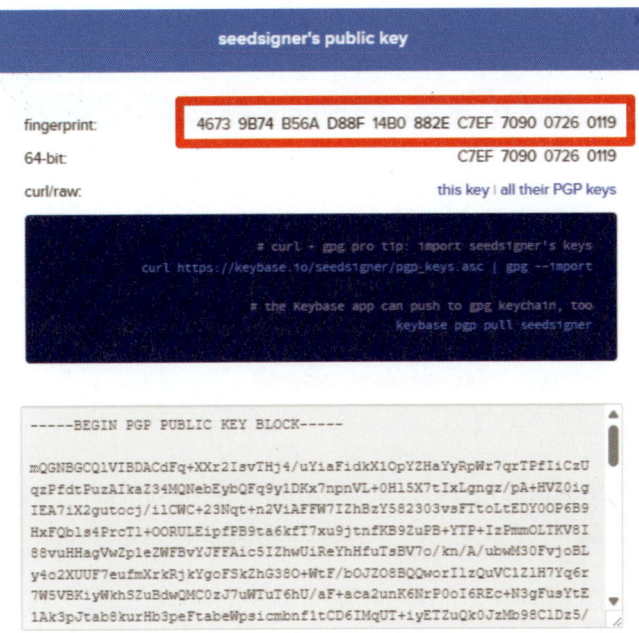

여기까지 되었다면 이제 시드사이너 프로그램을 해싱하여 해시값을 비교해 볼 차례다. 다음과 같이 입력한다. 이는 시드사이너 이미지 파일을 SHA256 함수로 해싱하는 명령어다.

CertUtil -hashfile [이미지 파일 이름] SHA256

아마 다음과 같은 형태일 것이다.

CertUtil -hashfile seedsigner_os.?.?.?.pi0.img SHA256

파일의 해시값을 계산하고 출력할 것이다.

해시값 텍스트 파일(seedsigner.?.?.?.sha256.txt)을 열어본다.

그러면 seedsigner_os.?.?.?.pi0.img 왼쪽에 해시값이 있을 것이다.

이 값이 터미널에 나와 있는 해시값과 같다면 이미지 파일에 변조가 일어나지 않은 것이다. 이제 이 이미지 파일을 이용해 시드사이너 부팅용 마이크로SD카드를 만들 것이다. '부팅 마이크로SD카드 만들기' 절로 넘어가면 된다.

## 소프트웨어 변조 여부 확인(맥OS)

이제 맥OS에서 이미지 파일 무결성 검증을 하는 방법을 알아보자. 윈도우OS에서 하는 방법과 비슷하다.

스크롤을 조금 더 내려보면 다음 사진과 같은 파일 링크가 있다. 이 링크를 누르면 seedsigner.?.?.?.sha256.txt 파일과 seedsigner.?.?.?.sha256.txt.sig 파일이 다운로드 될 것이다. ?로 표기한 부분에는 버전 숫자가 들어간다.

Note: If you have physically removed the WiFi component from your board, you will still use the image file of the original(un-modified) hardware. (Our files are compiled/based on the processor architecture). Although it is better to spend a few minutes upfront to determine which specific Pi hardware/model you have, if you are still unsure which hardware you have, you can try using the pi0.img file. Making an incorrect choice here will not ruin your board, because this is software, not firmware.

also download these 2 signature verification files to the same folder
**The Plaintext manifest file**
**The Signature of the manifest file**

seedsigner.?.?.?.sha256.txt 파일은 우리가 다운로드한 이미지 파일의 해시값이 적혀 있는 텍스트 파일이다. seedsigner.?.?.?.sha256.txt.sig 파일은 그 해시값이 적힌 텍스트 파일을 시드사이너 개발자의 개인키로 서명한 것이다.

※ 주의: 3개 파일을 모두 같은 경로에 다운로드해야 한다. '다운로드' 폴더에 모두 다운로드한다.

서명 파일은 PGP 암호화 방식을 통해 서명된 것이다. 따라서 서명 검증은 PGP의 오픈소스 버전인 GPG 프로그램을 통해 할 수 있다. PGP는 개인키를 이용해 메시지를 암호화하고 공개키를 이용해 암호화된 메시지를 복호화할 수 있는 기술이다. 또한 자신의 공개키가 공개된 상태에서 자신의 개인키로 메시지나 파일에 서명을 할 수가 있다. 그러면 사람들은 공개키를 이용해 그 서명을 검증할 수가 있는데, 오직 개인키를 가진 사람만이 서명을 할 수 있으므로 이는 그 메시지를 자신이 썼다는, 위조할 수 없는 강력한 증거가 된다. 비트코인과 굉장히 비슷하다고 느꼈다면 잘 이해한 것이다. PGP 암호화 방식은 일반인이 쉽게 사용할 수 있던 최초의 암호학 기술이다. 비트코인은 그 계보에서 내려왔다. PGP의 의미가 무엇인지 궁금하다면 필자가 공동 집필자로 참여한 『비트코인 백서 해설』 10장의 심층적 이해에서 '필 짐머만, PGP 배포' 절을 읽어보면 좋다.

변조 여부 검증은 다음과 같이 한다. 시드사이너 개발자는 시드사이너 프로그램의 해시값을 공개해 놨다. 우리는 시드사이너 이미지 파일을 SHA256 함수로 해싱해 보고 그 해시값을 공개된 해시값과 비교하면 된다. 만약 파일의 코드에 한 글자라도 변조가 있었다면 완전히 다른 해시값이 나올 것이기 때문이다.

하지만 문제가 있다. 해시값이 적힌 텍스트 파일이 정말 시드사이너 개발자가 공개한 것인지 어떻게 알까? 해커가 파일을 변조해 놓고 변조한 파일의 해시값을 텍스트 파일로 공개한 것인데 그걸 철석같이 시드사이너 개발자가 공개한 것이라고 믿을 수도 있는 것이 아닌가? 그래서 서명 파일이 있는 것이다. 우리는 해시값 파일의 서명이 시드사이너 개발자가 한 서명이 맞는지를 시드사이너 개발자의 공개키로 검증할 것이다. 맞다면 우리가 다운로드한 시드사이너 해시값 텍스트 파일이 해커가 아닌 시드사이너 개발자가 만든 것이라고 확신할 수 있다.

이제 GPG (GnuPG)를 다운로드할 것이다. 이를 설치하기 위해서는 'Homebrew'와 'Xcode CLI Tools'를 먼저 설치해야 한다. 우리가 일반적으로 사용하는 컴퓨터 화면을 GUI graphical user interface (그래픽 사용자 인터페이스)라고 하고, 해커나 개발자들이 사용할 것 같은, 터미널에서 명령어를 입력해 조작하는 컴퓨터 화면을 CLI command-line interface (명령줄 인터페이스)라고 한다. 명령줄 인터페이스인 터미널에서 설치 등의 명령어를 쉽게 입력할 수 있게 하기 위해 'Homebrew'와 'Xcode CLI Tools'를 설치하는 것이다.

먼저 맥에서 터미널에 들어간다.

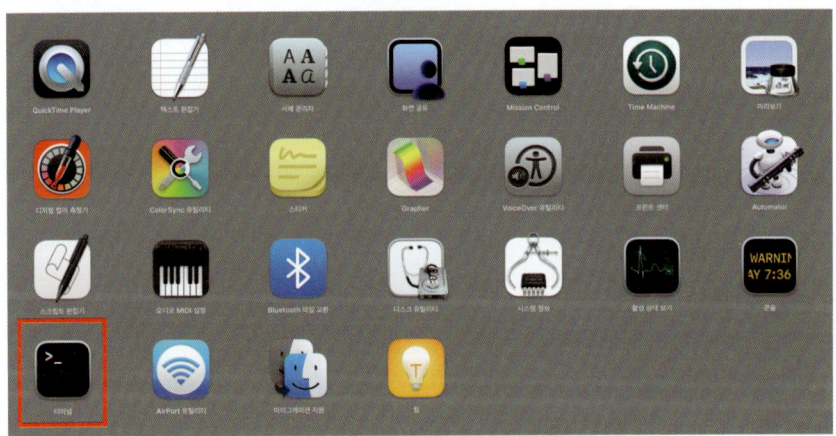

터미널에서 다음 명령어를 입력한다. 이는 'Homebrew'와 'Xcode CLI Tools'를 설치하는 명령어다.

```
/bin/bash -c "$(curl -fsSL https://raw.
    githubusercontent.com/Homebrew/install/
    HEAD/install.sh)"
```

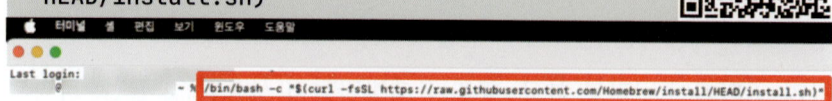

맥에 설정된 비밀번호를 입력한다. 입력이 안 되는 것처럼 보여도 입력이 되고 있는 것이니 정확한 비밀번호를 입력한다.

그러면 결과가 여러 줄 출력되다가, 'Xcode CLI Tools'를 설치할 것인지 묻는다. 엔터 키를 누른다.

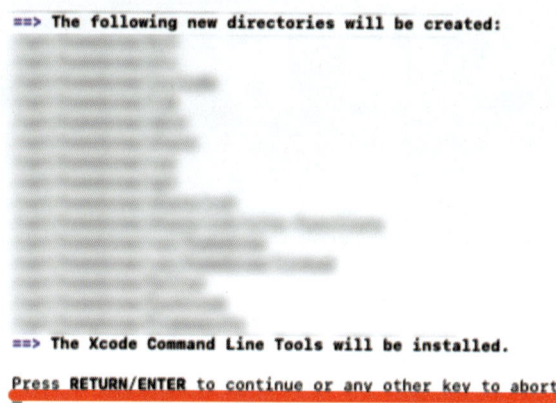

이제 조금 기다려야 한다. 특히 Downloading Command Line Tools for Xcode와 Installing Command Line Tools for Xcode에서 한참 멈춘 것처럼 보일 수 있는데, 다운로드와 설치가 진행 중인 것이니 더 기다려야 한다.

```
==> Installing Command Line Tools for Xcode-16.4
==>
Software Update Tool

Finding available software

Downloading Command Line Tools for Xcode
```

설치가 다 되면 echo로 시작하는 명령어를 입력하라는 안내문이 나온다. 두세 줄 되는 이 명령어를 복사한다.

```
==> Installation successful!
==> Homebrew has enabled anonymous aggregate formulae and cask analytics.
Read the analytics documentation (and how to opt-out) here:
    https://docs.brew.sh/Analytics
No analytics data has been sent yet (nor will any be during this install run).

==> Homebrew is run entirely by unpaid volunteers. Please consider donating:
    https://github.com/Homebrew/brew#donations

==> Next steps:
- Run these commands in your terminal to add Homebrew to your PATH:
    echo >> /Users/        /.zprofile
    echo 'eval "$(/opt/homebrew/bin/brew shellenv)"' >> /Users/        /.zprofile
    eval "$(/opt/homebrew/bin/brew shellenv)"
- Run brew help to get started
- Further documentation:
    https://docs.brew.sh
```

복사한 명령어를 붙여넣고 엔터 키를 누른다.

```
echo 'eval "$(/opt/homebrew/bin/brew shellenv)"' >> /Users/        /.zprofile
eval "$(/opt/homebrew/bin/brew shellenv)"
```

1부 • 셀프 커스터디 가이드   145

이제 GPG 설치를 위한 준비가 끝났다. 다음 명령어를 입력한다. GPG를 설치하는 명령어다.

```
brew install gnupg
```

~ % `brew install gnupg`

이제 시드사이너 개발자의 공개키를 가져올 것이다. 다음과 같이 입력한다. 보통 PGP 공개키는 keybase 웹사이트에 등록하여 사용하는데 여기 등록된 시드사이너 개발자의 공개키를 가져오는 것이다.

```
gpg --fetch-keys https://keybase.io/seedsigner/pgp_keys.asc
```

==> Installing gnupg dependency: readline
==> Downloading https://ghcr.io/v2/homebrew/core/readline/manifests/8.3
==> Pouring readline--8.3.arm64_sequoia.bottle.tar.gz
==> Installing gnupg
==> Pouring gnupg--2.4.8.arm64_sequoia.bottle.tar.gz
==> Running `brew cleanup gnupg`...
Disable this behaviour by setting HOMEBREW_NO_INSTALL_CLEANUP.
Hide these hints with HOMEBREW_NO_ENV_HINTS (see `man brew`).

~ % `gpg --fetch-keys https://keybase.io/seedsigner/pgp_keys.asc`

그러면 다음 사진처럼 결과가 표시되어야 한다.

```
~ % gpg --fetch-keys https://keybase.io/seedsigner/pgp_keys.asc
gpg: directory '/Users/      /.gnupg' created
gpg: requesting key from 'https://keybase.io/seedsigner/pgp_keys.asc'
gpg: /Users/      /.gnupg/trustdb.gpg: trustdb created
gpg: key C7EF709007260119: public key "seedsigner <btc.hardware.solutions@gmail.com>" importe
gpg: Total number processed: 1
gpg:               imported: 1
```

이제 이미지 파일과 해시값 텍스트 파일, 서명 파일이 있는 '다운로드' 폴더로 들어갈 것이다. 다음 명령어를 입력한다.

```
cd ~/Downloads
```

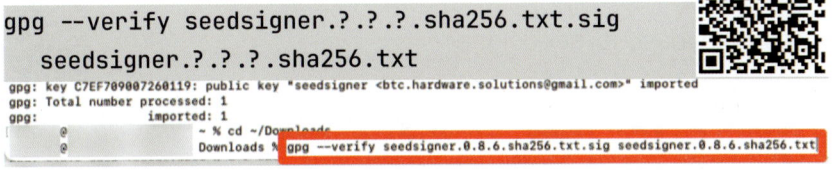

이제 다음과 같이 입력한다. 이는 시드사이너 개발자의 공개키와 해시값 파일을 통해 서명을 검증하는 명령어다.

```
gpg --verify [서명 파일 이름] [해시값 텍스트 파일 이름]
```

아마 다음과 같은 형태일 것이다. ?에는 버전 정보가 들어간다.

```
gpg --verify seedsigner.?.?.?.sha256.txt.sig
   seedsigner.?.?.?.sha256.txt
```

파일 접근 권한을 요구하면 [허용]을 누른다.

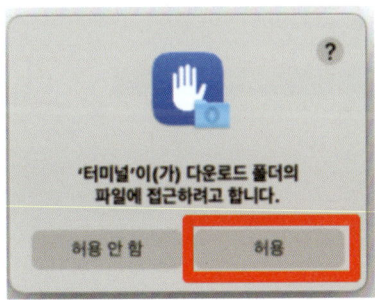

그러면 다음 사진과 같은 결과가 나올 것이다. 여기서 **Good signature** ~가 꼭 있어야 한다. 마지막에 나도는 공개키 지문도 확인해 놓자.

만약 이 결과가 나오지 않는다면 다시 시도해 보자. 그래도 나오지 않는다면 즉시 과정을 중단하고, 이미지 파일과 해시값, 서명 파일을 깃허브 공식 시드사이너 페이지에서 받은 것이 맞는지 확인해 보자.

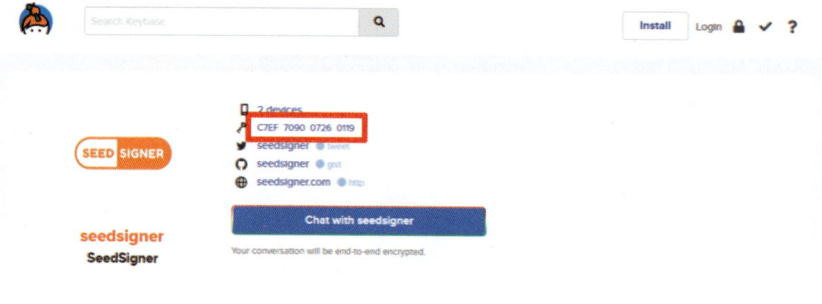

터미널에 나온 공개키 지문을 대조하여 우리가 검증에 사용한 공개키가 정말 시드사이너 개발자의 것이 맞는지 확인할 것이다. 다음 웹사이트에 들어간다.

https://keybase.io/seedsigner

열쇠 옆에 있는 16자리 지문 코드를 눌러 지문 코드 전체를 확인한다.

지문 코드 전체가 터미널에 나온 지문 코드와 일치하는지 확인한다.

여기까지 되었다면 이제 시드사이너 프로그램을 해싱하여 해시값을 비교해 볼 차례다. 다음과 같이 입력한다. 이는 시드사이너 이미지 파일을 SHA256 함수로 해싱하는 명령어다.

```
shasum -a 256 [이미지 파일 이름]
```

아마 다음과 같은 형태일 것이다.

```
shasum -a 256 seedsigner_os.?.?.?.pi0.img
```

파일의 해시값을 계산하고 출력할 것이다.

```
da32ce21f185404ccefd58e76e55ae7f1ac9fe2df2100bc7bbab3e03c5d71b6d  seedsigner_os.0.8.6.pi0.img
```

이제 해시값 텍스트 파일(seedsigner.?.?.?.sha256.txt)을 열어본다.

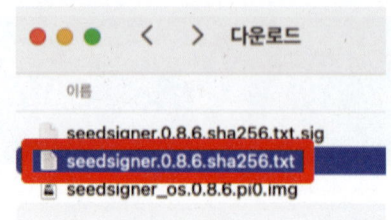

그러면 seedsigner_os.?.?.?.pi0.img 왼쪽에 해시값이 있을 것이다.

```
da32ce21f185404ccefd58e76e55ae7f1ac9fe2df2100bc7bbab3e03c5d71b6d  seedsigner_os.0.8.6.pi0.img
                                                                  seedsigner_os.0.8.6.pi02w.img
029ecacc6ba45ae23cb953d7111cf98b0689f1eefb1cee101300acb10167b098  seedsigner_os.0.8.6.pi2.img
47879ded57a91ecf46dbb44825699c53550bbf5aa6aa7c5b6519913a8863d157  seedsigner_os.0.8.6.pi4.img
```

이 값이 터미널에 나와 있는 해시값과 같다면 이미지 파일에 변조가 일어나지 않은 것이다. 이제 이 이미지 파일을 이용해 시드사이너 부팅용 마이크로SD카드를 만들 것이다.

**부팅 마이크로SD카드 만들기**

이제 마이크로SD카드를 부팅용으로 만들기 위해 발레나에처 프로그램으로 구워야 한다. 아래 링크에서 발레나에처 프로그램을 다운로드한다.

https://etcher.balena.io/

[Download Etcher]를 누른다.

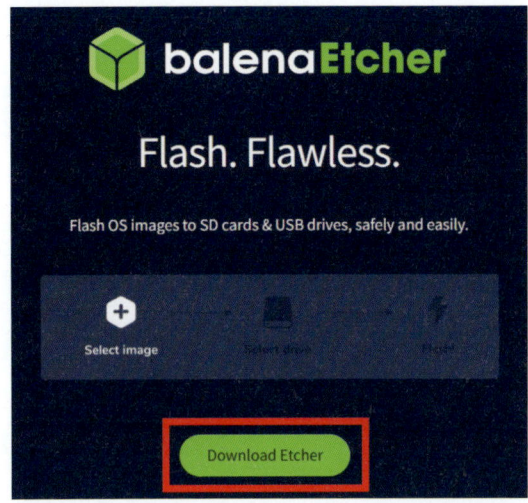

자신의 컴퓨터 운영체제에 맞는 버전을 다운로드한다.

설치가 완료되었으면 발레나에처를 실행한다.

컴퓨터에 마이크로SD카드를 꽂는다.

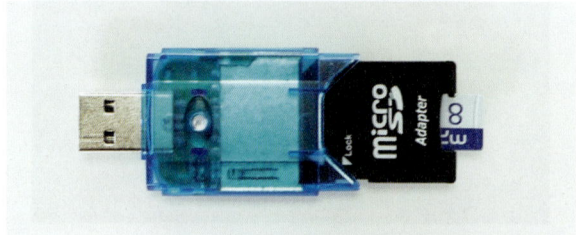

발레나에처를 실행하면 다음과 같은 화면이 나온다. [Flash from file]을 누른다.

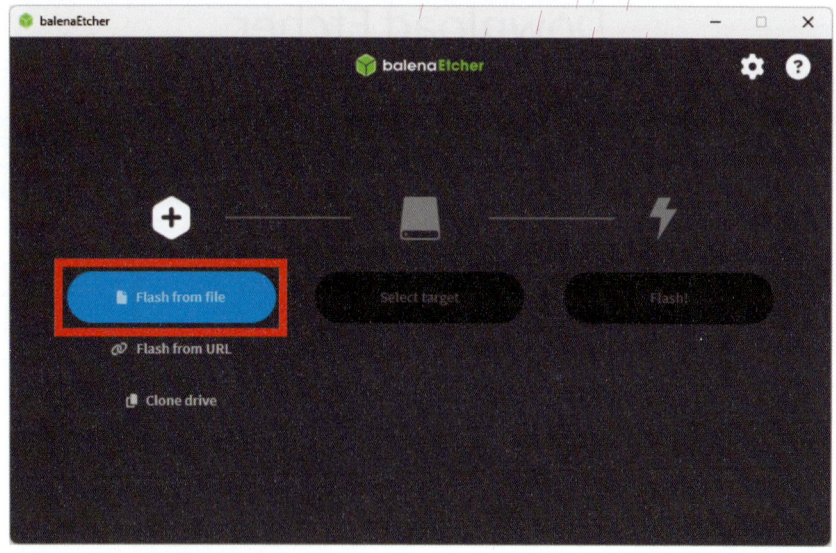

이미지 파일을 선택하는 창이 뜰 것이다. 아까 다운로드했던 시드사이너의 이미지 파일을 찾아서 더블 클릭하자.

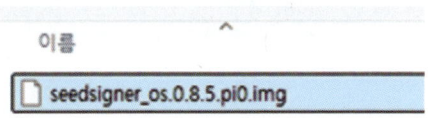

[Select target]을 누른다.

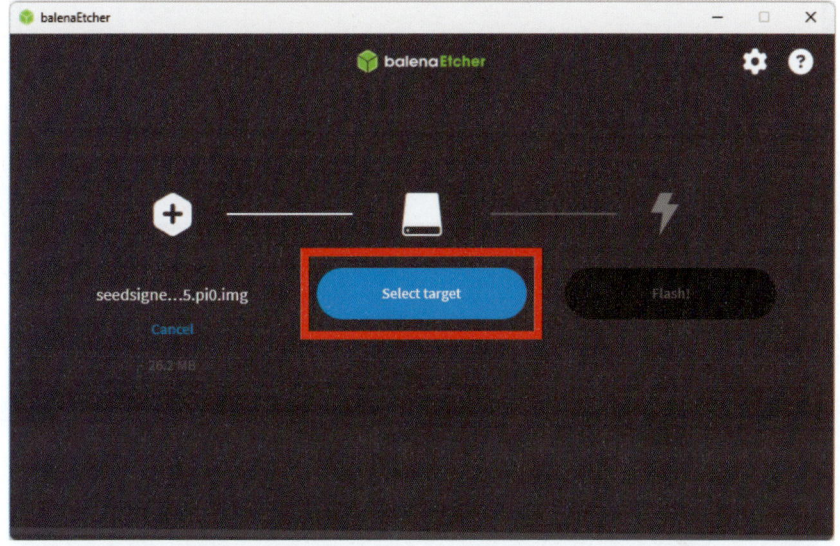

우리가 꽂은 마이크로SD카드 리더기 USB를 선택한다.

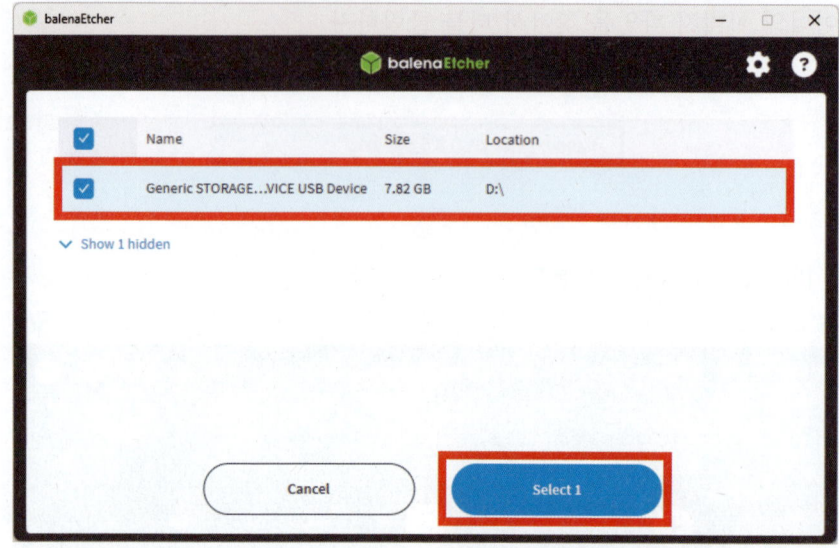

이제 [Flash!]를 누른다.

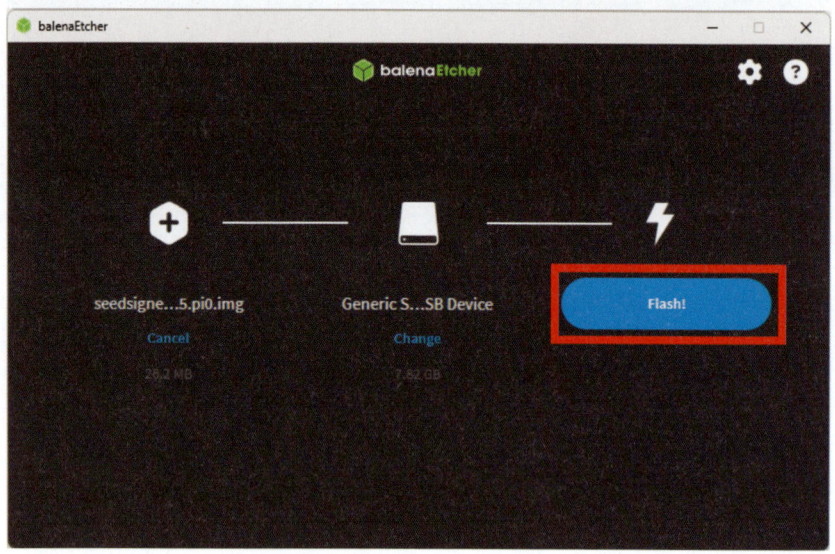

다음과 같은 화면이 뜨다가 'Flash Completed!'가 뜰 것이다. 뜨면 오른쪽 위 [x] 버튼을 누르고 마이크로SD카드를 빼면 된다.

만약 Flash에 실패하면 마이크로SD카드를 초기화하고 다시 플래싱 해야 한다. 이때 일반적인 포맷 방법으로는 안 되는데, '부팅 USB 초기화 방법'이라고 검색하면 결과가 많이 나온다.

윈도우의 경우 윈도우 키 + R → cmd 입력 후 실행 → 터미널이 나오면 `diskpart` 입력 → `list disk` → 마이크로SD카드 디스크 번호 확인 → `select disk [디스크 번호]` → `clean`을 입력하면 된다. 그리고 다시 포맷하고 처음부터 진행하면 된다.

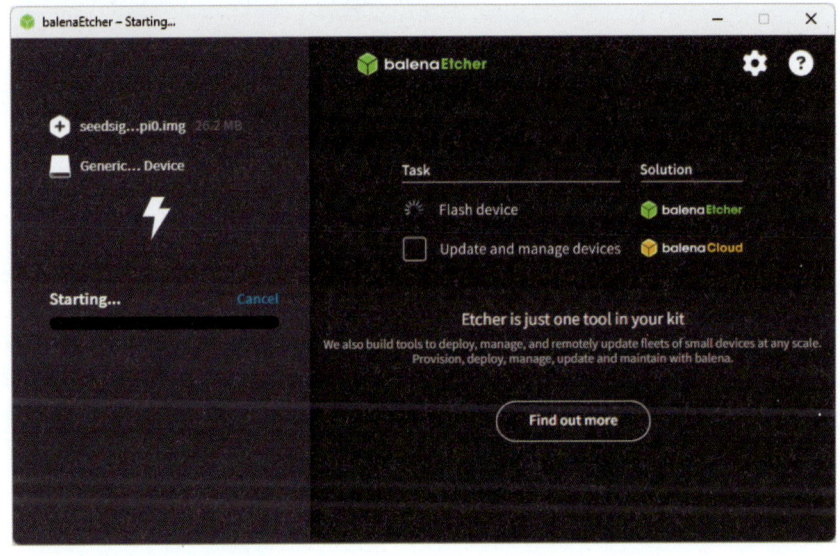

1부 • 셀프 커스터디 가이드

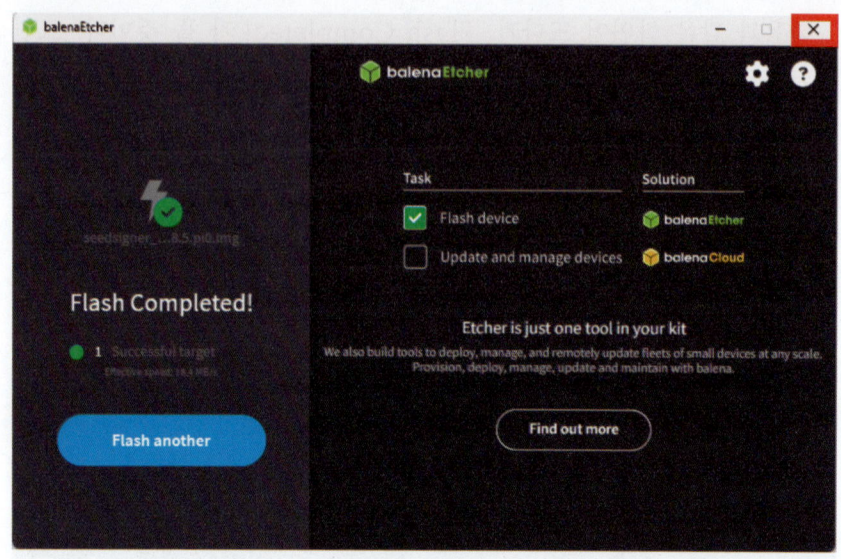

　플래싱이 완료되었다면 이제 '무선 통신 모듈 제거(라즈베리파이 제로 W 보드만 해당)' 절로 넘어가면 된다. 혹시라도 발레나에처로 시드사이너 이미지 파일 플래싱이 안 될 경우에는 다음 절을 따라 하면 된다.

**발레나에처로 시드사이너 이미지 파일 플래싱이 안 될 경우 해결 방법**
발레나에처에서 종종 시드사이너 이미지 파일 플래싱이 안 되는 경우가 있다.

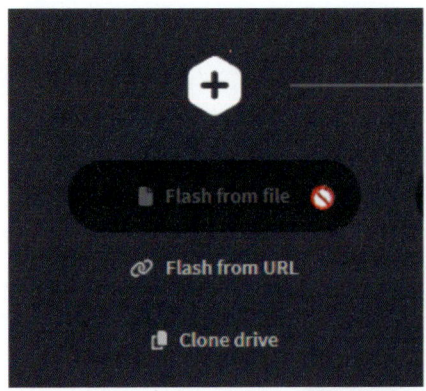

이때는 '라즈베리파이 이미저'를 사용하여 해결할 수 있다. 먼저 아래 웹사이트에 접속하여 스크롤을 내리고, 자신의 운영체제에 맞는 라즈베리파이 이미저를 다운로드한다.

https://www.raspberrypi.com/software

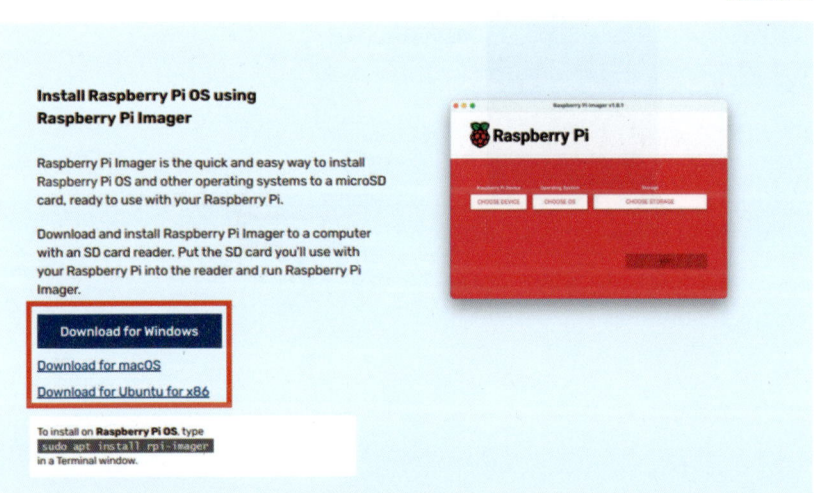

다운로드가 완료되면 파일을 실행하여 라즈베리파이 이미저를 설치한다.

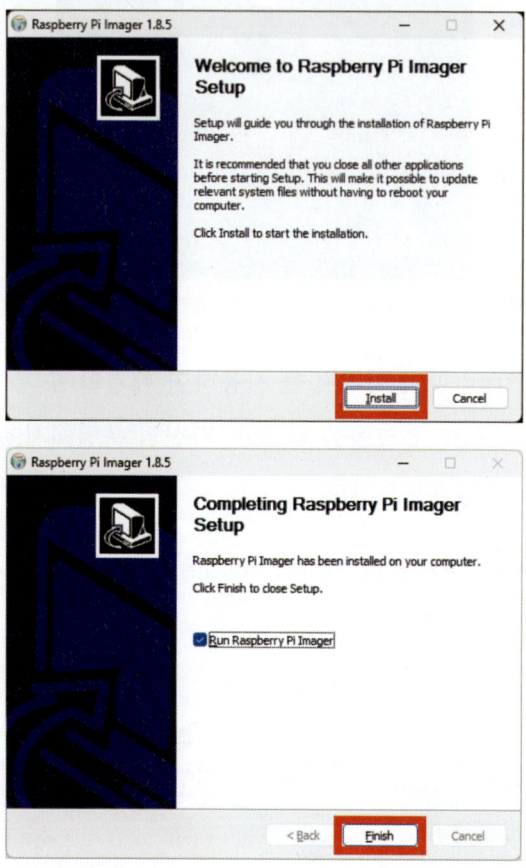

라즈베리파이 이미저를 실행한다. 먼저 [장치 선택]을 누른다.

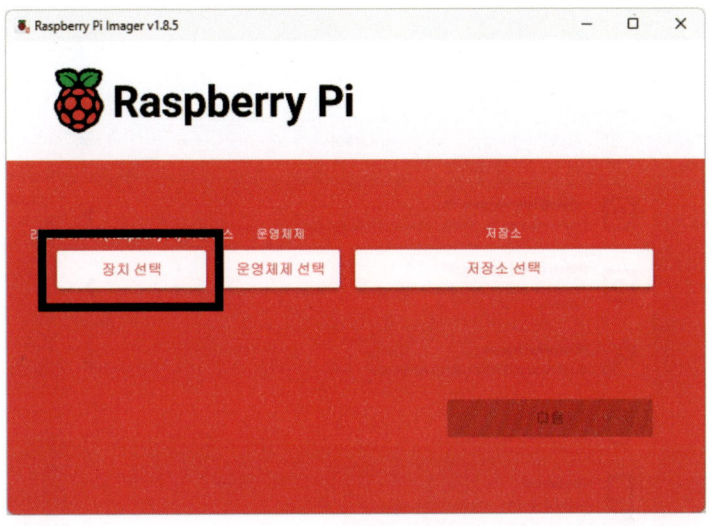

장치에서 [Raspberry Pi Zero]를 선택한다.

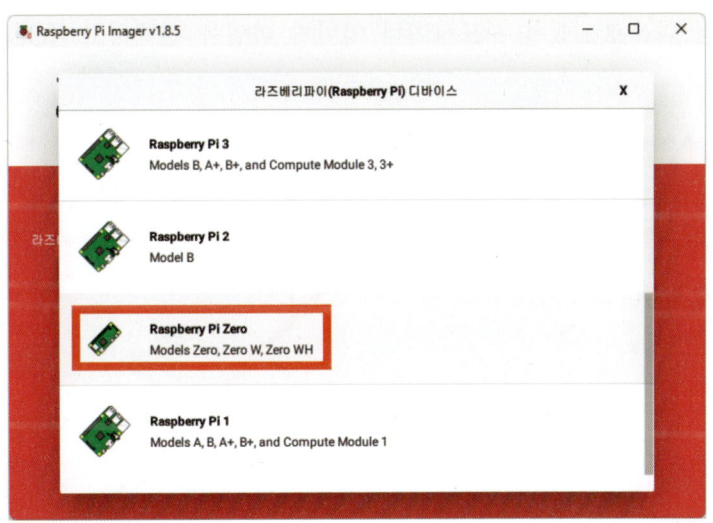

운영체제 선택 창에서는 스크롤을 아래로 내려 [Use custom]을 누른다.

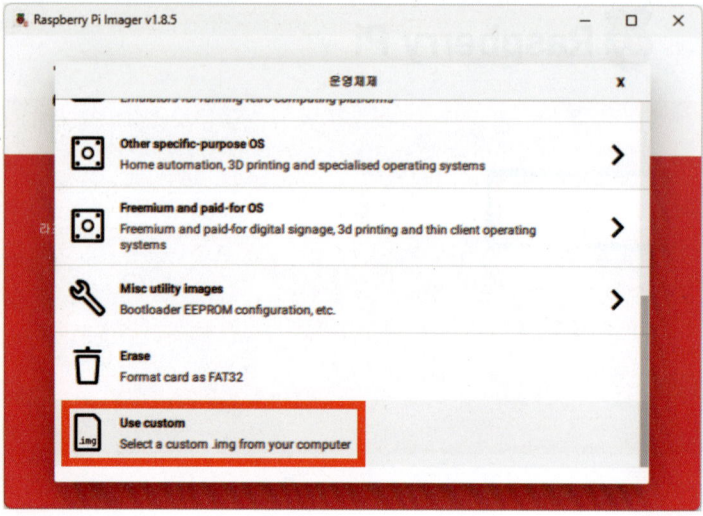

미리 다운로드했던 시드사이너 이미지 파일을 선택하고, [Open]을 누른다.

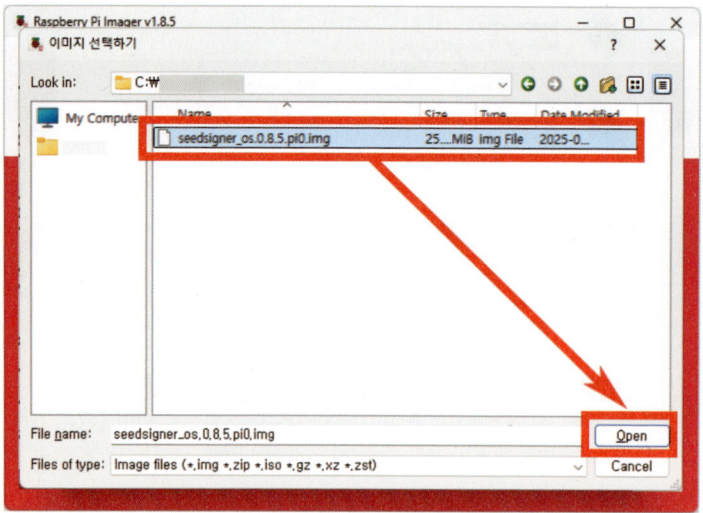

저장소에서는 시드사이너 부팅용으로 사용할 마이크로SD카드를 선택한다.

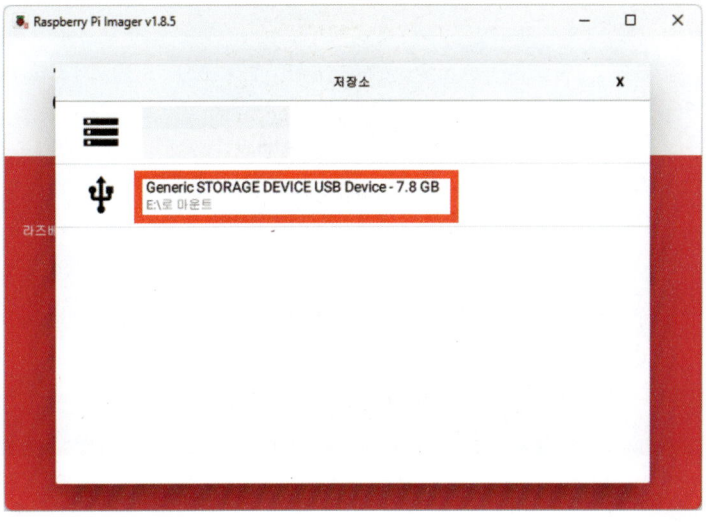

[다음]을 누른다.

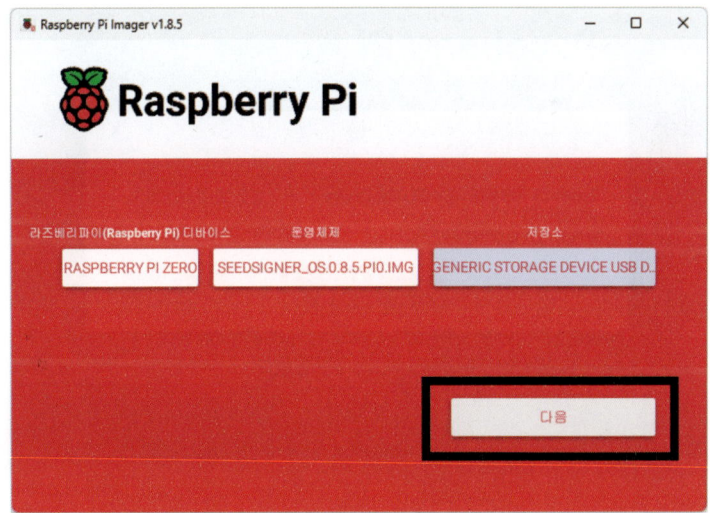

OS 커스터마이징 설정을 할 건지 물어보면 [아니요]를 눌러 넘어간다.

데이터가 지워질 거라는 안내문이 나오면 [예]를 누른다.

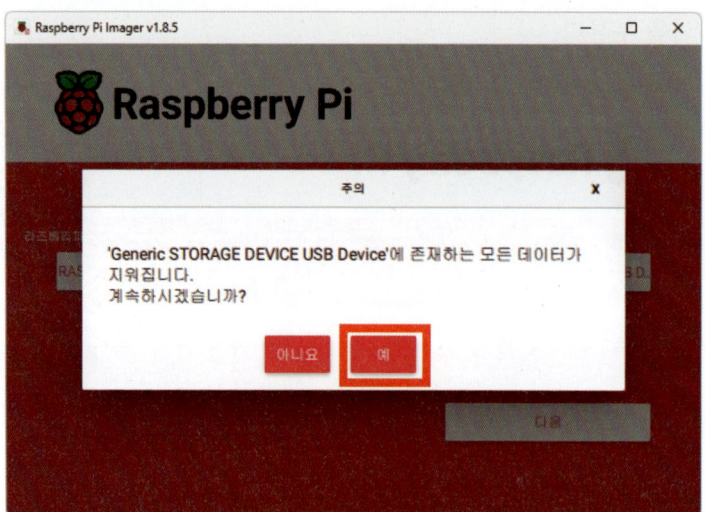

이제 시드사이너 부팅용 마이크로SD카드가 만들어졌다.

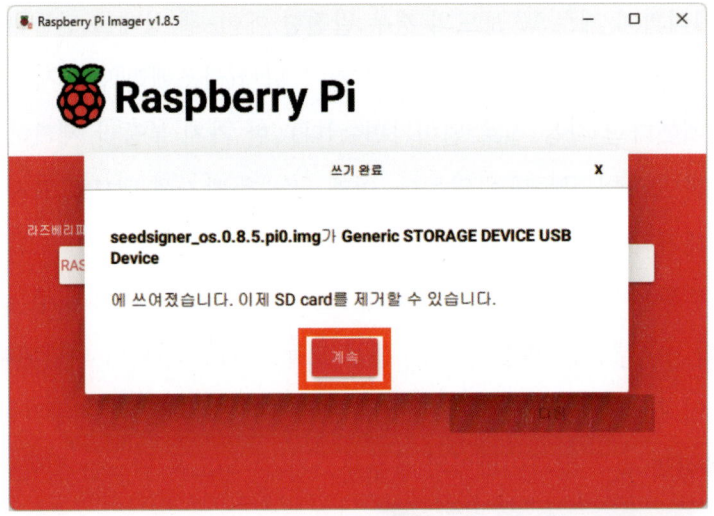

## 무선 통신 모듈 제거(라즈베리파이 제로 W 보드만 해당)

라즈베리파이 제로 W 보드의 경우 완전한 에어-갭 상태를 만들기 위해서는 무선통신 모듈을 아예 단선시켜야 한다(라즈베리파이 제로 보드를 구매했다면 다음 절로 넘어가면 된다). 한 가지 부품만 제거하면 모든 통신 모듈이 작동되지 않는다. 아래 그림에 빨간색 네모로 표시된 부품을 제거하면 된다.

이 부품은 전기가 CYW43438 칩으로 가는 전압을 변경해 주는 인덕터이다. 이 부품을 부수면 무선 통신 모듈로 가는 전원이 차단된다. 따라서 이 부품이 제거되면 와이파이 랜/블루투스 통신 전부 불가능해진다. 우리는 일부러 와이파이와 블루투스가 안 되도록 만드는 것이다.

부품을 제거할 때는 핀셋으로 잡고 떼면 된다. 핀셋이 없는 경우 얇은 일자 드라이버로 세게 밀면 된다. 이때 다른 부품이 상하지 않도록 주의하라.

다음 사진은 부품을 떼어낸 모습이다.

## 시드사이너 조립

이제 시드사이너를 조립하자. 먼저 카메라부터 연결하겠다. 라즈베리파이 보드 앞면을 보면 다음 사진과 같이 카메라 모듈을 연결할 부분에 검은색 캡이 있다. 이걸 살짝 밀면 열리는데 양쪽 모두 열어준다.

이제 카메라 모듈을 끼운다. 방향에 주의해야 한다. 금색 전선이 있는 부분이 뒷면에 오도록 해야 한다. 사진을 참고하라. 금색 부분이 라즈베리파이 보드 뒷면을 향해야 한다.

끼우면 다음과 같은 모습이 된다.

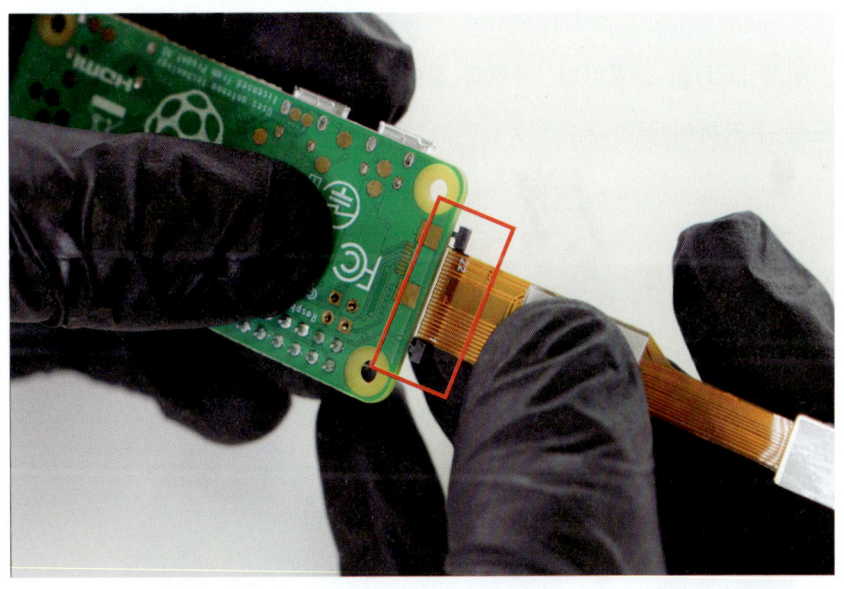

라즈베리파이 보드를 다시 앞면으로 돌려 카메라 모듈이 끼워진 부분의 검은색 캡을 다시 끼워준다.

이제 LCD를 연결한다. 사진과 같이 연결하면 된다. 핀이 휘어지지 않도록 주의하여 꽂는다.

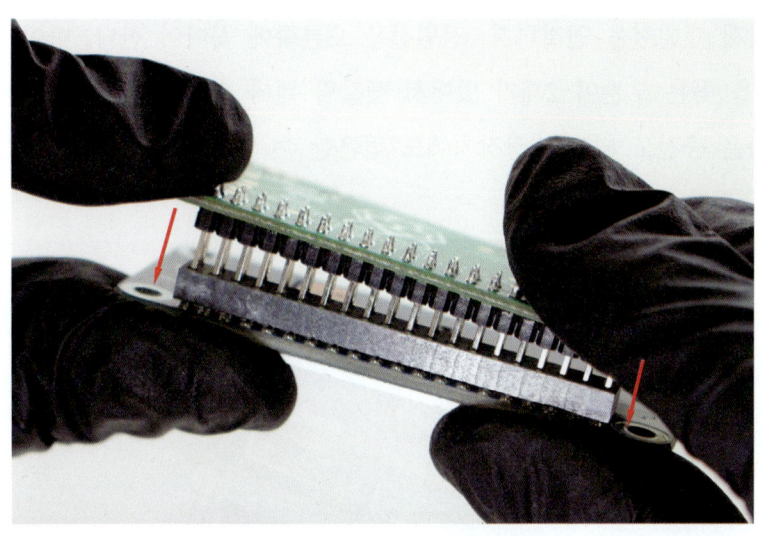

앞에서 시드사이너 부팅용으로 만들었던 마이크로SD카드를 라즈베리파이 보드 오른쪽에 꽂는다.

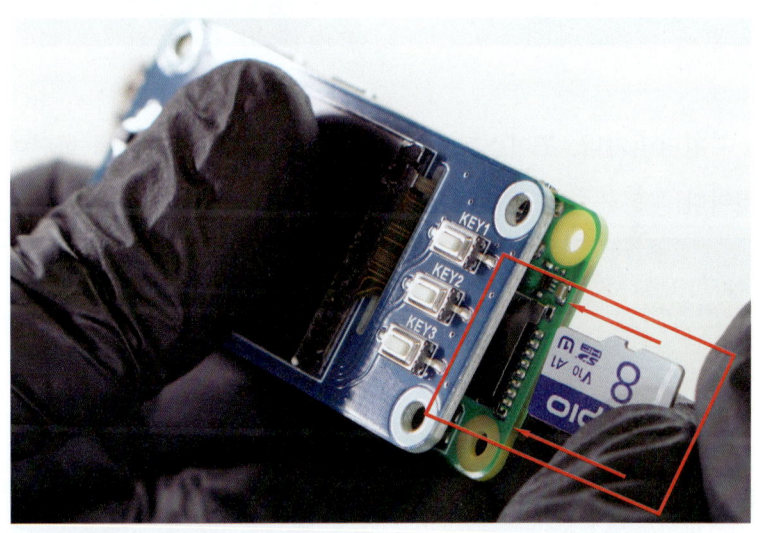

이제 전원선을 연결하자. 전원선은 오른쪽에 꽂아야 한다. 마이크로 5핀을 꽂는 부분이 2개가 있어서 헷갈릴 텐데 오른쪽에 꽂아야 한다. 왼쪽은 충전도 되고 저장장치에도 접근할 수 있는 5핀 포트다. 오른쪽은 충전만 되는 포트다.

잠시 기다리거나, 조이스틱을 수직으로 누르면 시드사이너 화면이 나올 것이다.

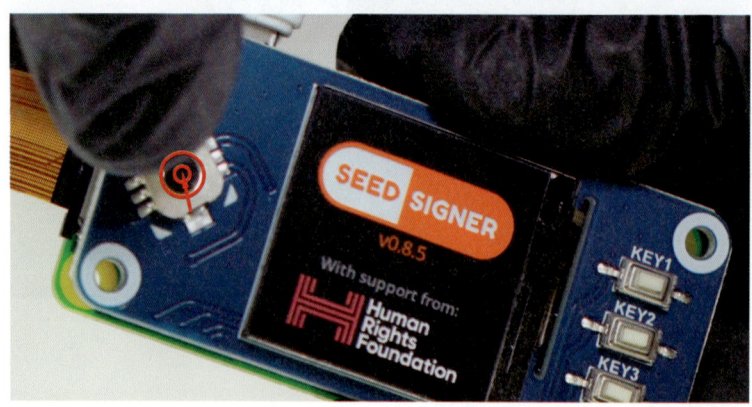

홈 화면이 나오면 다시 조이스틱을 눌러 [Scan]을 누른다.

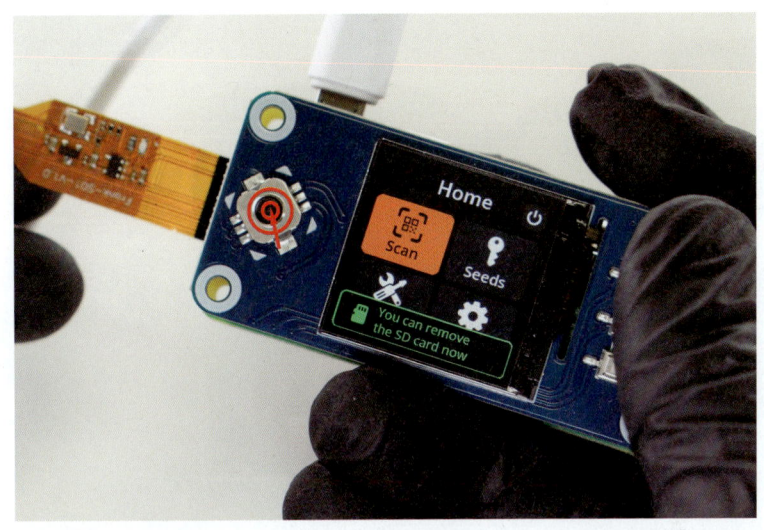

카메라 화면이 잘 나오는지 확인한다.

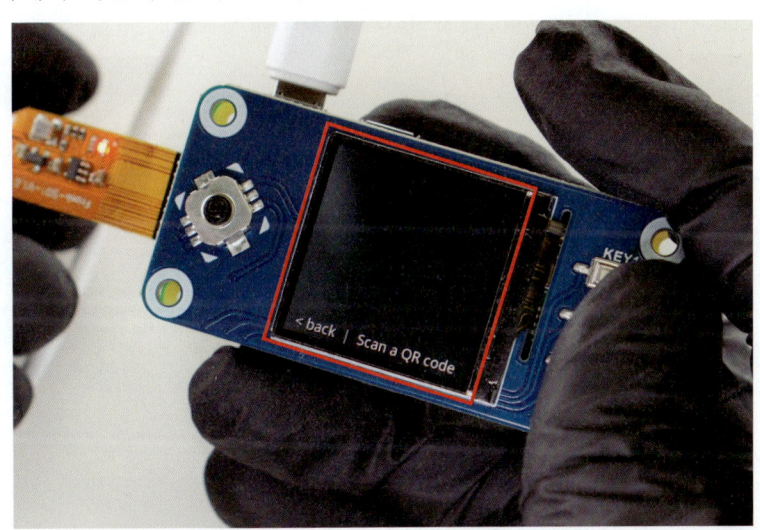

조이스틱을 ↑ 방향으로 밀고 전원 버튼을 누른다.

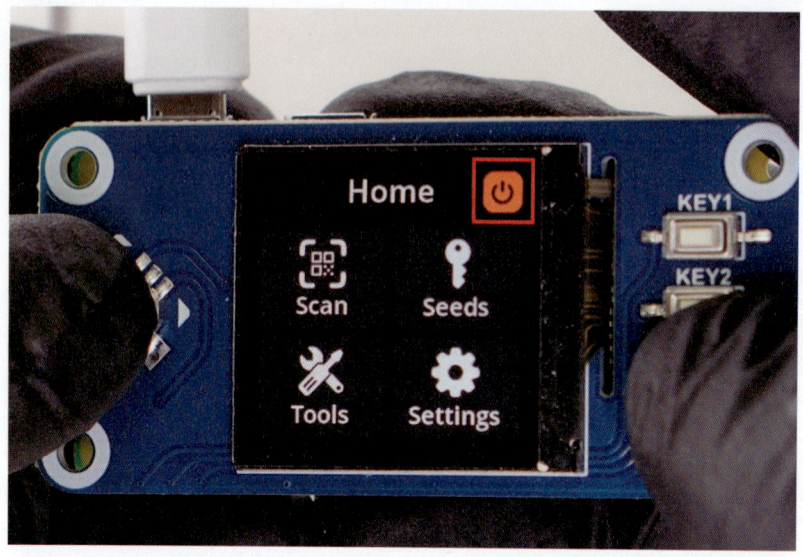

조이스틱을 → 방향으로 민 후 [Power off]를 누른다.

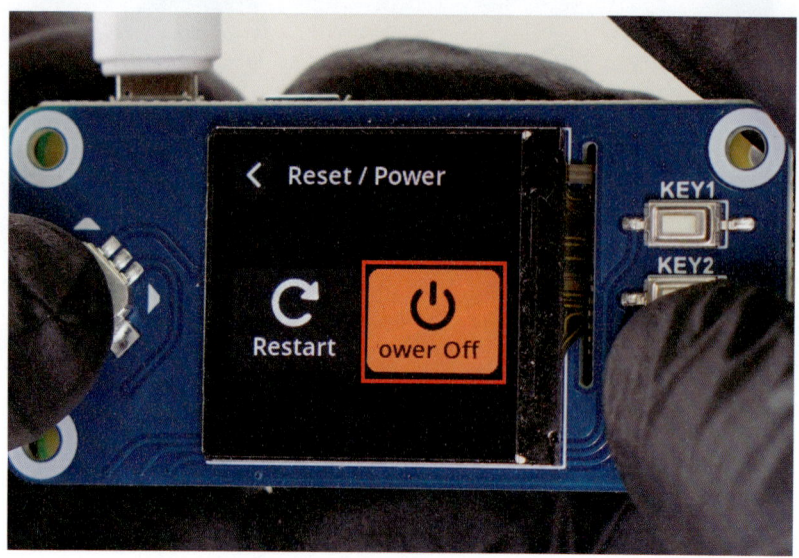

다음 사진과 같은 화면이 뜨면 전원선을 분리한다.

**시드사이너 케이스까지 조립**

이제 시드사이너가 잘 작동하는 것을 확인했으니 케이스까지 조립하자. 케이스는 어디서 샀는지에 따라 조립 방법이 달라진다. 필자는 '비트키트' 케이스를 기준으로 글을 쓰겠다.

먼저 시드사이너를 다시 분해해야 한다. 전원선을 뽑았으면 마이크로 SD카드를 제거한다.

LCD도 제거해야 하는데, 핀이 휘어지거나 부러지지 않도록 조심해서 뽑는다. 힘을 좀 주어야 한다.

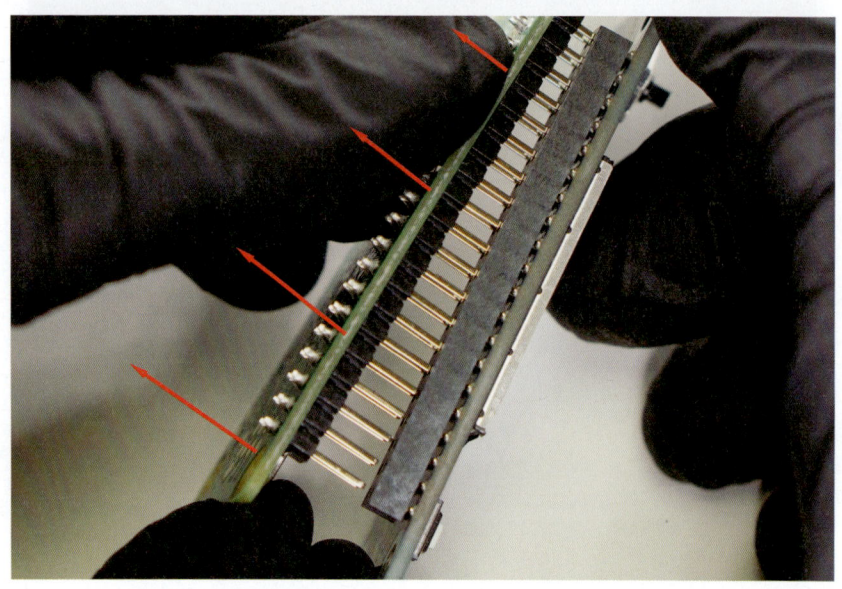

분리가 되었으면 이제 카메라 뒷면에 테이프를 붙인다.

시드사이너 케이스 뒷면에서 카메라의 위치를 보고, 테이프를 붙여 카메라를 고정한다.

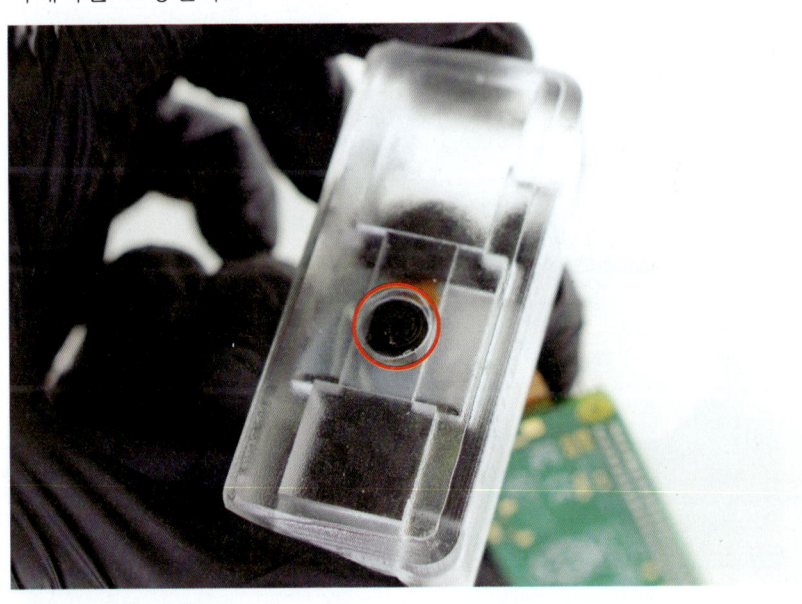

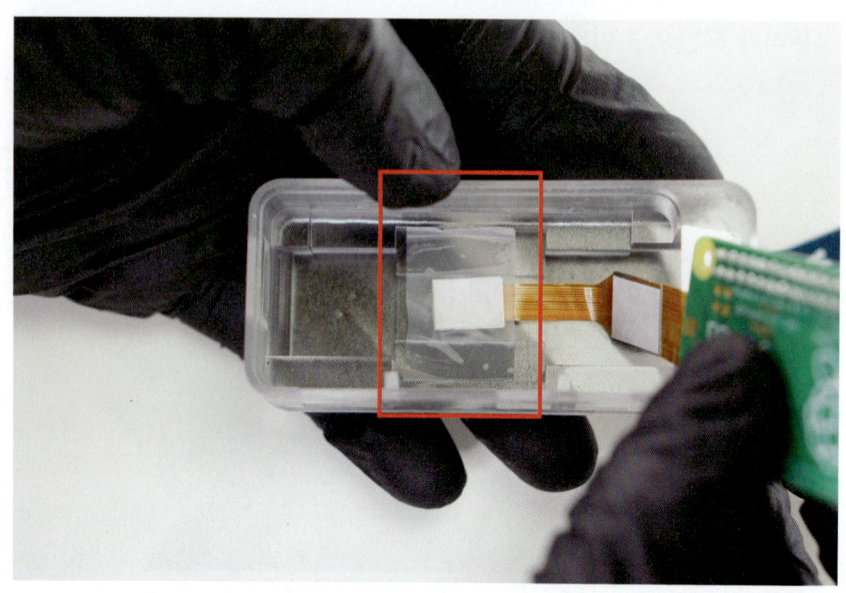

이제 라즈베리파이 보드를 시드사이너 케이스에 결합할 것이다. 꼭 포트를 먼저 맞춰야 한다. 라즈베리파이 보드를 기울여 각 포트가 케이스 구멍에 맞도록 위치시킨다.

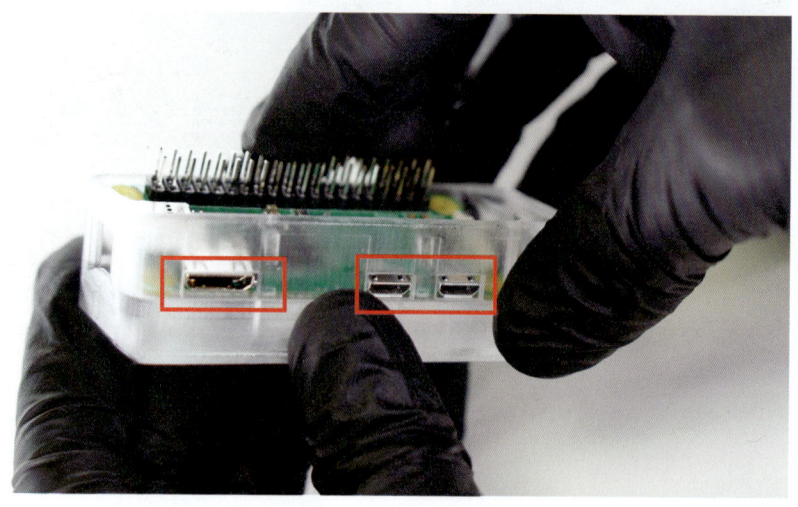

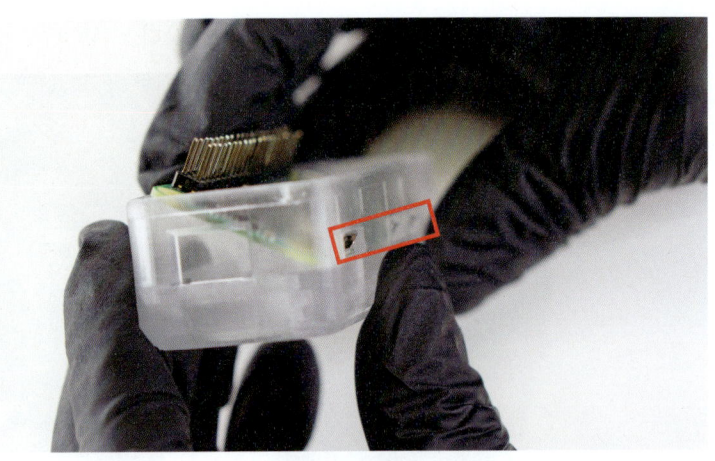

라즈베리파이 보드의 반대편을 눌러 보드를 케이스에 밀착시킨다.

밀착시킨 뒤 케이스 옆면의 모습은 다음과 같다.

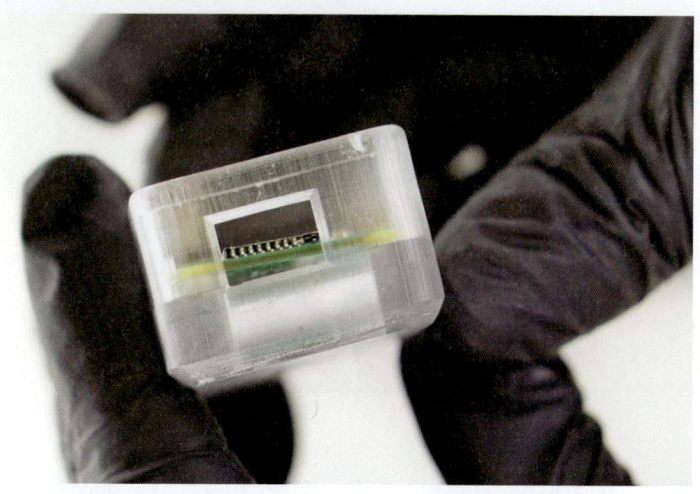

LCD에 케이스 덮개를 조립할 것이다. LCD 보드의 네 귀퉁이에 구멍이 있다. 그 구멍에 케이스 덮개를 끼우면 된다. 너무 꽉 끼우다가 LCD 보드나 케이스 덮개가 상하지 않도록 주의하자.

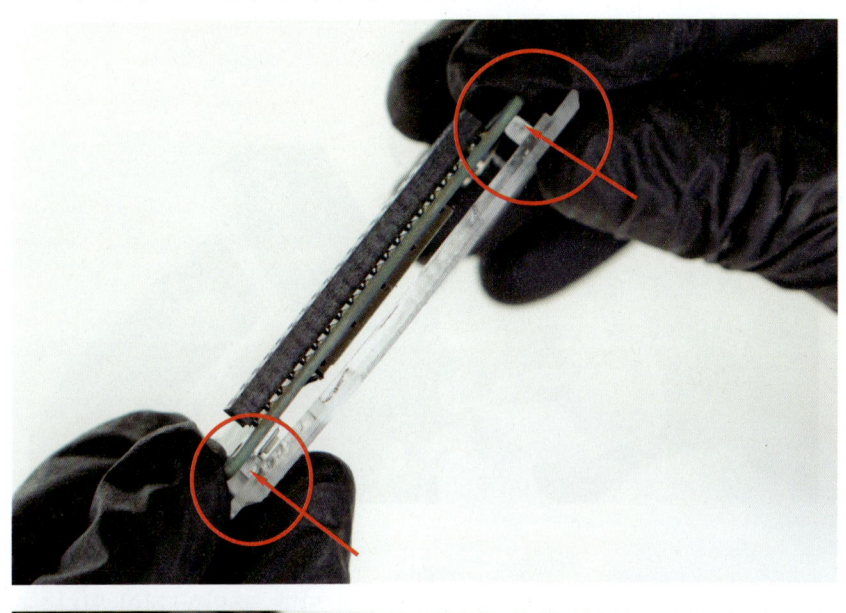

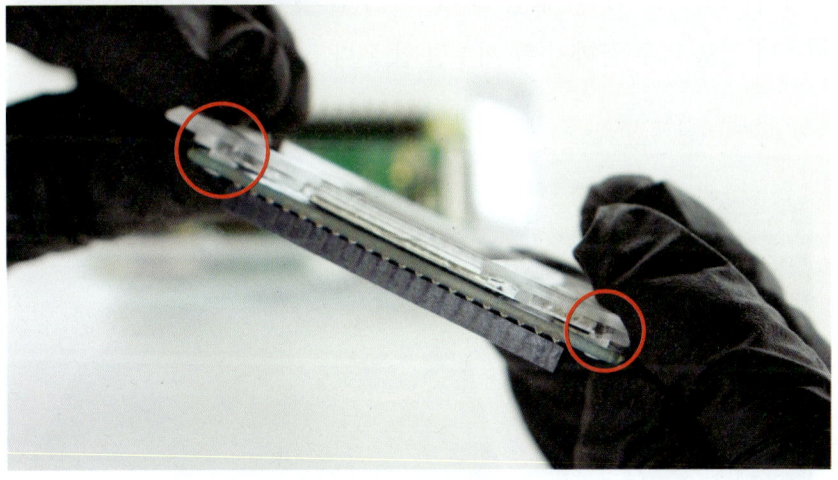

이제 라즈베리파이 보드와 LCD를 연결한다. 이번에도 핀이 상하지 않도록 주의하여 끼운다.

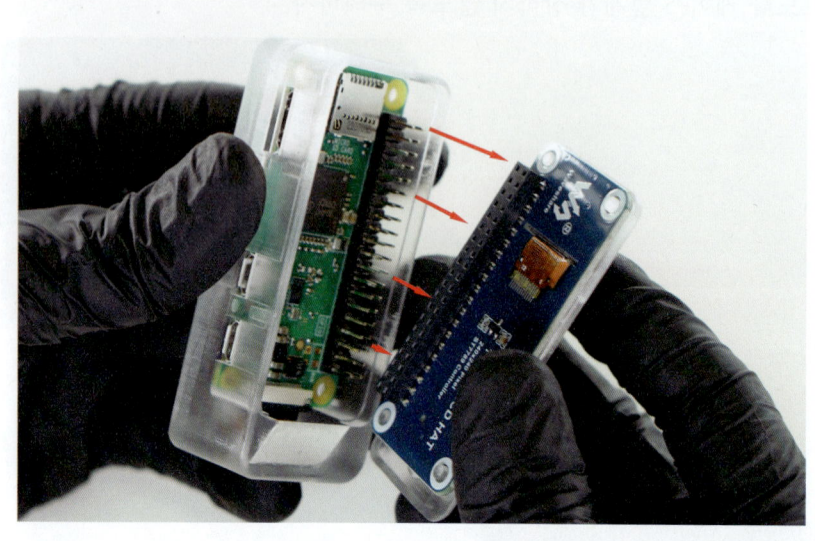

마지막으로 조이스틱 캡을 돌려서 끼우면 된다. 주의할 점이 있다. 조이스틱 캡을 너무 끝까지 꽉 끼우면 안 된다.

다음 사진을 보면 끝까지 꽉 돌리지 않고 약간 틈을 남겨둔 것을 알 수 있다. 끝까지 꽉 돌리면 조이스틱이 잘 안 눌리기 때문에 약간 틈을 남기는 것이다.

이제 마이크로SD카드를 꽂는다.

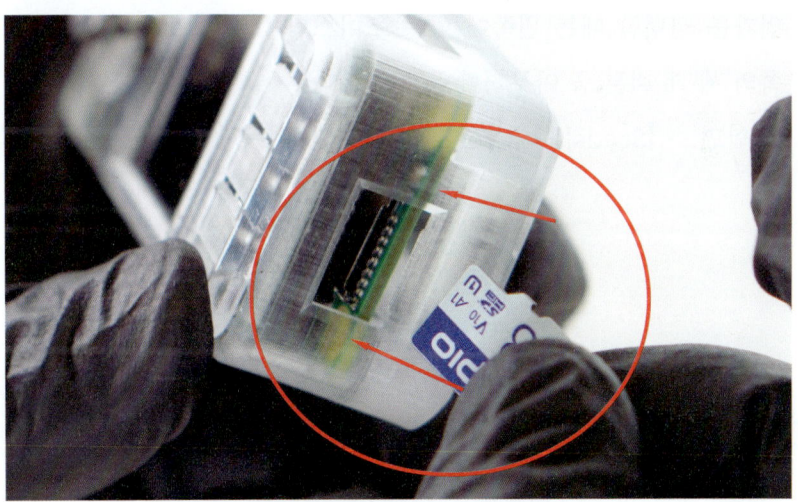

전원선을 꽂고, 카메라가 잘 되는지 등을 다시 확인한다.

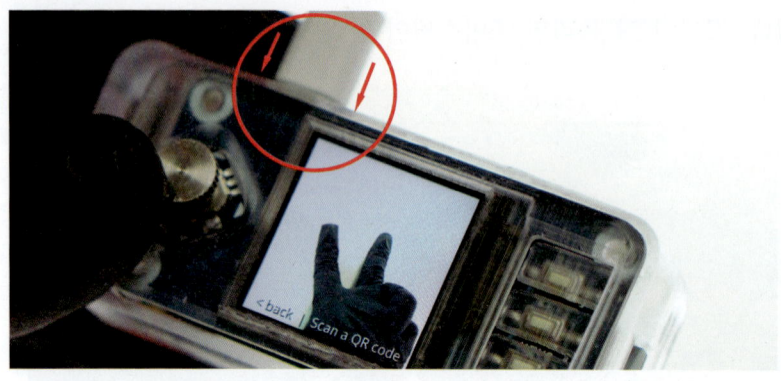

이렇게 해서 시드사이너 조립이 끝났다.

**지갑 생성**

이제 시드사이너에서 주사위를 굴려 지갑을 생성하는 방법을 알아보자. 시드사이너 조작 방법은 조이스틱으로 상하좌우를 움직이면 된다. 무언가를 선택할 때는 왼쪽에 있는 조이스틱을 수직으로 누르거나, 오른쪽의 세 개 버튼 중 아무거나 누르면 된다.

홈 화면 → [Seeds] → [Create a seed]를 선택한다.

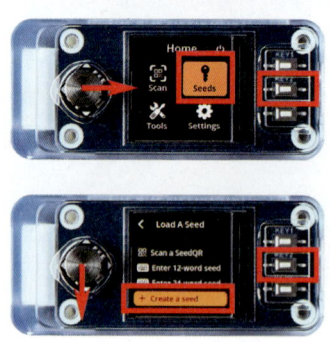

맨 위 카메라 모양의 [📷 New seed]는 사진을 엔트로피로 삼아 지갑을 만드는 방식이다. 두 번째에 있는 주사위 모양의 [🎲 New seed]는 주사위를 던져 엔트로피를 만들고 지갑을 만드는 방식이다. 세 번째에 있는 [Calc 12th/24th word]는 동전을 직접 던져 니모닉에 대응시키는 등의 방식을 쓸 때 마지막 니모닉 단어를 계산해 주는 기능이다. 우리는 주사위를 직접 던져 지갑을 만들 것이므로 두 번째에 있는 주사위 모양의 [🎲 New seed]를 선택한다.

단어 수는 12단어와 24단어를 선택할 수 있다. 12단어로 할지 24단어로 할지 고민이 될 것이다. 필자는 주변인에게 셀프 커스터디를 알려줄 때, 12단어는 충분한 것이고, 24단어는 과도한 것이라고 말한다. 12단어도 똑같이 재현하는 것은 불가능하다. 그러나 보안에 있어서는 과도한 것도 나쁘지 않다. 12단어는 외우기 쉽다는 장점이 있으므로 자신이 선택하면 된다. 비트코인은 자신이 온전히 통제권을 갖는 것이므로 누군가 정해줄 수 없고 자신이 직접 선택해야 할 일이 많다.

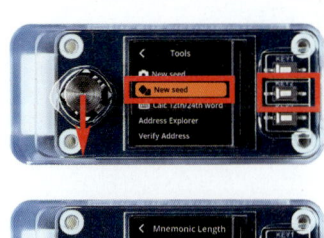

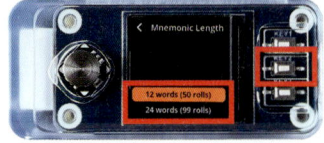

이제 주사위를 던져보자. 12단어 니모닉을 만들 것이라면 주사위를 50번, 24단어 니모닉을 만들 것이라면 주사위를 100번 던지면 된다.

어떤 다른 사람이 주사위를 50번 연속으로 당신과 똑같이 던질 확률은 로또 1등에 당첨될 확률보다 9,000만 × 1조 × 1조 배 더 희박하다. 우주에서 이런 일이 일어나는 것은 불가능하다. 필자는 12단어를 선택해 진행해 보겠다.

주의할 점이 있다. 주사위를 던지거나 니모닉을 기록할 때는 반드시 주변에 카메라가 없는지 확인해 보고 하라. 또한 전자기기가 있는 곳에서 주사위의 눈이나 니모닉을 소리 내 읽으면 안 된다. 필자는 니모닉을 만들 때 아무 전자기기도 없는 방에서 만든다.

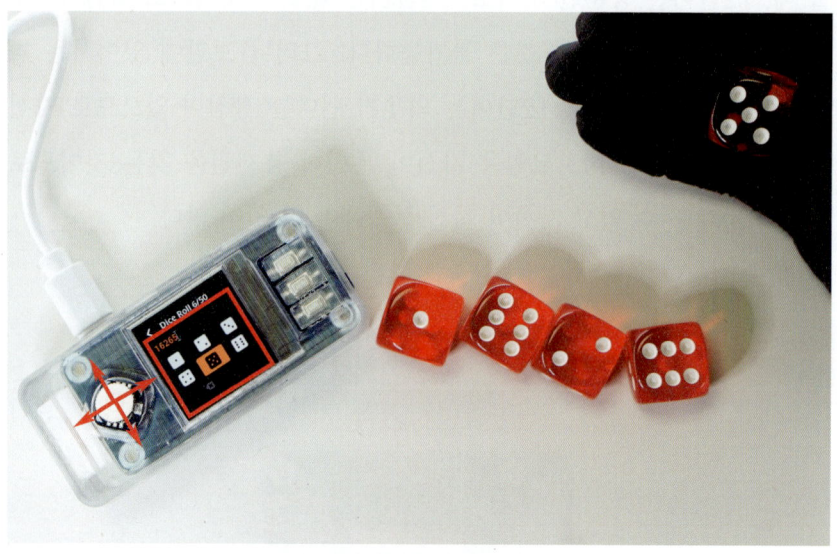

주사위를 다 던져서 입력했다면 [I Understand]를 누른다. 그러면 니모닉 목록을 보여줄 것이다.

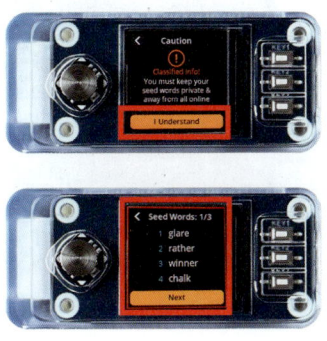

니모닉 목록을 종이에 잘 기록한다. 종이가 불에 탈 것을 염려해 철판 등을 사용할 수도 있다.

이 사진에 나와 있는 니모닉을 절대 사용하지 말 것. 이 니모닉은 테스트용으로 쓰였으며 온라인에 노출되었다. 이 니모닉에서 파생되는 주소에 비트코인을 보내면 영영 되찾지 못할 수도 있다.

[Next]를 누르면 [Verify(검증)] 버튼이 나온다. 이걸 선택한다.

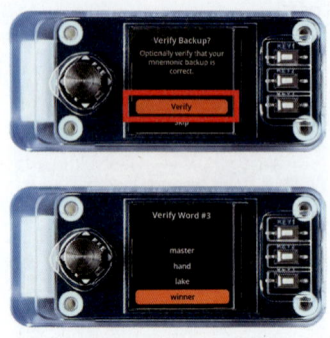

번호에 맞는 니모닉을 고른다.

다 고르면 성공했다는 알림이 나온다. [OK]를 누른다.

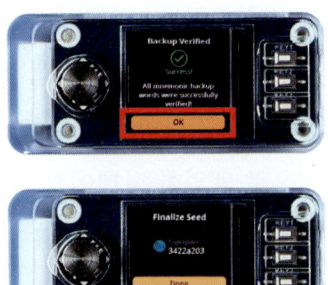

MFP도 꼭 기록한다. 비트코인은 당연히 고객센터가 없는데, 자신이 생성한 지갑이 맞는지 확인하기 위해 MFP를 적는 것이다. 다른 지갑이면 MFP도 달라진다. 참고로 MFP가 겹칠 확률은 42억분의 1이다.

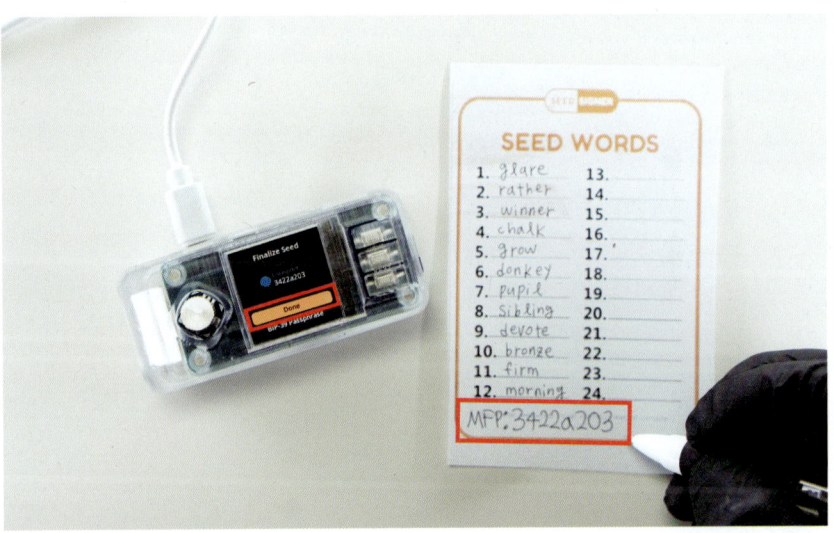

## 시드 QR 제작

시드사이너는 램(휘발성 저장공간)을 제외하고 저장장치가 없다. 따라서 니모닉이 저장되지 않기 때문에 매번 장치를 켤 때마다 니모닉을 입력해야 한다. 시드사이너를 쓸 거라면 니모닉을 외우는 것을 추천한다(당연히 니모닉을 물리적으로 백업한 상태에서 말이다).

그러나 매번 니모닉을 입력하는 게 귀찮을 수도 있다. 그런 사람들은 시드 QR을 활용할 수 있다. 시드 QR을 만들어놓으면 이 QR 코드를 스캔했을 때 바로 니모닉을 불러온다(시드 QR도 니모닉 단어와 마찬가지로 보관에 주의를 기울여야 한다).

시드 QR 만드는 방법을 알아보자. 이미지에 대한 링크(QR 코드)는 다음 페이지에 첨부했다. 이미지를 먼저 인쇄하자.

시드 QR 21 × 21:

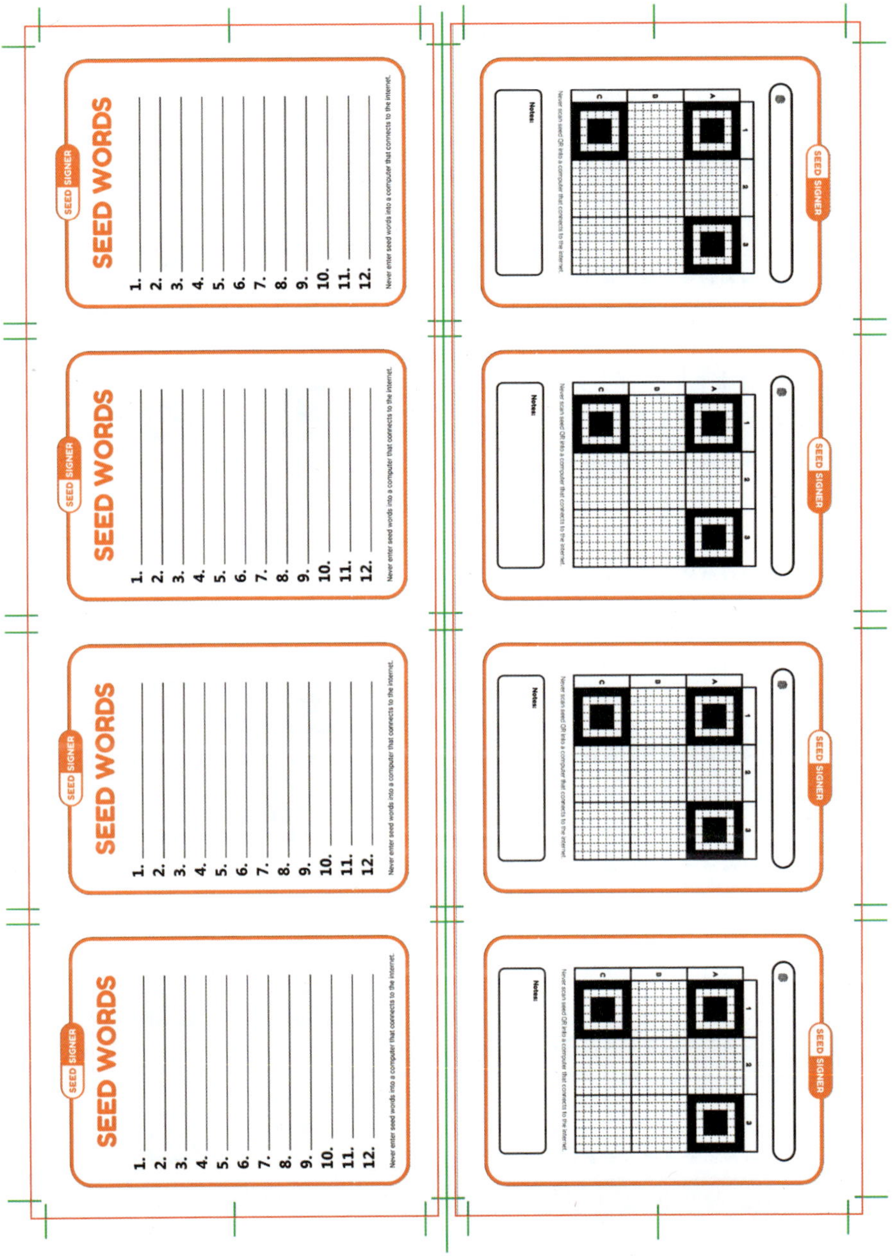

시드 QR 25 × 25:

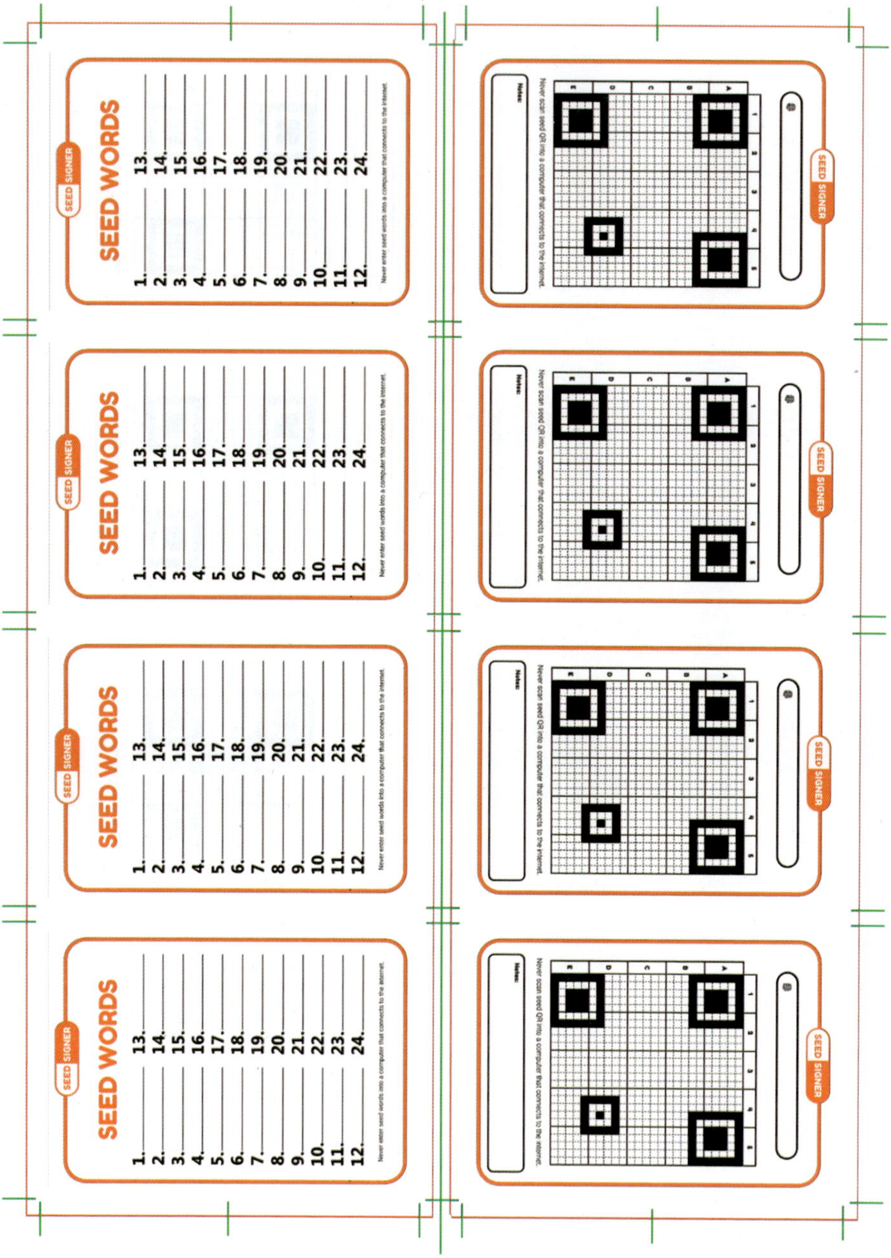

홈 화면 → [Seeds] → [Backup Seed] → [Export as SeedQR]을 선택한다.

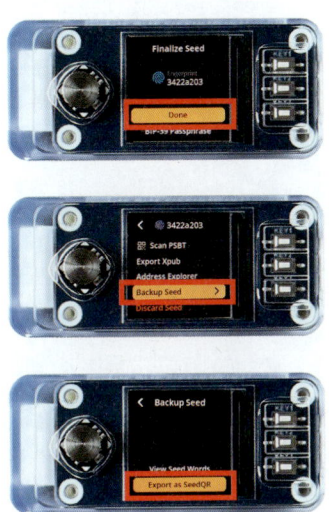

QR은 25×25와 21×21 중 선택할 수 있다. 25×25는 Standard QR (표준 QR)이고, 21×21은 Compact QR (압축된 QR)이다. 만약 니모닉이 24단어라면 Standard QR은 29×29, Compact QR은 25×25가 된다. Standard QR은 스마트폰 카메라로 찍으면 엔트로피 숫자가 그대로 인식되어 데이터가 노출되는데(※ 주의: 자신이 사용할 니모닉이라면 절대 시도하지 말 것. 스마트폰에 니모닉 정보가 노출된다), Compact QR은 스마트폰 카메라로 스캔해도 데이터 노출이 안 된다. 따라서 Compact QR이 좀 더 안전하고, 칸이 적어서 그리기도 쉽다. 필자는 이번에 25×25를 선택하여 QR 코드를 그려보겠다. 니모닉을 백업할 때와 마찬가지로 주변에 카메라가 전혀 없는 곳에서 진행하라.

[I Understand] → [Begin 25×25]를 선택한다.

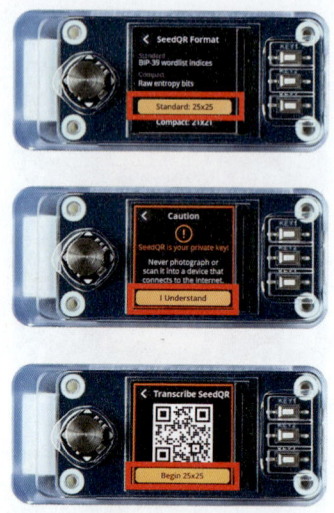

그러면 칸마다 색칠해야 할 부분을 보여줄 것이다. 잘못 색칠하면 처음부터 다시 색칠해야 하므로 주의하자.

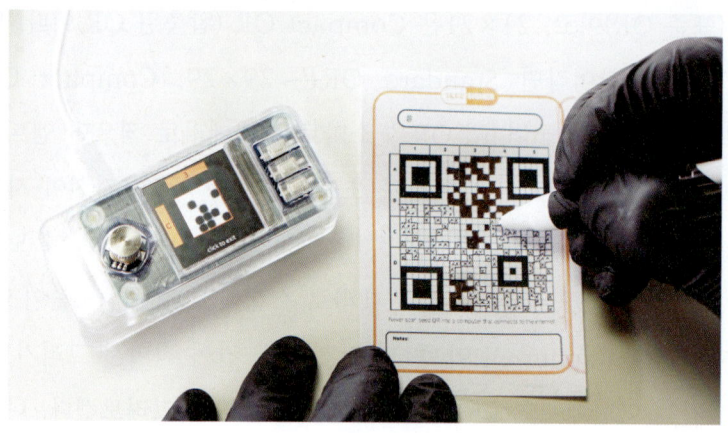

색칠이 완료되었다. 팔이 매우 아프다.

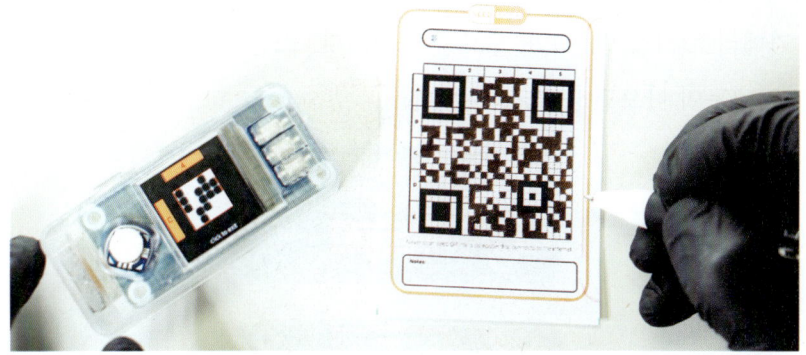

이 사진에 나와 있는 시드 QR을 스캔하여 지갑을 생성하지 말 것. 이 시드 QR은 테스트용으로 쓰였으며 온라인에 노출되었다. 이 시드에서 파생되는 주소에 비트코인을 보내면 영영 되찾지 못할 수도 있다.

또한, 자신이 만든 시드 QR을 스마트폰 카메라로 스캔하지 말 것. 니모닉이 온라인에 노출될 수 있다.

Seed QR이 잘 인식되는지 확인하면 끝이다. [Confirm SeedQR]을 선택한다.

카메라로 직접 만든 QR 코드를 스캔한다. 스캔이 성공적으로 잘 됐다는 안내문이 나오면 [OK]를 누른다.

## 니모닉 입력하기 or 시드 QR 스캔하기

시드사이너는 어떤 데이터도 저장하지 않는다. 그래서 껐다 켤 때마다 니모닉을 새로 입력해야 한다.

이제 시드사이너에 니모닉을 불러올 것이다. 시드사이너 홈 화면 → [Seeds]에 들어간다.

[Scan a SeedQR]은 시드 QR을 스캔해서 니모닉을 불러오는 것이다. 시드 QR을 스캔하는 경우 그냥 홈 화면에서 [Scan]을 누르고 바로 시드 QR을 스캔해도 된다.

[Enter 12-word seed]는 12단어 니모닉을 입력하는 경우 사용한다. [Enter 24-word seed]는 24단어 니모닉을 입력하는 경우 사용한다.

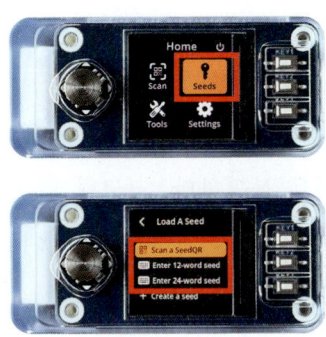

시드 QR을 스캔하거나 니모닉을 입력한다. 니모닉을 입력할 때는 조이스틱을 상하좌우로 움직이고, 조이스틱을 수직으로 누르면 단어가 선택된다. 오른쪽에 단어들이 뜨면 오른쪽 위아래 버튼을 이용해 이동할 수 있고, 오른쪽 가운데 버튼을 누르면 그 단어가 선택된다.

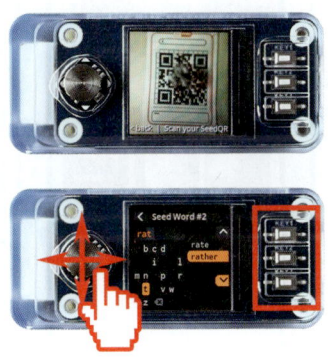

(상) 시드 QR 스캔, (하) 니모닉 입력

## 블루월렛에 확장 공개키 내보내 워치-온리 지갑 만들기

스마트폰에서 사용하는 워치-온리 지갑에는 크게 블루월렛과 넌척, 코코넛 월렛 등이 있다. 블루월렛은 잔오류가 많다는 단점이 있지만, 현재 한국어를 지원하기 때문에 영어가 불편한 사람들은 편하게 사용할 수 있다. 넌척은 블루월렛보다 훨씬 안정성이 있지만 한국어 지원이 안 돼서 영어를 못하는 경우 불편하다. 코코넛 월렛은 한국의 포우팀에서 개발한 지갑으로, 당연히 한국어가 지원되고 기능도 많다(심지어 고객센터도 있다). 워치-온리 지갑은 어느 하나만 사용하는 것보다는 두 가지 이상을 사용하며 교차 검증하는 것이 좋다.

블루월렛과 넌척, 코코넛 월렛을 먼저 설치하자. 구글 플레이스토어나 애플 앱스토어에서 BlueWallet, Nunchuk, 코코넛 월렛을 검색하고 다운로드한다. iOS 기준으로 설명하지만, 안드로이드도 크게 다르지 않다.

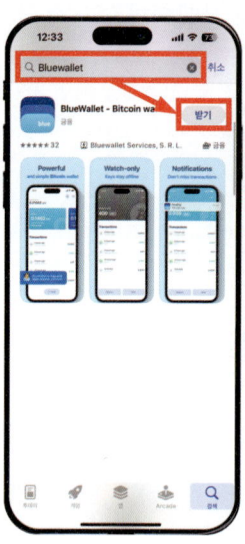  

블루월렛 앱을 실행한다. 한국어가 편하다면 언어 설정부터 바꾸자. 오른쪽 위 점 세 개 → [Language] → [한국어]를 선택하고 뒤로 가기를 누른다.

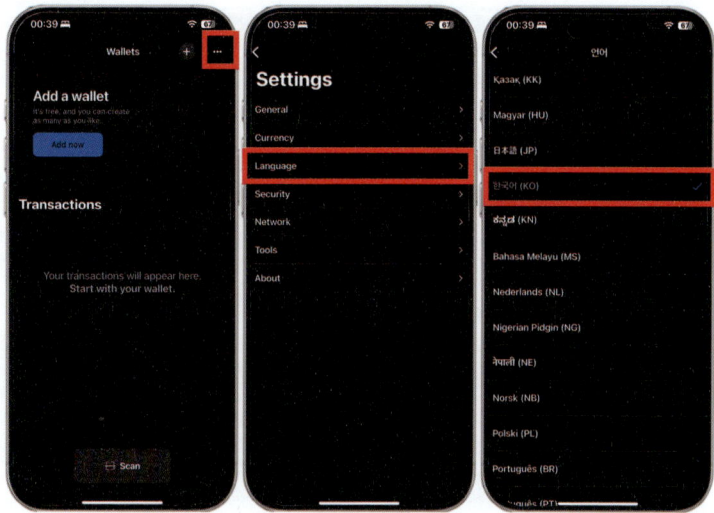

시드사이너에 니모닉을 입력했다면 'Seeds'에 들어갔을 때 MFP를 선택할 수 있다. MFP를 선택하고, [Export Xpub] → [Single Sig]를 선택한다.

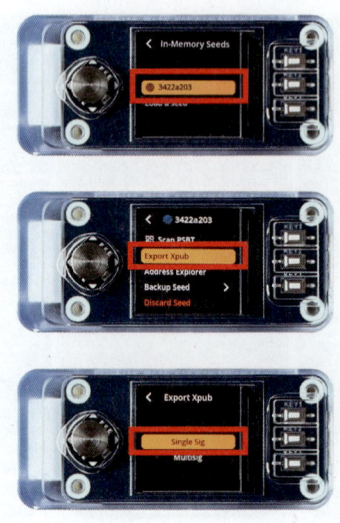

이제 블루월렛에 확장 공개키를 내보낼 것이다. [Native Segwit] → [BlueWallet] → [I Understand]를 선택한다.

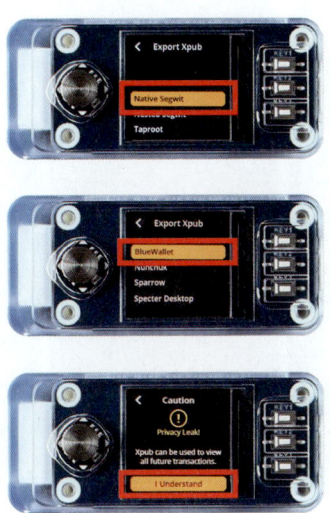

[Export Xpub]을 누르면 QR 코드가 나온다. 조이스틱을 위로 밀어 밝기를 더욱 밝게 할 수도 있다.

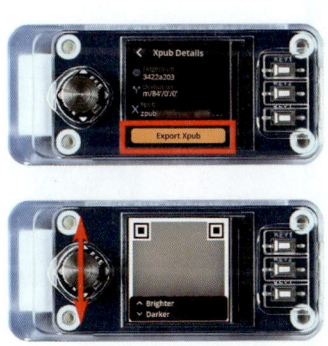

스마트폰의 블루월렛에서 우측 상단 [+] → [지갑 들여오기] → [스캔 또는 파일 들여오기] → 카메라 [허용]을 누른다.

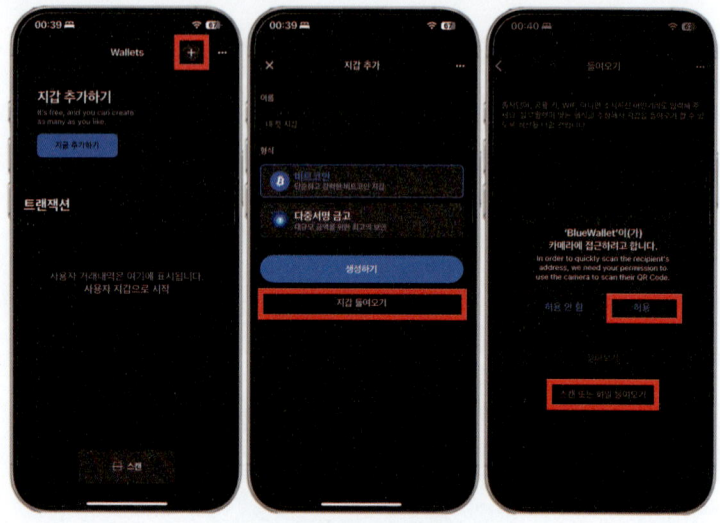

블루월렛에서 카메라 화면이 뜨면 시드사이너에 나오는 QR 코드를 찍는다. 이것이 확장 공개키를 내보내는 과정이다.

시드사이너를 스캔하면 자동으로 지갑이 만들어질 것이다.

지갑에 들어와서 오른쪽 위 점 세 개를 누른다. 지갑의 이름을 설정한다.

[하드웨어 지갑 사용하기]를 켠다. 앞에서 나온 경고창이 이 옵션 때문에 떴던 것이다. 이 옵션을 켜야 시드사이너에서 서명을 받아올 수 있다.

마스터 지문 아래에 있는 [보기]를 눌러 MFP를 확인한다. 시드사이너에서 확인했던 MFP와 동일한지 확인한다. 대소문자는 상관없다.

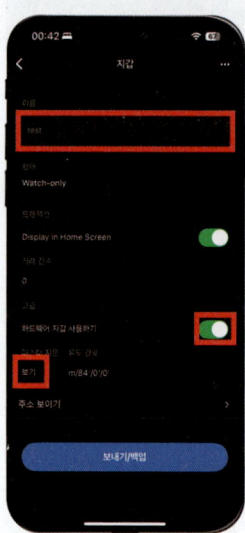

시드사이너는 주소 검증하기가 쉽다. 블루월렛에서 [받기]를 눌렀을 때 나오는 QR 코드를 시드사이너로 스캔하기만 하면 된다. 시드사이너 홈 화면에서 'Scan'을 눌러 블루월렛이 보여주는 QR 코드를 스캔한다. MFP를 선택하면 이 주소가 지갑에 속한 주소인지 자동으로 검색해준다.

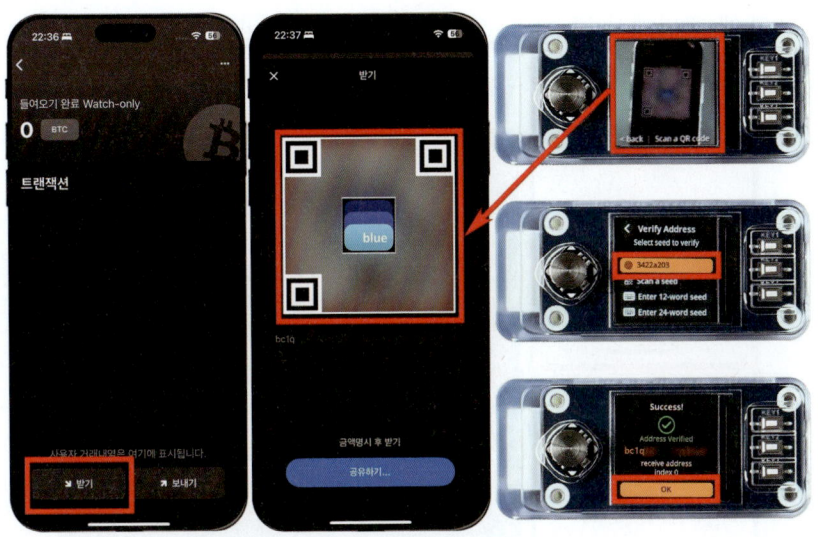

이제 워치-온리 지갑인 블루월렛과 시드사이너 연동이 끝났다. 앞으로 블루월렛에서 '받기'를 누르고 비트코인을 받으면 된다. 하지만, 일단 소액만 보내보고 서명 연습을 한 뒤에 본격적으로 사용하길 바란다.

## 넌척에 확장 공개키 내보내 워치-온리 지갑 만들기

이제 워치-온리 지갑인 넌척과 시드사이너를 연동해 보자. 앞에서 설치했던 넌척을 켠다. 우리는 게스트 모드로 넌척을 사용할 것이다. 어차피 얼마든지 시드사이너와 넌척을 연동할 수 있으므로 로그인이 필요 없기 때문이다. [Continue as guest]를 누른다.

이후에 화면에서 [Add key] 버튼이 보인다면 바로 누르고, 안 보인다면 아래 탭에서 [Keys]를 누른 뒤 [Add key]를 누른다.

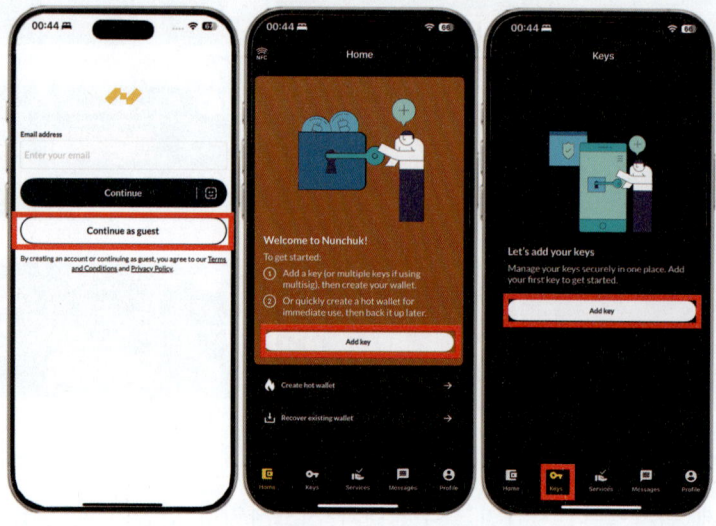

기기를 선택하는 창이 나오면 [SeedSigner]를 선택한다. 이후에 [Continue]를 누른다.

시드사이너에 니모닉을 입력했다면 'Seeds'에 들어갔을 때 MFP를 선택할 수 있다. MFP를 선택하고 [Export Xpub] → [Single Sig]를 선택한다.

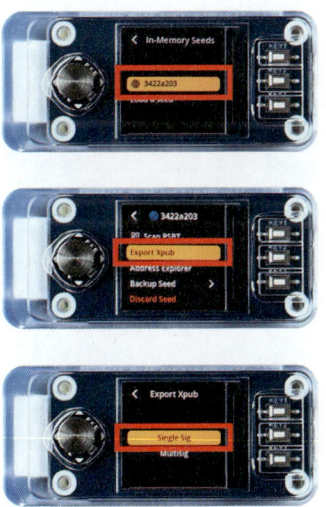

이제 넌척에 확장 공개키를 내보낼 것이다. [Native Segwit] →
[Nunchuk] → [I Understand]를 선택한다.

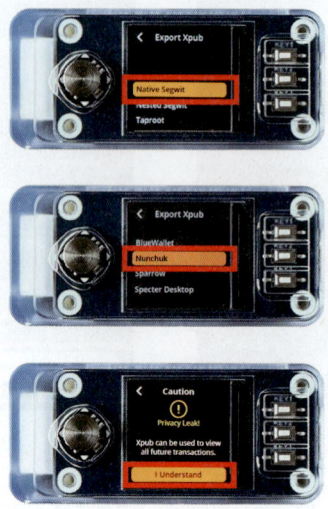

[Export Xpub]을 누르면 QR 코드가 나온다. 조이스틱을 위로 밀어
밝기를 더욱 밝게 할 수도 있다.

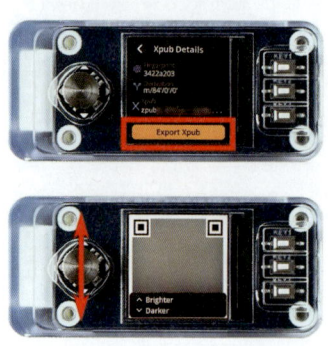

넌척에서 [Scan Qr]을 누른다. 카메라 접근 권한을 요구하면 [허용]을 누른다.

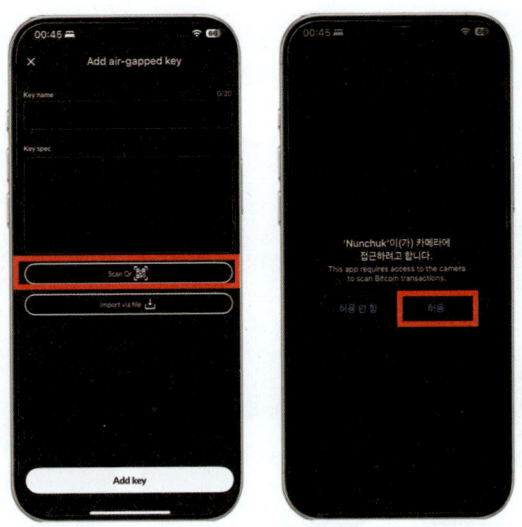

넌척에서 카메라 화면이 뜨면 시드사이너의 QR 코드를 스캔한다.

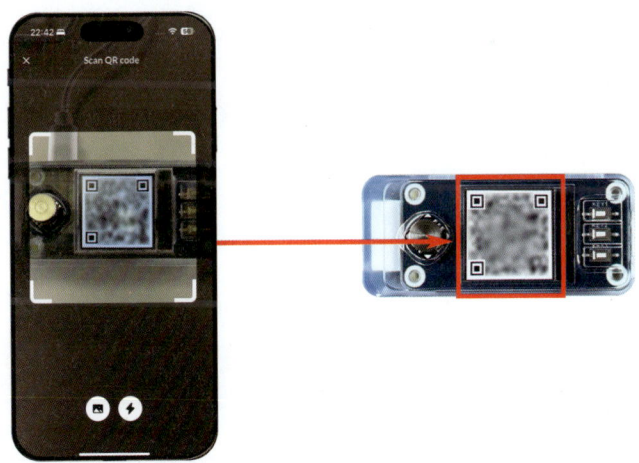

지갑 이름을 설정하고 [Add key]를 누른다. 그러고 [x] 버튼을 눌러 나가면 MFP (XFP)가 적혀있다. 이것이 시드사이너에서 확인했던 MFP 와 동일한지 확인하자.

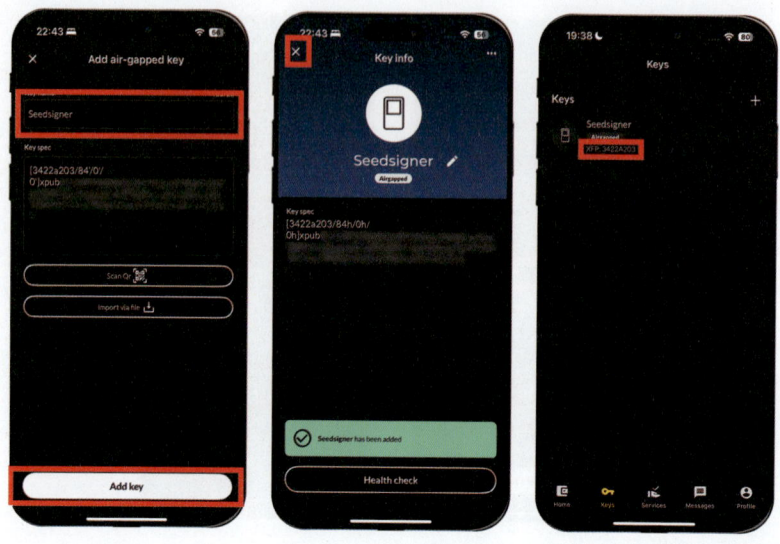

이제 넌척의 아래 탭에서 [Home]을 선택하고 [Create new wallet] 을 누른다. [Custom wallet]을 누르고 지갑 이름을 입력한다. 다 되면 [Continue]를 누른다.

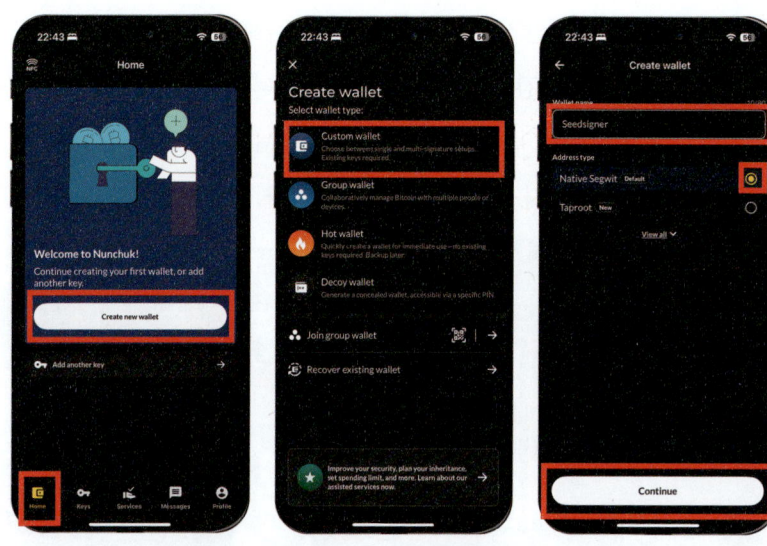

앞에서 추가했던 Key를 선택하고 [Continue]를 누른다. [Create wallet]을 누르고 [I'll do this later]를 누른다. 그러면 이제 넌척에 확장 공개키를 내보내는 것도 완료되었다.

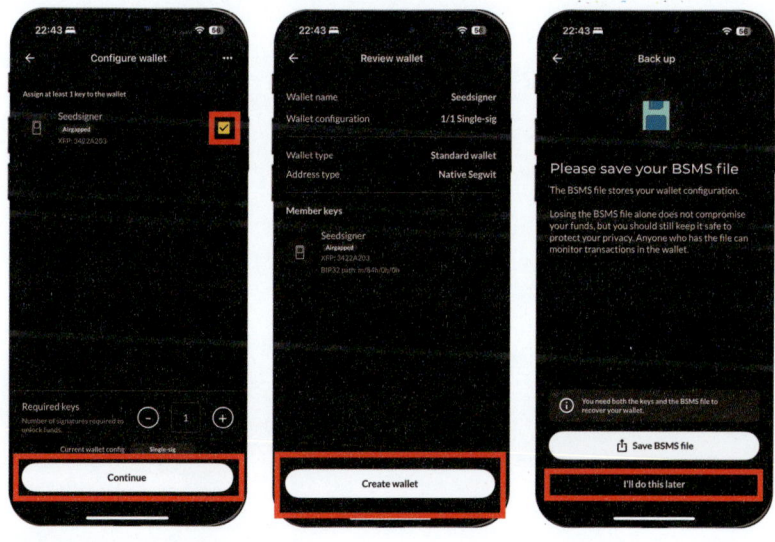

넌척에서 [Receive(받기 주소)]를 누르면 나오는 QR 코드를 시드사이너로 스캔하면 주소 검증이 된다. 시드사이너 홈 화면에서 [Scan]을 눌러 넌척이 보여주는 QR 코드를 스캔한다. MFP를 선택하면 이 주소가 지갑에 속한 주소인지 자동으로 검색해 준다.

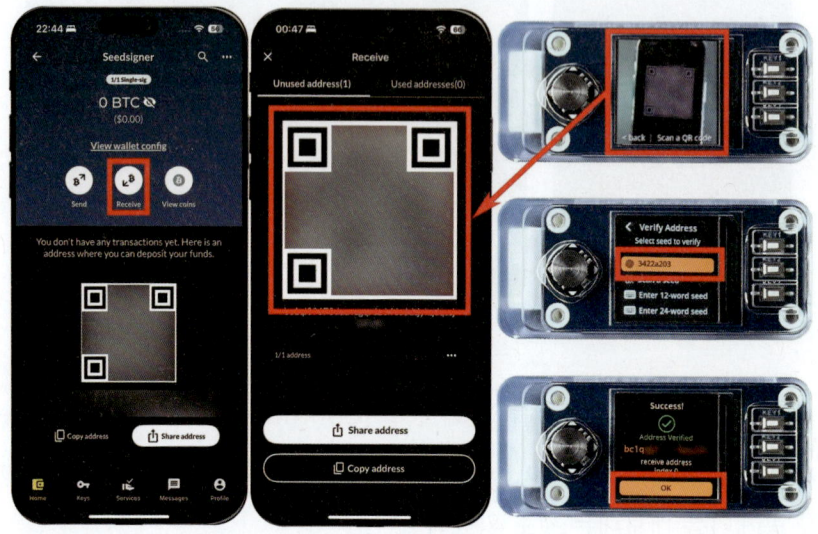

참고로 넌척 하단 탭의 [Profile]을 선택하면 몇 가지 설정을 할 수 있다. [Display settings]에서 일상적인 단위인 sat로 변경할 수 있다. [Display unit]을 누르고 [satoshi]를 선택하면 된다. 이 외에도 [Local currency]에서 [South Korean Won (KRW)]를 선택해 통화 단위를 바꿀 수 있고, [Fee settings] → [Default fee rate] → [Priority]를 선택해 온-체인 수수료를 좀 더 많이 지불하는 대신 거래가 빠르게 컨펌되도록 할 수도 있다.

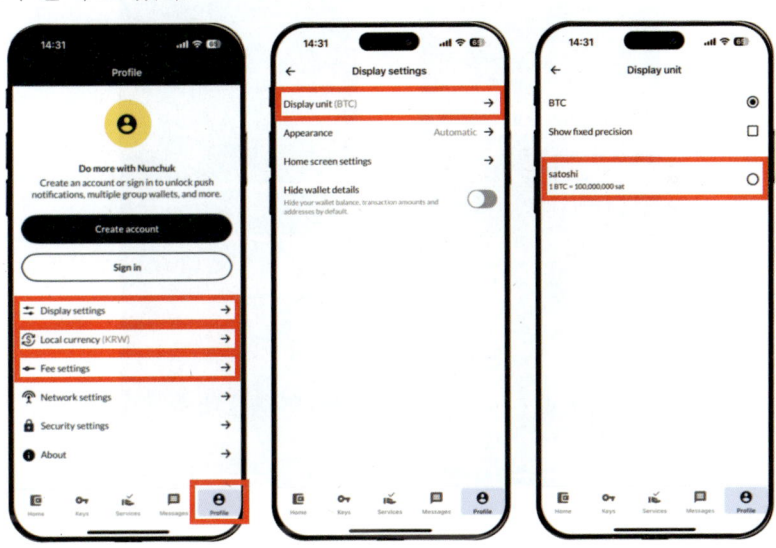

## 코코넛 월렛에 확장 공개키 내보내 워치-온리 지갑 만들기

이제 워치-온리 지갑인 코코넛 월렛과 시드사이너를 연동해 보자. 앞에서 설치했던 코코넛 월렛을 켠다.

일상적으로는 BTC 단위보다 sats 단위를 더 많이 쓰므로 단위를 바꿔보자. 코코넛 월렛 홈 화면에서 우측 상단 점 세 개 → [설정]을 누르고, 단위: 비트코인을 'sats'로 바꾼다.

시드사이너에 니모닉을 입력했다면 'Seeds'에 들어갔을 때 MFP를 선택할 수 있다. MFP를 선택하고 [Export Xpub] → [Single Sig]를 선택한다.

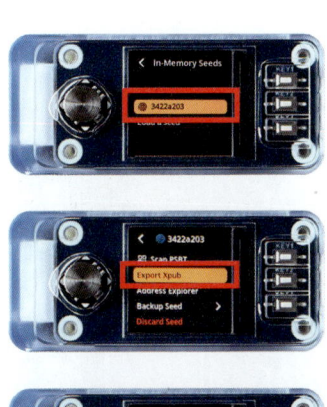

[Native Segwit] → [Nunchuk] → [I Understand]를 선택한다.

[Export Xpub]을 누르면 QR 코드가 나온다. 조이스틱을 위로 밀어 밝기를 더욱 밝게 할 수도 있다.

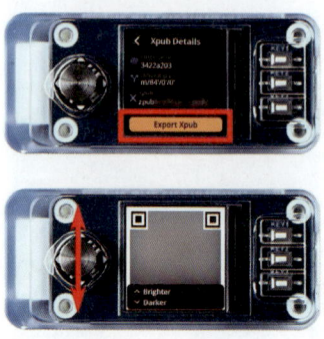

코코넛 월렛에서 오른쪽 위의 지갑 추가 버튼을 누르거나 아래의 [보기 전용 지갑을 추가해 보세요!]를 누른다.

지갑을 고르는 창이 나오면 [시드사이너]를 누른다. 카메라 접근 권한을 요구하면 [허용]을 누른다.

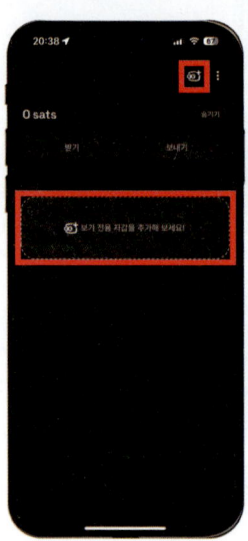
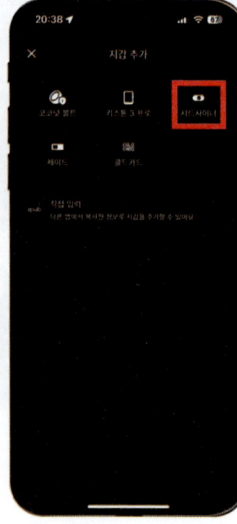

스마트폰의 코코넛 월렛에서 카메라 화면이 나오면 시드사이너에 나오는 QR 코드를 스캔한다.

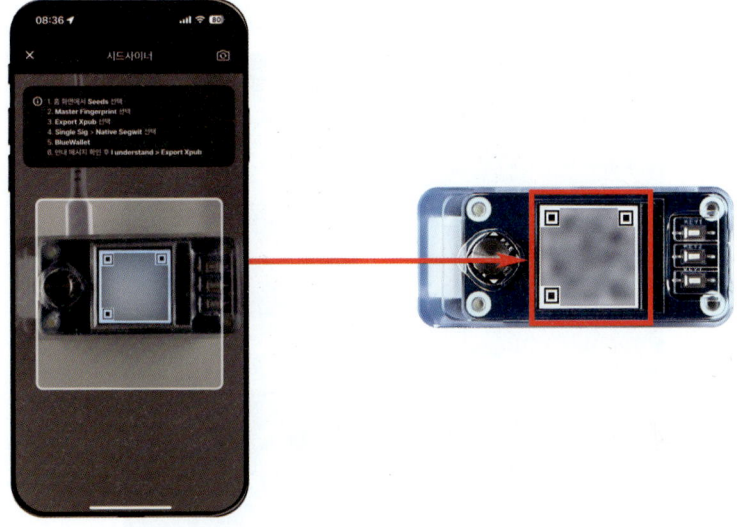

바로 워치-온리 지갑이 불러와진다. 상단의 [시드사이너 >]를 누른다. 먼저 오른쪽에 보이는 MFP가 시드사이너에서 확인했던 MFP와 일치하는지 확인한다. [시드사이너]를 누르면 지갑 이름을 설정할 수도 있다.

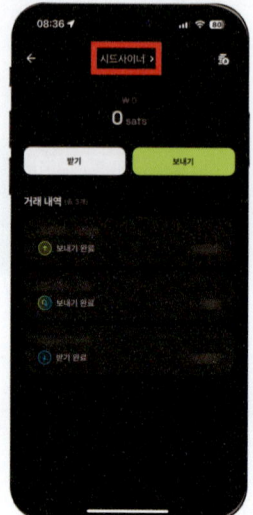 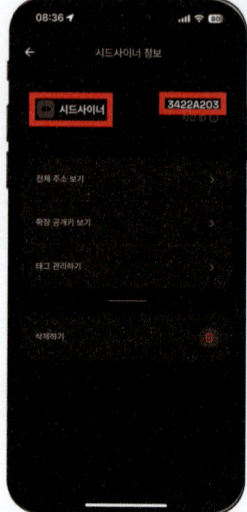

시드사이너는 주소 검증하기가 쉽다. 코코넛 월렛에서 [받기]를 눌렀을 때 나오는 QR 코드를 시드사이너로 스캔하기만 하면 된다. 시드사이너 홈 화면에서 'Scan'을 눌러 코코넛 월렛이 보여주는 QR 코드를 스캔한다. MFP를 선택하면 이 주소가 지갑에 속한 주소인지 자동으로 검색해 준다.

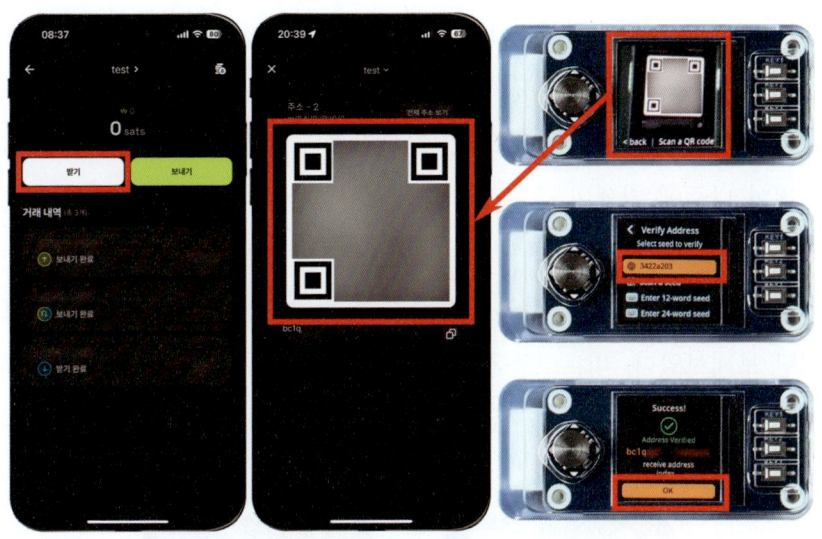

이제 워치-온리 지갑인 코코넛 월렛과 시드사이너 연동이 끝났다. 앞으로 코코넛 월렛에서 '받기'를 누르고 비트코인을 받으면 된다. 하지만, 일단 소액만 보내보고 서명 연습을 한 뒤에 본격적으로 사용하길 바란다.

## 블루월렛으로 서명 연습

본격적으로 비트코인을 지갑에 보관하기 전 꼭 해야 하는 것이 있다. 서명이 잘 되는지 확인하는 것이다. 비트코인을 다른 곳으로 보내려면 서명을 해야 한다. 만약 서명이 안 되면 다른 곳으로 보낼 수가 없으니 해당 주소에 모은 비트코인은 그림의 떡이 된다. 시드사이너는 니모닉 시드가 기기에 저장되지 않으므로 복구 연습을 할 필요는 없다. 기기를 켤 때마다 복구를 해야 하기 때문이다.

서명 연습 없이 덜컥 비트코인 모으기부터 시작하는 경우가 있는데, 이러면 나중에 거액이 들어간 상태에서 서명을 처음 해보다가 안 되는 경우 난감해질 수 있다.

서명 연습을 해보자. 서명을 연습하기 위해 9천 sats 정도를 지갑에 일단 보내보았다. 비트코인을 지갑에 보내는 방법은 뒤에 나오는 '거래소에서 지갑으로 비트코인 옮기기' 장을 참고하라. 블루월렛과 넌척 둘 다 금액이 잘 확인된다.

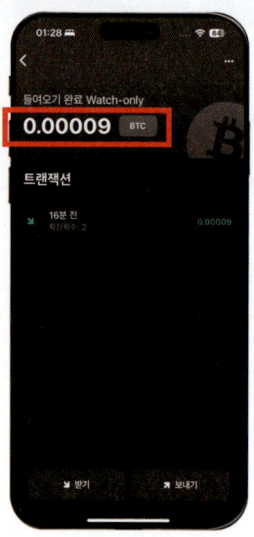 

블루월렛에서 서명 연습을 해보자. 먼저 [받기] 버튼을 누르고 뜨는 주소를 복사한다. 프라이버시와 보안을 위해 주소는 재사용하지 않는 것이 좋은데, 블루월렛과 넌척, 코코넛 월렛은 안 쓴 주소를 자동으로 보여준다. 주소를 한 번 누르면 자동으로 주소가 복사된다.

이제 [x] 버튼을 누른 뒤 [보내기] 버튼을 누른다. 주소창에 아까 복사했던 주소를 붙여넣는다. 서명 연습을 하기 위해 내 비트코인을 다시 나에게 보내는 거래(트랜잭션)를 일으키는 것이다.

그 위에 있는 금액에는 수수료를 제외하고 보낼 금액을 입력한다. 비트코인 온-체인에는 수수료가 있기 때문에 2,000-3,000 sats 이상 제외하고 송금 연습을 해야 한다.

참고로 '수수료' 옆에 있는 민트색 박스를 누르면 수수료율을 자신이 직접 설정할 수도 있다. 멤풀을 보고 적정 수수료율을 설정하는 연습도 해보면 좋다.

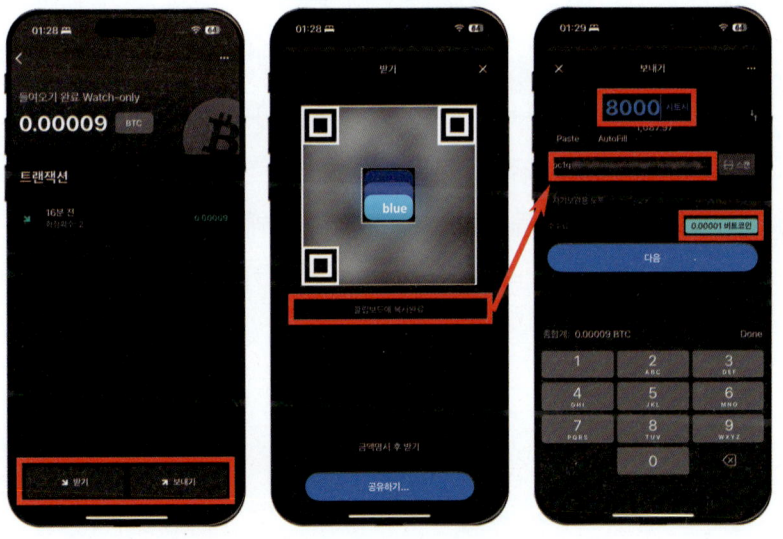

1부 • 셀프 커스터디 가이드  219

이제 시드사이너를 켜고 지갑을 불러온다. 시드 QR로 지갑을 불러오거나, 니모닉을 입력해 불러오면 된다.

[Scan a SeedQR]은 시드 QR을 스캔해서 니모닉을 불러오는 것이다. 시드 QR을 스캔하는 경우 그냥 홈 화면에서 [Scan]을 누르고 바로 시드 QR을 스캔해도 된다.

Enter 12-word seed는 12단어 니모닉을 입력하는 경우 사용한다.

Enter 24-word seed는 24단어 니모닉을 입력하는 경우 사용한다.

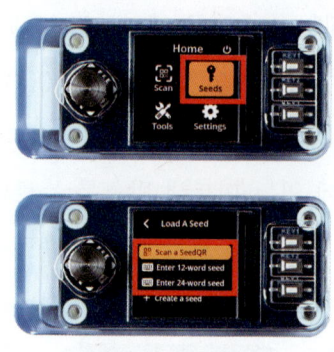

시드 QR을 스캔하거나 니모닉을 입력한다. 니모닉을 입력할 때는 조이스틱을 상하좌우로 움직이고, 조이스틱을 수직으로 누르면 단어가 선택된다. 오른쪽에 단어들이 뜨면 오른쪽 위아래 버튼을 이용해 이동할 수 있고, 오른쪽 가운데 버튼을 누르면 그 단어가 선택된다.

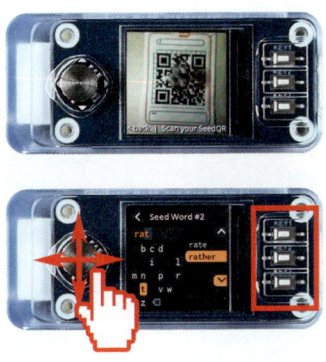

시드사이너에 니모닉을 입력해서 지갑을 불러왔으면 홈 화면에서 [Scan]을 선택한다. 카메라가 나오면 블루월렛 화면에 나오는 움직이는 QR 코드를 스캔한다.

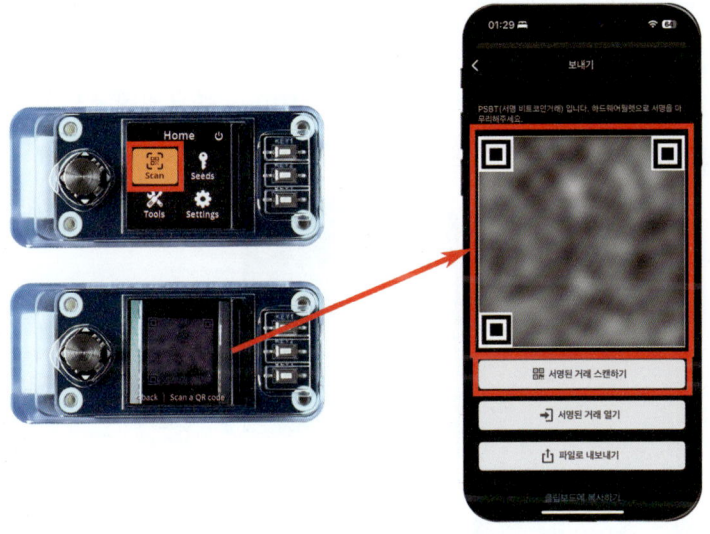

시드사이너에서 MFP를 선택한다. 그러면 이제 거래에 관한 여러 가지 정보가 나온다. 정보들을 확인하고 맞으면 계속 다음으로 넘어간다.

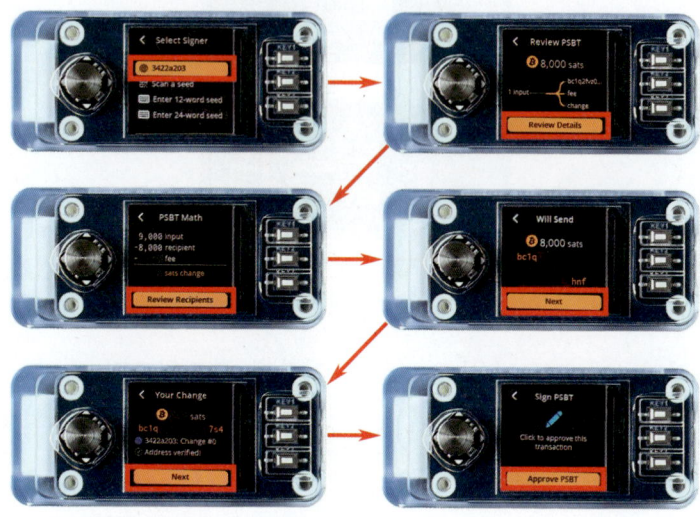

시드사이너에서 QR 코드가 나올 것이다. 블루월렛에서 [서명된 거래 스캔하기]를 누르고 시드사이너 화면을 스캔한다.

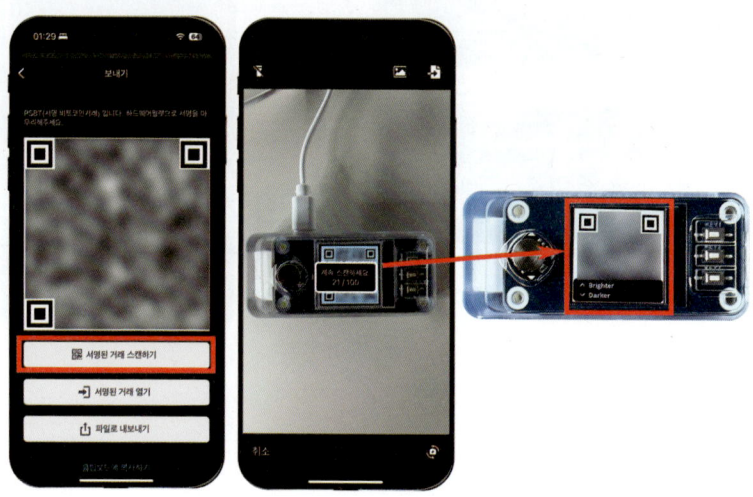

서명이 올바르다면 직렬화된 서명 데이터(나열된 숫자들)가 나타날 것이고, 여기서 [바로 보내기]를 누르면 네트워크에 전송된다.

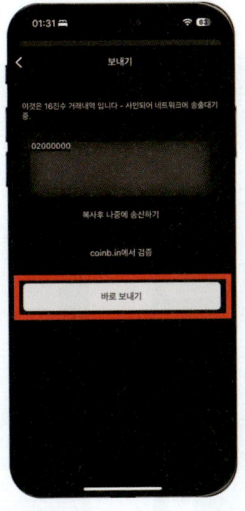

**넌척으로 서명 연습**

넌척에서 서명할 때도 블루월렛과 비슷하게 진행한다. 먼저 [Receive(받기)]를 누르고 [Copy address]를 눌러 주소를 복사한다.

이제 [Send]를 누르고 보낼 금액을 입력한다. 이때 수수료는 제외하고 보내야 한다. [Continue]를 누른다. 아까 복사했던 주소를 붙여넣기 하고 [Create transaction]을 누른다. 참고로 [Customize transaction]을 누르면 수수료율을 직접 설정하거나, 어떤 UTXO를 선택해서 보낼지 설정할 수 있다.

[Customize transaction]에서 [Subtract fee from send amout] 옵션을 체크하면 넌첩이 보낼 금액에서 알아서 수수료만 차감하고 보낸다. 이렇게 하면 예상 수수료를 계산할 필요 없이 전액을 보내면 되기 때문에 편리하다.

[Sign]을 누르고, [Export transaction]을 누른다. 그다음에 맨 위에 있는 [Export via QR]을 누르면 QR 코드가 나올 것이다.

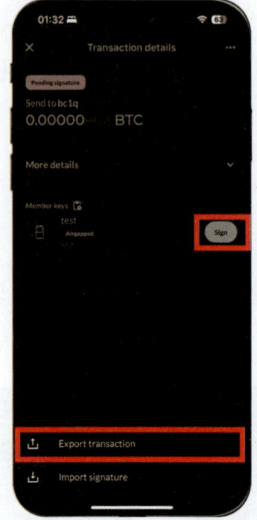 

이제 시드사이너를 켜고 지갑을 불러온다. 시드 QR로 지갑을 불러오거나, 니모닉을 입력해 불러오면 된다.

[Scan a SeedQR]은 시드 QR을 스캔해서 니모닉을 불러오는 것이다. 시드 QR을 스캔하는 경우 그냥 홈 화면에서 [Scan]을 누르고 바로 시드 QR을 스캔해도 된다.

Enter 12-word seed는 12단어 니모닉을 입력하는 경우 사용한다.

Enter 24-word seed는 24단어 니모닉을 입력하는 경우 사용한다.

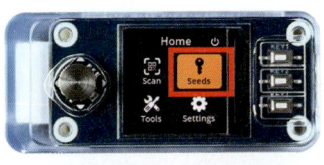

시드 QR을 스캔하거나 니모닉을 입력한다. 니모닉을 입력할 때는 조이스틱을 상하좌우로 움직이고, 조이스틱을 수직으로 누르면 단어가 선택된다. 오른쪽에 단어들이 뜨면 오른쪽 위아래 버튼을 이용해 이동할 수 있고, 오른쪽 가운데 버튼을 누르면 그 단어가 선택된다.

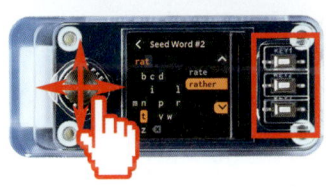

시드사이너에 니모닉을 입력해서 지갑을 불러왔으면 홈 화면에서 [Scan]을 선택한다. 카메라가 나오면 넌척 화면에 나오는 움직이는 QR 코드를 스캔한다.

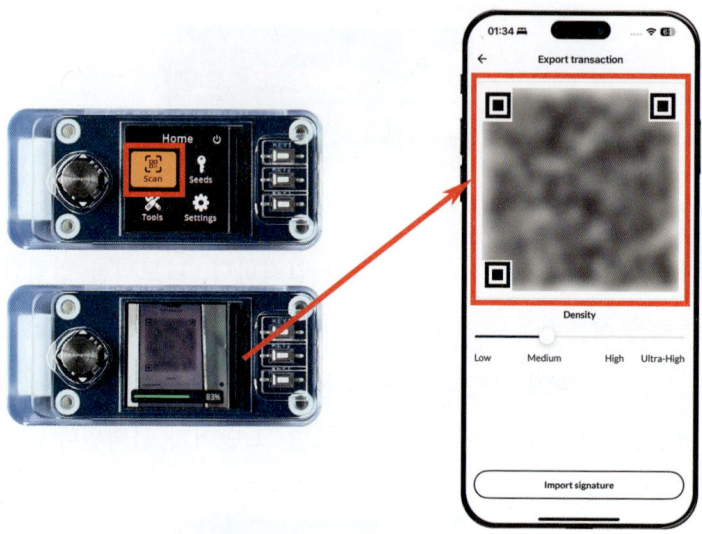

시드사이너에서 MFP를 선택한다. 그러면 이제 거래에 관한 여러 가지 정보가 나온다. 정보들을 확인하고 맞으면 계속 다음으로 넘어간다.

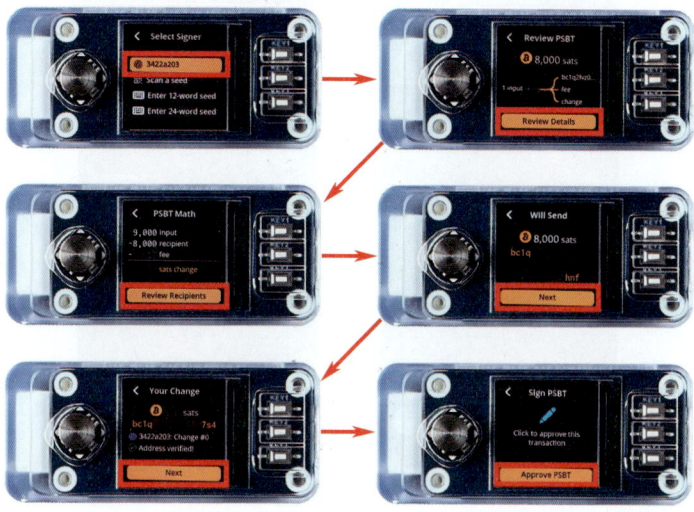

시드사이너에서 QR 코드가 나올 것이다. 넌척에서 [Import signature]를 누르고 시드사이너 화면을 스캔한다.

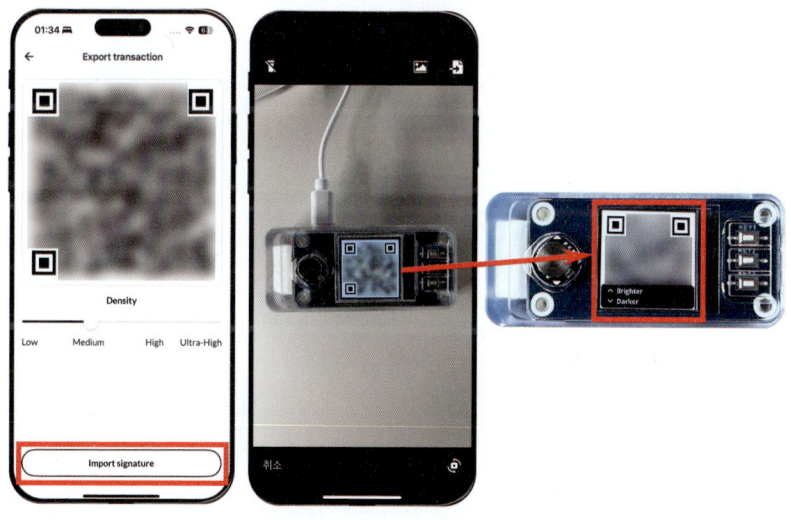

[Broadcast transaction]을 누르면 네트워크에 전파된다.

**코코넛 월렛으로 서명 연습**

코코넛 월렛에서 서명하는 과정도 비슷하다. 코코넛 월렛 홈 화면에서 지갑을 선택하고 [보내기]를 누른다.

  금액을 입력하고 아래 보낼 주소 입력창을 누른다. 코코넛은 다른 워치-온리 지갑들보다 서명 연습하는 것이 훨씬 편하다. 보낼 주소 입력창을 누르면 아래에 자신의 지갑 주소 목록이 나오기 때문이다. '내 주소' 아래에 있는 주소를 누른다.

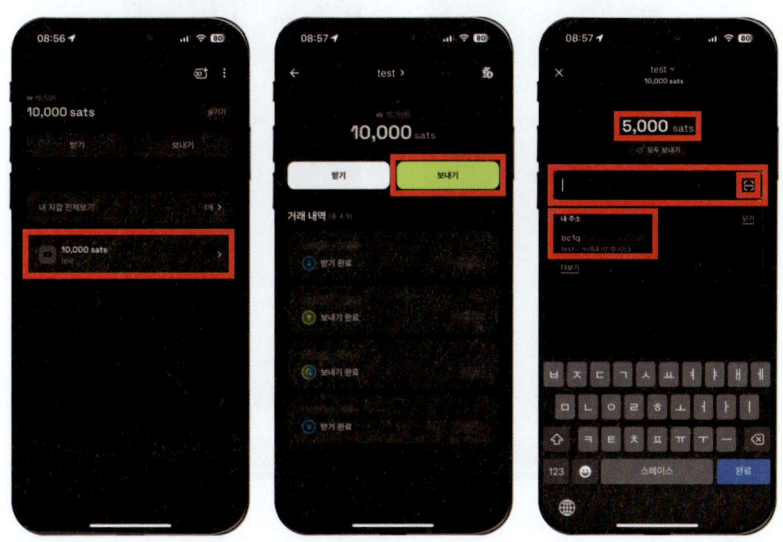

1부 • 셀프 커스터디 가이드   231

코코넛 월렛에서는 바로 수수료율을 조정할 수 있다. 현재 적절한 수수료율이 자동으로 입력되어 있지만 더 안정적으로 바로 다음 블록에 거래가 컨펌되게 하고 싶다면 수수료율을 높여도 좋다. 수수료율까지 설정했으면 [완료]를 누른다.

보낼 주소와 예상 수수료 등을 확인한 뒤 정보가 맞으면 [다음]을 누른다.

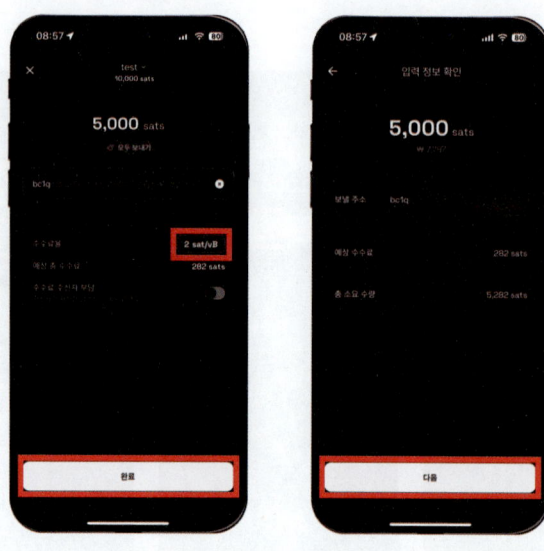

이제 시드사이너를 켜고 지갑을 불러온다. 시드 QR로 지갑을 불러오거나, 니모닉을 입력해 불러오면 된다.

[Scan a SeedQR]은 시드 QR을 스캔해서 니모닉을 불러오는 것이다. 시드 QR을 스캔하는 경우 그냥 홈 화면에서 [Scan]을 누르고 바로 시드 QR을 스캔해도 된다.

Enter 12-word seed는 12단어 니모닉을 입력하는 경우 사용한다.

Enter 24-word seed는 24단어 니모닉을 입력하는 경우 사용한다.

시드 QR을 스캔하거나 니모닉을 입력한다. 니모닉을 입력할 때는 조이스틱을 상하좌우로 움직이고, 조이스틱을 수직으로 누르면 단어가 선택된다. 오른쪽에 단어들이 뜨면 오른쪽 위아래 버튼을 이용해 이동할 수 있고, 오른쪽 가운데 버튼을 누르면 그 단어가 선택된다.

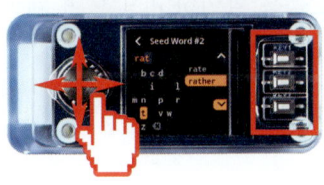

1부 • 셀프 커스터디 가이드　233

시드사이너에 니모닉을 입력해서 지갑을 불러왔으면 홈 화면에서 [Scan]을 선택한다. 카메라가 나오면 코코넛 월렛 화면에 나오는 움직이는 QR 코드를 스캔한다.

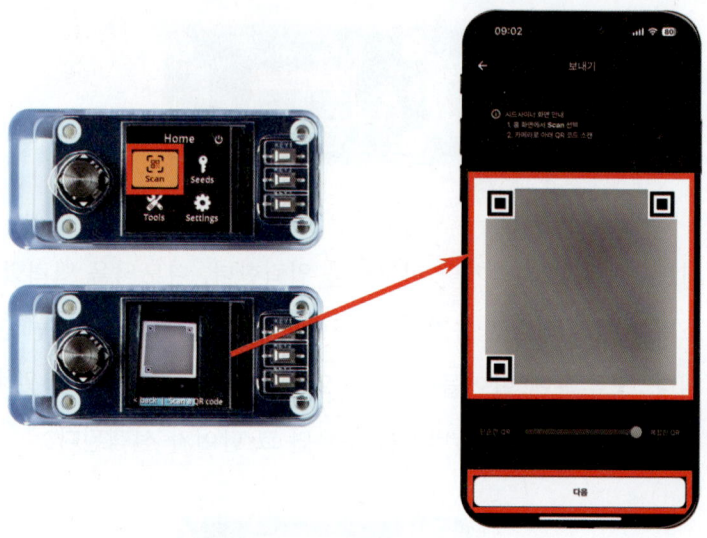

시드사이너에서 MFP를 선택한다. 그러면 이제 거래에 관한 여러 가지 정보가 나온다. 정보들을 확인하고 맞으면 계속 다음으로 넘어간다.

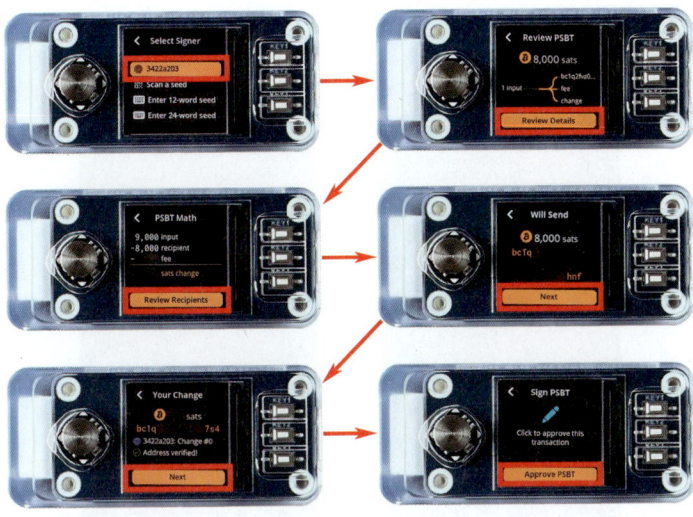

시드사이너에서 QR 코드가 나올 것이다. 코코넛 월렛에서 [다음]을 누르고 시드사이너 화면을 스캔한다.

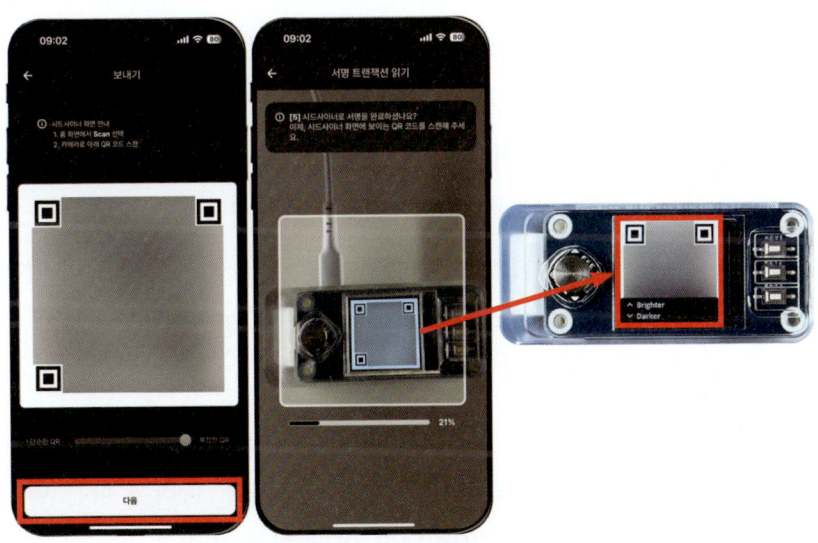

1부 • 셀프 커스터디 가이드　235

거래 정보를 한 번 더 확인하고 [보내기]를 누르면 네트워크에 전파된다.

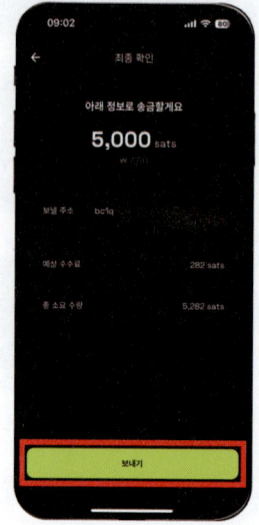 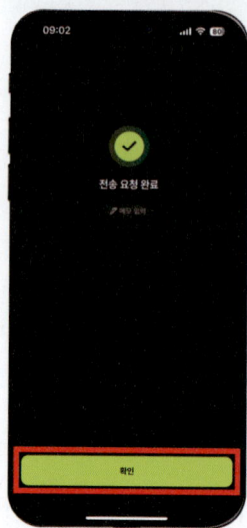

이로써 서명까지 잘 되는 것을 모두 확인해 보았다.

## 시드사이너를 게임기로 만들기

에어-갭 지갑은 그저 서명 기기일 뿐이다. 2024년 대한민국에서는 개인들의 거래 내역을 감시하기 위해 개인 지갑 신고 의무화 법안이 발의된 적이 있다. 이것이 얼마나 터무니없고 어려운 일인지 알게 하기 위해 이 절을 서술하게 되었다.

시드사이너가 설치된 마이크로SD카드를 꽂는 라즈베리파이 제로 보드는 온라인에 연결되지 않는 미니컴퓨터일 뿐이다. 따라서 다른 마이크로SD카드를 꽂는다면 시드사이너가 아닌 다른 기기가 되어버린다. 그렇다면 시드사이너는 마이크로SD카드를 말하는 것일까? 개인 지갑

보유 여부를 신고하라고 하면 시드사이너가 담겨 있는 마이크로SD카드를 갖고 있다고 신고하면 되는 것일까? 시드사이너는 개인 지갑이 무엇인지 그 경계를 모호하게 한다.

이제 8GB 용량의 '다른' 마이크로SD카드에 미니게임 OS를 설치해 보자. '레트로파이'는 라즈베리파이 기기에서 고전 게임들을 구동할 수 있게 하는 프로젝트다. 어떤 사용자가 레트로파이에 게임 보이 게임 127개를 할 수 있도록 만든 '시드콘솔'이라는 프로그램이 있다. 이것을 설치해 보겠다.

먼저 아래 링크에 들어간다.

https://github.com/DesobedienteTecnologico/seedconsole?tab=readme-ov-file#about

여기서 스크롤을 내려 'About'에 있는 [released .img files] 링크를 누른다.

![seedconsole README About 섹션 스크린샷]

들어가면 있는 릴리즈 버전 중 'Assets' 아래에 있는 seedconsole_v?.?.?_rpi1_zero.zip 파일을 다운로드한다.

## Flash&Play Release  (Latest)

## SeedConsole 4.8.1

### This release includes:

- Fixed screen sleep behavior #1
- Font size increased for better readability #2
- 127 games added #3
- Fixed Start button issue #4
- New structure for adding games #5

### Description in short

Up until now, when playing games like Tetris, the screen would turn black due to the display driver. It had specific configurations, and if the screen did not change a certain percentage of the total pixels in each frame over a specific time, the screen would go black. This issue has now been addressed.

The font size has been increased, eliminating the need to guess which game we are about to play.

Additionally, 127 open-source games have been added and are now installed by default.

The Start button has been generally fixed, addressing problems that occurred with some emulators.

With the new structure, regardless of the operating system you are using, you can now place games directly in the MicroSD's boot partition.

▼ Assets  4

| | | |
|---|---|---|
| seedconsole_v4.8.1_rpi1_zero.zip | 863 MB | Dec 15, 2023 |
| seedconsole_v4.8.1_rpi2_3_zero2w.zip | 871 MB | Dec 15, 2023 |
| Source code (zip) | | Dec 15, 2023 |
| Source code (tar.gz) | | Dec 15, 2023 |

이제 다운로드한 파일의 압축을 푼다. 압축 풀기에 실패하면 이미지 파일을 지정해서 압축을 푼다.

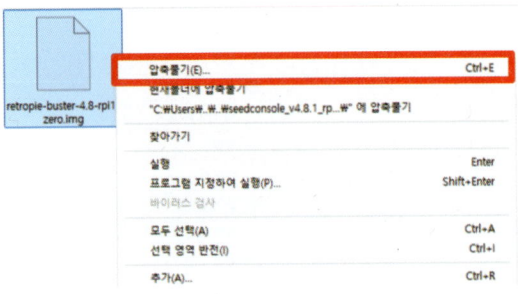

압축이 잘 풀렸다.

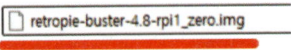

이제 컴퓨터에 여분의 마이크로SD카드를 꽂는다. 당연히 시드사이너가 설치된 마이크로SD카드가 아닌 다른 마이크로SD카드를 꽂아야 한다.

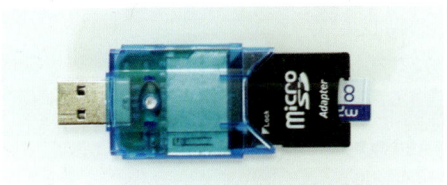

먼저 마이크로SD카드를 포맷한다.

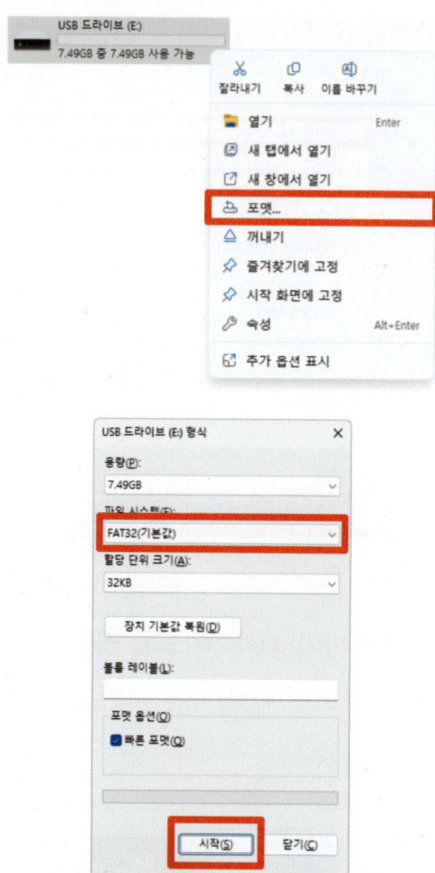

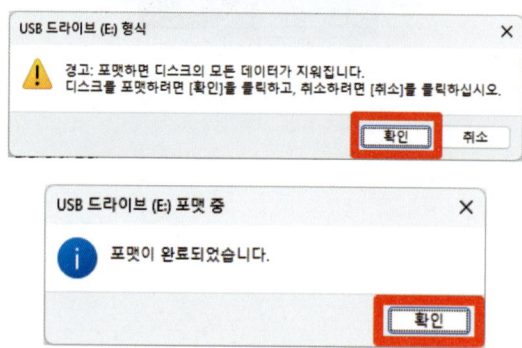

이제 발레나에처를 실행하고, [Flash from file]을 누르고 다운로드한 파일을 선택한다.

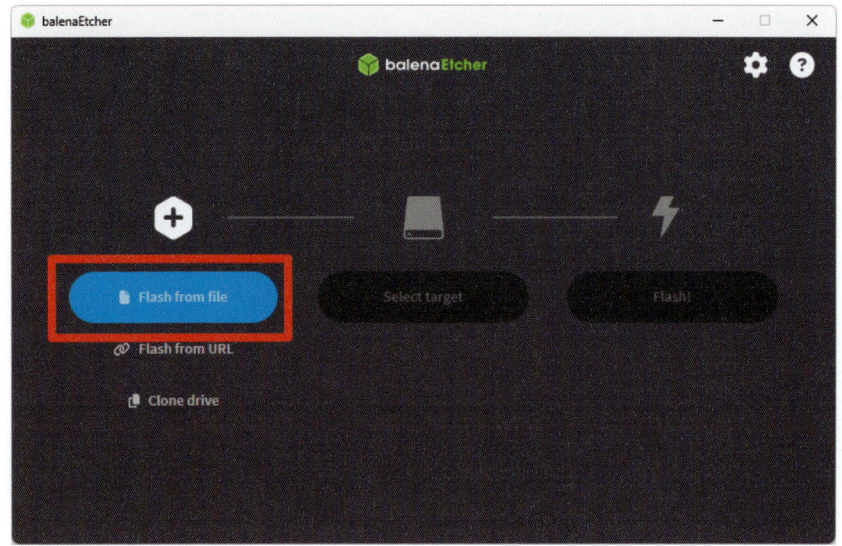

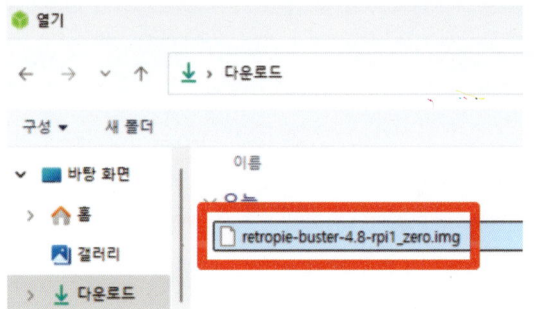

이제 [Select target]을 누르고 마이크로SD카드를 선택 → [Select]를 누른다.

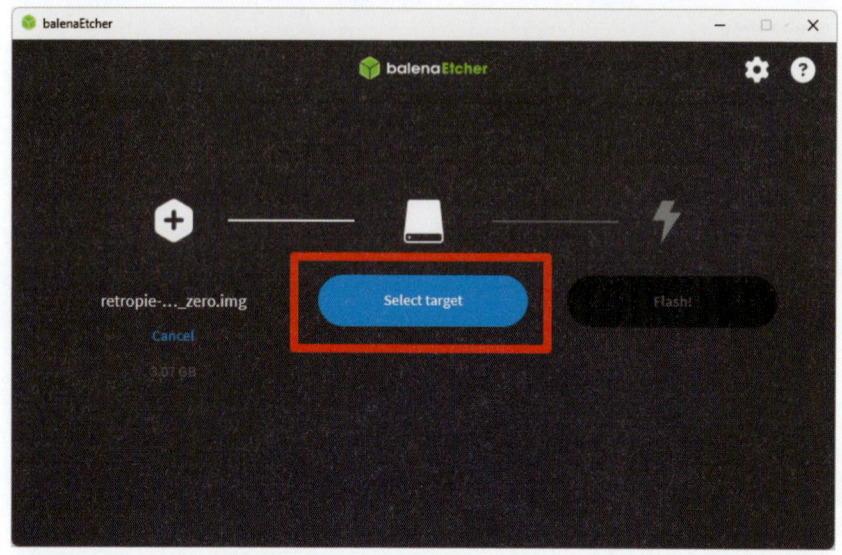

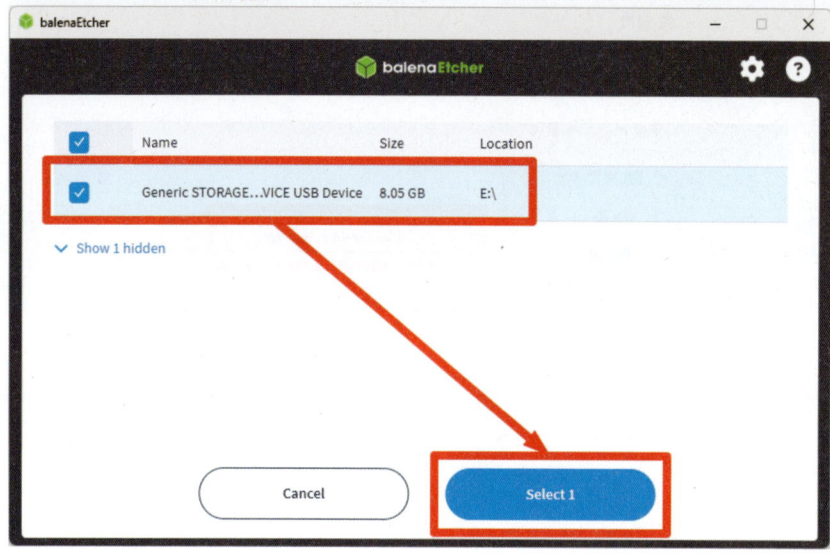

[Flash!]를 누르고 잠시 기다린다. 혹시 포맷하라는 창이 뜨면 무시하고 [X]를 누르면 된다. 앞에서 이미 포맷했기 때문이다.

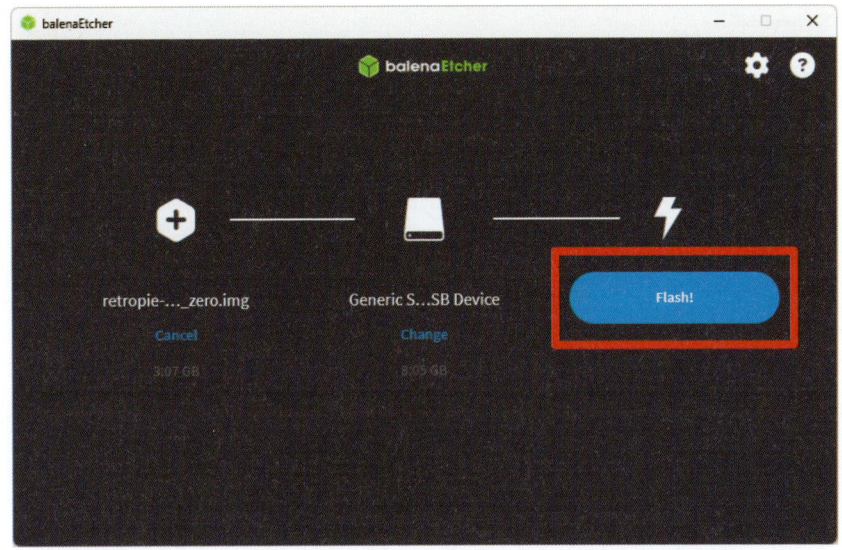

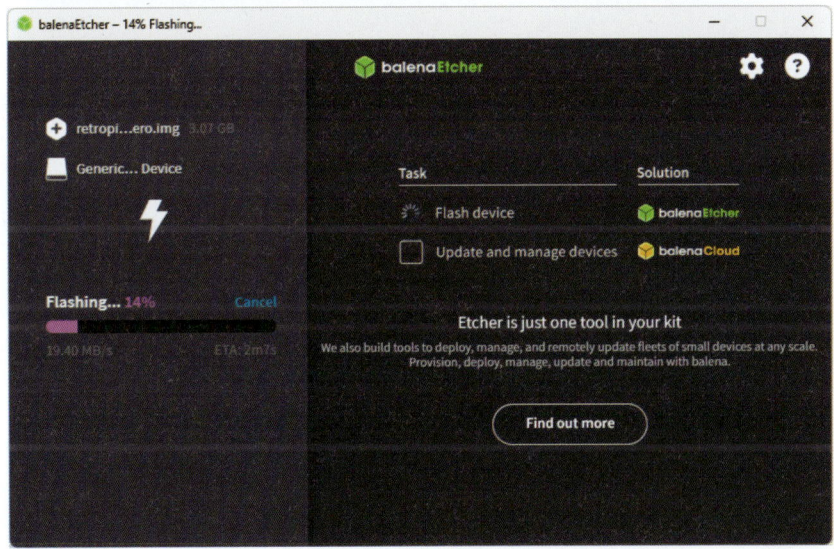

플래싱이 되었다면 [X]를 누르고 컴퓨터에서 마이크로SD카드를 뽑는다.

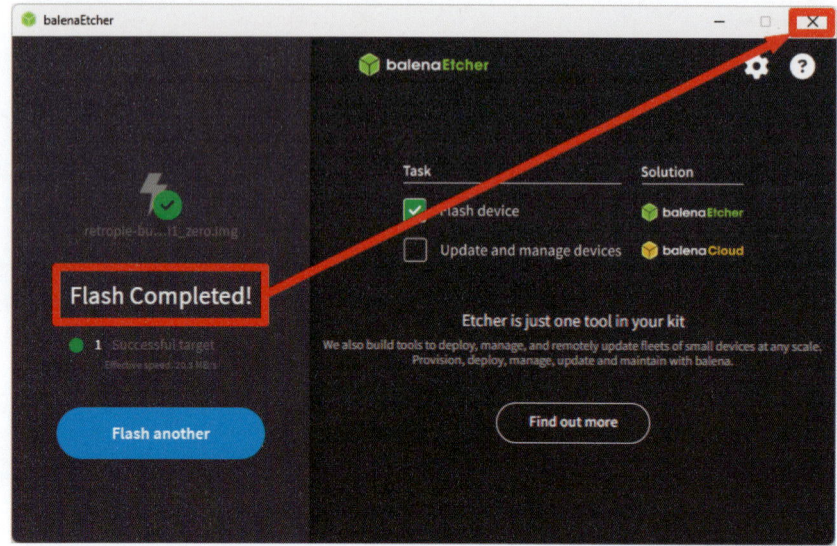

이제 마이크로SD카드를 시드사이너 기기에 꽂는다.

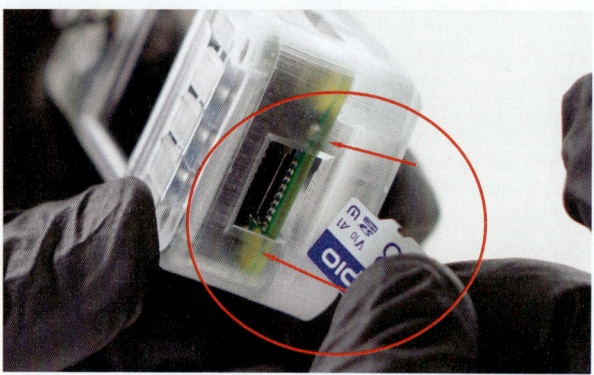

처음에 꽂으면 5분 정도 검은 화면에서 기다려야 한다. 저장 장치가 램을 제외하고 마이크로SD카드뿐이므로 게임에 필요한 파일들을 부팅 파티션에 복사해야 하기 때문에 시간이 걸린다.

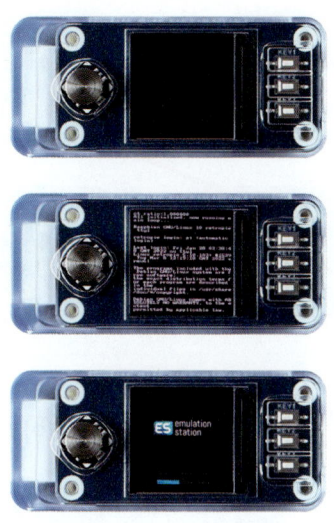

왼쪽의 조이스틱을 수직으로 누르면 '선택', 오른쪽 맨 위 버튼은 'A', 중간 버튼은 'B', 맨 아래 버튼은 '시작' 버튼이다. 맨 아래 버튼과 조이스틱을 수직으로 동시에 누르면 '뒤로 가기' 입력이다. 'retropi'에서는 설정을 할 수 있고, 'GameBoy'와 'GameBoy Advanced'에 들어가면 게임을 할 수 있다.

예시로 'GameBoy'에서 'Flappy Bird'라는 게임을 플레이해보겠다. 이 게임은 2014년에 앱스토어 다운로드 수 1위를 할 정도로 매우 흥행했던 단순한 게임이다. [GameBoy] → [FLAPPYBIRD]를 누른다.

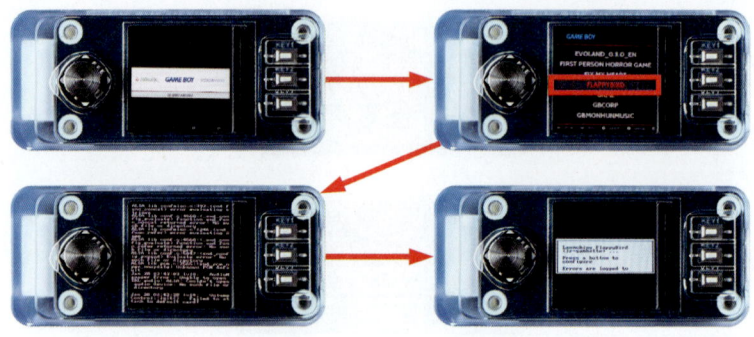

이제 시드사이너 기기는 시드사이너 지갑이 아니라 게임기가 되었다.

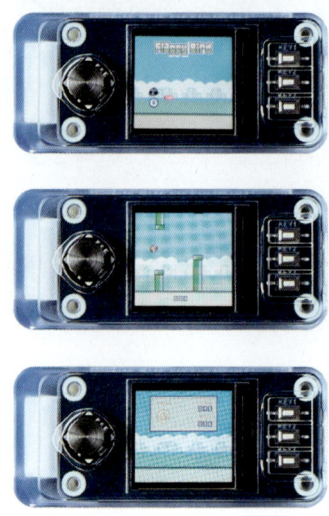

# 공기계 지갑

## 스마트폰 공기계를 콜드월렛으로 사용해 지갑 생성하기

안 쓰는 스마트폰 공기계가 있다면 이 기기를 콜드월렛으로 사용할 수도 있다. 그러나 이런 옵션을 추천하진 않는다. 왜냐하면 와이파이나 블루투스 같은 통신 기능 자체가 아예 없는 것과 통신 기능이 있는데 꺼두는 것은 보안에 있어 완전히 다른 수준이기 때문이다. 오프라인 상태에서 OS나 앱의 보안 업데이트를 어떻게 할 것인지에 대한 문제도 남는다. 그러나 나이가 어린 학생이나 사정이 어려운 경우 지갑을 구매하는 것이 부담될 수 있고, 이런 상황에서 남는 스마트폰 공기계가 있다면 좋은 대안이 될 수 있다. 이렇게 했을 경우 비트코인을 조금 모은 후에는 콜드월렛을 구매하고 새 니모닉을 생성해 비트코인을 옮기는 것을 추천한다.

그러면 지금부터 공기계를 콜드월렛으로 사용하는 방법을 알아보자. 콜드월렛으로 쓸 스마트폰 공기계 한 대와 워치-온리 지갑 앱을 설치할 스마트폰이 필요하다.

먼저 공기계에서 와이파이를 연결한 뒤 앱스토어나 구글 플레이스토어에서 'bluewallet'을 검색하고 다운로드한다.

그다음에 [Wi-Fi], [블루투스], [NFC] 등의 모든 통신 기능을 끄고 비행기 모드를 켠다.

그러고 블루월렛을 켜면 네트워크 오류라는 메시지가 뜰 것이다. 비행기 모드를 켰으니 당연하다. [CANCEL]을 누른다.

먼저 언어 설정을 바꾸자. 블루월렛 홈 화면에서 오른쪽 위 점 세 개 → [언어] → [한국어]를 누른다.

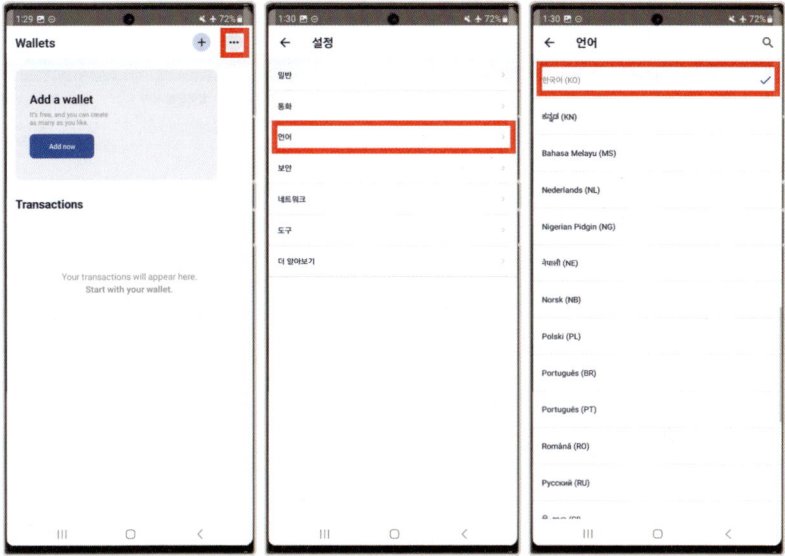

그다음으로는 네트워크에서 오프라인 모드로 설정할 것이다. 설정에서 [네트워크] → [일렉트럼 서버] → [오프라인 모드] 토글 스위치를 켠다.

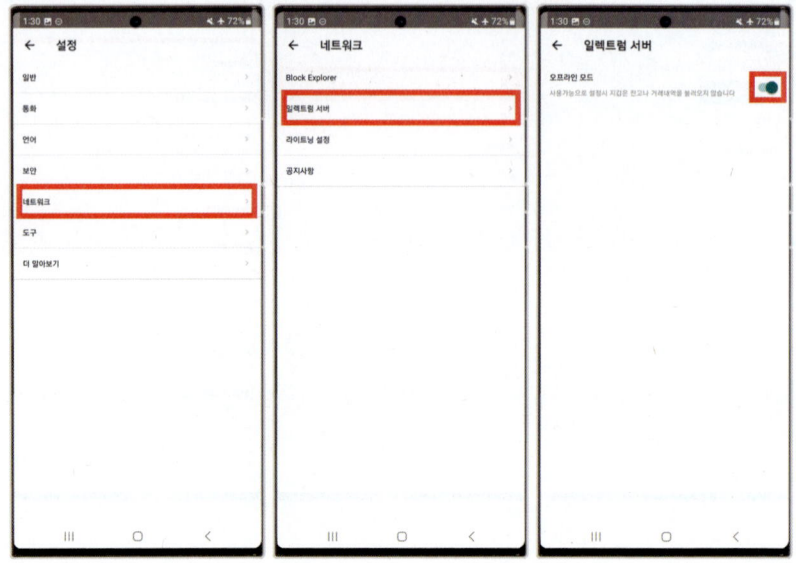

이제 지갑을 만들어보자. 홈 화면에서 [지갑 추가하기]를 누른다. 우리는 직접 주사위를 굴려서 니모닉을 만들 것이다. 오른쪽 위 점 세 개 → [주사위 굴림식 엔트로피 부여]를 누른다.

단어 수는 12단어와 24단어를 선택할 수 있다. 12단어로 할지 24단어로 할지 고민이 될 것이다. 필자는 주변인에게 셀프 커스터디를 알려줄 때 12단어는 충분한 것이고 24단어는 과도한 것이라고 말한다. 12단어도 똑같이 재현하는 것은 불가능하다. 그러나 보안에 있어서는 과도한 것도 나쁘지 않다. 12단어는 외우기 쉽다는 장점이 있으므로 자신이 선택하면 된다. 비트코인은 자신이 온전히 통제권을 갖는 것이므로 누군가 정해줄 수 없고 자신이 직접 선택해야 할 일이 많다.

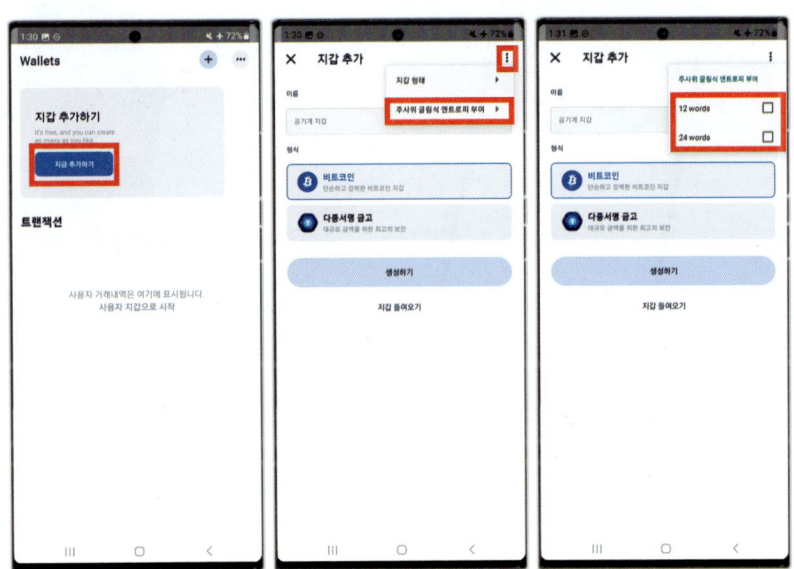

이제 주사위를 던져보자. 12단어 니모닉을 만들 것이라면 휴대폰에 뜨는 엔트로피가 128 bits가 될 때까지 주사위를 굴린다. 24단어 니모닉을 만들 것이라면 휴대폰에 뜨는 엔트로피가 256 bits가 될 때까지 주사위를 굴린다.

주의할 점이 있다. 주사위를 던지거나 니모닉을 기록할 때는 반드시 주변에 카메라가 없는지 확인해 보고 하라. 또한 전자기기가 있는 곳에서 주사위의 눈이나 니모닉을 소리 내 읽으면 안 된다. 필자는 니모닉을 만들 때 아무 전자기기도 없는 방에서 만든다.

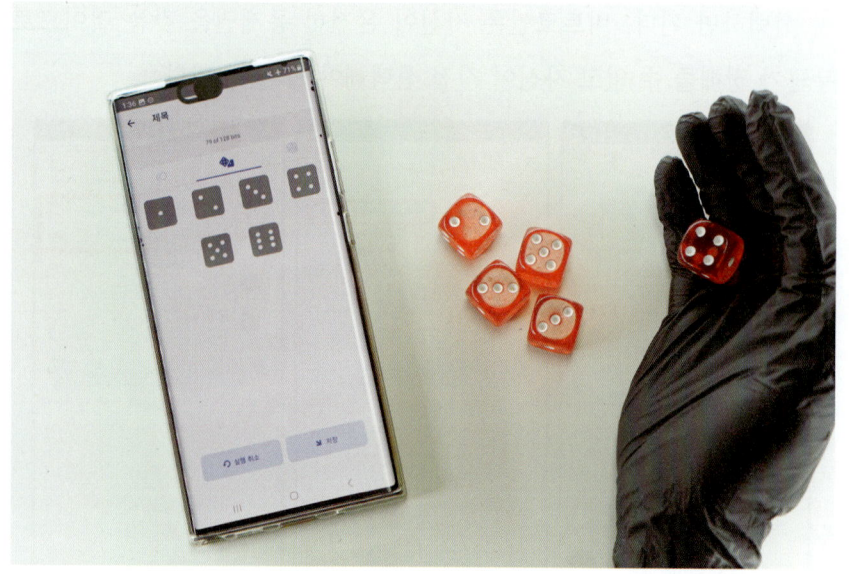

16바이트 엔트로피 혹은 32바이트 엔트로피라는 알림창이 나오면 [확인]을 누른다. 지갑 이름을 설정하고 [생성하기]를 누른다. 그러면 이제 니모닉 단어 목록이 보일 것이다. 이것을 잘 적어야 한다.

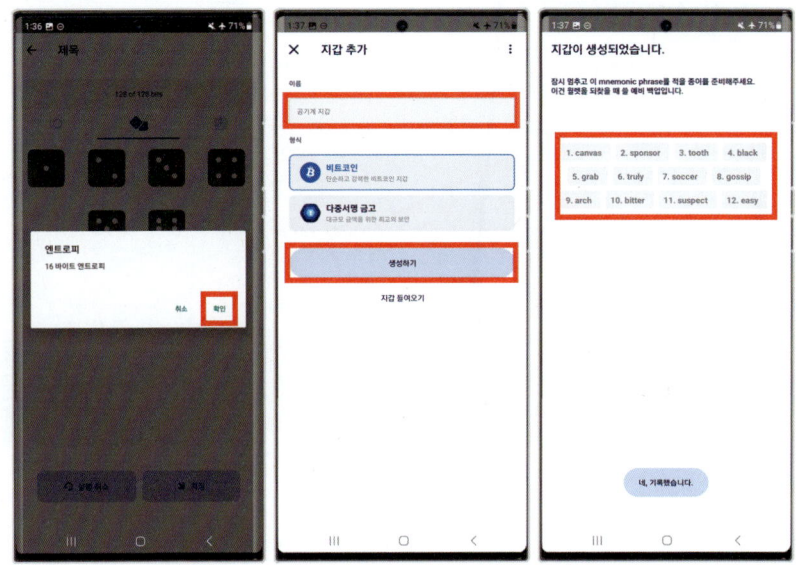

이 사진에 나와 있는 니모닉을 절대 사용하지 말 것. 이 니모닉은 테스트용으로 쓰였으며 온라인에 노출되었다. 이 니모닉에서 파생되는 주소에 비트코인을 보내면 영영 되찾지 못할 수도 있다.

니모닉 목록을 종이에 잘 기록한다. 종이가 불에 탈 것을 염려해 철판 등을 사용할 수도 있다.

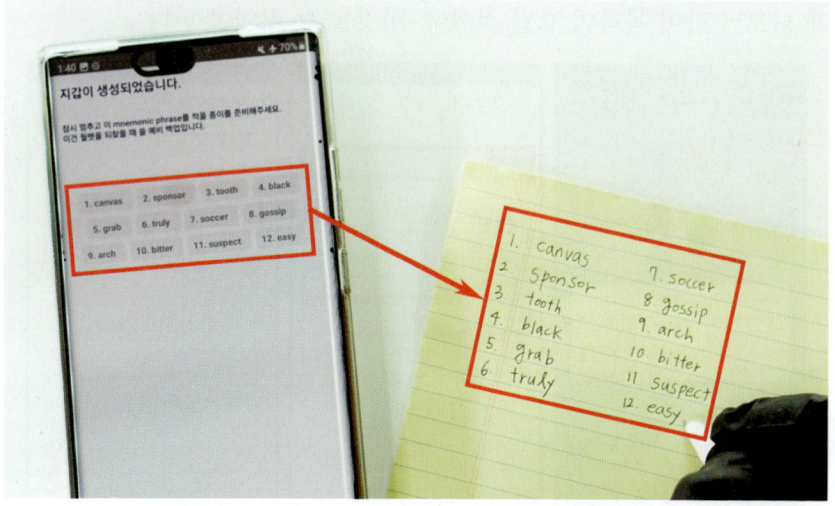

지갑이 다 만들어졌다. 지갑을 선택하고 오른쪽 위 점 세 개 → 마스터 지문 아래 [보기] 버튼을 눌러 MFP를 확인한다.

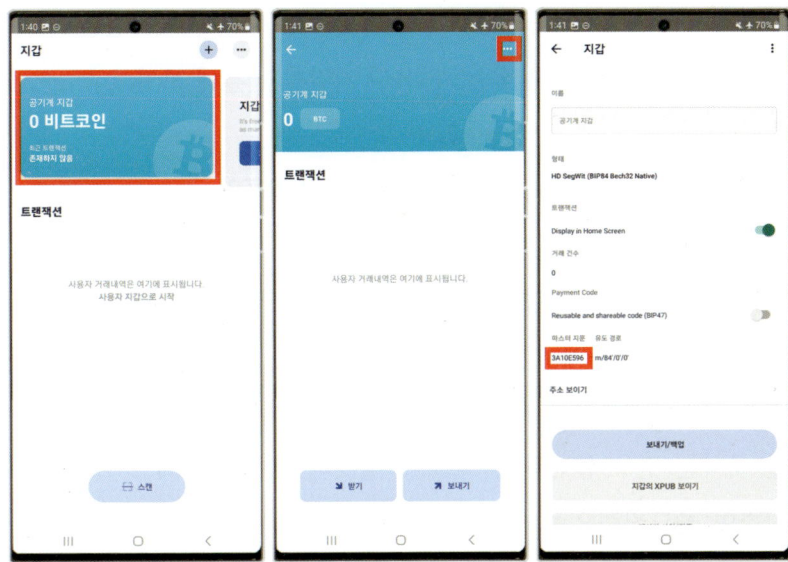

니모닉을 적은 종이에 MFP도 잘 적어놓는다.

1부 • 셀프 커스터디 가이드

지금까지 스마트폰 공기계를 콜드월렛으로 사용하여 지갑을 생성하는 방법을 알아보았다. 이제 워치-온리 지갑을 연결해 보자.

### 블루월렛에 확장 공개키 내보내 워치-온리 지갑 만들기

스마트폰에서 사용하는 워치-온리 지갑에는 블루월렛과 넌척, 코코넛 월렛 등이 있다. 블루월렛은 잔오류가 많다는 단점이 있지만, 현재 한국어를 지원하기 때문에 영어가 불편한 사람들은 편하게 사용할 수 있다. 넌척은 블루월렛보다 훨씬 안정성이 있지만 한국어 지원이 안 돼서 영어를 못하는 경우 불편하다. 코코넛 월렛의 경우 공기계에 블루월렛을 설치하여 콜드월렛으로 사용할 시, 서명된 PSBT의 QR 코드를 코코넛 월렛에서 읽지 못한다. 따라서 여기서 공기계 콜드월렛과 코코넛 월렛을 연동하는 방법은 다루지 않을 것이다. 워치-온리 지갑은 어느 하나만 사용하는 것보다는 두 가지 이상을 사용하며 교차 검증하는 것이 좋다.

지금부터는 공기계가 아닌 인터넷이 연결되어 있는 다른 스마트폰을 사용해야 한다. 글에서 스마트폰의 모양에 주목하라. 가장자리가 각진 갤럭시 스마트폰은 콜드월렛으로 쓰는 공기계, 가장자리가 둥근 아이폰은 워치-온리 지갑 앱을 설치할 스마트폰이다.

**워치-온리**: 먼저 블루월렛과 넌척을 설치하자. 구글 플레이스토어나 애플 앱스토어에서 BlueWallet, Nunchuk을 검색하고 다운로드한다. iOS 기준으로 설명하지만, 안드로이드도 크게 다르지 않다.

**워치-온리**: 블루월렛 앱을 실행한다. 한국어가 편하다면 언어 설정부터 바꾸자. 오른쪽 위 점 세 개 → [Language] → [한국어]를 선택하고 뒤로 가기를 누른다.

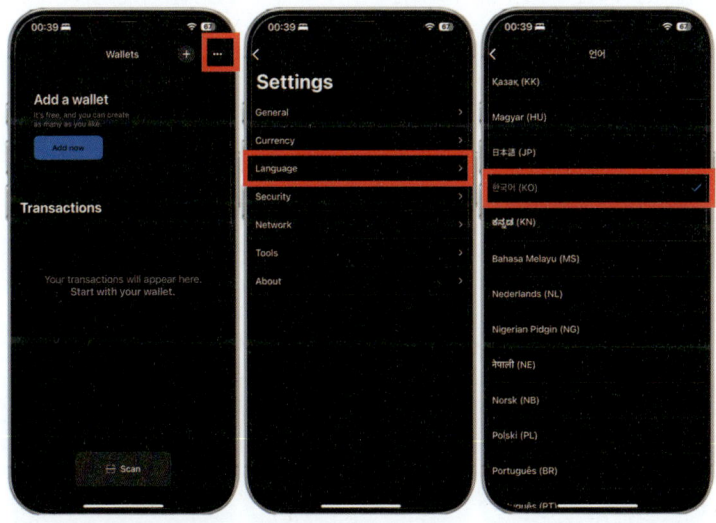

1부 • 셀프 커스터디 가이드

**공기계**: 블루월렛의 지갑 설정에서 [지갑의 XPUB 보이기]를 누른다.

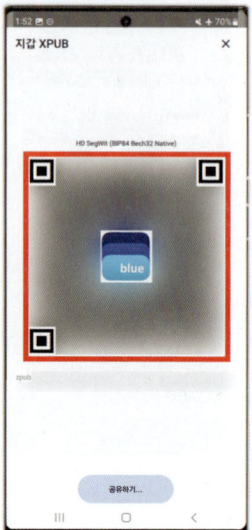

**워치-온리**: 스마트폰의 블루월렛에서 우측 상단 [+] → [지갑 들여오기] → [스캔 또는 파일 들여오기] → 카메라 [허용]을 누른다.

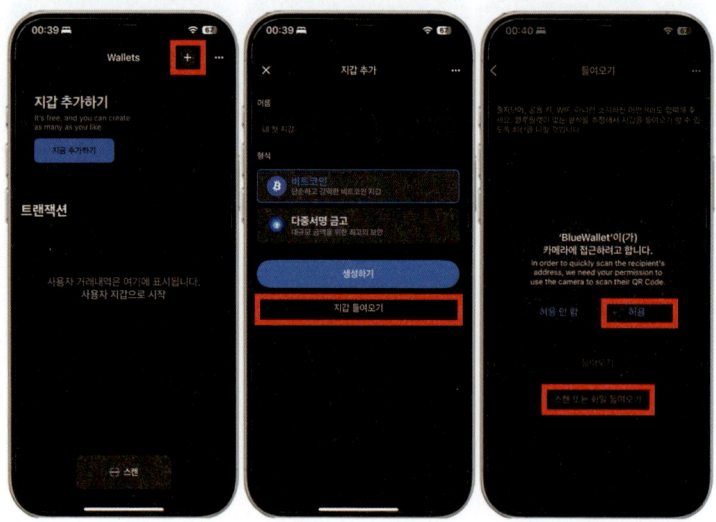

**워치-온리**: 블루월렛에서 카메라 화면이 뜨면 공기계 콜드월렛에 나오는 QR 코드를 찍는다. 이것이 확장 공개키를 내보내는 과정이다.

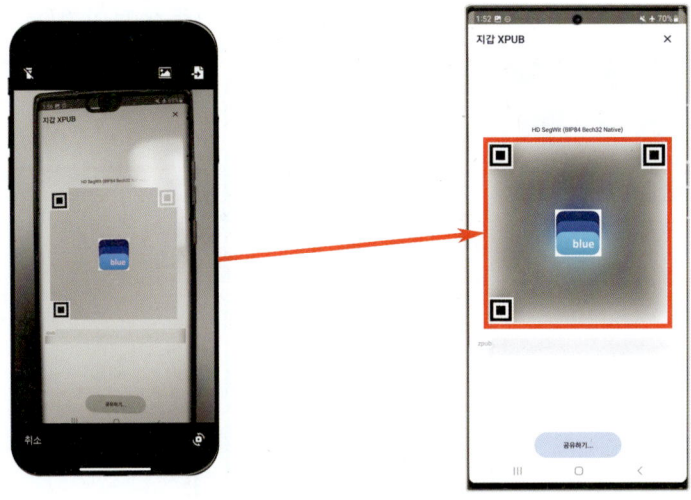

**워치-온리**: 공기계에 나오는 QR 코드를 스캔하면 자동으로 지갑이 만들어질 것이다.

1부 • 셀프 커스터디 가이드

**워치-온리**: 지갑에 들어와서 오른쪽 위의 점 세 개를 누른 후, [하드웨어 지갑 사용하기]를 켠다. 이 옵션을 켜야 공기계에서 서명을 받아올 수 있다. 이제 주소를 검증해 보자. 아래에 있는 [주소 보이기]를 누른다.

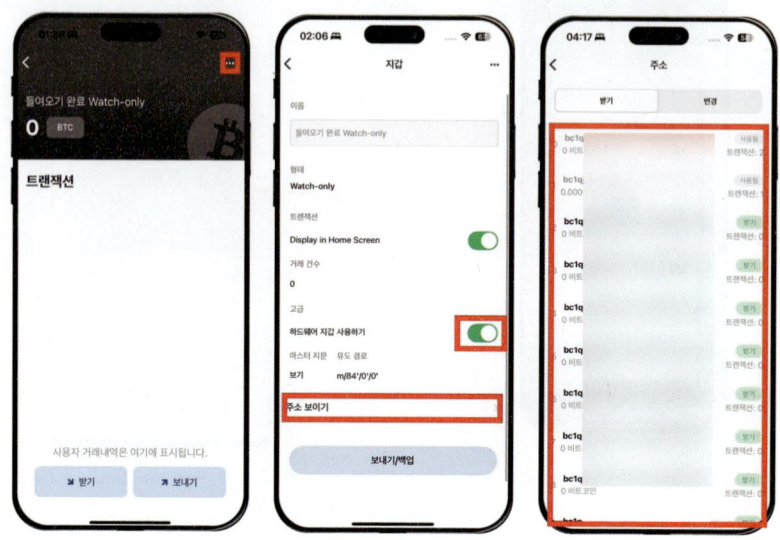

**공기계**: 공기계 콜드월렛의 블루월렛에서도 똑같이 한다. 오른쪽 위 점 세 개 → [주소 보이기]를 눌러 주소를 확인한다. 공기계와 워치-온리 지갑에서 나오는 주소 목록이 같은지 확인한다.

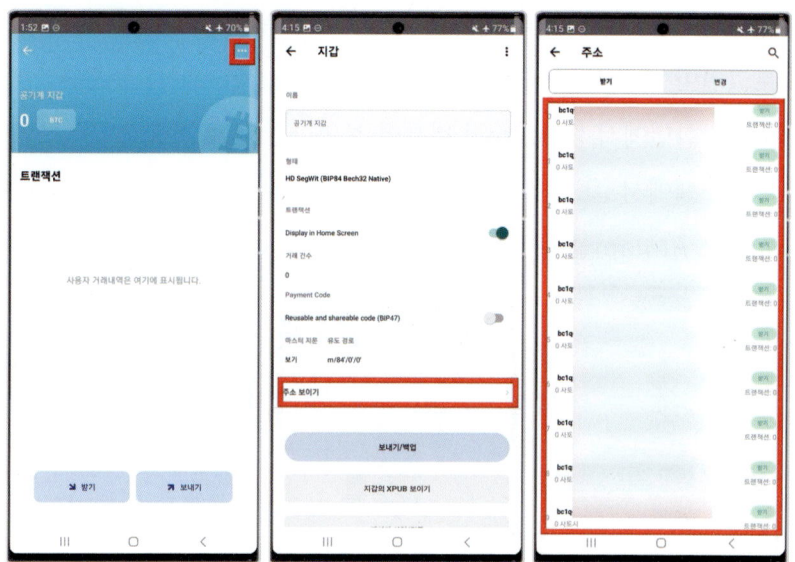

이제 워치-온리 지갑인 블루월렛과 공기계의 블루월렛을 연동하는 것이 끝났다. 앞으로 워치-온리 지갑인 블루월렛에서 '받기'를 누르고 비트코인을 받으면 된다. 하지만, 일단 소액만 보내보고 서명 연습을 한 뒤에 본격적으로 사용하길 바란다.

## 넌척에 확장 공개키 내보내 워치-온리 지갑 만들기

이제 워치-온리 지갑인 넌척과 공기계 콜드월렛을 연동해 보자.

**워치-온리**: 앞에서 설치했던 넌척을 켠다. 우리는 게스트 모드로 넌척을 사용할 것이다. 어차피 얼마든지 공기계와 넌척을 연동할 수 있으므로 로그인이 필요 없기 때문이다. [Continue as guest]를 누른다.

이후에 화면에서 [Add key] 버튼이 보인다면 바로 누르고, 안 보인다면 아래 탭에서 [Keys]를 누른 뒤 [Add key]를 누른다. 그다음에 [Generic Airgap]을 누른다.

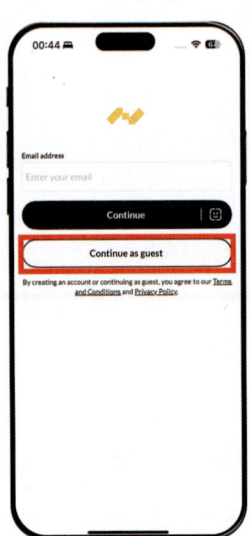 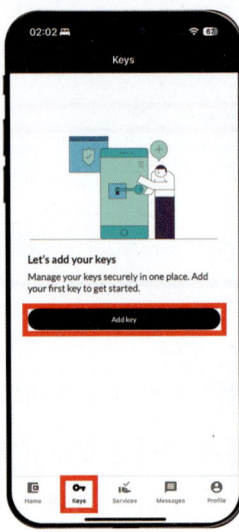 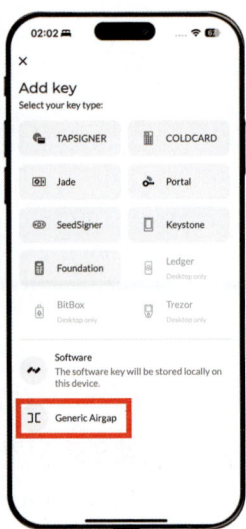

**워치-온리**: [Continue]를 누른다. 그러면 확장 공개키를 입력하는 창이 나온다. 이때 확장 공개키를 내보내는 과정이 일반 과정과 다르다. 공기계의 블루월렛은 일반 확장 공개키를 QR 코드로 내보내지만, 넌척은 이를 읽지 못한다. 왜냐하면 넌척은 'Descriptor'라고 하는 추가 정보가 포함된 확장 공개키만을 읽을 수 있기 때문이다. 따라서 우리는 확장 공개키를 QR 코드로 내보내지 않고 다른 방법을 이용하여 확장 공개키를 내보낼 것이다.

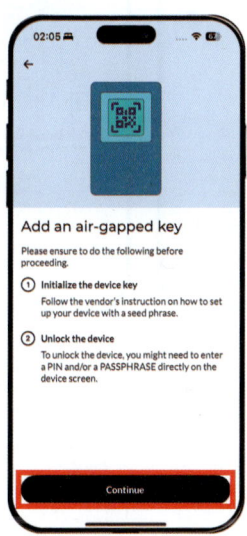 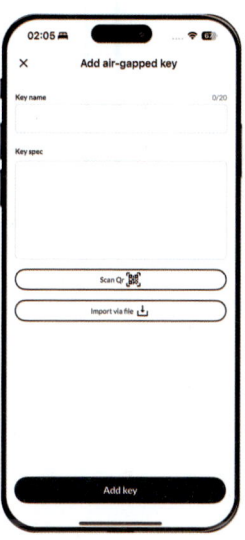

**워치-온리**: 블루월렛으로 들어가 워치-온리 지갑에서 오른쪽 위 점 세 개 → [보내기/백업]을 누른다. 그러면 확장 공개키인 zpub이 나온다. 옆의 문서 모양 버튼을 눌러 이 정보를 복사한다.

 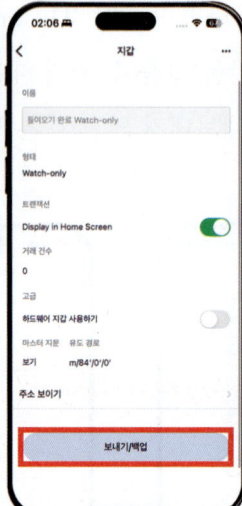 

**워치-온리**: 이제 다시 넌척으로 돌아온다. 지갑 이름을 설정한다. 그 다음 'Key spec'에 블루월렛에서 복사했던 zpub 정보를 붙여넣기 한다.

여기가 중요하다. 이대로 [Add key]를 누르면 넌척이 인식을 할 수가 없다. 그래서 맨 앞에 '[MFP/84h/0h/0h]'를 붙여줘야 한다. MFP는 앞에서 지갑 만들 때 적었던 MFP를 소문자로 적어주면 된다. 사진의 예시에서는 '[3a10e596/84h/0h/0h]zpub…'을 적었다.

잘 적었다면 [Add key]를 누르고, [x] 버튼을 누른다.

아래 탭의 [Home]에서 [Create new wallet]을 누른다.

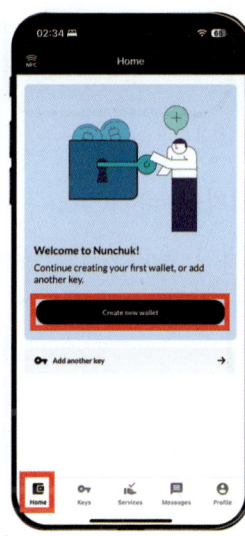

워치-온리: [Custom wallet]을 누르고, 지갑 이름을 설정한다. [Continue]를 누르고, 키를 선택한다. 다시 [Continue]를 누른다.

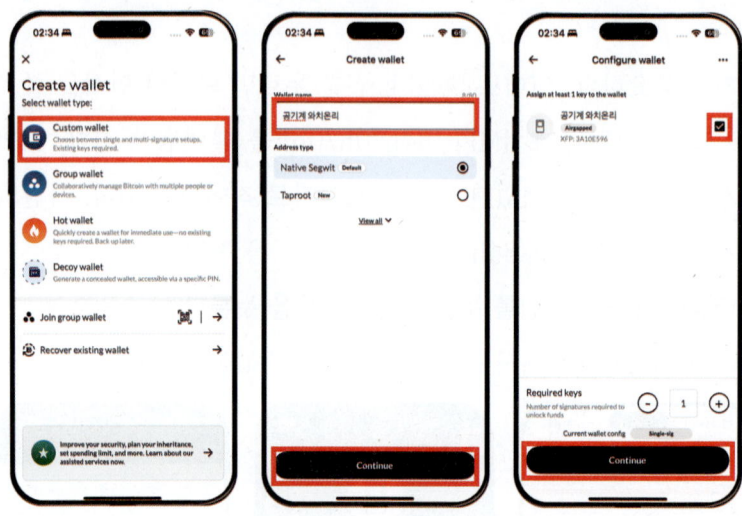

워치-온리: [Create wallet] → [I'll do this later]까지 누르면 넌척도 워치-온리 지갑 연동이 끝난다.

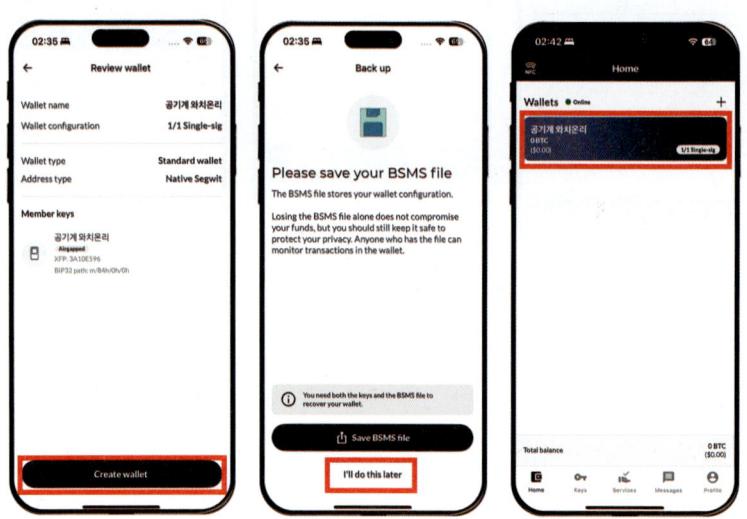

**워치-온리**: 넌척 지갑에서 [Receive]를 누르면 나오는 지갑 주소가 공기계의 블루월렛에서 [주소 보이기]를 누르면 나오는 주소 목록에 속하는지 확인한다.

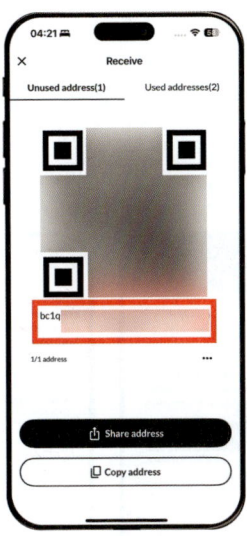
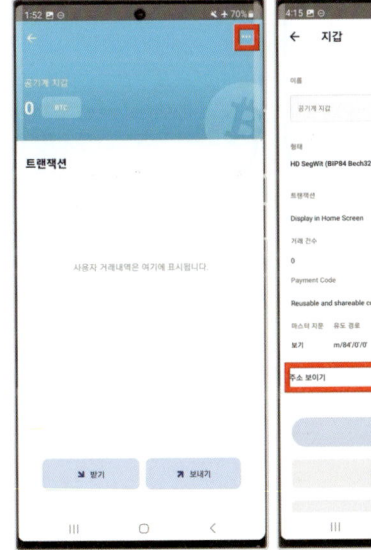

참고로 넌척 하단 탭의 [Profile]을 선택하면 몇 가지 설정을 할 수 있다. [Display settings]에서 일상적인 단위인 sat로 변경할 수 있다. [Display unit]을 누르고 [satoshi]를 선택하면 된다. 이 외에도 [Local currency]에서 [South Korean Won (KRW)]를 선택해 통화 단위를 바꿀 수 있고, [Fee settings] → [Default fee rate] → [Priority]를 선택해 온-체인 수수료를 좀 더 많이 지불하는 대신 거래가 빠르게 컨펌되도록 할 수도 있다.

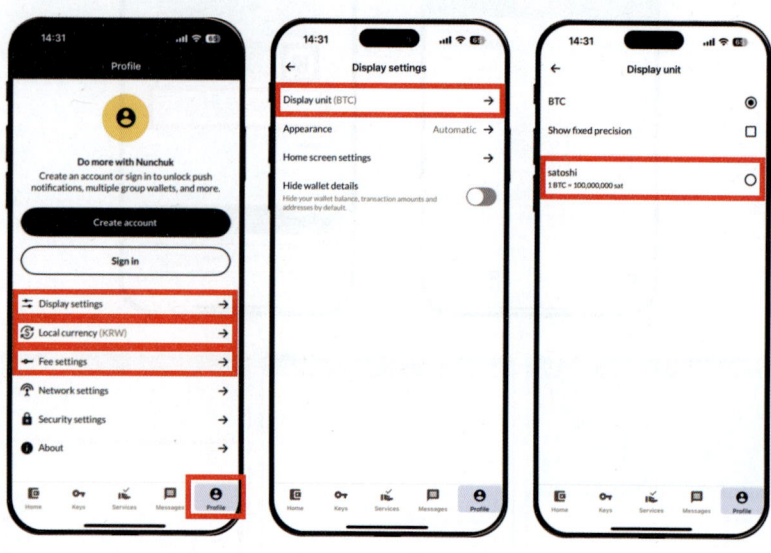

## 블루월렛으로 서명 연습

본격적으로 비트코인을 지갑에 보관하기 전 꼭 해야 하는 것이 있다. 서명이 잘 되는지 확인과 복구 연습을 미리 해봐야 한다. 이것을 안 하고 덜컥 비트코인 모으기부터 시작하는 경우가 있는데, 이러면 나중에 거액이 들어간 상태에서 서명이나 복구를 처음 해보다가 안 되는 경우 난감해질 수 있다.

**워치-온리**: 서명 연습을 해보자. 서명 연습을 하기 위해 7천 sats 정도를 지갑에 일단 보내보았다. 비트코인을 지갑에 보내는 방법은 뒤에 나오는 '거래소에서 지갑으로 비트코인 옮기기' 장을 참고하라. 블루월렛과 넌첵 둘 다 금액이 잘 확인된다.

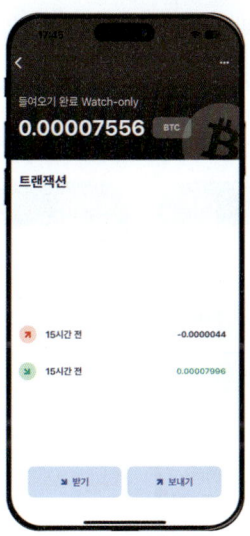 

**워치-온리**: 블루월렛에서 서명 연습을 해보자. 먼저 [받기] 버튼을 누르고 뜨는 주소를 복사한다. 프라이버시와 보안을 위해 주소는 재사용하지 않는 것이 좋은데, 블루월렛과 넌쳑, 코코넛 월렛은 안 쓴 주소를 자동으로 보여준다. 주소를 한 번 누르면 자동으로 주소가 복사된다.

이제 [x] 버튼을 누른 뒤 [보내기] 버튼을 누른다. 주소창에 아까 복사했던 주소를 붙여넣는다. 서명 연습을 하기 위해 내 비트코인을 다시 나에게 보내는 거래(트랜잭션)를 일으키는 것이다.

그 위에 있는 금액에는 수수료를 제외하고 보낼 금액을 입력한다. 비트코인 온-체인에는 수수료가 있기 때문에 2,000-3,000 sats 이상 제외하고 송금 연습을 해야 한다.

참고로 '수수료' 옆에 있는 민트색 박스를 누르면 수수료율을 자신이 직접 설정할 수도 있다. 멤풀을 보고 적정 수수료율을 설정하는 연습도 해보면 좋다.

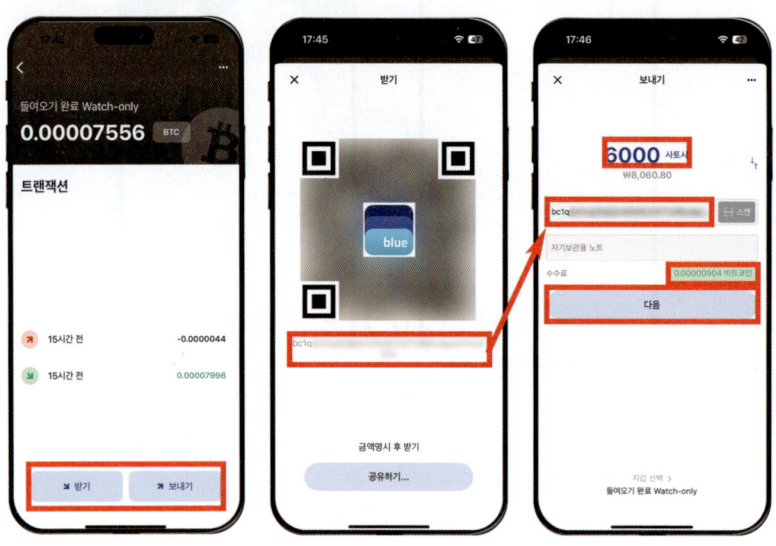

**공기계**: 공기계 블루월렛에서 [보내기]를 누르고, 오른쪽 위 점 세 개 → [Sign a transaction (거래를 사인하세요)]를 누른다. 카메라 접근 권한을 요청하면 [허용]을 누른다.

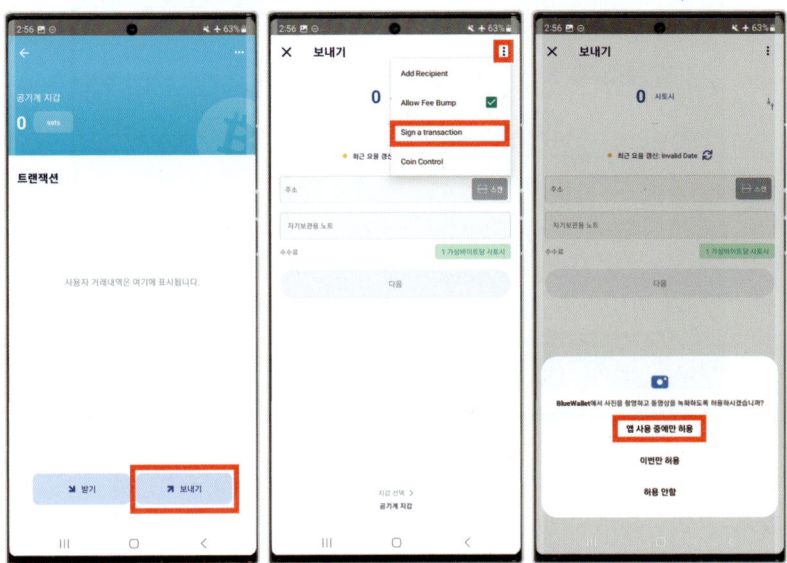

1부 • 셀프 커스터디 가이드

**공기계**: 워치-온리 지갑(블루월렛)에 나오는 움직이는 QR 코드를 스캔한다.

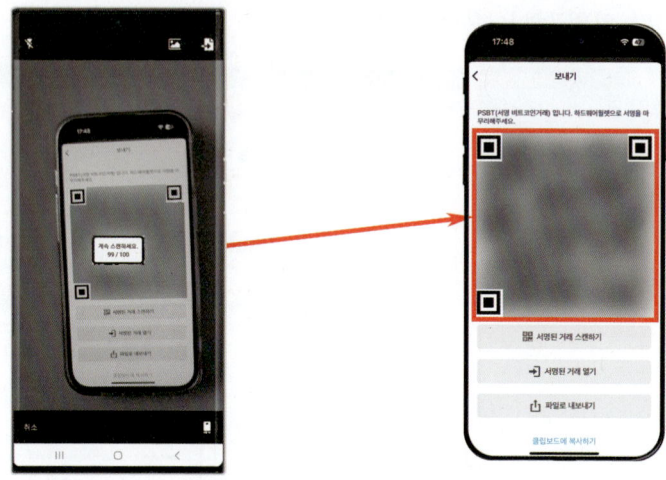

**워치-온리**: 블루월렛에서 [서명된 거래 스캔하기]를 누르고, 공기계 블루월렛에서 나오는 QR 코드를 스캔한다.

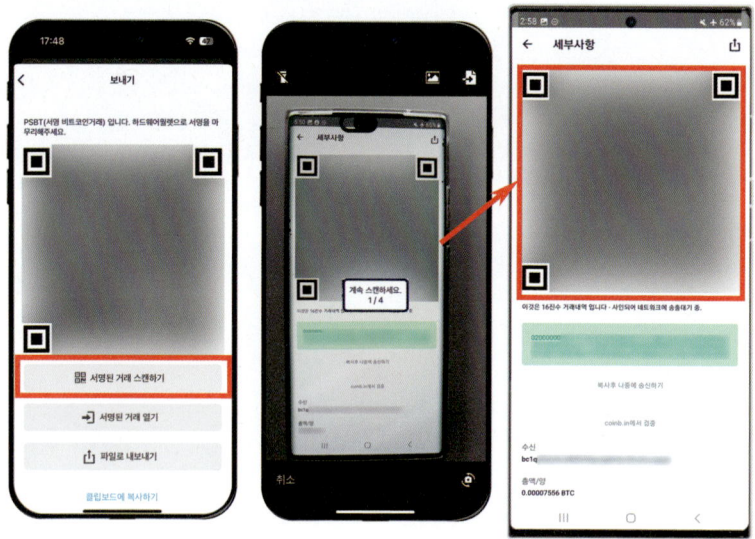

**워치-온리**: 서명이 올바르다면 직렬화된 서명 데이터(나열된 숫자들)가 나타날 것이고, 여기서 [바로 보내기]를 누르면 네트워크에 전송된다.

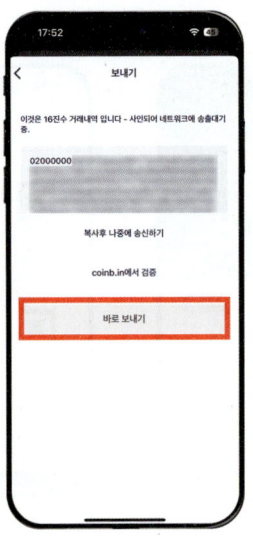

## 넌척으로 서명 연습

**워치-온리**: 넌척에서 서명할 때도 블루월렛과 비슷하게 진행한다. 먼저 [Receive(받기)]를 누르고 [Copy address]를 눌러 주소를 복사한다.

 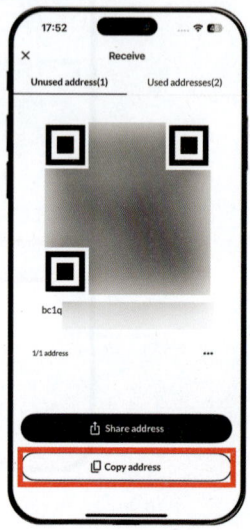

**워치-온리**: 이제 [Send]를 누르고 보낼 금액을 입력한다. 이때 수수료는 제외하고 보내야 한다. [Continue]를 누른다. 아까 복사했던 주소를 붙여넣기 하고 [Create transaction]을 누른다. 참고로 [Customize transaction]을 누르면 수수료율을 직접 설정하거나, 어떤 UTXO를 선택해서 보낼지 설정할 수 있다.

[Customize transaction]에서 [Subtract fee from send amout] 옵션을 체크하면 넌척이 보낼 금액에서 알아서 수수료만 차감하고 보낸다. 이렇게 하면 예상 수수료를 계산할 필요 없이 전액을 보내면 되기 때문에 편리하다.

**워치-온리**: [Sign]을 누르고, [Export transaction]을 누른다. 그다음에 맨 위에 있는 [Export via QR]을 누르면 QR 코드가 나올 것이다.

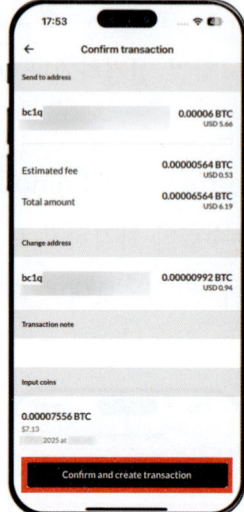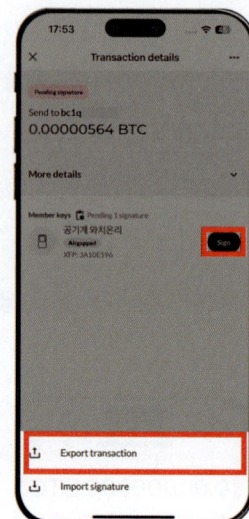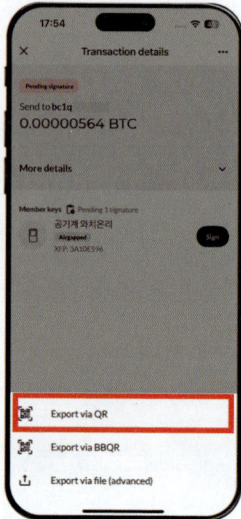

**공기계**: 공기계 블루월렛에서 [보내기]를 누르고, 오른쪽 위 점 세 개 → [Sign a transaction (거래를 사인하세요)]를 누른다. 카메라 접근 권한을 요청하면 [허용] 버튼을 누른다.

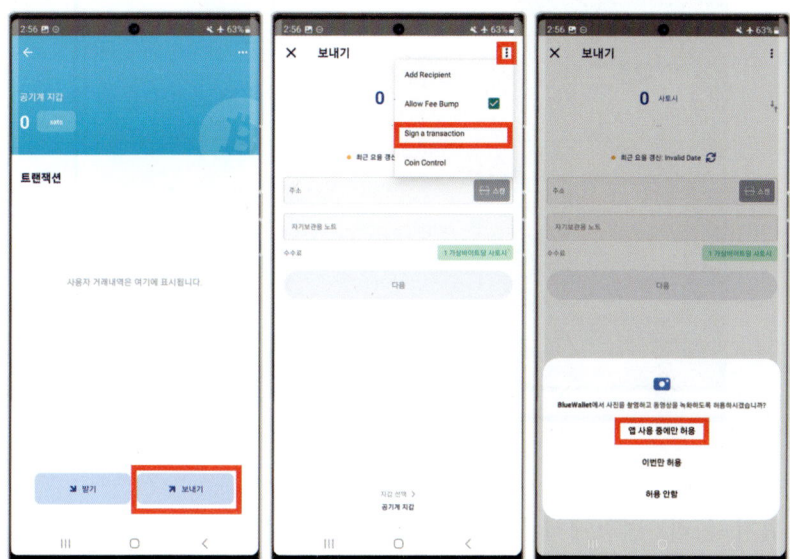

1부 • 셀프 커스터디 가이드

**공기계**: 워치-온리 지갑(넌척)에 나오는 움직이는 QR 코드를 스캔한다.

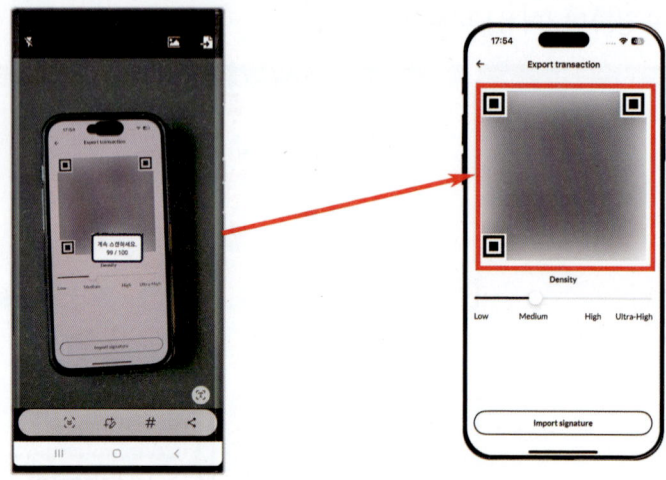

**워치-온리**: 넌척에서 [Import signature]를 누르고, 공기계 블루월렛에서 나오는 QR 코드를 스캔한다.

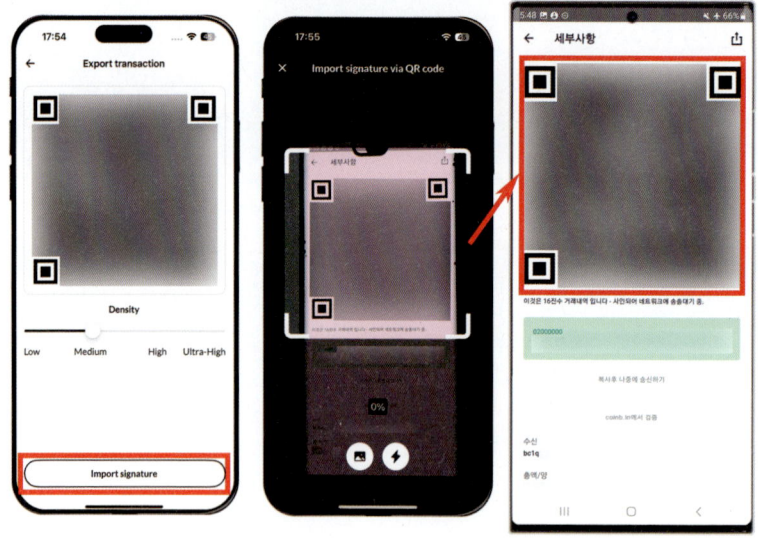

[Broadcast transaction]을 누르면 네트워크에 전파된다.

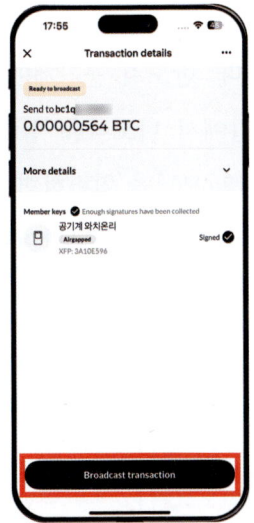 

이로써 서명까지 잘 되는 것을 모두 확인해 보았다.

## 공기계 블루월렛에서 간접 복구 테스트

공기계에 블루월렛을 설치해 콜드월렛으로 쓰는 경우 지갑을 삭제하면 앱의 캐시 문제 등으로 복구가 제대로 안 되는 오류가 있다. 따라서 장기적으로 사용하기보다는 일시적으로 사용하다가 좀 더 돈이 모이면 에어-갭 콜드월렛을 하나 장만하는 것을 추천한다. 여기서는 공기계에 있는 블루월렛 앱에서 지갑을 삭제하는 대신, 지갑이 있는 상태에서 똑같은 니모닉으로 지갑을 불러옴으로써 '이미 존재하는 지갑입니다.'를 확인하여 간접적으로 복구 테스트를 해볼 것이다.

공기계: 블루월렛 홈 화면에서 우측 상단 [+] 버튼 → [지갑 들여오기]를 누른다.

입력창에 백업했던 니모닉을 입력한다. 반드시 공기계에서 입력해야 한다. 온라인에 연결된 워치-온리 지갑에서 니모닉을 입력하면 안 된다. 온라인에 연결된 워치-온리 지갑에 니모닉을 입력하면 핫월렛이 된다. 니모닉 단어를 순서대로 입력하고, 니모닉 단어와 단어 사이는 띄어쓰기로 구분하여 입력하면 된다. 오타가 나지 않도록 주의하자. 다 입력했으면 [들여오기]를 누른다.

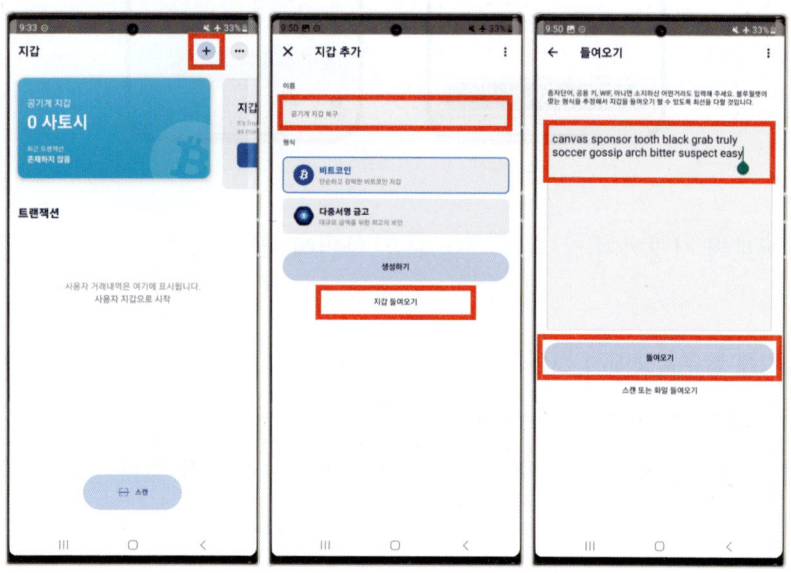

파생 경로를 선택해야 한다. [HD SegWit (BIP84 Bech32 Native)]를 선택하고, [들여오기]를 누른다.

이미 있는 지갑을 불러왔으므로 'This wallet has been previously imported. (이 지갑은 이미 있습니다.)'라는 안내문이 나와야 정상이다. 그러면 니모닉을 제대로 백업했다는 뜻이다. 니모닉만 제대로 적었다면 다른 에어-갭 지갑에서 얼마든지 지갑을 복구할 수 있다.

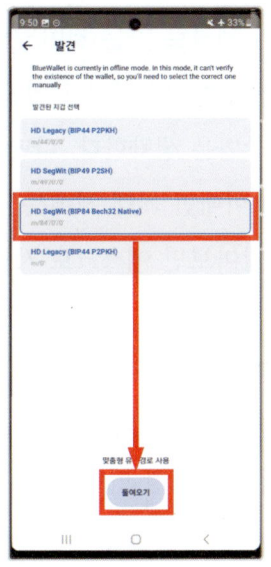 

공기계는 비트코인을 다른 곳으로 보낼 때 서명 과정에서만 사용할 것이다. 비트코인을 받을 때는 공기계가 필요 없다. 워치-온리 지갑만 있으면 된다. 여기까지 숙지했다면 이제 비트코인을 모으면 된다.

# | 거래소에서 지갑으로 비트코인 옮기기

**거래소에서 비트코인으로 환전하는 방법**

원화를 비트코인으로 환전하는 방법은 크게 두 가지가 있다. 하나는 거래소를 통해 환전하는 방법이다. 다른 하나는 개인 간 거래(이하 P2P)를 통해 환전하는 방법이다. P2P로 환전하려면 먼저 비트코이너가 많은 디스코드, 텔레그램, 카카오톡 등의 채널로 가는 것이 좋다. P2P 거래는 대면 거래, 비대면 거래 등 다양한 형태의 거래가 있고 거래 당사자끼리 합의하여 거래하는 것이므로 방법은 생략한다. 다만, 대면 거래 시에는 물리적 공격을 조심해야 하고, 비대면 거래 시에는 사기의 위험이 있으니 조심해야 한다. 조금만 더 알아보면 에스크로 서비스도 있으므로 스스로 찾아보길 바란다.

지금부터는 거래소를 통해 환전하는 방법을 서술하겠다. 입문자들은 처음에는 대부분 이 경로를 통해 환전할 것이다. 그러나 이 방법은 P2P 거래에 비해 매우 번거롭다. 나중에 신뢰할 만한 P2P 거래 방법을 개발해 놓으면 그것이 훨씬 편하다는 것을 느끼게 될 것이다.

거래소에서 비트코인을 환전하기 위해서는 다소 번거로운 절차를 거쳐야 한다. 대한민국의 각종 규제 때문이다. 대한민국은 암호화폐에 대한 '트래블룰'을 세계 최초로 시행한 국가로, 국내 거래소에서는 신원이 일치하지 않는 다른 거래소로 출금할 수가 없다. 개인 지갑에 신원이 연결되어 있을 리가 없으므로, 국내 거래소에서 출금할 때는 신원이 일치하는 해외 거래소로 먼저 옮긴다.

또한, 국내 거래소나 해외 거래소는 각각 수수료 정책이 모두 다르다. 국내 거래소는 비트코인 출금 수수료가 대략 2만 사토시다. 반면 테더의 트론 네트워크를 사용하여 해외 거래소로 보내면 수수료가 아예 없거나 매우 낮다. 따라서 국내 거래소로 옮길 때는 테더를 통해 해외 거래소로 보낸다. 이는 국내 거래소들이 라이트닝 네트워크를 지원하지 않기 때문이기도 한데, 라이트닝 네트워크를 지원한다면 테더를 쓸 이유가 없다.

이 글에서는 국내 거래소로 빗썸을 이용하고, 해외 거래소로 바이낸스를 이용할 것이다. 특정 거래소에 대한 광고는 절대 아니다. 필자는 거래소에 대해 부정적인 입장이다. 거래소에 있는 비트코인은 당신의 비트코인이 아니며 언제든 동결될 수 있다. 따라서 개인 지갑으로 옮기는 중간 경로로만 쓸 것을 권장한다. 심지어 옮기는 도중에 동결될 위험이 있다는 사실도 인지하고 있어야 한다.

각각의 거래소를 선택한 이유를 들자면, 국내 거래소들 중에는 출금 시 자신들 마음대로 출금을 정지하거나, 자금을 소명하라거나, 머그샷처럼 사진을 찍어 보내야만 출금을 처리해 주는 거래소들이 있다. 이 글에서는 그나마 그런 일이 적은 빗썸을 선택했다. 해외 거래소는 준비금과 거래 대금이 제일 많은 바이낸스를 선택했다.

해외에는 라이트닝 네트워크 전송을 지원하는 거래소들이 많다. 라이트닝 네트워크를 이용한 비트코인 전송은 온-체인에서의 전송보다 수수료가 적고 빠르며, 소액 전송에 적합하다. 바이낸스에서 비트코인 출금 수수료는 비트코인 네트워크 상황에 따라 바뀌지만, 보통 3-4천 sats 정도다. 반면 라이트닝 네트워크를 이용하여 출금할 때는 수수료가 100 sats 정도다. 단, 1회 전송에 최대 약 99만 sats까지 전송할 수 있으며, 그마저도 99만 sats를 꽉 채워 보내면 출금 거절을 당해 70-80만 sats 정도로 낮춰 보내야 하는 경우가 많다.

라이트닝 네트워크를 이용하여 개인 지갑으로 비트코인을 출금할 때는 라이트닝 → 온-체인 스와프를 이용해야 한다. 이는 라이트닝 네트워크로 보낸 금액을 온-체인으로 바꿔 전송해 주는 서비스다. 대표적으로 볼츠Boltz가 있는데, 볼츠의 경우 라이트닝에서 온-체인으로 스와프 시 0.5% 수수료에 온-체인 수수료 약 1천-2천 sats가 따로 들어간다(반대로 온-체인에서 라이트닝으로 스와프하는 것은 수수료가 0.1%다). 따라서 수수료 절감을 위해서는 출금 금액이 30만 sats보다 높은 경우에는 온-체인 출금을, 출금 금액이 30만 sats 미만인 경우에는 라이트닝 네트워크와 볼츠 스와프 서비스를 이용하는 것이 좋다.

라이트닝 네트워크를 이용하려면 자신이 라이트닝 노드를 운영하지 않는 이상 라이트닝 수탁 서비스를 이용해야 한다. 라이트닝 수탁 서비스에는 월렛 오브 사토시, 블링크, 스피드 등이 있다. 라이트닝 네트워크를 결제 목적으로 쓸 때는 월렛 오브 사토시를 이용할 것인데, 이는 다음 부에서 다룰 것이다.

정리해 보자. 30만 sats 이하를 거래소에서 개인 지갑으로 보낼 때 수수료를 최대한 절감하기 위해서는 다음과 같은 경로를 따른다. 국내 거래소(빗썸)에서 테더 구매 → 해외 거래소(바이낸스)로 테더 전송 → 해외 거래소(바이낸스)에서 테더로 비트코인 구매 → 해외 거래소(바이낸스)에서 라이트닝 네트워크와 볼츠 스와프 서비스를 통해 개인 지갑으로 전송.

국내 거래소 테더 구매 →(테더 전송)→ 해외 거래소 테더로 비트코인 구매 →(라이트닝 네트워크 이용)→ 라이트닝 온-체인 스왑 서비스 →(온-체인으로 자동 전송)→ 개인 지갑 만약 30만 sats 이상의 금액을 보낸다면 다음과 같은 경로를 따른다. 국내 거래소(빗썸)에서 테더 구매 → 해외 거래소(바이낸스)로 테더 전송 → 해외 거래소(바이낸스)에서 테더로 비트코인 구매 → 해외 거래소(바이낸스)에서 온-체인 전송으로 바로 개인 지갑으로 전송.

국내 거래소 테더 구매 —테더 전송→ 해외 거래소 테더로 비트코인 구매 —온-체인에서 바로 전송→ 개인 지갑

## 빗썸 가입 및 KYC 인증

국내 거래소 중 빗썸은 KB국민은행과 연동된다. 따라서 KB국민은행의 계좌가 먼저 개설되어 있어야 한다. 먼저 앱스토어 또는 구글 플레이 스토어에서 '빗썸' 앱을 다운로드한다. 빗썸을 켜고 로그인 화면에서 [회원가입]을 누른다.

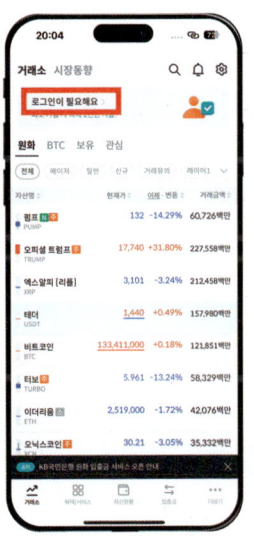
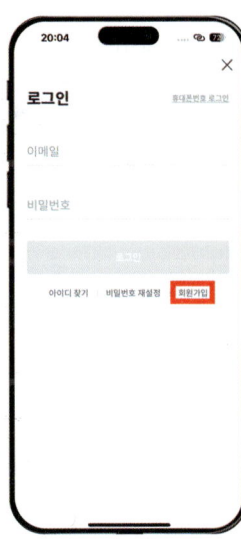

먼저 휴대폰 본인확인 절차를 마친다. 그다음에는 이용약관에 동의하고, 이메일 인증도 한다.

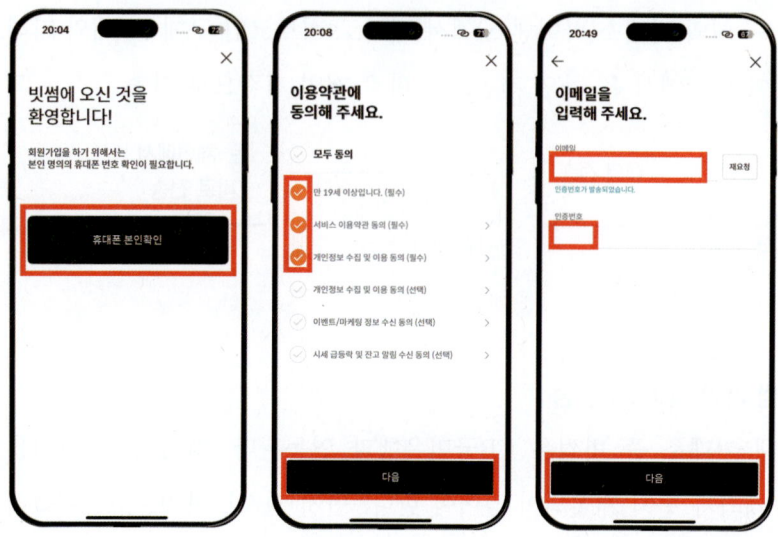

비밀번호까지 설정하면 회원가입이 완료된다. 이제 이메일과 비밀번호를 이용해 빗썸에 로그인한다.

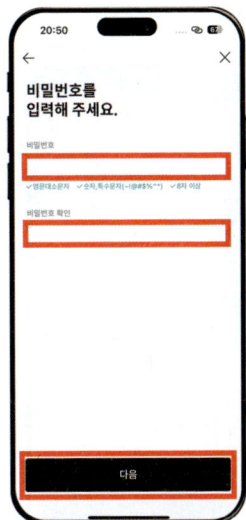  

휴대폰 번호 인증을 하면 로그인이 될 것이다. 로그인하면 바로 고객확인(KYC) 창이 뜬다. [고객확인 시작하기] → [고객확인 등록]을 누른다.

약관에 동의한 뒤 휴대폰 인증을 마친다.

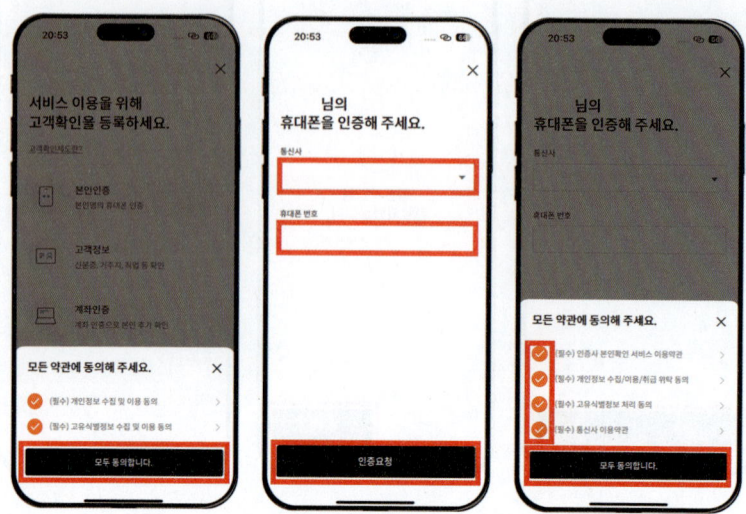

그다음에는 영문 성과 영문 이름을 입력해야 한다. 이때 여권이 있다면 여권상의 영어 성과 영어 이름을 써야 한다. 해외 거래소의 영문 이름이 빗썸의 영문 이름과 일치해야 하므로 주의하여 쓰자. 그리고 성을 먼저 써야 한다. 거주지와 직업까지 쓴다.

직장 정보까지 쓰고 나면 신분증 인증을 시작한다.

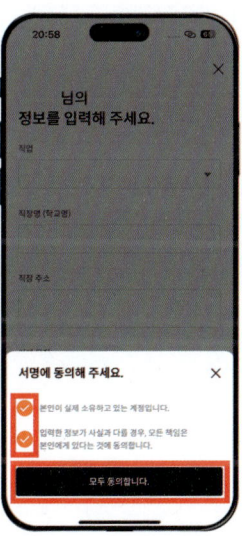

밝은 곳에서 신분증을 촬영하되 빛이 반사되지 않도록 주의한다. 신분증을 촬영하면 자동으로 이름과 주민등록번호가 기입된다. 주민등록번호 뒷부분을 쓰고, 발급 일자를 확인한 뒤 [다음]을 누른다. 이제 계좌번호를 인증해야 한다. 은행명과 계좌번호를 입력하고 [1원 인증하기]를 누른다.

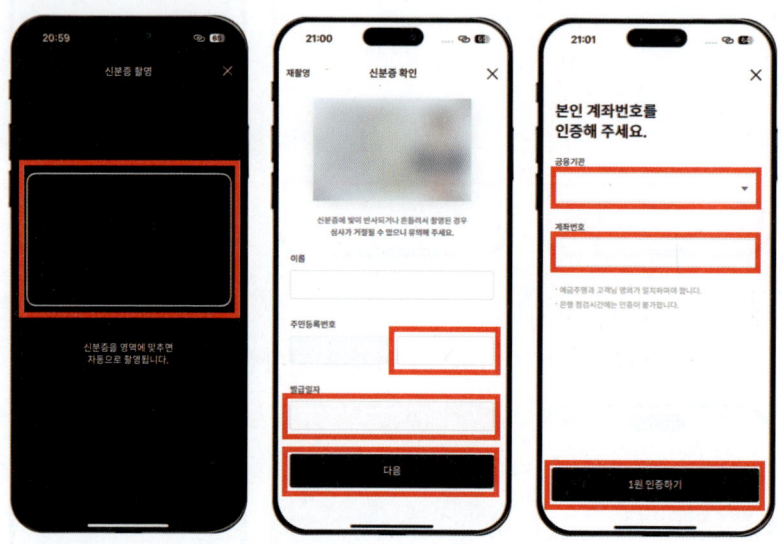

그러면 계좌에 1원이 입금되었을 것이다. 입금자 이름의 빗썸 뒤에 적힌 숫자 3자리를 입력한다. 계좌 인증까지 되었으면 매매 거래 자금 원천과 월평균 소득액을 적는다.

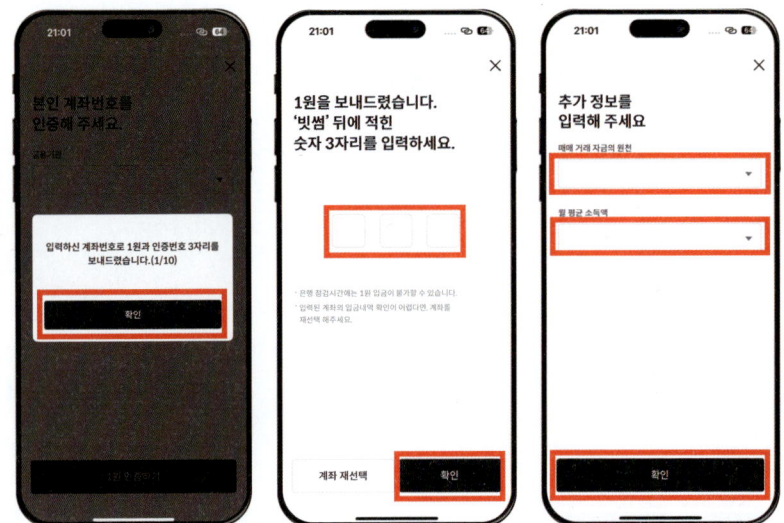

이제 국민은행 계좌를 연결해야 한다. 먼저 앱스토어 또는 구글 플레이스토어에서 'KB스타뱅킹' 앱을 다운로드한다. 다운로드하면 다시 빗썸으로 돌아와 KB스타뱅킹 앱을 설치했는지 물어보는 알림창에서 [이미 있어요]를 누른다.

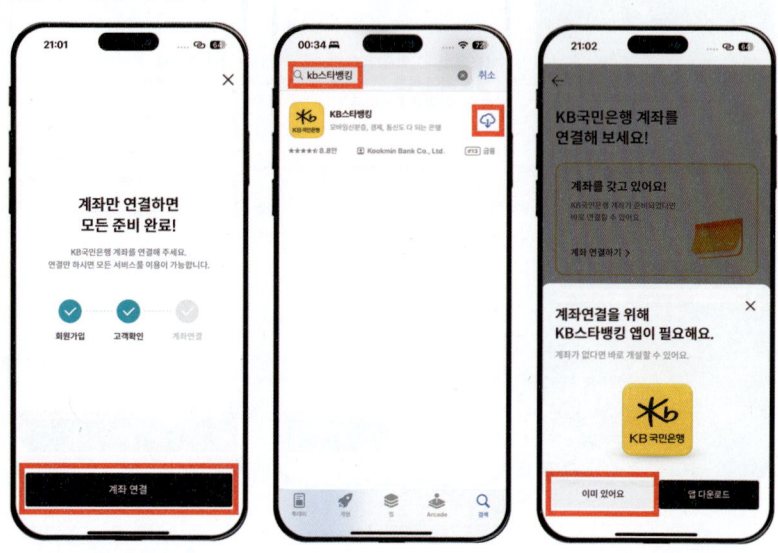

[동의 후 계좌연결] → [KB국민은행 고객확인]을 누르면 KB스타뱅킹 앱으로 넘어간다.

  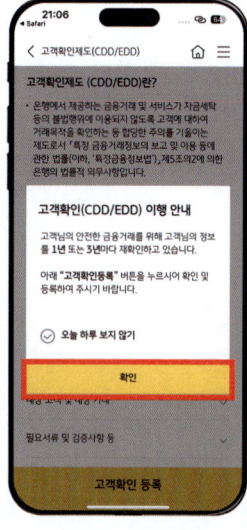

KB스타뱅킹 앱에서 약관에 동의하고, 이름, 주민번호, 휴대폰 번호를 적는다. 휴대폰 인증까지 마치면 [본인확인]을 누른다. 직업 정보까지 입력한다.

  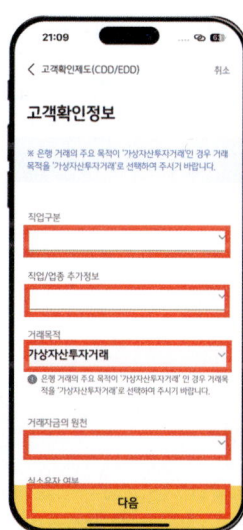

[다음]을 누르면 신분증을 촬영하는 단계로 넘어간다. 밝은 곳에서 신분증을 카메라로 촬영한다. 신분증에 불빛이 반사되지 않게 잘 찍는다.

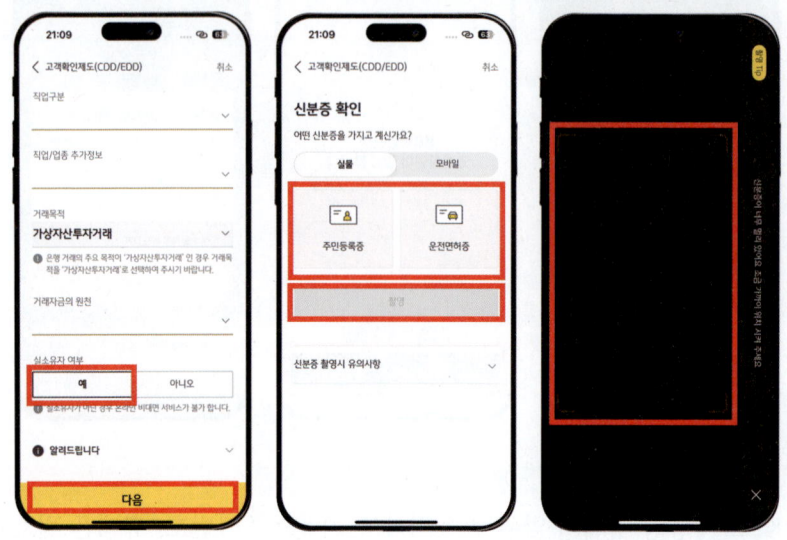

이름, 주민등록번호, 발급 일자가 모두 확인되었으면 [다음] → [다음]을 누른다. 이제 계좌 인증을 해야 한다. 국민은행 계좌를 선택하고 계좌 비밀번호를 입력한다. 입력했으면 [다음]을 누른다.

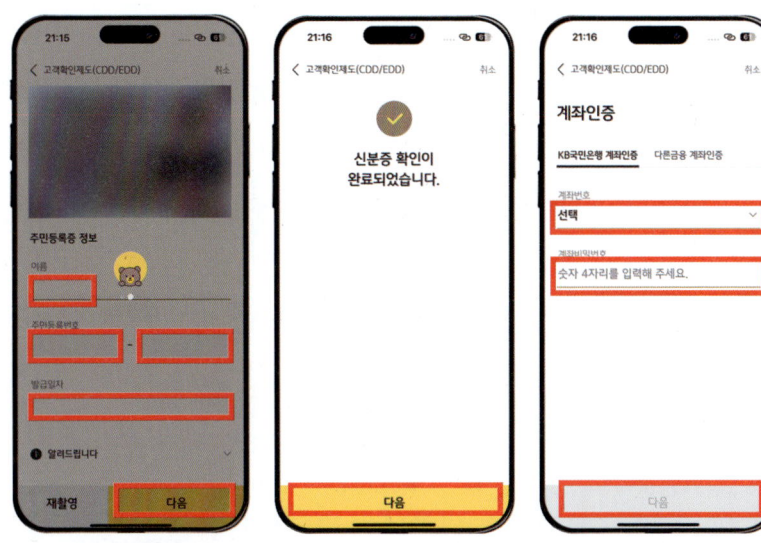

계좌 인증까지 되었으면 고객확인이 완료되었다. 다시 빗썸 앱으로 돌아와 [등록완료]를 누른다. 그다음에 연결할 국민은행 계좌를 입력하고, 약관에 동의한 뒤 [다음]을 누른다.

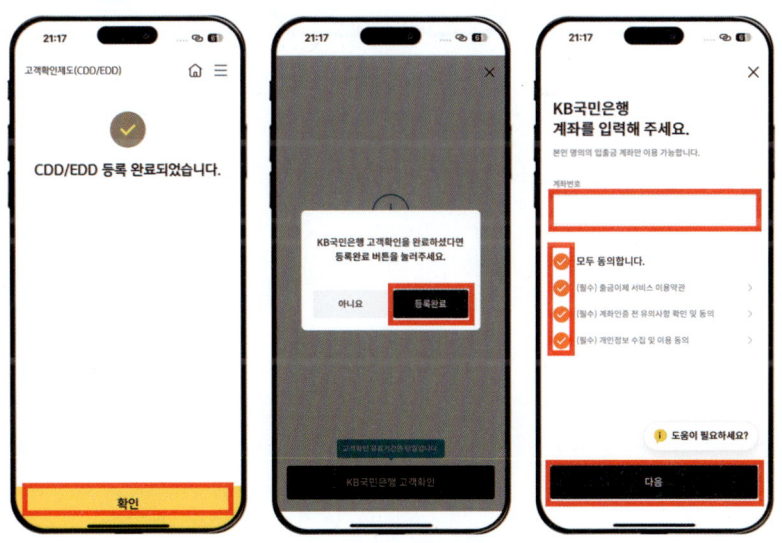

1부 • 셀프 커스터디 가이드  295

국민은행 계좌에 1원이 입금되었을 것이다. 입금자 이름의 빗썸 뒤에 적힌 숫자 3자리를 입력한다. 그다음에 KB국민인증서 또는 ARS 인증을 하면 되는데, 필자는 ARS 인증으로 진행했다. ARS 인증을 하면 전화가 오는데, 전화를 받고 빗썸 화면에 있던 숫자를 다이얼에서 입력하면 된다.

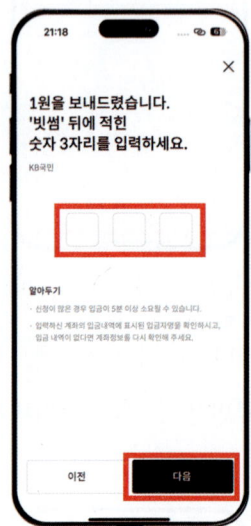
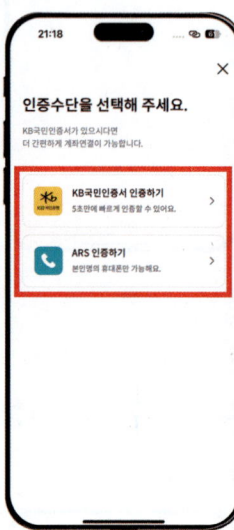
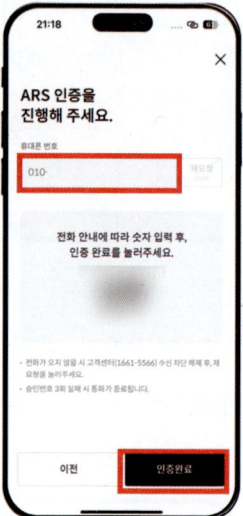

ARS 인증까지 하면 계좌 연결도 완료되었다. 빗썸 앱의 하단 탭에서 [더보기]를 누르면 고객확인이 완료되었다는 문구를 볼 수 있다.

 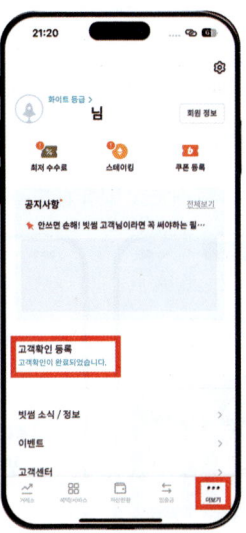

## 바이낸스 가입 및 KYC 인증

이제 해외 거래소인 바이낸스에 가입해 보자. 앱스토어 또는 구글 플레이스토어에서 'Binance'를 검색하고 앱을 다운로드한다. 처음 컨 화면에서 [I'm new to crypto]를 누른다. 그러면 가입하는 창이 뜨는데 이메일로 가입할 수도 있고, 구글이나 애플, 텔레그램 계정을 통해서 가입할 수도 있다. 필자는 이메일로 가입을 해보겠다.

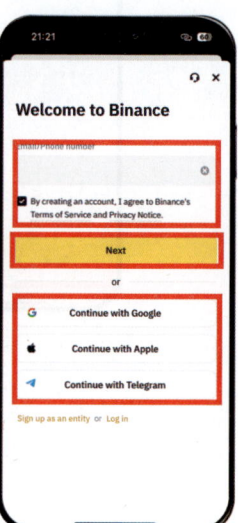

이메일 가입을 하면 입력한 이메일로 인증 번호가 온다. 인증 번호를 입력하고 [Next]를 누른다. 그다음에 비밀번호를 설정한다. 비밀번호는 8자리 이상의 문자열이어야 하고, 적어도 1개의 숫자와 1개의 대문자를 포함해야 한다. 그다음 화면에서는 추천인이 있는지 물어보는 창이 나오는데, 이는 레퍼럴을 입력하는 창이다. 필자는 바이낸스에서 자주 사고파는 것이 아니라 단지 중간 경로로 잠깐만 이용하는 것이므로 [Next]를 눌렀다.

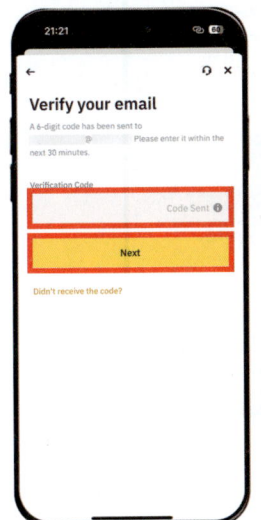
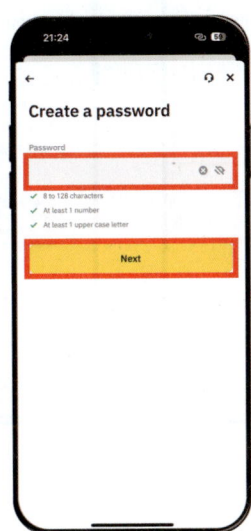
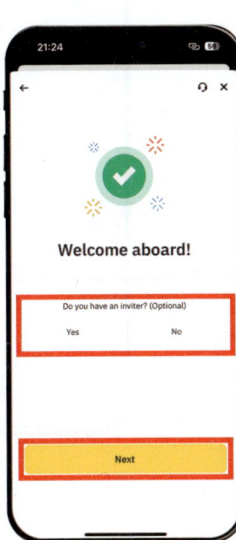

그러면 바로 KYC 인증하는 창으로 넘어간다. 국가를 입력하고, [ID Card]를 입력한다. 이는 주민등록증으로 인증하는 옵션이다. 그 아래 [Driver's License]는 운전면허증으로 인증하는 옵션이고, [Passport]는 여권으로 인증하는 옵션이다. [Continue] → [Take Pictures] → [Continue]를 선택한다.

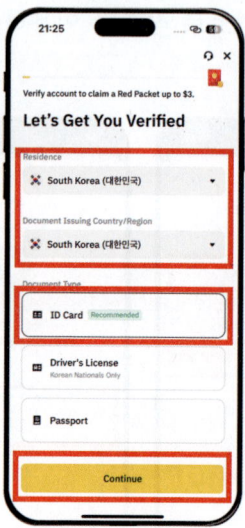
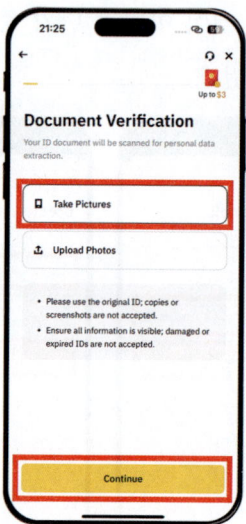

카메라 접근 권한을 허용하고 주민등록증을 촬영한다. 이때 앞면을 먼저 인식시키고 주민등록증을 뒤집어서 뒷면도 인식시켜야 한다.

그다음에 얼굴 인증 창이 나온다. [Continue]를 누른 후 화면을 응시하고, 눈을 깜빡인 뒤, 고개를 좌우로, 위아래로도 흔들면 된다. 다음 창으로 넘어가면 신분증에 있던 이름이 자동으로 입력되었을 것이다. 여기서는 이름이 먼저고, 성이 그다음이다. 생년월일도 확인하고, 주소도 확인한다. 주소가 잘못되어 있으면 바르게 고친다. 다 됐으면 [Continue]를 누른다.

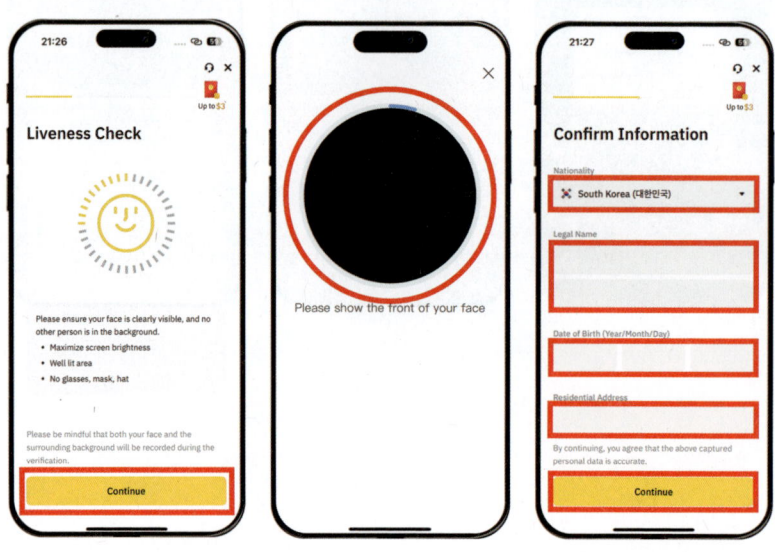

그러면 인증 신청도 완료되었다. [Go to Hompage]를 눌러 홈페이지로 간다. 하단 탭의 [Markets]을 누르고, 왼쪽 위의 바이낸스 로고를 누른다.

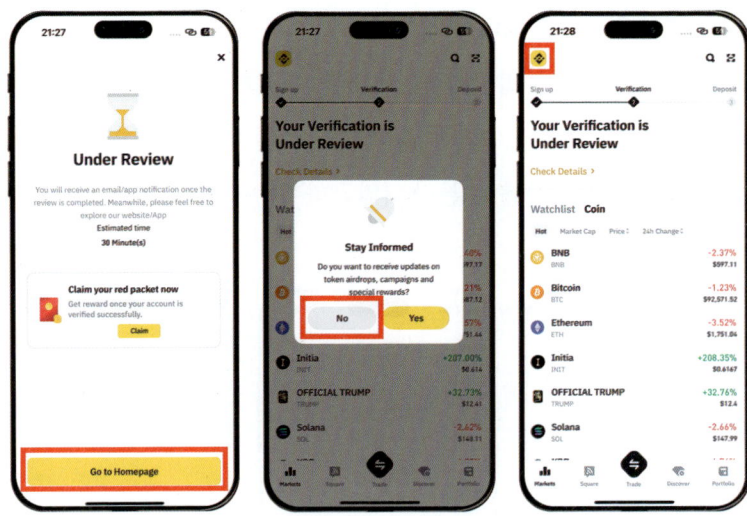

그러면 현재 인증 상태를 볼 수 있다. 처음에는 'Pending (보류)' 상태지만, 인증을 제대로 했다면 약 30분-하루 내로 'Verified (인증됨)'로 바뀐다.

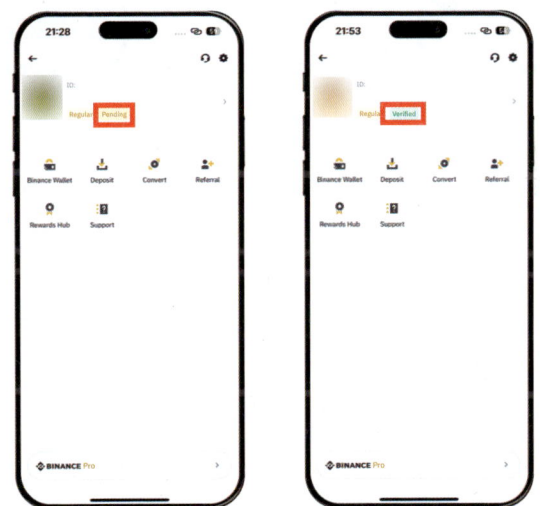

이로써 빗썸, 바이낸스 모두 가입이 완료되었다.

## 빗썸에서 원화 입금하고 테더 구매하기

이제 빗썸에서 원화를 입금하고, 테더를 구매해 보자. 그 전에 원화가 빗썸과 연결된 국민은행 계좌에 들어있어야 한다. 먼저 하단 탭에서 [입출금]을 누른 후 [원화]를 누른다. [입금하기] → 금액 입력 → [다음]을 누른다.

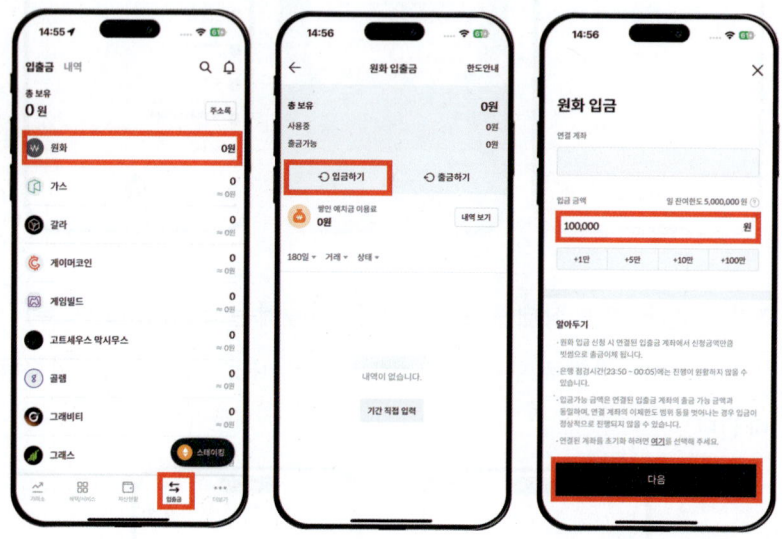

[인증 요청]을 누르고 원하는 방식의 인증을 마치면 '입금 대기' 상태가 된다.

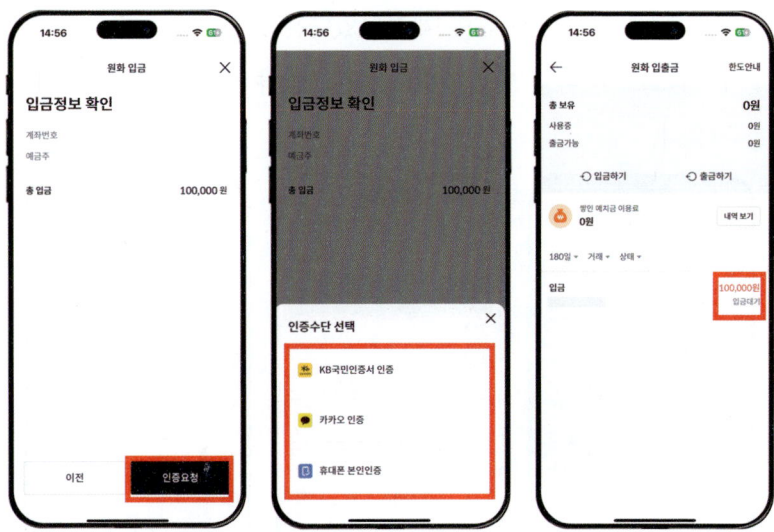

잠시 기다리면 원화가 입금된다. 하단 탭의 [거래소]에서 '테더'를 검색하고 [테더]를 누른다. 호가창이 나오면 [시장]을 선택하고, [최대]를 선택한 후 [매수]를 누른다.

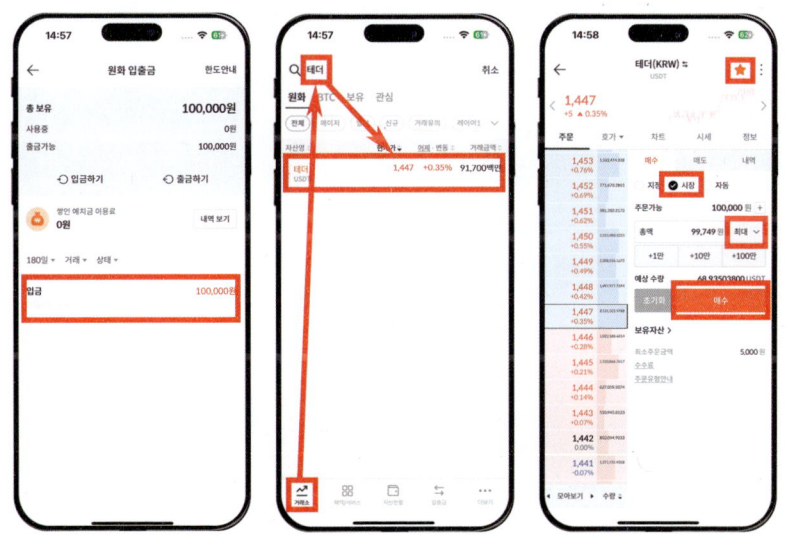

1부 • 셀프 커스터디 가이드　305

[매수 확인]을 누르면 상단에 체결되었다는 알림창이 뜬다. 이제 빗썸에서 바이낸스로 테더를 보낼 것이다. 하단 탭의 [입출금]으로 들어가 [테더]를 누른다.

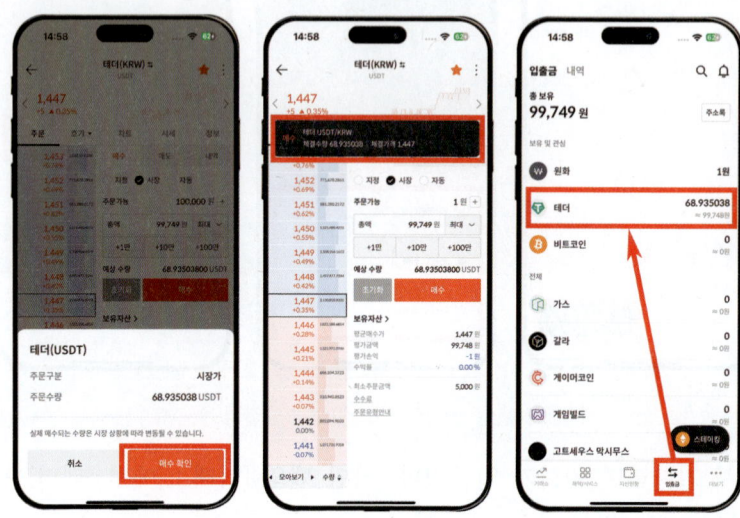

## 빗썸에서 바이낸스로 테더 보내기

[테더]를 눌렀다면 오른쪽에 [출금하기] 버튼이 보일 것이다. 이 버튼을 누른다.

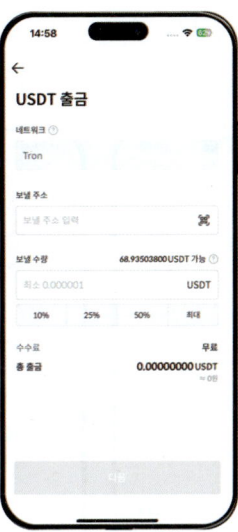

이제 바이낸스 앱을 켠다. 바이낸스 앱의 하단 탭에서 [Portfolio] →
[Deposit (입금)]을 누른다(만약 이미 잔액이 있다면 화면이 조금 다른
데 그때는 [Portfolio] → [Add Funds] → [Deposit Crypto]를 선택하
면 된다). 검색창이 나오면 'USDT'를 검색하고 [USDT]를 선택한다. 그
러고 네트워크를 선택하는 창에서 [Tron (TRC20)]을 선택한다.

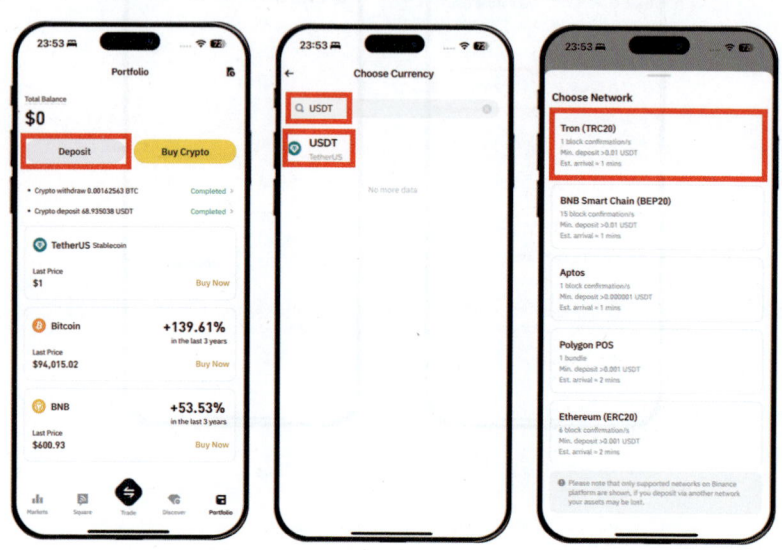

그러면 'Deposit Address (입금 주소)'가 나온다. 옆에 있는 문서 버
튼을 눌러 입금 주소를 복사한다. 다시 빗썸 앱으로 가서 보낼 주소에
방금 복사한 테더 주소를 붙여넣기 하고 금액은 최대를 누른다. [다음]
을 누르고, [바이낸스]를 선택한다. '받는 분'에 있는 이름이 바이낸스에
가입된 이름과 같아야 한다. 확인했으면 [다음]을 누른다.

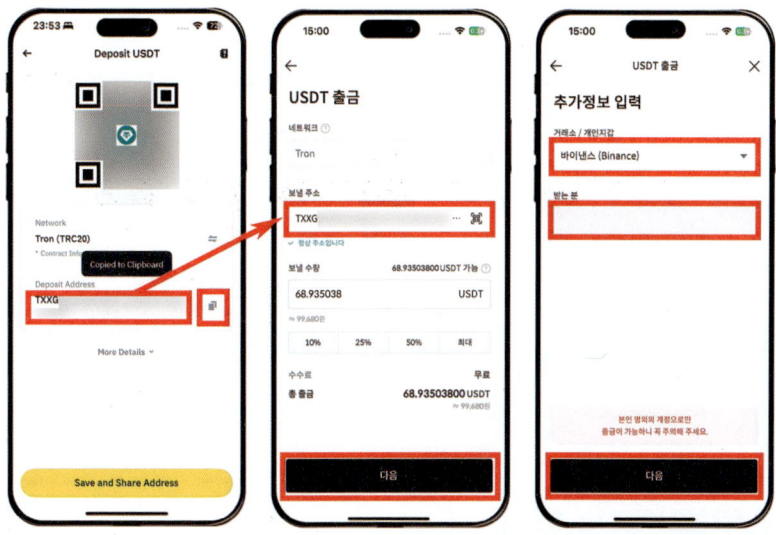

보이스 피싱 알림 창이 나오면 [아니오]를 누르고, 약관에 동의한 뒤 [출금 신청]을 누른다. 휴대폰 인증 창이 뜰 것이다. 카카오톡 메시지나 문자로 온 인증 번호를 입력한다.

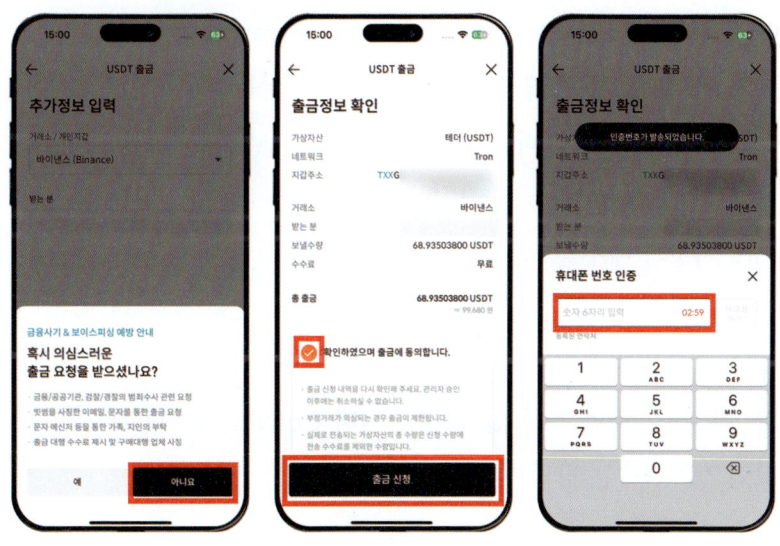

인증 번호까지 입력하면 출금 신청이 완료된다. 처음에는 출금 대기 상태로 나올 것이다. 바이낸스 화면에서는 입금 금액과 함께 'Confirming (확인 중)'이라는 문구가 뜰 것이다.

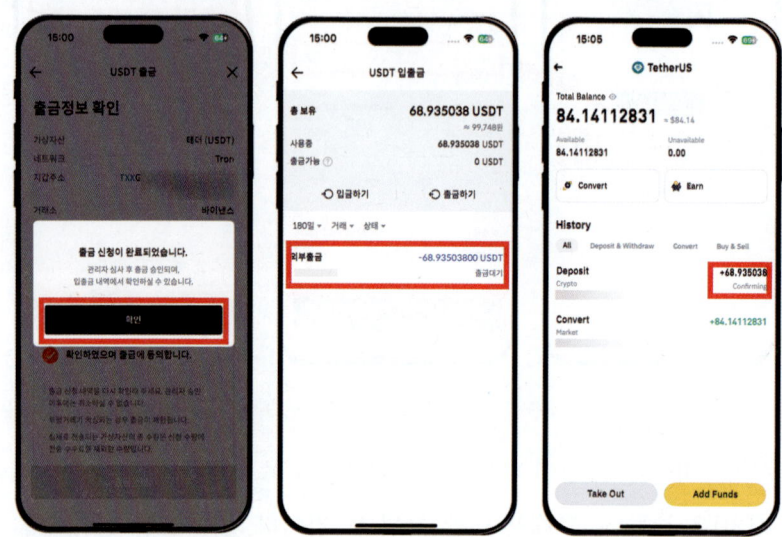

### 바이낸스에서 테더로 비트코인 구매하기 1: Convert 사용

테더가 바이낸스에 잘 입금되었다면 이제 테더를 비트코인으로 바꿔야 한다. 바이낸스에서 테더를 비트코인으로 바꾸는 방법에는 크게 두 가지가 있다. 하나는 Convert(변환)를 이용하는 것이고, 다른 하나는 마켓에서 시장가 매수를 하는 것이다.

Convert는 좀 더 간편하지만, 시장가보다 0.2% 정도 더 높은 시세에 비트코인을 바꾸게 된다. 시장가는 더 저렴하게 바꿀 수 있지만 번거롭다. 두 가지 방법 모두 알아보자. 먼저 Convert를 이용해 테더를 비트코인으로 바꾸는 방법이다.

바이낸스 하단 탭의 [Portfolio] → [TetherUS] 선택 → [Convert]를 누른다. 왼쪽 위에 현재 비트코인 시세(사진에서 94006.31)가 나오고, 하단에 Convert 시세(94214.9)가 나오는 것을 볼 수 있다. 사진상에서는 Convert 시세가 0.22% 정도 좀 더 비싼 것을 알 수 있다. 간편한 대신 0.2% 정도가 더 비싼 것이다.

먼저 'To'에서 [BTC(비트코인)]를 선택하고, 금액은 [Max]를 누른다. 그다음에 [Preview(미리보기)]를 누른다. [Confirm(확인)]까지 누르면 변환이 완료된다.

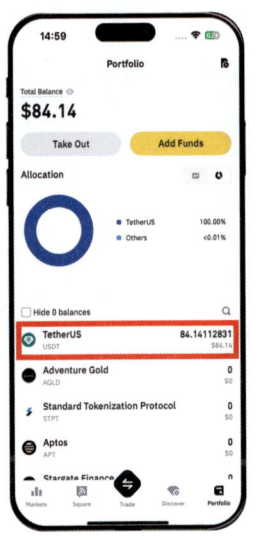
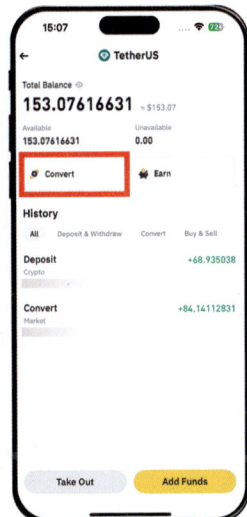
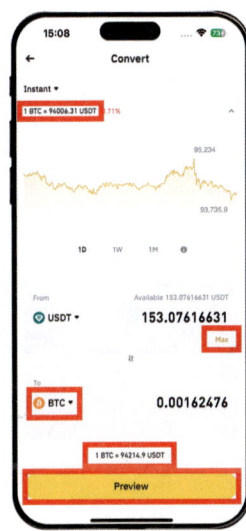

이제 하단 탭의 [Portfolio]에서 [Bitcoin]을 선택하고 [Take Out] → [Withdraw]를 누른다. 여기까지 했다면 바로 '바이낸스에서 온-체인을 통해 바로 개인 지갑으로 전송하기' 혹은 '바이낸스에서 라이트닝 네트워크와 볼츠 스와프 서비스를 통해 개인 지갑으로 전송하기' 절로 넘어가면 된다.

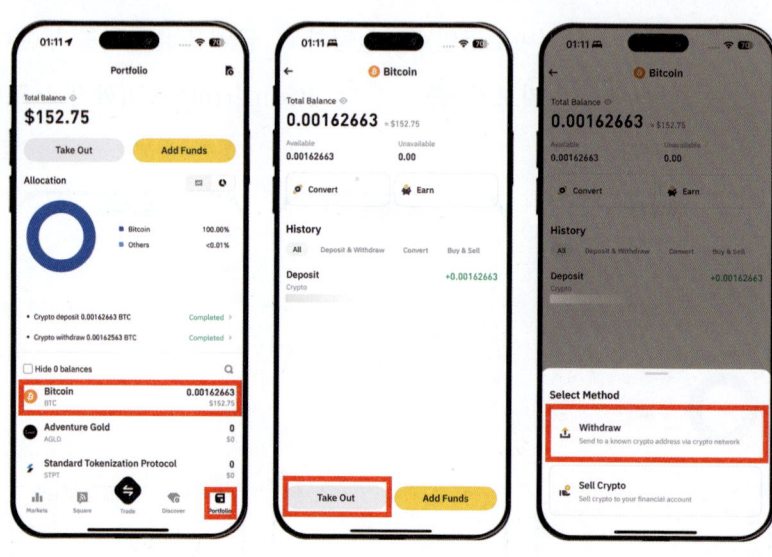

### 바이낸스에서 테더로 비트코인 구매하기 2: 시장가 매수

바이낸스에서 테더로 비트코인을 구매하는 다른 방법에는 마켓에서 시장가로 매수하는 방법이 있다. 시장가로 매수하려면 먼저 바이낸스 버전을 Lite 버전에서 Pro 버전으로 바꿔야 한다. 하단 탭 → [Markets] → 왼쪽 위 바이낸스 로고 버튼 → [BINANCE Pro]를 누른다.

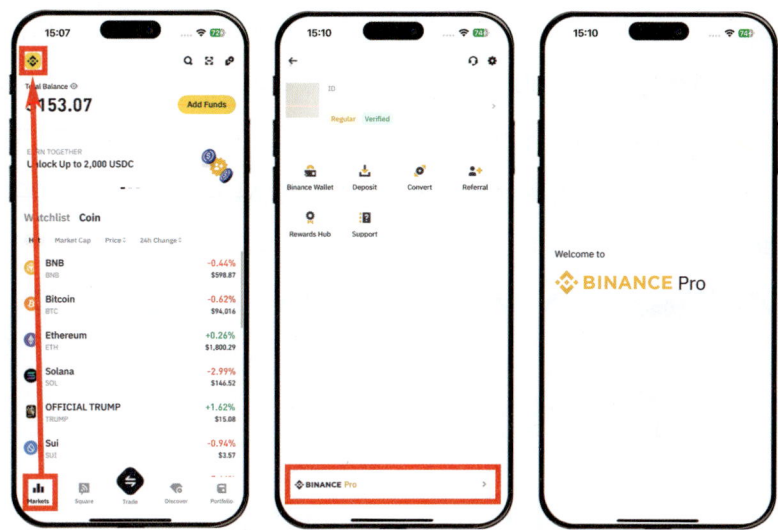

하단 탭의 [Markets]에서 'BTCUSDT' 페어를 검색하고, [BTC/USDT]를 누른다. 그다음 [Buy(구매)]를 누른다.

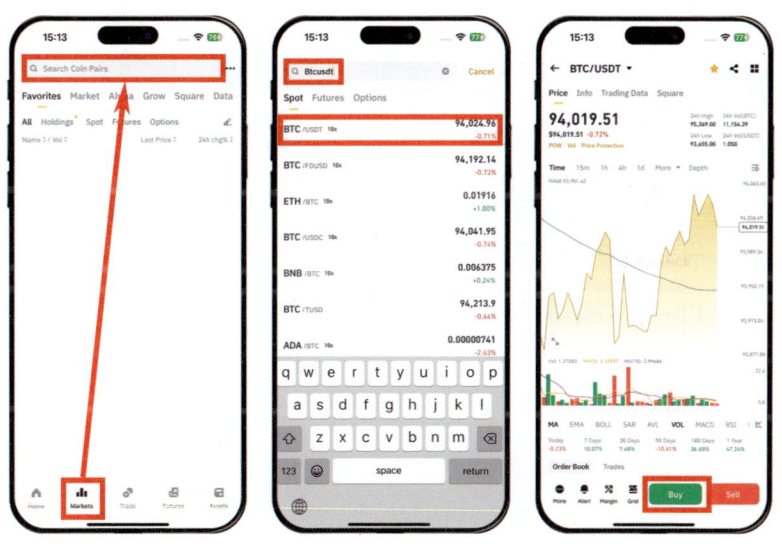

'Limit(지정가)'를 'Market(시장가)'으로 바꾸고, 슬라이드를 오른쪽으로 밀어서 금액이 100%가 되도록 한다. 이제 [Buy BTC]를 누르면 구매가 완료된다. 그런데 아직 테더가 조금 남은 것을 볼 수 있다. 남은 테더는 Convert를 이용해 바꿔야 한다. 왼쪽 위 [Convert]를 누른다. 테더 금액 아래에 있는 [Max]를 누르고 [Preview]를 누른다.

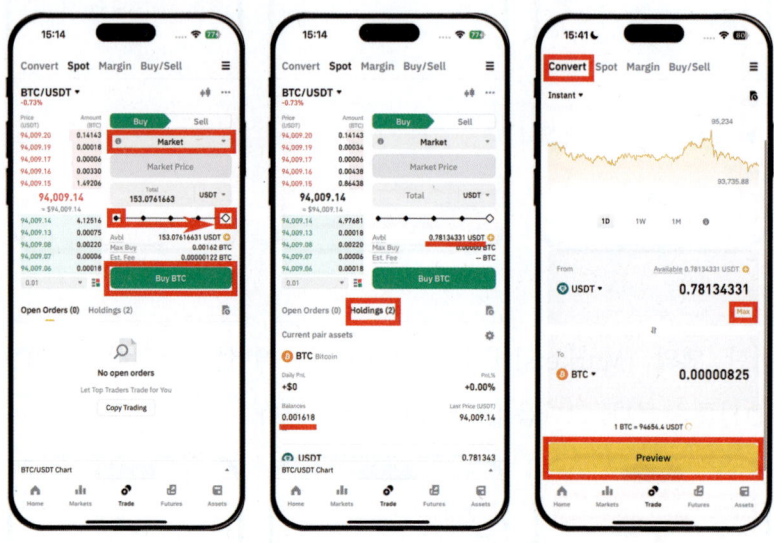

[Confirm(확인)]을 누르면 나머지 테더까지 깔끔하게 비트코인으로 바뀐다. 뒤로 가기 버튼을 누르고, 하단 탭 [Assets]에서 [Overview] → [Crypto]에서 [BTC]를 누른다.

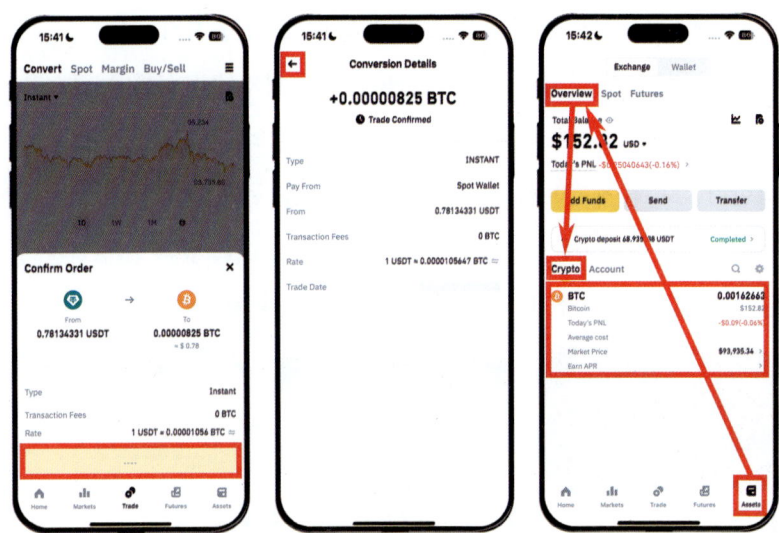

아래에서 [Send(보내기)] → [On-Chain Withdraw(온-체인 출금)]
를 선택한다.

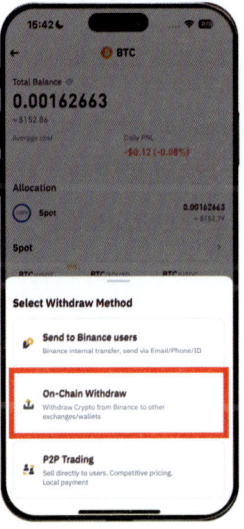

1부 • 셀프 커스터디 가이드

## 바이낸스에서 온-체인을 통해 바로 개인 지갑으로 전송하기

이제 블루월렛, 넌척 혹은 코코넛 월렛에 들어가 [받기]를 누르고 나오는 주소를 눌러 복사한다. 그 주소를 바이낸스의 'Address/Invoice'에 입력한다. 그 밑에 'Network'는 [Bitcoin]을 선택한다. 이걸 선택해야 온-체인으로 전송하는 것이다. 그 밑에 'Amount' 옆의 [Max]를 눌러 모든 금액을 전송한다. 다 되었으면 [Withdraw]를 누른다.

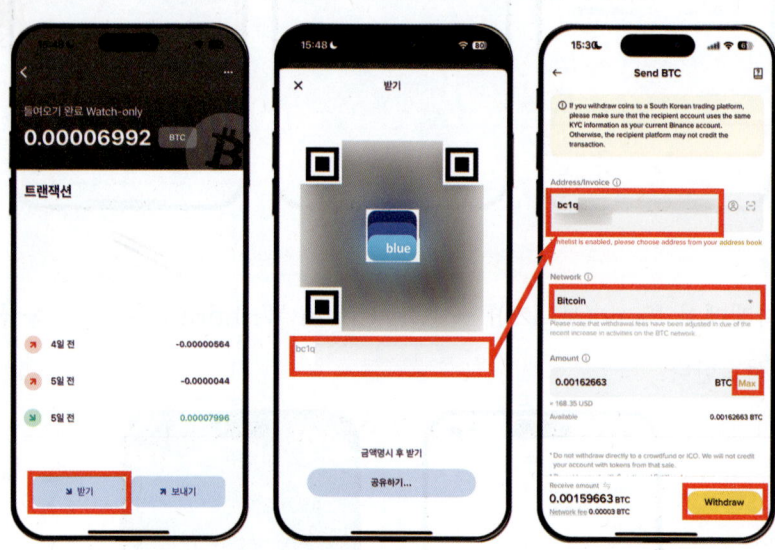

다음 화면에서 [Confirm]을 누르면 온-체인으로 전송된다. 거래가 블록에 담겨 채굴되면 개인 지갑으로 비트코인이 잘 전송될 것이다.

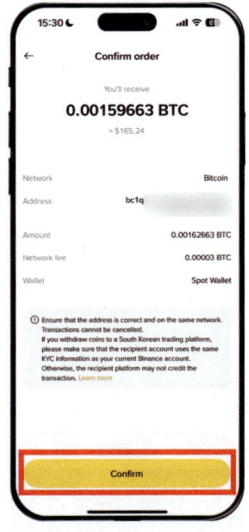 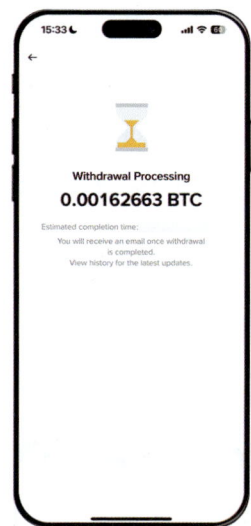

## 바이낸스에서 라이트닝 네트워크와 볼츠 스와프 서비스를 통해 개인 지갑으로 전송하기

이번에는 온-체인으로 바로 전송하지 않고 라이트닝 네트워크와 볼츠 스와프 서비스를 이용해 개인 지갑으로 전송하는 방법을 알아보자. 참고로 이 방법을 이용할 때 최소 출금 금액은 약 25,100 sats이며 1회 최대 출금 금액은 99만 sats이다. 볼츠의 출금 금액이 25,000 sats 이상 2,500만 sats 이하이고, 바이낸스의 라이트닝 네트워크를 이용한 최대 출금 금액 한도가 약 99만 sats이기 때문이다.

바이낸스 출금 창에서 'Avalable (출금 가능 금액)' 옆에 있는 내가 가진 비트코인 금액을 잘 기억해 놓자. 사진상에서는 162,663 sats가 있는 것을 확인할 수 있다. 바이낸스에서 라이트닝 네트워크를 이용한 출금 수수료는 100 sats인데, 그러면 이를 제외한 출금 금액은 162,563 sats가 되리라는 것을 알 수 있다.

볼츠 웹사이트에 들어가 'LIGHTNING' 옆에 바이낸스에서 수수료 100 sats를 제외한 금액을 입력한다. 볼츠 웹사이트 주소는 다음과 같다.

https://boltz.exchange/

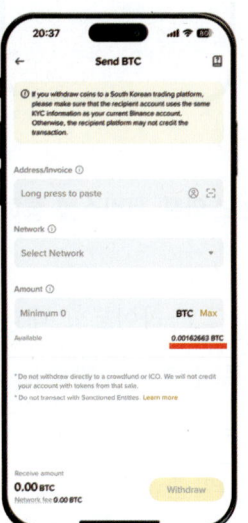
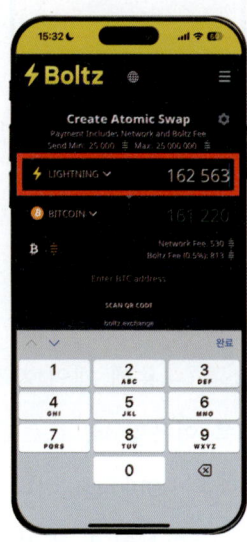

이제 블루월렛, 넌척 혹은 코코넛 월렛에 들어가 [받기]를 누르고 나오는 주소를 눌러 복사한다. 그 주소를 볼츠에서 금액 밑에 'Enter BTC address'에 입력한다. 다 되었으면 [CREATE ATOMIC SWAP]을 누른다.

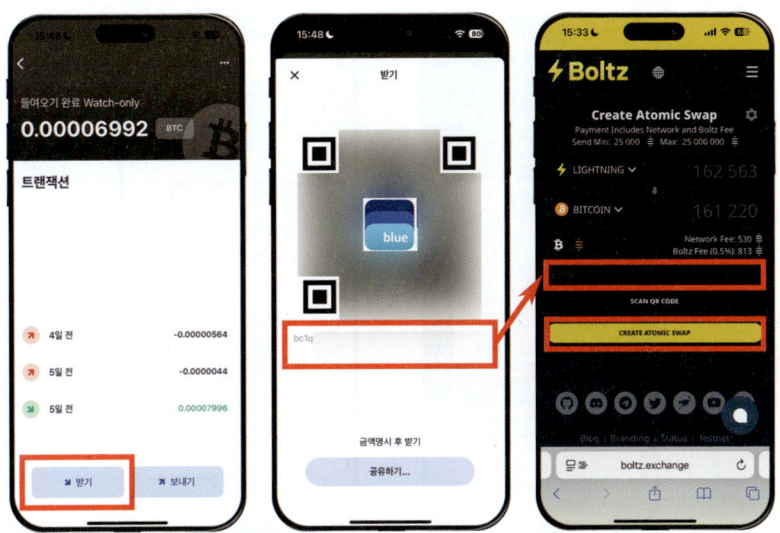

그러면 QR 코드와 함께 'lnbc'로 시작하는 어떤 텍스트가 나온다. 이를 '인보이스'라고 한다. 왼쪽에 있는 문서 모양의 복사 버튼을 누르고, 바이낸스 창의 'Address/Invoice'에 입력한다. 그러면 자동으로 'Network'와 'Amount'가 선택된다. [Withdraw]를 누른다.

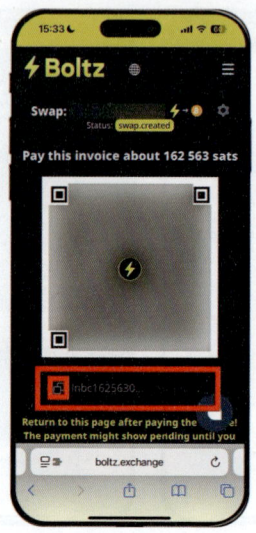
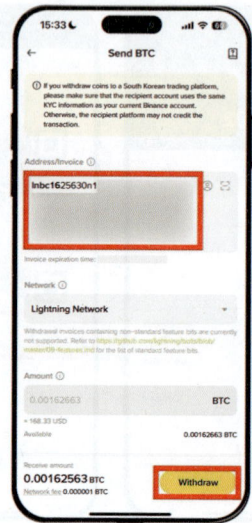

다음 화면에서 [Confirm]을 누르면 라이트닝/온-체인 스와프가 완료된다. [OPEN CLAIM TRANSACTION]을 누르면 멤풀 웹사이트에서 해당 거래의 상태를 확인할 수 있다. 거래가 블록에 담겨 채굴되면 개인 지갑으로 비트코인이 잘 전송될 것이다.

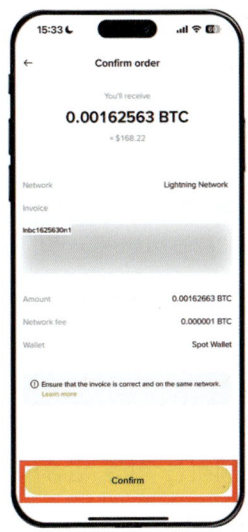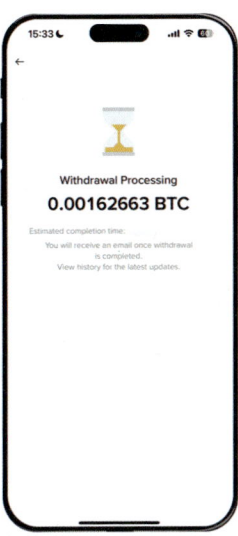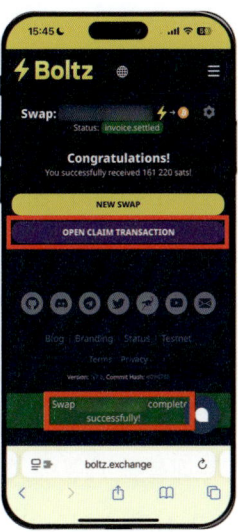

이로써 국내 거래소에서 해외 거래소를 거쳐 개인 지갑으로 비트코인을 보내는 방법을 알아보았다.

## | 지갑에서 거래소로 비트코인 옮겨 원화 출금하기

비트코인을 모으다 보면 종종 비트코인을 원화로 환전해서 써야 할 일이 있다. 비트코인을 원화로 환전하는 방법은 크게 두 가지가 있다.

1. 개인 간 거래(P2P)
2. 거래소(빗썸, 업비트 등)로 옮겨서 환전

개인 간 거래가 훨씬 간편하지만, 구매자가 없는 경우 거래소를 통해 비트코인을 원화를 환전할 일도 있을 것이다. 따라서 이번에는 비트코인을 지갑에서 거래소로 옮겨서 환전하는 방법에 대해 알아보자.

개인 지갑에 있는 비트코인을 원화로 환전하려면 해외 거래소를 거쳐 한국 거래소로 입금해야 한다. 이는 앞서 언급했던 트래블룰 때문이다. 트래블룰 때문에 한국 거래소에 입금하기 위해서는 신원 인증이 되어있고 신원이 일치하는 거래소에서만 입금할 수 있다.

**전송 경로**

해외 거래소를 거쳐 원화로 환전하는 방법은 다음과 같다.

개인 지갑 → 해외 거래소 → 테더(USDT)로 환전 → 국내 거래소 → 원화로 환전 후 계좌로 출금

중간에 테더를 사용하는 것을 알 수 있다. 이는 현재 한국 거래소들이 라이트닝 네트워크를 지원하고 있지 않기 때문이다. 한국 거래소들도 라이트닝 네트워크를 지원하기 시작하면 테더는 사용하지 않아도 될지도 모른다.

## 개인 지갑에서 해외 거래소로 전송

개인 지갑에서 바이낸스로 전송하는 방법을 알아보자. [Portfolio] → [Deposit] → 'Bitcoin'을 검색해서 누르고, [BTC(SegWit)]를 누른다 (만약 이미 잔액이 있다면 화면이 조금 다른데 그때는 [Portfolio] → [Add Funds] → [Deposit Crypto]를 선택하면 된다).

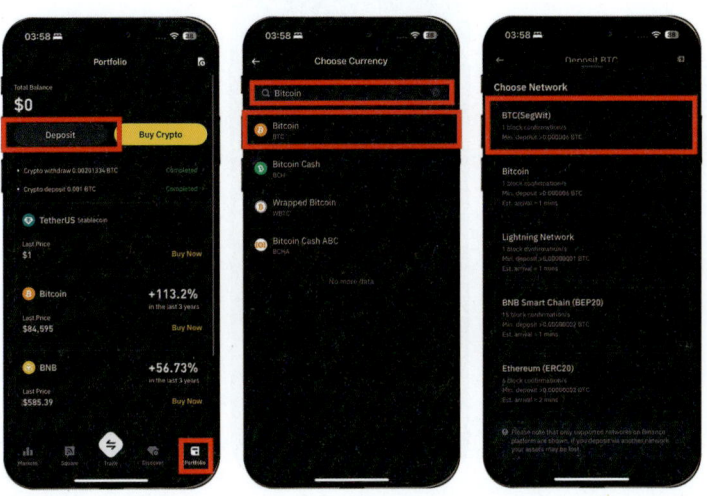

'Deposit Address (입금 주소)' 옆에 있는 문서 모양 버튼을 누르면 이 주소가 복사된다. 워치-온리 지갑에서 이 주소로 비트코인을 보내면 된다. 블록이 채굴되어 컨펌되고 나면 바이낸스에 비트코인이 입금될 것이다.

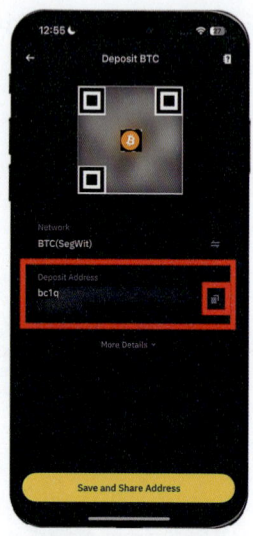

## 해외 거래소에서 국내 거래소로 전송

이제 앞에서 말한 대로 해외 거래소에서 비트코인을 테더로 변환한 뒤 국내 거래소로 전송할 것이다. 비트코인을 테더로 변환하는 방법부터 알아보자.

먼저 [Portfolio]에서 [Bitcoin]을 누른 후 [Convert]를 누른다. 비트코인을 테더로 변환할 때는 'Convert'로 변환하거나 'Markets(시장)'에서 BTC/USDT 페어에서 지정가/시장가 매도로 바꿀 수 있다. Convert는 제공된 환율로 체결되고 간편하다는 장점이 있다. 지정가/시장가 매도는 상황에 따라 Convert보다 이익일 수도 있다.

BTC 아래에 뜨는 심볼(사진상에서 EPIC)을 누른다. 이것을 테더(USDT)로 바꿔주어야 한다.

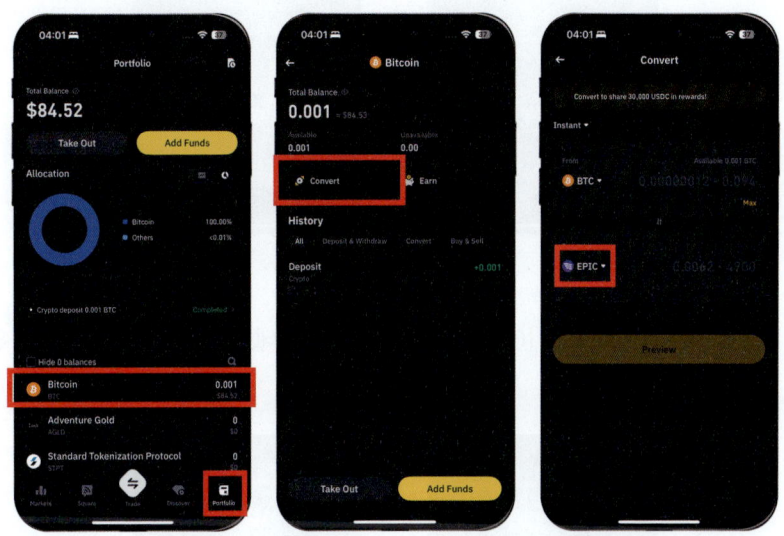

[USDT]를 찾아서 누른다. BTC 아래에 작게 노란 글자로 되어있는 [Max]를 누르면 바꿀 수 있는 모든 비트코인이 자동으로 입력된다.

 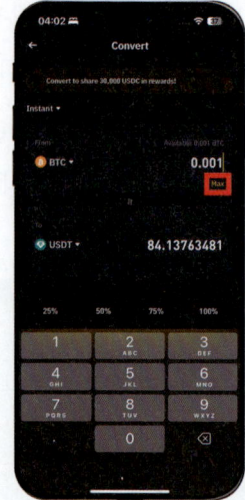

[Preview]를 누르고 [Confirm]을 누르면 테더(USDT)로 변환이 완료된다.

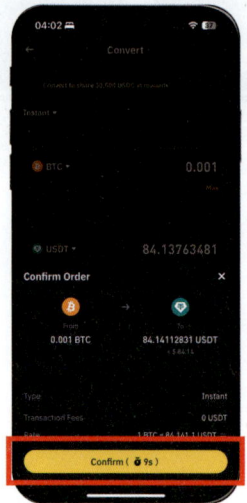 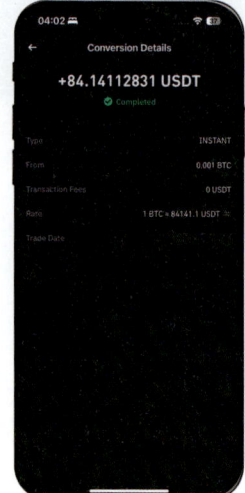

이제 국내 거래소로 테더를 전송해 보자. 빗썸에서 진행하는 방법을 알아보겠다. 앱에 로그인한 뒤 [입출금] 탭으로 들어간다. [테더]를 누르고 [입금하기]를 누른다. 그러면 테더 입금 주소가 나온다. 옆에 있는 [복사]를 눌러 이 주소를 복사하자.

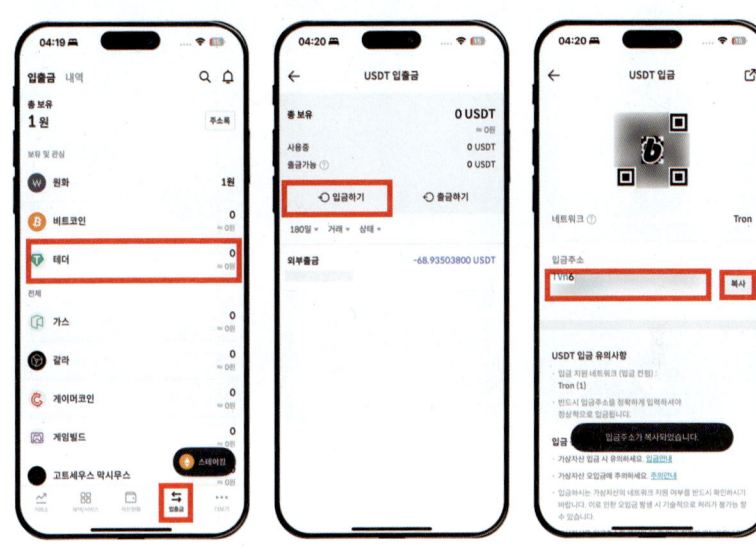

다시 바이낸스로 들어가 아래 [Portfolio] 탭에서 [TetherUS(테더)]를 누른다. [Take Out]을 누르고, [Withdraw]를 누른다.

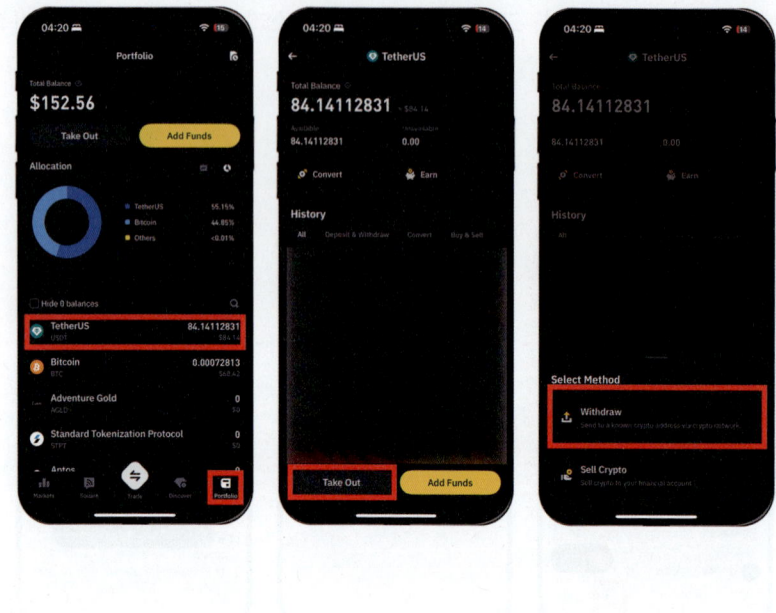

'Address'에는 국내 거래소에서 복사했던 주소를 붙여넣는다. 'Network'는 [Tron (TRC20)]을 선택한다. 노란색 글자로 되어있는 [Max]를 누르면 테더 전체 금액이 자동으로 입력된다. [Withdraw]를 누르고, [Confirm]을 누르면 된다.

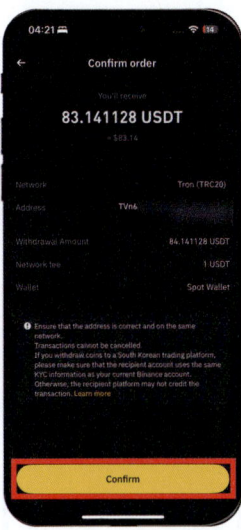

## 국내 거래소에서 원화 환전 후 은행 계좌로 출금

빗썸의 [입출금] → [테더] 화면을 보면 입금 대기 중이었다가 입금이 완료되는 것을 알 수 있다(새로고침이 안 되면 뒤로 나갔다가 다시 들어와 보자). 이제 빗썸의 아래 탭 [거래소]에서 '테더'를 검색하고 [테더]를 선택한다.

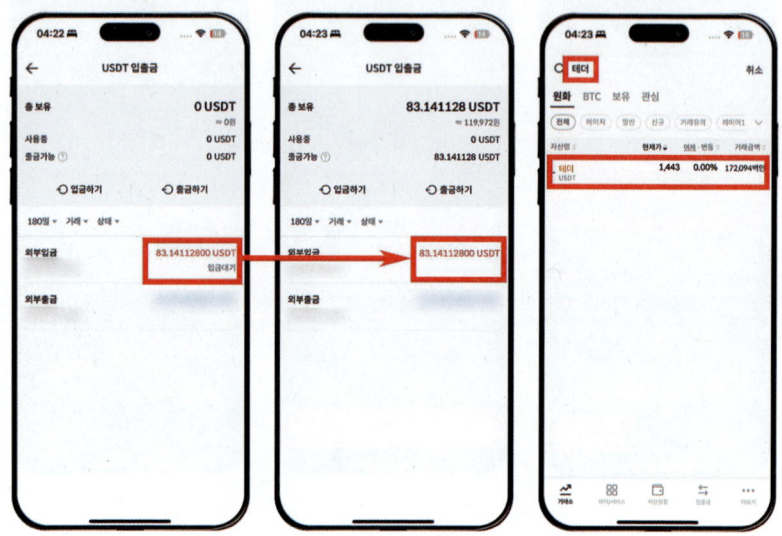

먼저 [매도] 탭을 누른다. [시장]을 체크하고 금액은 [최대]를 선택한다. 아래에 있는 [매도]를 누르고 [매도 확인]을 누르면 원화 환전이 완료된다.

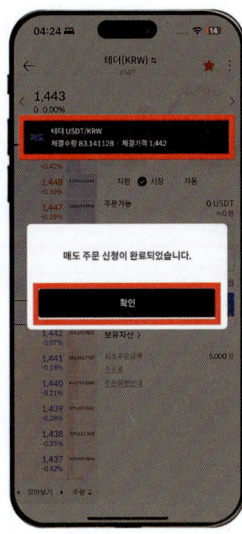

이제 원화를 은행 계좌로 출금해 보자. 아래 탭의 [입출금]에서 [원화]를 누른다. [출금하기]를 누르고 금액 입력창 아래에 있는 [최대]를 누른다. 그러면 수수료를 제외하고 출금할 수 있는 최대 금액이 자동으로 입력된다. [다음]을 누른다.

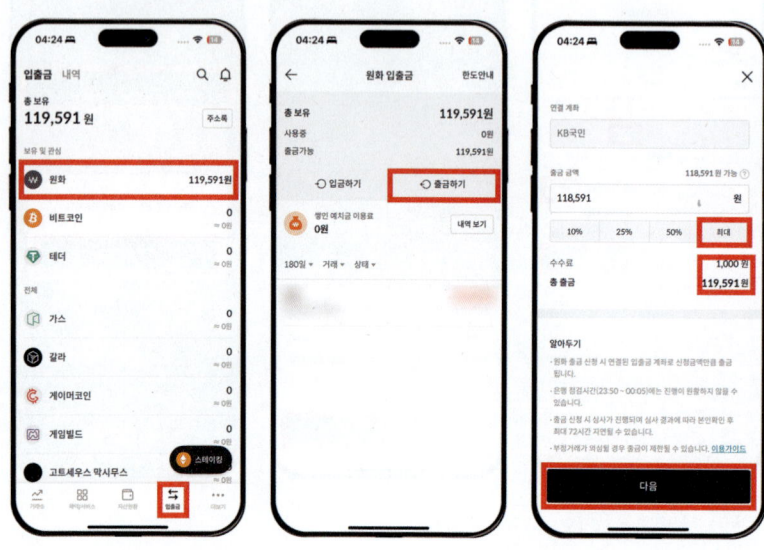

[인증요청]을 누르고 인증을 완료한다.

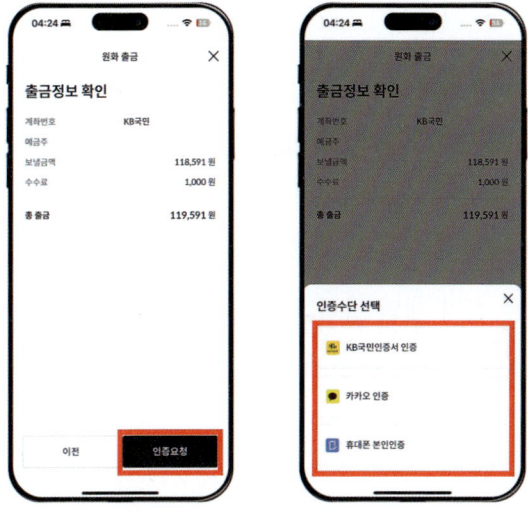

잠시 기다리면 출금 대기 중이던 상태가 출금 완료 상태가 되는 것을 알 수 있다.

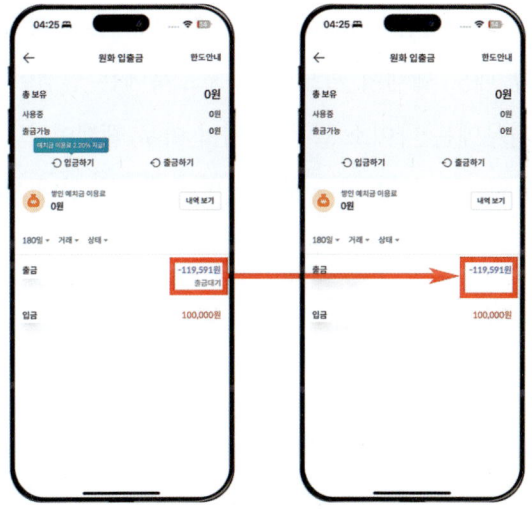

이로써 거래소에서 원화로 환전하는 방법까지 모두 알아보았다.

# | 스패로우 지갑 사용 방법 및 UTXO 정리하기

이번 장에서는 PC 워치-온리 지갑인 스패로우 지갑 사용 방법을 알아보고, 추가로 UTXO 정리하는 방법도 알아볼 것이다. 대부분 모바일 워치-온리 지갑으로 블루월렛이나 넌첵, 코코넛 월렛을 사용할 것이다. 스마트폰 말고 PC에도 워치-온리 지갑이 있다. '스패로우'라는 지갑이다. 스패로우 지갑은 여러 개의 입력과 여러 개의 출력을 한 번에 관리하기가 쉬워서, UTXO를 거래 한 번에 정리할 수 있다.

**준비물**

1. PC 혹은 노트북
2. 웹캠

이미 에어-갭 지갑으로 트랜잭션을 일으켜봤다면 알 것이다. 서명된 거래를 읽어오기 위해서는 QR 코드를 스캔해야 한다. 따라서 스패로우 월렛을 사용할 때도 웹캠이 필요하다. 노트북에는 웹캠이 대부분 달려 있고, PC의 경우에는 다이소 같은 곳에서 아무 웹캠이나 사면 된다. 좀 더 화질 좋은 웹캠을 사고 싶다면 인터넷에서 3만 원대 웹캠을 구매하면 된다.

## 스패로우 설치

아래 웹사이트에 접속한다. 꼭 공식 웹사이트인지 잘 확인하자.

https://sparrowwallet.com/download/

자신의 컴퓨터 운영체제에 맞는 것을 다운로드하면 된다. 윈도우 사용자는 세 번째 파일을 다운로드해서 실행하면 된다. 맥 사용자는 M1 이후부터는 애플 실리콘이므로 첫 번째 파일을, 2020년 이전에 나온 제품들인 인텔 실리콘의 경우에는 두 번째 파일을 다운로드하면 된다.

윈도우를 기준으로 설명하므로 필자는 세 번째 파일을 다운로드했다.

윈도우에서 스패로우 설치 파일을 실행하면 다음과 같은 안내문이 나온다. 다음 경고창은 마이크로소프트가 스패로우 파일이 무슨 프로그램인지 잘 몰라서 뜨는 경고창이다.

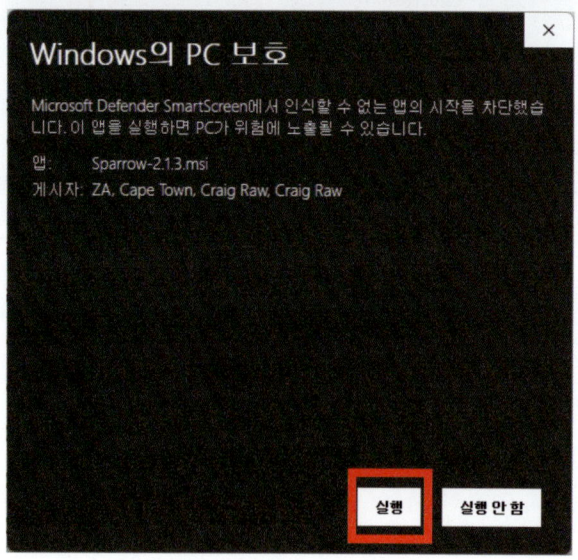

실행까지 누르면 스패로우가 설치된다.

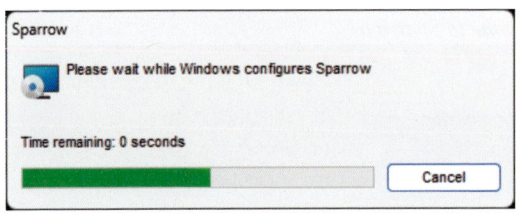

**풀 노드 서버 설정**

스패로우를 설치하면 다음과 같은 화면이 나타난다. 계속 [Next]를 누르고 [Configure Server]를 누른다.

안내문에 대해 설명하자면, 지갑 정보를 받아오거나 서명을 전파하려면 풀 노드가 필요하다. 워치-온리 지갑 앱들은 보통 지갑 앱 개발자들이 운영하는 풀 노드에 연결된다. 그러나 자신이 풀 노드를 운영하면 자신의 풀 노드에 연결할 수도 있다.

이 안내문은 공개 풀 노드 서버에 연결된 경우 스패로우 하단에 노란색 토글 스위치가, 비트코인 코어/노츠 등의 풀 노드에 직접 연결된 경우 초록색 토글 스위치가, 풀 노드와 연동된 일렉트럼 서버에 연결된 경우 파란색 토글 스위치가 켜진다고 안내하고 있다. 자신이 운영하는 일렉트럼 서버나 코어/노츠에 스패로우를 직접 연결하는 방법은 3부에서 자세히 살펴볼 것이다.

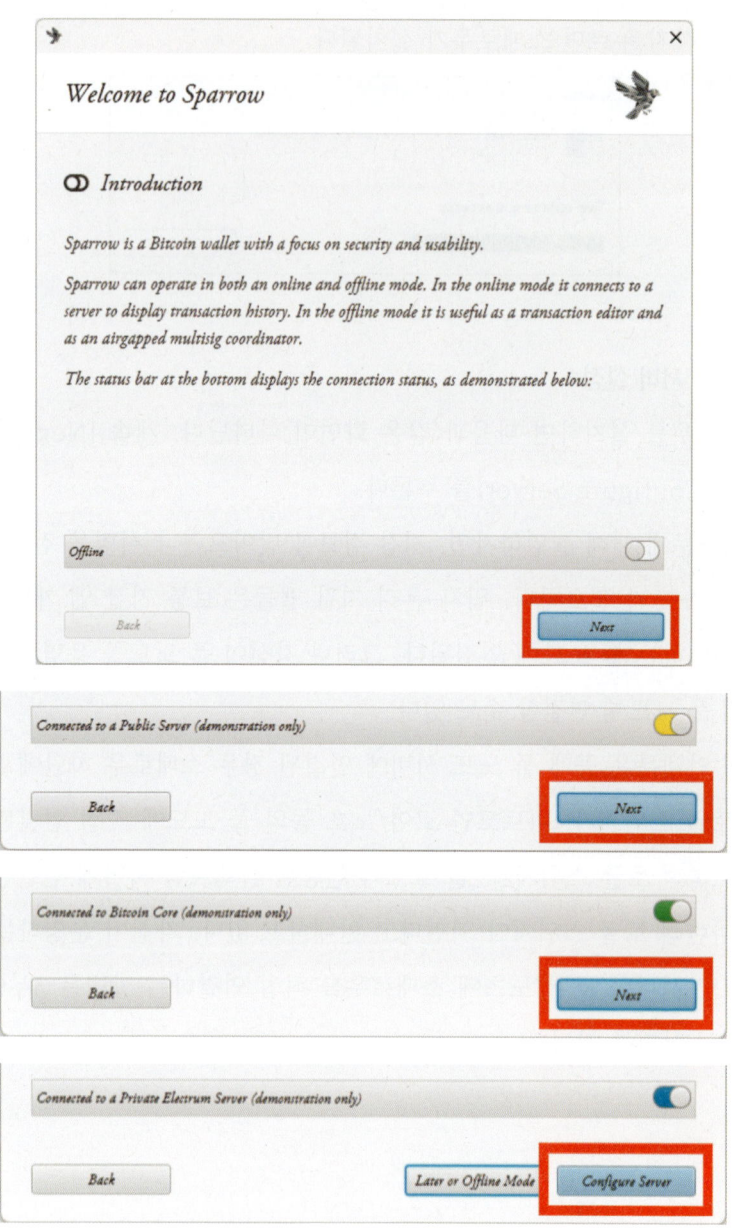

지금은 공개 서버를 이용할 것이므로 아래에 노란색 토글 스위치가 켜질 것이다. [Public Server]에 체크되어 있는 것 그대로 두고, [Test Connection]을 한 번 누른 뒤, [Create New Wallet]을 누른다.

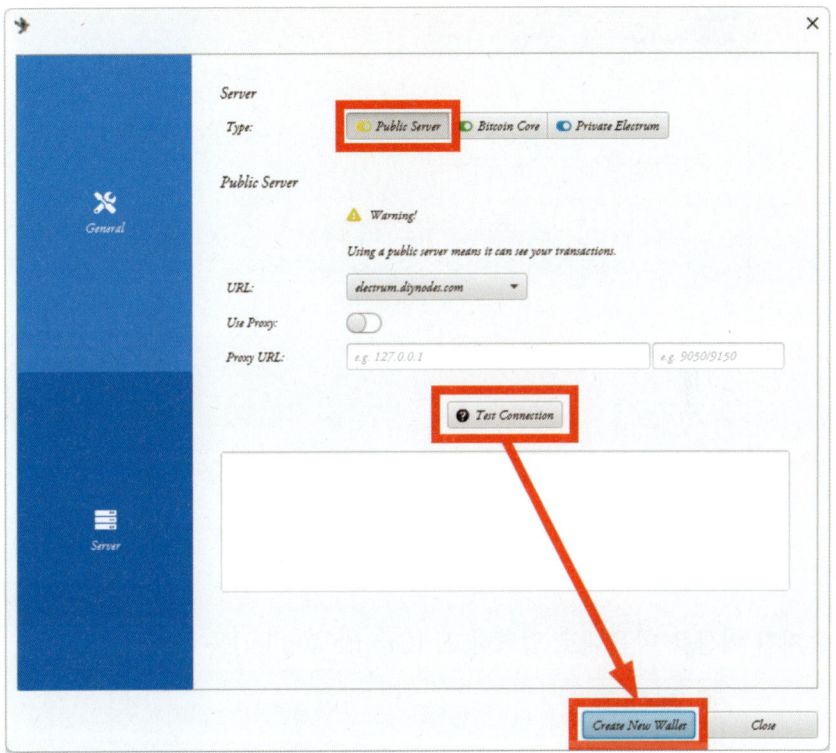

## 워치-온리 연동하기

바로 지갑 생성 창이 나올 것이다. 만약 안 나왔다면 홈 화면에서 [New Wallet]을 선택한다.

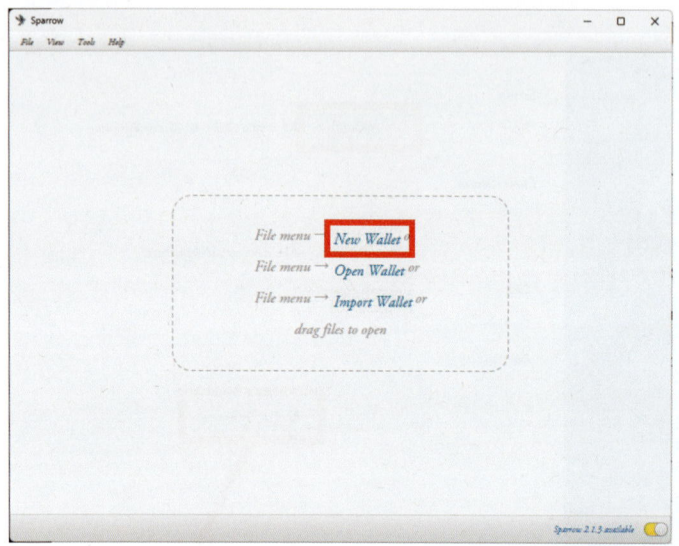

지갑 이름을 마음대로 입력하고, [Create Wallet]을 누른다.

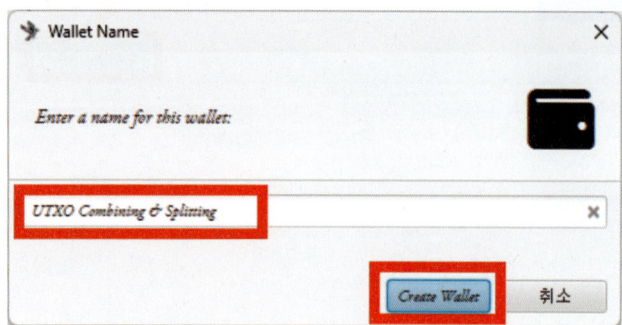

우리는 에어갭 하드웨어 지갑을 연동할 것이므로 [Airgapped Hardware Wallet]을 누른다.

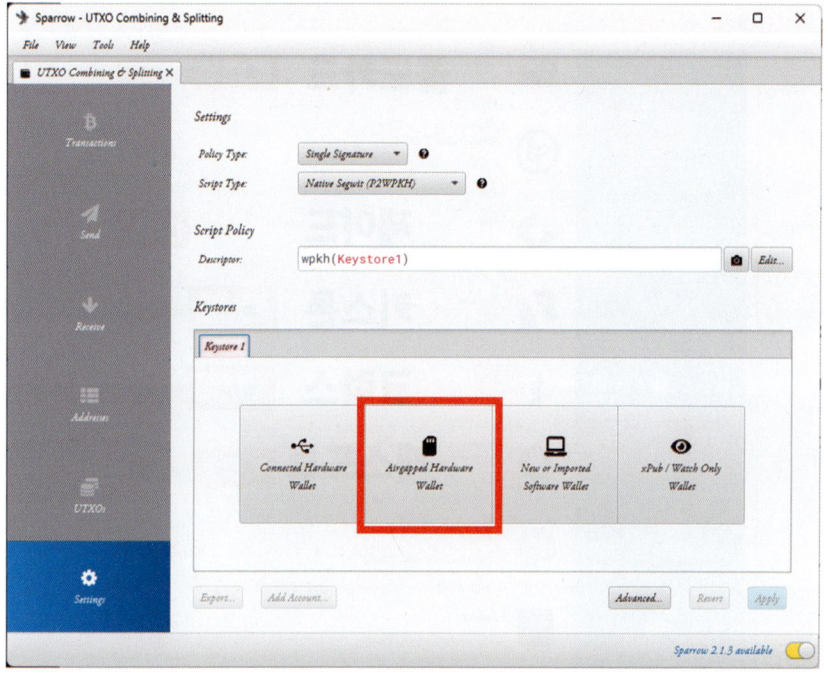

먼저 웹캠이 컴퓨터에 연결되었는지 확인하자. 그다음에 자신이 사용하는 지갑을 선택한다.

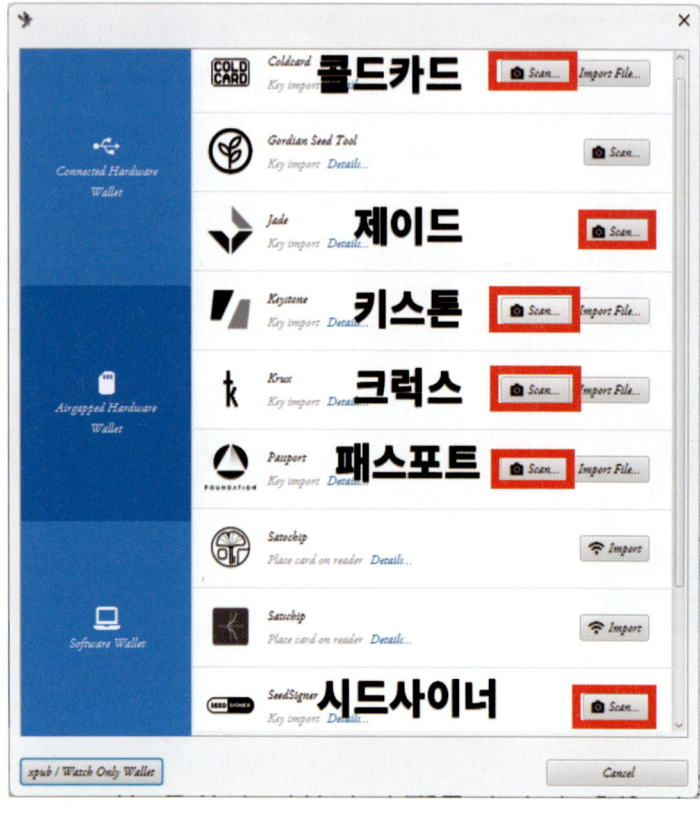

컴퓨터의 웹캠을 이용해 에어-갭 지갑의 확장 공개키 QR 코드를 촬영한다. 키스톤의 경우 키스톤 홈 화면 → 오른쪽 위 점 세 개 → [소프트웨어 지갑 연결] → [Sparrow]를 선택하고 컴퓨터 웹캠으로 스캔하면 된다.

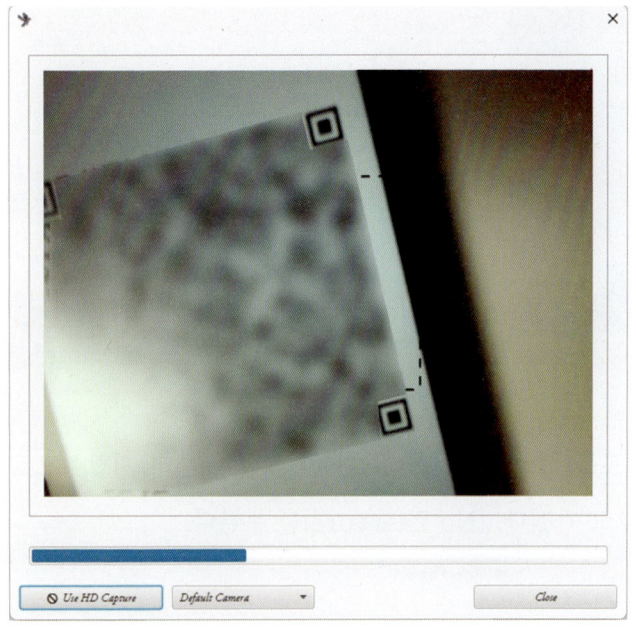

[Apply]를 누른다.

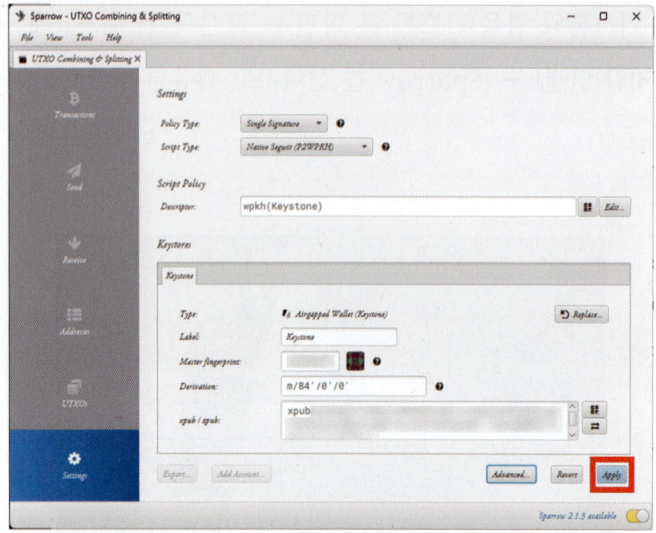

패스워드를 설정하라는 창이 나온다. 워치-온리 지갑이므로 따로 설정하지 않고 가겠다. [No Password]를 누른다.

## UTXO 정리

앞에서 잠깐 살펴봤지만 여기서 다시 한번 UTXO에 대해 짚고 넘어가겠다. UTXO는 미사용 거래 출력이다. 제각각의 금액이 써진 수표나 동전이라고 봐도 된다. 내가 가진 비트코인 '덩어리'라고 생각하면 쉽다. 다른 사람에게 비트코인을 보낼 때는 UTXO를 사용해야 한다.

UTXO 금액이 너무 크면 문제가 있다. 물건을 사고 만 원을 내야 하는데 내가 지금 1억 원 수표만 가지고 있는 상황을 생각해 보자. 9,999만 원을 거슬러 받으면 되지만 어쨌든 1억 원 수표를 내면 상대방은 내가 1억 원이나 가진 사람이라는 걸 알 수 있다. 내가 얼마를 가졌는지 알 수 있으니 프라이버시가 깨지는 것이다.

UTXO 금액이 너무 작아도 문제가 있다. 물건을 사고 만 원을 내야 하는데 지금 100원짜리 동전만 가득 가지고 있는 상황을 생각해 보면 된다. 비트코인에서 수수료는 '데이터 크기'에 따라 부과된다. 만 원짜리 한 장을 내든 1억 원짜리 수표 한 장을 내든 수수료는 거의 완전히 똑같다. 그러나 100원짜리 100개를 내면 이야기가 달라진다. 이 경우에는 거래 데이터 크기가 커져서 내야 하는 수수료가 커진다.

정리하자면 UTXO 금액이 너무 크면 내가 가진 비트코인 개수가 노출된다는 문제가 있고, UTXO 금액을 너무 작게 보관하면 나중에 지불할 때 수수료가 커지는 문제가 있다. 따라서 UTXO는 적절한 금액으로 나누어 보관하는 것이 좋다.

개인의 선택이지만 필자가 추천하는 적정 UTXO 관리는 가까운 미래에 2주-세 달 정도 생활할 수 있는 금액으로 쪼개놓는 것이다. 약 0.01-0.02 BTC, 즉 약 100만-200만 sats 정도로 말이다. 큰 지불에 대비해 좀 더 크게 쪼갠 UTXO를 만들어도 좋다.

**앨리스의 UTXO 정리**

앨리스는 성실하게 비트코인을 모아왔다. 그런데 어떤 때는 여유가 있어서 좀 많이 저축하고, 어떤 때는 조금이라도 개인 지갑에 보내왔다. 아무것도 모르던 시절부터 비트코인을 모으다 보니 주소 재사용을 하기도 하고, UTXO는 금액이 제각각이다.

앨리스는 총 50만 sats를 모았다. 앨리스는 UTXO 정리에 대해 알아본 뒤 UTXO 금액을 10만 sats씩 정리하려고 한다(UTXO 정리 금액치고는 조금 작은 감이 있지만 사람마다 판단하는 적정 금액은 다를 것이다).

**깜짝 퀴즈**: 50만 sats를 10만 sats씩 정리하면 UTXO 정리 결과는 어떻게 될까?

...

10만 sats UTXO가 5개 생길 거라고 대답했다면 틀렸다!

왜냐하면 UTXO를 정리하기 위해 트랜잭션을 일으킬 때 수수료가 들어가기 때문이다. 따라서 10만 sats의 UTXO 4개가 생기고, 수수료를 빼고 나면 9만 얼마 정도 남는 금액의 UTXO가 잔돈 주소에 들어가게 될 것이다.

스패로우에서 앨리스가 UTXO를 정리하는 과정을 함께 보고, UTXO를 정리해 보자. 스패로우 왼쪽에서 [UTXOs] 탭을 선택한다.

앨리스의 지갑을 확인해 보면 아주 엉망인 것을 알 수 있다. 빨간색 주의 표시가 뜬 것은 주소 재사용을 했다는 뜻이다. 맨 오른쪽을 보면 30만 sats, 5만 sats, 3만 sats, 2만 sats, 1만 sats 등으로 금액이 매우 다양한 것을 알 수 있다.

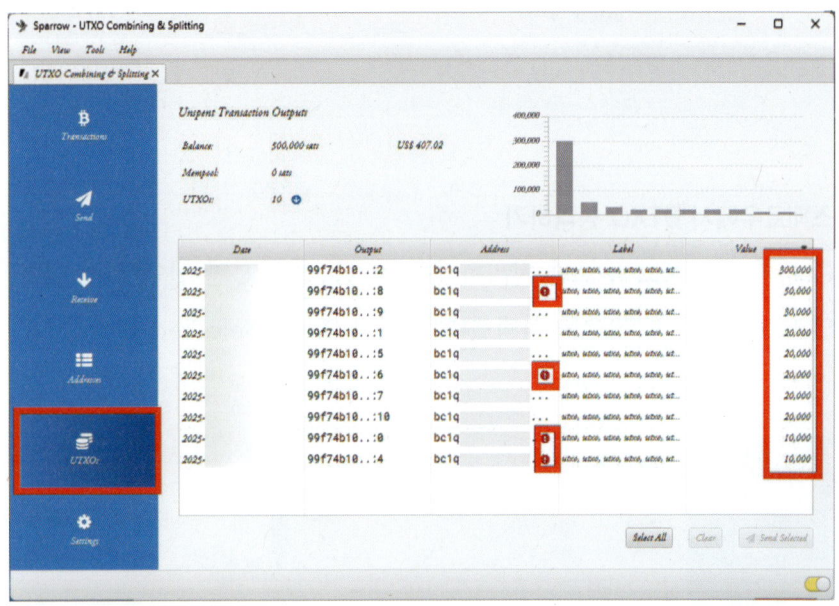

그러면 우리의 목표는 다음 그림처럼 UTXO를 정리하는 것이 될 것이다.

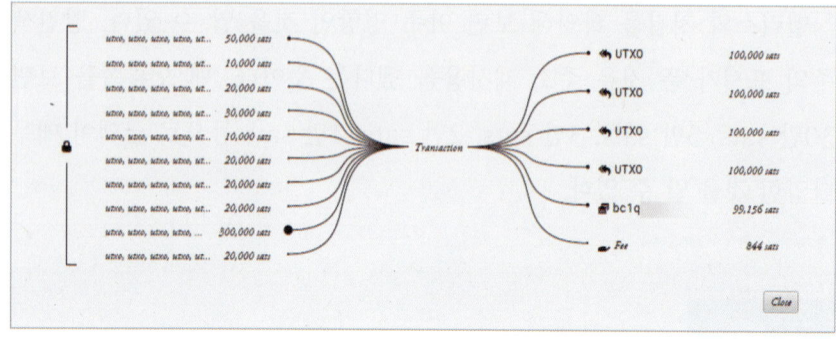

## 스패로우에서 UTXO 정리하기

Ctrl 키를 누르고 누르면 정리하기를 원하는 UTXO만 선택할 수 있다. 앨리스는 모든 UTXO를 선택했다. 그다음 [Send Selected]를 누른다.

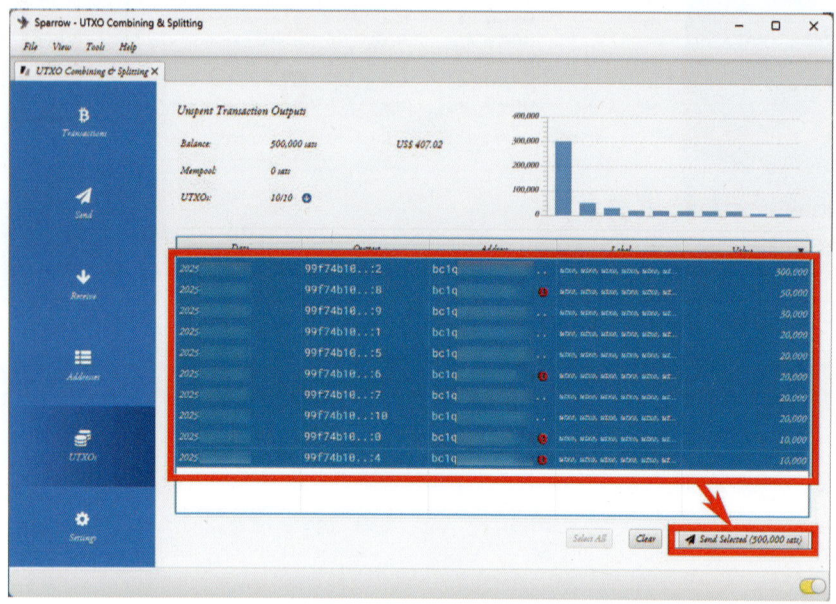

자동으로 [Send] 탭으로 넘어갈 것이다. 'Pay to'에는 주소를, 'Label'은 아무거나, 'Amount'에는 쪼갤 UTXO의 금액을 입력하면 된다.

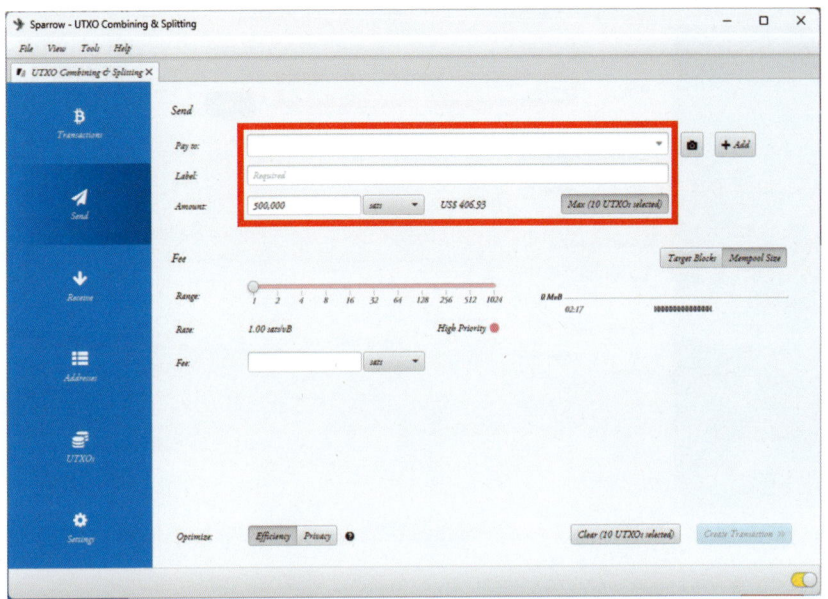

주소는 왼쪽의 [Receive]를 누르면 확인할 수 있다. 'Address' 옆에 있는 텍스트를 누르면 자동으로 복사가 된다.

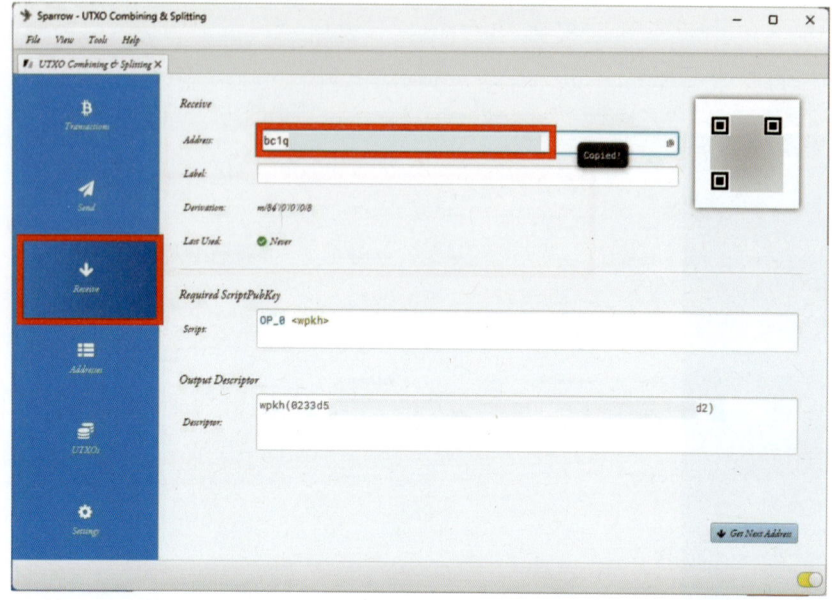

다시 왼쪽의 [Send] 탭을 눌러 돌아온다. 'Pay to' 옆에 방금 복사했던 주소를 붙여넣기 한다. 'Label'에는 아무거나 입력해도 된다. 'Amount'에는 100,000을 입력했다. 우리의 목적은 10만 사토시씩 UTXO를 정리하는 것이기 때문이다. 다 입력했으면 [Add]를 누른다.

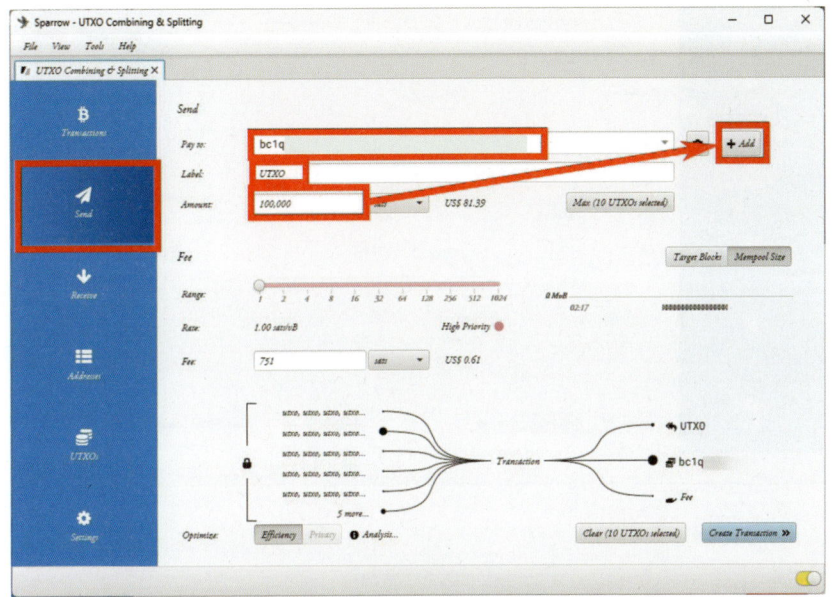

이렇게 [Add] 버튼을 누르면 출력이 추가되는 것을 알 수 있다. 오른쪽을 보면 출력이 하나 추가되어 두 번째 출력이 생긴 것을 알 수 있다.

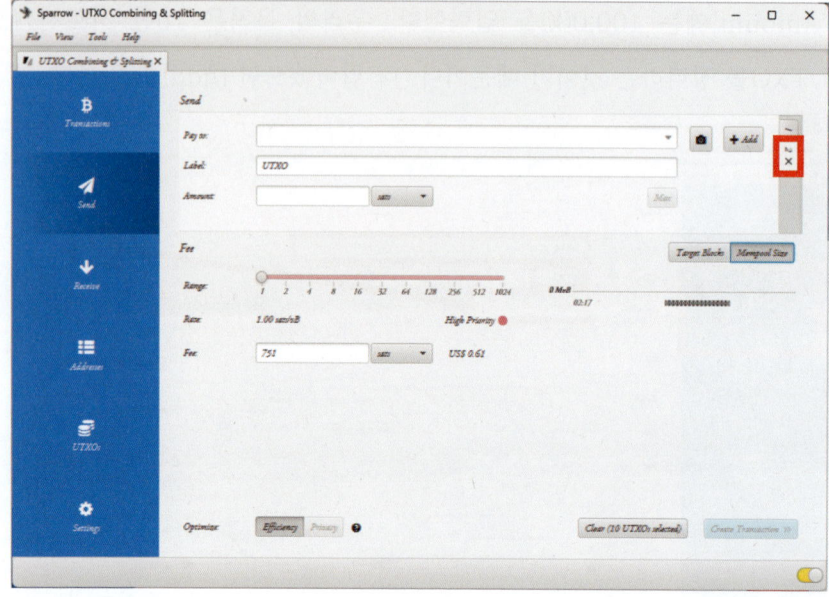

마찬가지로 나의 주소를 복사해 오기 위해 왼쪽에서 [Receive] 탭을 선택한다. 주의할 점이 있다. 이 주소를 그대로 사용하면 주소 재사용이 된다. 따라서 [Get Next Address]를 눌러 새로운 주소를 받아야 한다.

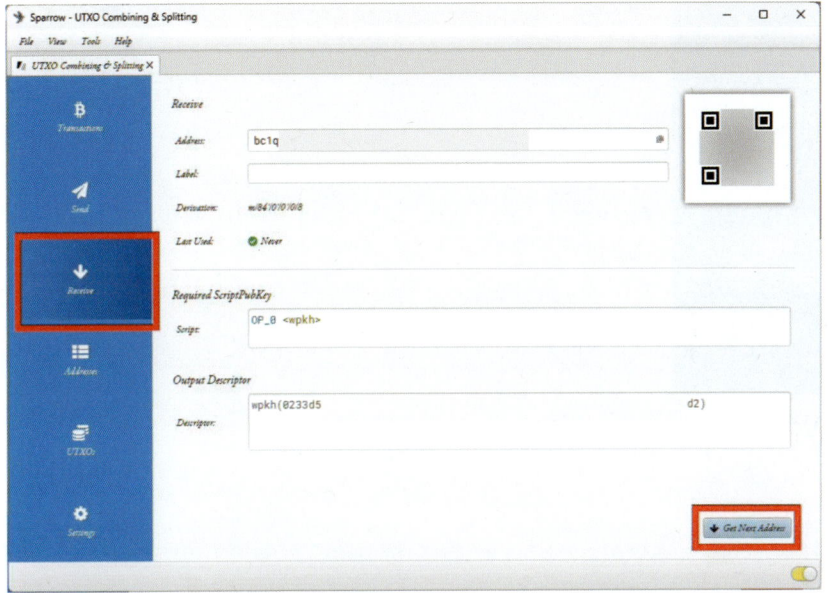

다음 주소가 나오면 주소를 누른다. 그러면 자동으로 복사가 된다.

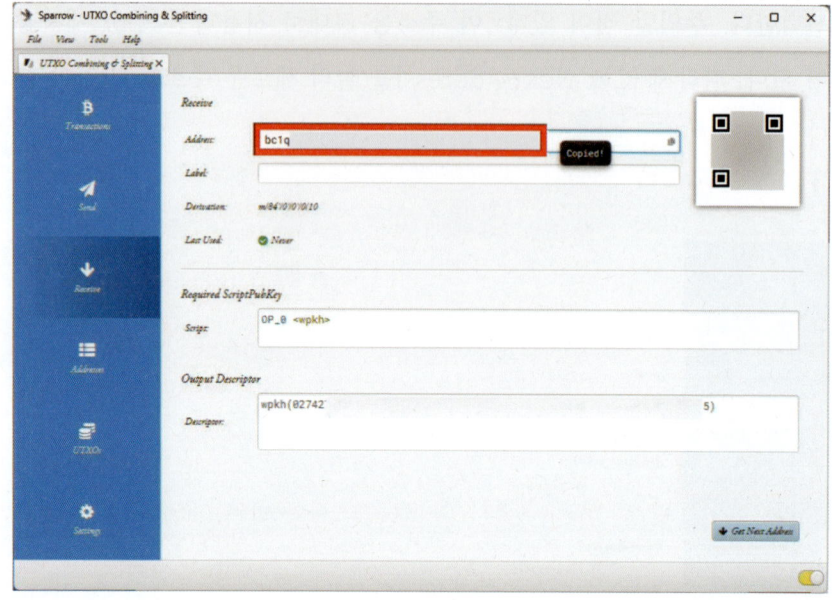

1번 출력 채웠던 것과 똑같다. 'Pay to' 옆에는 주소를 붙여넣고 'Label'은 아무거나, 'Amount'에는 100,000을 입력한다. 됐으면 [Add] 버튼을 눌러서 세 번째 출력을 추가한다.

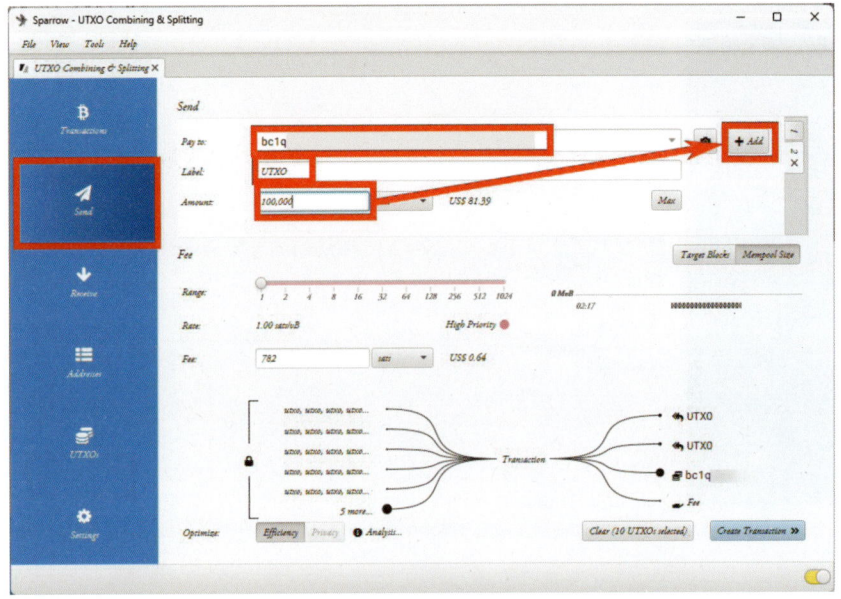

또 똑같은 과정 반복이다. [Receive] 탭을 누르고 아래 [Get Next Address]를 누른다.

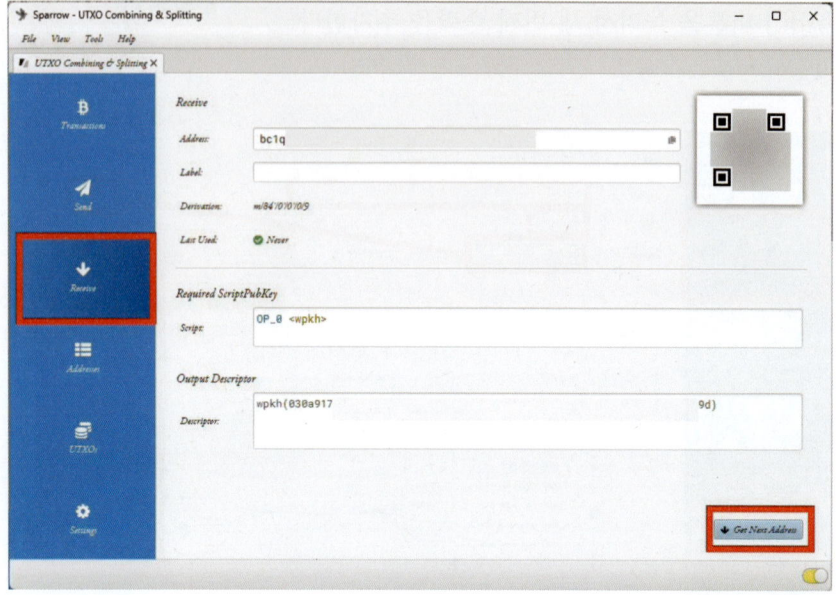

새로운 주소가 나오면 주소를 눌러 복사한다.

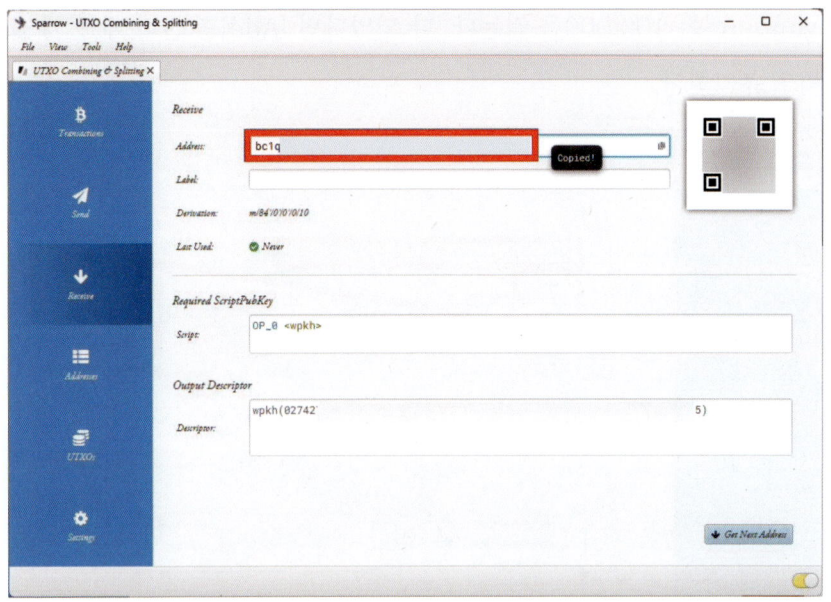

3번 출력에도 'Pay to' 옆에 주소 붙여넣기, 'Label'은 아무거나, 'Amount'는 100,000을 적는다. 다 되었다면 [Add]를 눌러 네 번째 출력도 추가한다.

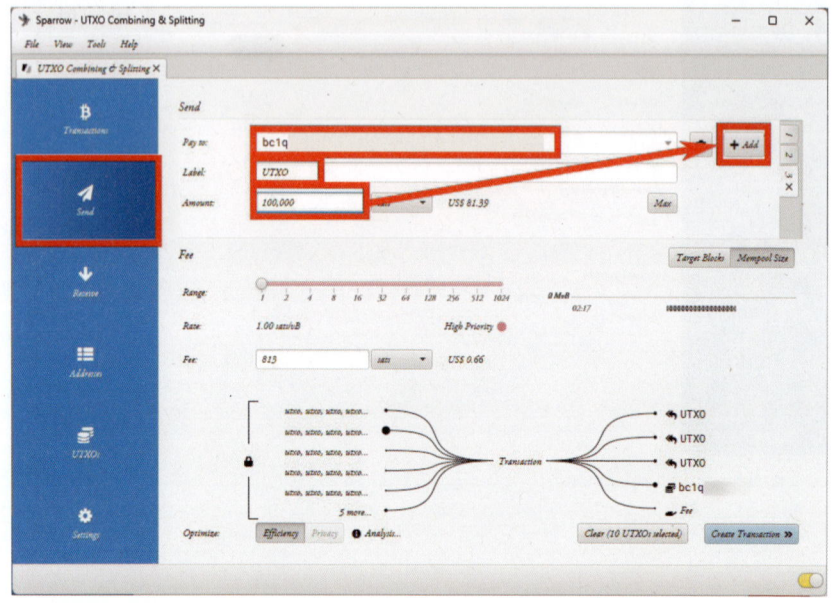

네 번째 출력도 똑같은 방법으로 채워 넣는다. 주소 재사용을 하지 않도록 주의하자. 똑같은 과정이므로 채우는 과정은 생략한다. 오른쪽에 보면 출력이 총 4개인 것을 알 수 있다.

'Fee(수수료)' 부분을 보자. 여기가 중요하다. 필자가 글을 쓰는 시점에는 수수료가 1 sat/vB까지 내려온 상황이다. 하지만 아무리 수수료가 내려와도 2 sat/vB는 해놓는 것을 추천한다. 갑자기 멤풀에서 트랜잭션이 늘어나 내 트랜잭션은 뒤로 밀리고 정말 구천을 떠돌 수도 있다. 정신 건강을 위해 멤풀에서 적정 수수료율을 확인하고 높은 우선순위나 적어도 중간 우선순위 이상으로 수수료를 설정하는 것을 권장한다.

마지막으로 아래에 있는 거래 도식도를 누르면 거래를 더욱 자세히 볼 수 있다.

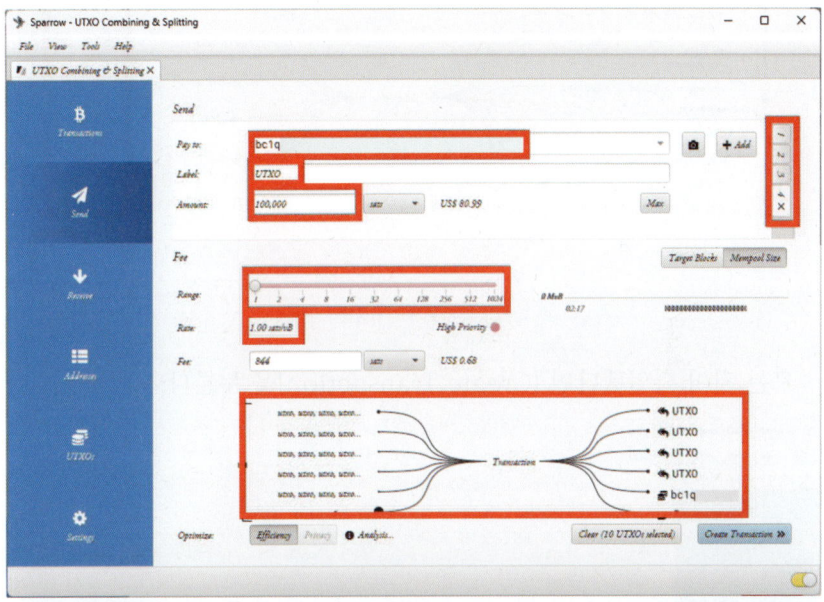

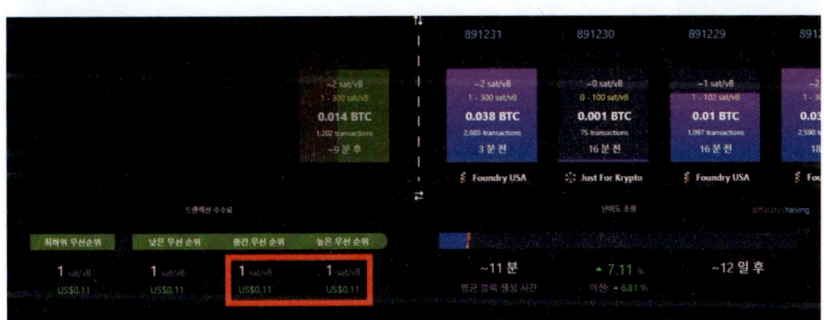

출력 부분의 금액을 보자. 10만 sats씩 네 개의 UTXO가 생기고, 99,156 sats의 UTXO는 잔돈 주소에 들어가고, 수수료로 844 sats가 나가는 것을 알 수 있다. 잘 확인했다면 [Close]를 누른다.

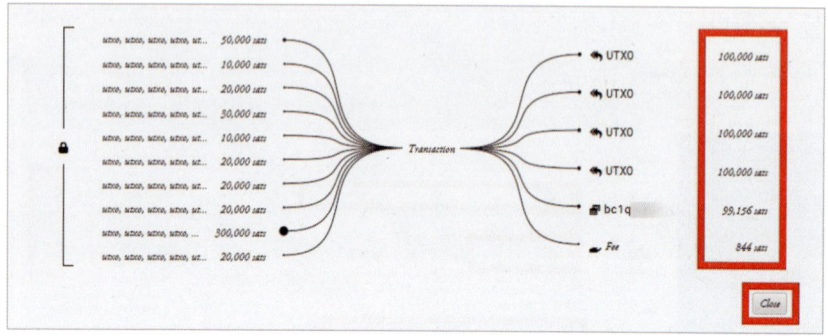

모든 것이 확인됐다면 [Create Transaction]을 누른다.

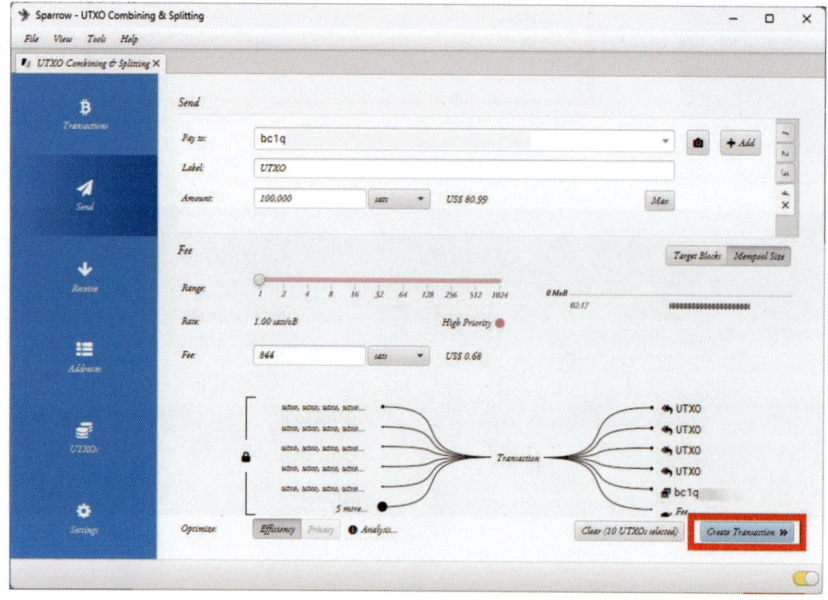

[Finalize Transaction for Signing]을 누른다.

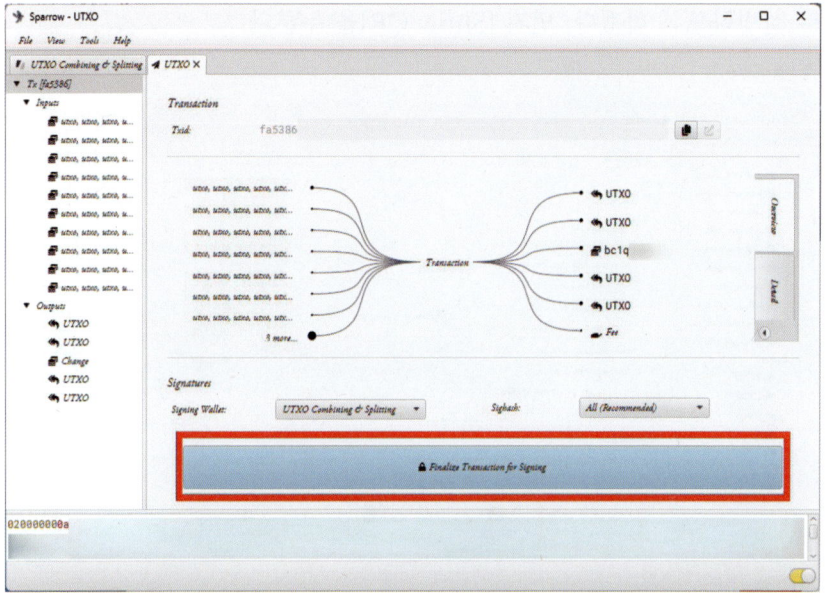

이제 에어갭 월렛을 이용해 서명할 것이다. 이번에는 키스톤 기준으로 설명하도록 하겠다. 먼저 [Show QR]을 누른다.

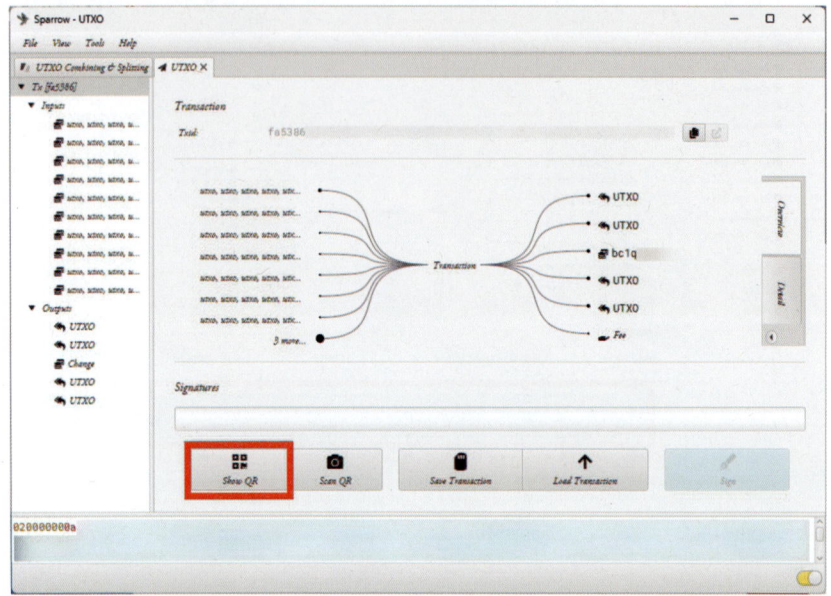

그러면 PSBT 정보를 담은 QR 코드가 나올 것이다. 키스톤으로 이 QR 코드를 스캔한다. 참고로 키스톤 3 프로 기기는 램 용량이 매우 작아서 UTXO의 개수(정확히는 입출력의 총 개수)가 약 15개를 넘어가면 오류가 나고 기기가 꺼진다. 이럴 때는 입력으로 사용할 UTXO 개수를 줄여서 여러 번에 걸쳐 UTXO 정리를 해야 한다.

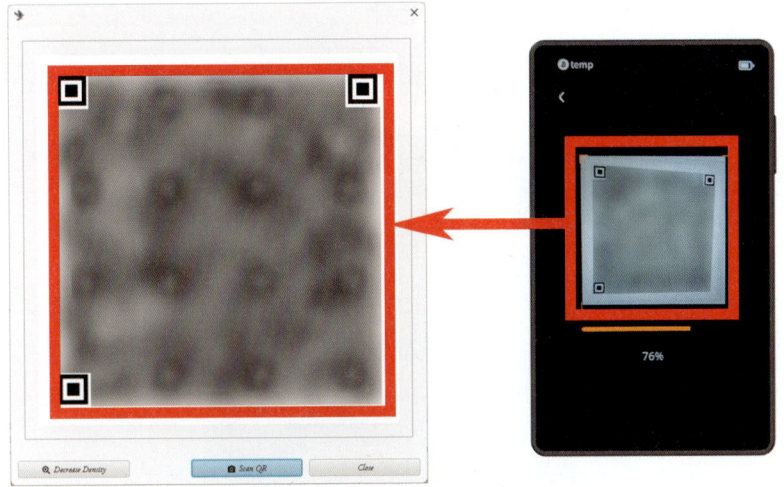

키스톤에서 서명하면 된다.

스패로우에서 [Scan QR]을 누른다.

웹캠을 이용해 키스톤이 보여주는 서명된 거래를 스캔한다.

그러면 스패로우가 서명을 불러왔을 것이다. 이제 [Broadcast Transaction]을 누른다.

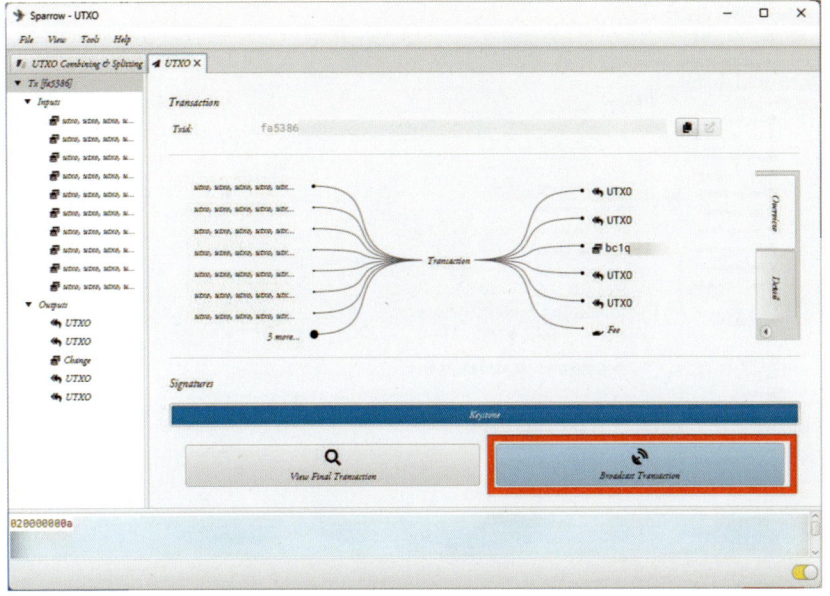

거래가 네트워크에 전파되었다. 'txid' 옆옆에 있는 화살표 버튼을 누르면 멤풀에서 어디 블록에 담겨 있는지 확인할 수도 있다.

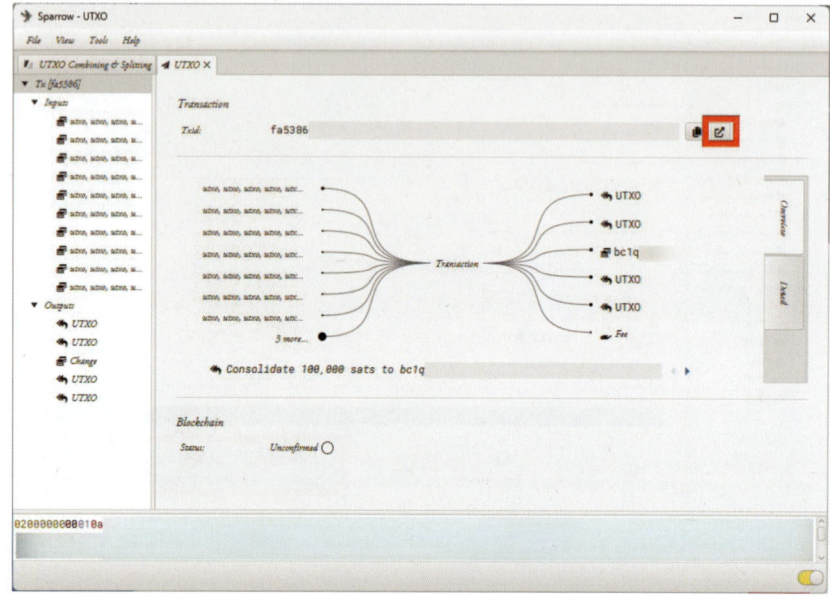

잠시 기다리고 블록이 채굴되면 컨펌될 것이다.

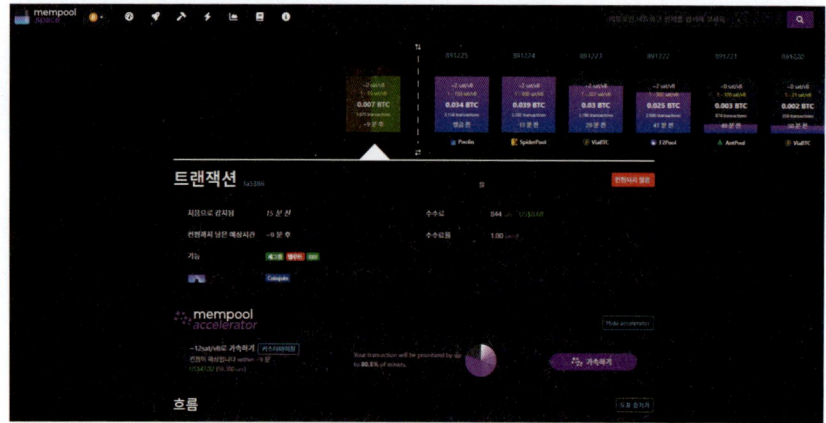

거래가 컨펌되었다. UTXO가 10만 sats씩 가지런히 정리된 것을 볼 수 있다.

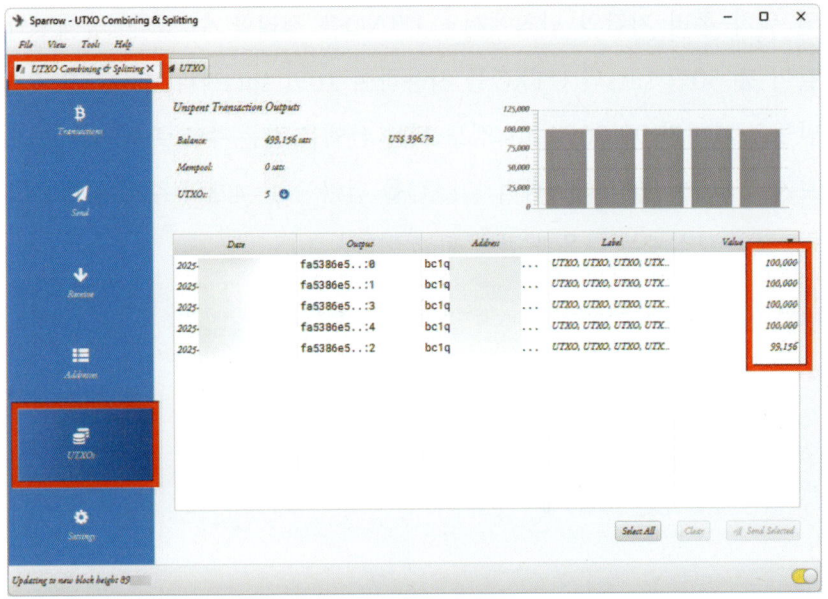

## 넌척에서 UTXO 정리하기

스패로우 지갑에서 UTXO 정리하는 것보다는 조금 불편하지만, 모바일 워치-온리 지갑인 넌척에서도 UTXO를 정리할 수 있다. 앞에서와 같이 총 50만 sats의 UTXO를 사용하여 10만 sats짜리 UTXO를 4개 만들고 나머지 99,000 sats 정도 되는 금액은 잔돈 주소로 받는다고 해보자. 그러면 10만 sats짜리 UTXO를 담아 놓을 4개의 주소가 필요하다. 정리 모식도는 다음과 같이 될 것이다.

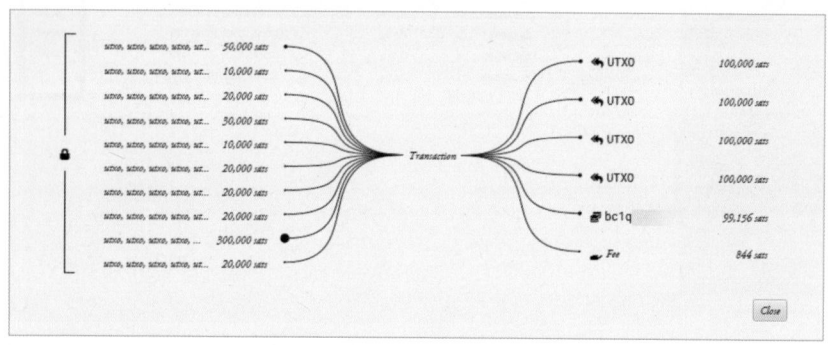

넌척에서 [Receive]를 누르고 [Copy address]를 눌러 주소를 복사한다. 복사한 주소는 메모 앱 등에 잠시 저장해놓는다. 저장했으면 오른쪽으로 스와이프한다. [Generate new address]를 눌러 새 주소를 3개 더 확인한다.

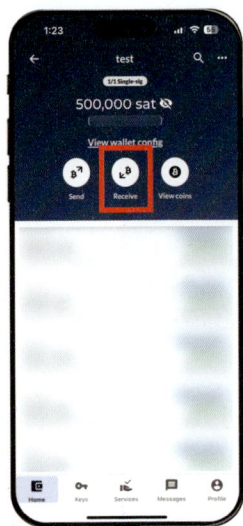 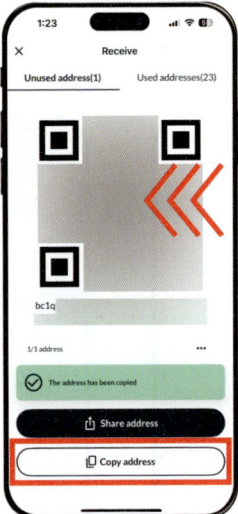 

오른쪽으로 넘기면 나오는 새로운 3개 주소들도 [Copy address]를 눌러 복사하고 메모 앱 등에 잠깐 붙여넣는다.

 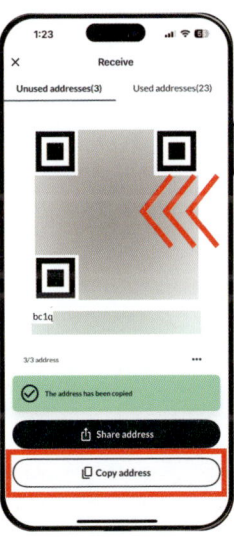 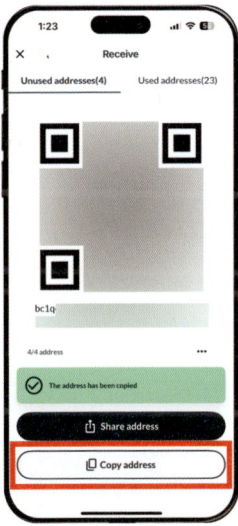

메모 앱에 4개의 주소를 붙여넣기했다. 이제 넌척에서 뒤로 돌아가 [View coins]를 누른다.

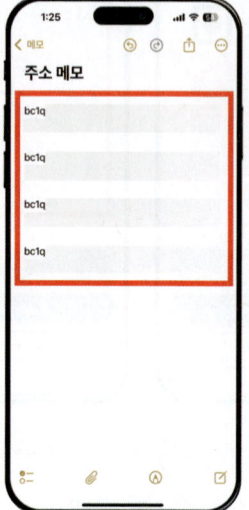 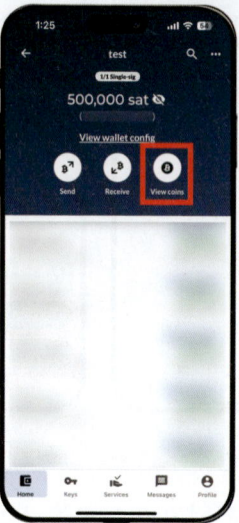

UTXO 목록이 나온다. [Select]를 누르고 정리할 UTXO를 선택한다. 여기서는 전부 선택했다. 선택했으면 왼쪽 하단의 보내기 버튼을 누른다. [Send all selected]를 눌러 모든 금액을 입력한다. 그다음 우측 상단의 사람 모양의 버튼을 누른다. 이는 여러 출력을 포함하는 거래를 만드는 기능의 버튼이다.

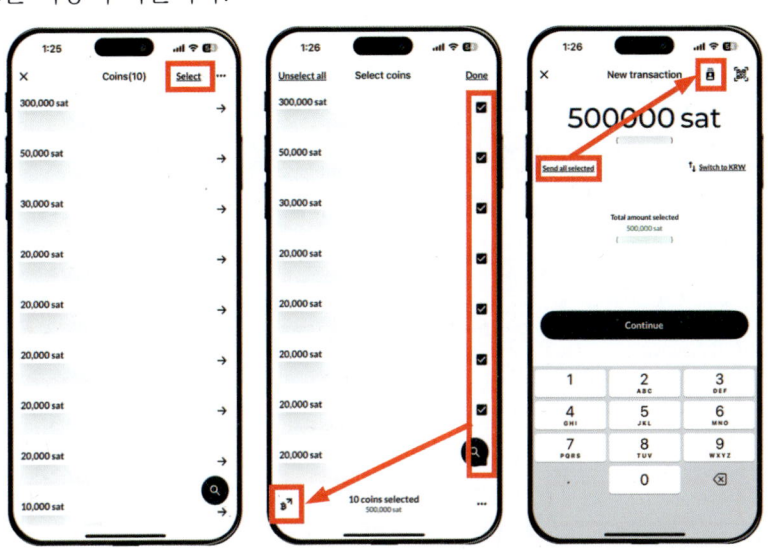

'Recipient 1'의 'Address'에 앞에서 복사했던 첫 번째 주소를 붙여 넣고, 그 아래 'Amount'에 10만 sats를 입력한다. 아래 [+ Add recipient] 버튼을 눌러 3개의 출력을 더 만들 것이다. 'Recipient 2'의 'Address'에는 두 번째 주소를, 'Recipient 3'의 'Address'에는 세 번째 주소를, 'Recipient 4'의 'Address'에는 네 번째 주소를 적고 금액은 모두 10만 sats를 입력한다.

다 입력했다면 [Create transaction]을 누른다. 참고로 [Customize transaction]을 누르면 수수료율을 직접 설정할 수 있다.

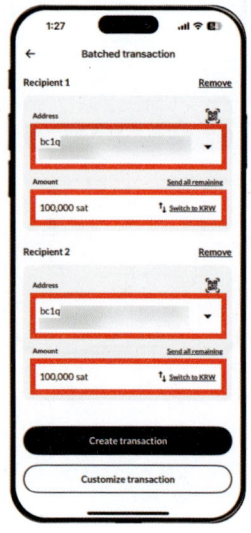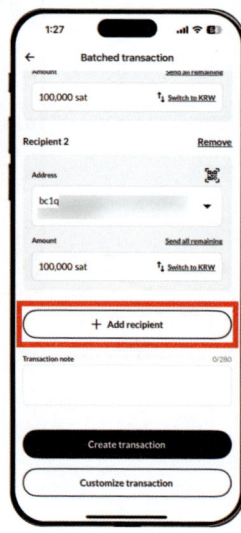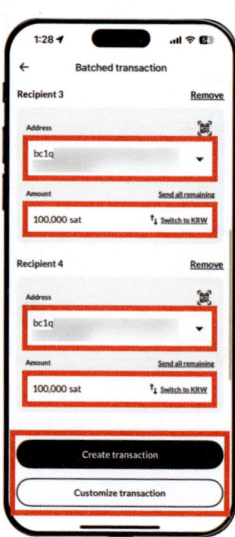

'More details' 옆의 [v] 버튼을 누르면 어떻게 UTXO가 정리될지 나온다. 10만 sats UTXO 4개가 각각의 주소로 들어가고, 수수료를 제외한 약 99,000 sats 정도의 UTXO가 잔돈 주소로 들어가는 것을 볼 수 있다. 정보를 확인했다면 [Sign]을 누른다.

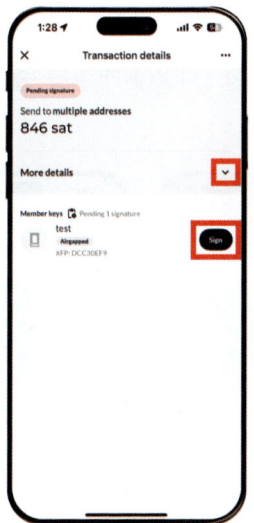
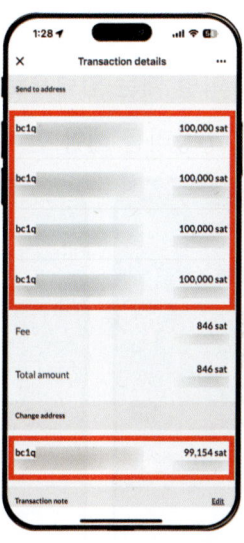

[Export transaction] → [Export via QR]을 누르면 서명되지 않은 PSBT가 QR 코드로 나온다. 이것을 에어-갭 서명 기기에서 스캔하고 서명하면 된다. 서명 과정은 생략한다. 각 기기의 서명 연습 절을 참고하라. 참고로 키스톤 3 프로 기기는 램 용량이 매우 작아서 UTXO의 개수(정확히는 입출력의 총 개수)가 약 15개를 넘어가면 오류가 나고 기기가 꺼진다. 이럴 때는 입력으로 사용할 UTXO 개수를 줄여서 여러 번에 걸쳐 UTXO 정리를 해야 한다.

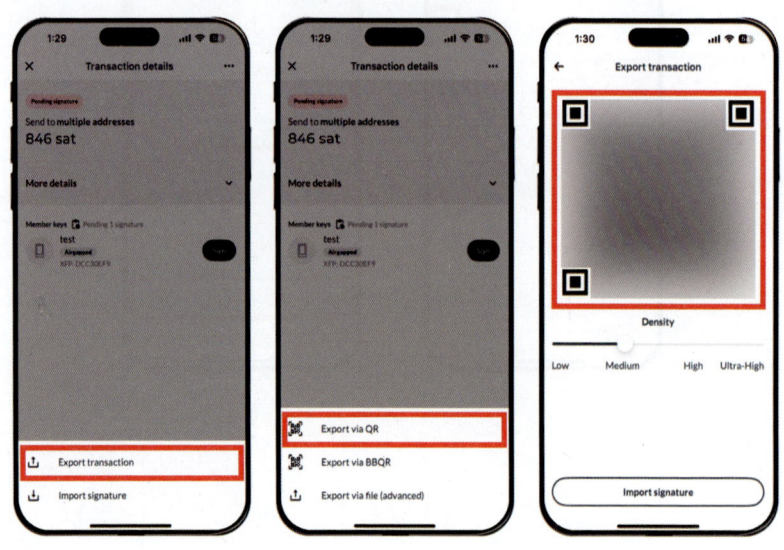

서명을 완료했다면 [Broadcast transaction]을 누른다. 그러면 'multiple addresses (여러 주소)'라는 메모가 붙은 거래가 생성된다.

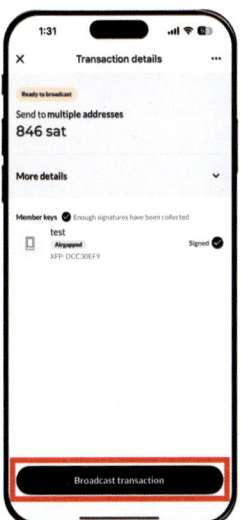
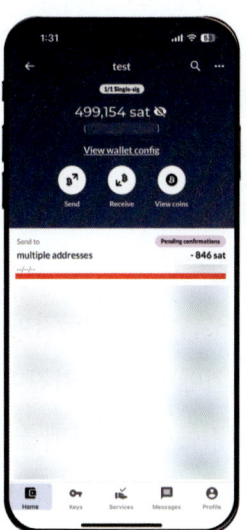

시간이 지나면 컨펌이 된다. 컨펌되고 나서 [View coins]에 들어가 보면 UTXO가 가지런히 정리된 것을 볼 수 있다.

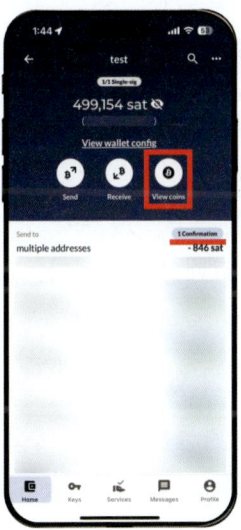
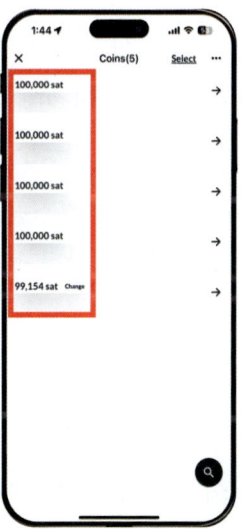

# | 수수료율 설정, RBF와 CPFP

### 온-체인 수수료

이번 장에서는 멤풀 웹사이트를 보고 적정 수수료율을 직접 설정하는 방법에 대해 알아볼 것이다. 온-체인에서 비트코인을 보낼 때는 수수료를 내는데 이 수수료는 채굴자에게 지불하는 것이다. 이 수수료는 거래의 데이터 크기에 비례해 커진다(정확히는 서명이 담겨있는 증인 데이터 부분의 크기는 4분의 1배를 하고 나머지 데이터는 그대로 계산한, 가상 데이터 크기라고 하는 vB 단위에 비례해서 커진다). 따라서 이 수수료는 송금하는 금액과는 상관없이 데이터 크기에 비례해서 커지므로, 여러 개의 UTXO를 사용하거나, 여러 출력을 포함할 때(여러 곳에 한 번에 보낼 때) 수수료가 올라간다.

예를 들어 보자. 수수료율이 3 sat/vB인데 가상 데이터 크기가 141 vB인 거래가 있다면 이 거래의 수수료는 423 sats가 된다. 두 값을 곱하면 된다. 만약 253 vB인 거래가 있는데 수수료율이 동일하다면 채굴자에게 지불하는 수수료는 759 sats가 될 것이다.

그러면 가상 데이터당 수수료인 수수료율(sat/vB)은 어떻게 책정되는 걸까? 이는 네트워크 상황에 따라 그때그때 다르다. 그래서 네트워크 상황을 보고 적정 수수료율을 책정할 줄 알아야 한다.

비트코인의 블록 데이터는 크기 제한이 있다. 그래서 모든 거래를 하나의 블록에서 처리할 수가 없다. 채굴자들은 높은 수수료율의 거래부터 블록에 실어 처리한다. 따라서 높은 수수료율로 지불하면 바로 다음 블록에 거래가 실려서 채굴될 것이고, 반대로 낮은 수수료율로 지불하면 언제 블록에 실려 채굴될지 모르게 된다.

네트워크 상황과 수수료율에 대한 좋은 비유가 있다. 멤풀에 있는 거래를 버스를 타려고 대기하는 승객들로, 블록을 버스로, 채굴자를 버스 기사로 생각해 보자. 버스에는 매우 좁은 좌석이 40개 있다. 어린이들은 좌석 티켓 1장만 사도 버스에 앉을 수 있고, 일반 성인은 좌석 티켓 2장은 사야 하고, 고도 비만 성인은 좌석 티켓 3장은 사야 한다. 이것은 데이터 크기에 비례해 수수료가 부과되는 것과 같다. 어린이는 데이터가 작은 거래, 고도비만 성인은 데이터가 큰 거래라고 생각하면 된다. 데이터가 큰 거래는 수수료를 많이 내야 한다.

승객들은 빨리 버스에 타기 위해 대기하고 있다. 그러나 버스에는 자리가 40개밖에 없으므로 버스 기사는 티켓 가격을 경매에 부친다. 급한 사람은 티켓 가격을 높게 불러 곧 출발하는 버스에 타려고 할 것이다. 급하지 않은 사람은 티켓 가격을 낮게 부른 뒤에 대기 중인 승객들이 없어질 때까지 느긋하게 기다린다.

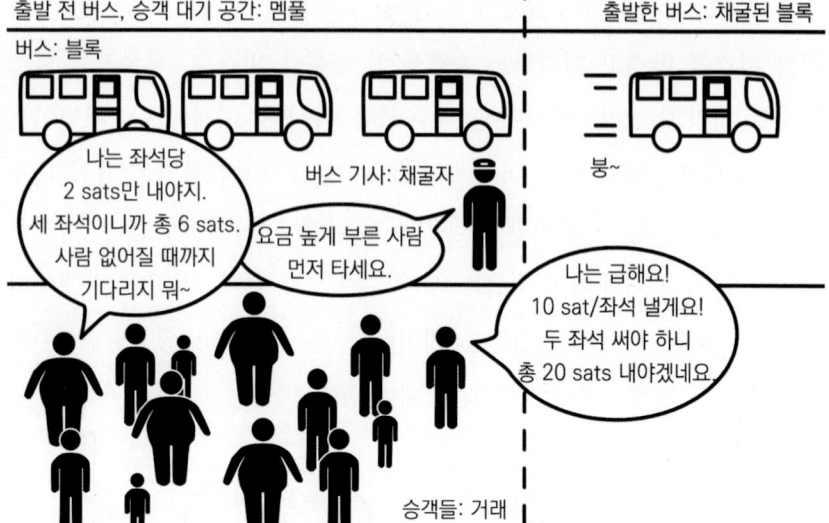

좌석당 가격은 수수료율(sat/vB)과 같다. 거래가 빨리 블록에 실려 컨펌되기를 원하는 사람은 높은 수수료율로 기꺼이 지불할 것이고, 조금 느긋하게 기다려도 되는 사람들은 낮은 수수료율로 지불할 것이다. 이러한 시각화가 잘 되어 있는 웹사이트가 바로 앞에서 잠깐 봤던 멤풀 웹사이트다. 이제 멤풀 웹사이트를 보고 적정 수수료율을 설정하는 방법을 알아보자.

## 멤풀 웹사이트 보는 방법

멤풀 웹사이트에 들어가 보자.

https://mempool.space/ko

들어가면 가운데 점선을 기준으로 왼쪽에는 아직 채굴되지 않은 블록들이 있고, 오른쪽에는 채굴된 블록들이 있다.

블록을 좀 더 자세히 보면 수수료율 범위를 확인할 수 있다. 다음 사진에서는 채굴되기 직전의 블록에 1 sat/vB부터 151 sat/vB까지의 수수료율이 설정된 거래들이 블록에 담겨 있는 것이다. 이러한 상황에서는 수수료율을 2 sat/vB로 설정해도 다음 블록에 바로 실려 채굴될 가능성이 크다. 갑자기 수수료율이 높은 거래들이 많이 등장해 자신의 거래가 뒤로 밀리지 않는 이상 말이다.

채굴되지 않은 블록들 아래에는 우선순위에 따른 수수료율이 적혀 있다. 낮은 우선순위는 거래가 느긋하게 채굴되어도 상관없을 때 설정하면 좋은 낮은 수수료율이다. 반대로 높은 우선순위는 거래가 바로 다음 블록에서 채굴되기를 원할 때 설정하면 좋은 높은 수수료율이다.

만약 거래가 다음 블록에 바로 실려 빠르게 컨펌되기를 원한다면 높은 우선순위의 수수료율을 쓰면 된다. 필자의 개인적인 의견으로는 안정적으로 다음 블록에 채굴되게 하고 싶다면 높은 우선순위의 수수료율보다 1 sat/vB 이상 더 높은 수수료율을 설정하는 것을 권한다. 왜냐하면 높은 우선순위의 수수료율로 설정해도 갑자기 높은 수수료율의 거래들이 많이 등장하는 등 네트워크 상황이 변해 내 거래가 뒤로 밀릴 수도 있기 때문이다. 그래서 다음 블록에서 꼭 컨펌되기를 원할 때는 안전하게 높은 우선순위의 수수료율보다 더 높은 수수료율을 설정하는 것이다.

멤풀에서 txid를 검색해 자신의 거래가 어떤 상태인지도 알 수 있다. 예를 들어 다음 사진과 같은 상황에서는 채굴되지 않은 블록 1순위 중에서도 앞쪽에 거래가 위치하고 있는 것을 알 수 있다. 수수료율을 높게 설정하면 이 위치에 있게 된다.

반면 아래와 같은 상황에서는 채굴되지 않은 블록 중 2순위 블록에 거래가 담겨 있는 것을 알 수 있다. 앞에 있는 블록 1개가 먼저 채굴되고 나서 이 거래가 실려 있는 블록이 채굴될 것이다. 그 사이에 수수료율이 더 높은 거래들이 많이 제출된다면 이 거래는 점점 뒤로 밀릴 것이다.

## 적정 수수료율 설정하기

멤풀 웹사이트에서 적정 수수료율을 보고 난 뒤 각 워치-온리 지갑에서 수수료율을 직접 설정하는 방법에 대해 알아보자. 거래를 만드는 방법은 앞에서 봤던 서명 방법과 똑같다.

블루월렛에서 [보내기]를 누르고 보낼 금액과 보낼 주소를 입력하면 아래 초록색 박스로 예상 수수료가 계산되어 나온다. 이 수수료를 누른다. 빠름, 중간, 느림 아래에 있는 [맞춤형]을 누르면 직접 수수료율을 설정할 수 있다. 그다음 [Done]을 누르고 서명을 진행하면 된다.

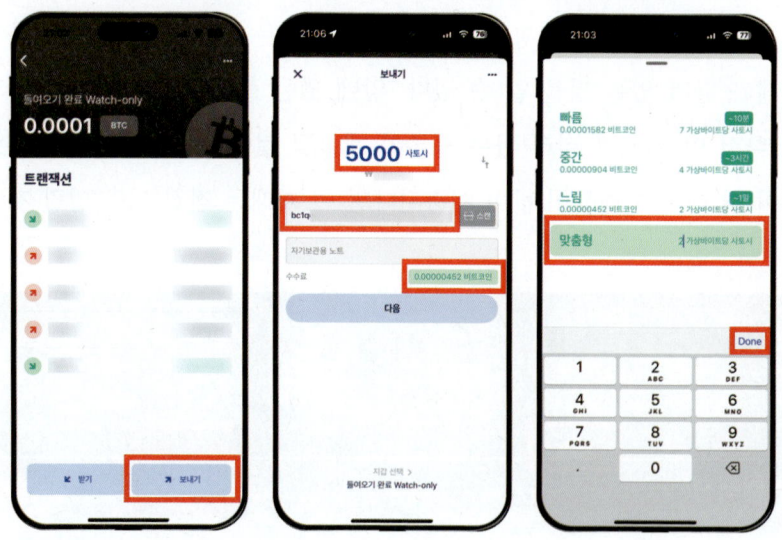

년척에서는 먼저 [Send]를 누른 뒤에 보낼 금액 입력 → [Continue] → 보낼 주소를 입력한다. 그다음에 [Customize transaction]을 누른다.

'Manual Fee Rate' 옆에 있는 체크박스에 체크하면 수수료율을 직접 설정할 수 있다. 설정이 다 되었다면 [Confirm and create transaction]을 누르고 서명을 진행하면 된다.

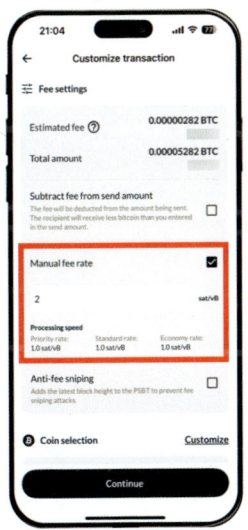
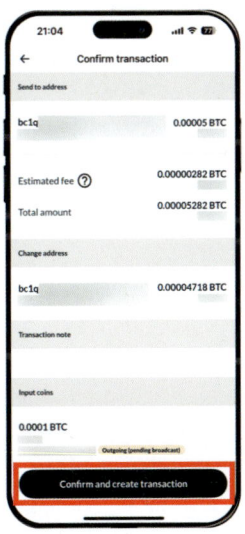

코코넛 월렛에서는 훨씬 간단한데, [보내기]를 누르고 보낼 금액과 보낼 주소를 입력하면 바로 수수료율을 적을 수 있는 칸이 나온다. 적정 수수료율을 직접 설정한 뒤 [완료] → [다음]을 누르고 서명을 진행하면 된다.

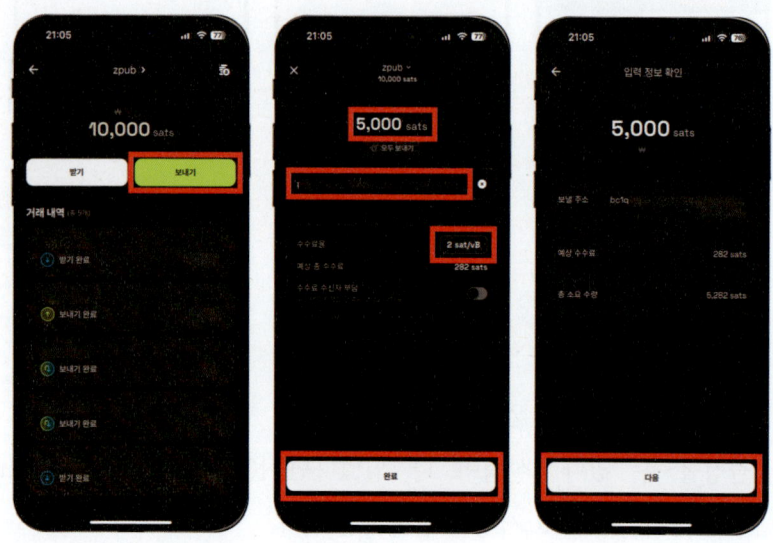

스패로우 지갑에서도 [Send] 탭에서 'Fee' 부분에 수수료율을 설정하는 슬라이더가 바로 나온다. 보낼 주소와 레이블, 금액을 입력하고 수수료를 설정한 뒤 [Create Transaction]을 눌러 서명을 진행하면 된다.

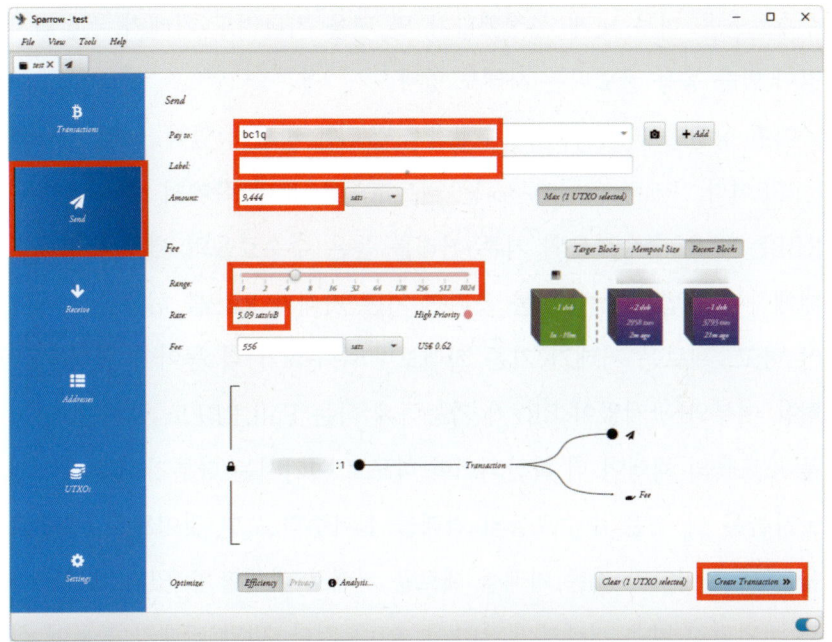

## RBF

수수료율을 너무 낮게 설정한 뒤 네트워크에 전파하면 어떻게 될까? 이 거래는 블록에 실려 채굴되지 못한 채 계속 뒤로 밀리기만 할 것이다. 수수료율을 너무 낮게 설정했다가 몇 년을 기다려도 거래가 컨펌되지 않아 발을 동동 굴렸다는 사례도 있다.

이런 상황을 막기 위해 수수료율을 올리는 방법이 있다. 바로 RBF와 CPFP이다. RBF<sub>replace-by-fee</sub>는 비트코인을 보낸 쪽에서 쓸 수 있다. RBF는 낮은 수수료율의 기존 거래를 높은 수수료율의 새로운 거래로 대체하는 방법이다. RBF를 쓰려면 기존 거래가 RBF를 허용한 거래여야 하고, 새로운 거래가 기존 거래보다 수수료가 더 높아야 한다(RBF 허용 여부와 관계없이 RBF가 가능하게 하는 Full RBF도 있지만, 이는 풀 노드들의 채택이 더 확산되어야 하므로 여기서는 다루지 않는다). 채굴자들은 더 높은 수수료율의 거래를 실어주려고 할 것이므로, 수수료율을 더 높여야만 기존 거래를 새로운 거래로 대체할 수 있다. 또한, 아직 컨펌되지 않은 거래에만 RBF를 쓸 수 있다. 만약 거래가 블록에 실려 채굴되었다면, 즉 컨펌되었다면 이 거래를 되돌릴 방법은 없다.

이제 RBF를 쓰는 방법을 알아보자. 블루월렛은 거래를 만들 때 RBF를 허용하는 거래를 만들긴 하지만 RBF 버튼이 안 보이는 오류가 발생하고 있다. 따라서 블루월렛에서 RBF를 하는 방법은 다루지 않고, 넌첵과 코코넛 월렛에서 RBF를 쓰는 방법에 대해서만 알아볼 것이다.

내가 다른 어딘가로 비트코인을 보내려고 하는데 실수로 수수료율을 0.1 sat/vB로 설정하는 바람에 계속 컨펌이 안 되고 있다고 해보자. (참고로 현재 대부분의 풀 노드들은 멤풀 정책상 수수료율이 1 sat/vB보다 낮은 거래는 받아들이지 않는다. 점차 바뀌는 추세지만 말이다. 어쨌든 이러한 이유로 수수료율이 1 sat/vB보다 낮은 거래는 전파되기가 어렵다. 이 예시에서는 1 sat/vB보다 낮은 수수료율도 받아들이도록 필자의 풀 노드 설정을 바꾼 것이다. 풀 노드들의 멤풀 정책에 대해서는 3부에서 자세히 다룰 것이다.)

넌척에서는 다음처럼 보일 것이다. 내가 보낸 거래 중 펜딩(보류) 중인 거래를 누른다. 그다음 우측 상단 점 세 개 → [Replace-by-fee]를 누른다. RBF 허용 거래여야 한다.

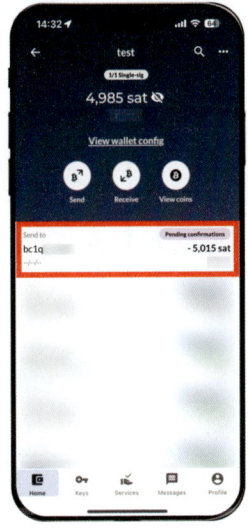 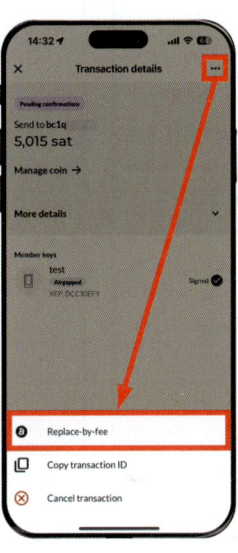

'Old fee rate'에 기존 수수료율이 나온다. RBF는 이 수수료율보다 더 높은 수수료율을 설정해야 한다. 멤풀 정책에 따라 다르지만 보통 1-2 sat/vB 이상 더 높아야 한다. 'New fee rate'에 높일 수수료율을 입력한다. 그다음 [Create transaction with new fee rate]를 누른다.

거래 정보를 확인하고, [Confirm and create transaction] → [Sign]을 누른다.

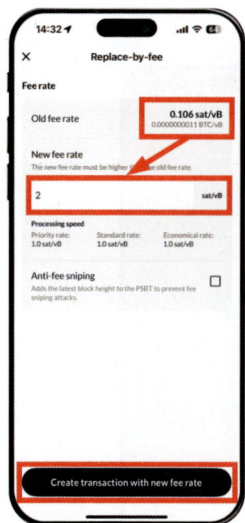
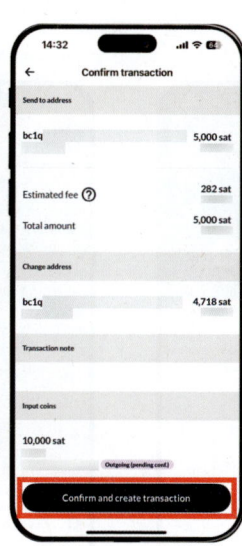
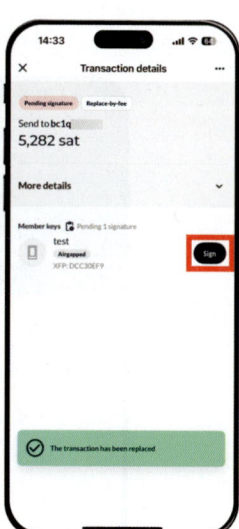

여기부터는 서명 과정과 동일하다. [Export transaction] →
[Export via QR]을 누른다. 그러면 서명되지 않은 PSBT 정보가 QR
코드로 나온다. 키스톤이나 시드사이너 같은 서명 기기로 이 QR 코드
를 스캔하고, 서명한다. 서명은 앞에서 설명한 각 기기에서의 서명 연
습 과정을 참고하라.

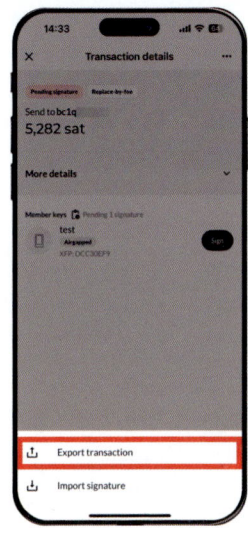 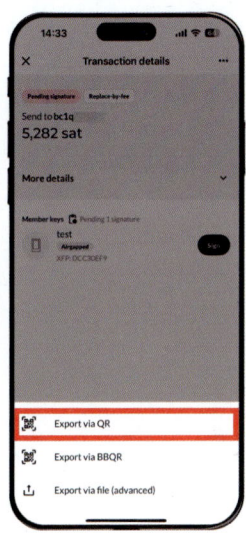 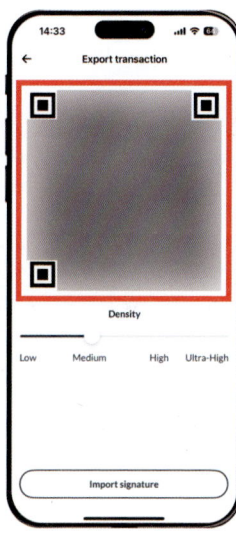

서명까지 완료되면 [Broadcast transaction]을 누른다. 이 시점까지 기존 거래가 컨펌되지 않았어야 RBF 거래가 제출된다. 제출하고 나면 넌척에서 거래 옆에 'RBF'라는 조그마한 태그가 붙는다. 시간이 지나면 블록이 채굴되어 거래가 컨펌될 것이다.

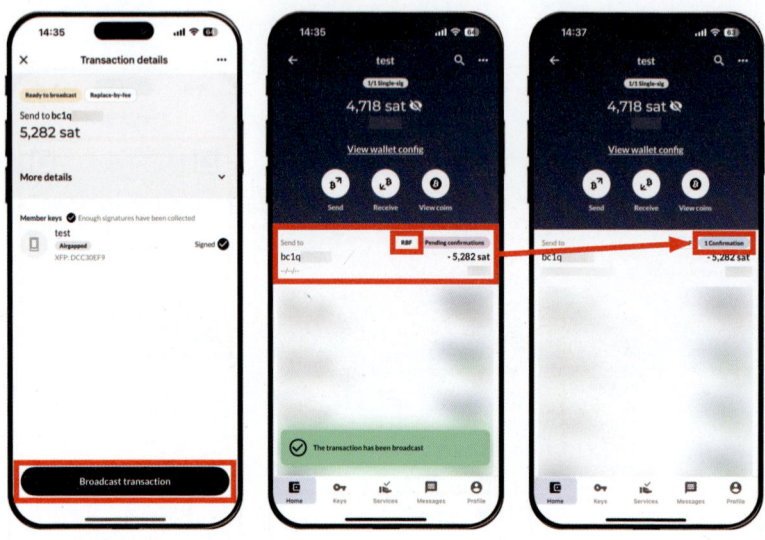

코코넛 월렛에서는 RBF를 더욱 간단히 할 수 있다. 단, 거래가 RBF 허용 거래여야 하고 넌척에서와 달리 잔돈 주소로 가는 비트코인이 충분히 있어야만 RBF를 쓸 수 있다. 코코넛 월렛에서는 잔돈을 줄이고 수수료를 늘리는 방식을 쓰기 때문이다.

아직 컨펌되지 않은 거래를 누른다. 아래 낮은 수수료율이 보인다. 위에 있는 [빨리 보내기]를 누른다.

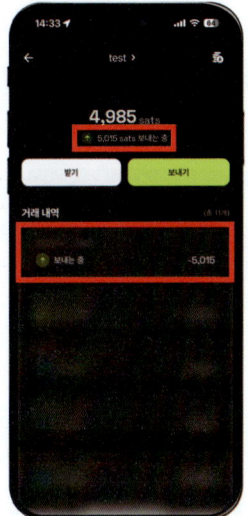 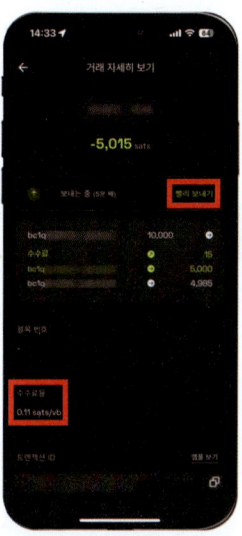

기존 수수료율이 나오고 그 아래 새 수수료율을 설정하는 입력창이 있다. RBF를 사용하려면 기존 수수료율보다 더 높은 수수료율을 설정해야 한다. 멤풀 정책에 따라 다르지만 보통 1-2 sat/vB 이상 더 높아야 한다. 코코넛 월렛에서는 RBF가 성공하기 위해 설정해야 하는 최소 수수료율을 계산해 준다. 새 수수료율을 입력했으면 [완료]를 누른다.

그다음부터는 서명 과정과 동일하다. 서명되지 않은 PSBT 정보가 QR 코드로 나온다. 키스톤이나 시드사이너 같은 서명 기기로 이 QR 코드를 스캔하고, 서명한다. 서명은 앞에서 설명한 각 기기에서의 서명 연습 과정을 참고하라.

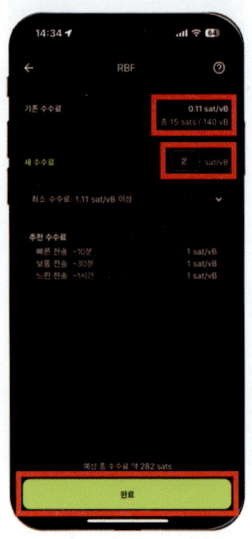 

서명까지 완료되면 [보내기]를 누른다. 이 시점까지 기존 거래가 컨펌되지 않았어야 RBF 거래가 제출된다.

 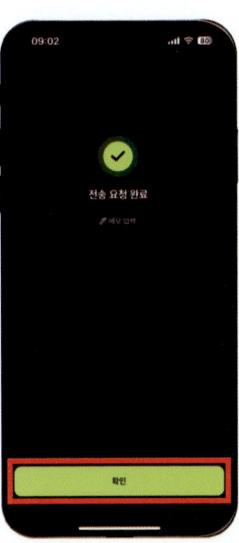

제출하고 나서 거래를 다시 눌러보자. 코코넛 월렛에서는 기존 거래의 수수료율과 새 수수료율을 함께 보여준다. 잠시 기다리면 블록이 채굴되어 거래가 컨펌될 것이다.

 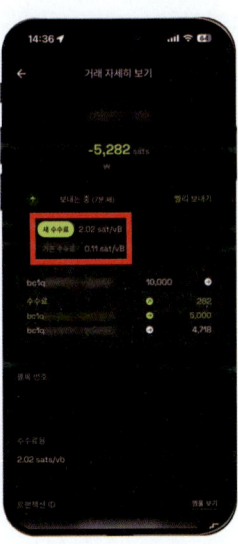 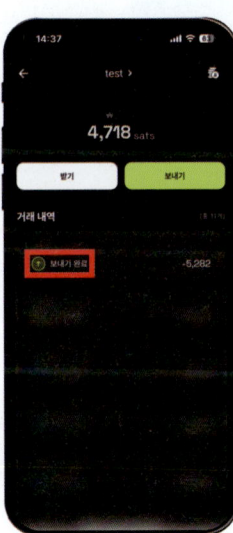

1부 • 셀프 커스터디 가이드

스패로우 지갑에서도 RBF를 할 수 있다. 거래가 RBF 허용 거래여야 한다. 스패로우 지갑에서는 내가 보낸 거래 중 아직 컨펌되지 않은 거래 위에 마우스 커서를 올리면, 손으로 무언가 받는 모양의 버튼이 나온다. 이 버튼을 누른다.

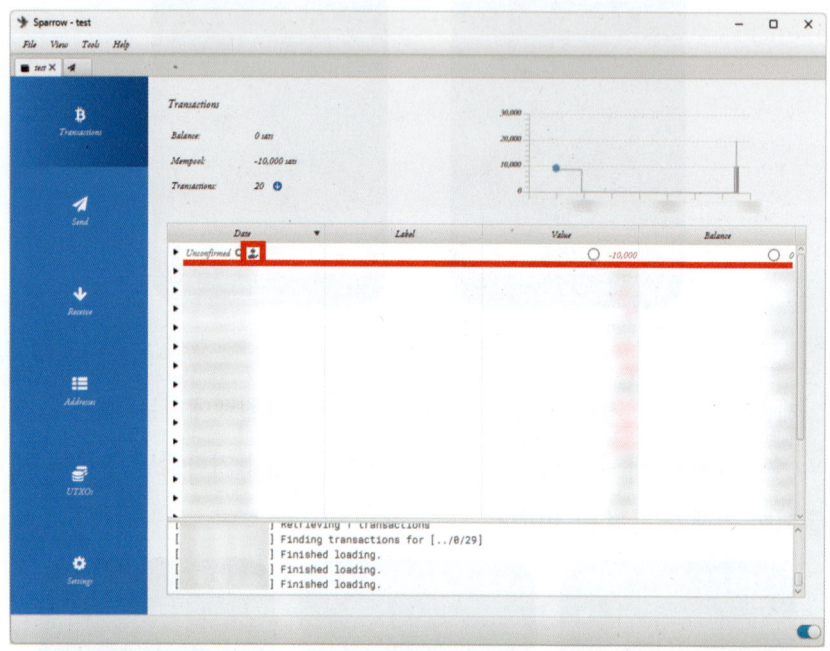

레이블에 자동으로 '(Replaced By Fee)'가 붙는다. 아래 'Fee'의 'Range' 옆 슬라이더를 움직여 수수료율을 높인다. 기존 거래의 수수료율보다 더 높아야 한다. 풀 노드의 멤풀 정책에 따라 다르지만 보통 1-2 sat/vB 이상 더 높아야 한다. 수수료율을 설정했으면 [Create Transaction]을 누른다.

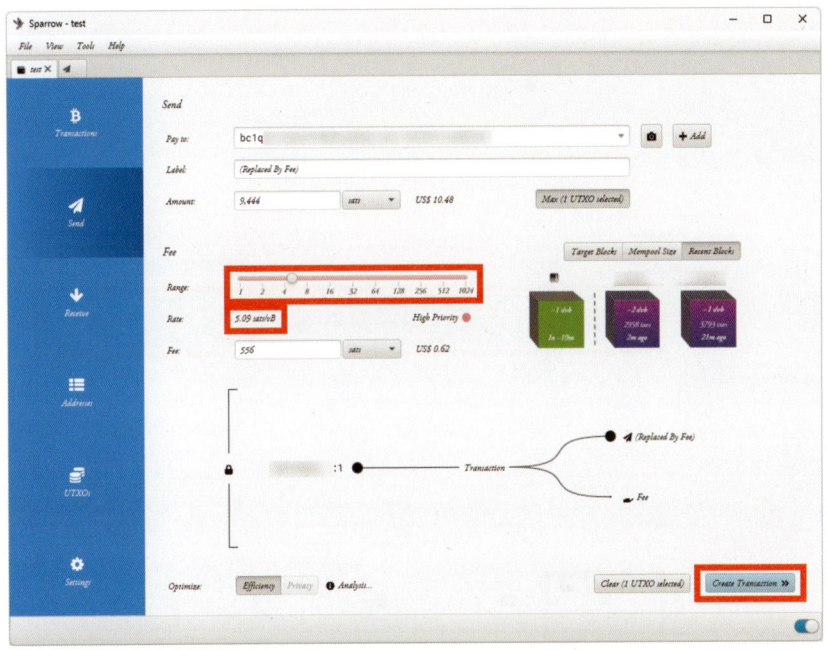

거래 정보를 확인하고 [Finalize Transaction for Signing] →
[Show QR]을 누른다.

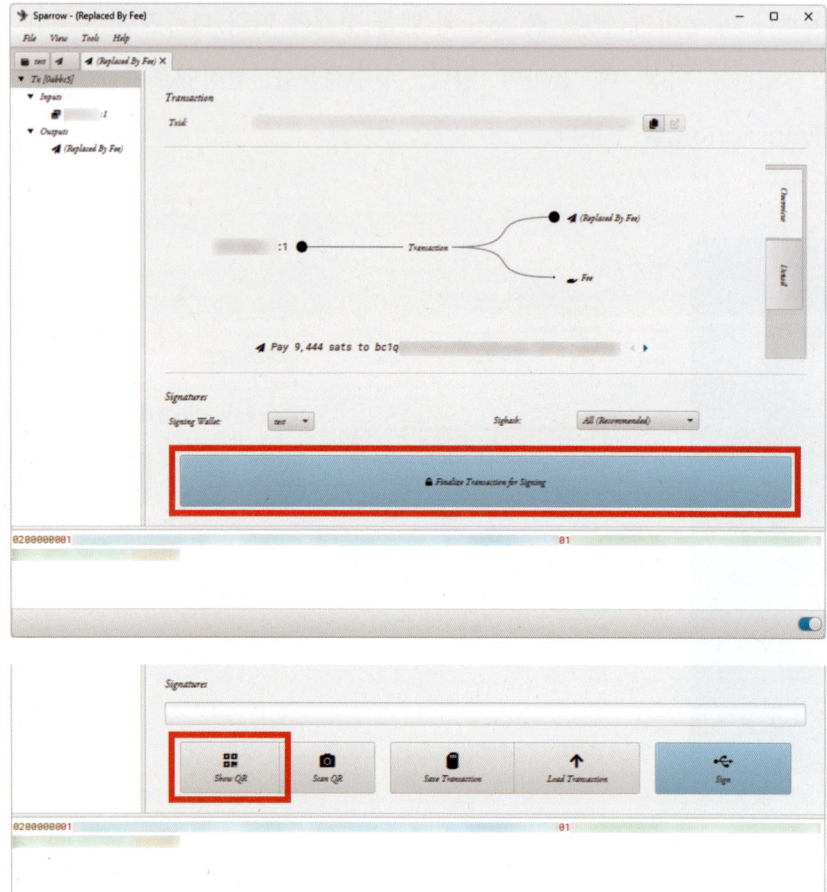

서명되지 않은 PSBT가 QR 코드로 나온다. 이 QR 코드를 에어-갭 서명 기기에서 스캔하고 서명하면 된다. 서명 과정은 '스패로우 지갑 사용 방법 및 UTXO 정리하기' 장에서 다루었으므로 생략한다.

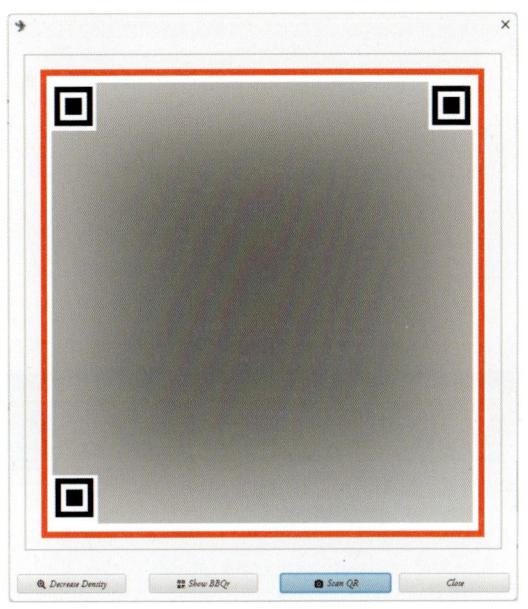

서명을 완료했으면 [Broadcast Transaction]을 누른다. 이때까지 기존 거래가 컨펌되지 않았어야 RBF 거래로 대체된다.

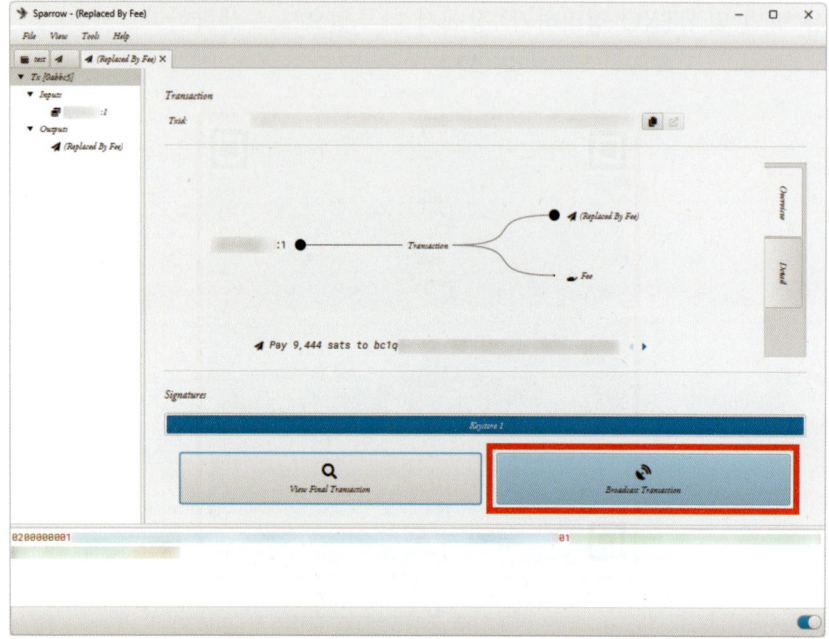

그러면 거래가 네트워크에 전파된다.

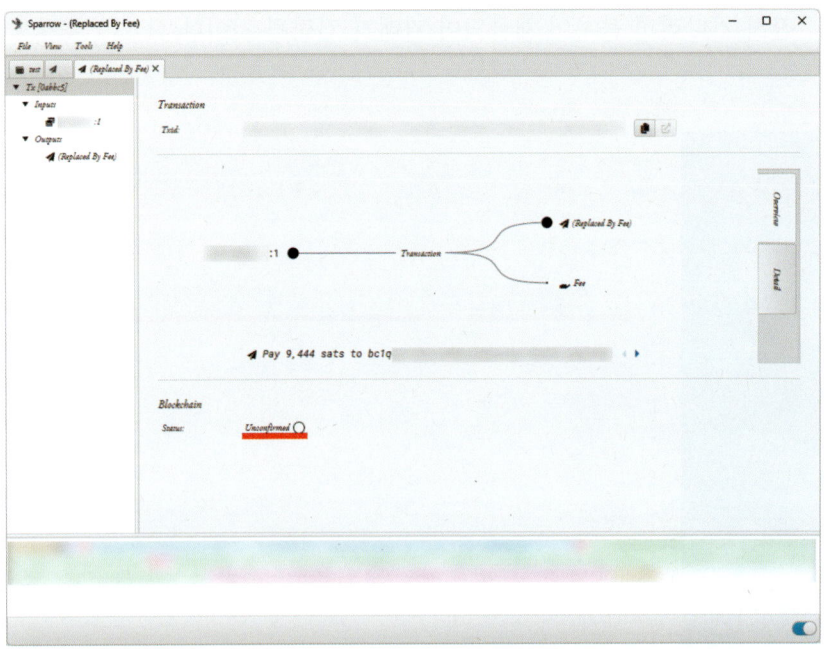

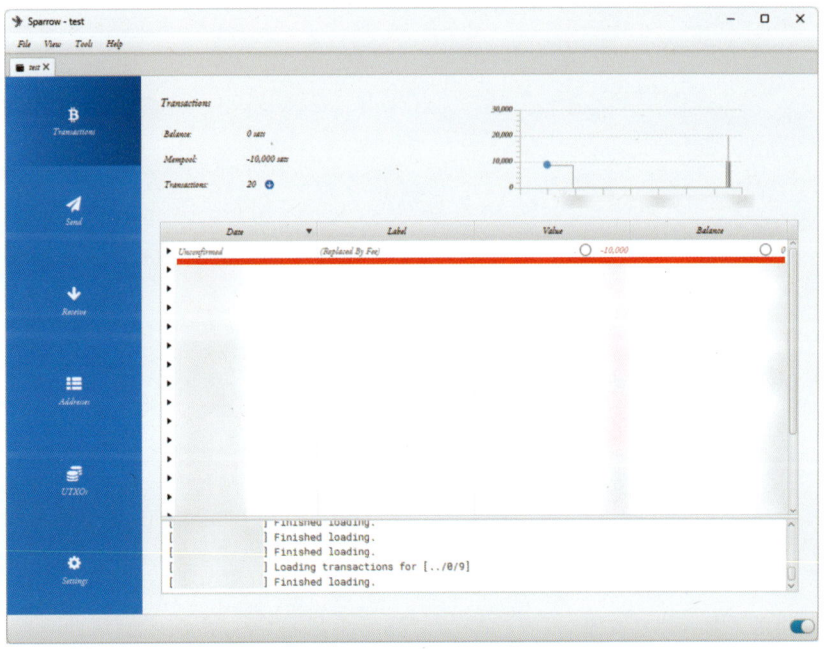

1부 • 셀프 커스터디 가이드 399

잠시 기다리면 블록이 채굴되어 거래가 컨펌될 것이다.

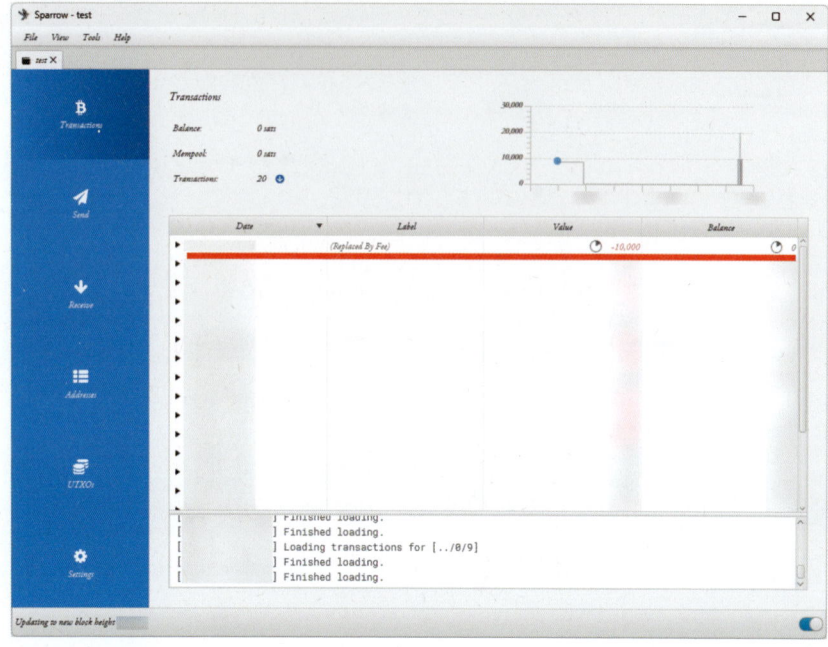

## CPFP

RBF가 보내는 사람이 수수료율을 올리는 방법이었다면 CPFP는 받는 사람이 수수료율을 올리는 방법이다. CPFP<sub>child-pays-for-parent</sub>는 자식 거래가 부모 거래의 수수료를 대신 지불하여 두 거래의 평균 수수료율을 올리는 방식이다.

비트코인은 이전 거래의 출력을 입력으로 참조하는 UTXO 모델이라고 했다. 나에게 오는 중인 아직 컨펌되지 않은 비트코인, 즉 펜딩 중인 UTXO를 사용하여 높은 수수료율의 거래를 생성할 수 있다. 예를 들어 보자. 내가 받는 거래의 수수료율이 1 sat/vB인데, 이 수수료율이 현재 네트워크 상황에 비해 너무 낮아서 거래가 계속 뒤로 밀리고 컨펌이 안 되고 있다고 해보자. 내가 이 비트코인을 빨리 받고 싶다면 아직 컨펌되지 않은 이 UTXO를 사용해 새 거래를 생성할 수 있다. 이 비트코인을 나의 다른 주소로 보내는 새로운 거래를 9 sat/vB의 수수료율로 만들고 전파했다. 그러면 비록 이전 거래(부모 거래)는 1 sat/vB의 낮은 수수료율의 거래지만, 그다음에 내가 다시 나에게 보낸 거래(자식 거래)는 9 sat/vB의 높은 수수료율이므로 두 거래의 평균 수수료율은 5 sat/vB가 된다. 두 거래의 데이터 크기가 동일하다는 가정하에 말이다. 9 sat/vB 수수료율의 새로운 거래는 앞의 1 sat/vB 수수료율의 거래 출력을 입력으로 참조하므로 앞의 거래 없이는 블록에 실릴 수 없다. 채굴자는 두 거래를 함께 실으면 더 많은 수수료를 받을 수 있으므로 두 거래를 함께 실어주게 된다.

쉽게 설명해 보겠다. 멤풀의 버스 비유로 돌아와 보자. 현재 대기 중인 사람들이 많아서 좌석당 3 sats는 내야 버스에 탈 수 있다. 앨리스는 1 sat/좌석을 낸다고 한다. 그러면 앨리스는 맨 앞의 버스에 탈 수 없고, 뒤로 밀리게 된다. 그런데 밥이 나타나 자신은 무조건 앨리스랑만 같이 타야 하는데 대신 9 sat/좌석을 내겠다고 한다. 버스 기사는 두 사람을 같이 태우면 좌석당 5 sats의 요금을 챙길 수 있다. 버스 기사는 둘 다 함께 태운다. 다음 그림에 잘 표현이 되어 있다(자식이 부모에게 어깨동무를 하는 건방짐은 너그럽게 넘어가 주길 바란다).

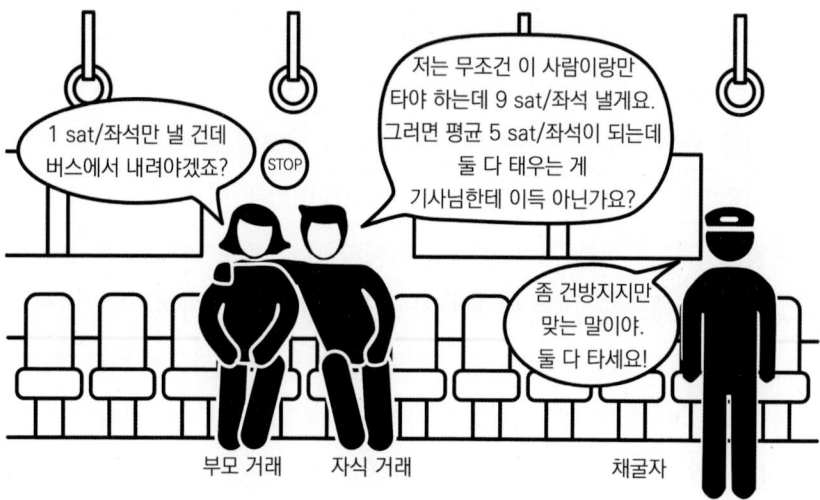

그러면 이제 넌척과 코코넛 월렛, 스패로우에서 CPFP를 하는 방법에 대해 알아보자. 넌척에서는 자신에게 온 미확정 UTXO를 사용해 다시 자신에게 보내는 거래를 만들고, 이 거래의 수수료율을 올려서 CPFP를 한다. 다음처럼 비트코인을 받는 중인데 컨펌이 안 되는 거래가 있다고 해보자.

자신에게 다시 비트코인을 보내는 거래를 만들기 위해 [Receive] → [Copy address]를 눌러 자신의 주소를 복사한다. 그다음 [View coins]를 누른다.

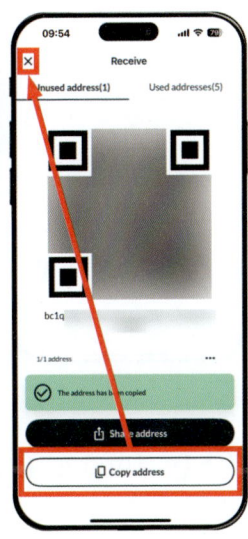

1부 • 셀프 커스터디 가이드    403

자신에게 오고 있지만 아직 컨펌되지 않은 UTXO가 보일 것이다. [Select]를 눌러 이 UTXO를 선택한다. 그리고 왼쪽 하단의 비트코인 보내기 버튼을 누른다.

[Send all selected] → [Continue]를 누른다. 금액은 자동으로 해당 UTXO의 전체 금액이 입력될 것이다.

아까 복사했던 자신의 주소를 붙여넣고, [Customize transaction]을 누른다.

'Subtract fee from send amount'는 자동으로 선택되어 있을 것이다. 이는 앞에서 서명 연습할 때 본 것처럼 UTXO 금액에서 수수료를 자동으로 차감하고 나머지 금액만 설정한 주소로 보내는 기능이다. 'Send all selected'를 선택했기 때문에 이 옵션이 자동으로 선택되어 있는 것이다. 'Manual fee rate'가 중요하다. 만약 자식 거래와 부모 거래의 평균 수수료율, 즉 목표 수수료율이 3 sat/vB가 되게 만들고 싶다고 해보자. 부모 거래의 수수료율이 1 sat/vB였다면 지금 생성하는 자식 거래는 3sat/vB로 설정하면 안 된다. 적어도 5 sat/vB는 설정해야 평균 수수료가 3 sat/vB가 된다. 사실 이렇게 평균 목표 수수료율을 계산할 때는 각 거래의 데이터 크기를 고려해야 한다. 부모 거래의 데이터 크기가 크다면 자식 거래에서 수수료율을 훨씬 높여야 한다. 부모 거래의 데이터 크기가 자식 거래의 2배이고 수수료율이 1 sat/vB라고 해보자. 목표 수수료율이 3 sat/vB라면 자식 거래의 수수료율은 적어도 7 sat/vB는 되어야 한다.

넌척에서는 미확정 UTXO를 쓸 때 CPFP를 위한 목표 수수료율을 계산해 준다. 수수료율을 입력한 칸 바로 아래에 작은 글씨로 'Effective package fee rate'라고 써진 것이 보일 것이다. 이것이 데이터 크기를 고려해 부모 거래와 자식 거래의 평균 수수료율을 계산한 것이다. 자식 거래의 수수료율을 입력했으면 [Continue]를 누른다.

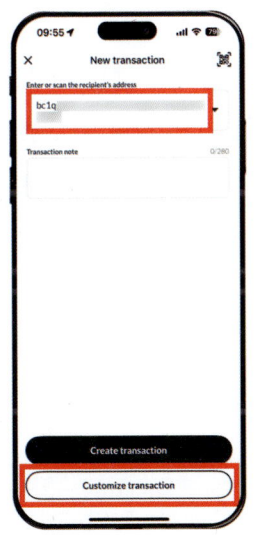 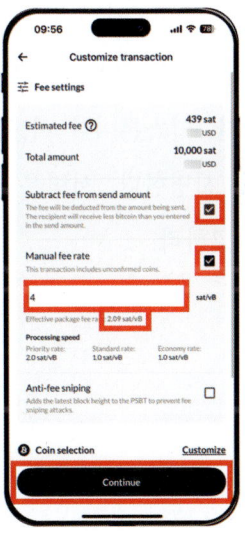

거래 정보를 확인하고, [Confirm and create transaction] →
[Sign]을 누른다.

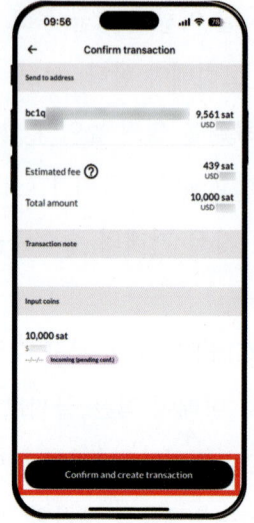 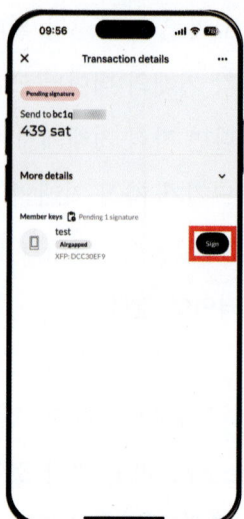

여기부터는 서명 과정과 동일하다. [Export transaction] →
[Export via QR]을 누른다. 그러면 서명되지 않은 PSBT 정보가 QR
코드로 나온다. 키스톤이나 시드사이너 같은 서명 기기로 이 QR 코드
를 스캔하고, 서명한다. 서명은 앞에서 설명한 각 기기에서의 서명 연
습 과정을 참고하라.

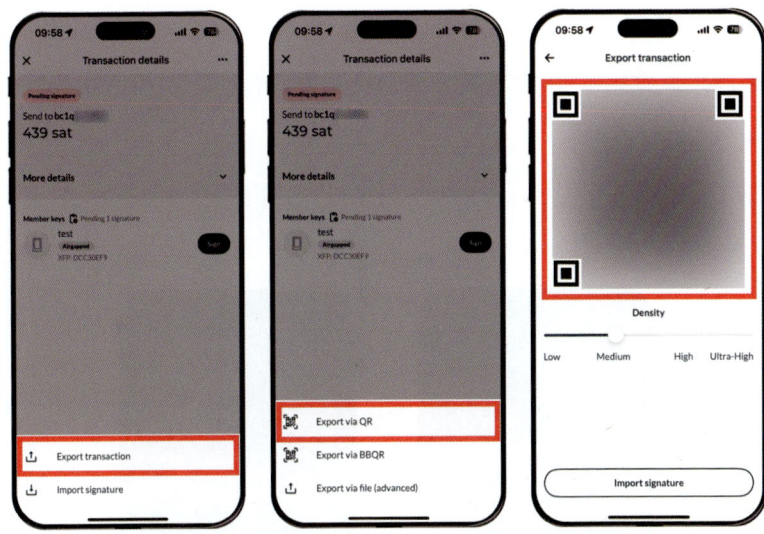

서명까지 완료되면 [Broadcast transaction]을 누른다. 제출하고 나면 넌척에서 부모 거래 아래 혹은 위에 수수료만 지불하는 자식 거래가 생긴다. 시간이 지나면 블록이 채굴되어 두 거래가 함께 컨펌될 것이다.

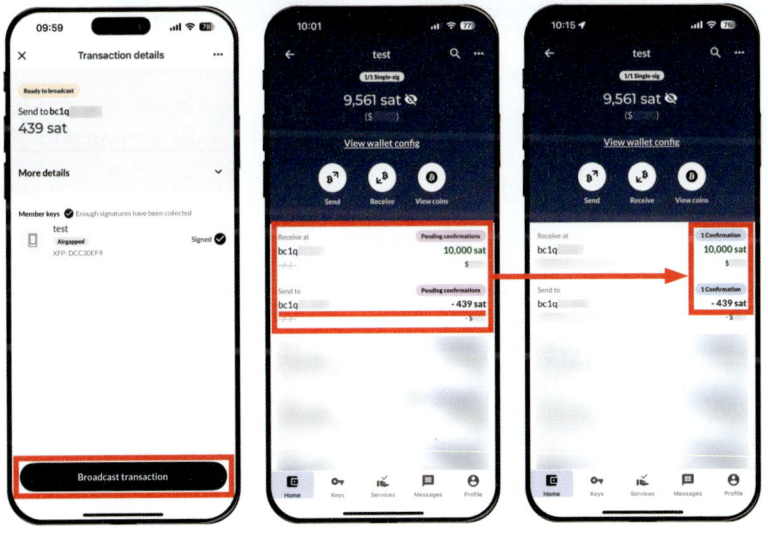

코코넛 월렛에서는 넌쳑보다 CPFP를 하기가 훨씬 편하다. 다음처럼 비트코인을 받는 중인데 컨펌이 안 되는 거래가 있다고 해보자. 이 거래를 누른다.

그러면 아래에 수수료율 정보가 나온다. CPFP를 하려면 '받는 중' 옆에 있는 [빨리 받기]를 누른다.

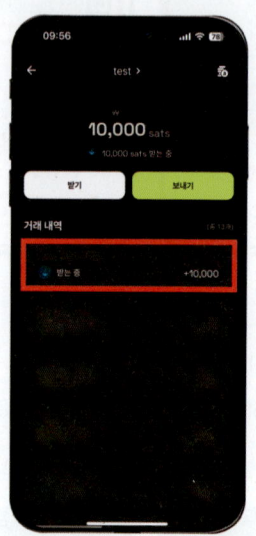 

그러면 새 수수료율을 입력하는 칸이 나온다. 목표 수수료율이 되도록 더 높은 수수료율을 설정하고 [완료]를 누른다.

그다음부터는 서명 과정과 동일하다. 서명되지 않은 PSBT 정보가 QR 코드로 나온다. 키스톤이나 시드사이너 같은 서명 기기로 이 QR 코드를 스캔하고, 서명한다. 서명은 앞에서 설명한 각 기기에서의 서명 연습 과정을 참고하라.

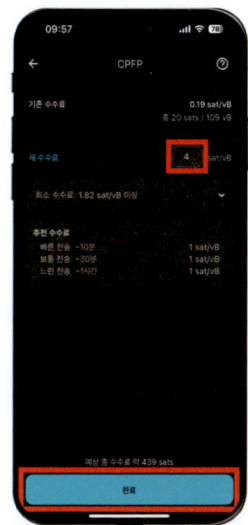 

서명까지 완료되면 [보내기]를 누른다.

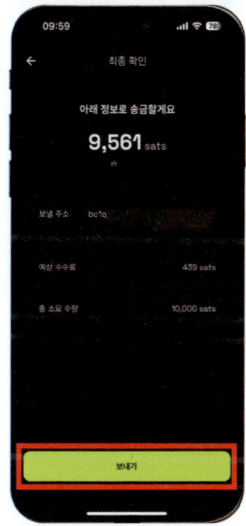 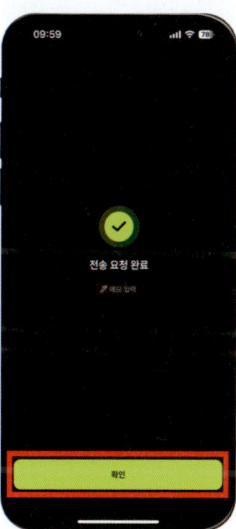

제출하고 나면 코코넛 월렛에서 부모 거래 아래 혹은 위에 수수료만 지불하는 자식 거래가 생긴다. 잠시 기다리면 블록이 채굴되어 두 거래가 함께 컨펌될 것이다.

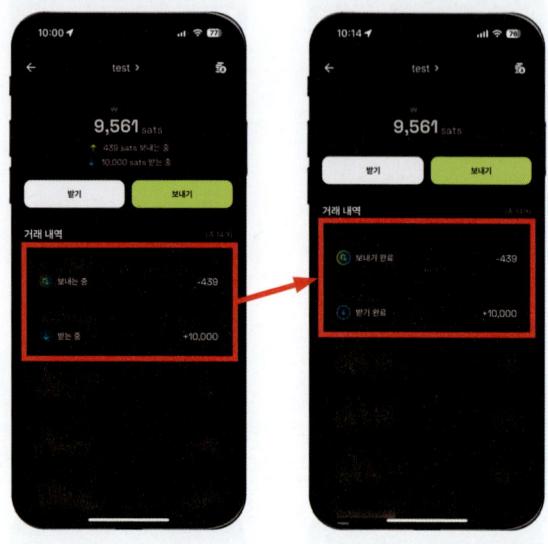

스패로우 지갑에서 CPFP를 하는 방법도 알아보자. 스패로우 지갑에서는 내가 비트코인을 받는 거래 중 아직 컨펌되지 않은 거래 위에 마우스 커서를 올리면 화살표 모양의 버튼이 나온다. 이 버튼을 누른다.

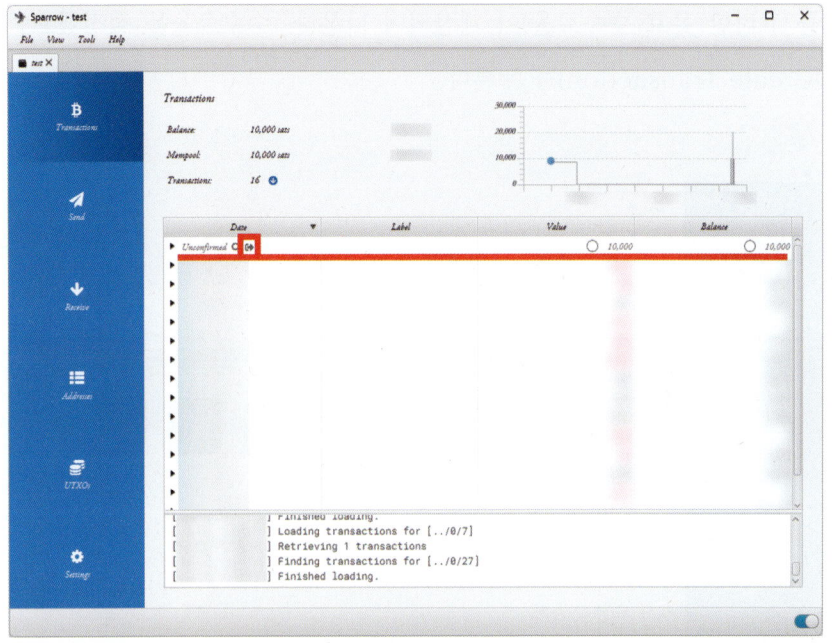

레이블에 자동으로 '(CPFP)'가 붙는다. 아래 'Fee'의 'Range' 옆 슬라이더를 움직여 수수료율을 높인다. 그 아래 자식 거래의 수수료율 오른쪽에 부모 거래와 자식 거래의 평균 수수료율(정확히는 데이터 크기를 고려한 유효 수수료율)이 계산되어 나온다. 수수료율을 설정했으면 [Create Transaction]을 누른다.

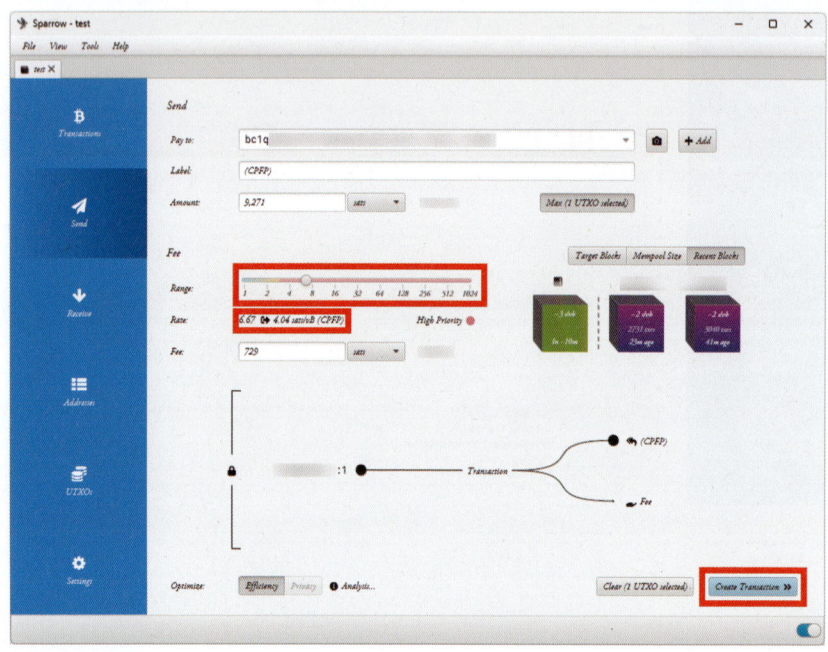

거래 정보를 확인하고 [Finalize Transaction for Signing] →
[Show QR]을 누른다.

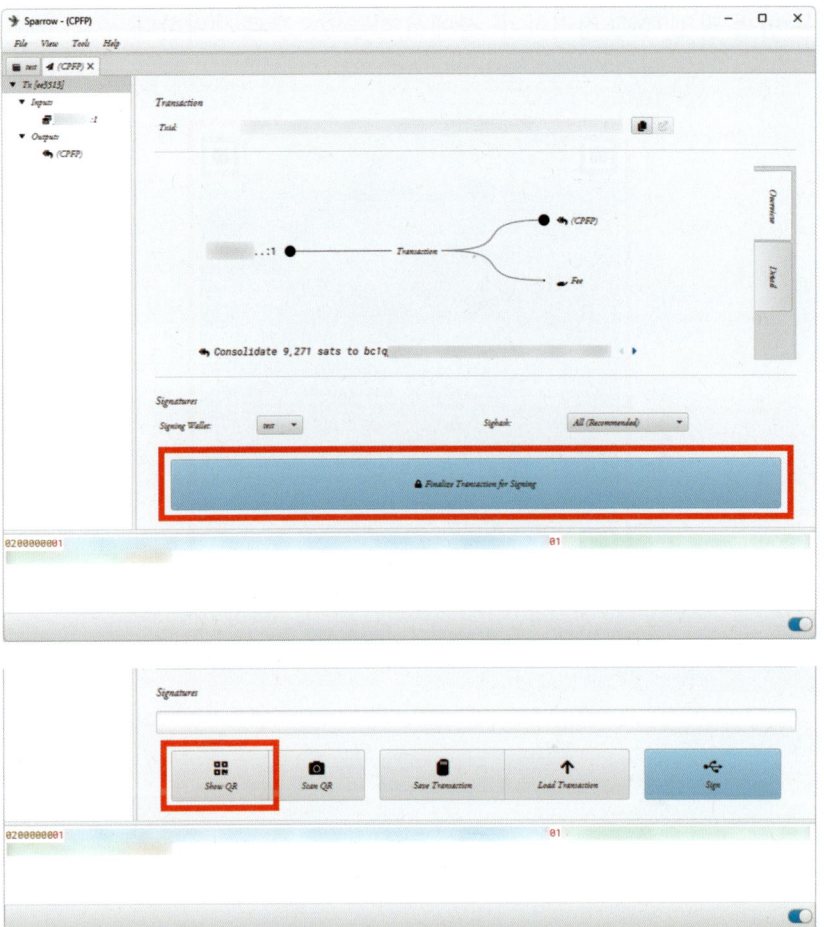

서명되지 않은 PSBT가 QR 코드로 나온다. 이 QR 코드를 에어-갭 서명 기기에서 스캔하고 서명하면 된다. 서명 과정은 '스패로우 지갑 사용 방법 및 UTXO 정리하기' 장에서 다루었으므로 생략한다.

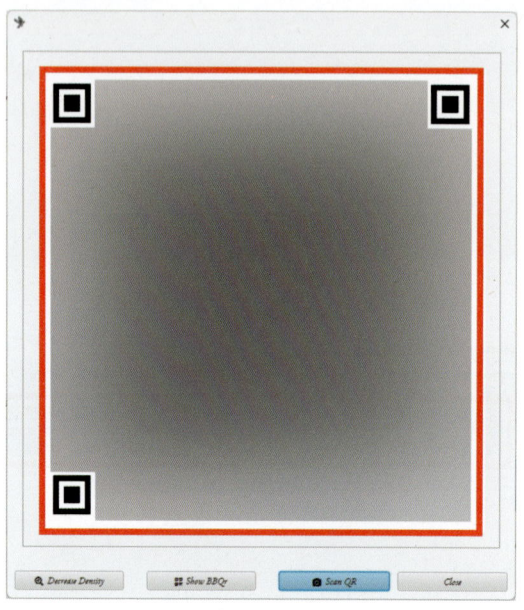

서명을 완료했으면 [Broadcast Transaction]을 누른다.

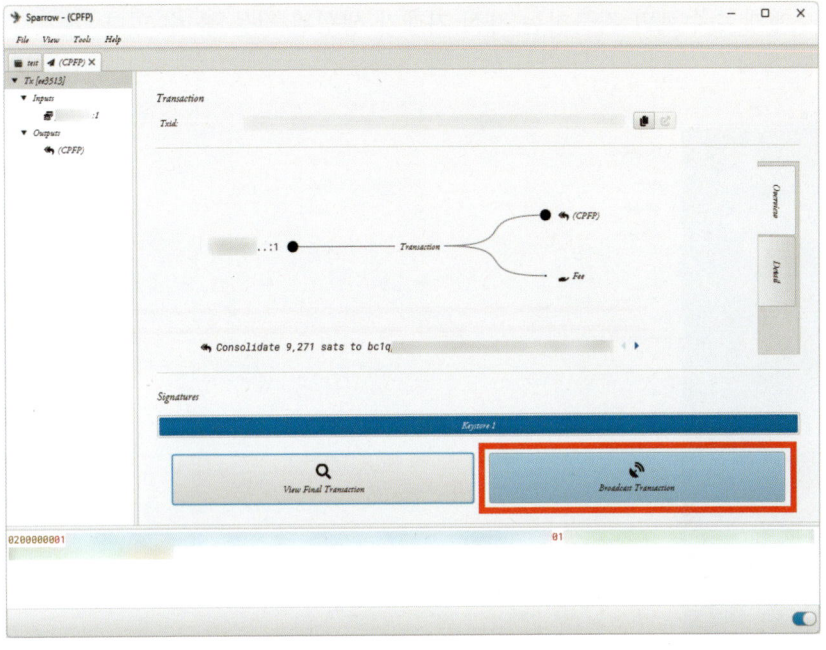

그러면 거래가 네트워크에 전파된다. 부모 거래 위 혹은 아래에 채굴자에게 수수료만 지불하는 자식 거래가 생성된 것을 볼 수 있다.

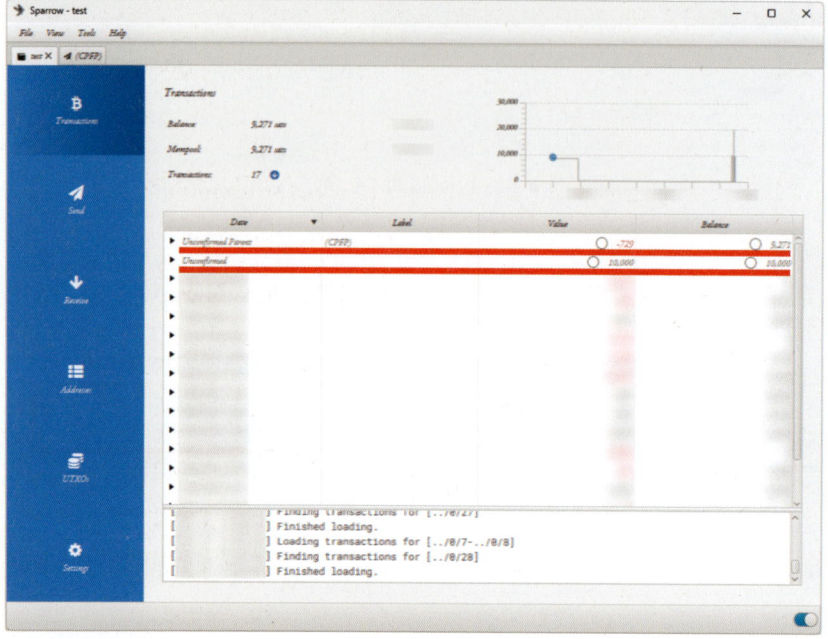

잠시 기다리면 블록이 채굴되어 두 거래가 함께 컨펌될 것이다.

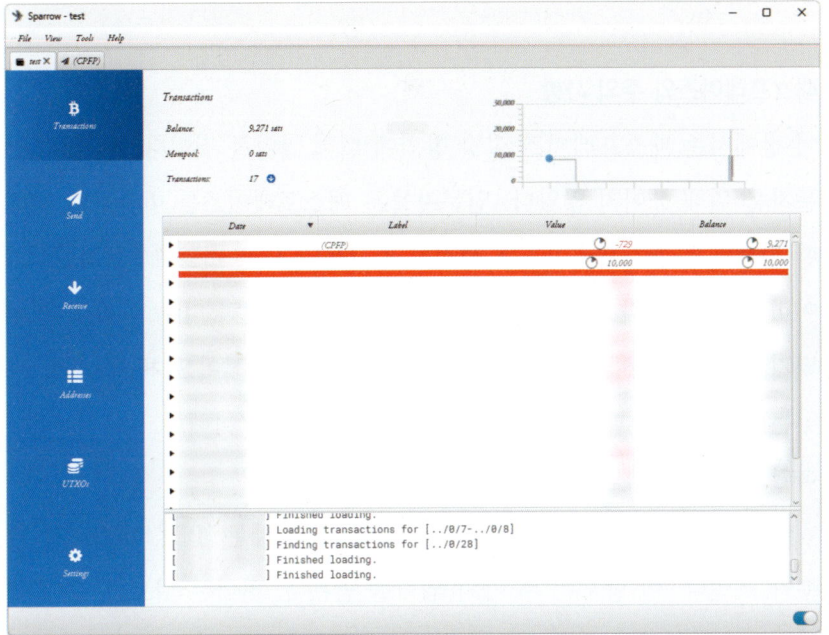

이로써 멤풀 보는 방법, 수수료율 설정하는 방법, RBF, CPFP 방법까지 모두 알아보았다.

# | 패스프레이즈

**패스프레이즈와 주의 사항**

이 장에서는 패스프레이즈 설정 방법에 대해 알아볼 것이다. 이 장은 입문자를 위해 쓰이지 않았다. 입문자들은 패스프레이즈를 미흡하게 이해한 상태에서 패스프레이즈를 설정하면 그동안 모은 비트코인을 모두 잃어버릴 수도 있다. 패스프레이즈를 설정하면 완전히 다른 지갑이 생성되기 때문이다. 서명과 복구를 여러 번 해보았고, 적어도 책 없이 할 수 있는 수준일 때, 패스프레이즈의 목적을 분명하게 이해하고 나서 '필요하다고 판단이 되면' 설정하기 바란다.

니모닉으로부터 개인키, 공개키, 주소를 만들 때는 'PBKDF2'라는 함수가 쓰인다. 이 함수는 두 가지 입력을 받는다. 하나는 니모닉 단어 목록이고, 다른 하나는 솔트salt라고 부르는 입력값이다. 솔트가 달라지면 완전히 다른 개인키, 완전히 다른 공개키, 완전히 다른 주소들이 생성된다. 즉, 완전히 다른 지갑이 생성되는 것이다. 아무런 패스프레이즈를 설정하지 않으면 기본적으로 솔트는 'mnemonic'이라는 문자열이 쓰인다. 패스프레이즈를 설정하면 이 문자열 뒤에 패스프레이즈가 추가되어 솔트로 쓰인다. 예를 들어 패스프레이즈를 'philemon'이라고 설정하면 솔트는 'mnemonicphilemon'이 된다.

패스프레이즈는 틀린다는 개념이 없다. 그래서 초보자들이 패스프레이즈를 섣부르게 설정했다가 비트코인을 전부 잃는 사례도 있는 것이다. 초보자들은 패스프레이즈가 단순히 비밀번호인 줄 알고 설정하는 경우가 많다. 전혀 아니다. 니모닉에 어떤 문자열을 써서 제3의 지갑을 만드는 방법이다. 패스프레이즈에서 토씨 하나가 달라지면, 예를 들어 영어 알파벳 대문자를 소문자로 쓰거나, 점을 하나 찍거나, 띄어쓰기가 추가되면 완전히 다른 지갑이 생성된다. 그래서 정확한 패스프레이즈를 잊어서 비트코인을 전부 잃는 경우가 있다.

패스프레이즈를 설정하는 목적은 주로 보안 강화이다. 이 보안 강화는 주로 "그럴듯한 부인"이라고 부르는 보안 강화를 말한다. 패스프레이즈를 설정한 지갑을 복원하려면 니모닉 단어 목록뿐만 아니라 정확한 패스프레이즈 문구까지 있어야 한다. 예를 들어 니모닉을 철판에 백업했는데 이 철판을 도둑이 훔쳐 갔다고 해보자. 그래도 도둑은 지갑을 복원할 수 없다. 패스프레이즈까지 알아야 복원할 수 있기 때문이다(니모닉을 백업한 곳에 패스프레이즈도 같이 백업한다는 것은 패스프레이즈에 대한 이해가 부족하다는 것을 뜻한다). 만약 도둑이 실력 있는 해커라면 패스프레이즈에 무차별 대입 공격을 시도할 수 있다. 무차별 대입은 전부 다 입력해 보는 것을 말한다(물론 사람이 하진 않고 컴퓨터가 할 것이다). 그래서 패스프레이즈에 대문자, 소문자, 숫자, 특수문자를 모두 섞었다고 할 때 12자리 이상이면 무차별 대입 공격이 거의 불가능하다.

패스프레이즈를 설정했다면 니모닉이 탈취되어도 안심할 수 있는 것일까? 그렇지 않다. 도둑이 당신의 니모닉 철판 등에 접근할 수 있다는 것은 이미 물리적으로 당신의 신변에 위협을 가할 수도 있다는 뜻이다. 도둑은 무차별 대입보다는 당신을 납치, 고문해서 패스프레이즈를 말하게 하는 것이 훨씬 편하다. 따라서 패스프레이즈를 설정했다면 그 사실을 발설하지 않는 것이 좋다(패스프레이즈를 설정했다는 것을 발설한다는 것도 패스프레이즈에 대한 이해가 부족하다는 것을 뜻한다).

패스프레이즈의 주 보안 기능인 '그럴듯한 부인'은 무엇을 뜻할까? 패스프레이즈가 없는 니모닉 주소에 소량의 비트코인만 넣어놓고, 패스프레이즈가 설정된 니모닉 주소에 대량의 비트코인을 넣어놨다고 해보자. 강도가 와서 납치, 고문을 하며 비트코인을 내놓으라고 한다면 니모닉 단어만 말해준 다음 거기 있는 비트코인이 전부라고 발뺌하면 된다. 이것이 그럴듯한 부인 기능이다. 패스프레이즈를 여러 개 설정해 여러 지갑을 만들고 중요도에 따라 계층화할 수도 있다. 패스프레이즈가 없는 지갑은 소액을 넣어 미끼 용도로, 패스프레이즈 A가 설정된 지갑은 중간 자산의 지갑으로, 패스프레이즈 B가 설정된 지갑은 진짜 자산을 보관하는 용도 등으로 말이다.

이러한 보안 기능 외에도 지갑을 분리해 사용하기 위해 패스프레이즈를 설정하기도 한다. 패스프레이즈 A가 설정된 지갑은 저축 용도로, 패스프레이즈 B가 설정된 지갑은 비상금 용도 등으로 말이다. 하지만 이러한 목적으로 하나의 니모닉에서 여러 지갑을 구현하는 방법에는 패스프레이즈 설정 말고도 파생 경로의 계정 구분이나 BIP-0085에서 정의된 자손 니모닉을 사용하는 방법 등도 있다.

반드시 패스프레이즈의 목적, 주의 사항 등을 이해하고 패스프레이즈가 필요한 사람만 설정하길 바란다. 보안 목적으로 패스프레이즈를 사용할 것이라면 먼저 니모닉을 충분히 안전하게 백업하고, 비트코인 수량을 발설하지 않는 것이 우선되어야 한다.

**키스톤에서 패스프레이즈 설정하기**

키스톤에서 패스프레이즈를 설정하는 방법을 알아보자. 주의 사항이 있다. 키스톤은 기기가 껐다 켜질 때마다 패스프레이즈가 초기화된다. 따라서 패스프레이즈가 설정된 지갑을 사용할 것이라면 서명할 때마다 키스톤 기기를 켜고 패스프레이즈를 입력해야 한다. 홈 화면에서 우측 상단 점 세 개 → [장치 설정] → [지갑 설정]에 들어간다.

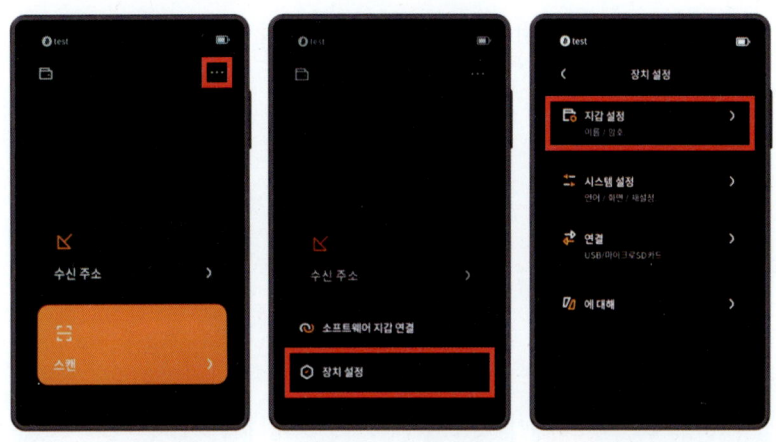

[패스프레이즈]를 누른다. 여기서 '암호 빠른 액세스'의 토글 스위치를 켜면 기기를 켤 때마다 패스프레이즈 입력창이 자동으로 나오게 된다. [패스프레이즈 >]를 누른다.

설정할 패스프레이즈를 입력하고 우측 하단의 [→] 버튼을 누른다. 지갑 핀 번호를 입력하면 패스프레이즈가 설정된 지갑이 불러와진다. 패스프레이즈를 처음 설정한 것이라면, 당연히 완전히 새로운 지갑이 설정된 것이므로 워치-온리 지갑에 확장 공개키를 다시 내보내야 한다.

패스프레이즈를 설정하기 전과 후의 MFP를 비교해 보면 완전히 달라진 것을 알 수 있다. 패스프레이즈는 틀린다는 개념이 없으므로 새롭게 만들어진 지갑의 MFP를 니모닉이 백업된 위치와 다른 곳에 꼭 백업하라.

패스프레이즈가 없는 지갑을 불러오려면 [패스프레이즈 >]에서 아무 것도 입력하지 않고 우측 하단의 [→] 버튼을 누르면 된다. MFP를 확인해 보면 패스프레이즈를 설정하기 전의 지갑이 불러와졌다는 것을 알수 있다.

## 시드사이너에서 패스프레이즈 설정하기

시드사이너에서는 시드를 불러왔을 때 바로 패스프레이즈를 입력할 건지 묻는다. 먼저 [Seeds]에 들어가 시드 QR을 스캔하거나 니모닉을 입력해서 지갑을 불러온다.

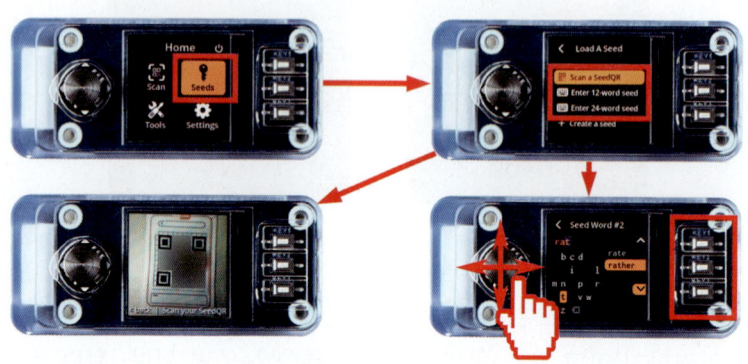

그러면 MFP가 나오고 맨 아래에 [BIP-39 Passphrase]라는 버튼이 나온다. 이것을 누르면 바로 패스프레이즈를 입력하는 창이 나온다. 입력창에서 우측 상단 버튼은 영어 대/소문자, 우측 가운데 버튼은 숫자/특수문자 입력 전환 버튼이며, 우측 아래 버튼을 누르면 입력이 완료된다.

입력을 완료하면 바뀐 MFP를 보여준다. 패스프레이즈는 틀린다는 개념이 없으므로 새롭게 만들어진 지갑의 MFP를 니모닉이 백업된 위치와 다른 곳에 꼭 백업하라. [Done]을 누른다.

패스프레이즈를 처음 설정한 것이라면, 당연히 완전히 새로운 지갑이 설정된 것이므로 워치-온리 지갑에 확장 공개키를 다시 내보내야 한다.

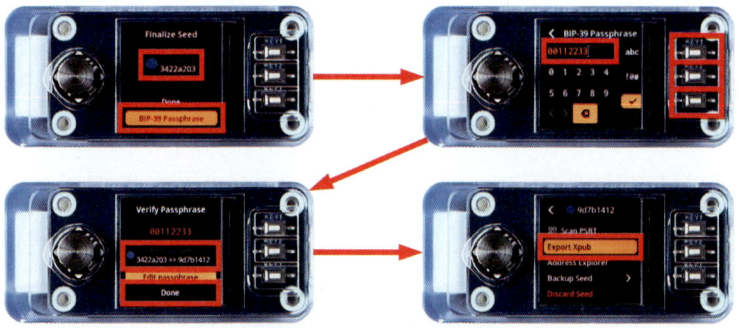

## 공기계 콜드월렛에서 패스프레이즈 설정하기

공기계에서 모든 통신 기능을 끄고 블루월렛 앱으로 콜드월렛을 사용하고 있는 경우에 패스프레이즈를 사용하는 방법에 대해 알아보자. 우측 상단 [+]를 누른다. 지갑 이름을 설정하고, [지갑 들여오기]를 누른다.

그다음에 우측 상단 점 세 개를 눌러 [암호]의 체크박스에 체크한다. 이 '암호'가 패스프레이즈 기능을 사용하겠다는 뜻이다.

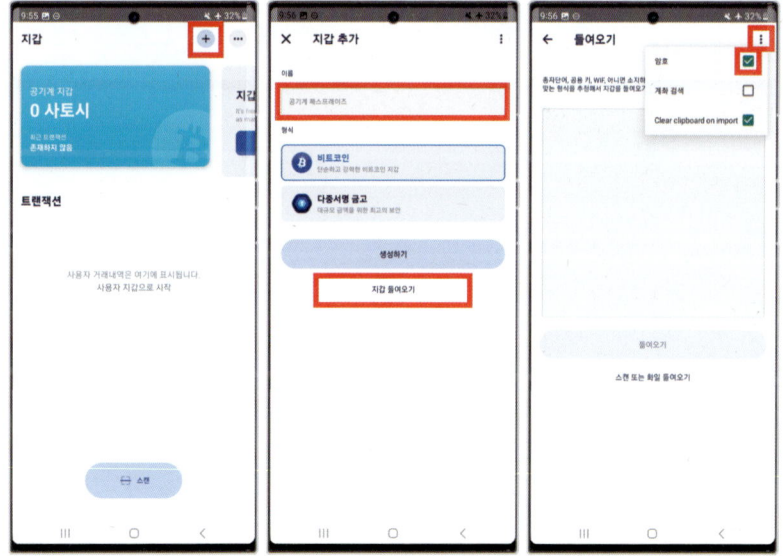

그다음 니모닉 단어를 입력한다. 니모닉 단어는 띄어쓰기로 서로 구분하면 된다. 다 입력하고 [들여오기]를 누른다.

바로 패스프레이즈를 입력하는 창이 나온다. 패스프레이즈는 틀린다는 개념이 없으므로 오타에 주의하여 입력하라. 파생 목적은 [HD SegWit (BIP84 Bech32 Native)]를 선택하고, [들여오기]를 누른다.

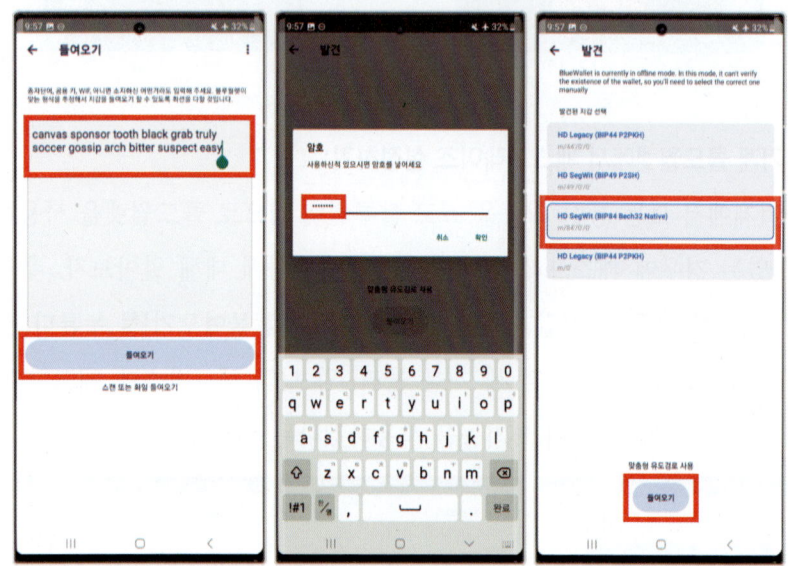

새로운 지갑이 생성되었다. 지갑을 선택하고 우측 상단 점 세 개를 누른다. 지갑 이름을 설정하고, 마스터 지문 아래 [보기]를 눌러 MFP를 확인한다.

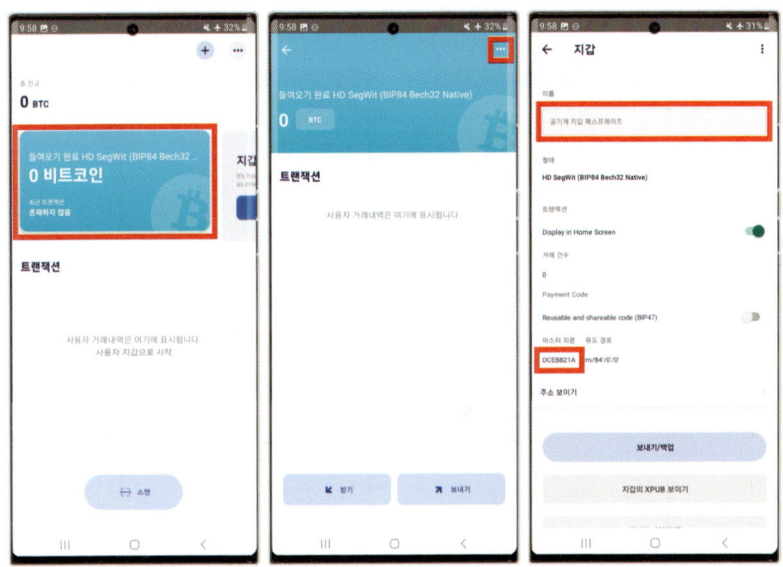

패스프레이즈를 설정하기 전과 후의 MFP를 비교해 보면 완전히 달라진 것을 알 수 있다. 패스프레이즈는 틀린다는 개념이 없으므로 새롭게 만들어진 지갑의 MFP를 니모닉이 백업된 위치와 다른 곳에 꼭 백업하라.

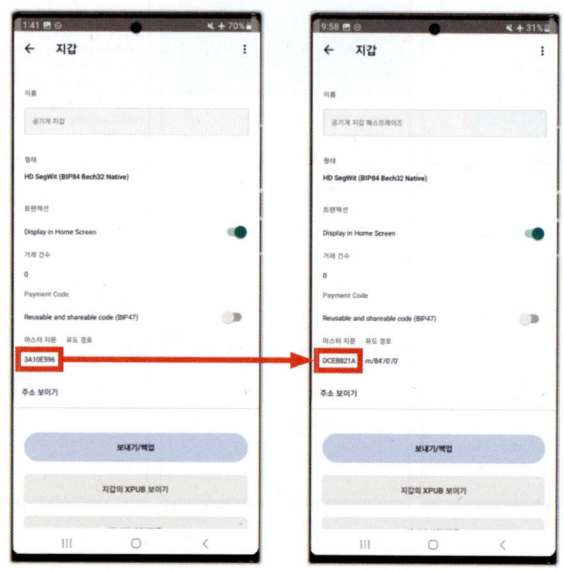

[주소 보이기]를 누르면 이전 지갑과 완전히 다른 주소들이 생긴 것을 확인할 수 있다. 패스프레이즈를 처음 설정한 것이라면, 당연히 완전히 새로운 지갑이 설정된 것이므로 [지갑의 XPUB 보이기]를 눌러 워치-온리 지갑에 확장 공개키를 다시 내보내야 한다.

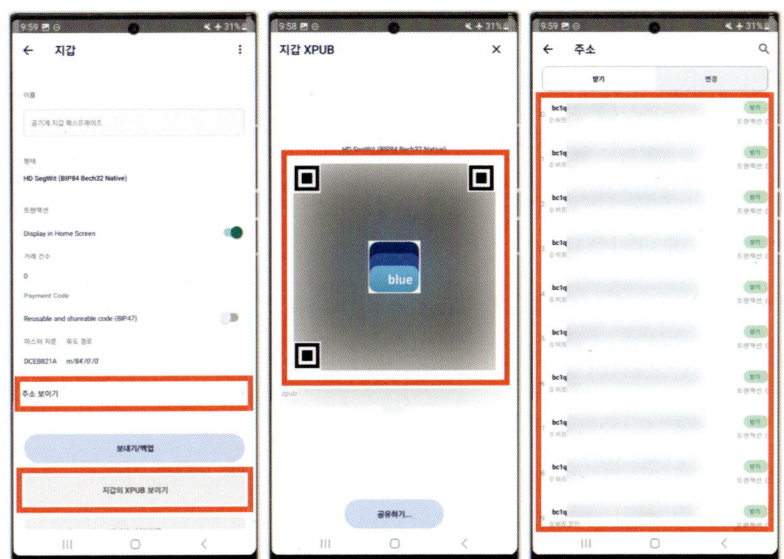

## 서명 기기에서 서명이 안 될 때

만약 오랜만에 서명을 하려는데 지갑에 속한 거래가 아니라면서 서명이 안 될 경우 어떻게 해야 할까? 초보자들이 이런 문제를 겪는 경우 90%는 패스프레이즈 문제다. 예전에 뭐가 뭔지도 모르고 유튜브 등을 따라 패스프레이즈를 설정했다가 패스프레이즈를 설정했다는 사실조차 잊어버린 경우가 많다.

먼저 워치-온리 지갑들에서 MFP를 확인하고 서명 기기에서의 MFP와 비교해 본다. 만약 MFP가 다르다면 워치-온리 지갑에서의 MFP와 서명 기기에서의 MFP가 같아질 때까지 생각 나는 패스프레이즈를 다 입력해 보아야 한다. 패스프레이즈는 점 하나만 잘못 찍거나, 띄어쓰기 하나라도 잘못되거나, 영어 대소문자가 다르면 완전히 다른 지갑을 생성해버린다고 했다. 그러므로 자기가 설정했던 패스프레이즈가 무엇이었는지 이것저것 계속 넣어봐야 한다. 같아지는 패스프레이즈를 찾았다면, 이제 서명도 될 것이다. 종종 니모닉이나 파생 경로 문제일 수도 있지만, 그런 경우는 드물다.

만약 서명 기기의 MFP와 워치-온리 지갑의 MFP가 같다면 어떻게 해야 할까? 워치-온리 지갑으로 블루월렛을 사용 중이라면 블루월렛의 문제일 가능성이 크다. 블루월렛이 잔오류가 많다. 넌척이나 코코넛 월렛에서도 서명이 안 되는지 확인해 보자.

블루월렛에서 '보내기' 버튼 자체가 안 보인다면 단일 주소를 불러와서 그런 것이다. 이때는 확장 공개키를 내보내면 된다. 확장 공개키 내보내 워치-온리 지갑 만들기 절을 참고하라.

# | 멀티시그

**멀티시그(다중서명)**

이 장에서는 멀티시그(다중서명) 지갑 사용 방법에 대해 알아볼 것이다. 이 장도 입문자를 위해서 쓰이지 않았다. 서명과 복구를 여러 번 해보았고, 적어도 책 없이 할 수 있는 수준일 때, 멀티시그의 목적을 분명하게 이해하고 나서 '필요하다고 판단이 되면' 사용하기 바란다.

멀티시그는 비트코인을 여러 개의 키로 잠가 두고, 비트코인을 전송할 때는 그 중 일정 수 이상의 서명을 요구하는 방식이다. 예를 들어 2 of 3 멀티시그는 키 3개로 지갑을 만들고, 그중 2개 이상의 키로 서명해야만 비트코인을 쓸 수 있는 구조다. 앨리스의 키, 밥의 키, 캐롤의 키로 2 of 3 멀티시그를 만들었다고 해보자. 그러면 앨리스와 밥의 서명만 있어도 비트코인을 보낼 수 있다. 밥과 캐롤, 혹은 캐롤과 앨리스의 서명만 있어도 비트코인을 보낼 수 있다. 만약 3 of 3 멀티시그라면 3개의 키에서 나온 서명이 모두 있어야만 비트코인을 보낼 수 있다. 3 of 5, 4 of 7 등등 키의 수와 최소 서명 수는 얼마든지 바꿔 새로운 멀티시그 지갑을 만들 수 있다.

멀티시그를 만든다는 것은 새로운 지갑을 만든다는 뜻이다. 따라서 키 하나로 사용하는 지갑과 관련 없는 완전히 다른 주소의 지갑이 생긴다.

멀티시그를 설정하는 목적은 여러 가지가 있다. 일반적으로 니모닉 하나만으로 만드는 지갑을 싱글시그 지갑이라고 한다. 싱글시그 지갑은 니모닉 하나만 탈취당하면 자금이 전부 위험해진다. 반면 멀티시그 지갑은 최소 서명 수가 충족되지 못하면 자금을 탈취할 수 없으므로 니모닉 하나가 유출되어도 안전하다. 2 of 3 구조에서 니모닉 하나가 해커에게 탈취되어도 나머지 니모닉이 지켜지면 자금은 안전하다.

멀티시그는 자금을 공동 관리할 때 유용하다. 예를 들어보자. 회사를 운영하는데 누군가 회사 자금을 횡령하지 못하게 어떤 조치를 취하고 싶다고 해보자. 이를 막기 위해 회사 자금을 어딘가로 보낼 때마다 이사회 과반의 동의가 필요하게 만들고 싶다면 다중서명을 활용할 수 있다. 이사진이 5명인데 3명의 동의가 있어야 예산을 움직일 수 있게 하려면 3 of 5 멀티시그를 쓰면 된다. 5명의 이사진은 각각 서로 다른 니모닉을 갖는다. 예산을 움직여야 할 때는 5명 중 3명 이상이 거래에 각각 서명해야만 비트코인을 어딘가로 전송할 수 있다.

혹은 가족 구성원끼리 멀티시그 방식을 통해 비트코인을 공유한다면, 어떤 가족 구성원에게 문제가 생겨도 비트코인을 움직일 수 있다. 아빠, 엄마, 자녀 1명이 서로 다른 니모닉을 갖고 있고, 각 니모닉에 대응하는 확장 공개키 3개를 이용해 2 of 3 멀티시그를 만들었다고 해보자. 가족 구성원 중 아빠가 불미스러운 사고로 인해 니모닉에 접근할 수 없게 된다면 엄마와 자녀 1명이 각각 거래 서명을 제시해 비트코인을 옮길 수 있게 된다. 이런 2 of 3 멀티시그 방식에서는 가족 구성원 혼자서는 비트코인을 어딘가로 보낼 수가 없다.

개인도 멀티시그를 통해 위험을 분산할 수 있다. 예를 들어 3개의 니모닉으로 2 of 3 멀티시그를 만들고 각 니모닉을 하나는 집, 하나는 별장의 금고, 하나는 클라우드 서버에 암호화해서 보관했다고 해보자. 만약 집에 자연재해가 발생해 니모닉을 적은 종이가 유실되어도 별장의 금고에 있는 니모닉과 클라우드 서버에 암호화해서 보관한 니모닉을 통해 자금을 복구할 수 있다. 이렇듯 자연재해 등으로 인한 위치 기반 위험을 분산시킬 수도 있고, 여러 기기를 사용해 단일 기기 신뢰에 대한 위험을 분산시킬 수도 있다. 그러나 보안이 높아질수록 번거로움은 커진다는 것도 꼭 기억하자. 자신이 통제하지 못할 정도의 보안은 오히려 취약점이 많아진다. 니모닉을 안전한 곳에 백업하고 비트코인 수량을 발설하지 않는 것이 우선되어야 한다.

멀티시그는 다른 조건문과 조합하여 복잡한 조건을 만들 수도 있다. 라이트닝 네트워크의 채널 개설에도 기본적으로 멀티시그가 쓰인다.

멀티시그 지갑은 각 키의 파생 경로나 최소 서명 수 등이 바뀌면 완전히 다른 지갑이 되어버린다. 키의 순서가 바뀌어도 완전히 다른 지갑이 되는데 보통 워치-온리 지갑들은 키를 오름차순으로 자동으로 배열해서 멀티시그를 만든다. 이를 정렬sorted 여부라고 한다. 따라서 멀티시그 지갑을 사용할 때는 각 키의 MFP와 파생 경로, 순서 정렬 여부 등이 적혀 있는 BSMS Bitcoin Secure Multisig Setup 파일이나 디스크립터descriptor를 꼭 백업해야 한다.

이제 멀티시그 지갑을 만드는 방법에 대해 알아볼 것이다. 여기서는 예시로 2 of 2 멀티시그를 만들 것이며 각각의 서명 기기로 키스톤과 시드사이너 지갑을 사용할 것이다.

### 블루월렛에서 멀티시그 지갑 생성

먼저 블루월렛에서 멀티시그 지갑을 생성하는 방법에 대해 알아보자.

블루월렛에서 우측 상단 [+] 버튼을 누른다. 지갑 이름을 입력하고, [다중서명 금고]를 선택한 뒤, [생성하기]를 누른다. 이때 주의할 점이 있는데 지갑 이름을 영어로 입력해야 한다. 한글로 입력 시 이후에 BSMS 파일을 인코딩할 때 문제가 생긴다.

[금고 설정]을 누르고 정족수를 2의 2로 설정해 2 of 2 지갑을 만든다. 지갑 형태는 [최선책(p2wsh)]를 선택한다(블루월렛이 한글 번역에 미흡한 부분이 있다).

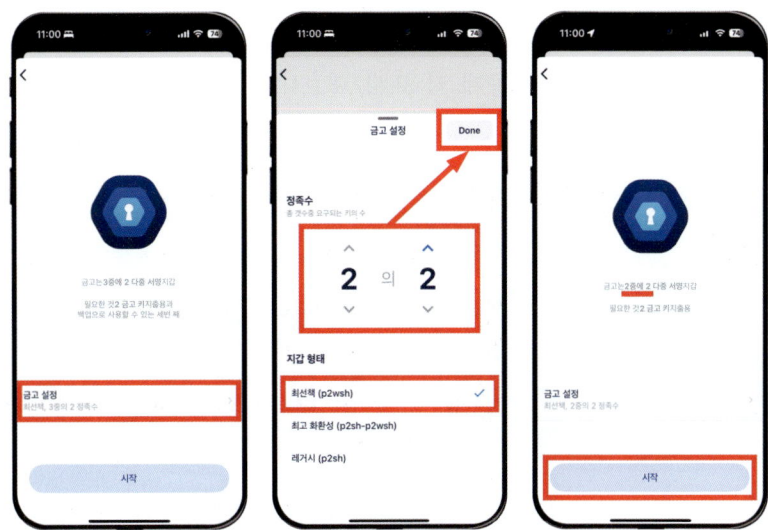

그러면 이제 두 확장 공개키를 들여와야 한다. [들여오기] → [스캔 또는 화일 들여오기]를 누른다.

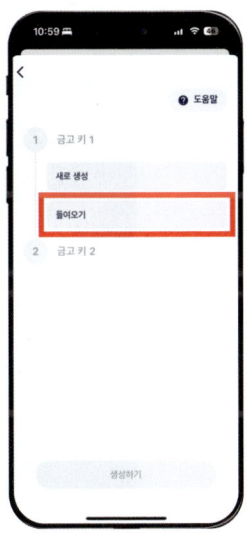
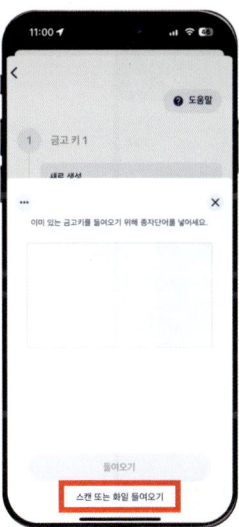

키스톤에서 먼저 확장 공개키를 내보내 보겠다. 키스톤에서 왼쪽 상단 지갑 버튼 → [확장된 공개 키 표시/내보내기] → [다중 서명 지갑]을 누른다.

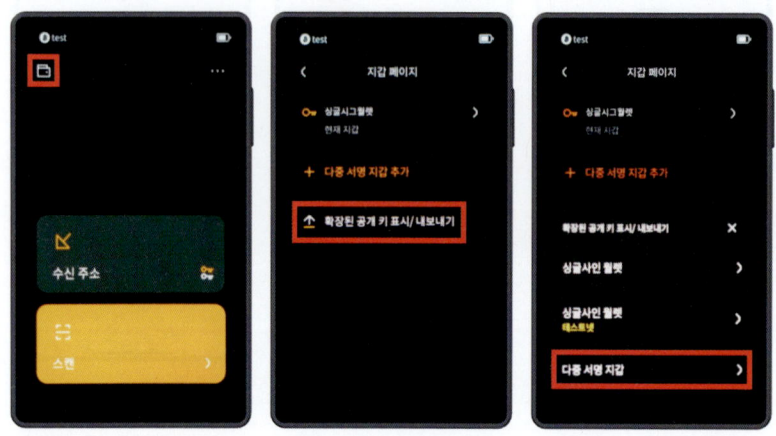

블루월렛에서 키스톤 화면에 나오는 QR 코드를 스캔한다.

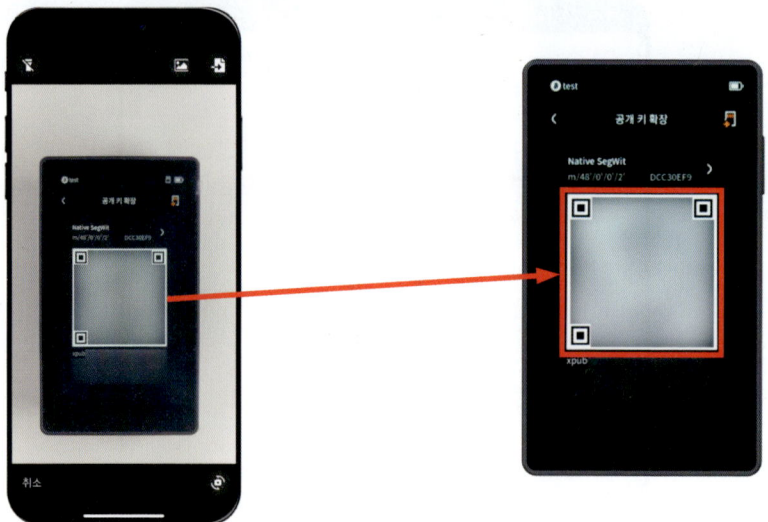

그러면 키스톤에 있던 키가 첫 번째로 불러와진다. 다시 [들여오기] → [스캔 또는 화일 들여오기]를 누른다.

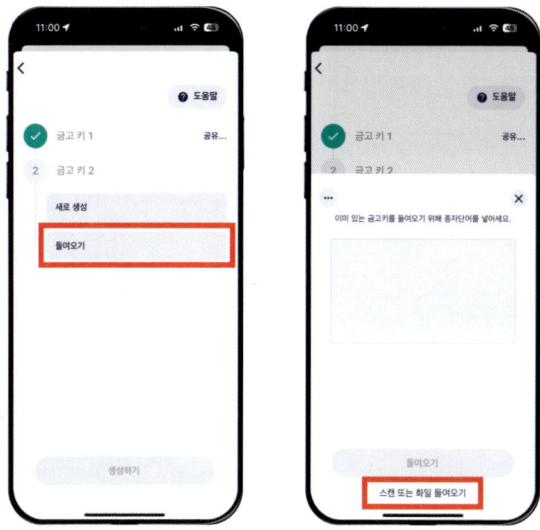

이제 시드사이너에서 확장 공개키를 내보낼 것이다. 시드사이너에서 [Seeds]에 들어가 시드 QR을 스캔하거나 니모닉을 입력해서 지갑을 불러온다.

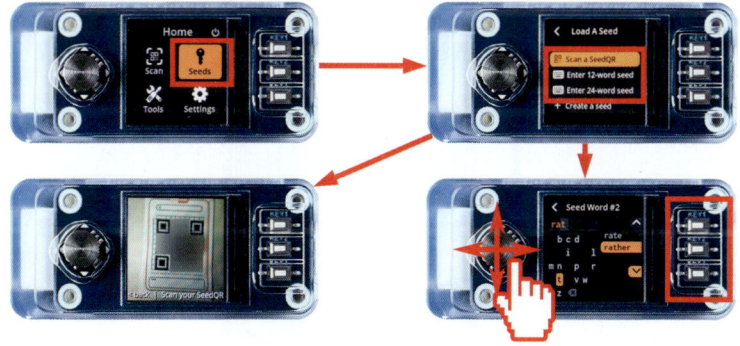

[Seeds] → MFP 선택 → [Export Xpub] → [Multisig] → [Native Segwit] → [BlueWallet]을 선택한다.

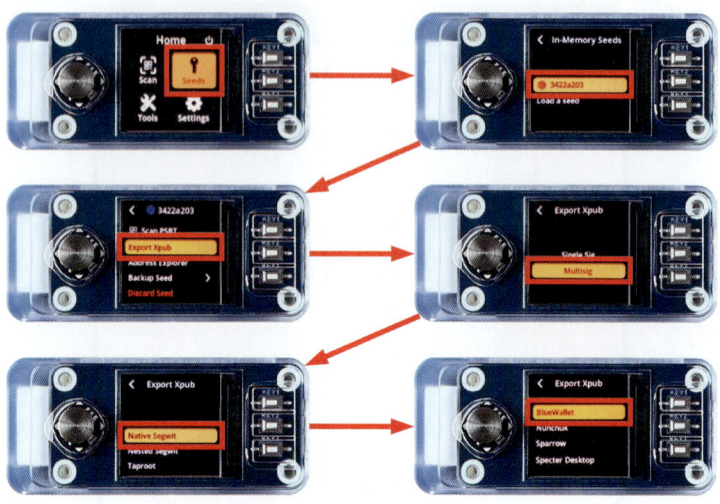

[I Understand] → [Export Xpub]을 선택하면 확장 공개키의 QR 코드가 나온다.

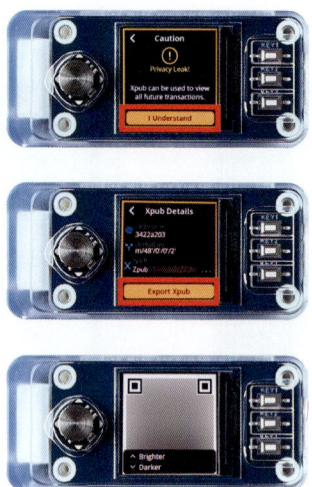

블루월렛에서 시드사이너 화면에 나오는 QR 코드를 스캔한다.

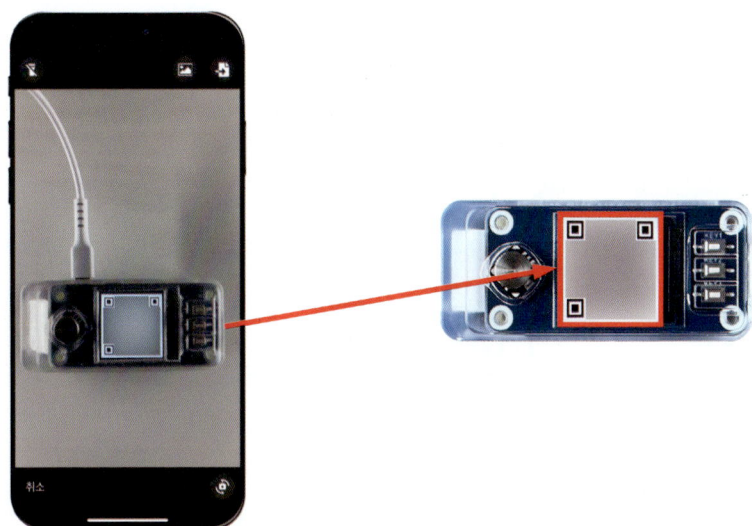

두 개의 키가 불러와졌다. [생성하기]를 누르면 멀티시그 지갑이 만들어진다.

끝난 것이 아니다. 꼭 BSMS 파일이나 디스크립터를 백업해야 한다. 지갑에 들어가 우측 상단 점 세 개를 누른다.

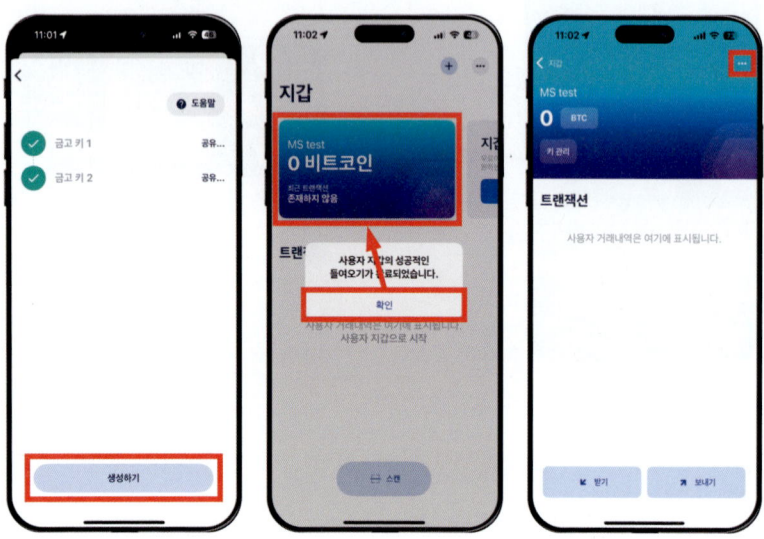

스크롤을 아래로 내려 [코디네이션 셋업 내보내기]를 누른다.

키스톤은 멀티시그 지갑을 저장할 수 있다. 키스톤에서 왼쪽 상단 지갑 버튼 → [다중 서명 지갑 추가] → [카메라로]를 누른다.

 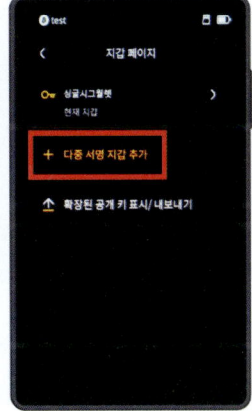 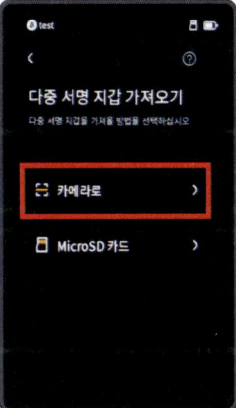

키스톤에서 블루월렛 화면에 보이는 QR 코드를 스캔한다.

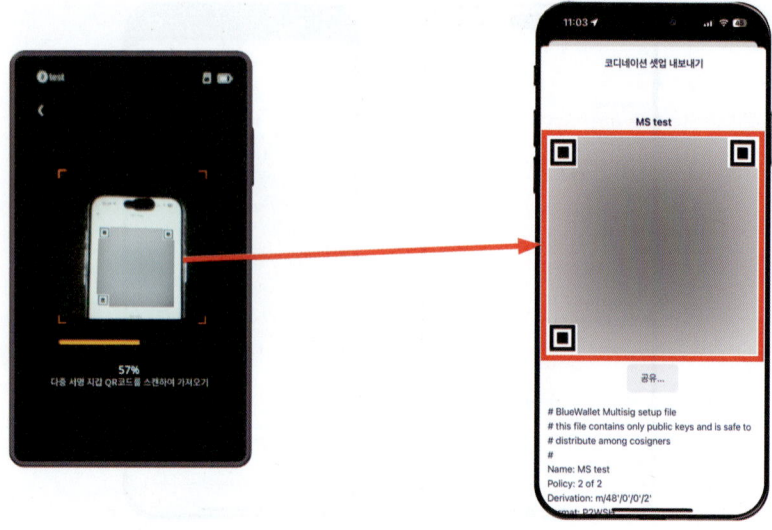

'지갑 정보 체크' 안내창이 나오면 [확인] → [확인]을 누르고 지갑의 핀 번호를 입력한다.

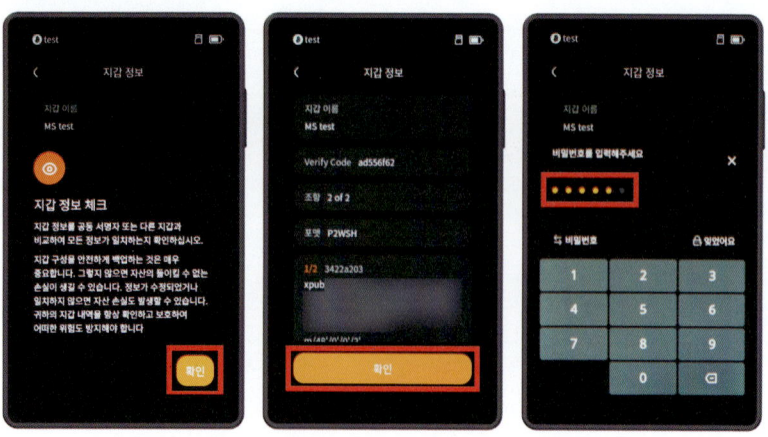

[완료]를 누르면 키스톤 지갑에 멀티시그 지갑 불러오기가 완료된다. 좌측 상단 지갑 버튼을 다시 누르고 불러와진 멀티시그 지갑을 선택한다.

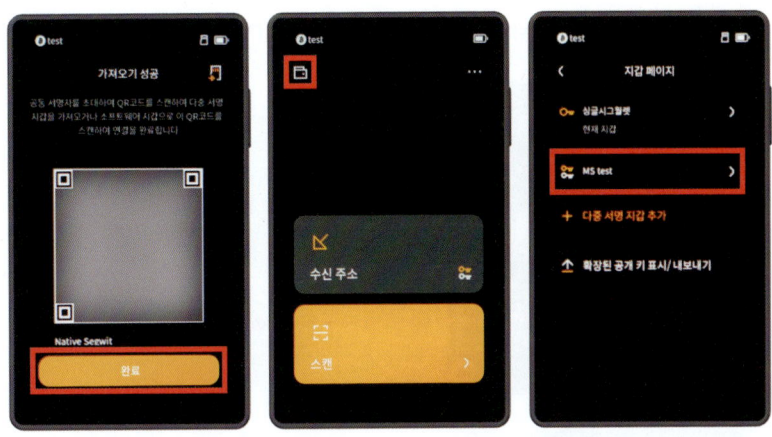

멀티시그 지갑을 선택하고 [현재 지갑]을 눌러야 멀티시그 지갑에서 거래에 서명할 수 있다.

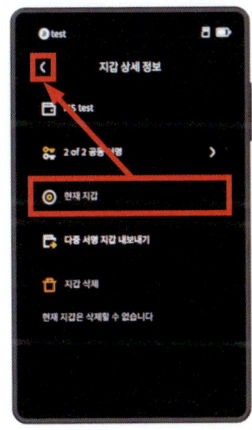 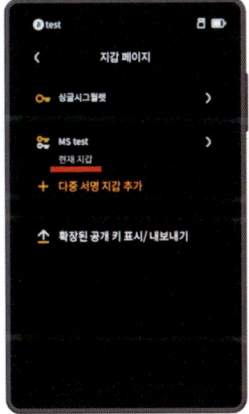

시드사이너는 어차피 저장장치가 램밖에 없어서 기기를 껐다 켤 때마다 기기가 초기화된다. 그래서 멀티시그 지갑에 대한 정보를 저장할 수는 없다. 하지만 멀티시그 지갑의 정보를 한번 스캔해 보면 멀티시그 지갑에 쓰인 지갑의 MFP와 2 of 2 멀티시그 지갑이라는 정보가 나온다.

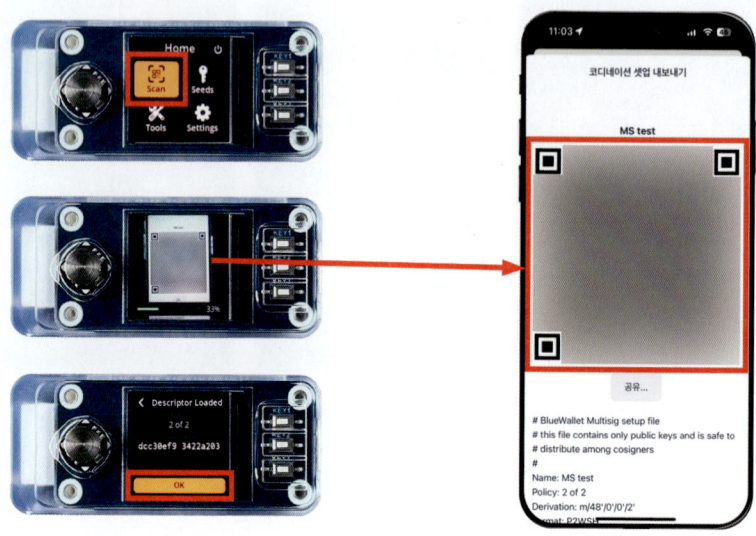

블루월렛 화면에서 [공유] → [저장]을 눌러 멀티시그 지갑 정보를 저장한다. 다른 사람들과 함께 멀티시그 지갑을 만들고 있다면 다른 사람들에게는 이 파일을 보내주거나 QR 코드를 보여주면 된다. 이 파일을 통해 멀티시그 워치-온리 지갑을 복구하는 과정은 뒤에 나오는 '멀티시그 워치-온리 지갑 삭제 후 복구하기' 절을 참고하라.

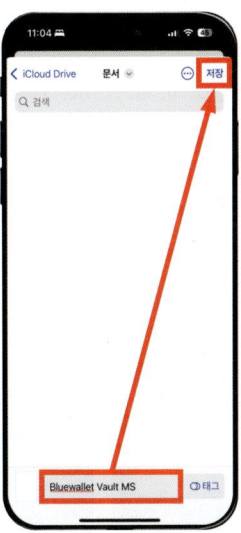

블루월렛에서 [주소 보이기]를 누르고 주소 목록을 확인한다.

키스톤에서 [수신 주소] → [알겠습니다.]를 눌렀을 때 나오는 주소와 일치하는지 확인해 볼 수 있다.

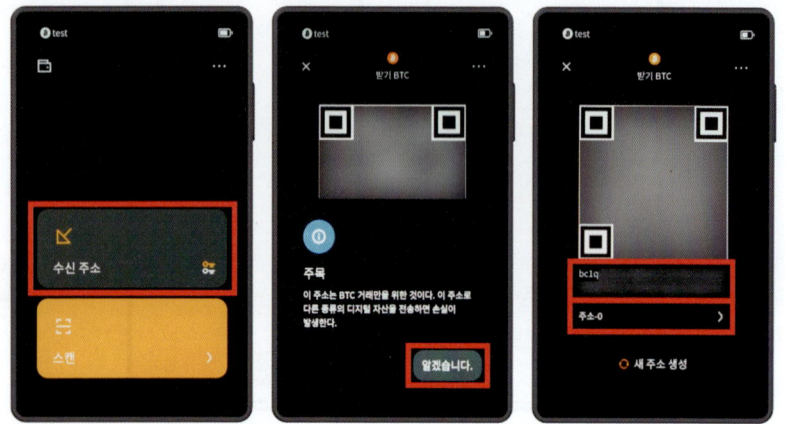

**넌척에서 멀티시그 지갑 생성**

이번에는 넌척에서 멀티시그 지갑을 생성하는 방법에 대해 알아보자.

하단 탭에서 [Keys] → [Add key]를 누른다. 키스톤에서 먼저 확장 공개키를 내보낼 것이므로 [Keystone]을 선택하고 [Continue]를 누른다.

 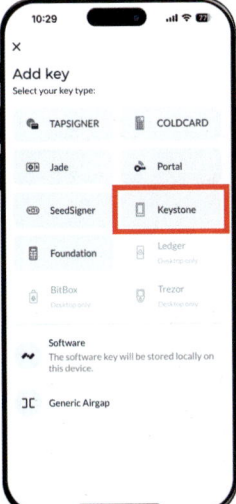 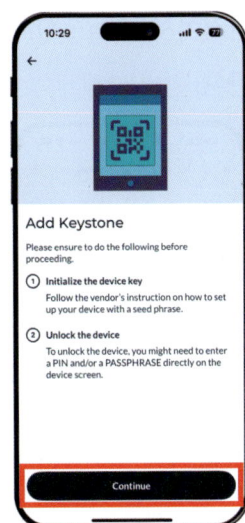

키스톤에서 왼쪽 상단 지갑 버튼 → [확장된 공개 키 표시/내보내기] → [다중 서명 지갑]을 누른다.

 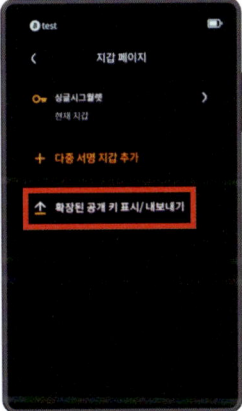 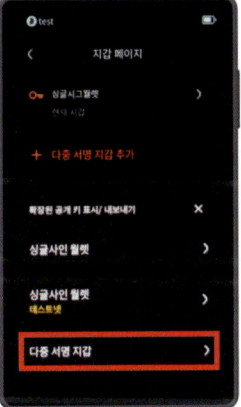

넌척에서 [Scan Qr]을 누르고 키스톤 화면에 나오는 QR 코드를 스캔한다.

[Add key]를 누르면 키스톤에 있던 키가 첫 번째로 불러와진다. MFP와 파생 경로를 확인하고 좌측 상단 [x]를 누른다. 다시 우측 상단 [+]를 누른다.

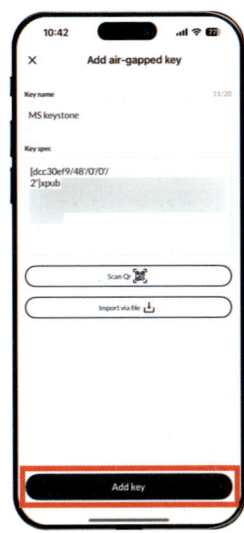  

이제 시드사이너에서 확장 공개키를 내보낼 것이므로 [SeedSigner]를 선택하고 [Continue] → [Scan Qr]을 누른다.

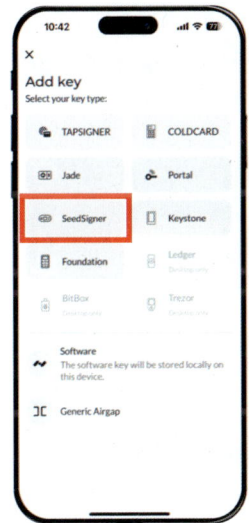 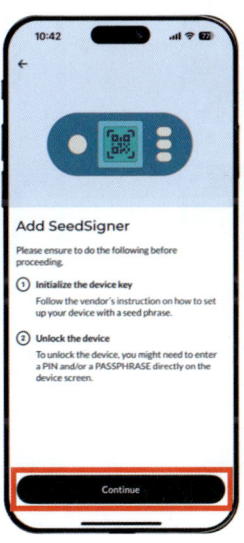 

1부 • 셀프 커스터디 가이드

시드사이너에서 [Seeds]에 들어가 시드 QR을 스캔하거나 니모닉을 입력해서 지갑을 불러온다.

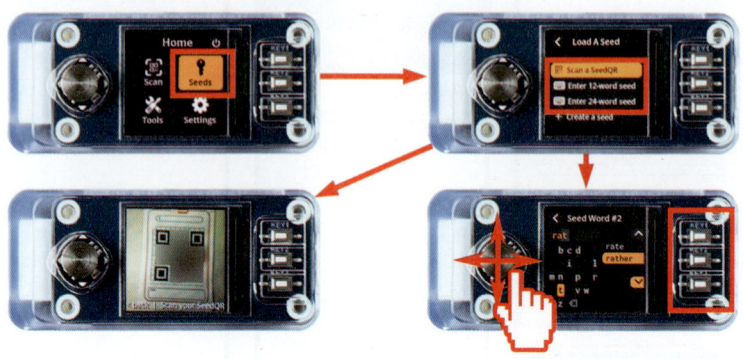

[Seeds] → MFP 선택 → [Export Xpub] → [Multisig] → [Native Segwit] → [Nunchuk]을 선택한다.

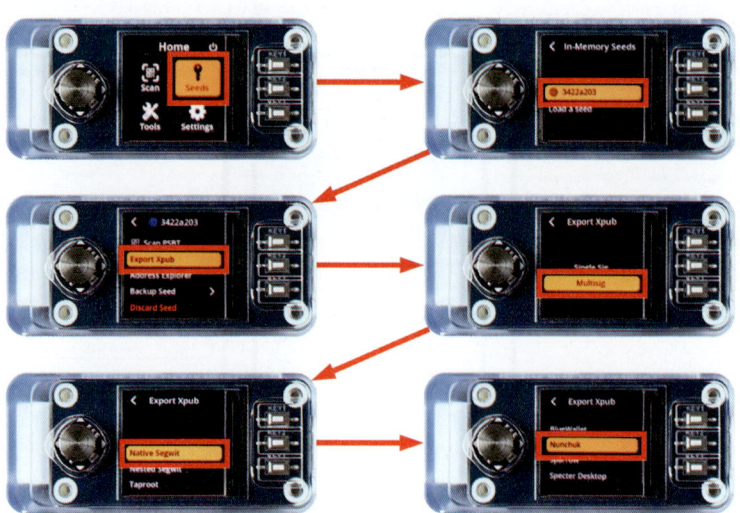

[I Understand] → [Export Xpub]을 선택하면 확장 공개키의 QR 코드가 나온다.

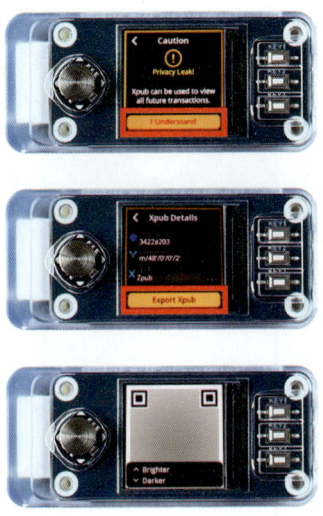

넌척에서 시드사이너 화면에 나오는 QR 코드를 스캔한다.

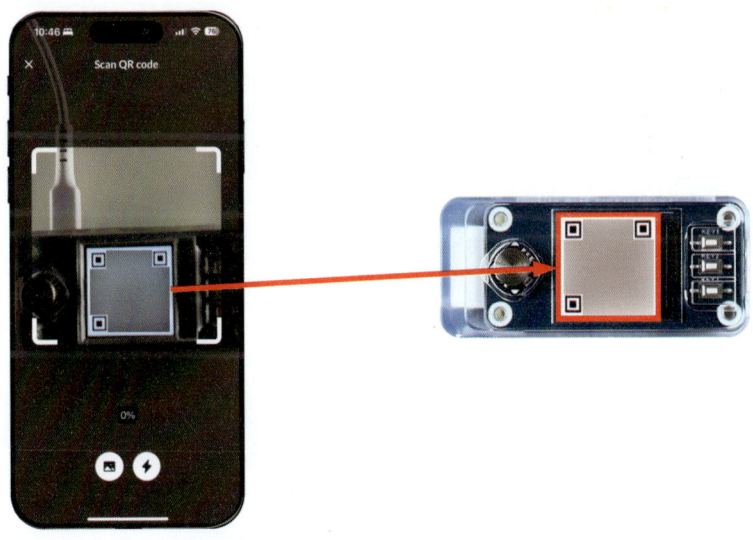

[Add key]를 누르면 시드사이너에 있던 키도 두 번째로 불러와진다. MFP와 파생 경로를 확인하고 좌측 상단 [x]를 누른다. 이제 하단 탭에서 [Home]을 누르고 [Create new wallet]을 누른다.

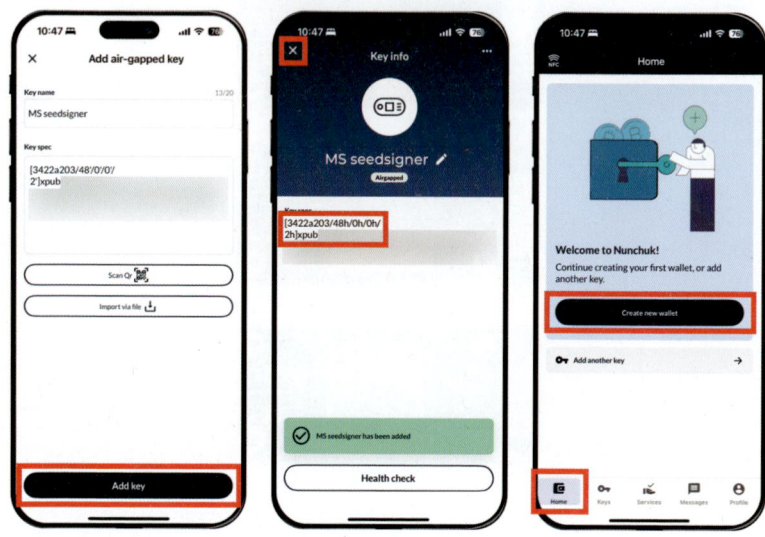

[Custom wallet]을 누르고, 지갑 이름을 설정한다. 지갑 이름은 웬만하면 영어로 입력하자. 한글로 입력 시 이후에 BSMS 파일을 인코딩할 때 문제가 생길 수 있다. 주소 타입은 [Native Segwit]을 선택한다. [Continue]를 누른다.

여기서는 2 of 2 멀티시그 지갑을 만들고 있으므로 두 개의 키 모두 선택하고 최소 서명 수도 2로 설정한다. [Continue]를 누른다.

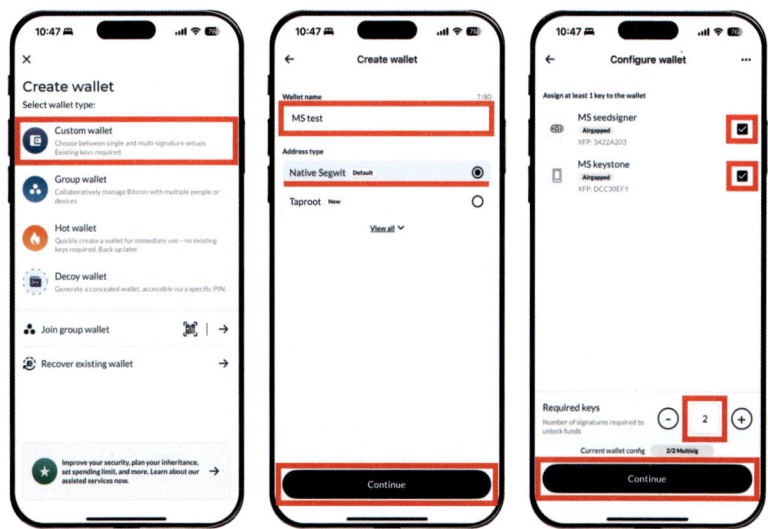

멀티시그 지갑 정보가 나오면 [Create wallet]을 누른다. BSMS 파일을 저장하라는 안내창이 나오면 [Save BSMS file]을 누른다.

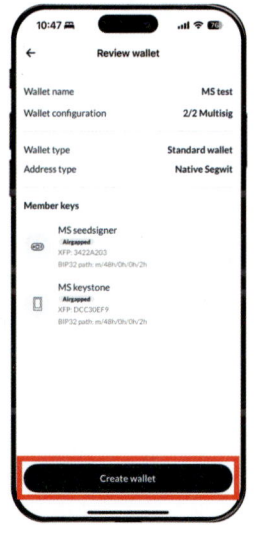 

만약 BSMS 파일을 저장하라는 안내창이 나오지 않으면 [View wallet config] → [Export wallet configuration]을 누르고 [BSMS]를 선택하면 된다. [Descriptor]를 눌러 디스크립터 파일을 저장할 수도 있다.

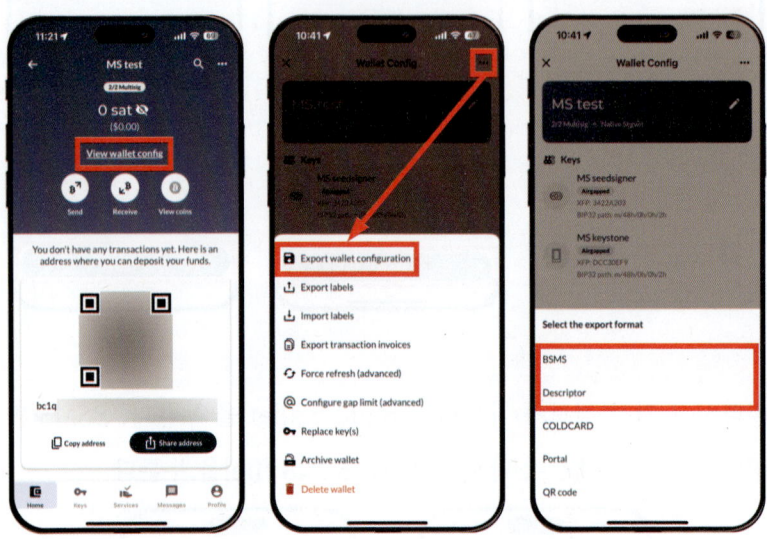

BSMS 파일을 저장한다. 넌척에서 만든 BSMS 파일이 제일 호환성이 좋다.

하드웨어 지갑에 멀티시그 지갑을 등록하라는 안내창이 나오면 [Export configuration as QR code]를 누른다.

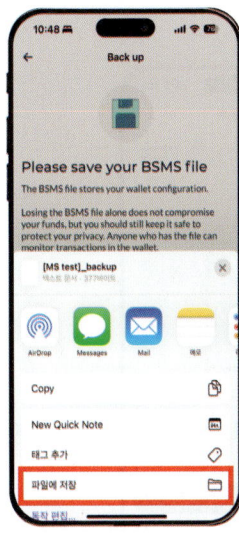 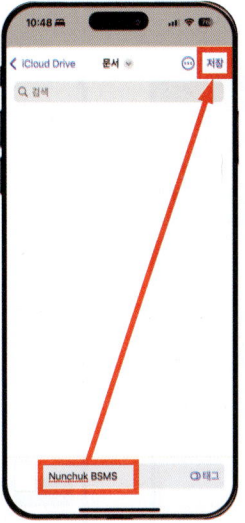 

만약 하드웨어 지갑에 멀티시그 지갑을 등록하라는 안내창이 나오지 않으면 [View wallet config] → [Export wallet configuration]을 누르고 [QR code]를 선택하면 된다.

  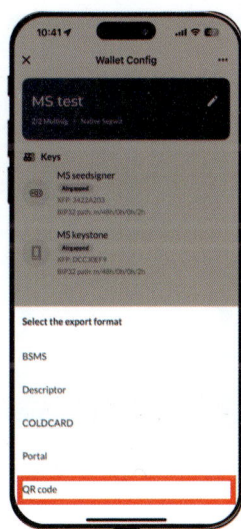

[BC-UR2 (legacy)]를 누른다.

 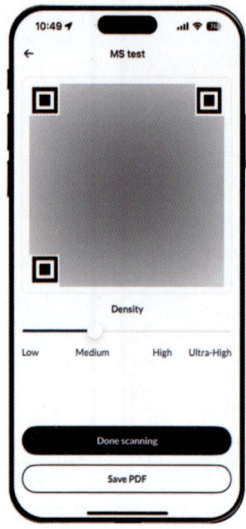

키스톤은 멀티시그 지갑을 저장할 수 있다. 키스톤에서 왼쪽 상단 지갑 버튼 → [다중 서명 지갑 추가] → [카메라로]를 누른다.

 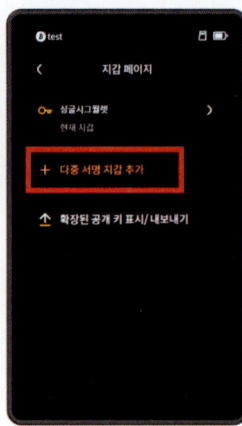 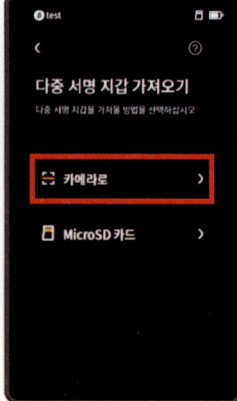

키스톤에서 넌척 화면에 보이는 QR 코드를 스캔한다.

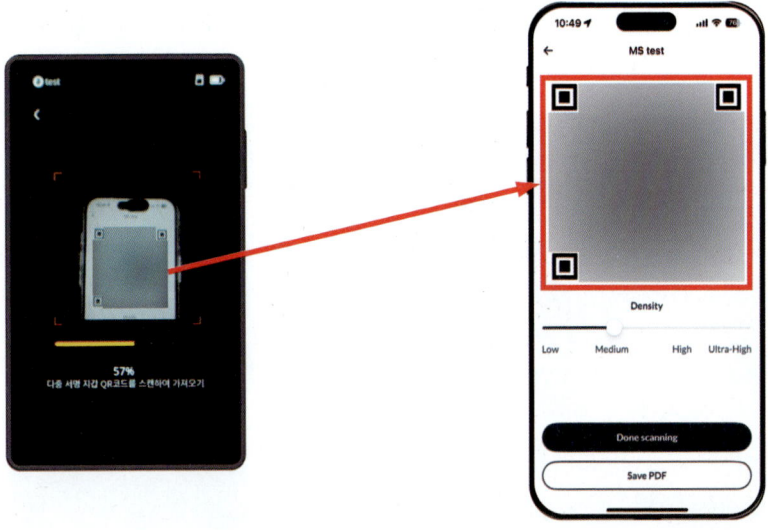

'지갑 정보 체크' 안내창이 나오면 [확인] → [확인]을 누르고 지갑의 핀 번호를 입력한다.

1부 • 셀프 커스터디 가이드   457

[완료]를 누르면 키스톤 지갑에 멀티시그 지갑 불러오기가 완료된다. 좌측 상단 지갑 버튼을 다시 누르고 불러와진 멀티시그 지갑을 선택한다.

멀티시그 지갑을 선택하고 [현재 지갑]을 눌러야 멀티시그 지갑에서 거래에 서명할 수 있다.

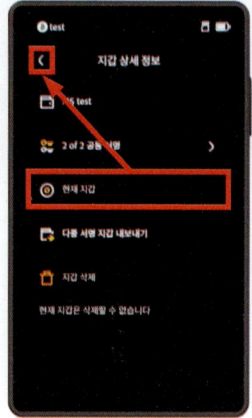 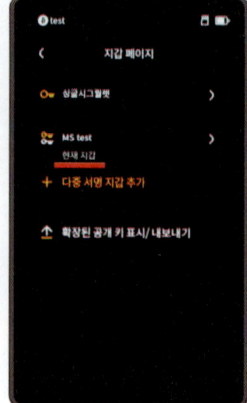

시드사이너는 어차피 저장장치가 램밖에 없어서 기기를 껐다 켤 때마다 기기가 초기화된다. 그래서 멀티시그 지갑에 대한 정보를 저장할 수는 없다. 하지만 멀티시그 지갑의 정보를 한번 스캔해 보면 멀티시그 지갑에 쓰인 지갑의 MFP와 2 of 2 멀티시그 지갑이라는 정보가 나온다.

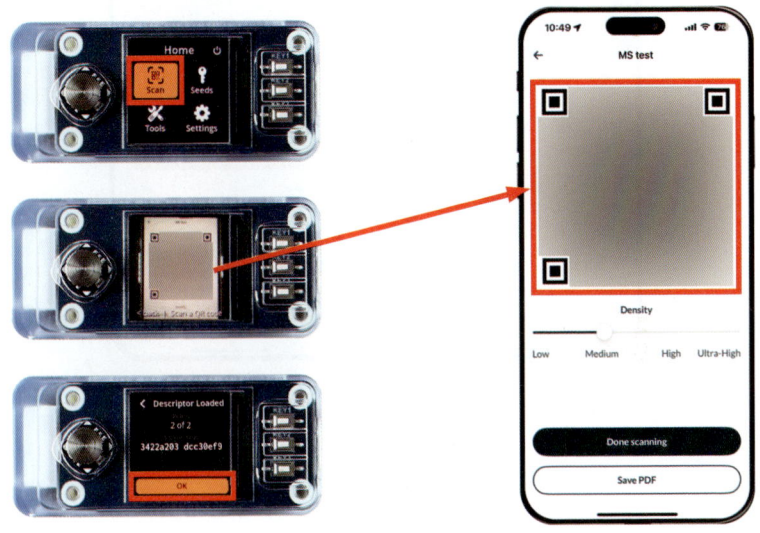

넌척 화면에서 [Receive]를 눌러 나오는 주소를 확인한다.

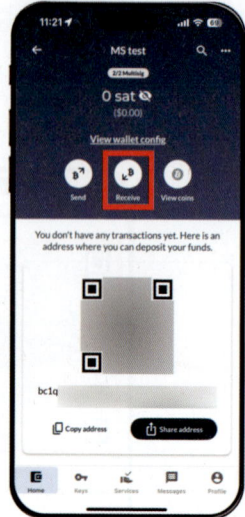 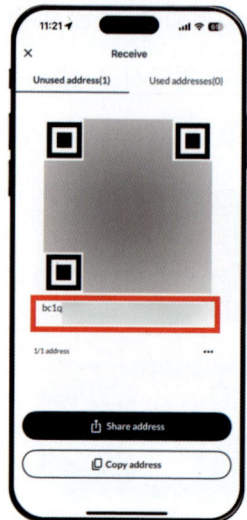

키스톤에서 [수신 주소] → [알겠습니다.]를 눌렀을 때 나오는 주소와 일치하는지 확인해 볼 수 있다.

## 스패로우 지갑에서 멀티시그 지갑 생성

이번에는 스패로우 지갑에서 멀티시그 지갑을 생성하는 방법에 대해 알아보자.

좌측 상단의 [File] → [New wallet]을 선택하거나, 창 중앙의 [New Wallet]을 선택한다.

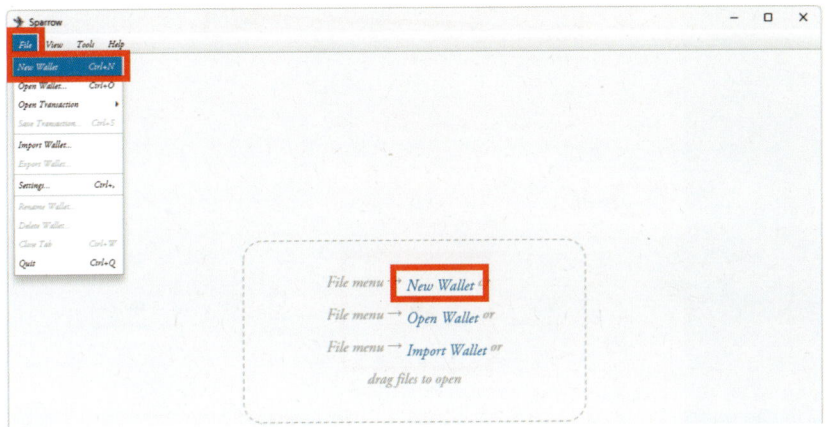

지갑 이름을 설정하고 [Create Wallet]을 누른다.

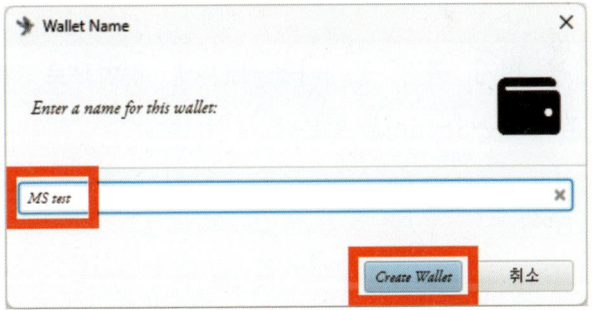

'Policy Type'을 [Multi Signature]로 선택하고, 2 of 2 멀티시그 지갑을 만들 것이므로 우측의 슬라이더를 움직여 2/2를 만든다.

하단에서 [Airgapped Hardware Wallet]을 선택한다.

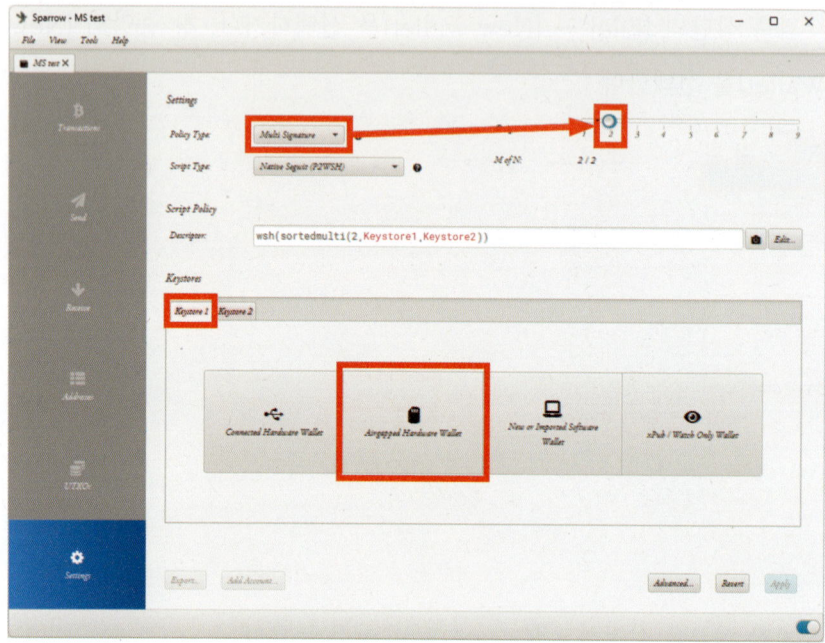

키스톤에서 먼저 확장 공개키를 내보낼 것이므로 'Keystone Multisig' 옆에 있는 [Scan]을 누른다.

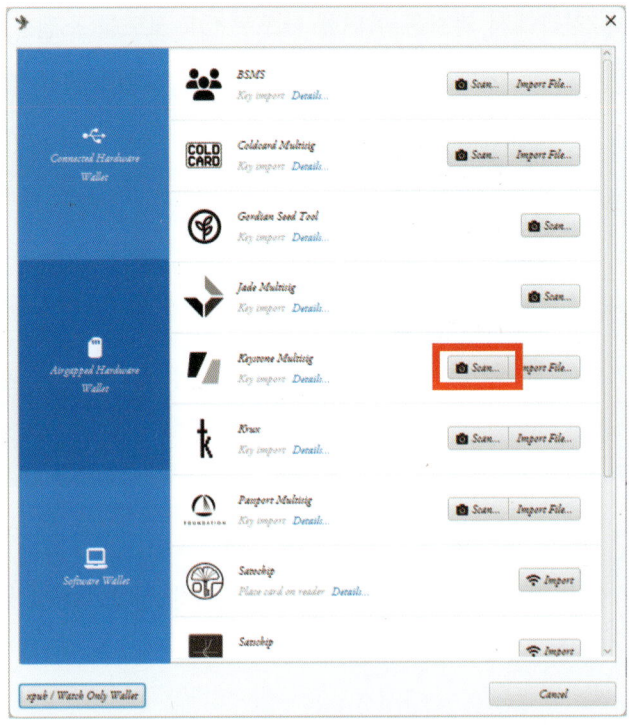

키스톤에서 왼쪽 상단 지갑 버튼 → [확장된 공개 키 표시/내보내기] → [다중 서명 지갑]을 누른다.

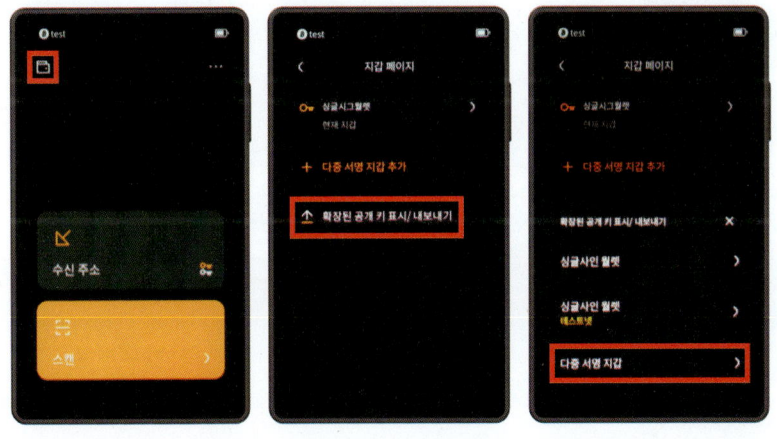

스패로우 지갑에서 키스톤 화면에 나오는 QR 코드를 스캔한다.

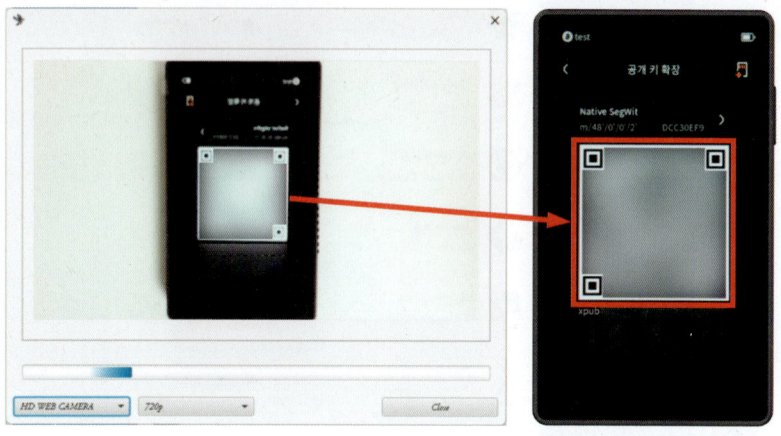

그러면 첫 번째 키가 불러와진다. MFP와 파생 경로, xpub을 확인한다.

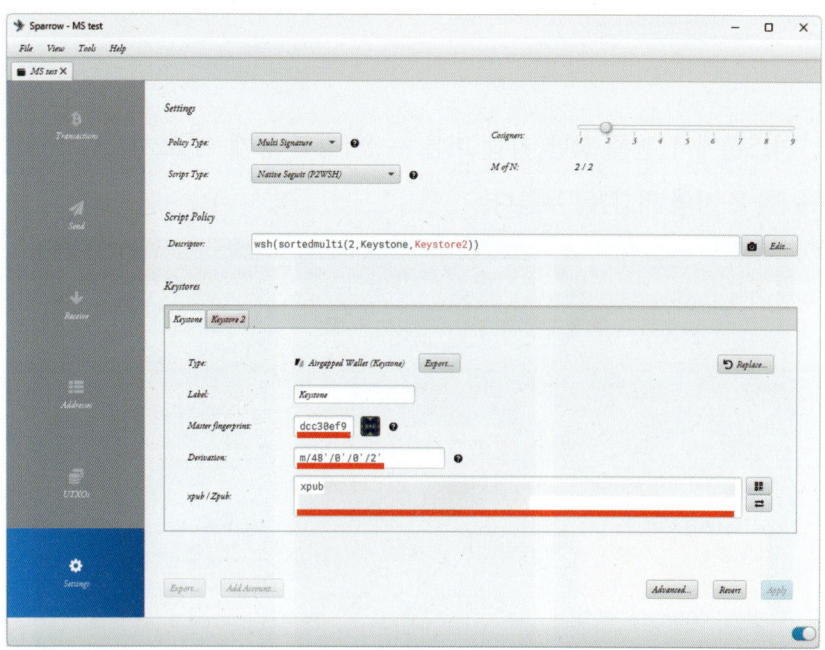

두 번째 키를 불러와 보자. [Keystore 2]를 선택하고 [Airgapped Hardware Wallet]을 누른다.

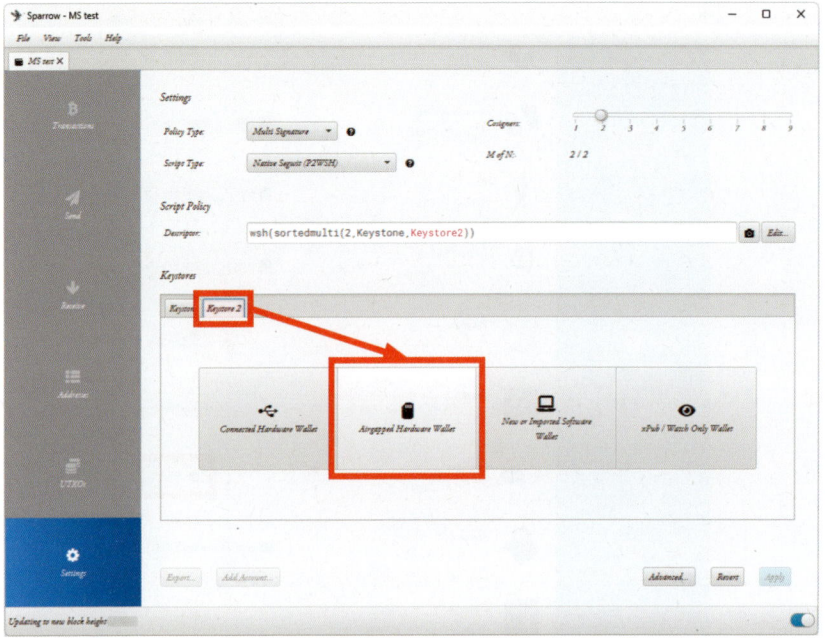

시드사이너에서 확장 공개키를 내보낼 것이므로 스크롤을 내려 'SeedSigner' 옆에 있는 [Scan]을 누른다.

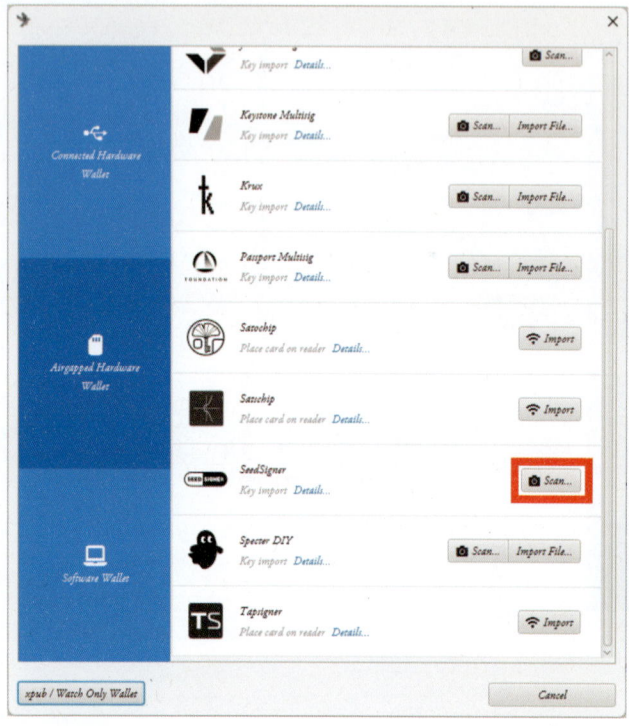

시드사이너에서 [Seeds]에 들어가 시드 QR을 스캔하거나 니모닉을 입력해서 지갑을 불러온다.

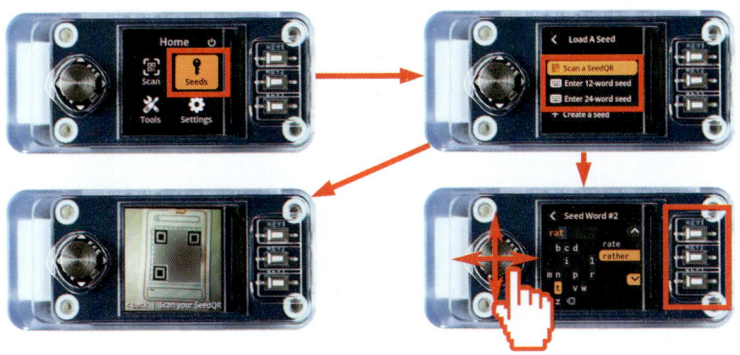

[Seeds] → MFP 선택 → [Export Xpub] → [Multisig] → [Native Segwit] → [Sparrow]를 선택한다.

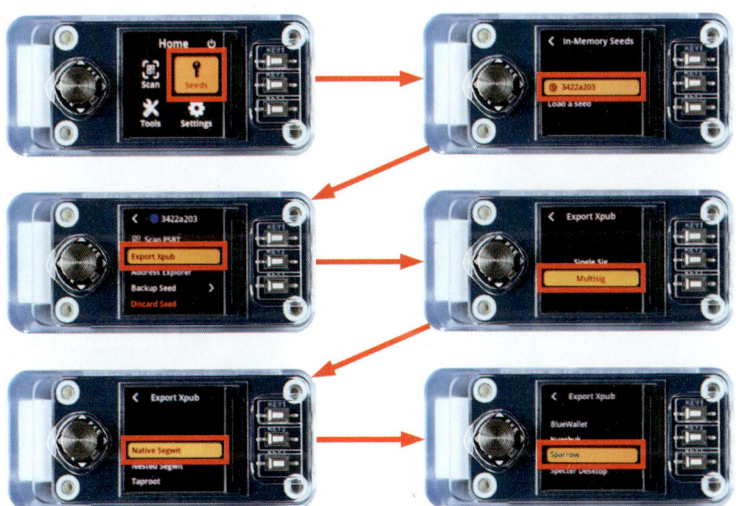

[I Understand] → [Export Xpub]을 선택하면 확장 공개키의 QR 코드가 나온다.

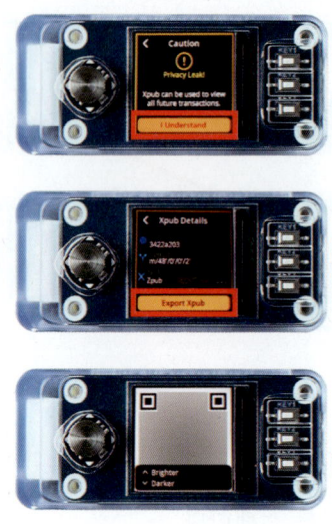

스패로우에서 시드사이너 화면에 나오는 QR 코드를 스캔한다.

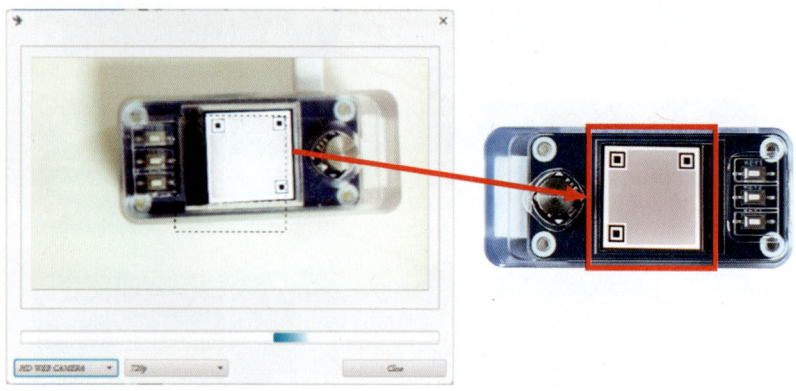

두 번째 키도 불러와졌다. MFP와 파생 경로, xpub을 확인한다. 확인했으면 [Apply]를 누른다.

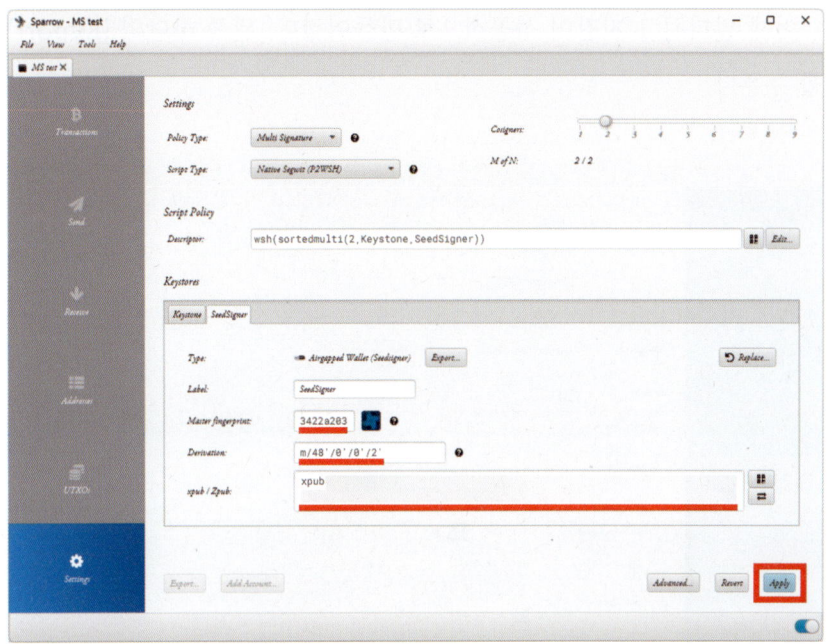

워치-온리 지갑의 비밀번호를 설정하라는 창이 나온다. 워치-온리 지갑이므로 여기서는 비밀번호를 설정하지 않겠다. [No Password]를 누른다.

이제 멀티시그 지갑이 성공적으로 만들어졌다. 왼쪽 하단의 [Export]를 누른다.

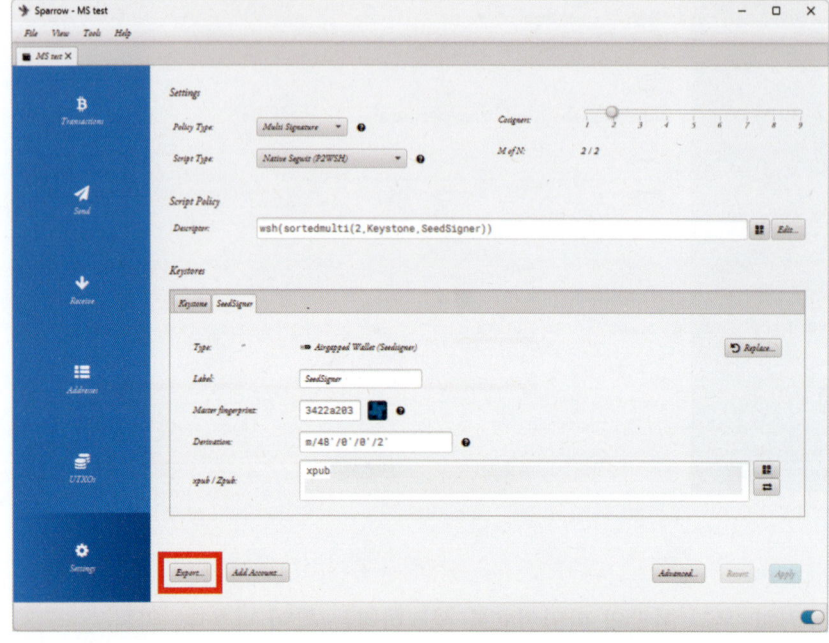

BSMS 파일을 백업하자. 'BSMS' 옆에 있는 [Export File]을 누른다.

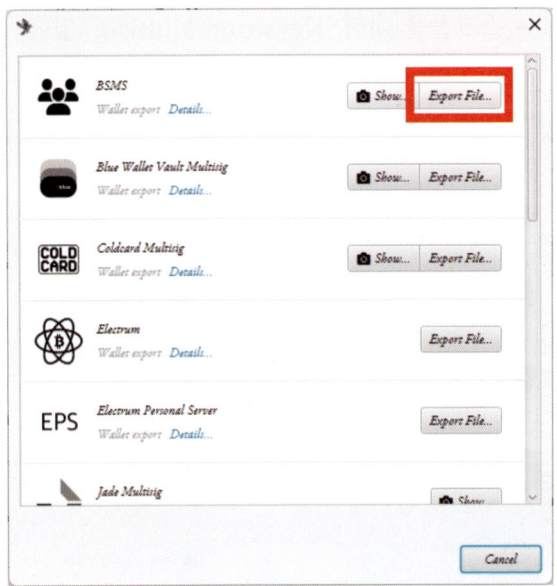

BSMS 파일을 잘 저장한다.

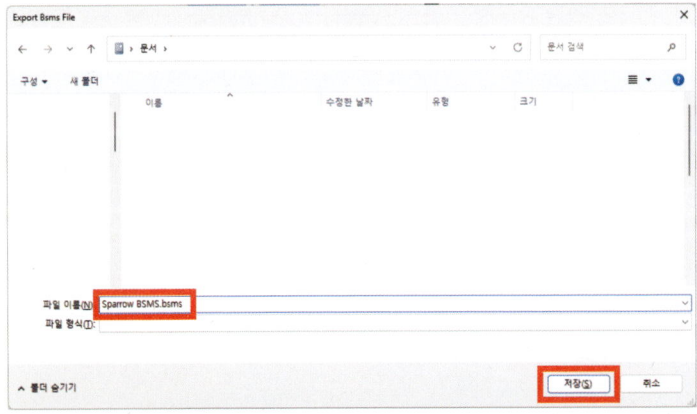

키스톤은 멀티시그 지갑을 저장할 수 있다. 스패로우에서 왼쪽 하단의 [Export] → 스크롤을 내려 'Keystone Multisig' 옆에 있는 [Show]를 누른다.

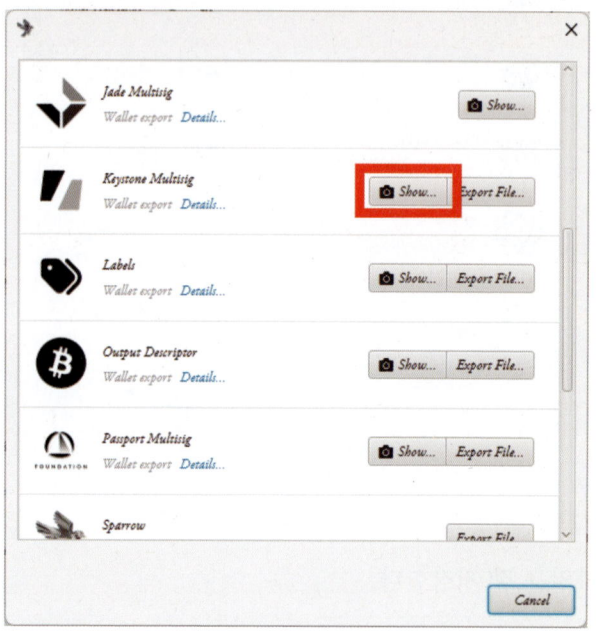

키스톤에서 왼쪽 상단 지갑 버튼 → [다중 서명 지갑 추가] → [카메라로]를 누른다.

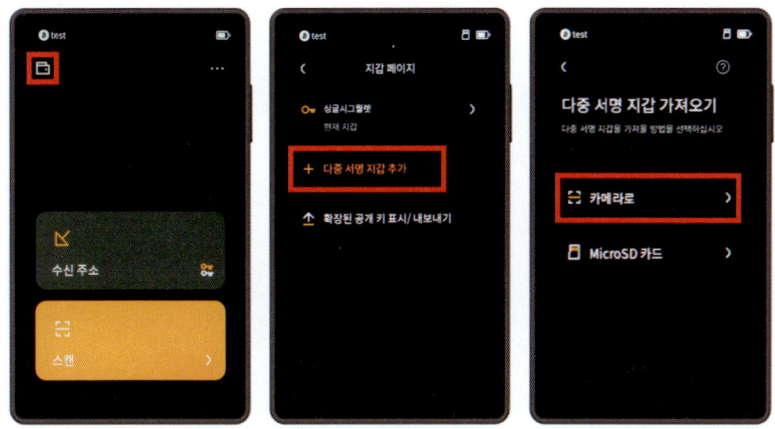

키스톤에서 스패로우 화면에 보이는 QR 코드를 스캔한다.

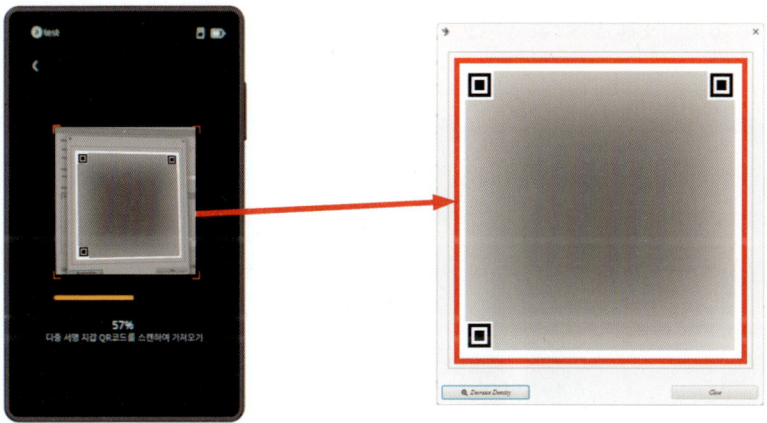

'지갑 정보 체크' 안내창이 나오면 [확인] → [확인]을 누르고 지갑의 핀 번호를 입력한다.

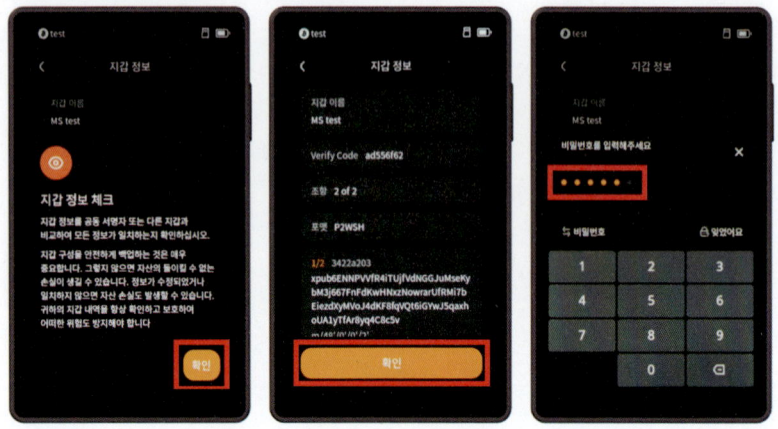

[완료]를 누르면 키스톤 지갑에 멀티시그 지갑 불러오기가 완료된다. 좌측 상단 지갑 버튼을 다시 누르고 불러와진 멀티시그 지갑을 선택한다.

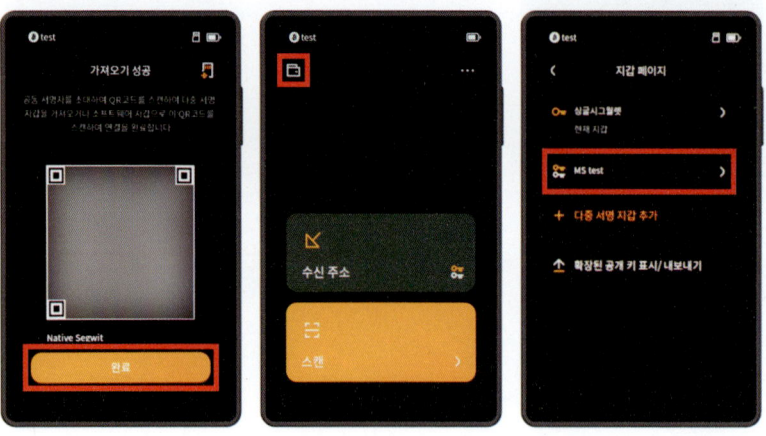

멀티시그 지갑을 선택하고 [현재 지갑]을 눌러야 멀티시그 지갑에서 거래에 서명할 수 있다.

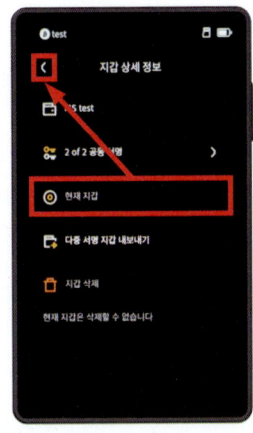 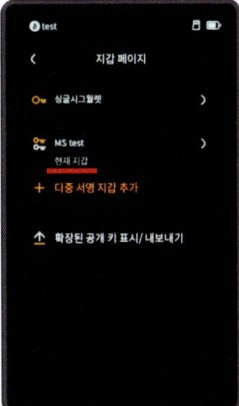

디스크립터도 저장해보자. 'Descriptor' 오른쪽의 [Edit]을 누른다.

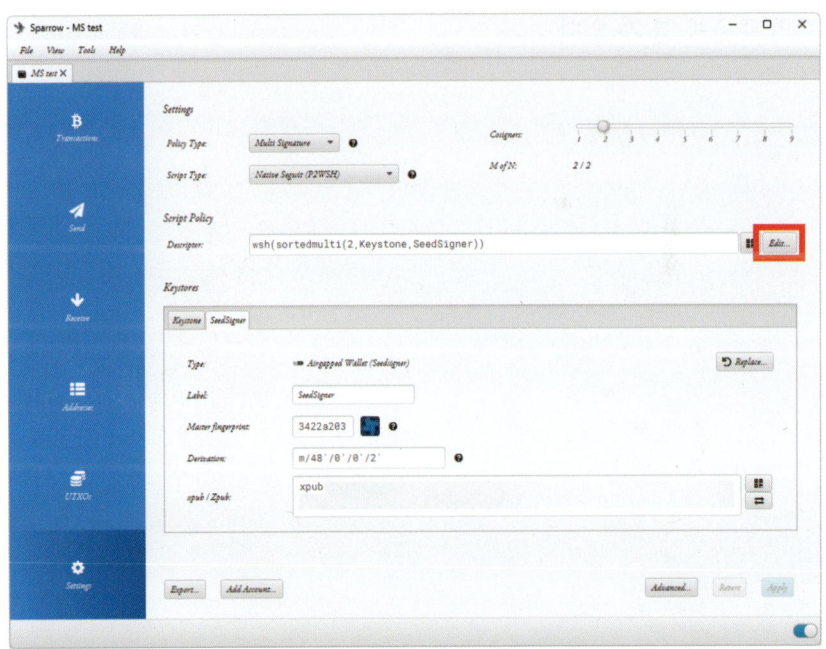

여기 나오는 문자열을 복사해서 텍스트 파일로 저장하면 된다.

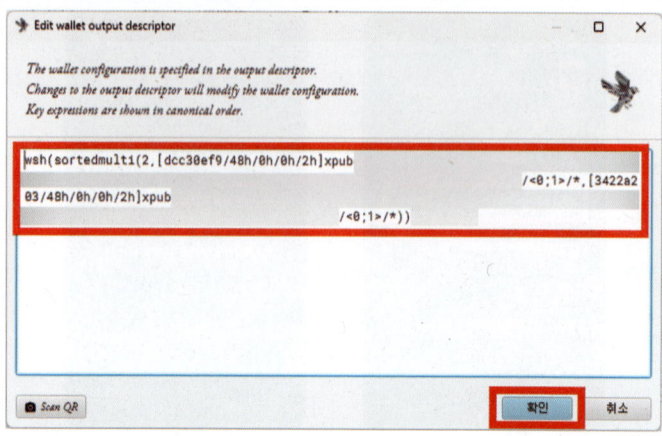

스패로우 지갑의 왼쪽에서 [Receive] 또는 [Address]에 들어가면 지갑의 주소를 볼 수 있다.

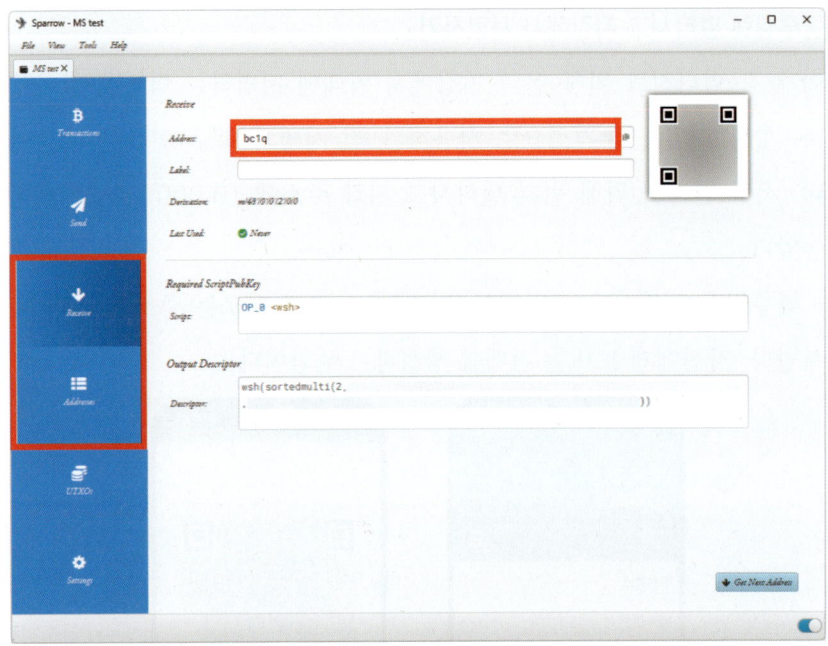

키스톤에서 [수신 주소] → [알겠습니다.]를 눌렀을 때 나오는 주소와 일치하는지 확인해 볼 수 있다.

### 블루월렛 멀티시그 지갑에서 서명하기

이제 각 멀티시그 워치-온리 지갑에서 거래에 서명하는 방법을 알아보자. 항상 지갑을 본격적으로 사용하기 전 서명과 복구 연습은 기본이다. 서명 연습을 위해 먼저 멀티시그 지갑 주소에 10,000 sats를 보내놓았다.

블루월렛 멀티시그 지갑에서 [받기]를 누르면 나오는 주소를 눌러 복사한다. 자신에게 보내는 거래를 생성하기 위함이다.

 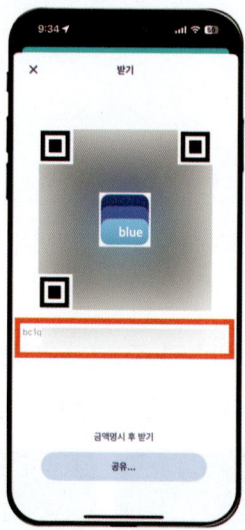

이제 [보내기]를 누른다. 금액을 입력할 때 키보드 위에 있는 [총합계]를 누르면 모든 잔액을 사용하게 된다. '잔고 완전히 사용하기' 안내창이 나오면 [확인]을 누른다.

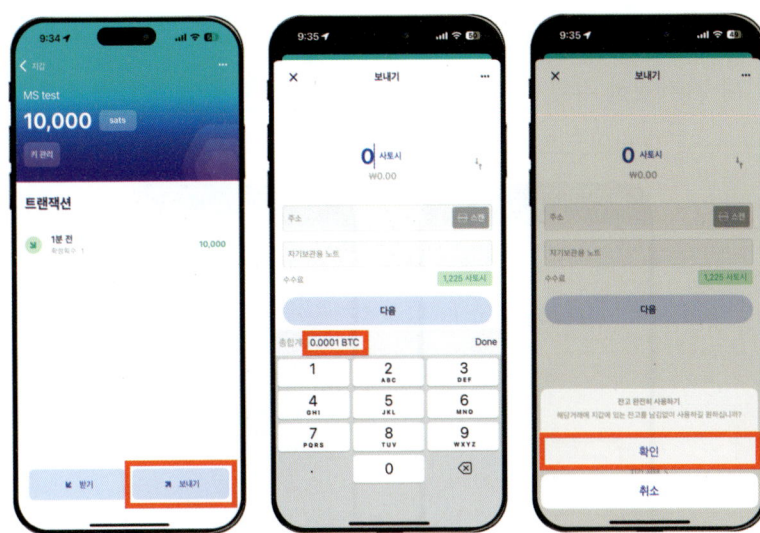

앞에서 복사했던 주소를 붙여넣는다. 수수료도 설정하고, [다음]을 누른다.

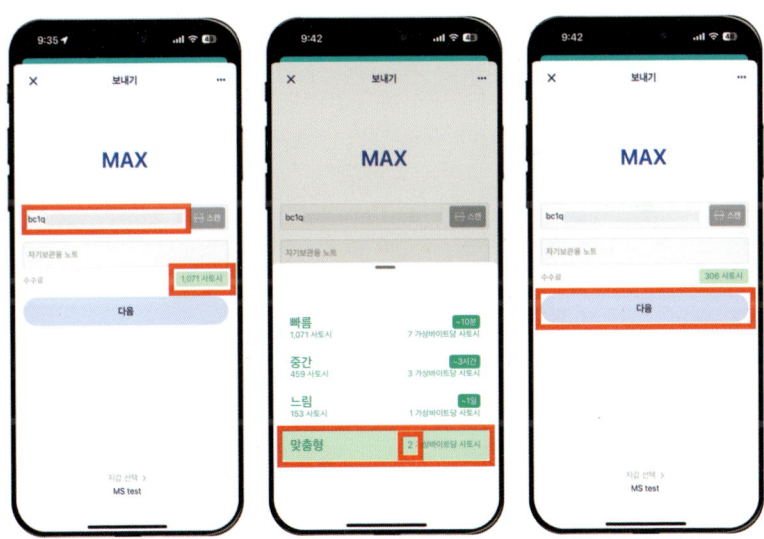

2 of 2 멀티시그 지갑이므로 2개의 서명이 필요하다. 키스톤과 시드 사이너 기기에서 각각 서명해 보자. [서명 제공하기]를 누르면 서명되지 않은 PSBT가 QR 코드로 나온다.

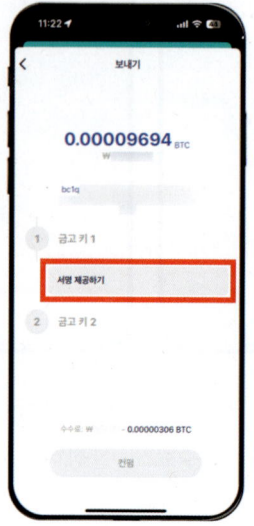 

키스톤 기기에서 [스캔]을 누르고 블루월렛 화면에 나오는 QR 코드를 스캔한다.

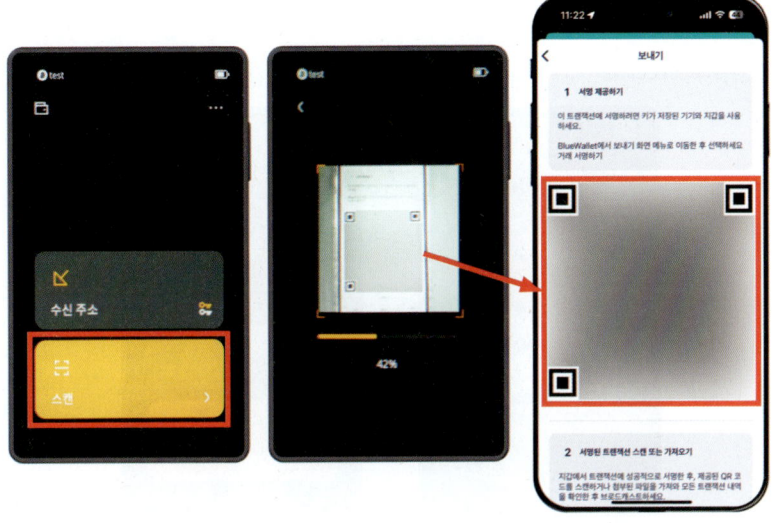

거래 정보를 확인하고 화살표 버튼을 오른쪽으로 민다. 지갑 핀 번호를 입력한다.

만약 '일치하지 않은 거래입니다' 오류가 나오면 멀티시그 지갑을 싱글시그 지갑으로 바꿔주고 서명하면 된다. 블루월렛에서 보여주는 PSBT 정보들과 키스톤이 읽는 멀티시그 정보가 호환되지 않아서 생기는 문제로 추정된다. 싱글시그에서는 PSBT를 잘 읽어온다.

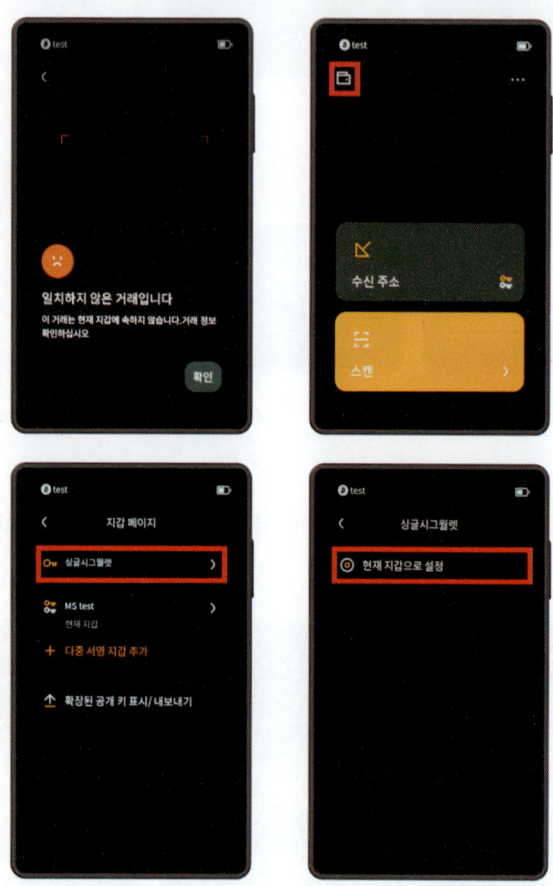

블루월렛에서 스크롤을 내리고 [스캔하거나 화일 들여오기]를 누른 뒤 키스톤 화면에 나오는 QR 코드를 스캔한다.

서명 하나가 완료되었다. 다시 [서명 제공하기]를 누른다.

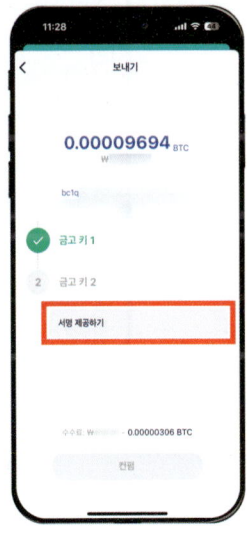

이제 시드사이너에서 [Seeds]에 들어가 시드 QR을 스캔하거나 니모닉을 입력해서 지갑을 불러온다.

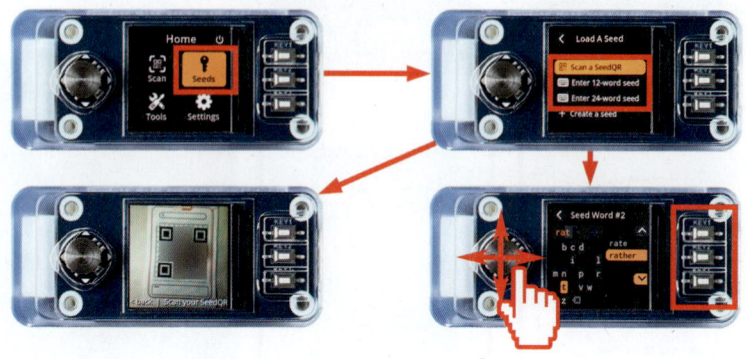

[Scan]을 선택하고 블루월렛 화면에 나오는 QR 코드를 스캔한다.

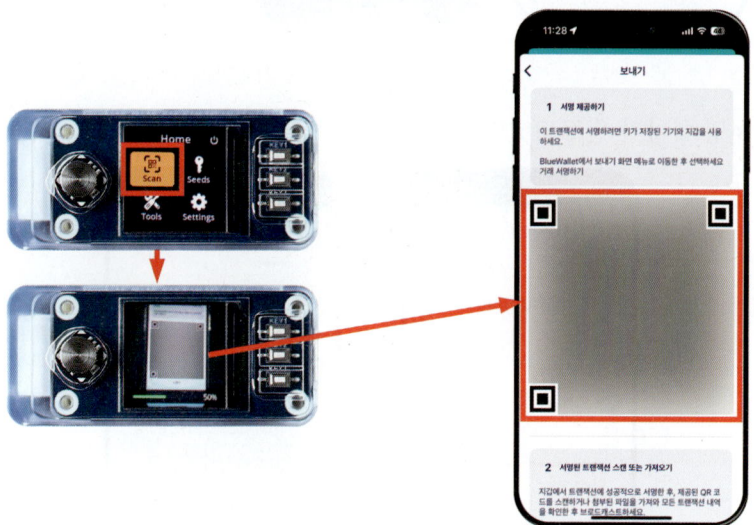

시드사이너에서 MFP 선택 → [Review Details] → [Continue] → [Review Recipients]를 누른다.

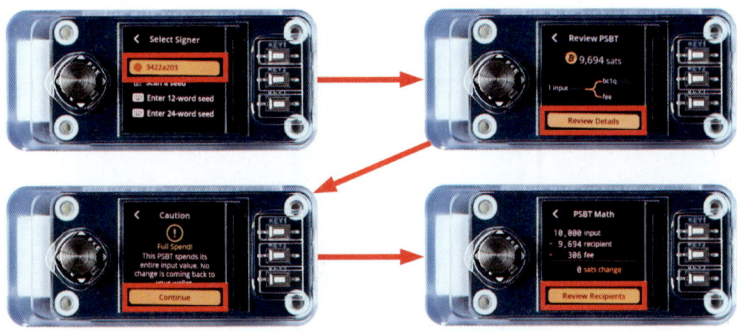

[Next] → [Approve PSBT]를 누른다.

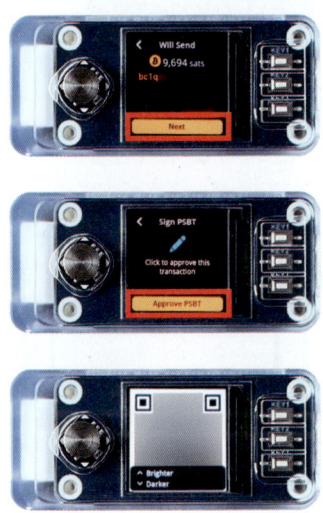

블루월렛에서 스크롤을 내리고 [스캔하거나 화일 들여오기]를 누른 뒤 시드사이너 화면에 나오는 QR 코드를 스캔한다.

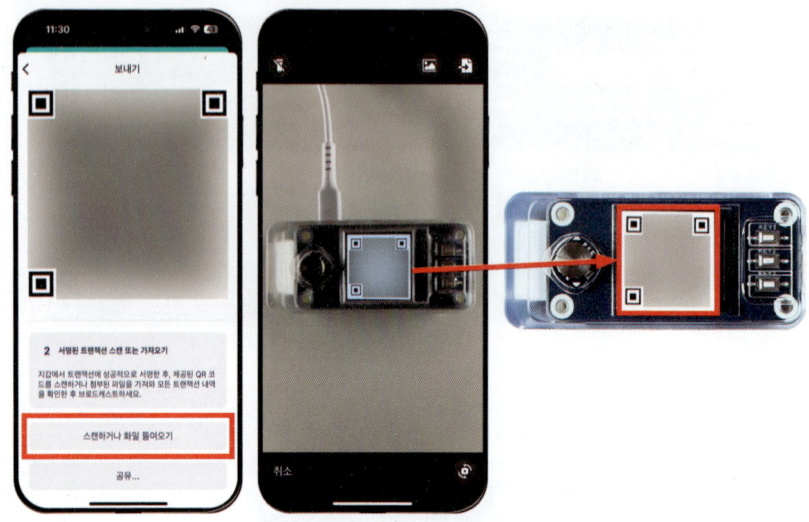

두 개의 서명이 모두 완료되었다. [컨펌] → [바로 보내기]를 누르면 거래가 네트워크에 전파된다.

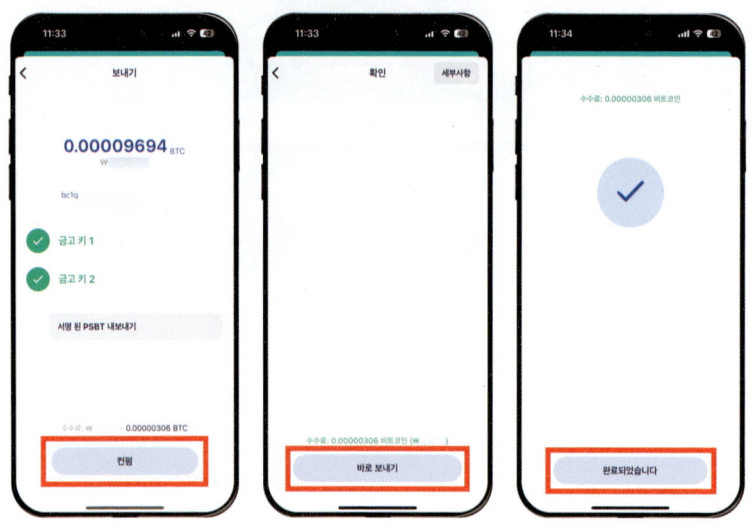

## 넌척 멀티시그 지갑에서 서명하기

이번에는 넌척 멀티시그 지갑에서 서명 연습을 해보겠다. 넌척 멀티시그 지갑에서 [Receive]를 누르고 [Copy address]를 눌러 주소를 복사한다. 자신에게 보내는 거래를 생성하기 위함이다.

 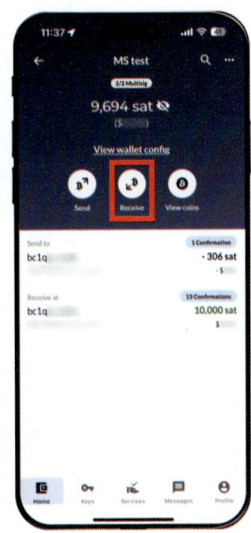 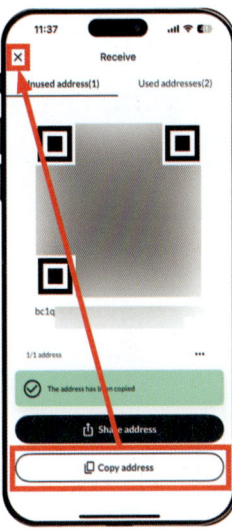

이제 [Send]를 누른다. [Send all]을 누르면 지갑의 모든 잔액을 사용하게 된다. [Continue]를 누른다.

앞에서 복사했던 주소를 붙여넣는다. [Customize transaction]을 눌러서 수수료율을 직접 설정하겠다.

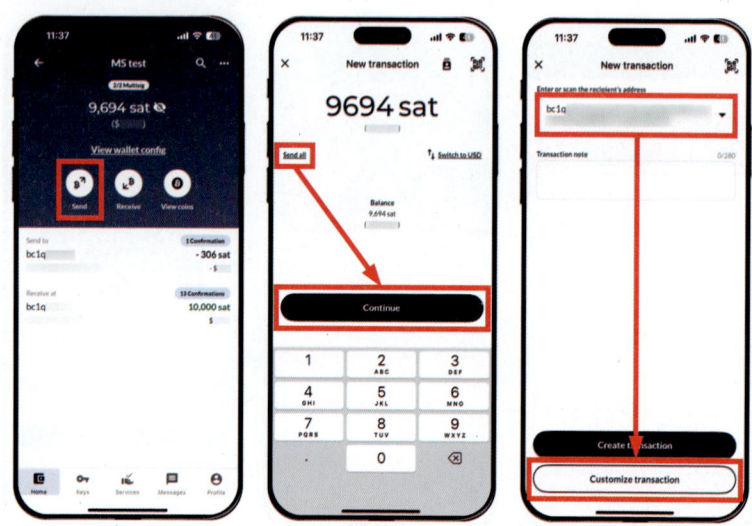

멤풀을 보고 수수료율을 직접 설정한 뒤 [Continue] → [Confirm and create transaction]을 누른다. 그러면 두 개의 서명을 필요로 한다. 시드사이너에서 먼저 서명해 보겠다. 시드사이너 키 옆에 있는 [Sign]을 누른다.

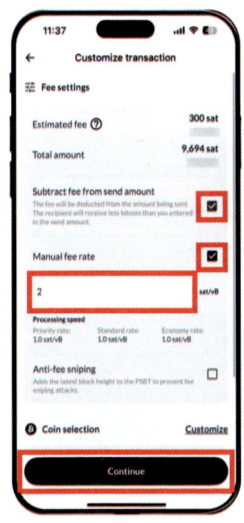 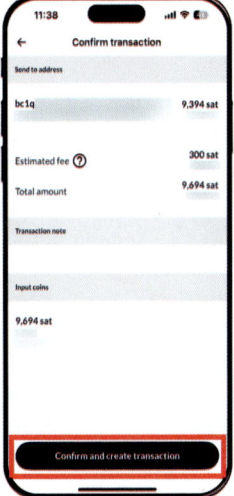 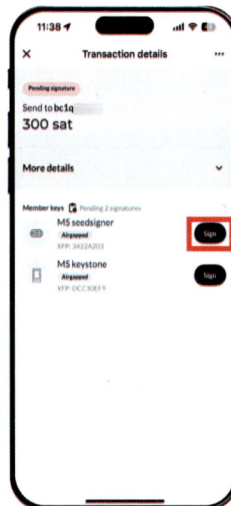

[Export transaction] → [Export via QR]을 누른다.

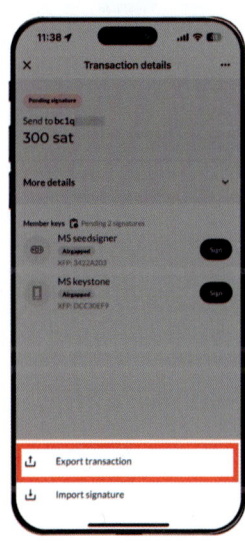 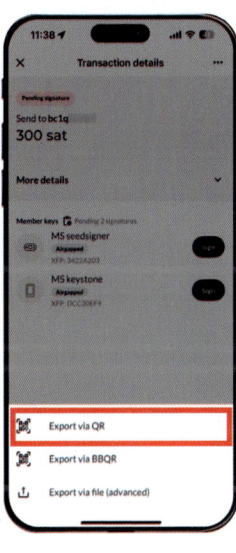 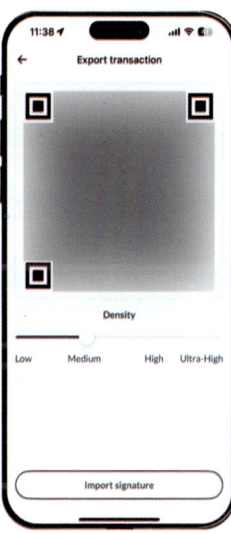

시드사이너에서 [Seeds]에 들어가 시드 QR을 스캔하거나 니모닉을 입력해서 지갑을 불러온다.

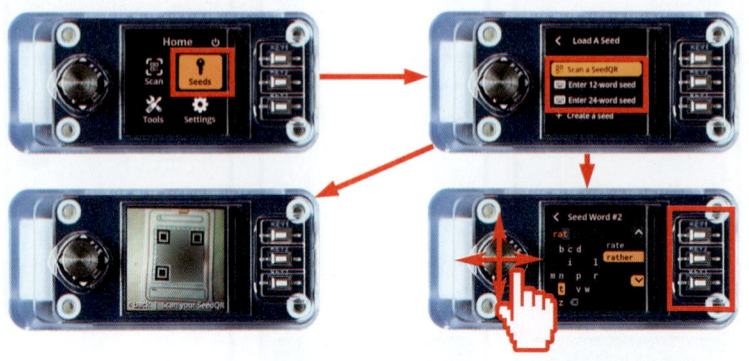

[Scan]을 선택하고 넌척 화면에 나오는 QR 코드를 스캔한다.

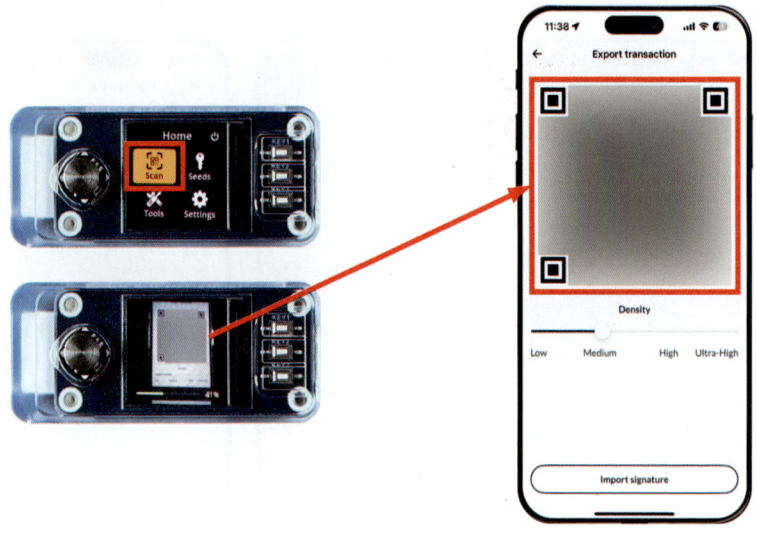

시드사이너에서 MFP 선택 → [Review Details] → [Review Recipients] → [Skip Verification] → [Approve PSBT]를 누른다. 중간에 나오는 주소 검증은 시드사이너가 멀티시그 지갑의 정보를 QR 코드 등으로 먼저 읽은 뒤 잔돈 주소가 이 지갑에 속하는지 등을 검증하는 기능이다. 여기서는 건너뛰도록 하겠다.

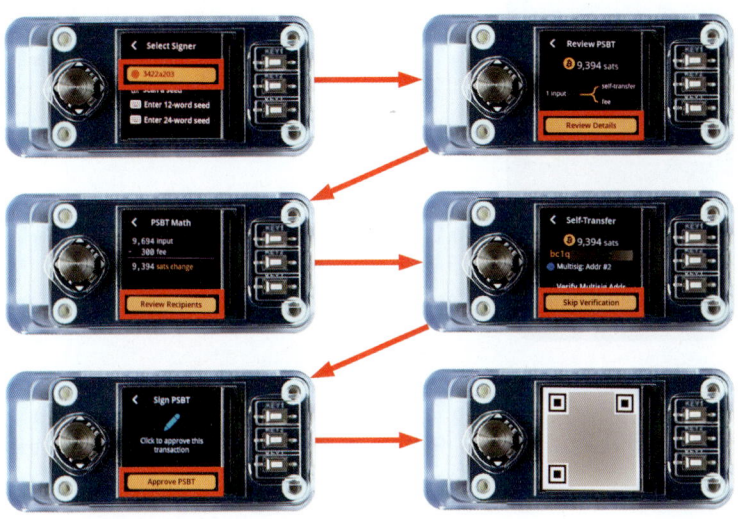

넌척에서 [Import Signature]를 누르고 시드사이너 화면에 나오는 QR 코드를 스캔한다.

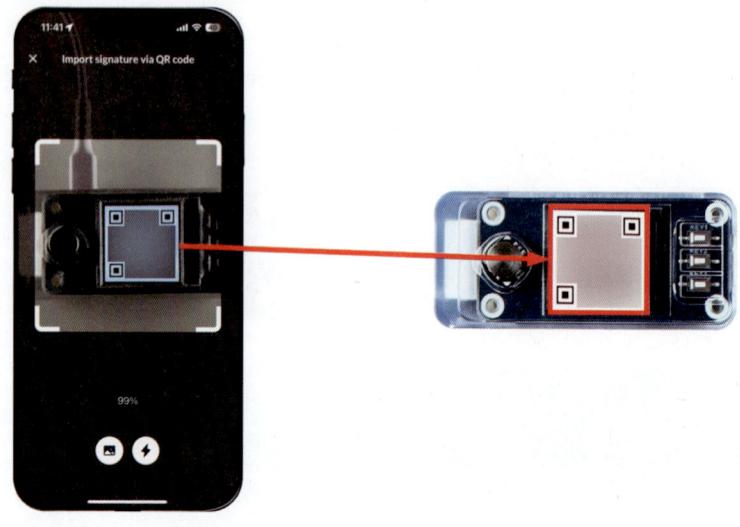

서명 하나가 완료되었다. 이번에는 키스톤 키 옆에 있는 [Sign] → [Export transaction] → [Export via QR]을 누른다.

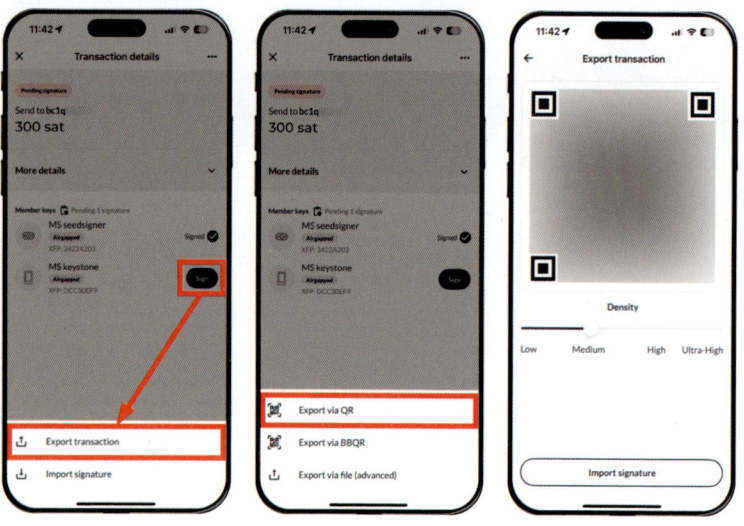

키스톤 기기에서 [스캔]을 누르고 넌척 화면에 나오는 QR 코드를 스캔한다.

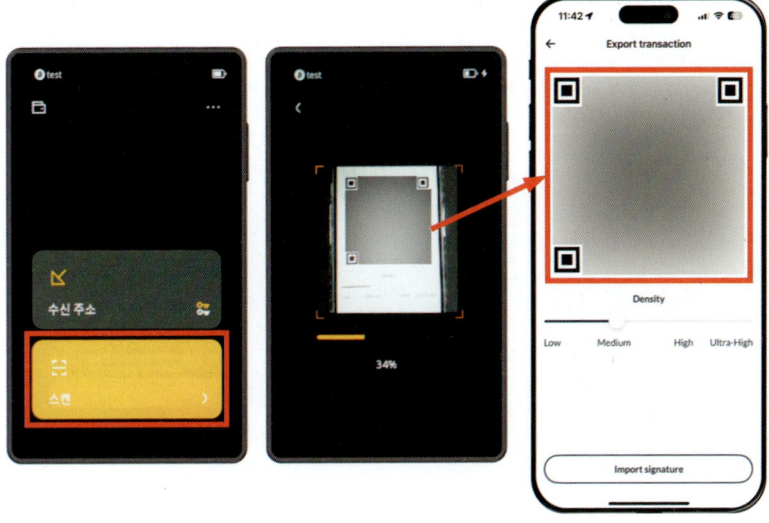

거래 정보를 확인하고 화살표 버튼을 오른쪽으로 민다. 지갑 핀 번호를 입력한다.

넌척에서 [Import Signature]를 누르고 키스톤 화면에 나오는 QR 코드를 스캔한다.

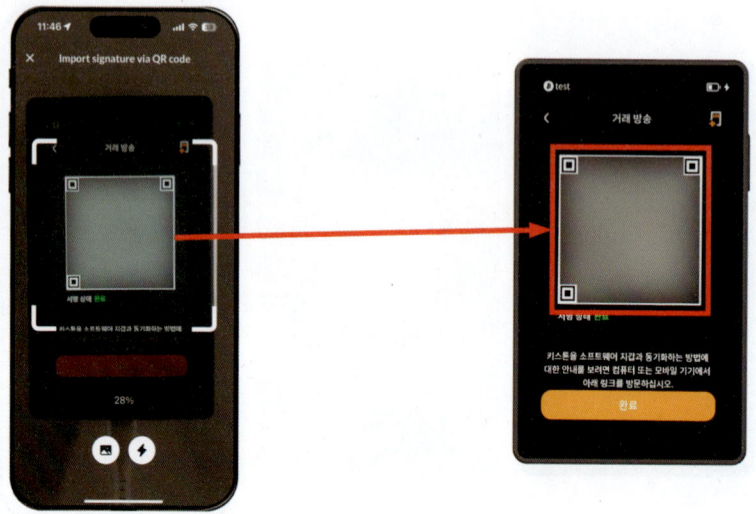

두 개의 서명이 모두 완료되었다. [Broadcast transaction]을 누르면 거래가 네트워크에 전파된다.

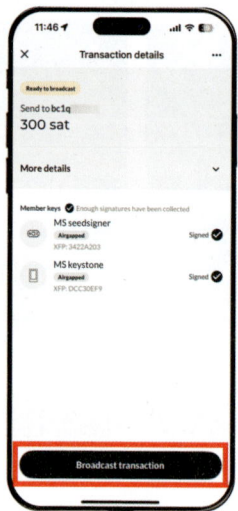 

## 스패로우 멀티시그 지갑에서 서명하기

이번에는 스패로우 멀티시그 지갑에서 서명 연습을 해보겠다. 스패로우 왼쪽 탭에서 [Receive]를 누르면 나오는 주소를 클릭해 복사한다. 자신에게 보내는 거래를 생성하기 위함이다.

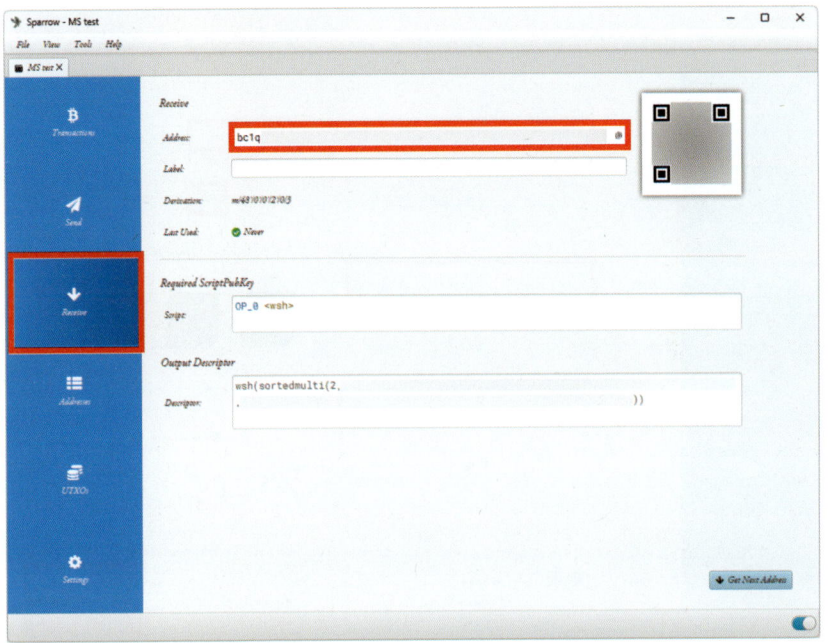

[Send]를 누르고 'Pay to' 입력창에 방금 복사했던 주소를 붙여넣는다. 레이블에 아무거나 쓰고, 오른쪽의 [Max] 버튼을 눌러 지갑의 모든 잔액을 보낸다. 멤풀을 보고 수수료를 설정한 뒤 [Create Transaction]을 누른다.

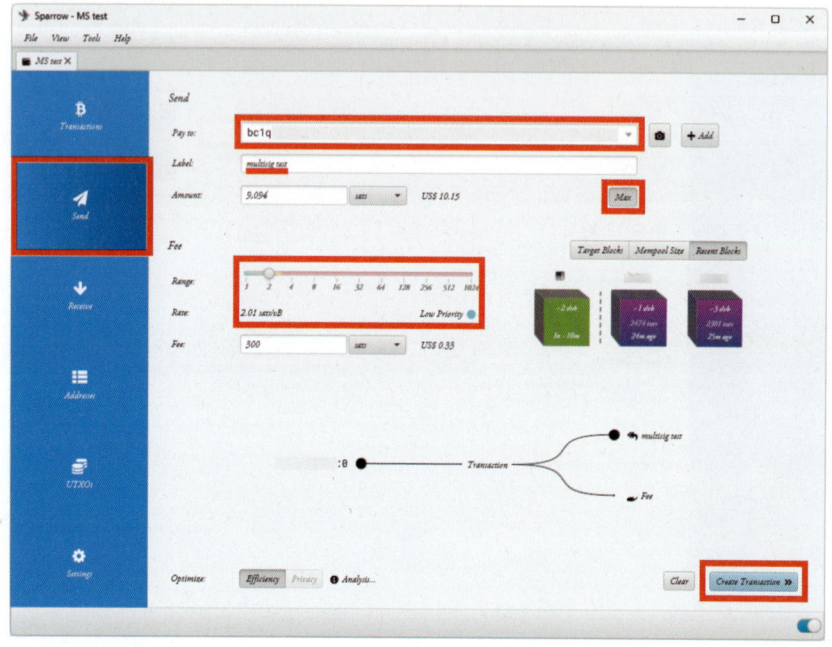

[Finalize Transaction for Signing]을 누른다.

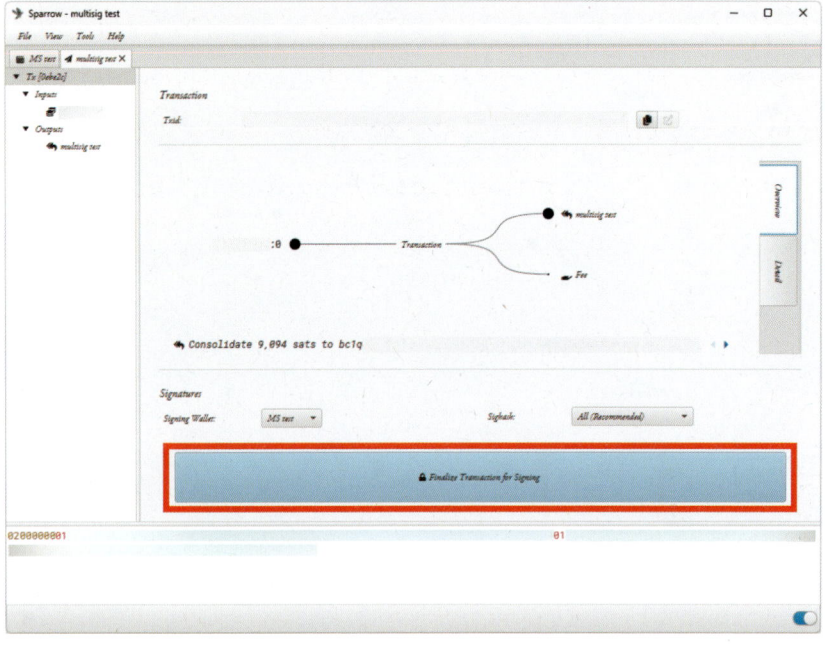

[Show QR]을 누른다.

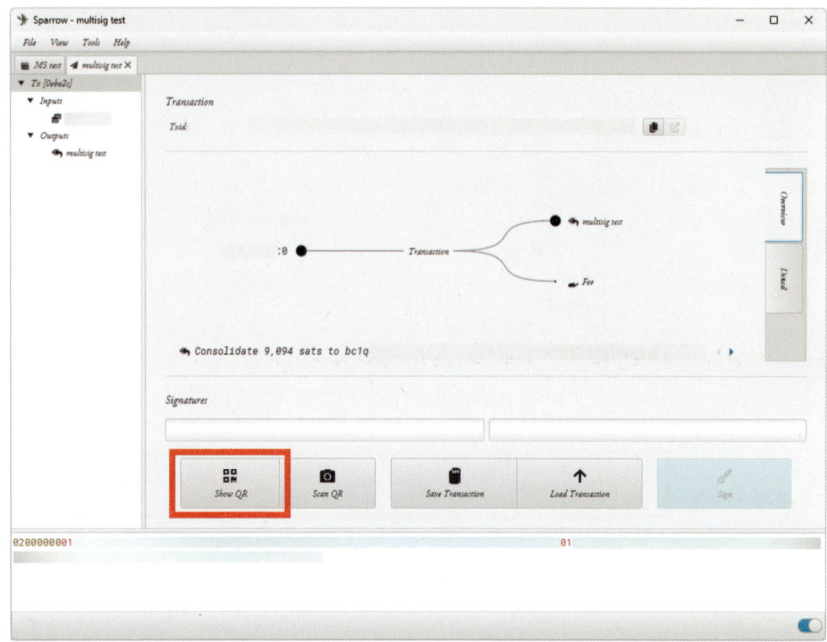

키스톤 기기에서 먼저 서명해 보겠다. 키스톤 기기에서 [스캔]을 누르고 스패로우 화면에 나오는 QR 코드를 스캔한다.

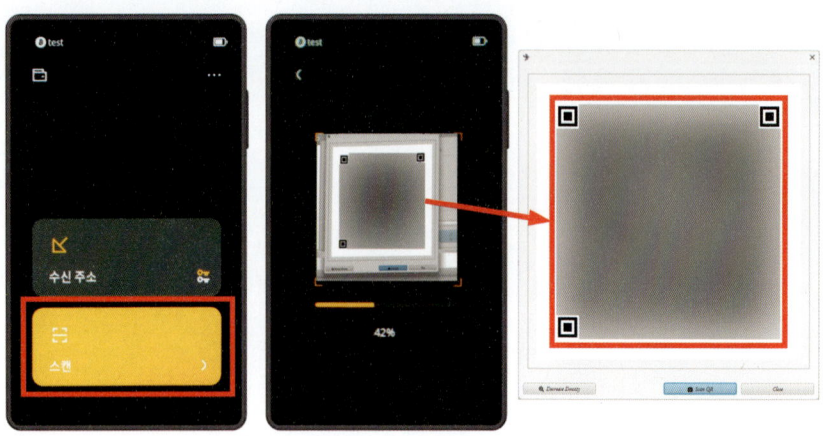

거래 정보를 확인하고 화살표 버튼을 오른쪽으로 민다. 지갑 핀 번호를 입력한다.

스패로우에서 [Scan QR]을 누르고 키스톤 화면에 나오는 QR 코드를 스캔한다.

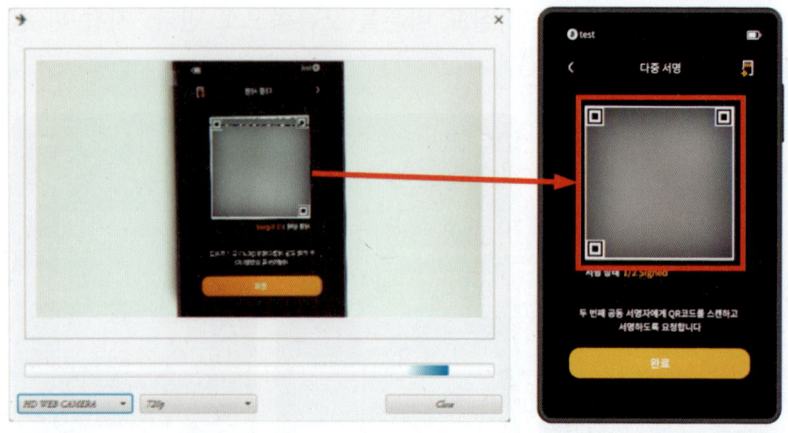

첫 번째 서명이 완료되었다. 이제 시드사이너에서 두 번째 서명을 해
보자. [Show QR]을 누른다.

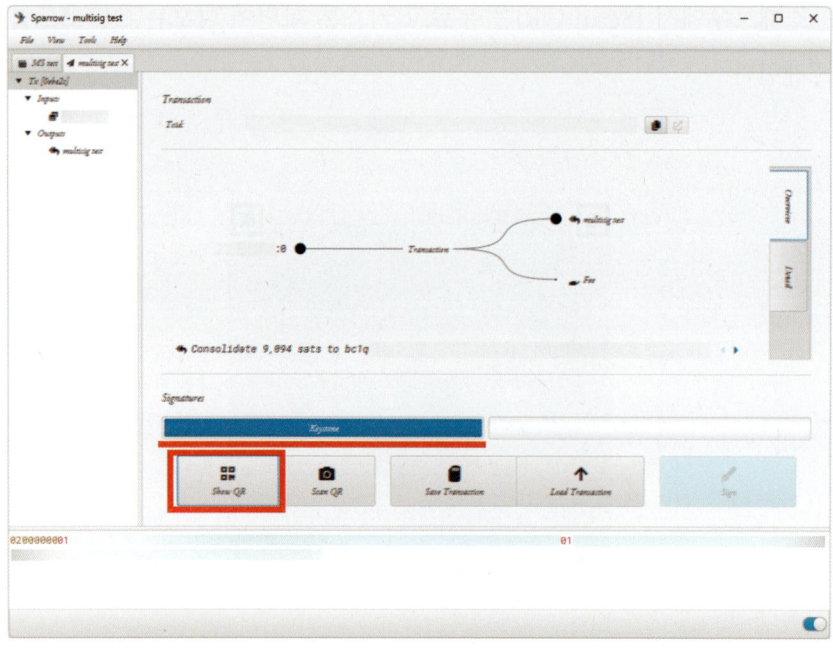

시드사이너에서 [Seeds]에 들어가 시드 QR을 스캔하거나 니모닉을 입력해서 지갑을 불러온다.

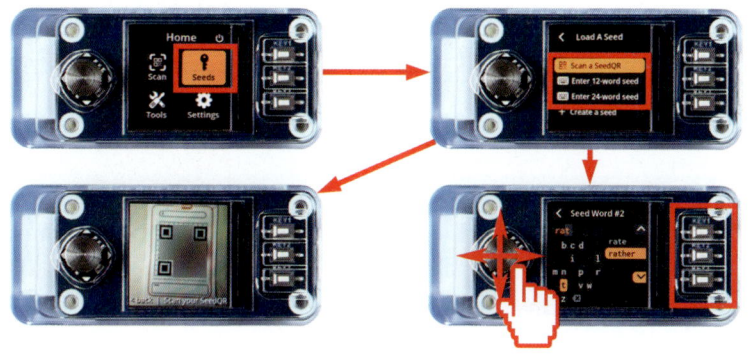

[Scan]을 누르고 스패로우 화면에 나오는 QR 코드를 스캔한다.

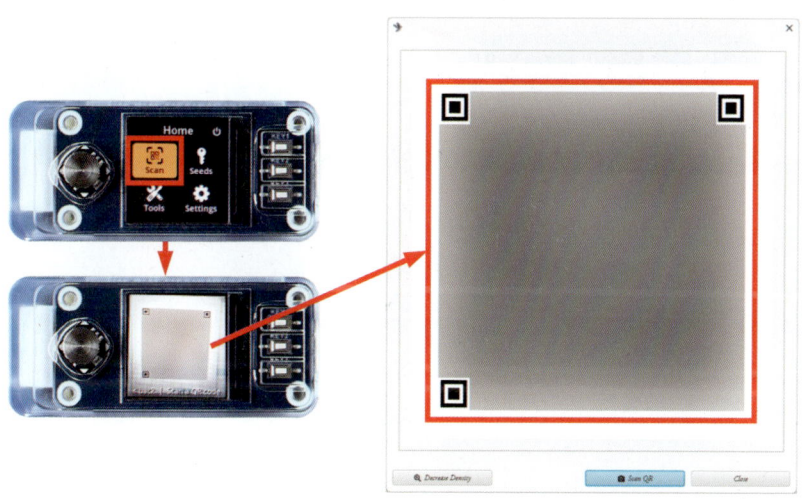

시드사이너에서 MFP 선택 → [Review Details] → [Review Recipients] → [Skip Verification] → [Approve PSBT]를 누른다. 중간에 나오는 주소 검증은 시드사이너가 멀티시그 지갑의 정보를 QR 코드 등으로 먼저 읽은 뒤 잔돈 주소가 이 지갑에 속하는지 등을 검증하는 기능이다. 여기서는 건너뛰도록 하겠다.

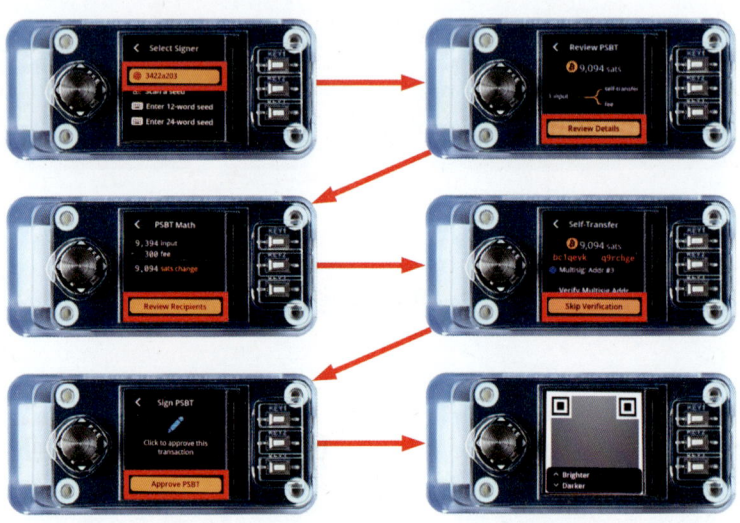

스패로우에서 [Scan QR]을 누르고 시드사이너 화면에 나오는 QR 코드를 스캔한다.

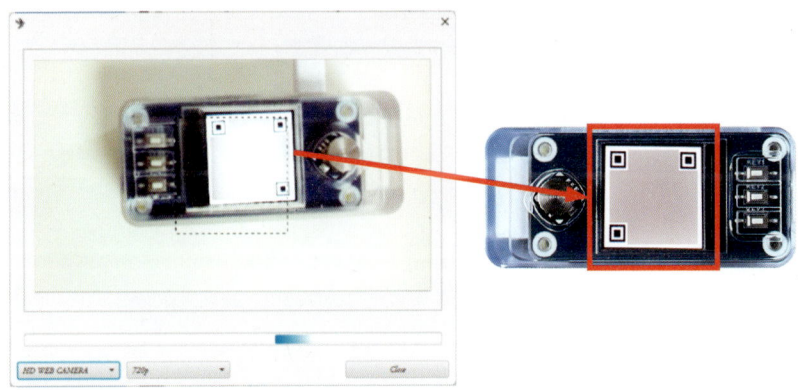

두 개의 서명이 모두 완료되었다. [Broadcast Transaction]을 누르면 거래가 네트워크에 전파된다.

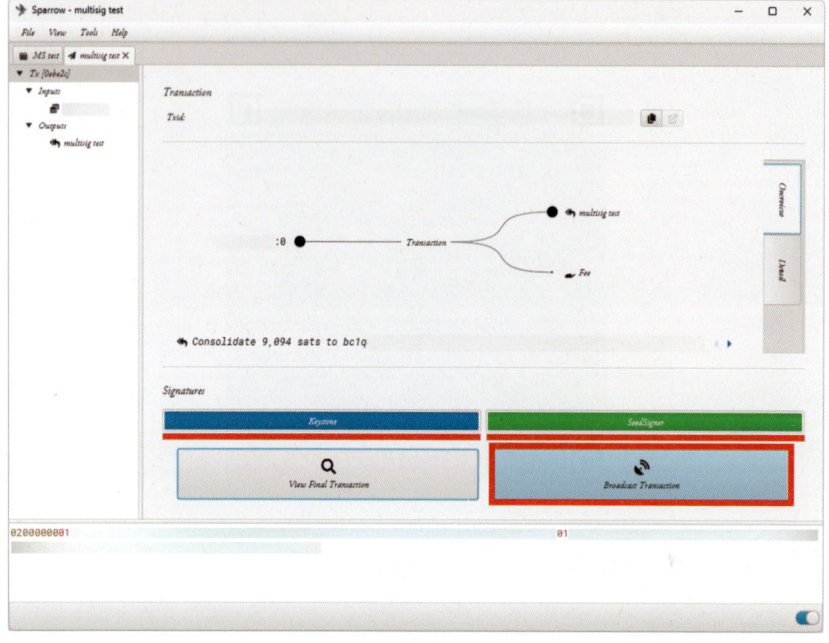

## 멀티시그 워치-온리 지갑 삭제 후 복구하기

멀티시그 지갑은 각 키의 MFP나 파생 경로, Sorted 여부 등이 들어 있는 BSMS 파일이나 디스크립터 백업이 매우 중요하다고 했다. 이번에는 BSMS 파일이나 디스크립터 파일을 통해 멀티시그 워치-온리 지갑을 복구하는 방법을 알아보자. 여러 사람이 멀티시그로 공동 자금을 운용하는 경우에는 최초 멀티시그 지갑 생성자가 BSMS 파일이나 디스크립터를 나눠줄 텐데 이 파일을 통해 멀티시그 워치-온리 지갑을 복구해야 한다.

먼저 블루월렛에서 복구 연습을 해보자. 블루월렛에서 멀티시그 지갑 선택 → 우측 상단 점 세 개 → 점 세 개 → [지움]을 누른다.

  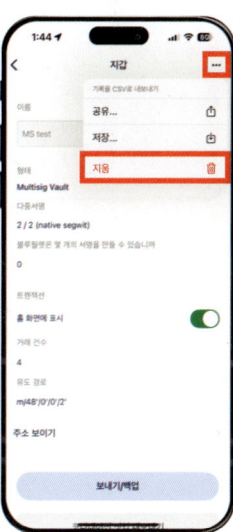

정말 지갑을 삭제할 건지 묻는 창이 나오면 [네 삭제합니다.] → 지갑 잔액 입력 → [지움]을 누른다.

이제 블루월렛에서 멀티시그 지갑을 복구해 보자. 우측 상단 [+]를 누른다.

[다중서명 금고]를 선택하고, [지갑 들여오기] → [스캔 또는 화일 들여오기]를 누른다.

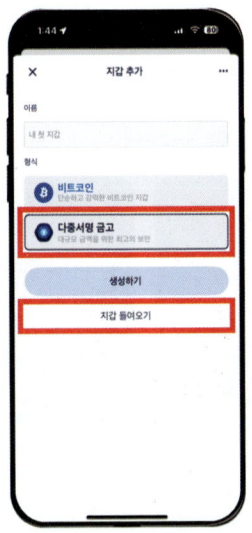 

우측 상단의 문서 버튼을 누르고 BSMS나 디스크립터 파일 등의 백업 파일을 선택하면 워치-온리 지갑이 복구된다.

키스톤에 멀티시그 지갑을 저장한 경우 키스톤을 통해 워치-온리 지갑을 복구할 수도 있다. 키스톤에서 왼쪽 상단 지갑 버튼 → 멀티시그 지갑 선택 → [다중 서명 지갑 내보내기]를 누른다.

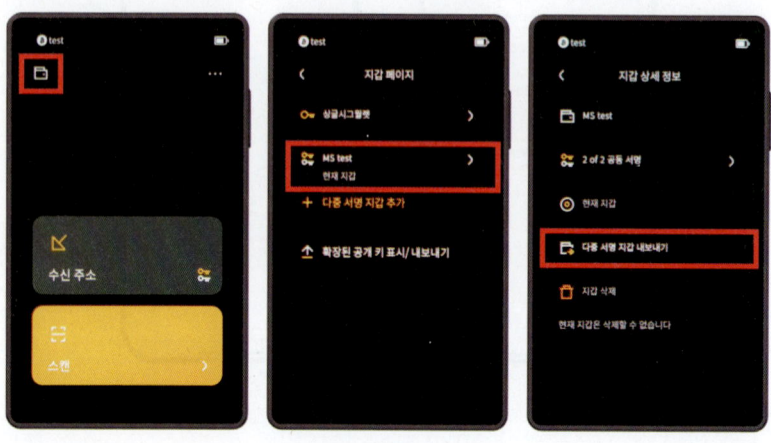

[내보내기] → [확인]을 누른다.

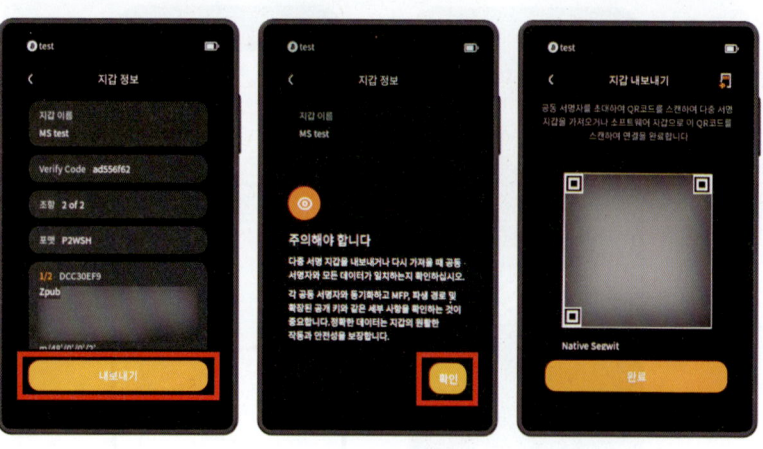

블루월렛에서 키스톤 화면에 나오는 QR 코드를 스캔한다.

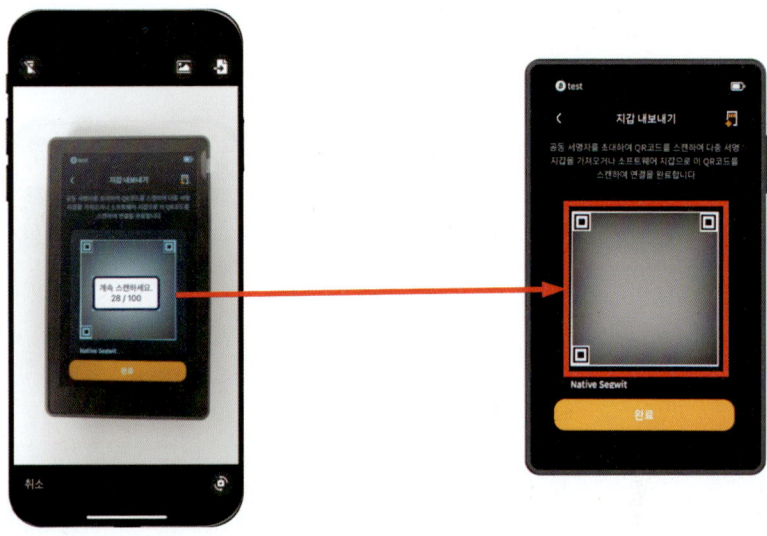

멀티시그 지갑이 성공적으로 복구되었다.

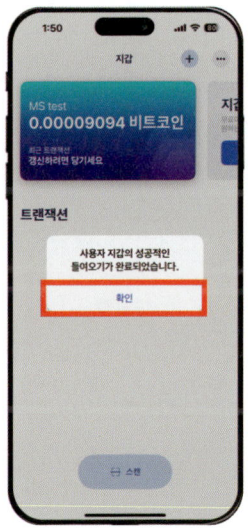

넌척에서도 지갑을 지웠다가 복구해 보자. 멀티시그 지갑에서 [View wallet config] → 우측 상단 점 세 개 → [Delete wallet]을 누르고, 'DELETE' 입력 후 [Confirm]을 누른다.

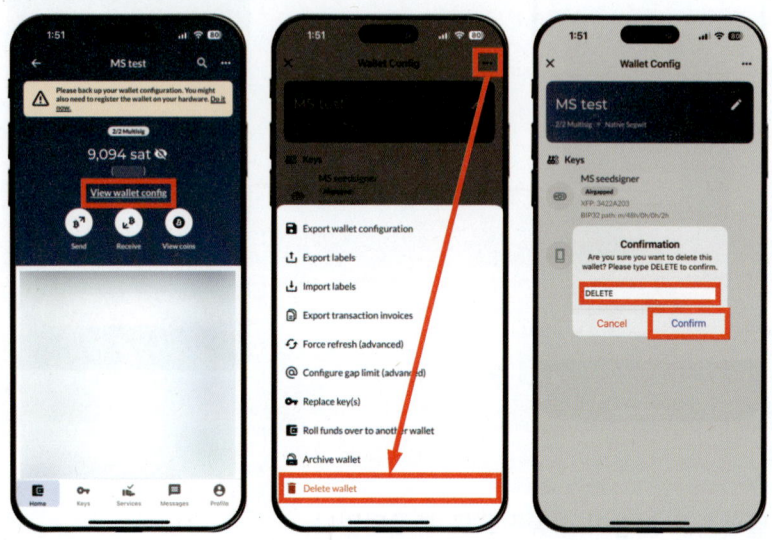

등록된 키도 지울 것이다. 하단 탭에서 [Keys] → 시드사이너 키 선택 → 우측 상단 점 세 개 → [Remove key] → [Yes]를 누른다.

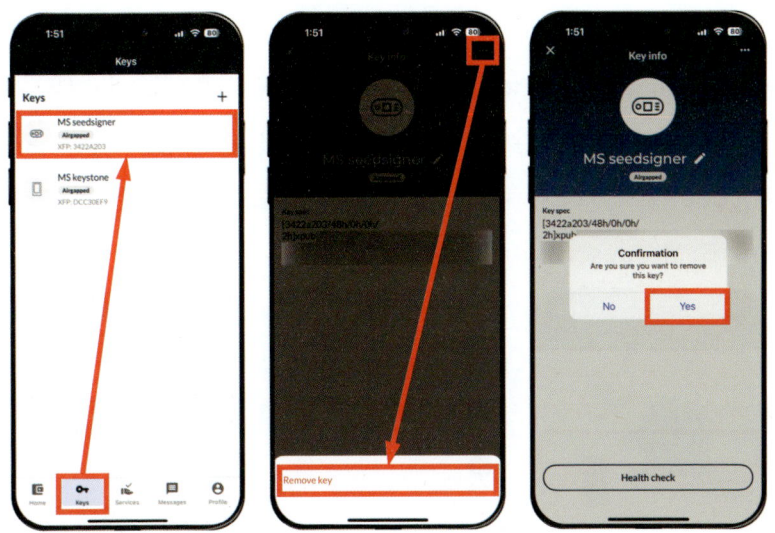

키스톤 키도 마저 지우자. 키스톤 키 선택 → 우측 상단 점 세 개 → [Remove key] → [Yes]를 누른다.

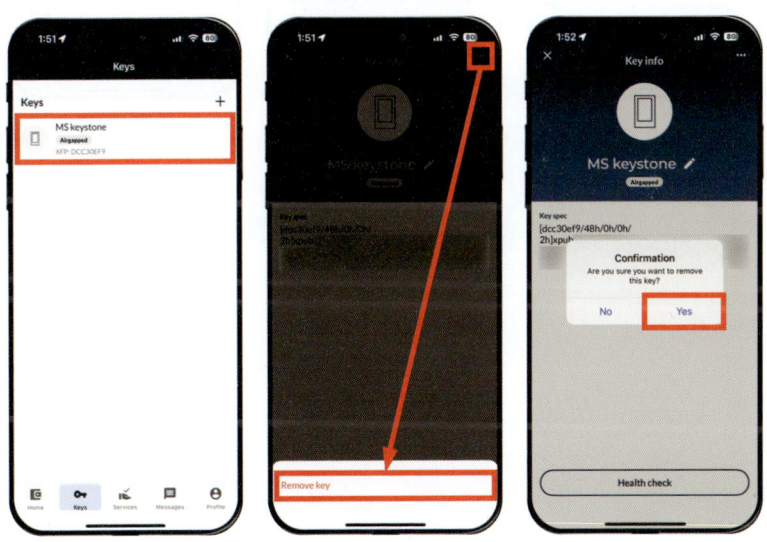

1부 • 셀프 커스터디 가이드   511

이제 넌척에서 멀티시그 지갑을 복구해 보자. 하단 탭에서 [Home] → [Recover existing wallet] → [Recover existing wallet]을 누른다. 키스톤에 저장된 멀티시그 지갑을 불러올 때는 [Recover using QR code]를, BSMS나 디스크립터 파일 등을 불러올 때는 [Recover using BSMS/descriptors]를 누르면 된다.

 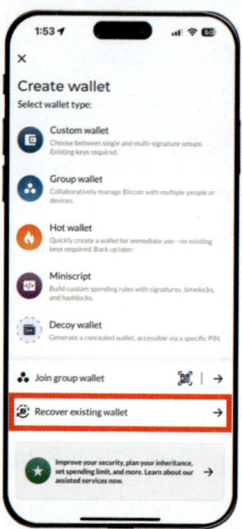 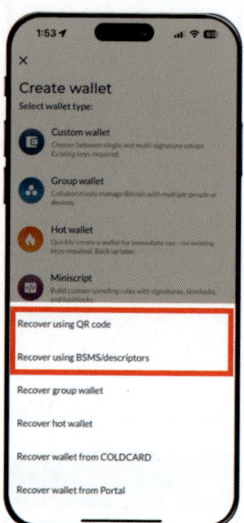

먼저 키스톤에 저장된 멀티시그 지갑을 통해 워치-온리 지갑을 복구해 보겠다. 키스톤에서 왼쪽 상단 지갑 버튼 → 멀티시그 지갑 선택 → [다중 서명 지갑 내보내기]를 누른다.

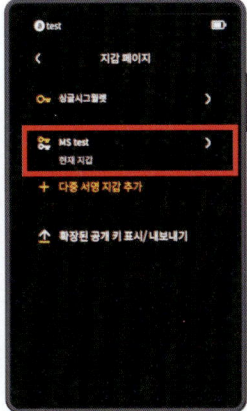
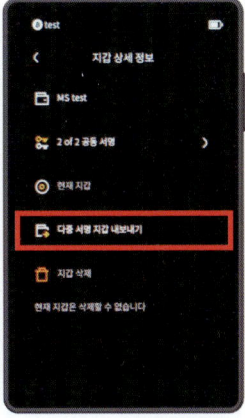

[내보내기] → [확인]을 누른다.

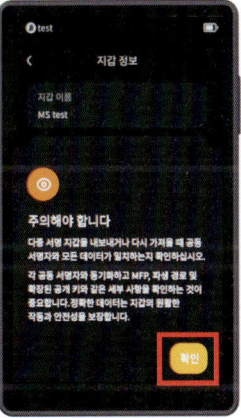

넌척에서 [Recover using QR code]를 누르고 키스톤 화면에 나오는 QR 코드를 스캔한다.

BSMS 파일이나 디스크립터 백업 파일을 통해 복구할 때는
[Recover using BSMS/descriptors]를 누르고 백업 파일을 선택한다.

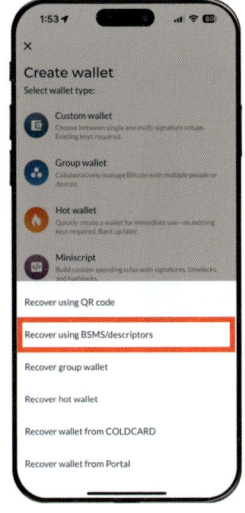 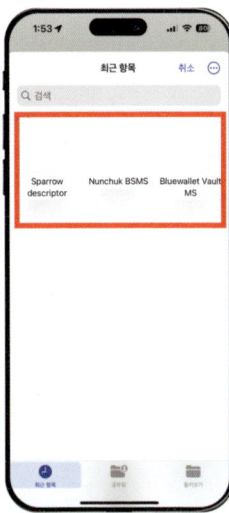

지갑 이름을 설정하고 [Continue] → [Done]을 누르면 멀티시그 지갑이 성공적으로 복구된다.

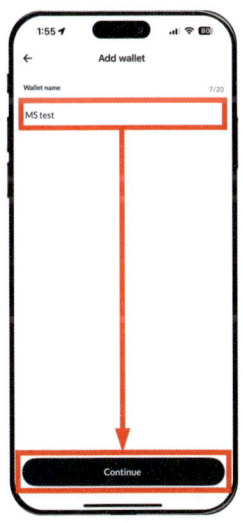  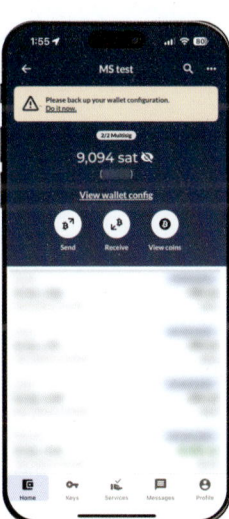

스패로우 지갑에서도 멀티시그 지갑을 지웠다가 복구해 보자. 지갑을 지우려면 좌측 상단 [File] → [Delete Wallet] → [예]를 누른다.

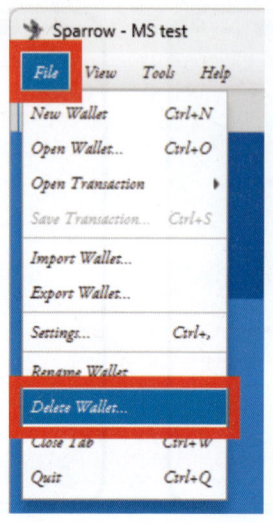

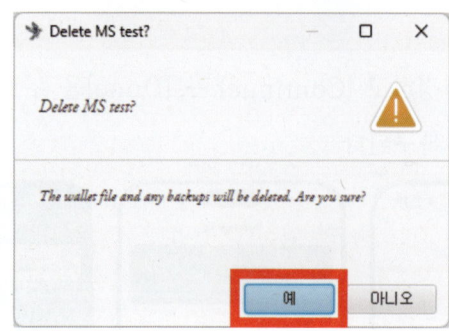

좌측 상단 [File] → [Import Wallet]을 누르거나, 창 중앙에 있는 [Import Wallet]을 누른다.

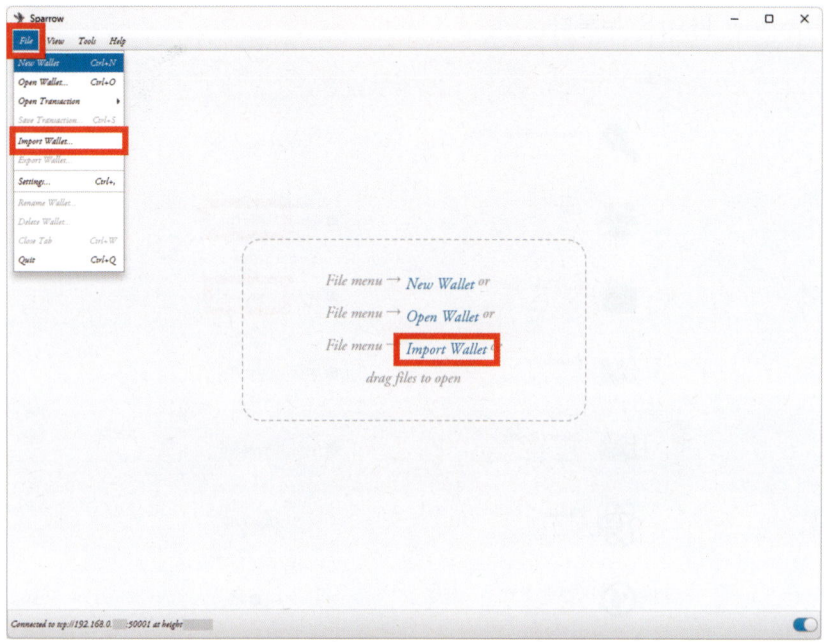

BSMS 파일인 경우 'BSMS' 옆에 있는 [Import File]을, 블루월렛에서 내보낸 파일인 경우 'Blue Wallet Vault Multisig' 옆에 있는 [Import File]을 누른다.

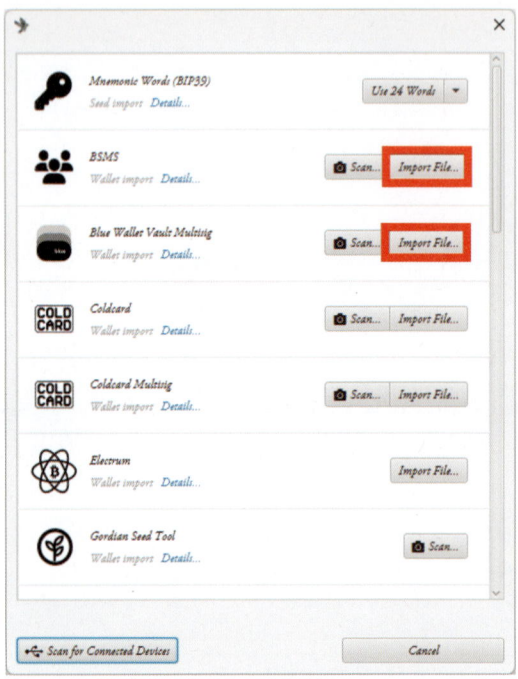

파일을 선택하고 [열기]를 누른다.

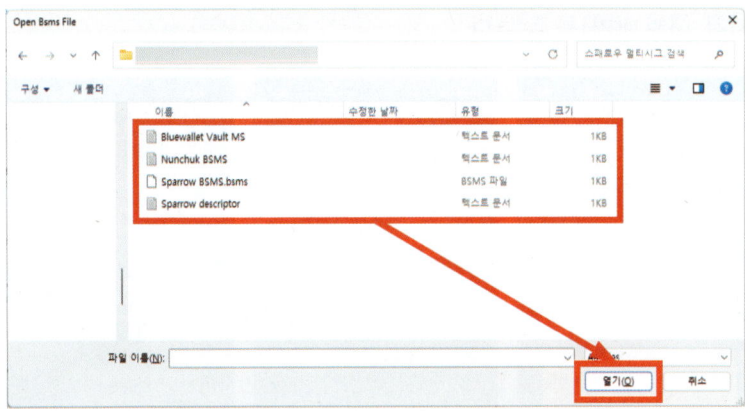

키스톤에 저장된 멀티시그 지갑을 통해 워치-온리 지갑을 복구할 때는 스크롤을 내려 'Keystone Multisig' 옆에 있는 [Scan]을 누른다.

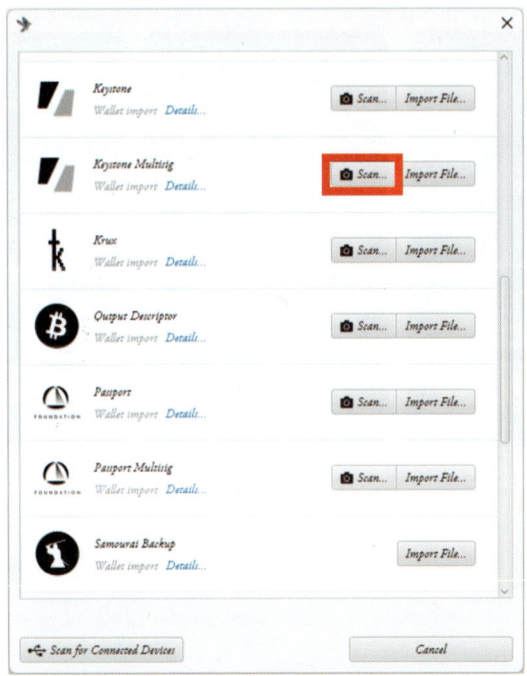

키스톤에서 왼쪽 상단 지갑 버튼 → 멀티시그 지갑 선택 → [다중 서명 지갑 내보내기]를 누른다.

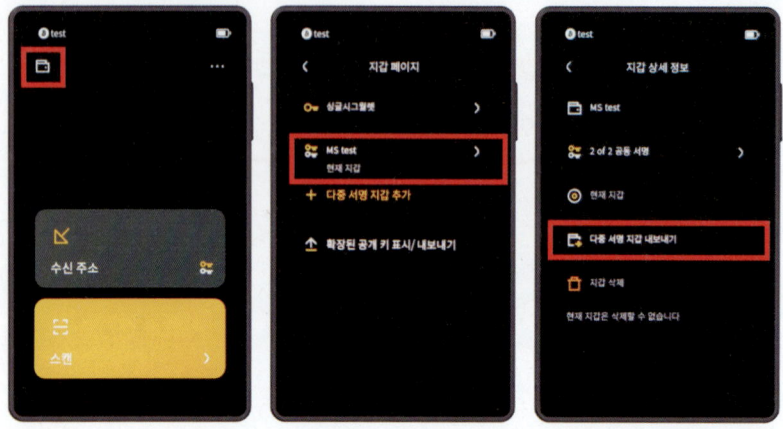

[내보내기] → [확인]을 누른다.

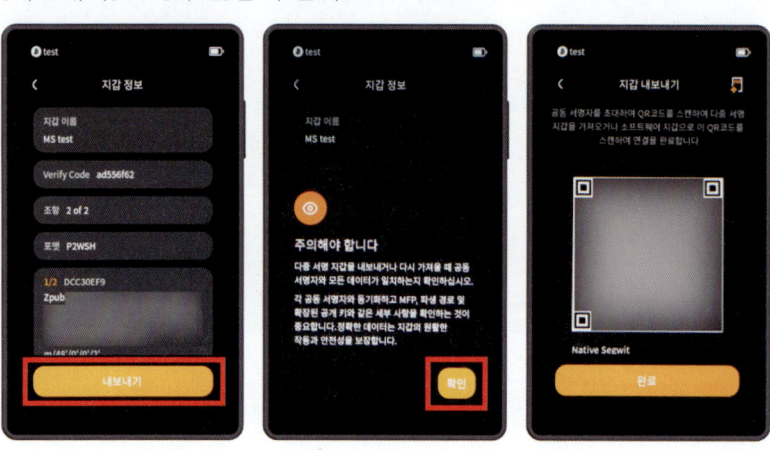

스패로우 지갑에서 키스톤 화면에 나오는 QR 코드를 스캔한다.

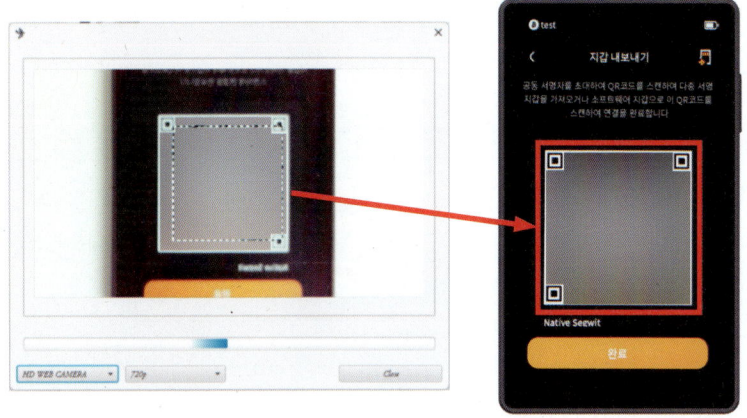

지갑 이름을 입력하고 [Create Wallet]을 누른다.

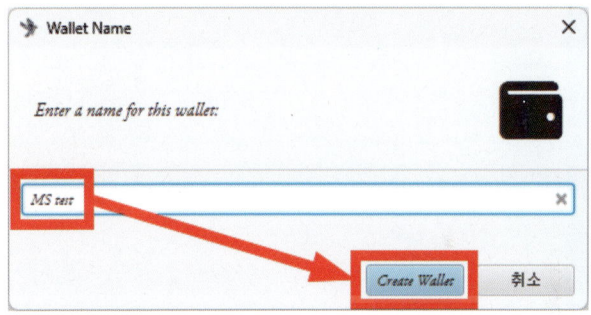

워치-온리 지갑의 비밀번호를 설정하라는 창이 나온다. 워치-온리 지갑이므로 여기서는 비밀번호를 설정하지 않겠다. [No Password]를 누른다.

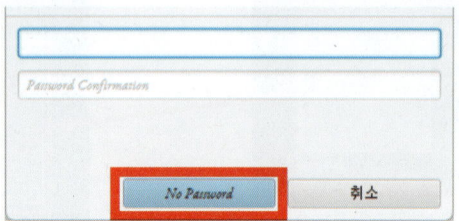

스패로우에서도 멀티시그 지갑이 성공적으로 복구되었다.

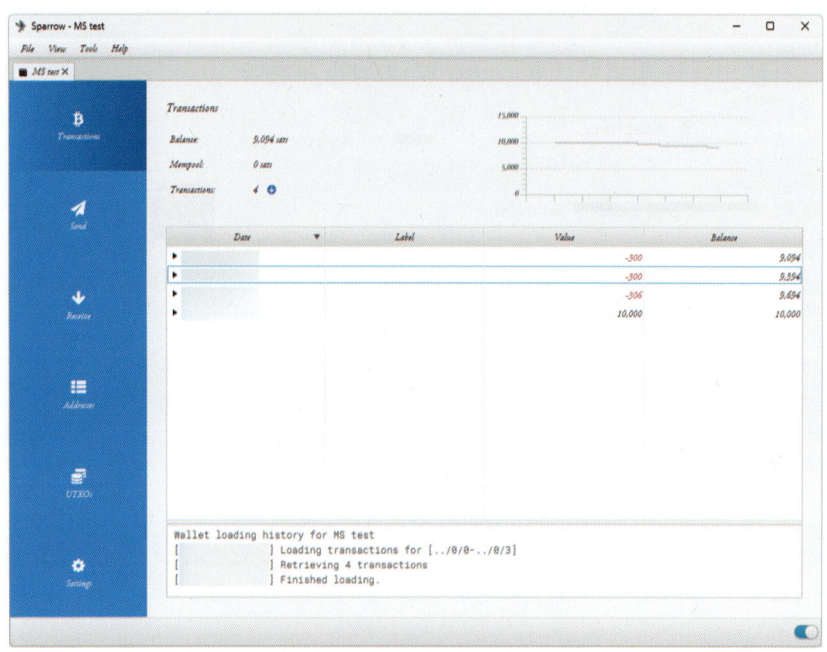

이렇게 해서 멀티시그 지갑의 생성 방법부터 서명, 복구 방법까지 모두 알아보았다.

비트코인 사용 가이드

## 2. 비트코인 스탠다드 가이드

## 2. 비트코인 스탠다드 가이드

# | 비트코인은 돈이다

**비트코인은 돈이다**

비트코인은 종종 '디지털 금'이라고 불린다. 이는 비트코인의 희소성과 구매력 보존 기능을 강조하는 비유지만, 비트코인의 진짜 본질을 모두 설명하지는 못한다. 비트코인은 돈이고, 현금이다. 비트코인 백서의 제목이「비트코인: 개인 대 개인 전자 화폐 시스템」이지 않은가? 지금 우리 사회는 특정 돈을 쓰라고 강제되는 명령 화폐(법정 화폐) 제도하에 살고 있지만, 원래 돈은 시장에서 자유롭게 경쟁해야 한다. 그러다가 더 우수한 특질을 가진 돈이 시장에서 자연스럽게 선택된다. 돈의 3대 기능은 교환 매개, 구매력 보존, 회계 단위다. 그러니 비트코인을 디지털 금이라고만 부르는 것은 비트코인의 진짜 본질 중 한 가지만 보는 것이다. 이런 잘못된 시각을 가지면 비트코인이 가져올 미래를 지나치게 축소해서 볼 수밖에 없다.

　경제학자인 사이페딘 아모스Saifedean Ammous는 자신의 저서『비트코인 스탠다드』(한국어판:『달러는 왜 비트코인을 싫어하는가』)에서 비트코인 때문에 정부 발행 지폐도 조개껍데기, 소금, 소, 귀금속과 같은 골

동품이 될 것이라고 했다. '비트코인 스탠다드'는 비트코인이 표준 화폐로 채택된 시대를 뜻한다.

> 기술이 발전하고 현실이 바뀔 때마다 사람들이 채택하는 화폐 기준이 바뀌고, 이에 따라 경제와 사회가 엄청나게 큰 영향을 받는다. 카이사르 시절 로마인이나 콘스탄티누스 시절 비잔티움인, 금본위제 시절 유럽인 같이 건전화폐를 선택한 사회와 개인은 엄청난 혜택을 누렸다. 한편 오키프가 도착할 당시 얍섬 사람들이나 유리구슬을 쓰던 서아프리카인, 19세기 은본위제 시절 중국인처럼 불건전화폐나 기술이 열등한 화폐를 쓰던 사람은 비싼 값을 치렀다.
>
> 사이페딘 아모스 지음, 위대선 옮김, 『달러는 왜 비트코인을 싫어하는가』, 터닝포인트, 2018.

이게 사실이라면 비트코인을 채택한 사회와 비트코인을 채택하지 않은 다른 사회의 격차는 물론이고, 한 사회 내에서도 비트코인을 채택한 개인과 비트코인을 채택하지 않은 다른 개인의 격차도 벌어진다는 뜻이다. 대체 비트코인의 무슨 속성이 다른 돈보다 뛰어나길래 법정화폐를 대체한다는 것일까? 이를 알아야 비트코인이 금처럼 금고에 저장해두는 자산이 아니라, 자유롭고 세계적인 교환 수단으로 설계된 진짜 돈이라는 것을 알게 될 것이다. 돈은 단순히 구매력만 보존하는 것이 아니라, 교환되고, 가격을 계산하며, 경제 활동을 매끄럽게 연결하는 기능을 수행해야 한다. 따라서 비트코인을 단순히 모으기만 한 사람과, 비트코인으로 직접 결제를 해보거나 받아본 사람의 비트코인에 대한 이해 수준은 천지 차이다. 비트코인을 디지털 금이라 생각하는 사람들은 비트코인의 가격 상승만 기대하며 비트코인을 사용하는 것을 망설인다.

## 교환 매개

돈의 가장 중요한 기능은 교환 매개다. 돈이란 본질적으로 교환을 매끄럽게 해주는 수단이다. 물물교환을 통해 경제 활동을 하는 사회를 상상해 보자. 이런 사회에서는 물건을 교환하려는 두 당사자의 수요가 정확히 일치해야만 교환이 가능하다. 사과를 먹고 싶은 목수에게 생선을 주며 집을 지어달라고 할 수는 없기 때문이다.

물물교환의 문제점은 장기 교환(신장 이식 매칭) 문제에 대한 앨빈 로스Alvin Roth의 연구에서 단적으로 드러난다. 앨리스와 밥 부부가 있고, 캐롤과 데이브 부부가 있다고 해보자. 앨리스와 캐롤은 신장 문제가 있어서 신장 이식을 받아야 한다. 앨리스의 남편인 밥은 앨리스에게 신장을 기부하고 싶고, 캐롤의 남편인 데이브는 캐롤에게 신장을 기부하고 싶다. 그러나 신장은 신장 조직이 서로 맞아야만 이식이 가능하다. 안타깝게도 밥의 신장은 아내인 앨리스와 맞지 않고, 데이브의 신장은 캐롤에게 맞지 않다. 하지만 밥의 신장은 캐롤에게 맞고, 데이브의 신장은 앨리스에게 맞는다면 두 커플은 교차 기증을 통해 신장 이식 수술을 진행할 수 있다.

두 커플 사이에서 신장 교차 이식이 가능하게 하려면 신장이 서로 맞는 사람을 찾아야 한다. 다른 신장 기증자 중 적합한 사람을 찾지 못하면 이식 수술이 불가능하다. 이때 매칭된 두 커플의 수술은 반드시 동시에 같은 장소에서 진행되어야 하는데, 둘 중 하나의 수술이 먼저 진행되면 나중에 진행될 수술의 기증자가 마음을 바꿀 수도 있기 때문이다. 따라서 수술팀은 총 네 팀이 필요하다. 앨리스, 밥, 캐롤, 데이브의 수술이 모두 동시에 이뤄져야 하기 때문이다. 실제로 미국 테네시주에서는 기증자 두 명, 환자 두 명, 총 네 건의 수술이 같은 병원에서 동시에 이뤄졌다.

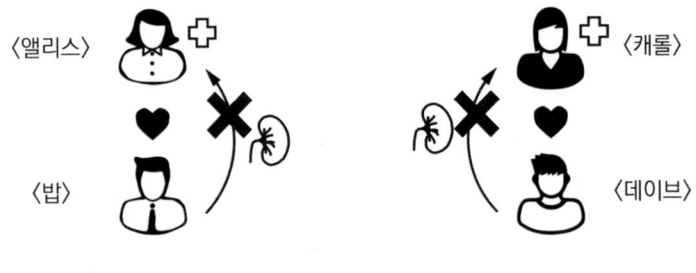

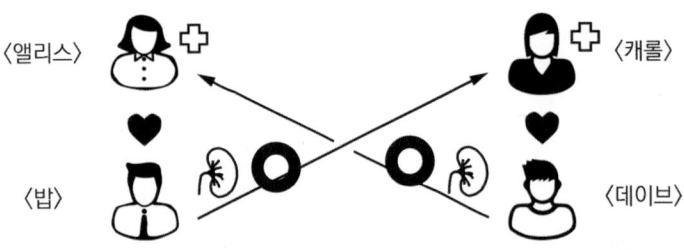

이제 커플의 수를 확장해 보자. A 커플은 B 커플에게 신장을 기증할 수 있고, B 커플은 C 커플에게 신장을 기증할 수 있고, C 커플은 A 커플에게 신장을 기증할 수 있다고 해보자. 그러면 세 커플은 신장 이식 수술이 가능하다. 물론, 세 커플은 같은 장소에서 같은 시각에 수술을 진행해야 한다. 그렇지 않으면 배신의 문제에 직면하기 때문이다. 이때 수술팀은 총 여섯 팀이 필요하다. 실제로 존스 홉킨스 병원에서 6명의 수술이 동시에 진행됐다.

이런 문제가 3팀이 아니라 4팀, 5팀으로 확장될수록 문제는 매우 복잡해진다. 물물교환은 사기의 위험 때문에 '같은 장소'에서 '동시'에 이뤄져야 한다. 화폐는 이를 해결해 준다. 그리고 해결해 주어야 한다. 이것이 화폐의 효용이다. 화폐는 장소와 시간을 뛰어넘어 수요와 공급을 매칭해 주어야 한다. 화폐가 시간을 뛰어넘어 이를 매칭해 줄 때 필요한 핵심적인 기능이 구매력 보존의 기능이다. 구매력이 온전히 보존되어야 과거의 내가 미래의 누군가와 거래할 수 있게 되기 때문이다. 이를 위해서는 화폐가 다른 무엇으로도 쉽게 교환될 수 있는 '시장성'을 갖고 있어야 한다.

비트코인은 공간을 뛰어넘어서도 교환이 가능하게 해준다. 비트코인은 어떤 화폐보다도 휴대성이 뛰어나다. 수 톤의 금을 다른 나라로 옮긴다고 해보자. 수많은 호위함, 전투기가 동원되어야 한다. 비트코인은 그게 얼마든 빛의 속도로 지구 반대편으로 보낼 수 있다.

교환 매개 기능을 만족하려면 휴대성 외에도 분할성, 대체 가능성이 뛰어나야 한다. 비트코인은 지금까지 존재했던 돈 중에 분할성이 가장 높다. 비트코인은 1억 분의 1로 쪼개진다. 심지어 다중 레이어 위에서는 더 쪼개질 수도 있다.

대체가능성에 대해 살펴보자. 금 1kg과 다른 금 1kg이 같은지 검증하는 것은 굉장히 까다롭다. 일반인들은 이걸 알아내기 어렵기 때문에 순도가 낮은 금이 유통되었고, 그래서 금 세공업자들이 금의 순도를 인증해 주었다. 현재도 그렇다. 민간 금 세공업자들이 몇 K인지 인증을 해준다. 이것이 금의 치명적인 약점이었는데, 금 세공업자나 국가만이 금의 순도를 검증할 수 있었기 때문에 사람들이 금을 금 세공업자나 국가에 맡기고 그들을 신뢰하며 거래할 수밖에 없었다. 금 세공업자들은 자신들이 가진 것보다 더 많은 금을 다른 사람들에게 빌려주었고(이것이 은행의 탄생 배경이다), 국가는 금화에 불순물을 섞어 화폐 주조 차익을 챙겼다. 하지만 비트코인은 이 코인이 이중지불된 건지 아닌지 누구나 풀 노드를 운영해 검증할 수 있다. 1 BTC와 다른 1 BTC가 같은 건 누구나 검증 가능하다.

비트코인은 공간을 초월해 교환을 가능하게 할 뿐 아니라, 중개자 없이도 송금이 가능하게 해준다. 기존의 금융 시스템에서는 국제 송금이나 대규모 거래를 할 때 여러 은행과 결제 시스템을 거쳐야 했지만, 비트코인을 통해 거래할 때는 이러한 과정 없이 분산된 네트워크 안에서 직접 검증할 수 있는 거래가 이루어진다. 이는 곧 비용 절감, 거래 시간 단축, 그리고 시스템 전반의 투명성 향상으로 이어진다.

이 덕분에 비트코인은 검열 저항성을 갖는다. 어느 누구도 비트코인으로 거래하려는 것을 막을 수 없다. 전통적인 금융 시스템에서는 정부, 은행, 결제 사업자가 특정 거래를 차단하거나 특정 사람을 금융망에서 배제할 수 있다. 이런 사례는 매우 많은데, 단순히 정부가 돈의 용처를 지정하는 것부터(특정 지역에서만 쓸 수 있거나, 주식/부동산에는 못 쓰고 특정 업종에만 돈을 쓸 수 있게 하는 사례는 너무 많다.) 아예 특정 사상을 가진 사람들의 돈을 동결하는 사례들도 있다. 예를 들어 2022년 캐나다에서는 트럭 시위가 일어났는데, 당시 캐나다 정부는 비상사태법을 발동하여 시위 참가자들의 은행 계좌를 동결했으며, 그들에게 모금된 자금을 차단했다.

비트코인은 시공간을 초월할 뿐 아니라, 정치적 경계와 권력의 압력조차 넘어설 수 있는 새로운 형태의 교환 수단이다. 비트코인은 단순한 디지털 금이 아니라, 교환 매개로서도 완벽하다.

**구매력 보존**

돈은 구매력을 보존할 수 있어야 한다. 구매력 보존이란 내가 현재 생산한 것에서 필수적으로 이용해야 하는 것을 제외하고 나머지를 남겨두었다가 그것을 대가로 '미래에' 내가 원하는 것을 얻는 것이다. 이를 통해 인간은 미래를 대비할 수 있게 된다. 또한 사람들이 화폐로 저축함에 따라 화폐 보유의 한계 효용이 감소하고 투자나 후원 등이 생겨 문명화를 이루게 된다.

그런 점에서 보면 현대 법정 화폐 시스템은 고장 났다. 돈이 구매력 보존의 기능을 못 하기 때문이다. 각국의 정부는 케인스 경제학을 주류 경제학 이론으로 받아들이고 있다. 케인스 경제학은 개인이 저축을 통해 구매력을 보존하려는 행위를 경제에 해로운 것으로 간주하며, 소비를 유도하기 위해 의도적으로 화폐 구매력을 지속적으로 떨어뜨리는 정책을 추진한다. 이로 인해 물가는 끊임없이 상승하고, 법정 화폐를 사용하는 개인들은 미래를 준비하는 데 심각한 제약을 받게 된다. 결국 사람들은 점점 더 국가의 복지와 재정 정책에 의존하게 되며, 독립적인 개인이 아니라 정부에 의존하는 소비자로 전락하고 만다. 물가가 오르는 것은 당연한 것이 아니다. 물가가 오르는 것은 우리가 사용하는 화폐 구매력이 떨어졌다는 뜻이다. 1975년 자장면 한 그릇의 가격은 약 138원이었다. 2025년 자장면 한 그릇의 가격은 7,500원이다. 50년 동안 가격이 약 50배가 올랐다. 사람들이 생각하는 자장면의 가치가 50배 오른 것일까? 그럴 리가 없지 않은가. 우리가 사용하는 돈의 구매력이 50분의 1로 폭락했을 뿐이다. 이는 누군가가 돈을 계속 찍어내고 있기 때문에 발생하는 일이다.

돈이 구매력을 보존하지 못 하게 되면 사람들은 구매력을 보존할 다른 수단을 찾는다. 현금을 갖고 있어봤자 내 구매력은 지속적으로 약해지므로 어떻게든 주식이나 부동산, 채권에 투자하여 구매력을 지키려고 한다. 그러나 이런 자산들은 모두 다른 누군가가 소유권을 보장해 주는 자산이다. 이런 자산들은 소유권을 보장해 주는 주체가 얼마든지 당신의 구매력을 강탈해 갈 수 있다. 세금이든, 동결이든, 거래 허가제를 시행하든, 압류든 여러 방법을 통해서 말이다.

비트코인은 어떻게 구매력을 보존할 수 있을까? 비트코인이 희소하다는 건 이제 대부분의 사람이 아는 것 같다. 하지만 비트코인의 희소성은 공급량이 2,100만 개로 한정되어 있다는 것보다는 난이도 조정 메커니즘에서 더 비롯된다. 그리고 한정된 공급량과 난이도 조정 메커니즘은 분산된 네트워크에서 풀 노드들에 의해 수호되고 있다. 이 때문에 비트코인은 불변성을 지니게 되는데, 어떤 개인도 한정된 공급량과 난이도 조정 메커니즘을 수정할 수 없기 때문이다.

일반적인 상품은 가격이 오르면 생산자들이 그 상품을 더 많이 생산할 유인이 생긴다. 상품 가격이 올라서 생산자가 더 많은 생산을 하고 상품이 시장에 풀리면 가격이 내려간다. 만약 어떤 사람이 이 상품을 통해 구매력을 유지하고자 했다면, 생산자가 더 많은 생산을 함으로써 그 사람의 구매력이 내려간 것이다. 내려간 구매력은 어디로 갔을까? 상품 생산자가 가져간 것이다.

법정 화폐도 마찬가지다. 사람들이 지금 당장 소비하는 대신 구매력을 미래로 이전하고자 하면 화폐로 저축하려는 수요가 늘어난다. 그러면 중앙은행이나 정부는 화폐를 찍어낸다. 이로 인해 화폐를 갖고 있던 사람들은 구매력을 잃는다. 사람들이 잃어버린 구매력은 중앙은행과 정부가 가져간 것이다.

하지만 비트코인은 공급량이 한정되어 있으므로 내가 가진 비트코인 1개는 영원히 전체 2,100만 개 중 하나다. 또한, 난이도 조정 메커니즘으로 인해 비트코인 생산(채굴)에 더 많은 에너지를 쏟아부어도 정해진 양 이상을 생산할 수가 없다.

시장에 이미 존재하는 상품의 양을 저량이라고 하며, 새롭게 시장에 공급되는 상품의 양을 유량이라고 한다. 구매력 보존 기능이 제대로 작동하려면 저량 대 유량 비율이 높아야 한다. 새롭게 공급되는 양이 이미 존재하는 양에 비해 미미해야 한다는 뜻이다.

금조차도 에너지를 더 많이 쏟아부으면 더 많은 생산이 가능하다. 실제로 금의 '연간' 생산량은 인류가 에너지 혁명을 겪을 때마다 기하급수적으로 증가했다. 이렇게 유량이 높아짐에도 불구하고 금이 그동안 인류 역사에서 구매력 보존 기능을 할 수 있었던 이유는 유량에 비해 저량이 압도적으로 많기 때문이다. 금은 이온화경향이 가장 낮은 금속으로 일반적인 상태에서는 녹이 슬기가 매우 어렵다. 따라서 2천 년 전 채굴한 금도 지금까지 그대로 있다. 이런 특성 때문에 금은 저량이 매우 높아졌다.

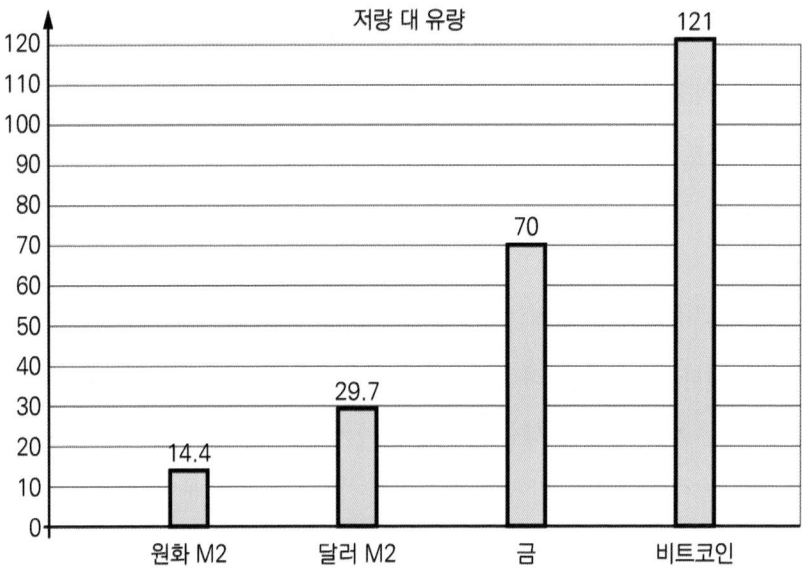

비트코인은 어떤 상품보다 저량 대 유량 비율이 높으며, 반감기를 거쳐 언젠가는 저량 대 유량 비율이 무한대가 된다. 비트코인의 난이도 조정 메커니즘으로 인해 비트코인은 아무리 채굴에 에너지를 쏟아부어도 유량이 늘어나는 데 한계가 있다. 2024년 기준 한국은행 발표 자료를 바탕으로 계산한 원화의 저량 대 유량 비율(M2 기준)은 14.4고, 연방준비은행 발표 자료를 바탕으로 계산한 달러의 저량 대 유량 비율(M2 기준)은 29.7이다. 금의 저량 대 유량 비율은 70이고(2023년 기준), 현재 비트코인의 저량 대 유량 비율은 121이다. 저량 대 유량 비율에 역수를 취하면 생산자들이 매년 가져가는 구매력을 근사치로 알아낼 수 있다. 원화나 달러 같은 현금은 매년 전체 사람들이 저축한 구매력의 10~30분의 1을 중앙은행과 정부가 가져가며, 금은 금광 기업들이 70분의 1을 가져가고, 비트코인은 채굴자들이 121분의 1을 가져간다. 비트코인은 반감기마다 새롭게 채굴되는 비트코인이 반으로 줄어들어 유량이 점

점 0에 수렴한다. 시간이 지나 비트코인의 저량 대 유량이 무한대가 되면 이의 역수는 $\frac{1}{\infty}$, 즉 0이 된다. 인류는 역사상 처음으로 누군가에게 구매력을 도둑 맞지 않고 온전히 보존할 수 있는 돈을 얻게 된 것이다.

**회계 단위**

돈이 교환 매개와 구매력 보존 수단으로 기능한다면, 자연스럽게 회계 단위가 된다. 이렇게 되려면 그 돈을 쓰는 사람들이 많아져야 한다. 그래야 그 돈을 기반으로 상품 가격을 계산하는 사람들이 많아지고, 그러면 상품 간의 상대적인 가치를 추정할 수 있게 되기 때문이다.

사람들이 건전한 돈을 기준 단위로 쓰려면 네트워크 효과가 매우 중요하다. 점점 더 많은 사람들이 비트코인을 채택할수록 남은 사람들이 비트코인을 채택하는 속도가 가속화된다. 이를 '네트워크 효과'라 한다. 비트코인과 인터넷 채택률의 그래프를 보면 매우 비슷한 것을 알 수 있다. 심지어 비트코인의 채택 속도가 인터넷의 채택 속도보다 빠르다. 이더넷 창시자 중 한 명인 메트칼프가 이론화한 메트칼프의 법칙Metcalfe's law에 의하면 네트워크의 가치는 참여자 수의 제곱에 비례한다. 따라서 비트코인을 채택하는 사용자 수가 많아질수록 비트코인 네트워크의 가치는 급격히 증가하게 된다. 비트코인을 채택하는 사람이 늘어날수록 비트코인으로 가격을 책정하는 사례가 늘어나고, 비트코인으로 부를 계산하는 사고방식이 확산되며, 비트코인 기반 경제가 자연스럽게 형성된다.

만약 교환 매개 기능이나 구매력 보존 기능이 부족한 돈을 사람들에게 강제로 가격 단위로 쓰게 한다면 어떻게 될까? 원화로 측정한 자장면의 가격이 50년 전 138원에서 2025년 7,500원까지 올라온 사례를 다시 생각해 보자. 이런 돈으로 상품 가격을 표시했다간 자장면의 가치가 50배가 올랐다는 착각을 하게 된다. 가격은 사람들이 어떤 행동을 할지 결정하게 하는 아주 중요한 정보인데, 화폐가 잘못되어 있으면 이러한 정보가 지속적으로 왜곡된다.

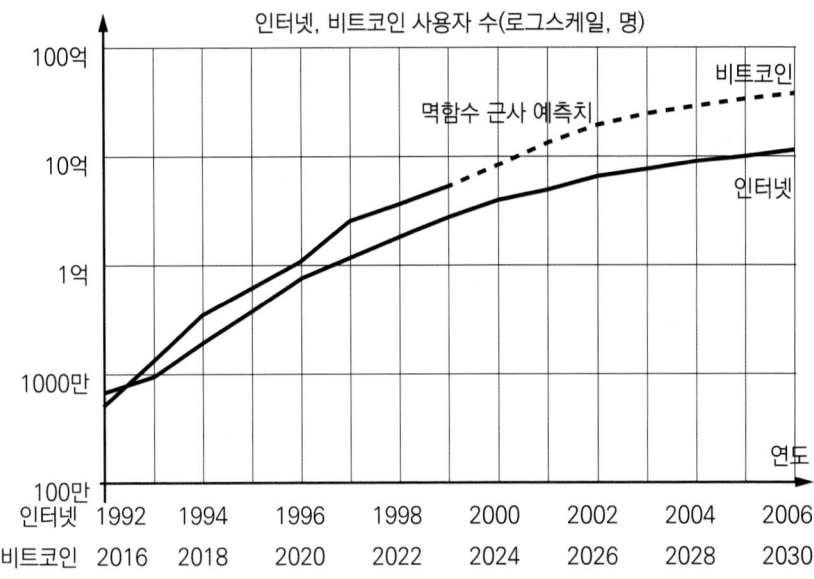

반면 개인이 비트코인을 채택하면 시간에 대한 사고방식이 근본적으로 바뀐다. 현재의 만족을 미래의 만족보다 얼마나 선호하는지를 나타내는 개념이 시간 선호time preference다. 현재의 행복과 만족을 더 중요시하면 시간 선호가 높은 것이고, 미래의 행복과 만족을 더 중요시하면 시간 선호가 낮은 것이다. 구매력이 지속적으로 하락하는 법정 화폐는 개인들이 저축을 통해 미래를 대비하기보다는 당장의 소비를 하도록 장려하며, 이 때문에 사람들은 점점 자신의 미래를 타인이나 국가에 맡기게 된다. 따라서 개인들의 시간 선호는 극단적으로 높아진다. 반면 비트코인을 채택하면 삶을 더 긴 관점에서 바라보고, 더 신중하게 소비하고 투자할 수 있게 된다. 자신의 구매력을 온전히 보존할 수 있기 때문이다. 즉 시간 선호도가 낮아져 균형에 도달하고 미래 지향적 사고를 할 수 있게 한다.

비트코인은 많은 사람들이 사용할수록 강화되는 구조적 특성을 가지고 있다. 이 점이 법정 화폐와 가장 근본적으로 다른 부분이다. 달러나 원화는 정부의 강제력으로 사용되지만, 비트코인은 네트워크 효과로 가치를 확장해 간다. 그리고 그것이 옳다.

**비트코인의 레이어 구조**

비트코인은 하나의 레이어(층)로만 이뤄져 있지 않다. 비트코인은 기본적으로 제1레이어(온-체인)와 제2레이어(라이트닝 네트워크 등의 오프-체인)로 이루어져 있다.

제1레이어는 모든 거래를 블록에 직접 기록하며, 전 세계 어디서나 검증 가능한 최종 정산 시스템이다. 온-체인 거래가 확정되려면 거래가 블록에 실려 채굴이 되어야 하는데, 적절한 수수료를 지불하는 거래라면 거래가 확정되는 데 평균적으로 10분이 걸린다. 이를 매우 느리다고 생각하면 안 된다.

일반적으로 우리가 사용하는 카드 결제 시스템을 생각해 보자. 상점에서 카드를 긁으면 결제는 '완료'된 것처럼 보인다. 그러나 정산 관점에서는 그렇지 않다. 먼저 상점의 포스기가 고객의 카드 정보를 읽는다. 그러면 결제대행사 PG가 카드사 네트워크에 승인을 요청한다. 카드사는 카드 상태(한도, 잔고, 체납, 거래 정지 여부 등)를 보고 승인 또는 거절 메시지를 PG사로 전달한다. PG사는 하루 동안 상점에서 발생한 이러한 여러 거래들을 모아 카드사에 정산 요청을 보낸다. 카드사는 일반적으로 하루 단위로 가맹점 결제 내역을 모아서 정산 처리한다. 보통 밤 12시-새벽 1시 정도에 하루 매출을 마감하고 이러한 정산 과정이 일어난다. 카드사는 자체 정산 시스템을 통해 수수료를 제외하고, 대금을 조정한다. 상점은 2-3일 뒤에야 대금을 지급받는다.

은행 송금도 마찬가지다. 만약 앨리스가 A 은행 계좌에서 밥의 B 은행 계좌로 돈을 송금했다고 해보자. 그러면 A 은행은 앨리스에서 돈이 출금되었다고 장부로만 전산 처리한다. B 은행도 밥 계좌로 입금되었다고 장부로만 전산 처리한다. 그러면 A 은행이 B 은행에 돈을 줘야 한다. 이는 중앙은행의 청산소 서버에서 이뤄진다. 청산소 서버는 하루 동안 일어난 은행 간의 거래들을 모아 최종 정산을 한다. 예를 들면 A 은행의 중앙은행 계좌에서 B 은행의 중앙은행 계좌로 돈이 이체되었음을 장부로만 전산 처리하는 것이다. 당연히 이런 정산도 하루마다 밤 12시-새벽 1시 정도에 일어난다. 중앙은행의 청산소 서버가 제1레이어라면, 앨리스나 밥이 사용하는 A 은행, B 은행의 장부 서버들은 제2레이어와 같은 것이다.

기존 금융 시스템의 정산이 하루 단위로 일어나고 최종 정산이 2-3일 뒤에 일어나는 것과 대조해 보면, 비트코인의 온-체인에서 일어나는 정산은 매우 빠르다는 것을 알 수 있다. '정산'은 되돌릴 수 없어야 하는데, 비트코인은 보통 6컨펌이 되면 더 이상 되돌릴 수 없는 거래로 여겨진다(거래가 포함된 블록 위에 5개의 블록이 더 쌓이는 것을 말한다). 만약 블록 채굴이 너무 빠르게 이뤄지면 분기가 발생할 수 있어 '최종성'이 오히려 나빠지게 된다.

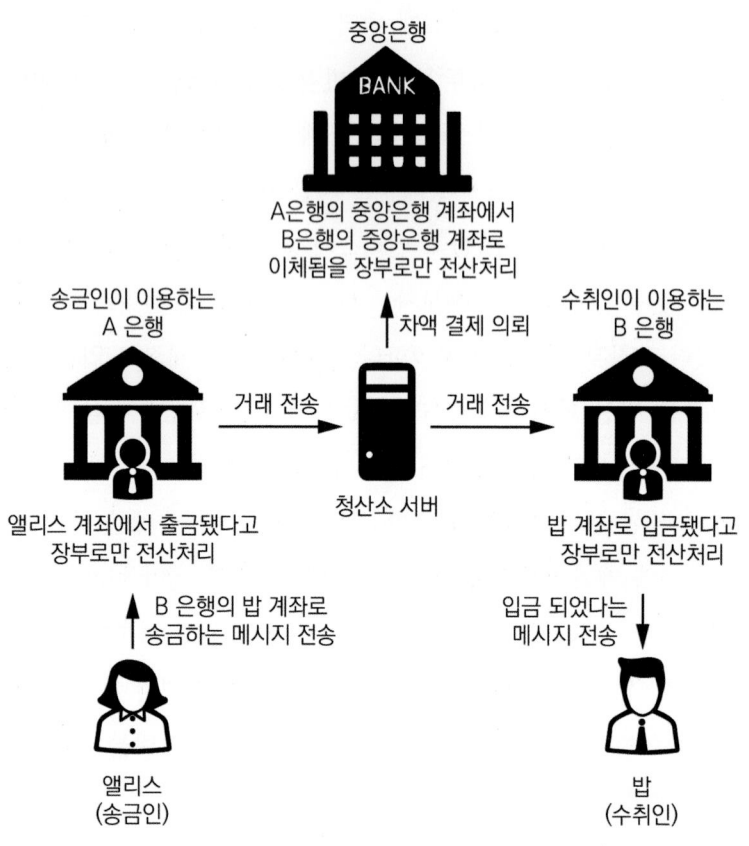

제2레이어인 라이트닝 네트워크에서 일어나는 결제를 보면 그 어떤 거래 수단보다 매우 빠르고 수수료가 저렴한 것을 알 수 있다. 라이트닝 네트워크는 비트코인 블록체인 위에 구축된 제2레이어로, 빠르고 수수료가 저렴한 거래를 가능하게 한다. 라이트닝 네트워크에서는 양 당사자가 결제 채널을 열어 서로 자유롭게 거래를 하고 이를 오프-체인에서만 갖고 있는다. 그러다가 필요할 때가 되면 그 최종 결과를 온-체인에 기록한다. 이 때문에 거래 수수료는 거의 0에 가까워진다. 비자VISA는 이론적으로 1초에 최대 약 65,000개의 거래를 처리할 수 있고, 마스터카드MasterCard는 1초에 최대 약 5,000개의 거래를 처리할 수 있다. 라이트닝 네트워크에서는 1초에 수백만-수십억 개의 거래를 처리할 수 있다. 채널이 많아지면 이론적으로 무한히 늘어나는 것도 가능하다. 비트코인은 일상적인 규모에서도 완전한 교환 매개체로 기능할 수 있다.

### 라이트닝 네트워크를 사용하는 방법
라이트닝 네트워크를 사용하는 데에는 크게 두 가지 방법이 있다. 첫째는 자신이 직접 라이트닝 노드를 운영하며 채널을 스스로 개설하고 관리하는 방법이다. 완전한 금융 주권을 지킬 수 있지만 기술에 대한 이해와 세심한 유동성 관리가 필요하다.

둘째는 라이트닝 수탁 서비스를 이용하는 방법이다. 라이트닝 지원 지갑 앱—월렛 오브 사토시, 블링크, 스피드 등—을 사용하면 채널 관리에 대한 지식 없이도 쉽게 라이트닝 네트워크를 사용할 수 있다. 그러나 이것은 거래소와 같은 수탁 서비스이므로 신뢰가 필요하며, 소액 이용에 적합하다.

라이트닝 지갑은 노드를 운영하든, 수탁 서비스를 이용하든 기본적으로 핫월렛이다. 애초에 라이트닝 네트워크는 소액 결제를 위한 기술이다. 따라서 일상적으로 결제에 사용할 소액만 라이트닝 지갑에 넣고 다니는 것이 좋다. 부동산 구매처럼 큰 금액을 결제할 때는 온-체인 결제를 이용하면 된다.

### 비트코인 결제 체험이 중요한 이유
비트코인은 단순한 투자 자산이 아니라, '돈'이다. 따라서 비트코인의 진정한 힘은 비트코인을 돈으로 체험할 때 느껴진다. 비트코인으로 직접 커피를 사 마시는 것, 라이트닝 네트워크를 이용해 친구에게 즉시 송금하는 것, 해외에 검열 없이 돈을 보내는 것 등의 경험 말이다. 이런 경험들은 단순한 거래 이상의 의미를 갖는다. 자기 자산을 스스로 소유하고 검열 없이 자유롭게 교환하며 경제활동을 하는 경험은 비트코인이 자유의 돈이라는 사실을 몸으로 이해하게 해준다.

그리고 이것이 당연시되는 사회가 '비트코인 스탠다드'다. 비트코인 스탠다드를 먼저 경험해 본 사람은 비트코인에 대한 이해가 남다를 것이다. 비트코인은 실제로 사용함으로써 그 가치를 깨달을 수 있는 진짜 돈이다.

# | 라이트닝 수탁 지갑 이용 방법

**라이트닝 수탁 지갑 설치**

이번 장에서는 오프라인, 온라인에서 비트코인으로 결제하고 결제받기 위해 라이트닝 수탁 지갑을 설치하고 입금/출금/결제하는 방법을 알아볼 것이다. 수탁 지갑을 이용하지 않고 직접 라이트닝 노드를 운영하는 방법은 4부에서 알아볼 것이다.

　라이트닝 수탁 서비스에는 월렛 오브 사토시, 블링크, 스피드 등이 있다. 이번에는 월렛 오브 사토시(이하 월오사) 앱을 통해 실습할 것이다. 월오사는 이메일 인증만 요구하지만 출금 시 금액의 0.3%를 월오사 앱에 남겨 놓아야 한다는 정책이 있고, 온-체인 입출금 수수료가 1.95%로 높은 편이라는 단점이 있다. 0.3%를 남겨 놓는 것은 여러 번 반복해서 출금하여 0-1 sat만 남기고 다 뺄 수 있고, 온-체인 입출금 수수료는 볼츠 등의 라이트닝-온-체인 스와프 서비스를 이용해 0.1-0.5%로 낮출 수 있다. 이번 장에서 이 방법도 알아볼 것이다.

　월오사가 아닌 다른 수탁 라이트닝 앱들의 사용 방법도 크게 다르지 않다. 다만 과도한 신원 인증을 요구하는 앱들은 사용을 할지 다시 한번 고려해 보자.

이제 월오사 앱을 설치해 보자. 앱스토어 또는 구글 플레이스토어에서 'Wallet of Satoshi' 앱을 검색하고 다운로드한다.

[Start]를 누르고 오른쪽 위 메뉴 버튼을 누른다.

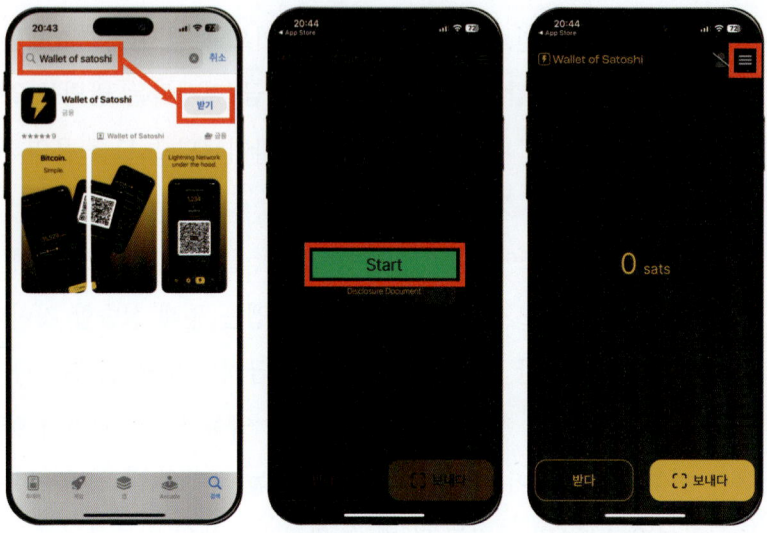

통화를 한국 원화인 'KRW'로 바꾸고(KPW-북한 원과 헷갈리지 않도록 주의), 언어는 '한국어'로 바꿔 놓자.

이제 이메일 인증을 할 것이다. 여러 기기에서 한 지갑을 이용하려고 할 때, 혹은 앱을 삭제하거나 스마트폰을 바꾸는 등의 이유로 지갑에 들어있는 금액 복구가 필요할 때에 대비하여 이메일 인증을 해둘 수 있다.

[로그인/등록]을 누르고 등록할 이메일을 입력한 후 [승인]을 누른다. 그러면 입력한 이메일로 두 영단어가 온다. 이 영단어를 복사하거나 잘 기억해 놓는다.

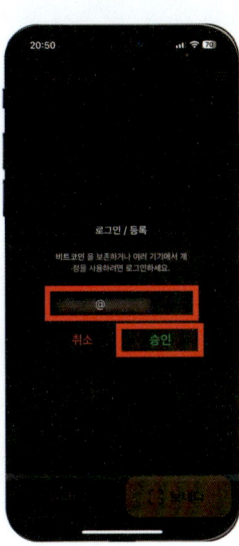

월오사 앱으로 돌아오면 방금 봤던 두 영단어를 입력하는 창이 나올 것이다. 두 단어를 입력하고 [승인]을 누른다.

이메일 연결이 되었다면 이제 메인 화면에서 [받다]를 눌러보자. 눌렀을 때 나오는 화면의 주소가 비트코인을 송금받을 라이트닝 주소다. 혹은 QR 코드로 송금받을 수도 있다. 주의할 점은 이 주소 혹은 이 QR 코드는 라이트닝 송금만을 지원한다는 것이다. 여기로 온-체인 송금은 되지 않는다.

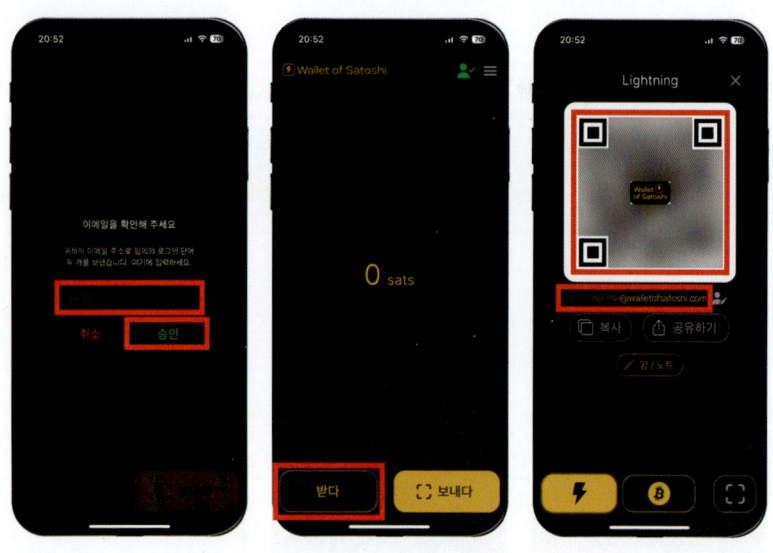

## 커스텀 라이트닝 주소 발급

월오사에서 [받기]를 눌렀을 때 나오는 라이트닝 주소는 랜덤으로 정해진 주소다. 이것을 내가 원하는 주소로 바꾸는 것을 '커스텀 라이트닝 주소'를 받는다고 한다. 월오사에서 커스텀 주소를 받기 위해서는 몇 가지 기준을 충족시켜야 한다.

이 절을 진행하려면 11만 sats가 필요하며, 약 3천 sats 정도가 소비될 수 있다. 이는 월오사에 입금 수수료로 내는 금액이다. 만약 커스텀 라이트닝 주소가 필요 없고, 이미 발급되어 있는 라이트닝 주소를 사용해도 괜찮다면 이 절을 건너뛰어도 좋다.

[받다]를 눌러서 나오는 화면에서 라이트닝 주소 옆에 있는 사람 모양의 체크 버튼을 누른다. 그러면 커스텀 주소를 발급받기 위한 조건이 나온다. 조건은 라이트닝으로 10번 보내거나 받기, 그리고 온-체인으로 10만 sats 이상 입출금을 하는 것이다. 먼저 온-체인으로 11만 sats를 입금해 보겠다.

[3. 보내기 또는 받기 Bitcoin On-Chain]을 누른다. 아래에서 비트코인의 ₿ 로고가 선택되어 있다면 온-체인으로 받을 주소가 뜨고 있는 것이다. QR 코드 혹은 그 아래에 보이는 'bc1q'로 시작하는 주소에 비트코인을 11만 sats를 보내보자.

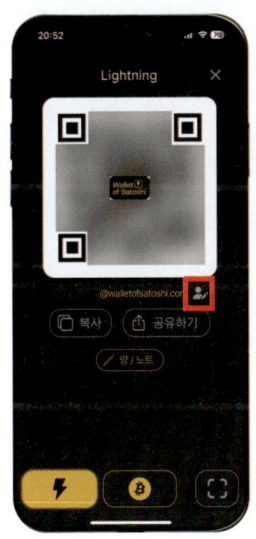

거래가 블록에 담기고 아직 컨펌되기 전이라면(거래가 담긴 블록이 채굴되기 전이라면), '결제 진행 중'이라는 화면이 뜬다.

시간이 지나 거래가 담긴 블록이 채굴되어 입금이 잘 되었다면 다른 조건을 만족시키기 위해 라이트닝으로 10번 송금하면 된다. 여기서는 다른 곳으로 1 sat씩 10번 보낼 것이다.

[보내다]를 누르고, 카메라 권한을 묻는다면 허용을 누른다. 카메라 화면이 나오면 아래에 있는 키보드 모양의 버튼을 누른다. 이 버튼은 카메라로 QR 코드를 인식하지 않고 직접 라이트닝 주소를 입력하겠다는 뜻이다.

1 sat를 보낼 라이트닝 주소를 입력하고, 화살표 버튼을 누른다. 1 sat를 입력하고, [보내다]를 누르면 완료된다.

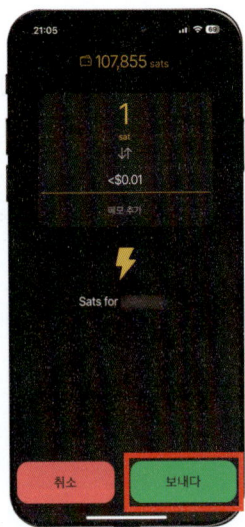

1 sat를 어딘가로 보내는 과정을 10번 반복하면 커스텀 주소를 발급 받을 수 있게 된다. [받기]를 눌렀을 때 나오는 화면에서 '새 주소를 선택하세요!' 밑에 있는 주소 입력창에 자신이 사용할 주소를 입력하고, [승인]을 누른다. 이전에 랜덤으로 주어졌던 라이트닝 주소는 더 이상 사용할 수 없게 된다는 안내문이 나온다. [확인]을 누른다.

새 라이트닝 주소가 잘 발급된 것을 볼 수 있다. 이제 다른 사람에게 비트코인을 받을 때 이 라이트닝 주소를 알려주면 된다.

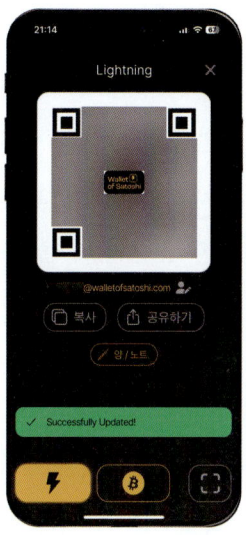

## 온-체인으로 라이트닝 수탁 지갑에 비트코인 입금하기

월오사에 입금을 할 때는 [받기] 버튼을 누르면 나오는 라이트닝 주소나 온-체인 주소로 입금을 하면 된다. 그러나 온-체인 입출금 시 채굴자에게 지불하는 온-체인 수수료 외에 월오사가 가져가는 수수료가 1.95%다. 이를 절약하는 방법이 수수료율이 상대적으로 저렴한 볼츠 등의 스와프 서비스를 이용하는 것이다. 볼츠는 온-체인 → 라이트닝 스와프 수수료가 0.1%이고, 라이트닝 → 온-체인 스와프 수수료가 0.5%이다.

볼츠를 이용해 개인 지갑에 있는 비트코인을 월오사로 옮겨 보자. 먼저 볼츠 웹사이트에 접속한다.

https://boltz.exchange/

먼저 화살표를 눌러 'BITCOIN'이 위로 오게 만든다. 개인 지갑에서 보내는 비트코인은 기본적으로 온-체인 송금이다. 우리는 개인 지갑에서 비트코인을 보낼 것이므로 온-체인 비트코인을 라이트닝 비트코인으로 스와프하는 것이다.

'BITCOIN'이 위로 왔으면 'BITCOIN' 옆에 입금할 금액을 입력한다. 필자는 10만 sats를 입금할 것이다. 바로 그 아래에 온-체인 수수료(비트코인 네트워크 상황에 따라 변동)와 볼츠가 가져가는 수수료 0.1%를 제외한 금액(사진에서는 99,296)이 표시된다. 아래 표시되는 이 금액을 정확히 봐야 한다.

그 아래에는 '~@walletofsatoshi.com' 등의 비트코인을 받을 라이트닝 주소나 라이트닝 인보이스를 입력해야 한다. 인보이스는 보통 받을 금액이 입력되어 있고, 유효 시간이 있으며, 일회용이다. 당연히 인보이스보다 라이트닝 주소를 입력하는 것이 편하다. (인보이스를 발급하는 방법은 월오사 앱에서 [받다] → [양/노트]를 누르고 금액을 입력하면 된다.) 지금은 라이트닝 주소를 입력하고 진행해 보겠다. 오타에 주의하여 입력하자.

그다음에는 키를 다운로드한다. 만약 채굴이 너무 늦게 되는 등의 이유로 인보이스가 만료되면 자금을 돌려받아야 하는데 그때 메뉴의 [Refund]를 눌러 키를 선택하면 비트코인을 돌려받을 수 있다. [DOWNLOAD NEW KEY]를 눌러 키를 다운로드한다.

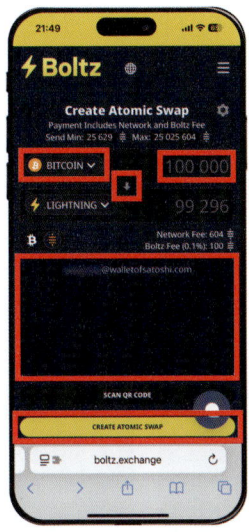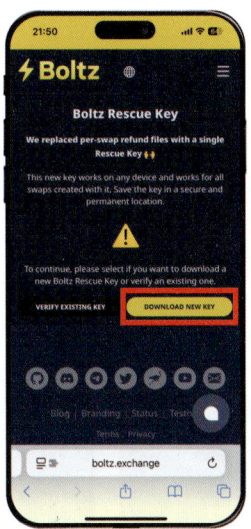

키를 다운로드했으면 [파일 선택]에서 방금 다운로드한 키 파일을 선택한다.

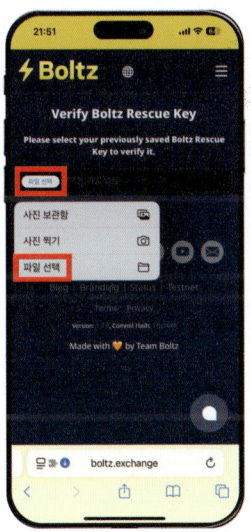

그러면 온-체인으로 입금할 주소가 나온다. QR 코드를 스캔하거나 아래에 나와 있는 주소로 개인 지갑에서 정확한 금액(사진상에서 99,849 sats)을 송금한다.

볼츠가 거래를 인식하면 거래가 멤풀에 담겼다는 창이 나온다. 거래가 담긴 블록이 채굴될 때까지 기다리면 거래가 컨펌된다. 그러면 수수료를 제외한 비트코인이 라이트닝 주소로 잘 송금되었다고 축하한다는 안내 창('Congratulations!')이 나온다.

 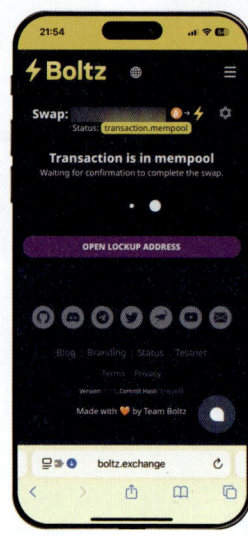 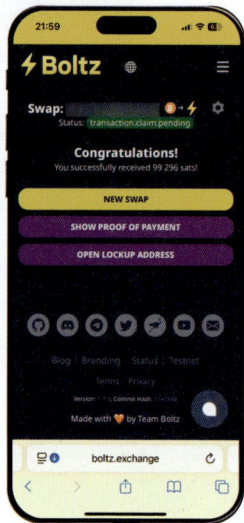

월오사 앱으로 들어가 보면 비트코인이 잘 입금된 것을 확인할 수 있다.

## 라이트닝 수탁 지갑에서 온-체인으로 비트코인 출금하기

월오사에서 온-체인으로 비트코인을 출금해 개인 지갑으로 옮기는 방법은 '1부. 셀프 커스터디 가이드'에서 보았던 방법과 비슷하다.

먼저 볼츠 웹사이트에 접속한다.

https://boltz.exchange/

'LIGHTNING' 옆에 출금할 비트코인 금액을 적고 아래에 비트코인을 받을 주소('bc1q~' 등)를 입력한다. 이때 반드시 오타가 없는지 주의하라. 잘못된 주소로 비트코인을 보내면 비트코인을 영영 못 찾을 수도 있다. 물론 이를 방지하기 위해 비트코인의 주소 체계에는 체크섬이 포함되어 있지만, 그래도 꼭 확인하자. 그다음에 [CREATE ATOMIC SWAP]을 누른다.

그러면 인보이스가 나온다. QR 코드 아래 인보이스 왼쪽에 있는 문서 모양의 복사 버튼을 누른다. 그다음 월오사 앱으로 들어가 [보내다]를 누른다.

카메라 화면이 나오면 아래 두 번째 문서 모양의 버튼을 누른다. 이 버튼은 클립보드에서 붙여넣는 버튼이다. [붙여넣기 허용]을 누르고 [보내다]를 누른다.

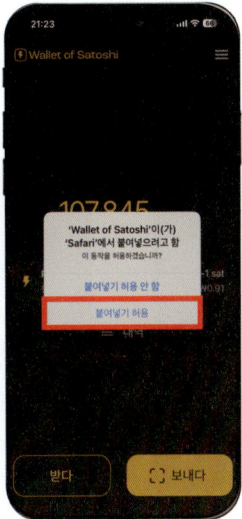

송금하면 개인 지갑으로 보내는 온-체인 거래가 송금되었다는 창이 나올 것이다. 거래가 컨펌될 때까지 기다려야 한다. [OPEN CLAIM TRANSACTION]을 누르면 멤풀 웹사이트에서 해당 거래의 상태를 확인할 수 있다. 월오사에서는 출금이 완료된 것을 확인할 수 있다.

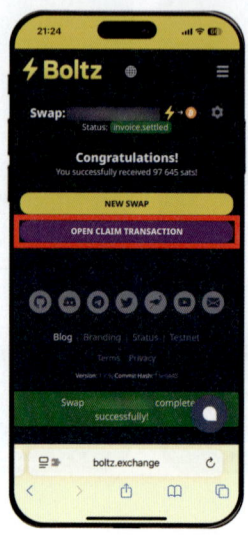 

**원화 환전을 위해 라이트닝 수탁 지갑에서 해외 거래소로 비트코인 송금하기**
비트코인 결제 매장 등을 운영하면 월렛 오브 사토시와 같은 라이트닝 수탁 지갑에 있는 비트코인을 원화로 환전해야 할 일이 있을 것이다. '1부. 셀프 커스터디 가이드'에서 봤듯이 한국은 트래블룰 때문에 한국 거래소로 비트코인을 바로 입금할 수 없고, 해외 거래소를 거쳐야 한다. 라이트닝 수탁 지갑에서 바이낸스 등의 해외 거래소로 비트코인을 보내는 방법을 알아보자.

바이낸스 앱 [Portfolio] 탭에서 [Deposit]을 누르고, 네트워크에서 [라이트닝 네트워크(Lightning Network)]를 선택한다.

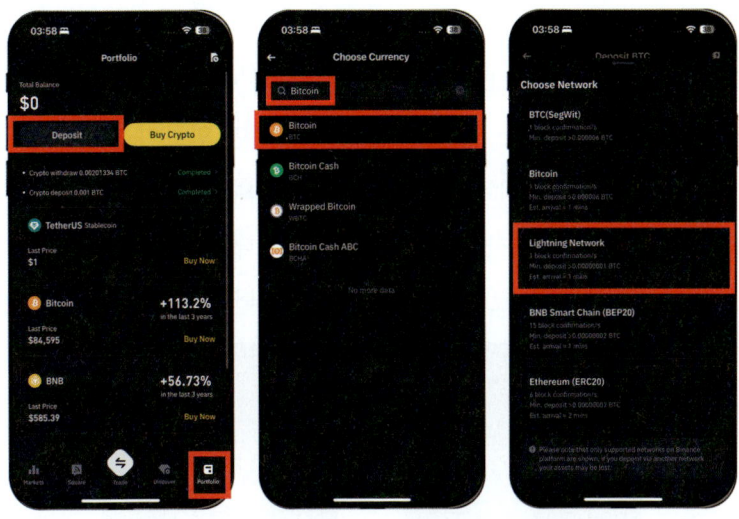

만약 이미 비트코인이나 테더 등이 있는 경우 [Deposit]이 바로 안 보일 수도 있다. 이때는 아래처럼 [Bitcoin]으로 들어간 다음 [Add Funds] → [Deposit Crypto]로 들어가면 된다. 네트워크를 선택하는 창이 나오면 [라이트닝 네트워크(Lightning Network)]를 선택한다.

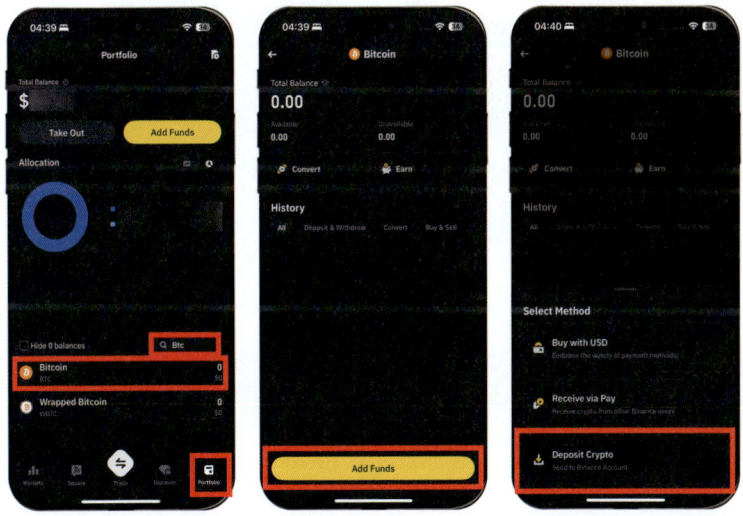

여기에 원화로 환전하고 싶은 비트코인 양을 입력한다. 필자는 이번에 10만 sats, 즉 0.001 BTC를 환전해 보도록 하겠다.

금액을 입력하고 [Create Invoice]를 누르면 인보이스가 생성된다. 인보이스는 라이트닝 네트워크에서 계좌번호와 비슷한 역할을 한다고 생각하면 된다. 대신에 한 번밖에 못 쓰고, 그때그때 새로 발급된다. 인보이스 글자를 한 번 누르면 자동으로 복사가 된다.

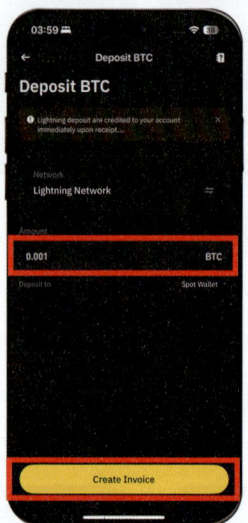 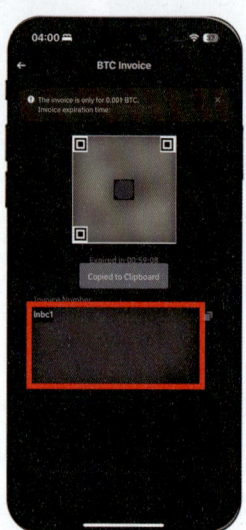

이제 월렛 오브 사토시 등의 라이트닝 수탁 지갑에서 보내기를 누르고 인보이스를 붙여넣어야 한다.

월렛 오브 사토시 앱에서 [보내다] → 아래 키보드 모양 버튼 → 인보이스 붙여넣기 → 화살표 버튼 → [보내다]를 누른다.

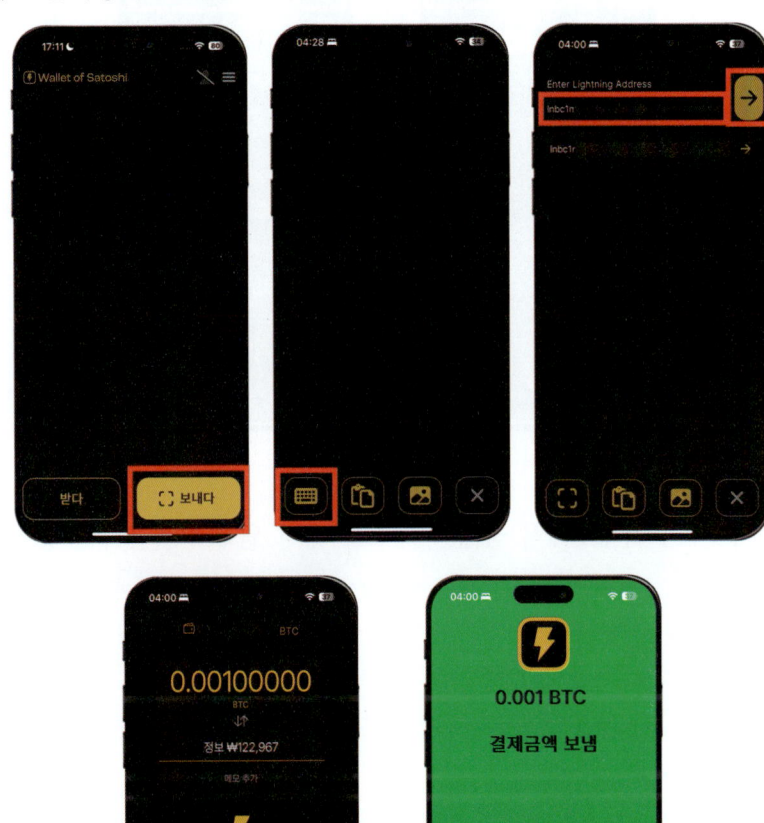

이렇게 하고 잠시 기다리면 해외 거래소로 송금이 될 것이다. 필자는 1분 정도 기다리니 입금이 되었다는 알림이 상단에 나타났다.

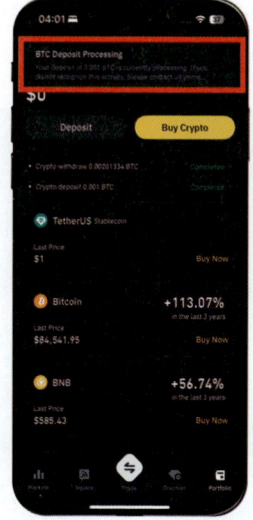
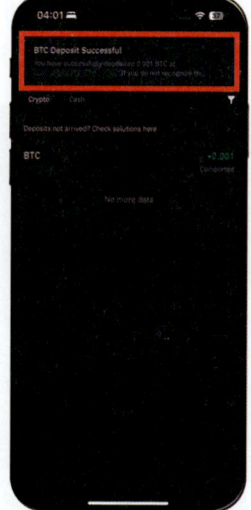

이후 해외 거래소에서 국내 거래소로 옮겨 원화로 출금하는 방법은 '1부. 셀프 커스터디 가이드'의 '해외 거래소에서 국내 거래소로 전송' 절을 참고하라.

## | 오프라인 매장에서 라이트닝 결제하기

### 비트코인으로 커피 사 마시기

오프라인에서 비트코인 결제 매장을 찾아가 보자. 먼저 비트코인 결제 매장이 주변에 있는지 찾아보자. btcmap.kr이나 btcmap.org에 들어가면 주변에 비트코인 결제 매장이 있는지 찾아볼 수 있다.

http://btcmap.kr

https://btcmap.org/

어디를 갈지 정했다면, 먼저 그 매장에 전화해서 비트코인 결제가 되는지 물어보자. 해당 시점에도 비트코인 결제를 받는지 확인하기 위해서다.

필자는 비트코인으로 커피를 마시기 위해 비트코인 결제가 되는 카페를 방문해 보았다. 카페 문 앞에 'bitcoin Accepted Here'라고 쓰인 스티커가 붙어있는 것을 볼 수 있다.

커피 두 잔과 케이크 하나를 시켰다. 금액을 확인한다.

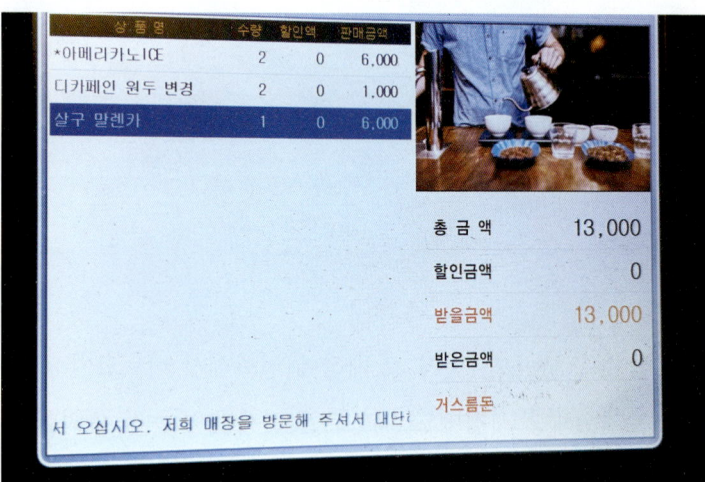

월오사에서 [보내다]를 누른다.

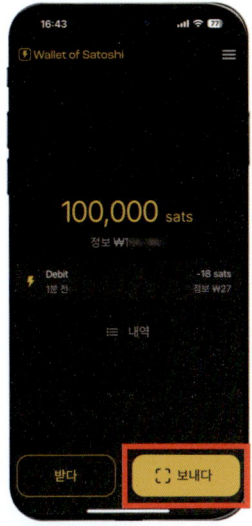

사장님이 QR 코드를 보여줄 것이다. 그 QR 코드를 스캔한다.

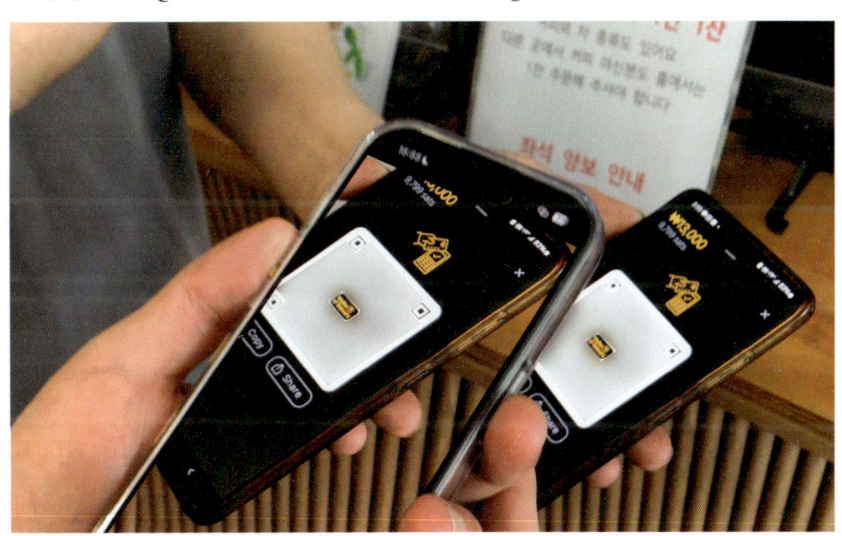

QR 코드를 스캔하고 [보내다]를 누르면 번개처럼 빠르게 결제가 완료된다.

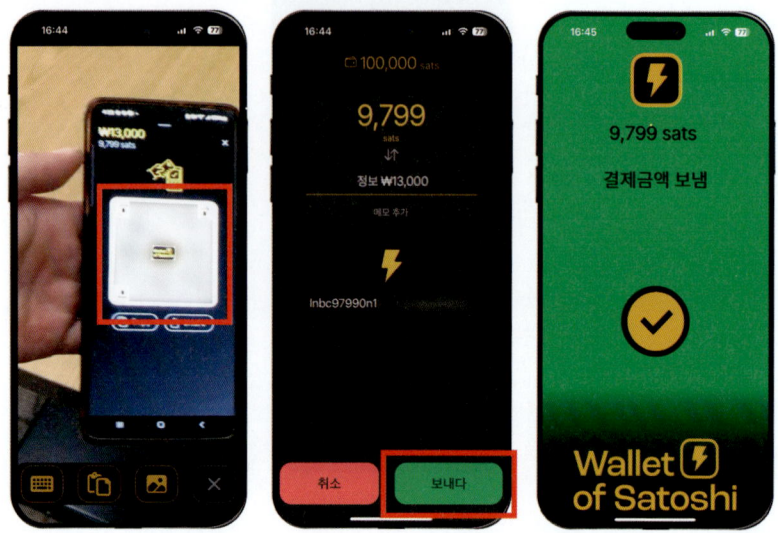

이제 시원한 커피를 마시고 맛있는 케이크를 먹으면 된다.

# | 온라인 매장에서 라이트닝 결제하기

## 비트코인으로 물건 구매하고 택배 받기

이번에는 온라인 스토어에서 비트코인으로 결제하는 방법을 알아보자. 해외 웹사이트에서 비트코인 관련 물품을 구매할 때 특히 유용하다. 비트코인은 국경이 없기 때문이다. 대한민국의 온라인 비트코인 결제 매장에는 대표적으로 '사토시마켓'이나 '사토샵'이 있다.

필자가 집필했던 책을 '필레우시스 스토어'에서 구매해 보도록 하겠다. 먼저 웹사이트에 접속한다.

https://store.phileucis.com/product/bk-btc-01-01/

배송 받을 정보를 입력하고 [Proceed to BTCPay]를 누른다.

그러면 라이트닝 결제를 위한 QR 코드가 나오는 것을 볼 수 있다. 라이트닝 결제가 기본으로 설정되어 있지만, QR 코드 위에 있는 [Bitcoin]을 선택하면 라이트닝이 아니라 온-체인 송금으로 결제할 수도 있다. 하지만 온-체인 결제는 채굴자에게 지불하는 수수료가 있고 블록 컨펌을 기다려야 하므로 라이트닝으로 결제하는 것을 추천한다.

이제 월오사 앱에서 [보내다]를 누른다.

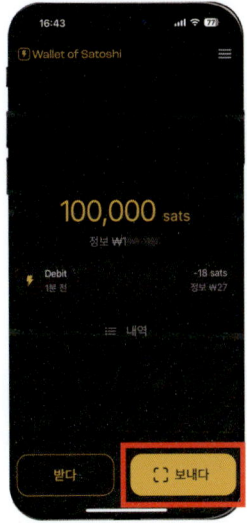

카메라 화면이 나오면 웹사이트에 나와 있는 QR 코드를 스캔한다. [보내다]를 누르면 즉시 결제가 된다.

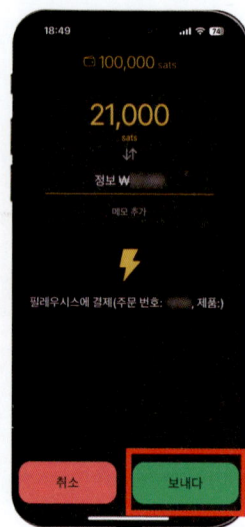

모바일에서 주문서를 작성하고 모바일에서 라이트닝으로 결제하는 경우, QR 코드 아래에 'lnbc'로 시작하는 라이트닝 인보이스를 복사한다. 그리고 월오사 앱에서 [보내다] → 하단 두 번째 문서 모양의 붙여넣기 버튼 → [붙여넣기 허용] → [보내다]를 누르면 즉시 결제가 된다.

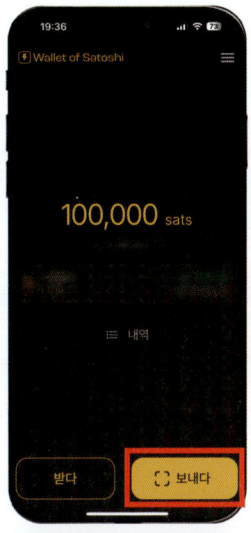

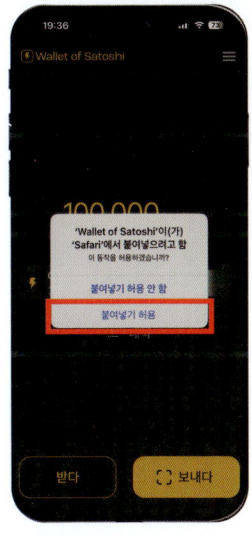
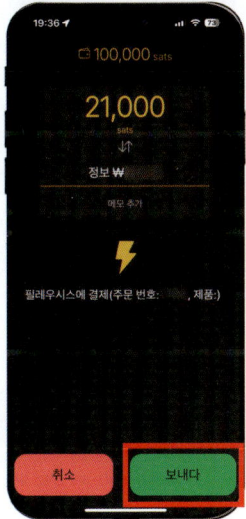
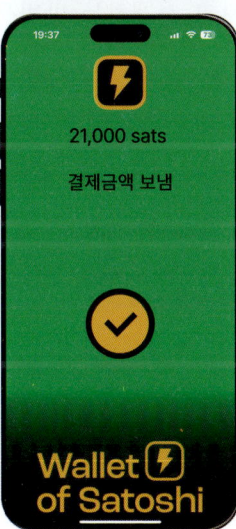

웹사이트에서도 바로 반영이 되는 것을 볼 수 있다. [Return to Philleucis]를 눌러보자.

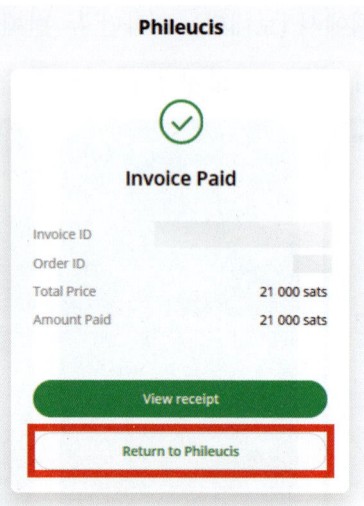

결제 정보가 나온다. 이로써 온라인 비트코인 결제 매장에서 비트코인으로 결제하는 방법을 알아보았다.

## | 1분 만에 비트코인 결제 매장 되기

**매장에서 라이트닝 결제받는 방법**

'월렛 오브 사토시' 앱을 이용하여 비트코인으로 결제받는 방법을 알아보자. 매우 간단하다.

 Wallet of Satoshi 앱(이하 월오사 앱)을 다운로드한다.

 월오사 앱을 실행한다. 오른쪽 위 메뉴를 누르고 통화는 KRW로, 언어는 한국어로 설정되어 있는지, 이메일은 잘 연결되었는지 다시 한번 확인한다. 그다음 [POS 시스템] 버튼을 누른다.

 금액을 입력하고 초록색 '요금' 버튼을 누른다. 자동으로 원화 금액에 해당하는 비트코인 금액으로 표시된다. 그다음에 나오는 QR 코드를 고객에게 보여주면 끝이다.

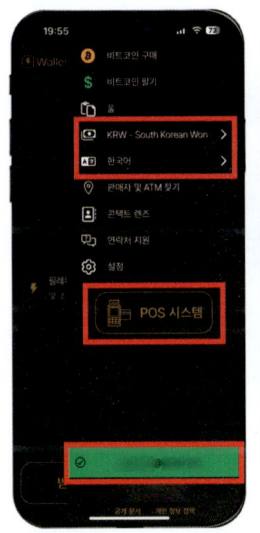 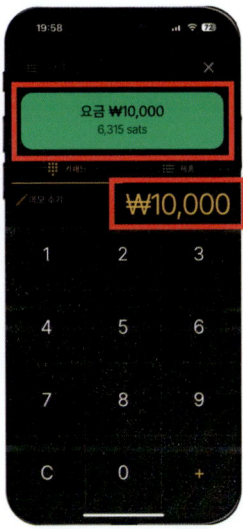 

고객이 사토시를 송금하면 다음과 같은 화면이 뜬다. 결제가 잘 되는 것을 확인할 수 있다.

비트코인 사용 가이드

# 3. 풀 노드 운영 가이드

### 3. 풀 노드 운영 가이드

## | 풀 노드 운영을 위한 지식

### 풀 노드와 풀 노드 운영의 중요성

비트코인 네트워크에서 풀 노드는 네트워크의 블록과 거래가 합의 규칙에 맞는지 독립적으로 검증하고 전체 블록 데이터를 스스로 저장하는 노드를 뜻한다. 따라서 풀 노드 운영자는 중앙 서버나 신뢰받는 제3자에 의존하지 않고, 스스로 진실을 판단하는 존재다.

'블록체인 트릴레마'는 어떤 기술이 분산화, 보안, 확장성 3가지 모두를 챙길 수는 없다는 것을 뜻한다. 그런데 비트코인은 3가지 속성 모두를 챙겼다. 이 중에 건전한 돈이 되기 위해서 가장 중요한 것은 분산화 속성이다.

풀 노드는 비트코인 네트워크의 분산화 속성을 강화한다. 모든 풀 노드들은 동일한 권력을 갖고 독립적으로 거래와 블록이 합의 규칙에 맞는지 검증한다. 풀 노드들 덕분에 비트코인 네트워크는 분산된 네트워크 구조를 갖게 되고, 비트코인에 불변성이 부여된다. 비트코인의 공급량이 약 2,100만 개로 고정되어 있다는 규칙이나 난이도 조정 메커니즘, 21만 개 블록마다 수수료 인센티브를 제외한 채굴 보상이 절반으로 줄어든다는 규칙 등은 수많은 풀 노드들이 있기 때문에 영원히 변할 수 없다. 규칙에 맞지 않는 거래나 블록은 풀 노드가 전파를 하지 않고 버리기 때문에 네트워크에서 바로 거부된다. 즉, 풀 노드들은 비트코인 합의 규칙의 수호자들이다.

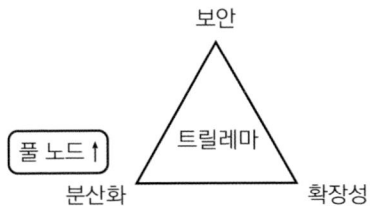

풀 노드를 운영하는 이유에는 비트코인의 분산화 속성을 지키기 위해 네트워크에 기여하는 것도 있지만 개인적인 이유도 있다(그리고 개인적인 이유가 더 중요하다). 풀 노드를 운영한다는 것은 외부 기관이나 정부, 은행에 전혀 의존하지 않고 스스로 자산을 검증하고 자신의 거래를 네트워크에 전파하는 주체가 되는 일이기 때문이다. 따라서 신뢰 지점을 최소화하기 위해서는 풀 노드 운영이 필수적이다.

## 풀 노드가 수행하는 검증 작업

풀 노드는 거래와 블록을 몇 가지 기준에 따라 철저히 검증한다. 거래를 검증할 때는 다음 기준에 의해 검증한다. 거래 데이터가 문법에 맞는지, 입력값이나 출력값이 비어 있지는 않은지, 거래 데이터 크기(무게)가 블록 크기(무게) 제한인 1 MvB (4 Mwu)를 초과하진 않는지, 출력값이 2,100만 BTC 이하인지, 절대 잠금 시간이나 상대 잠금 시간 규칙이 있다면 그 규칙을 충족하는지, 입력으로 코인베이스 보상을 쓴다면 채굴된 시점으로부터 100블록이 지났는지(COINBASE_MATURITY 규칙), 거래에 담긴 서명 작업 수(SIGOPS, OP 명령어 개수)가 서명 작업한도(거래 가상 크기/50)보다 작은지, 거래의 입력에서 사용하려는 이전 거래 출력이 블록이나 멤풀에 존재하는지(이중지불 방지), 출력 금액의 총합이 입력 금액의 총합 이하인지, 입력의 해제 스크립트(서명이나 세그윗)에 이전 거래의 잠금 스크립트를 연결했을 때 제대로 검증이 되는지 등을 검증한다.

블록을 검증할 때는 다음 기준에 의해 검증한다. 블록 데이터가 문법에 맞는지, 블록 헤더의 해시값이 목푯값보다 작은지(작업증명이 됐는지), 블록 헤더의 타임스탬프 값이 중간 과거 시각 규칙과 미래 블록 시각 규칙을 만족하는지, 블록 무게가 4 Mwu를 초과하진 않는지, 첫 번째 거래가 코인베이스 거래인지, 그리고 블록 내에 있는 모든 거래가 거래 검증 규칙에 맞는지 등을 검증한다.

물론 이러한 검증은 컴퓨터가 하는 것이므로 매우 빠르게 일어난다. 만약 거래나 블록 데이터에서 검증 과정에서 단 하나라도 맞지 않는 것이 발견된다면 그 거래나 블록은 네트워크에서 거부된다. 이 철저함 덕분에 비트코인 네트워크는 견고하게 유지된다. 실제로 2017년 1월 30일, 한 채굴자가 블록 크기 제한인 1MB 크기를 넘는 블록을 만들자 풀 노드들은 당연히 이를 유효하지 않은 블록으로 판정했고, 블록은 순식간에 네트워크에서 거부되었다.

**풀 노드가 보관하는 데이터**

풀 노드가 보관하는 데이터는 여러 가지가 있지만 주요 데이터베이스는 블록 데이터, UTXO 세트, 멤풀 3가지다.

블록 데이터는 말 그대로 블록 데이터를 보관하는 곳이다. 블록은 블록 헤더와 거래 개수, 블록 바디로 구성된다. 블록 헤더에는 ① 버전, ②

이전 블록 해시값, ③ 머클 루트, ④ 타임스탬프, ⑤ 난이도 목표 비트값, ⑥ 논스값 데이터가 들어있다. 거래 개수는 블록 헤더와 블록 바디어디에도 속하지 않는 데이터다. 블록 바디는 거래 데이터와 위트니스(증인) 데이터로 이루어져 있다. 거래 데이터의 해시값인 txid를 머클 트리 구조로 해싱하면 블록 헤더의 머클 루트가 된다.

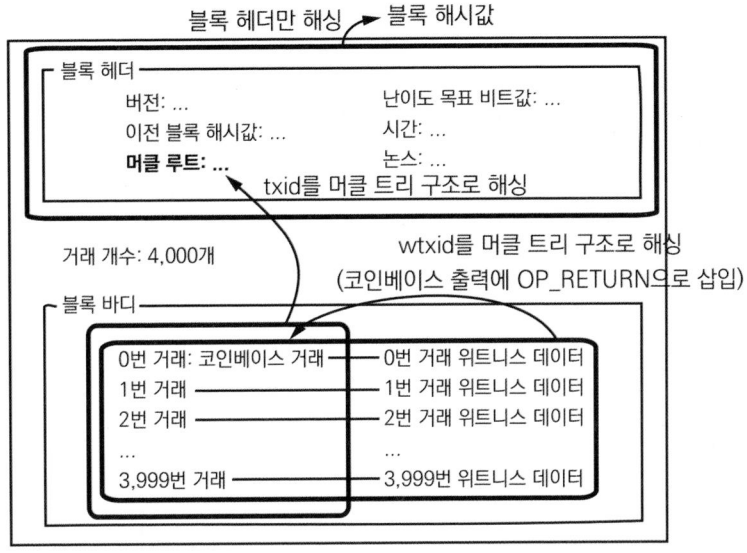

UTXO 세트는 UTXO를 따로 보관하는 곳이다. 거래를 검증할 때는 거래의 입력값에 쓰인 UTXO가 정말로 이전에 쓰인 적이 없는 UTXO인지 검사를 해야 한다. 하지만 이것을 블록 데이터 전체에서 찾는 것은 컴퓨터에게도 너무 힘든 일이다. 따라서 풀 노드는 UTXO들을 모아 또 다른 공간에도 저장해놓는데, 이것이 UTXO 세트다. 풀 노드들은 새 블록을 받아서 검증할 때마다 그 블록에서 쓰인 출력들을 UTXO 세트에서 삭제하고, 새로운 UTXO들을 추가한다. 참고로 말하자면 비트코인의 첫 데이터가 담겨 있는 '제네시스 블록'은 블록 검증 대상이 아니기 때문에 제네시스 블록에 있는 코인베이스 보상은 영원히 쓰일 수가 없다. UTXO 세트에 추가되지 않기 때문이다.

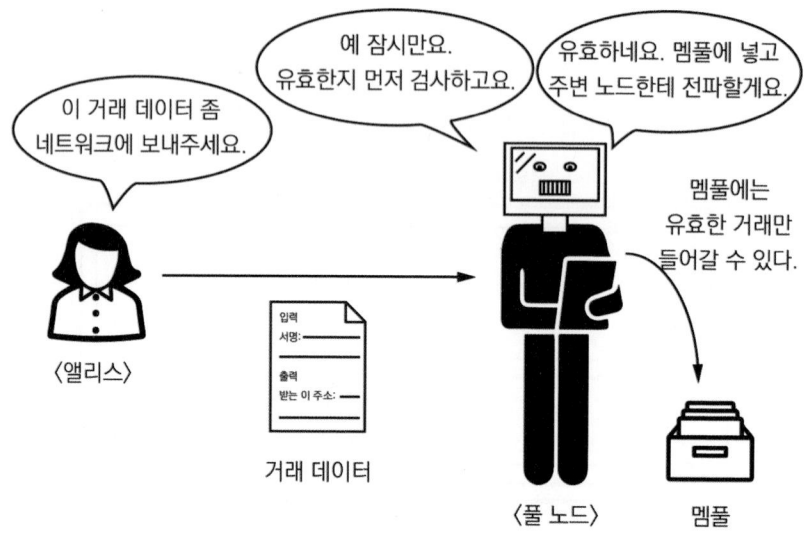

멤풀은 아직 블록에 포함되지 않은 미확정 거래들을 풀 노드가 임시로 저장하는 공간이다. 어떤 노드가 새로운 거래를 비트코인 네트워크에 전파하면 풀 노드들은 그 거래를 검증한다. 만약 그 거래가 검증을 통과했다면 풀 노드들은 이 거래를 임시 저장소인 멤풀에 보관한다. 채굴자들은 다음 블록을 만들 때 멤풀에 있는 거래를 모아(가상 바이트 당 수수료가 높은 거래부터 모아) 블록을 구성한다. 만약 거래가 유효하지 않으면 풀 노드들은 거래를 멤풀에 넣지 않고 그냥 버린다. 만약 거래 수수료를 너무 낮게 설정한 거래가 있다면 그 거래는 멤풀에 오랫동안 남겨져 있거나, 너무 오래되면 멤풀에서 튕겨 나오기도 한다. 멤풀은 모든 풀 노드가 똑같이 동기화하는 데이터가 아니고, 모든 풀 노드가 각각 따로 관리한다. 풀 노드마다 멤풀 저장 공간 크기를 다르게 설정할 수 있으므로 멤풀의 구성은 다양할 것이다. 새로운 블록이 전파됐을 때, 풀 노드들은 멤풀에 있던 거래들 중 새 블록에 실린 거래들은 멤풀에서 삭제한다.

## 가지치기 풀 노드

노드에는 가지치기pruning 기능이 있다. 이를 이용하면 블록 데이터 용량을 낮게 유지할 수도 있다. 가지치기 기능을 사용하면 블록의 모든 데이터를 보관하지 않고 최근 블록 데이터 일부와 블록 헤더만 보관한다. 설정한 용량이 될 때까지 이전 거래 데이터들을 삭제하는 것이다.

하지만 이렇게 가지치기 기능을 썼다고 바로 SPV 노드(라이트 노드)가 되는 것이 아니다. 가지치기 기능을 써도 검증 방식은 풀 노드와 동일하게 한다. 이런 가지치기 풀 노드는 UTXO 세트는 그대로 보관하고 있기 때문이다. 새 블록 데이터를 받을 때마다 계속 UTXO 세트를 업데이트하기 때문에 가지치기 풀 노드도 풀 노드와 동일한 방식으로 검증할 수 있는 것이다.

## 비트코인 클라이언트: 비트코인 코어와 노츠

풀 노드를 실행하는 대표적인 소프트웨어는 비트코인 코어Bitcoin Core다. 비트코인 코어의 첫 번째 버전은 사토시 나카모토가 만든 것으로, 비트코인 코어는 사토시가 만든 오리지널 클라이언트를 이어받은 프로젝트다. 현재까지 가장 널리 쓰이고 있는 클라이언트다.

또 다른 클라이언트가 비트코인 노츠Bitcoin Knots다. 노츠는 코어를 기반으로 더 다양한 기능과 선택지를 추가했다. 예를 들어 노츠에는 OP_RETURN 거래나 오디널스나 룬 토큰과 관련된 거래를 멤풀에 추가하지 않고 전파를 거부하는 옵션 등이 있다. 만약 노드를 사용자의 채굴기와 연결하면 사용자가 원하는 방식대로 블록 템플릿을 구성해 채굴할 수가 있다.

비트코인 클라이언트의 사용 비율은 여전히 비트코인 코어가 압도적이다. 그러나 사용자들은 비트코인 코어에 새로운 업데이트가 나오면 업데이트를 할지 말지 자유롭게 결정할 수 있다. 즉, 업데이트는 강제가 아니다. 비트코인은 지금까지 하드포크보다는 항상 이전 버전과 호환이 되는 쪽으로 소프트포크를 지향해왔다. 언젠가 거의 만장일치의 찬성을 필요로 하는 하드포크를 피할 수 없을지도 모르는 일이지만, 지금까지는 소프트포크를 지향해왔다. 따라서 비트코인 네트워크에는 다양한 버전의 비트코인 코어가 공존하고 있다.

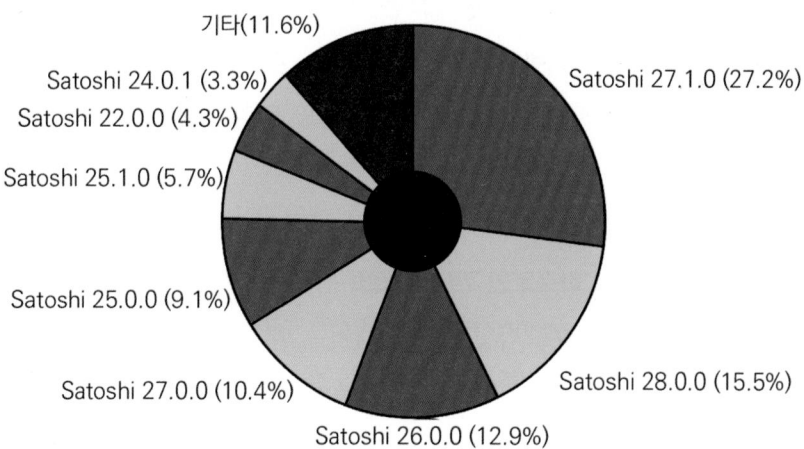

## 초기 블록 다운로드(IBD)

풀 노드를 처음 가동하게 되면 초기 블록 다운로드IBD, Initial Block Download(이하 IBD) 과정을 거쳐야 한다. IBD는 제네시스 블록을 시작점으로 하여 그다음 블록부터 현재 블록까지를 이웃 노드로부터 다운로드하고, 각 거래와 블록을 직접 검증하여 네트워크 상태를 맞추는 절차다. 쉽게 말해 블록 데이터들을 다운로드하는 과정이다. 참고로 0번 블록인 제네시스 블록은 클라이언트 자체에 하드코딩되어 있으므로 이웃 노드에게서 다운로드하는 대상이 아니다. 이렇게 블록 데이터를 다운로드할 때 모든 거래와 블록을 검증하고, 동시에 UTXO 세트도 업데이트하기 때문에 시간이 오래 걸린다. 이 과정을 거쳐 100% 동기화가 되어야 진정한 비트코인 풀 노드가 된다.

가지치기 풀 노드도 IBD는 동일하게 수행한다. 다만 IBD를 수행하며 디스크 공간을 절약하기 위해 오래된 블록의 가지치기를 병행한다.

### 아웃바운드 연결과 인바운드 연결, 인바운드 허용 노드

비트코인 네트워크에서는 수많은 풀 노드들이 서로 연결되어 거래와 블록 데이터를 주고받는다. 노드끼리 처음 연결을 시도할 때 먼저 연결을 시도하는 것을 아웃바운드 연결이라 하고, 상대방이 시도한 연결을 받아주는 것을 인바운드 연결이라 한다. 쉽게 말하자면 전화를 거는 사람은 아웃바운드, 전화를 받는 사람은 인바운드인 것이다.

전화 거는 사람
연결 시도하는 사람
아웃바운드 연결

전화 받는 사람
연결 받아주는 사람
인바운드 연결

비트코인 풀 노드 운영을 시작하면 기본적으로 인바운드 연결이 비허용되어 있고 아웃바운드 연결만 가능하다. 무슨 뜻이냐면 다른 풀 노드가 나의 노드에 연결을 시도할 수는 없고, 내 노드가 다른 노드에게 연결을 시도하는 것만 가능하다는 뜻이다. 보통 공유기나 방화벽 설정 때문에 외부에서 내 노드로 인바운드 연결이 들어올 수 없기 때문이다. 인바운드 연결을 허용하지 않은 노드는 아웃바운드 연결만 가능하기 때문에 당연히 인바운드 연결을 허용한 노드와 연결될 것이다. 상대 노드가 내 노드가 신청한 연결을 받으려면, 상대 노드는 인바운드 연결이 허용되어 있어야 하기 때문이다. 쉽게 설명하자면 내 노드는 수신(연결 요청 받기) 금지가 되어있고, 발신(연결 요청 보내기)만 가능한 상태인 것이다.

아웃바운드 연결만 가능할 때 연결할 수 있는 이웃 노드(Peer)의 수는 최대 8개. 클리어넷뿐만 아니라 토르, I2P 연결까지 합하면 최대 11-12개까지 피어 연결이 가능하다. 반면 인바운드를 허용한 노드는 아웃바운드 연결을 신청하는 노드들과 연결되는데 이때는 최대 125개의 노드와 연결이 가능하다.

인바운드를 비허용한 노드나 허용한 노드 모두 새 거래나 새 블록을 받으면 똑같은 방식으로 검증하고 전파한다. 내 노드가 인바운드 연결이 비허용이라서 1번부터 8번까지 8개의 노드와 연결되어 있다고 해보자. 1번 이웃 노드로부터 새로운 거래나 블록을 전파받으면 내 노드는 해당 거래 혹은 블록을 검증한 뒤 다시 2번부터 7번 노드에게 전파한다. 인바운드 허용 노드는 그 전파를 125개 노드에게 한다. 인바운드 연결 비허용 노드가 인바운드 연결 허용 노드에게 귓속말을 하는 것이라면, 인바운드를 허용한 노드는 확성기를 들고 큰 소리로 네트워크에 전파하는 것과 같다.

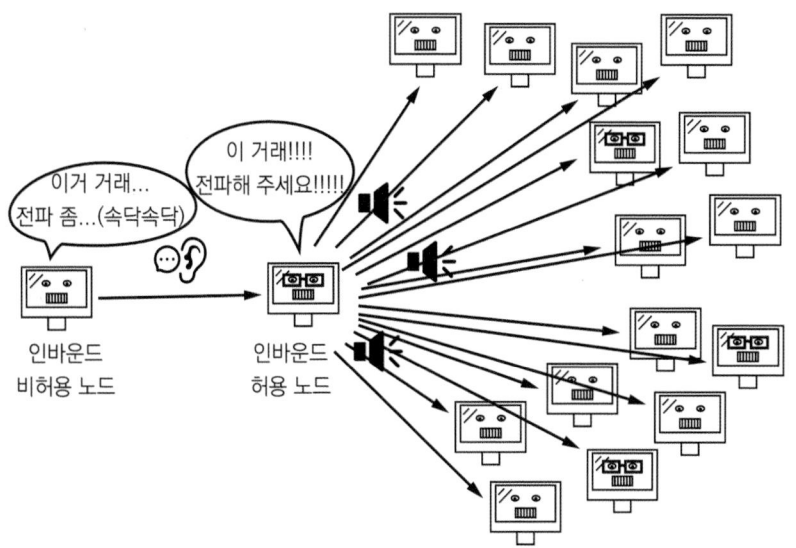

인바운드 허용 노드는 특히 IBD를 갓 시작한 노드에게 더 많은 기여를 한다. 새롭게 네트워크에 참여한 노드는 당연히 인바운드가 비허용되어 있으므로 인바운드를 허용한 노드와 아웃바운드 연결을 시도해야 한다. 어딘가에 전화를 걸어야 한다는 뜻이다. 그러면 전화를 받아주고 (비유임을 잊지 말자) 블록 데이터를 나눠줄 노드가 필요한데, 이게 바로 인바운드를 허용한 노드다.

인바운드 허용 노드나 인바운드 비허용 노드나 네트워크에 기여하고 있는 것은 똑같지만 그 중요도는 다르다. 인바운드 연결을 허용한 노드가 더 많은 기여를 한다.

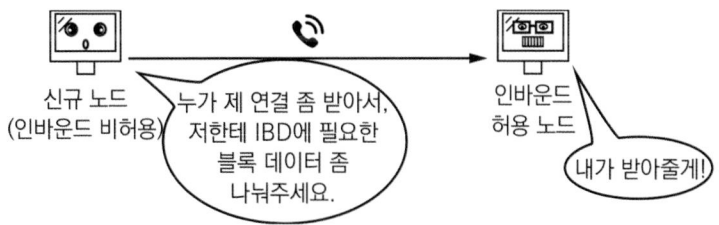

## 일렉트럼 서버

내 워치-온리 지갑과 풀 노드를 연결하기 위해서는 일렉트럼 서버가 필요하다. 풀 노드(코어나 노츠)는 블록 데이터와 UTXO 세트는 보관하고 있지만 이것이 주소별 거래 목록은 아니다. 워치-온리 지갑이 지갑에 있는 금액을 빠르게 조회하기 위해서는 주소별로 어떤 거래(txid)를 통해 얼마의 금액이 들어왔고, 얼마의 금액이 나갔는지 정리되어 있는 '색인'이 필요하다. 일렉트럼 서버는 바로 이 역할을 한다. 일렉트럼 서버는 풀 노드가 갖고 있는 데이터를 읽으면서 주소별 거래 색인(인덱스)을 만든다. 풀 노드 자체에는 주소별 인덱스가 없기 때문에 일렉트럼 서버가 별도로 정리하는 것이다.

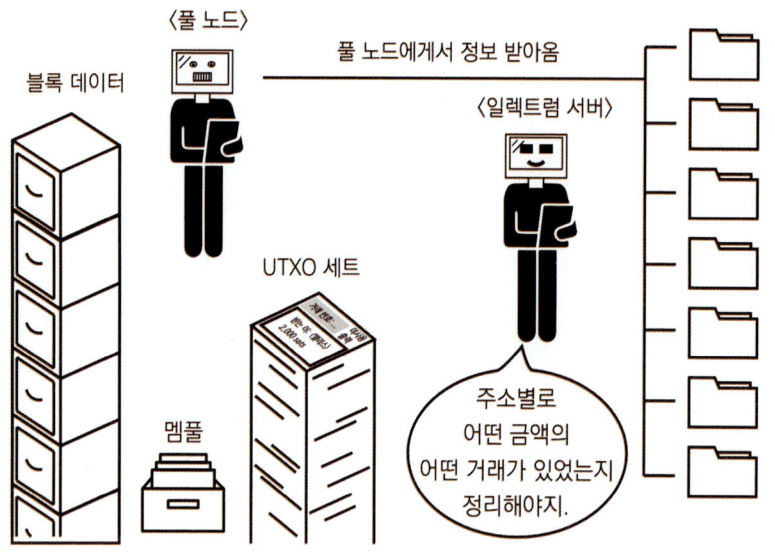

따라서 일렉트럼 서버를 통해 워치-온리 지갑과 풀 노드를 연결할 수 있으며, 워치-온리 지갑은 매우 빠르게 주소에 얼마가 들어있는지 스캔할 수가 있다. 이러한 일렉트럼 서버에는 Electrs, Fulcrum,

ElectrumX 등이 있다. 일렉트럼 서버를 직접 운영하면 사용자는 제3자에게 지갑 주소나 거래 기록을 노출하지 않고도 안전하게 자기 지갑의 비트코인을 조회할 수 있다.

## RPC 인터페이스

비트코인 풀 노드를 운영하면 블록 데이터를 직접 보관하고 검증하게 된다. 우리가 풀 노드에게 '최신 블록의 높이는 얼마인지', 아니면 '이 주소로 얼마가 들어왔는지'와 같은 질문을 할 때 RPC 인터페이스를 사용하게 된다.

  RPC는 Remote Procedure Call의 약자로, 원격 프로시저 호출이라는 뜻이다. 별도의 코딩 없이 다른 공간에서 함수나 프로시저(데이터를 불러오는 절차)를 실행할 수 있게 하는 통신 기술이다. 원격으로 풀 노드에 명령을 내릴 수 있게 해주는 통신 방식이라고 생각하면 된다.

  RPC 인터페이스를 사용하기 위해서는 먼저 RPC 요청을 받도록 사용자 이름과 비밀번호가 설정되어 있어야 한다. 누구나 원격으로 내 풀 노드에 접속해서 명령을 내릴 수 있다면 위험하지 않겠는가? 그래서 먼저 rpcuser (사용자 이름)와 rpcpassword (비밀번호)가 설정되어 있어야 하는 것이다.

  비트코인은 RPC 통신을 할 때 JSON-RPC라는 형식을 사용한다. JSON은 데이터를 주고받을 때 널리 쓰이는 포맷으로, 비유하자면 문서 양식이라고 생각하면 된다. JSON-RPC는 이를 기반으로 한 호출 방식이다.

  자주 쓰는 RPC 명령어 예시를 몇 개 들어보겠다.

`getblockchaininfo`는 현재 내 블록 데이터의 정보를 알려주는 명령어다. `getblockhash <블록 높이>`는 블록 해시값을 알아내는 명령어다. `getblock <블록 해시값>`은 해당 블록의 정보를 출력하게 하는 명령어다. `getrawtransaction <txid>`는 해당 거래(txid)의 거래 정보를 출력하게 하는 명령어다. `sendrawtransaction <직렬화된 거래 데이터 HEX>`는 거래 데이터를 네트워크에 전파하는 명령어다.

### 진정한 금융 주권의 실천

풀 노드는 단순한 홈 서버가 아니다. 풀 노드를 운영하는 것은 비트코인의 철학을 구현하는 행위이다. 풀 노드를 운영함으로써 제3자를 신뢰하지 않고 거래와 블록을 스스로 검증할 수 있다. 동시에 네트워크의 분산화 속성을 지키고 강화한다. 비트코인 네트워크에 직접 참여하고 싶다면 풀 노드를 운영하면 된다.

## | 엄브렐 홈 구매 및 세팅

**풀 노드 구축 방법**

풀 노드를 구축하는 방법은 여러 가지가 있다. 윈도우OS나 맥OS에 비트코인 코어나 노츠를 설치할 수도 있다. 하지만 입문자의 경우 앱 설치만 한 번 하면 모든 설정이 되는, 풀 노드 운영에 특화된 운영체제를 설치할 수도 있다. 이러한 운영체제에는 엄브렐OS나 스타트9의 스타트OS가 있다. 이 책에서는 좀 더 많은 확장성과 편리성을 가진 엄브렐OS 위주로 설명할 것이다. 뒤에서는 윈도우OS와 맥OS에서 풀 노드 프로그램을 설치하고, 워치-온리 지갑인 스패로우 지갑과 연결하는 방법도 살펴볼 것이다.

엄브렐OS를 설치하려면 홈 서버 기기가 필요하다. 가장 간편한 방법은 엄브렐OS를 만든 회사에서 판매하는 '엄브렐 홈'이라는 기기를 구매하는 것이다. 이 외에 직접 미니컴퓨터를 조립해 엄브렐OS를 설치하는 방법도 있는데, 미니 PC를 조립하거나 라즈베리파이를 조립할 수 있다. 혹은 남는 노트북이나 컴퓨터가 있다면 여기에 설치하는 방법도 있다. 다만 풀 노드는 보통 24시간 가동하므로 이러한 방법은 저전력 미니 PC를 이용하는 것보다 전기료가 많이 나올 수 있다.

이렇게 엄브렐OS를 직접 설치하는 방법들은 엄브렐 홈을 그냥 사는 것보다 조금 더 저렴하게 노드를 구축할 수 있지만, 거꾸로 입문자들에게 다소 어렵게 느껴질 수 있다. 반면에 엄브렐 홈은 구매하고 나서 공유기에서 나오는 인터넷 선과 전원선만 연결하면 세팅이 끝날 정도로 매우 간단하다. 이번 장을 서술하기 전에 필자는 엄브렐로부터 어떠한 대가도 받지 않고 직접 엄브렐 홈을 구매했으며 특정 제품을 광고하려는 목적이 아님을 밝힌다. 만약 미니 PC 조립에 도전해 보고 싶다면 미니 PC나 라즈베리파이를 이용해 풀 노드를 구축하고, 그게 두렵다면 엄브렐 홈을 구매하는 것을 고려해 볼 수 있다. 이제 엄브렐 홈을 구매하는 방법에 대해 알아보자.

### 엄브렐 홈 구매 방법

엄브렐 홈을 구매해서 풀 노드를 구축하려는 경우 가장 어려운 것은 구매 과정이다. 구매만 하면 그 이후의 세팅은 매우 간단하다. 엄브렐 웹사이트에 접속한다.

https://umbrel.com/?country=KR

웹사이트에서 [Buy now] → [Buy now]를 누른다.

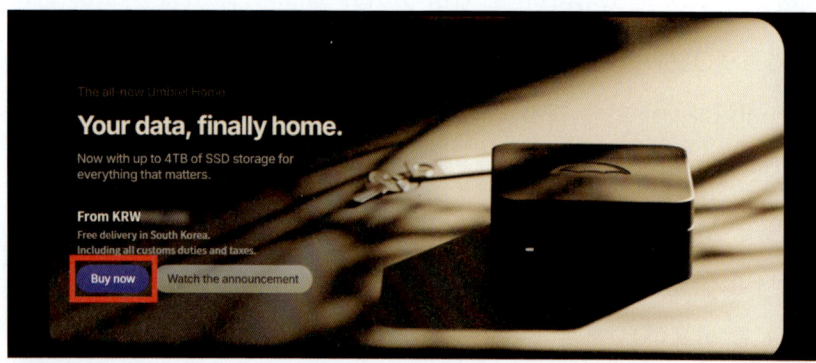

엄브렐 홈 기기의 가격은 계속 변한다. 2025년 8월 기준, 저장 용량이 2TB인 엄브렐 홈 기기의 가격은 599,000원이다. 저장 용량에 따라 가격이 달라지는데 비트코인의 블록 데이터 크기가 약 800GB 정도 되는 2025년 8월 기준으로는 멤풀이나 일렉터스, 라이트닝 노드와 같은 다른 앱도 사용하기 위해서는 적어도 2TB는 필요하다. 1TB는 풀 노드 앱만 설치해도 용량이 거의 찰 것이다.

필자는 [2TB SSD Storage]를 선택하고 진행했다. 이후 [Add to Cart]를 누른다.

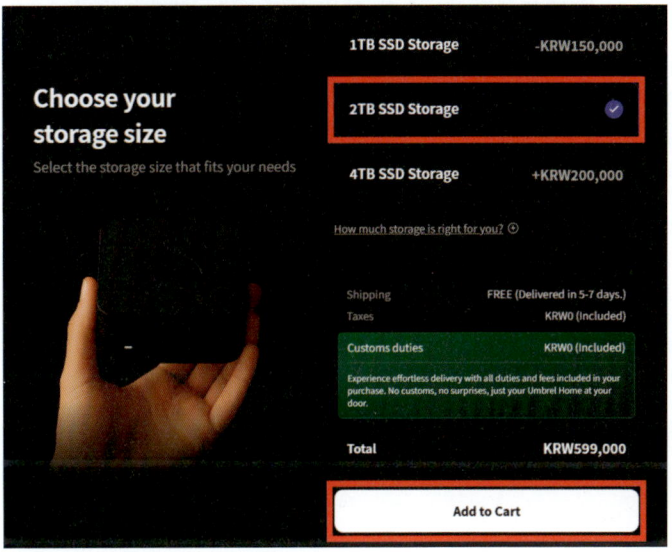

가격을 확인하고 [Checkout]을 누른다.

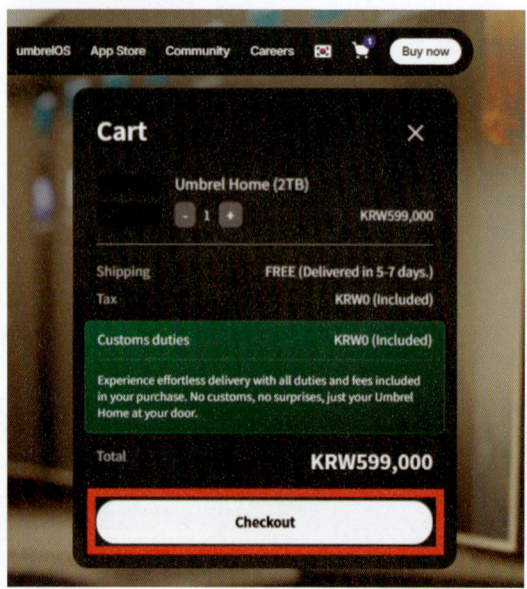

이제 배송 주소를 입력하는 칸이 나온다. 'Email' 칸에는 이메일을 입력하면 된다. 엄브렐 홈의 구매 내역이나 배송 추적 내역 등은 모두 여기에 입력한 이메일로 수신되므로 정확히 입력한다. 'Last name'에는 성, 'First name'에는 이름을 입력한다. 'Postal code'에는 우편번호를 입력하고, 'Province'에서 도/시를 선택한다. 'City'에는 시/구를 입력하고, 'Address'에 도로명 주소, 'Apartment, suite, etc.'에 상세 주소를 입력한다. 이때 모두 영어로 입력해야 한다. 'Phone'에는 전화번호를 입력한다.

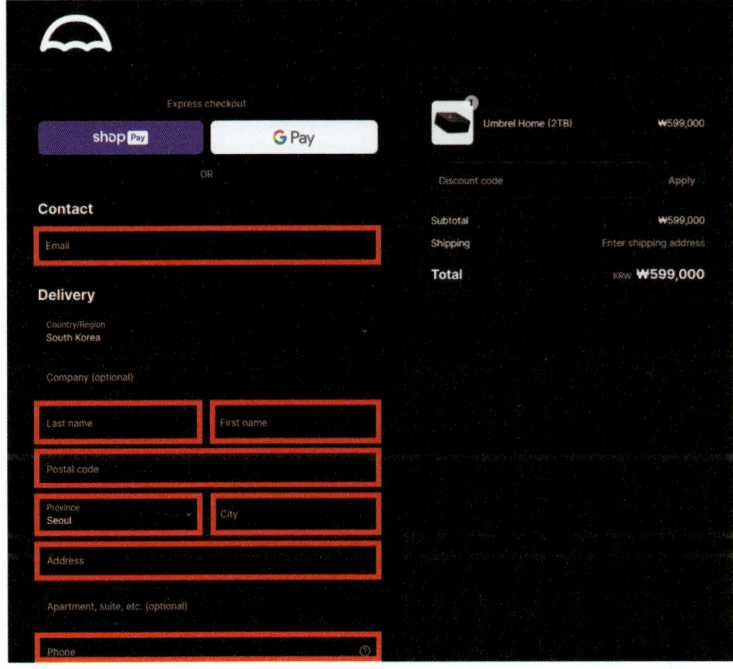

만약 영어 주소를 작성하는 방법을 모른다면 다음 웹사이트에 접속해서 배송 받을 주소를 검색한다.

https://juso.go.kr

그리고 [영문]을 누르면 영문 주소가 나온다. [더보기]를 눌러 [우편주소 표기방법]을 누르면 더 자세한 영문 주소 작성 방법을 알 수 있다. 이를 참고하여 배송 정보를 채우면 된다.

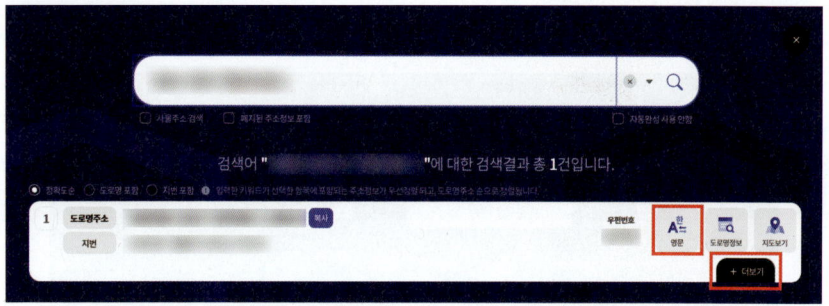

이제 결제할 신용카드 정보를 입력해야 한다. 결제할 카드가 비자나 마스터카드 등 해외 결제를 지원하는 카드여야 한다. 'Card number'에 카드번호를 입력하고, 'Expiration date'에 카드 유효기간(달/연), 'Security code'에 CVC 번호, 'Name on card'에 카드에 입력된 자기 이름을 입력하면 된다.

이 모든 과정이 싫다면 비트코인으로 결제할 수도 있다! 아래 [Bitcoin]의 라디오 버튼을 선택하면 된다. 비트코인은 돈이니 라이트닝 네트워크 혹은 온-체인으로 지구 반대편에 있는 회사에 결제할 수도 있다.

배송 주소 정보와 결제하는 사람의 정보가 같다면 'Use shipping address as billing address' 체크박스에 체크하면 된다.

아래에 빠른 배송 조회를 위해 자신의 정보를 저장할 것인지 묻는 체크박스가 있다. 여기에 연락처를 입력하는 것은 선택사항이다.

다 입력했다면 [Pay now]를 누른다.

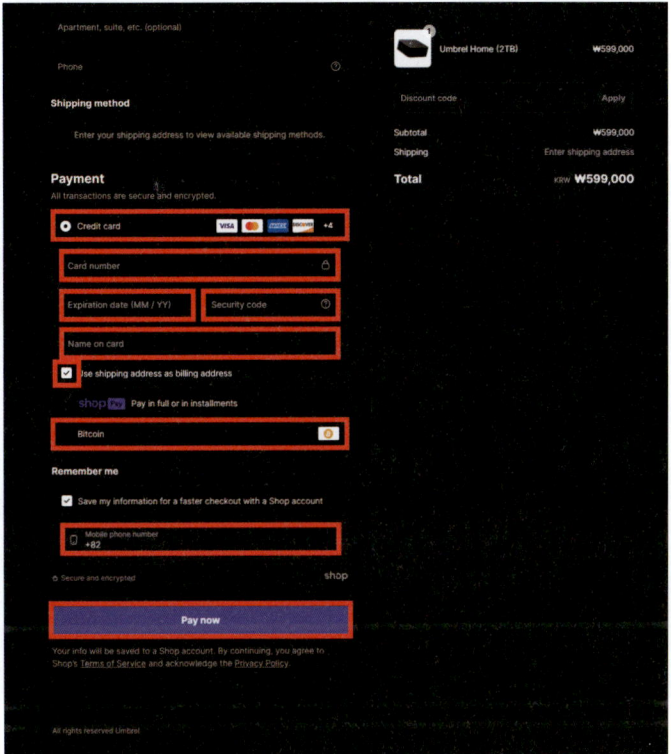

그러면 입력한 정보들이 맞는지 한 번 더 확인하는 창이 나오고, 'Personal Customs Code'를 입력하는 창이 나온다. 여기에 개인통관부호를 입력하면 된다.

결제를 마치면 결제가 잘 되었다는 창이 나온다.

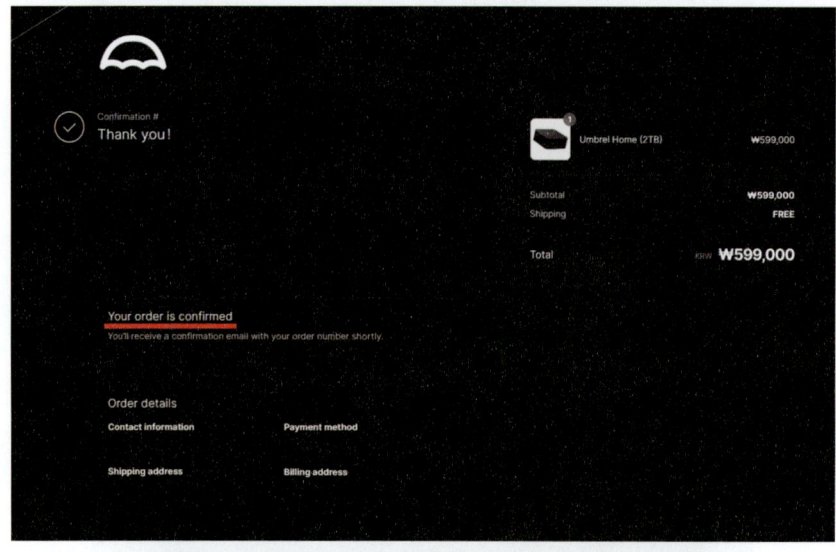

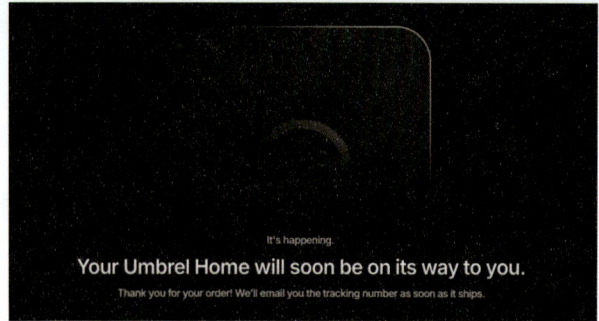

이메일로도 구매가 잘 되었다는 내용과 주문 번호(ORDER)가 발송된다.

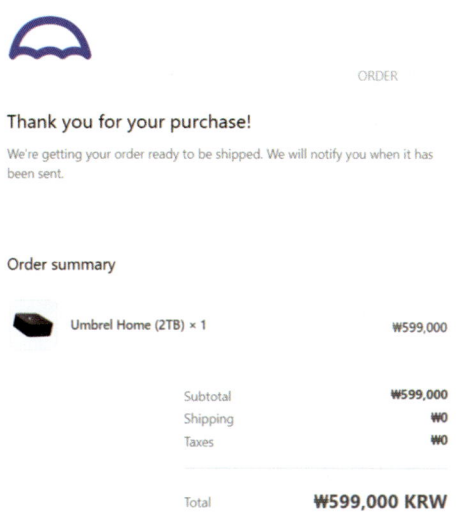

참고로 엄브렐 홈을 구매하면 관세가 가격에 포함되어 있다. 즉, 엄브렐 측에서 관세를 내준다. 한국에 제품이 통관될 때 관세를 따로 낼 필요가 없다. 혹여나 관세를 납부하라는 연락이 온다면 정말 관세청이나 택배사의 전화가 맞는지, 보이스피싱은 아닌지 의심해 보자. 또한, 이미 통관부호와 주소를 전부 입력했음에도 빠른 통관을 위해 어떤 웹사이트로 접속해서 다시 배송 정보를 입력하라는 문자가 온다면 그것도 스미싱일 가능성이 높다. 확인되지 않은 링크는 누르지 말고, 정말 택배사에서 온 문자가 맞는지 의심하자. 만약 통관부호와 개인정보를 입력하면 다른 사기 등에 자신의 정보가 쓰일 수 있으므로 그 즉시 통관부호를 재발급받아야 한다.

**엄브렐 홈 세팅**

엄브렐이 도착하기 전 구비해야 할 것이 있다. 엄브렐에서는 어댑터로 EU 규격을 보내준다. 한국에서 EU 규격의 플러그는 꽂을 수 있지만 헐렁하다. 그러면 기기에 전력이 안정적으로 공급되지 못할 수 있다. 따라서 KC 인증이 있는 멀티플러그 어댑터를 꼭 미리 구매하자. 참고로 엄브렐 기기의 충전 전력은 12V, 2.5A 고정형이다. 이는 일반적으로 C타입으로 충전하는 기기들에 비해 전압이 매우 높다. 따라서 엄브렐 어댑터에 스마트폰 등의 다른 기기를 충전하면 고장 날 가능성이 크니 삼가도록 하자.

엄브렐 기기 포장을 열어보면 엄브렐 기기, 랜선, 그리고 어댑터가 있을 것이다(사진에서 맨 오른쪽은 따로 구매한 KC 인증 멀티플러그 어댑터이다).

엄브렐 홈의 세팅은 정말 간단하다. 만약 컴퓨터에서 엄브렐 기기에 접속할 것이라면 엄브렐을 연결할 컴퓨터가 엄브렐과 같은 공유기에 연결되어야 한다. 또한, 스마트폰에서 엄브렐 기기에 접속할 것이라면, 스마트폰이 엄브렐이 연결된 공유기에서 나오는 와이파이에 연결되어 있어야 한다. 이렇게 같은 공유기를 통해 연결되어 있는 것을 '로컬 네트워크'에 있다고 표현한다.

엄브렐 기기에 랜선을 꽂아 공유기와 연결한다. 그다음에 전원선도 꽂는다.

전원이 들어오면 전원 버튼에 불빛이 들어온다. 그러면 세팅이 끝난 것이다. 여기까지 잘 따라왔다면 이제 '엄브렐 설정 및 풀 노드 동기화' 장으로 넘어가면 된다.

## | 미니 PC 조립하고 엄브렐OS 설치하기

이 장에서는 미니 PC를 조립하고 엄브렐OS를 설치하는 방법을 알아볼 것이다. 풀 노드는 기본적으로 홈 서버다. 24시간 365일 켜져 있는 것을 전제로 하기 때문에 전력 소모가 적은 미니 PC를 장만하여 구축하는 것이 좋은 선택이다. 남는 PC나 노트북에 엄브렐OS를 설치하는 방법도 있으나, 24시간 매일 켜놓는 경우 일반적인 노트북과 저전력 미니 PC는 전기요금이 한 달에 약 3,000원 정도까지도 차이가 나기 때문이다. 미니 PC는 직접 조립하고 OS를 설치해야 한다는 번거로움이 있지만 엄브렐 홈을 구매하는 것보다 적은 비용으로 풀 노드를 구축할 수 있고, 직접 PC를 조립하는 것은 재밌는 경험이 될 수도 있다.

**미니 PC 준비물**

미니 PC의 경우 라즈베리파이5를 이용하여 구축할지, 다른 CPU를 사용하여 구축할지 선택할 수 있다. 풀 노드 목적이라면 라즈베리파이를 이용해도 좋은 스펙이다. 라즈베리파이5를 이용해 풀 노드를 구축하는 방법은 다음 장을 참고하라.

    필자의 주관적인 의견으로는 2025년 8월 기준, CPU로 N100을 추천한다. 저전력 중 가장 좋은 스펙이기 때문이다. 좀 더 좋은 N200이나 새로 나온 N150 등도 있지만 가격 대비 성능이 그렇게 좋다고 생각하지는 않는다.

    미니 PC를 구축할 때는 베어본을 구매하는 것이 편리하다. 베어본은 일반적으로 메인보드에 CPU가 조립되어 나오고 케이스까지 한 번에 제공되는 경우가 많기 때문이다.

필자는 T8 PLUS 베어본 모델에 램 DDR5 16GB가 탑재된 미니 PC를 구매했다. N100이 탑재된 다른 베어본 모델을 사용해도 좋다. 또한 저장 장치는 없는 버전(램 16G, 하드디스크 미포함)으로 준비했다. (다음 사진 참고)

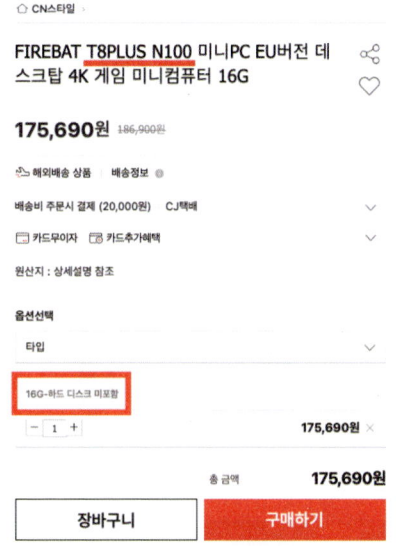

저장 장치는 2TB는 필요하다. 풀 노드만 돌릴 용도라면 1TB여도 되지만, 현재 블록이 차는 속도로 봤을 때 1TB는 앞으로 3-5년 내로 꽉 찬다. 따라서 여유롭게 2TB는 마련하는 것을 추천한다. 저장 장치를 구매할 때는 자신이 구매한 베어본에 맞는 SSD를 구매해야 한다. T8 PLUS의 경우 M.2 2242 소켓을 지원하므로 SSD도 'M.2 SSD 2TB 2242'라고 검색해야 한다. 다른 베어본을 구매하는 경우 이러한 부분을 고려하여 저장 장치를 준비하자.

마지막으로 어댑터가 필요하다. T8 PLUS 베어본의 경우 EU 규격 어댑터가 온다. 한국 플러그 규격과 EU 규격은 다르다. EU 규격이 한국 규격보다 좀 더 얇기 때문에 한국형 콘센트에 꽂으면 약간 헐렁하다. 따라서 안정적인 전력 공급을 위해 한국형 규격의 플러그를 따로 사는 것이 좋다. T8 PLUS의 정격 전압은 12V에 전류 2.5A이다. 전압[V]은 꼭 지켜야 하고, 전류[A]는 더 높아도 상관없다. 따라서 한국형 플러그

12V 5A를 준비했다. 다른 N100 베어본을 구매하는 경우 이러한 부분을 고려하여 어댑터를 준비하자.

(상) 한국형 플러그, (하) EU형 플러그. EU형 플러그가 좀 더 얇은 것이 보인다. EU형을 한국 콘센트에 꽂으면 헐렁하고 전기 공급이 안정적이지 않을 수 있다.

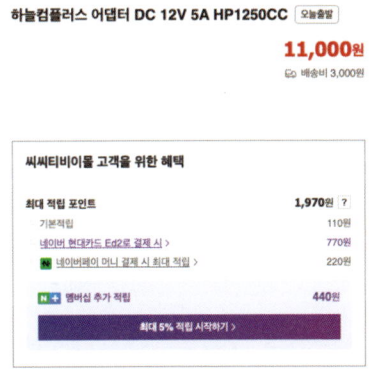

추가로 미니 PC의 세부 설정을 위해 연결할 모니터가 필요하고(처음에만 잠깐 필요), 엄브렐OS 설치를 위한 USB 저장 장치가 필요하다.

종합하면 준비물은 다음과 같다.

1. T8 PLUS N100 베어본(RAM 16GB, 저장장치 미포함)
2. M.2 SSD 2TB 2242
3. 12V 5A 어댑터
4. 엄브렐OS 설치를 위한 USB 저장 장치
5. 엄브렐OS 세팅을 위해 잠깐 사용할 컴퓨터 모니터, 키보드, 모니터에 연결할 HDMI선(T8 PLUS 구매 시 선은 같이 왔음)
6. 십자 드라이버, 일자 드라이버, 컴퓨터 조립용 미세 십자 드라이버
7. 인터넷 연결할 랜선

## 미니 PC 조립하기

모든 물품이 배송되었다면 조립을 시작하자. T8 PLUS 베어본 구성품은 아래와 같다. 다음 사진 중 EU형 플러그(왼쪽 아래)는 사용하지 않을 것이고, 베사홀에 조립할 브라켓(오른쪽 아래)도 사용하지 않을 것이다.

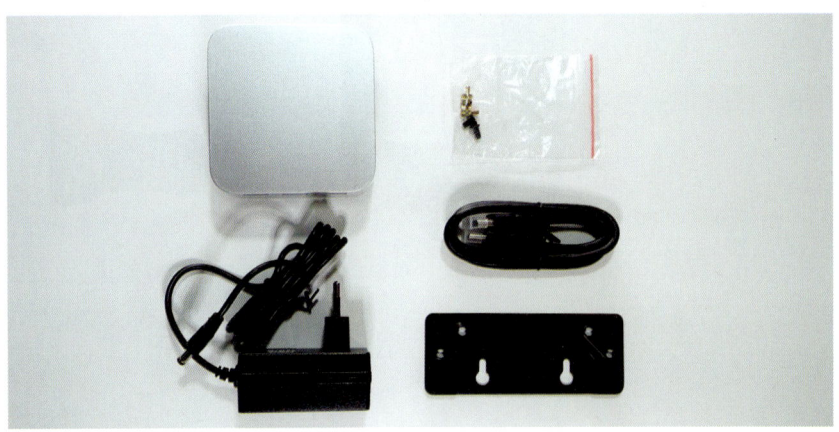

한국형 플러그와 2TB SSD, 엄브렐OS를 설치하기 위한 USB도 준비가 되었다.

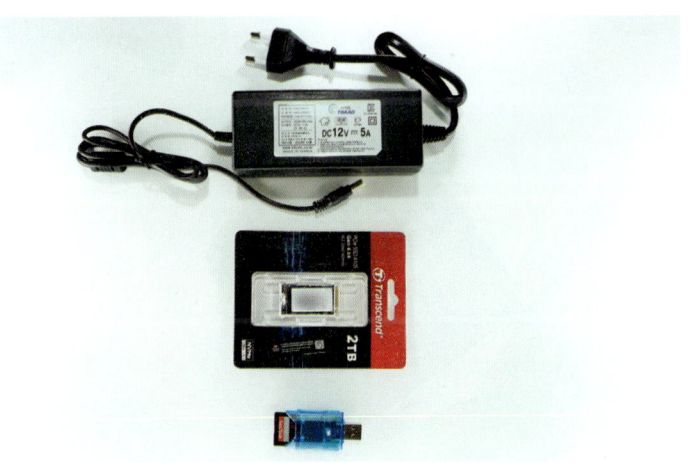

먼저 SSD를 베어본에 조립해야 한다. 베어본을 분해하자. 십자 드라이버를 이용하여 네 군데 나사를 풀어준다.

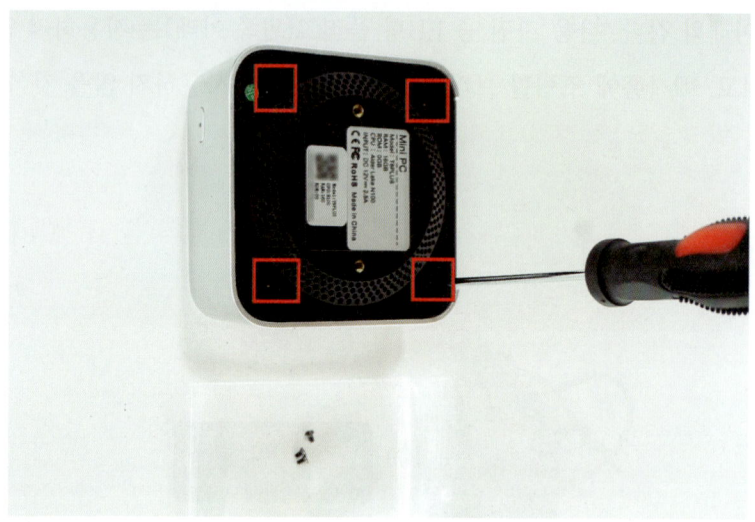

일자 드라이버를 이용하여 다음 사진과 같은 부분에 틈을 만들면 덮개를 쉽게 분리할 수 있다.

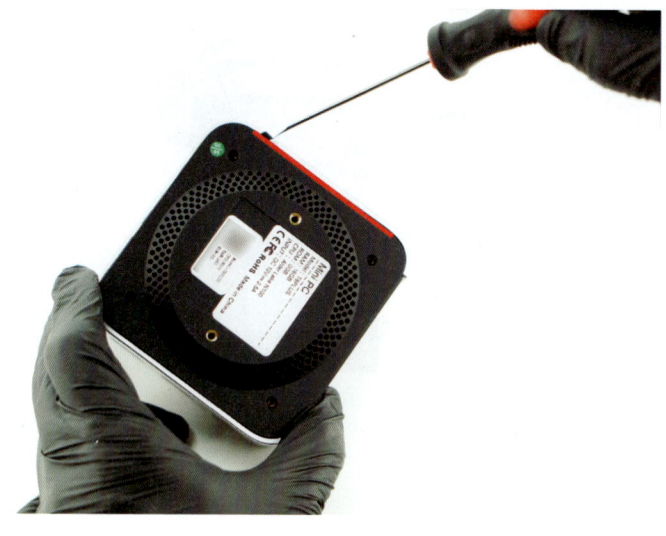

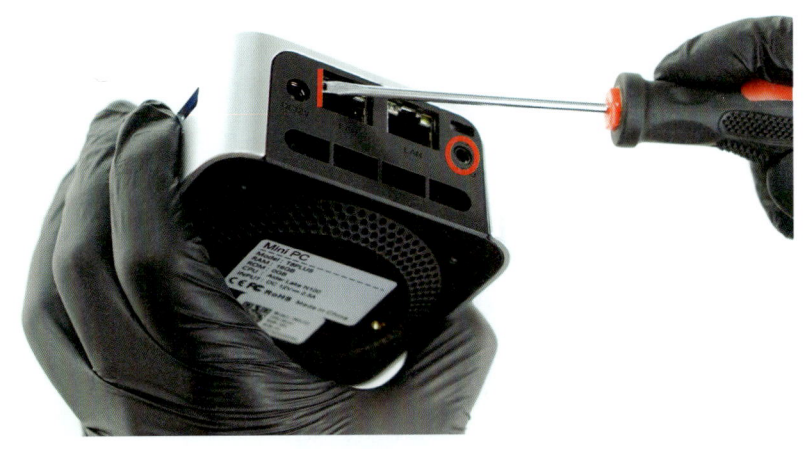

덮개를 분리하면 안쪽에 다시 4개의 나사를 풀어줘야 한다. 십자 드라이버를 이용하여 4개의 나사를 풀어준다.

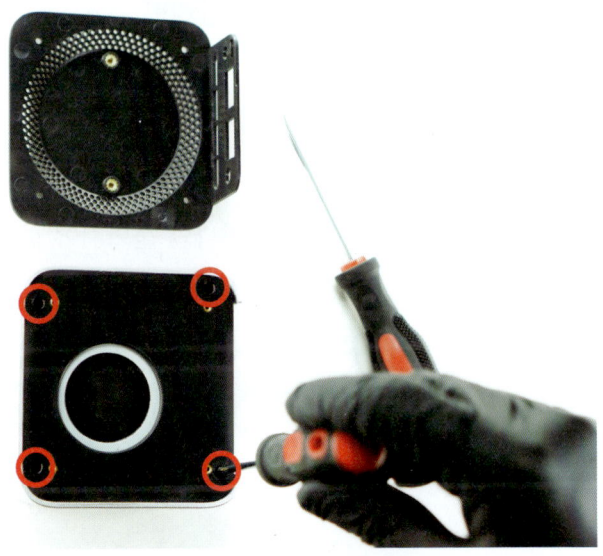

분리가 되면 아래와 같은 모습이다. 아래에서 빨간색 네모 박스 부분에 SSD를 끼울 것이다. 이때 나사를 풀기 위해 컴퓨터 조립용 미세 십자 드라이버가 필요하다. 주방용 칼 등으로 해도 될지는 모르겠지만, 미세 십자 드라이버가 하나 있으면 편하다.

미세 드라이버로 얇은 나사 하나만 풀어줘야 한다. 아래에 있는 두꺼운 나사까지 풀지 않도록 주의하여 풀어준다. 두꺼운 나사까지 풀리면 일단 분리한 뒤 펜치로 잡고 얇은 나사를 다시 풀어주면 된다.

이제 SSD를 끼우고, 다시 나사를 조여준다.

조립은 분해의 역순이다. T8 PLUS는 분해되어 있을 때 전원 버튼 부분이 잘 빠지니 이 부분을 잘 고정해 놓고 조립하자.

이제 조립이 끝났다. 엄브렐OS를 설치하기 전에 먼저 모니터를 연결하고 램 설정을 해야 한다.

**바이오스에서 램 설정하기**

T8 PLUS는 램 16GB 베어본을 구매하면 DDR5 4,800 MHz 램이 장착되어 나온다. 하지만 기본적으로 램 성능이 3,200 MHz으로 설정되어 있다. 따라서 이 설정을 바꿔줄 필요가 있다. (DDR4 램의 경우에는 이 설정을 수정할 필요가 없다.)

먼저 모니터 선(HDMI)과 전원선을 연결한다. 키보드도 연결한다.

컴퓨터 전원을 켠다. 그러면 바로 바이오스 설정 창으로 진입할 것이다. 만약 윈도우 등의 OS 설치가 이미 되어있는 베어본을 구매했다면 부팅 중 F7이나 F2, F10 혹은 Delete 키를 연타하여 바이오스 메뉴로 진입하면 된다.

바이오스 메뉴에서 오른쪽 방향키를 두 번 눌러 [Chipset] 설정으로 이동한다.

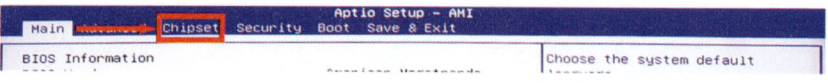

[System Agent Configuration]에서 엔터를 누른다. 그러면 [Memory Configuration]이 뜬다. 여기서 또 엔터를 누른다.

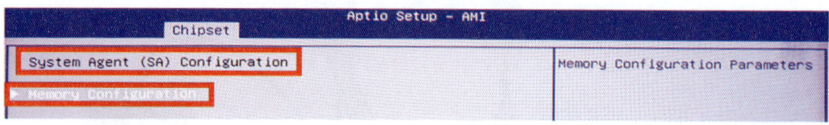

[Maximum Memory Frequency]가 뜨면 엔터를 누른다.

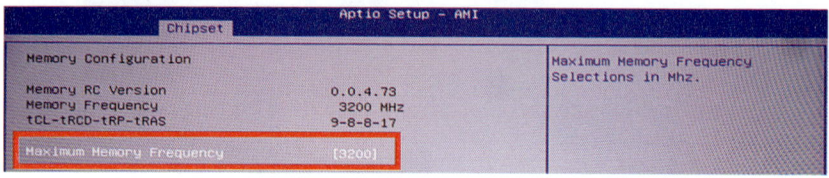

방향키를 내려 [4800]으로 설정을 바꾼 뒤 엔터를 누른다.

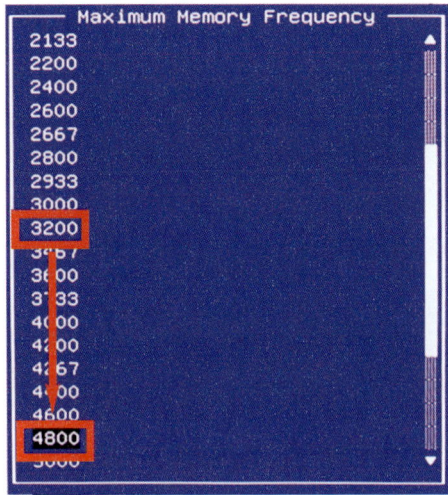

F4 키를 눌러 저장하고 종료한다.

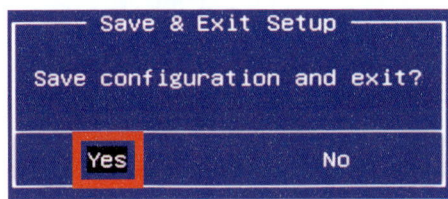

이제 바이오스 설정이 끝났다. 엄브렐OS를 설치해 보자.

## OS 설치용 USB 만들기

먼저 USB 저장 장치를 OS 설치용으로 만들기 위해 발레나에처로 구워야 한다. 아래 링크에서 발레나에처 프로그램을 다운로드한다.

https://etcher.balena.io/

[Download Etcher]를 누른다.

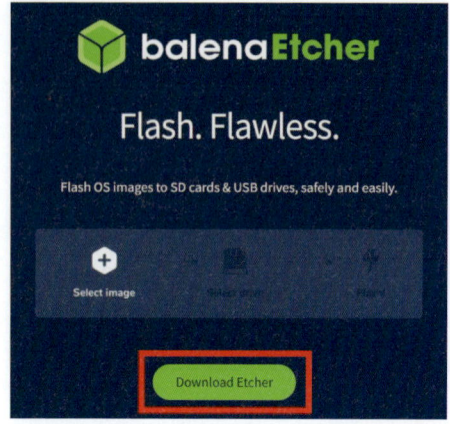

자신의 컴퓨터 운영체제에 맞는 버전을 다운로드한다.

설치가 완료되었으면 발레나에처를 실행한다.

이제 깃허브에서 엄브렐OS iso 파일을 다운로드할 것이다. 아래 링크에 접속한다.

https://github.com/getumbrel/umbrel/wiki/install-umbrelOS-on-x86-Systems

[latest umbrelOS USB installer]를 누르면 iso 파일이 다운로드된다.

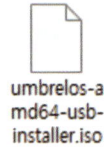

컴퓨터에 USB 저장 장치를 꽂는다(USB 포맷이 안 되어 있다면 FAT32 형식으로 포맷한다).

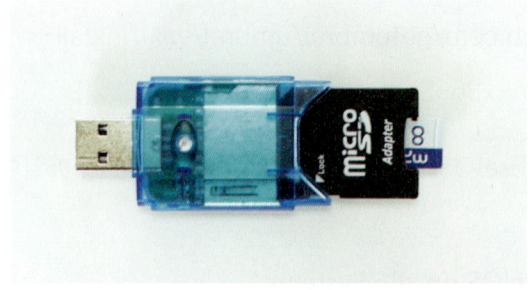

발레나에처를 실행하면 다음과 같은 화면이 나온다. [Flash from file]을 누른다.

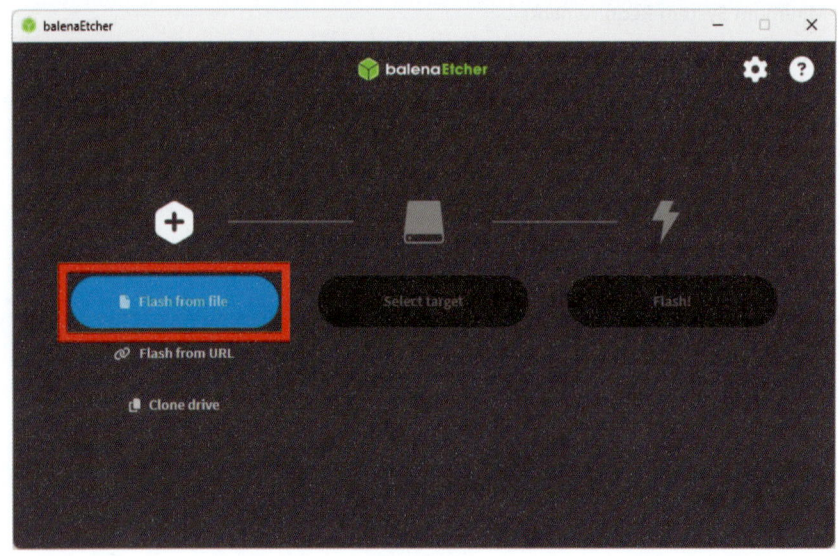

iso 파일을 선택하는 창이 뜰 것이다. 아까 다운로드했던 엄브렐OS의 iso 파일을 찾아서 더블 클릭하자.

[Select target]을 누른다.

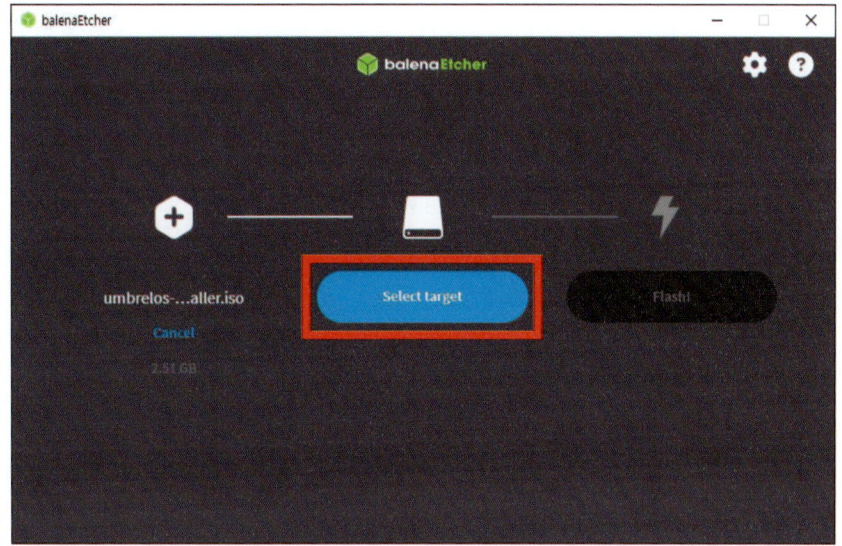

우리가 꽂은 USB 저장 장치를 선택한다.

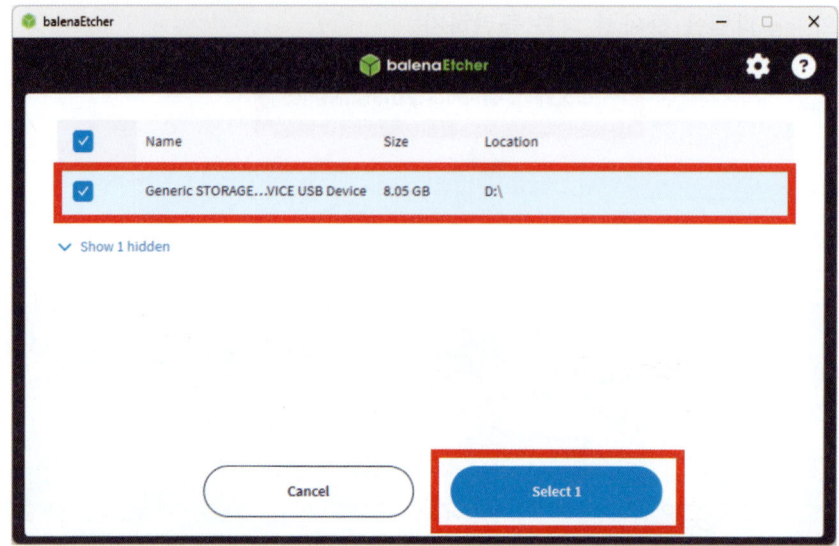

이제 [Flash!]를 누른다.

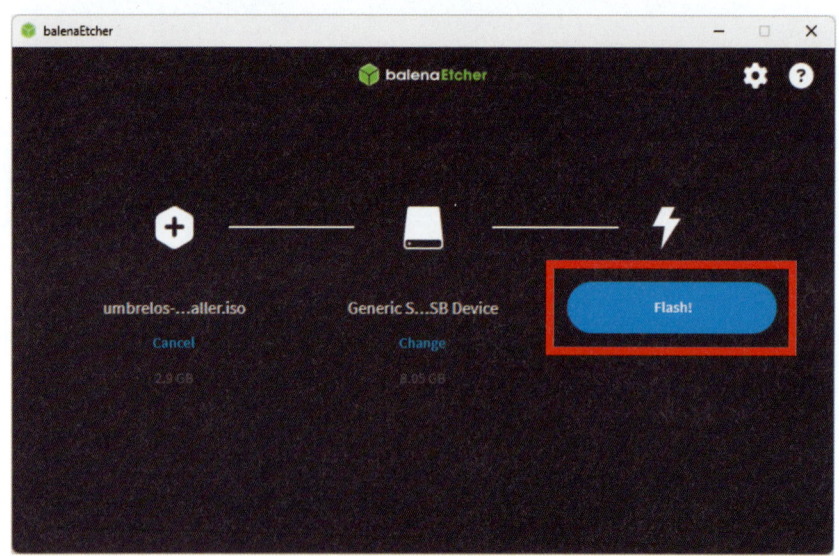

다음과 같은 화면이 뜨다가 'Flash Completed!'가 뜰 것이다. 뜨면 오른쪽 위 [x] 버튼을 누르고 USB를 빼면 된다. 중간에 포맷하라는 알림창이 뜨면 무시하고 취소하면 된다.

만약 Flash에 실패하면 USB를 초기화하고 다시 플래싱해야 한다. 이때 일반적인 포맷 방법으로는 안 되는데, 부팅 USB 초기화 방법으로 검색하면 결과가 많이 나온다.

윈도우의 경우 윈도우 키 + R → cmd 입력 후 실행 → 터미널이 나오면 `diskpart` 입력 → `list disk` → 마이크로SD카드 디스크 번호 확인 → `select disk [디스크 번호]` → `clean`을 입력하면 된다. 그리고 다시 포맷하고 처음부터 진행하면 된다.

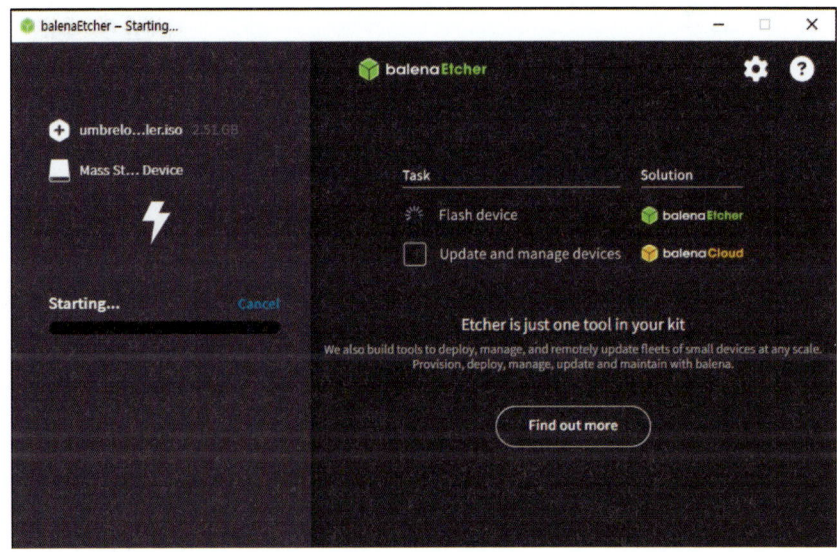

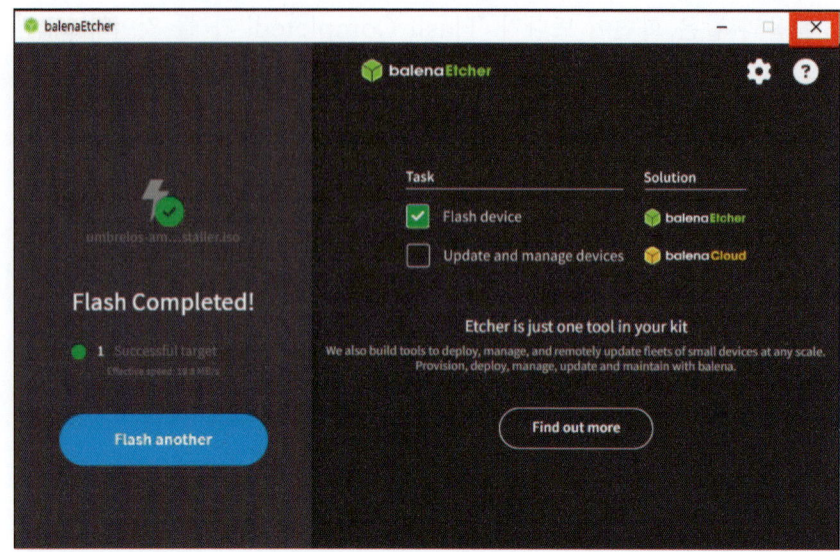

## 엄브렐OS 설치하기

이제 OS 설치용 USB가 만들어졌으니 미니 PC에 엄브렐OS를 설치해 보자. 미니 PC에 ① OS 설치용 USB, ② 전원선, ③ 인터넷 랜선, ④ 모니터에 연결할 HDMI선, ⑤ 마우스/키보드 USB를 연결한다.

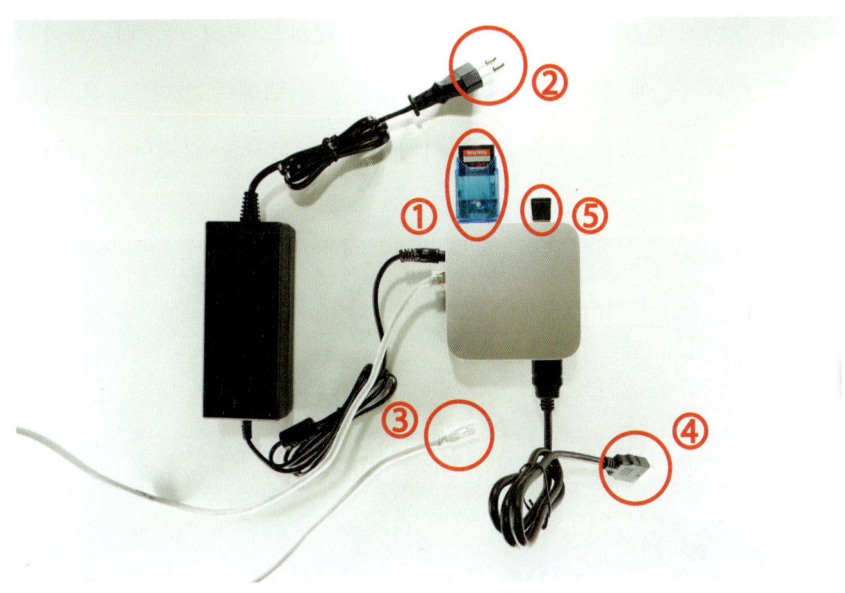

전원을 켜면 화면에 무언가 많이 지나갈 것이다.

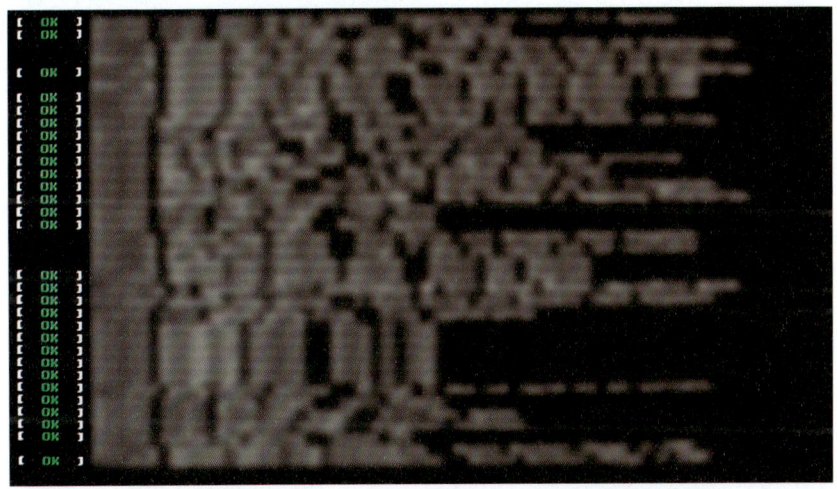

우산 모양이 뜨면 그 밑에 저장공간을 선택하는 창이 나온다. 여기서 당연히 미니 PC에 설치한 2TB 저장 장치를 선택해야 한다. 다른 하나는 OS 설치용 USB다. **1.9T**로 표시되어 있는 숫자를 입력하고 엔터를 누른다.

무언가 뜨다가 `umbrelOS has been installed!` 문구와, `Press any key to shutdown` 문구가 뜨면 엔터를 누른다.

컴퓨터가 자동으로 껐다 켜질 것이다. 다시 무언가가 많이 지나갈 것이다. 만약 Finished로 시작하는 문구가 나왔는데 시간이 많이 지나도 다음 화면으로 넘어가지 않으면 기기를 재부팅해 보자.

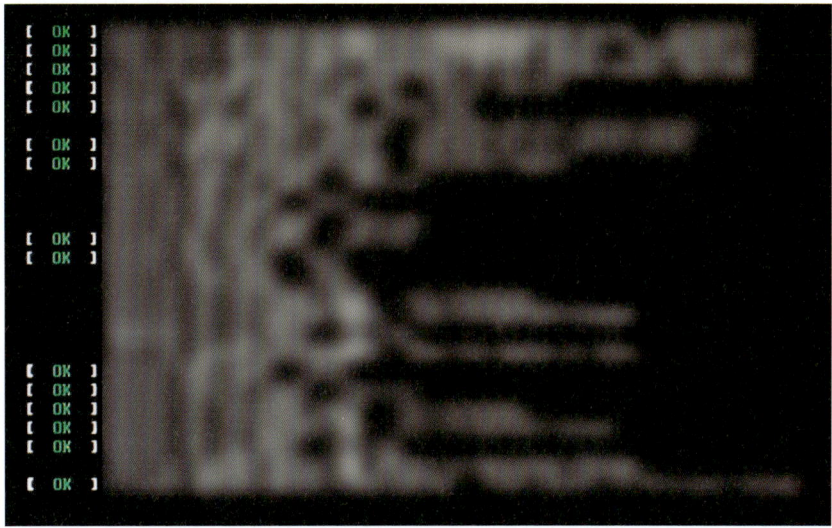

다 지나가고 나면 Your Umbrel is now accessible at:이라는 문구가 뜰 것이다. 그 밑에 URL 두 개가 뜨는데 이 URL을 잘 기억하자. http://192.168.0.??? 이것이 엄브렐 기기의 로컬 IP 주소다.

이제 엄브렐 기기에서 OS 설치용 USB를 제거하고, 모니터 연결선도 뽑아도 된다. 미니 PC는 홈 서버의 역할을 한다. 미니 PC는 24시간 365일 켜져 있으면서 풀 노드의 역할을 할 것이다.

여기까지 잘 따라왔다면 이제 '엄브렐 설정 및 풀 노드 동기화' 장으로 넘어가면 된다.

# | 라즈베리파이5 조립하고 엄브렐OS 설치하기

이 장에서는 라즈베리파이5를 조립하고 엄브렐OS를 설치하는 방법을 알아볼 것이다. 라즈베리파이5는 앞 장에서 나온 N100 CPU 기반의 미니 PC보다 CPU 성능이 약 2.5배 안 좋다(CPU 벤치마크 점수 기준). 그러나 전력 소모량도 절반 정도로 전력 효율이 더 좋고, 무엇보다 구축하는 데 드는 비용이 미니 PC보다 적다.

**라즈베리파이5 준비물**

엄브렐OS는 애초에 라즈베리파이에서도 충분히 돌아가도록 설계되었으므로 라즈베리파이를 사용해도 큰 문제가 없다. CPU보다는 램이 충분해야 한다. 라즈베리파이5는 램 16GB 버전도 출시되었으므로 엄브렐OS를 운영하기에 사양이 매우 괜찮다. 필자는 램 16GB 버전의 라즈베리파이5를 구매했다. (다음 사진 참고)

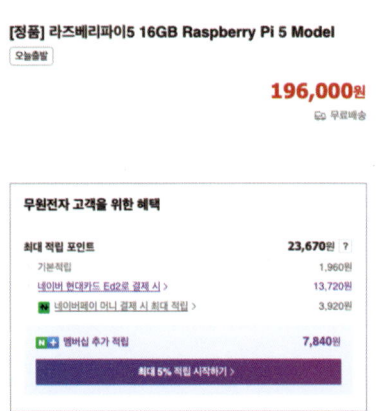

저장 장치는 2TB는 필요하다. 풀 노드만 돌릴 용도라면 1TB여도 되지만, 현재 블록이 차는 속도로 봤을 때 1TB는 앞으로 3-5년 내로 꽉 찬다. 따라서 여유롭게 2TB는 마련하는 것을 추천한다. 저장 장치로 2TB SSD를 구매한다면 이를 라즈베리파이5에 연결하기 위한 SSD 쉴드가 필요하다. 단, 쉴드가 라즈베리파이5 케이스와 호환되는지 반드시 확인해야 한다. 케이스는 팬이 포함되어 있는 '일렉트로쿠키 컴팩트 알루미늄 방열 케이스'를 구매했다. SSD는 2TB NVMe 2280을 샀는데, 여기서 2280은 SSD의 길이를 말한다. 보통 SSD의 길이가 길수록 같은 용량 대비 가격이 저렴하다. SSD 쉴드는 2280 사이즈 SSD, 케이스 모두와 호환되는 X1001을 구매했다. (다음 사진 참고) 다른 케이스를 구매할 시 쉴드, SSD가 케이스와 호환되는지 꼭 확인하고 구매해야 한다.

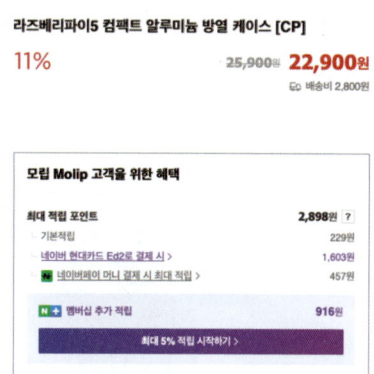

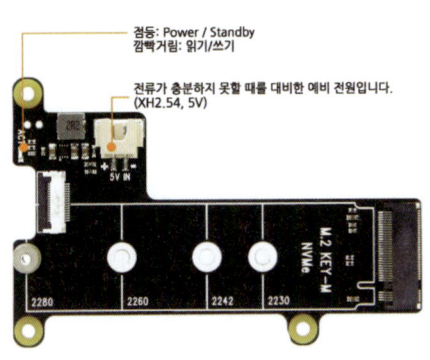

3부 • 풀 노드 운영 가이드

또한, SSD에 엄브렐OS를 설치하기 위해서는 NVMe SSD를 일반 컴퓨터와 연결해 주는 '인클로저'가 필요하다. SSD를 USB로 컴퓨터에 꽂아 외장 하드처럼 쓸 수 있게 해주는 어댑터라고 생각하면 편하다.

처음에 라즈베리파이5의 상태를 모니터로 보려면 모니터에 연결할 선이 필요하다. 그런데 라즈베리파이5에는 일반 HDMI선이 아니라 마이크로HDMI선을 꽂아야 한다. 따라서 마이크로HDMI선을 준비해야 한다. 필자는 이미 갖고 있는 걸 썼지만, 구매해야 하는 사람은 다음 사진을 참고하라.

라즈베리파이5가 초기 버전으로 출고되었다면 부팅을 NVMe SSD로 시도하지 않고 마이크로SD카드로만 시도한다. 우리는 SSD에 엄브렐OS를 설치할 것이므로 NVMe SSD로 부팅을 시도해야 한다. 일반적으로 마이크로SD카드 슬롯이 비어 있다면 자동으로 NVMe SSD로 부팅을 시도하지만, 라즈베리파이5 초기 버전은 그렇지가 않다. 그래서 그냥 부팅이 안 되고 멈춰있는 경우가 있다. 따라서 처음에 부팅을 마이크로SD카드가 아닌 NVMe SSD를 통해 시도하게 하려면 부트로더를 업데이트해 주어야 한다. 이때 마이크로SD카드가 필요하다. 만약 한 번에 설치에 성공하면 마이크로SD카드는 필요 없지만, 비트코인과 관련된 하드웨어들을 이용할 때는 8GB의 마이크로SD카드가 많이 쓰이므로 여분의 마이크로SD카드는 장만해 두는 것을 추천한다.

풀 노드는 안정적인 전원 공급이 매우 중요하다. 라즈베리파이5는 5V, 5A의 전력을 필요로 하므로, 정확한 전압의 어댑터를 준비하는 것이 좋다. 연결부는 C타입이다. (다음 사진 참고) 이 외에 라즈베리파이5 기기와 공유기를 연결할 랜선도 필요하다.

종합하면 준비물은 다음과 같다.

1. 라즈베리파이5 (RAM 16GB)
2. SSD 쉴드를 장착할 수 있는 라즈베리파이5 케이스(팬 포함)
3. NVMe SSD 2TB (케이스와 호환되는 길이 선택)
4. SSD 쉴드(케이스, SSD 길이와 호환되는 제품 선택)
5. NVMe SSD를 컴퓨터에 연결할 수 있게 해줄 인클로저
6. 처음에 엄브렐OS 세팅을 위해 사용할 컴퓨터 모니터와 모니터에 연결할 마이크로HDMI선
7. 라즈베리파이5 전용 5V 5A C타입 어댑터
8. 인터넷 연결할 랜선
9. 십자 드라이버

## SSD에 엄브렐OS 설치하기

부품이 모두 준비되었다면 엄브렐OS 설치부터 시작할 것이다. 먼저 NVMe SSD를 SSD 인클로저에 연결해 주고, 이것을 컴퓨터에 꽂는다.

이제 SSD에 OS를 설치하기 위해 발레나에처 프로그램을 다운로드해야 한다. 아래 링크에서 발레나에처 프로그램을 다운로드한다.

https://etcher.balena.io/

[Download Etcher]를 누른다.

자신의 컴퓨터 운영체제에 맞는 버전을 다운로드한다.

DOWNLOAD

## Download Etcher

| ASSET | OS | ARCH | |
|---|---|---|---|
| ETCHER FOR WINDOWS (X86\|X64) (INSTALLER) | WINDOWS | X86\|X64 | Download |
| ETCHER FOR MACOS | MACOS | X64 | Download |
| ETCHER FOR MACOS (ARM64) | MACOS | ARM64 | Download |
| ETCHER FOR LINUX X64 (64-BIT) (ZIP) | LINUX | X64 | Download |
| ETCHER FOR LINUX (LEGACY 32 BIT) (APPIMAGE) | LINUX | X86 | Download |

설치가 완료되었으면 발레나에처를 실행한다.

balenaEtcher-1.1
9.25.Setup

이제 깃허브에서 엄브렐OS의 이미지 파일을 다운로드할 것이다. 아래 링크에 접속한다.

https://github.com/getumbrel/umbrel/wiki/Install-umbrelOS-on-a-Raspberry-Pi-5

스크롤을 내리고 [umbrelOS image]를 누르면 압축된 이미지 파일이 다운로드된다.

다운로드가 완료되었으면 압축을 푼다.

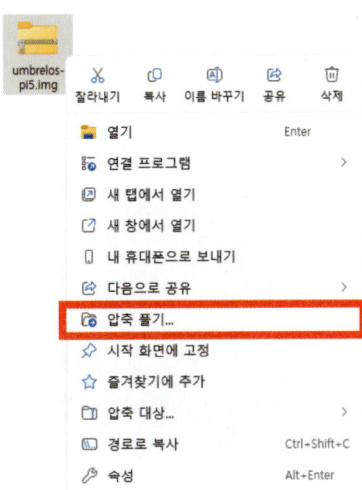

압축을 풀면 다음과 같은 이미지 파일이 나온다.

이제 발레나에처 프로그램에서 [Flash from file]을 누르고, 방금 압축을 풀어서 나온 파일을 선택한다.

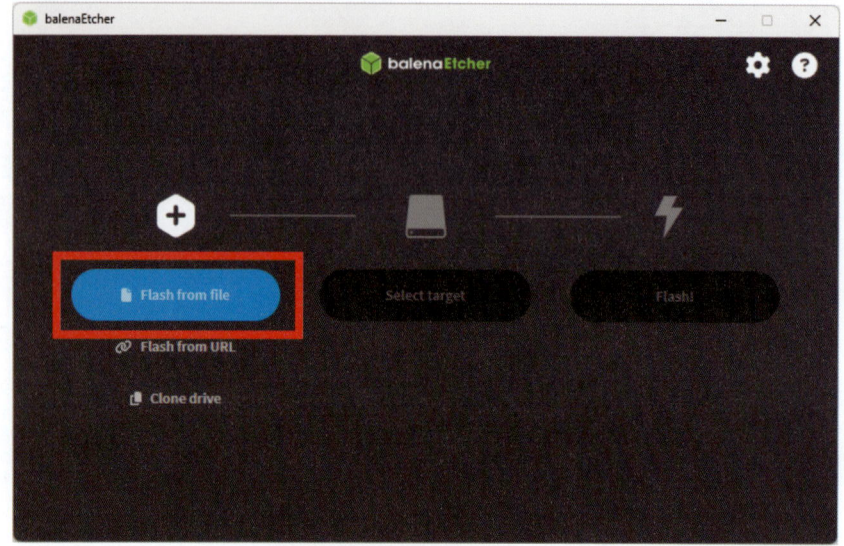

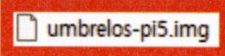

[Select target]을 누르고, 연결한 NVMe SSD 저장장치를 선택한다. 그다음 [Select ?]을 누른다.

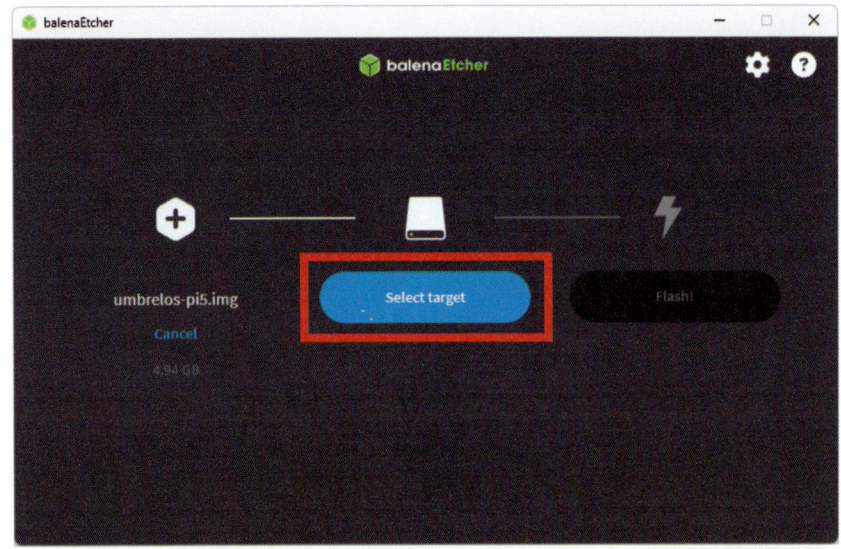

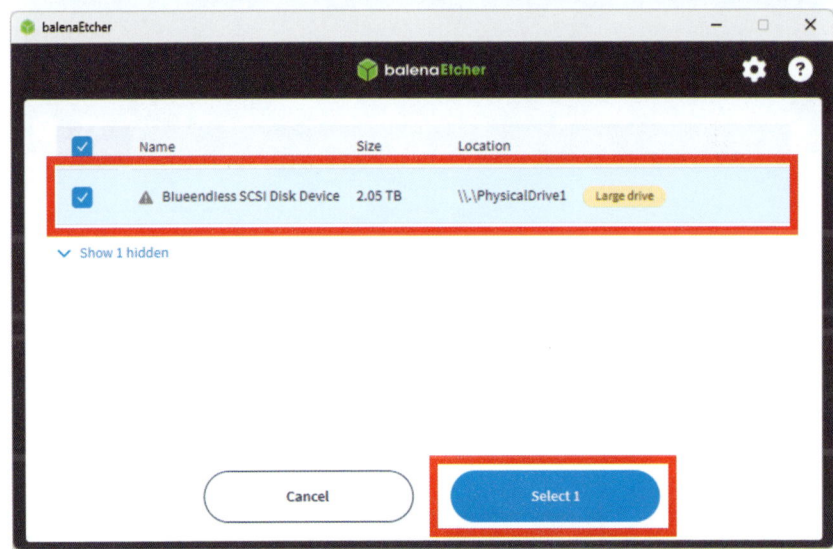

이제 [Flash!]를 누른다. 만약 너무 큰 저장장치를 골라서 정말 계속 진행할 건지 경고하는 창이 나오면 [Yes, I'm sure]를 눌러 설치를 시작한다.

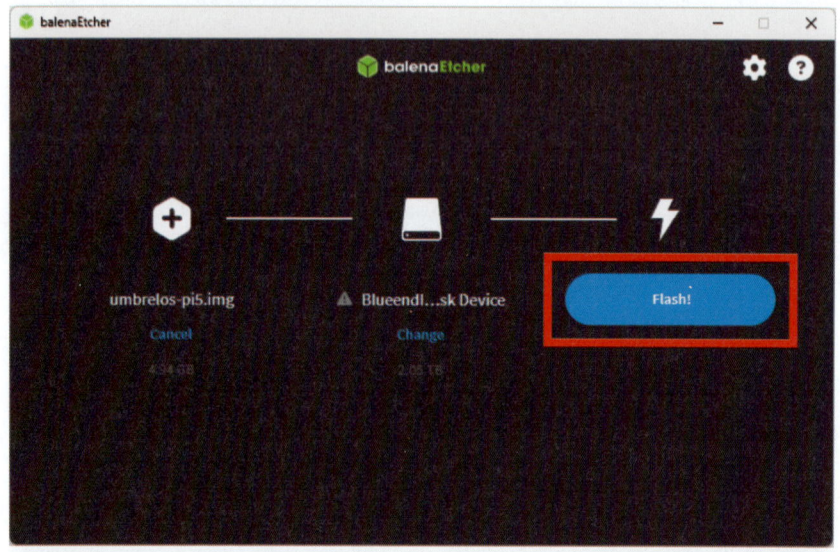

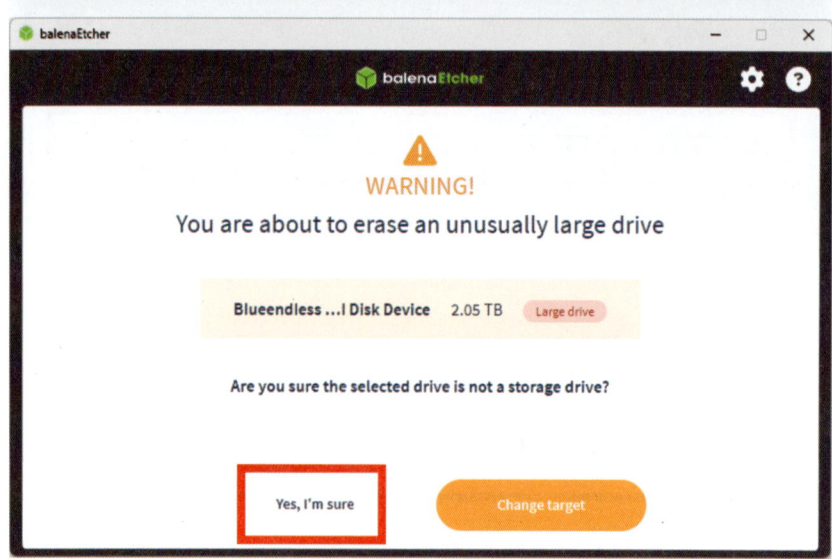

다음과 같은 화면이 뜨다가 'Flash Completed!'가 뜰 것이다. 뜨면 오른쪽 위 [x] 버튼을 누르고 SSD가 연결된 USB를 빼면 된다. 중간에 포맷하라는 알림창이 뜨면 무시하고 취소하면 된다.

만약 Flash에 실패하면 SSD를 초기화하고 다시 플래싱해야 한다. 이때 일반적인 포맷 방법으로는 안 되는데, SSD 초기화 방법으로 검색하면 결과가 많이 나온다.

윈도우의 경우 윈도우 키 + R → cmd 입력 후 실행 → 터미널이 나오면 `diskpart` 입력 → `list disk` → SSD 디스크 번호 확인 → `select disk [디스크 번호]` → `clean`을 입력하면 된다. 그리고 다시 포맷하고 처음부터 진행하면 된다.

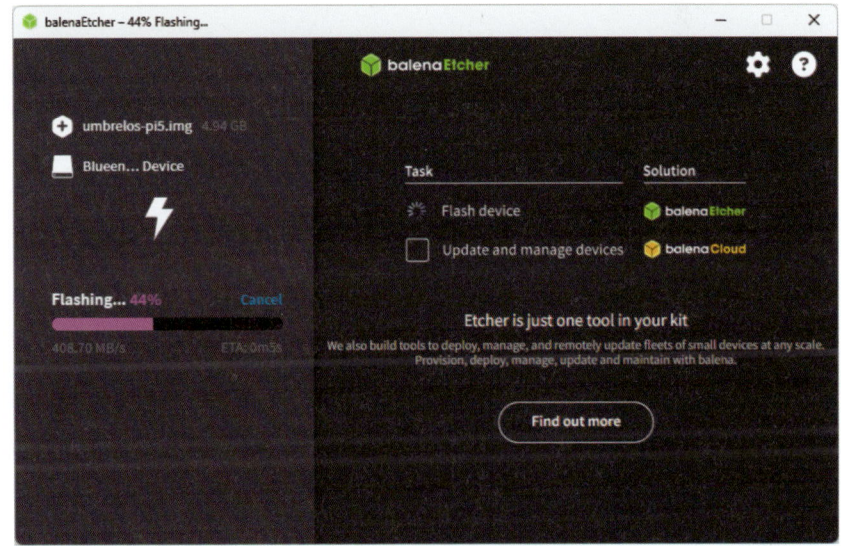

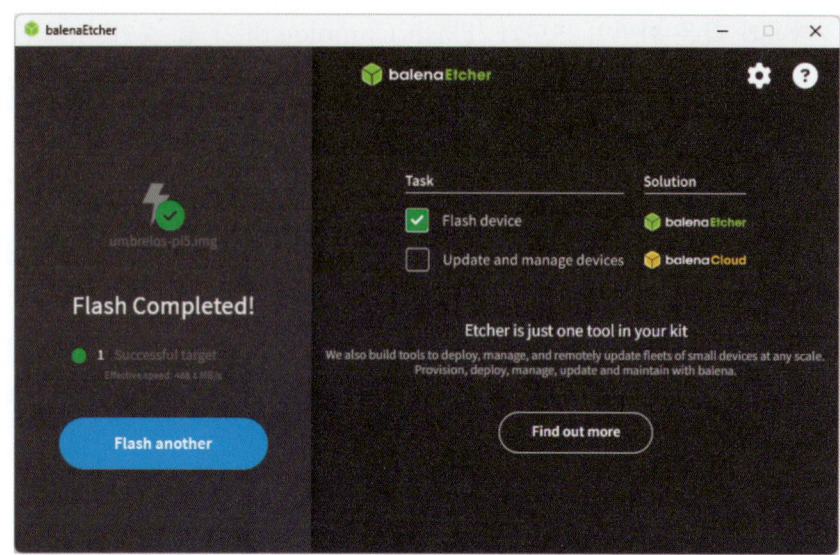

다 되었으면 컴퓨터에서 인클로저 USB를 빼고, 인클로저에서 SSD 도 뺀다.

**라즈베리파이5 조립**

이제 라즈베리파이5 조립을 해보자. 먼저 육각 스페이서 나사를 조립한다. 아래는 은색 육각 나사, 위에는 금색 육각 나사를 조립한다. 이때, 랜선 연결 포트가 왼쪽에 오도록 위쪽에서 바라봤을 때 왼쪽 아래는 짧은 스페이서를, 나머지 3개는 긴 스페이서를 끼워야 한다.

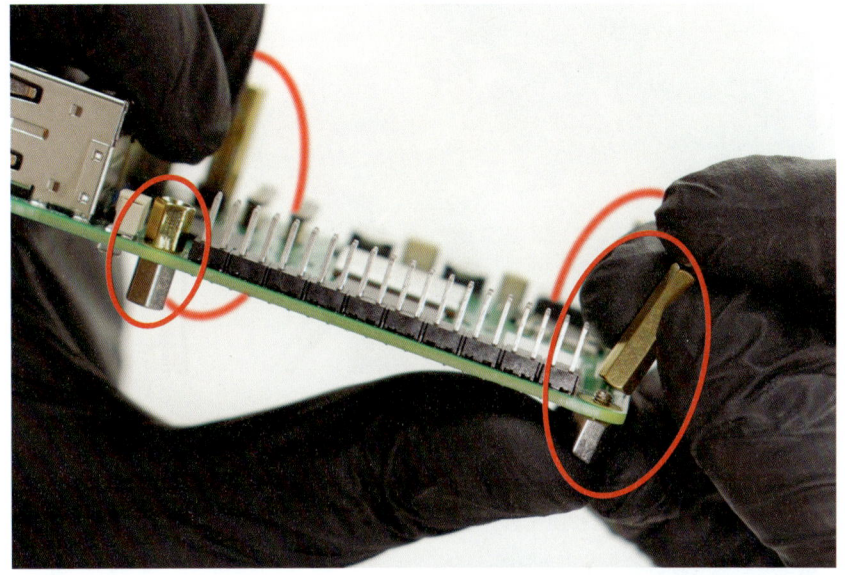

이제 팬을 히트싱크 판에 연결해 주어야 한다. 먼저 팬에 나사를 넣고, 고무 와셔를 끼운다.

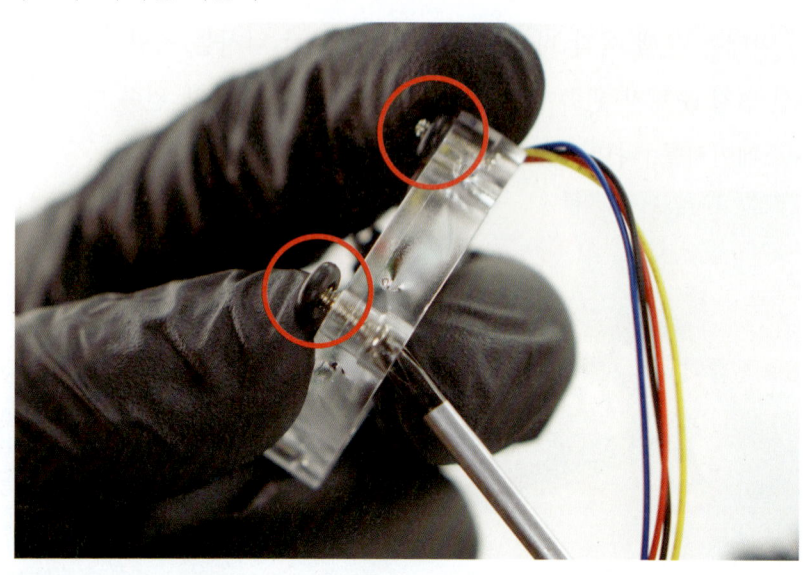

팬과 히트싱크 판을 연결한다.

팬이 결합된 히트싱크 팬에 푸시 핀 2개를 끼워 넣는다.

각 부품에 맞는 써멀패드를 붙인다.

팬의 전원선을 라즈베리파이5 보드에 연결한다.

푸시 핀을 눌러 히트싱크 판과 라즈베리파이5 보드를 결합한다.

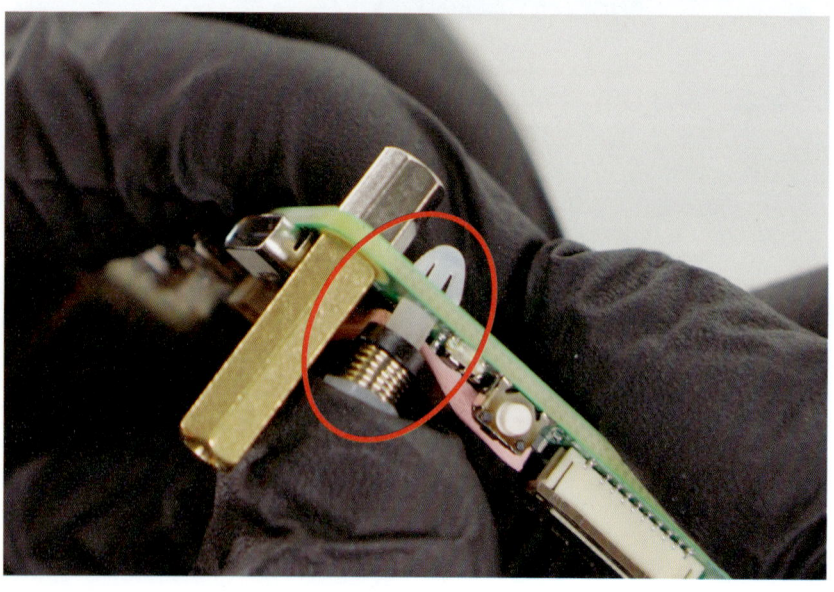

이제 SSD 쉴드와 라즈베리파이5 보드를 연결할 것이다. 먼저 케이블을 꽂을 포트를 열어준다. 검은색 덮개를 살짝만 위로 밀어주면 된다.

FFC 케이블을 끼운다. 이때 단자가 안쪽으로 오고, 파란색 부분이 바깥쪽으로 가도록 방향에 유의해서 넣는다. 넣고 나면 검은색 덮개를 다시 밀어서 끼워준다.

SSD 쉴드에 케이블을 꽂을 포트도 열어준다. 검정 덮개를 위로 밀어 열어주면 된다.

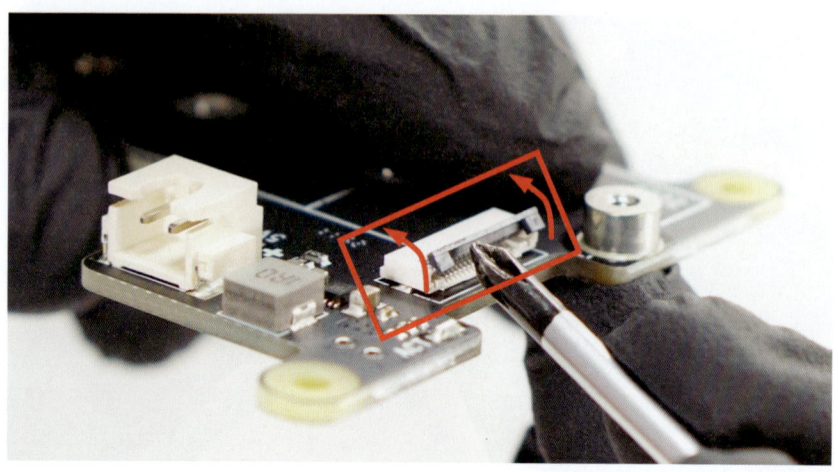

사진과 같이 파란색이 위로 오도록 케이블을 넣고 검은색 덮개를 눌러 끼워준다.

SSD 쉴드의 구멍을 스페이서 나사 구멍에 잘 맞추고 나사를 돌려 끼워준다.

NVMe SSD를 SSD 쉴드에 끼워줄 것이다. SSD를 비스듬한 방향으로 세워 밀어넣는다.

나사를 조여 SSD를 쉴드에 고정한다.

이제 기본적인 조립은 끝났고, 케이스 조립만 남았다. 케이스를 조립하기 전에 잘 구동되는지 확인하고 넘어갈 것이다. ① 랜선으로 공유기와 라즈베리파이5 기기를 연결하고, ② 마이크로HDMI선으로 모니터와 연결한다. 연결했으면 ③ 전원선을 연결하고 콘센트에 꽂는다.

부팅이 되면 이제 다음과 같은 화면이 보여야 한다. 참고로 라즈베리 파이5의 팬은 CPU 온도가 올라가면 가동되고, 온도가 낮을 때는 가동되지 않기도 한다. 만약 다음과 같은 화면이 안 나오고 부팅이 안 된다면 다음 절을 참고하라.

화면에 무언가 많이 지나갈 것이다.

다 지나가고 나면 `Your Umbrel is now accessible at:`이라는 문구가 뜰 것이다. 그 밑에 URL 두 개가 뜨는데 이 URL을 잘 기억하자. `http://192.168.0.???` 이것이 엄브렐 기기의 로컬 IP 주소다. 여기까지 완료되었다면 '케이스 조립' 절로 넘어가면 된다.

**부팅이 안 될 경우**

만약 발레나에처에서 성공적으로 플래싱이 되었다고 떴는데도 부팅이 안 된다면 부트로더 문제일 가능성이 크다. 이때는 SSD로 부팅을 시도하도록 마이크로SD카드를 이용해 설정을 바꿔줘야 한다. 만약 부팅이 잘 되었다면 이 절을 진행할 필요는 없다.

   컴퓨터에 마이크로SD카드를 꽂는다(포맷이 안 되어 있다면 FAT32 형식으로 포맷한다).

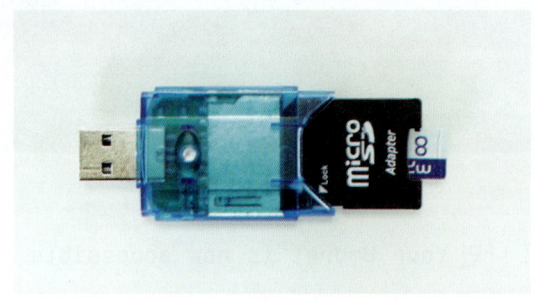

라즈베리파이 이미저를 다운로드해야 한다. 아래 웹사이트에 접속하여 스크롤을 내리고, 자신의 운영체제에 맞는 라즈베리파이 이미저를 다운로드한다.

https://www.raspberrypi.com/software

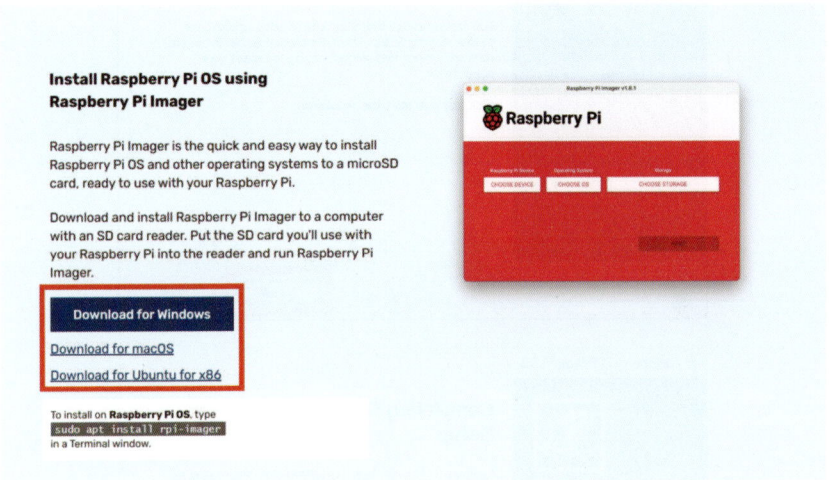

다운로드가 완료되면 파일을 실행하여 라즈베리파이 이미저를 설치한다.

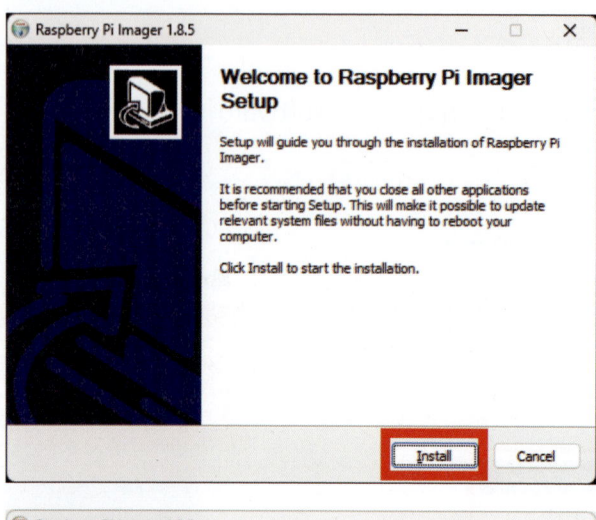

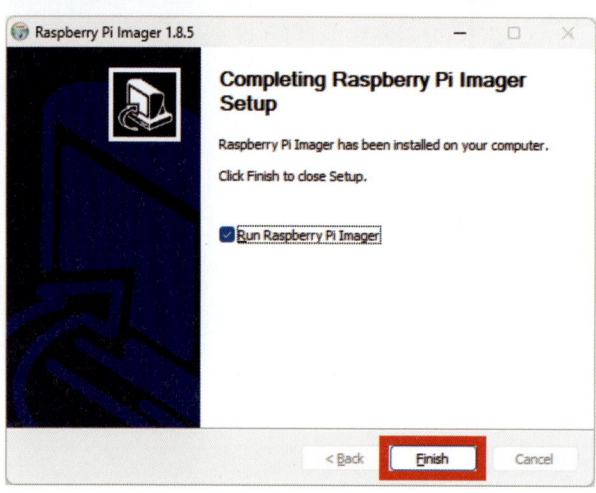

라즈베리파이 이미저를 실행한다. 먼저 [장치 선택]을 누른다.

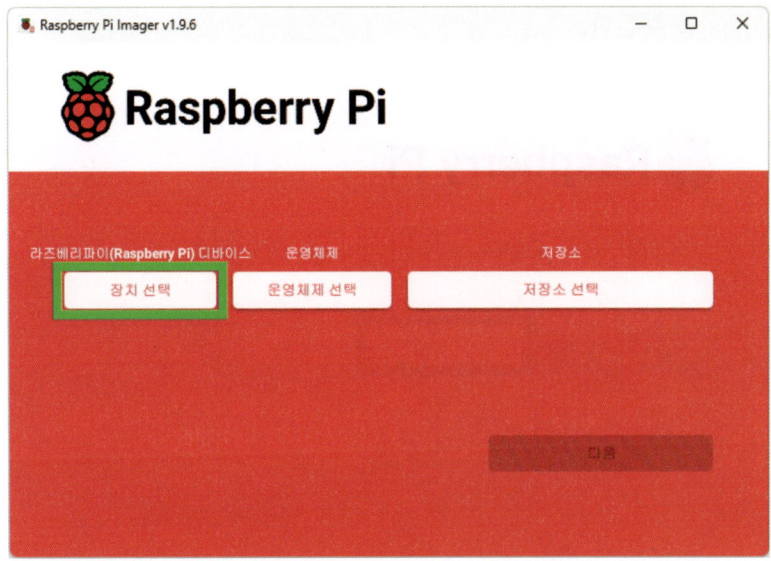

장치에서 [Raspberry Pi 5]를 선택한다.

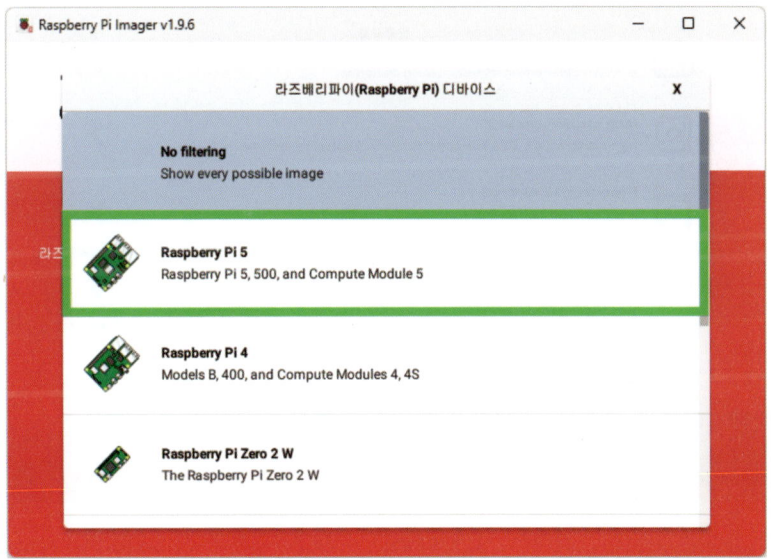

[운영체제 선택]을 누르고 스크롤을 아래로 내려 [Misc utility images]를 누른다.

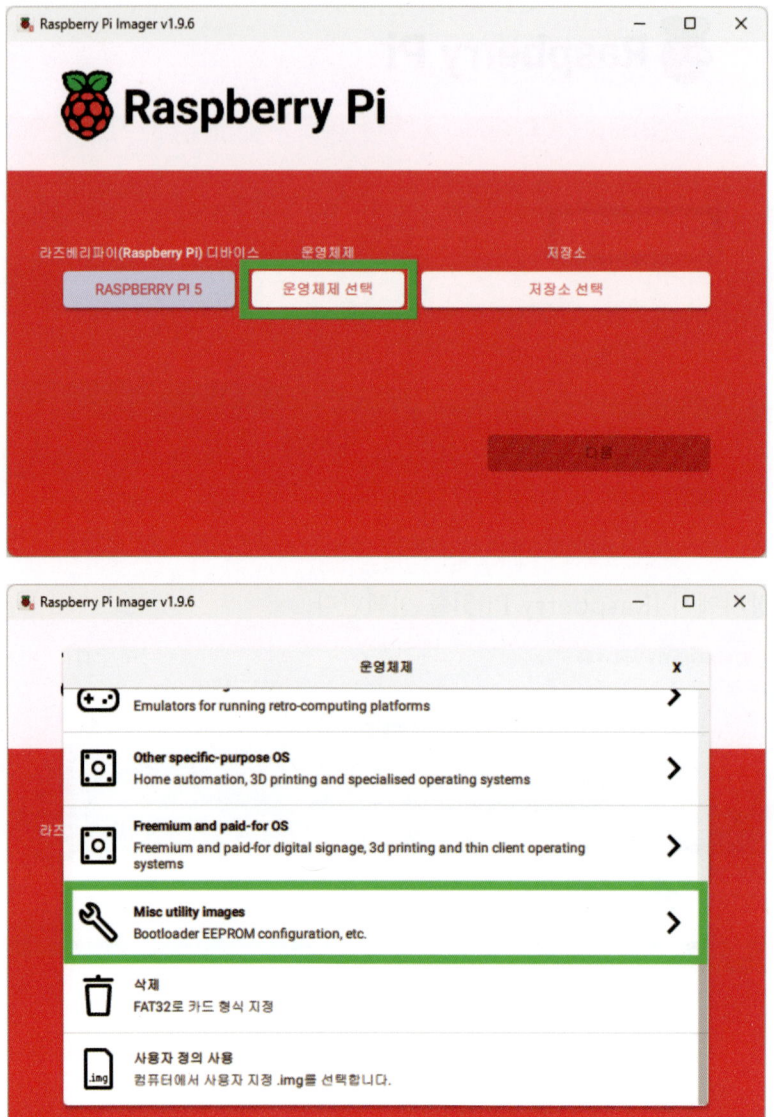

[Bootloader (Pi 5 family)]를 선택하고, [NVMe/USB Boot]를 선택한다.

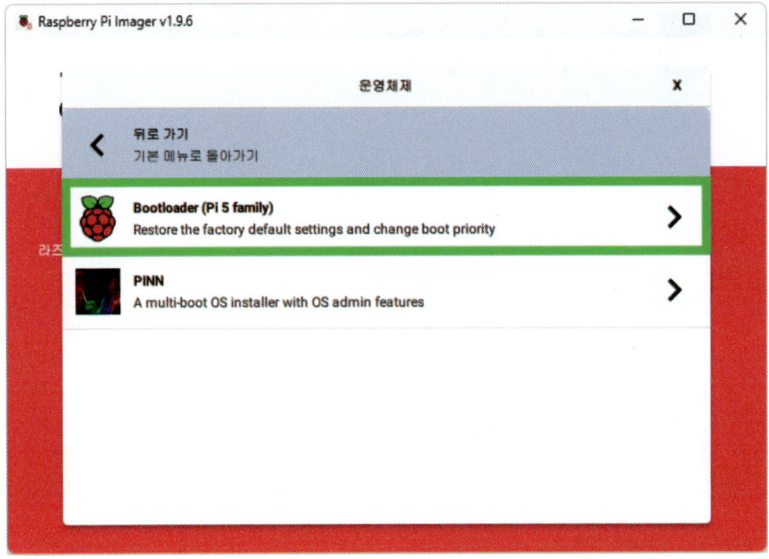

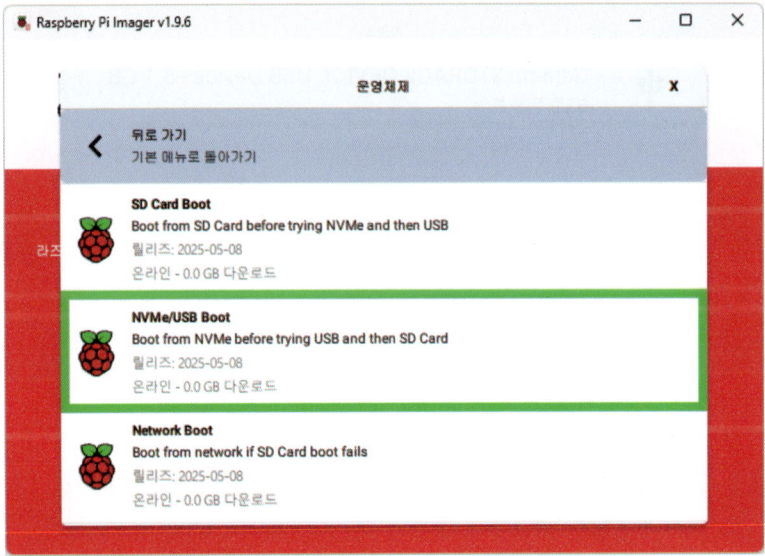

[저장소 선택]을 누르고, 방금 꽂은 마이크로SD카드를 선택한다.

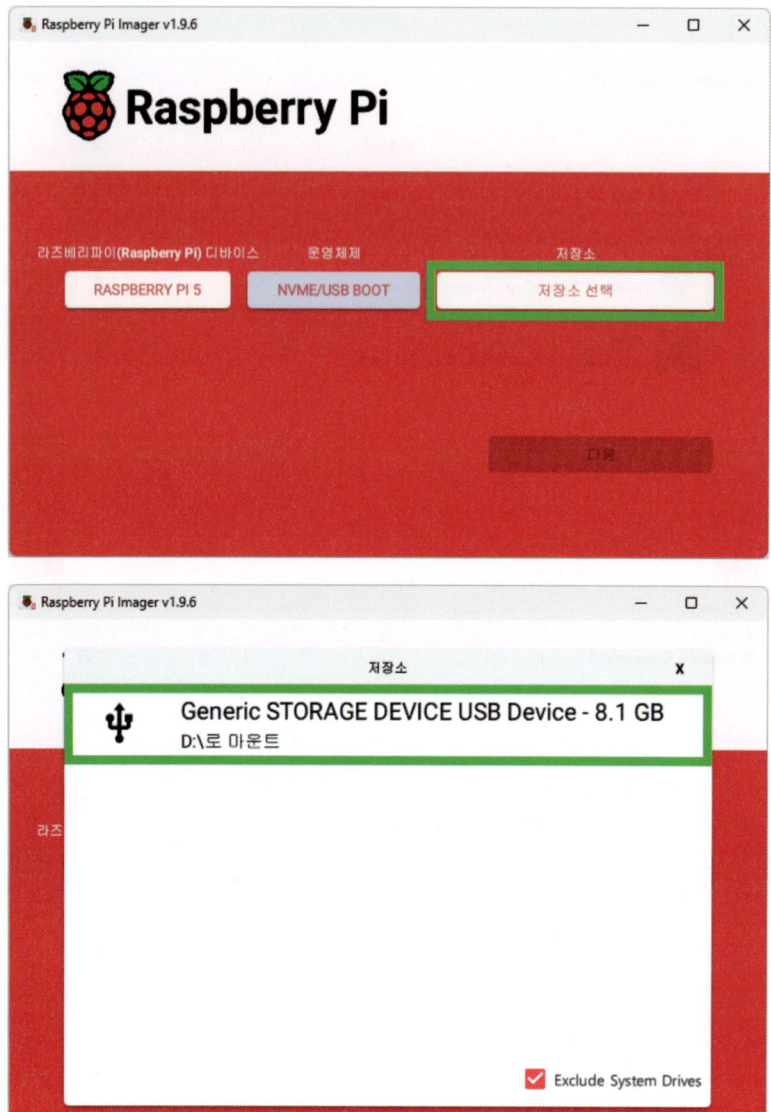

다 되었으면 [다음]을 누른다.

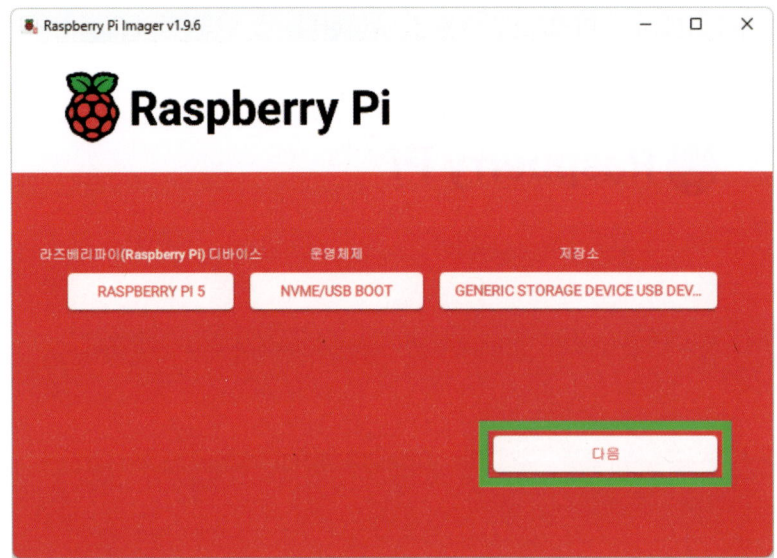

데이터가 지워질 거라는 안내문이 나오면 [예]를 누른다.

이제 SSD로 부팅을 시도하도록 만드는 마이크로SD카드가 만들어졌다. 컴퓨터에서 마이크로SD카드를 분리한다.

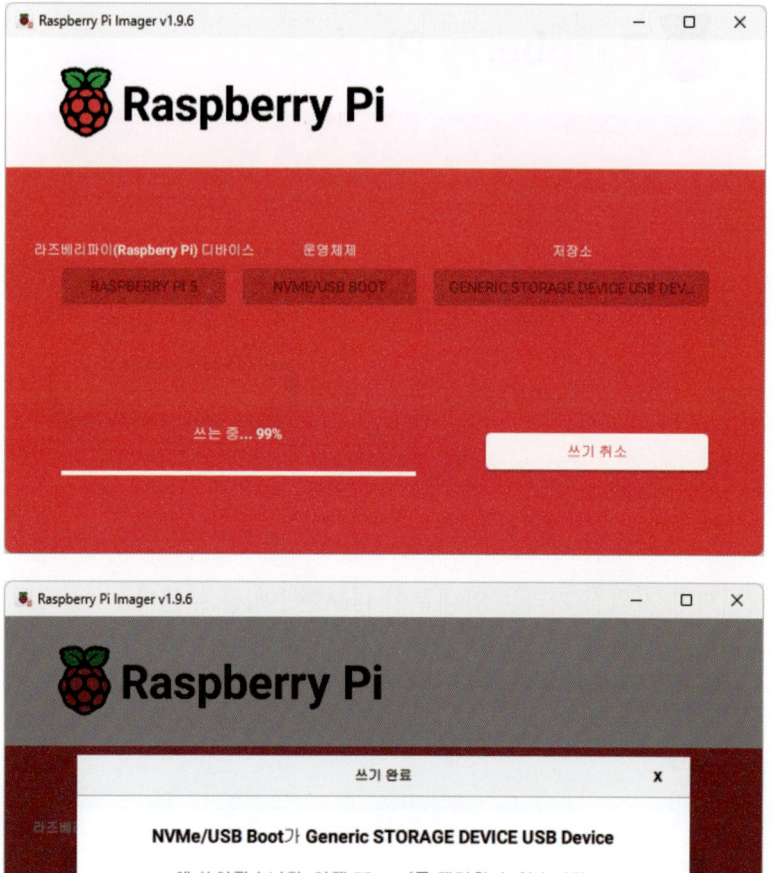

이 마이크로SD카드를 라즈베리파이5 보드 뒷면에 있는 포트에 꽂고 부팅을 하면 부팅이 잘 될 것이다. 이 과정은 한 번만 거치면 되므로, 다음부터는 마이크로SD카드를 제거하고 부팅해도 자동으로 SSD를 이용해 부팅을 시도하게 된다.

## 케이스 조립

부팅이 잘 되고 Your Umbrel is now accessible at:이라는 문구가 떴다면, 이제 케이스를 조립해야 한다. 먼저 파워 버튼을 눌러 라즈베리 파이5를 종료하고, 연결된 선을 모두 뽑는다. 파워 버튼은 다음 사진과 같은 위치에 있다.

케이스를 조립하자. 밑판을 먼저 나사로 조립해 준다.

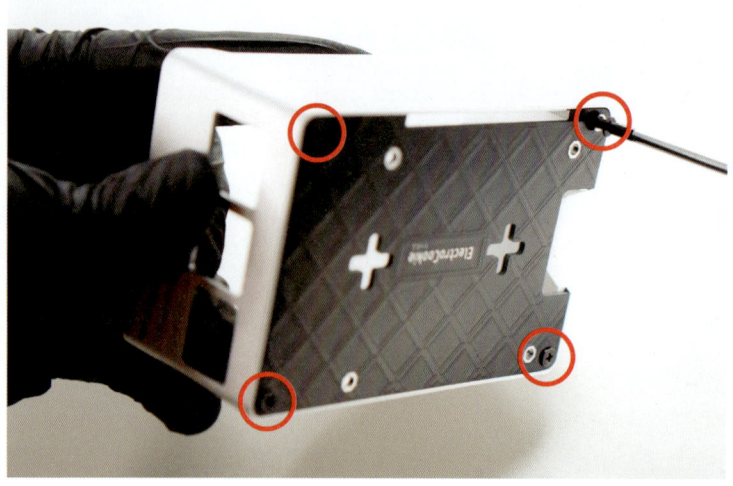

파워 버튼을 조립해 준다.

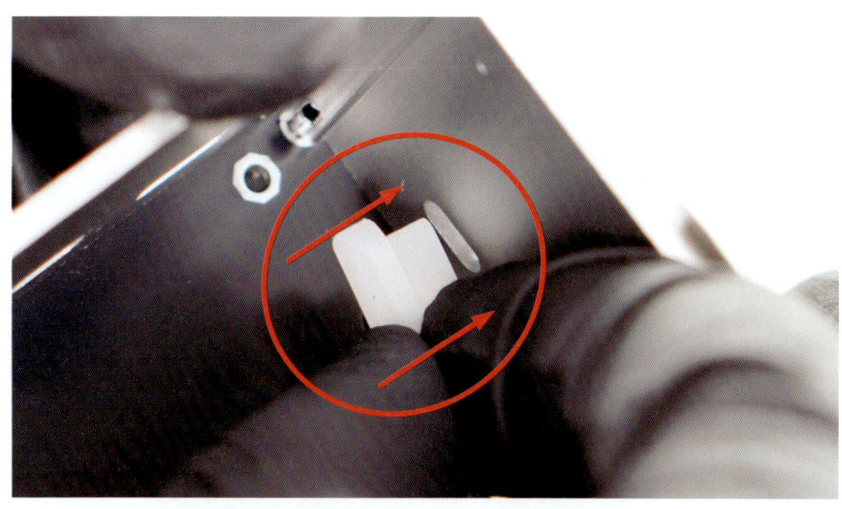

조립했던 라즈베리파이5를 넣어준다. 파워 버튼이 잘 맞닿게 비스듬히 넣어주고, 각 구멍들이 포트와 잘 맞도록 위치를 조정한다.

위치를 조정했으면 밑판과 라즈베리파이5 보드를 나사로 연결해 준다.

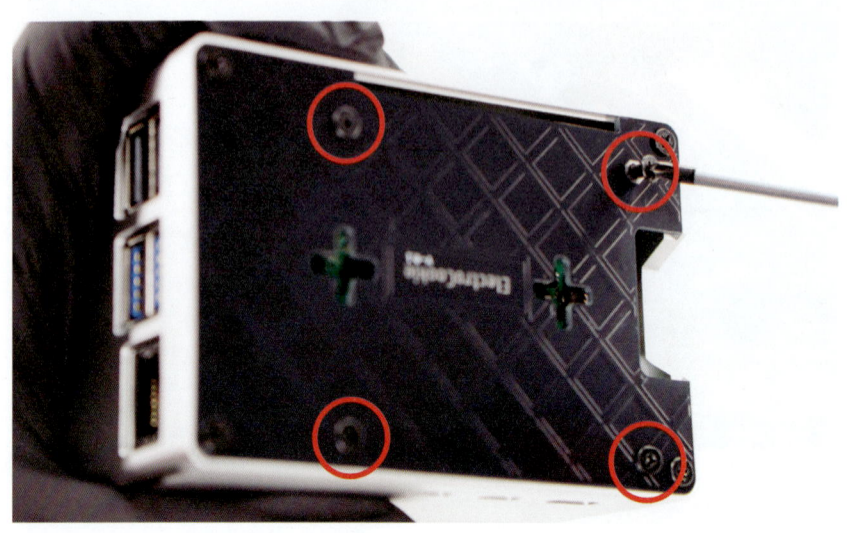

하단에 고무 받침대를 붙여준다.

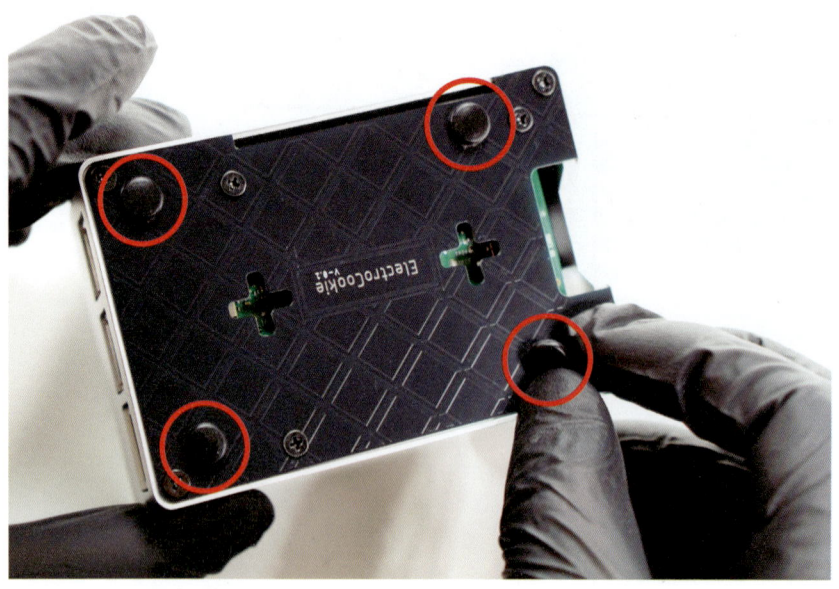

상판을 나사로 연결해 준다.

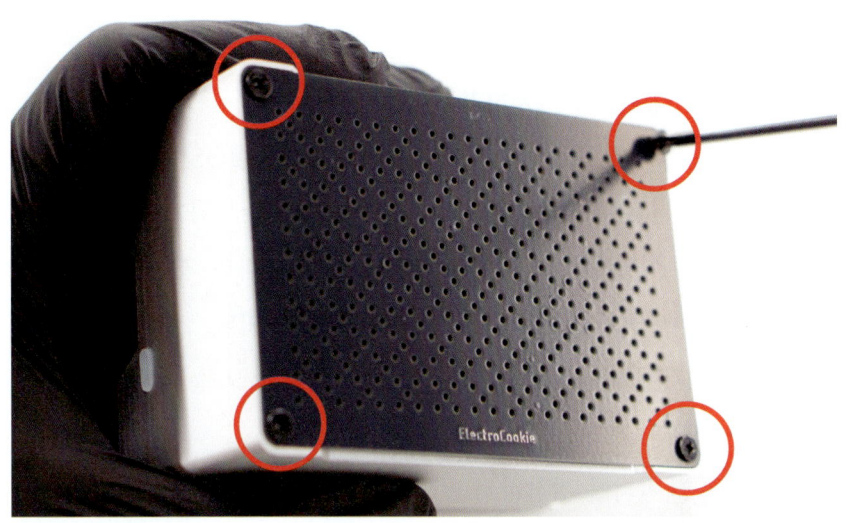

조립이 다 되었다. 랜선을 꽂고, 전원선을 연결하면 된다. 지금부터는 모니터를 연결할 필요가 없다. 여기까지 잘 따라왔다면 이제 '엄브렐 설정 및 풀 노드 동기화' 장으로 넘어가면 된다.

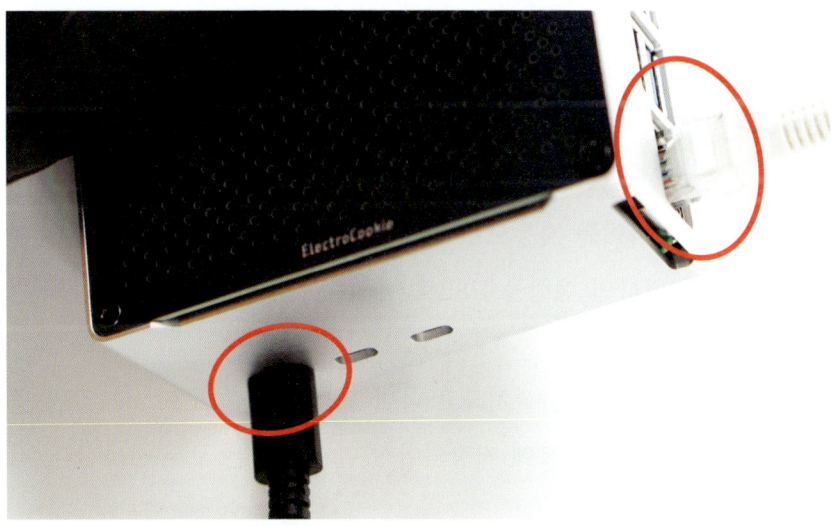

# | 노트북에 엄브렐OS 설치하기

**남는 노트북에 엄브렐OS 설치하기**

남는 노트북이나 데스크톱이 있다면 여기에 엄브렐OS를 설치할 수도 있다. 풀 노드는 보통 24시간 가동되는 것을 전제로 하기 때문에 남는 노트북이나 데스크톱을 이용해 홈 서버를 구축한다면 저전력 미니 PC나 라즈베리파이5보다는 전기료가 많이 나올 것이다. 그러나 풀 노드를 장만하는 것에 비용적인 부담을 느끼는데 남는 노트북, 데스크톱 등이 있다면 하나의 옵션으로 고려할 수 있다.

모든 블록 데이터를 저장하려면 노트북에 2TB의 저장 용량이 필요하지만, 저장 용량이 그것보다 부족하다면 프루닝(가지치기)을 할 수도 있다. 프루닝 노드는 제네시스 블록부터 이어지는 모든 블록을 검증하지만, 일정 용량 이상이 되면 오래된 블록 데이터를 삭제하는 노드다. 프루닝 노드는 UTXO 세트를 풀 노드와 똑같이 보관하기 때문에 풀 노드처럼 블록이나 거래를 검증할 수 있다.

준비물은 OS 설치에 필요한 USB 메모리카드만 있으면 된다. 여기서는 8GB 용량의 SD카드를 이용해 설치했다.

노트북은 유선 인터넷에 연결되어야 한다. 처음에 엄브렐OS를 설치하고 나면 와이파이를 자동으로 잡지 못하기 때문이다. 노트북에 랜선을 꽂는 곳이 없다면 랜선을 USB로 바꿔주는 어댑터도 있으니 그러한 어댑터를 구매해야 한다.

노트북에 엄브렐OS를 설치하고 나면 노트북은 풀 노드 용도로만 쓸 수 있으며, 기존에 노트북에 저장되어 있던 파일들은 모두 사라진다. 따라서 노트북에 엄브렐OS를 설치하기 전에 노트북에 있는 중요한 파일들을 다른 저장 장치에 옮겨놓는 등의 백업을 하자.

## OS 설치용 USB 만들기

먼저 USB 저장 장치를 OS 설치용으로 만들기 위해 발레나에처로 구워야 한다. 아래 링크에서 발레나에처 프로그램을 다운로드한다.

https://etcher.balena.io/

[Download Etcher]를 누른다.

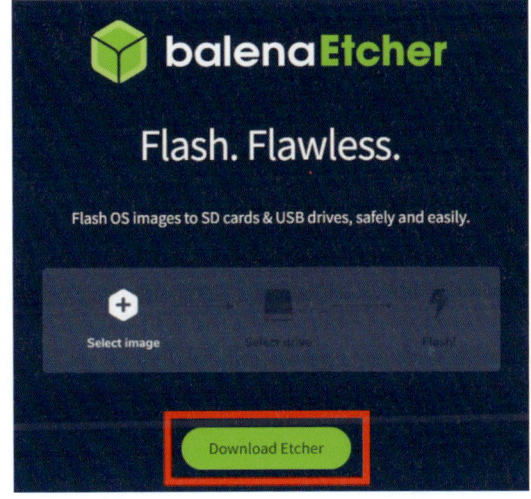

자신의 컴퓨터 운영체제에 맞는 버전을 다운로드한다.

DOWNLOAD

# Download Etcher

| ASSET | OS | ARCH | |
|---|---|---|---|
| ETCHER FOR WINDOWS (X86\|X64) (INSTALLER) | WINDOWS | X86\|X64 | Download |
| ETCHER FOR MACOS | MACOS | X64 | Download |
| ETCHER FOR MACOS (ARM64) | MACOS | ARM64 | Download |
| ETCHER FOR LINUX X64 (64-BIT) (ZIP) | LINUX | X64 | Download |
| ETCHER FOR LINUX (LEGACY 32 BIT) (APPIMAGE) | LINUX | X86 | Download |

설치가 완료되었으면 발레나에처를 실행한다.

balenaEtcher-1.1
9.25.Setup

이제 깃허브에서 엄브렐OS iso 파일을 다운로드할 것이다. 아래 링크에 접속한다.

https://github.com/getumbrel/umbrel/wiki/install-umbrelOS-on-x86-Systems

[latest umbrelOS USB installer]를 누르면 iso 파일이 다운로드된다.

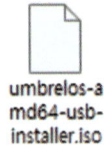

컴퓨터에 USB 저장 장치를 꽂는다(USB 포맷이 안 되어 있다면 FAT32 형식으로 포맷한다).

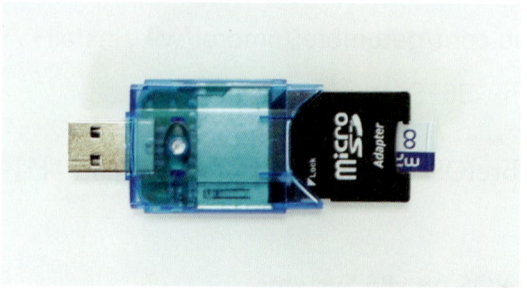

발레나에처를 실행하면 다음과 같은 화면이 나온다. [Flash from file]을 누른다.

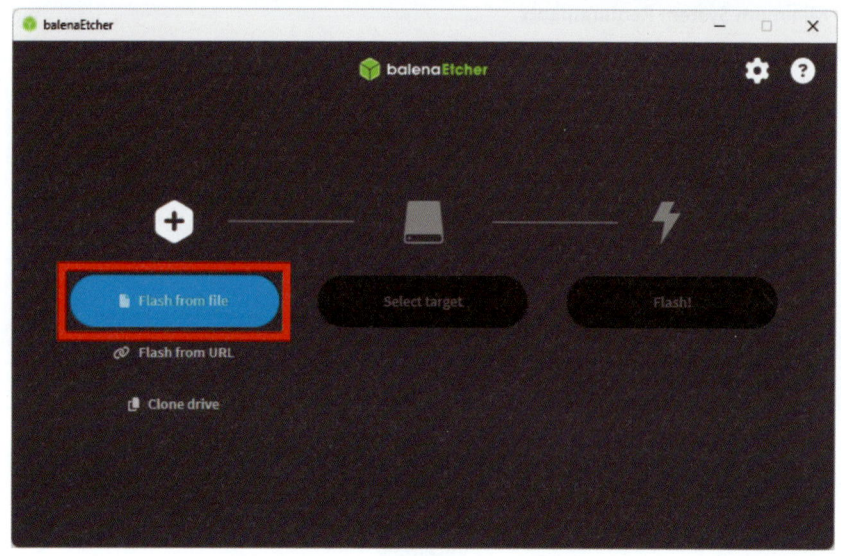

iso 파일을 선택하는 창이 뜰 것이다. 아까 다운로드했던 엄브렐OS의 iso 파일을 찾아서 더블 클릭하자.

umbrelos-amd64-usb-installer.iso

[Select target]을 누른다.

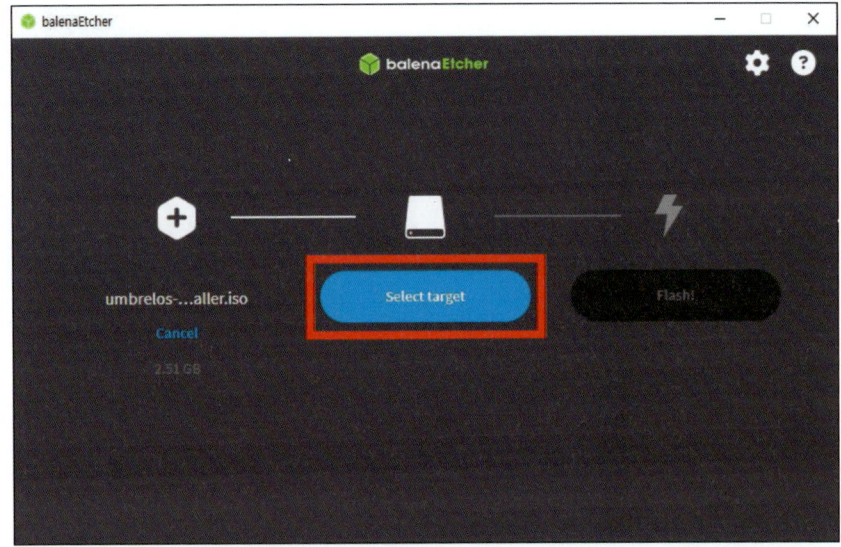

조금 전 꽂은 USB 저장 장치를 선택한다.

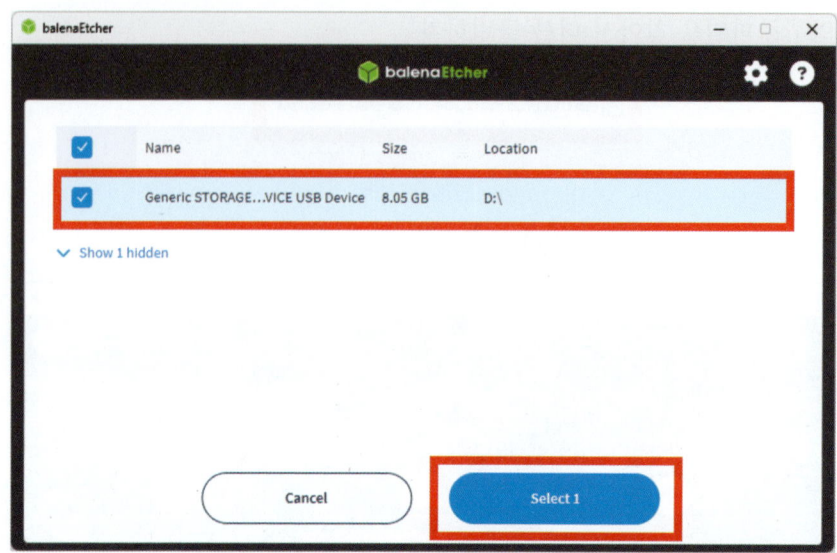

이제 [Flash!]를 누른다.

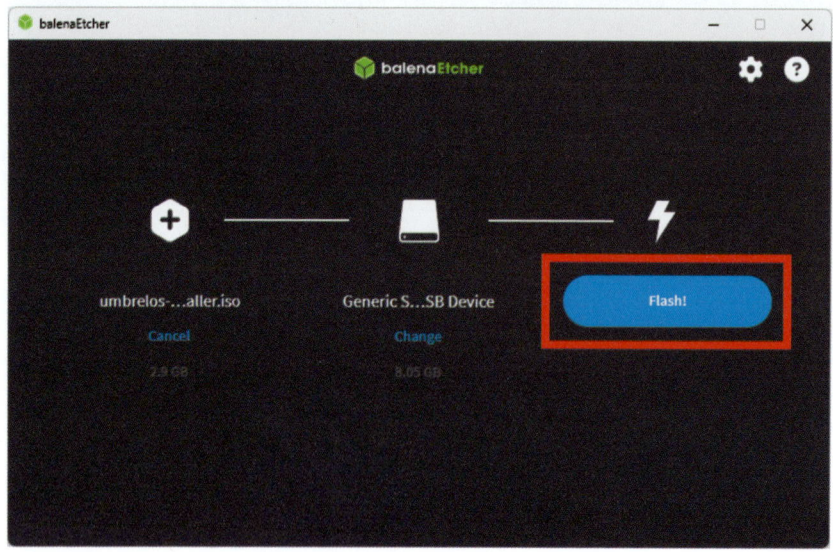

다음과 같은 화면이 뜨다가 'Flash Completed!'가 뜰 것이다. 뜨면 오른쪽 위 [x] 버튼을 누르고 USB를 빼면 된다. 중간에 포맷하라는 알림창이 뜨면 무시하고 취소하면 된다.

만약 플래싱에 실패하면 USB를 초기화하고 다시 플래싱해야 한다. 이때 일반적인 포맷 방법으로는 안 되는데, 부팅 USB 초기화 방법으로 검색하면 결과가 많이 나온다.

윈도우의 경우 윈도우 키 + R → cmd 입력 후 실행 → 터미널이 나오면 `diskpart` 입력 → `list disk` → 마이크로SD카드 디스크 번호 확인 → `select disk [디스크 번호]` → `clean`을 입력하면 된다. 그리고 다시 포맷하고 처음부터 진행하면 된다.

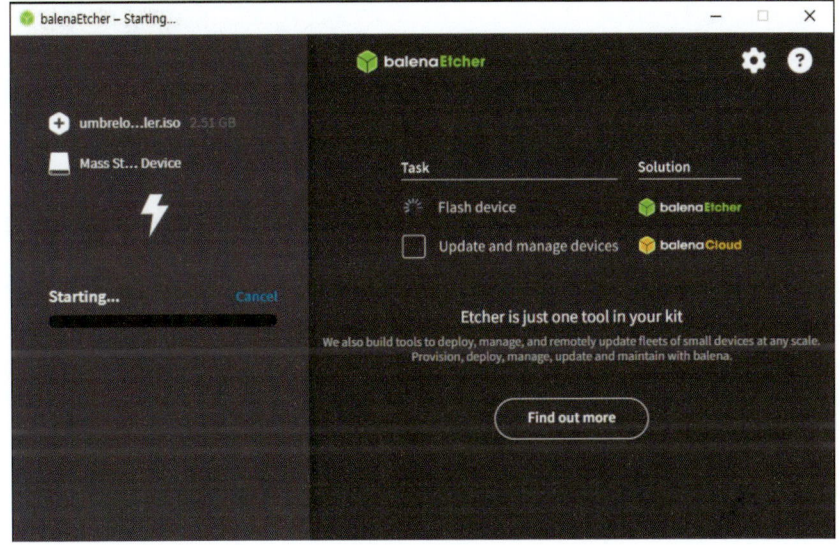

3부 • 풀 노드 운영 가이드 671

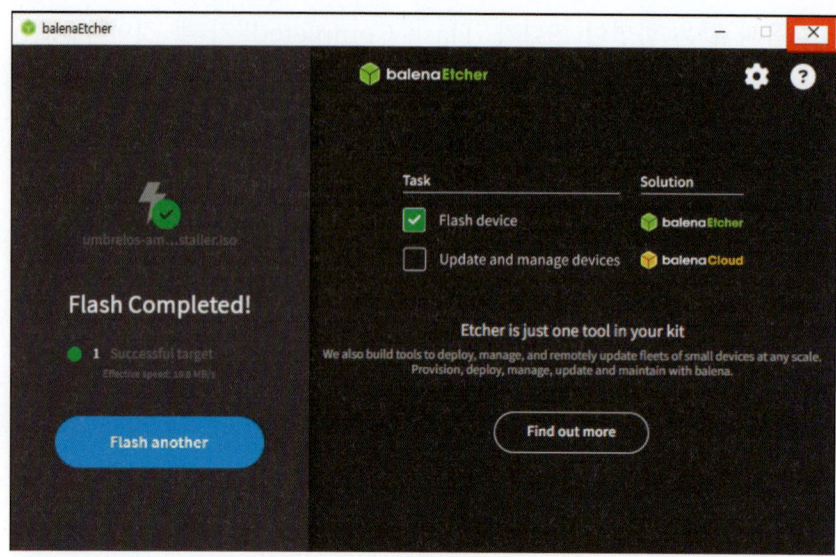

## 노트북에 엄브렐OS 설치하기

노트북에 엄브렐OS 설치용 USB를 꽂는다. 그다음에는 바이오스 설정 창으로 진입한다.

바이오스 설정 창으로 진입하기 위해서는 노트북을 켜자마자 F2, F7, F10, Delete 키 중 하나를 연타해야 한다. 이 중 어떤 키인지는 노트북 기종에 따라 다르다. 잘 모르겠으면 인터넷에 자신의 노트북 모델과 함께 '바이오스 진입'이라고 검색하면 나온다.

바이오스에 진입했으면 부트 메뉴를 찾아야 한다. 필자의 노트북에서는 F8을 누르면 부트 메뉴로 들어갈 수 있었다.

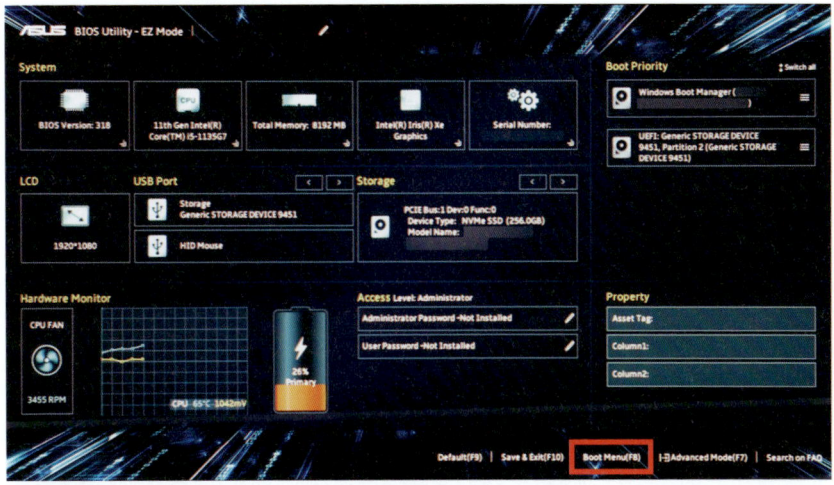

부트 메뉴에서 우리가 꽂은 엄브렐OS 설치용 USB 장치를 찾아 더블 클릭하거나, 방향키로 이동한 뒤 엔터 키를 누른다.

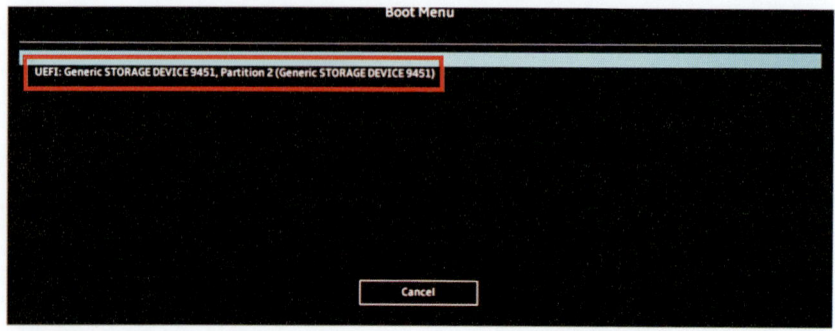

그러면 엄브렐OS 설치가 시작된다. 화면에 무언가 많이 지나갈 것이다.

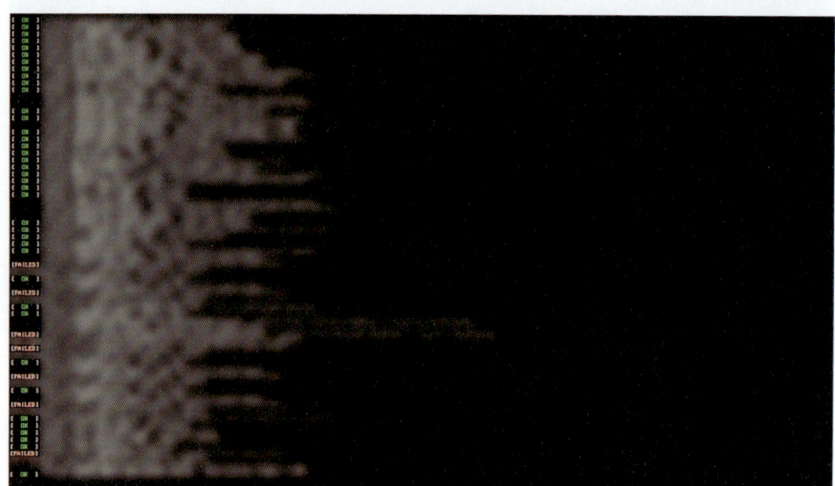

우산 모양이 뜨면 OS를 어디에 설치할지 저장공간을 선택하는 창이 나온다. 여기서 노트북의 내장 저장 장치를 선택해야 한다. 다른 하나는 OS 설치용 USB다. 다음 사진에서는 노트북의 내장 저장 장치 번호에 해당하는 '2'를 입력하고 엔터 키를 눌렀다.

무언가 뜨다가 umbrelOS has been installed! 문구와, Press any key to shutdown 문구가 뜨면 엔터를 누른다.

노트북이 자동으로 꺼졌다 켜질 것이다. 다시 무언가가 많이 지나갈 것이다. 만약 `Finished`로 시작하는 문구가 나왔는데 시간이 많이 지나도 다음 화면으로 넘어가지 않으면 기기를 재부팅해 보자.

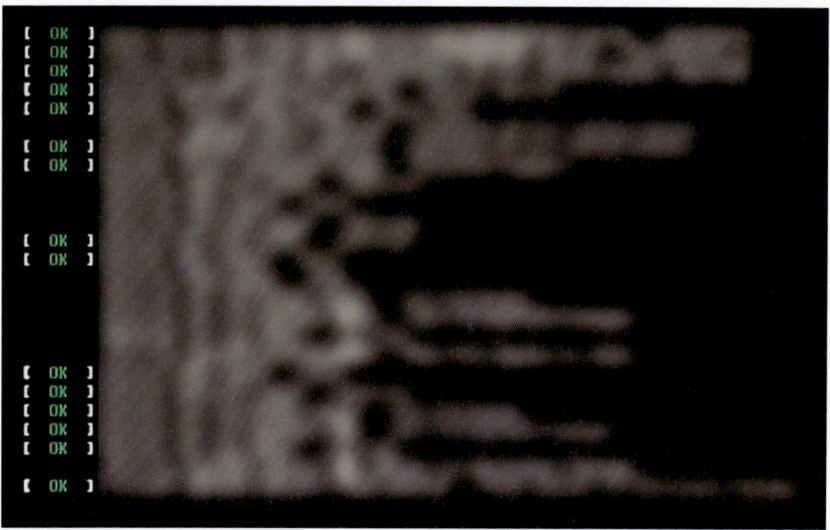

다 지나가고 나면 `Your Umbrel is now accessible at:`이라는 문구가 뜰 것이다. 그 밑에 URL 두 개가 뜨는데 이 URL을 잘 기억하자. `http://192.168.0.???` 이것이 이 노트북의 로컬 IP 주소다.

노트북에서 엄브렐OS 설치용 USB를 제거한다. 노트북은 24시간 365일 켜져 있으면서 풀 노드의 역할을 할 것이다.

이제 같은 공유기에서 접속한 일반 PC나 스마트폰에서 엄브렐에 접속할 수 있다.

## 노트북에서 엄브렐 화면 띄우기

노트북에는 모니터가 내장되어 있다. 그런데 엄브렐OS는 미니 PC나 라즈베리파이 등의 저전력 홈 서버 용도로 나온 OS이므로 모니터에 GUI(우리가 일반적으로 보는 화면)를 띄우지 않는다. CLI(컴퓨터 프로그래머들이 자주 쓸 것 같은, 명령어를 입력하는 화면)만 띄운다. 엄브렐이 설치된 노트북과 같은 공유기에 연결된 다른 스마트폰이나 컴퓨터 기기에서는 웹 브라우저에 umbrel.local 또는 umbrel. 또는 192.168.0.??? 등의 로컬 IP 주소를 입력하면 엄브렐 화면이 나온다(접속이 안 되면 http://도 함께 입력해 보면 된다). 만약 노트북에서도 이러한 화면이 나오게 하려면 몇 가지 설정이 필요하다.

노트북의 다음 화면에서 계정 이름과 비밀번호를 입력한다. 초기 설정은 계정 이름과 비밀번호 모두 'umbrel'이다. 비밀번호를 입력할 때는 입력이 안 되고 있는 것처럼 보여도 입력이 되고 있는 것이니, 정확하게 umbrel을 입력하고 엔터 키를 누르면 된다.

```
Your Umbrel is now accessible at:
  http://umbrel.local
  http://192.168.0.
umbrel login: umbrel
Password:
```

우산 모양이 나오면 이제 명령어를 입력할 수 있다. 여기에 정확하게 다음 명령어를 입력한다. 줄 바꿈은 'Shift' + 'Enter' 키를 눌러서 할 수 있으며, '\' 문자는 보통 키보드에서 'W' 키를 누르면 입력된다. 줄 바꿈은 잘 보이도록 검정 배경으로 표시했다. 오타에 주의하여 입력하자. 'EOF'는 모두 영어 대문자다. 만약 오타가 있는 상태로 이미 엔터를 눌렀다면 그냥 다시 한번 입력하고 엔터 키를 누르면 된다.

```
sudo apt update && \
sudo apt install --no-install-recommends -y xorg lxde-core
  lightdm chromium unclutter fonts-noto-cjk && \
mkdir -p ~/.config/lxsession/LXDE/ && \
cat > ~/.config/lxsession/LXDE/autostart << EOF
@xset s off
@xset -dpms
@xset s noblank
@unclutter -idle 1
@chromium --noerrdialogs --disable-sessio
  n-crashed-bubble --disable-infobars \
  --incognito --kiosk http://localhost
EOF
```

각 명령어를 간단히 설명해 보겠다. `sudo`는 관리자 권한으로 명령어를 실행하는 것을 말한다. `apt update`는 apt 패키지를 업데이트하는 것이다.

두 번째 줄의 `apt install`은 설치 명령어다. `--no-install-recommends`는 추천 패키지를 설치하지 않고 최소 구성만 설치하겠다는 뜻이다. `-y`는 설치 과정에서 묻는 질문에 자동으로 `y`를 입력하게 하는 것이다. `xorg`는 리눅스에서 GUI를 가능하게 해주는 기본 엔진이라 생각하면 된다. `lxde-core`는 데스크톱 GUI다. `lightdm`은 부팅 후 GUI 세션을 띄우게 하는 디스플레이 매니저다. `chromium`은 크롬 브라우저의 오픈소스 버전인 '크로미움'이다. 이 브라우저를 통해 엄브렐 화면을 띄울 것이다. `unclutter`는 일정 시간 마우스 움직임이 없으면 커서를 숨겨주는 프로그램이다. `fonts-noto-cjk`는 구글의 Noto CJK 폰트다. 여기에 한글 폰트가 포함되어 있는데 이걸 설치하지 않으면 엄브렐에서 한글이 모두 깨져서 보이게 된다.

그다음 줄의 `mkdir`은 디렉토리, 즉 폴더를 생성하는 것이다.

`cat`은 파일 편집 명령어다. EOF까지 입력된 여러 줄을 파일에 그대로 입력해 저장하라는 뜻이다. EOF 전까지의 내용들이 autostart 파일로 들어간다.

`@xset s off`는 스크린세이버 기능을 끄는 것이다. 스크린세이버는 일정 시간이 지나면 검은 화면을 출력하는 화면보호기 기능이다. `@xset -dpms`는 모니터 절전 기능을 끄는 것이다. 모니터가 꺼지지 않게 한다. `@xset s noblank`는 빈 화면으로 전환되는 기능도 끄는 것을 말한다. 이 설정들은 시간이 지나도 화면이 꺼지지 않게 하는 설정이다. 만약 화면 꺼짐이 있게 설정하고 싶으면 `@xset`으로 시작하는 세 줄을 다음 두 줄로 바꾸면 된다. 여기서 시간 단위는 초 단위이다. 예를 들어 3시간 동안 입력이 없을 때 화면이 꺼지게 만들고 싶다면 다음과 같이 10,800을 입력하면 된다(60초/분 × 60분/시간 × 3시간 = 10,800초). 이렇게 하면 시간이 지나 모니터가 꺼져도 엄브렐OS는 계속 돌아간다.

```
@xset s 10800 10800
@xset dpms 0 0 10800
```

`@unclutter -idle 1`은 마우스를 1초 동안 움직이지 않으면 커서를 화면에서 숨기겠다는 뜻이다.

다음 줄은 크로미움 설정이다. autostart 파일에 `@chromium`이 들어가면 LXDE 데스크톱 GUI가 시작될 때 크로미움을 시작하겠다는 뜻이다. `--noerrdialogs --disable-session-crashed-bubble --disable-infobars`는 오류 팝업, 이전 세션이 비정상 종료되었다는 알림, 기본 정보바 등을 보이지 않게 하겠다는 뜻이다. `--incognito`는 크로미움을 쿠키 등을 저장하지 않는 시크릿 모드로 실행하겠다는 뜻이다. `--kiosk`는 창 닫기 버튼이나 주소창도 안 보이는 풀스크린 모드, 즉 키오스크 모드로 실행하겠다는 것이다. `http://localhost`는 이 주소를 열겠다는 것인데 이 노트북의 로컬 IP 주소를 뜻한다.

```
Your Umbrel is now accessible at:
  http://umbrel.local
  http://192.168.0.

umbrel login: umbrel
Password:
Linux umbrel 6.1.0-34-amd64 #1 SMP PREEMPT_DYNAMIC Debian 6.1.135-1 (2025-04-25) x86_64

            ,;###GGGGGGGGG1#Sp
         ,##GGG1W^^^'  '^'%GGGG#S,
        ,`GGG'                'IGG#o
       $GG1^                   '$GG#
      ,#GGb                    \GGG,
      1G6^                      "GGG
      #GG1GGG1##p,,p##1GG1##p,,p###1l##GGGG
      !GGG1W"""`=GGGGGGGS"""^W1GGGGG#W""`WGGGGS

- Warning -----------------------------------------
| Terminal access is only enabled for debugging purposes. Any modifications |
| made to the umbrelOS system will not be persisted between software updates. |
| For use-cases where you want to run custom software in a Linux environment, |
| I consider using the Portainer app available in the Umbrel App Store.       |

Last login:
umbrel@umbrel:~$ sudo apt update &&
> sudo apt install --no-install-recommends -y xorg lxde-core lightdm chromium unclutter fonts-noto-cjk && \
> mkdir -p ~/.config/lxsession/LXDE/ && \
> cat > ~/.config/lxsession/LXDE/autostart << EOF
> @xset s off
> @xset -dpms
> @xset s noblank
> @unclutter -idle 1
> @chromium --noerrdialogs --disable-session-crashed-bubble --disable-infobars \
>   --incognito --kiosk http://localhost
> EOF
[sudo] password for umbrel:
```

중간에 키보드 레이아웃을 물어보는 창이 나온다. 일반적인 쿼티 표준 키보드 배열을 사용한다면 1을 입력하고 엔터 키를 누르면 된다. 드보락이나 콜맥 배열을 사용하는 경우 해당 숫자를 누르고 엔터 키를 누르면 된다.

완료되면 다음 명령어를 입력한다. 오타에 주의하라. `systemctl`에서 마지막 문자는 알파벳 L 소문자다.

```
sudo systemctl set-default graphical.target && sudo reboot
```

`sudo systemctl set-default graphical.target`은 부팅되었을 때 기본적으로 GUI로 시작하라는 명령어고, `sudo reboot`는 재부팅하라는 명령어다.

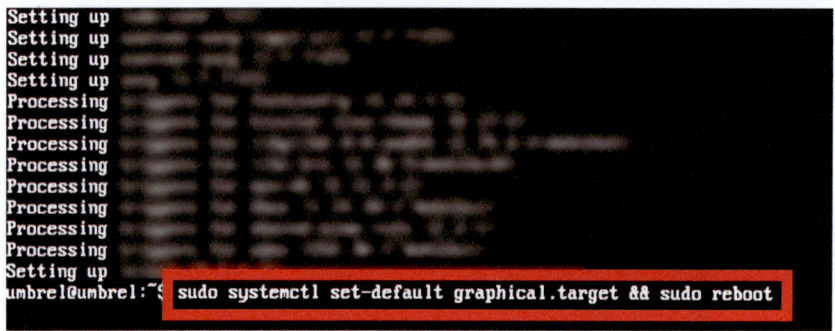

무언가 많이 지나가고 컴퓨터가 재부팅된다.

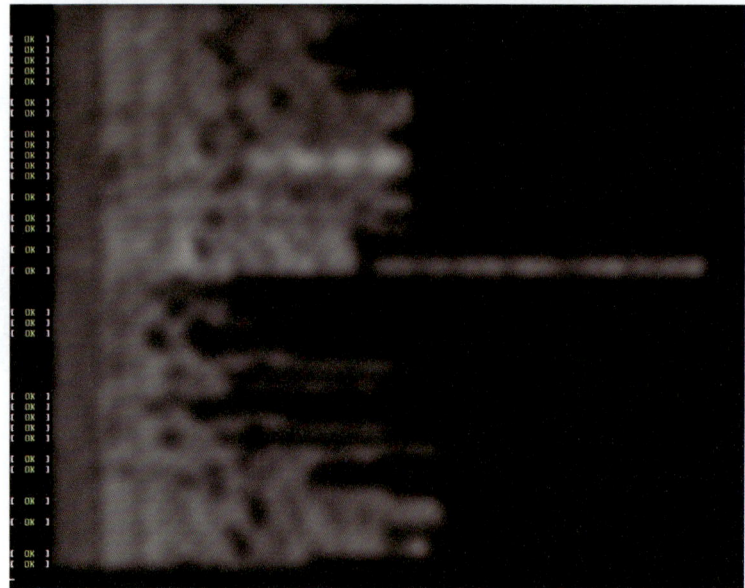

그러면 그래픽 화면(GUI)과 함께 로그인 창이 나온다. 여기에 계정 이름과 비밀번호 모두 'umbrel'을 입력하면 된다. 참고로 엄브렐에서 계정 설정을 한 뒤에는 계정 이름은 'umbrel', 비밀번호는 엄브렐에서 설정한 로그인 비밀번호를 입력하면 된다.

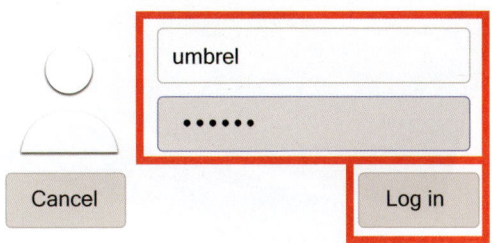

언어 설정이 한국어가 아니라면 한국어로 변경한다.

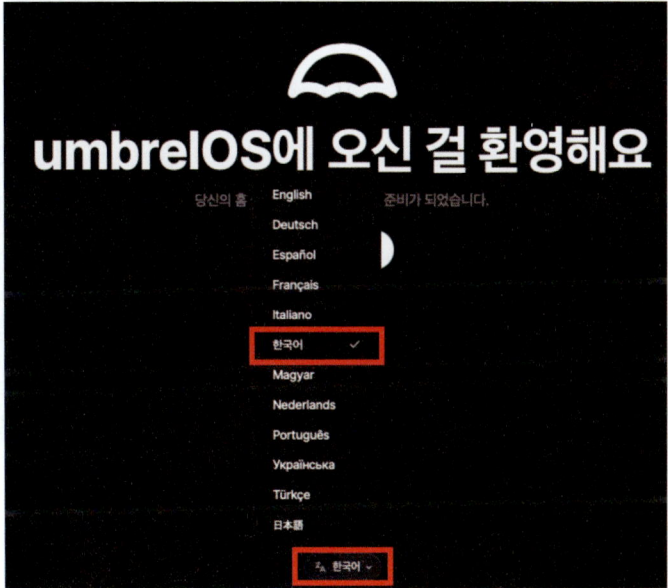

이제 노트북에서 엄브렐OS 웹 화면을 띄울 수 있게 되었다.

만약 CPU나 램 용량이 부족하거나 전력 절감 등의 이유로 다시 GUI (그래픽 화면)를 삭제하고 싶다면 다음과 같이 하면 된다. 먼저 'Ctrl' + 'Alt' + 'F2' 키를 눌러 CLI 화면(명령줄 화면)으로 들어가야 한다(안 된다면 F2 대신 F1-F6을 눌러보자). 그리고 다음 명령어를 입력하면 된다.

```
sudo apt purge -y xorg lxde-core lightdm
    chromium unclutter fonts-noto-cjk && \
sudo apt autoremove -y && \
sudo systemctl set-default multi-user.target && \
sudo systemctl isolate multi-user.target
```

이렇게 해서 노트북에 엄브렐OS를 설치하고, 그래픽 화면을 모니터에 출력하는 방법까지 알아보았다.

# | 엄브렐 설정 및 풀 노드 동기화

## 엄브렐 설정 및 업데이트

이제 사파리, 크롬 등의 웹브라우저에서 umbrel.local 혹은 umbrel. 혹은 엄브렐 기기의 로컬 IP 주소인 192.168.0.???를 입력한다. 만약 안 넘어간다면 http://까지 함께 입력해 보자.

'umbrelOS에 오신 걸 환영해요'가 나오면 [시작]을 누르고, 언어 설정이 한국어가 아니라면 한국어로 변경한다.

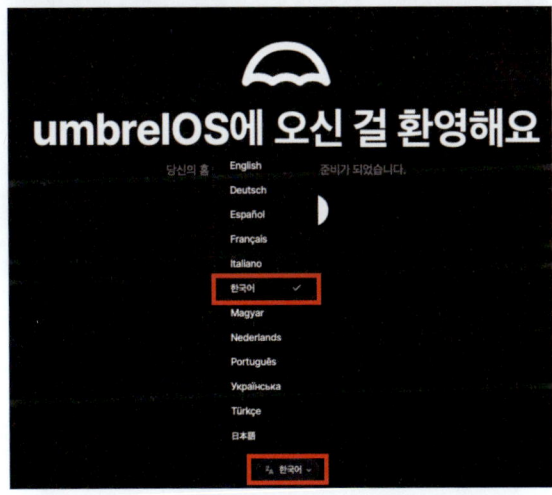

'계정 생성'에서 엄브렐 계정 이름과 비밀번호, 비밀번호 확인을 입력하고 [생성]을 누른다. 비밀번호를 잊어버리면 복구가 불가능하니 잊어버리지 않도록 꼭 주의하자.

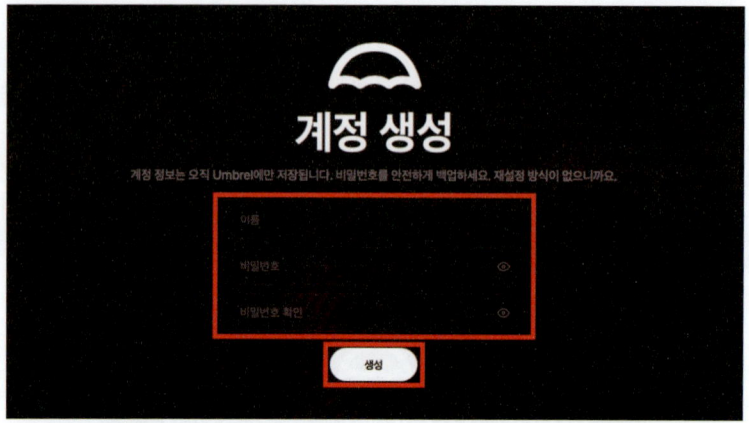

[다음]을 누르면 엄브렐 홈 화면으로 넘어간다.

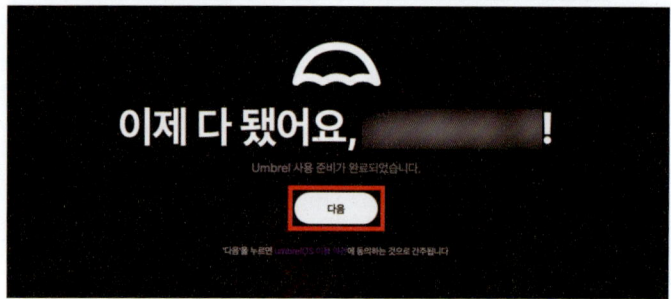

엄브렐에 처음 접속하면 오른쪽 위에 다음과 같은 업데이트 알림창이 나온다.

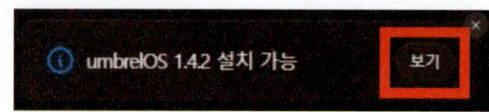

만약 이런 알림창이 뜨지 않는다면 화면 하단 설정 버튼 → 스크롤 내리면 있는 엄브렐 버전 → [업데이트 확인]을 누르면 된다.

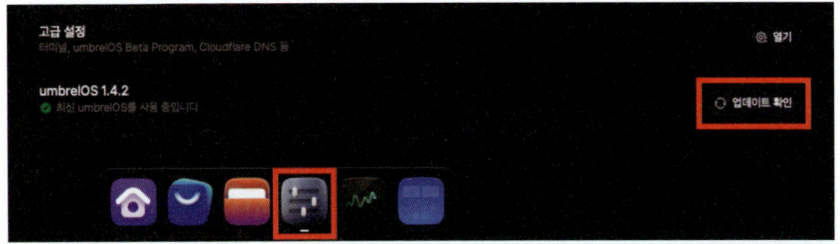

'최신 umbrelOS를 사용 중입니다'라는 문구가 나왔다면 이미 최신 버전인 것이므로 다음 절로 넘어가도 된다. 최신 버전이 아니라면 새로운 버전을 설치할 수 있다는 문구가 나온다. [보기] → [지금 설치]를 누른다.

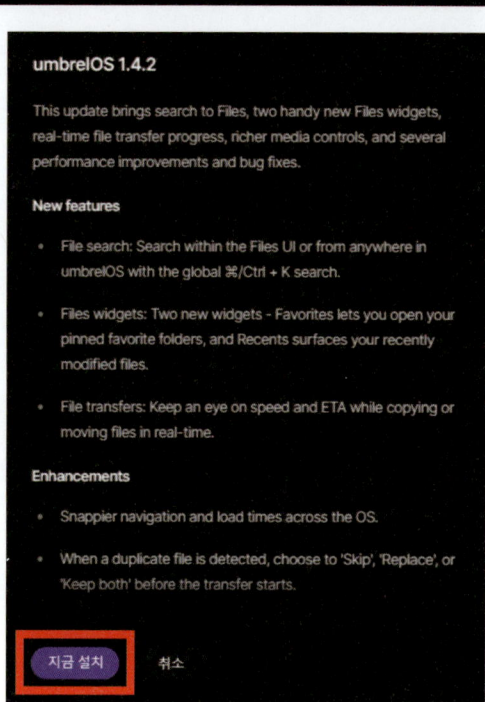

업데이트가 완료되면 다시 로그인하는 창이 뜰 것이다. 비밀번호를 입력하고 로그인한다. 한국어 설정이 해제되었다면 로그인한 뒤 설정에서 다시 언어를 한국어로 바꿔주면 된다.

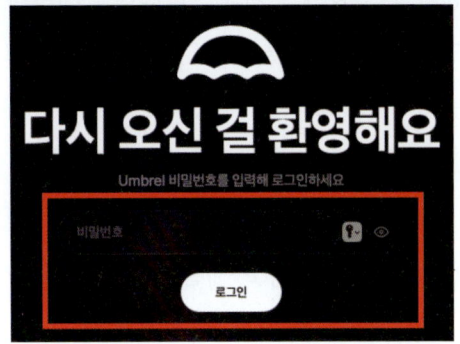

**비트코인 노드(코어) 또는 노츠 설치**

이제 비트코인 클라이언트를 설치할 것이다. 엄브렐에서는 비트코인 노드(비트코인 코어)와 비트코인 노츠 중 하나를 선택해 설치하거나 둘 다 설치할 수 있다(여기서 리브레는 논외로 한다). 비트코인 코어는 그 초기 버전을 사토시 나카모토가 만들었다. 노츠는 멤풀 정책이나 릴레이 정책을 사용자가 좀 더 자유롭게 설정할 수 있다. 다양한 설정을 제공하는 만큼 좀 더 CPU와 램을 많이 차지한다. 일각에서는 이러한 릴레이 정책이나 멤풀 정책이 소용이 없다고 비판한다. 채굴자가 아닌 이상 멤풀, 릴레이 정책만으로는 최종 블록 반영에 영향력이 크지 않아 기기 자원만 낭비된다는 것이 주요 주장이다. 노츠의 사용자 선택권은 다템 DATUM과 결합할 때 강력해지는데, 자신이 원하는 블록 템플릿대로 채굴할 수 있게 되기 때문이다. 예를 들어 오디널스 거래들을 스팸으로 인식해 블록 템플릿에 포함시키지 않고 채굴하는 것 등이 가능하다. 노츠는 개발자 한 명에 대한 의존도가 크다는 점에서 장기 안정성이 불안하다고 보는 시각도 있다.

코어는 노츠만큼의 선택권을 보장하지 않는 대신 노츠보다 가볍다. 비트코인 풀 노드 중 가장 많이 쓰이고 있으며, 호환성과 안정성이 가장 검증되어 있다. 가장 많은 개발자들이 코드 리뷰에 참여하므로 오류 발견이나 보완 속도가 빠르다. 거꾸로 실험적 기능이나 새로운 정책 채택에 보수적이다. 또한, 사용자가 멤풀, 릴레이 정책을 세부적으로 제어하기가 어렵다.

만약 이후에 다템으로 채굴기까지 연결할 계획이 있다면, 노츠로만 연결이 되니 참고하여 진행하면 된다. 어느 것이 좋다기보다는 장단점이 분명하니 사용자가 선택하면 된다. 필자는 둘 다 운영한다. 무엇보다 비트코인 풀 노드 클라이언트가 다양화되는 것은 비트코인 네트워크에 좋은 일이다.

이제 비트코인 코어 또는 비트코인 노츠를 설치하는 방법을 알아보자. 빠른 실행에서 앱스토어를 누른다.

비트코인 코어를 설치할 경우, '비트코인 노드(Bitcoin Node)'를 찾아 [설치] → [열기]를 누른다.

비트코인 노츠를 설치할 경우, '비트코인 노츠(Bitcoin Knots)'를 찾아 [설치] → [열기]를 누른다.

설치가 완료되면 자동으로 동기화를 시작한다. 이는 IBD (초기 블록 다운로드) 과정인데, 다른 노드에게서 1번 블록부터 현재 블록까지 다운로드하는 일이다. 참고로 0번 블록인 제네시스 블록은 다른 노드에게서 받아오는 데이터가 아니라 앱을 설치할 때 기본적으로 있는 블록이다.

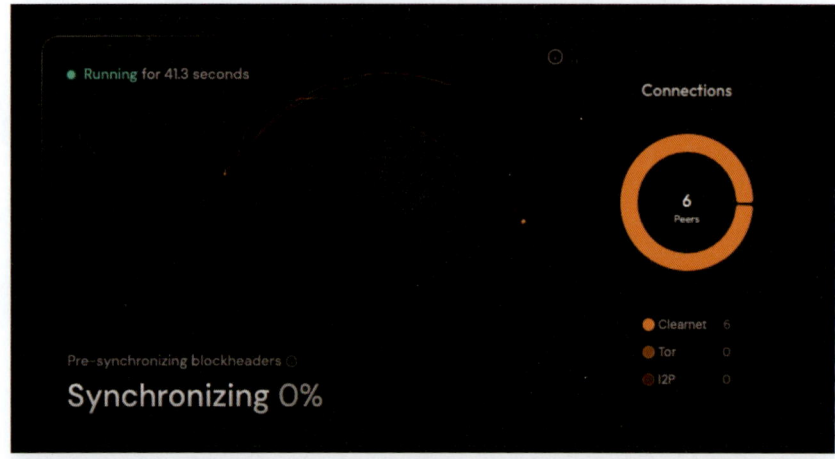

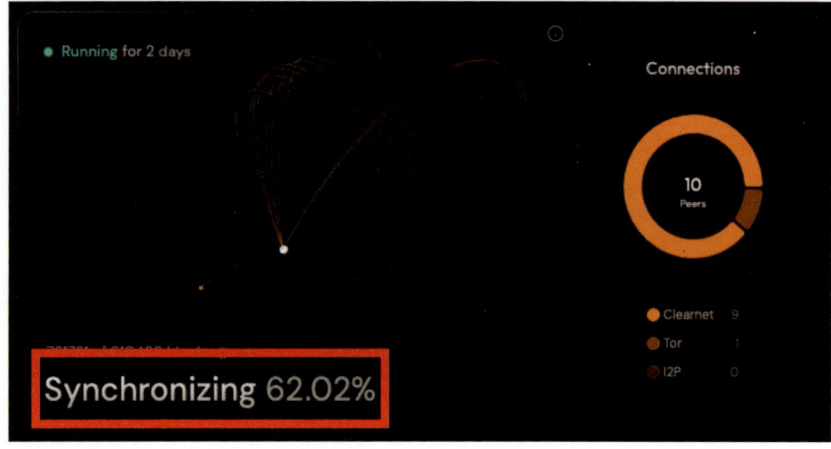

블록 데이터가 크기 때문에 100% 동기화가 될 때까지 인터넷 환경에 따라 하루-일주일 정도 걸릴 수 있다.

## 가지치기(프루닝) 설정

저장 공간이 2TB가 넘는다면 블록 데이터를 여유롭게 모두 보관할 수 있다. 그러나 노트북에 엄브렐OS를 설치한 앞의 사례처럼 블록 데이터를 모두 보관할 공간이 없을 수도 있다. 이때는 프루닝 설정을 통해 오래된 블록 데이터를 삭제할 수 있다. 이렇게 해도 검증 과정은 모두 거치기 때문에 동기화 시간은 똑같이 걸린다. UTXO 세트도 모두 보관하므로 프루닝 노드는 거래나 블록 검증 과정을 일반 풀 노드와 똑같이 수행한다. 단지 비트코인의 모든 거래 역사를 보관하지 않을 뿐이다. 또한, 프루닝 노드의 경우 이후에 진행할 일렉터스 연동 과정 등에서 문제가 발생할 수 있다.

프루닝은 하단에서 [Settings] → [Optimization] → 'Prune Old Blocks'에서 원하는 블록 데이터 용량을 입력하면 된다. 1GB를 입력하면 최신 블록 1GB만 제외하고 나머지 블록 데이터는 삭제한다. 원하는 블록 데이터 용량을 입력했으면 아래 [Save changes]를 누른다.

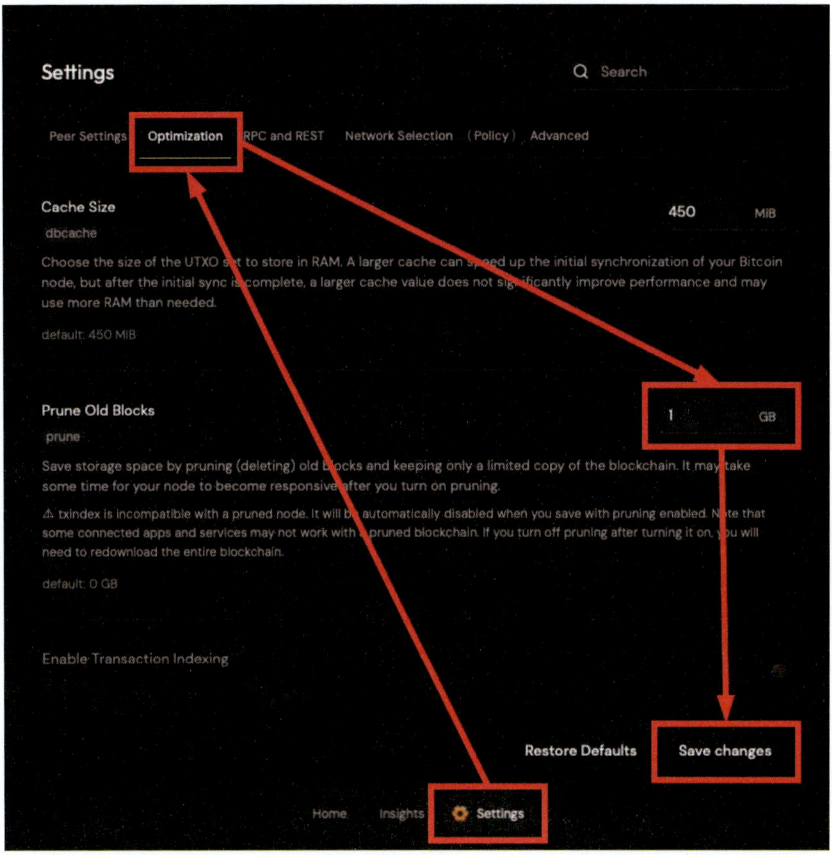

[스크린샷: Settings > Optimization 탭에서 Prune Old Blocks를 1 GB로 설정하고 Save changes를 누른 후 Settings를 선택하는 과정]

잠시 기다리면 노드가 재시작되고 왼쪽 상단에 바뀐 설정이 적용되었다는 알림창이 나온다.

3부 • 풀 노드 운영 가이드   695

하단 [Insights]를 누르면 저장된 블록 데이터의 크기를 볼 수 있는데, 프루닝을 설정한 경우 설정한 용량을 넘지 않는 것을 알 수 있다.

### 노츠의 사용자 정책 설정

하단 [Settings]에 들어가 보면 노츠에는 코어에 없는 [Policy]라는 설정 창이 하나 더 있다. 이 설정이 무엇인지 보면 코어와 노츠의 정확한 차이를 이해할 수 있을 것이다.

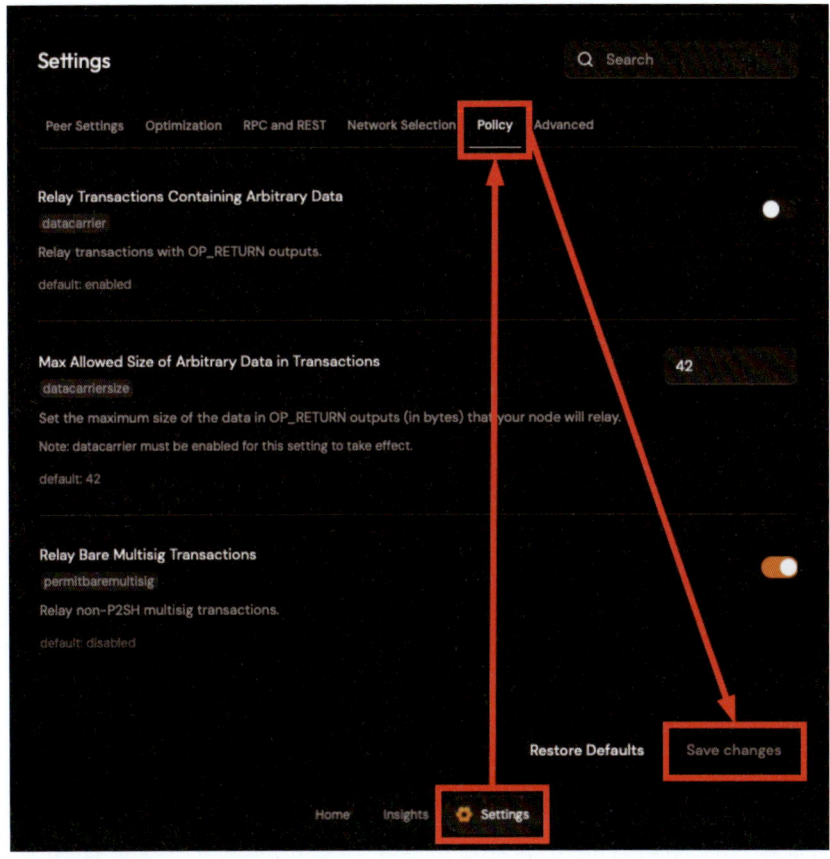

풀 노드는 일정한 규칙에 따라 거래나 블록을 검증한다. 그런데 여기에는 두 가지 종류의 검증 규칙이 있다. 하나는 합의 규칙consensus rules이라고 하는 것들이다. 이는 모든 네트워크의 참여자들이 동일하게 적용하는 것으로, 이를 지키지 않는 노드가 생성한 블록이나 거래는 비트코인 네트워크 전체가 거부한다. 이러한 합의 규칙에는 이중지불 불가, 블록 크기 4 Mwu 제한 등이 있다. 즉, 합의 규칙은 정직하게 행동하는 네트워크 노드 전체가 동일하게 적용한다. 그래서 모든 풀 노드가 보관하는 블록 데이터는 동일하다. 일시적으로 분기가 발생할 수 있지만 결국 리오그re-org되어 동일해진다.

블록 데이터와 달리 풀 노드들의 멤풀 공간은 제각각이다. 풀 노드에는 검증에 통과했지만 아직 블록에 실리지 않은 거래들을 모아놓는 공간이 있는데, 이를 멤풀이라고 한다고 했다. 멤풀을 기반으로 만들어진 다음 블록 후보를 블록 템플릿이라 하는데, 채굴기는 이러한 블록 템플릿을 가져와서 채굴을 한다. 멤풀은 풀 노드마다 모두 달라도 되기 때문에 풀 노드는 어떤 거래를 멤풀에 넣을지, 안 넣을지 정할 수 있다. 이렇게 풀 노드가 개별적으로 어떤 거래를 멤풀에 넣을지 말지, 그래서 어떤 거래를 주변에 전파할지 말지 선택하는 규칙을 정책policy이라 한다. 주로 멤풀 정책, 릴레이 정책이라고 이야기한다. 다음 후보 블록을 만드는 것도 정책이다.

정책은 합의 규칙을 준수하는 선에서만 설정할 수 있다. 즉, 합의 규칙보다 더 엄격한 규칙만 적용할 수 있고, 더 느슨한 규칙은 적용할 수 없다. 더 느슨한 규칙은 합의 규칙을 위반할 수 있기 때문이다. 예를 들어보자. 비트코인의 합의 규칙에 의하면 블록의 용량 크기가 4 Mwu 이하여야 한다. 그러면 블록 템플릿을 만드는 정책에서는 블록의 용량 크기가 2 Mwu 이하가 되도록 설정할 수 있다. 2 Mwu 이하(정책)여도 4 Mwu 이하(합의 규칙)이기 때문이다. 그러나 정책이 2 Mwu이어도 채굴된 블록이 3 Mwu이었다면 이는 받아들여야 한다. 합의 규칙은 준수해야 하기 때문이다. 즉, 정책은 멤풀에 담을지 말지, 주변에 전파할지 말지에만 적용되고 이미 다른 누군가가 채굴한 블록에는 적용되지 않는다. 반대로 정책을 6 Mwu 이하로 해서 합의 규칙보다 느슨하게 하는 것은 의미가 없다. 왜냐하면 반드시 준수되어야 하는 합의 규칙이 4 MWu 이하이기 때문이다.

이제 노츠에서 어떤 사용자 정책들을 설정할 수 있는지 알아보자.

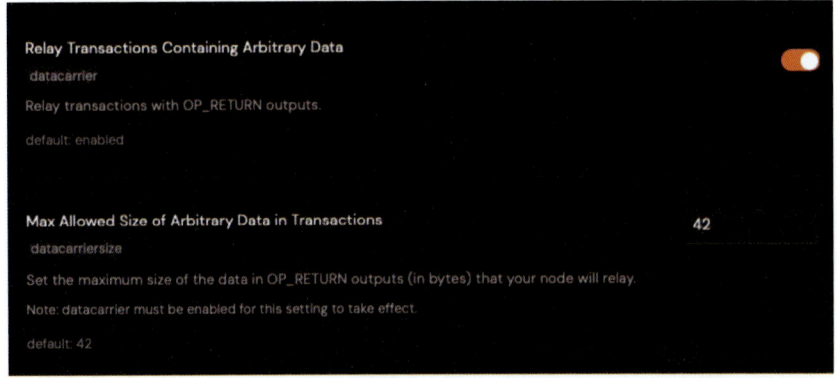

'Relay Transactions Containing Arbitrary Data (datacarrier)' 는 OP_RETURN 출력이 포함된 거래를 멤풀에서 허용할지 말지, 주변에 전파할지 말지 설정하는 것이다. 합의 규칙에서는 OP_RETURN 출력은 블록 데이터에는 실리지만 UTXO 세트에는 실리지 않는다. 즉, OP_RETURN은 합의상 허용된다. 이 토글 스위치를 켜면 OP_RETURN 출력이 포함된 거래를 멤풀에 넣고, 주변에 전파한다.

'Max Allowed Size of Arbitrary Data in Transactions (datacarriersize)'는 OP_RETURN 뒤에 오는 데이터 크기의 상한을 설정할 수 있는 멤풀, 릴레이 정책이다. 합의 규칙 차원에서는 OP_RETURN 뒤에 오는 데이터 크기에 대한 상한이 없지만 스크립트의 크기가 1만 바이트 이하여야 하고, 거래 크기가 블록 크기 제한을 초과할 수 없다는 합의 규칙이 있어서 이 데이터가 1만 바이트를 넘을 수는 없다. 코어에서는 이 데이터 상한 정책이 83바이트였는데 이 정책 때문에 OP_RETURN을 통해 데이터를 쓰지 않고 스팸이 자꾸 UTXO

세트로 가서 지저분해지고, 일관된 멤풀 상태(수수료 예측) 등이 불가능해진다는 등 여러 가지 이유로 이 정책을 없앤다고 공지해서 논란이 일어난 적이 있다. 노츠에서는 이 크기 제한 정책이 기본적으로 42바이트다.

'Relay Bare Multisig Transactions (permitbaremultisig)'는 P2SH로 감싸지 않은 P2MS 출력을 멤풀에서 허용할지 말지 설정하는 옵션이다. 멀티시그는 여러 개의 키를 이용해 출력을 잠그는 것을 말한다. 여러 개의 공개키가 들어가니 출력도 길다. 그래서 이 긴 출력을 해시로 한 번 돌려 짧게 만드는데, 이것이 P2SH이다. 합의 규칙은 P2SH로 감싸지 않은 P2MS도 허용한다. 이것을 끄면 P2SH로 감싸지 않은 P2MS 출력은 멤풀에 넣지 않고, 전파하지도 않는다.

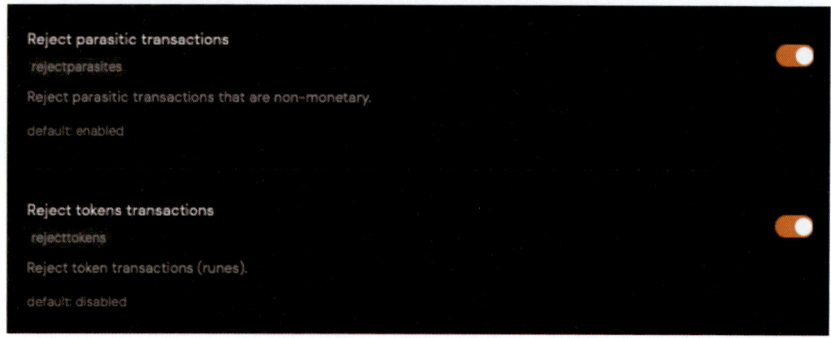

'Reject parasitic transactions (rejectparasites)'는 금전적 이동이 없는 기생적 거래를 거부하는 정책이다. 합의 규칙에서는 허용한다. 예를 들어 오디널스-인스크립션 거래 대부분은 트랜잭션을 아주 적은 양의 비트코인과 함께 전송한다. 그중에서 비트코인 전송은 아예 없고, 데이터만 실려있는 거래들도 있는데 이러한 거래를 거부하는 것이다. 노츠에서는 기본적으로 이 옵션이 켜져 있어서 기생적 거래를 멤풀에서 거부한다.

'Reject tokens transactions (rejecttokens)'는 룬과 같은 토큰 프로토콜 관련 거래를 거부하는 정책이다. 합의 규칙에서는 허용한다. 노츠에서는 기본적으로 이 옵션이 꺼져 있는데, 이 옵션을 켜면 토큰 프로토콜 관련 거래를 멤풀에서 거부한다.

'Permit Bare Pubkey (permitbarepubkey)'는 공개키 출력을 허용하는 정책이다. 합의 규칙에서도 허용한다. 지금은 거의 공개키 출력을 쓰지 않고 주소 출력을 쓴다. 'bc1q', 'bc1p' 등으로 시작하는 것이 주소인데, 주소가 제안되기 전에는 공개키를 바로 사용했었다. 노츠에서는 기본적으로 허용하지 않는다.

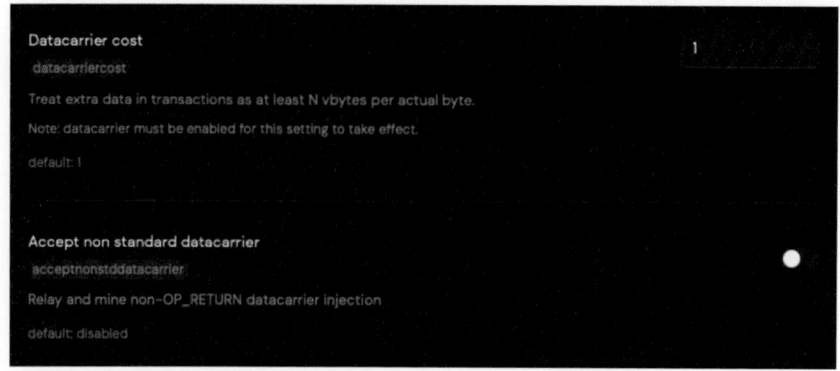

'Datacarrier cost (datacarriercost)'는 OP_RETURN 뒤에 오는 데이터 크기의 가중치를 몇으로 할지 설정할 수 있는 옵션이다. 1은 실제 바이트와 동일하게 간주하는 것이다. 만약 2로 설정하면 OP_RETURN 뒤에 오는 데이터를 일반 데이터보다 2배 더 큰 것으로 간주한다. 예를 들어 이 값이 2일 때 OP_RETURN 뒤에 80바이트의 데이터가 오면, 이 데이터를 160 vB (가상 바이트)로 간주한다. 노츠에서 기본값은 1이다.

'Accept non standard datacarrier (acceptnonstddatacarrier)'는 OP_RETURN 이외의 방식으로 임의의 데이터를 삽입하는 거래를 전파할지 여부이다. 노츠에서 기본값은 꺼져 있다.

'Max block size in bytes (blockmaxsize)'는 블록 템플릿의 최대 블록 크기를 설정하는 것이다. 블록 템플릿 관련 정책이므로 채굴기를 연결하지 않을 경우 아무 영향이 없는 정책이다. 합의 규칙에 의하면 블록 크기는 4Mw 이하여야 한다. 모든 데이터가 증인witness 칸에 들어갈 경우 블록 데이터가 4MB까지 될 수 있지만, 이는 불가능한데 정말로 모든 데이터가 증인 칸에 들어갈 수는 없기 때문이다. 노츠에서 기본값은 3.985 MB인데 더 낮은 값으로 설정할 수도 있다.

'Max block size in weight (blockmaxweight)'는 블록 템플릿의 최대 블록 무게를 설정하는 것이다. 합의 규칙에서는 4 Mwu 이하여야 한다. 노츠에서 기본값은 3.985 MWu인데 이것보다 작은 값을 설정할 수 있다. 이 설정도 블록 템플릿 정책이므로 채굴기를 연결하지 않을 경우 아무 영향이 없다.

이렇듯 노츠에서는 사용자가 다양한 정책을 설정할 수 있다. 대신 코어보다 더 무겁다.

# | 외부에서 엄브렐 접속하기

### 테일스케일 설치 및 연결

이제 외부에서 엄브렐에 접속하는 방법을 알아보자. 엄브렐은 기본적으로 로컬 네트워크를 통해 접속할 수 있다. 무슨 뜻이냐면 같은 공유기를 쓰고 있을 때만 다른 기기에서 엄브렐에 접속할 수 있다는 뜻이다.

그러면 외부에 있을 때 스마트폰으로 엄브렐 기기에 접속하려면 어떻게 해야 할까? 스마트폰과 엄브렐 기기가 마치 로컬 네트워크에 묶여있는 것처럼 해주는 가상의 네트워크가 필요하다. 이를 가상의 사설 네트워크라고 해서 VPNvirtual private network이라 한다.

테일스케일은 P2P VPN으로, 엄브렐 기기와 스마트폰을 연결하기에 아주 좋은 VPN이다. 지금부터 테일스케일을 설치하고, 외부에서 엄브렐에 접속해 보도록 하자.

먼저 엄브렐에 테일스케일을 설치한다.

테일스케일을 열면 로그인하라는 창이 나온다. 로그인 버튼을 누른다.

이메일 주소를 입력해 가입해도 되고, 구글이나 애플 계정 등을 이용해 가입해도 된다.

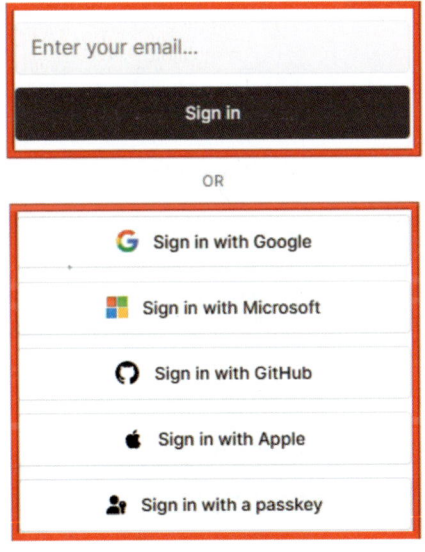

가입이 되면 Connect device 창이 나온다. [Connect]를 누른다.

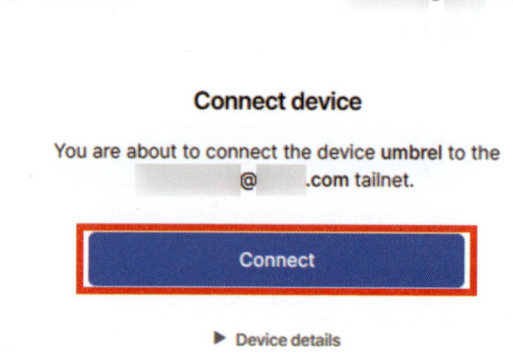

그러면 로그인이 잘 되었다는 알림창이 뜬다. 이제 테일스케일에 엄브렐 기기 연결은 끝났다.

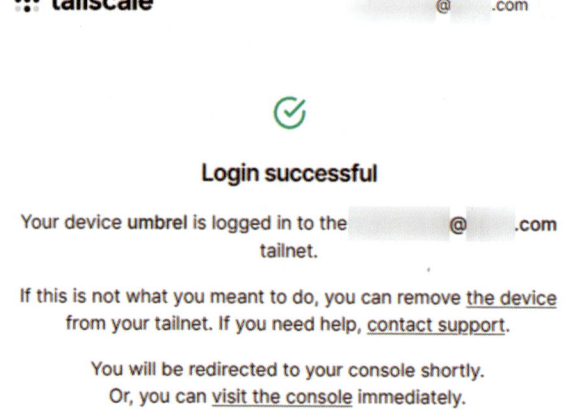

이제 스마트폰도 테일스케일에 연결해야 한다. 먼저 앱스토어 혹은 구글 플레이스토어에서 'Tailscale'을 검색하고 앱을 다운로드한다. 앱을 실행한 후 [Get Started] → [I understand]를 누른다.

알림을 받을지 말지를 선택하고 [Install]을 누른다. 그러면 테일스케일 앱이 VPN 구성을 추가한다는 알림창이 뜨면 [허용]을 누른다.

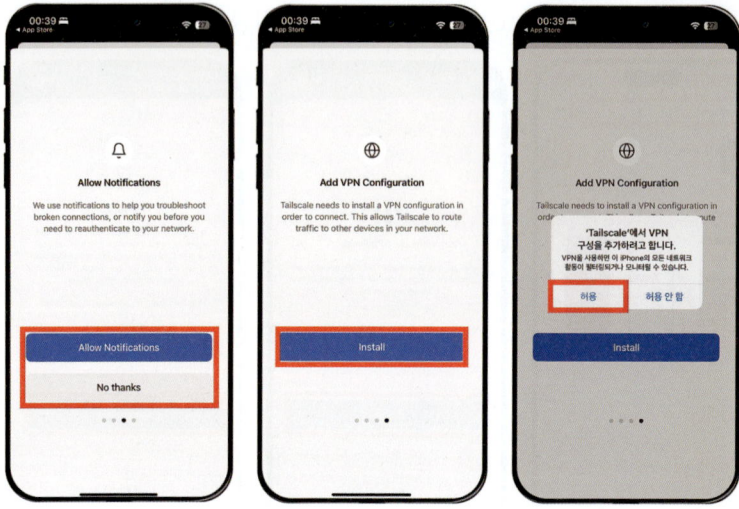

그리고 나서 [Connect]를 누른다. 엄브렐 기기에서 로그인했던 똑같은 계정으로 로그인한다.

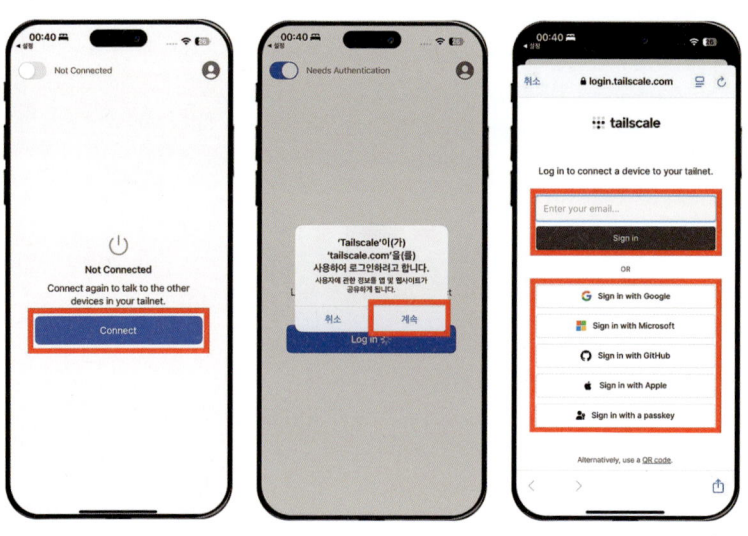

잘 연결되었다면 로그인했을 때 왼쪽 위에 토글 스위치가 파란색으로 되어있을 것이다. 스마트폰과 엄브렐 기기 왼쪽에 초록색 점이 있는지 확인하자.

이제 테일스케일을 통해 원격으로도 엄브렐에 접속할 수 있게 되었다. 엄브렐 밑에 있는 100.???.???.???의 주소를 웹 브라우저 창에 입력해 보자. 나의 엄브렐에 접속할 수 있게 되는 것을 알 수 있다.

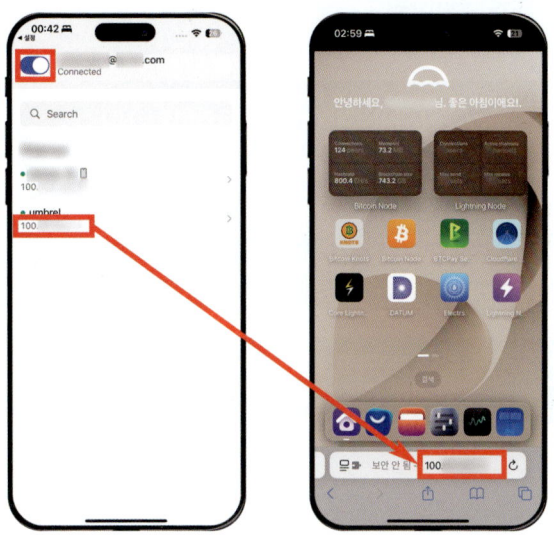

## | 워치-온리 지갑과 자신의 풀 노드 연동하기

### 일렉터스(Electrs) 설치

풀 노드 동기화가 완료되었다면 이제 자신의 풀 노드와 워치-온리 지갑을 연결해 보자. 먼저 일렉트럼 서버인 일렉터스를 설치할 것이다.

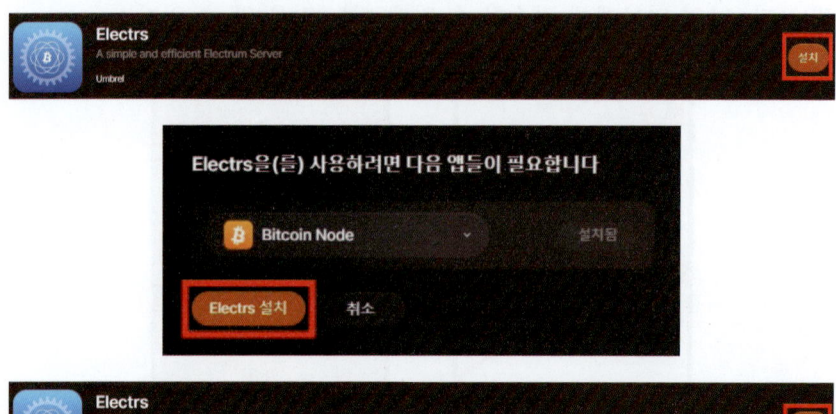

일렉터스를 깔고 나면 비트코인 코어와 동기화를 시작한다. 이 동기화가 100%가 될 때까지 기다린다. 하루–이틀 정도 걸릴 수 있다.

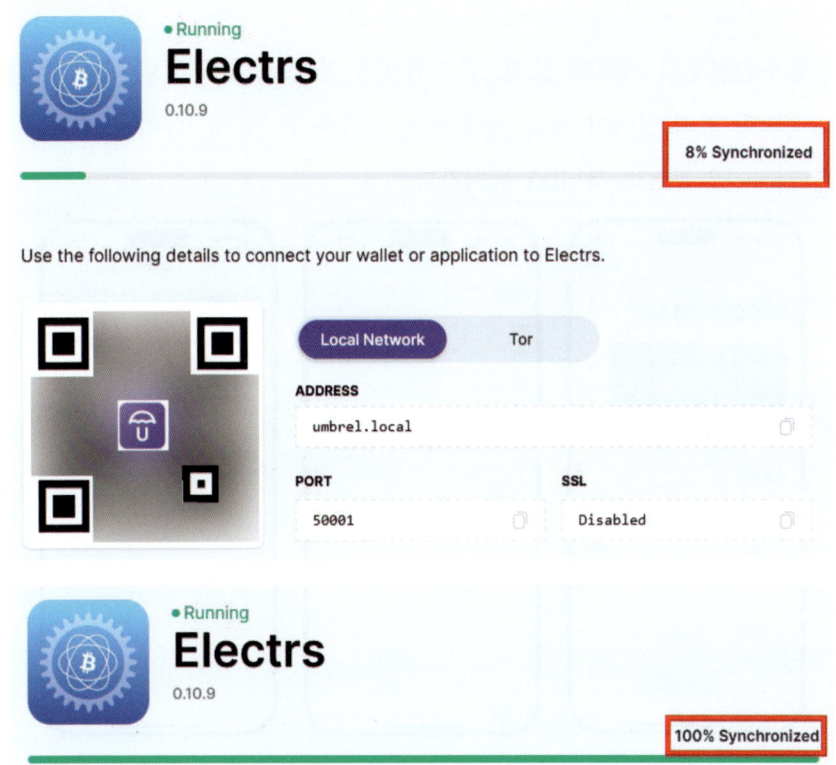

## 블루월렛과 자신의 풀 노드 연결하기

이제 테일스케일도 준비되었고, 일렉트럼 서버 동기화도 끝났으니 워치-온리 지갑과 나의 풀 노드를 연결할 수 있다.

블루월렛부터 시작해 보자. 블루월렛과 풀 노드를 연결할 때는 테일스케일이 켜져 있어야 한다. 블루월렛 오른쪽 위 점 세 개 버튼 → [네트워크] → [일렉트럼 서버]로 들어간다.

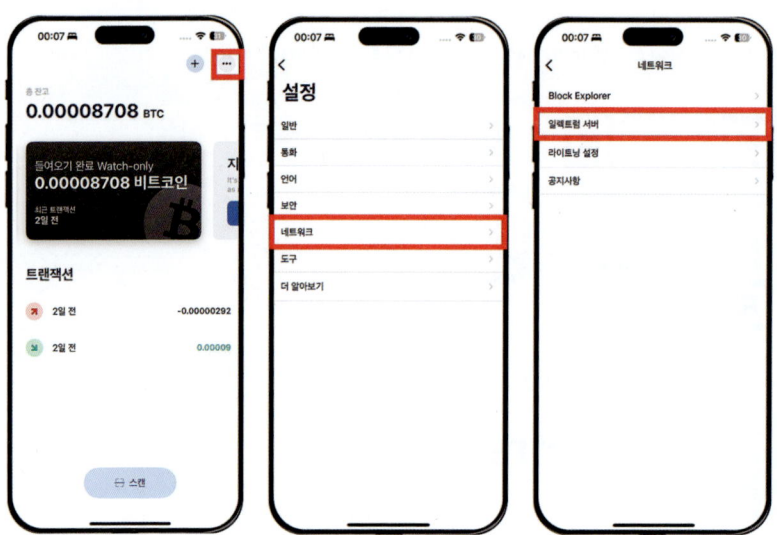

아래에 테일스케일에서 봤던 엄브렐 풀 노드의 주소를 입력하면 된다. 포트 번호는 '50001'을 입력한다. 저장을 누르고 앱을 아예 껐다가 켠다. 백그라운드에서도 돌아가지 않도록 완전히 종료했다가 다시 실행해야 한다.

앱을 재시작한 뒤 다시 설정 → [네트워크] → [일렉트럼 서버]에 들어가 보면 테일스케일에서 제공하는 내 풀 노드 IP 주소와 잘 연결된 것을 알 수 있다.

## 넌척과 자신의 풀 노드 연결하기

이번에는 넌척과 나의 풀 노드를 연결해 보자. 넌척과 풀 노드를 연결할 때도 테일스케일 연결이 켜져 있어야 한다. 아래 탭에서 [Profile] 탭을 선택한다.

[Network settings]를 누르고, 메인넷 서버 옆에 있는 화살표를 누른다. [Add server]를 누른다.

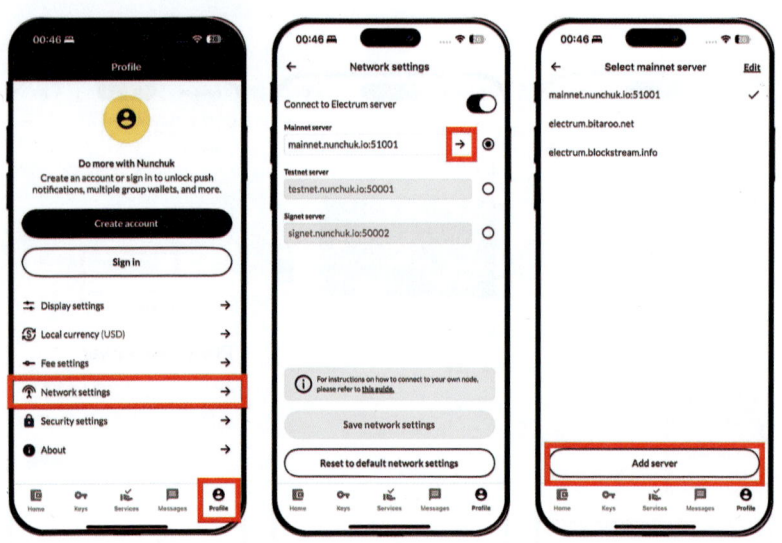

입력창이 나타나면 테일스케일에서 보여줬던 엄브렐 기기의 IP 주소를 적고, 그 뒤에 ':50001'을 붙인다. 그러면 100.???.???.???:50001 이런 형태가 될 것이다. 그다음 [Save]를 누른다.

앱을 재시작해야 한다는 알림이 뜨면 [Yes]를 누른다. 앱이 재시작되면 다시 [Continue as guest]를 누른다.

 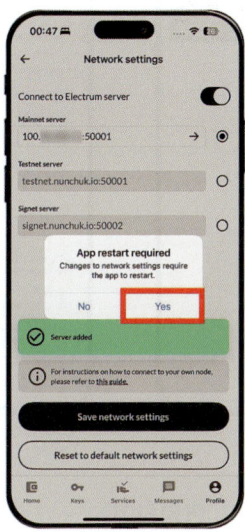 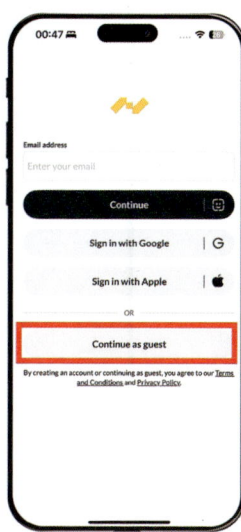

지갑 옆에 초록색 점과 함께 'Online' 표시가 뜨는 것을 알 수 있다. 다시 네트워크 설정에 들어가 보면 우리가 설정했던 엄브렐 기기의 IP 주소로 잘 연결되어 있는 것을 확인할 수 있다.

 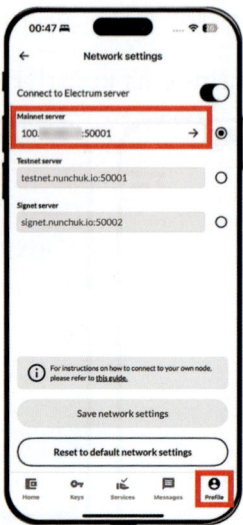

### 코코넛 월렛과 자신의 풀 노드 연결하기

이번에는 코코넛 월렛과 나의 풀 노드를 연결해 보자. 코코넛 월렛과 풀 노드를 연결할 때도 테일스케일 연결이 켜져 있어야 한다. 우측 상단 점 세 개 → [설정]을 누르고, 스크롤을 내려 [일렉트럼 서버]를 누른다.

 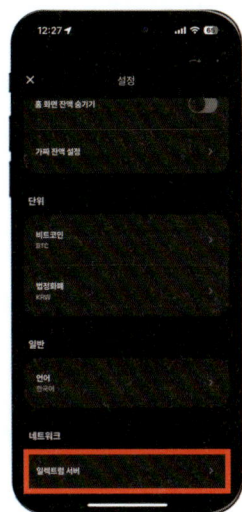

테일스케일에서 봤던 엄브렐의 IP 주소를 입력한다. 포트 번호는 '50001' 그대로 둔다. 'SSL 사용'도 그냥 둔다. 테일스케일 VPN은 와이어가드로 종단간 암호화되므로 SSL을 켜든 끄든 크게 상관없다. 그다음 [저장]을 누른다. 잘 연결되면 '연결되었습니다'라는 알림이 나온다.

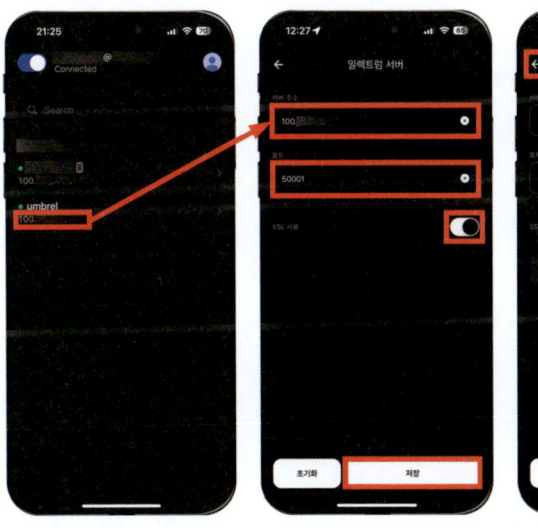 

3부 • 풀 노드 운영 가이드    717

**스패로우와 자신의 풀 노드 연결하기**

데스크톱에서 사용하는 워치-온리 지갑인 스패로우도 로컬 네트워크에서 자신의 일렉트럼 서버와 연결할 수 있다. PC가 엄브렐 기기와 같은 공유기에 연결되어 있어야 한다.

스패로우 좌측 상단에서 [File] → [Settings]에 들어간다. 맥에서는 [Sparrow] → [Settings]로 들어가면 된다.

[Server]를 선택하고, [Edit Existing Connection]을 누른다.

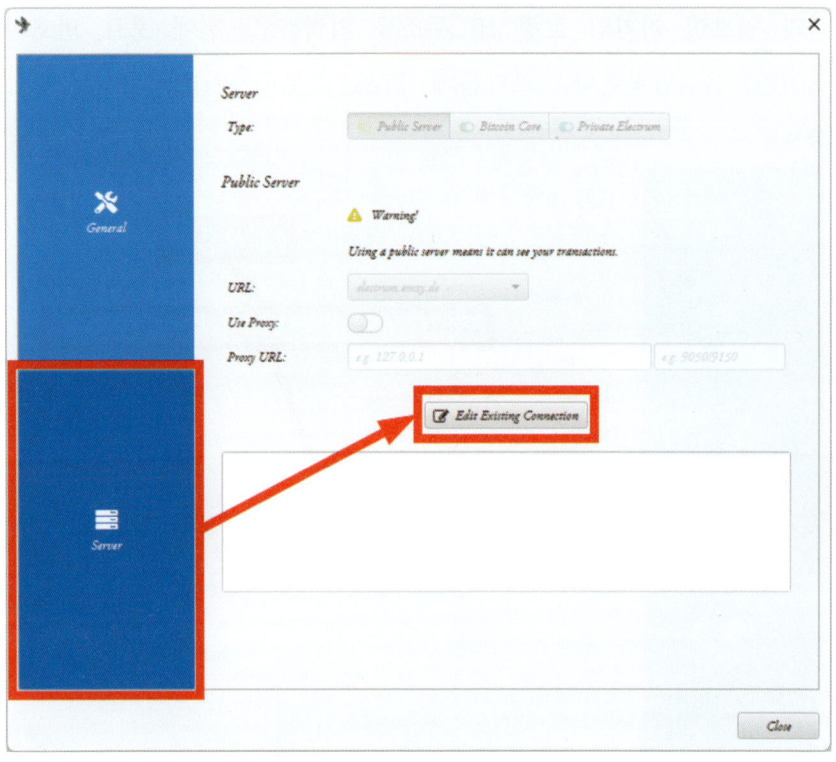

상단에서 [Private Electrum]을 선택한다. 아래 'URL' 입력창에 자신의 엄브렐 기기의 로컬 IP 주소를 입력하고, 뒤에 포트 번호는 '50001'을 입력한다. 그다음 [Test Connection]을 누른다.

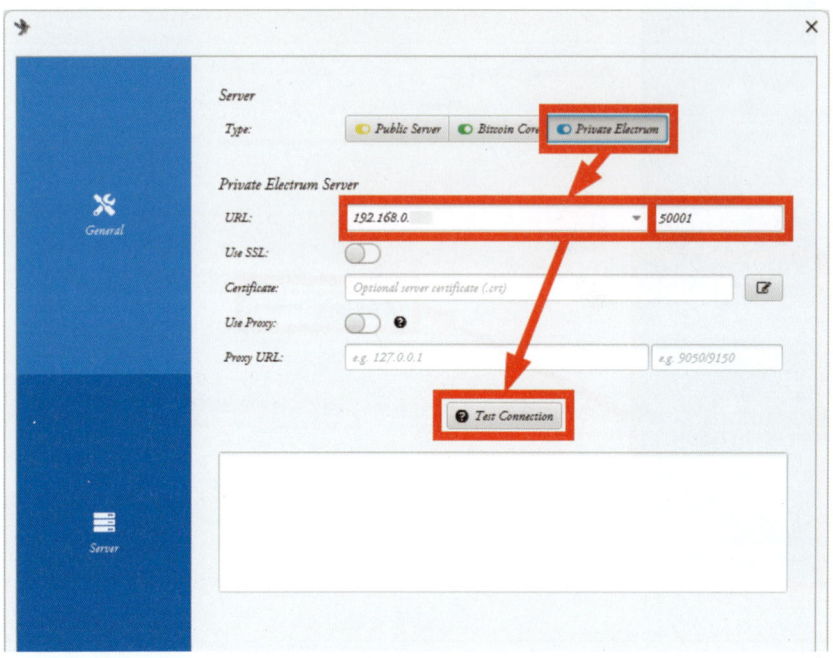

맥의 경우 다음과 같이 로컬 네트워크에 있는 기기를 찾도록 허용할지 묻는 창이 나올 수도 있는데 그러면 [허용]을 누른다.

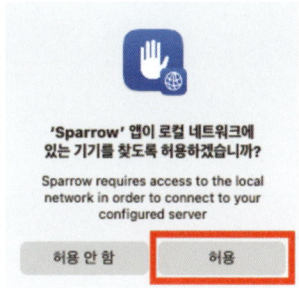

잘 연결되면 'Test Connection' 버튼 왼쪽에 초록색 체크 표시가 나오고 아래 연결 상태가 나온다. 연결되었으면 [Close]를 누른다. 그러면 앞으로 자신의 풀 노드(일렉트럼 서버)를 통해 잔액을 조회하고 새 거래를 전파할 것이다.

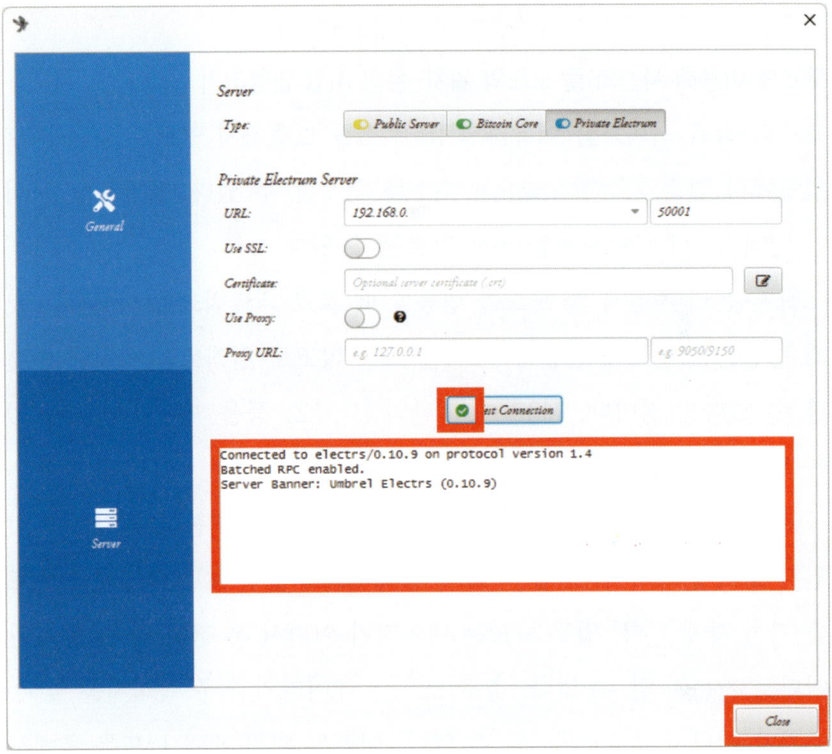

연결이 잘 되면 스패로우 하단에 파란색 토글 스위치가 켜져 있는 것을 볼 수 있다.

이로써 테일스케일을 이용해 워치-온리 지갑들과 내 풀 노드를 연결하는 과정을 살펴보았다. 앱의 문제로 인해 종종 연결이 안 되기도 하므로 여러 워치-온리 지갑 앱을 교차로 사용하는 것을 권장한다. 이제 토르를 통해 내 풀 노드와 워치-온리 지갑을 연결해 보도록 하겠다.

## 토르를 이용해 자신의 풀 노드와 워치-온리 지갑 연결하기

토르의 숨김 서비스를 이용하면 IP 주소를 노출하지 않고도 토르 네트워크에서 접속 가능한 .onion 주소를 생성할 수 있다. 일렉트럼 서버인 일렉터스에서도 토르를 통해 연결할 수 있다.

워치-온리 지갑과 풀 노드를 연동할 때 토르 네트워크를 사용하는 것의 장점은 테일스케일 같은 VPN을 쓰지 않고도 일렉트럼 서버에 연결할 수 있다는 점이다. 제3자에게 나의 IP 주소 등을 제공할 필요가 없게 된다.

단점도 명확하다. 토르는 데이터를 주고받을 때 최종 목적지가 어디인지 모르게 하기 위해 입구 노드, 중계 노드, 출구 노드 총 3개의 노드를 거쳐 가게 된다. 입구 노드는 데이터가 어디서 온 건지 알 수 있지만 어디로 가는지 알 수 없다. 출구 노드는 데이터의 최종 목적지를 알 수 있지만 어디서 온 건지는 알 수 없다. 어쨌든 여러 개의 노드를 통해서 가다 보니 토르는 느리다.

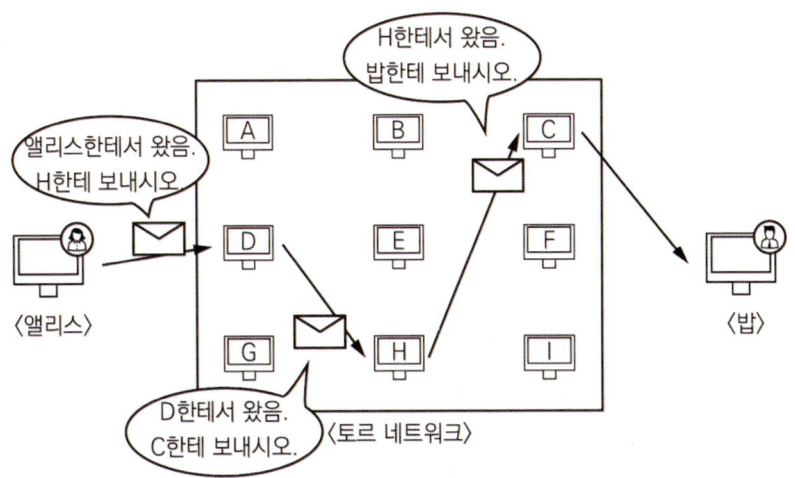

이제 토르 네트워크를 통해 워치-온리 지갑과 일렉트럼 서버를 연결하는 방법을 알아보자. 스마트폰에서 엄브렐에 접속한 뒤 일렉터스 앱을 누른다. 네트워크를 토르로 선택하면 아래에 숨김 서비스 주소가 나온다. 이 주소를 복사한다.

이제 앱스토어나 구글 플레이스토어에 가서 'Orbot' 앱을 다운로드한다. Orbot은 스마트폰에서 토르 네트워크를 사용할 수 있게 해주는 앱이다. 먼저 아이폰에서 Orbot을 설정하는 방법을 알아보자. Orbot 앱이 켜지면 [Install]을 누르고 VPN 구성을 [허용]한다.

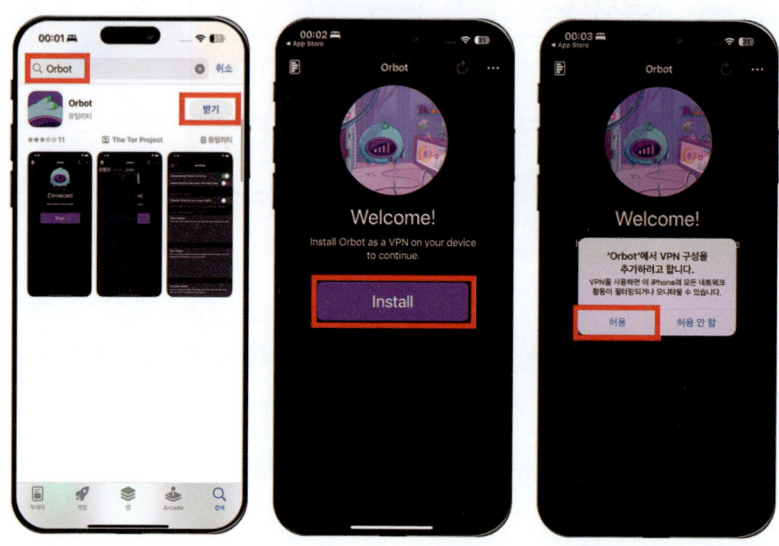

다 되면 [Start]를 누른다. 잠시 기다리면 'Connected'가 보이게 된다. 이제 토르 네트워크에 연결 가능한 상태가 되었다. 워치-온리 지갑을 다 사용하고 Orbot을 끌 때는 밑에 있는 [Stop] 버튼을 누르면 된다.

안드로이드에서는 다음과 같이 하면 된다. 구글 플레이스토어에서 'Orbot'을 검색하고 앱을 다운로드한다. Orbot 앱이 켜지면 [START VPN]을 누르고 VPN 연결 요청에 [확인]을 누른다.

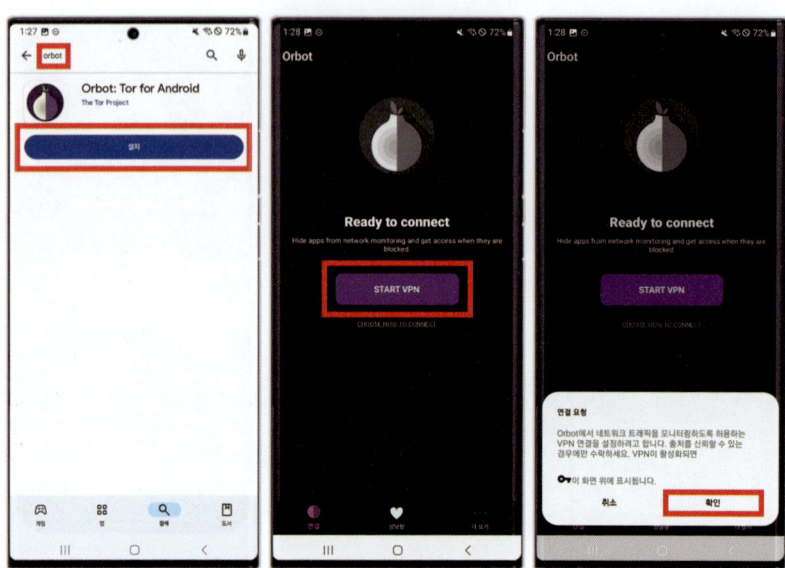

'접속 중'이라는 문구와 함께 뜨는 로딩 창이 지나가면, '연결됨'이라는 문구가 보인다. [Choose apps]를 누르고 블루월렛과 넌척을 찾아 선택한 후 오른쪽 위 [저장]을 누른다. 이제 블루월렛과 넌척 앱은 토르 네트워크로 연결하는 상태가 되었다. 워치-온리 지갑을 다 사용하고 Orbot을 끌 때는 밑에 있는 [Turn Tor off] 버튼을 누르면 된다.

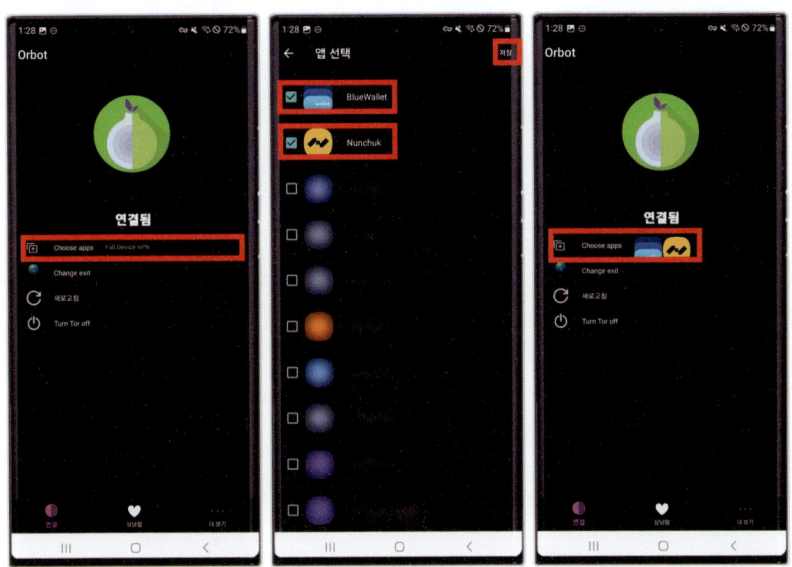

## 블루월렛에서 토르를 이용해 워치-온리 지갑 연결하기

이제 블루월렛에서 토르를 이용해 자신이 운영하는 일렉트럼 서버와 연결해 보자. 연결할 때마다 Orbot이 켜져 있어야 한다.

블루월렛에 들어가 오른쪽 위 점 세 개 → [네트워크] → [일렉트럼 서버]를 누른다.

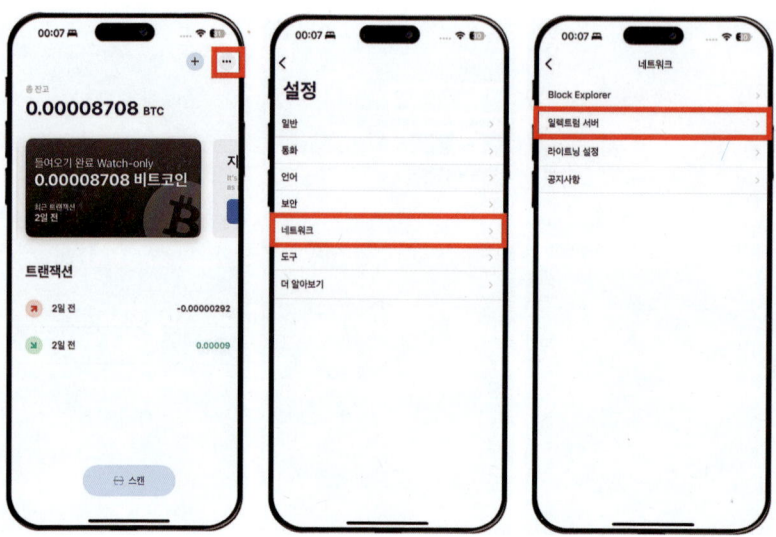

아래에 엄브렐 일렉터스에서 복사했던 토르 숨김 주소를 붙여넣기 한다. 포트 번호는 50001을 입력한다. 그다음 [저장]을 누른다.

이제 블루월렛을 완전히 재시작해야 한다. 백그라운드에서도 돌아가지 않도록 완전히 종료했다가 블루월렛을 다시 켜보자. 다시 네트워크로 들어가면 토르 네트워크를 통해 내 풀 노드의 일렉트럼 서버와 연결된 것을 알 수 있다.

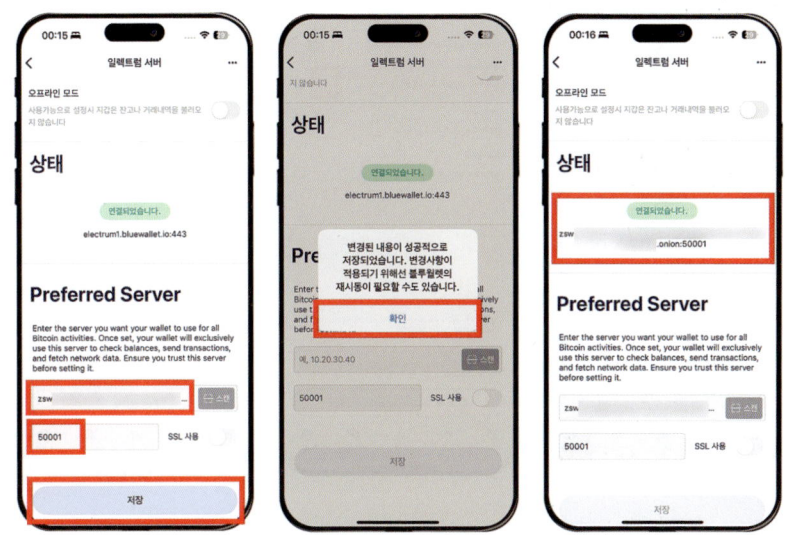

토르 네트워크는 느리므로 워치-온리 앱을 다 사용했으면 Orbot을 끄는 것이 좋다. 그리고 사용할 때 다시 Orbot을 켜면 된다.

## 넌척에서 토르를 이용해 워치-온리 지갑 연결하기

이번에는 넌척에서 토르를 이용해 자신이 운영하는 일렉트럼 서버와 연결해 보자. 마찬가지로 연결할 때마다 Orbot이 켜져 있어야 한다.

하단 탭에서 [Profile] → [Network settings] → 'Mainnet server'에 있는 화살표 → [Add server]를 누른다.

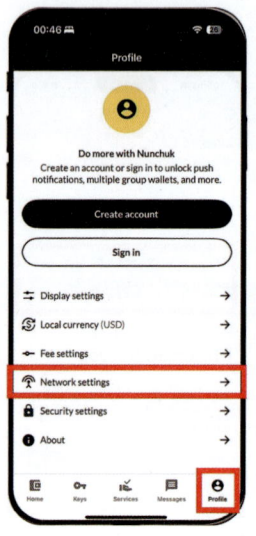  

여기에 엄브렐의 일렉터스에서 복사했던 토르 주소를 붙여넣기 하고 그 뒤에 ':50001'을 붙여준다. 반드시 포트 번호인 :50001까지 붙여줘야 한다. 이후 [Save] → [Save network settings] → [Yes]를 눌러 넌척 앱을 완전히 재시작한다.

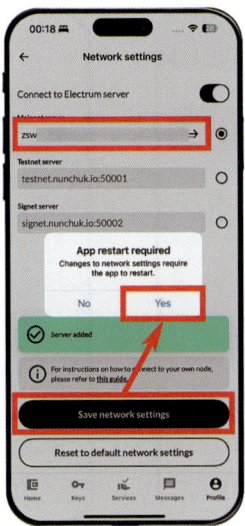
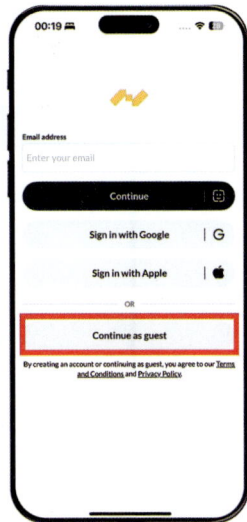

넌척 앱을 재시작하고 잠시 기다리면 왼쪽 위에 초록색 점과 함께 'Online'이라는 표시가 뜰 것이다. 그러면 내 일렉트럼 서버와 잘 연결 되었다는 뜻이다. 다시 네트워크 설정에 들어가 내 일렉터스의 토르 숨김 주소로 잘 설정되어 있는지 확인해 보자.

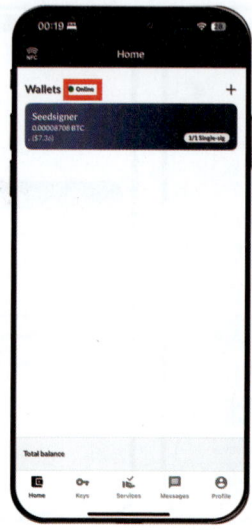 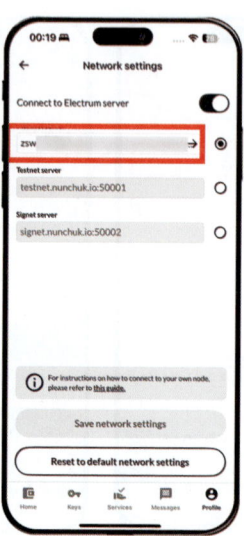

이로써 토르 네트워크를 이용해 넌척과 내 풀 노드의 일렉터스를 연결해 보는 과정도 끝났다. 토르 네트워크는 느리므로 워치-온리 앱을 다 사용했으면 Orbot을 끄는 것이 좋다. 그리고 사용할 때 다시 Orbot을 켜면 된다.

## | 멤풀과 RPC 명령어

### 멤풀 앱 연결하기

비트코인을 사용하면 수수료 상황 조회 등의 이유로 멤풀 웹사이트 (https://mempool.space)를 자주 이용하게 된다. 눈치챘겠지만 멤풀 웹사이트도 누군가의 풀 노드로부터 정보를 받아오는 것이다. 따라서 여기에 자신과 관련 있는 txid를 검색하면 어떤 IP 주소에서 어떤 txid를 검색했는지 멤풀 웹사이트와 연결된 풀 노드 운영자는 알 수 있게 된다. 자신이 운영하는 풀 노드를 통해 멤풀 웹사이트와 똑같은 익스플로러 UI를 볼 수도 있는데 이렇게 하면 프라이버시 침해를 줄일 수 있다. 이 방법에 대해 알아보자.

엄브렐의 앱스토어에서 'mempool'을 설치한다. 만약 코어가 아닌 노드를 운영한다면 다음 앱들이 필요하다는 알림창에서 'Bitcoin Node' 대신 'Bitcoin Knots'를 선택하면 된다. 설치가 완료되면 [열기]를 누른다.

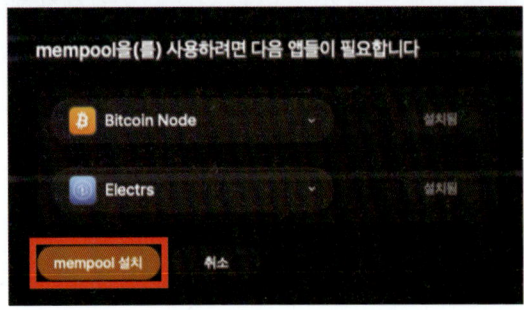

그러면 자신의 풀 노드를 이용해 네트워크 상황을 조회할 수 있다. 왼쪽은 아직 채굴되지 않은 예상 블록이므로 자기 풀 노드의 멤풀 공간을 조회해 보여주는 것이고, 오른쪽은 채굴된 블록이므로 자기 풀 노드의 블록 저장 공간을 조회해 보여주는 것이다.

## RPC 익스플로러 사용하기

비트코인 코어 또는 노츠에서는 RPC 명령어를 이용할 수 있다. RPC 명령어를 이용하면 풀 노드의 여러 정보를 조회할 수 있다. 엄브렐OS에서는 각 앱의 터미널에 들어가서 `bitcoin-cli`를 이용해 RPC 명령어를 이용할 수 있다. 하지만 'RPC 익스플로러' 앱을 이용하면 좀 더 쉽게 명령어를 이용할 수 있다(터미널에서 RPC 명령어를 입력하는 방법은 뒤에서 알아볼 것이다).

먼저 엄브렐 앱스토어에서 'BTC RPC Explorer' 앱을 찾아 설치한다. 만약 코어가 아닌 노츠를 운영한다면 다음 앱들이 필요하다는 알림창에서 'Bitcoin Node' 대신 'Bitcoin Knots'를 선택하면 된다. 설치가 완료되면 [열기]를 누른다.

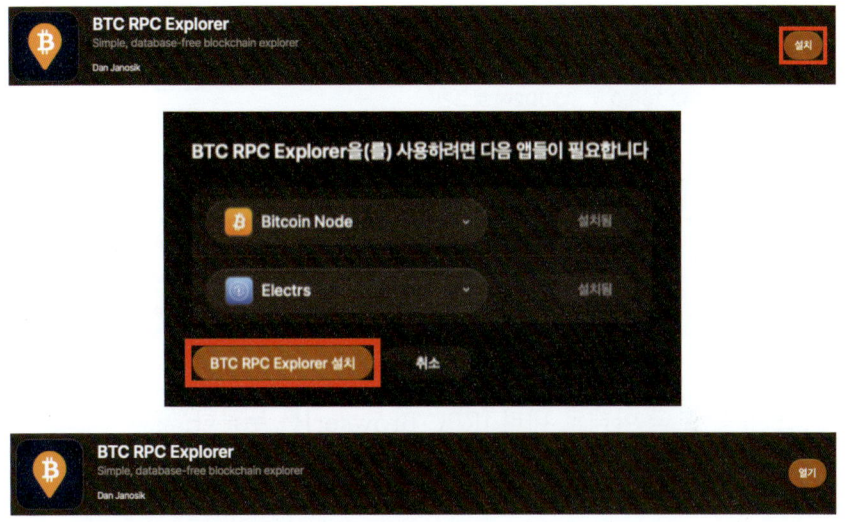

그러면 사용자명과 비밀번호를 보여줄 것이다. 비밀번호 옆의 복사 버튼을 눌러 비밀번호를 복사한다. 그다음 [BTC RPC Explorer]를 누른다.

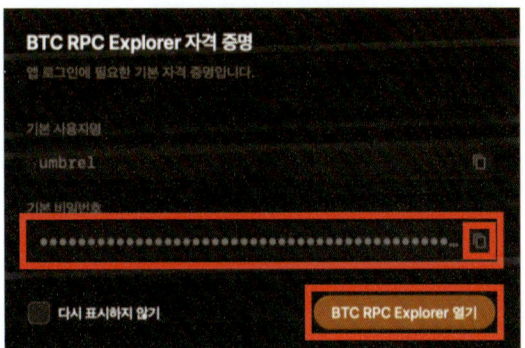

로그인하라는 창이 나올 것이다. 조금 전에 봤던 대로 사용자명에 'umbrel'을 입력하고, 비밀번호를 붙여넣기 한다. 그다음 [로그인]을 누른다.

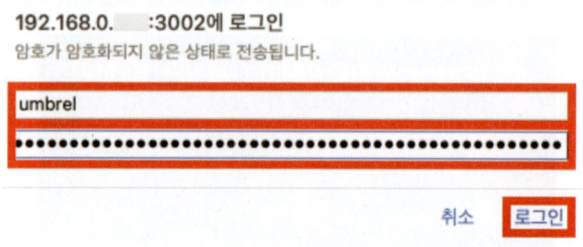

스크롤을 조금 아래로 내려 [RPC Browser]를 누른다.

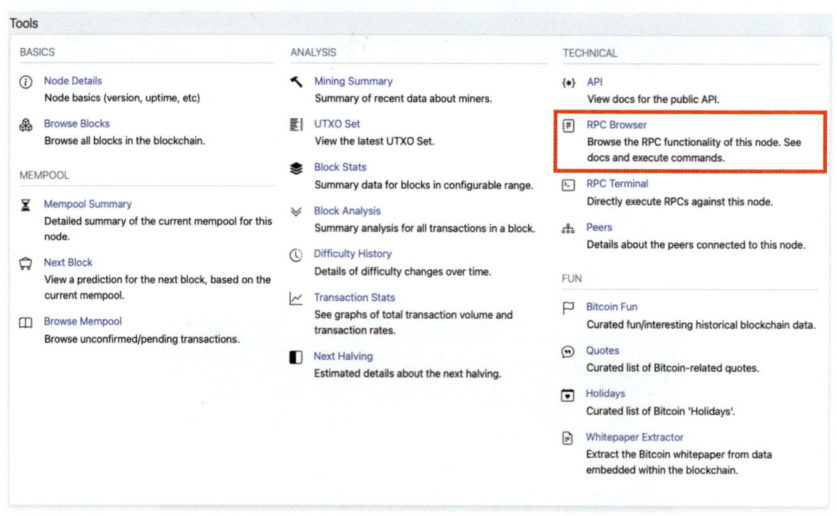

그러면 쓸 수 있는 RPC 명령어들이 나온다. 여기서 몇 가지 조회 관련 RPC 명령어만 설명하고 넘어가겠다.

getblockchaininfo는 현재 내가 저장한 블록의 최대 높이나 현재 채굴 난이도 등 블록 데이터의 정보를 보여주는 명령어다. getblockhash는 블록 높이를 입력하면 블록의 해시값을 알려주는 명령어다. getblock은 블록 해시값을 입력하면 블록 정보를 알려주는 명령어다. 이때 직렬화된 HEX 형식으로 출력할지, JSON 형식으로 출력할지 선택할 수 있다. getmempoolinfo는 풀 노드의 멤풀 공간 정보를 알려주는 명령어다. getnetworkinfo는 현재 자신의 풀 노드의 네트워크 상태를 알려주는 명령어다. getpeerinfo는 나와 연결된 피어 노드들의 정보를 알려주는 명령어다. getrawtransaction은 txid를 입력하면 거래 정보를 보여주는 명령어다. 이것도 직렬화된 HEX 형식으로 출력할지, JSON 형식으로 출력할지 선택할 수 있다. 마지막으로 verifymessage는 메시지 서명을 검증하는 기능이다. 서명과 주소, 메시지를 입력하면 정말 그 주소의 개인키 소유자가 서명한 것이 맞는지, 서명이 올바른지 검증해 준다.

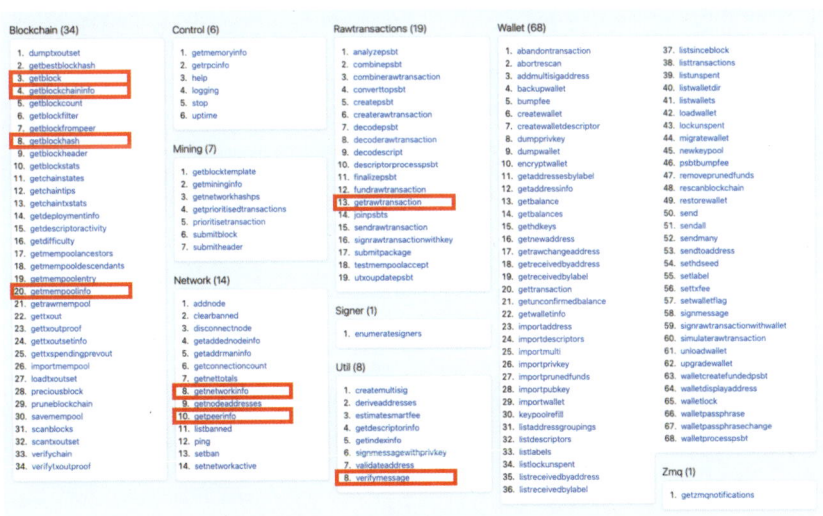

RPC 명령어를 실제로 사용해 보자. 먼저 [getblockchaininfo]를 찾아 눌러보자(Blockchain 섹션에 있다). 그리고 [Execute]를 누른다.

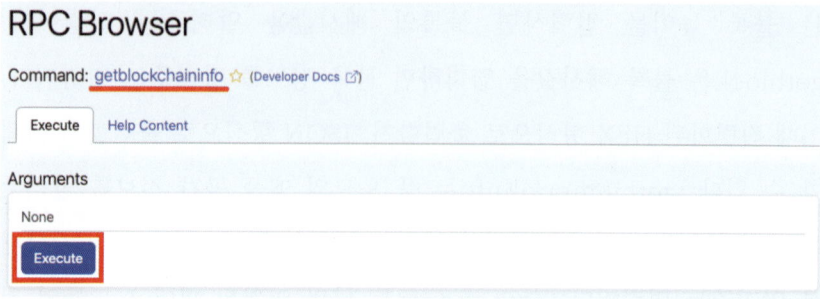

그러면 자신의 블록 데이터 상태가 나온다. 보통 이 명령어가 IBD가 끝나고 가장 먼저 입력해 보는 명령어다.

이번엔 RPC 명령어를 이용해 제네시스 블록의 정보를 조회해 보고 여기에 새겨진 문구를 찾아보자. [getblockhash]를 찾아 누른다 (Blockchain 섹션에 있다). 입력창에 0을 입력하고, [Execute]를 누른다. 제네시스 블록의 높이는 0이다.

## RPC Browser

Command: getblockhash ☆ (Developer Docs ↗)

| Execute | Help Content | Argument Details |

**Arguments**

**height**: numeric, required
Description: The height index

```
0
```

Execute

그러면 0번 블록의 해시값이 나온다. 이 값을 복사한다.

Result (3.739 ms)

```
"000000000019d6689c085ae165831e934ff763ae46a2a6c172b3f1b60a8ce26f"
```

이제 뒤로 가서 [getblock] 명령어를 찾아본다(Blockchain 섹션에 있다). 여기에 방금 복사했던 해시값을 붙여넣는다. 그리고 아래 입력창에는 '1'을 적는다. '0'을 입력하면 직렬화된 HEX 값으로 출력하는 것이고, '1'을 입력하면 보기 편한 JSON 형식으로 출력한다.

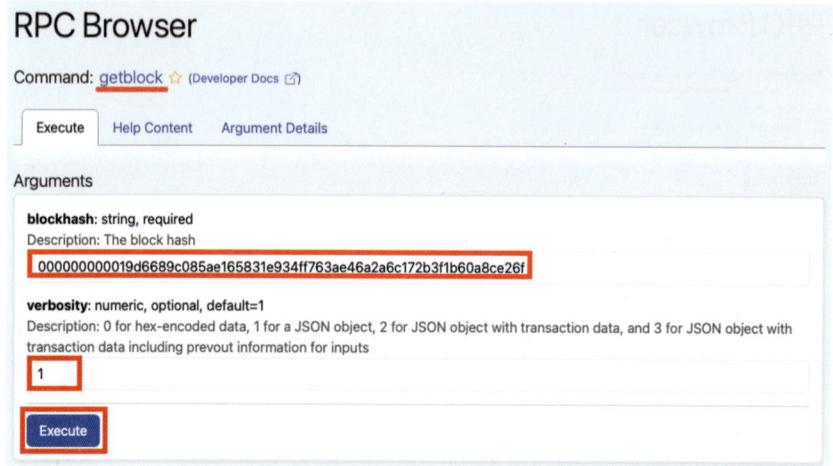

그러면 블록 정보가 나온다. 'tx' 아래에 있는 해시값이 제네시스 블록 코인베이스 거래의 txid다. 이를 복사한다.

```
Result (2.732 ms)
{
    "hash": "000000000019d6689c085ae165831e934ff763ae46a2a6c172b3f1b60a8ce26f",
    "confirmations": 910795,
    "height": 0,
    "version": 1,
    "versionHex": "00000001",
    "merkleroot": "4a5e1e4baab89f3a32518a88c31bc87f618f76673e2cc77ab2127b7afdeda33b",
    "time": 1231006505,
    "mediantime": 1231006505,
    "nonce": 2083236893,
    "bits": "1d00ffff",
    "target": "00000000000000000022cb3000000000000000000000000000000000",
    "difficulty": 1,
    "chainwork": "0000000000000000000000000000000000000000000000000000000100010001",
    "nTx": 1,
    "nextblockhash": "00000000839a8e6886ab5951d76f411475428afc90947ee320161bbf18eb6048",
    "strippedsize": 285,
    "size": 285,
    "weight": 1140,
    "tx": [
        "4a5e1e4baab89f3a32518a88c31bc87f618f76673e2cc77ab2127b7afdeda33b"
    ]
}
```

이제 뒤로 가서 [getrawtransaction] 명령어를 찾아 누른다 (Rawtransactions 섹션에 있다). 여기에 방금 복사한 txid를 붙이고 [Execute]를 눌러본다. 보통 아래에 있는 블록 해시값도 입력해야 하지만, 소비되지 않은 출력은 블록 해시값을 입력하지 않아도 된다. 입력하지 않으면 UTXO 세트에서 찾기 때문이다(-txindex 속성의 기본값이 0인데, 이 값이 0이면 블록 해시값을 입력하지 않았을 때 UTXO 세트에서 찾는다).

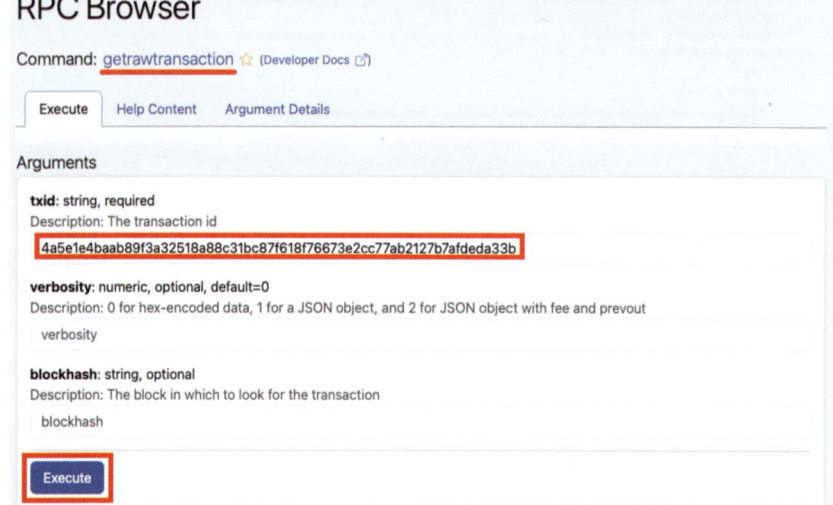

그러면 에러가 뜨는 것을 볼 수 있다. 이는 제네시스 블록은 검증 대상이 아니라서 여기에 있는 코인베이스 출력이 UTXO 세트에 들어가지 않기 때문이다. 그래서 제네시스 블록에 있는 채굴 보상은 영원히 쓸 수가 없다. 비트코인에는 철저히 사전 채굴이 없었던 것이다. 이는 터미널에서 명령어를 입력해 보면 좀 더 자세한 설명이 나온다. 그러면 제네시스 블록에 새겨진 문구는 어떻게 확인할 수 있을까?

```
Result (2.016 ms)
{
    "Error": "No response from node."
}
```

다시 뒤로 가서 [getblock]을 찾는다(Blockchain 섹션에 있다). 여기에 제네시스 블록의 해시값을 입력한다. 제네시스 블록의 해시값은 [getblockhash] 명령어를 이용해 찾을 수 있었다. 그리고 아래에 '2'를 입력한다. '2'를 입력하면 블록에 실려있는 거래 정보까지 함께 보여준다.

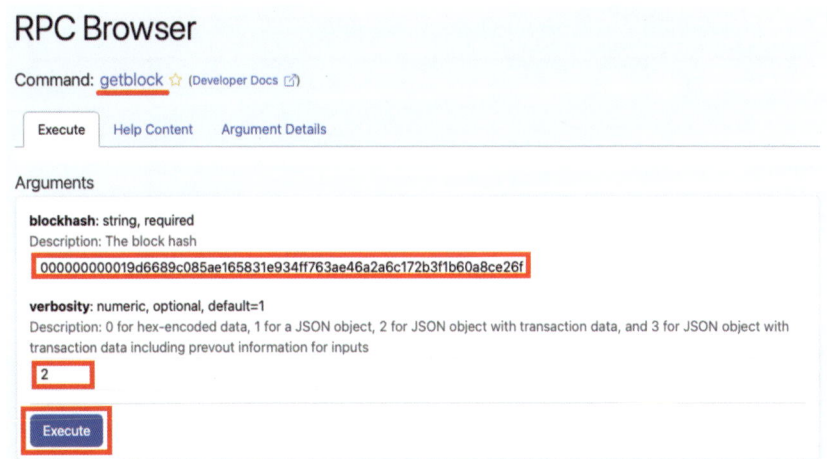

3부 • 풀 노드 운영 가이드    743

그러면 결괏값 중 'coinbase' 아래에 어떤 HEX값이 있는 것을 볼 수 있다. 인터넷에 'HEX 디코딩'이라 검색하고 아무 웹사이트에 들어가 이 값을 복사, 붙여넣기 해보자. 그러면 제네시스 블록에 새겨진 문구를 발견할 수 있을 것이다.

```
Result (1.98 ms)
{
    "hash": "000000000019d6689c085ae165831e934ff763ae46a2a6c172b3f1b60a8ce26f",
    "confirmations": 910795,
    "height": 0,
    "version": 1,
    "versionHex": "00000001",
    "merkleroot": "4a5e1e4baab89f3a32518a88c31bc87f618f76673e2cc77ab2127b7afdeda33b",
    "time": 1231006505,
    "mediantime": 1231006505,
    "nonce": 2083236893,
    "bits": "1d00ffff",
    "target": "00000000000000000022cb3000000000000000000000000000000000000000",
    "difficulty": 1,
    "chainwork": "0000000000000000000000000000000000000000000000000000000100010001",
    "nTx": 1,
    "nextblockhash": "00000000839a8e6886ab5951d76f411475428afc90947ee320161bbf18eb6048",
    "strippedsize": 285,
    "size": 285,
    "weight": 1140,
    "tx": [
        {
            "txid": "4a5e1e4baab89f3a32518a88c31bc87f618f76673e2cc77ab2127b7afdeda33b",
            "hash": "4a5e1e4baab89f3a32518a88c31bc87f618f76673e2cc77ab2127b7afdeda33b",
            "version": 1,
            "size": 204,
            "vsize": 204,
            "weight": 816,
            "locktime": 0,
            "vin": [
                {
                    "coinbase":
"04ffff001d0104455468652054696d65732030332f4a616e2f32303039204368616e63656c6c6f72206f6e206272696e6b206f66207365636f6e64206261696c6f757420666f722062616e6b73",
                    "sequence": 4294967295
                }
            ],
```

Output

▯▯▯▯▯EThe Times 03/Jan/2009 Chancellor on brink of second bailout for banks

### 터미널에서 RPC 명령어 사용하기

RPC 익스플로러 앱을 이용하면 RPC 명령어를 쉽게 이용할 수 있었다. 이번에는 조금 어렵지만 터미널에서 RPC 명령어를 이용하는 방법을 알아보자.

엄브렐 홈 화면의 하단 탭에서 설정 버튼을 누른다.

스크롤을 내리고 '고급 설정' 옆의 [열기]를 누른다.

'터미널' 옆의 [열기]를 누른다.

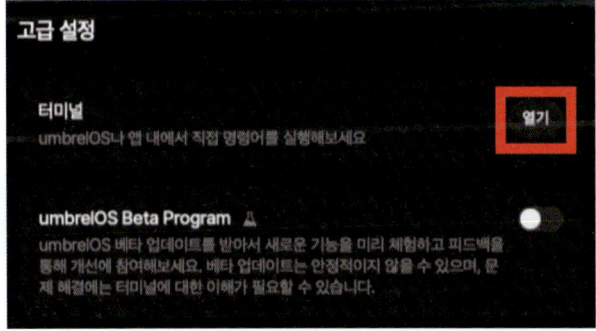

[앱 선택]에서 코어 운영자는 [Bitcoin Node]를, 노즈 운영자는 [Bitcoin Knots]를 누른다.

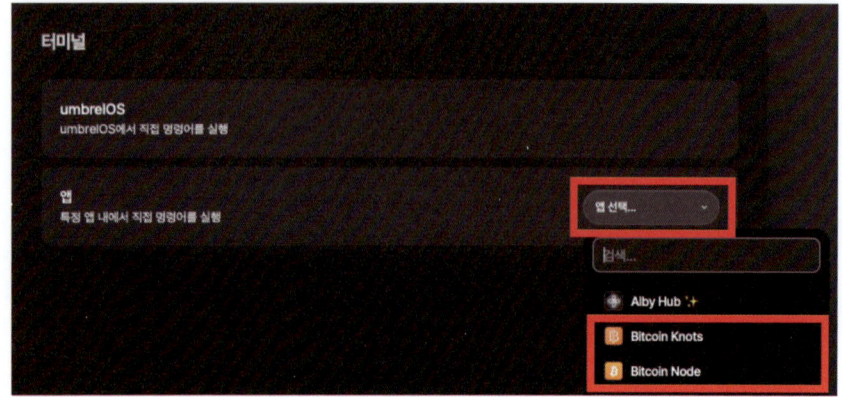

그러면 터미널이 나온다. 터미널에서는 앞에 `bitcoin-cli`를 붙이고 명령어를 쓰면 된다. 여기에 다음 명령어를 입력해 본다.

`bitcoin-cli getblockchaininfo`

코어에서는 다음과 같은 오류가 날 수도 있다. 이는 엄브렐에서 코어를 설치하면 일반적으로 코어를 설치했을 때의 폴더 경로와 조금 달라져서 그렇다. RPC 명령어를 로컬에서 호출할 때는 .cookie 파일에 임시 RPC 사용자 이름과 비밀번호가 있어서 따로 권한 부여 없이 이용할 수 있다. 따라서 .cookie 파일이 있는 경로를 제대로 지정해 주어야 한다.

경로를 제대로 지정해서 명령어를 써보자. 경로를 지정할 때는 -datadir=를 사용하면 된다.

```
bitcoin-cli -datadir=/data/bitcoin
    getblockchaininfo
```

매번 이렇게 경로를 지정해서 `bitcoin-cli`를 사용하는 것은 불편한 일일 것이다. 그때는 별칭을 등록해 두면 된다(명령어 단축키를 등록하는 거라고 생각하면 된다). 별칭을 등록할 때는 `alias`를 사용하면 된다. 다만 등록된 별칭은 터미널을 껐다 켜면 없어진다. 다음 명령어는 `bitcoin-cli`를 입력하면 자동으로 `bitcoin-cli -datadir=/data/bitcoin`으로 바꾸라는 뜻이다.

```
alias bitcoin-cli="bitcoin-cli
    -datadir=/data/bitcoin"
```

별칭을 등록해 놓으면 다음과 같이 `bitcoin-cli`만 써도 제대로 된 경로를 통해 명령어를 호출한다.

```
bitcoin-cli getblockchaininfo
```

```
$ bitcoin-cli getblockchaininfo
{
  "chain": "main",
  "blocks": 910793,
  "headers": 910793,
  "bestblockhash": "0000000000000000000209da7a5c7a22455fff2abd1662823b2e6875d072fcc",
  "bits": "17022cb3",
  "target": "0000000000000000022cb30000000000000000000000000000000000000000",
  "difficulty": 129435235580344.8,
  "time": 1755634260,
  "mediantime": 1755631257,
  "verificationprogress": 0.9999952664687813,
  "initialblockdownload": false,
  "chainwork": "00000000000000000000000000000000000000db8266a80477a933fbfbec76",
  "size_on_disk": 774544685481,
  "pruned": false,
  "warnings": [
  ]
}
$
```

노츠에서는 경로 문제 외에도 다음과 같은 오류가 날 수 있다. 이것은 RPC 명령어를 호출하는 포트가 잘못되어서 그렇다. 코어나 노츠나 일반적으로 외부 통신에는 8333 포트를, 내부 RPC 호출에는 8332를 쓰지만 엄브렐OS에서는 코어와 노츠 포트 구분을 위해 노츠는 외부 통신에는 9333, 내부 RPC 호출에는 9332를 쓴다.

```
$ bitcoin-cli getblockchaininfo
error: timeout on transient error: Could not connect to the server 127.0.0.1:8332
Make sure the bitcoind server is running and that you are connecting to the correct RPC port.
Use "bitcoin-cli -help" for more info.
$
```

따라서 `-datadir=`를 이용해 경로를 제대로 지정해 주어야 할 뿐만 아니라 `-rpcport=`를 이용해 포트 번호도 제대로 적어줘야 한다. 경로와 포트를 제대로 지정해서 써보자.

```
bitcoin-cli -rpcport=9332 -datadir=/data/bitcoin getblockchaininfo
```

```
$ bitcoin-cli -rpcport=9332 -datadir=/data/bitcoin getblockchaininfo
{
  "chain": "main",
  "blocks": 910809,
  "headers": 910809,
  "bestblockhash": "00000000000000000000002c5a281fd7708b689091ce82167201116912c0ab65c8",
  "difficulty": 129435235580344.8,
  "time": 1755646559,
  "mediantime": 1755644892,
  "verificationprogress": 0.999997161815683,
  "initialblockdownload": false,
  "chainwork": "000000000000000000000000000000000000000000db89c23733d6741fc7180066",
  "size_on_disk": 917826923,
  "pruned": true,
  "pruneheight": 910309,
  "automatic_pruning": true,
  "prune_target_size": 1000341504,
  "warnings": [
  ]
}
$
```

RPC 명령어를 여러 개 사용할 때 매번 포트와 경로를 지정하는 것은 번거로운 일이므로 별칭을 등록해서 좀 더 편리하게 입력할 수도 있다. 별칭을 등록할 때는 `alias`를 사용하면 된다. 다만 등록된 별칭은 터미널을 껐다 켜면 없어진다. 다음 명령어는 `bitcoin-cli`를 입력하면 자동으로 `bitcoin-cli -rpcport=9332 -datadir=/data/bitcoin`으로 바꾸라는 뜻이다.

```
alias bitcoin-cli="bitcoin-cli -rpcport=9332
  -datadir=/data/bitcoin"
```

```
alias bitcoin-cli="bitcoin-cli -rpcport=9332 -datadir=/data/bitcoin"
```

별칭을 등록해 놓으면 다음과 같이 bitcoin-cli만 써도 제대로 된 경로를 통해 명령어를 호출한다.

```
$ bitcoin-cli getblockchaininfo
{
  "chain": "main",
  "blocks": 910809,
  "headers": 910809,
  "bestblockhash": "00000000000000000002c5a281fd7708b689091ce82167201116912c0ab65c8",
  "difficulty": 129435235580344.8,
  "time": 1755646559,
  "mediantime": 1755644892,
  "verificationprogress": 0.999996833702928,
  "initialblockdownload": false,
  "chainwork": "00000000000000000000000000000000000000000db89c23733d6741fc7180066",
  "size_on_disk": 917826923,
  "pruned": true,
  "pruneheight": 910309,
  "automatic_pruning": true,
  "prune_target_size": 1000341504,
  "warnings": [
  ]
}
```

이제 제네시스 블록의 코인베이스 거래를 getrawtransaction으로 불러냈을 때 어떤 알림이 뜨는지 확인해 보자. 다음 명령어를 입력한다 (참고로 제네시스 블록 코인베이스 거래의 txid는 bitcoin-cli getblock [제네시스 블록 해시값] 1을 통해 조회할 수 있다).

bitcoin-cli getrawtransaction
    4a5e1e4baab89f3a32518a88c31bc87f618f76673e2cc
    77ab2127b7afdeda33b

```
$ bitcoin-cli getblockhash 0
000000000019d6689c085ae165831e934ff763ae46a2a6c172b3f1b60a8ce26f
$ bitcoin-cli getblock 000000000019d6689c085ae165831e934ff763ae46a2a6c172b3f1b60a8ce26f 1
{
  "hash": "000000000019d6689c085ae165831e934ff763ae46a2a6c172b3f1b60a8ce26f",
  "confirmations": 910823,
  "height": 0,
  "version": 1,
  "versionHex": "00000001",
  "merkleroot": "4a5e1e4baab89f3a32518a88c31bc87f618f76673e2cc77ab2127b7afdeda33b",
  "time": 1231006505,
  "mediantime": 1231006505,
  "nonce": 2083236893,
  "bits": "1d00ffff",
  "target": "00000000ffff0000000000000000000000000000000000000000000000000000",
  "difficulty": 1,
  "chainwork": "0000000000000000000000000000000000000000000000000000000100010001",
  "nTx": 1,
  "nextblockhash": "00000000839a8e6886ab5951d76f411475428afc90947ee320161bbf18eb6048",
  "strippedsize": 285,
  "size": 285,
  "weight": 1140,
  "tx": [
    "4a5e1e4baab89f3a32518a88c31bc87f618f76673e2cc77ab2127b7afdeda33b"
  ]
}
$ bitcoin-cli getrawtransaction 4a5e1e4baab89f3a32518a88c31bc87f618f76673e2cc77ab2127b7afdeda33b
error code: -5
error message:
The genesis block coinbase is not considered an ordinary transaction and cannot be retrieved
```

The genesis block coinbase is not considered an ordinary transaction and cannot be retrieved.라는 오류 메시지가 나오는 것을 알 수 있다. 이는 제네시스 블록의 코인베이스 거래는 일반적인 거래로 간주되지 않으며, 조회할 수 없다는 뜻이다. 앞에서 말한 이유로 제네시스 블록의 코인베이스 거래는 `getrawtransaction`으로 조회할 수 없는 것이다.

이로써 풀 노드에서 RPC 명령어를 사용하는 방법을 간략하게 알아보았다.

## 도달 가능한 노드 되기

인바운드 연결을 허용하는 노드를 도달 가능한 노드reachable node라고 한다. 도달 가능한 노드가 되는 것은 진정으로 비트코인 네트워크에 기여하기 위해 풀 노드를 돌린다는 뜻이다. 이렇게 되면 IBD (초기 블록 다운로드)를 하는 노드들에게 자기 노드의 데이터를 나눠줄 수 있게 된다.

대한민국은 인터넷 강국으로 전 지역에서 빠른 속도로 인터넷을 이용할 수 있다. 따라서 대한민국에서 풀 노드를 구축하고, 도달 가능한 노드가 된다면 비트코인 네트워크에 크게 기여할 수 있다.

인지하고 넘어가야 할 사실이 있다. 도달 가능한 노드는 IP 주소가 노출된다. IP 주소가 노출되면 해당 풀 노드가 어느 지역에 있는지와 어느 인터넷 서비스를 이용하는지 대략적으로 알 수 있다. 프라이버시 수준이 낮아지는 것이다. 또한, IP 주소가 노출되면 해커의 표적이 될 수도 있다. 하지만 많은 노드들이 도달 가능한 상태가 된다면 이런 문제는 희석될 수 있다. 10명 속에 숨은 1명을 찾는 것과 1,000명 속에 숨은 1명을 찾는 것을 생각해 보면 된다.

과거 한국에서 도달 가능한 풀 노드를 극소수만 돌리던 시절에는 프라이버시 문제가 컸다. 비트코이너들은 가뜩이나 프라이버시를 중요하게 생각하는데 누가 도달 가능한 노드가 되려고 했겠는가? 그러나 그러한 문제를 알고서도 비트코인 네트워크에 기여하기 위해 희생했던 소수가 있었기에 현재 우리가 마음 놓고 도달 가능한 노드를 돌릴 수 있다. 도달 가능한 풀 노드를 돌리는 것이 당연시되고 이런 사람들이 많아진다면 앞서 말한 우려들은 사라질 것이다. 한 사람이 도달 가능한 풀 노드를 운영함으로써 다음 사람은 더 마음 놓고 도달 가능한 풀 노드가 될 수 있는 것이다.

인지해야 할 또 다른 점은 인바운드 허용 노드가 되면 최대 125개 노드와 연결될 수 있으므로 인터넷 사용 환경에 따라 인터넷 속도가 느려질 수도 있다는 것이다. 이때는 공유기나 모뎀에서 풀 노드 기기에 대한 QoS 설정을 하는 것이 필요하다.

도달 가능한 노드 설정은 반드시 프라이버시와 네트워크 설정에 대해 이해하고 있는 사람만 도전하기를 권고한다.

## 자기 노드가 도달 가능한 노드인지 확인해 보기

먼저 자신의 풀 노드가 도달 가능한 노드인지 아닌지 확인해 보자. 다음 웹사이트에 접속한다.

https://bitnodes.io/

스크롤을 조금 아래로 내려보면 [CHECK NODE] 버튼이 있다. 자신의 외부 IP 주소는 자동으로 입력이 된다. 버튼을 누르고 조금 기다려보면 결과가 나온다. 엄브렐OS에서 코어의 경우 포트 번호는 8333이고, 노츠의 경우 포트 번호는 9333이다.

코어의 경우 다음과 같이 '〈IP 주소〉:8333/버전/블록 높이'가 뜬다면 이미 도달 가능한 노드라는 뜻이다. 노츠의 경우 〈IP 주소〉:9333/버전/블록 높이'가 뜬다면 이미 도달 가능한 노드라는 뜻이다.

:8333 /Satoshi:28.0.0/ (Height: 881575)

하지만 다음과 같이 '〈IP 주소〉:8333 is unreachable'(코어) 또는 '〈IP 주소〉:9333 is unreachable'(노츠)이라고 뜨면 도달 가능한 노드가 아니라는 뜻이다.

:8333 is unreachable.

## 익명 네트워크에서 도달 가능한 노드 되기

토르나 I2P와 같은 익명 네트워크에서는 도달 가능한 노드가 되기 쉽다. 비트코인 코어 혹은 비트코인 노츠에서 하단 [Settings] → 'Incoming Peer Connections'에서 [Tor] 또는 [I2P]의 토글 스위치를 켜주면 된다. 그다음 [Save changes]를 누르면 설정이 끝난다.

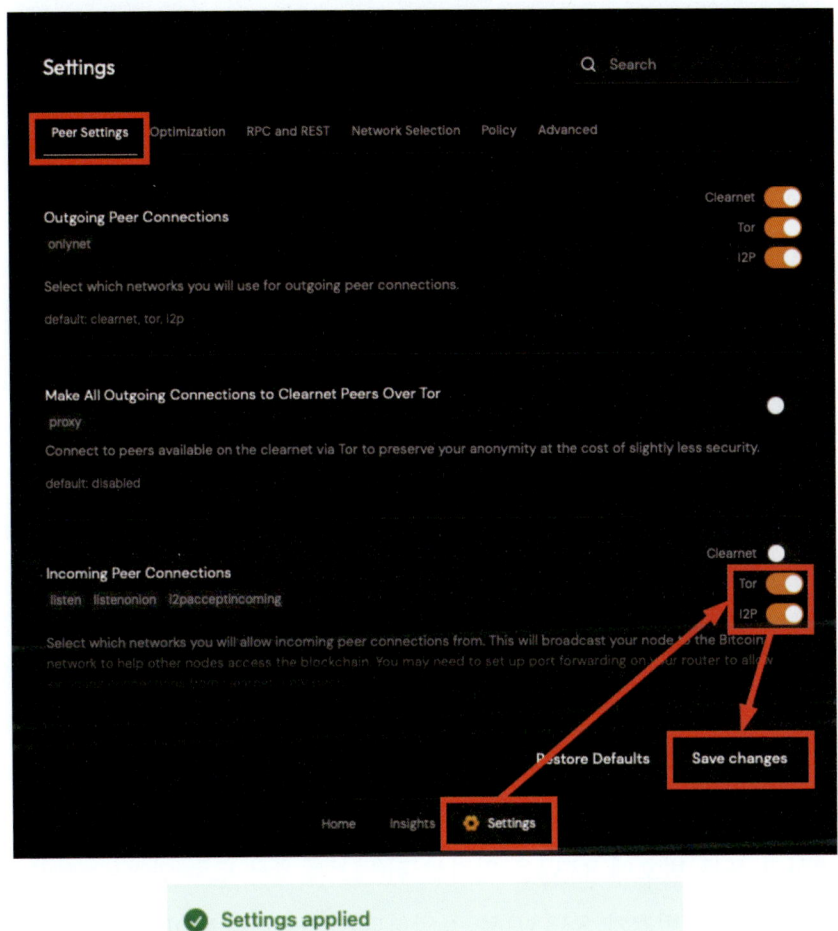

도달 가능한 노드가 되었는지 확인해 보자. RPC 명령어 중 `getnetworkinfo`를 입력한다. RPC 명령어를 사용하는 방법은 앞의 'RPC 익스플로러 사용하기'와 '터미널에서 RPC 명령어 사용하기' 절을 참고하라.

```
bitcoin-cli getnetworkinfo
```

```
$ bitcoin-cli getnetworkinfo
```

RPC 명령어를 입력하고 스크롤을 내리면 `localaddresses`가 있다. 여기에 .onion으로 끝나는 주소가 토르 주소이고, .b32.i2p로 끝나는 주소가 I2P 주소다. 여기서 'score'가 1 이상이면 해당 네트워크로 리처블 노드가 되었다는 뜻이다.

```
"localaddresses": [
    {
        "address": "                                    .onion"
        "port": 8333,
        "score": 4
    },
    {
        "address": "                                    .b32.i2p",
        "port": 0,
        "score": 4
    }
],
"warnings": [
]
}
```

토르 네트워크는 도달 가능한 노드 여부를 bitnodes 웹사이트에서도 조회할 수 있다. 왼쪽 입력창에 '.onion'으로 끝나는 토르 주소를 입력하고 포트 번호에 8333을 입력한 뒤(엄브렐에서 토르 연결은 코어나 노츠나 포트 번호가 8333으로 동일하다) [CHECK NODE]를 누르면 된다. 그러면 아래에 도달 가능한 노드라고 나오는 것을 볼 수 있다. 참고로 I2P 네트워크는 내부 네트워크인데, bitnodes는 클리어넷 기반 웹사이트이므로 클리어넷과 토르 네트워크에서의 도달 여부만 확인할 수 있다.

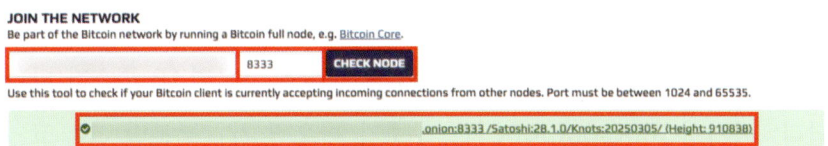

## 클리어넷에서 도달 가능한 노드 되기

클리어넷에서 도달 가능한 노드가 되려면 포트 포워딩 설정이 필요하다. 그러나 반드시 포트 8333 혹은 9333을 열 필요는 없다. 다른 포트 번호로 열고 bitnodes.io에서 조회 한 번만 해도 된다. 다른 포트 번호를 쓰면 인터넷 서비스 업체가 비트코인 풀 노드를 돌리고 있는 사람을 추적하기가 더 어려워진다. 여기서는 8333 포트를 여는 것을 기준으로 작성하겠다. 노츠의 경우 여기에 나오는 모든 포트 번호를 9333으로 바꿔 진행하면 된다.

와이파이가 보급된 현시대에 공유기를 안 쓰는 사람은 거의 없을 것이다. 포트를 열려면 공유기에서 설정을 해야 한다. 만약 공유기를 안 쓰고 벽에서 나오는 랜선을 바로 사용한다면 모뎀에서 포트 포워딩 설정을 해야 한다. 대한민국에서는 주로 'TP링크'나 'IP타임' 공유기를 사용한다. 두 공유기에 한해 공유기 설정을 어떻게 해야 하는지 알아보자. 인터넷 서비스 업체의 공유기를 사용하는 경우도 크게 다르지 않다. 이 경우는 뒤에 짤막하게 서술했다.

다음은 엄브렐OS의 '비트코인 노드(코어)' 혹은 '비트코인 노츠'를 통해 풀 노드 운영을 하는 경우 클리어넷에서 도달 가능한 노드가 되는 방법이다.

## TP링크 공유기: DHCP 서버 설정, 포트 포워딩

공유기 설정은 보통 인터넷 주소창에 192.168.0.1 혹은 192.168.1.1을 입력하면 들어갈 수 있다. 만약 안 들어가진다면, 윈도우+R 키 → cmd 입력 후 실행 → `ipconfig` 입력 → 엔터를 누르면 IP 주소가 나타난다. 여기서 XXX.XXX.XXX.??? 주소가 나오면 ??? 부분만 1로 고치면 된다.

TP링크 공유기를 사용하는 경우 공유기 설정 비밀번호는 TP링크 계정의 비밀번호다. 와이파이 비밀번호가 아니다. 만약 WIFI 비밀번호를 바꾸는 등의 공유기 설정을 따로 한 적이 없다면 비밀번호는 'admin'이다.

로그인했다면 [고급] → [네트워크] → [DHCP 서버]에 들어간다. 그러고 '주소 예약' 밑에 있는 [추가]를 누른다.

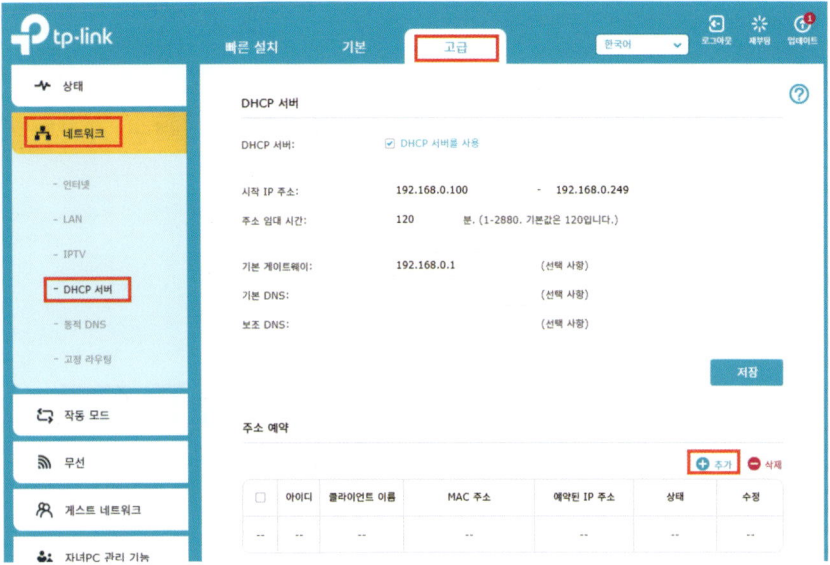

'스캔' 버튼을 누르면 공유기에 연결되어 있는 여러 장치의 목록이 뜰 것이다. 그중 'umbrel'을 찾고 [선택]을 누른다.

그러면 엄브렐 기기의 MAC 주소와 로컬 IP 주소가 자동으로 채워질 것이다. [저장]을 누른다. 이때 로컬 IP 주소를 복사해 놓는다.

이제 엄브렐 기기에 고정 로컬 IP 주소를 할당했다. '상태'가 전구 아이콘으로 표시된다면 설정이 잘 된 것이다.

이제 포트 포워딩을 설정해 8333 포트(노츠는 9333)를 열어줘야 한다. 왼쪽의 [NAT 포워딩] 카테고리에 있는 [가상 서버]를 누른다.

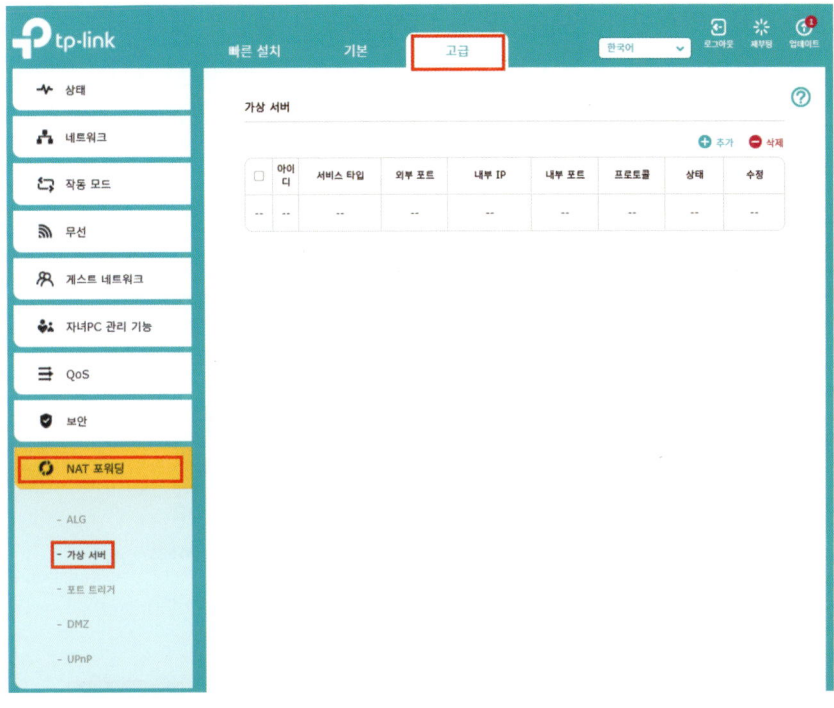

[추가]를 누르고 각각의 항목을 입력한다. '서비스 타입'에는 'Bitcoin'을 입력하고, '외부 포트'와 '내부 포트' 모두 '8333'(노츠는 '9333')을 입력한다. '내부 IP'는 아까 DHCP 설정할 때 복사했던, 엄브렐 기기의 로컬 IP 주소를 붙여넣는다. '프로토콜'은 'ALL'로 설정한다. 'TCP'로 설정해도 무방하다. [사용]을 체크하고 [저장]을 누른다.

여기까지 설정이 되었다면 공유기를 재부팅한다. 오른쪽 위 [재부팅]을 누른다. 재부팅되는 약 1-5분간 인터넷 사용이 안 될 수도 있다. 설정이 다 되었다면 '엄브렐 인바운드 연결 허용 및 방화벽 해제' 절로 넘어가자.

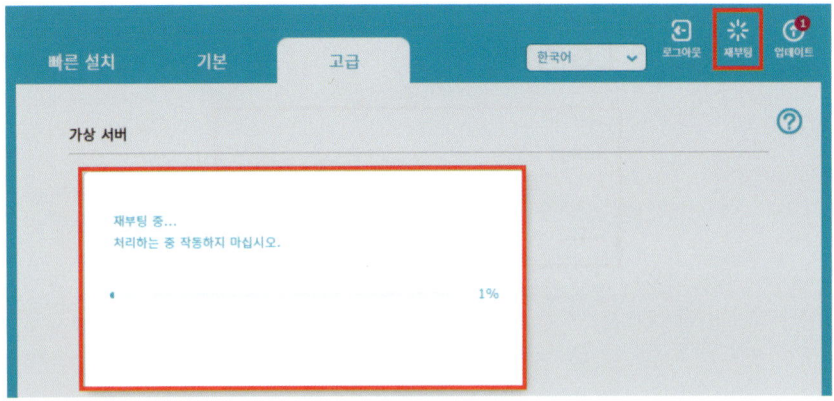

## IP타임 공유기: DHCP 서버 설정, 포트 포워딩

IP타임 공유기를 쓰는 경우 포트 포워딩 방법에 대해 알아보자. 공유기 설정은 보통 인터넷 주소창에 192.168.0.1 혹은 192.168.1.1을 입력하면 들어갈 수 있다. 만약 안 들어가진다면, 윈도우+R 키 → cmd 입력 후 실행 → `ipconfig` 입력 → 엔터를 누르면 IP 주소가 나타난다. 여기서 XXX.XXX.XXX.??? 주소가 나오면 ??? 부분만 1로 고치면 된다.

192.168.0.1

IP타임 공유기를 사용하는 경우 공유기 설정에 접속하려면 기존에 설정했던 관리자 ID와 비밀번호를 입력해야 한다. 와이파이 비밀번호가 아니다. 만약 WIFI 이름과 비밀번호를 바꾸는 등의 공유기 설정을 따로 한 적이 없다면 ID와 비밀번호는 모두 'admin'이다.

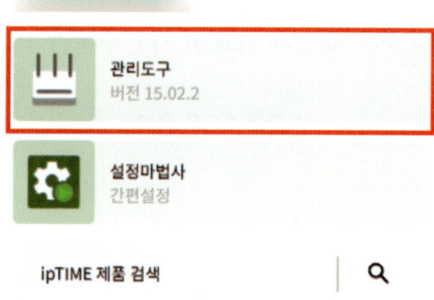

로그인했다면 [관리도구]를 누른다.

왼쪽 카테고리에서 [네트워크 관리] → [DHCP 서버 설정]에 들어간다. 스크롤을 내려서 'umbrel'이라고 쓰여 있는 기기를 찾는다. 오른쪽 위에 있는 화살표 버튼을 누른다.

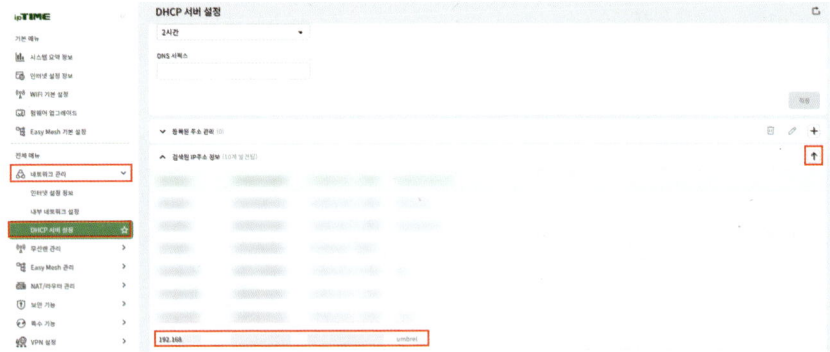

엄브렐 기기를 체크하고, 다시 오른쪽 위에 있는 화살표 버튼을 누른다.

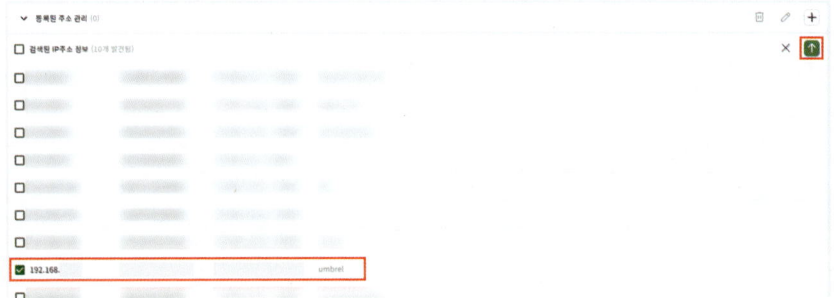

등록 주소 추가 창이 뜰 것이다. 이때 위에 뜨는 로컬 IP 주소는 메모해 놓는다. 그다음에 [추가]를 누른다.

이제 엄브렐 기기에 고정 로컬 IP 주소를 할당했다. '등록된 주소 관리'에 기기가 추가된 게 보인다면 잘 설정된 것이다.

이제 포트 포워딩을 설정해 8333 포트(노츠는 9333)를 열어줘야 한다. 왼쪽의 [NAT/라우터 관리] 카테고리에 있는 [포트포워드 설정]을 누른다. 이후 오른쪽 위에 있는 [+] 버튼을 누른다.

그러면 규칙 추가 창이 뜰 것이다. 각각의 항목을 입력한다. '규칙 이름'에는 'Bitcoin'을 입력하고, '외부 포트'와 '내부 포트' 모두 '8333~8333'(노츠는 '9333~9333')을 입력한다. 내부 IP 주소는 아까 DHCP 설정할 때 메모했던, 엄브렐 기기의 로컬 IP 주소를 적는다. 프로토콜은 [TCP/UDP]로 설정한다. [TCP]로 설정해도 무방하다. 이후 [추가] 버튼을 누른다.

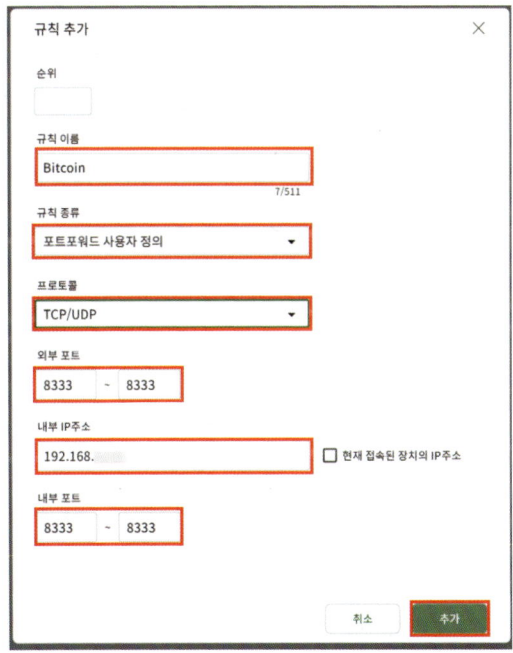

3부 • 풀 노드 운영 가이드    767

여기까지 설정이 되었다면 공유기를 재부팅한다. 왼쪽에서 [시스템 관리] → [기타 설정] → [공유기 즉시 재시작]을 눌러 공유기를 재부팅한다. 재부팅되는 약 1-5분간 인터넷 사용이 안 될 수도 있다. 설정이 다 되었다면 '엄브렐 인바운드 연결 허용 및 방화벽 해제' 절로 넘어가자.

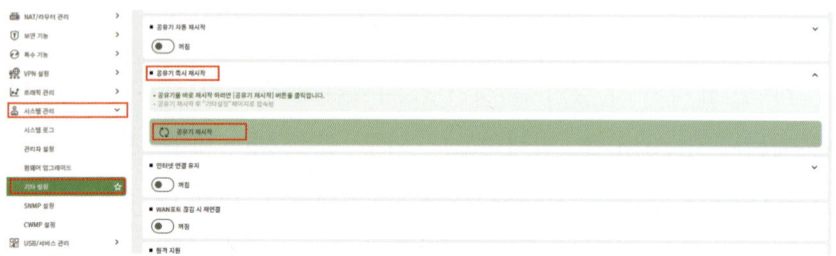

## 인터넷 서비스 업체의 공유기를 사용하는 경우

다음은 필자가 사람들과 함께 이 과정을 진행하며 몇 가지 알아낸 것들이다.

SKT 공유기의 경우, 공유기에서 포트 포워딩을 하고 모뎀에서도 공유기에 대한 포트 포워딩 설정을 해야 하는 경우가 많았다. 보통 모뎀 접속 주소는 192.168.55.1였으며, 아이디는 'admin', 비밀번호는 모뎀 아래에 적혀있거나, 아래에 적혀있는 MAC 주소 뒤 6자리 + '_admin'(??????_admin과 같은 형식)이었다. 여기서 공유기에 할당된 IP 주소 192.168.55.???를 알아낸 뒤 모뎀에서 공유기로 포트 포워딩 설정을 하면 대부분의 문제는 해결되었다. 잘 안된다면 SKT 브로드밴드 인터넷 서비스 업체에 문의하거나 인터넷에 'SKT 모뎀 포트 포워딩'으로 검색해 보라.

KT 공유기의 경우, 172.30.1.254로 공유기 설정 창에 접속하는 경우가 있었으며, 아이디는 'ktuser', 비밀번호는 'homehub' 또는 'megapp'(구형 모델)인 경우가 있었다. 설정 창에 진입한 후 [장치설정] → [네트워크 관리] → [수동 IP 할당] 설정에서 엄브렐의 IP 주소를 할당하고, 포트 포워딩을 하면 되었다. 잘 안된다면 KT 인터넷 서비스 업체에 문의하거나 인터넷에 'KT 공유기 포트 포워딩'으로 검색해 보라.

LG U+ 공유기의 경우, 접속 링크가 192.168.219.1로 되어있는 경우가 많았다. 공유기 비밀번호는 공유기 아랫면 혹은 뒷면 스티커에 있거나, 그런 게 없는 경우 아이디는 'user', 비밀번호는 'power'인 경우도 있었다. 설정 창에 진입한 후 [상태 정보] → [DHCP 할당 정보] → [DHCP 고정 할당]에서 풀 노드 기기를 추가하면 된다. 그다음에 [네트워크 설정] → [NAT 설정]에서 포트 포워딩 설정을 하면 되는 경우가 많았다. 잘 안된다면 LG U+ 인터넷 서비스 업체에 문의하거나 인터넷에 'LG U+ 포트 포워딩'으로 검색해 보라.

## 엄브렐 인바운드 연결 허용 및 방화벽 해제

공유기 재부팅이 완료되었으면 엄브렐 기기로 접속한다. 코어 혹은 노츠 하단에서 [Settings] → [Peer Settings] → 'Incoming Peer Connections'의 [Clearnet] 토글 스위치를 켠다. 그다음에 [Save changes]를 누르면 된다.

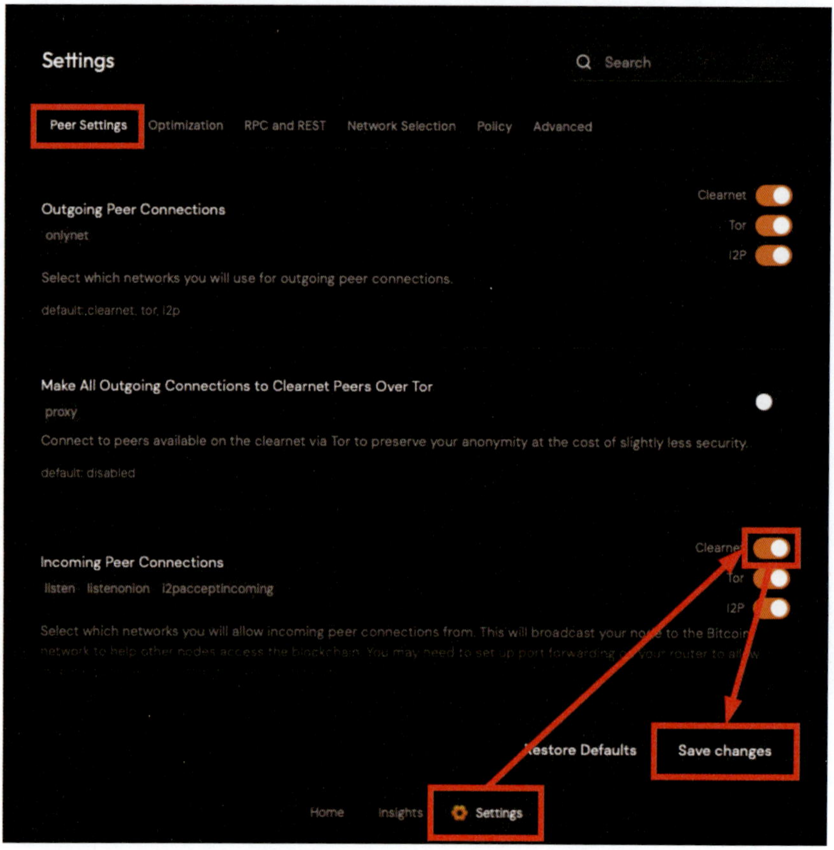

바뀐 설정이 잘 저장되면 우측 상단에 다음과 같은 알림이 나온다.

이제 엄브렐 홈 화면으로 나간다. 설정에 들어가 '고급 설정' 옆의 [열기]를 누른다.

'터미널' 옆에 있는 [열기]를 누른다.

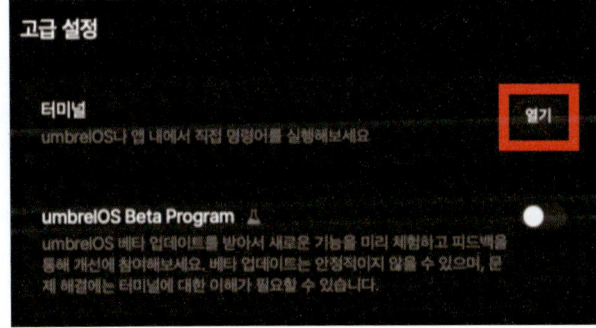

[umbrelOS]를 누른다.

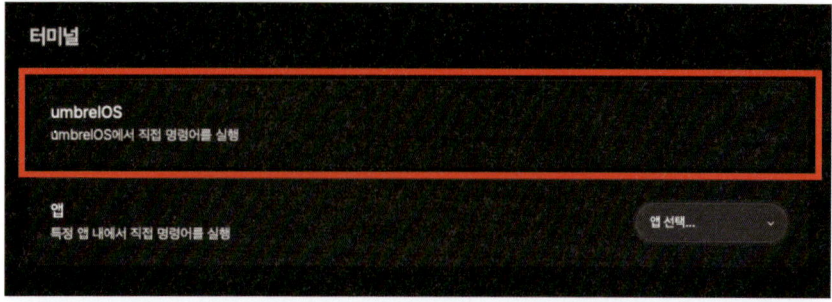

터미널 입력기가 뜰 것이다. 그러면 다음과 같이 입력한다(대문자 입력, 특히 대문자 I 입력에 주의하라).

```
sudo iptables -I INPUT 1 -p tcp --dport 8333 -j ACCEPT
```

노츠는 다음과 같이 입력해야 한다.

```
sudo iptables -I INPUT 1 -p tcp --dport 9333 -j ACCEPT
```

입력한 후에 엔터를 누른다. 비밀번호를 입력하라는 창이 뜰 수도 있다. 그러면 엄브렐의 비밀번호를 입력하고 다시 엔터를 누르면 된다. 비밀번호가 입력이 안 되는 것 같아도 입력이 되고 있는 것이다.

```
umbrel@umbrel:~$ sudo iptables -I INPUT 1 -p tcp --dport 8333 -j ACCEPT
[sudo] password for umbrel:
umbrel@umbrel:~$
```

잘 입력이 됐다면 아무 메시지도 뜨지 않을 것이다. 여기까지 했다면 모든 설정이 끝났다. 참고로 엄브렐의 경우 OS 업데이트가 되거나 재부팅 할 때마다 방화벽이 다시 활성화된다. 이때는 터미널에 다시 들어가서 위에 있는 명령어를 입력해 주면 된다.

방화벽이 해제됐는지 확인하고 싶다면 아래 명령어를 입력하고, LISTEN이 뜨는지 확인하면 된다.

```
sudo ss -tulnp | grep 8333
```

노츠의 경우 아래 명령어를 입력하고 LISTEN이 뜨는지 확인하면 된다.

```
sudo ss -tulnp | grep 9333
```

## 도달 가능한 노드가 되었는지 확인하기

이제 도달 가능한 노드가 되었는지 확인해 보자. 다시 아래 웹사이트에 접속한다.

https://bitnodes.io/

노츠는 포트 번호를 9333으로 입력한 뒤 [CHECK NODE]를 눌러야 한다. 다음과 같은 화면이 뜬다면 도달 가능한 노드가 된 것이다. 축하한다. 앞으로 당신은 누군가 새로운 풀 노드를 운영할 때 블록 데이터를 나눠줌으로써 진정으로 비트코인 네트워크에 기여하게 되었다.

포트를 열어도 데이터를 주고받는 데는 최대 2시간이 걸릴 수 있다. 2시간 이후에도 도달 가능한 노드가 되지 않는다면 먼저 공유기를 재부팅하고, 엄브렐도 재부팅해 보자. 그래도 안 된다면 쓰고 있는 인터넷 서비스 제공 업체 ISP (SK 브로드밴드, KT 인터넷, U+ 인터넷 등)에 전화해 모뎀 설정에서 포트 포워딩을 하는 방법이나 브릿지 연결 모드로 바꾸는 방법을 물어보면 된다. 물어보면 친절히 알려줄 것이다. 혹은 인터넷에 검색해도 된다. 모뎀이 인터넷 함 안에 들어가 있어서 안 보이는 경우도 있다. 특히 아파트에 이런 경우가 많다.

다시 한번 말하지만 도달 가능한 노드 설정은 반드시 프라이버시와 네트워크 설정에 대한 이해가 있는 사람만 도전하기를 권고한다.

# | 윈도우OS에서 풀 노드 운영하기

### 윈도우OS에 비트코인 코어 설치하고 동기화하기

지금까지는 엄브렐OS를 이용해 풀 노드를 운영하고, 일렉트럼 서버를 이용해 자신이 이용하는 워치-온리 지갑들과 연동하는 방법을 알아보았다. 만약 새로운 기기를 장만할 여유가 없고, 남는 기기도 없는 경우 데스크톱OS인 윈도우OS나 맥OS에 비트코인 클라이언트(코어나 노츠)를 설치할 수도 있다. 그러나 이 방법을 사용하면 일렉트럼 서버를 사용하지 않으므로 데스크톱 지갑인 스패로우 워치-온리 지갑과만 연동할 수 있다.

비트코인 코어와 비트코인 노츠 중 무엇을 설치할지 먼저 선택하자. 두 클라이언트의 차이에 대해서는 '비트코인 노드(코어) 또는 노츠 설치' 절을 참고하라. 이 절에서는 윈도우OS에서 비트코인 코어를 설치하는 방법에 대해 알아볼 것이다. 바로 뒤의 절에서 비트코인 노츠를 설치하는 방법에 대해서도 알아볼 것이다.

만약 설치할 데스크톱의 저장 공간에 여유가 없다면 2TB 이상의 외장 SSD를 구매하는 것이 좋다. 블록 데이터를 외장 SSD에 받을 수 있기 때문이다.

외장 SSD를 포맷했다면 새 폴더를 하나 만들고 폴더 이름을 영어로 쓴다.

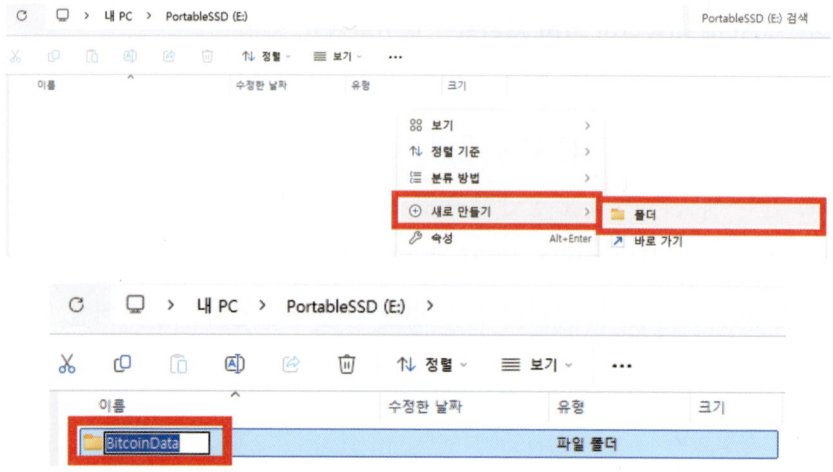

이제 다음 웹사이트에 접속하고, [Download Bitcoin Core]를 누른다.

https://bitcoincore.org/en/download/

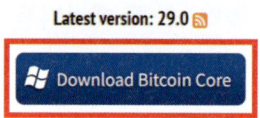

다운로드가 완료되면 파일을 실행한다.

설치 창이 나오면 [Next 〉] → [Next 〉] → [Install]을 누른다.

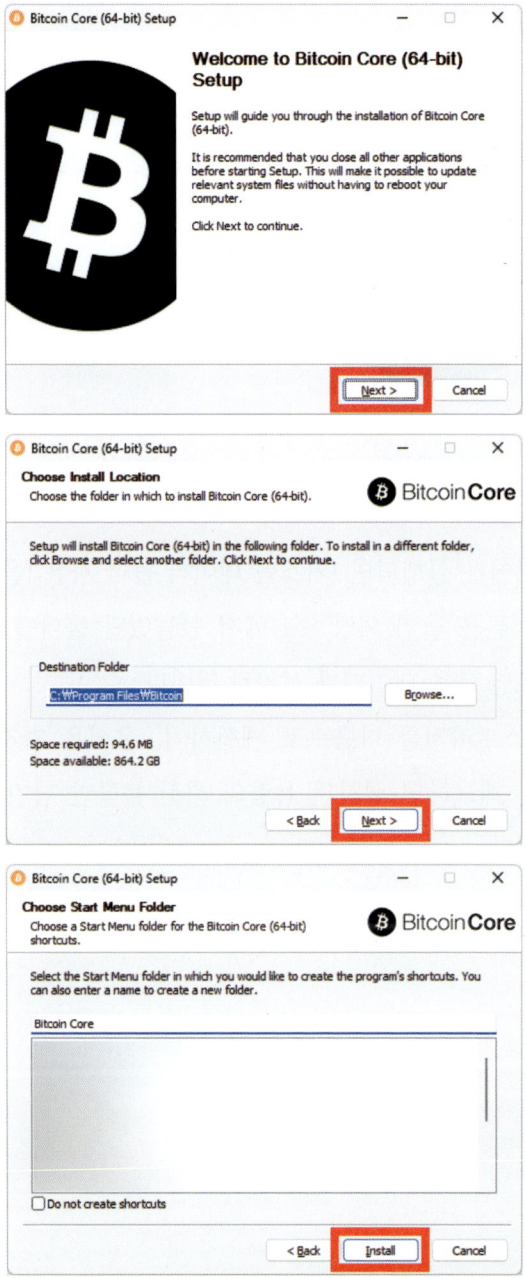

설치가 완료되고 [Finish]를 누르면 비트코인 코어 프로그램이 자동으로 실행된다.

비트코인 코어가 실행되면 [커스텀 데이터 폴더 사용:]을 선택하고 오른쪽의 […] 버튼을 눌러 외장 SSD에서 만들었던 폴더를 선택한다. 이 폴더에 비트코인 블록 데이터가 설치될 것이다.

'블록체인 스토리지를 다음으로 제한하기' 옵션은 가지치기 설정이다. 이 옵션을 체크하면 설정된 용량의 최신 블록만 남기고 과거 블록 데이터는 지운다.

경로를 지정했으면 [OK]를 누른다.

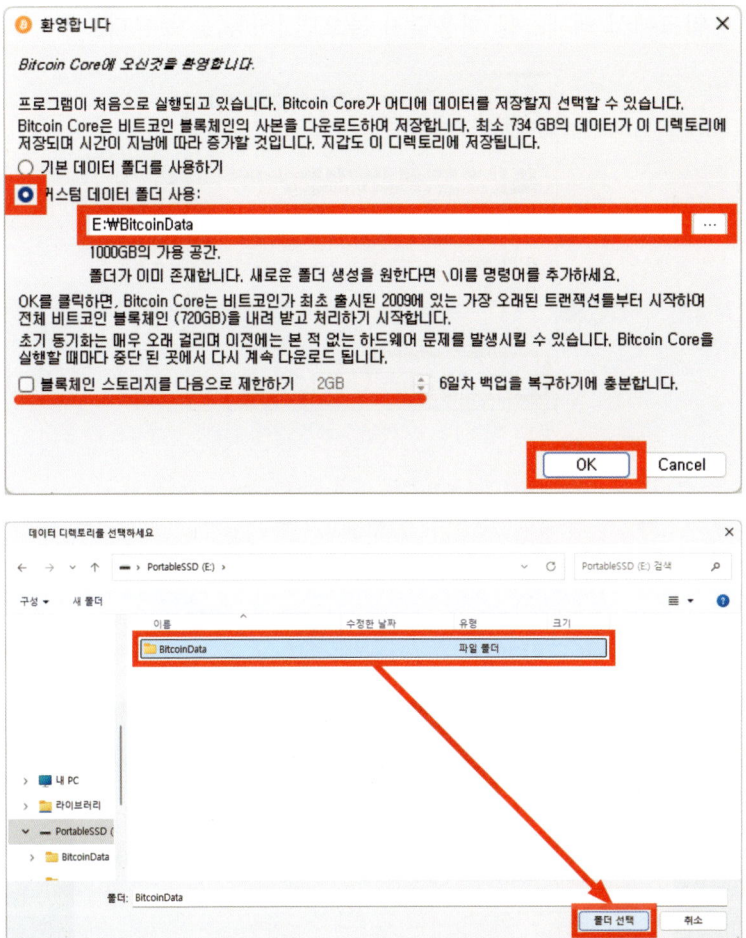

네트워크에서 액세스를 허용할지 물으면 [허용]을 누른다.

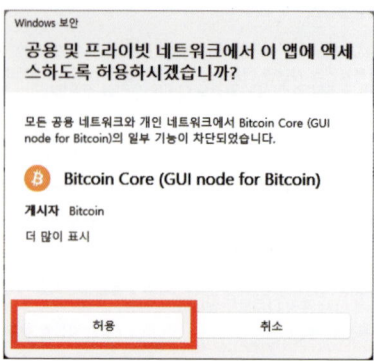

그러면 비트코인 코어가 동기화를 시작한다. 이 과정은 인터넷 환경에 따라 하루-일주일 정도 걸릴 수 있다.

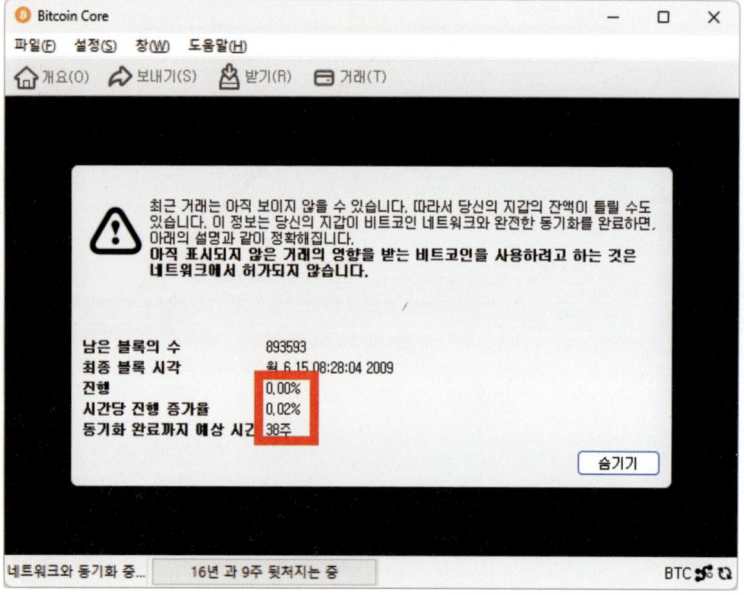

동기화가 완료되면 다음과 같은 화면이 나온다.

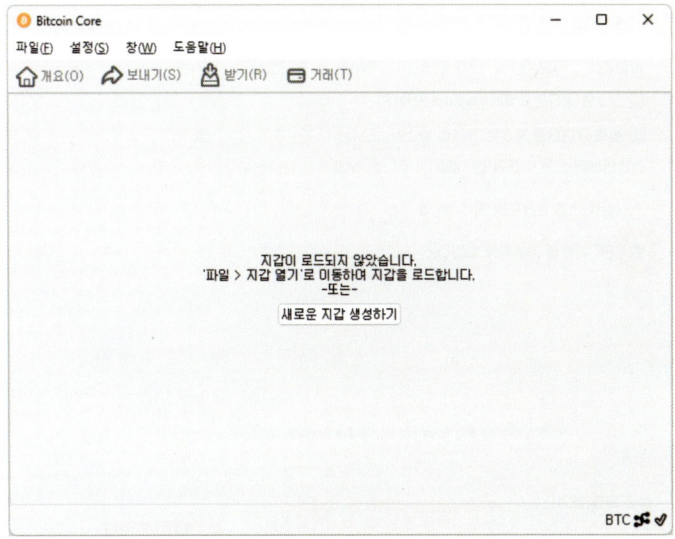

이후에 스패로우 지갑을 연결하기 위해 한 가지 설정을 켜놓고 가자. 상단 탭에서 [설정] → [옵션]을 누른다.

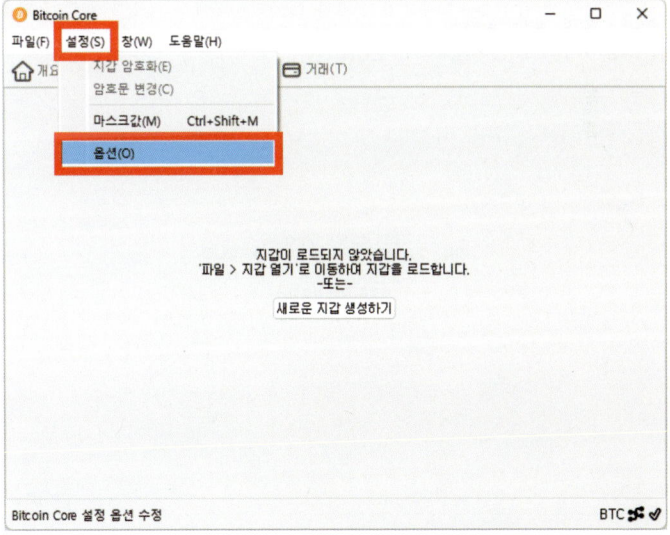

[RPC 서버를 가능하게 합니다.]에 체크하고 [확인]을 누른다.

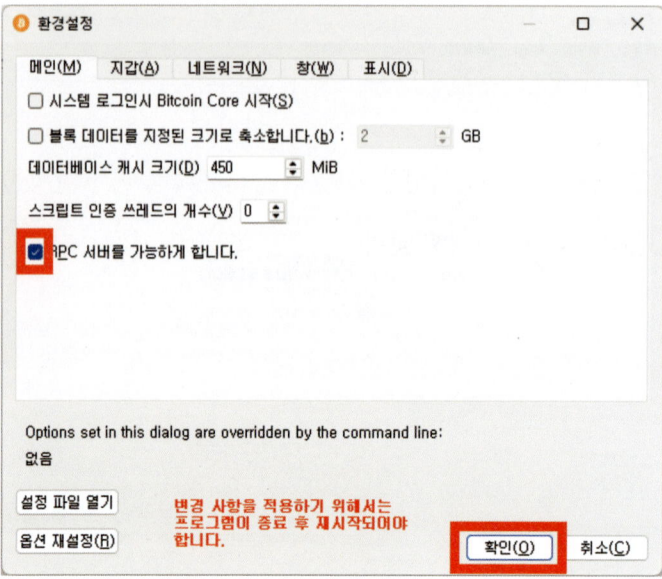

이제 비트코인 코어 프로그램을 닫는다.

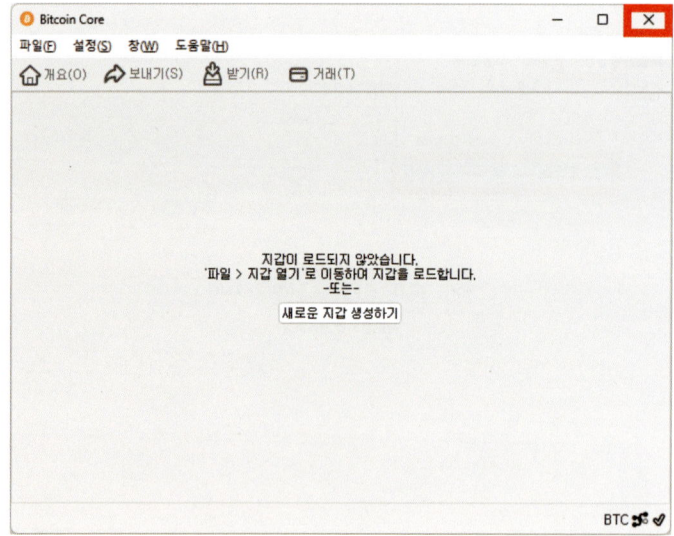

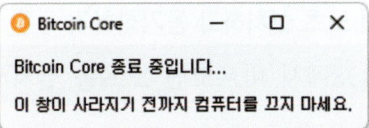

비트코인 코어를 다시 실행한다. 그러면 바뀐 설정이 적용된다.

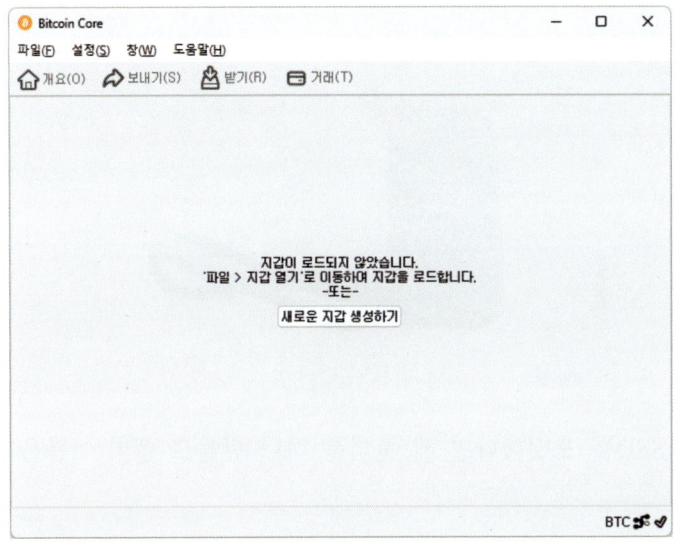

## 윈도우OS에 비트코인 노드 설치하고 동기화하기

이 절에서는 윈도우OS에서 비트코인 노드를 설치하는 방법에 대해 알아볼 것이다.

만약 설치할 데스크톱 저장 공간에 여유가 없다면 2TB 이상의 외장 SSD를 구매하는 것이 좋다. 블록 데이터를 외장 SSD에 받을 수 있기 때문이다.

외장 SSD를 포맷했다면 새 폴더를 하나 만들고 폴더 이름을 영어로 쓴다.

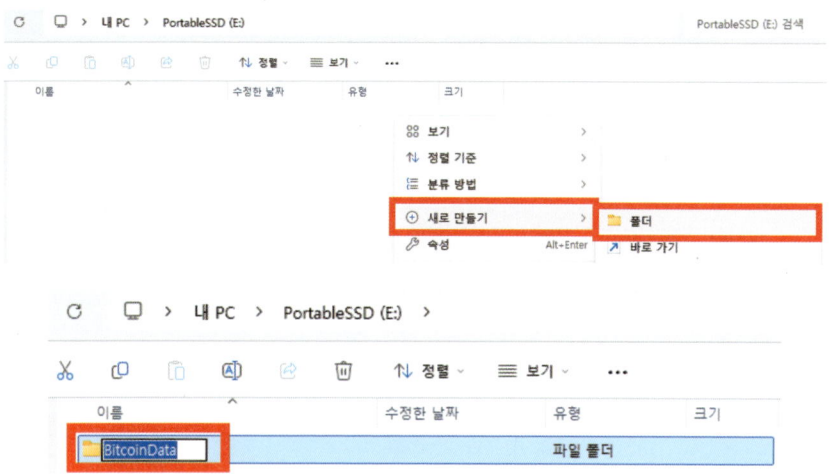

이제 다음 웹사이트에 접속하고, [Download]를 누른다.

https://bitcoinknots.org/

다운로드가 완료되면 파일을 실행한다.

설치 창이 나오면 [Next >] → [Next >] → [Install]을 누른다.

설치가 완료되고 [Finish]를 누르면 비트코인 노츠 프로그램이 자동으로 실행된다.

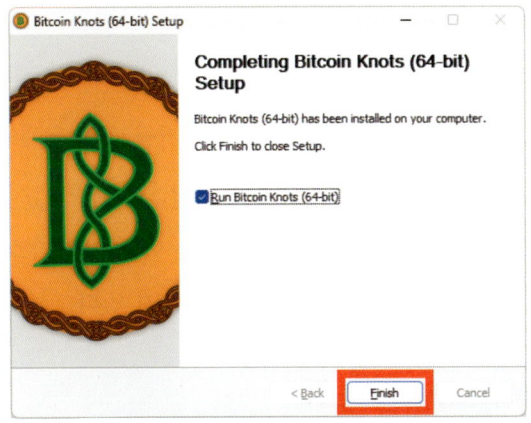

비트코인 노츠가 실행되면 [커스텀 데이터 폴더 사용:]을 선택하고 오른쪽의 […] 버튼을 눌러 외장 SSD에서 만들었던 폴더를 선택한다. 이 폴더에 비트코인 블록 데이터가 설치될 것이다.

'블록체인 스토리지를 다음으로 제한하기' 옵션은 가지치기 설정이다. 이 옵션을 체크하면 설정된 용량의 최신 블록만 남기고 과거 블록 데이터는 지운다.

'Skip validation of the transactions until after block:' 체크박스는 특정 블록 이전까지의 거래 서명 검증을 건너뛰는 기능이다. 이 옵션을 켜면 해당 블록과 그 이전 블록들의 거래가 정상일 것이라고 가정한다는 뜻이다. 따라서 일정 부분 신뢰에 의존하게 된다. 다만 블록 간의 연결성이나 블록 헤더의 작업증명 같은 기본적인 유효성 검증은 여전히 수행하며, 블록 데이터 자체도 모두 다운로드한다. 단지 거래 검증만 생략하는 것이다. 이렇게 하면 동기화 속도가 빨라진다. 비트코인에서는 어떤 거래가 블록에 포함되고, 그 위로 충분히 많은 블록이 쌓이면 사실상 되돌릴 수 없는 기록으로 여긴다. 즉, 해당 거래는 이미 수많은 노드들에 의해 검증되었다고 간주할 수 있다.

그러나 이런 신뢰를 두는 것이 내키지 않는다면, 체크박스를 해제하면 된다. 이 경우 제네시스 블록 이후부터 지금까지 온체인에서 이루어진 모든 거래의 서명을 직접 검증하게 된다. 다만 이 방식은 동기화가 매우 오래 걸릴 수 있다. 참고로 코어에서는 이런 체크박스 자체가 보이지 않고, 처음 설치할 때 이 설정이 무조건 켜져 있다.

경로를 지정했으면 [OK]를 누른다.

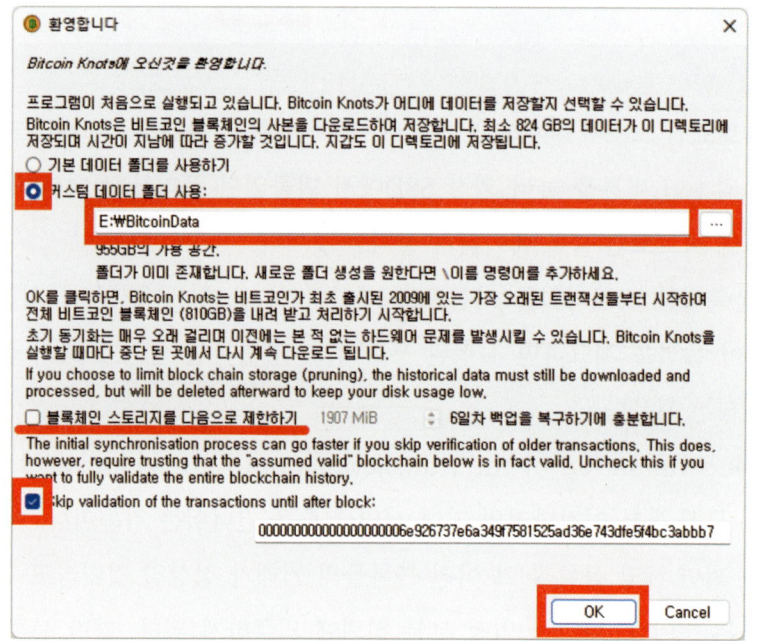

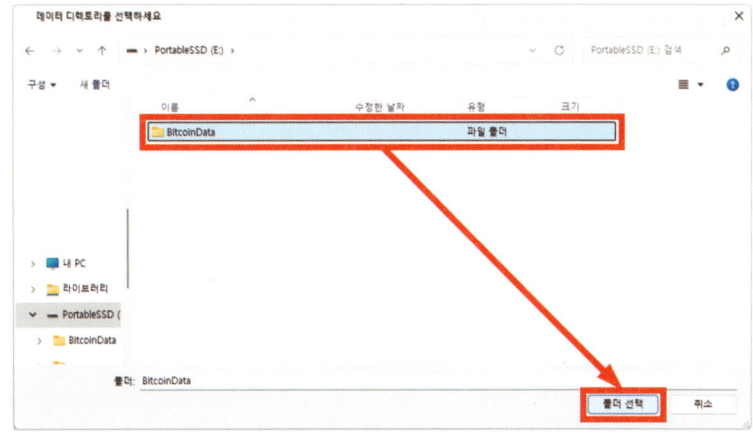

만약 네트워크에서 액세스를 허용할지 물으면 [허용]을 누른다. 비트코인 노츠가 켜지면 동기화를 시작한다. 이 과정은 인터넷 환경에 따라 하루-일주일 정도 걸릴 수 있다.

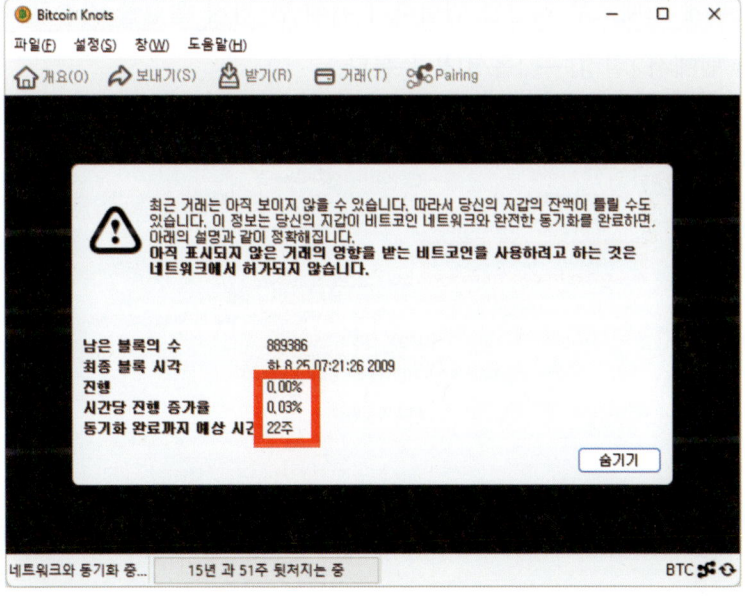

동기화가 완료되면 다음과 같은 화면이 나온다.

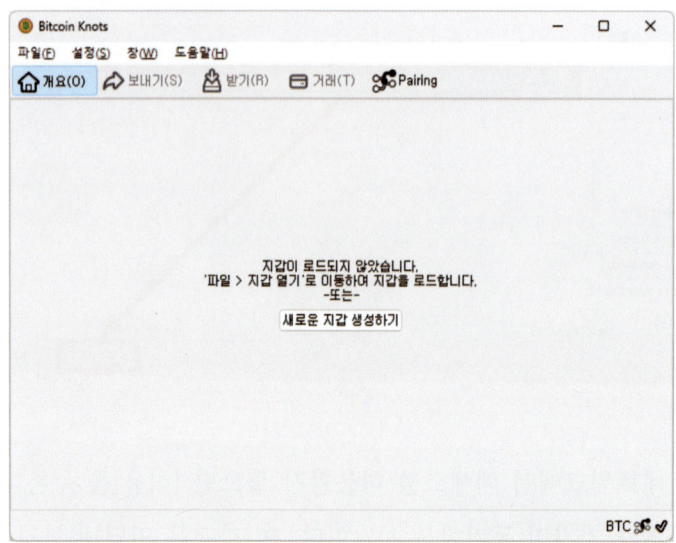

이후에 스패로우 지갑을 연결하기 위해 한 가지 설정을 켜놓고 가자. 상단 탭에서 [설정] → [옵션]을 누른다.

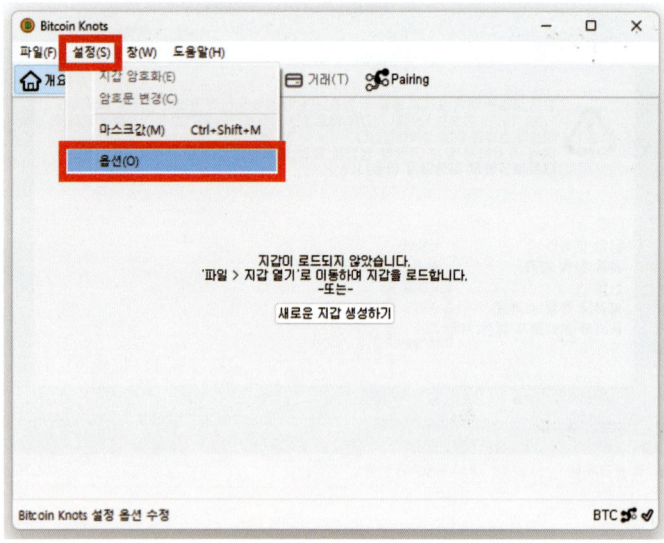

[RPC 서버를 가능하게 합니다.]에 체크하고 [확인]을 누른다.

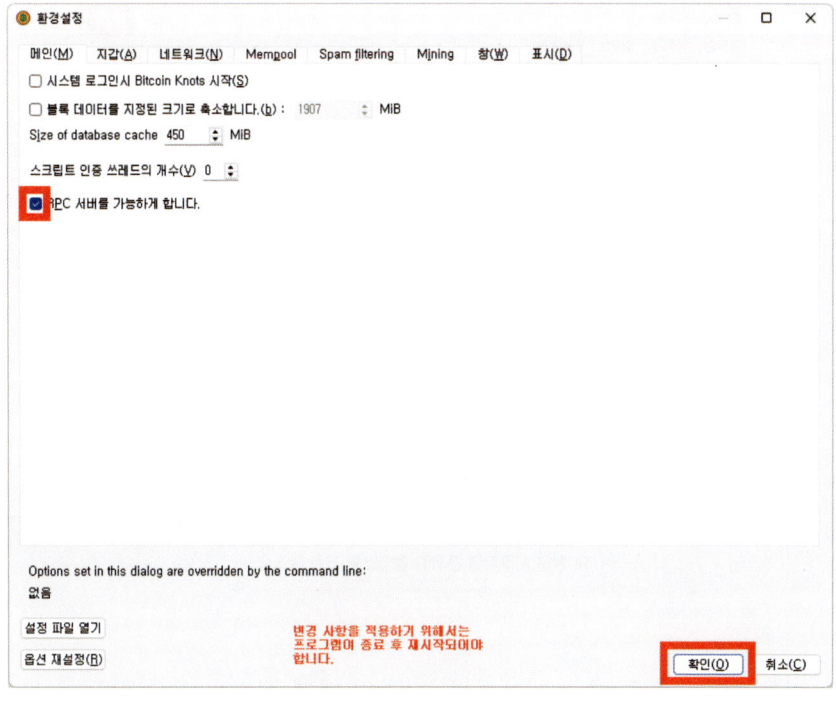

이제 비트코인 노츠 프로그램을 닫는다.

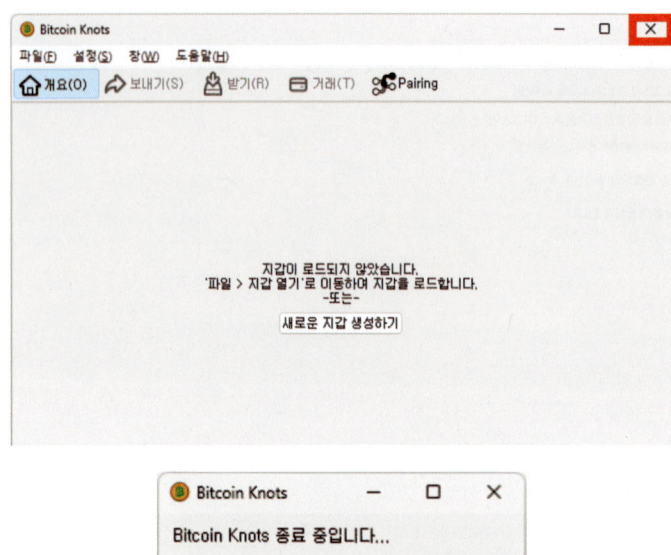

비트코인 노츠를 다시 실행한다. 그러면 바뀐 설정이 적용된다.

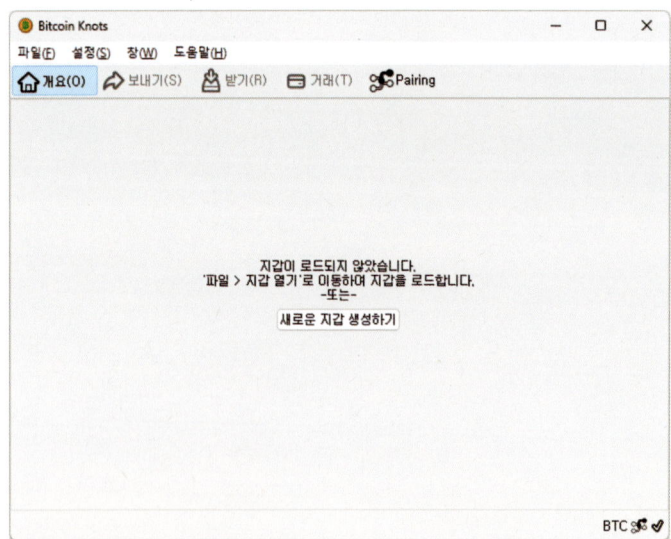

**같은 기기에서 스패로우 지갑 연결하기**

코어 혹은 노츠를 설치한 데스크톱 기기에서는 스패로우 워치-온리 지갑과 풀 노드를 연결할 수 있다.

스패로우에서 좌측 상단 [File] → [Settings]를 누른다.

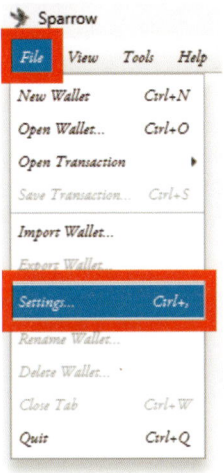

[Server]를 누르고, [Edit Existing Connection]을 누른다.

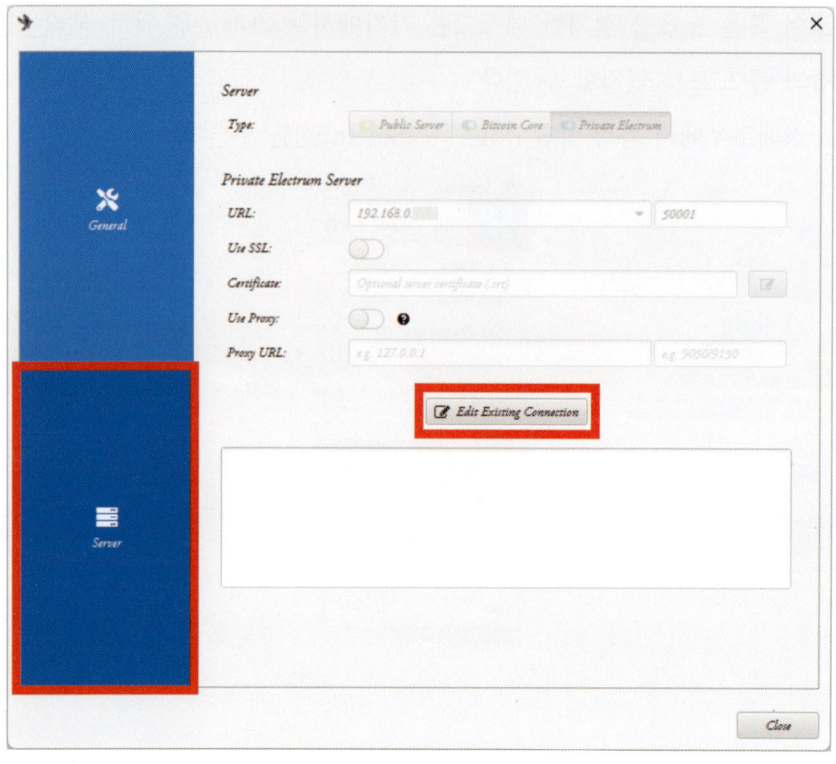

상단 가운데에 있는 [Bitcoin Core]를 누르고, 'Data Folder' 옆에 있는 버튼을 누른다. URL에 있는 127.0.0.1과 포트 번호 8332는 그대로 둔다. 참고로 127.0.0.1은 로컬 호스트의 IP 주소, 즉 현재 기기를 가리키는 주소다.

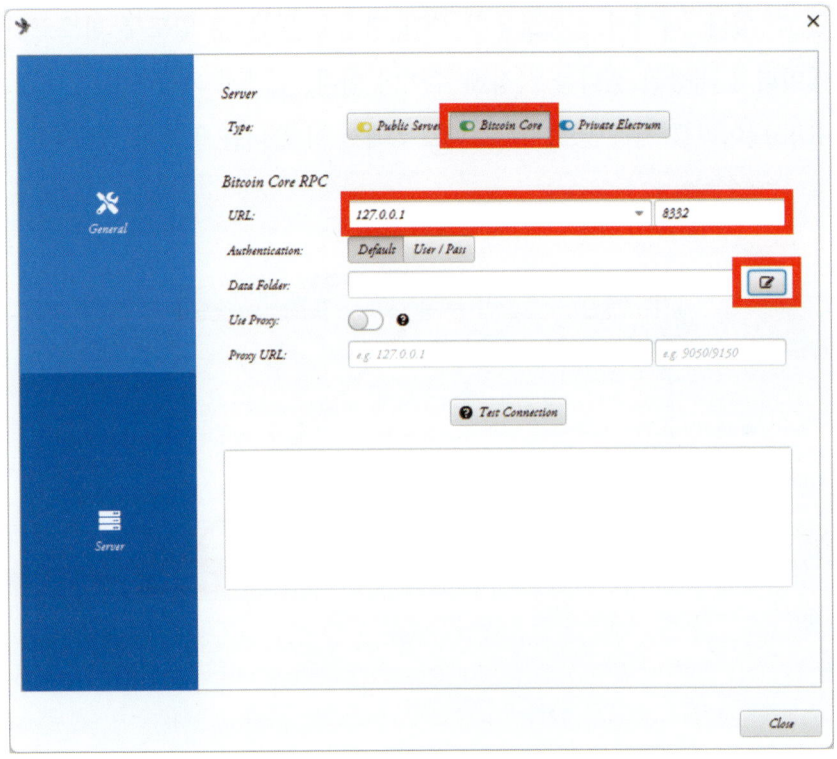

비트코인 코어나 노츠의 RPC 인터페이스를 이용해 풀 노드에 조회 명령을 보내려면 원래는 RPC 사용자 이름과 비밀번호 등을 미리 지정해 두어야 한다. 하지만 코어나 노츠가 설치된 기기에서는 .cookie 파일에 있는 임시 RPC 사용자 이름과 비밀번호를 통해 풀 노드와 계속 통신할 수 있다. 따라서 스패로우가 해당 파일을 찾을 수 있도록 비트코인 데이터가 저장된 폴더를 지정해 주어야 한다. 앞에서 외장 SSD에 비트코인 데이터를 저장했으므로 스패로우에서 이 폴더를 똑같이 선택한다.

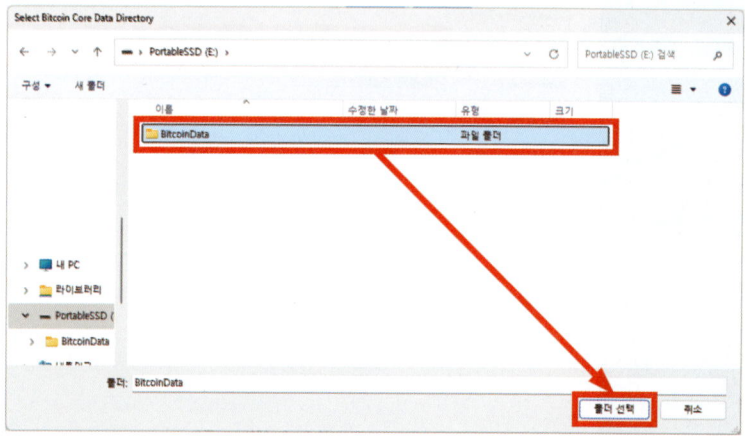

[Test Connection]을 누른다. 네트워크에서 스패로우 앱에 대한 접근 권한을 허용할지 물으면 [허용]을 누른다.

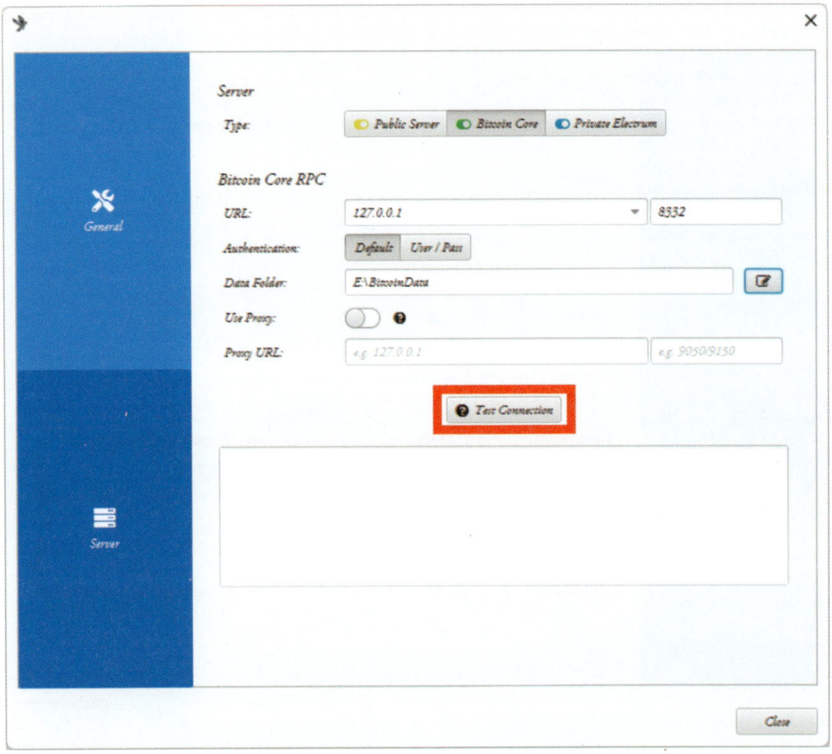

비트코인 코어와 연결이 성공적으로 되면 초록색 체크 표시와 함께 다음 사진과 같은 문구가 나온다. [Close]를 누르면 된다.

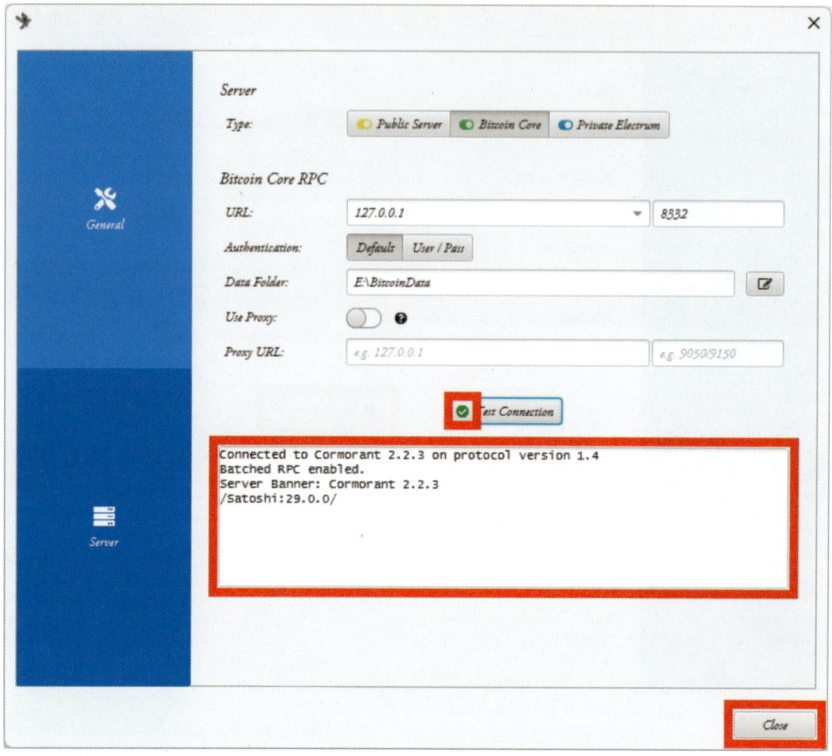

비트코인 노츠와 연결이 성공적으로 되면 초록색 체크 표시와 함께 다음 사진과 같은 문구가 나온다. [Close]를 누르면 된다.

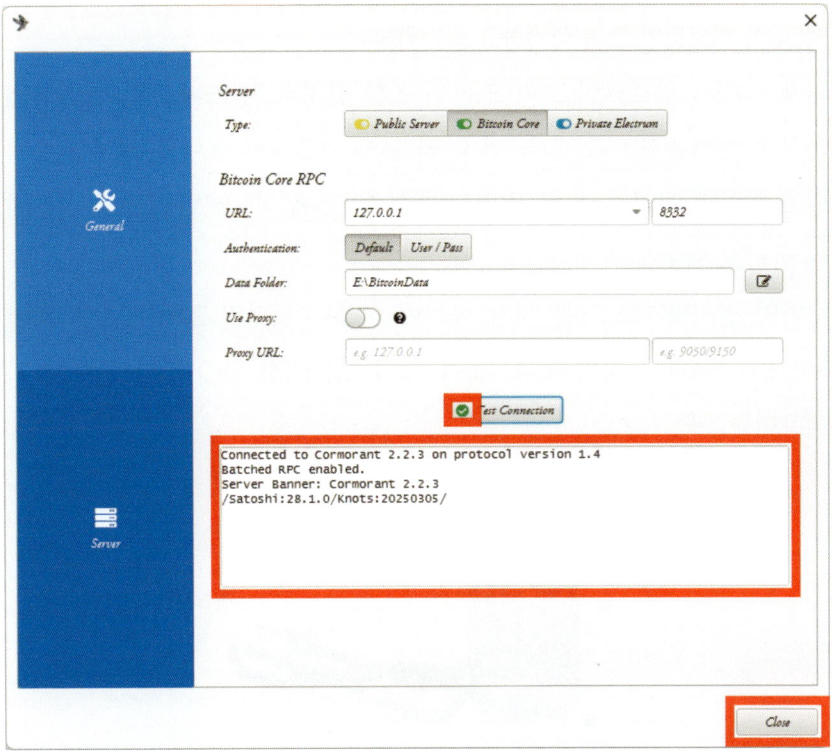

스패로우 지갑이 코어나 노츠와 잘 연결되었다면 스패로우 하단에 초록색 토글 스위치가 켜진다.

# 맥OS에서 풀 노드 운영하기

**맥OS에 비트코인 코어 설치하고 동기화하기**

이제 맥에서 비트코인 코어 또는 노츠를 설치하고, 스패로우 지갑과 연동하는 방법을 알아보겠다. 먼저 맥OS에 비트코인 코어를 설치하는 방법을 알아볼 것이다. 바로 뒤의 절에서 맥OS에 비트코인 노츠를 설치하는 방법도 알아볼 것이다.

만약 설치할 데스크톱 저장 공간에 여유가 없다면 2TB 이상의 외장 SSD를 구매하는 것이 좋다. 블록 데이터를 외장 SSD에 받을 수 있기 때문이다.

풀 노드는 쓰기가 반복적으로 일어난다. 외장 SSD의 포맷 형식 중 ExFAT 형식은 맥OS에서 쓰기를 할 때 오류가 잦은 것으로 알려져 있다. 따라서 외장 SSD를 포맷할 때는 APFS 형식을 선택한다. 외장 SSD를 우클릭하고 [디스크 지우기]를 선택한다.

포맷 형식으로 [APFS(Apple File System)]를 선택하고 [지우기]를 눌러 포맷한다.

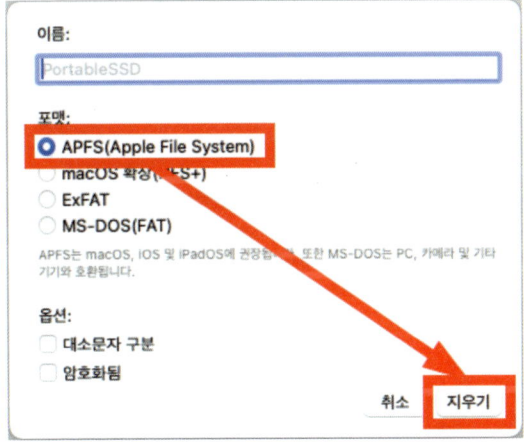

포맷이 완료되었다면 외장 SSD 안에 새 폴더를 하나 만들고 폴더 이름을 영어로 쓴다.

이제 다음 웹사이트에 접속하고, [Download Bitcoin Core]를 누른다.

https://bitcoincore.org/en/download/

[허용]을 누른다.

다운로드가 완료되면 파일을 실행한다.

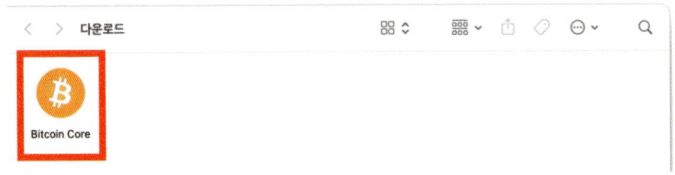

[열기]를 누른다.

그러면 바로 비트코인 코어가 실행된다. 여기서 [Use a custom data directory:](커스텀 데이터 폴더 사용:)를 선택하고 오른쪽의 […] 버튼을 눌러 외장 SSD에서 만들었던 폴더를 선택한다. 이 폴더에 비트코인 블록 데이터가 설치될 것이다.

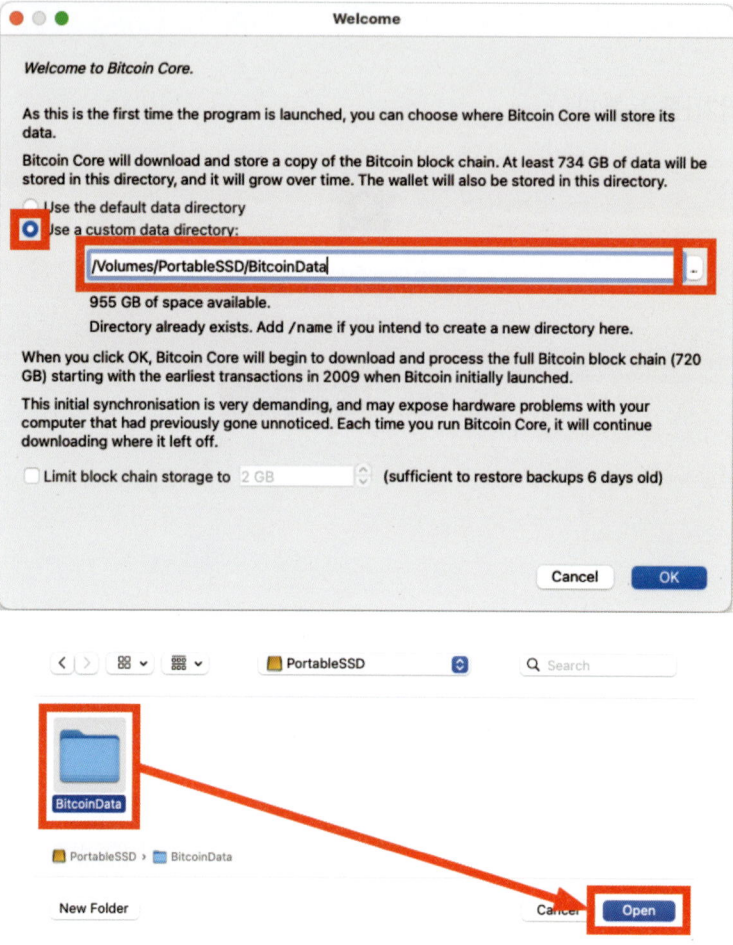

'Limit block chain storage to (블록체인 스토리지를 다음으로 제한하기)' 옵션은 가지치기 설정이다. 이 옵션을 체크하면 설정된 용량의 최신 블록만 남기고 과거 블록 데이터는 지운다.

경로가 지정되었으면 [OK]를 누른다.

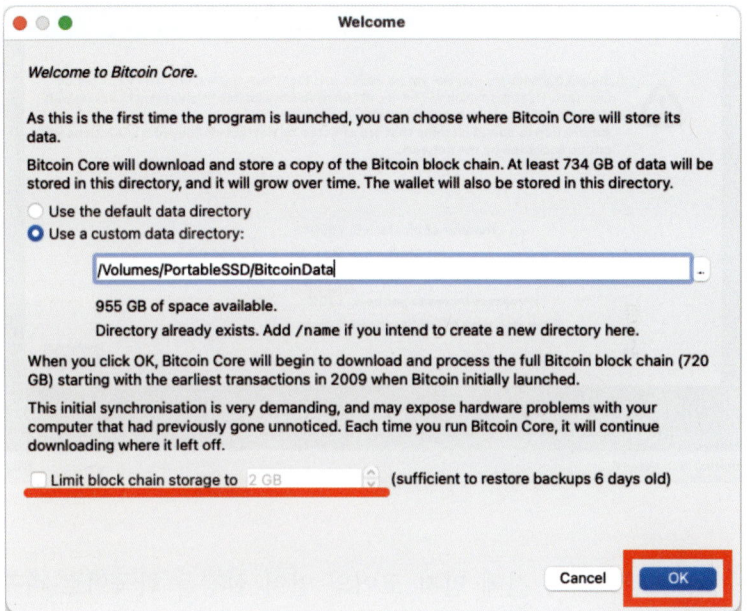

그러면 비트코인 코어가 동기화를 시작한다. 이 과정은 인터넷 환경에 따라 하루-일주일 정도 걸릴 수 있다.

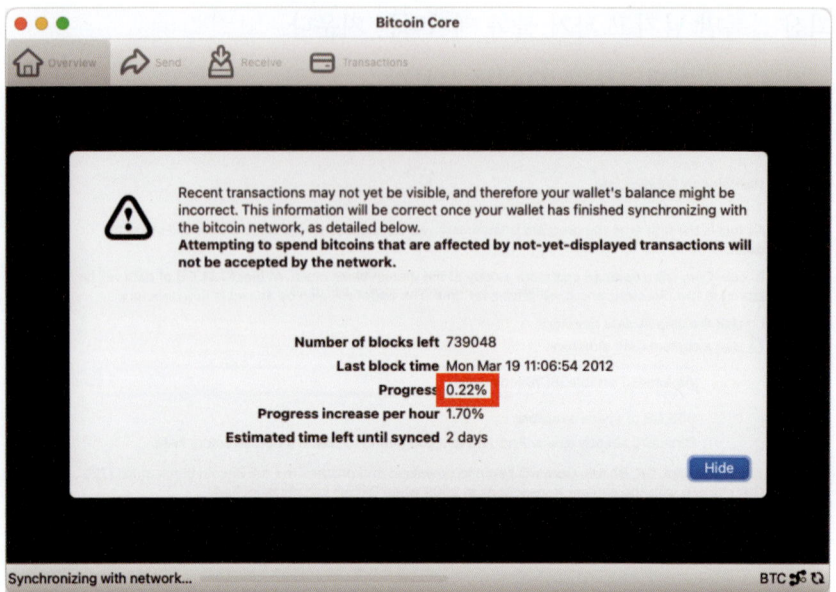

동기화가 완료되기 전에 먼저 코어의 언어 설정을 한국어로 바꾸자. 좌측 상단 [Bitcoin Core] → [Preferences]를 선택한다.

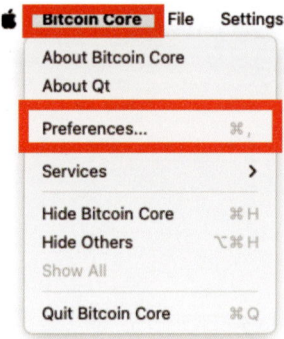

[Display] → 'User Interface language'에서 [한국어 (ko)]를 선택한다. 그리고 [OK]를 누른다.

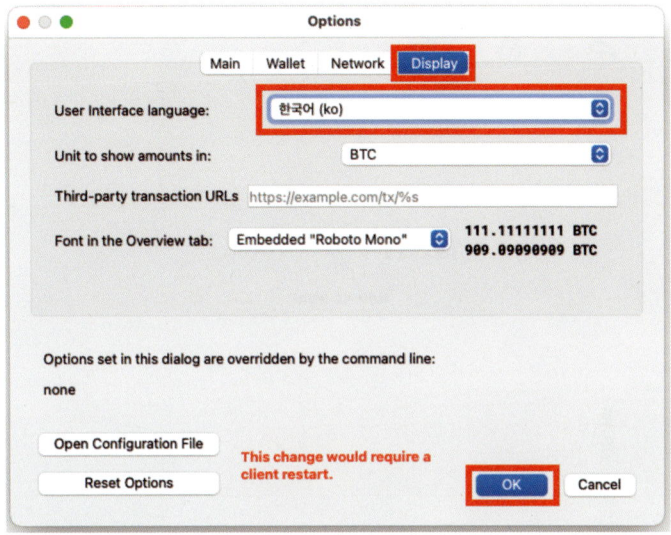

그리고 비트코인 코어에서 'Command' + 'Q'를 눌러 비트코인 코어를 완전히 종료한다.

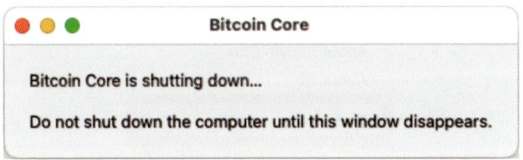

완전히 종료되었으면 다시 코어를 실행한다. 그러면 바뀐 설정이 적용된다. 동기화가 완료되면 다음과 같은 화면이 나온다.

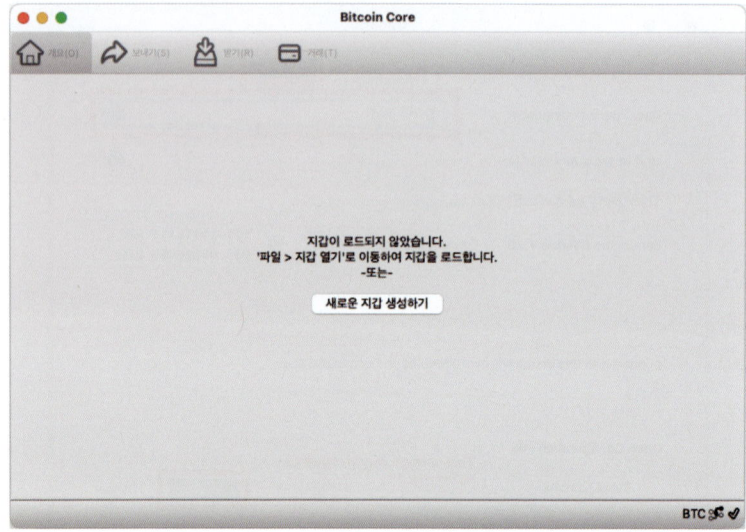

이후에 스패로우 지갑을 연결하기 위해 한 가지 설정을 켜놓고 가자. 상단 탭에서 [Bitcoin Core] → [Preferences]를 누른다.

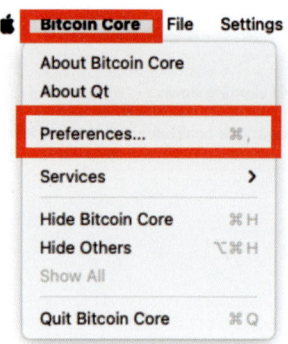

[RPC 서버를 가능하게 합니다.]에 체크하고 [확인]을 누른다.

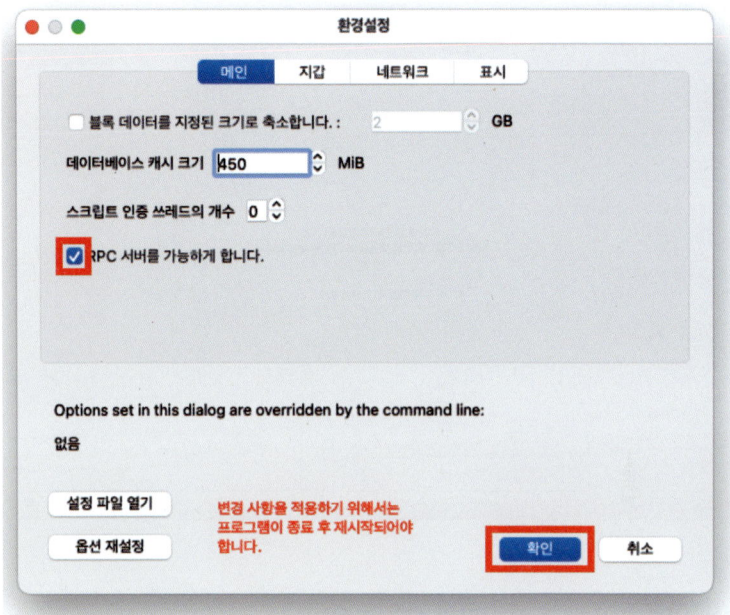

그리고 비트코인 코어에서 'Command' + 'Q'를 눌러 비트코인 코어를 완전히 종료한다.

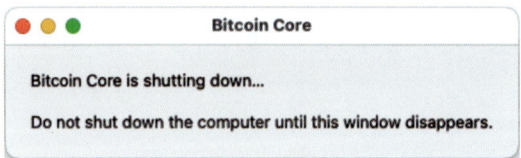

비트코인 코어를 다시 실행한다. 그러면 바뀐 설정이 적용된다.

## 맥OS에 비트코인 노츠 설치하고 동기화하기

이 절에서는 맥OS에서 비트코인 노츠를 설치하는 방법에 대해 알아볼 것이다.

　만약 설치할 데스크톱 저장 공간에 여유가 없다면 2TB 이상의 외장 SSD를 구매하는 것이 좋다. 블록 데이터를 외장 SSD에 받을 수 있기 때문이다.

풀 노드는 쓰기가 반복적으로 일어난다. 외장 SSD의 포맷 형식 중 ExFAT 형식은 맥OS에서 쓰기를 할 때 오류가 잦은 것으로 알려져 있다. 따라서 외장 SSD를 포맷할 때는 APFS 형식을 선택한다. 외장 SSD를 우클릭하고 [디스크 지우기]를 선택한다.

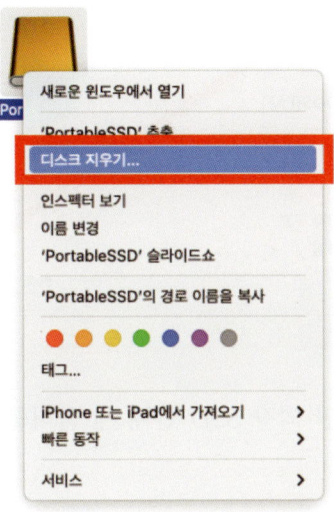

포맷 형식으로 [APFS(Apple File System)]를 선택하고 [지우기]를 눌러 포맷한다.

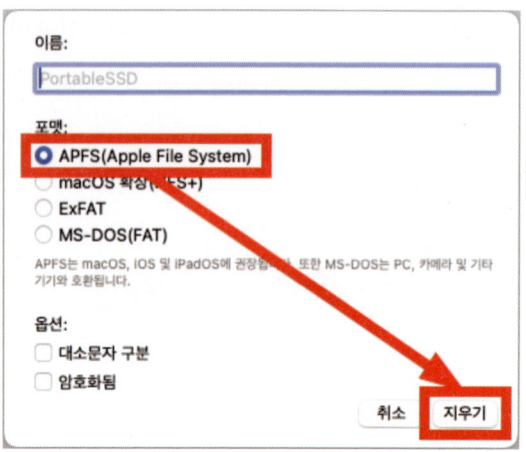

포맷이 완료되었다면 외장 SSD 안에 새 폴더를 하나 만들고 폴더 이름을 영어로 쓴다.

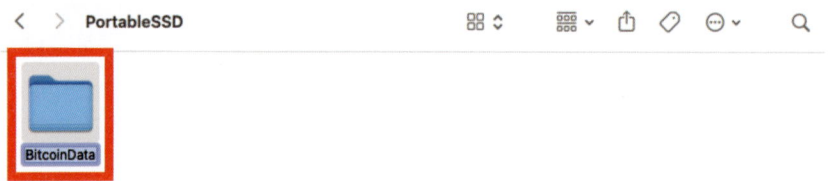

이제 다음 웹사이트에 접속하고, [Download]를 누른다.

https://bitcoinknots.org/

[허용]을 누른다.

다운로드가 완료되면 파일을 실행한다.

로제타Rosetta를 설치한 적이 없다면 설치하라는 창이 나올 수 있다. 로제타는 애플 실리콘 칩(M1-M4 등)에서 인텔 칩용으로 만들어진 앱을 실행할 수 있게 해주는 프로그램이다. [설치]를 누르고, 안내에 따라 설치한다.

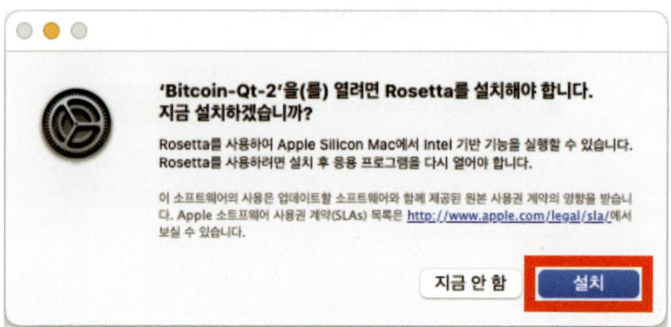

다시 노츠를 실행하고, [열기]를 누른다.

파일 접근 권한을 물으면 [허용]을 누른다.

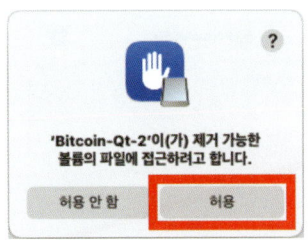

그러면 바로 비트코인 노츠가 실행된다. 여기서 [Use a custom data directory:](커스텀 데이터 폴더 사용:)를 선택하고 오른쪽의 […] 버튼을 눌러 외장 SSD에서 만들었던 폴더를 선택한다. 이 폴더에 비트코인 블록 데이터가 설치될 것이다.

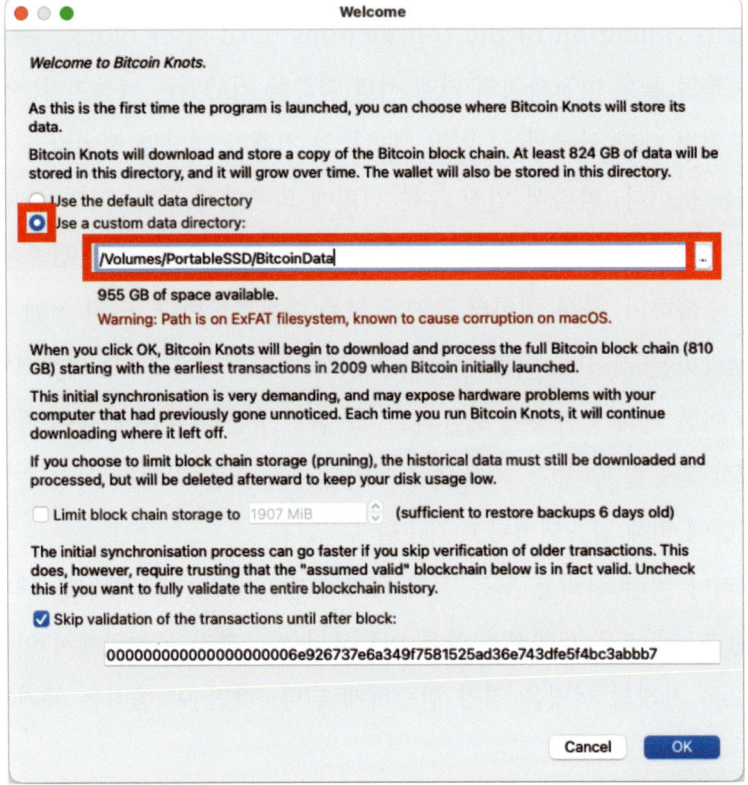

'Limit block chain storage to (블록체인 스토리지를 다음으로 제한하기)' 옵션은 가지치기 설정이다. 이 옵션을 체크하면 설정된 용량의 최신 블록만 남기고 과거 블록 데이터는 지운다.

'Skip validation of the transactions until after block:' 체크박스는 특정 블록 이전까지의 거래 서명 검증을 건너뛰는 기능이다. 이 옵션을 켜면 해당 블록과 그 이전 블록들의 거래가 정상일 것이라고 가정한다는 뜻이다. 따라서 일정 부분 신뢰에 의존하게 된다. 다만 블록 간의 연결성이나 블록 헤더의 작업증명 같은 기본적인 유효성 검증은 여전히 수행하며, 블록 데이터 자체도 모두 다운로드한다. 단지 거래 검증만 생략하는 것이다. 이렇게 하면 동기화 속도가 빨라진다. 비트코인에서는 어떤 거래가 블록에 포함되고, 그 위로 충분히 많은 블록이 쌓이면 사실상 되돌릴 수 없는 기록으로 여긴다. 즉, 해당 거래는 이미 수많은 노드들에 의해 검증되었다고 간주할 수 있다.

그러나 이런 신뢰를 두는 것이 내키지 않는다면, 체크박스를 해제하면 된다. 이 경우 제네시스 블록 이후부터 지금까지 온체인에서 이루어진 모든 거래의 서명을 직접 검증하게 된다. 다만 이 방식은 동기화가 매우 오래 걸릴 수 있다. 참고로 코어에서는 이런 체크박스 자체가 보이지 않고, 처음 설치할 때 이 설정이 무조건 켜져 있다.

경로가 지정되었으면 [OK]를 누른다.

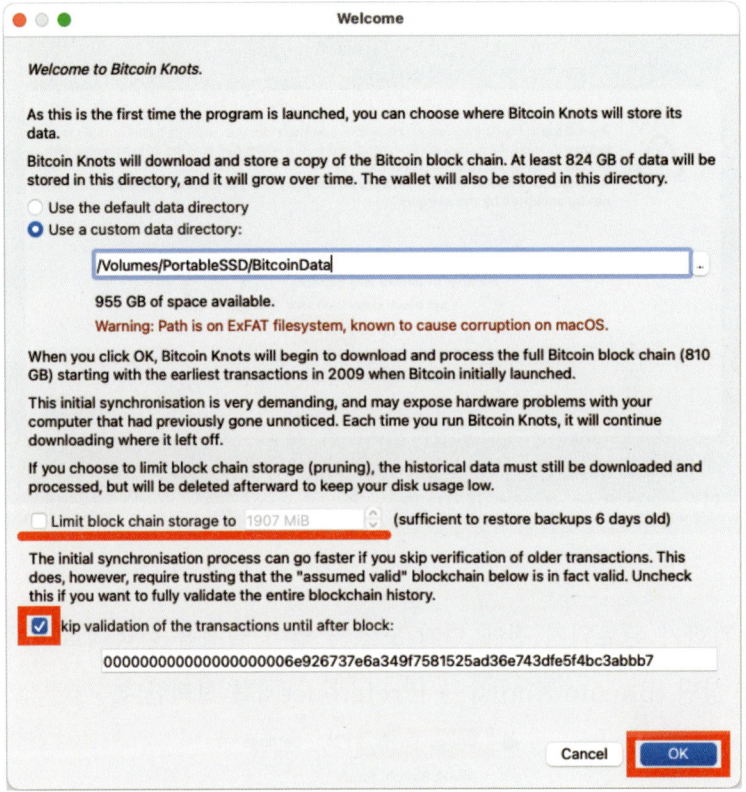

그러면 비트코인 노츠가 동기화를 시작한다. 이 과정은 인터넷 환경에 따라 하루-일주일 정도 걸릴 수 있다.

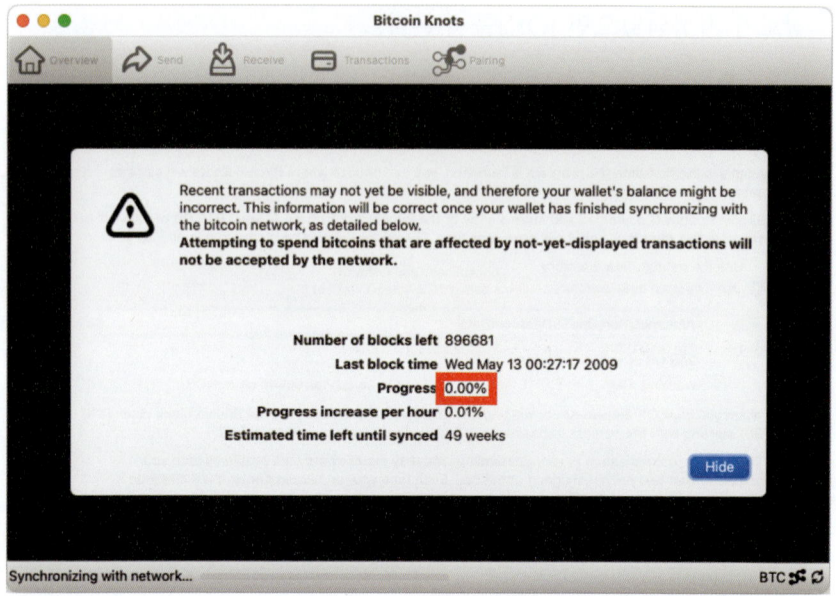

동기화가 완료되기 전에 먼저 노츠의 언어 설정을 한국어로 바꾸자. 좌측 상단 [Bitcoin Knots] → [Preferences]를 선택한다.

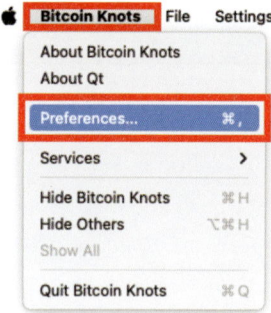

[Display] → 'User Interface language'에서 [한국어 (ko)]를 선택한다. 그리고 [OK]를 누른다.

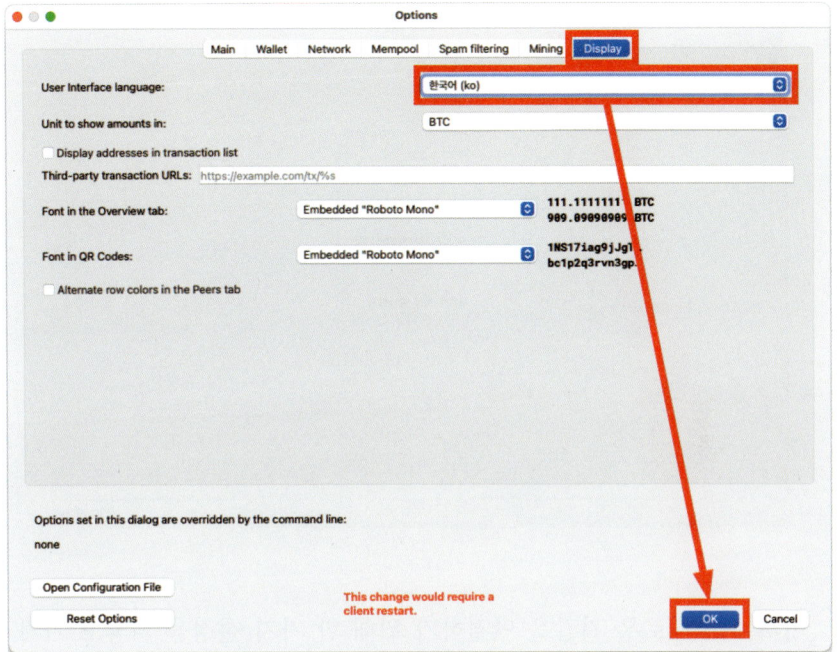

그리고 비트코인 노트에서 'Command' + 'Q'를 눌러 비트코인 노트를 완전히 종료한다.

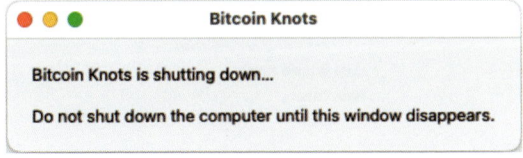

완전히 종료되었으면 다시 노츠를 실행한다. 그러면 바뀐 설정이 적용된다. 동기화가 완료되면 다음과 같은 화면이 나온다.

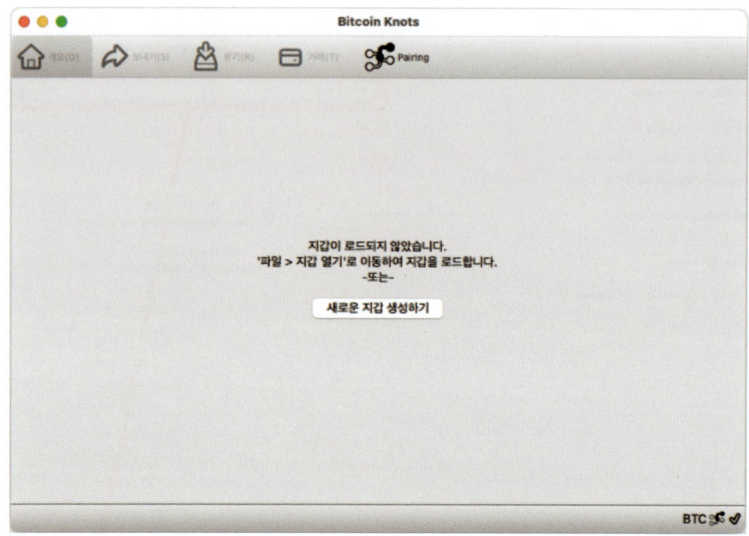

이후에 스패로우 지갑을 연결하기 위해 한 가지 설정을 켜놓고 가자. 상단 탭에서 [Bitcoin Knots] → [Preferences]를 누른다.

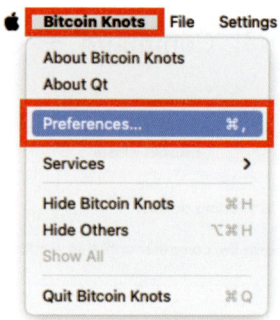

[RPC 서버를 가능하게 합니다.]에 체크하고 [확인]을 누른다.

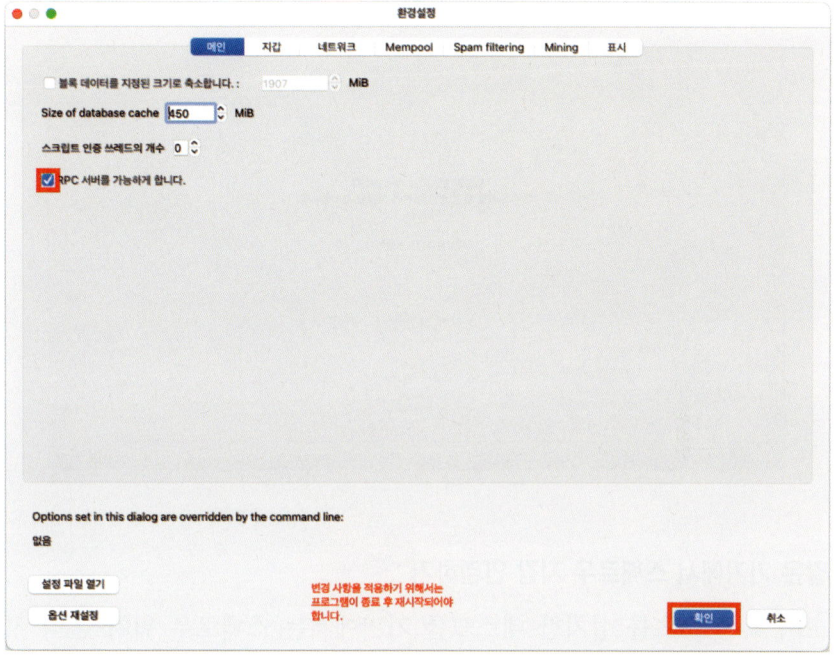

그리고 비트코인 노츠에서 'Command' + 'Q'를 눌러 비트코인 노츠를 완전히 종료한다.

비트코인 노츠를 다시 실행한다. 그러면 바뀐 설정이 적용된다.

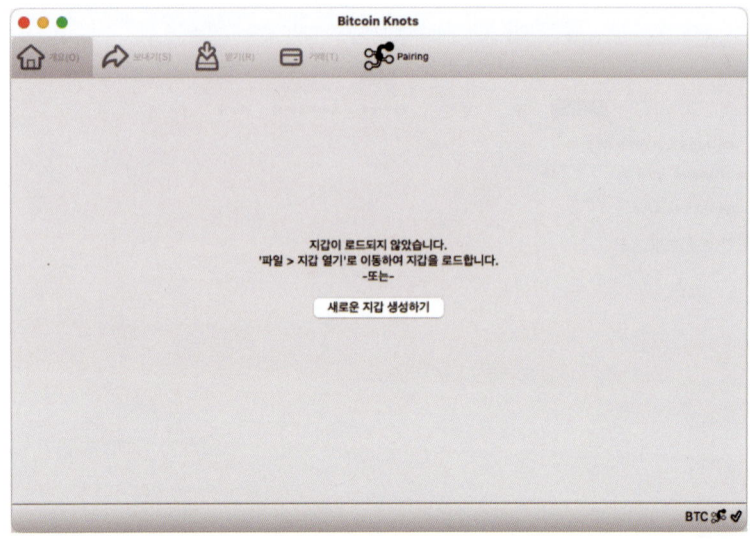

## 같은 기기에서 스패로우 지갑 연결하기

코어 혹은 노츠를 설치한 데스크톱 기기에서는 스패로우 워치-온리 지갑과 풀 노드를 연결할 수 있다.

스패로우에서 좌측 상단 [Sparrow] → [Settings]를 누른다.

[Server]를 누르고, [Edit Existing Connection]을 누른다.

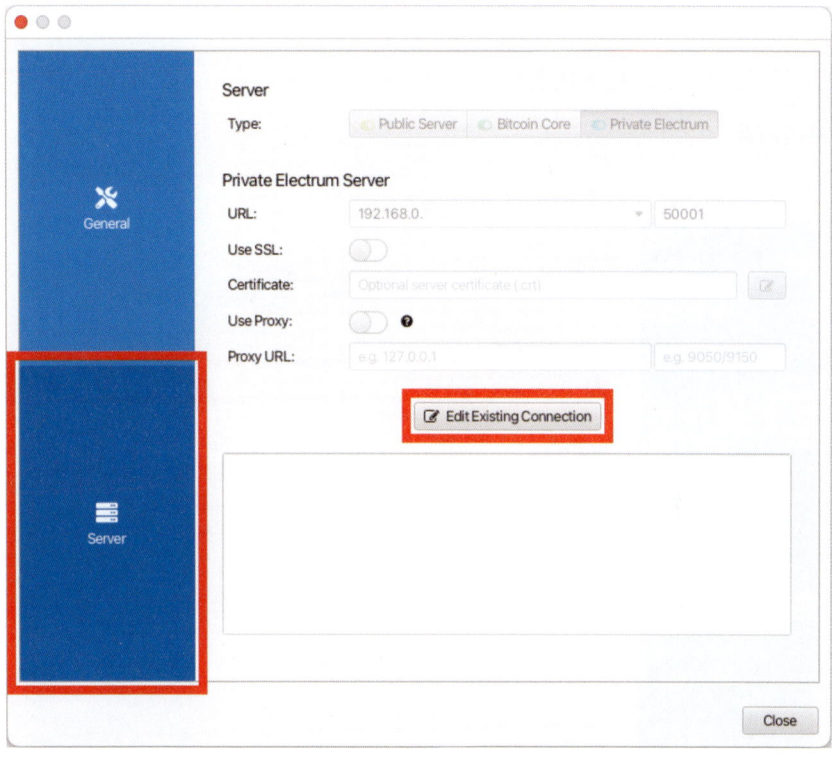

상단 가운데에 있는 [Bitcoin Core]를 누르고, 'Data Folder' 옆에 있는 버튼을 누른다. URL에 있는 127.0.0.1과 포트 번호 8332는 그대로 둔다. 참고로 127.0.0.1은 로컬 호스트의 IP 주소, 즉 현재 기기를 가리키는 주소다.

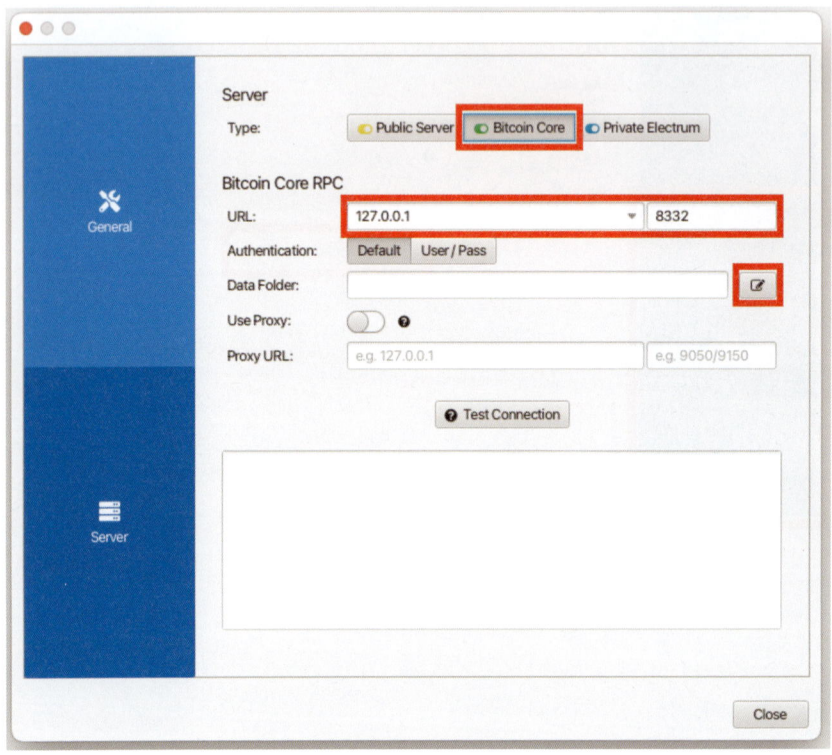

비트코인 코어나 노츠의 RPC 인터페이스를 이용해 풀 노드에 조회 명령을 보내려면 원래는 RPC 사용자 이름과 비밀번호 등을 미리 지정해 두어야 한다. 하지만 코어나 노츠가 설치된 기기에서는 .cookie 파일에 있는 임시 RPC 사용자 이름과 비밀번호를 통해 풀 노드와 계속 통신할 수 있다. 따라서 스패로우가 해당 파일을 찾을 수 있도록 비트코인

데이터가 저장된 폴더를 지정해 주어야 한다. 앞에서 외장 SSD에 비트코인 데이터를 저장했으므로 스패로우에서 이 폴더를 똑같이 선택한다.

[Test Connection]을 누른다.

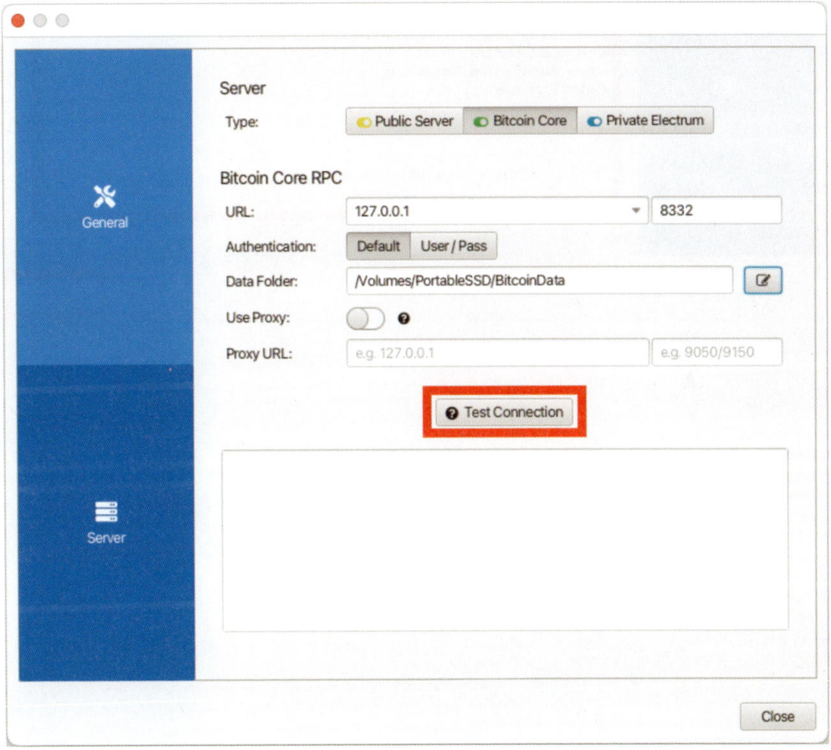

비트코인 코어와 연결이 성공적으로 되면 초록색 체크 표시와 함께 다음 사진과 같은 문구가 나온다. [Close]를 누르면 된다.

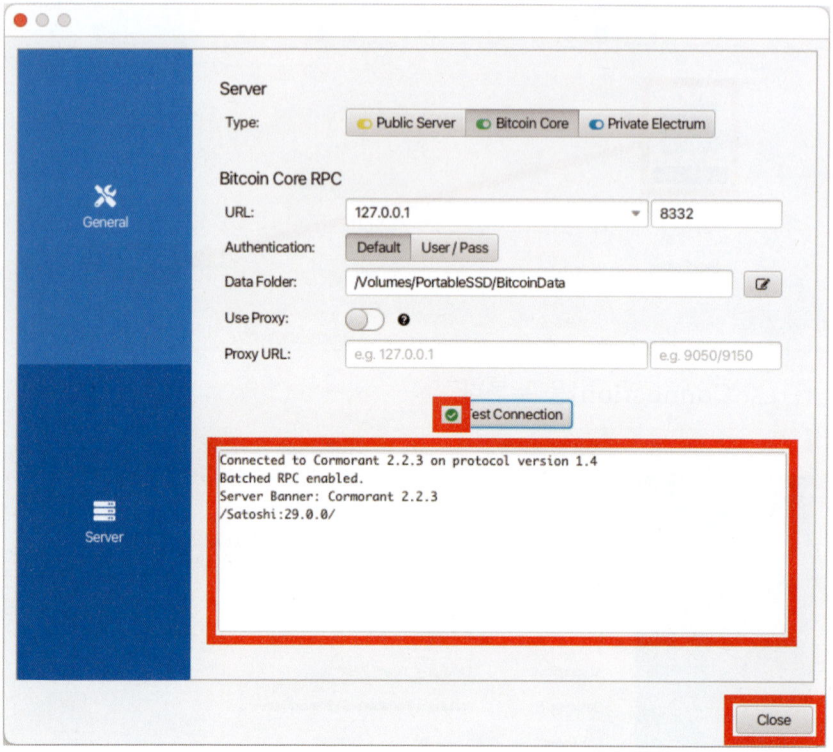

비트코인 노츠와 연결이 성공적으로 되면 초록색 체크 표시와 함께 다음 사진과 같은 문구가 나온다. [Close]를 누르면 된다.

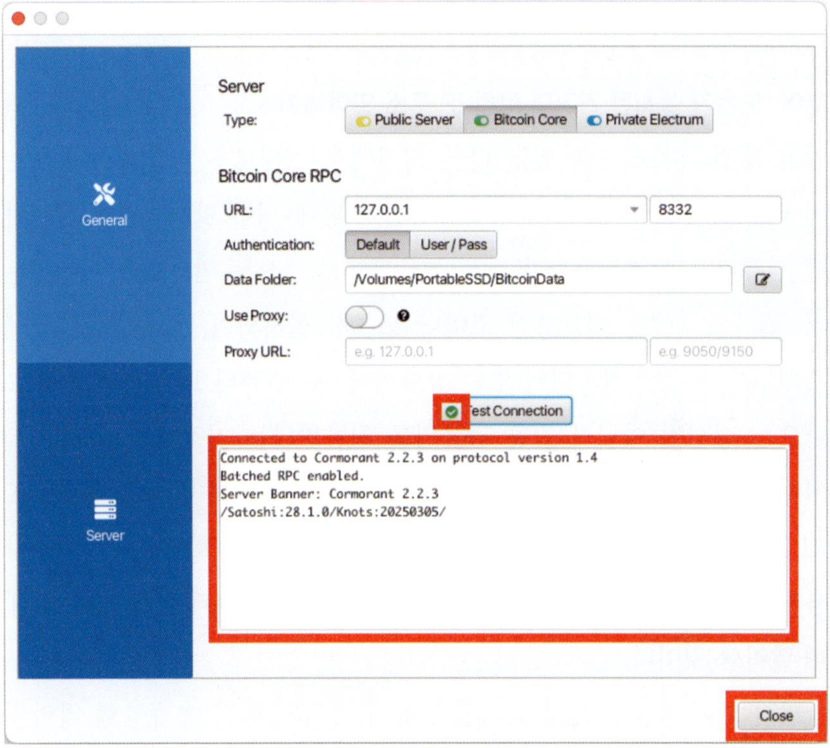

스패로우 지갑이 코어나 노츠와 잘 연결되었다면 스패로우 하단에 초록색 토글 스위치가 켜진다.

# | 로컬 네트워크에서 스패로우 지갑과 비트코인 코어, 노츠 연결하기

### 코어, 노츠가 설치된 기기의 로컬 IP 주소 알아내기

만약 로컬 네트워크에 있는 다른 기기에서 스패로우 지갑을 사용하는데 비트코인 코어, 노츠와 연결하려면 어떻게 해야 할까? 쉽게 말하자면 컴퓨터 1과 컴퓨터 2가 같은 공유기에서 나오는 인터넷을 사용하는데, 컴퓨터 1에는 비트코인 코어나 노츠가 설치되어 있고 컴퓨터 2에 스패로우 지갑이 설치되어 있는 상황이다. 두 컴퓨터 모두 벽에서 바로 나오는 랜선이 아니라 같은 공유기를 사용한다는 가정하에 서술한다. 이때는 스패로우가 풀 노드의 정보를 조회하기 위해 정말로 원격으로 RPC를 사용하므로(원래 RPC의 뜻이 원격 프로시저 호출이다) RPC 사용자 이름과 비밀번호를 지정해 주어야 한다. 지금부터는 그 방법에 대해 알아볼 것이다.

먼저 코어 혹은 노츠가 설치된 컴퓨터 기기의 로컬 IP 주소를 알아내야 한다. 윈도우OS에서는 다음과 같이 하면 된다. '윈도우' + 'R' 키를 누르고, 'cmd'를 실행한다. 터미널에 `ipconfig`를 입력하면 로컬 IP 주소가 나온다. 이를 잘 기억한다.

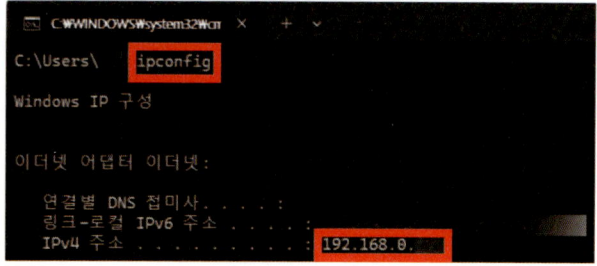

맥OS에서는 다음과 같이 하면 된다. 설정에 들어가 [네트워크]를 누르고 랜선으로 연결되어 있다면 [이더넷]을, 와이파이로 연결되어 있다면 [Wi-Fi]를 누른다.

이더넷에 들어가면 바로 로컬 IP 주소가 나온다. 이를 잘 기억한다.

Wi-Fi에 들어갔을 때는 연결된 와이파이 옆의 [세부사항]을 누르고 스크롤을 아래로 내려보면 로컬 IP 주소가 나온다. 이를 잘 기억한다.

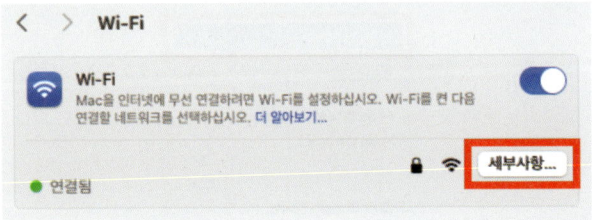

## bitcoin.conf 파일 설정하기

로컬 IP 주소를 알아냈다면 코어 혹은 노츠에서 설정에 들어가야 한다. 윈도우에서는 [설정] → [옵션]에 들어가면 된다.

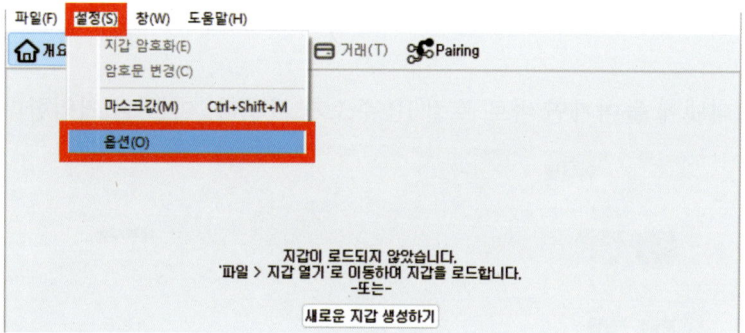

맥에서는 [Bitcoin Core] 혹은 [Bitcoin Knots] → [Preferences]에 들어가면 된다.

[설정 파일 열기]를 누른다.

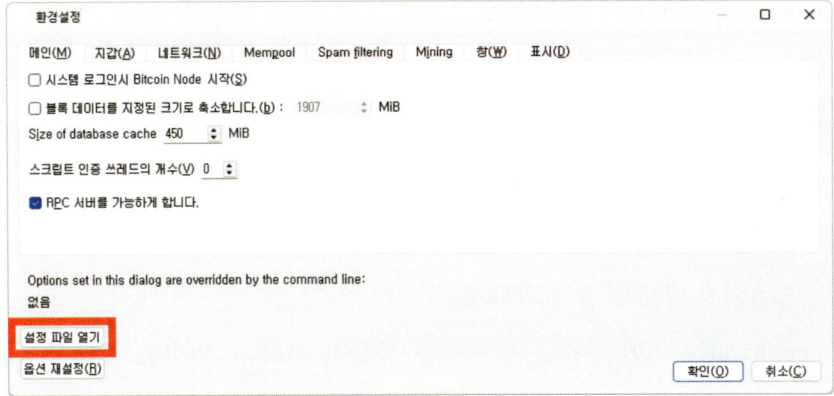

[계속하기]를 누른다.

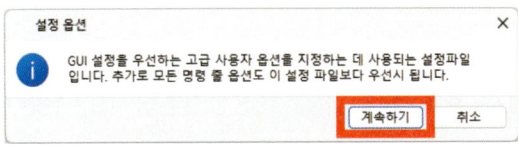

그러면 'bitcoin.conf'라는 설정 파일이 열린다. 윈도우에서는 메모장으로 열면 되고, 맥에서는 텍스트 편집기로 열면 된다.

여기에 다음을 입력한다.

```
server=1
rpcuser=[자신이 설정할 RPC 사용자 이름]
rpcpassword=[자신이 설정할 RPC 비밀번호:
    영어 대소문자, 특수문자 섞어서 반드시 길게]
rpcbind=[앞에서 확인했던 이 기기의 로컬 IP 주소]
rpcallowip=192.168.0.0/24
```

한 줄씩 설명해 보겠다. `server=1`은 RPC 서버를 가능하게 하는 옵션과 같은 기능이다.

`rpcuser`와 `rpcpassword`에는 각각 사용자 이름과 비밀번호를 설정하면 된다. 비밀번호는 꼭 영어 대소문자, 특수문자를 섞어서 길게 설정하자. 비밀번호를 직접 저장하지 않고 해시값을 저장하는 `rpcauth` 방식이 더 권장되나 여기서 다루지는 않겠다. RPC 사용자 이름과 비밀번호는 유출되지 않도록 잘 관리하자.

`rpcbind`는 어떤 주소로 명령어를 들을지 정하는 것이다. 그래서 코어 혹은 노츠가 설치된 기기의 로컬 IP 주소를 적는 것이다. 만약 코어 혹은 노츠가 설치된 기기에서도 스패로우를 사용할 것이라면 밑에 `rpcbind=127.0.0.1` 한 줄을 더 써주면 된다.

`rpcallowip`는 코어 혹은 노츠에 연결을 허용할 IP 주소를 지정하는 것이다. `192.168.0.0/24`는 192.168.0.0부터 192.168.0.255를 말하는 것으로, 로컬 네트워크에 있는 기기들만 접속을 허용하겠다는 뜻이다.

이렇게 입력하고 파일을 저장한다.

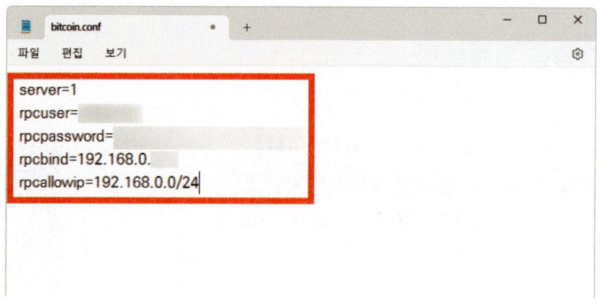

## 윈도우OS에 코어, 노츠가 설치되어 있는 경우 방화벽 해제

이제 코어 혹은 노츠가 설치된 기기에서 방화벽을 해제해야 한다. 윈도우에 코어 혹은 노츠가 설치되어 있다면 해당 기기에서 [제어판] → [시스템 및 보안] → [Windows Defender 방화벽]에 들어가서 [고급 설정]을 누른다.

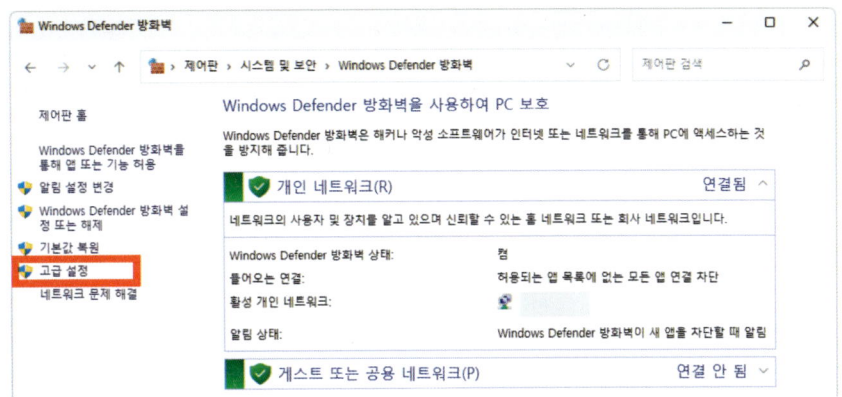

좌측 탭에서 [인바운드 규칙]을 선택하고, 'Bitcoin Core' 혹은 'Bitcoin Knots'를 선택한다(노츠도 'Bitcoin Core'로 나올 수 있다). 그리고 우측의 [새 규칙]을 누른다.

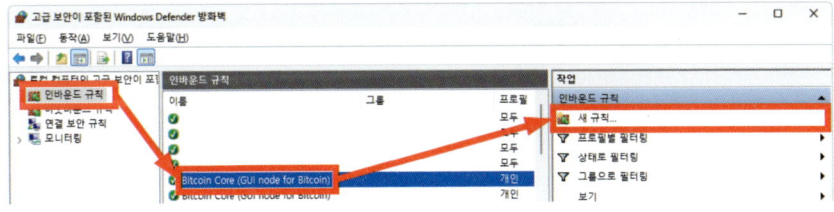

[포트] → [다음]을 누른다.

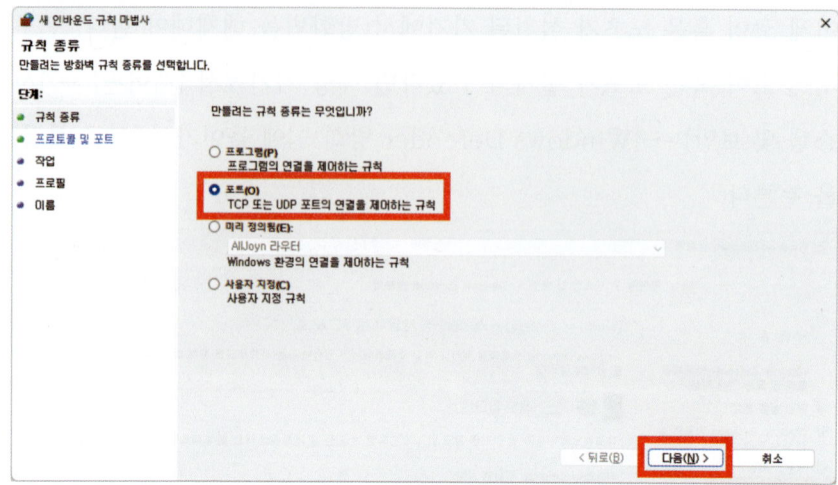

[TCP]를 선택하고 [특정 로컬 포트]에서 '8332'를 입력한다. 그러고 [다음]을 누른다.

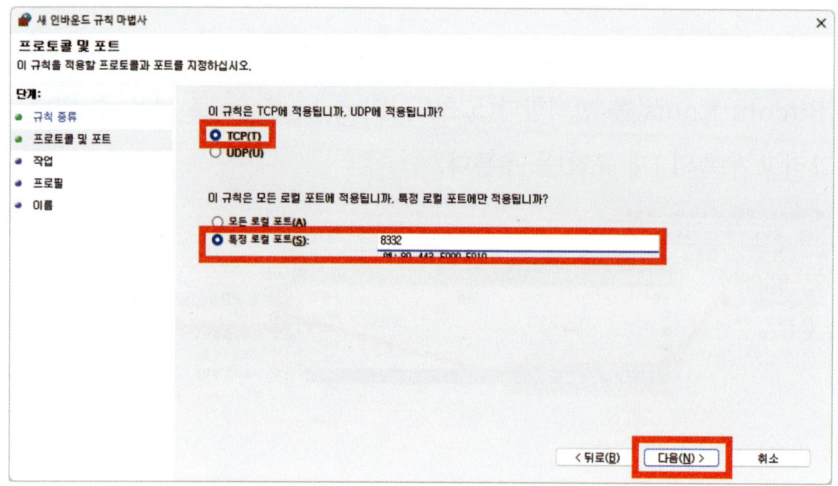

[연결 허용]을 선택하고, [다음]을 누른다.

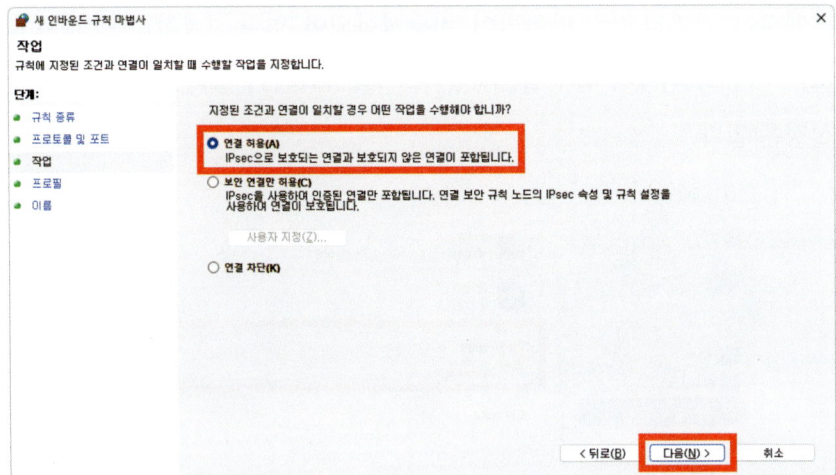

이름에 'Bitcoin Node RPC' 등을 입력하고 [마침]을 누른다.

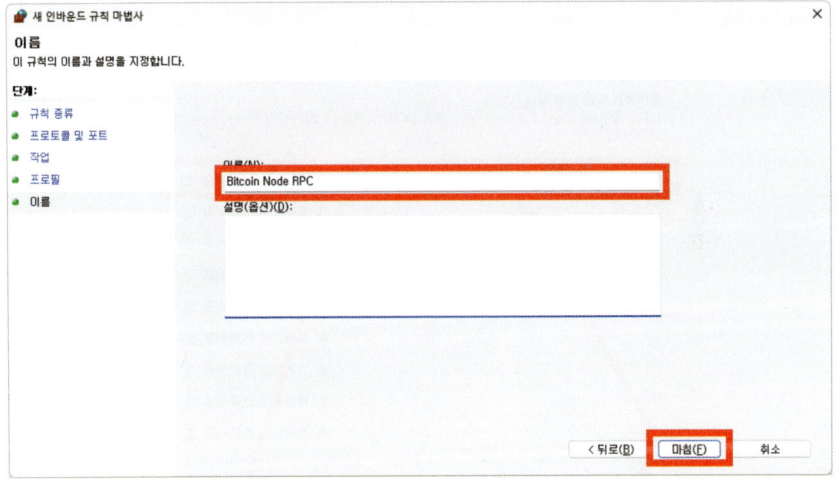

## 맥OS에 코어, 노츠가 설치되어 있는 경우 방화벽 해제

맥에서는 기본적으로 방화벽이 비활성화되어 있다. [설정] → [네트워크] → [방화벽]에서 확인할 수 있다. 비활성화되어 있다면 따로 바꿔줄 설정은 없다.

만약 맥에서 방화벽을 사용한다면 방화벽에서 [옵션…]을 누르고 [+] 버튼을 눌러 비트코인 코어 혹은 노츠 프로그램을 선택하고 [확인]을 누르면 된다.

## 로컬 네트워크에서 스패로우 지갑 연결하기

이제 로컬 네트워크에 있는 다른 컴퓨터의 스패로우 지갑에서 코어 혹은 노츠에 연결해보자.

윈도우: 스패로우에서 좌측 상단 [File] → [Settings]를 누른다.

맥: 스패로우에서 좌측 상단 [Sparrow] → [Settings]를 누른다.

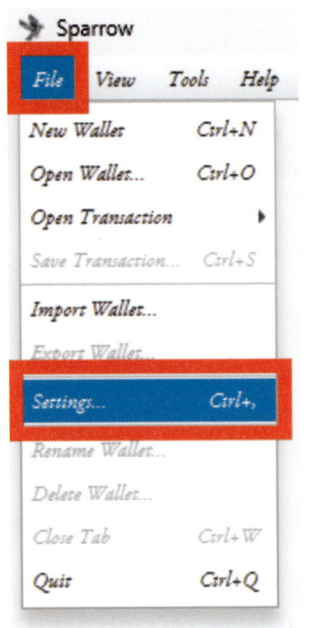

[Server]를 누르고, [Edit Existing Connection]을 누른다.

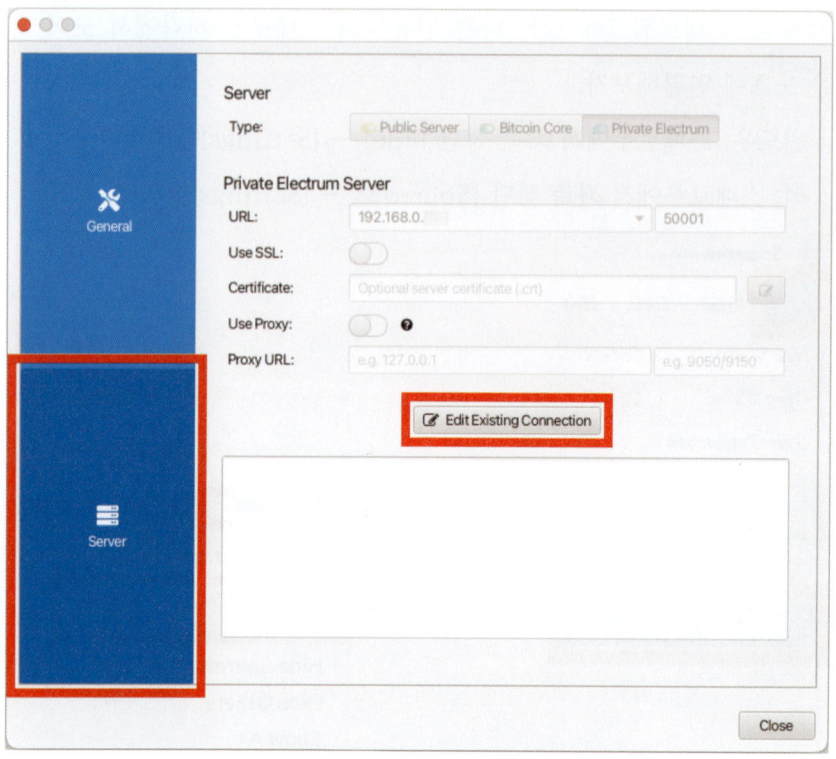

상단 가운데에 있는 [Bitcoin Core]를 누르고, 'URL'에 코어 혹은 노츠가 설치된 기기의 로컬 IP 주소를 적는다. 포트 번호는 8332 그대로 둔다.

그 아래 'User / Pass'에 bitcoin.conf 파일에서 지정했던 RPC 사용자 이름과 비밀번호를 정확하게 입력한다.

잘 연결이 되면 [Test Connection]을 눌렀을 때 초록색 체크 표시와 함께 다음 사진과 같은 문구가 나온다. 그러면 [Close]를 누르고 스패로우를 사용하면 된다.

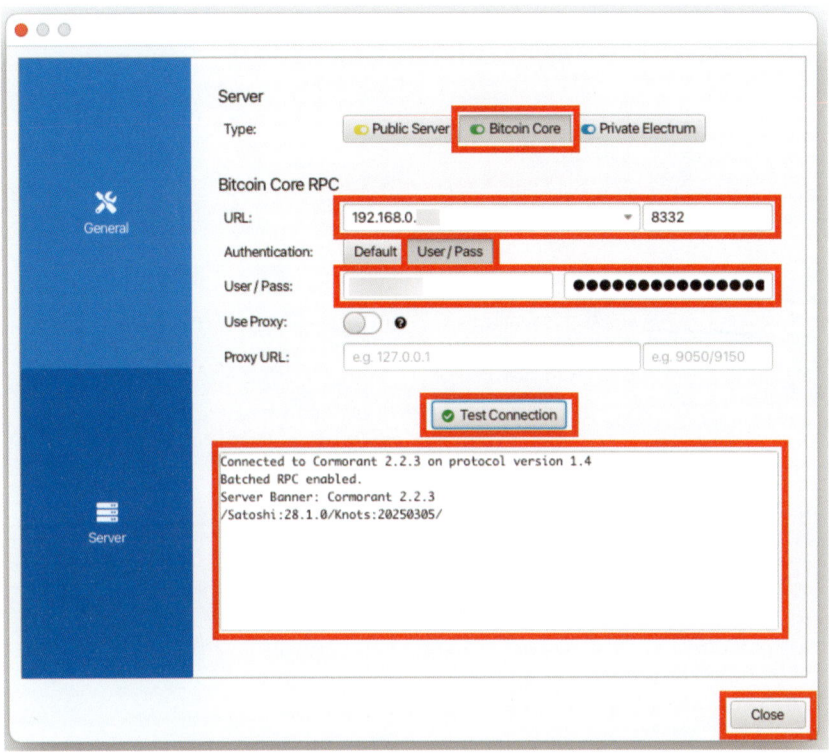

이로써 윈도우OS와 맥OS에서 비트코인 코어, 노츠를 설치하고 스패로우 지갑과 연동하는 방법까지 모두 알아보았다.

비트코인 사용 가이드

# 4. 라이트닝 노드 운영 가이드

## 4. 라이트닝 노드 운영 가이드

'4부. 라이트닝 노드 운영 가이드'는 전체 감수자이신 HYPE 님 외에 유저네임 베를린 님께서 특별 감수에 참여해 주셨다. 본 가이드 중 다수는 베를린 님께서 작성하셨던 라이트닝 노드 운영 가이드를 기반으로 작성되었으며, 베를린 님께서는 라이트닝 네트워크 확장을 위해 다방면으로 힘쓰고 계신다. (노션 계정이 있다면 베를린 님의 이메일 주소인 21mberlin@proton.me 에 자신의 노션 계정 이메일을 보내 중급자 이상의 라이트닝 노드 운영 정보가 모여 있는 노션 페이지에 초대받을 수 있다. 신원 인증이 되지 않은 proton 등의 익명 이메일을 사용할 것을 권장한다.) 이 자리를 빌려 두 감수자분께 진심으로 감사드린다.

## | 라이트닝 노드 운영을 위한 지식

**라이트닝 네트워크**

풀 노드가 비트코인 네트워크의 분산화 속성을 강화한다면 온-체인 위에 올려질 다중 레이어들은 비트코인의 확장성을 강화한다. 이러한 제2 레이어에는 대표적으로 라이트닝 네트워크가 있다.

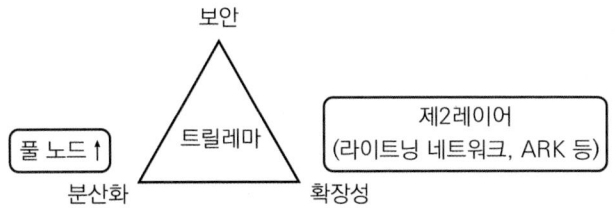

라이트닝 네트워크 백서는 조셉 푼Joseph Poon과 타데우스 드라이자 Thaddeus Dryja가 공동 저술했으며, 2016년 1월 14일에 처음 공개되었다. 라이트닝 네트워크 백서의 제목은 「비트코인 라이트닝 네트워크: 확장 가능한 오프-체인 즉시 결제」이다.

라이트닝 네트워크는 백서 이름대로 현재까지 비트코인의 확장성 강화에 핵심적인 역할을 하고 있다. 라이트닝 네트워크는 채널을 만들고, 유동성을 공급하며, 결제를 중개하는 수많은 자발적인 라이트닝 노드가 있기 때문에 작동된다.

단순히 라이트닝 지갑 수탁 서비스—월렛 오브 사토시, 블링크, 스피드 등—를 이용하는 것과 직접 라이트닝 노드를 운영하는 것에는 매우 큰 차이가 있다. 수탁 서비스 이용자들은 라이트닝 지갑 기업이 이미 열어놓은 채널을 이용해 결제를 주고받지만 라이트닝 노드 운영자는 직접 채널을 열고 닫으며, 때로는 타인의 결제를 중개하고, 수수료를 직접 설정하며 전체 라이트닝 네트워크의 일부가 된다.

**라이트닝 채널의 원리**

라이트닝 네트워크의 원리를 이해하려면 먼저 채널이라는 개념을 이해해야 한다. 두 라이트닝 노드가 채널을 열면, 그들은 여러 번의 결제를 오프-체인 상에서 빠르고 저렴하게 주고받을 수 있다. 채널을 열 때는 온-체인 거래를 통해 두 노드가 공동 소유하는 멀티시그 주소에 UTXO 형태로 자금을 잠가야 한다.

만약 앨리스와 밥이 자주 결제를 하는 사이라고 해보자. 둘의 거래를 매번 온-체인에 기록하는 것은 번거로운 일이다. 온-체인 거래는 정산 관점에서는 매우 빠르지만, 결제 관점에서는 느리기 때문이다. 일상적인 소액 결제를 하는데 결제할 때마다 10분 정도를 기다려야 하고, 700 sats 정도의 수수료를 매번 내야 한다고 생각해 보자. 매우 불편한 일일 것이다. 라이트닝 네트워크에서 채널을 개설할 때만 온-체인에 거래를 기록하고, 이후에 일어나는 자잘한 거래는 온-체인에 기록하지 않고 보관해 두다가 채널을 닫을 때 최종 거래 결과만을 기록하면 매우 저렴하고 빠르게 거래할 수 있다.

채널은 '공동 금고'라고 생각하면 쉽다. 앨리스와 밥의 공동 금고에 총 20만 sats가 있고, 앨리스와 밥은 이 금고에서 각각 10만 sats의 청구권이 있는 상태라고 해보자. 앨리스가 밥의 카페에서 5,000 sats짜리 커피를 3번 사 마셨다면 앨리스의 최종 청구권은 85,000 sats로 변하고, 밥의 최종 청구권은 115,000 sats로 변하는 것이다. 이렇게 거래하면 앨리스와 밥 사이에서 일어났던 수많은 거래가 실행되기 위해 한 번의 최종 거래 결과만을 메인 네트워크에 전송하면 되므로, 1회 거래당 거래 수수료는 매우 저렴해진다. 라이트닝 네트워크는 채널을 개설할 때와 채널을 종료할 때 총 2번만 온-체인에서 수수료를 지불한다(유동성을 조절하기 위해 각종 스와프나 루프 인/아웃 등의 서비스를 이용할 때도 온-체인 수수료가 발생할 수 있다).

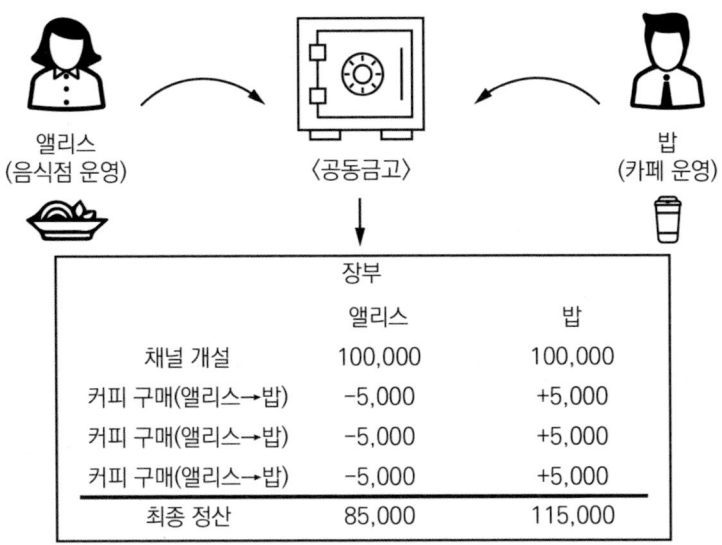

　라이트닝 네트워크의 놀라운 점은 직접 채널을 열지 않은 다른 대상과도 거래가 가능하다는 것이다. 만약 앨리스가 밥과 채널을 개설하고, 밥은 캐롤과도 채널을 개설했다고 해보자. 앨리스는 캐롤과 직접적인 채널이 개설되어 있지 않다. 이 상황에서 앨리스가 캐롤에게 돈 10,000 sats를 보내고 싶다면 어떻게 해야 할까? 앨리스가 밥에게 돈 10,000 sats를 보내고, 밥이 10,000 sats를 캐롤에게 보내면 된다. 이러한 거래는 당연히 공동 금고에 있는 금액 청구권으로 하는 것이다. 그리고 앨리스가 캐롤에게 돈을 보내는 데 밥이 매개해 줬으므로 앨리스는 밥에게 적정한 수수료를 지급하면 된다. 5 sats를 수수료로 지급하고 싶다면 밥에게 10,005 sats를 보내고, 밥은 캐롤에게 10,000 sats를 보내면 된다. 그러면 앨리스는 거래의 중간 매개자인 밥에게 5 sats를 보낸 셈이 된다.

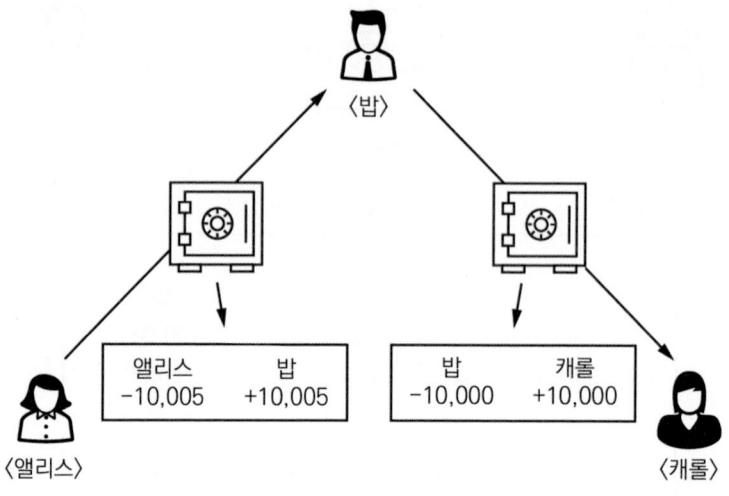

　밥은 중간 매개 역할(라우팅routing)을 하면서 수수료를 챙겼다. 이렇게 송금 경로 중 중간에 지나가는 각 노드를 홉hop이라고 부른다. 기존에는 거래의 중개를 누가 맡았는가? 은행과 같은 금융기관이 독점했다. 라이트닝 네트워크는 기존 금융 시스템의 중앙화된 중개자 역할을 개인들에게 분산시킨 혁신적인 모델이다. 누구나 채널을 개설하고 다른 사람들과 거래할 수 있으며, 중개 역할을 하면서 수수료를 받을 수도 있다. 기존에는 중개자가 되기 위해서 거대한 자본이 필요했으며, 정부의 허락을 받아야만 은행업을 할 수 있었다. 기존 은행이 커다란 중앙 금고를 두고 은행 직원들이 모든 거래를 처리하고 기록했다면, 라이트닝 네트워크는 개인들이 서로 작은 금고를 만들어 거래하고 필요한 경우 중간 경로를 통해 서로 연결되는 방식이다. 이는 은행의 권한이 개인들에게 분산된 것과 같다.

참고로 앨리스나 캐롤이 중개자인 밥을 신뢰할 필요는 없다. 밥이 앨리스에게서 확실히 돈을 받으려면 캐롤이 밥에게서 돈을 가져갈 때 공개되는, 해시값을 만든 원래 입력값을 알아야 한다. 즉, 밥은 캐롤에게 돈을 확실히 보내야만 앨리스에게 받은 돈을 가져갈 수 있다.

라이트닝 네트워크에서는 노드들의 역할이 중요하다. 많은 노드들이 채널을 열어야 더 빠르고 다양한 경로가 열릴 수 있고, 수수료 경쟁이 일어나 엄청나게 낮은 수수료로도 거래할 수 있다. 온-체인에서는 수수료를 내는 사람들끼리 경쟁한다. 더 높은 수수료를 내지 않으면 느린 속도를 감내할 수밖에 없다. 그런데 라이트닝 네트워크에서는 라우팅을 해주는 노드끼리 경쟁한다(이 책에서 다루지는 않지만, 심지어 수수료를 음수로 책정해 할인을 제공하여 자신의 노드를 이용하도록 하는 방법도 있다).

**인바운드 유동성과 아웃바운드 유동성**

앞의 비유적인 예시로 돌아가 보자. 공동 금고(채널) 용량이 20만 sats이고, 앨리스와 밥이 각각 10만 sats씩 청구권을 가진 상태다. 여기서 청구권은 현시점 라이트닝 네트워크에서 상대방에게 보낼 수 있는 최대 금액이자, 지금 채널을 닫는다면 자신이 가져갈 수 있는 금액을 의미한다. 따라서 지금 상황에서는 앨리스와 밥이 둘의 채널에서 서로에게 10만 sats까지 비트코인을 보낼 수 있다. 이제 앨리스 입장에서만 보자. 앨리스의 청구권이 10만 sats라면, 이는 앨리스가 밥에게 보낼 수 있는 최대 금액이 최대 10만 sats임을 뜻한다. 이렇게 앨리스가 보낼 수 있는 금액을 '아웃바운드 유동성'이라고 한다. 반대로 앨리스가 밥에게서 받을 수 있는 금액이 10만 sats라면 이는 밥이 가진 청구권에 해당

한다. 이 금액이 앨리스 입장에서의 '인바운드 유동성'이다. 정리하면 라이트닝 채널에서 자기가 다른 곳에 보낼 수 있는 금액을 아웃바운드 유동성이라고 하고, 상대방이 나에게 보낼 수 있는 금액, 즉 내가 받을 수 있는 금액을 인바운드 유동성이라고 한다.

이제 앨리스가 처음에 밥과 채널을 개설하는 상황을 생각해 보자. 채널을 개설한 앨리스가 공동 금고(채널)에 일방적으로 10만 sats의 돈을 보냈다. 공동 금고에는 10만 sats가 들어있지만, 이것은 모두 앨리스가 청구할 수 있는 상태다. 이런 상태에서는 오프-체인에서 앨리스가 밥에게 돈을 보낼 수는 있지만, 앨리스가 밥에게 돈을 받을 수는 없다. 즉 지금은 앨리스에게 아웃바운드 유동성만 있고, 인바운드 유동성은 없다. 인바운드 유동성이 없으면 돈을 상대한테 받을 수가 없다.

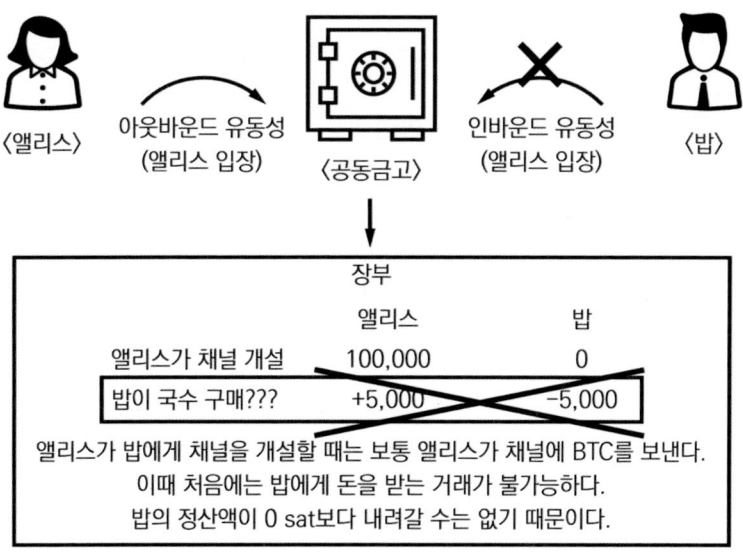

유동성에 대한 좋은 예시가 있다. 빨대 양 끝에 풍선이 달려있다고 생각하는 것이다. 내가 돈을 보내 채널을 개설하면 내 쪽의 풍선만 빵빵

한 상태다. 상대측의 풍선에는 공기가 전혀 없다. 따라서 상대 풍선으로부터 내 풍선으로 공기가 이동할 수 없다. 내 풍선에서 상대 풍선으로만 공기가 이동할 수 있다.

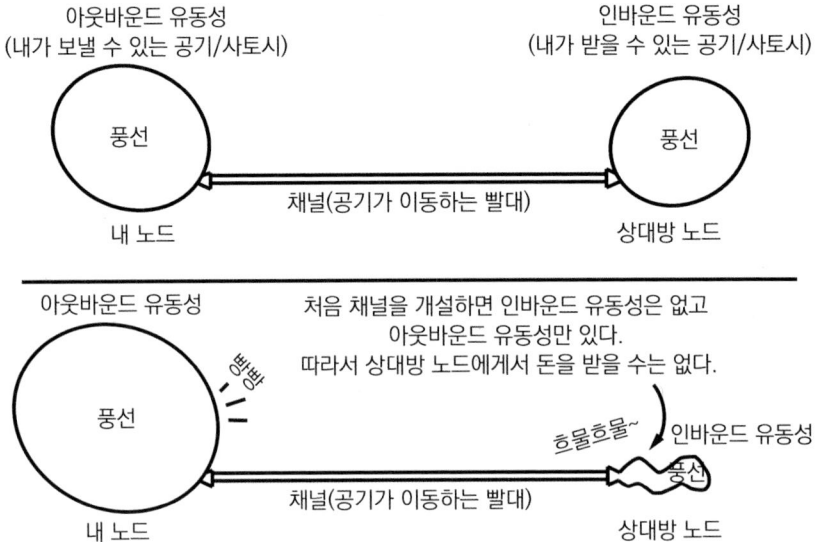

라이트닝 노드를 운영하는 데 있어서 유동성은 꼭 이해하고 가야 하는 개념이다. 다음과 같은 상황을 생각해 보자. 채널이 하나 개설되어 있는데, 내 노드의 아웃바운드 유동성은 12만 sats이고, 인바운드 유동성은 8만 sats이다.

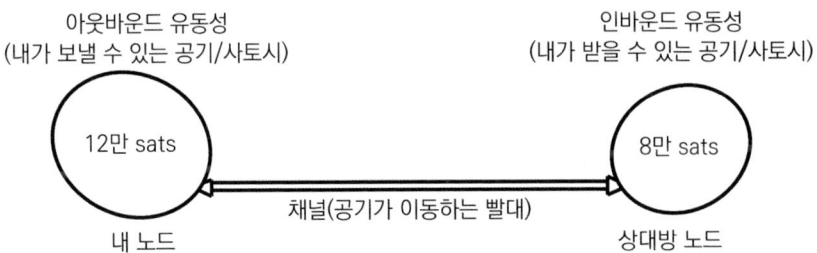

이러한 상황에서 내가 상대방 노드로 15만 sats를 보낼 수 있을까? 혹은 상대방 노드가 나에게 10만 sats를 보낼 수 있을까? 둘 다 불가능하다. 나는 상대방 노드에 최대 12만 sats를 보낼 수 있고, 상대방 노드는 나에게 최대 8만 sats를 보낼 수 있기 때문이다.

이번에는 라우팅과 유동성을 섞어서 생각해 보자. 내 노드는 A, B, C 노드와 각각 채널이 열려 있고, 내가 돈을 보내려는 목적지 노드도 A, B, C 노드와 각각 채널이 열려 있다. 유동성은 그림과 같다. 내 노드와 A 노드와의 채널에는 아웃바운드 유동성이 6만 sats, B 노드와는 3만 sats, C 노드와는 11만 sats가 있다. 목적지 노드는 A 노드와의 채널에서 인바운드 유동성이 30만 sats, B 노드와는 45만 sats, C 노드와는 3만 sats가 있다.

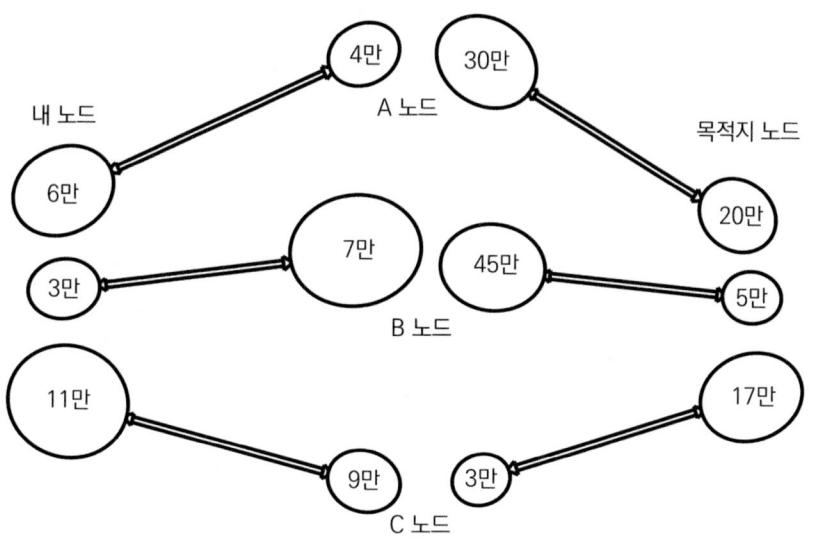

이러한 상황이라면 나는 한 번의 송금에서 최대 얼마를 목적지 노드까지 보낼 수 있을까? (라우팅 수수료는 제외하고, 이 외에 다른 채널은

없다고 가정한다.) 11만 sats라고 대답했다면 아쉽지만 틀렸다. C 노드와의 채널 상황을 보면 11만 sats를 보낼 수 있을 것 같지만, C 노드가 목적지 노드에 11만 sats를 보낼 수가 없다. C 노드가 목적지 노드에 보낼 수 있는 금액은 최대 3만 sats이다. 따라서 C 노드를 통해 목적지 노드에 돈을 보낼 경우 최대 3만 sats밖에 못 보낸다. 정답은 6만 sats이다. A 노드를 통해 라우팅해서 돈을 보내는 경우 최대 6만 sats를 보낼 수 있다. 내가 A 노드에 최대 6만 sats를 보낼 수 있는데, A 노드는 목적지 노드에 최대 30만 sats를 보낼 수 있으므로 6만 sats를 충분히 라우팅해줄 수 있기 때문이다. A 노드를 통해 6만 sats를 보내고 나면 다음 그림과 같은 상황이 될 것이다.

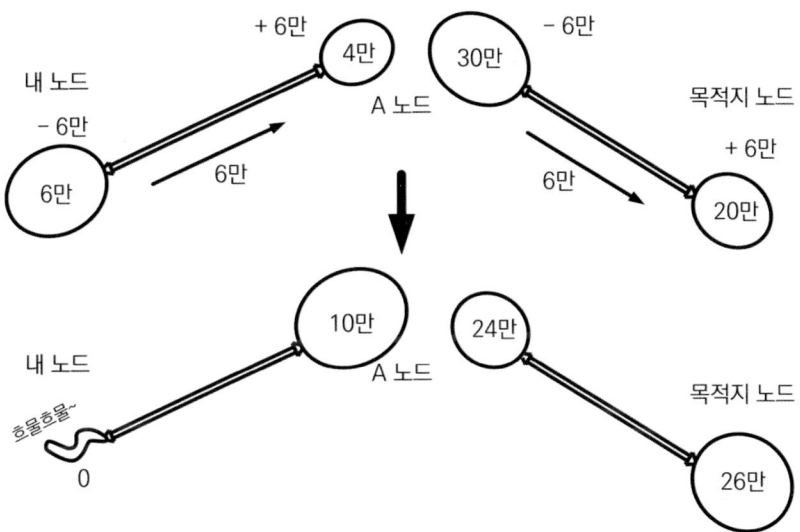

## 다중 경로 결제

라이트닝 네트워크에서 한 번의 송금은 일반적으로 하나의 채널에 있는 유동성의 제한을 받는다. 조금 전 문제와 같은 상황이면 한 번의 송금에서 목적지 노드에 최대 6만 sats밖에 보내지 못하는 것이다.

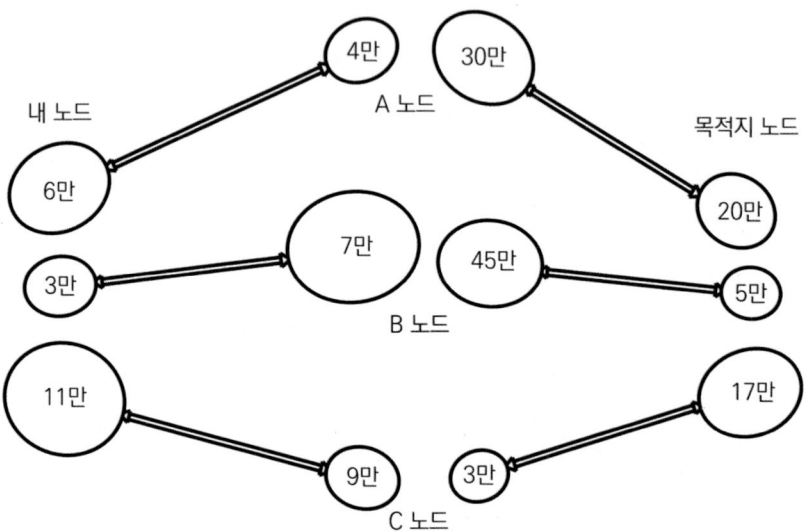

그러나 다중 경로 결제Multi-Path Payments, MPP를 이용하면 더 많은 금액을 보낼 수 있다. 다중 경로 결제는 한 번의 결제에서 여러 채널을 통해 비트코인을 송금하는 기술을 말한다. 그렇다면 조금 전과 같은 상황에서 다중 경로 결제를 이용한다면 목적지 노드까지 한 번에 최대 얼마의 금액을 보낼 수 있을까?

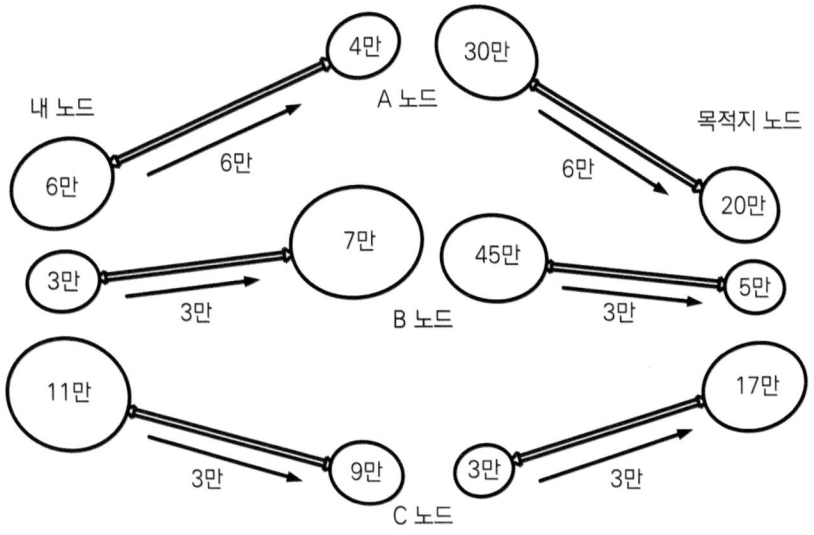

정답은 최대 12만 sats이다. C 노드를 통한 라우팅에서는 최대 11만 sats가 아니라 3만 sats를 보낼 수 있음에 주의하라. A 노드를 통한 라우팅에서 6만 sats, B 노드를 통한 라우팅에서 3만 sats, C 노드를 통한 라우팅에서 3만 sats를 보내 한 번의 다중 경로 결제에서 최대 12만 sats를 결제할 수 있는 것이다. 물론 이러한 유동성 문제 말고도 네트워크 문제로 인해 결제가 실패하기도 한다. 그러나 문제를 단순화하자면 최대 12만 sats를 보낼 수 있는 것이다.

유동성 관리는 라이트닝 채널을 운영할 때 매우 중요한 문제다. 만약 라이트닝 노드를 운영하고, 이를 통해 결제를 받는다면 인바운드 유동성이 말라버렸을 때 결제를 받을 수가 없기 때문이다. 따라서 채널 개설, 라우팅을 통한 유동성 이동, 볼츠와 같은 스왑 서비스, 리밸런싱 서비스 사용 등의 다양한 방법으로 유동성을 확보하고 조정해야 한다.

## HTLC

라이트닝 네트워크에서 결제 조건을 설정할 때는 HTLC Hash Time-Locked Contract라는 계약 형태를 사용한다. HTLC는 출력에 해시-락과 타임-락 두 가지 조건을 함께 사용하는 계약 조건이다.

해시-락은 앞에서 잠깐 언급했듯이 돈을 가져가려면 해시값의 역상(해시값을 만든 원래 입력값)을 제시해야 하는 잠금을 말한다. 해시값의 역상을 제시하기 전까지는 돈을 가져갈 수가 없다. 해시-락 덕분에 라이트닝 네트워크에서는 라우팅 상대에 대한 신뢰 없이 안전하게 자금을 전송할 수 있다. 상대방이 돈을 가져가려면 최종 목적지 노드가 해시값의 역상을 제시하여 차례대로 돈을 가져갈 수 있기 때문이다. 이로 인해 라우팅해주는 노드는 돈을 가로챌 수가 없다.

그런데 만약 네트워크 문제나 경로 문제 등으로 해시값의 역상이 제시되지 못하고 돈이 묶이는 상황을 생각해 보자. 이를 방지하기 위해 타임-락이 있다. 일정 시간이 지나도 해시-락이 풀리지 않으면 경로에 있는 노드들이 모두 자금을 회수할 수 있다. 이것은 CLTV CheckLockTimeVerify라는 '절대 시간 잠금'으로 묶여 있는 것이다. 시간이 지나면 이 시간 잠금이 풀리고 모두 돈을 회수할 수 있다. 이렇게 자금을 회수할 수 있는 상태가 되는 것을 '타임아웃'이라고 하며, 풀린 타임-락 조건에 연결되는 거래를 '타임아웃 거래(타임아웃 트랜잭션)'라고 한다.

## 협력적 종료와 비협력적 종료, CSV, 페널티

앨리스와 밥이 채널을 개설한 상황을 생각해 보자. 앨리스와 밥 각각 10만 sats의 청구권이 있었는데 앨리스가 밥의 카페에서 5,000 sats짜리 커피를 3번 사 마신 경우를 생각해 보자. 이제 앨리스의 금액이 85,000 sats, 밥의 금액이 115,000 sats가 적힌 장부가 있을 것이다. 앨리스와 밥이 둘 다 채널 종료에 합의하면 채널의 최종 장부 거래가 온-체인에 기록되는 즉시(블록에 실려 컨펌되는 즉시) 둘은 채널에 있던 자금을 돌려받는다. 공동 금고(돼지저금통)를 깨는 것이다. 이런 종료를 '협력적 종료'라고 한다.

이제 앨리스에게 악마 맬러리의 망령이 들었다고 생각해 보자. 앨리스는 밥 몰래 오프-체인의 장부를 온-체인에 제출하고 채널을 종료하고 싶다. 그러면 앨리스는 굳이 자신이 85,000 sats를 받을 수 있는 장부를 제출하지 않고 10만 sats를 받을 수 있는 이전 장부를 온-체인에 제출하려고 하지 않을까? 이런 상황을 '비협력적 종료'라고 한다.

비협력적 종료는 꼭 앨리스처럼 악의를 품고 하는 것뿐만 아니라 여러 상황이 있을 수 있다. 예를 들면 상대 노드가 오랫동안 연결이 안 되어 채널을 유지할 수 없는 경우 내 쪽에서 채널을 강제 종료할 수 있다. 이런 비협력적 종료 상황에서는 누군가가 배신을 하고 최신 장부를 제출하지 않고, 자신에게 이득이 되는 이전 장부를 제출할 가능성이 있다.

그래서 비협력적 종료 상황에서는 자금을 바로 돌려받을 수가 없다. 비협력적 종료 상황에서 자금은 CSV<sub>CheckSequenceVerify</sub>라는 '상대 시간 잠금'으로 묶인다. 무슨 말이냐면 거래가 온-체인에 제출된 시점으로부터 통상 144블록 간 잠긴다는 뜻이다. 144블록이면 대략 하루다. 즉, 비협력적 종료를 하면 자금을 받기 위해서 하루를 기다려야 한다. 이 값은 채널 열기를 수락한 노드의 설정을 따르는데 거래소 노드들은 비협력적 종료 상황에서 1,000 블록 정도 자금이 묶이도록 설정하기도 한다.

그럼 왜 비협력적 종료를 할 때 일정 기간을 기다리게 했을까? 만약 상대가 최신 장부가 아니라 자신에게 이득이 되는 이전 장부를 제출하는 경우, 상대에게 페널티를 줄 시간이 필요하기 때문이다. 이 페널티는 채널 자금 몰수다. 오프-체인에서 서로 장부를 교환할 때는 자신이 가져갈 수 있는 금액이 적혀있는 장부만 교환하는 것이 아니다. 상대방이 이전 거래를 제출할 경우 내가 채널에 있는 모든 금액을 몰수할 수 있는 페널티 거래도 교환한다. 처음에 A 상태가 있었다고 해보자. B 상태가 진행되어 B 상태가 적혀있는 거래가 적혀있는 장부를 교환할 때 A 장부 제출에 대한 페널티 장부도 교환하는 것이다.

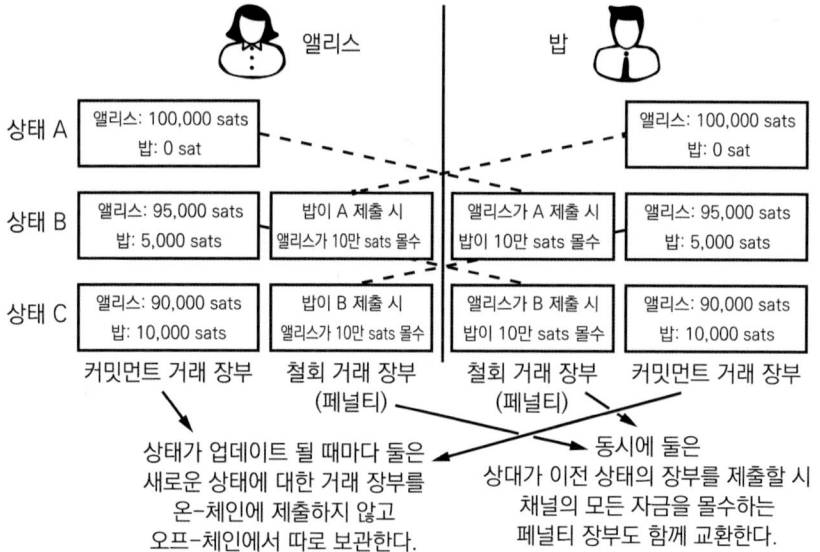

다시 돌아와서 앨리스가 85,000 sats를 받을 수 있는 장부가 아니라 100,000 sats를 받을 수 있는 이전 거래를 온-체인에 제출했다고 해보자. 앨리스는 CSV로 잠긴 기간 동안 자금을 가져갈 수 없다. 이 기간 내에 밥이 페널티 거래를 제출하면 밥은 채널에 있던 앨리스의 몫 85,000 sats 모두를 즉시 압수할 수 있다.

### 라이트닝 노드의 유형

라이트닝 노드는 다양한 기준에 따라 다양하게 분류할 수 있다. 유동성이 이동하는 방식에 따라 분류한 라이트닝 노드의 몇 가지 유형을 살펴보자.

드레인 노드drain node는 유동성이 한쪽으로만 흐르는 노드를 말하는데, 주로 자금을 빨아들이는 노드를 말한다. 만약 비트코인 결제를 받기만 하는 상점이라면 채널의 유동성이 주로 그 상점으로 빨려 들어갈 것이다. 이런 드레인 노드는 시간이 지나면 모든 유동성이 상점의 노드 쪽으로 쏠려버리기 때문에 유동성을 관리하지 않으면 더 이상 결제를 받을 수 없게 된다. 그래서 이런 노드는 리밸런싱(인바운드 유동성과 아웃바운드 유동성의 균형을 맞추는 것)을 통해 유동성을 관리하는 것이 특히 중요하다. 리밸런싱을 하는 방법은 온-체인과 연계해 유동성 방향을 바꾸거나 순환 경로를 만들어 리밸런싱하는 방법 등이 있다. 만약 거래소 노드와 채널이 개설되어 있다면 거래소 노드로 비트코인을 보내고, 거래소에서는 온-체인으로 비트코인을 빼는 간단한 방법도 있다.

라우팅 노드routing node는 주로 중간에서 결제를 라우팅하는 노드를 말한다. 이들은 거래를 중개하면서 수수료 수익을 얻는 것을 목표로 한다. 이런 노드를 운영하려면 노드가 항상 온라인 상태로 잘 연결되어 있어야 하고 수수료도 잘 관리해야 한다. 수수료가 너무 높으면 경로에서 제외되고, 수수료가 너무 낮으면 드레인 노드에게 유동성이 다 빨릴 수 있기 때문이다. 또한 다수의 채널을 열고, 다양한 다른 노드와 연결하여 네트워크 내에서 경로로 자주 선택되도록 전략을 짜야 한다.

거래소나 지갑 회사 노드도 있다. 이들은 자신들의 서비스 사용자들을 위해 여러 채널을 개설하고 대규모 유동성을 보유하고 있다. 이런 노드와 채널을 개설하면 인바운드 유동성 확보가 쉬워진다. 따라서 이런 노드들은 주로 입구 역할을 하며, 많은 노드와 연결되어 있으므로 허브 역할을 하기도 한다.

라이트닝 노드를 운영할 때는 어떤 목적으로 운영할 것인지 꼭 생각해 보는 것이 좋다. 만약 비트코인으로 결제를 받기 위한 것이라면 인바운드 유동성을 많이 확보해 놓아야 할 것이다. 거꾸로 비트코인 결제 매장 등에 가서 일상적인 결제를 하거나, 라이트닝 네트워크를 이용해 P2P 거래로 비트코인을 판매할 것이라면 주로 아웃바운드 유동성을 확보하면 되므로 상대적으로 유동성 관리가 쉽다. 유동성이 마르면 채널을 종료하고 다시 열기만 하면 자동으로 아웃바운드 유동성이 확보되기 때문이다. 수수료 수익을 보고 라우팅 노드를 운영하고 싶다면 상당히 많은 지식과 경험이 필요하니 신중하게 결정하는 것이 좋다.

라이트닝 수탁 서비스를 이용하는 경우 해당 서비스의 운영자를 신뢰해야 하는 문제가 생기기 때문에 KYC나 자금 동결 등의 문제로부터 완전히 자유롭지 않다. 반면에 라이트닝 노드를 직접 돌리는 것은 간단하지만은 않지만, 신뢰받는 제3자 없이 라이트닝 네트워크에 직접 참여하여 비트코인의 확장성을 경험할 수 있다.

# | 라이트닝 노드 설치, 복구, RTL 설치

라이트닝 노드 운영은 충분한 지식 없이 할 경우 손실을 볼 수도 있다. 라이트닝 노드를 직접 운영한다고 하더라도 라이트닝 지갑은 기본적으로 핫월렛이다. 라이트닝 네트워크에 대한 충분한 이해가 생기기 전에는 소액으로 먼저 채널을 개설해 보고, 유동성 관리도 조금씩 해본 뒤 채널 용량을 점점 늘려가는 것을 추천한다.

### 라이트닝 노드(LND) 설치

라이트닝 노드를 직접 운영하는 방법을 살펴보자. 라이트닝 노드의 구현체는 크게 LND와 CLN이 있다. 비트코인 노드 클라이언트에 코어와 노츠가 있는 것과 비슷하다. 엄브렐 앱스토어에서는 Lightning Node (이하 LND)와 Core Lightning (이하 CLN) 중 하나를 검색해 다운로드하면 된다. LND는 복구를 위한 아지드aezeed 니모닉을 처음에 보여주고, 자동 SCB 백업도 지원한다. 반면 CLN은 복구 니모닉을 GUI 단에서 보여주지 않고, 자동 백업도 안 되기 때문에 수시로 백업 파일을 다운로드해야 한다. '6부. 채굴 가이드'에는 '오션'이라는 채굴 풀에서 채굴 보상을 라이트닝 네트워크로 지급 받는 방법이 서술되어 있는데, 이 방법을 진행하려면 현재 CLN에서만 지원하는 Bolt12 Offer 기능이 필요하다. 따라서 이런 부분까지 고려할 경우 CLN을 다운로드할 수도 있고, 혹은 LND와 CLN 둘 다 다운로드해 백업이 쉬운 LND를 중점적으로 운영하며 CLN은 채굴 보상을 받는 용도로 자신의 LND와 채널을 연결해 놓을 수 있다.

여기서는 LND를 운영하는 방법을 알아보겠다(CLN으로 진행하는 방법은 'CLN을 설치하는 경우' 절을 참고하라). 엄브렐에서 Lightning Node 앱을 설치한다.

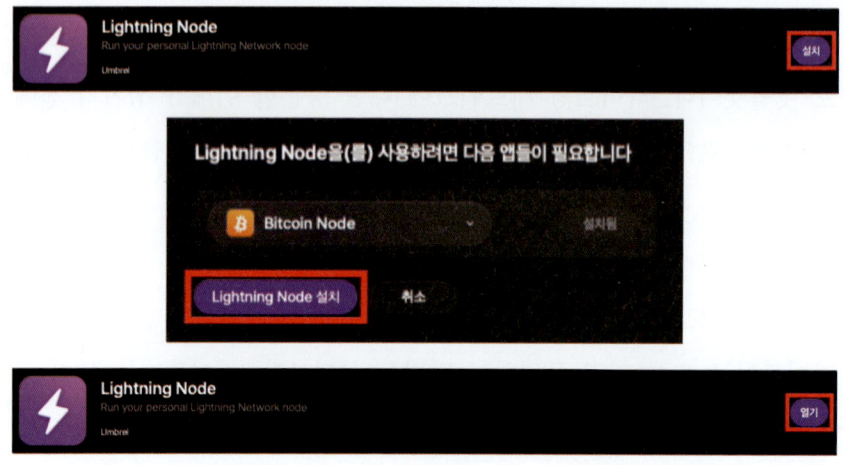

라이트닝 노드 앱을 열면 어떤 알림창이 나온다. 우리는 새 노드를 설정하는 것이므로 [SETUP A NEW NODE]를 누른다.

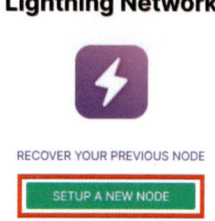

그러면 24개의 니모닉 단어가 나온다. 이 니모닉을 종이나 철판 등에 기록해 잘 백업한다. 이 니모닉은 나중에 라이트닝 노드를 복구할 때 필요하다. 참고로 이 니모닉은 BIP-0039를 따르지 않으므로 일반 개인 지갑에서 복구하는 용도가 아니다. 오직 라이트닝 노드를 복구하는 용도다. 잘 적었다면 [NEXT]를 누른다.

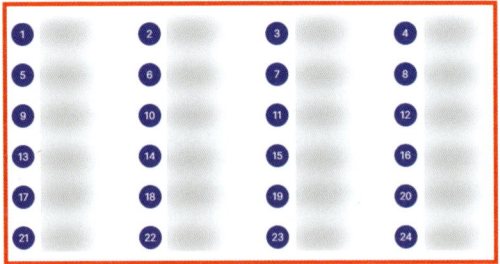

방금 적었던 24개 니모닉을 순서에 맞게 잘 입력한다. 다 입력했다면 [NEXT]를 누른다.

라이트닝 네트워크는 아직 실험적인 기술이라는 알림창이 뜬다. [I UNDERSTAND & AGREE]를 누른다.

그러면 라이트닝 노드 앱이 켜진다.

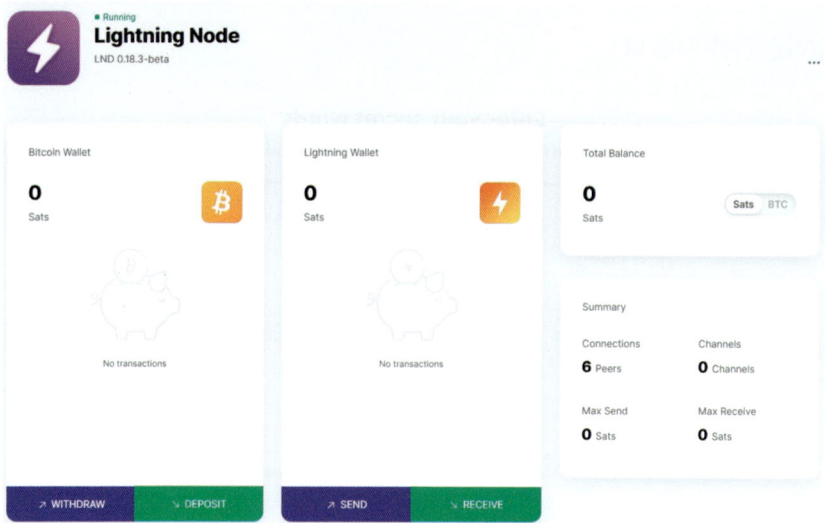

## 라이트닝 노드 제거 후 복구

채널을 개설하기 전에 복구 테스트부터 해보고 가자. 라이트닝 노드 앱을 삭제한다.

다시 앱스토어에서 라이트닝 노드를 설치한다.

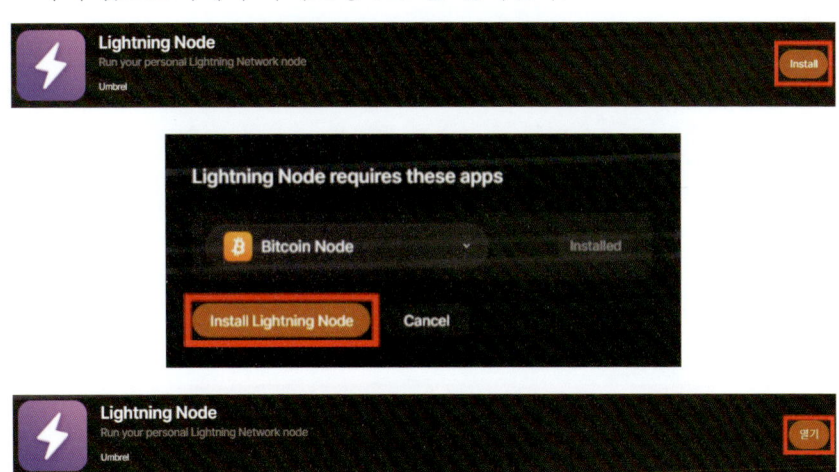

라이트닝 노드 앱을 실행한다. 이번에는 복구를 할 것이므로 [RECOVER YOUR PREVIOUS NODE]를 누른다.

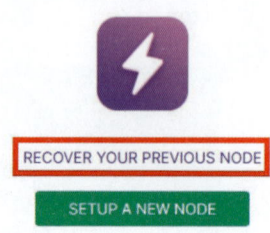

24개 입력 칸에 백업해 뒀던 니모닉 24단어를 입력한다.

채널을 개설한 적이 있었는지 물어보는 창이 나온다. 채널을 개설한 적이 없었으므로 [NO]를 누른다.

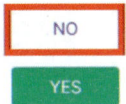

앞에서와 같이 라이트닝 네트워크는 아직 실험적인 기술이라는 알림 창이 뜬다. [I UNDERSTAND & AGREE]를 누른다.

## CLN을 설치하는 경우

LND가 아닌 CLN을 운영하려는 경우도 있을 것이다. 엄브렐에서 Core Lightning 앱을 설치한다.

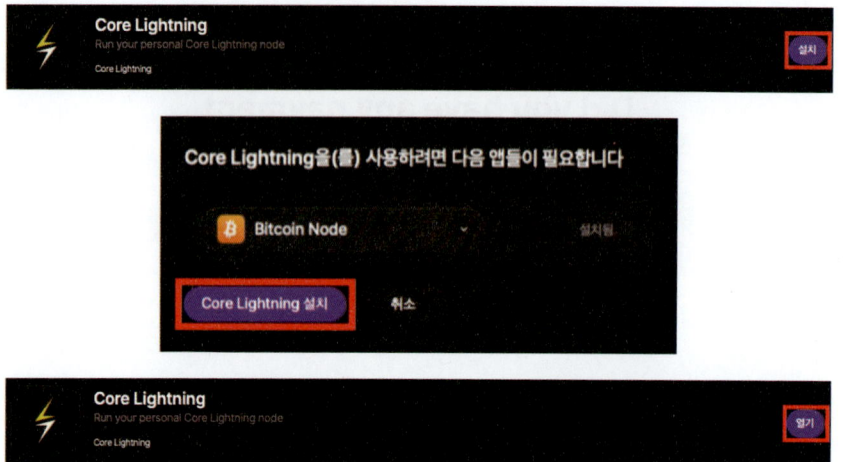

앱을 실행하고 노드 이름을 확인한다.

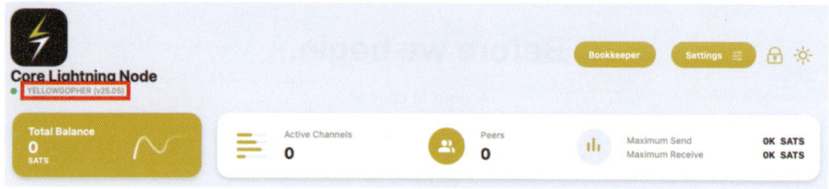

이제 백업 파일들을 다운로드할 것이다. 먼저 CLN 앱을 중지한다. 백업 파일을 다운로드할 때는 항상 먼저 앱을 중지하고 다운로드해야 함을 명심해야 한다.

앱을 중지했다면 하단에서 폴더 모양 버튼을 눌러 파일 앱에 들어간다. 들어가서 [앱] → [core-lightning] → [data] → [lightningd] → [bitcoin] 폴더에 들어간다.

여기서 HSM_Secret, emergency.recover, lightningd.sqlite3 파일을 각각 다운로드한다. HSM_Secret 파일은 복구 니모닉의 HEX값 파일이고, emergency.recover 파일은 SCB 백업 파일, lightningd.sqlite3은 데이터베이스 파일이다. CLN을 운영한다면 이 3가지 파일을 수시로 다운로드해 꼭 안전한 곳에 백업해야 한다 (HSM_Secret 파일은 복구 니모닉 파일이므로 처음 한 번만 잘 다운로드하면 된다).

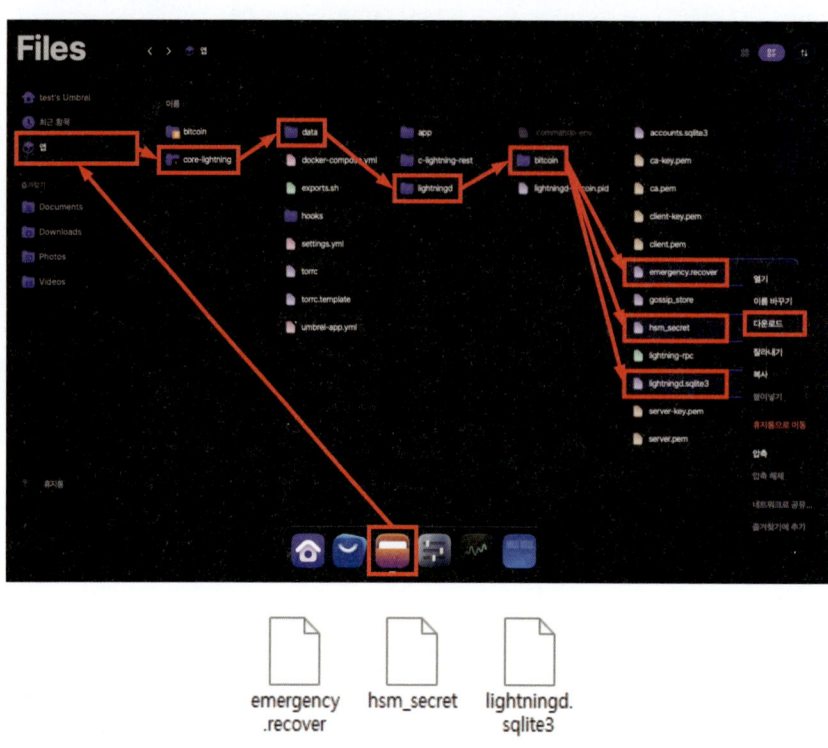

이제 CLN에서 복구 연습을 해보자. CLN을 제거한다.

다시 CLN을 설치한다.

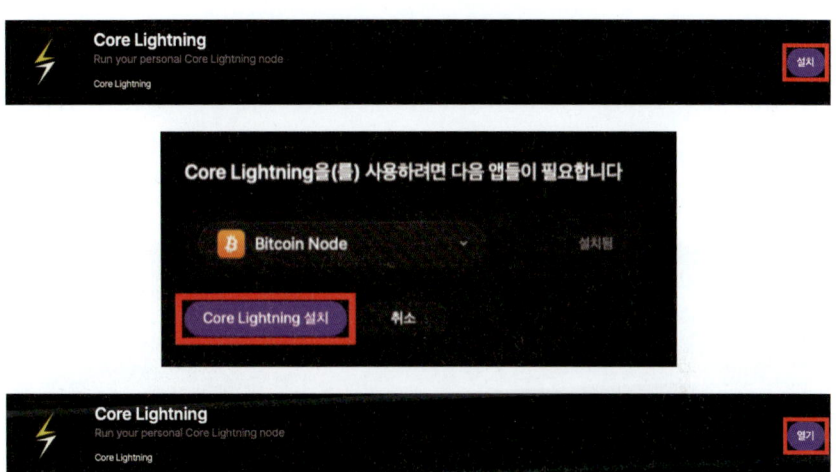

설치가 완료되었으면 앱을 실행하지 말고, 중지한다.

3가지 파일들을 백업했던 파일로 교체해 주어야 한다. 다시 하단에서 폴더 모양 버튼을 눌러 파일 앱에 들어간다. 들어가서 [앱] → [core-lightning] → [data] → [lightningd] → [bitcoin] 폴더에 들어간다.

여기서 HSM_Secret, emergency.recover, lightning.sqlite3 파일을 각각 삭제한다.

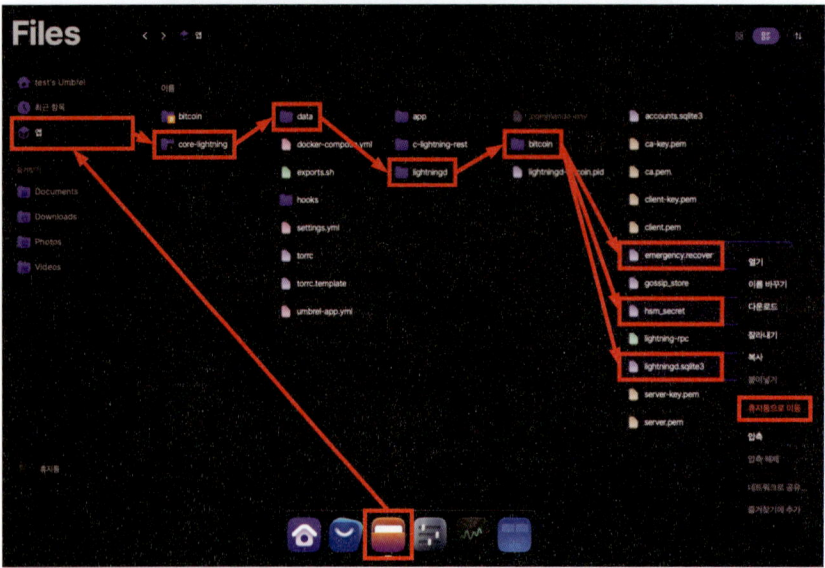

다운로드했던 백업 파일 3가지를 모두 업로드하여 교체한다.

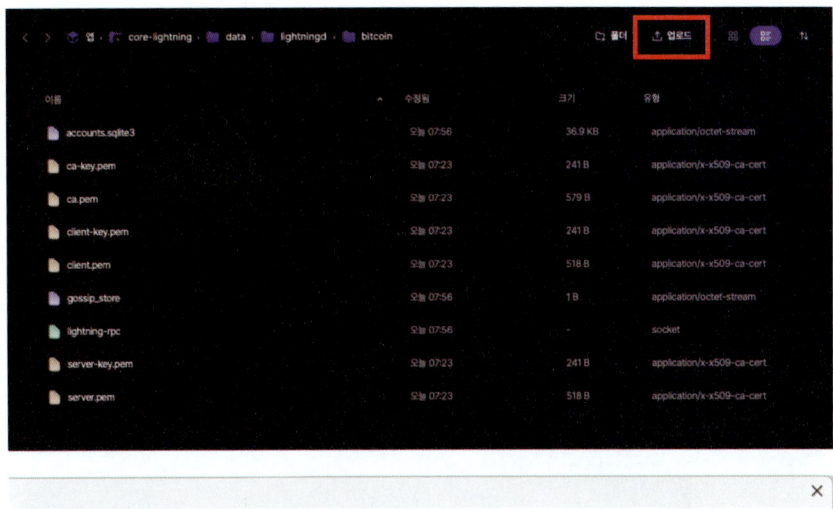

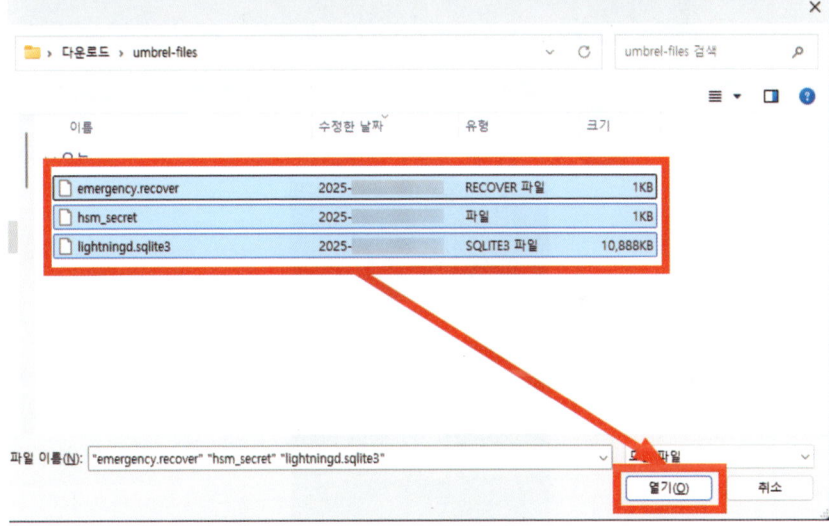

업로드가 잘 되면 폴더에서 파일이 보인다.

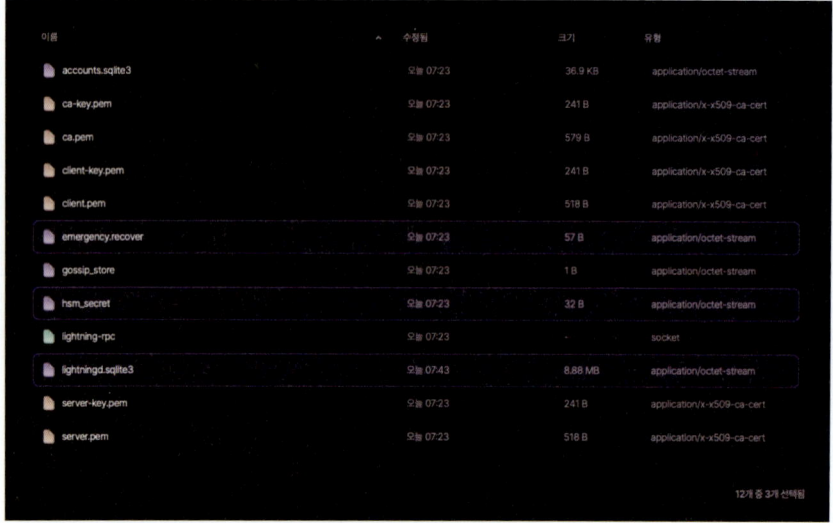

Core Lightning 앱에서 우클릭하여 [시작]을 누른다.

1분 정도 후에 앱을 연 뒤 노드 이름 등을 보고 복구가 잘 되었는지 확인한다.

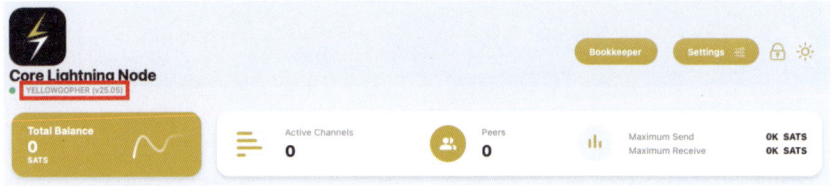

## RTL 설치

채널 관리를 라이트닝 노드 앱에서 하는 것은 불편하다. 따라서 보통 라이트닝 노드를 운영할 때는 채널 관리용 앱을 따로 사용한다. 관리용 앱으로는 라이드 더 라이트닝Ride the Lightning, RTL(이하 RTL)이나 썬더허브Thunderhub 등이 있다.

이번에는 RTL 앱을 설치해 라이트닝 노드를 연동하고, 이후에 채널을 개설해 볼 것이다. 엄브렐 앱스토어에서 Ride the Lightning 앱을 찾아 설치한다. Ride the Lightning (Core Lightning)과 혼동하지 않도록 주의하라. RTL (Core Lightning)은 CLN을 운영할 때 연동하는 앱이다. 지금은 LND를 운영하는 경우를 설명하고 있으므로 RTL을 설치하면 된다.

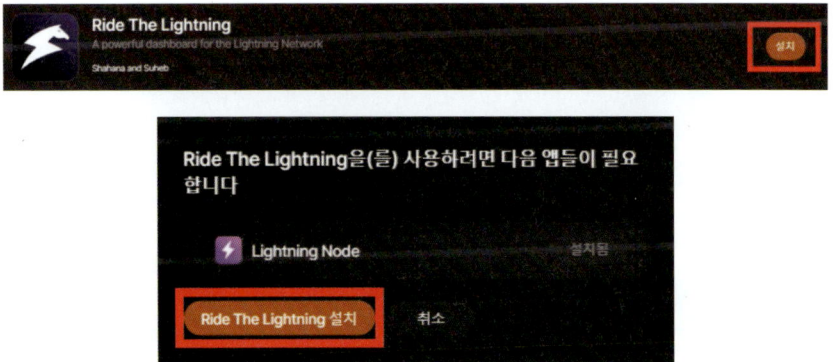

만약 자신이 LND 대신 CLN을 운영한다면 RTL (Core Lightning)을 설치하면 된다.

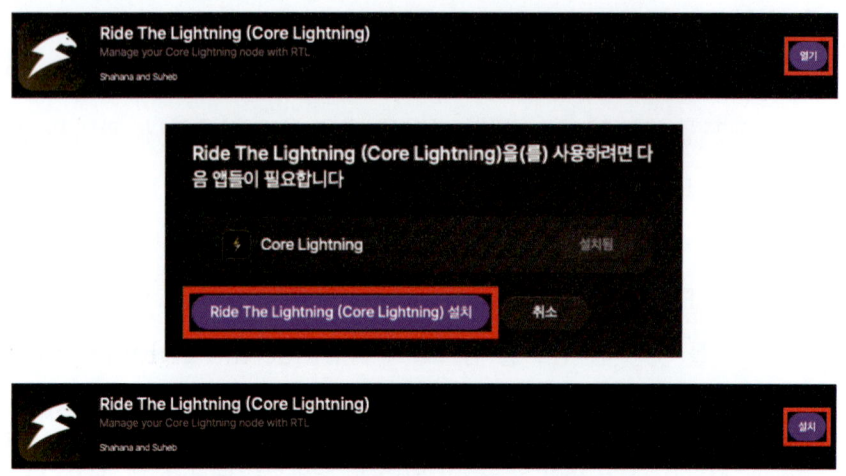

RTL을 열 때 어떤 비밀번호가 뜬다. 옆에 문서 버튼을 눌러 비밀번호를 미리 복사해 놓고, [Ride The Lightning 열기]를 누른다.

RTL이 켜지면 방금 복사했던 비밀번호를 붙여넣기 하고 [Login]을 누른다.

이제 채널을 개설해 보자.

## | 일상적인 지갑 목적으로 라이트닝 노드 운영하기

라이트닝 노드는 어떤 목적으로 운영할 것인지 분명히 하고 시작하는 것이 좋다. 그런데 아무런 경험이 없는 상태에서 수익을 기대하고 라우팅 노드를 운영하는 것은 매우 어렵다. 그것보다는 일상적인 지갑 용도로 먼저 사용하다가 조금씩 원리 이해와 시행착오를 통한 암묵적 지식이 체득되면 점차 라우팅 노드로 변경을 시도하는 것이 좋다. 만약 비트코인을 결제받기 위한 용도로 라이트닝 노드를 운영한다면 주요 거래소들과 채널을 개설하고 인바운드 유동성을 확보하라.

본 가이드는 라이트닝 노드를 일상적인 지갑으로 사용하는 것을 목표로 하는 운영 방법이다. '베를린' 님의 일상적인 지갑 목적 라이트닝 노드 운영 가이드를 기반으로 작성되었으며, 이 자리를 빌려 라이트닝 네트워크 확장에 힘써주시는 베를린 님께 다시 한번 감사드린다.

인바운드 유동성을 확보할 때는 월렛 오브 사토시나 볼츠의 스와프 서비스를 주로 사용한다. 방법은 다음과 같다. 먼저 초기 자금 60만 sats가 필요하다. 이 자금을 라이트닝 노드의 온-체인 주소에 보낸다.

그다음 연결성이 좋은 특정 노드 5개와 각 10만 sats 용량의 채널을 개설할 것이다. 개설한 뒤에는 6만 sats씩 자신의 월렛 오브 사토시 계정으로 돈을 보내 인바운드 용량을 확보할 것이다.

그러면 자신의 월렛 오브 사토시 계정에는 총 30만 sats가 보내져 있을 것이다. 이것을 볼츠의 스와프 서비스를 이용하여 다시 자신의 라이트닝 노드 온-체인 주소로 보낸다.

그러면 다시 3개의 채널을 개설할 수 있게 된다. 연결성이 좋은 특정 노드 3개와 각 10만 sats 용량의 채널을 추가로 개설한다.

이런 방법을 사용했을 때는 평균적으로 1회 전송에 4만 sats 정도 주고받을 수 있으며, 최대 10만 sats를 주고받을 수 있다. 왜냐하면 한 채널당 용량이 10만 sats이기 때문이다. 다중 경로 결제까지 이용하면 최대 약 50만 sats를 보낼 수 있다.

만약 자신이 1회 전송에 평균적으로 20만 sats 정도 주고받고, 최대 50만 sats를 주고받고 싶다면 어떻게 하면 될까? 다음 가이드에 나오는 용량 등의 금액을 5배로 해서 따라 하면 된다. 만약 1회 전송에 평균적으로 40만 sats 정도를 주고받고, 최대 100만 sats를 주고받고 싶다면 다음 가이드에 나오는 용량 등의 금액을 10배로 해서 따라 하면 된다.

일반적으로 거래소 노드들은 채널 최소 개설 금액을 매우 높게 설정해 놓는다. 적으면 100만 sats, 보통은 500만 sats에서 1,000만 sats가 최소 개설 금액이다. 따라서 우리는 이번 실습에서 연결성이 좋고 최소 개설 금액이 낮아 10만 sats로도 채널을 개설할 수 있는 노드들과 채널을 개설할 것이다. 이번 실습에서 채널을 개설할 노드 8개는 다음과 같다.

kappa

wobloz

LNBiG [Hub-1]

Fedi us-east-1 [fedi.xyz]

Lucky.Dog

cwallet.com

LightningPlaces.com

Fulcrum

각 노드의 운영 정책에 따라 상황이 바뀔 수 있으니 반드시 앰보스에서 노드 상황을 확인하고 주소를 복사하라. 이 추천 목록은 지속적으로 변한다. 만약 특정 노드의 운영 방식이 바뀌어 채널 개설이 안 된다면 뒤에 있는 다음 노드로 넘어가면 된다. '채널 추천 목록' 절에 노드 목록을 써놓았으니 참고하라. 혹은 노션 계정이 있다면 베를린 님의 이메일 주소인 21mberlin@proton.me에 이메일을 보내 최신 노드 추천 목록이 있는 노션 페이지에 초대받을 수 있다.

## 라이트닝 노드 온-체인 지갑에 자금 전송

보통 한 번의 채널 개설에 2컨펌을 필요로 하므로 다음 가이드를 따라 8개의 채널을 개설하기 위해서는 최소 160분 이상의 시간이 소요되며, 준비 자금은 60만 sats가 필요하다. 만약 온-체인 자금을 보낼 때 60만 sats를 한 번에 보내지 않고 12만 sats를 다섯 번 보내 12만 sats의 UTXO 5개를 만들면 좀 더 빠르게 진행할 수 있다(채널을 개설할 때 온-체인 수수료가 들기 때문에 10만 sats보다 조금 더 보내는 것이다). 채널 개설 후에 남은 금액이 잔돈 주소로 들어오는 것을 기다리지 않고, 다른 UTXO를 사용해 바로 채널을 개설하면 되기 때문이다. (배치 거래 Batching를 이용해 여러 채널을 동시에 열 수도 있지만, 이 책에서 다루지는 않는다.)

먼저 라이트닝 노드의 온-체인 지갑에 60만 sats를 보낼 것이다. RTL 앱에서 좌측 [On-chain] → [Receive] → [Generate Address]를 누른다.

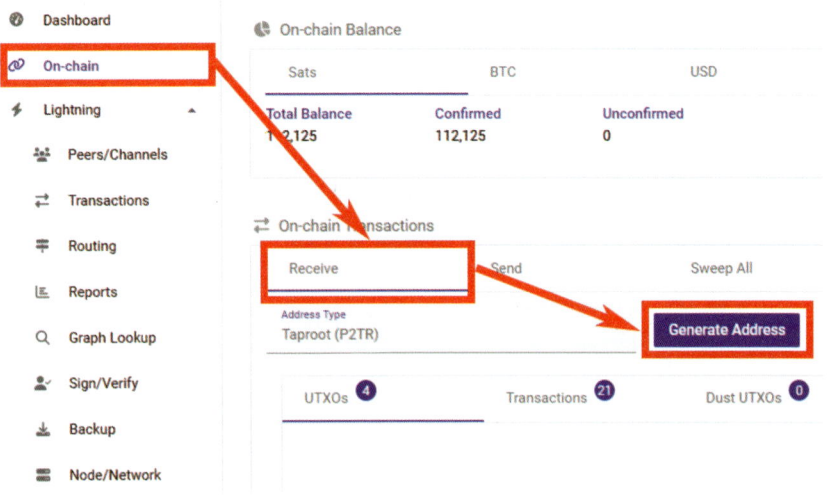

그러면 입금해야 하는 비트코인 온-체인 주소가 나올 것이다. [Copy Address]를 눌러 주소를 복사한다.

이 주소에 비트코인을 보내자. 에어-갭 지갑을 사용한다면 블루월렛, 넌척, 코코넛 월렛, 스패로우 등의 워치-온리 지갑과 자신의 에어-갭 지갑을 이용해 보낼 수 있을 것이다.

거래가 네트워크에 전파되고 아직 블록에 실리기 전이면 RTL을 새로 고침했을 때 'Unconfirmed'에 보일 것이다.

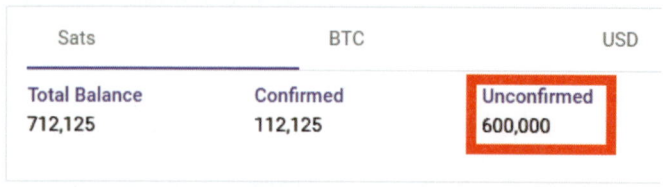

거래가 블록에 실려 컨펌되면 채널을 열 준비가 된 것이다.

### 라이트닝 노드 검색 및 피어 추가, 채널 개설

먼저 채널을 열고 싶은 상대를 피어로 추가해야 한다. 피어로 추가하기 위해서는 상대의 라이트닝 노드 주소 URL을 알아야 한다.

라이트닝 노드를 검색하는 웹사이트에는 앰보스(amboss.space)나 멤풀(mempool.space) 등이 있다. 필자는 앰보스를 주로 쓰고, 간단한 검색 용도로는 멤풀을 사용한다.

먼저 앰보스에서 검색하는 방법을 알아보자. 아래 링크에 접속하고, 검색하고 싶은 노드 이름을 검색한다.

https://amboss.space/

앞에서 말한 대로 'kappa' 노드부터 피어로 추가하고 채널을 개설해 보겠다. 앰보스에서 'kappa'를 검색한다.

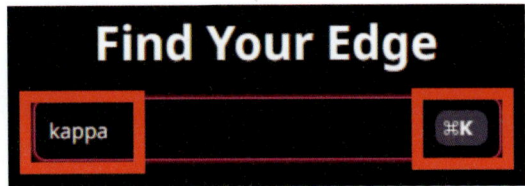

맨 위에 있는 검색 결과를 누른다.

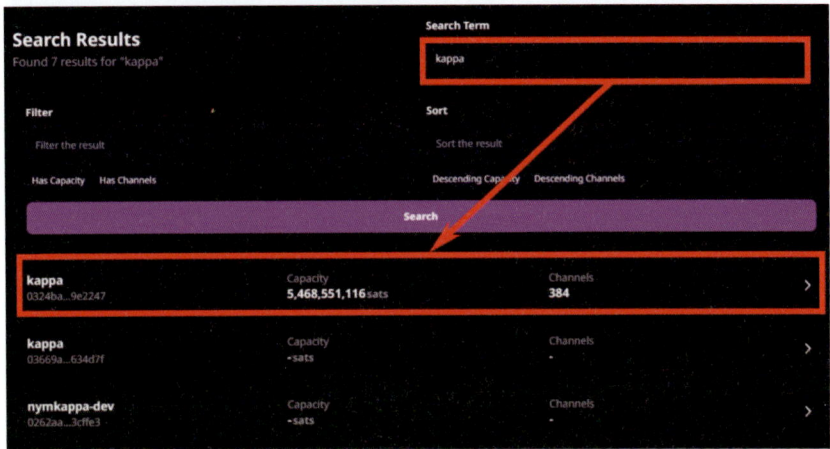

'Address'라고 적혀있는 부분이 이 노드의 URL이다. 옆에 있는 복사 버튼을 눌러 이 URL을 복사한다.

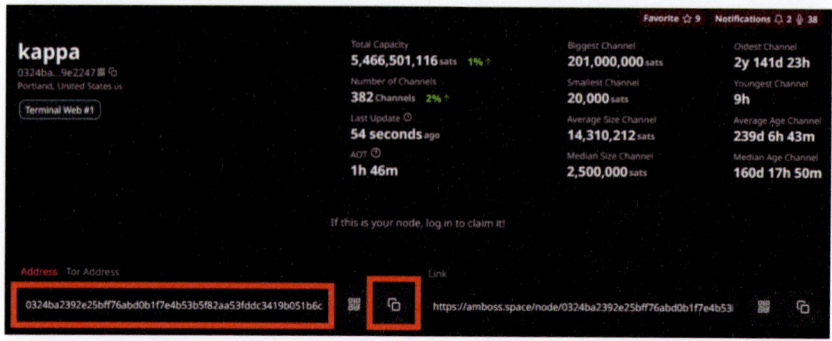

멤풀에서는 라이트닝 노드의 이름을 검색하면 바로 결과가 나온다. 다음 사진은 kappa 노드를 멤풀에서 검색한 사진이다. 그 아래 주소가 나오는데(IPv4, IPv6, Tor 등) 옆에 있는 복사 버튼을 눌러 이 주소를 복사한다.

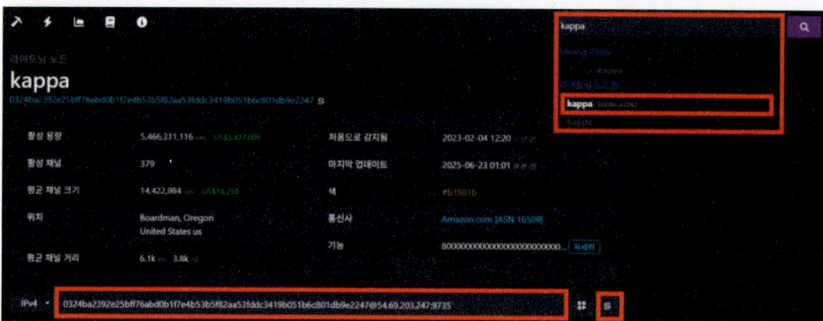

kappa와 채널을 개설하기 위해 먼저 kappa 노드를 라이트닝 피어 노드로 추가하자. RTL에서 [Lightning] → [Peer/Channels] → [Peers] → [Add Peer]를 누른다.

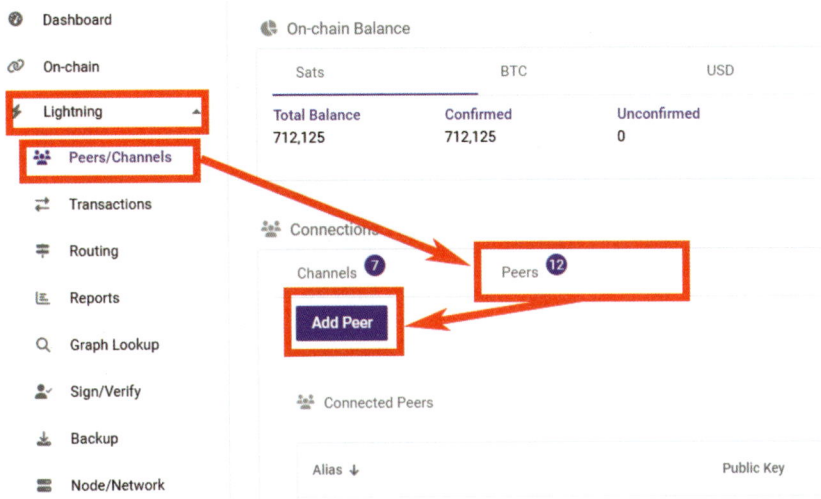

'Lightning Address'에 아까 앰보스 혹은 멤풀에서 복사했던 URL 주소를 붙여넣기 한다. 그다음 [Add Peer]를 누른다.

RTL에서는 피어를 추가하면 바로 채널을 개설할 건지 묻는다. 채널 개설까지 해보자. 우리는 10만 sats 용량Capacity의 채널을 개설할 것이다. 따라서 'Amount'에 '100000'을 입력하고 [Open Channel]을 누른다.

참고로 멤풀을 봤을 때 현재 네트워크가 한적해 수수료가 너무 낮다면 [Transaction Type] 옵션을 눌러 [Priority]를 [Fee]로 바꿔준다. 그리고 채널 개설 수수료를 2 sat/vB 이상으로 설정하라. 네트워크가 너무 한적할 때는 [Priority] 옵션으로 개설하면 종종 수수료가 1 sat/vB로 개설된다. 이렇게 되면 갑자기 네트워크가 붐비게 되었을 때 채널 개설 거래가 뒤쪽 블록으로 한참 밀려, 거래가 컨펌되기까지 매우 오래 기다려야 할 수도 있다. 그래서 2 sat/vB 이상으로 개설하는 것이다.

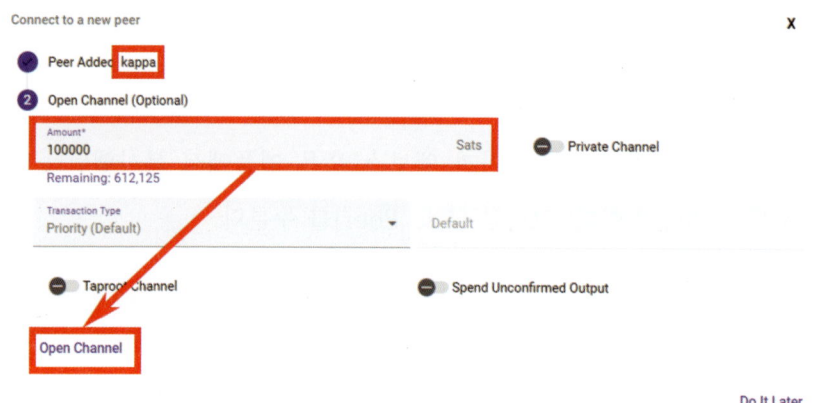

채널 개설 거래가 네트워크에 잘 전파되었다. 채널 개설은 보통 2-3 컨펌을 요구한다. 이는 상대방 노드의 채널 개설 조건을 따라간다. 채널 개설 컨펌 수와 채널 종료 컨펌 수는 설정이 가능하다. 이에 대해서는 뒤에 나오는 '채널 설정' 절을 참고하라. 2-3컨펌이 될 때까지 기다리자.

> Channel Added Successfully! All Channels Backup Successful.

온-체인 지갑 상황을 보자. 60만 sats의 UTXO를 사용해서 10만 sats 용량의 채널을 개설했으니, 남은 잔액인 50만 sats는 잔돈 주소로 들어올 것이다. 그런데 해당 채널 개설 거래가 컨펌되기 전까지는 이 금액을 쓸 수 없다. 따라서 컨펌이 되어서 잔돈 주소로 UTXO가 들어올 때까지 기다려야 한다.

On-chain Balance

| | Sats | BTC | USD |
|---|---|---|---|
| Total Balance | 511,666 | Confirmed 1,002 | Unconfirmed 510,664 |

채널 개설 거래가 잘 제출되었는지 확인하고 싶다면 어떻게 해야 할까? [Lightning] → [Peer/Channels] → [Channels] → [Pending]에 들어가 보면 된다. 해당 채널 개설 거래 오른쪽에 있는 [Actions]를 누르고, [View Info]를 누른다.

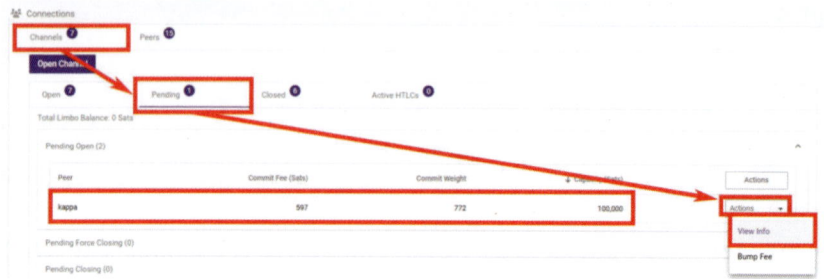

그러면 'Channel Point'에 txid:1이 나올 것이다. 그 옆에 있는 바로가기 모양의 버튼을 누르면 멤풀 웹사이트에서 나의 채널 개설 거래 상황을 볼 수 있다.

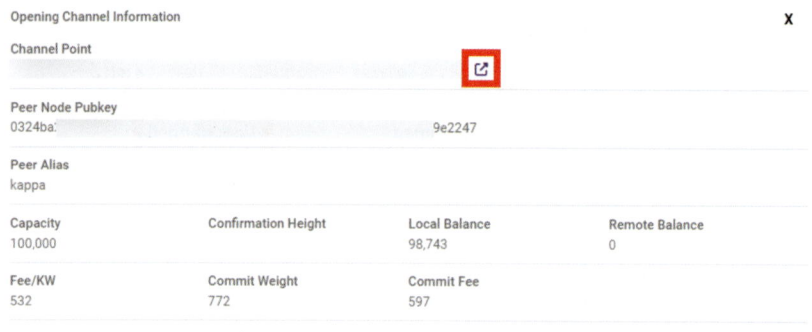

잠시 기다리면 블록이 채굴되어 거래가 컨펌되고, 온-체인 지갑에 자금이 들어오는 것을 볼 수 있다.

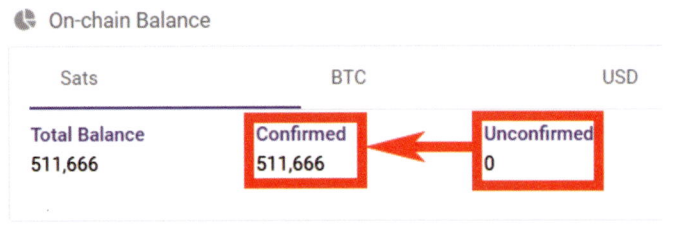

만약 수수료가 너무 낮게 설정되어 거래가 뒤로 밀려나고, 컨펌까지 한참 기다리게 되었다면 어떻게 할까? 이럴 때는 'Bump Fee (수수료 올리기)'를 이용할 수 있다. RTL에서는 RBF가 아니라 CPFP라는 수수료 올리기 방법을 사용한다. 이는 잔돈 주소에 들어가는 비트코인을 사용해 특정 거래 뒤에 수수료가 높은 또 다른 거래를 연결하여 평균 수수료를 올리는 방식이다. 그렇게 함으로써 블록에 포함될 가능성을 높인다. 새로운 거래를 뒤에 붙이는 것이기 때문에 목표 수수료를 잘 생각하며 올려야 한다(자세한 내용은 '1부. 셀프 커스터디 가이드'의 'CPFP' 절을 참고하라).

만약 자신의 채널 개설 거래가 1 sat/vB로 설정되었는데, 이를 2 sat/vB로 올리고 싶다고 해보자. 그러면 CPFP로 뒤에 붙이는 거래의 수수료는 3 sat/vB가 되어야 한다. 왜냐하면 1과 3의 평균이 2이기 때문이다. 정확히는 가상데이터 크기를 따져봐야 하지만 대략 이렇게 계산하면 맞다.

이럴 때는 [Pending] → 해당 거래 옆의 [Actions] → [Bump Fee]를 누르자.

그리고 위에 설명한 대로 평균 수수료를 올리기 위해 뒤에 붙일 거래의 수수료를 설정한다.

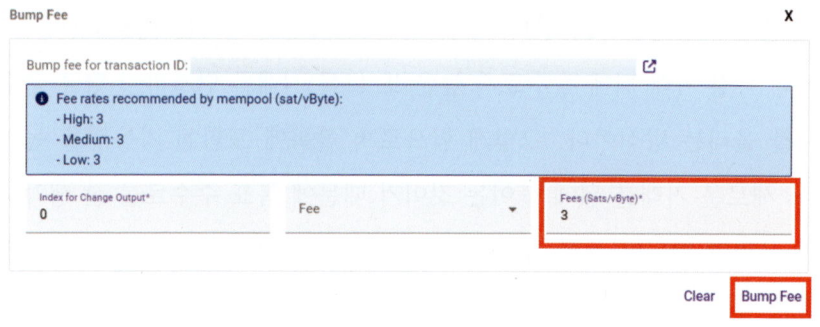

그러면 뒤에 붙일 거래가 제출될 것이다.

## 두 번째 채널 개설

이제 'kappa'와 채널을 하나 열었다. 똑같은 방법으로 나머지 4개의 노드(wobloz, LNBiG [Hub-1], Fedi us-east-1 [fedi.xyz], Lucky.Dog)와 채널을 개설하고, 자신의 월렛 오브 사토시 계정으로 비트코인을 보내 인바운드 유동성을 확보할 것이다.

그다음에는 볼츠 스와프를 이용해 다시 라이트닝 노드의 온-체인 지갑으로 비트코인을 보내고, 다시 나머지 3개의 노드(cwallet.com, LightningPlaces.com, Fulcrum)와 채널을 개설할 것이다.

'wobloz' 노드와 채널을 개설해 보자. 앰보스에서 'wobloz'를 검색하고 'Address'를 복사한다.

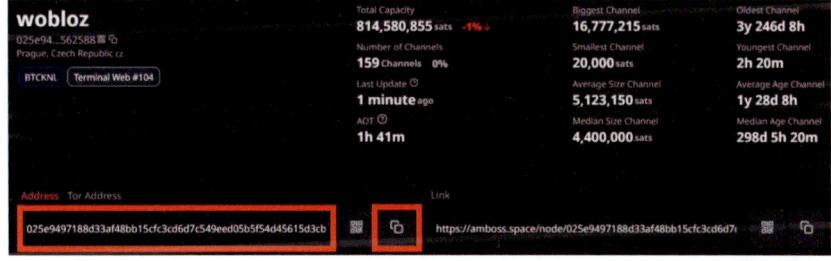

RTL 앱에서 [Add Peer] → 'wobloz'의 주소 붙여넣기 → [Add Peer]를 누른다.

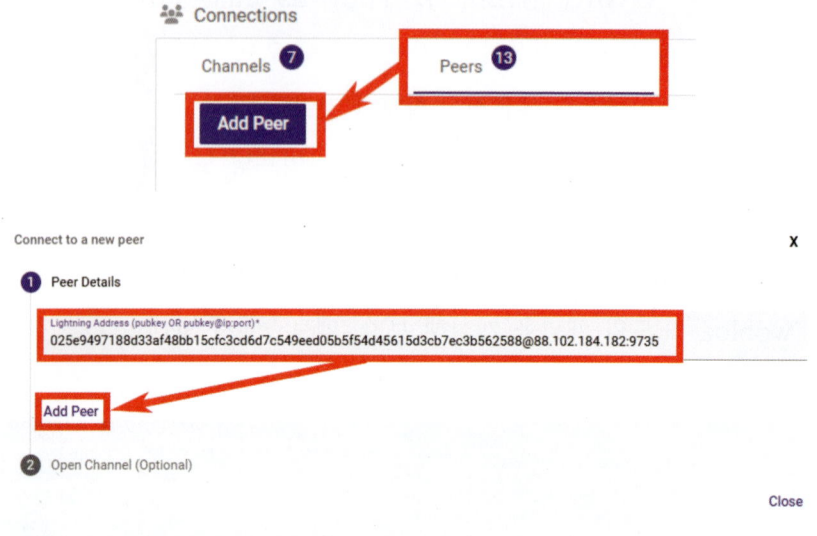

'Amount'에 10만 sats를 입력하고 [Open Channel]을 누른다.

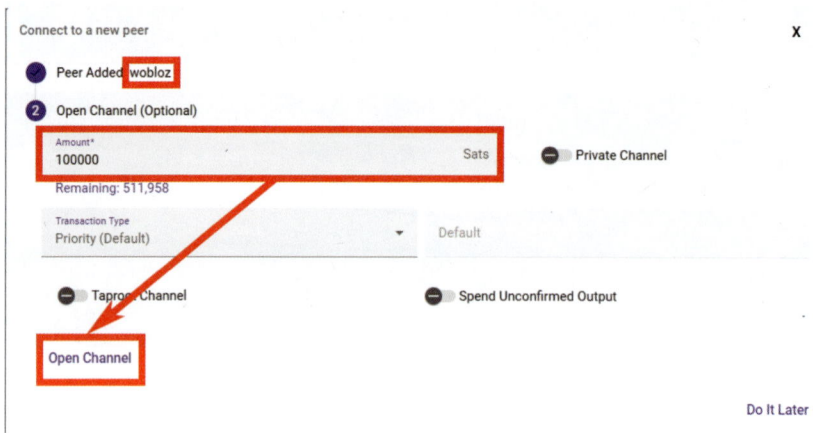

채널 개설이 잘 되었으면 거래가 컨펌되기까지 기다린다. 채널 개설은 보통 2-3컨펌을 요구한다. 다음 채널을 개설하기 위해서는 잔돈 주소에 비트코인이 들어오는 것만 확인하면 되므로 1컨펌만 기다려도 된다.

기다리면 거래가 블록에 실려 채굴되고 잔돈 주소로 남은 금액이 들어온다.

## 세 번째 채널 개설

나머지 3개 노드(LNBiG [Hub-1], Fedi us-east-1 [fedi.xyz], Lucky.Dog)와도 똑같은 방법으로 채널을 개설한다.

앰보스에서 'LNBiG [Hub-1]'을 검색하고 'Address'를 복사한다.

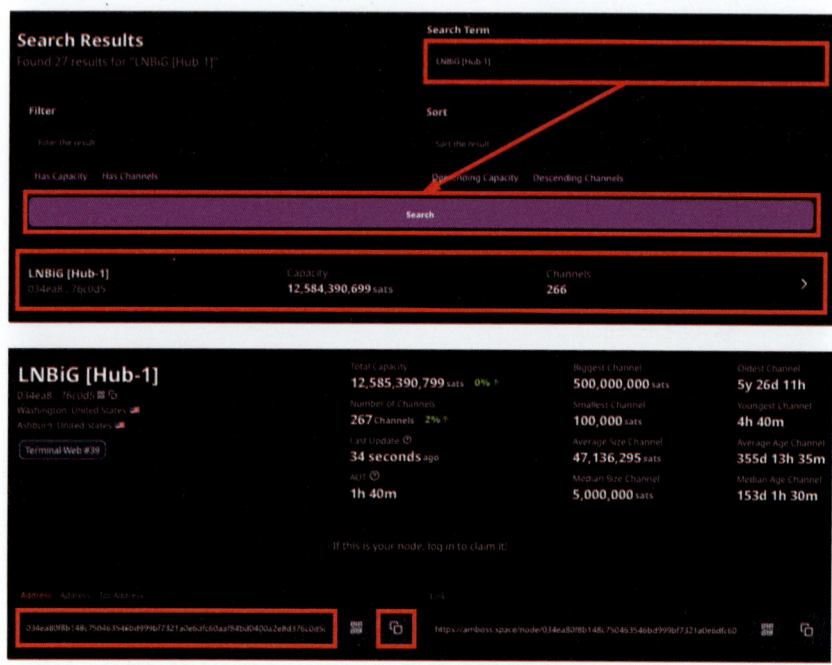

RTL 앱에서 [Add Peer] → 'LNBiG [Hub-1]'의 주소 붙여넣기 → [Add Peer]를 누른다.

'Amount'에 10만 sats를 입력하고 [Open Channel]을 누른다.

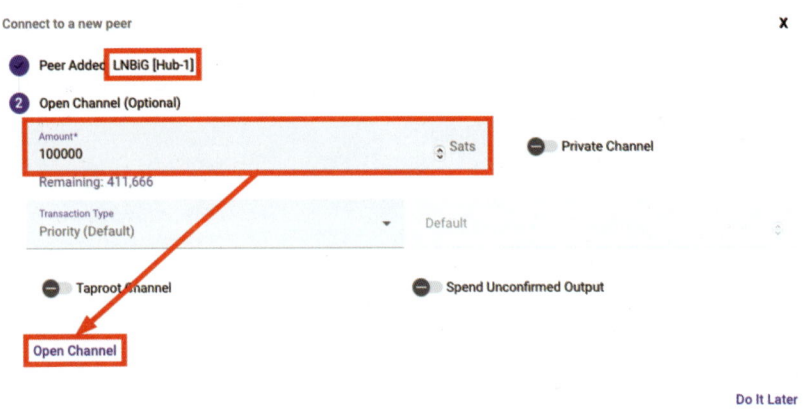

채널 개설이 잘 되었으면 거래가 컨펌되기까지 기다린다. 채널 개설은 보통 2-3컨펌을 요구한다. 다음 채널을 개설하기 위해서는 잔돈 주소에 비트코인이 들어오는 것만 확인하면 되므로 1컨펌만 기다려도 된다. 기다리면 거래가 블록에 실려 채굴되고 잔돈 주소로 남은 금액이 들어온다.

## 네 번째 채널 개설

계속 반복한다. 이번에는 'Fedi us-east-1 [fedi.xyz]' 노드와 채널을 개설한다. 앰보스에서 'Fedi us-east-1 [fedi.xyz]'를 검색하고 'Address'를 복사한다.

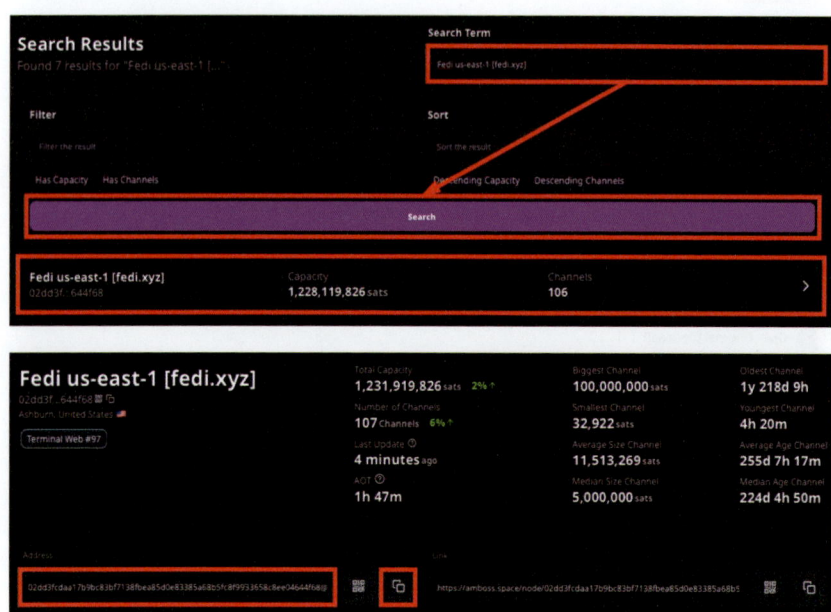

RTL 앱에서 [Add Peer] → 'Fedi us-east-1 [fedi.xyz]'의 주소 붙여넣기 → [Add Peer]를 누른다.

'Amount'에 10만 sats를 입력하고 [Open Channel]을 누른다.

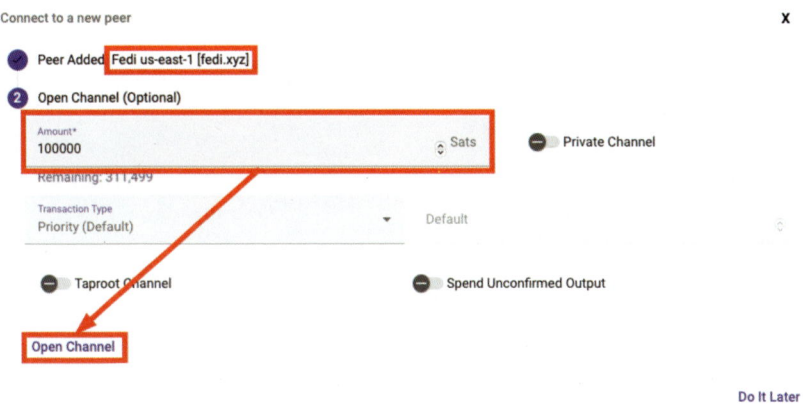

채널 개설이 잘 되었으면 거래가 컨펌되기까지 기다린다. 채널 개설은 보통 2-3컨펌을 요구한다. 다음 채널을 개설하기 위해서는 잔돈 주소에 비트코인이 들어오는 것만 확인하면 되므로 1컨펌만 기다려도 된다. 기다리면 거래가 블록에 실려 채굴되고 잔돈 주소로 남은 금액이 들어온다.

## 다섯 번째 채널 개설

계속 반복한다. 이번에는 'Lucky.Dog' 노드와 채널을 개설한다. 앰보스에서 'Lucky.Dog'를 검색하고 'Address'를 복사한다.

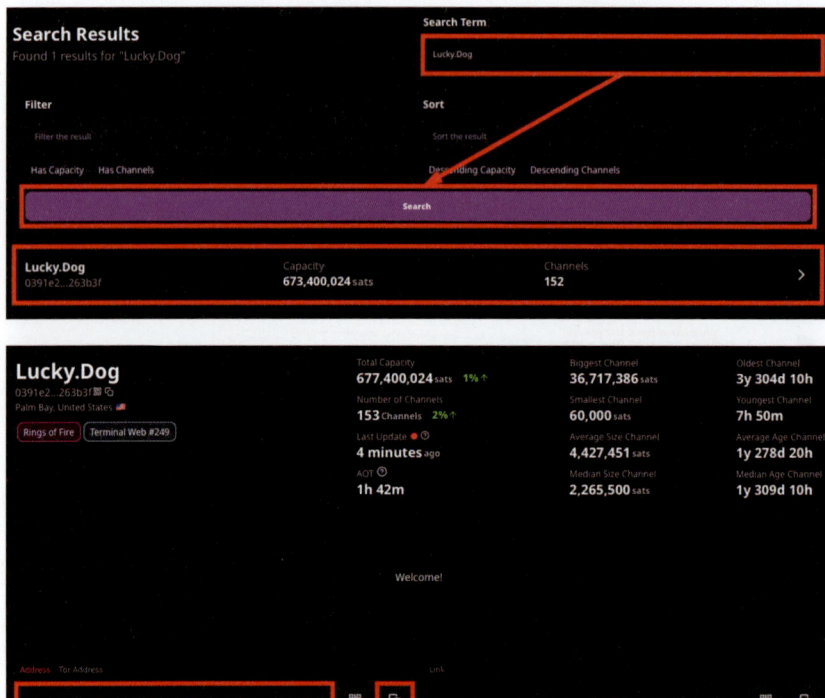

RTL 앱에서 [Add Peer] → 'Lucky.Dog'의 주소 붙여넣기 → [Add Peer]를 누른다.

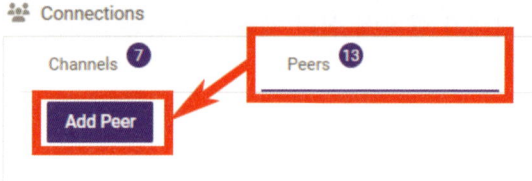

'Amount'에 10만 sats를 입력하고 [Open Channel]을 누른다.

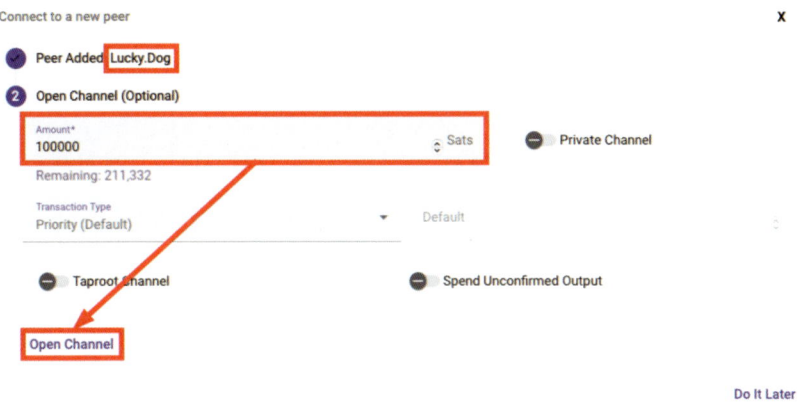

채널 개설이 잘 되었으면 거래가 컨펌되기까지 기다린다. 채널 개설은 보통 2-3컨펌을 요구한다. 다음 채널을 개설하기 위해서는 잔돈 주소에 비트코인이 들어오는 것만 확인하면 되므로 1컨펌만 기다려도 된다. 기다리면 거래가 블록에 실려 채굴되고 잔돈 주소로 남은 금액이 들어온다.

다섯 개의 채널이 개설되었다. 이제 자신의 월렛 오브 사토시 계정에 6만 sats씩 다섯 번을 보내 인바운드 용량을 확보할 것이다.

## 인바운드 유동성 확보

이제 자신의 라이트닝 노드에서 자신의 월렛 오브 사토시 계정으로 비트코인을 전송하여 인바운드 유동성을 확보할 것이다. 6만 sats를 5번 보내 총 30만 sats를 보낼 것이다. 참고로 한 번에 30만 sats를 보내는 것은 불가능하다. 한 채널의 용량을 넘게 라우팅하는 것은 매우 어렵기 때문이다. 그러므로 최대 10만 sats를 전송할 수 있다고 생각하면 된다. (참고로 다중 결제 경로MPP를 이용하면 한 번에 전송할 수 있다.)

우리는 10만 sats 용량의 채널을 막 개설했으므로 아웃바운드 유동성만 10만 sats가 있는 상태다. 이 상태에서 어딘가로 6만 sats를 보내면 인바운드 유동성은 6만 sats가 되고, 아웃바운드 유동성은 4만 sats가 된다. 그러면 해당 채널을 이용해서는 4만 sats를 보낼 수 있고, 6만 sats를 받을 수 있는 상태가 되는 것이다. 5개 채널 모두 이런 상태로 만들 것이다.

먼저 월렛 오브 사토시 앱을 켜자. [받다] → [양/노트]를 누르고
'60,000' sats를 입력한다. 그다음에 [복사]를 눌러 인보이스를 복사한
다.

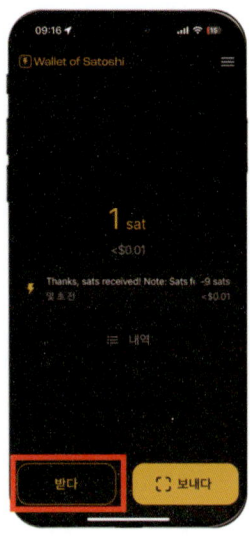  

편의를 위해 스마트폰에서 umbrel.local에 들어가 RTL 앱에 접속했다. [Pay] → 'Payment Request'에 인보이스를 붙여넣기 한다. 그다음에 [Send Payment] → [Send Payment]를 누른다. 그러면 자신의 라이트닝 노드에서 6만 sats가 전송된다.

 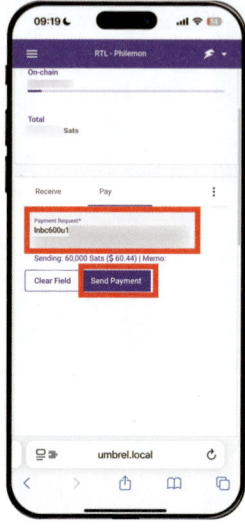 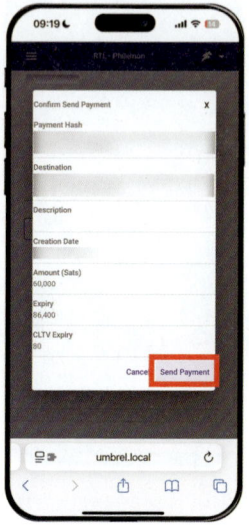

만약 RTL에서 전송이 잘 안된다면 그냥 라이트닝 노드 앱에서 보내도 된다. 어차피 RTL은 라이트닝 노드 앱과 연동된 것이기 때문이다. 라이트닝 노드 앱에서 보내는 방법은 다음과 같다.

umbrel.local에서 라이트닝 노드 앱에 들어가 스크롤을 내리고, 'Lightning Wallet' 부분에서 [SEND]를 누른다. 'Paste Invoice'에 인보이스를 붙여넣고 [SEND]를 누른다. 그러면 전송이 완료된다.

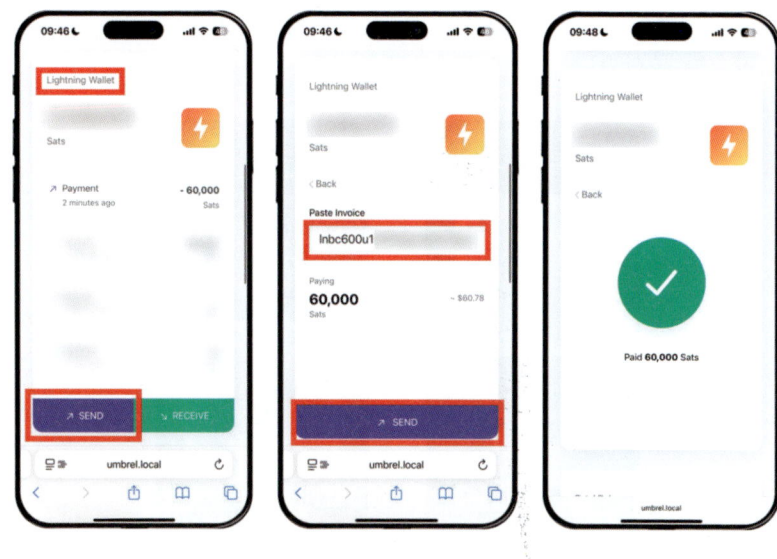

월렛 오브 사토시에서 6만 sats가 잘 들어왔는지 확인한다. 이러한 방식으로 똑같이 6만 sats를 네 번 더 보낼 것이다. 다시 [받다]를 누른다.

4부 • 라이트닝 노드 운영 가이드

[양/노트]를 누르고, '60,000' sats를 입력한다. 그다음 [복사]를 눌러 인보이스를 복사한다.

RTL에서 [Pay] → 'Payment Request'에 인보이스 붙여넣기 → [Send Payment] → [Send Payment]를 눌러 6만 sats를 보낸다.

 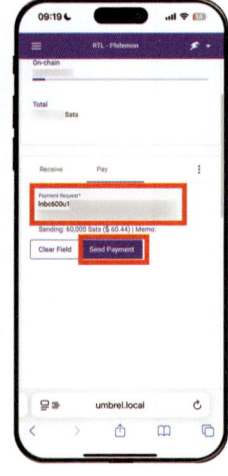 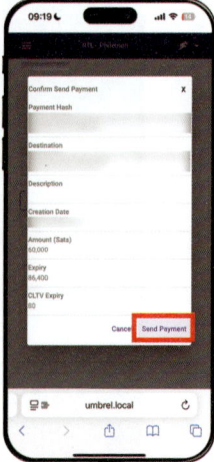

혹은 라이트닝 노드에서 스크롤을 내려 라이트닝 월렛(Lightning Wallet) 부분으로 가고, [SEND] → 'Paste Invoice'에 인보이스 붙여 넣기 → [SEND]를 눌러 6만 sats를 보낸다.

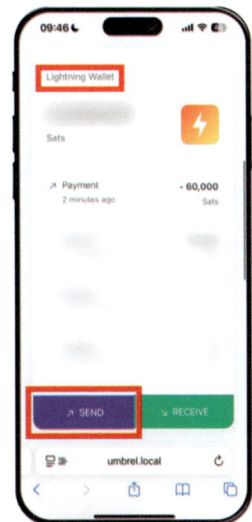 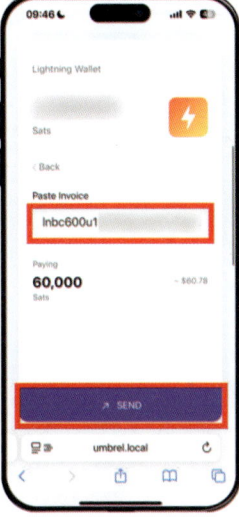 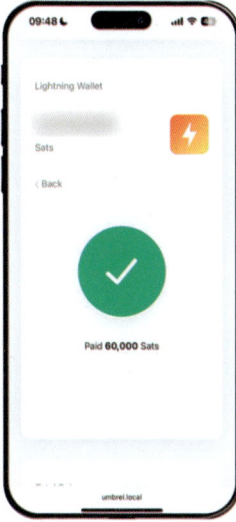

이렇게 다섯 번 반복하면 월렛 오브 사토시 계정에는 총 30만 sats가 송금됐을 것이다. 이제 볼츠 스와프를 이용해 이 30만 sats를 라이트닝 노드 온-체인 지갑으로 다시 보낼 것이다.

라이트닝 노드의 Bitcoin Wallet(온-체인 지갑)에서 [DEPOSIT]을 누른다. 그러면 온-체인 지갑 주소가 나온다. 주소 옆의 문서 버튼을 눌러 주소를 복사한다.

 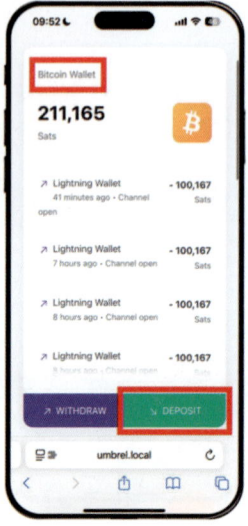 

볼츠 웹사이트에 들어간다.

https://boltz.exchange

라이트닝 금액에는 '298 000'을 입력하고 그 밑에 'Enter BTC Address'에는 앞에서 복사했던 라이트닝 노드의 주소를 붙여넣기 한다. 그다음 [CREATE ATOMIC SWAP]을 누른다. 여기서 30만 sats를 입력하지 않고 29만 8천 sats를 입력하는 이유는 월렛 오브 사토시 운영 정책상 한 번 송금 시 월렛 오브 사토시 계정에 전체 잔액의 0.3% 이상을 남겨놓아야 하기 때문이다.

그러면 인보이스가 생성된다. 인보이스 왼쪽에 있는 문서 모양의 버튼을 눌러 인보이스를 복사한다.

이제 월렛 오브 사토시 앱에서 [보내다]를 누른다.

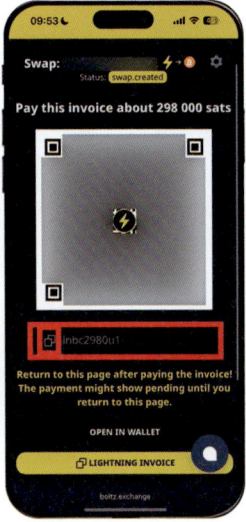

카메라 화면이 뜨면 왼쪽 아래 키보드 모양의 버튼을 누른다. 그다음에 방금 복사했던 인보이스를 붙여넣고 화살표 모양의 버튼을 누른다.

[보내다]를 누른다. 그리고 온-체인으로 전송하는 거래가 블록에 실려 채굴되길 기다리면 된다. [OPEN CLAIM TRANSACTION]을 누르면 멤풀 웹사이트에서 해당 거래의 상태를 확인할 수 있다.

 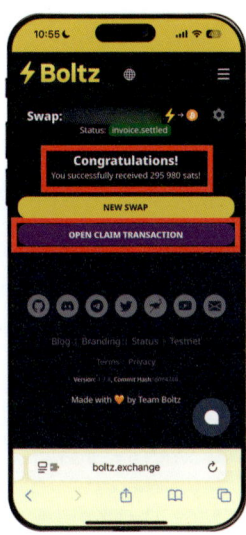

RTL에서 보면 이제 5개 채널의 상태가 아웃바운드 유동성이 모두 4만 sats 정도가 되고(Local Balance), 인바운드 유동성이 모두 6만 sats 정도가 된 것을 알 수 있다.

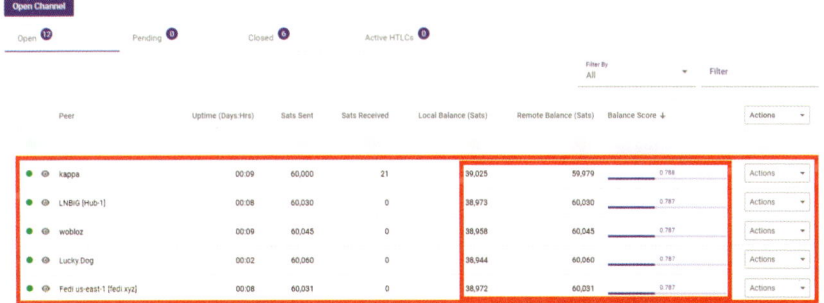

## 여섯 번째 채널 개설

이제 앞에서 했던 채널 개설 과정을 다시 반복할 것이다. 똑같은 방법으로 나머지 3개의 노드(cwallet.com, LightningPlaces.com, Fulcrum)와 채널을 개설할 것이다.

이번에는 'cwallet.com' 노드와 채널을 개설한다. 앰보스에서 'cwallet.com'을 검색하고 'Address'를 복사한다.

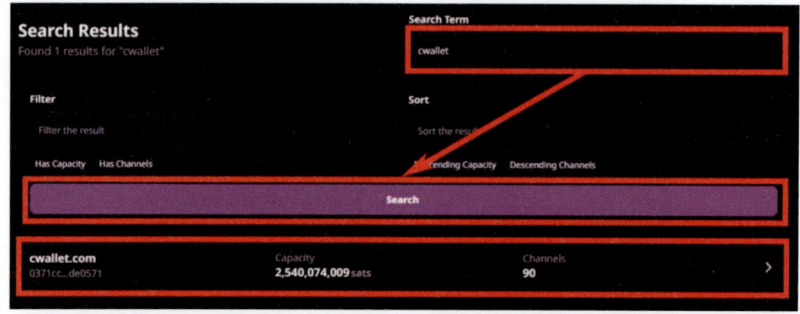

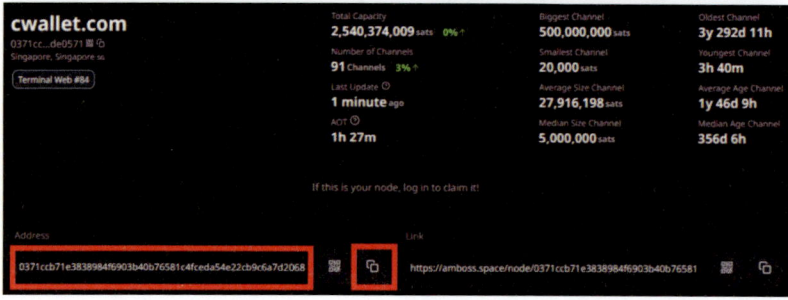

RTL 앱에서 [Add Peer] → 'cwallet.com'의 주소 붙여넣기 → [Add Peer]를 누른다.

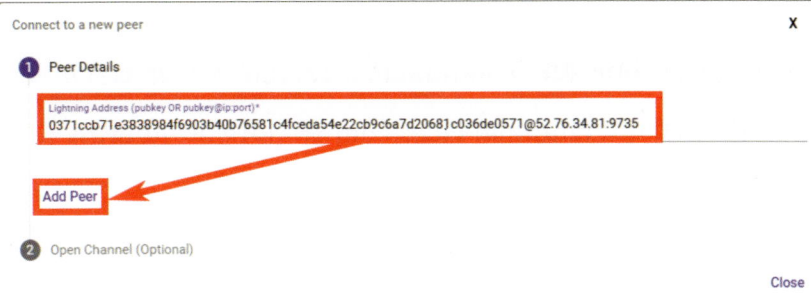

'Amount'에 10만 sats를 입력하고 [Open Channel]을 누른다.

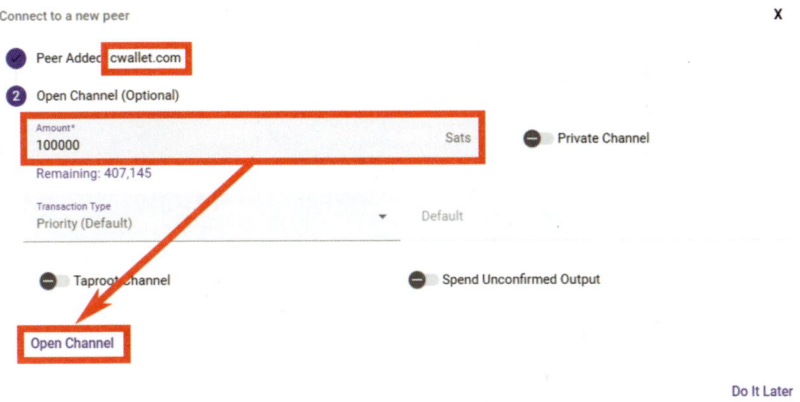

채널 개설이 잘 되었으면 거래가 컨펌되기까지 기다린다. 채널 개설은 보통 2-3컨펌을 요구한다. 다음 채널을 개설하기 위해서는 잔돈 주소에 비트코인이 들어오는 것만 확인하면 되므로 1컨펌만 기다려도 된다. 기다리면 거래가 블록에 실려 채굴되고 잔돈 주소로 남은 금액이 들어온다.

## 일곱 번째 채널 개설

계속 반복한다. 이번에는 'LightningPlaces.com' 노드와 채널을 개설한다. 앰보스에서 'LightningPlaces.com'을 검색하고 'Address'를 복사한다.

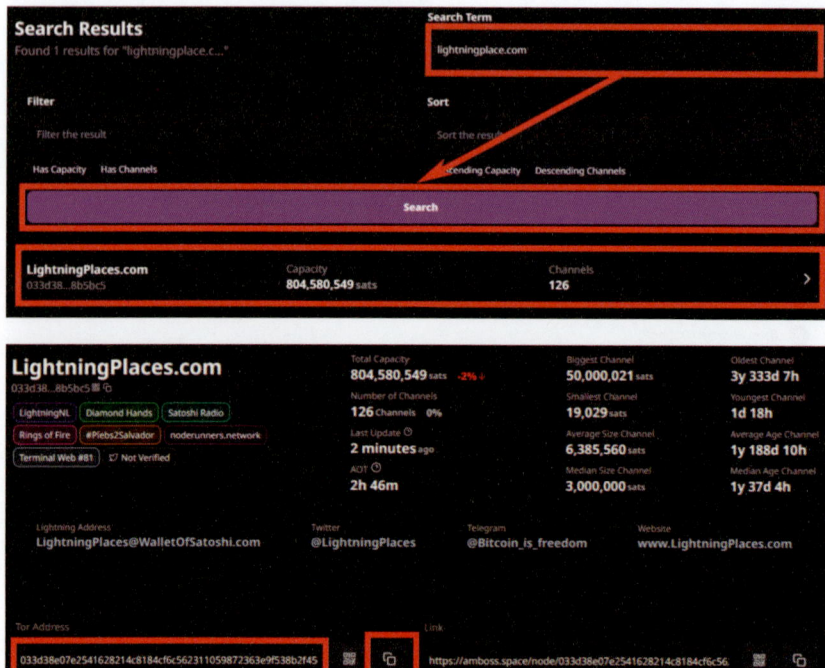

RTL 앱에서 [Add Peer] → 'LightningPlaces.com'의 주소 붙여넣기 → [Add Peer]를 누른다.

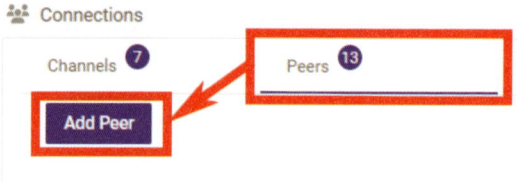

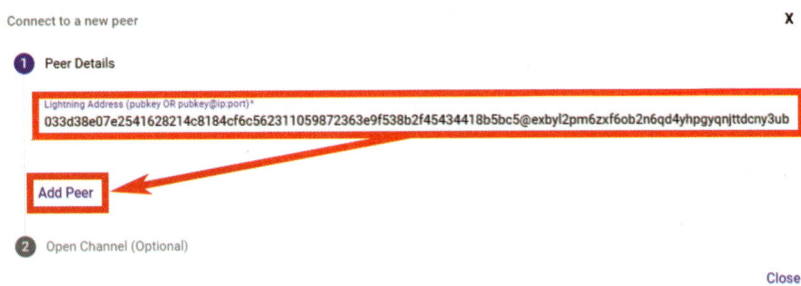

'Amount'에 10만 sats를 입력하고 [Open Channel]을 누른다.

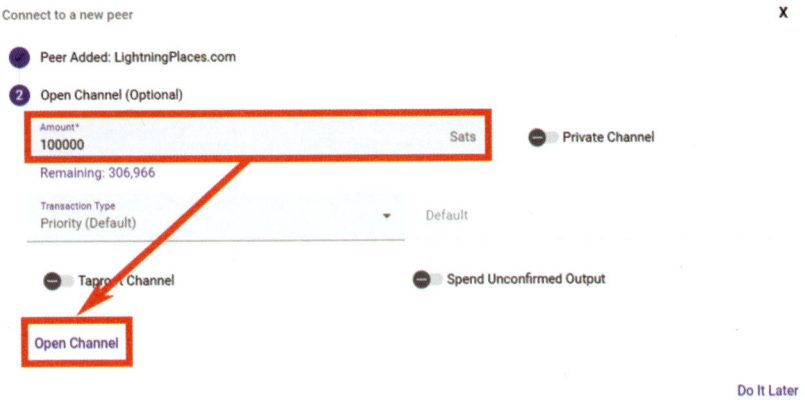

채널 개설이 잘 되었으면 거래가 컨펌되기까지 기다린다. 채널 개설은 보통 2-3컨펌을 요구한다. 다음 채널을 개설하기 위해서는 잔돈 주소에 비트코인이 들어오는 것만 확인하면 되므로 1컨펌만 기다려도 된다. 기다리면 거래가 블록에 실려 채굴되고 잔돈 주소로 남은 금액이 들어온다.

## 여덟 번째 채널 개설

계속 반복한다. 이번에는 'Fulcrum' 노드와 채널을 개설한다. 앰보스에서 'Fulcrum'을 검색하고 'Address'를 복사한다.

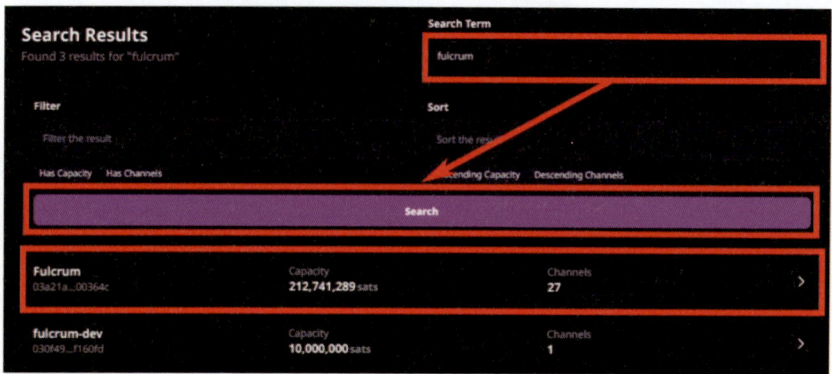

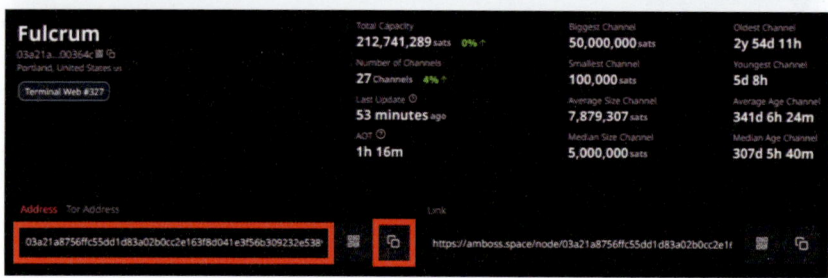

RTL 앱에서 [Add Peer] → 'Fulcrum'의 주소 붙여넣기 → [Add Peer]를 누른다.

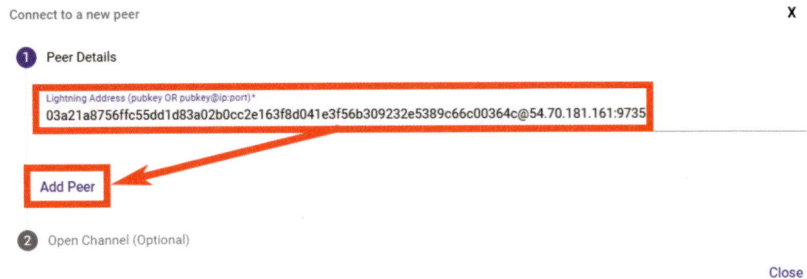

'Amount'에 10만 sats를 입력하고 [Open Channel]을 누른다.

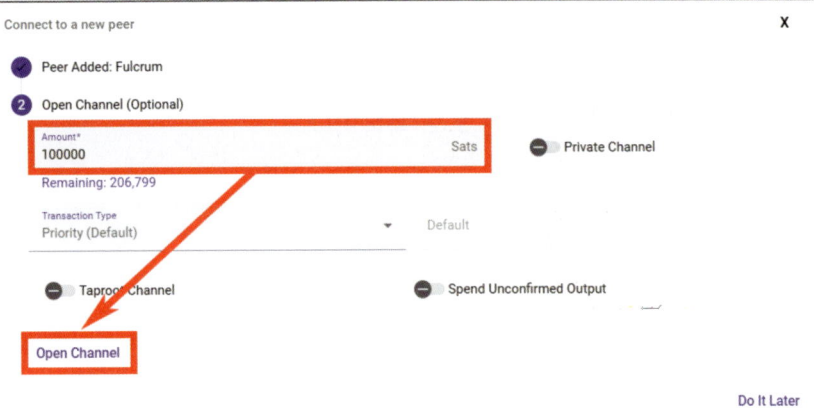

채널 개설이 잘 되었으면 거래가 컨펌되기까지 기다린다. 채널 개설은 보통 2-3컨펌을 요구한다. 다음 채널을 개설하기 위해서는 잔돈 주소에 비트코인이 들어오는 것만 확인하면 되므로 1컨펌만 기다려도 된다. 기다리면 거래가 블록에 실려 채굴되고 잔돈 주소로 남은 금액이 들어온다.

이제 8개의 채널 개설이 완료되었다. 이 정도면 일상적인 결제 용도로는 충분히 사용할 수 있다.

**채널 추천 목록**

지금까지 가이드에서 채널을 개설한 노드 목록은 다음 표와 같았다. 그러나 어떤 노드는 네트워크 문제로 잠시 오프라인이 되었을 수도 있고, 어떤 노드는 운영 정책을 변경하여 최소 채널 개설 금액을 10만 sats보다 올렸을 수도 있다. 이렇듯 각 노드 상황에 따라 이 가이드대로 채널 개설이 불가능할 수도 있다. 따라서 채널 추천 목록을 작성한다. 반드시 앰보스에서 먼저 노드를 검색해 보고 추가하기 바란다. 다음은 베를린 님의 가이드에서 추천하는 노드 목록이다.

[가이드에서 진행한 8개 노드]

| kappa | wobloz |
|---|---|
| LNBiG [Hub-1] | Fedi us-east-1 [fedi.xyz] |
| Lucky.Dog | cwallet.com |
| LightningPlaces.com | Fulcrum |

[이 외에 10만 sats로 열 수 있는 노드 추천 목록]

| Babylon-4a | PurpleWisteria |
|---|---|
| LNBiG [Hub-숫자] | LNBiG [Edge-숫자] |
| CoinGate | Clack Bank |

| AgX | HydraNode |
| --- | --- |
| bxm | ln1.generalbytes.com |
| DarthPikachu | CoinPayments |
| ln-1.anycoin.cz | LN-Fukaya Japan |
| SOMBERMOON | Corn🌽Philemon |

참고로 'SOMBERMOON'은 한국에서 시작한 라이트닝 노드 단체인 CornGang의 허브 노드이며, Corn🌽Philemon은 필자가 운영하는 노드이다.

[최소 채널 개설 금액이 크지만 추천하는 노드 목록]

다음 노드들은 최소 채널 개설 금액이 100만 sats를 넘는 경우가 많으며, 500만 sats나 1,000만 sats를 넘는 경우도 많다. 본인이 감당 가능한 리스크 내의 금액까지 개설하는 것을 권장한다.

만약 '6부. 홈 채굴 가이드'에서 설명할 내용처럼 다팀을 통해 풀 노드와 채굴기를 직접 연결하고, 채굴 보상을 라이트닝으로 받기를 원한다면 'bfx-lnd0'과 'bfx-lnd1' 노드와의 채널을 추천한다. 그러나 bfx 채널은 라우팅 시 아웃바운드가 안 차는 경향이 있고, 어차피 다른 채널의 라우팅을 통해 채굴 보상을 받을 수도 있으므로 잘 선택하길 바란다. 또한, 오션 풀에서 채굴 보상을 받기 위해서는 CLN 운영이 필수적이다. bfx 노드의 최소 채널 개설 금액은 100만 sats이다.

| WalletOfSatoshi.com | Strike |
| --- | --- |
| Boltz | ACINQ |

| | |
|---|---|
| okx | Kraken 🐙⚡ |
| Friendspool \| BR⚡LN | Garlic🧄 |
| lnmarkets.com | ⚡⚡CHARGED⚡⚡ |
| YTMND | The Continental |
| LifeIsGood | BCash_Is_Trash |
| adam.masterofpearls.net | Sunny Sarah ☀️ |
| TennisNbtc | Denaro Libre 🌞 |
| nicehash-ln1 | WarsoWerk.de |
| block | Authenticity |

이 외에 다음 웹사이트에 들어가면 채널 수, 용량에 따라 노드별로 이리듐, 플래티넘, 골드, 실버 등의 등급이 매겨져 있는데 골드 등급 이상의 노드들과 채널을 여는 것도 좋다.

https://lightningnetwork.plus/nodes

아무 노드와 무작정 채널을 여는 것보다는 자신의 노드가 어떤 노드와 채널이 열려 있는지를 고려하여 채널을 늘리는 것이 좋은데, 이에 대해서는 '채널 관리 가이드' 장에서 알아볼 것이다. 앞의 목록은 최초 5-10개의 채널을 개설할 때 참고하는 것이 좋다.

# | 외부에서 라이트닝 노드 사용하기

### 토르를 통해 라이트닝 노드와 제우스 앱 연동하기

제우스 앱은 자신이 직접 운영하는 라이트닝 노드를 외부에서 스마트폰으로도 사용할 수 있게 해주는 앱이다. 이 앱을 사용하면 외부에서도 내 라이트닝 노드로 송금과 받기 모두 할 수 있다. 제우스 앱은 토르를 통해 연결하거나, 테일스케일을 통해 더욱 빠르게 연결할 수도 있다.

먼저 토르로 연결하는 방법을 알아보자. 제우스 앱을 설치하고 켠 후, 언어는 한국어를 선택한다.

그다음 [고급 설정]을 누른다. 그다음 [지갑 생성 또는 연결]을 누른다.

  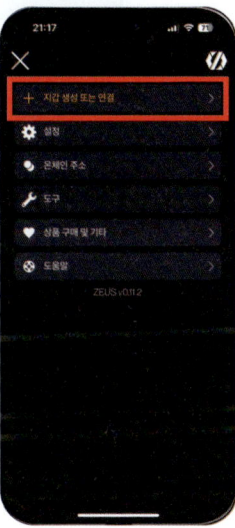

설정 창이 뜨면 오른쪽 위 카메라 버튼을 누른다. 카메라 접근 권한을 요청하면 [허용]을 선택한다.

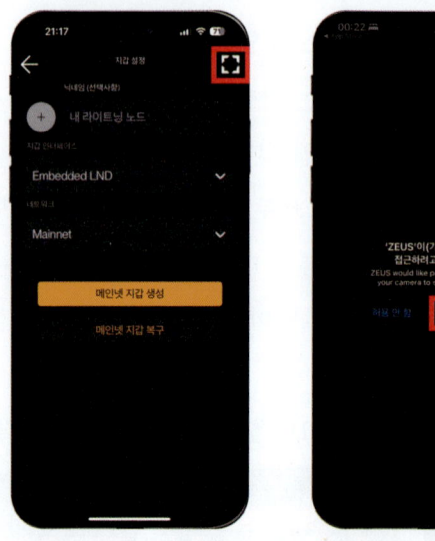

엄브렐OS의 라이트닝 노드에 접속한다. 오른쪽 위 점 세 개 → [Connect wallet]을 누른다.

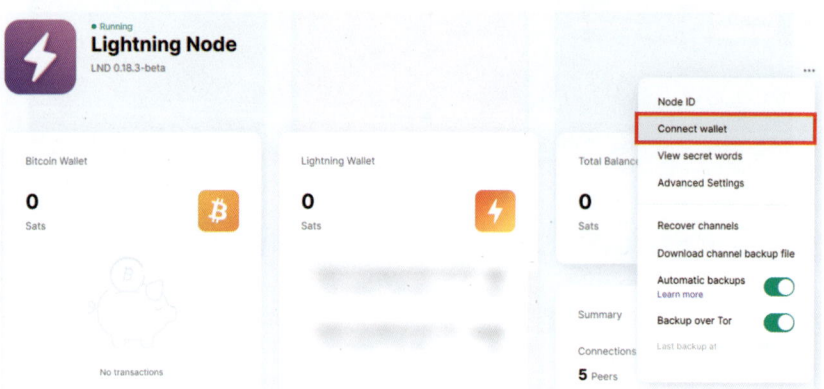

그러면 토르 주소와 마카룬 정보가 QR 코드로 나온다. 스마트폰으로 이것을 스캔할 것이다. 이때 QR 코드 밀도가 너무 높아 스캔이 잘 안 될 수도 있다. 이때는 웹브라우저를 확대해서 스캔하면 잘 된다. (윈도우는 Ctrl + '+' 버튼, 맥OS는 커맨드 키 + '+' 버튼)

참고로 이 정보는 절대 노출되어서는 안 된다. 이 정보를 누군가 알게 되면 당신의 라이트닝 노드에 있는 자금을 탈취할 수 있다.

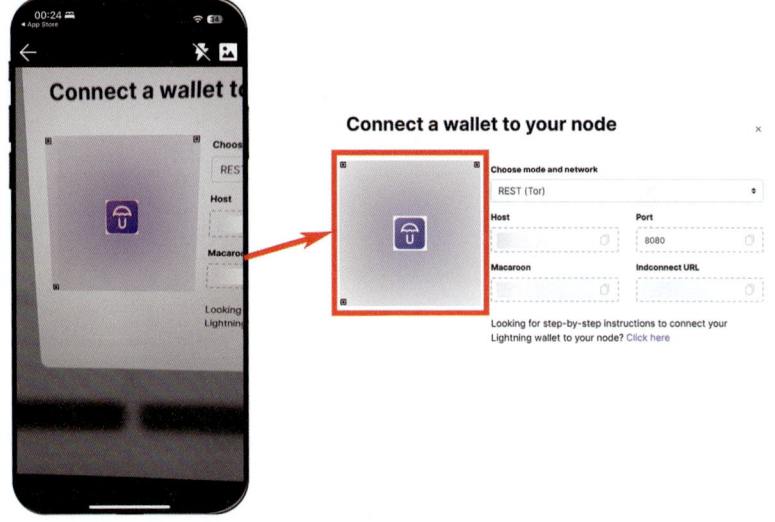

그러면 원격으로 라이트닝 노드에 접속하기 위한 정보들이 자동으로 입력된다. [지갑 설정 저장]을 누른다. 잠시 기다리면 내 라이트닝 노드와 연결이 된다.

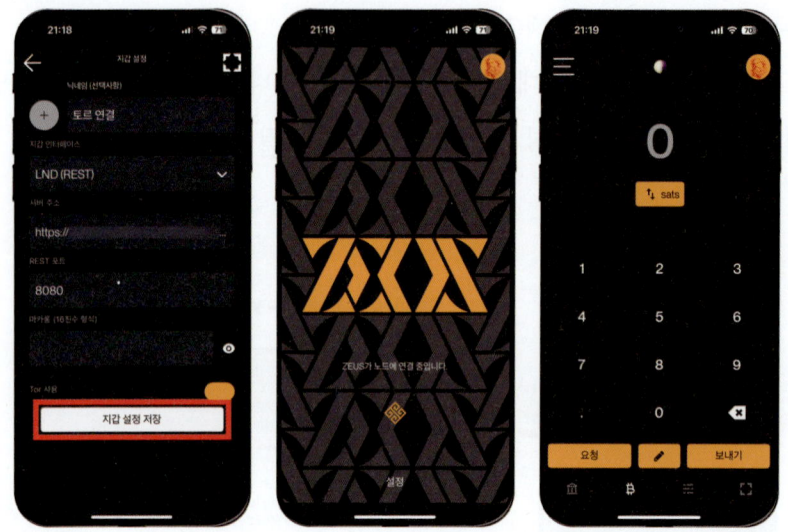

이제 토르를 통해 라이트닝 노드와 제우스 앱 연결이 완료되었다.

## 테일스케일을 통해 라이트닝 노드와 제우스 앱 연동하기

테일스케일을 사용하는 경우 테일스케일을 통해 라이트닝 노드와 제우스 앱을 연결할 수도 있다. 속도와 안정성 측면에서는 테일스케일이 훨씬 좋다.

먼저 테일스케일을 켜고, 엄브렐 아래에 있는 IP 주소를 잘 기억한다. 스마트폰과 엄브렐 모두 연결되어 있어서 초록색 불이 들어와야 한다.

제우스 앱을 설치하고 켠 후, 언어는 한국어를 선택한다.

[고급 설정]을 누른다. 그다음 [지갑 생성 또는 연결]을 누른다.

설정 창이 뜨면 오른쪽 위 카메라 버튼을 누른다. 카메라 접근 권한을 요청하면 [허용]을 선택한다.

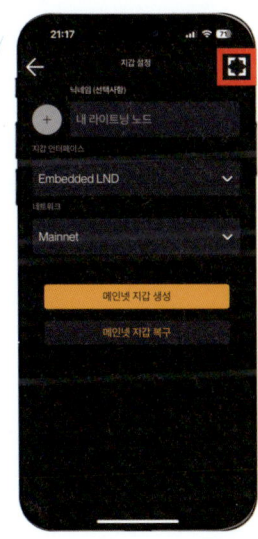

엄브렐OS의 라이트닝 노드에 접속한다. 오른쪽 위 점 세 개 → [Connect wallet]을 누른다.

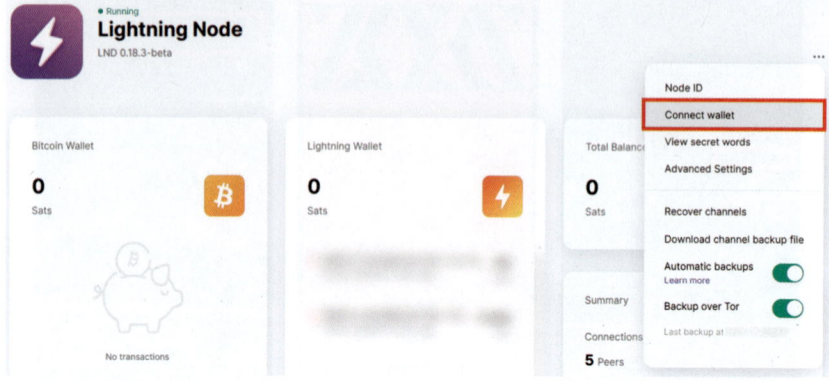

라이트닝 노드 앱에서 먼저 'Choose mode and network' 아래에 있는 드롭박스에서 'REST (Local Network)'를 선택한다. 테일스케일 VPN으로 연결하는 것이므로 로컬 네트워크를 선택하는 것이다.

선택하면 왼쪽에 연결 주소와 마카룬 정보가 들어있는 QR 코드가 나온다. 스마트폰으로 이것을 스캔할 것이다. 이때 QR 코드 밀도가 너무 높아 스캔이 잘 안될 수도 있다. 이때는 웹브라우저를 확대해서 스캔하면 잘 된다. (윈도우는 Ctrl + '+' 버튼, 맥OS는 커맨드 키 + '+' 버튼)

참고로 이 정보는 절대 노출되어서는 안 된다. 이 정보에 테일스케일 계정 정보까지 노출되면 자금 탈취가 가능해진다.

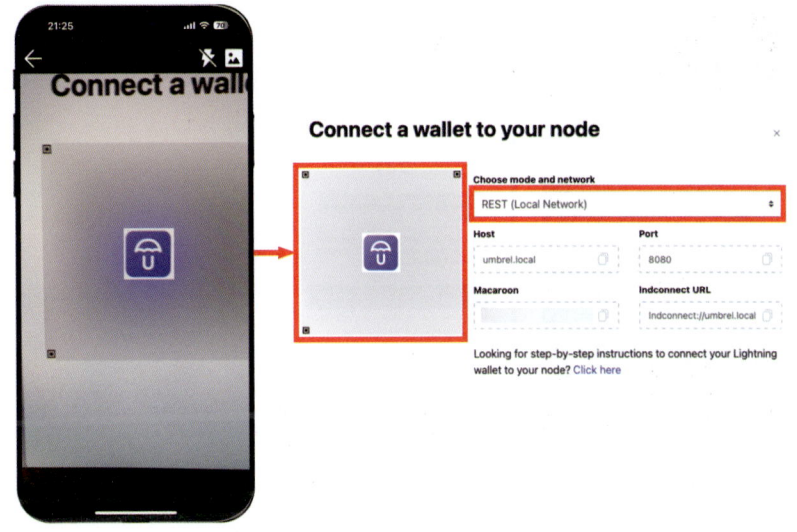

QR 코드를 스캔하면 원격으로 라이트닝 노드에 접속하기 위한 정보들이 자동으로 입력된다. 여기서 중요한 점이 있다. 서버 주소 옆에 보통 http://umbrel.local이나 http://192.168.0.??? 등이 입력되어 있을 것이다. 이것을 앞에서 테일스케일 화면의 엄브렐 아래에 있던 IP 주소로 바꿔줘야 한다. 형태는 https://'테일스케일에서 봤던 IP 주소'이다. https://가 접두어로 붙는다.

바꿨으면 [지갑 설정 저장]을 누른다. 테일스케일 VPN을 이용한 연결이므로 인증서를 설치하라는 창이 나오면 그냥 [알겠습니다. 지갑 설정 저장]을 누르면 된다. 곧 내 라이트닝 노드와 연결이 된다.

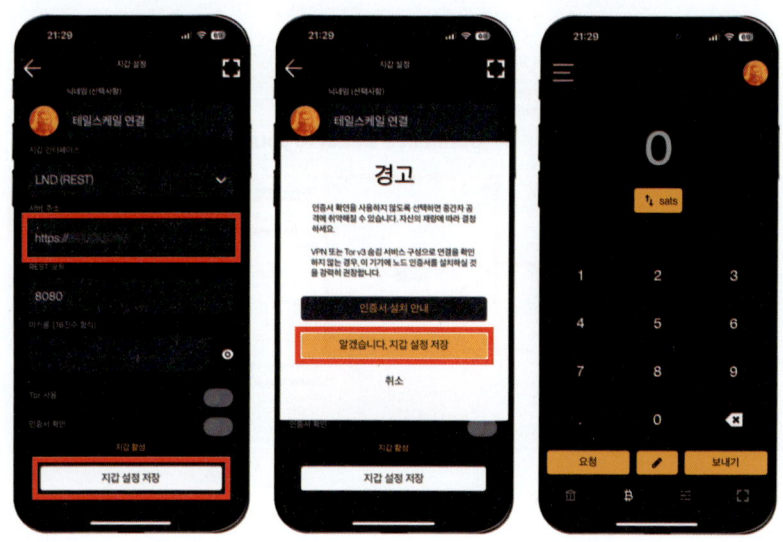

이제 테일스케일을 통해 라이트닝 노드와 제우스 앱 연결이 완료되었다.

## 제우스 앱 사용 방법

앱을 조금 둘러보자. 하단 탭에서 맨 왼쪽에 있는 홈 버튼을 누르면, 라이트닝 채널과 온-체인에 각각 얼마의 사토시가 들어 있는지 나온다.

하단에 있는 화살표를 누르면 라이트닝 노드에서 어떤 송금이나 수취, 인보이스 발급 등이 있었는지 볼 수 있다.

만약 내 라이트닝 노드에서 다른 곳으로 보낸 적이 있다면 '보냄' 내역을 눌러보자.

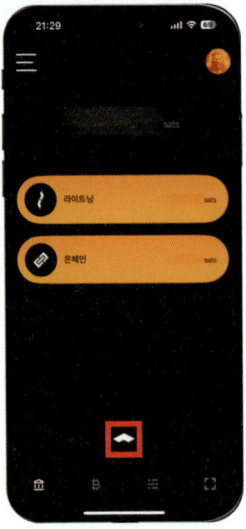 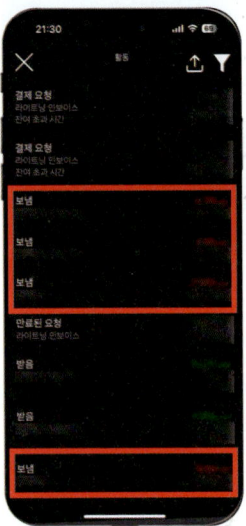

그러면 송금에 대한 정보가 나올 것이다. 여기서 경로를 누르면 어떤 홉을 타고 라우팅되어 목적지까지 도달했는지가 나온다. 라이트닝 노드를 운영할 때 중요한 정보이니 자주 보도록 하자.

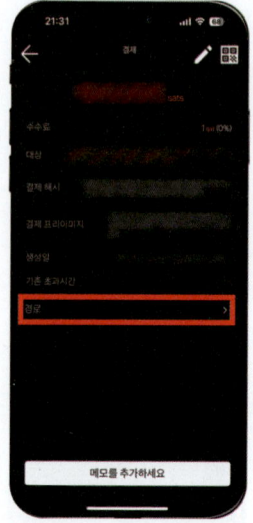

뒤로 나가서 하단 탭 왼쪽의 홈 버튼을 누른 뒤, [라이트닝] → [라우팅]을 눌러보면 특정 기간 동안 라우팅 수수료로 얼마를 벌었는지가 나온다.

하단 탭 세 번째에 있는 버튼을 누르면 채널 정보를 볼 수 있다.

  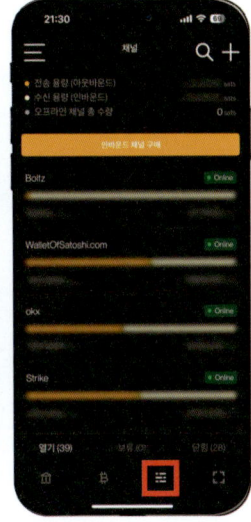

사토시를 받는 방법은 간단하다. [요청] → [고급 >]을 누르고 [라이트닝]과 [온체인] 중 선택하면 된다.

라이트닝을 선택하고 오른쪽 위에 있는 [x] 버튼을 누르면 금액을 설정한 인보이스를 생성할 수 있다.

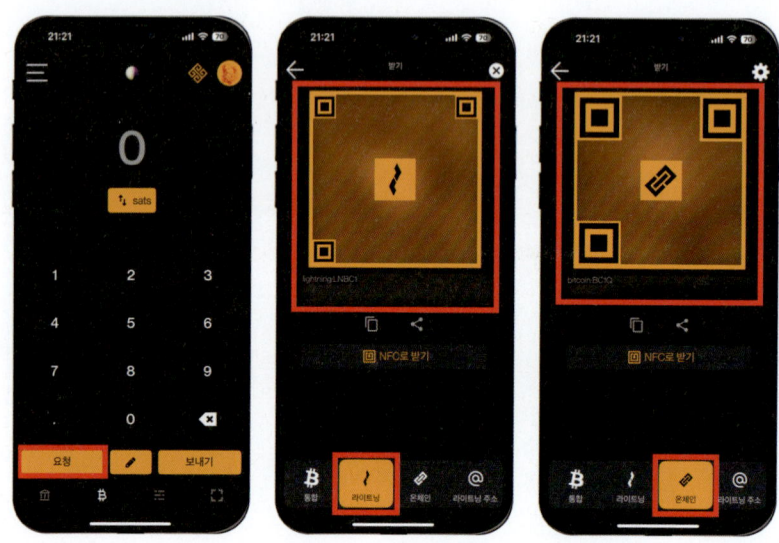

보낼 때는 [보내기]를 눌러 인보이스 혹은 라이트닝 주소를 붙여넣고 [진행]을 누르거나, 바로 하단 탭 네 번째에 있는 스캔 모양 버튼을 눌러 상대방이 보여주는 인보이스 혹은 라이트닝 주소의 QR 코드를 스캔하면 된다.

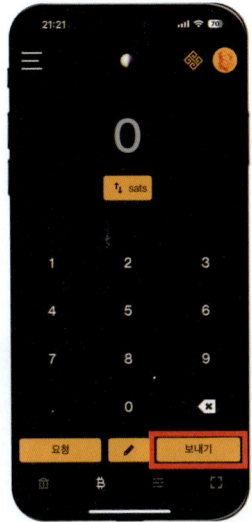
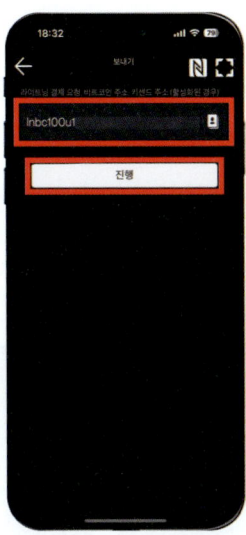

스캔하면 인보이스 정보가 나오고, 아래 슬라이드를 오른쪽으로 밀면 전송이 완료된다.

제우스는 여러 고급 전송 기능이 있다. [설정]을 눌러 '첫 번째 홉' 아래의 [가용 채널 선택]을 누르면 연결된 채널 중 어떤 채널을 통해 자금을 보낼지 선택할 수 있다. 유동성을 관리할 때 상당히 편리한 기능이니 잘 숙지해 놓자. 또한, [다중 경로 결제 시도] 토글 스위치를 켜서 다중 경로 결제를 할 수도 있다.

슬라이드를 밀어 전송이 완료되고 나면, [결제 경로]를 통해 어떤 경로로 송금되었는지 볼 수 있다. [지갑으로 이동]을 누르면 메인 화면으로 돌아간다.

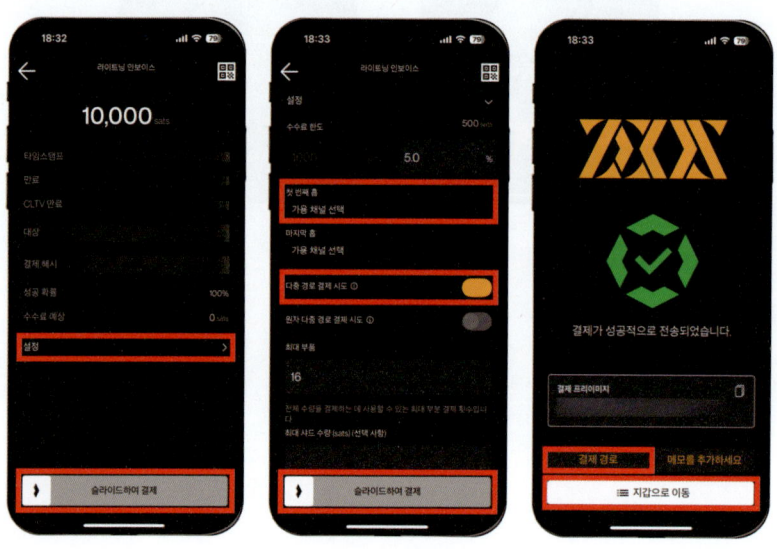

이렇게 해서 라이트닝 노드와 제우스 앱을 연동해 보고 어떻게 사용하는지까지 알아보았다.

## | 라이트닝 노드 설정하기

### 라이트닝 노드 네트워크 설정과 개인 맞춤 설정

라이트닝 노드에서 오른쪽 위 점 세 개 → [Advanced Settings]를 누르면 고급 설정으로 진입할 수 있다.

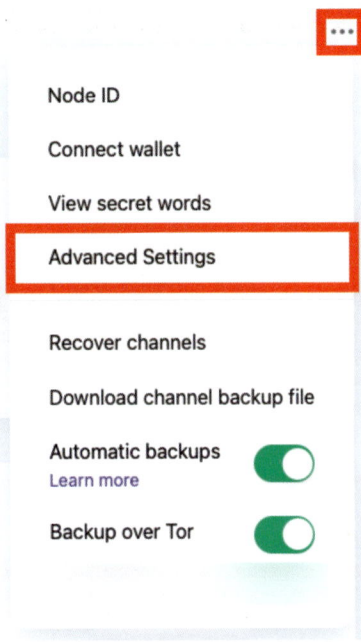

여기서 몇 가지 중요한 설정 'Personalization', 'Channels', 'Routing', 'Watchtower'에 대해 살펴보고 가겠다. 중요하거나 특별히 설정이 필요한 값들은 굵은 글자체로 표시했다. 내용이 어려워 처음에 이해가 잘 안되는 경우 실습을 진행하고 다시 돌아와서 반복적으로 읽으면 이해가 될 것이다. 설정이 완료되면 반드시 맨 아래의 [SAVE AND RESTART NODE]를 눌러 설정을 저장하고 라이트닝 노드를 재시작해야 한다.

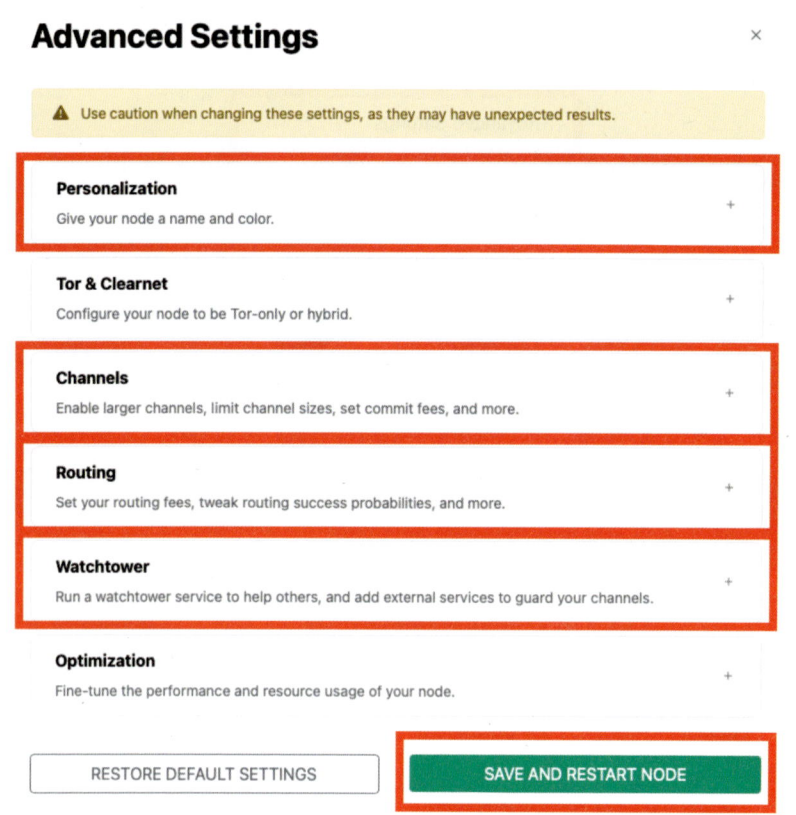

'Personalization'에서는 노드 개인 맞춤 설정이 가능하다.

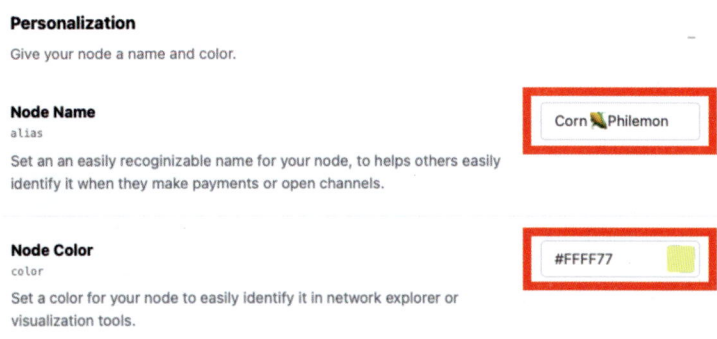

Node Name: 노드 이름을 설정할 수 있다. 설정하고 이틀 정도 지나면 앰보스나 멤풀 등의 웹사이트에서 내가 설정한 노드 이름으로 검색하면 나오는 것을 알 수 있다.

Node Color: 내 라이트닝 노드를 표현할 색을 지정할 수 있다.

'Tor & Clearnet'에서는 다른 노드와 어떤 네트워크로 연결할지 설정할 수 있다.

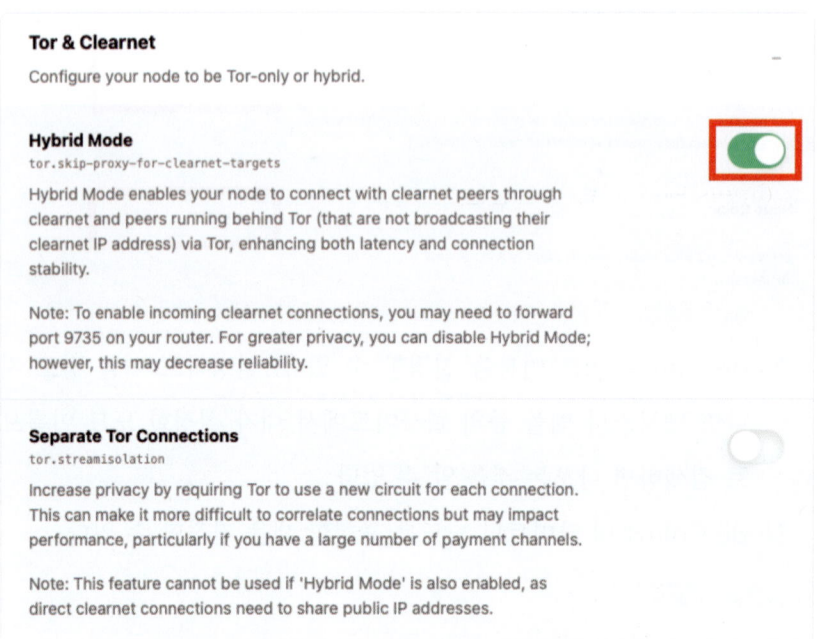

**Hybrid Mode**: 하이브리드 모드는 토르 연결과 클리어넷 연결을 병행하는 옵션이다. 그런데 클리어넷 연결을 허용하면 자신의 IP 주소가 노출될 수 있다. 이 모드를 끄면 토르 전용 모드가 되므로 클리어넷 주소만 제공하는 노드와는 연결되지 않는다. 이미 도달 가능한 노드 설정 등으로 IP 주소가 노출된 사람들은 상관없는 경우가 많겠지만 IP 주소 노출이 꺼려진다면 이 옵션을 꺼야 한다. IP 주소가 노출되면 자신이 어떤 인터넷 서비스를 사용하는지와 대략적인 위치가 노출될 수 있다.

Separate Tor Connections: 이 옵션은 토르에서 각 연결마다 새로운 경로를 사용하도록 요구함으로써 프라이버시를 강화하는 옵션이다. 이 옵션은 하이브리드 모드와 병행할 수 없다.

## 채널 설정

'Channels'에는 채널과 관련된 설정들이 있다.

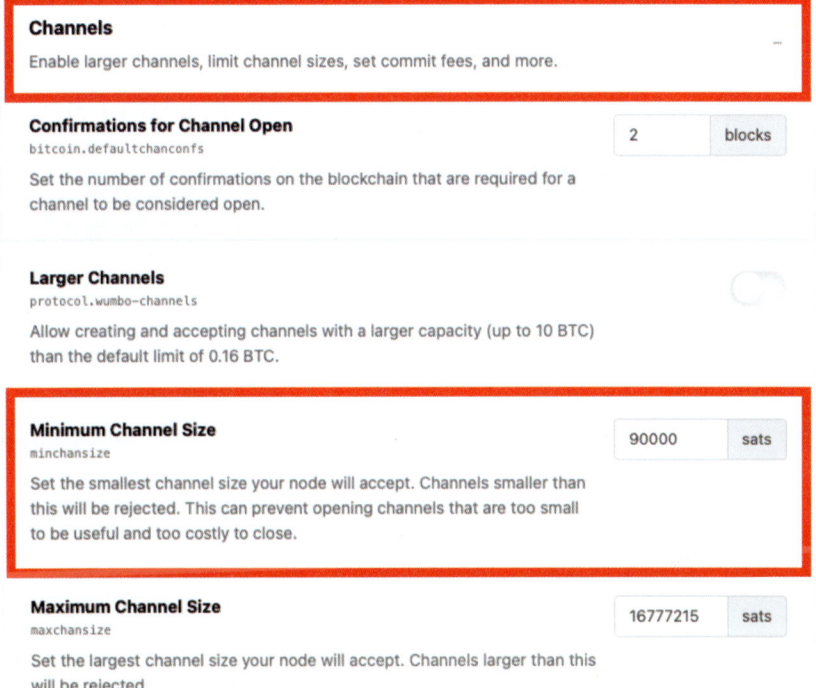

Confirmations for Channel Open: 채널을 열 때 몇 컨펌을 요구할지, 즉 거래가 블록에 담겨 채굴된 것을 포함하여 몇 개의 블록이 위에 더 쌓여야 채널이 성공적으로 열린 것으로 간주할지 설정하는 것이다. 기본 2컨펌으로 지정되어 있다.

**Larger Channels**: 채널 금액 용량이 1,600만 sats보다 더 큰 채널 개설을 허용할지 여부이다.

**Minimum Channel Size**: 나와 채널을 여는 데 필요한 채널 용량의 최소 금액을 지정한다. 예를 들어 이 설정이 100만 sats로 되어 있으면 다른 사람이 내 노드와 50만 sats 용량의 채널을 열 수가 없다. 보통 대형 거래소들이 운영하는 라이트닝 노드는 이 설정이 100만-1,000만 sats로 매우 높게 설정되어 있다. 간단한 일상 지갑용으로 사용하면서 다른 노드가 나에게 10만 sats 정도의 인바운드 용량을 제공할 수 있도록 하기 위해서는 이 값을 10만 sats 이하로 낮출 수 있을 것이다.

**Maximum Channel Size**: 반대로 나와 채널을 여는 데 필요한 채널 용량의 최대 금액을 지정한다.

**Maximum Pending Channels per Peer**
maxpendingchannels

Set a limit on the number of incoming channels that can be pending per peer.

`1`

**Confirmations for Channel Close**
coop-close-target-confs

Set the number of blocks that the initiator of a cooperative channel close expects the transaction to confirm in. This is also used to estimate the starting fee rate for negotiation with the peer. For example, if set to 6, the initiator expects the transaction to confirm in 6 blocks.

`6` `blocks`

**Payments Expiration Grace Period**
payments-expiration-grace-period

Add extra time, in addition to the current block-based deadline, before closing a channel with outgoing HTLCs that have timed out. This gives the receiver more time to claim the payment.

`30` `min`

**Maximum Anchor Channel Commit Fee Rate**
max-commit-fee-rate-anchors

Set the maximum fee rate for commitments of anchor channels. A high enough value can ensure that the transaction is confirmed quickly on the blockchain.

`10` `sat/vB`

Maximum Pending Channels per Peer: 피어 노드당 최대 보류(펜딩) 채널 수를 지정하는 것이다. 예를 들어 이 값을 1로 설정한 경우, 어떤 한 피어 노드와 채널을 여는 중인 보류(펜딩) 채널이 있다면, 해당 피어 노드와 새로운 채널을 여는 것이 불가능하다(참고로 한 피어와 여러 개의 채널을 동시에 보유하는 것이 가능하다). 기존 채널이 완전히 열려야(설정한 대로 2컨펌까지 지나야) 해당 노드와 다음 채널을 열 수 있다.

Confirmations for Channel Close: 채널 종료에는 비협력적 종료(강제 종료)와 협력적 종료가 있다고 했다. 이 설정은 협력적 종료 시 종료 거래가 몇 개의 블록 안에 컨펌되기를 원하는지 설정하는 것이다. 기본 설정은 6컨펌인데, 이는 6블록 안에 종료 거래가 컨펌될 것을 목표로 수수료율이 설정될 것을 의미한다.

Payments Expiration Grace Period: HTLC의 타임락이 만료되었을 때 상대를 얼마나 더 기다려줄지 설정하는 값이다.

Maximum Anchor Channel Commit Fee Rate: 커밋 트랜잭션의 수수료율을 CPFP(거래 뒤에 수수료가 높은 자식 거래를 붙여 평균 수수료를 높임으로써 블록에 포함될 가능성을 높이는 방식)로 조절할 수 있는데, 이를 통해 조정되는 수수료의 상한선을 설정하는 것이다.

## 라우팅 설정

'Routing'에서는 라우팅 설정이 가능하다. 내 노드가 어떤 거래를 라우팅해줄 때는 설정에 따라 수수료를 가져갈 수 있다. 이 수수료는 나에게서 금액이 빠져나가는 쪽의 채널 설정을 따른다. 만약 내 라이트닝 노드가 월렛 오브 사토시(이하 월오사) 노드와 볼츠 노드 양쪽과 채널이 개설되어 있다고 해보자. 만약 월오사 → 내 노드 → 볼츠 쪽으로 자금이 이동했다면 내가 볼츠와의 채널에서 설정한 수수료 정책을 따라 수수료를 가져간다. 이에 대한 자세한 내용은 다음 장에서 알아볼 것이다.

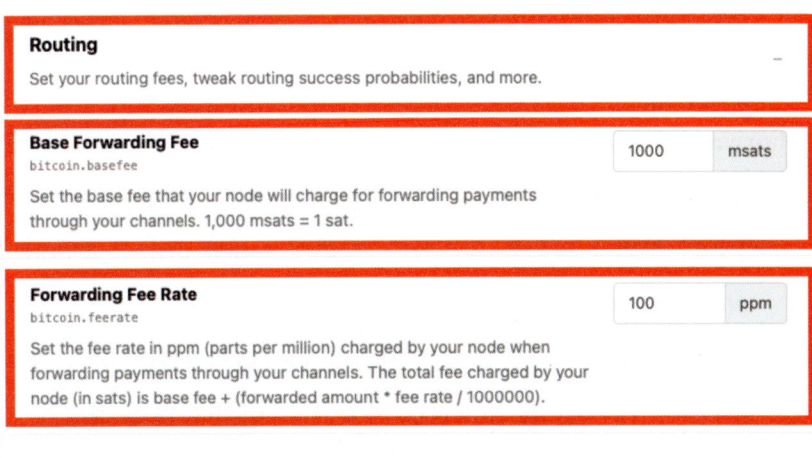

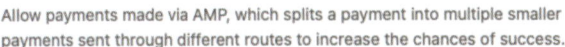

Base Forwarding Fee: 베이스 피는 라우팅 금액과 관계없이 빠져나가는 금액이다. 단위는 msat(밀리사트)인데 1,000 msats = 1 sat이다. 만약 이 값을 1,000으로 설정했다면 내가 1만 sats 금액을 라우팅하든, 10만 sats 금액을 라우팅하든 똑같이 1 sat의 수수료를 기본적으로 가져간다. 여기서 설정해 놓더라도 채널이 열리고 나면 채널별 설정에서 수정 가능하다. 처음에는 0 msat로 설정하는 것을 추천한다. Base Fee가 설정되어 있으면 소액 라우팅 시 경로에서 제외 대상이 될 가능성이 크다. Base Fee가 1,000 msat라면, 100 sats의 소액을 라우팅해도 1 sat를 받게 된다. 이렇게 총 수수료가 비싸면 소액 전송에 대한 라우팅 경로로 선택되지 않을 확률이 높아진다.

**Forwarding Fee Rate**: 이 설정은 수수료율을 설정하는 값이다. 수수료율은 베이스 피와 다르게 금액에 따라 산정된다. ppm은 100만 분의 1 단위를 의미한다. 따라서 1,000 ppm은 1,000분의 1인 0.1%를 의미한다. 만약 이 값을 1,000 ppm으로 설정하고, 내가 10만 sats 금액의 거래를 라우팅해줬다면 이 금액의 0.1%인 100 sats를 수수료로 가져간다. 여기에 더해 베이스 피도 가져가는 것이다. 처음이라면 이 값을 0-100 ppm (0.01%)으로 설정해 두고 나중에 채널 설정에서 수정하면 된다. 수수료 수익을 목표로 하는 라우팅 노드를 운영하는 것은 라이트닝 노드 운영 방법을 충분히 숙지했을 때 하는 것이 바람직하다.

**Receive Keysend Payments**: 보통 라이트닝 결제는 돈을 받는 사람이 인보이스를 발행하고, 송금하는 사람이 그 인보이스를 통해 결제한다. 라이트닝 주소 전송 방식은 인보이스 없이 돈을 보낼 수 있지만, 사실 그 이면에 있는 방식은 라이트닝 주소를 통해 돈을 받을 라이트닝 노드에 신호를 보내고, 그 노드가 신호를 받아 인보이스를 발행하여 그 인보이스를 통해 전송하는 방식이다. 키센드 방식은 인보이스 없이도 직접적으로 결제를 받을 수 있는 기능이다. 최소한 하나의 공개 채널이 열려 있어야 작동한다. 그러나 이 기능을 켜면 인증되지 않은 결제를 수신할 수 있으므로 스팸성 결제가 발생할 수 있다. 기본적으로 꺼져 있다.

**Automatic Multipath Payments (AMP)**: 중요한 설정이다. 이는 다중 경로 결제를 허용하는 설정이다. 만약 내가 5개의 채널이 있는데 아웃바운드 용량이 각각 5만, 3만, 3만, 2만, 2만 sats라고 해보자. 다중 경로 결제가 꺼져 있다면 일반적으로 내가 한 번에 보낼 수 있는 돈은 최대 5만 sats이다. 보통 결제가 하나의 채널을 통해서 빠져나가기 때문이다. 그러나 다중 경로 결제를 허용하면 여러 채널을 통해 금액이 빠져나갈 수 있다. 따라서 방금과 같은 상황에서는 최대 15만 sats를 보낼 수 있다(물론 중간 경로에 있는 노드들의 상황에 따라 라우팅이 실패할 수도 있다). '5만 + 3만 + 3만 + 2만 + 2만 = 15만'이기 때문이다. 그래서 이 옵션을 켜두면 편하다.

> **Circular Payment Routes**
> allow-circular-route
> Allow payments that are sent through a circular route, where the payment arrives and departs at the same channel.
>
> **Maximum Payment Lock-up Time**  `2016 blocks`
> max-cltv-expiry
> Set the maximum number of blocks that funds can be locked up for when forwarding payments. This ensures that funds aren't locked up for too long. For example, if set to 2016, your node will not forward payments that have an expiry greater than 2016 blocks.
>
> **Timelock Delta**  `80 blocks`
> bitcoin.timelockdelta
> Set the number of blocks subtracted from the expiry block height when forwarding an HTLC. This can be used to reduce the time that funds are locked up, but it may also increase the risk of the payment expiring before it can be claimed.
>
> **Minimum Route Success Probability**  `0.01`
> routerrpc.minrtprob
> Set the minimum required route success probability for your node to attempt a payment (from 0 to 1). Your node will only attempt to send a payment if the route success probability is higher or equal to this value. This can reduce the risk of a payment failing, but it also increases the chances of a payment not being sent because no routes are available with a high enough success probability.

- Circular Payment Routes: 순환 경로 결제를 허용하는 옵션이다. 출발했던 채널로 다시 돌아오는 경로를 허용하는 것이다. 기본적으로 꺼져 있다.

- Maximum Payment Lock-up Time: 최대 결제 잠금 시간이다. 이 값이 2,016으로 설정되어 있다면, 만약 내가 받은 HTLC의 만료 높이가 현재 블록 높이보다 2,017 이상 차이가 날 경우, 이 거래는 라우팅을 거부한다. 너무 많은 시간 동안 자금이 잠기게 되는 것을 방지하기 위한 설정이다. 기본값은 2,016이다.

Timelock Delta: 타임락 델타는 라우팅을 할 때 HTLC가 유효한 블록 수를 이전 노드에 얼마나 더 요구할지 설정하는 값이다. HTLC는 돈이 전송되는 경로의 역방향으로 설정된다. 예를 들어 돈의 이동 경로가 이전 노드 → 내 노드 → 다음 노드라면 내 노드가 먼저 다음 노드에 HTLC를 보내고, 그다음에 이전 노드가 내 노드에 HTLC를 보낸다. 만약 타임락 델타가 80이라고 해보자. 내가 다음 노드에 현재 블록 높이로부터 500블록 간 유효한 HTLC를 보냈다면, 나는 이전 노드에 580블록 간 유효한 HTLC를 요구한다. HTLC가 각각의 경로에서 모두 전송되었다면 이제 끝에서부터 해시값의 역상(프리이미지)를 제시해 돈을 회수해야 한다. 그런데 만약 다음 노드가 제대로 역상을 제출 안 하면 내가 다음 노드에 보낸 돈은 500블록 동안 묶인다. 500블록 이후에는 타임아웃 거래를 온-체인에 제출해 다음 노드에게 보낸 자금을 회수한다. 그리고 이전 노드에게는 다음 노드에게 전송한 거래가 실패했다고 알려줘서 HTLC를 취소하고, 이전 노드에게 돈을 돌려준다.

그런데 타임아웃 거래를 제출하는데 이전 노드에게서 받은 HTLC도 타임락 기간이 지나 이전 노드도 타임아웃 거래를 제출할 수 있는 상태면 문제가 생길 수 있다. 왜 그런지 설명해 보겠다. 타임락 델타가 0이라고 해보자. 그러면 내 노드가 다음 노드에 500블록 잠긴 HTLC를 전달하고 이전 노드도 나에게 500블록 잠긴 HTLC를 전달했을 것이다. 다음 노드가 자취를 감추거나 악의적으로 제대로 해시값의 역상을 제출하지 않는다면 나는 500블록 뒤에 타임아웃 거래를 온-체인에 제출해 내 자금을 회수해야 한다. 그런데 동시에 이전 노드도 타임아웃 거래를 온-체인에 제출해 이전 노드의 돈을 회수할 수 있다. 이렇게 이전 노드가 자신의 돈을 회수한 순간에 갑자기 다음 노드가 해시값의 역상을 제출한다면 나는 다음 노드에게는 돈을 주고, 이전 노드는 자기 돈을 회수해버린 상황이 된다. 돈을 잃는 것이다! 그래서 타임락 델타가 있는 것이다. 이 값은 다음 노드가 제대로 협조하지 않을 때를 대비해 내 돈을 회수할 시간을 벌어준다. 그러나 타임락 델타를 너무 높이면, 전체 HTLC 만료 높이가 지나치게 높아지는 등의 이유로 라우팅이 실패할 확률이 높아진다. 총 HTLC 만료 높이가 앞에서 본 '최대 결제 잠금 시간'을 넘어가게 되면 누군가 라우팅을 거부할 것이기 때문이다. 타임락 델타의 기본값은 80블록이다.

Minimum Route Success Probability: 최소 경로 성공 확률이다. 송금을 시도하기 전에 해당 경로의 성공 확률이 이 값 이상이어야 결제를 시도한다. 이 값을 높이면 송금 실패를 줄일 수 있지만, 사용 가능한 경로가 줄어들 수 있다. 기본값은 0.01 (1%)이다.

**Default Hop Success Probability**
routerrpc.apriorihopprob

Set the default success probability (from 0 to 1) of a hop in a route when no other information is available. Your node will use this value as the success probability of a hop (each hop in the route represents a channel that the payment goes through) when it doesn't have any other information about the channel.

`0.6`

**Default Probability Weight**
routerrpc.aprioriweight

Set the weight (from 0 to 1) of the default hop success probability in the total probability estimation. It represents the importance of the default probability compared to the historical data of the channel. A value of 1 would give the default probability full weight and a value of 0 would give the historical data full weight. For example, if the assumed probability is set to 0.3, and the historical data of the channel estimates a probability of 0.4, the final success probability would be 0.3*0.2 + (1-0.3)*0.4 = 0.34.

`0.5`

**Penalty Half-life**
routerrpc.penaltyhalflife

Set the duration after which a penalized node or channel's success probability is back to 50%. For example, if set to 2 hours, and a node or channel is penalized for a failed payment, after 2 hours its success probability will be back to 50%.

`1 hr`

**Failed Payment Cost**
routerrpc.attemptcost

Set the fixed cost of a failed payment attempt. This is a virtual value that does not represent an actual transfer of funds and is used to discourage frequent payment attempts to avoid load on the Lightning Network.

`100 sats`

Default Hop Success Probability: 노드 정보가 없는 채널의 경우 성공 확률을 계산하기가 어렵다. 이런 채널들의 경우 성공 확률을 몇으로 가정할 것인지를 의미한다. 기본값은 0.6 (60%)이다.

Default Probability Weight: 확률 계산을 위한 가중치를 의미한다. 기본 확률과 과거 데이터 중 어떤 쪽에 더 가중치를 둘 것인지 설정하는 것이다. 1은 기본 확률만 신뢰하는 것이고, 0은 과거 데이터만 신뢰하는 것이다. 기본값은 0.5이다.

Penalty Half-life: 실패한 노드나 채널에 부과된 페널티가 절반으로 줄어드는 시간이다. 즉, 경로 탐색 알고리즘(미션 컨트롤)에서 실패한 노드나 채널에 부과된 낮은 성공 확률이 점차 회복되는 시간이다. 시간이 지나면 다시 라우팅 후보로 간주될 수 있다.

Failed Payment Cost: 결제 시도가 실패했을 때 고정된 가상 비용이 발생했다고 간주하는 것이다. 실제 자금 손실은 없지만 경로 계산을 위한 알고리즘을 위한 값이다. 즉, 무분별한 결제 시도를 방지하기 위한 것이다.

**Proportional Failed Payment Cost**
routerrpc.attemptcostppm

Set the proportional cost in parts per million (ppm) of the total amount of a failed payment attempt. This will be incurred as a proportion of the total amount of a failed payment. It is a virtual value and does not represent an actual transfer of funds.

1000 ppm

Proportional Failed Payment Cost: 결제 시도가 실패했을 때, 결제 금액에 비례한 가상 비용이 발생했다고 간주하는 것이다. 이것 역시 실제 자금 손실은 없지만 경로 계산을 위한 알고리즘을 위한 값으로 무분별한 시도를 방지하기 위한 것이다.

## 워치타워 설정

라이트닝 네트워크에서 비협력적 종료를 하는 상황을 다시 생각해 보자. 만약 내 노드가 정전 등으로 오프라인이 되면 악의적인 상대는 자신에게 유리한 이전 장부를 제출할 수 있다. 이를 막기 위해 커밋먼트 장부를 교환할 때 철회 장부도 교환한다고 했었다.

페널티 장부를 제출하기 위해 주어지는 기간은 채널 열기를 수락한 쪽의 설정을 따라간다. LND에서는 CSV로 잠기는 기간이 144블록으로 고정되어 있다(엄브렐 앱 버전 0.19 기준). 보통 거래소들이 운영하는 노드에서는 이 기간이 1,000 블록 이상으로 설정되어 있다.

RTL에서 비협력적 종료 상황에 CSV로 몇 블록 잠기는지 확인해 보자. 왼쪽 탭 [Lightning] → [Peers/Channels] → 채널 오른쪽 [Actions] → [View Info] → [Show Advanced]를 누르면 볼 수 있다.

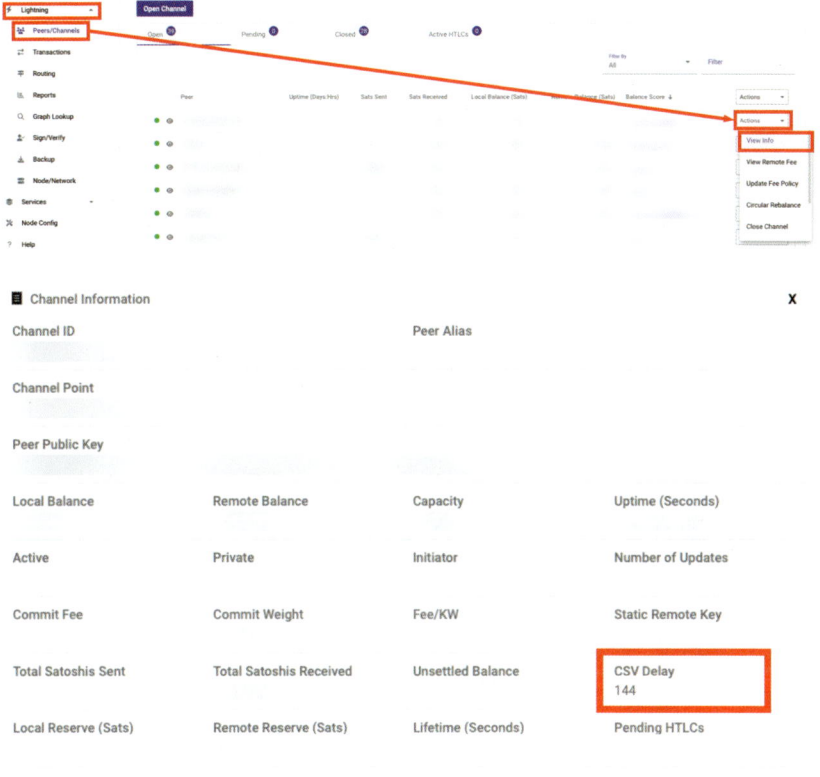

| Channel Information | | | X |
|---|---|---|---|
| Channel ID | | Peer Alias<br>WalletOfSatoshi.com | |
| Channel Point | | | |
| Peer Public Key | | | |
| Local Balance | Remote Balance | Capacity | Uptime (Seconds) |
| Active | Private | Initiator | Number of Updates |
| Commit Fee | Commit Weight | Fee/KW | Static Remote Key |
| Total Satoshis Sent | Total Satoshis Received | Unsettled Balance | **CSV Delay<br>1,201** |
| Local Reserve (Sats) | Remote Reserve (Sats) | Lifetime (Seconds) | Pending HTLCs |

Hide Advanced    Copy Channel ID

만약 악의적인 상대 노드가 자신에게 유리한 이전 장부를 제출한다면 우리는 144블록(약 하루) 이내에 빠르게 라이트닝 노드를 복구하고 페널티 장부(철회 장부)를 제출해 상대방의 자금을 몰수해야 한다. 그런데 만약 144블록 이내에 라이트닝 노드를 복구하지 못하게 된다면 문제가 생길 수도 있는 것이 아닌가?

그래서 '워치타워'가 있다. 내가 오프라인 상태일 때 나와 채널을 맺은 상대가 악의적으로 이전 장부를 제출할 경우, 내 노드 대신 철회 장부를 제출해 줄 노드를 워치타워라고 한다. 내가 오프라인이 되어도 나의 상대 노드들이 이전 장부를 제출하지는 않는지 나 대신 감시해 주는 감시탑 역할을 해주는 것이다. 따라서 워치타워가 추가되어 있는 노드는 그 노드의 상대방이 악의적인 과거 장부를 제출하는 것이 더 어려우리라는 것을 알 수 있다. 워치타워는 여러 노드를 추가할 수도 있으며, 내 노드가 다른 노드의 워치타워가 되어줄 수도 있다.

라이트닝 노드 앱의 설정(Advanced Settings)에서 [Watchtower]에 들어가면 워치타워 설정을 켤 수 있다.

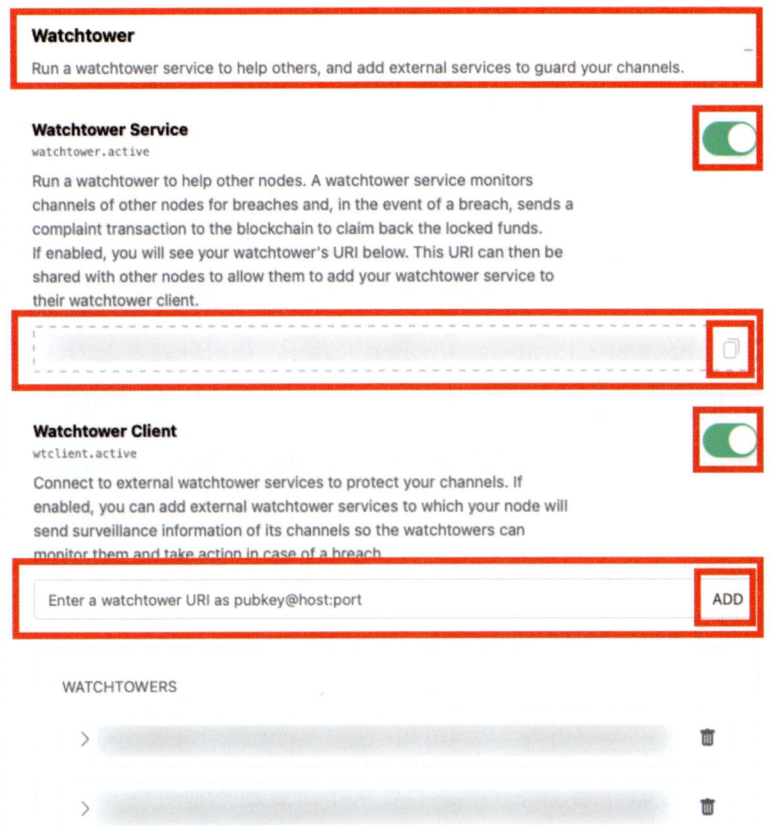

[Watchtower Service] 옆의 토글 스위치를 켜면 워치타워 설정을 사용할 수 있게 된다. 그러면 다른 사람들이 나를 워치타워로 추가할 수 있게 해주는 URL이 나온다. 이 주소를 공유하면 다른 사람들이 나를 워치타워로 추가할 수 있게 된다.

[Watchtower Client]는 내가 다른 노드를 워치타워로 추가할 수 있게 해주는 기능이다. 다른 사람이 공유해 준 워치타워 URL을 여기에 입력하면 해당 노드가 자신의 워치타워가 된다.

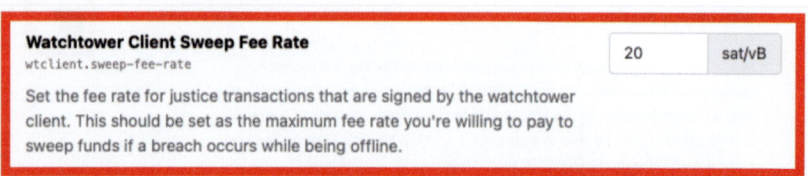

[Watchtower Client Sweep Fee Rate]는 워치타워 노드가 나 대신 철회 장부를 제출해 주었을 때 그 장부의 수수료율을 최대 몇으로 제출할지 설정하는 값이다. 내가 오프라인이 되었을 때는 수수료율을 몇까지 감수할지 워치타워 노드에게 전달할 수가 없다. 오프라인 상태이기 때문이다. 그래서 미리 이 정도까진 수수료를 비싸게 내도 괜찮다고 이야기해 주는 것이다.

워치타워는 암호화된 철회 장부를 나 대신 보관하고 감시해 준다. 그러므로 나를 누군가가 워치타워 노드로 추가한다면 저장공간이나 CPU, 읽기/쓰기 작업 등 약간의 컴퓨터 자원을 사용하게 된다. 따라서 일반적으로 워치타워 주소는 상호 교환한다. 상대방의 노드를 워치타워로 추가해 주는 대신에 상대방이 내 노드도 워치타워로 추가할 수 있도록 내 워치타워 주소도 제공해 주는 것이다.

어떤 노드들은 워치타워 주소가 공개되어 있다. 다른 노드를 워치타워로 추가해 보도록 하자. 다음 링크에 들어간다.

https://frznode.com/watchtower.html

웹사이트에서 'frznode'가 운영하는 라이트닝 노드 중 미국 위치에 있는 워치타워(US Tower)의 토르 주소는 무료로 사용할 수 있는 것으로 나온다. 이는 추후 frznode의 운영 방침상 변경될 수 있으니 꼭 웹사이트에서 확인하기 바라며, 현재는 어떻게 추가하는지 예시를 들기 위해 진행하도록 하겠다.

US Tower 아래에 보이는 워치타워 토르 주소를 복사한다.

frznode.com　　　　　　　　　　　　　　Homepage　　ZapTower

**Watchtowers (LND)**

We worked on decentralisation to improve reliability, speed and resilience. Now you can choose the tower closest to you for faster transaction or even all of them.

Towers are free of charge, so hope you consider donating using the qrcode LNURL in the page.

AU Tower (LND): zt-au.frznode.com

lncli wtclient add
03b06847b0d56c466555f2c6922a08249f60647fce2d39a36ab2dd0309ac5b1b0d@ulth7cn7un7wonehii562ar6ov3hilaf5nchvb2ydc5tnsskaluuqyyd.onion:9911

EU Tower (LND): zt-eu.frznode.com

lncli wtclient add
032b32484f7f279638e3fa58f12d4dc255b6d7ebb08bff1f843a8c4ff2b48f79ab@gjlimbqvzyuhee3nylc7frmdatgvajtiu434ingvf3azgkzalnz7void.onion:9911

US Tower (LND): zt-us.frznode.com

lncli wtclient add
028829fcc05c0ba83d7fff053abf663448e2e1e440f345eaa9b3f0c11ac2ce44ea@6kh3htmifene35brvqwvm6jasdb72g56kgmz2f5jrpovk3tq3xmfw3qd.onion:9911

라이트닝 노드 [Advanced Settings] → [Watchtower] → [Watchtower Client]의 토글 스위치를 켜고, 아래 입력창에 frznode 웹사이트에서 복사한 주소를 붙여넣는다. 그리고 [ADD]를 누른다.

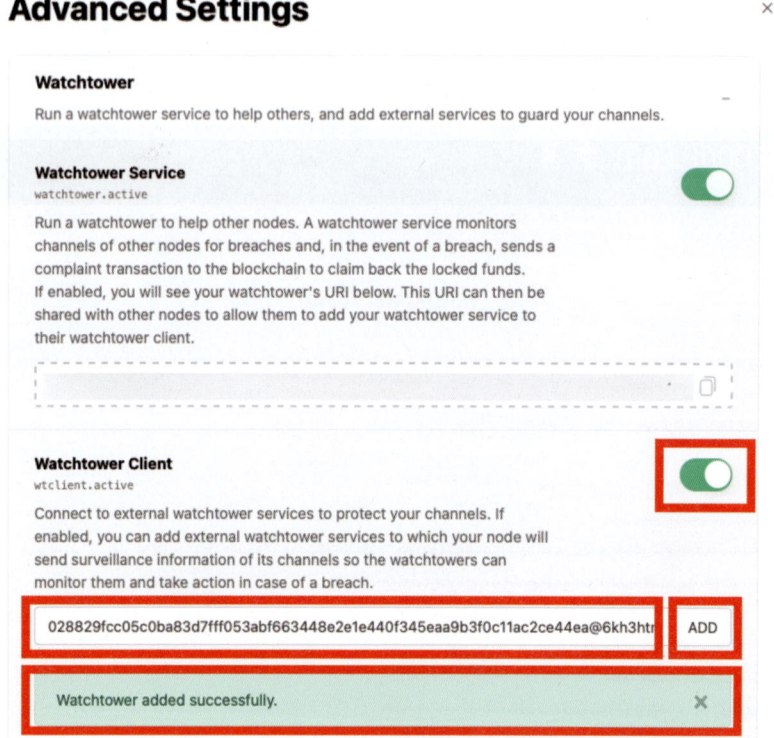

워치타워가 성공적으로 추가되었다는 초록색 메시지가 나온다. 아래에 있는 [SAVE AND RESTART NODE]를 누르면 설정을 저장하고 라이트닝 노드를 재시작한다. 잠시 후 새로고침을 하면 라이트닝 노드가 정상적으로 작동되는 것을 확인할 수 있다.

# | 채널 관리 가이드

**라우팅 수수료 부과 원리**

내가 개설한 채널을 통해 어떤 전송을 라우팅해주는 경우 라우팅 수수료를 챙길 수 있다. 라우팅 수수료는 고정 수수료(베이스 피)와 수수료율이 있다. 앞에서 간략히 설명한 대로 고정 수수료는 라우팅 금액에 상관없이 한 번의 라우팅이 발생할 때마다 부과된다. 보통 단위는 msat나 sat로, msat는 1,000분의 1 sat를 의미한다. 수수료율은 금액에 비례해 부과되는 수수료로, 단위는 백만분의 1인 ppm이다. 1,000 ppm은 0.1%를 의미한다. 만약 내가 라우팅 수수료 설정을 고정 수수료 1 sat (1,000 msats), 수수료율 200 ppm (0.02%)으로 설정했다고 해보자. 내가 개설한 채널을 통해 10만 sats의 라우팅이 발생한다면 총 21 sats의 라우팅 수수료를 얻을 수 있다. 수수료율에 따라 부과되는 수수료 10만 × 0.02% = 20 sats에 고정 수수료 1 sat가 추가되는 것이다.

라우팅 수수료는 금액이 나가는 채널의 설정을 따른다. 무슨 뜻인지 좀 더 자세히 알아보자. 자신의 노드가 월오사 노드, 볼츠 노드 양쪽과 채널이 개설되어 있고, 두 채널 모두 다 인바운드, 아웃바운드 용량이 충분한 상황이라 가정하자. '월오사 노드 → 내 라이트닝 노드 → 볼츠 노드' 이 순서로 10만 sats의 라우팅이 발생했다면, 월오사와의 채널에서는 금액이 들어오고, 볼츠와의 채널에서는 금액이 나갈 것이다. 따라서 월오사와의 채널에서는 아웃바운드 용량이 쌓이고, 볼츠와의 채널에서는 아웃바운드 용량이 줄어들어 인바운드 용량으로 바뀔 것이다.

이런 상황에서는 볼츠와의 채널에서 설정한 라우팅 수수료 설정을 따르게 되는 것이다. 만약 볼츠와의 채널에서 설정한 라우팅 수수료가 1

sat, 200 ppm(고정 수수료, 수수료율 순)이었다면 라우팅 수수료로 21 sats를 받는다. 이때 월오사 채널에서 설정한 수수료 정책은 라우팅 수수료 금액에 영향을 끼치지 않는다. 정확히는 월오사 노드에서 내 노드로 100,021 sats가 들어오고, 내 노드에서 볼츠 노드로 10만 sats가 나갈 것이다.

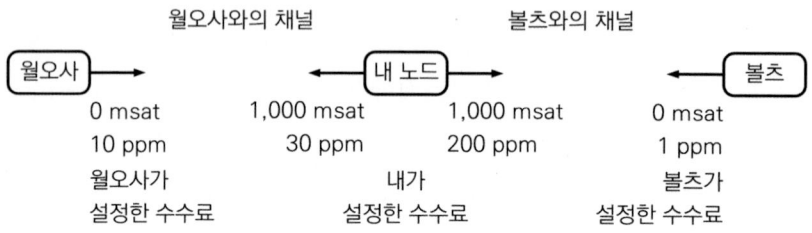

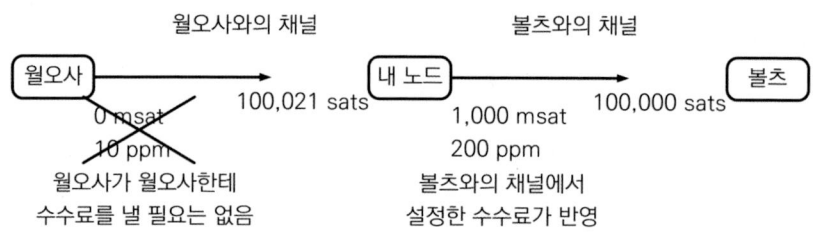

## 특정 노드가 유동성을 다 흡수할 때

다음 그림을 보자. RTL에서 [Lightning] → [Routing]에 나오는 화면을 캡처한 것이다.

그림을 보면 라우팅이 윌오사에서 필자의 노드를 거쳐 볼츠 쪽으로만 발생하고 반대 방향은 발생하지 않고 있다. 즉, 볼츠와의 채널에서 볼츠가 필자의 유동성을 다 흡수하고 있는 것이다. 사람들이 보통 라이트닝 → 온-체인 스와프를 위해 윌오사에서 볼츠로 많이 보낼 테니 이런 상황이 발생하는 것이다. 그래서 채널이 이렇게 개설되어 있을 때는 윌오사와의 채널에서는 아웃바운드 유동성이 계속 쌓이고, 볼츠와의 채널에서는 아웃바운드 유동성을 볼츠가 계속 흡수할 것이다. 항상 그렇진 않지만 예를 들어보는 것이다.

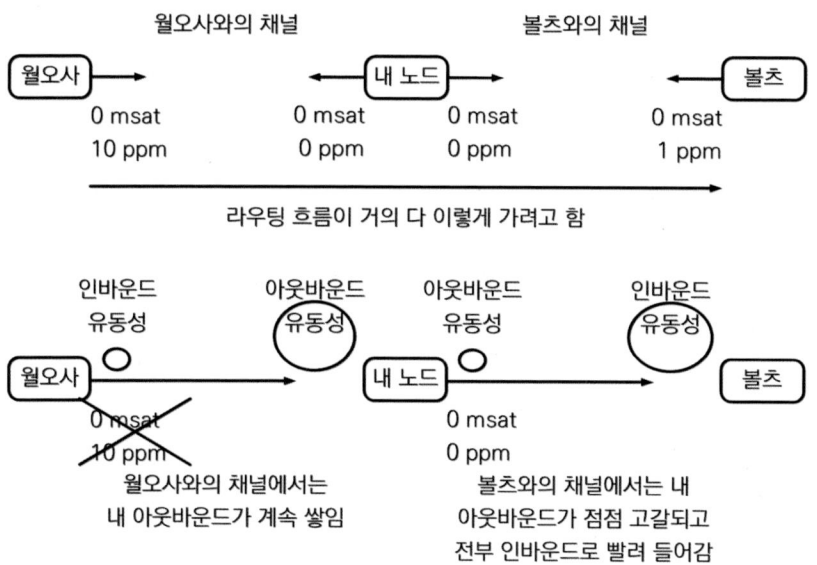

라우팅 빈도를 수수료를 통해 조정해보고 싶다고 해보자. 수수료를 높이면 라우팅이 덜 발생하고, 수수료를 낮추면 라우팅이 많이 발생할 것이다. 왜냐하면 라우팅 수수료가 낮게 부과되는 경로를 찾기 때문이다.

그러면 볼츠와 열려 있는 채널 쪽의 수수료를 높일 수 있다. 유동성을 너무 심하게 흡수하는 채널의 수수료를 높임으로써 라우팅이 줄어들게 만드는 것이다. 그렇다고 너무 높이면 라우팅이 아예 발생하지 않을 수 있으니 고정 수수료는 1 sat씩, 수수료율은 10 ppm씩 천천히 올려보는 것을 추천한다.

## 채널별 라우팅 수수료, 최대/최소 HTLC 금액 조정하기

이제 RTL에서 채널에 설정되어 있는 수수료를 올리는 방법을 알아보자. 지금은 볼츠와 열려 있는 채널의 수수료를 올려보겠다. 왼쪽의 탭에서 [Lightning] → [Peers/Channels] → 수수료 정책을 조절할 채널 옆의 [Actions] → [Update Fee Policy]를 누른다.

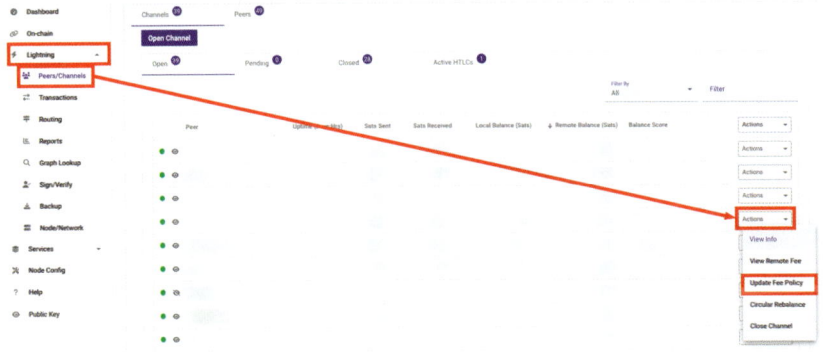

그러면 나오는 창에서 수수료를 조정할 수 있다. Base Fee (msat) 입력창에서 고정 수수료를 조정할 수 있다. 사진상에서는 이 값을 1,000 msats (1 sat)로 올려보았다. Fee Rate (milli msat, ppm) 입력창에서 수수료율을 조정할 수 있다. 사진상에서는 이 값을 10으로 올려보았다. 타임 락 델타의 80블록 값은 건드리지 않겠다.

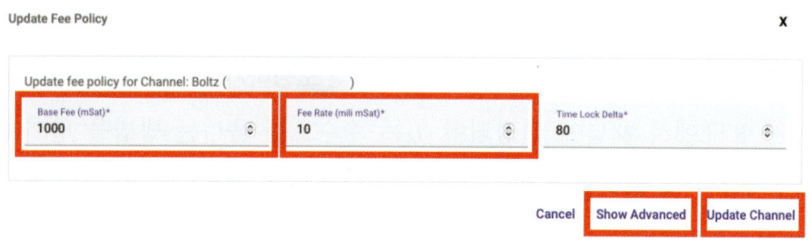

아래에 있는 [Show Advanced]를 누르면 최대/최소 HTLC 금액도 설정할 수 있다. 이 옵션은 한 번의 라우팅에서 허용할 라우팅 금액의 한도이다. 단위는 msat이다. 만약 최대 HTLC를 10만 sats (100,000,000 msats)로 제한한다면 10만 sats를 초과하는 라우팅은 허용하지 않는다. 너무 큰 금액의 라우팅이 발생해서 라우팅이 몇 번 없는데도 유동성이 다 빨려 들어간다면 최대 HTLC를 낮춰 설정할 수도 있다.

너무 낮은 금액의 라우팅이 자주 발생한다고 해서 최소 HTLC를 설정하는 것은 추천하지 않는다. 그것보다는 고정 수수료를 설정해서 좀 더 많은 라우팅 수수료를 받는 것을 추천한다.

## 수수료 조정보다는 적절한 노드 찾고 채널 맺기

수수료를 통해 라우팅 방향을 조절하려고 시도하는 것은 한계가 분명하다. 왜냐하면 상대방도 수수료 정책을 변경할 수 있기 때문이다. 만약 특정 채널에서 유동성이 자꾸 자신의 노드에서 상대방 노드로만 흐르는 상황이라고 해보자. 이 채널에 설정된 수수료를 높였다. 문제는 상대방도 수수료를 올릴 수 있다는 것이다. 빨려 들어간 유동성이 반대 방향으로 들어와야 아웃바운드/인바운드 유동성의 균형이 맞춰질 텐데 상대방도 나를 따라 수수료를 올리면 그 채널을 통해서 라우팅이 발생하지 않을 것이다. 그러면 당연히 다시 내 노드 쪽으로 들어오는 라우팅도 발생하지 않을 것이다. 상대방이 유동성을 다 흡수한 경우 조금 기다리면 며칠 뒤 반대 방향의 라우팅이 터지는 경우가 많다. 상대방 노드가 유동성을 흡수하는 경향이 너무 강하다면 최대 HTLC를 1 sat로 제한해서 아웃바운드가 찰 때까지 기다리는 방법도 있다.

　이러한 이유로 수수료 정책을 바꿔서 라우팅 방향을 바꾸는 것은 추천하지 않는다. 그것보다는 양방향으로 라우팅이 잘 터지는 채널을 찾는 것이 좋다. 양방향으로 라우팅이 잘 터지는 채널은 자신의 노드가 어떤 노드와 채널을 열었는지에 따라 달라진다. 따라서 자신과 채널이 열려 있는 노드들이 어떤 다른 노드와 채널이 열려 있는지, 자신의 라이트닝 노드에서 비트코인을 송금할 때 어떤 경로를 타고 가는지를 제우스 등에서 보면서 연관된 노드들과 채널을 열어보고 양방향으로 라우팅이 잘 터지는 노드를 찾는 것이 좋다.

특히 유동성을 다 가져가고 고이는 채널이 있다면 해당 노드가 어떤 노드와 채널이 맺어져 있는지 확인하여 그 노드와 채널을 여는 것이 좋다. 예를 들어 볼츠와의 채널에서 유동성이 전부 빨리고 반대 쪽의 라우팅이 일어나지 않는다면 앰보스에서 먼저 볼츠 노드를 검색한다.

그다음 상단 탭에서 [Channel Map]을 누르면 볼츠 노드와 연결된 채널들을 한눈에 볼 수 있다. 여기서 오른쪽 상단에 'Capacity'가 선택되어 있는 드롭박스를 누르고, 'Fee Rate'를 선택하면 볼츠가 어떤 채널과의 수수료를 높여놓았는지 알 수 있다. 붉게 표시된 채널들이 볼츠가 수수료율을 높게 설정한 채널들이다. 앞에서 본 것처럼 수수료를 높여놨다는 것은 그쪽 방향으로 라우팅이 많이 일어나 유동성 이동을 제한하려 한다는 뜻이다. 따라서 볼츠가 수수료를 높게 설정한 채널들을 보고 해당 노드들과 채널 연결을 시도하며 양방향으로 라우팅이 잘 터지는 채널들을 찾아야 한다.

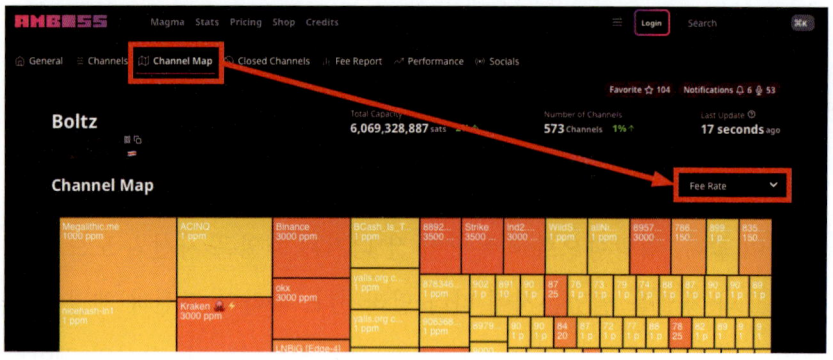

## 채널 닫기

사람마다 라이트닝 노드의 위험을 감수할 수 있는 비트코인의 양은 모두 다르다. 따라서 각자의 라이트닝 노드에는 서로 다른 한정적인 비트코인이 들어있을 것이다.

자주 거래를 하지도 않고 라우팅도 터지지 않으며, 자신에게 별로 중요하지 않은 채널이 있다고 해보자. 이 채널에 아웃바운드 유동성만 계속 쌓여 있다면 채널을 닫고 그렇게 생긴 비트코인으로 다른 노드와 채널을 개설하는 것이 좋다.

아웃바운드 유동성과 인바운드 유동성은 모든 채널을 종합했을 때 비율이 5:5 정도 되는 것이 좋으며, 아웃바운드가 30% 이하로 내려가지 않는 것이 좋다. 그렇다면 한정적인 아웃바운드가 특정 채널에서 움직이지도 않고 가만히 있는 것보단 이리저리 움직이며 라우팅 수수료를 가져다주는 편이 좋을 것이다. 따라서 움직이지 않는 아웃바운드 유동성만 쌓여있는 곳은 채널을 닫고 라우팅이 양쪽으로 잘 나오는 채널을 찾는 것이 좋다.

이제 채널을 닫는 방법을 알아보자. 라이트닝 노드 앱에서도 간단하게 닫을 수 있고, RTL에서도 닫을 수 있다. RTL에서 닫는 과정을 알아보자.

RTL에서 왼쪽 탭 [Lightning] → [Peers/Channels]에 들어간 뒤, 닫을 채널 옆에 있는 [Actions]에서 [Close Channel]을 선택하면 된다.

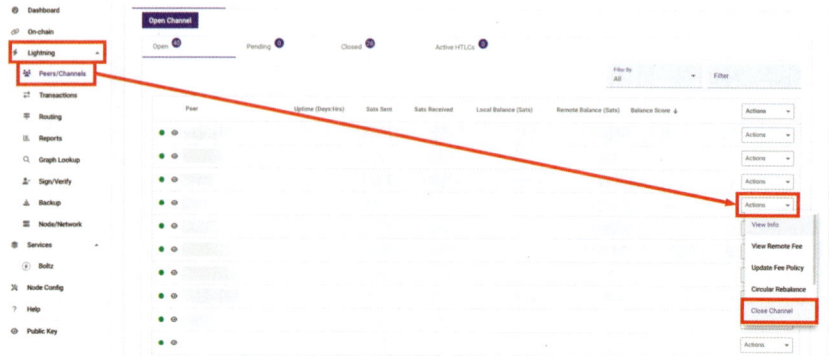

'Priority'가 선택된 상태에서 바로 [Close Channel]을 눌러 채널을 닫을 수 있다. 혹은 수수료를 직접 설정할 수도 있다.

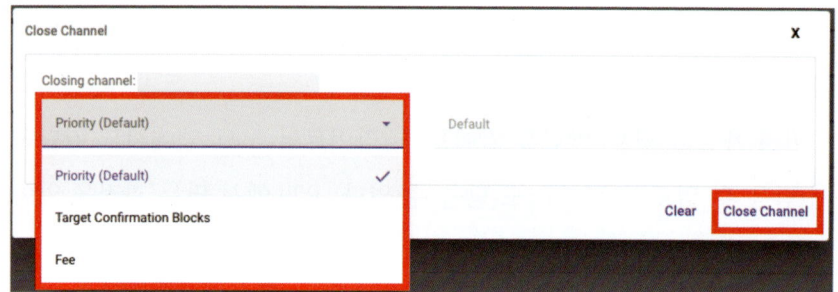

'Priority' 대신 'Fee'를 누르면 온-체인 수수료를 직접 설정할 수도 있다. 수수료를 설정했으면 [Close Channel]을 누른다.

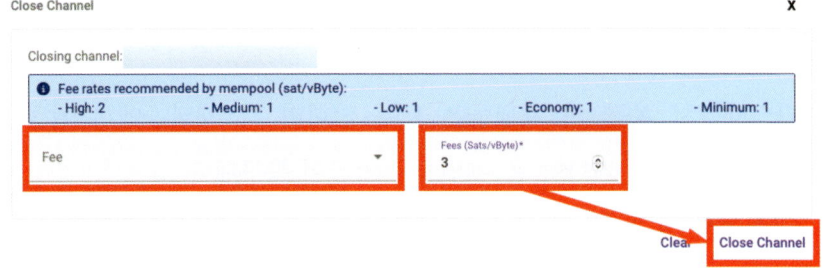

이제 채널 목록에서 [Pending]을 선택하면 'Pending closing' 혹은 'Waiting Close'에 닫기로 한 채널이 보이는 것을 알 수 있다. 블록에 실리고 설정한 컨펌 수가 지나면 채널이 닫히고 정산이 완료된다.

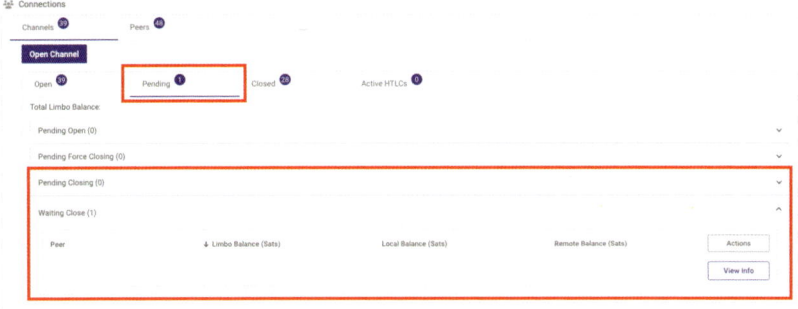

## 라이트닝 노드 SCB 파일 백업과 복구

라이트닝 노드를 처음 생성할 때 보여주는 니모닉을 잘 백업했을 것이다. 만약 기기가 완전히 고장 나는 등의 이유로 라이트닝 노드를 다른 기기에서 복구해야 한다면 해당 니모닉과 백업 파일을 통해 노드를 복구해야 한다. 복구하면 열려 있던 채널들은 닫히고(이미 여러 채널이 강제 종료되었을 가능성이 크다.), 채널에 있던 자금이 온-체인으로 들어온다.

보통 백업하는 파일은 SCBStatic Channel Backup 파일이라고 해서 비상 복구 시 채널들을 강제 종료 요청할 수 있게 해주는 정보들을 포함하고 있다. 따라서 복구 시 채널들은 모두 닫히며 각 채널들에서 설정된 CSV 잠금 기간이 지나야 온-체인으로 자금이 복구된다.

CLN에서 백업 파일을 통해 복구를 하는 방법은 앞에서 다뤘으니 생략하겠다. 'CLN을 설치하는 경우' 절을 참고하라. 지금은 LND에서 SCB 파일을 백업하고, 이를 이용해 복구하는 방법을 알아보겠다. 먼저 라이트닝 노드 앱에서 왼쪽 상단 점 세 개를 누르고 [Automatic backups] 토글 스위치가 켜져 있는지 꼭 확인하자. 이 설정은 SCB 백업 파일을 토르를 통해 엄브렐 서버에 자동으로 업로드하는 기능이다. 만약 엄브렐 기기에서 이전에 백업해 두었던 니모닉을 이용해 복구를 시도하면 엄브렐 서버에 저장된 SCB 파일을 이용해 채널들을 종료시킨다. IP 주소는 토르를 사용하기 때문에 노출되지 않으며, 채널 데이터는 암호화되어 전송된다. 또한, 타이밍 공격을 방지하기 위해 가짜 백업 파일도 전송한다.

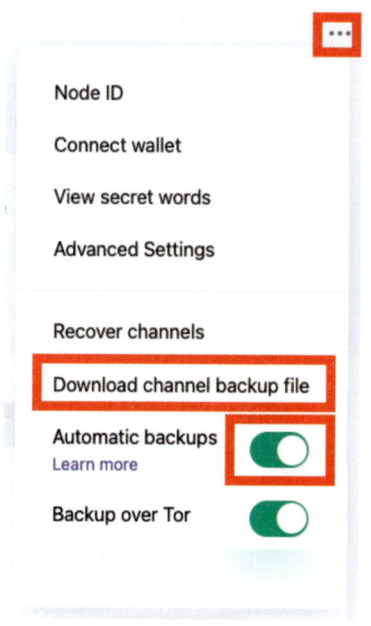

자신도 백업 파일을 저장할 수 있다. 라이트닝 노드 앱에서 점 세 개 → [Download channel backup file]을 누르면 파일을 다운로드할 수 있다.

혹은 RTL에서 왼쪽 탭 [Lightning] → [Backup]에서 [Backup All]을 누른 뒤 [Download Backup]을 눌러 SCB 파일을 저장할 수도 있다. 이렇게 저장된 파일을 노드 복구에 사용할 때는, 라이트닝 노드에서 다운로드한 파일은 라이트닝 노드를 통해, RTL에서 다운로드한 파일은 RTL을 통해 복구해야 한다. 복구할 때는 'Backup' 탭 옆에 있는 'Restore'를 통해 파일을 업로드하면 된다.

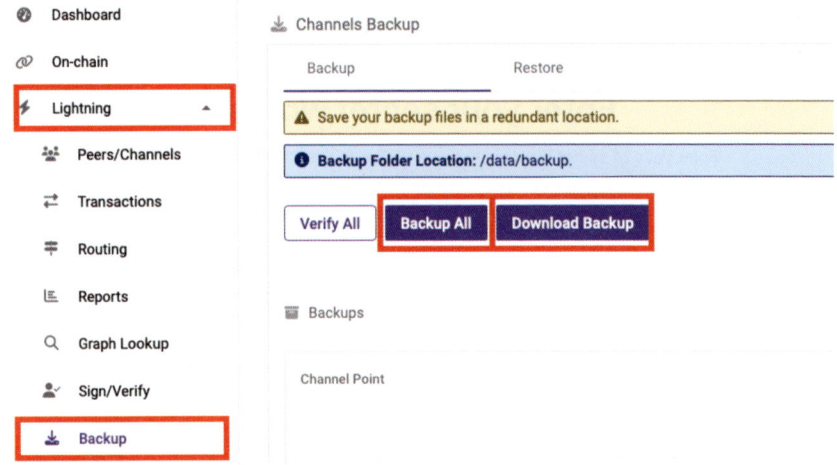

노드를 복구할 때는 다음과 같이 하면 된다. 다음 내용은 이미 채널이 열려 있다면 실험적으로 하지 말 것을 권고한다. SCB 파일을 통한 백업을 시도하면 채널들이 강제 종료되고 정산되기까지 시간이 걸린다. 맨 처음에 연습했던 복구 방법과 달리, 채널이 이미 열려 있던 상태에서 종료했다면 SCB 파일을 통해 채널 닫기를 요청해야 한다. 따라서 복구 과정에서 니모닉을 입력한 뒤 조금 다른 과정을 거친다.

처음에는 다음과 같이 라이트닝 노드 복구 니모닉을 입력하였다.

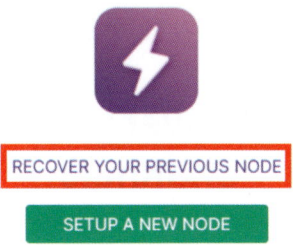

이전에 채널을 열었던 적이 있는지 묻는 창에서 이번에는 [YES]를 선택하면 된다.

엄브렐에 자동으로 업로드된 SCB 파일이 있다면 SCB 파일을 선택하는 창이 나올 것이다. 가장 최근의 파일을 선택하고 [UPLOAD]를 누른다. 그러면 기존에 남아 있던 모든 채널이 닫히고, 시간이 지나면 온-체인으로 아웃바운드 자금이 정산될 것이다.

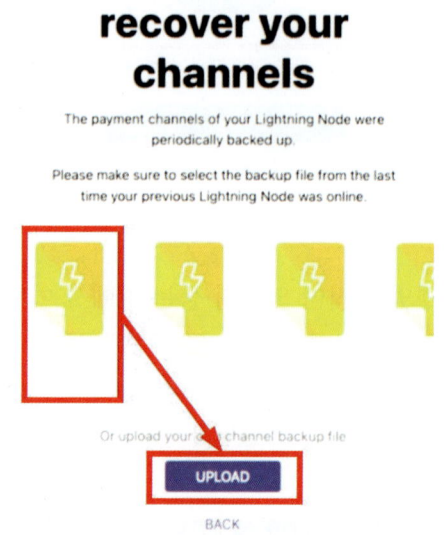

이로써 채널 관리 방법과 라이트닝 노드의 SCB 파일을 백업하고, 나중에 SCB 파일을 이용해 채널을 종료시키고 자금을 온-체인에 복구하는 방법까지 알아보았다.

# | 라이트닝 주소 설정, 자신의 노드 알리기

### 알비 허브로 라이트닝 주소 연결하기

알비 허브를 자신의 라이트닝 노드와 연동하면 '~@getalby.com' 형태의 랜덤 라이트닝 주소를 사용할 수 있다. 그러나 커스텀 주소를 사용하려면 유료 결제를 해야 한다. 다음 부인 '노스터 가이드'에서는 NWC<sub>Nostr Wallet Connect</sub>를 라이트닝 노드와 연결하는 방법을 알아볼 것인데, 제우스 앱에서 NWC를 통해 무료로 '~@zeuspay.com' 형태의 랜덤 라이트닝 주소를 받는 방법도 있다. 이 방법 역시 커스텀 라이트닝 주소를 사용하기 위해서는 유료 구독 결제가 필요하다.

먼저 엄브렐에서 알비 허브 앱을 설치한다.

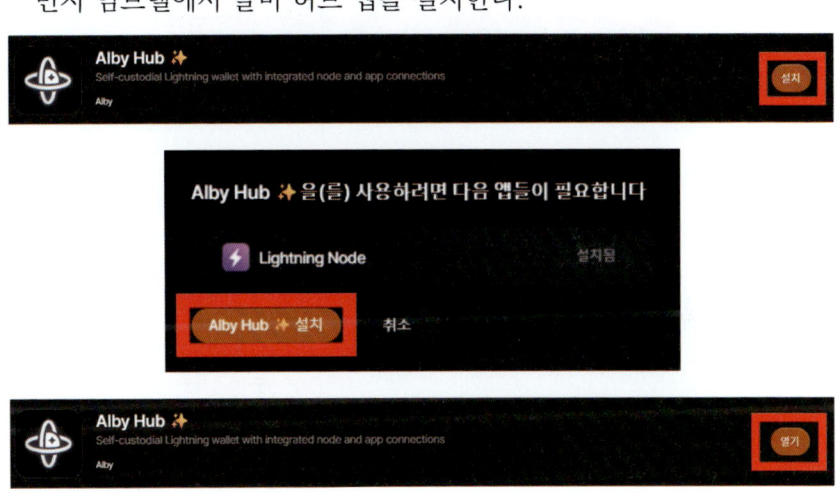

비밀번호를 설정한다. 비밀번호를 잊지 않도록 주의하라. 아래 안전한 장소에 비밀번호를 보관했다는 체크박스와, 비밀번호를 절대 복구할 수 없다는 체크박스에 체크를 하고 [Create Password]를 누른다.

보안과 복구에 관한 안내사항이 나온다. 모든 자금을 여기에 보관하지 말고, 비밀번호는 복구 불가능하며, 자금은 노드가 시작된 뒤 접근할 수 있는 복구 단어로만 복구할 수 있다는 뜻이다. 체크박스에 체크를 하고 [Continue]를 누른다.

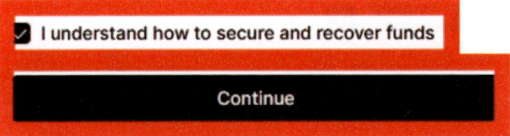

연결이 되면 바로 알비 계정을 연결하라는 창이 나오거나, [Settings] → [Alby Account]를 눌러 알비 계정을 연결할 수 있다.

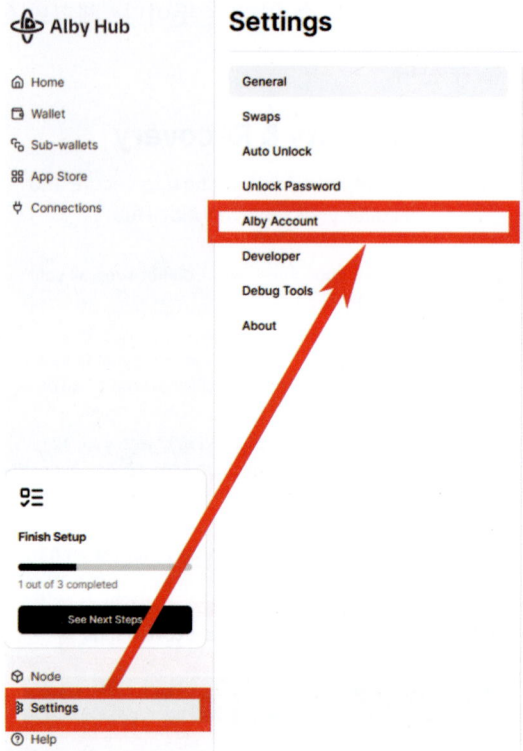

[Connect]를 누르고, [Request Authorization Code]를 누른다.

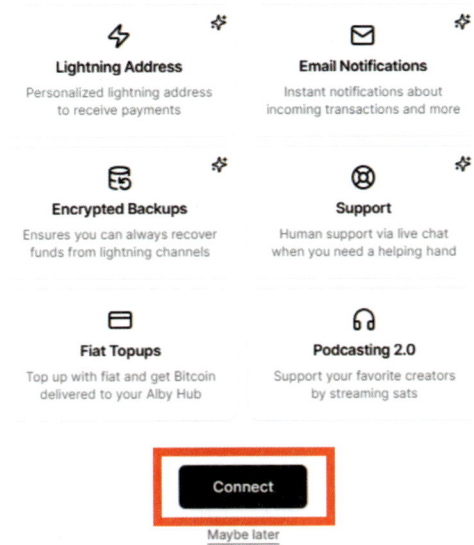

4부 · 라이트닝 노드 운영 가이드

알비 웹사이트로 연결된다. 알비에 새로 가입을 할 것이므로 [Sign up to connect]를 누른다.

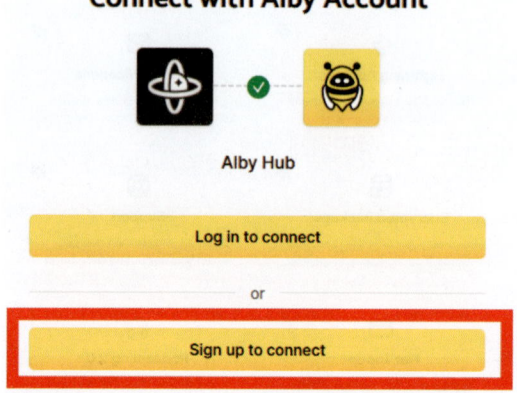

'Name'에 유저네임을 입력하고 'Email address'에 이메일 주소를 입력한다. 캡차를 풀고 [Sign up]을 눌러 알비에 가입한다.

입력한 이메일로 로그인 코드가 올 것이다. 이 로그인 코드를 복사한 후 알비로 돌아와 입력한다. 그다음 [Log in]을 누른다.

Welcome to Alby!

Your one-time login code is (enter it in your open browser window):

This one-time login code will expire in 15 minutes.
If you didn't request this email, you can safely ignore it.

Check your inbox!

If you have an account registered, enter the one-time login code we just sent to

Resend

One-time login code

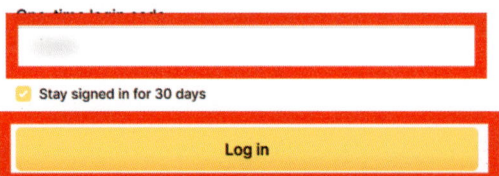

☐ Stay signed in for 30 days

그러면 이제 'Authorization Code'가 나온다. 왼쪽의 문서 버튼을 눌러 이 코드를 복사한다.

알비 허브로 돌아와 이 권한 코드를 붙여넣고, [Submit]을 누른다.

그러면 알비 허브와 알비 계정 연결이 완료된다.

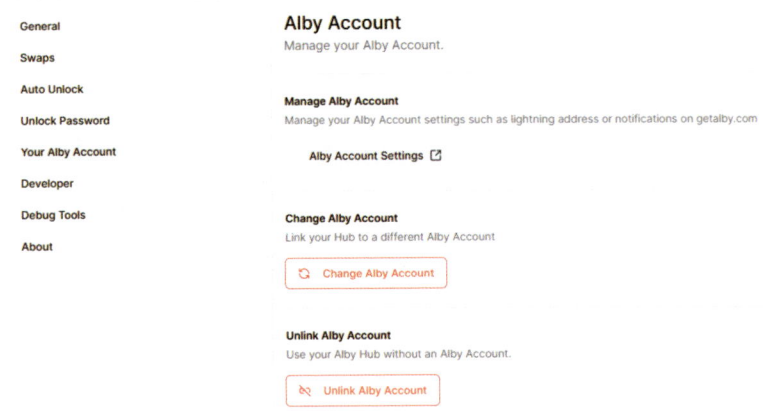

이제 알비 허브에서 [Wallet] → [Receive]를 누르면 자신의 라이트닝 노드와 연동된 라이트닝 주소가 보일 것이다.

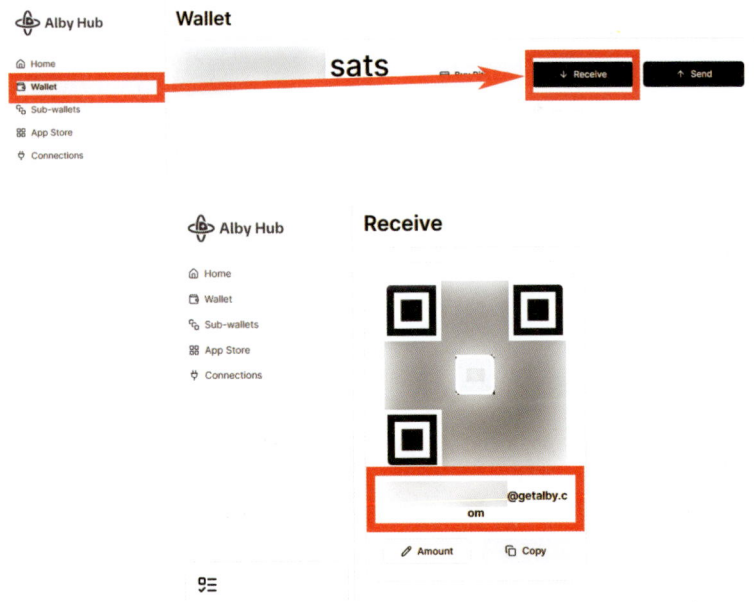

## 알비 유료 결제하고 커스텀 라이트닝 주소 만들기

이제 알비에서 유료 결제를 하고 커스텀 라이트닝 주소를 만드는 방법에 대해 알아보자. 알비 허브에서 [Settings] → [Your Alby Account] → [Alby Account Settings]를 누른다.

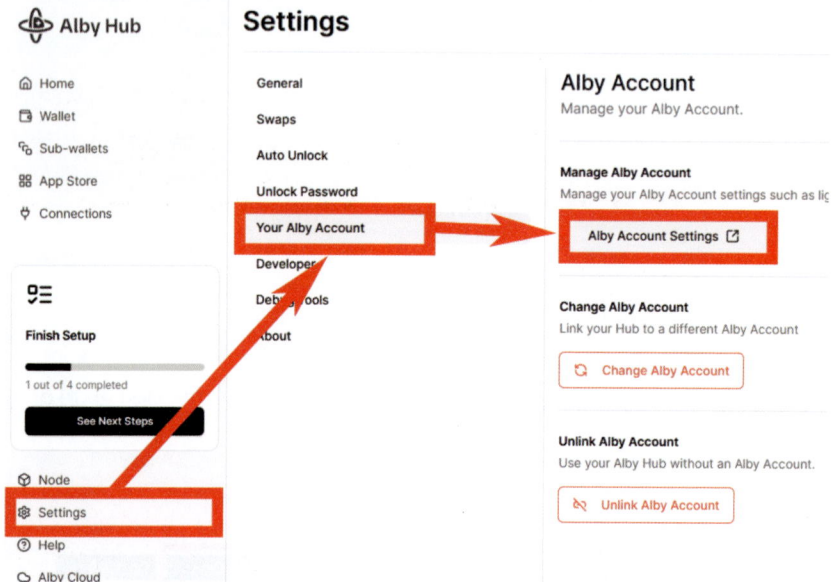

알비 웹사이트로 이동해서 [Lightning Address]를 누른다.

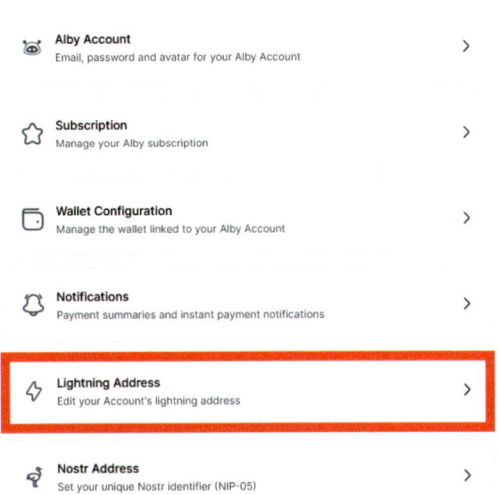

랜덤으로 주어지는 기본 라이트닝 주소가 보이고, 그 위에 커스텀 라이트닝 주소를 사용하려면 유료 플랜을 사용하라는 메시지가 나온다. [Upgrade Your Plan to Edit]를 누른다.

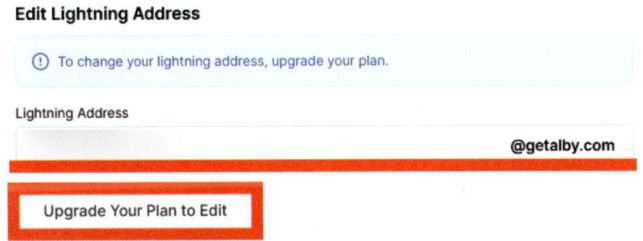

여기서는 한 달에 3달러, 1년에 36달러인 프로 플랜을 구독해보겠다. [Start with Pro]를 누른다.

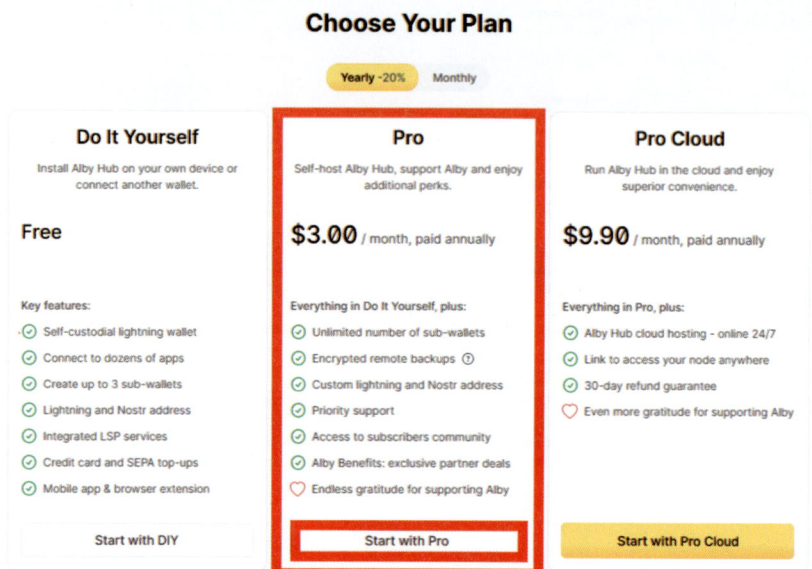

지불 방법(Payment Method)에서 현재 라이트닝 노드에 있는 비트코인으로 결제를 하고 싶다면 'Wallet'을 선택하면 된다. [Confirm Subscription]을 누른다.

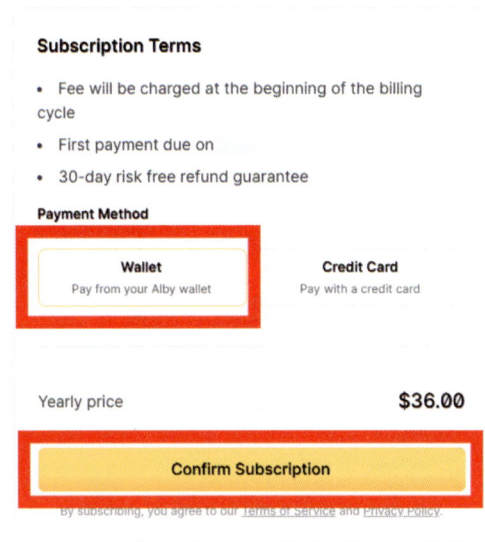

그러면 결제가 완료된다.

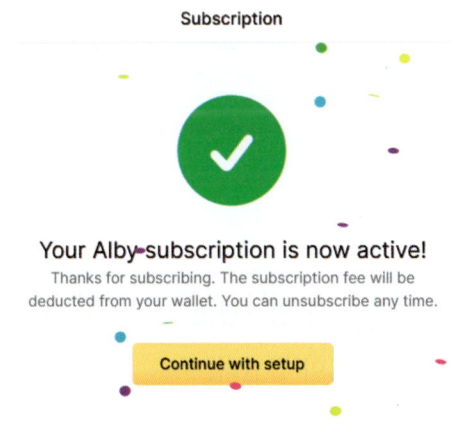

다시 알비 계정에서 [Settings]로 들어간다.

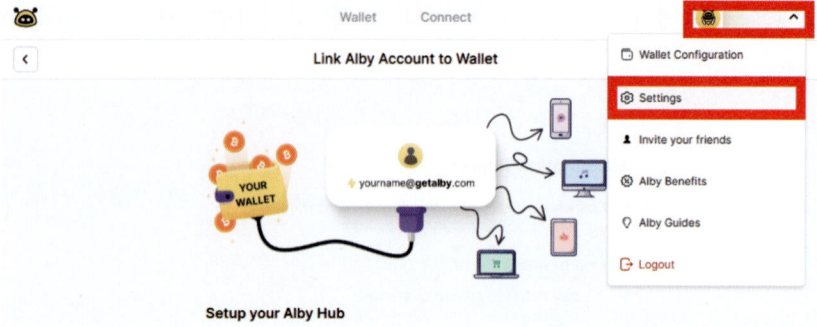

[Lightning Address]에 들어간다.

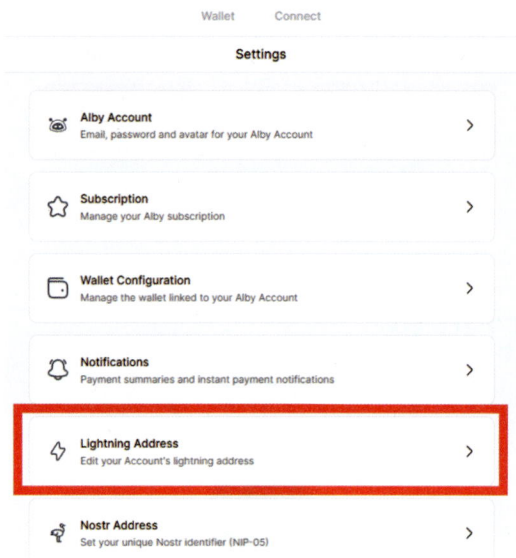

이제 원하는 커스텀 주소를 입력하고 [Update Lightning Address]를 누르면 커스텀 주소 설정이 끝난다.

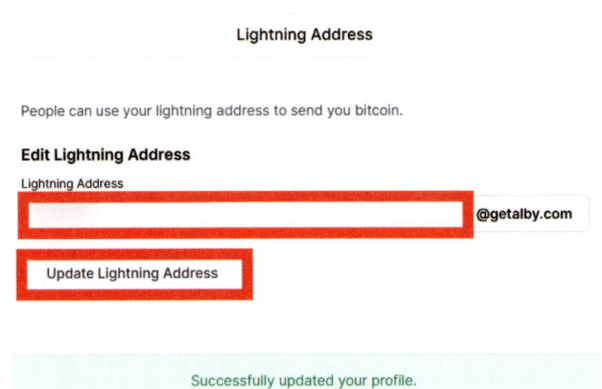

알비 허브의 [Wallet] → [Receive]에 들어가 잘 반영이 되었는지 확인한다.

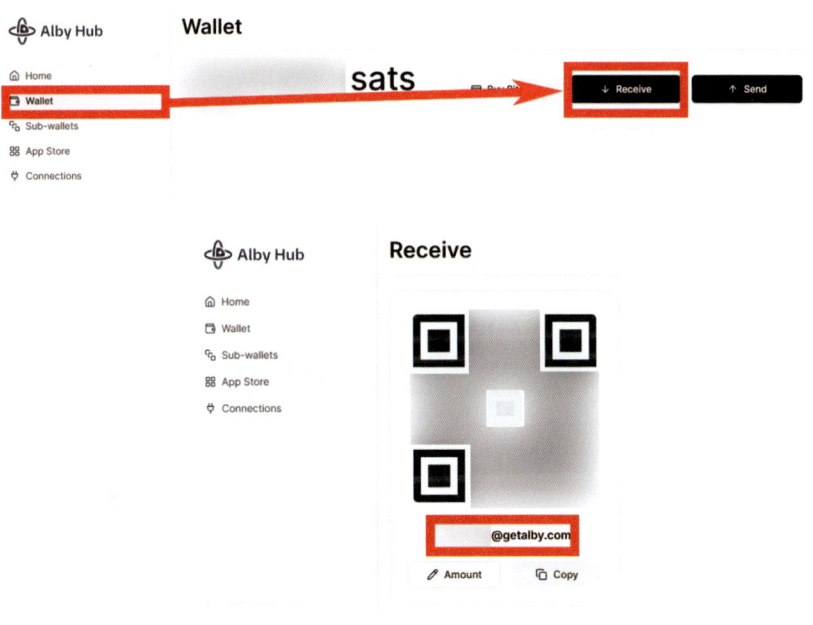

## 앰보스에서 노드 정보 입력하기

라이트닝 노드를 운영하면 자신의 운영 정책이 무엇인지 알리거나, 연락처를 남겨야 할 때가 있다. 보통 라이트닝 노드에 대한 정보는 앰보스 웹사이트를 통해서 확인한다고 했다. 앰보스 웹사이트에서 라이트닝 노드의 노드 키를 이용하여 메시지 사인을 할 수 있는데 이를 통해서 로그인을 할 수 있다. 이 노드 키는 노드 식별용 개인키/공개키 쌍이다. 서명에는 개인키가 쓰이고, 검증할 때는 공개키가 쓰인다. 앰보스에서 노드 로그인을 하면 자기 노드에 대한 정보들을 입력할 수 있다.

앰보스 웹사이트 우측 상단에서 [Login]을 누르고, [Login with Node]를 누른다.

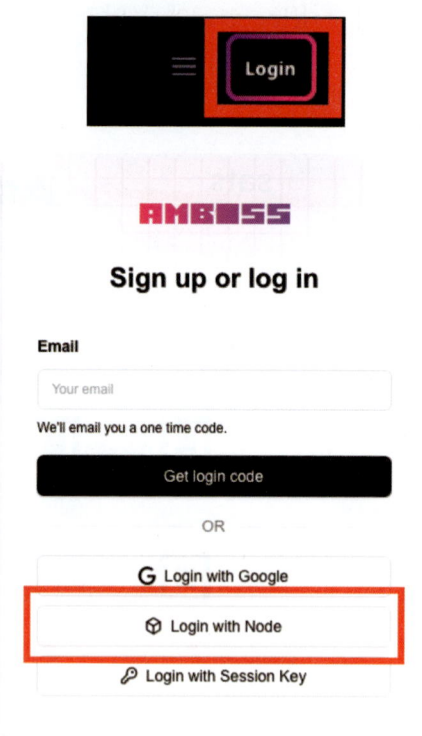

그러면 서명할 메시지가 나온다. 메시지를 복사한다.

RTL로 들어가 왼쪽 탭에서 [Lightning] → [Sign/Verify]를 누른다. 그다음 'Message to sign' 입력창에 방금 복사했던 문구를 붙여넣고, [Sign]을 누른다.

그러면 'Generated Signature' 아래에 서명이 나온다. [Copy Signature]를 눌러 이 서명을 복사한다.

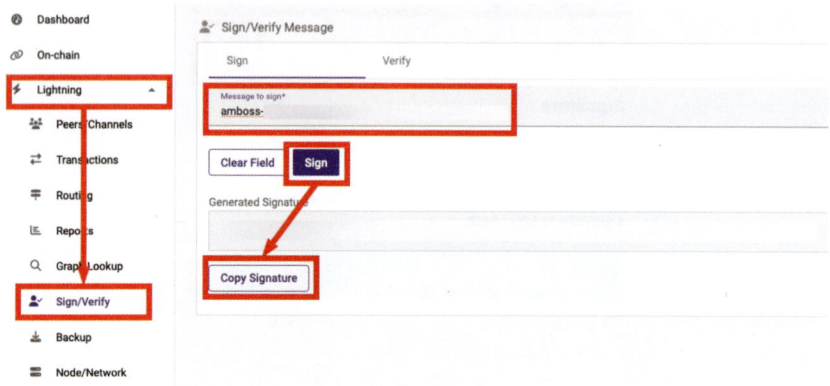

앰보스 웹사이트에서 'Signature' 입력창에 서명을 입력하고 [Log In]을 누르면 노드 키를 이용한 로그인이 완료된다. 어떠한 개인정보도 입력할 필요가 없다.

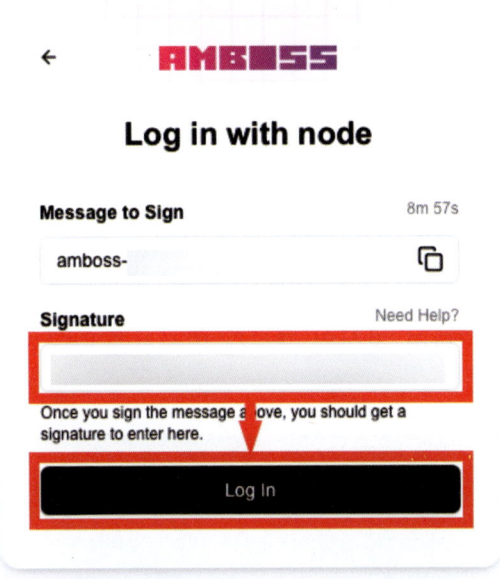

우측 상단 큐브 모양의 노드 버튼을 누르면 자신의 노드 정보를 볼 수 있다. 여기서 우측 상단 [Settings]를 누르면 자기 노드의 프로필을 작성할 수 있다.

'Lightning Address' 입력창에는 자신이 사용하는 라이트닝 주소를 입력할 수 있다.

'Set your privacy level' 아래의 드롭박스에서는 누가 자기 노드의 프로필을 볼 수 있는지 설정할 수 있다. 'All users'로 설정되어 있으면 자기가 설정한 프로필 메시지를 누구나 볼 수 있다.

'Custom Message' 입력창에 프로필 메시지를 작성하고 [Save Message]를 입력하여 자신의 프로필 메시지를 누구에게나 보여줄 수 있다.

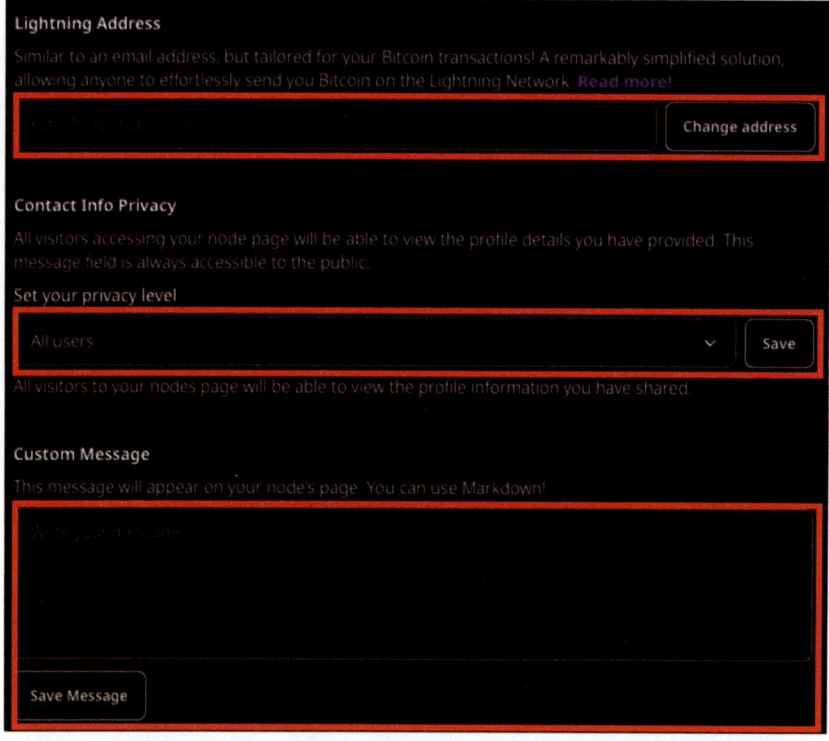

그 아래에는 'Minimum Channel Size'에서 자신과 채널을 맺기 위한 최소 채널 용량을 입력해 둘 수 있고, 노스터를 한다면 연락하기 위한 npub이나, X (구 트위터), 텔레그램 계정도 연결할 수 있다. 자신에게 연락하기 위한 웹사이트나 이메일 주소, 링크드인도 입력해 둘 수 있다. [Save Information]을 누르면 저장된다.

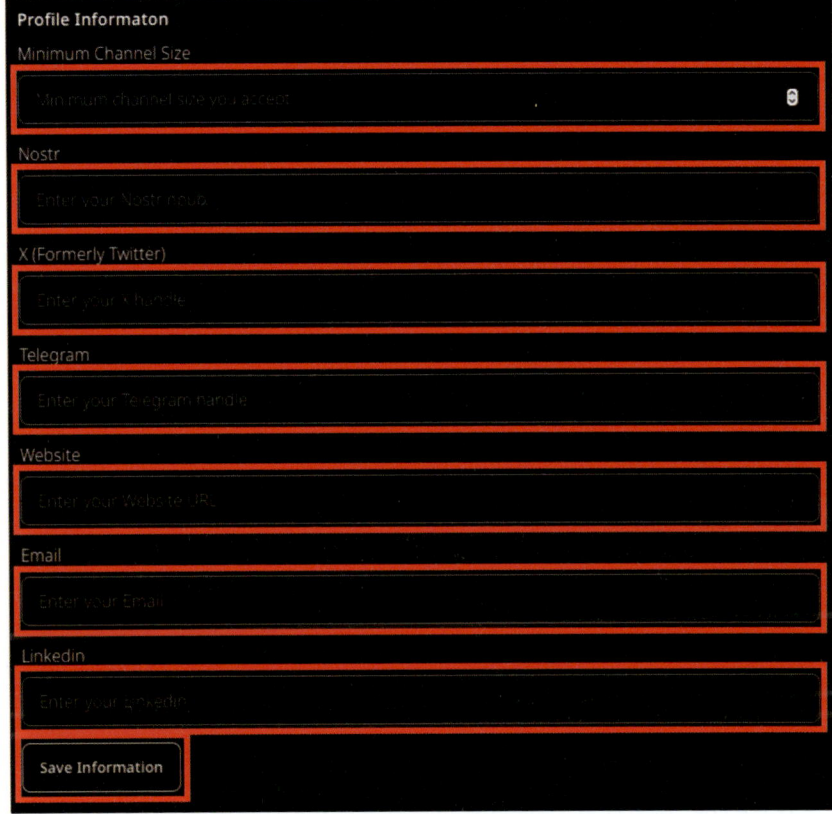

이로써 커스텀 라이트닝 주소를 만들고 앰보스에서 자신의 라이트닝 노드 프로필을 작성하는 방법까지 알아보았다.

## | 라이트닝 노드로 온라인 비트코인 결제 매장 구축하기

이번에는 자신의 풀 노드와 라이트닝 노드를 이용해서 온라인 비트코인 결제 매장을 만드는 방법을 알아보자. 이를 위해서는 풀 노드와 라이트닝 노드에 대한 이해가 선행되어야 하므로 이번 부에서 서술하게 되었다.

엄브렐OS를 통해 풀 노드를 운영하면 'BTCPay server'라는 앱을 다운로드할 수 있다. 이 앱을 통해 자신의 풀 노드를 결제 서버로 삼아 결제를 받을 수 있다. 이렇게 하면 제3자인 PG사 없이 자기 풀 노드를 이용해 비트코인으로 결제를 받는 것이 가능하다. 먼저 워드프레스 우커머스 플러그인을 이용해 온라인 스토어를 구축하고, BTCPay Server를 이용해 결제 방법으로 비트코인만 추가하면 된다.

판매할 상품이 있는 많은 자영업자분들이 이 내용을 통해 온라인 비트코인 스토어 열기를 고려해 보면 좋겠다. 다음 내용은 워드프레스의 우커머스와 BTCPay Server를 통해 비트코인으로 결제받는 온라인 스토어를 구축하는 것을 목적으로 한다.

### 워드프레스에 BTCPay Server, 우커머스 플러그인 설치

이제 워드프레스 웹사이트와 내 풀 노드의 BTCPay server를 연결하는 방법을 알아보자.

FTP를 이용해 워드프레스를 설치한 경험이 없다면 호스팅 업체인 '카페24'에서 제공하는 '매니지드 워드프레스'나 '가비아'에서 제공하는 '워드프레스 호스팅'을 이용하는 것도 좋다(광고가 아니다. 다른 호스팅 업체들도 워드프레스 호스팅 서비스를 제공하니 잘 알아보자).

워드프레스 설치가 됐다면 이제 플러그인을 설치해 보자. 먼저 우커머스 플러그인을 설치해 보자. 워드프레스 왼쪽에서 [플러그인] 탭 → [새 플러그인 추가] → '우커머스' 검색 → 우커머스(작성자 Automatic) [지금 설치]를 누른다.

이제 BTCPay Server 플러그인을 설치해 보자. 워드프레스 왼쪽에서 [플러그인] 탭 → [새 플러그인] 추가 → 'btcpay' 검색 → BTCPay Server(작성자 BTCPay Server) [지금 설치]를 누른다.

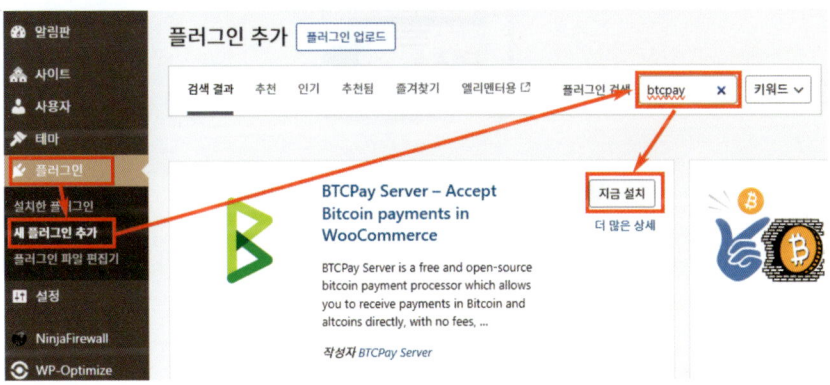

설치한 플러그인에서 [활성화]를 누른다.

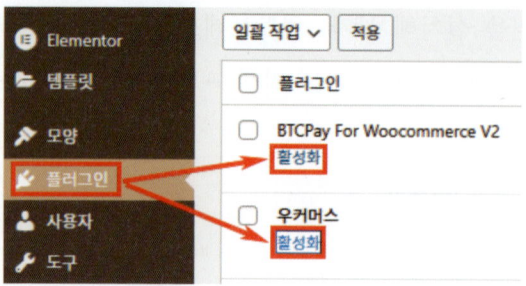

플러그인이 성공적으로 설치되었다. 이제 우커머스 설정을 해보자.

**우커머스 기본 설정 및 테마 선택**

우커머스 플러그인을 활성화하면 자동으로 우커머스 기본 설정 창이 나온다. 설정이 뜨지 않는다면 왼쪽의 우커머스를 누르면 된다. 기본적인 정보를 입력하고 '계속'을 누르자. 사실 이 단계는 건너뛰어도 된다.

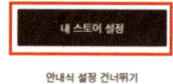

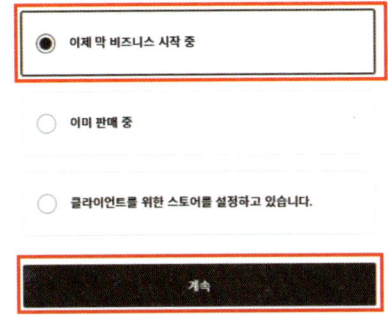

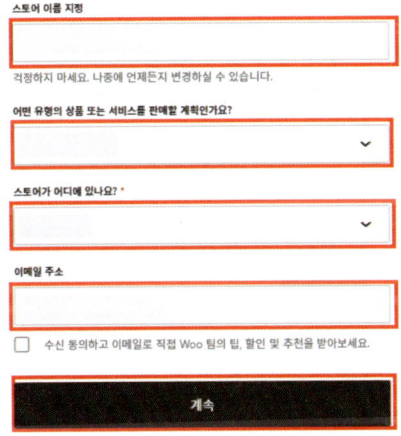

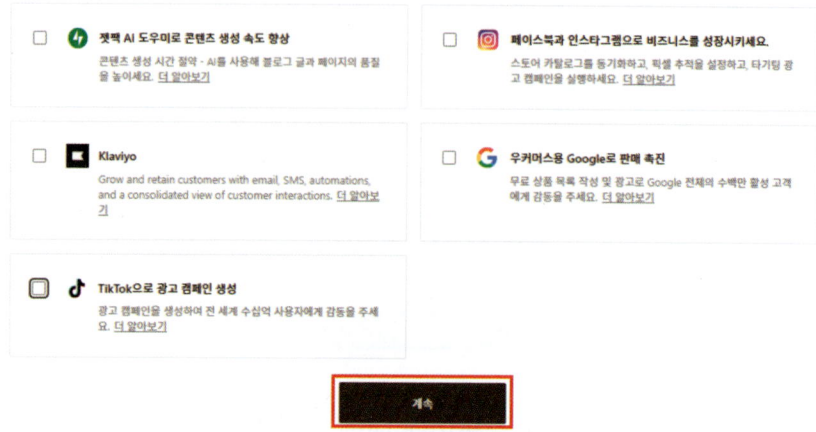

왼쪽의 우커머스를 누르고 [사용자 정의 시작]을 누르자.

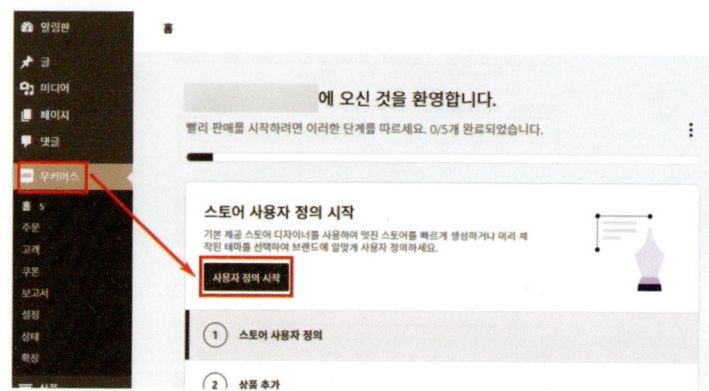

이제 테마를 선택해야 한다. [전문적으로 디자인된 테마 선택]을 누르고 마음에 드는 테마를 선택한다. 웹 프론트엔드 구축에 자신 있다면 [나만의 테마 디자인]을 선택하는 것도 좋을 것이다.

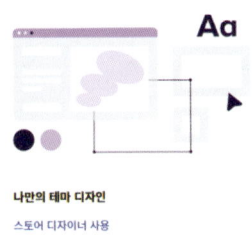

## 우커머스 상품 올리기

이제 상품을 올릴 것이다. 처음에는 테스트용으로 상품을 리스팅하는 것이니 완벽하게 하려고 하지 말자. 나중에 결제가 잘 되는지 테스트해 본 다음에 디테일한 부분을 설정해도 된다. 우커머스 탭에서 [상품 추가]를 누른다.

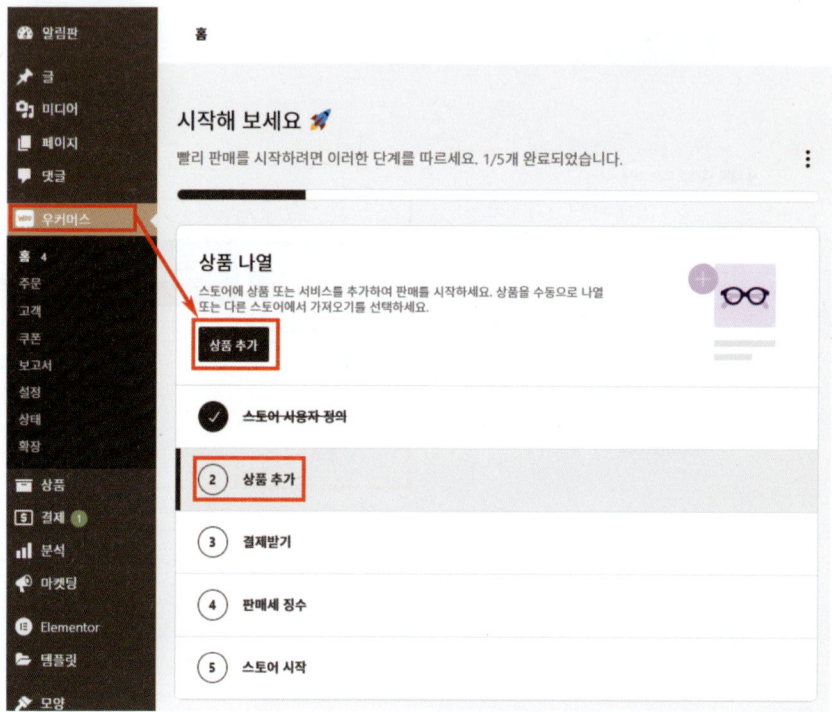

[실제 제품]을 누른다. 설정하고 싶은 옵션 등이 있는 경우 옵션 상품을 선택하는 등 알맞게 선택하면 된다.

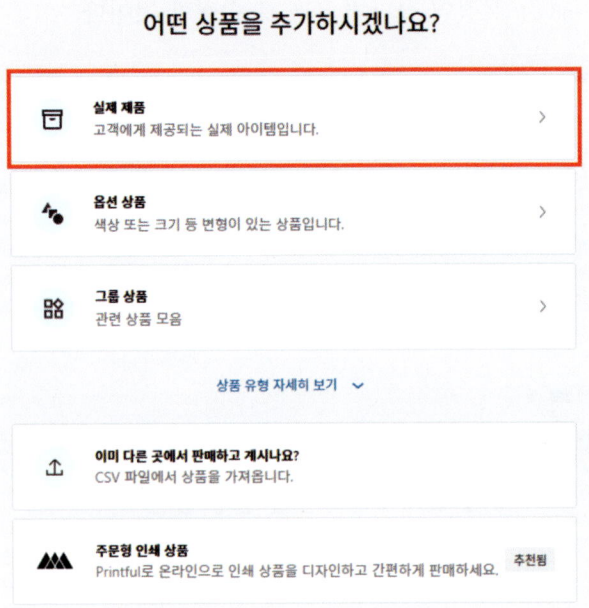

이제 상품 이름과 상세 페이지를 작성하면 된다. 물건을 온라인에서 판매해 본 적이 있다면 이것은 익숙할 것이다. 상세 페이지를 이미지로 제작해 올려도 되고, 자유롭게 작성하면 된다.

스크롤을 아래로 내려서 상품 가격을 설정한다. 그 아래 상품 요약 글도 작성한다. 지금은 상품 가격이 원화로 표시되어 있지만 나중에 BTCPay Server 설정이 끝나면 BTC로 수정할 것이다.

재고에서 SKU와 상품 코드도 입력한다. SKU는 재고 관리를 위한 식별 번호다. 자기가 마음대로 설정하면 된다. GTIN이나 UPC는 상품 코드다. 상품을 판매하기 위해 바코드를 발급 받아본 적이 있다면 잘 알 것이다. ISBN은 도서 식별 번호다. 아직 잘 모르겠다면 넘어가자.

다시 스크롤을 위로 올려서 우측에 있는 [공개]를 누른다. 어차피 결제 수단을 추가하지 않아서 결제도 불가능하고, 웹사이트를 광고하지 않았으므로 누가 와서 결제할 일은 없을 것이다.

상품이 등록되었으면 우커머스에서 통화를 KRW에서 BTC로 바꾸자. [우커머스] → [설정] → [일반]에서 스크롤을 아래로 내리면 '통화 옵션'이 있다. 여기서 [비트코인]을 선택한다.

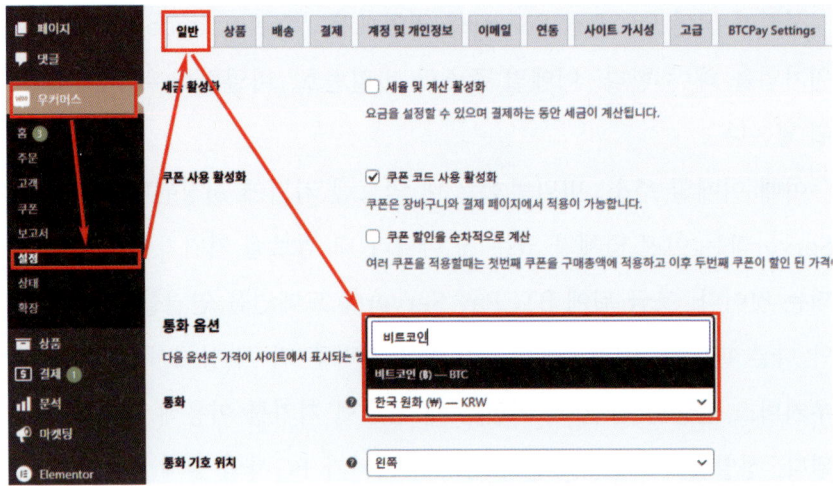

우커머스 설정이 끝났다. 막상 해보면 매우 간단하다는 것을 알 수 있다. 이제 엄브렐에서 BTCPay Server를 다운로드하고, 내 BTCPay Server와 우커머스를 연동해야 한다.

### 엄브렐에서 BTCPay Server 다운로드하고 설정하기

이제부터는 엄브렐에서 BTCPay Server를 다운로드하고 자신의 우커머스 웹사이트와 연동하는 방법을 알아볼 것이다. 앞서 언급했던 것처럼 라이트닝 결제를 받기 위해서는 엄브렐에서 라이트닝 노드(LND)를 운영하고 있어야 한다.

엄브렐 앱스토어에서 BTCPay Server를 다운로드한다.

설치가 되면 BTCPay Server를 열어보자. 'Create account'에서 회원가입을 해야 한다. 이메일 주소와 비밀번호, 비밀번호 확인 칸을 채워 넣는다.

이때 이메일 주소, 비밀번호는 내 엄브렐 기기에 저장된다. BTCPay Server라는 어떤 업체가 있는 게 아니라 내 엄브렐 기기가 결제 서버가 되는 것이다. 조금 뒤에 BTCPay Server에 도메인을 연결할 것이다. 만약 다른 판매자 지인에게 이 도메인을 알려준 뒤 이 창에서 회원가입과 우커머스 연동을 하면 그 지인은 내 엄브렐 기기를 이용해 결제를 받게 된다. 정말 말 그대로 자신의 엄브렐 기기가 PG사의 결제 서버 역할을 하게 된다는 뜻이다. 만약 자신의 엄브렐 기기가 꺼지면 고객들이 결제를 하지 못하게 된다.

보통 보안과 라이트닝 노드 관리를 용이하게 하기 위해 도메인은 유출하지 않고 자신만의 결제 서버로 사용할 것이다. 그러나 만약 당신의 엄브렐 기기를 친구나 다른 사람들이 결제 서버로 사용할 수 있도록 자원봉사를 하고 싶다면 그 사람들에게 도메인을 알려주고 우커머스에 연동하는 방법을 알려주면 된다.

이제 스토어 설정을 해야 한다. 'Name'에 자기 마음대로 스토어 이름을 입력한다. 'Default currency'에 통화를 입력한다. 만약 BTC 정가제를 하고 싶다면 [BTC]를, 원화 정가제를 하고 싶다면 [KRW]를 선택하면 된다. BTC 정가제의 경우 'Preferred Price Source'를 그대로 둬도 된다. KRW 정가제의 경우 업비트(Upbit)에서 BTC 환산 가격을 받아오도록 설정하면 된다. 다음 사진을 참고하자.

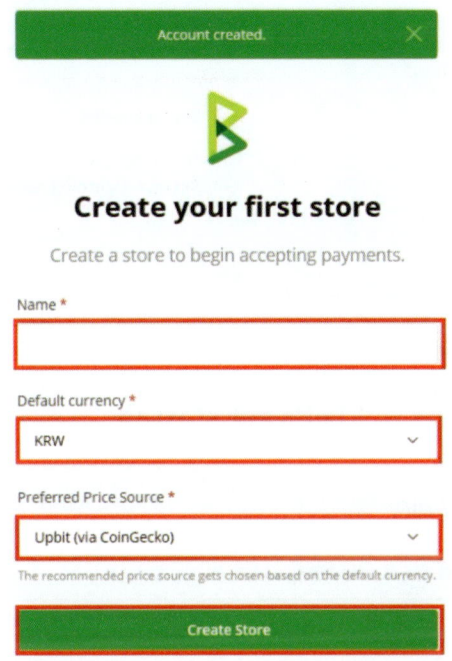

이제 온-체인 지갑과 BTCPay Server를 연결하자. [Set up a Wallet]을 누른다.

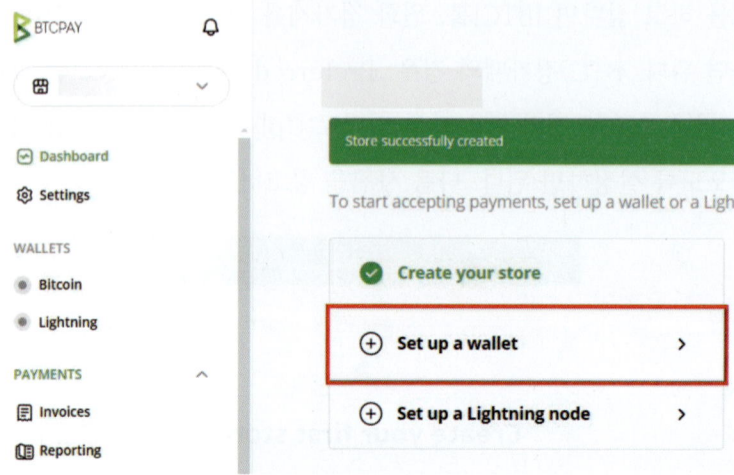

[Connect an existing wallet]을 누른다.

이제 자신의 에어-갭 지갑에 있는 확장 공개키를 연결할 것이다. 참고로 회계를 용이하게 하기 위해 파생 경로의 계정 구분을 0이 아닌 다른 숫자로 하거나, 생활비나 저축 용도로 사용하는 니모닉과 다른 니모닉을 사용하는 것을 추천한다. 고객이 온-체인으로 결제할 경우 이 지갑으로 결제금액이 들어오기 때문이다. 컴퓨터에서 웹캠을 연결할 수 있는 경우 QR 코드로 읽어오는 것이 편하므로 [Scan wallet QR code]를 선택하고, 확장 공개키 텍스트를 그냥 붙여넣기 하려면 [Enter extended public key]를 선택하자.

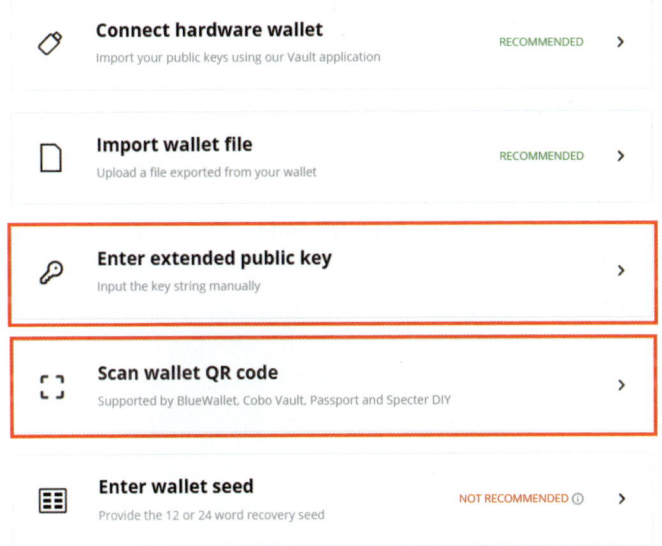

[Enter extended public key]를 선택한 경우 확장 공개키 텍스트를 그냥 입력하면 된다.

[Scan Wallet QR code]를 선택한 경우 콜드월렛이 보여주는 확장 공개키를 스캔하면 된다.

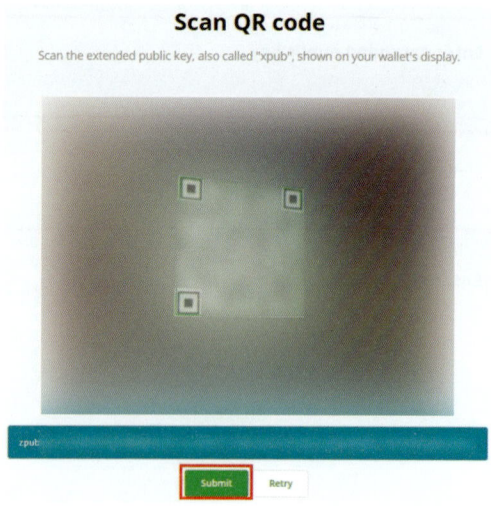

'Confirm addresses'에서 보여주는 주소가 지갑의 주소와 일치하는지 확인한다. 그다음 [Confirm]을 누른다.

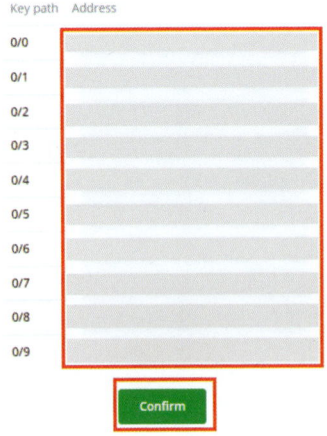

참고로 BTCPay Server는 고객의 결제 여부와 상관없이 송장이 하나 생성될 때마다 온-체인 주소를 하나씩 사용한다. 결제는 주로 라이트닝 결제로 이뤄지기 때문에 온-체인 결제 주소의 인덱스는 상당히 뒤로 간다. 일반적으로 모바일 워치-온리 지갑의 경우 갭 리밋이 20이기 때문에 잔액을 제대로 불러오지 못할 수 있다. 따라서 온-체인 결제 금액도 관리하기 위해 PC에서 스패로우 워치-온리 지갑도 사용하고 갭 리밋을 999까지 올리는 것을 추천한다. 온-체인 결제가 이뤄지면 몇 번째 인덱스 주소에 들어온 건지 확인할 수 있다.

그다음에 라이트닝 노드를 연결해 보자. 엄브렐에서 이미 라이트닝 노드를 운영하고 있다면 라이트닝 노드 연결은 클릭 한 번이면 끝난다. 왼쪽 탭에서 [Lightning]을 누른다.

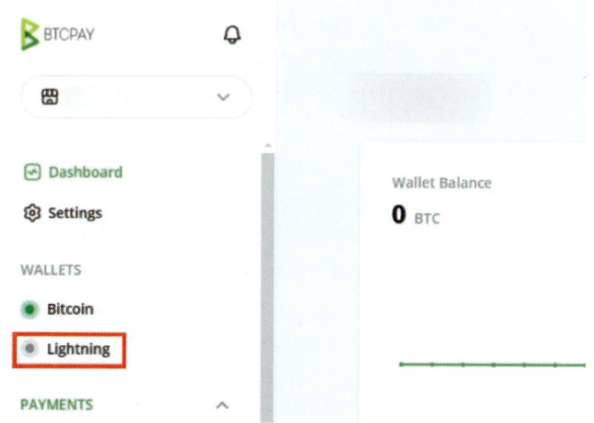

[Use internal node]를 선택한 상태에서 [Save]를 누르면 끝난다.

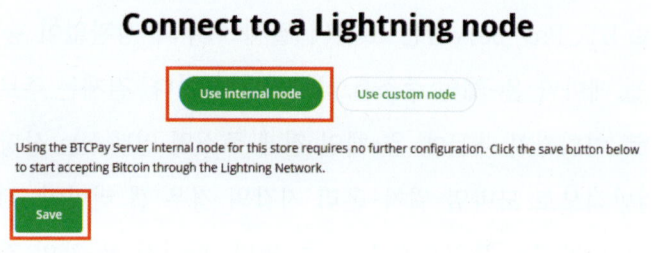

왼쪽 탭의 라이트닝 [Settings]를 누른다. 'Display Lightning payment amounts in Satoshis'를 체크한다. 이것은 고객이 결제할 때 금액이 BTC가 아니라 sats로 표기되게 하는 것이다. BTC는 소수점으로 표시되므로 소액 결제에는 불편하다. 따라서 이 체크박스에 체크를 하고 넘어가자. 그 밑에는 라이트닝 인보이스에 뜨는 설명을 입력하는 곳이다. 내 라이트닝 노드에서도 보이는 것이니 적어도 주문 번호인 'OrderId'는 쓰기 바란다.

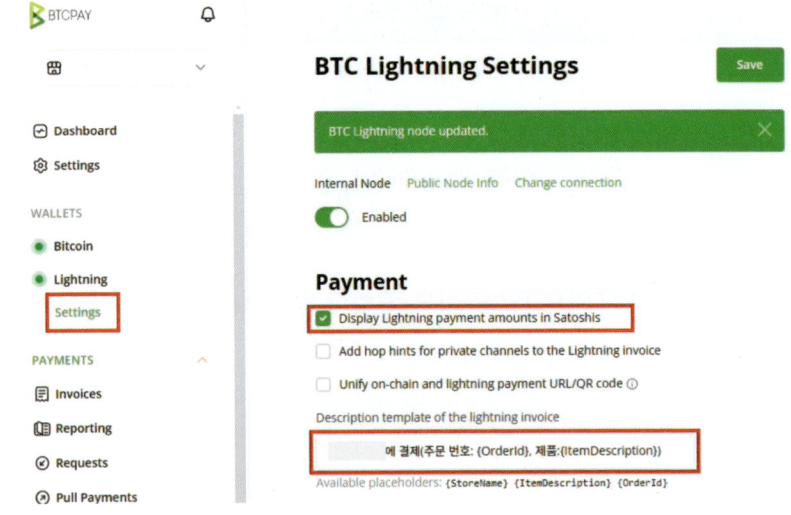

## 클라우드플레어 회원가입

보통은 엄브렐에 접속할 때 주소창에 umbrel.local을 입력하거나 로컬 IP 주소를 입력해 접속할 것이다. 이것은 로컬 IP 주소다. 하지만 외부 네트워크에서 내 BTCPay Server와 연결하기 위해서는 도메인을 연결해야 한다. 우리는 Cloudflare에서 도메인을 구매하고 Cloudflare Tunnel을 통해 도메인과 자신의 BTCPay Server를 연결할 것이다. 참고로 Cloudflare에서 도메인 구매 시 비용이 1년에 10.44달러씩 들어간다. 당연히 결제를 위한 신용카드 정보를 입력해야 한다. 그럼 시작해 보자.

엄브렐 앱스토어에서 Cloudflare Tunnel을 다운로드한다.

다음 웹사이트에 접속한다.

https://www.cloudflare.com/

오른쪽 위에서 언어를 [한국어]로 설정하고 [가입(Sign up)]을 누른다.

[Zero Trust 및 SASE]에서 Free 요금제를 선택한다.

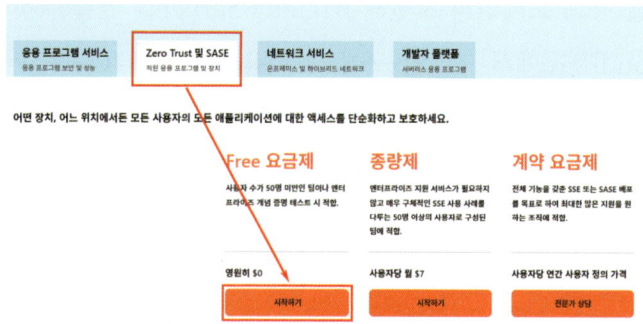

가입할 이메일, 패스워드를 입력하고 체크박스에 체크한 뒤 [Sign up]을 눌러 가입한다.

팀 이름을 설정하라는 창이 나온다. 자신의 스토어 이름을 입력해도 되고, 아무렇게나 입력해도 된다. 어차피 이 도메인은 터널로 연결하지도 못한다.

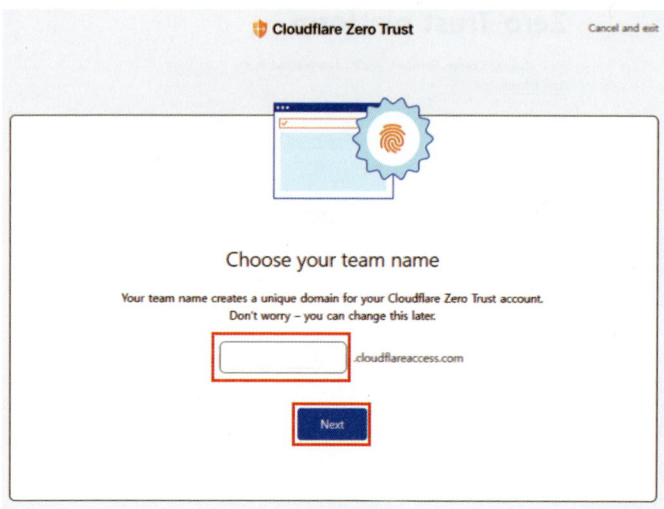

무료 플랜을 선택하고 빠르게 다음으로 넘어간다.

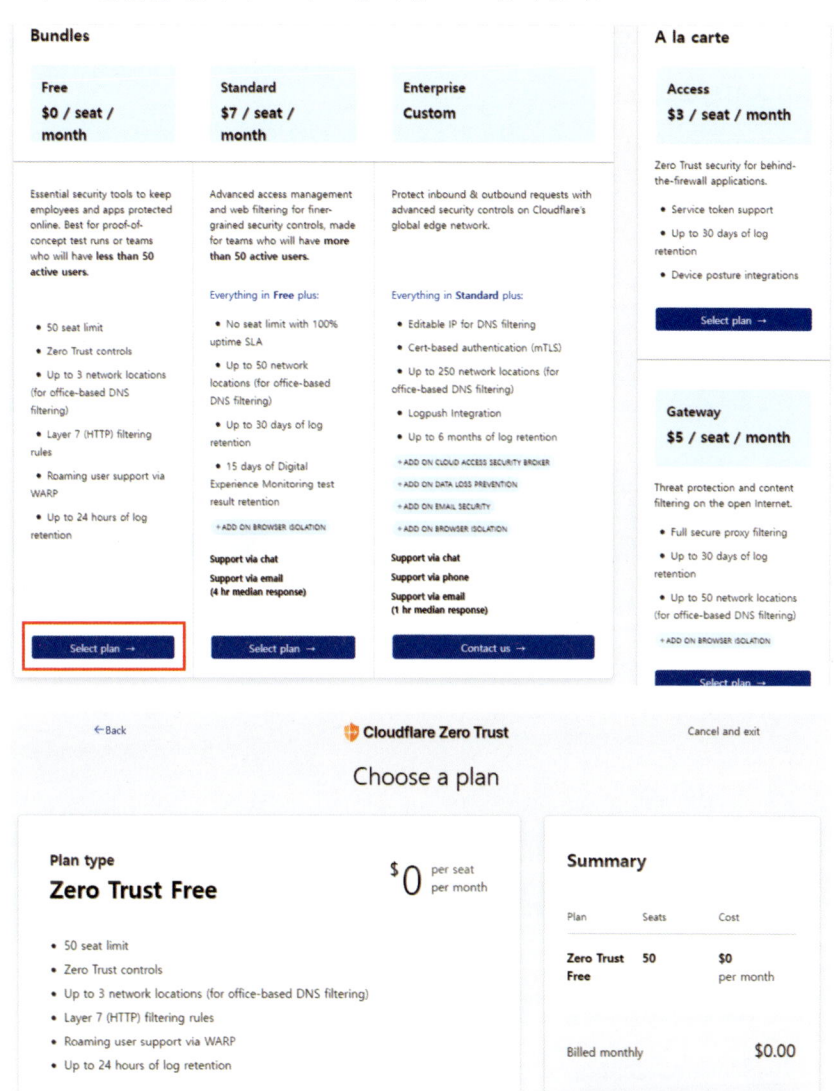

4부 • 라이트닝 노드 운영 가이드

무료이지만 신용카드를 등록하라고 나온다. 어차피 도메인 살 때 신용카드를 다시 등록해야 하니 일단 등록하겠다. [Add payment method]를 누른다.

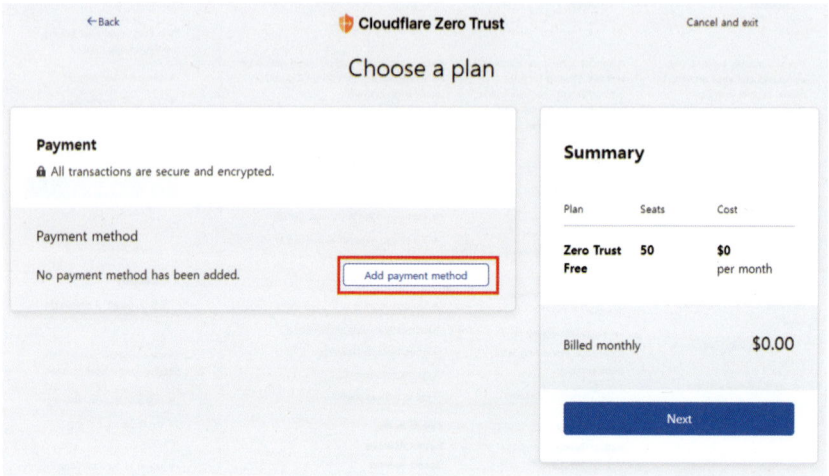

신용카드 정보를 입력한다. 해외 결제이므로 당연히 비자나 마스터카드 등의 신용카드여야 한다. 'First name'에는 이름, 'Last name'에는 성, 'Address line 1'에는 도로명 주소, 'Address line 2'에는 상세 주소, 'City'에는 시/구, 'State'에는 도/시를 적는다. 영어 주소를 어떻게 적을지 모르겠으면 아래 웹사이트를 참고하라.

https://www.juso.go.kr/

카드 정보를 확인하고 [Purchase]를 누른다.

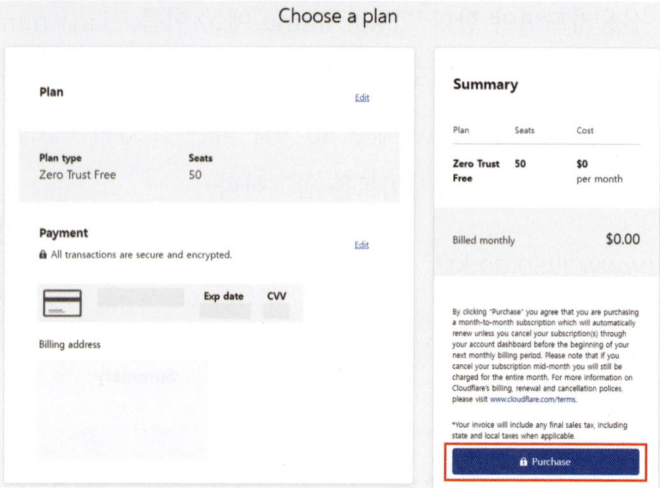

## 클라우드플레어 터널 연결

대시보드 화면이 나올 것이다. 오른쪽 탭 → [Networks] → [Tunnels]를 누른 뒤, [Add a tunnel]을 누른다.

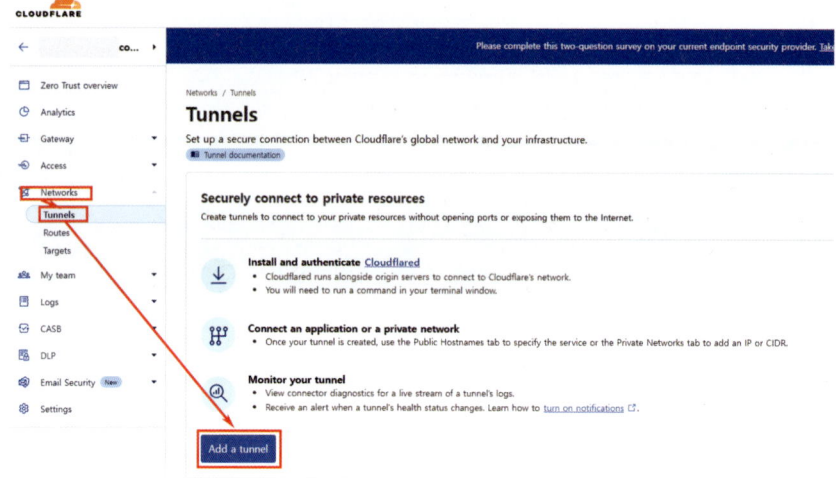

터널 이름을 설정한다. 영어로 입력하면 된다. 이후에 [Save tunnel]을 누른다.

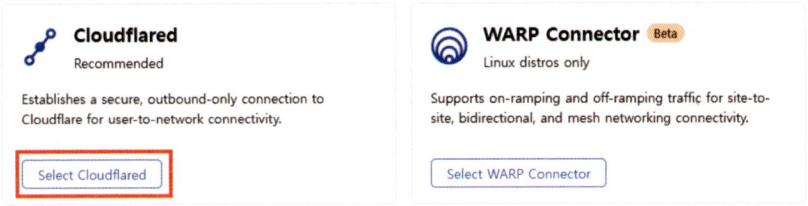

회색 창에 나오는 커맨드를 복사해야 한다. 오른쪽의 네모를 누르면 복사가 된다.

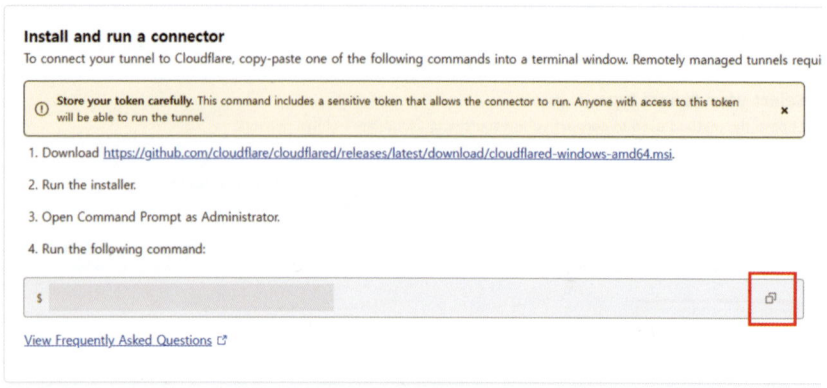

이제 엄브렐로 가자. 엄브렐에서 미리 다운로드한 Cloudflare Tunnel 앱을 연다. 오른쪽 위에 있는 [Settings]를 누른다.

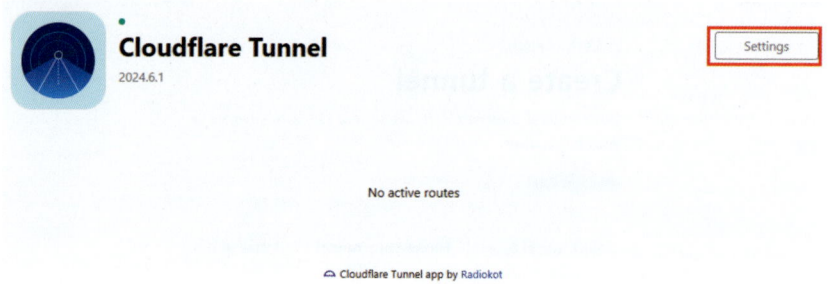

아까 복사했던 토큰 연결 명령어를 붙여넣기 하고, [Save & Restart]를 누른다.

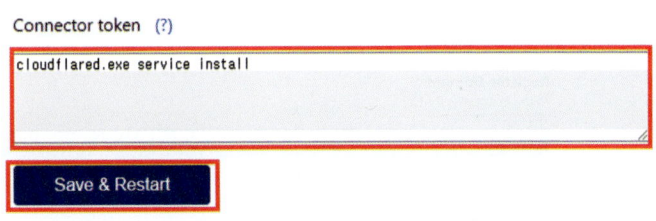

△ Cloudflare Tunnel app by Radiokot

Cloudflare Tunnel 창을 껐다가 앱을 다시 켜보자. 엄브렐 말고 인터넷의 Couldflare 웹사이트로 다시 가보자. 거기서 'Connector ID'에 어떤 기기가 나타났는지 확인해 보자. 안 떴다면 새로고침을 해보자. 다음 사진처럼 'Status'가 'Connected'로 나와야 정상이다.

이제 터널 연결이 끝났다. 도메인만 구매해 터널에 입력하고, 우커머스에 연동하면 끝난다.

4부 • 라이트닝 노드 운영 가이드　1019

## 도메인 연결

다음 웹사이트에 접속한다.

https://dash.cloudflare.com/

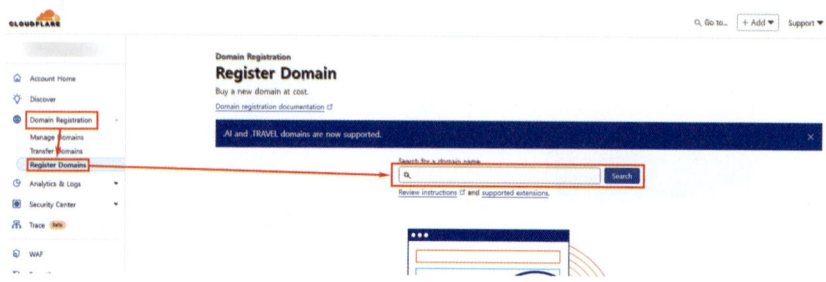

검색창에 BTCPay Server로 연결하고 싶은 도메인을 입력하고 검색한다. 이 도메인은 결제 서버를 연결할 도메인이니 당연히 온라인 스토어 도메인과 달라야 한다.

만약 도메인을 구매할 수 있다면 [Purchase] 버튼이 뜰 것이다. 이 버튼을 누른다.

그러면 기간과 금액을 설정할 수 있는 드롭박스가 나오고, 결제 관련 카드 정보를 입력하는 입력창들이 나올 것이다. 잘 입력하고 맨 아래 나오는 [Complete Purchase]를 누르자.

도메인을 성공적으로 구매했다.

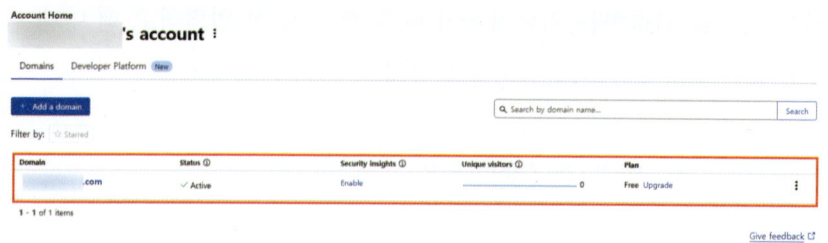

왼쪽의 탭에서 [Zero Trust]를 누른다. 아니면 https://one.dash.cloudflare.com/에 접속해도 된다.

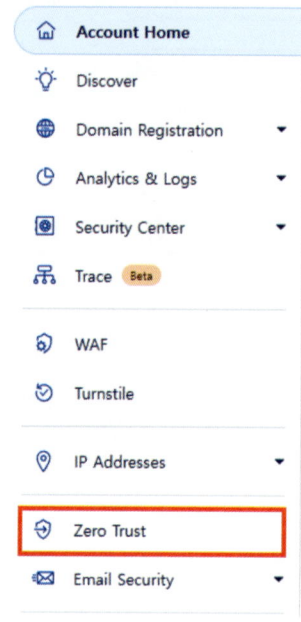

'Networks' 탭에서 'Tunnels'를 누른다. 여기서 'Public Hostname' 설정 창으로 들어온다. 바로 안 들어와진다면 오른쪽 점 세 개 → [Configure]에 들어가면 된다.

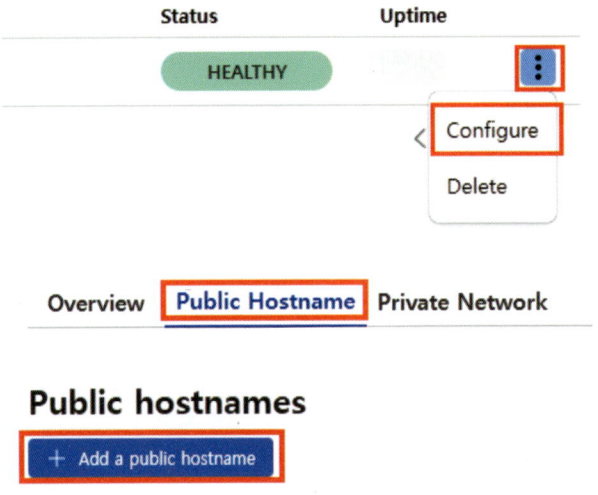

'Public Hostname'에 들어가서 앞에서 구매했던 도메인을 넣는다. 드롭박스에서 선택을 해도 된다.

'TYPE'은 HTTP로 하고 'URL'은 엄브렐 기기의 로컬 IP 주소를 입력해야 한다. 뒤에 포트 번호를 붙여야 하는데 :3003을 붙이면 된다. 그러면 192.168.0.???:3003과 같은 형태일 것이다.

다 작성했으면 [Save hostname]을 누른다.

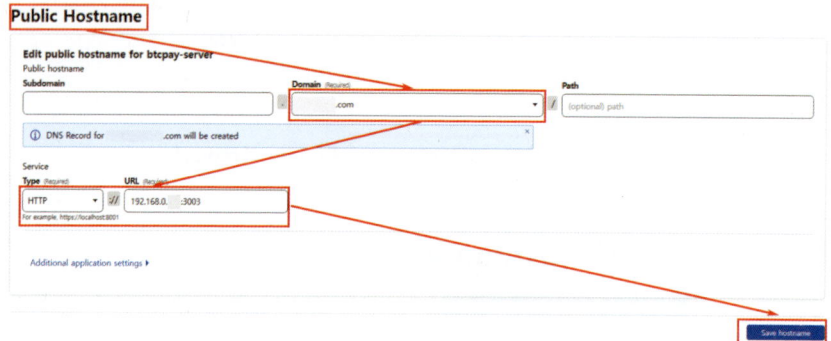

이제 도메인까지 잘 연결이 되었다. 이 도메인으로 접속했을 때 내 BTCPay Server에 잘 접속이 되는지 확인해 봐도 좋다.

## SSL 적용

도메인으로 접속해 보면 자신의 BTCPay Server까지는 접속이 되어도 로그인은 안 될 것이다. 이유는 SSL이 적용되지 않았기 때문인데 BTCPay Server 앱은 https가 아닌 http이면 접속을 막는다. 따라서 SSL을 적용해 줘야 한다.

다시 아래 웹사이트에 접속한다.

https://dash.cloudflare.com/

자신이 구매한 도메인을 누른다.

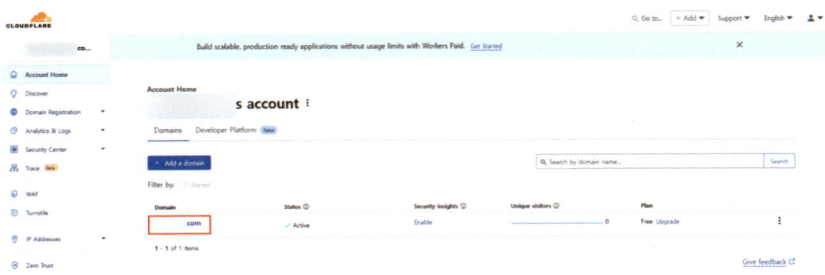

도메인을 누르고 왼쪽 탭에서 보이는 [SSL/TLS]을 누른다.

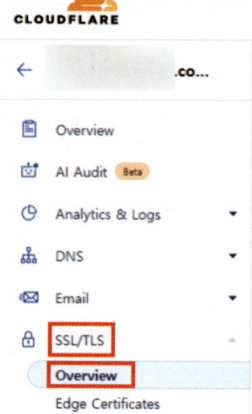

스크롤을 내리고 'Custom SSL/TLS'에서 [Full (Strict)]을 선택한다.

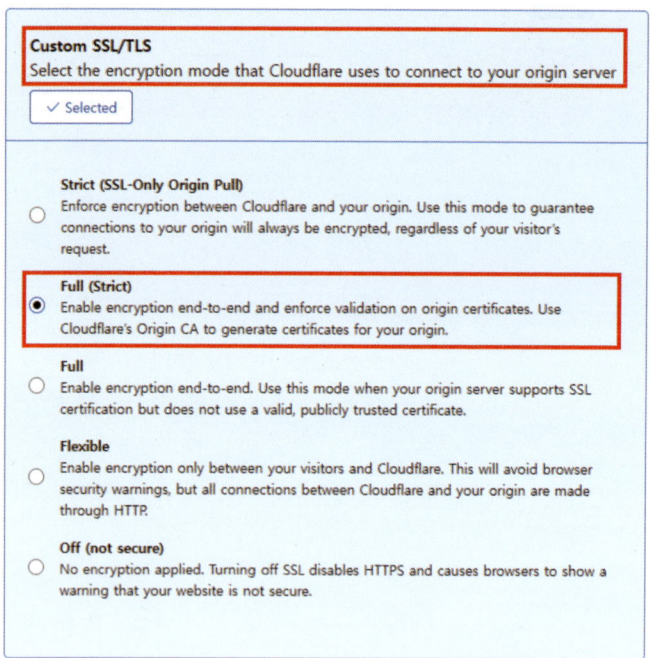

이제 엄브렐에서 프록시 설정만 해주면 끝난다. 엄브렐 설정 → 고급
설정 → 터미널 → UmbrelOS를 누른다. 터미널이 켜지면 다음과 같이
입력한다.

```
nano ~/umbrel/app-data/btcpay-server/.env.app_proxy
```

그러면 빈 화면이 뜰 것이다. 여기에 다음과 같이 입력한다.

`PROXY_TRUST_UPSTREAM=true`

이제 Ctrl + O (알파벳)를 누르고, 엔터 키를 눌러 저장한다.

이제 엄브렐 홈 화면에서 BTCPay Server 앱을 우클릭하고 재시작한다. 재시작이 됐으면 구매했던 도메인 맨 앞에 https://를 붙이고 주소창에 입력해 본다. 접속과 로그인이 잘 되면 성공한 것이다.

## 워드프레스 우커머스와 자신의 BTCPay Server 연결

워드프레스 대시보드에서 [우커머스] → [설정] → [BTCPay Setting]에 들어간다. 'BTCPay Server URL'에 자신의 BTCPay Server와 연결했던 도메인을 입력한다. https://도 포함하여 입력한다. 그 밑에 있는 [Generate API Key]를 누른다.

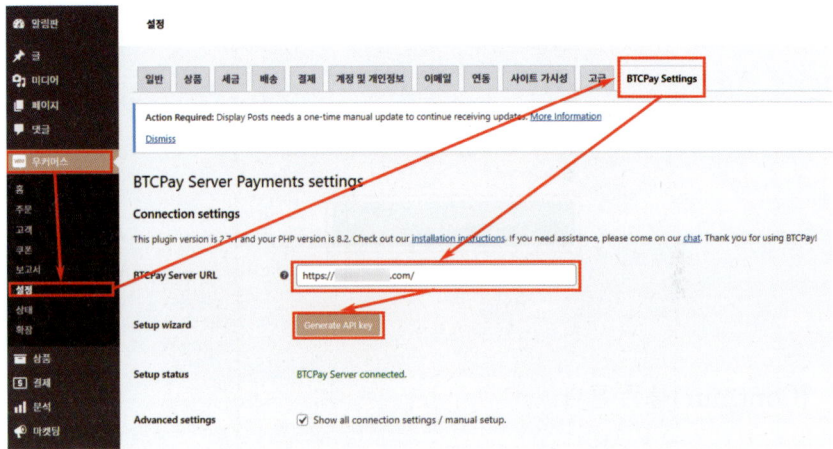

그러면 BTCPay Server 로그인 창으로 넘어갈 것이다. 로그인을 한다.

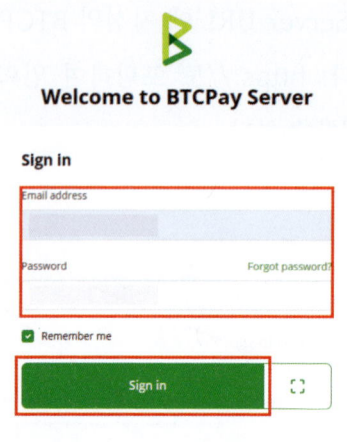

[Continue]를 누른다.

스크롤을 내려서 [Authorize app]을 누른다.

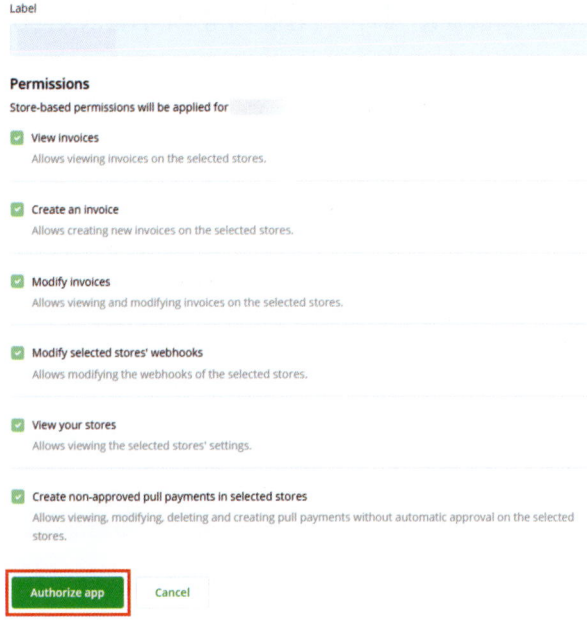

우커머스 설정 창에서 API Key와 Store ID가 추가된 것을 볼 수 있을 것이다. 이제 스크롤을 내려서 [변경 사항 저장]을 누른다.

축하한다. 이제 당신의 온라인 스토어는 당신의 BTCPay Server를 이용하여 결제를 받을 수 있는 상태가 되었다.

앞으로 관리할 것이 많다. 당신의 풀 노드가 망가지면 결제 또한 못 받게 되므로 풀 노드가 안정적으로 운영될 수 있도록 신경 써야 한다. 또한, 계속 라이트닝으로 결제받기 위해서는 라이트닝 노드에 인바운드 용량이 충분한지 계속 확인해 주어야 한다.

## 기타 설정

BTCPay Server의 [Settings] → [Checkout Appearance]에 들어간다. 결제 창이 떴을 때 온-체인 결제가 아니라 라이트닝 결제가 먼저 뜨도록 디폴트 페이먼트 옵션을 [BTC-LN]으로 설정한다.

부동산 같은 경우가 아니라면 일반적인 상품의 경우 BTC보다는 sats로 표기하는 것이 편하다. BTC로 표기할 경우 소수점 0 개수를 읽기가 불편하기 때문이다. 따라서 아래에서 [Display Lightning payment amounts in Satoshis] 토글 스위치를 켠다.

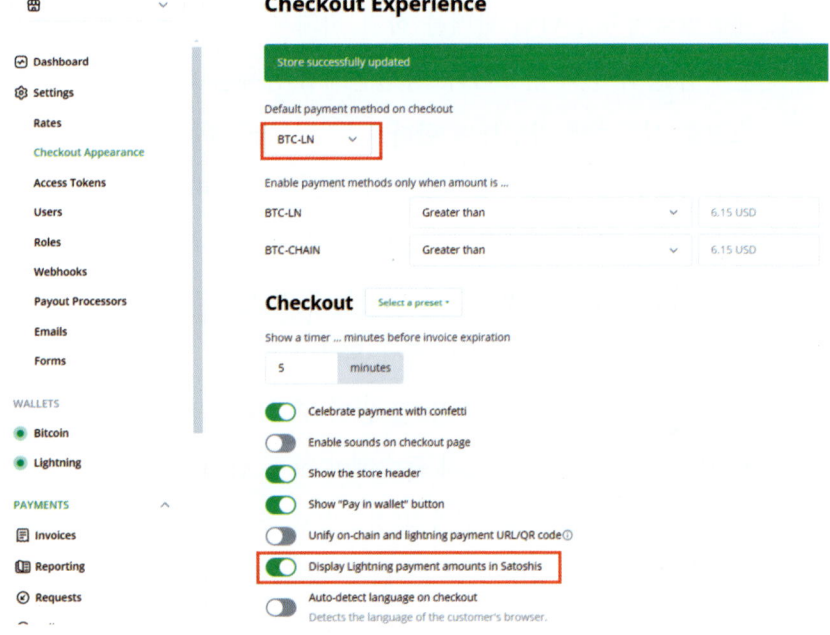

## 법률 문제, 세금 문제

마지막으로 꼭 짚고 넘어가야 할 것이 있다. 온라인 결제를 받을 때는 법이나 세무 분야에 대해 미리 숙지를 해놓는 것이 좋다. 비트코인으로 결제를 받는다는 것은 어떠한 PG사나 은행을 통하지 않고 자신의 풀 노드를 이용해 결제를 받는다는 뜻이다. 문제가 생길 수 있는 부분을 미리 알아놓고 대비해 놓으면 훨씬 마음 편하게 판매할 수 있을 것이다. 필자는 법이나 세무 전문가가 아니므로 변호사나 세무사 상담을 받을 것을 권한다.

1. 대한민국에서 온라인 판매를 하기 위해서는 사업자 등록과 통신판매업 등록이 꼭 필요하다. 통신판매업 등록을 하기 위해서는 에스크로 서비스에 가입해야 한다. 하지만 한국에는 비트코인 가상자산사업자 규제로 인해 비트코인 에스크로 서비스가 없다. 그래서 비트코인으로 결제를 받으려면 현실적으로 원화로 결제를 받는 온라인 상점과 병행하여 운영하는 것이 필수적이다. 참고로 통신판매업 신고가 안 된 상태에서 온라인 판매를 하면 전자상거래법 위반으로 과태료 최대 500만 원이 부과될 수 있다.

2. 온라인 매장 운영 시 반드시 준수해야 하는 전자상거래법 등이 있다. 사업자 대표, 주소, 연락처(전화번호 혹은 이메일) 등이 웹사이트에 게시되어 있어야 하고, 환불 및 반품 규정 등도 웹사이트에 게시해야 한다. 개인정보보호법에 의한 개인정보처리방침도 게시해야 한다. 전자상거래법과 개인정보보호법은 꼭 숙지하는 것이 좋다.

3. 소득은 현금영수증으로 신고한다. 5만 원 이하의 경우 현금영수증 신고 의무는 없다. 하지만 고객이 현금영수증 발행을 요청하면 발행해 주어야 한다. 고객이 요구했는데도 현금영수증을 발급하지 않은 경우, 혹은 고객이 요구하지 않았더라도 현금영수증 의무 발행 업종에 해당하는데 5만 원 이상의 결제 금액에 대해 현금영수증을 발행하지 않은 경우 거래 금액의 20% 가산세가 부과된다. 정리하자면 현금영수증 의무 발행 업종의 경우 5만 원 이상의 결제 금액은 현금영수증을 꼭 발행해야 하고, 5만 원 이하의 경우에도 고객이 요청하면 발행해야 한다.
4. 당일 판매 내역과 날짜는 꼭 기록해 놓자. 나중에 비트코인 전문 세무사를 써야 하는데, 이런 내용들을 기록해 놓지 않는다면 세금 신고가 어려워질 수 있다. 탈세 의혹으로 세무 조사를 받을지도 모르니 미리 대비해야 한다. 미리 투명성을 확보해야 당당하게 판매할 수 있다.

회계, 세무에 소홀하여 받게 되는 불이익은 모두 자신이 책임져야 한다. 투명성을 미리 확보해 놓자. 정확한 내용은 비트코인 전문 변호사나 세무사와 상담하라. 대한민국에는 이미 비트코인으로 결제를 받는 변호사나 세무사도 있으니 잘 알아보자.

이제 온라인 비트코인 결제 매장 운영을 위한 준비가 완료되었다. 지금부터는 자신의 판매 역량에 달려 있다. 온라인 판매를 해봤던 사람이라면 그냥 결제 수단으로 비트코인이 하나 추가된 것뿐이다.

비트코인 사용 가이드

# 5. 노스터 가이드

## 5. 노스터 가이드

## | 노스터 사용을 위한 지식

**기존 소셜 미디어의 문제점과 노스터**

노스터Nostr, Notes and Other Stuff Transmitted by Relays(노스트르, 노스트라 로도 종종 발음)는 탈중앙화된 소셜 미디어 프로토콜이다. 기존 소셜 미디어들을 생각해 보자. 인스타그램을 사용하려면 인스타그램의 앱을 이용해야 하고, 개인정보와 포스트는 모두 인스타그램의 서버에 저장된다. 다른 소셜 미디어도 마찬가지다. 그러나 노스터는 중앙 서버 없이 누구나 참여할 수 있고, 심지어 자신이 서버 역할을 하는 릴레이를 운영할 수도 있다.

비트코인 사용 가이드에서 갑자기 소셜 미디어 프로토콜에 대한 이야기를 해서 당황할 수도 있다. 그러나 노스터는 소셜 미디어들의 문제를 해결하기 위해 나왔지만 그 이상의 의미를 지닌다. 표현의 자유를 위한 것이며, 현재는 비트코인, 라이트닝 네트워크와도 떼놓을 수가 없는 관계가 되었다. 예를 들어 노스터에서는 '잽' 기능을 통해 마음에 드는 글이나 콘텐츠에 소액의 비트코인을 전송할 수 있다. 이는 라이트닝 네트워크를 이용한다. 즉, 예술가나 창작자 등 콘텐츠를 생산하는 사람들에게 좀 더 쉽게 후원이 갈 수 있게 한다. 이 외에도 노스터와 라이트닝 지갑을 연결하기 위한 '노스터 지갑 연결(NWC)' 프로토콜이 노스터 클라이언트가 아니더라도 라이트닝 지갑을 간편하게 이용할 수 있도록 해주기도 한다.

노스터의 필요성을 이해하려면 먼저 기존 소셜 미디어들의 문제점을 이해해야 한다. 크게 세 가지 문제가 있는데, 첫째로 기존 소셜 미디어들은 서버가 중앙화되어 있기 때문에 특정 발언을 검열할 수 있다. 여기에 국가가 중앙화된 소셜 미디어 운영자에게 압박을 가하면 우리는 표현의 자유를 잃게 된다. 각 소셜 미디어에는 감시, 검열 전담 부서가 있으며, 우리가 올리는 말과 콘텐츠들은 알고리즘과 사람들에 의해 실시간으로 감시되고 있다.

> 표현의 자유는 프라이버시보다도 더 중요한, 열린 사회의 핵심이다. 우리는 어떠한 표현도 제한하지 않기를 원한다. 여러 사람이 같은 공간에서 이야기한다면, 각자는 서로 지식을 공유하고 집단적으로 축적할 수 있다. 전자 통신의 힘은 이러한 집단적 소통을 가능하게 했으며, 우리가 이를 원치 않는다고 해서 사라지지 않을 것이다.
>
> 에릭 휴즈, 「사이퍼펑크 선언문」

두 번째 문제는 기존 소셜 미디어들이 방대한 양의 개인 데이터를 수집하고 있다는 사실이다. 이름, 성별, 나이, 연락처, 주소는 물론이고, 관심사와 소득까지 유추하여 보관한다. 어떤 포스트를 좋아하고, 어떤 포스트를 싫어하는지 수집하고, 심지어 어디서 스크롤을 내리고, 어디서 한참 머무르는지도 추적한다. 소셜 미디어들은 이렇게 수집한 데이터를 판매하여 막대한 수익을 올린다. 소셜 미디어의 타깃 광고는 사는 곳, 나이, 성별, 관심사, 소득, 자녀 유무 등에 따라 어떤 광고를 누구에게 보여줄지 정밀하게 설정할 수 있다. 즉, 소셜 미디어 이용자들은 무료로 소셜 미디어를 이용하는 소비자인 게 아니라, 진열장에 전시된 상품이 되는 것이다. 광고주가 와서 "나는 20대, 서울에 사는 소득이 낮지만 돈을 벌고 싶은 사람들을 구매하고 싶다"라고 하면 소셜 미디어는 진열장에 전시된 사람들을 보여주는 셈이다. 암호학자인 브루스 슈나이어 Bruce Schneier는 다음과 같이 말했다.

> 어떤 서비스가 무료라면, 당신은 고객이 아니라 상품이다.
>
> 브루스 슈나이어 지음, 이현주 옮김, 『당신은 데이터의 주인이 아니다』, 반비, 2016.

소셜 미디어는 진열된 상품들이 도망가지 않고 더 오래 머물도록 상품들을 더 자세히 파악하고, 알고리즘을 통해 묶어 놓을 수밖에 없다. 소셜 미디어들은 사용자들이 다른 사람들과 한 대화와 사진, 영상들뿐 아니라, 소셜 미디어 사용과 관계없는 음성이나 다른 앱 사용 방식까지 수집하는 것으로 의심받아 문제가 된 적도 있다. 사용자들의 개인정보와 대화, 사진, 영상은 AI가 학습하는 재료가 된다. AI는 사용자들에 대해 공부하고 사용자의 현재 상황에 적절한 광고를 끼워 넣는다. 사용자가 살이 찐 것에 대한 관심사를 보이거나 관련 키워드와 상호작용했을 경우 다이어트 식품을 광고에 올리는 것이다.

첫 번째 문제와 두 번째 문제가 결합하면 소셜 미디어는 사람들의 생각을 통제할 능력을 갖게 된다. 금지하고 싶은 생각들을 표현하는 사람들의 계정은 정지시키고, 그러한 포스트는 사람들에게 보이지 않게 하면서, 알고리즘을 통해 유도하고 싶은 생각의 포스트만 보여주는 것이 가능하다. 즉, 사용자의 표현의 자유를 막고 특정 사고방식을 강요할 수 있다는 뜻이다.

세 번째 문제는 개인정보와 민감한 정보들을 소셜 미디어가 수집하면서 이렇게 수집한 정보들이 정부나 해커들의 목표가 된다는 것이다. 정부는 안전을 위한다는 이유로 소셜 미디어 측에 사람들의 개인정보와 민감한 정보를 요구할 수 있고, 해커들은 이 정보를 가져다가 암시장에서 판매하거나 해킹, 사기에 이용한다.

노스터는 이러한 문제들을 해결하기 위해 나온 프로토콜이다.

**노스터 클라이언트**

노스터는 프로토콜이기 때문에 노스터를 이용하기 위한 여러 클라이언트가 존재한다. 인스타그램을 이용하기 위해서는 인스타그램 앱을 이용해야 하고, X를 이용하기 위해서는 X 앱을 이용해야 하는 것과는 다르다. 그것보다는 인터넷 웹 브라우징을 위해서 웹 브라우저로 크롬을 사용할 수도 있고, 사파리를 사용할 수도 있고, 엣지를 사용할 수도 있는 것과 비슷하다. 노스터를 이용하기 위해서는 프라이멀, 다무스, 애머시스트, 피닉스, 노스트루델 등 엄청나게 많은 앱을 이용할 수 있다. 당연히 클라이언트들은 노스터 프로토콜 위에서 구축되므로 각각 호환된다. 프라이멀 앱에서 쓴 글이나 보낸 잽이 다무스 앱에서도 보이는 식이다.

각각의 클라이언트들은 서로 다른 기능에 특화되어 있기도 하다. 어떤 클라이언트는 일반적인 소셜 미디어 기능에 집중하고, 어떤 클라이언트는 대화, 블로그 형식의 포스트, 팟캐스트나 음악 스트리밍, 영상 스트리밍 기능 등에 각각 집중한다. 다양한 클라이언트들은 노스터 프로토콜과 호환되게 하면서 여러 기능들을 확장하고 있다. 엄청나게 다양한 클라이언트가 있으니 목적에 따라 다양하게 이용하면 된다.

**노스터 릴레이와 이벤트, 작동 원리**

노스터에서 릴레이는 일반 소셜 미디어의 서버와 비슷하다. 그러나 누구나 릴레이를 운영할 수 있고, 훨씬 기능이 단순할 뿐이다. 사용자들은 보통 릴레이를 여러 개 연결하기 때문에 노스터의 검열 저항성은 극대화된다. 하나의 서버만 장악하면 사용자를 검열할 수 있는 기존 소셜 미디어와 다르게, 노스터에서 검열하려면 사용자가 연결한 모든 릴레이가 사용자의 글을 제공하는 것을 막아야 하기 때문이다. 그래봤자 사용자는 다른 릴레이에 연결하거나 직접 릴레이를 운영하면 끝이기 때문에 노스터에서 특정 글을 검열하는 것은 불가능에 가깝다.

다음 그림을 보자. 기존 소셜 미디어의 네트워크 구조처럼 중앙화되어 있는 경우에는 한 사람의 글이나 계정을 검열하기가 쉽다. 그림에서는 앨리스가 검열당하고 있다. 그러나 그 아래에 있는 그림처럼 사용자

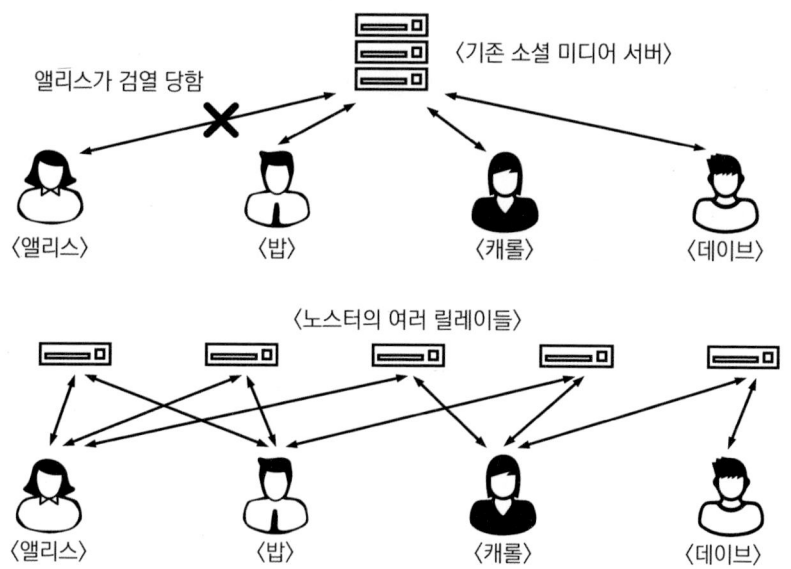

들이 여러 릴레이들에 연결되어 있는 경우에는 누구 한 명을 검열하기가 쉽지 않다.

숙지해야 할 점이 있다. 다른 사람의 글을 보려면 그 사람과 1개 이상의 공통된 릴레이가 연결되어 있어야 한다. 다음과 같은 상황에서 캐롤은 데이브가 올린 글을 볼 수 있지만, 앨리스나 밥은 데이브가 올린 글을 볼 수 없다. 공통으로 연결된 릴레이가 없기 때문이다.

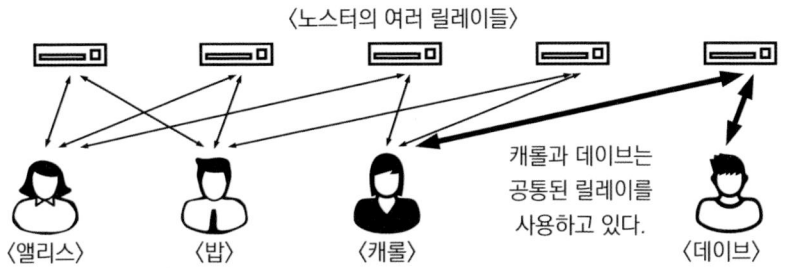

〈노스터의 여러 릴레이들〉

캐롤과 데이브는 공통된 릴레이를 사용하고 있다.

노스터에서 오가는 모든 글, 댓글, 다이렉트 메시지(이하 DM), 반응, 팔로우 정보, 프로필 변경, 잽 결제 요청 등은 전부 '이벤트'라는 형태로 표현된다. 이벤트는 JSON이라는 구조화된 표현 방식을 따른다.

사용자가 노스터 클라이언트 앱을 이용해 글을 작성했다고 해보자. 그러면 클라이언트 앱은 해당 내용을 JSON 이벤트 형식으로 만들고 개인키(비밀키)로 서명한다. 서명에 대해서는 잠시 후에 알아보자. 릴레이는 이렇게 서명된 이벤트를 저장하고 다른 클라이언트에 전달만 한다. 메시지를 해석하거나 수정하지 않고 오직 전달만 할 뿐이다. 서명을 하려면 노스터의 개인키가 있어야 하므로 릴레이는 메시지를 수정하거나 위조할 수가 없다. 릴레이를 신뢰할 필요가 없는 것이다. 또한 노스터는 텍스트 기반 프로토콜이므로 일반 소셜 미디어 서버를 운영하는 것보다 훨씬 낮은 사양으로도 릴레이 서버를 돌릴 수 있다.

## 노스터 구현 제안(NIP)

노스터는 프로토콜이므로 표준화된 기능이 필요하다. 이러한 기능들은 노스터 구현 제안NIP, Nostr Implementation Possibilities을 통해 제안된다. 각 노스터 앱들이 호환성을 유지해야 하는데, 클라이언트 앱들마다 다른 방식으로 기능을 확장한다면 호환이 안 될 것이기 때문이다. 따라서 노스터 생태계를 확장하면서도 호환성을 유지하기 위해 NIP가 있는 것이다. '비트코인 개선 제안'인 BIP와 비슷하게 의무 규격은 아니다.

몇 가지 주요 NIP를 살펴보자. NIP-04는 공개키 기반 종단간 암호화 방식을 쓰는 DM을 정의한다. NIP-05는 노스터 주소로, 사람이 읽기 힘든 노스터 공개키를 읽기 쉬운 이메일 형태의 노스터 주소와 연결하는 것을 정의한다. 덕분에 사칭 등의 피싱도 방지할 수 있다. NIP-09는 이벤트 삭제 요청 형식을 정의한다. 사실 NIP-09는 이벤트를 삭제하는 것은 아니고 숨김 처리하는 것이다. NIP-19에서는 노스터 개인키와 공개키의 형태인 nsec, npub 등의 Bech32 인코딩 식별자를 정의한다. note나 nevent 등의 인코딩 식별자도 정의한다. NIP-23은 블로그나 칼럼 스타일의 긴 콘텐츠 형식을 정의한다. NIP-57은 라이트닝 네트워크를 이용해 포스트나 계정에 비트코인을 보내는 잽 방식을 정의한다.

클라이언트나 릴레이가 모든 NIP를 따를 의무는 없다. 그러므로 클라이언트가 어떤 NIP 기능을 구현했는지, 내가 연결하는 릴레이가 어떤 NIP를 지원하는지 확인해야 한다. 예를 들어보자. 내가 이전 글을 삭제하는(숨김 처리하는) NIP-09 기능을 사용하고 싶다면 글 삭제 기능이 있는 클라이언트 앱을 사용해야 하고, 무엇보다 NIP-09를 지원하는 릴레이와 연결해야 한다. 이것은 매우 중요하다. 만약 NIP-09를 지원하지 않는 릴레이가 하나라도 연결되어 있고 그 상태에서 글을 작성해서 올렸다면, 미지원 릴레이에 게시된 해당 글은 숨김 처리되지 않는다. 지원 릴레이라도 정책에 따라 요청을 받지 않거나, 다른 릴레이를 통해 재유통될 수 있어 영구 삭제는 보장되지 않는다. 릴레이들은 보통 어떤 NIP를 지원하는지에 대한 정보를 NIP-11에 따라 공개한다. 따라서 릴레이가 어떤 NIP들을 지원하는지 꼼꼼하게 보는 것이 좋다.

## 개인키(nsec)와 공개키(npub), 노스터 주소

노스터 이용을 위해서는 처음에 개인키-공개키 쌍을 생성해야 한다. 일반 소셜 미디어는 이름, 나이, 주소, 휴대폰 번호 등을 통해 신원 인증을 하고 계정을 생성해야 하지만 노스터에는 그런 것이 없다. 엄밀히 말하자면 개인키는 단지 숫자일 뿐이므로 계정을 생성하는 데 무언가 허락이 필요한 것이 아니라 그저 랜덤한 숫자를 고를 뿐이다. 비트코인의 개인키-공개키와 비슷하다.

노스터에서 개인키는 nsec이라는 형태로 표현된다. 물론 니모닉으로 표현할 수도 있다. 클라이언트는 랜덤한 숫자를 골라 그것을 nsec의 형태로 바꿔서 사용자에게 보여준다. nsec이 노출되면 누구나 내 노스터 계정에 접근할 수 있게 된다. 따라서 안전한 곳에 백업하는 것이 중요하다. 웹 브라우저에서는 로그인할 때마다 개인키를 이용하지 않고, 주로 알비 등의 확장 프로그램을 이용한다. 개인키를 웹 브라우저에 직접 입력할 때마다 보안이 감소하기 때문이다.

공개키는 npub이라는 형태로 표현된다. 다른 사용자에게 자신의 계정을 팔로우하라고 알릴 때 이 npub을 알려주거나, npub 정보가 담겨 있는 QR 코드를 전달하면 된다. 그런데 npub은 외우기가 너무 어렵다. 그래서 NIP-05에 따라 이메일 형식과 같은 노스터 주소를 npub과 연결할 수 있다. 라이트닝 주소와 비슷하다고 생각하면 된다. 자신의 npub과 노스터 주소를 연결해 놓으면, 상대방에게 노스터 주소만 알려줘도 상대방이 내 계정을 팔로우할 수 있다.

앞에서 잠깐 봤듯이 각 이벤트는 사용자의 노스터 개인키인 nsec으로 서명된다. 그렇게 하여 이 이벤트가 정말로 이 사용자가 발생시킨 게 맞는지 확인하는 것이다. 공통된 릴레이를 사용하고 있는 다른 사용자들은 해당 사용자의 공개키를 통해 이벤트의 서명을 검증할 수 있다. 이러한 과정은 클라이언트에서 구현되기 때문에 릴레이를 신뢰할 필요가 전혀 없다.

## 노스터의 DM과 종단간 암호화

노스터의 이벤트 대부분은 공개 릴레이를 통해 누구나 열람할 수 있다. 그러나 상대방에게 보내는 메시지인 DM은 누구나 열람할 수 있으면 안 된다. 이 메시지는 메시지 송신자와 수신자만 열람할 수 있어야 한다. 그래서 여기에는 종단간 암호화E2EE, End-to-End Encryption 기술이 쓰인다.

중앙 서버를 통하는 소셜 미디어, 혹은 메신저 앱의 경우 메시지는 대부분 해당 서버의 키로 암호화되어 전송된다. 이런 경우 서버는 사용자들이 무슨 대화를 하는지 엿볼 수가 있다.

이를 막기 위해 종단간 암호화라는 기술이 있다. 잠시 비트코인의 서명 검증 과정에 대해 생각해 보자. 서명을 할 때는 개인키로 하고, 검증은 공개키로 한다. (서명이 브로드캐스트 된 이후에) 공개키는 말 그대로 공개되어 있으므로 누구나 서명을 검증할 수 있다. 종단간 암호화는 반대로 생각하면 된다. 상대방의 공개키로 메시지를 암호화해 전송하고, 이를 풀기 위해서는 그 공개키에 대응하는 개인키가 필요하다. 개인키가 있는 사람만 실제 메시지가 무엇인지 알 수 있는 것이다.

노스터의 종단간 암호화는 타원곡선 디피-헬만<sup>Elliptic-curve Diffie-Hellman, ECDH</sup> 키 교환 방식을 사용한다. 원리를 간략하게 설명하자면 메시지 발신자는 자신의 개인키와 수신자의 공개키를 조합해 암호키를 생성한다. 수신자도 자신의 개인키와 발신자의 공개키를 조합해 발신자가 만든 암호키와 똑같은 암호키를 만들 수 있다. 이 암호키로 메시지를 암호화하기 때문에 발신자와 수신자만 메시지를 해독할 수 있다.

발신자와 수신자를 제외한 제3자는 메시지 내용이 무엇인지 알 수가 없다. 릴레이도 암호화된 메시지만 전달하기 때문에 전송되는 메시지 내용이 무엇인지 알 수 없다. 그러나 메시지를 누구와 주고받는지는 제3자가 알 수 있다. 그래서 현재는 NIP-44의 암호화 방식과 NIP-59의 발신자 메타데이터 숨기기 방식이 통합된 NIP-17 DM 규격이 정의되어 있다.

## 잽(Zaps)과 NWC (노스터 지갑 연결)

노스터는 텍스트 기반의 탈중앙화 프로토콜이지만, 여기에 라이트닝 네트워크를 이용해 비트코인을 전송하는 기능이 더해졌다. 이는 NIP-57에서 명시되었고, 이 기능을 잽<sup>Zaps</sup>이라고 한다.

기존 소셜 미디어의 수익 모델을 생각해 보자. 중앙화된 소셜 미디어 서비스들은 사용자들의 시간을 광고주에게 판매한다. 즉, 광고주가 비용을 지불하면 플랫폼이 그 수익을 전부 가져가거나, 플랫폼이 콘텐츠 생산자에게 수익을 일부 나눠 준다.

비트코인과 라이트닝 네트워크를 통해 개인 대 개인으로 가치를 빠르게 보낼 수 있게 되면서, 이런 중앙화된 수익 구조를 탈피할 수 있게 되었다. 좋은 콘텐츠를 생산한 사람에게 사용자가 직접 잽을 통해 비트코인을 보낼 수 있는 것이다. 잽은 단순히 마음에 든다는 '좋아요' 반응을 넘어 실제 금전적 가치를 창작자에게 전송하는 것이다.

사용자가 자신의 프로필에 라이트닝 주소(혹은 LNURL)를 등록하면 잽을 받을 수 있게 된다. 잽도 이벤트 형식으로 만들어진다. 이 잽 요청 zap request 이벤트에는 NIP-57 표준에 따라 결제 금액, 메모, 대상 이벤트(어떤 글에 잽을 보내는지 등), 발신자의 서명이 포함되어 있다. 잽을 받을 사람이 등록한 LNURL을 통해 인보이스가 생성되어 잽을 보내는 사람에게 전달되면, 잽을 보내는 사람은 라이트닝 지갑을 이용해 이 금액을 결제한다. 그러면 잽 영수증 zap receipt 이벤트가 생성되어 릴레이에 게시된다. 이를 통해 다른 사람들도 어떤 글에 누가 얼마의 잽을 보냈는지 등을 확인할 수 있다. 비공개 잽도 가능하다. 이렇듯 잽은 긍정적 반응과 경제적 보상을 동시에 전달한다.

잽 기능을 사용하려면 사용자가 라이트닝 지갑을 사용해야 한다. 그런데 노스터 클라이언트와 라이트닝 지갑이 항상 같은 앱일 필요는 없다. 여러 라이트닝 지갑을 각각의 노스터 클라이언트와 연동할 수 있도록 해주는 것이 노스터 지갑 연결 NWC, Nostr Wallet Connect 표준이며, 이는 NIP-47에서 명시되어 있다. NWC를 사용하면 클라이언트가 NIP-47 이벤트 형식으로 결제 요청을 라이트닝 지갑에 전달하고, 라이트닝 지갑이 이를 개인키로 서명하여 승인하거나 거부한다. 승인된 경우, 결제 결과가 다시 클라이언트로 전달된다. 각 이벤트는 모두 서명되어 있으므로 릴레이나 제3자가 결제 내용을 변조할 수 없다.

## 노스터의 단점과 광고 필터, 리스트 구독

노스터에는 치명적인 단점이 하나 있다. 스팸이 쉽게 퍼진다는 것이다. 기존 중앙화된 소셜 미디어 구조에서는 플랫폼 운영자가 자신들과 계약하지 않은 광고나 스팸 글들을 삭제하거나, 숨기거나, 알고리즘을 이용해 노출되지 않게 한다. 노스터는 중앙 관리자가 없기 때문에 아무 대처를 하지 않으면 스팸성 봇들이 댓글을 무차별적으로 달 수 있다.

그래서 각 클라이언트들은 스팸성 글을 걸러낼 수 있는 더 좋은 필터를 만들기 위해 서로 경쟁한다. 릴레이들도 자체적인 필터 정책을 도입할 수 있다. 예를 들어 릴레이에는 일정 시간마다 최대 몇 개의 이벤트 게시를 할 수 있는지 제한을 둘 수 있다. 유료로 연결할 수 있는 릴레이도 있는데, 양산되는 광고 봇들은 이런 유료 릴레이에서 활동하기 어렵다.

다만, 필터링이 클라이언트나 릴레이에 의해 일방적으로 적용될 경우 자칫하면 검열 논란이 생길 수 있다. 또한, 이러한 기능은 보통 클라이언트 측에서 유료 기능으로 제공하는 경우가 많다. 따라서 이보다는 사용자가 직접 선택, 설정하는 편이 나을 것이다. 노스터에서는 NIP-51에 의해 팔로우 리스트, 뮤트 리스트, 화이트 리스트 등을 만들 수 있다. 뮤트는 해당 사용자의 글을 자신의 피드에서 노출시키지 않는 것을 의미한다. 어떤 클라이언트들은 뮤트 리스트 가져오기/내보내기 기능을 제공한다. 이를 통해 사용자들이 관리하는 여러 뮤트 리스트를 가져올 수 있다.

노스터는 스팸성 광고를 잡기 위해 발전하고 있는 중이다. 더 나은 방법들이 점점 등장할 것으로 기대한다.

정리해 보자. 기존 중앙화된 소셜 미디어에서는 플랫폼 운영자나 정부, 기업의 압력에 따라 특정 발언이나 계정이 손쉽게 차단될 수 있었다. 그러나 노스터는 누구나 릴레이를 운영할 수 있고, 사용자가 여러 릴레이를 동시에 연결할 수 있기 때문에 어느 한 곳이 차단되더라도 다른 경로를 통해 소통이 가능하다. 이 구조는 표현의 자유를 지키는 방패가 된다. 따라서 노스터는 강력한 검열 저항성을 갖는다.

노스터는 잽이라는 라이트닝 네트워크 기반의 소액 결제 기능을 통해 창작자와 이용자가 개인 대 개인으로 직접 연결되는 새로운 후원 문화를 만들어 가고 있다. 기존 플랫폼에서는 광고 수익, 유료 구독, 중개 수수료에 의존했지만, 노스터에서는 중간자 없이 창작자가 곧바로 보상을 받을 수 있다. 이는 광고에 종속된 알고리즘 구조에서 벗어나, 실제로 가치 있는 콘텐츠가 사용자들에 의해 직접 평가받고 보상받는 구조를 만든다.

노스터는 단순한 소셜 미디어 프로토콜을 넘어, 표현의 자유를 보장하고 창작자 중심의 수익 구조를 지원하는 새로운 인터넷 문화의 기반으로 급격히 성장하고 있다.

## | 프라이멀 사용 방법

노스터를 처음 시작하는 사용자라면 자신의 상황에 따라 어떤 앱을 사용할지 선택할 수 있다. 만약 라이트닝 노드를 직접 운영하고 있다면 아이폰 사용자는 다무스Damus, 안드로이드 사용자는 애머시스트Amethyst, 데스크탑 웹 브라우저에서는 피닉스Phoenix 등을 추천한다. NWC를 통한 연결로 자신의 라이트닝 노드에서 잽을 보낼 수 있기 때문이다.

  만약 라이트닝 노드를 운영하지 않고, 노스터를 처음 이용한다면 프라이멀Primal 앱 사용을 추천한다. 프라이멀은 앱 내에서 자체적으로 라이트닝 지갑을 이용할 수 있기 때문에 잽을 주고받기가 더욱 쉽다. 그러나 분명히 인지해야 할 사실은 프라이멀에서 사용하는 지갑은 라이트닝 수탁 서비스이므로 거래소와 같은 위험이 있다는 것이다. 월렛 오브 사토시나 블링크와 비슷하다고 생각하면 된다. 이제 프라이멀 앱 사용 방법에 대해 알아보자.

## 프라이멀 앱 설치 및 개인키-공개키 쌍 생성

앱스토어 또는 구글 플레이스토어에서 'Primal'을 검색하고 앱을 다운로드한다.

이전에 노스터를 사용한 적 없다면 [Create Account]를 누른다. 만약 이전에 노스터를 사용한 적이 있어서 노스터 개인키인 nsec이 있다면 [Sign In]을 눌러 nsec을 입력하고 로그인할 수도 있다.

[Display Name]에 유저네임을 입력하고 [Next]를 누른다.

  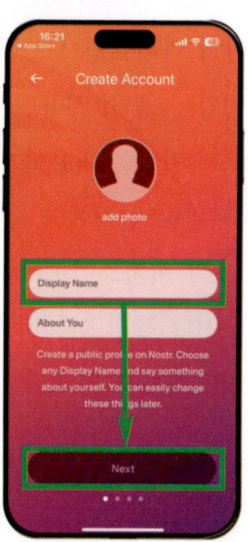

관심사를 선택하라는 창이 나온다. 그런데 여기서 관심사를 선택하면 자신이 팔로우를 원치 않는 계정들까지 전부 팔로우하게 된다. 따라서 일단 [art]만 선택한 뒤 [Next]를 누른다. 뒤에서 해제할 것이다.

다음 화면으로 넘어가면 [Customize follows now]를 선택하고, [Next]를 누른다.

 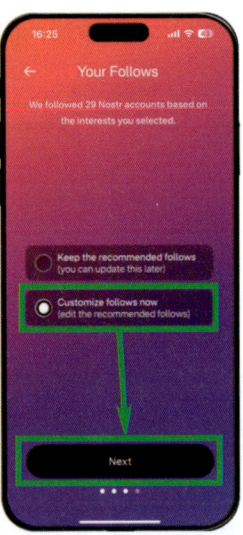

앞에서 말한 것처럼 모든 관심사를 끌 것이다. 'ART' 옆에 있는 [unfollow all]을 누르고, 아래에 있는 [Next]를 누른다.

5부 • 노스터 가이드    1053

[Create Account Now] → [Continue] → [I'll do this later]를 누른다.

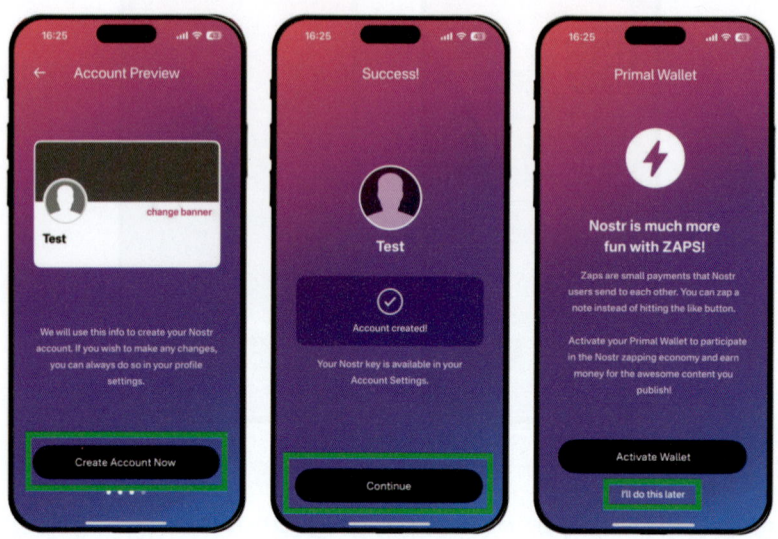

그러면 개인키-공개키 쌍이 생성된 것이다. 노스터는 다른 중앙 집중화된 소셜 미디어 플랫폼들과 달리 비트코인처럼 개인키-공개키 쌍을 만들면 그게 자신의 계정이 된다. 개인키는 nsec이라 하며, 공개키는 npub이라 한다. 따라서 개인키인 nsec을 백업해 놓는 것은 매우 중요하다.

왼쪽 상단의 프로필 사진을 누른다. 그다음 [SETTINGS] → [Keys]에 들어간다.

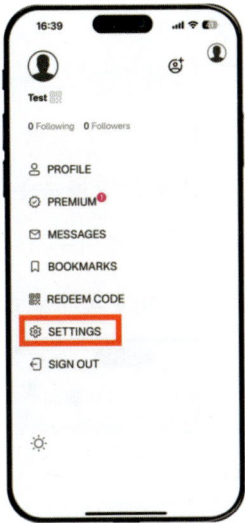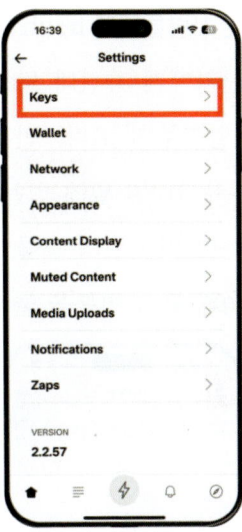

 'PRIVATE KEY' 옆에 나오는 [show key]를 누르면 개인키가 보인다. 종이에 적는 등 물리적으로 백업하거나, [Copy private key]를 눌러 개인키를 저장할 수 있다(암호화된 상태로 저장하는 것을 추천한다).

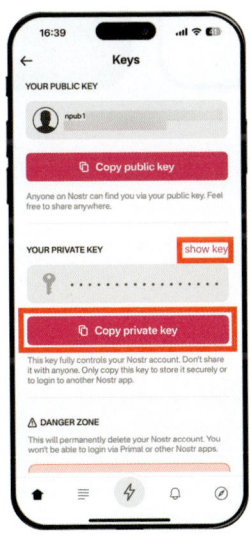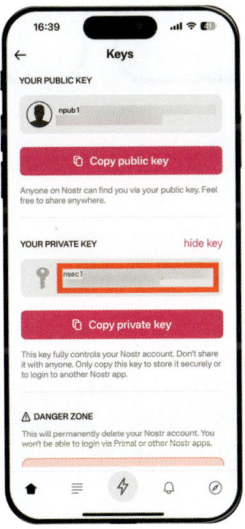

## 다른 사람들에게 npub 알려주기

누군가에게 자신의 노스터 계정을 알려줄 때는 노스터 공개키인 npub을 알려주면 된다. 먼저 프라이멀에서 왼쪽 상단 프로필 모양을 누른다. 유저네임 옆에 있는 QR 코드 모양을 누른다. 그러면 QR 코드가 나오는데 이 QR 코드를 상대방에게 보여주거나, 그 밑에 있는 npub 오른쪽의 복사 버튼을 눌러 상대방에게 보내주면 된다.

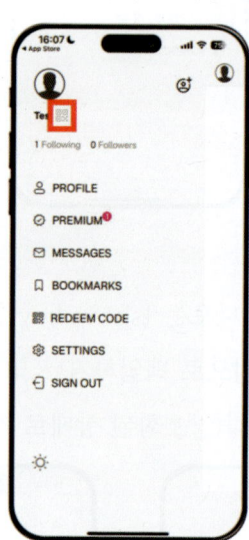
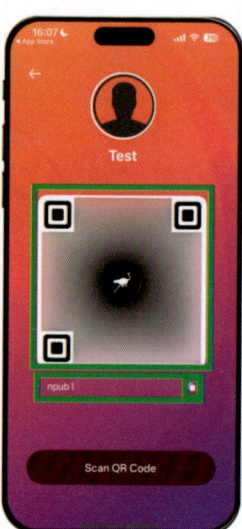

## 팔로우 추가

처음에는 아무런 글도 안 나타날 것이다. 팔로우하고 있는 계정이 없기 때문이다.

아직 노스터에는 한국인 유저보다 외국인 유저가 압도적으로 많으므로 처음 노스터를 시작할 때 한국인 유저를 찾기 어려울 수 있다. 다음 웹사이트는 노스터 팔로우 리스트를 보여주는 곳인데, 여기서 한국인 비트코이너 노스터 계정 리스트도 볼 수 있다.

https://following.space/d/F2452BFA-8F91-4EAD-8BF4-63A16A0C6089

이 웹사이트에서 특정 계정으로 들어가 그 사람의 팔로워, 팔로잉 목록을 보고 다른 사람을 찾아나갈 수도 있다. 유저네임 옆에 있는 npub을 누르면 npub이 복사된다.

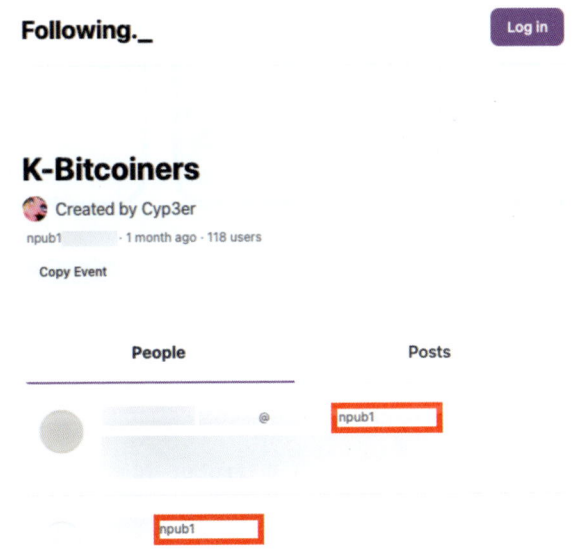

계정을 팔로우하는 과정을 알아보자. 오른쪽 상단에 있는 검색 버튼을 누른다. 검색창에 npub을 붙여넣고 프로필이 나오면 프로필을 누른다. 다음에 나오는 화면에서 오른쪽의 [follow] 버튼을 누르면 계정을 팔로우할 수 있다. 혹은 그 아래에 있는 팔로잉(following), 팔로워(followers) 목록을 보고 마음에 드는 프로필을 찾아 들어가 팔로우를 할 수 있다. 이런 방식으로 관심이 있는 계정을 팔로우하면 피드에 글이 뜨기 시작한다.

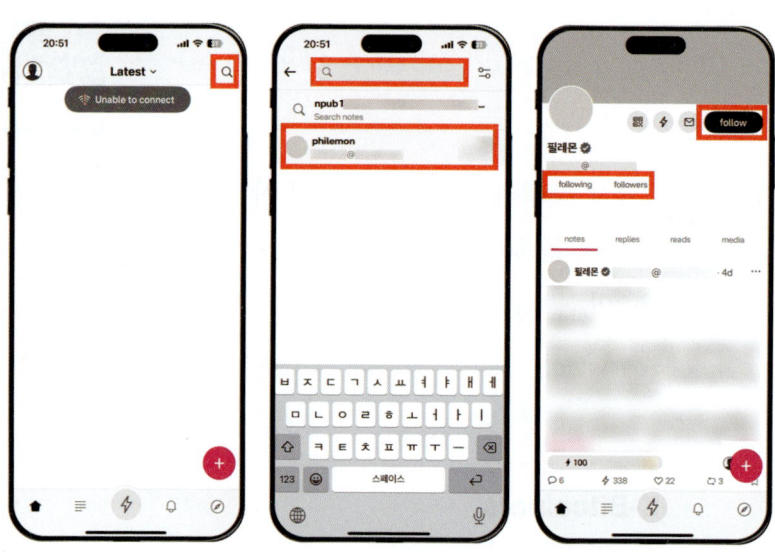

**잽을 위한 지갑 추가**

프라이멀에서는 자체적인 라이트닝 지갑을 추가하고, 거기에 비트코인을 보낸 뒤 잽을 보낼 수 있다.

먼저 하단 탭 가운데에 있는 번개 모양의 버튼을 누른다. 그다음 [Activate Wallet Now]를 누른다.

프라이멀 지갑을 이용할 때는 다른 라이트닝 수탁 서비스들처럼 기본 정보를 작성해야 한다. 'first name'에는 성을 제외한 이름, 'last name'에는 성, 'your email address'에는 이메일 주소, 'your date of birth'에는 생년월일, 'country of residence'에는 거주 지역을 적는다. 이때 다른 것들은 실제 정보와 상이하게 적더라도 이메일만큼은 제대로 적어야 한다. 바로 뒤에 이메일 인증을 해야 하기 때문이다. 여타 라이트닝 수탁 서비스들과 마찬가지로, 이러한 수탁 서비스들은 언제나 자금 동결 위험이 있다. 이러한 상황들에 대비해 정보를 제대로 적을지, 상이하게 적을지는 당신의 자유이며, 당신이 스스로 책임져야 한다.

잘 입력하고 [Next]를 누르면 입력했던 이메일로 확인 코드가 온다. 이메일에서 코드를 확인한다. 만약 이메일이 보이지 않는다면 스팸 메일함에 이메일이 있는 것은 아닌지 확인하자.

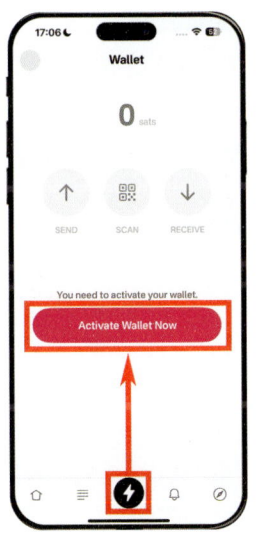
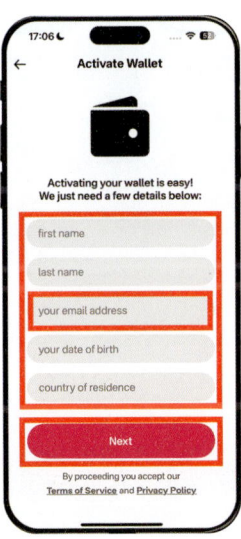

이메일에서 확인했던 코드를 프라이멀 앱 화면에 입력하고 [Finish]를 누른다. 그러면 이메일 주소처럼 생긴 어떤 주소가 나온다. 이것이 프라이멀에서 생성한 라이트닝 지갑의 라이트닝 주소이다. 아래 [Close]를 누른다.

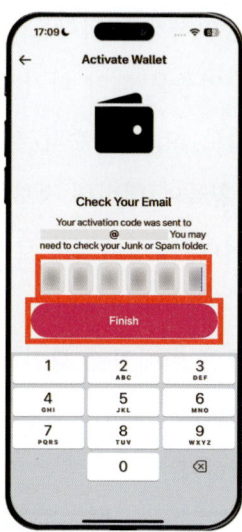
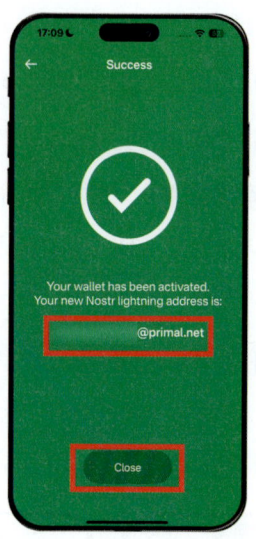

성공적으로 지갑이 생성되었다. [RECEIVE]를 누르면 라이트닝 주소와 그에 해당하는 QR 코드가 보인다. [COPY]를 눌러 이 라이트닝 주소로 비트코인을 보내거나, [ADD DETAILS]를 통해 인보이스를 발행하여 비트코인을 보낼 수 있다. 프라이멀 지갑에 비트코인을 보내 잔액이 생기면 잽을 보낼 수 있다.

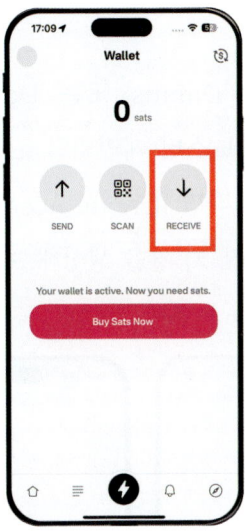

# | 다무스 사용 방법

## 다무스 앱 설치 및 개인키-공개키 쌍 생성

아이폰과 같은 iOS 기기나 맥OS에서는 다무스를 사용하는 것도 좋다. 다무스에서는 자신이 사용하는 라이트닝 지갑을 이용해 잽을 날리는 것이 가능하다.

먼저 앱을 설치해 보자. 앱스토어에 'Damus' 또는 'Damus nostr'를 검색하고 앱을 다운로드한다. 이미 노스터 개인키인 nsec이 있다면 [Sign In]을 누르고, 새 계정을 만들 거라면 [Create Account]를 누른다. 필자는 [Create Account]를 눌러 새 키 쌍을 생성해 보겠다.

'Name'에 유저네임을 적고 [Next]를 누른다.

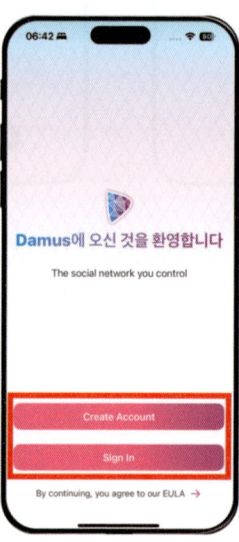
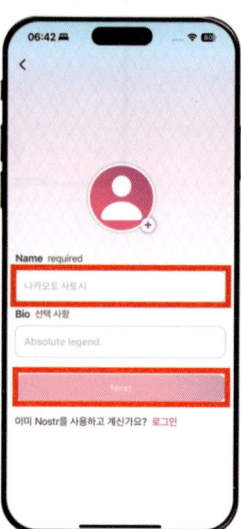

[저장하기]를 누르면 키 쌍이 아이폰 암호 앱에 저장된다. 원하지 않는다면 [Not now]를 눌러 넘어가면 된다. 메인 화면에 들어오면 왼쪽 상단 원 모양의 프로필을 누른다. 그다음 [설정]을 누른다.

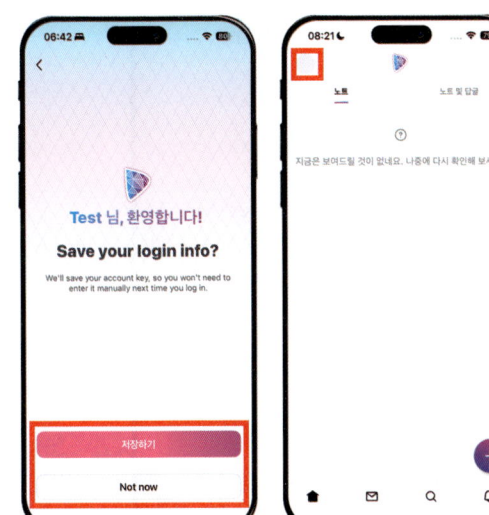
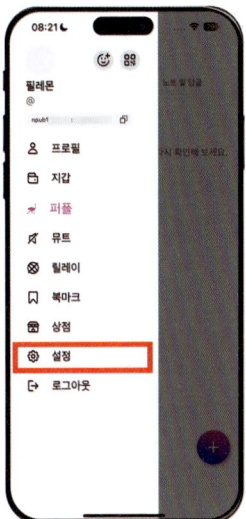

[키]를 눌러 들어가면 개인키 nsec을 볼 수 있다. [보기]를 누르고 개인키를 종이에 적는 등 물리적으로 백업하거나, 복사 버튼을 눌러 저장할 수 있다(암호화된 상태로 저장하는 것을 추천한다).

## 다른 사람들에게 npub 알려주기

누군가에게 자신의 노스터 계정을 알려줄 때는 노스터 공개키인 npub을 알려주면 된다. 다무스 메인 화면에서 왼쪽 상단 원 모양의 프로필을 누른 뒤, 프로필 오른쪽에 있는 QR 코드 모양의 버튼을 누른다. 그러면 QR 코드가 나오는데 이 화면을 보여주거나, 캡처해서 상대방에게 공유하면 된다.

혹은 [프로필]을 눌러 자신의 프로필 화면으로 들어가고, 아이디 밑에 있는 npub을 복사해 상대방에게 보내주면 된다.

## 팔로우 추가

처음에는 다무스 운영자의 계정만 팔로우가 되어있을 것이다. 다른 계정들을 팔로우하는 방법을 알아보자.

아직 노스터에는 한국인 유저보다 외국인 유저가 압도적으로 많으므로 처음 노스터를 시작할 때 한국인 유저를 찾기 어려울 수 있다. 다음 웹사이트는 노스터 팔로우 리스트를 보여주는 곳인데, 여기서 한국인 비트코이너 노스터 계정 리스트도 볼 수 있다.

https://following.space/d/F2452BFA-8F91-4EAD-8BF4-63A16A0C6089

이 웹사이트에서 특정 계정으로 들어가 그 사람의 팔로워, 팔로잉 목록을 보고 다른 사람을 찾아나갈 수도 있다. 유저 네임 옆에 있는 npub을 누르면 npub이 복사된다.

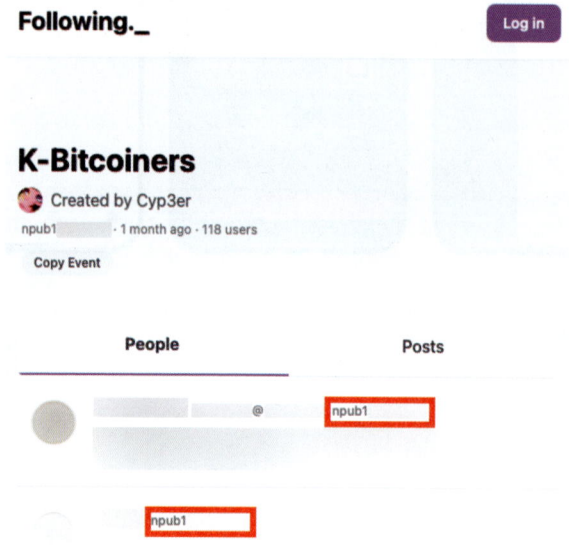

계정을 팔로우하는 과정을 알아보자. 하단 탭에서 돋보기 모양의 버튼을 눌러 검색 창으로 진입한다. 검색창에 npub을 붙여넣고 프로필이 나오면 프로필을 누른다. 다음에 나오는 화면에서 오른쪽의 [팔로우] 버튼을 누르면 계정을 팔로우할 수 있다. 혹은 그 아래에 있는 [팔로우] 또는 [팔로워] 목록을 보고 마음에 드는 프로필을 찾아 들어가 팔로우를 할 수 있다. 이런 방식으로 관심이 있는 계정을 팔로우하면 피드에 글이 뜨기 시작한다.

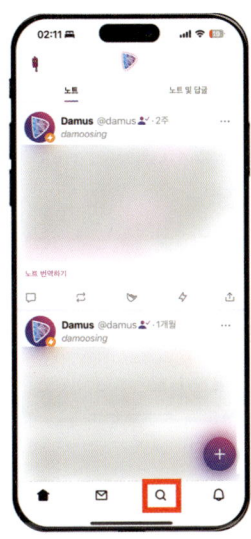

## 잽을 받기 위한 라이트닝 주소 연결

잽을 받으려면 프로필에 라이트닝 주소를 연결해 놓아야 한다. 왼쪽 상단 원 모양의 프로필을 누르고 [프로필]에 들어간다. 그다음 [수정하기]를 누른다. 여기서 유저네임을 설정할 수 있다. 스크롤을 아래로 내려서 '비트코인 라이트닝 팁' 필드로 내려간다.

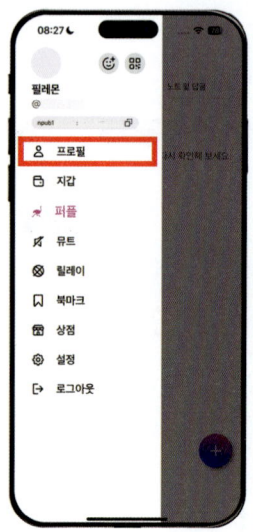
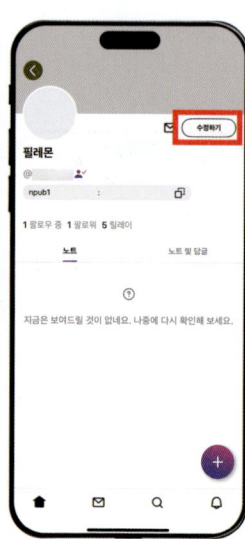

여기에 라이트닝 주소를 입력하고, [저장하기]를 누른다. 프로필 옆에 번개 표시가 뜬 것을 볼 수 있다. 번개 표시가 뜨면 다른 사람들이 나에게 잽을 보낼 수 있다.

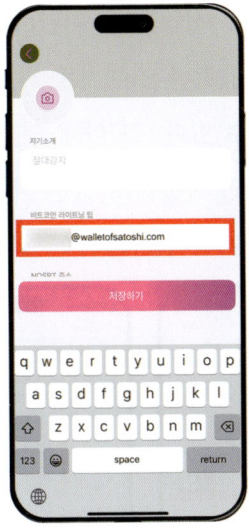 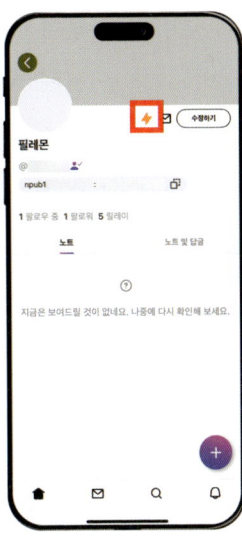

## 다른 사람에게 잽 보내기

받기만 하는 사람이 되는 것은 유쾌하지 않다. 이번에는 다무스에서 잽을 보내는 방법에 대해 알아보자.

왼쪽 상단 원 모양의 프로필을 누르고 [설정]에 들어간다. 그다음 [잽]을 누른다. 여기서 [지갑 선택 창 보기] 토글 스위치를 켜면 잽을 보낼 때마다 어떤 지갑에서 보낼지 선택할 수 있다. 그 아래 '기본 지갑 선택하기' 옆의 [기기 기본 앱]을 눌러 자신이 사용하고 있는 지갑 앱을 선택할 수 있다. 아래에서 '잽 기본 sats 수량'을 설정할 수도 있다.

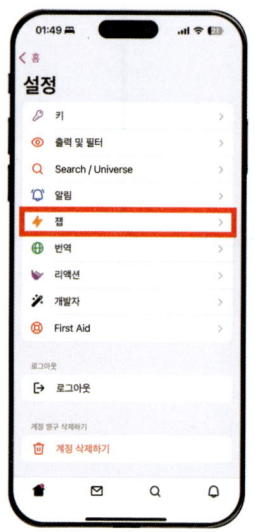  

이렇게 설정했으면 이제 설정 창에서 빠져나오자. 잽을 날리고 싶은 프로필이나 포스트에 간다. 거기서 번개 모양의 버튼을 누른다. 그러면 잽을 보내는 창이 뜰 것이다. 금액을 설정하고 [사용자에게 잽 날리기]를 누른다. 그러면 설정한 대로 어떤 지갑을 통해 보낼지 선택하는 창이 나온다. 필자는 월렛 오브 사토시(이하 월오사) 앱을 통해 진행해 보겠다.

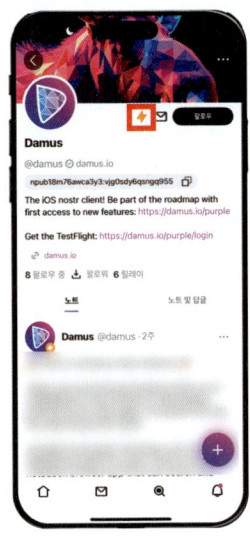  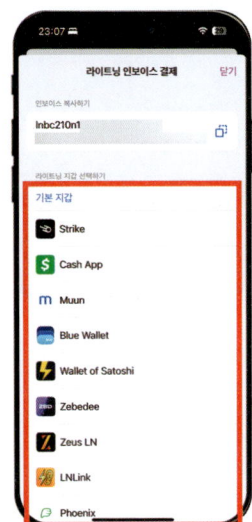

월오사 앱을 열지 물어보는 창이 나오면 [열기]를 누르고, 월오사에서는 [보내다]를 누른다. 그러면 상대방에게 잽이 간다.

# | 피닉스 사용 방법

맥OS에서는 다무스 앱을 사용할 수 있지만, 윈도우OS와 같은 환경에서는 크롬 등의 웹 브라우저에서 노스터를 사용하고 싶을 수도 있다. 이럴 때는 여러 클라이언트가 있지만, 프라이멀이나 피닉스를 추천한다.

### 피닉스에서 개인키-공개키 쌍 생성

피닉스(구 스노트) 사용 방법을 알아보자. 다음 링크에 접속한다.

https://phoenix.social

왼쪽에 있는 [회원가입]을 누른다.

이미 nsec-npub 쌍이 있다면 로그인을 누른다. 새로 계정을 생성할 것이라면 유저네임을 입력하고 [다음]을 누른다.

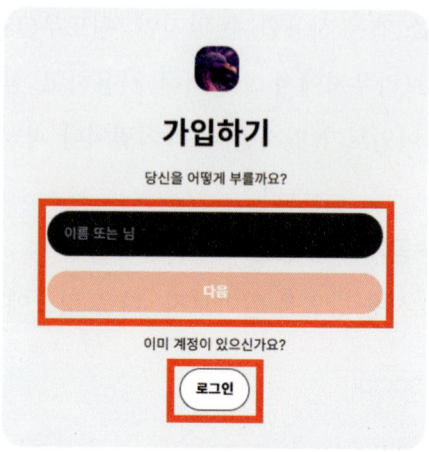

[로그인]을 눌렀을 때는 몇 가지 방법으로 로그인할 수 있지만 [키로 로그인]을 추천하지는 않는다. 이 방식은 직접 nsec을 입력하여 로그인 하는 방식인데, 웹 브라우저에 직접 노스터 개인키를 입력하는 것은 권장되지 않는다. 그보다는 알비 익스텐션 등의 노스터 서명 확장 프로그램 등을 통해 로그인하는 것이 좋다. [Nostr 확장 프로그램으로 로그인]을 누르면 이러한 방식으로 로그인할 수 있다. 자세한 내용은 '노스터 서명 확장 프로그램' 장에서 설명하도록 하겠다.

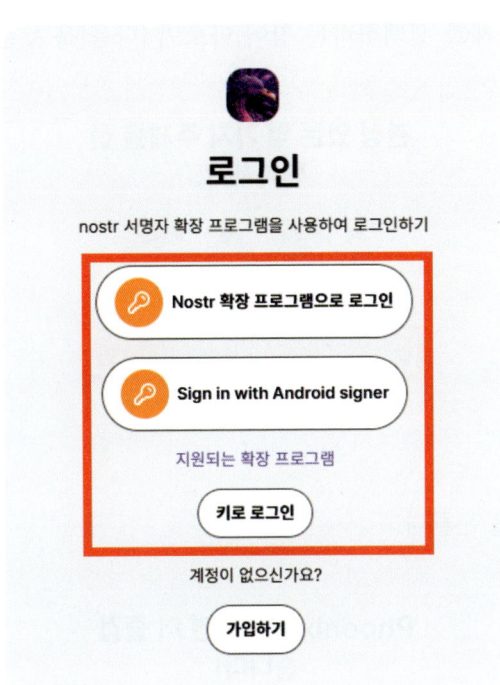

계정을 새로 생성했을 때는 다음과 같이 프로필 이미지를 설정하는 창이 나온다. 나중에 해도 되므로 [다음]을 누른다.

관심 있는 주제를 선택하라는 창이 나오면 [다음]을 누른다.

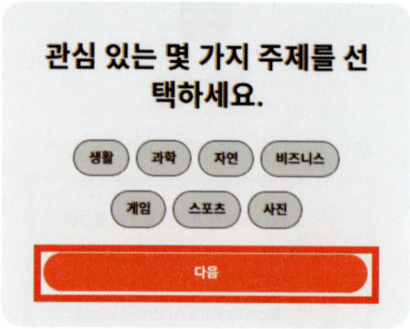

계속 [다음]을 누른다.

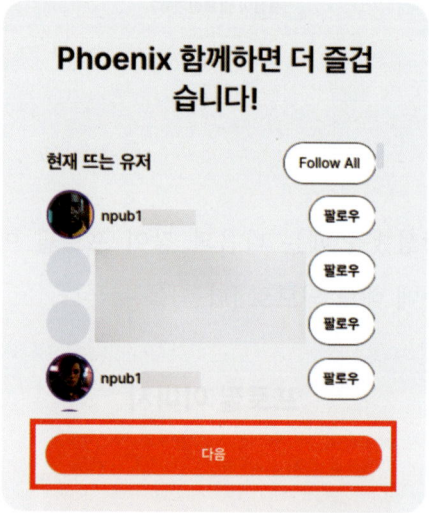

피드 필터 설정 창이 나오면 계속 [다음]을 누른다.

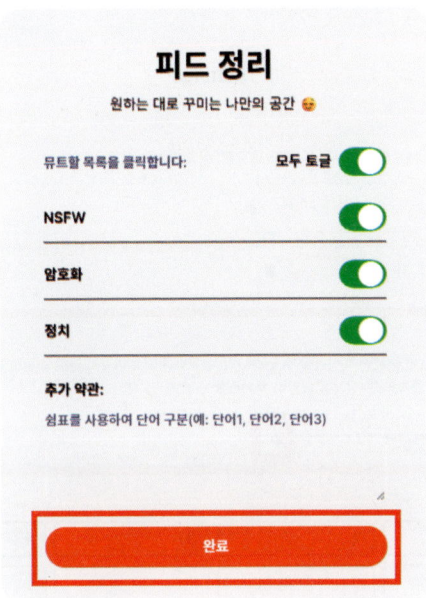

키 쌍을 새로 생성한 것이라면 키를 백업해야 한다. [설정] → [내보내기 키]를 누른다.

개인키 부분의 문서 모양 버튼을 눌러 개인키를 복사하고, 잘 백업한다.

## 다른 사람들에게 npub 알려주기

누군가에게 자신의 노스터 계정을 알려줄 때는 노스터 공개키인 npub을 알려주면 된다. 피닉스 메인 화면에서 왼쪽 하단에 있는 자신의 프로필을 누르고, [프로필]을 클릭한다.

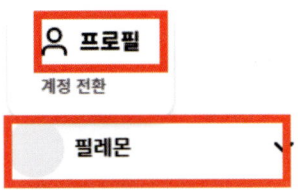

자신의 프로필 창에 들어가서 QR 코드 모양의 버튼을 누른다.

[NPUB]을 누르고 QR 코드를 다른 사람에게 보여주거나, npub 옆에 있는 문서 모양의 버튼을 눌러 npub을 복사하고 상대방에게 보내주면 된다.

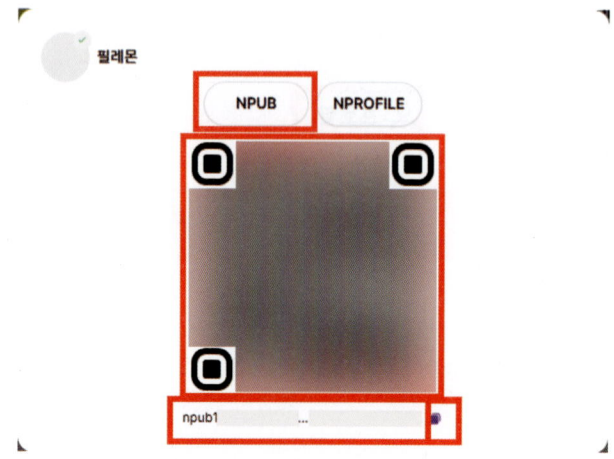

## 팔로우 추가

처음에는 아무도 팔로우가 안 되어 있어서 피드에 아무것도 뜨지 않을 것이다.

아직 노스터에는 한국인 유저보다 외국인 유저가 압도적으로 많으므로 처음 노스터를 시작할 때 한국인 유저를 찾기 어려울 수 있다. 다음 웹사이트는 노스터 팔로우 리스트를 보여주는 곳인데, 여기서 한국인 비트코이너 노스터 계정 리스트도 볼 수 있다.

https://following.space/d/F2452BFA-8F91-4EAD-8BF4-63A16A0C6089

이 웹사이트에서 특정 계정으로 들어가 그 사람의 팔로워, 팔로잉 목록을 보고 다른 사람을 찾아나갈 수도 있다. 유저 네임 옆에 있는 npub을 누르면 npub이 복사된다.

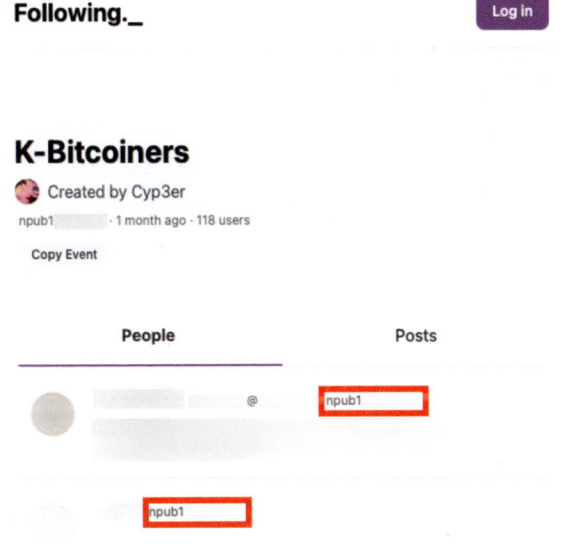

피닉스에서 다른 계정들을 팔로우하는 방법을 알아보자. 피닉스 창 오른쪽 상단의 검색창에 상대방이 보내준 npub을 붙여넣기 한다. 그러면 그 사람의 프로필이 바로 뜰 것이다.

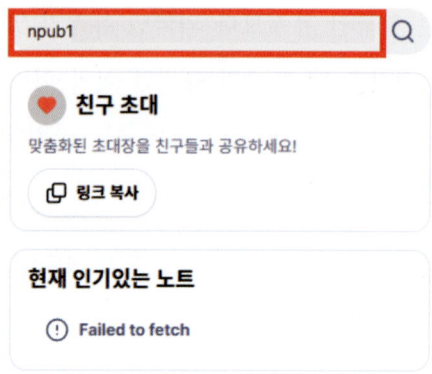

오른쪽의 [팔로우] 버튼을 누르면 계정을 팔로우할 수 있다. 혹은 그 아래에 있는 [팔로워] 또는 [팔로우] 목록을 보고 마음에 드는 프로필을 찾아 들어가 팔로우를 할 수 있다. 이런 방식으로 관심이 있는 계정을 팔로우하면 피드에 글이 뜨기 시작한다.

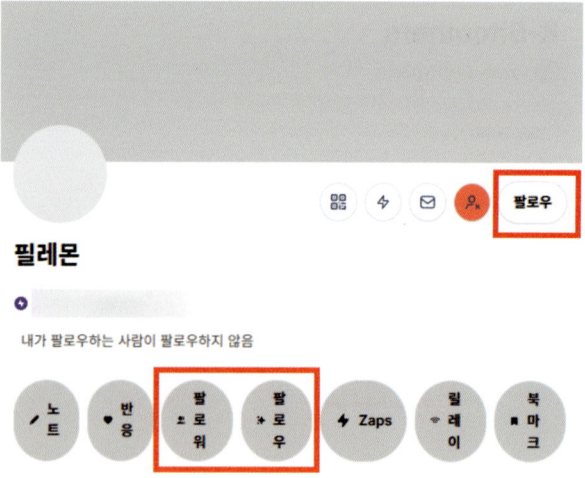

**잽을 받기 위한 라이트닝 주소 연결**

잽을 받으려면 프로필에 라이트닝 주소를 연결해 놓아야 한다. 자신의 프로필에 들어가 오른쪽에 있는 [수정]을 누른다.

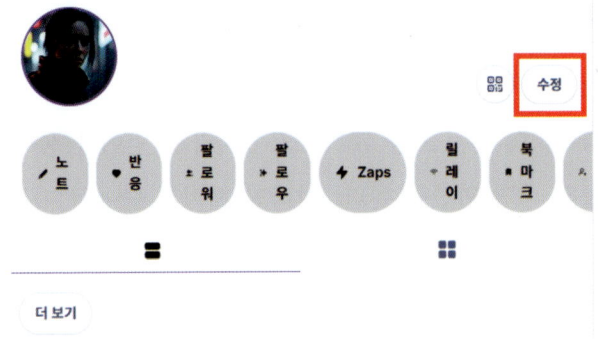

라이트닝 주소를 입력하고 [저장]을 누른다. 그러면 다른 사람들이 나에게 잽을 보낼 수 있다.

참고로 피닉스에서 다른 사람에게 잽을 보내려면 NWC를 통해 지갑을 연결해야 한다. 이 방법은 뒤에서 다룰 것이다.

# | 노스터 서명 확장 프로그램

## 서명 확장 프로그램을 쓰는 이유

피닉스 같은 노스터 웹 브라우저 클라이언트에서는 주의할 점이 있다. 노스터 개인키를 웹사이트에서 직접 입력하는 것을 삼가야 한다는 것이다. 웹 브라우저에서는 보통 자바스크립트라는 언어를 통해 개인키를 메모리에 올려 서명 연산을 한다. 이러면 페이지 단에서 이를 가로채기가 쉽다. 심지어 광고나 추적 스크립트도 이러한 방식으로 개인키를 가로챌 수 있다. 반면 정상적인 앱 클라이언트들은 개인키를 앱 내부에서만 접근할 수 있도록 제한하므로, 같은 조건이라면 웹보다 앱이 안전하다. 그래서 웹 브라우저에서 노스터 클라이언트를 쓸 때는 '알비 익스텐션' 같은 서명 확장 프로그램을 사용하고, 개인키를 웹페이지에 직접 입력하지 않는 것이 권장된다.

노스터 서명 확장 프로그램은 노스터 개인키를 웹페이지에 직접 주지 않고도 서명을 할 수 있게 해주는 확장 도구다. 비트코인에서 하드웨어 월렛이 하는 역할과 비슷하다고 생각하면 된다. 개인키는 확장 프로그램이 보관하고, 웹페이지는 이 데이터에 서명해달라고 확장 프로그램에 요청한다. 확장 프로그램은 서명 결과만 웹페이지에 돌려준다. 그러면 웹페이지는 노스터 개인키를 알 수 없다.

참고로 2025년 8월 기준, 맥OS의 기본 웹 브라우저인 사파리에는 노스터 서명 확장 프로그램이 없다. 따라서 맥OS에서는 앱스토어에서 아이패드용 다무스나 프라이멀 앱 등을 다운로드해서 사용하거나 크롬 웹사이트에서 크롬 브라우저를 다운로드해 사용하는 것을 권장한다.

## 크롬에서 알비 익스텐션 사용 방법

이제 크롬에서 서명 확장 프로그램인 알비 익스텐션을 이용하는 방법을 알아보자. 먼저 크롬에서 크롬 웹 스토어에 들어가야 한다. 우측 상단 점 세 개 → [확장 프로그램] → [Chrome 웹 스토어 방문하기]를 누른다.

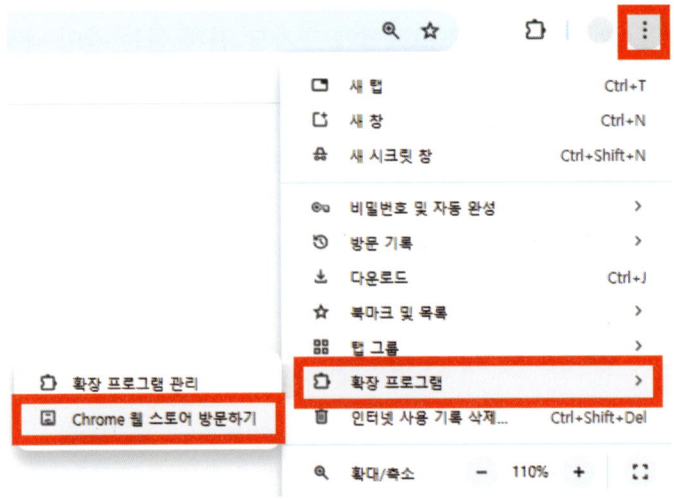

검색창에 'Alby'를 검색하고 [Alby - Bitcoin Wallet for Lightning & Nostr]를 누른다.

[Chrome에 추가]를 누른다.

알비 익스텐션을 확장 프로그램에 추가할 건지 묻는 창이 나오면 [확장 프로그램 추가]를 누른다.

알비 익스텐션의 비밀번호를 설정한다. 아래 입력창은 '비밀번호 확인'으로, 위와 똑같은 비밀번호를 입력해야 한다. 그다음 [Next]를 누른다.

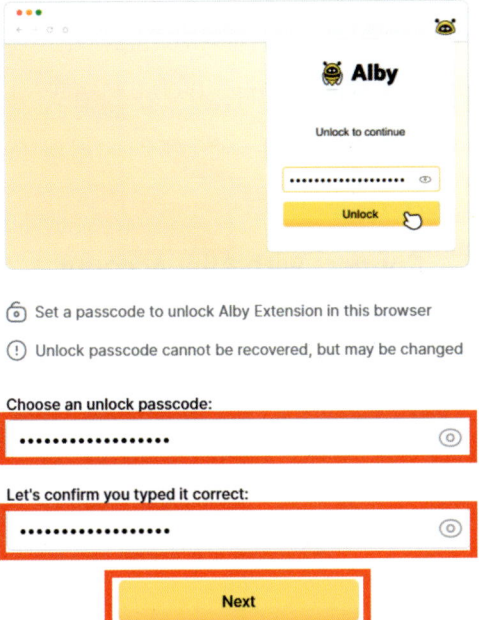

왼쪽에 있는 [Continue with Alby Account]를 누른다.

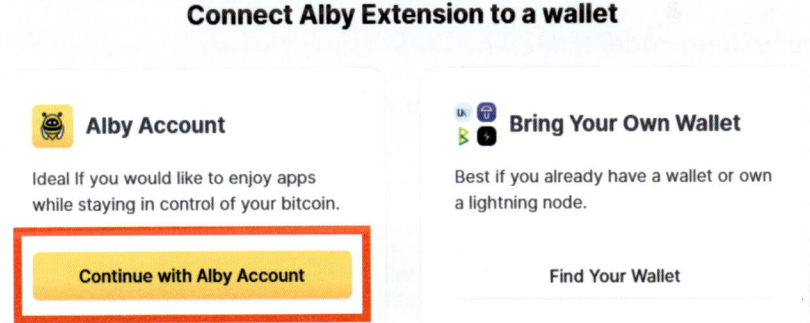

지금부터는 라이트닝 노드 설정 중 알비 허브를 사용하는 과정에서 알비에 가입했다는 것을 전제로 설명하겠다. [Log in to connect]를 누른다. 만약 알비에 가입한 적이 없다면 [Sign up to connect]를 눌러 알비에 가입한 뒤 진행하면 된다. 자세한 가입 방법은 '4부. 라이트닝 노드 운영 가이드'의 '라이트닝 주소 설정, 자신의 노드 알리기' 장에 나와 있다.

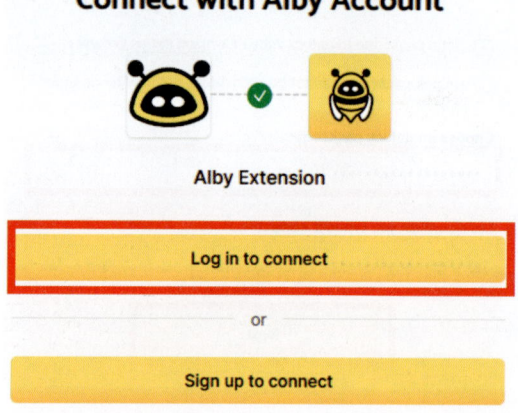

알비에 가입할 때 적었던 이메일 주소를 입력한 뒤, [Send a one-time login code]를 누른다.

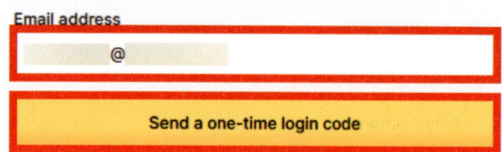

그러면 6자리 문자열이 적혀 있는 이메일이 올 것이다. 이 문자열을 복사하거나 잘 기억한다.

알비 로그인 페이지로 돌아가 6자리 문자열을 입력하고, [Log in]을 누른다.

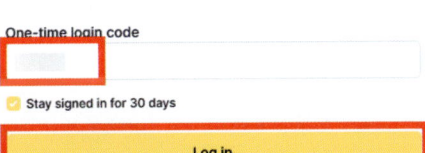

잠시 기다리면 다음 화면으로 넘어간다.

다음 화면으로 넘어갔다면 [Start buzzin' 🐝 with Alby]를 누른다.

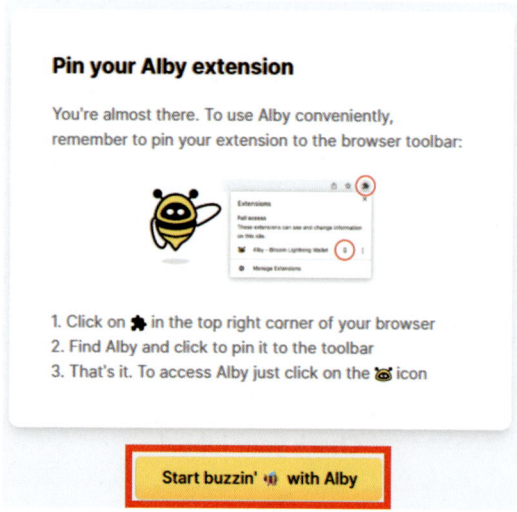

이제 알비 익스텐션과 알비 계정이 잘 연결되었을 것이다. 왼쪽 상단 메뉴 버튼을 누르고, [Active Wallet Settings]를 누른다.

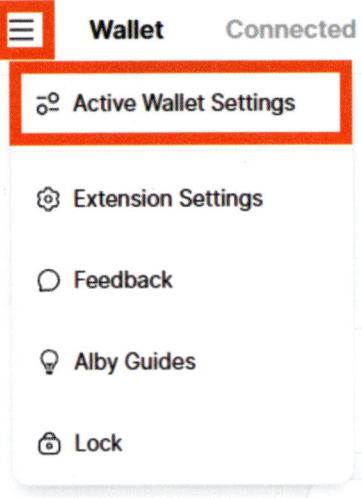

'Key Management' 탭에 있는 [Nostr Settings]를 누른다.

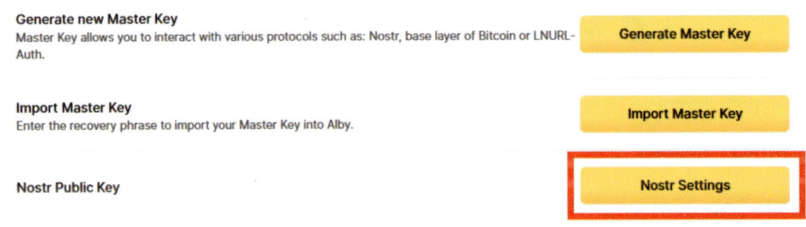

'Nostr Private Key' 아래에 있는 입력창에 nsec으로 시작하는 노스터 개인키를 입력한다. 참고로 맨 앞 'nsec1'에 나오는 숫자 1 이후에는 숫자 1이 안 나온다. 숫자 1은 구분자로만 쓰이는데 그 뒤에 나오는 1과 비슷한 문자는 전부 영어 알파벳 l (엘)이다.

그러면 하단에 알비 익스텐션에 노스터 개인키가 잘 저장되었다는 알림이 나온다.

### 알비에서 노스터 주소 사용하기

알비에서 라이트닝 주소(~@getalby.com 형태)를 사용 중이라면 같은 주소를 노스터 주소로도 사용할 수 있다. 노스터 주소를 사용하면 상대방에게 알려주기도 쉽고, 노스터 주소로 인증된 사용자라는 배지를 받을 수도 있다. 이를 통해 사칭을 예방할 수 있다.

'Key Management' 탭에 있는 [Nostr Settings]에서 'Nostr Address' 아래에 있는 [Set on getalby.com ↗]을 누른다.

연결된 웹사이트에서 Nostr public key 아래 입력창에 npub으로 시작하는 노스터 공개키를 입력한 뒤, [Update Nostr public key]를 누르면 노스터 주소와 노스터 공개키 연결이 완료된다.

노스터 주소 연결이 성공적으로 되면 프로필이 잘 업데이트 되었다는 알림창이 상단에 나온다.

Successfully updated your profile.

### 웹 클라이언트에서 알비 익스텐션으로 로그인하기

이제 알비 익스텐션을 이용해 로그인이 잘 되는지 확인해 보자. 먼저 피닉스 웹사이트에서 확인해 보겠다. [회원가입] → [로그인]을 누른다.

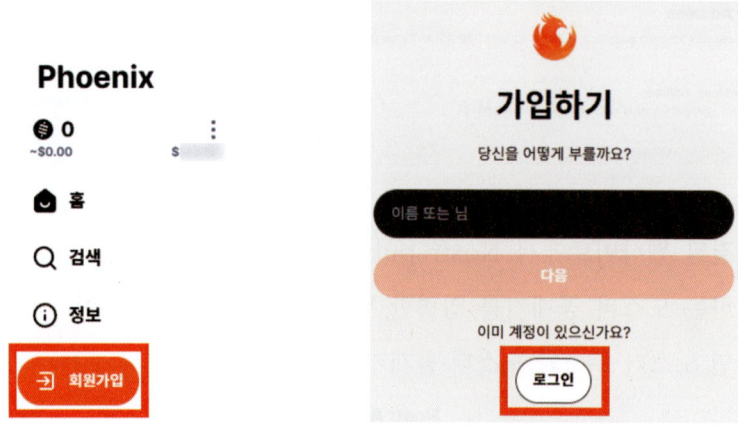

[Nostr 확장 프로그램으로 로그인]을 누른다.

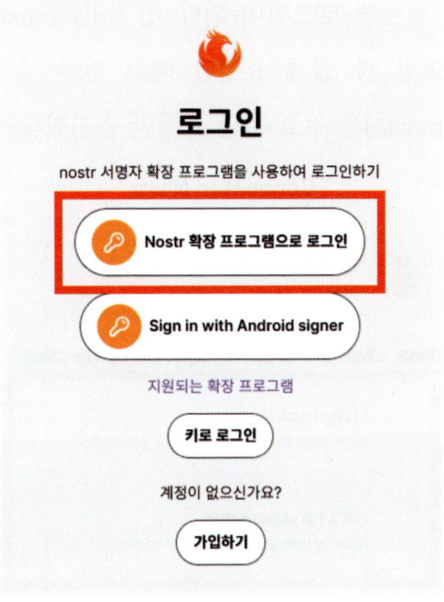

그러면 [I fully trust it]과 [Let's be reasonable] 중 하나를 선택하고 [Connect]를 누르면 로그인이 된다. [I fully trust it]은 이 웹에서 일어나는 서명 요청 중 결제 요청만 빼고 전부 승인한다는 뜻이고, [Let's be reasonable]은 주요 서명 요청만 승인한다는 뜻이다.

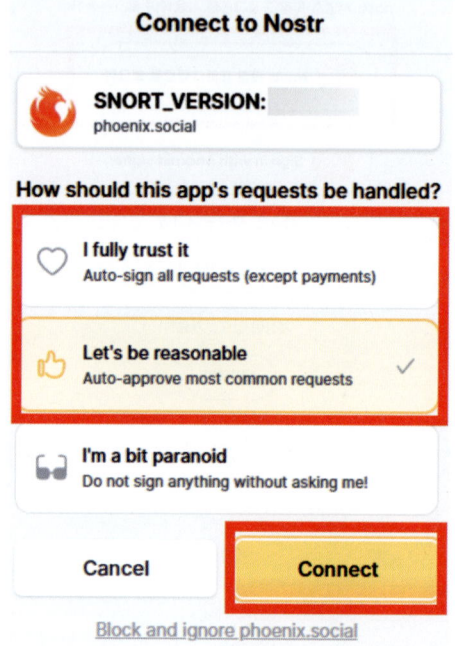

이번에는 프라이멀 웹사이트(primal.net)에서 로그인이 잘 되는지 확인해 보자. 프라이멀 웹사이트에 접속하면 피닉스에 접속할 때와 똑같은 로그인 창이 바로 나온다. 그러면 [I fully trust it]과 [Let's be reasonable] 중 하나를 선택하고 [Connect]를 누르면 로그인이 된다.

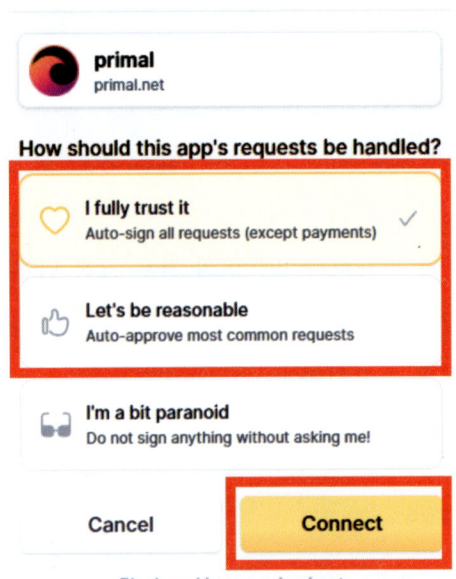

# 노스터에서 기사, 칼럼 등의 긴 글 쓰기

## 하블라에서 긴 글 쓰기

소셜 미디어에 특화된 노스터 클라이언트에서 올리는 글은 일반적으로 NIP-01에서 정의된 '노트'라는 기본 이벤트다. 이러한 노트 형태도 글자 수 제한은 없다. 하지만 노스터에서는 기사나 칼럼 등에 특화된 긴 글을 쓸 수도 있는데 NIP-23에서 '롱 폼 콘텐츠'를 정의하고 있다.

이번에는 하블라Habla에서 이러한 긴 글을 쓰는 방법을 알아보자. 하블라에 로그인하기 위해서는 기본적으로 알비 익스텐션 같은 노스터 서명 확장 프로그램이 필요하다. 맥OS의 경우 크롬 다운로드 웹사이트에서 크롬 브라우저를 설치해야 한다. 자세한 내용은 앞의 '노스터 서명 확장 프로그램' 장을 참고하라.

먼저 다음 웹사이트에 접속한다.

https://habla.news

웹사이트 우측 상단에 있는 [Get Started]를 누른다.

[Log In]을 누른다.

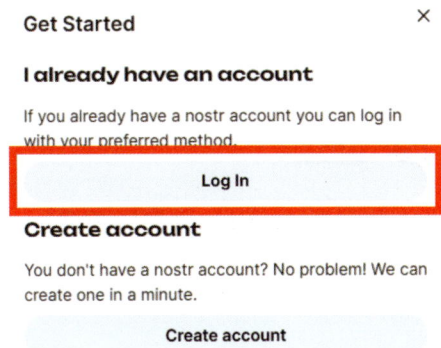

우리는 알비 익스텐션을 통해 로그인할 것이므로 'Extension' 아래에 있는 [Log In]을 누른다.

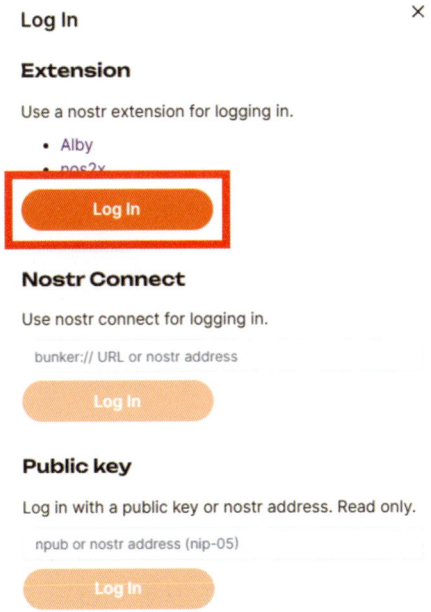

[I fully trust it]과 [Let's be reasonable] 중 하나를 선택하고 [Connect]를 누르면 로그인이 된다.

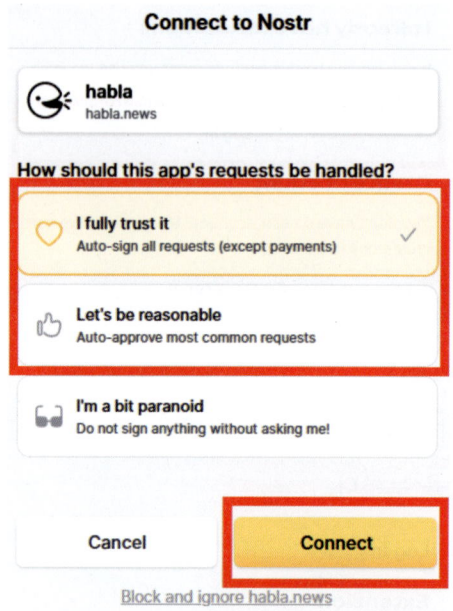

로그인이 되면 [Write]를 누른다.

그러면 긴 글 입력창이 나온다. 'Title' 아래에는 제목을 쓰면 된다.
'Content' 아래에 있는 입력기에 본문 내용을 입력하면 된다. 노스터에서 긴 글을 쓸 때는 보통 '마크다운 문법'이라는 문법을 쓰는데 이는 뒤에서 조금 더 자세히 설명하겠다.

[Preview]를 누르면 글 미리보기를 할 수 있다. 노스터는 글 수정이 매우 까다로우니 글 발행 전 미리보기를 꼭 확인하는 것이 좋다.

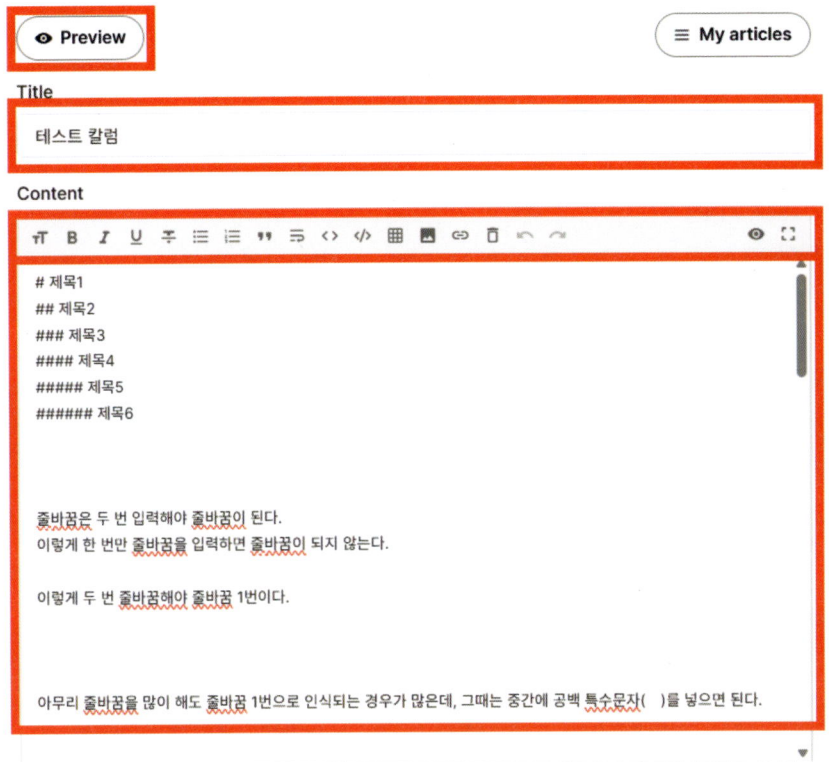

그 아래로 내려가면 'Image' 아래에 입력창이 있다. 여기에는 이미지의 URL 주소를 입력한다. 여기에 입력한 주소의 이미지는 글의 섬네일, 혹은 배경 이미지 역할을 한다.

  [Post]를 누르면 글 발행이 완료된다.

### 마크다운 문법 간략히 알아보기

마크다운 문법은 간단한 기호로 글의 구조와 서식을 표현하는 방법이다. 노스터 긴 글에서는 마크다운 문법을 사용하기 때문에 자주 쓰는 마크다운 문법을 기억해 놓으면 편하다. 특히 이미지 삽입 마크다운은 자주 사용하므로 알아두면 편하다.

먼저 제목은 맨 앞에 #을 적어 표현한다. #을 여러 개 쓰면 제목 크기를 결정할 수 있다.

```
# 제목 1
## 제목 2
### 제목 3
#### 제목 4
##### 제목 5
###### 제목 6
```

이렇게 입력했을 경우 다음과 같이 표시된다.

# 제목1

## 제목2

### 제목3

#### 제목4

제목5
제목6

줄 바꿈은 엔터를 두 번 입력해야 한다. 줄 바꿈을 여러 번 해야 할 경우 공백을 섞어 쓰면 편하다. 공백은 윈도우에서 ㄱ + '한자 키'를 입력했을 때 나오는 첫 번째 특수문자다. 혹은 인터넷에 '공백 특수문자'를 검색하고 복사, 붙여넣기를 해서 사용할 수도 있다. 아래 예시는 공백 문자가 잘 보이도록 표시하기 위해 배경을 검은색으로 칠했다.

줄바꿈은 두 번 입력해야 줄바꿈이 된다.
이렇게 한 번만 줄바꿈을 입력하면 줄바꿈이 되지 않는다.

이렇게 두 번 줄바꿈해야 줄바꿈 한 번이다.



아무리 줄바꿈을 많이 해도 줄바꿈 한 번으로 인식되는 경우가 많은데, 그때는 중간에 공백 특수문자( )를 넣으면 된다.

이렇게 입력했을 경우 다음과 같이 표시된다.

줄바꿈은 두 번 입력해야 줄바꿈이 된다. 이렇게 한 번만 줄바꿈을 입력하면 줄바꿈이 되지 않는다.

이렇게 두 번 줄바꿈해야 줄바꿈 한 번이다.


아무리 줄바꿈을 많이 해도 줄바꿈 한 번으로 인식되는 경우가 많은데, 그때는 중간에 공백 특수문자( )를 넣으면 된다.

다른 입력 방법은 예시를 통해 보겠다. \ 문자는 일반 키보드에서 'W' 키를 누르면 된다.

기울임 표시는 *이렇게* 별표로 감싸주면 된다.

굵음 표시는 **이렇게** 별표 두 개로 감싸주면 된다.

취소선 표시는 ~~이렇게~~ 물결 표시 두 개로 감싸주면 된다.

일반 별표를 쓰고 싶을 때는 \* 이렇게 작성하면 된다.

이렇게 입력했을 경우 다음과 같이 표시된다.

기울임 표시는 *이렇게* 별표로 감싸주면 된다.

굵음 표시는 **이렇게** 별표 두 개로 감싸주면 된다.

취소선 표시는 ~~이렇게~~ 물결 표시 두 개로 감싸주면 된다.

일반 별표를 쓰고 싶을 때는 * 이렇게 작성하면 된다.

> 맨 앞에 화살괄호(>)를 넣으면 인용문이 된다.

이렇게 입력했을 경우 다음과 같이 표시된다.

> **맨 앞에 화살괄호(>)를 넣으면 인용문이 된다.**

1. 순서 있는 목록은 앞에 번호와 마침표를 쓰면 된다.
2. 자동으로 번호가 매겨진다.
1. 숫자를 다시 1로 해도 줄바꿈 두 번이 아니면 계속 번호가 이어져서 '3.'으로 표시된다.

- 순서 없는 목록은 맨 앞에 하이픈(-)을 붙이면 된다.
- 순서 없는 목록 예시

이렇게 입력했을 경우 다음과 같이 표시된다.

1. 순서 있는 목록은 앞에 번호와 마침표를 쓰면 된다.
2. 자동으로 번호가 매겨진다.
3. 숫자를 다시 1로 해도 줄바꿈 두 번이 아니면 계속 번호가 이어져서 '3.'으로 표시된다.

- 순서 없는 목록은 맨 앞에 하이픈(-)을 붙이면 된다.
- 순서 없는 목록 예시

> 링크 삽입은 다음과 같은 형태를 따른다.
>
> [링크 텍스트](링크 URL)
>
> 예시:
>
> [비트코인 사이트](https://bitcoin.org)

이렇게 입력했을 경우 다음과 같이 표시된다.

링크 삽입은 다음과 같은 형태를 따른다.

[링크 텍스트](링크 URL)

예시:

<u>비트코인 사이트</u>

이미지를 삽입할 때는 이미지 대체 텍스트를 입력해야 하는데, 이는 이미지가 로드되지 않았을 때 대신 표시되는 글자를 의미한다. 혹은 시각장애인을 위한 스크린 보조 기능이 이미지를 설명할 때 읽어주는 내용이기도 하다. 이미지가 정상적으로 로딩되면 화면에서는 보이지 않는 부분이다.

이미지 삽입은 다음과 같은 형태를 따른다.

![이미지 대체 텍스트](이미지 URL)

예시:

![페이스북에서 콘텐츠가 검열되었을 때 뜨는 알림창](https://upload.wikimedia.org/wikipedia/commons/b/be/Facebook_Censorship_Cropped.jpg)

이렇게 입력했을 경우 다음과 같이 표시된다.

노스터는 텍스트 기반 프로토콜이기 때문에 이미지는 다른 곳에 업로드를 한 뒤 이미지 주소를 복사해 링크를 삽입하는 방식을 이용한다. 만약 이미 사용하는 블로그나 자신의 웹사이트가 있다면 블로그나 웹사이트에 사진을 업로드한 뒤 이미지 주소를 복사해 오는 게 편하다. 노스터 이미지 전용 업로드 웹사이트가 있는데 이는 유료이므로 따로 작성하지 않았다.

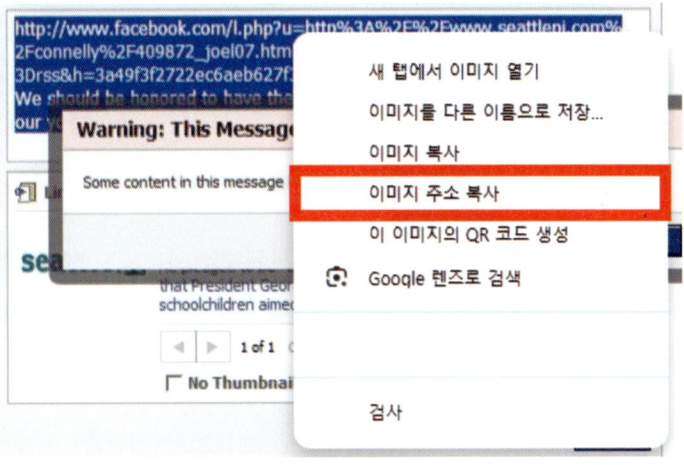

수평선은 하이픈(-)을 세 번 입력하면 된다.

---

이렇게 입력했을 경우 다음과 같이 표시된다.

수평선은 하이픈(-)을 세 번 입력하면 된다.

---

표는 파이프(|)와 하이픈(-)을 조합해 작성한다. 이때 파이프(|)는 일반 키보드에서 'Shift' + 'W' 키를 누르면 된다. 파이프 사이에 아무것도 입력하지 않으면 빈 셀이 되는데 간혹 이게 제대로 반영이 안 될 때가 있다. 그럴 때는 파이프 사이에 공백 특수문자를 넣으면 된다.

표는 다음과 같이 파이프(|)와 하이픈(-)을 조합해 작성한다. 첫 행은 반드시 제목 행이 된다.

| 제목 1 | 제목 2 |
| --- | --- |
| 내용 11 | 내용 12 |
| 내용 21 | 내용 22 |
|  | 왼쪽은 빈 셀 |

이렇게 입력했을 경우 다음과 같이 표시된다.

표는 다음과 같이 파이프(|)와 하이픈(-)을 조합해 작성한다. 첫 행은 반드시 제목 행이 된다.

| 제목 1 | 제목 2 |
| --- | --- |
| 내용 11 | 내용 12 |
| 내용 21 | 내용 22 |
|  | 왼쪽은 빈 셀 |

체크박스는 다음과 같이 작성한다.

- [ ] 체크박스

- [x] 완료 체크

이렇게 입력했을 경우 다음과 같이 표시된다.

체크박스는 다음과 같이 작성한다.

- ☐ 체크박스
- ☑ 완료 체크

이렇게 기본적인 마크다운 문법 사용 방법을 살펴보았다. 좀 더 자세한 마크다운 문법은 인터넷에 검색하여 사용하길 바란다. css 문법을 숙지하고 있는 경우 〈span style="css 스타일 지정"〉〈/span〉으로 감싸 적용할 수 있는데, 필자의 경험상 노스터 클라이언트에서 css 지정 스타일은 제대로 지원하지 않는 경우가 많았다.

이로써 하블라에서 긴 글을 쓰는 방법과, 긴 글을 쓰는 데 필요한 마크다운 문법까지 살펴보았다.

# | 엄브렐에서 노스터 릴레이 서버 운영하고 연결하기

이제 엄브렐OS에서 자신만의 릴레이 서버를 운영하고, 클라이언트에서 자신의 릴레이 서버에 연결하는 방법을 알아보자. 이렇게 하면 그 누구도 자신의 글을 검열할 수 없고, 포스트와 활동(이벤트)이 온전히 자신의 릴레이 서버에 보관된다.

## 프라이빗 릴레이 서버 운영하기

먼저 엄브렐의 앱스토어에 들어가 'Nostr Relay'를 설치한다. 설치가 다 되면 [열기]를 누른다.

처음 들어갔을 때 초록색 점과 함께 'Running' 표시가 나오면 잘 실행되고 있다는 뜻이다.

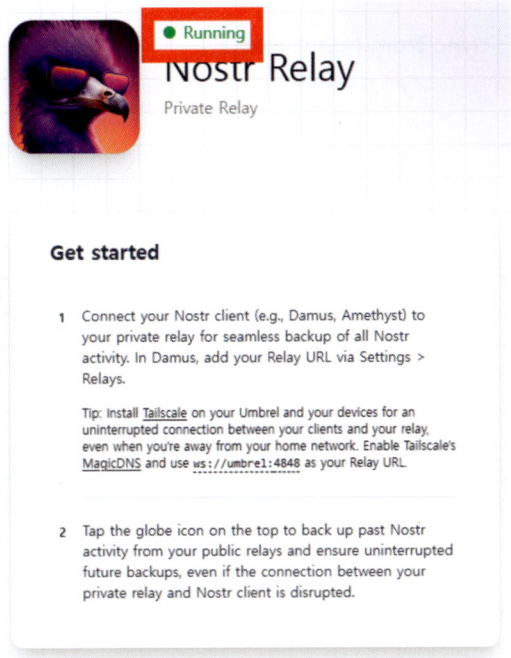

이제 과거에 있었던 자신의 활동들을 전부 자신의 릴레이 서버에 백업하는 과정을 알아보자. 'Sync from public relays' 아래에 자신의 npub을 붙여넣고 옆에 있는 [+]를 누른다.

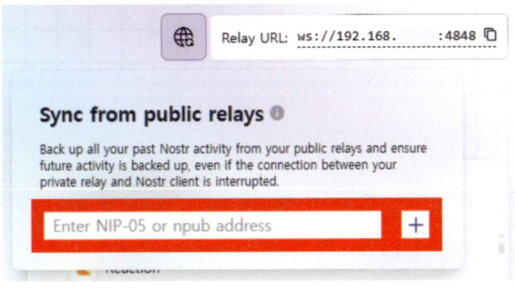

그러면 자신이 연결해 놓은 퍼블릭 릴레이들에서 자신과 관련된 이벤트들을 동기화하고 백업한다.

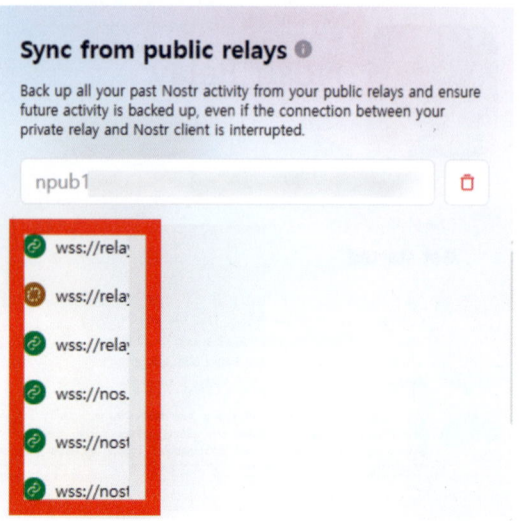

## 로컬 네트워크에서 자신의 릴레이 서버에 연결하기

이제 클라이언트에서 자신의 릴레이 서버와 연결하는 방법을 알아보자. 먼저 로컬 네트워크에서 연결하는 방법을 알아볼 것이다. 로컬 네트워크에서의 연결이므로 릴레이 서버와 클라이언트가 실행되는 기기가 같은 네트워크에 있어야만 연결이 된다. 스마트폰이 엄브렐 기기와 연결된 공유기의 와이파이를 사용할 때만 릴레이 서버에 연결될 것이다.

따라서 외부에서 했던 노스터 활동들은 자신의 릴레이 서버에 기록되지 않다가, 집에 와서 같은 와이파이를 사용하면 그때부터 자신의 릴레이 서버에 저장될 것이다.

노스터 릴레이 오른쪽 상단에 로컬 네트워크 주소(192.168.???.???)와 포트 번호(:4848)가 나온다.

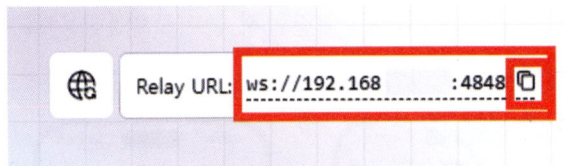

클라이언트는 다무스를 기준으로 설명하겠다. 다른 클라이언트도 크게 다르지 않다. 다무스 메뉴에서 [릴레이] → [릴레이 추가하기]를 누른 뒤, 앞에서 본 노스터 릴레이 주소를 붙여넣기 한다. 이때 맨 앞의 'ws://'도 포함해서 붙여넣어야 한다.

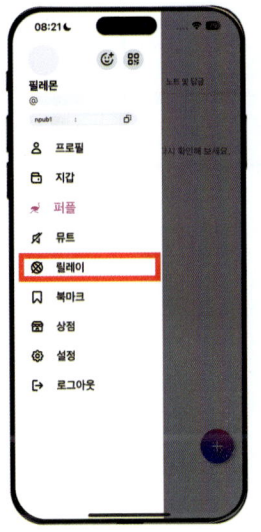 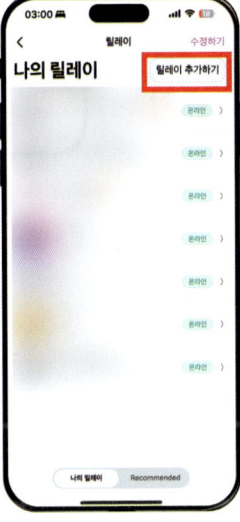 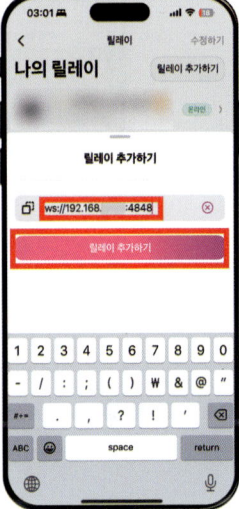

로컬 네트워크에 있는 기기를 연결할지 물어보면 [허용]을 누른다. 그러면 자신의 릴레이 서버가 잘 연결된 것을 확인할 수 있다.

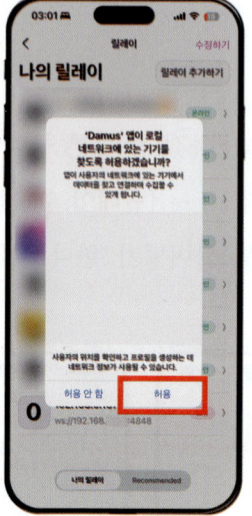 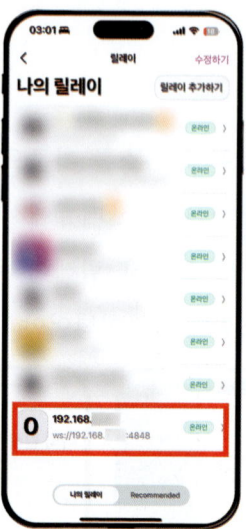

**테일스케일을 이용해 원격으로 자신의 릴레이 서버에 연결하기**

로컬 IP 주소를 이용해 릴레이를 연결하면 엄브렐 기기와 같은 네트워크에 연결되어야 릴레이 서버가 그동안의 이벤트들을 백업한다. 같은 네트워크가 아닐 때도 원격으로 계속 연결을 하고 싶다면 테일스케일을 사용하면 된다.

먼저 테일스케일 앱을 켠다. 엄브렐 기기와 노스터 클라이언트(다무스 등)를 사용할 기기에 초록색 불이 들어와 있어야 한다.

엄브렐 기기 밑에 IP 주소가 보일 것이다. 엄브렐 기기를 누르면 상세 페이지가 나오는데, 거기서 IPv4 옆에 있는 문서 모양의 버튼을 누르면 이 IP 주소를 복사할 수 있다.

 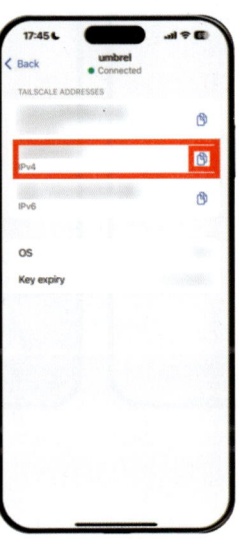

다무스에서 [릴레이 추가하기]를 누른 뒤 다음과 같이 입력한다.

ws://테일스케일에 있던 IP 주소:4848

반드시 앞에 스킴인 ws://와 뒤에 포트 번호인 :4848을 붙여서 입력해야 한다. 그리고 [릴레이 추가하기]를 누르면 성공적으로 연결된 것을 볼 수 있다. 이제 테일스케일만 켜져 있다면 엄브렐 기기와 같은 네트워크 와이파이를 사용하지 않더라도 계속 릴레이 서버에 자신의 이벤트를 기록하게 될 것이다.

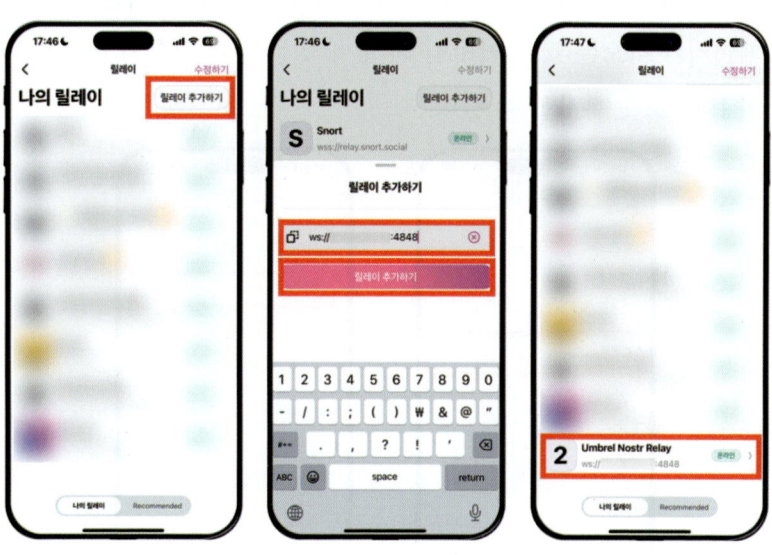

## 도메인을 연결해 퍼블릭 릴레이 서버로 만들기

엄브렐 기기에서 돌아가는 노스터 릴레이 서버에 도메인을 연결하고 퍼블릭 릴레이 서버로 만들 수도 있다. 이렇게 연결한 도메인 주소는 지인들에게 알려주고, 지인들이 자신의 릴레이 서버를 사용하게 할 수 있다.

지금은 도메인을 연결하는 방법을 알아보겠다. 클라우드플레어를 이용할 것인데, 앞에서 BTCPay Server 도메인이 클라우드플레어 터널링으로 이미 연결되어 있다면, 서브도메인을 하나 추가하여 릴레이 서버와 연결하는 것은 매우 간단하다. 클라우드플레어에 가입하고, 도메인을 구매하는 방법은 '4부. 라이트닝 노드 운영 가이드'의 '라이트닝 노드로 온라인 비트코인 결제 매장 구축하기' 장을 참고하라.

클라우드플레어 웹사이트에서 로그인을 하고 대시보드에서 [Zero Trust]를 누른다.

왼쪽 탭에서 [Networks] → [Tunnels] → [Public Hostname] → [+ Add a public hostname]을 누른다.

여기서 도메인을 선택하고, 'Subdomain'에 BTCPay Server를 연결했던 서브도메인과는 다른 서브도메인을 입력하면 된다. 예를 들어 서브도메인에 'nostr'를 입력하면 nostr.내 도메인.com으로 연결될 것이다. 그 아래에 있는 'URL'에는 엄브렐 기기의 로컬 네트워크 IP 주소를 입력하고 뒤에 포트 번호 :4848을 붙인다. 그다음 [Save hostname]을 눌러 저장한다.

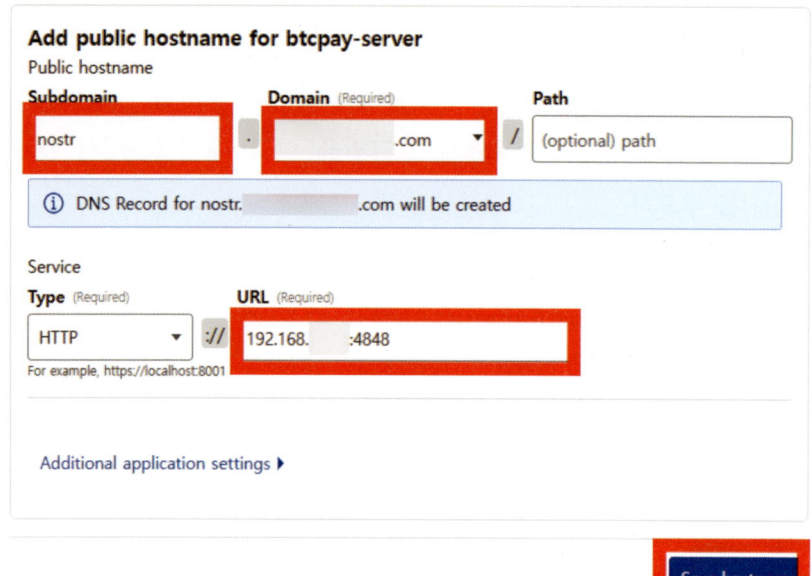

이제 웹 브라우저 주소창에 nostr.내 도메인.com을 입력해 보면 나의 노스터 릴레이 서버로 접속이 되는 것을 알 수 있다. 오른쪽 상단에 연결할 수 있는 주소가 나온다. SSL 인증도 되었으므로 스킴이 ws://가 아니라 wss://가 되는 것을 알 수 있다. 아래에 'Private Relay'라고 나오는 것은 UI상에서만 그렇게 나오는 것이지, 이렇게 도메인을 연결하면 퍼블릭 릴레이 서버로 운영할 준비가 된 것이다.

노스터 클라이언트에서 [릴레이 추가하기]를 누르고 해당 주소를 입력한다. 이때 맨 앞에 프로토콜 스킴으로 wss://를 붙이고, 그 뒤에 서브도메인을 포함한 도메인 주소(nostr.내 도메인.com 등)를 적는다. 그 다음에 [릴레이 추가하기]를 누르면 도메인을 이용해 자신의 릴레이 서버에 잘 연결된 것을 알 수 있다.

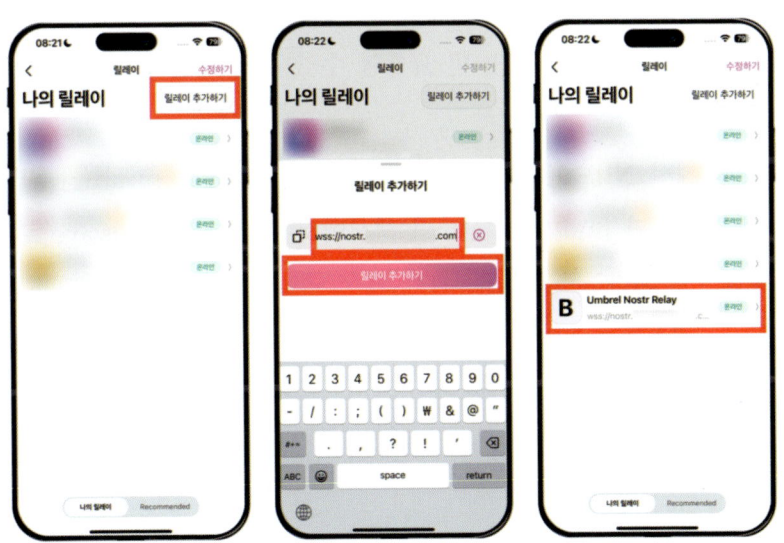

엄브렐 앱스토어에서 설치한 노스터 릴레이 서버 앱으로 퍼블릭 릴레이 서버를 제대로 운영할 것이라면, config 파일에서 몇 가지 설정을 해야 한다. 엄브렐에서 [파일] 앱 → [앱] → [nostr-relay] → [data] → [relay] 폴더에 들어있는 config.toml에서 변경할 수 있다. 도메인 주소를 알고 있는 모두가 릴레이 서버에 연결할 수 있도록 허용할 것이 아니라면, [authorization] 섹션에서는 'pubkey_whitelist'에 연결을 허용할 계정들의 공개키를 배열로 입력해야 한다.

[info] 섹션에서는 'relay_url'을 제대로 명시하고, 'name'(릴레이 서버 이름)과 'description'(릴레이 서버 설명), 'pubkey'(관리자 노스터 공개키), 'contact'(연락할 관리자 이메일) 등을 입력한다.

[limits] 섹션에는 스팸 계정이나 과도한 이벤트 요청, 과도한 트래픽으로 인한 서비스 거부 공격을 막기 위해 설정하는 옵션들이 있다. 'messages_per_sec'는 1초에 몇 번의 이벤트를 생성할 수 있는지 제한하는 용도다. 2-5 정도면 적당하다. 'subscriptions_per_min' 옵션은 1분에 이벤트 검색을 몇 번 요청할 수 있는지 제한하는 용도다. 20 정도면 적당하다.

노스터에서 NIP-05 노스터 주소를 이용해 인증된 npub을 식별할 수 있게 하려면 [verified_users] 섹션에서 'mode'를 'passive'로 변경해 놓으면 된다.

[network] 섹션에서 'remote_ip_header' 옵션은 'cf-connecting-ip'로 설정해 놓으면 된다. 우리는 클라우드플레어 터널로 연결을 했기 때문에 기존 방법으로는 릴레이 서버에 연결하는 사용자들의 IP 주소를 볼 수 없기 때문이다.

다른 옵션들도 config 파일에 주석을 보면 영어로 설명되어 있으니, 찬찬히 보고 설정할 수 있을 것이다. config 파일을 특별히 만지고 싶지 않다면 자신의 지인들에게만 도메인을 알려줄 수도 있다. 그러나 일단 자신이나 지인이 도메인을 통해 릴레이 서버에 연결하면 누구나 해당 도메인을 볼 수 있으므로, config 파일에서 신중하게 옵션들을 설정한 뒤 퍼블릭 릴레이 서버를 운영할 것을 권장한다.

# | NWC를 이용해 자신의 라이트닝 노드에서 잽 보내기

## 알비 허브를 통해 NWC 지갑 생성하기

알비 허브에서 NWC 지갑을 설정하고 연결할 수 있다. 알비 허브를 실행하고, 왼쪽 탭에서 [App Store]를 누른다. 그다음에 연결할 클라이언트 앱(다무스, 애머시스트, 피닉스 등)을 선택한다.

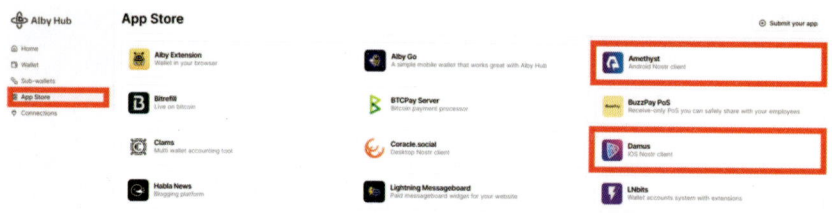

이번에는 다무스를 연결해 보겠다. [Damus]를 누르고, 우측 상단의 [Connect to Damus]를 누른다.

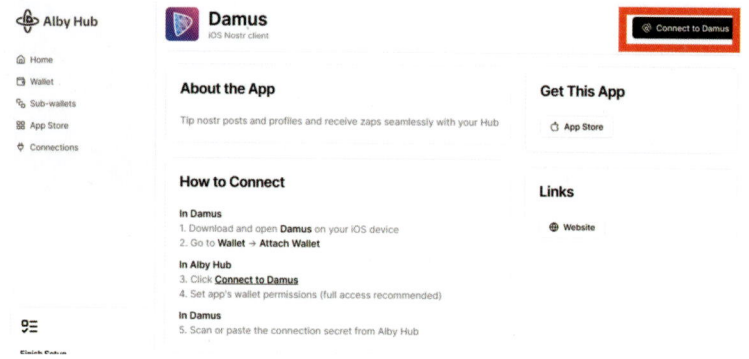

'Name'에서 지갑 이름을 설정한다. 그다음 'Budget Renewal'에서 일정 기간 동안 최대 얼마나 사용할 수 있게 할지 설정한다. 만약 Monthly를 선택하고, 100k sats를 선택하면 한 달에 최대 10만 sats까지만 보낼 수 있다. 'Budget Renewal'에서 [Monthly] → [100k sats]를 선택해 보겠다. 그다음 [Next]를 누른다.

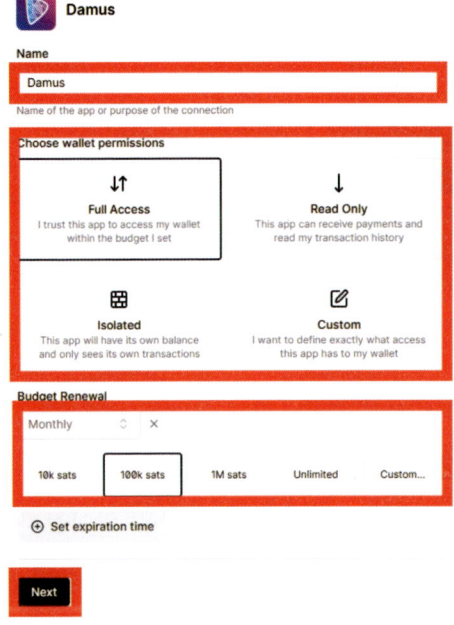

[Copy]를 눌러 NWC 지갑 연결 주소를 복사할 수도 있고, [Reveal QR]을 눌러 연결 QR 코드를 볼 수도 있다. 여러 앱에서 NWC를 통해 지갑을 연결하고 싶은 경우 이 주소를 잘 보관해야 한다. 다만, 연결 주소가 유출되지 않게 조심하자.

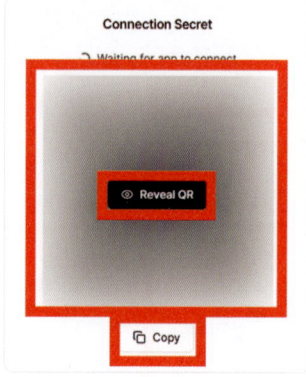

### 다무스에서 NWC 지갑 연결하기

이제 다무스에서 NWC 지갑을 연결하는 과정을 알아보자. 메뉴에서 [지갑]을 누르고 스크롤을 내려 [Set up wallet]을 선택한다.

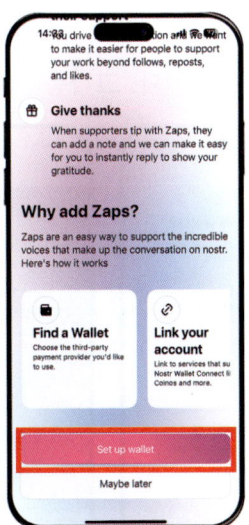

[Paste NWC Address]를 눌러 앞에서 알비 허브에서 복사했던 NWC 지갑 연결 주소를 붙여넣는다. 그다음 [Connect]를 누르면 된다.

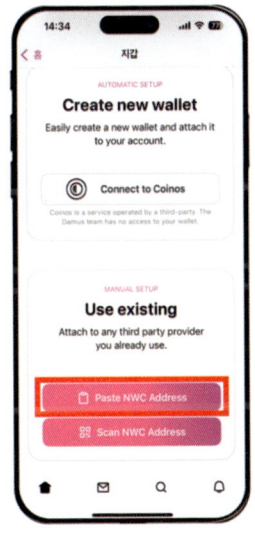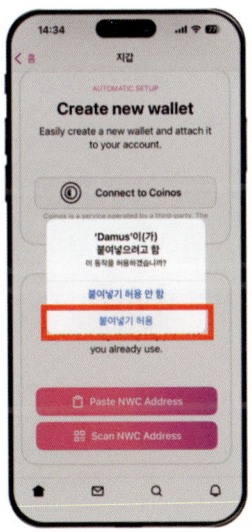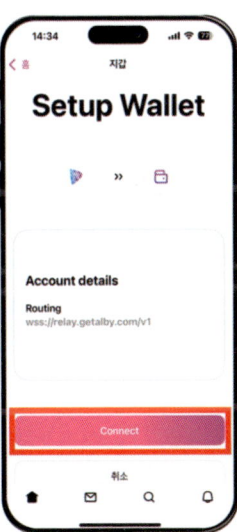

5부 • 노스터 가이드   1127

혹은 [Scan NWC Address]를 누르고, 알비 허브에서 볼 수 있는 QR 코드를 스캔하면 된다. 그다음 [Connect]를 누른다.

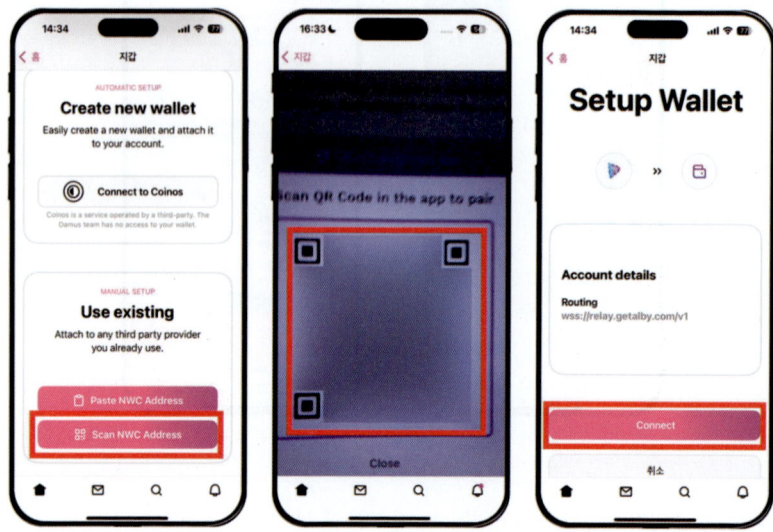

그러면 지갑이 연결될 것이다. 참고로 NWC 지갑을 생성한 지 얼마 되지 않은 경우 지갑 연결이 원활하지 않을 수 있다. 하루 정도 기다리면 잘 연결될 것이다.

지갑 창에서 오른쪽 상단 톱니바퀴 모양의 버튼을 눌러 설정 창으로 진입한다. '온라인'으로 표시된다면 연결이 잘 된 것이다. 다른 사람에게 잽을 날리고, 잘 보내지는지 확인해 보자.

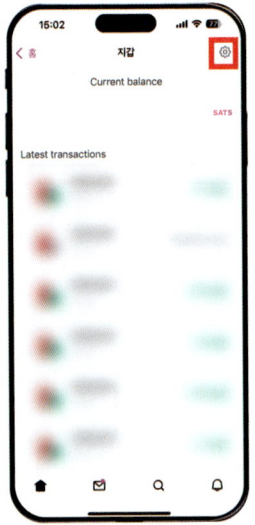 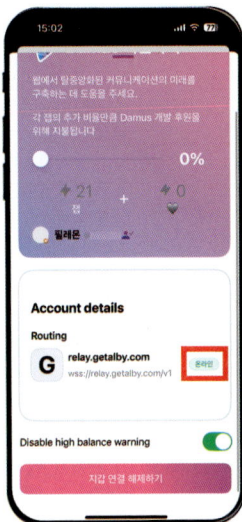

## 피닉스에서 NWC 지갑 연결하기

이번에는 피닉스에서 NWC 지갑을 연결하는 방법을 알아보자. 왼쪽 탭에서 [설정] → [지갑]을 누른다.

지갑 연결에서 [Nostr Wallet Connect]를 선택한다.

여기에 알비 허브에서 복사했던 지갑 연결 주소를 입력하고, [연결]을 누른다.

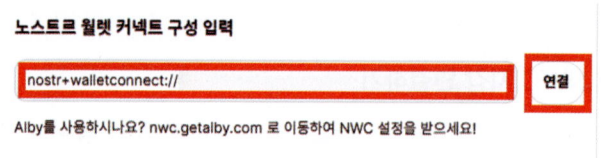

연결이 잘 되면 왼쪽에 지갑 잔액이 나온다. 피닉스도 마찬가지로 NWC 지갑을 생성한 지 얼마 되지 않았다면 제대로 연결될 때까지 시간이 좀 필요할 수도 있다. 연결이 잘 안된다면 최대 하루 정도 기다려보자.

다른 사람의 프로필이나 포스팅에서 잽을 날려보자. 번개 모양의 버튼을 누르면 된다.

잽 금액과 함께 보낼 댓글을 입력한 후 [Zap ?? sats]를 누르면 잽이 전송된다.

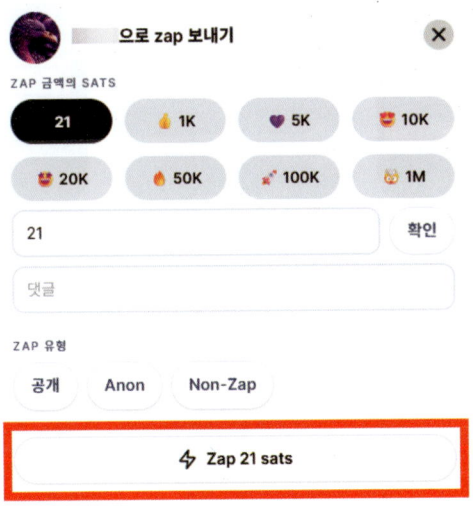

# | NWC를 이용해 제우스에서 라이트닝 주소 발급하기

### 제우스에서 라이트닝 주소 발급하기

제우스에서는 NWC를 이용해 '~@zeuspay.com' 형태의 라이트닝 주소를 간단하게 발급할 수 있다. 이 방법에 대해 알아보자. 참고로 커스텀 주소를 발급받기 위해서는 유료 플랜을 구독해야 한다.

먼저 제우스 홈 화면에서 좌측 상단의 메뉴 버튼을 누른 후, [라이트닝 주소]를 누른다. 그다음 '원격' 밑에 있는 [시작하기]를 누른다.

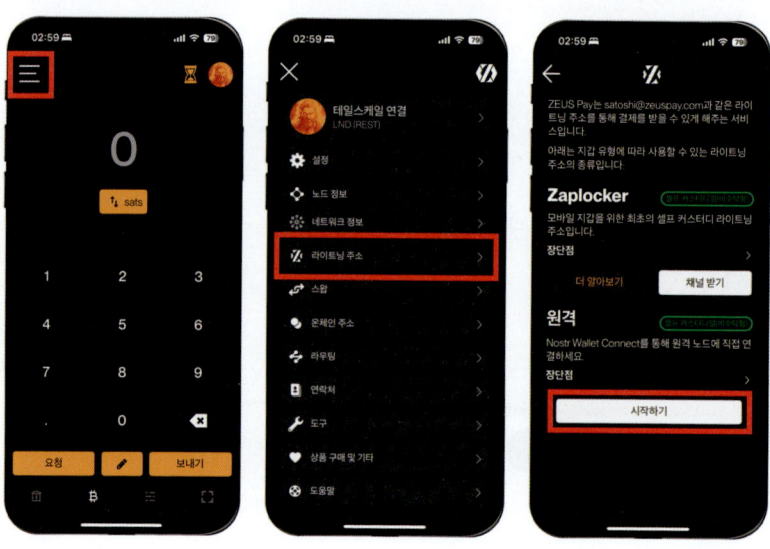

입력창에 NWC 주소를 붙여넣고, [연결 문자열 테스트]를 누른다. NWC 지갑 연결에 성공하면 '연결 테스트 완료'라는 문구가 나온다. 그러고 [라이트닝 주소 만들기]를 누르면 라이트닝 주소가 발급된다. 그 아래에 있는 QR 코드 모양의 버튼을 누르면 QR 코드도 볼 수 있다. 커스텀 주소를 발급받기 위해서는 'ZEUS Pay+'라는 플랜을 구독해야 한다.

이로써 노스터 클라이언트 이용 방법뿐만 아니라 릴레이 운영 방법, NWC를 이용해 자신의 라이트닝 노드에서 잽을 보내는 방법까지 모두 알아보았다. 검열 불가능한 진정한 자유의 공간 노스터에 양질의 글을 올려보고, 잽을 통해 보상도 노려보자.

비트코인 사용 가이드

# 6. 홈 채굴 가이드

# 6. 홈 채굴 가이드

## | 홈 채굴을 위한 지식

### 비트코인 채굴

채굴은 단순히 새로운 비트코인을 얻는 방식이 아니라 네트워크의 보안을 책임지는 핵심이다. 풀 노드가 분산화, 라이트닝 네트워크가 확장성을 담당한다면 채굴은 비트코인의 보안을 담당한다.

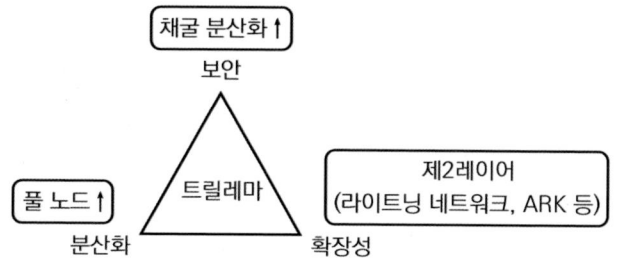

비트코인에서 채굴은 작업증명과 인센티브를 합친 것을 말한다. 따라서 채굴이 무엇인지 이해하고 싶다면 작업증명PoW, proof-of-work과 인센티브 시스템에 대해 알아야 한다.

비트코인 네트워크에는 거래들을 모아서 새로운 블록을 만들려는 노드들이 있다. 풀 노드들은 유효한 거래들을 자신들의 거래 바구니인 멤풀에 넣고 전파한다. 이렇게 멤풀에 들어있는 거래들을 수수료가 높은 순서대로 모아 블록을 만드는 노드들이 바로 채굴자다. 그런데 이런 블록을 구성하려는 사람들이 매우 많으니, 이들이 올린 블록 중 어떤 블록을 참인 것으로 인정할지 합의하는 시스템이 필요하다. 이를 해결하는 것이 작업증명이다.

작업증명은 일종의 제비뽑기 같은 것이다. 정확히는 논스값을 바꿔보며 목푯값보다 작은 해시값이 나오게 하는 것이 작업증명이다. 좀 더 쉽게 이해하기 위해 예시를 들어보겠다. 0부터 9999까지 적혀있는 카드들이 있다고 해보자. 블록을 올리려는 사람들은 계속 카드를 뽑는다. 카드를 계속 뽑고 섞다가 10 이하의 카드를 뽑은 사람이 있으면 그 사람이 만든 블록을 참으로 인정하기로 하는 것이다. 내가 만든 블록이 참으로 인정되려면 카드를 계속 섞고 뽑아보면서 다른 채굴자들보다 더 빨리 10 이하의 카드를 뽑아야 한다. 더 빨리 뽑아야 자신이 만든 블록이 참으로 인정받기 때문이다. 카드에 적힌 숫자는 비트코인 채굴에서 블록 해시값이고, 카드를 뽑는 행위는 추가 논스값을 포함하여 논스값을 바꿔보는 행위이다.

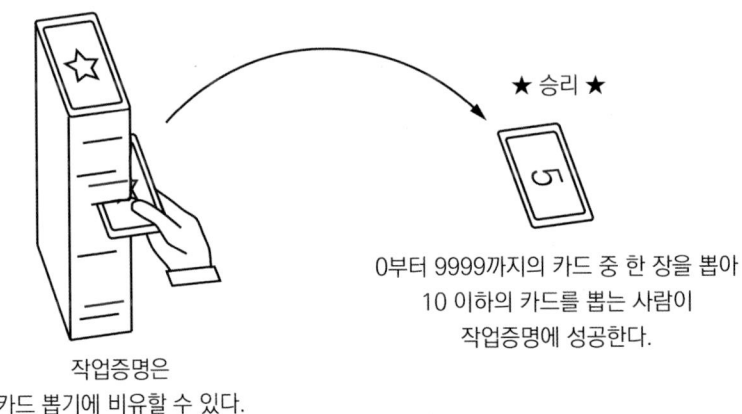

작업증명은
카드 뽑기에 비유할 수 있다.

0부터 9999까지의 카드 중 한 장을 뽑아
10 이하의 카드를 뽑는 사람이
작업증명에 성공한다.

작업증명이 단순한 무작위 게임이 아닌 이유는 많은 연산 능력이 들어가야만 블록을 생성할 수 있기 때문이다. 카드를 계속 뽑으려면 에너지와 시간이라는 비용이 들어간다. 따라서 작업증명에 대한 보상으로 새로 발행된 비트코인과, 사람들이 각각의 거래에서 지불한 수수료가 지급된다. 그 보상은 채굴자가 직접 블록에 넣고, 풀 노드들이 규칙에 맞는지 검증한다. 이 인센티브 구조는 채굴자들이 네트워크 보안 유지에 자발적으로 참여하도록 유도하는 원동력이다.

만약 어떤 공격자가 과거 블록을 조작하려면 변조하려는 블록 이후의 모든 블록을 다시 채굴해야 한다. 이는 엄청난 비용이 들어가기 때문에 사실상 불가능하다. 블록 생성에 들어가는 에너지 비용은 네트워크를 공격하려고 할 때도 전부 지불해야 하는 비용이 되기 때문이다. 평상시에는 여러 채굴자들이 모여 각자의 이익을 위해 이 에너지 비용을 지불하지만, 공격자가 비트코인을 공격하려고 할 때는 혼자서 이 비용을 전부 지불해야 한다.

따라서 채굴은 비트코인을 안전한 상태로 유지하는 방패다. 수많은 채굴자들의 연산 능력이 합쳐진 방어막이 비트코인의 보안을 보장한다. 이러한 연산 능력을 해시레이트hashrate라고 한다. 앞에서 이야기한 비유로 돌아가자면 해시는 카드를 한 번 뽑는 것과 같다. 해시레이트는 1초에 몇 번 해시 함수를 돌릴 수 있는지, 즉 카드를 몇 번 뽑을 수 있는지를 나타내는 것이다. 쉽게 이해하기 위해 이러한 예시를 들었지만, 개념이 잘못 잡힐 수 있으므로 정확히 이해하기 위해서는 사토시 나카모토가 쓴 비트코인 백서를 읽어보는 것을 추천한다.

## 채굴 방식의 분류

비트코인을 채굴하는 방식은 크게 두 가지로 나눌 수 있다. 하나는 채굴자가 독립적으로 연산을 수행하고 보상도 단독으로 받는 솔로 채굴이고, 다른 하나는 여러 채굴자들이 힘을 합쳐 블록을 찾고 보상을 나누는 채굴 풀 참여 방식이다.

솔로 채굴은 비트코인 초창기에는 일반적인 방식이었다. 초창기에는 개인용 컴퓨터나 GPU 카드만으로도 채굴이 가능했기 때문이다. 하지만 지금은 채굴 난도가 매우 높아지면서 솔로 채굴의 현실적인 성공 가능성은 희박하게 되었다. 솔로 채굴자는 블록을 발견했을 때 모든 보상을 온전히 가져간다. 2025년 기준, 보상은 3.125 BTC에 수수료 인센티브를 더한 값이다. 수수료 인센티브를 제외한 채굴 보상은 약 4년마다 절반으로 줄어드는데, 그래서 약 4년(정확히는 21만 블록)을 반감기라고 한다.

채굴 난도가 매우 높은 현재 상황에서는 개인이 블록을 찾는 데 수년 동안 운이 따라주지 않을 수도 있다. 그럼에도 불구하고 솔로 채굴은 기술적으로 매우 중요한 의미를 가진다. 특정 풀이나 제3자의 통제를 받지 않고도 완전히 독립적으로 채굴에 참여할 수 있기 때문이다.

채굴을 할 때는 채굴 과정에서 들어가는 에너지 비용을 보상받는 인센티브를 통해 개인적인 이익을 꿈꿀 수 있다. 하지만 채굴의 의미는 검증된 거래들을 모아 유효한 새 블록을 만들고, 이 과정에서 비트코인의 보안에 기여하는 것이기도 하다. 따라서 채굴을 로또 추첨에 비유하는 것은 좋지 않은 생각이지만, 그래도 이만큼 이해하기 좋은 비유가 없어 한 번 비유를 해보도록 하겠다. 솔로 채굴은 혼자서 로또를 사는 것과 같다.

채굴 풀 참여는 다수의 채굴자가 해시 파워(해시레이트)를 모아 블록을 찾고, 블록을 찾았을 때 받는 채굴 보상(인센티브)을 나누어 갖는 구조다. 여러 사람이 돈을 모아 로또를 사고, 당첨이 되면 당첨금을 나누어 갖는 방식이 채굴 풀 방식인 것이다. 각각의 채굴자는 셰어share라는 단위를 제출함으로써 자신이 얼마나 작업에 기여했는지를 증명한다. 셰어를 발견하여 제출하는 것은 일반적인 채굴보다 훨씬 쉽다(난도가 낮다).

예를 들어보자. 여러 명이 함께 0부터 9999까지 있는 카드를 뽑는데, 10 이하의 카드를 뽑으면 당첨되는 것이라고 해보자. 채굴 풀은 만약 카드를 뽑았는데 100 이하면 카드를 전부 내라고 한다. 채굴 풀 참여자들은 100 이하의 카드를 내는데, 이 100 이하의 카드가 셰어다. 그러다 보면 100 이하의 카드 중에 10 이하의 카드도 있을 것이다. 그러면 이 채굴 풀에서 작업증명에 성공한 것이다. 이때 만약 제출된 셰어가 총 100장인데, 내가 그중에 5장의 셰어를 제출했었다면 나는 총채굴 보상의 5%를 가져가는 방식이다(채굴 풀 운영자가 가져가는 수수료는 제외한다). 채굴 풀이 채굴 보상을 분배하는 방식에는 여러 가지가 있는데 이에 대해서는 잠시 뒤에 알아보겠다.

## 채산성 계산하기

채굴은 에너지 비용을 들여서 비트코인을 얻는 것이기 때문에 수익을 바라보고 한다면 채산성 계산이 필수다. 채산성 계산은 비용 대비 보상을 계산했을 때 이익이 되는지 계산하는 것이다.

채산성을 판단하기 위해 고려해야 할 요소들에는 네트워크 총 해시레이트, 내 해시레이트, 소모 전력, 비트코인 대비 원화 환율, 현재 채굴 보상, 전기료, 장비 비용과 수명 등이 있다. 총 해시레이트와 내 해시레이트는 기댓값을 계산하기 위해 필요하다. [내 해시레이트] / [총 해시레이트]는 내가 블록을 발견할 확률을 의미하며, 채굴 풀에 참여할 때는 내 기여도를 판단할 수 있는 지표가 된다. 블록은 평균적으로 1시간에 6개 정도 발견되므로, 자신이 블록을 발견할 확률에 '6 (블록) × 24 (시간) × 30 (일)'을 곱하면 한 달 동안 채굴을 해서 블록을 찾을 확률, 또는 한 달 동안의 나의 기여도를 계산할 수 있다.

비트코인 대비 원화 환율이 필요한 이유는 전기료를 원화로 내기 때문이다. 현재 채굴 보상과 비용을 비교하기 위해서는 채굴 보상을 원화로 환산하거나 전기료를 비트코인으로 환산하는 작업이 필요하다. 예상 소모 전력에 전기료를 곱하면 채굴 비용을 계산할 수 있을 것이다.

예시를 들어 계산해 보자. 계산을 단순화하기 위해 난이도 조정이나 장비 가격, 수명은 고려하지 않겠다. 하지만 정말 진심으로 이익을 위해서 채굴을 한다면 이런 변수도 함께 계산해야 한다. 현재 비트코인 네트워크의 총 해시레이트가 1 ZH/s라고 하고, 내 기기의 해시레이트는 1 TH/s라고 하자. 채굴 보상은 3.125 BTC, 소모 전력은 18 W, 비트코인 대 원화 환율은 1억 5천만 원/BTC, 전기료는 대한민국 가정용 1단계 누진세 전기료인 120원/kWh라고 하고 채산성이 있는지 계산해 보자.

한 달 보상의 기댓값부터 계산해 보자. 내 네트워크 기여도는 1 TH/s를 1 ZH/s로 나누면 계산할 수 있다. T (테라)는 $10^{12}$를 의미하고, Z (제타)는 $10^{21}$을 의미하니 기여도는 10억 분의 1이 된다. 여기에 '6 (블록) × 24 (시간) × 30 (일)'을 곱하면 0.00000432가 된다. 그러면 솔로 채굴을 할 때 성공 확률은 0.00000432, 즉 약 23만 분의 1이다. 여기에 채굴 보상인 3.125 BTC와 비트코인 환율인 1.5억 원/BTC를 곱하면 한 달 기댓값이 나온다. 만약 채굴 풀에 참여하여 기댓값만큼 채굴 보상을 받는다면 한 달에 약 2,025원을 받는 셈이 된다.

이제 비용을 계산해 보자. 소모 전력이 18 W이고, 전기료가 120원/kWh니 두 값을 곱하면 전기료가 나온다. 참고로 1 kWh는 1,000 Wh이므로 전기료와 소모 전력을 곱하고 1,000으로 나눠주면 1시간당 전기료가 나온다. 계산하면 2.16 원/시가 된다. 이제 여기에 24 (시간) × 30 (일)을 곱하면 한 달 예상 전기료인 1,555원이 나온다.

그러면 보상에서 비용을 빼면 한 달에 약 500원 정도가 이익인 것을 알 수 있다. 하지만 보통 이 정도 홈 채굴 장비는 2025년 기준 20만 원 정도로 가격이 형성되어 있다. 손익분기점을 넘기 위해서는 30년이 넘게 걸리는 셈이다.

만약 솔로 채굴을 한다면 매달 1,500원 정도를 들여 작업증명 성공 확률이 약 23만 분의 1이고, 채굴 보상이 3.125 BTC인 게임에 참여하는 것과 같다는 계산이 나온다.

한 달 수익 계산식:

보상: $\dfrac{\text{내 해시레이트}}{\text{총 해시레이트}} \times \text{블록 보상} \times 6 \times 24 \times 30 \times \text{비트코인 환율}$

비용: $\dfrac{\text{채굴기 소모 전력(W)} \times \text{전기료(원/kWh)}}{1000} \times 24 \times 30$

순수익: 보상 − 비용

채산성이 있는지 계산해 보니 채굴은 이익으로 접근하면 안 된다는 생각이 들지 않는가? 채굴은 에너지 산업이다. 즉, 에너지 생산을 더 저렴하고 효율적으로 할 수 있는 에너지 기업이어야 더 큰 이익을 남길 수 있다. 에너지 생산에 비교우위가 없다면 수익을 얻기 힘들다. 이러한 이유로 비트코인 채굴은 효율적인 에너지 산업이 성장할 수 있도록 장려한다.

그렇다면 홈 채굴은 개인에게 아무런 이익이 없는 것일까? 그렇지 않다. 채굴은 비트코인이 생성되는 일이므로 채굴 풀에 참여하면서 신상정보를 입력하지 않는 한 완전한 non-KYC 비트코인을 얻을 수 있는 일이다. 세계 각국의 정부는 사람들의 자유로운 거래를 추적하고 제한하기 위해 거래소에서 열심히 KYC를 하도록 추진하고 있다. 하지만 채굴 보상으로 받는 비트코인은 처음 만들어지는 비트코인이므로 KYC가 될 수가 없다. 이런 순수한 비트코인을 얻을 수 있는 것은 영세한 홈 채굴자들에게 더 매력적으로 다가오는데, 거대한 규모로 채굴을 하는 기업들은 적어도 사업 신고를 해야 하기 때문이다. 따라서 일정 주기로 조금씩 비트코인을 환전하기를 원하는 개인들에게는 홈 채굴이 매력적으로 다가올 수 있다.

## 채굴 풀 보상 방식

채굴 풀이 보상을 분배하는 방식은 매우 다양하다. 여기서는 가장 흔한 분배 방식인 PPS, FPPS, PPLNS를 함께 알아보고, 오션 풀에서 새롭게 내놓은 TIDES 채굴 보상 분배 방식도 알아볼 것이다.

PPS는 Pay-Per-Share의 약자로 '셰어당 지급'을 말한다. 이는 셰어를 지급하면 그에 해당하는 보상을 바로 주는 것을 의미한다. 만약 내 채굴기가 유효 셰어를 1개 제출하면 고정된 보상을 즉시 받는다. 앞의 예시를 생각해 보자. 10 이하의 카드를 뽑으면 3 BTC를 보상으로 주는 게임에서 채굴 풀이 일반 목푯값의 10배인 100 이하의 카드(셰어)를 다 내라고 했다고 해보자. 그러면 어떤 채굴자가 100 이하의 카드를 채굴 풀에 낼 때마다, 채굴 풀은 3 BTC의 10분의 1인 0.3 BTC를 채굴자에게 즉시 지급한다(이 예시에서는 셰어 제출 난이도가 일반 채굴 난이도의 10분의 1이기 때문이다). 물론 수수료를 제외하기 때문에 채굴자가 받는 보상은 카드당(셰어당) 0.29 BTC 정도가 될 것이다. 만약 현재 채굴 보상이 3.125 BTC인데 셰어 제출 가변 난이도가 일반 채굴 난이도보다 500만 배 더 쉽다고 해보자. 그러면 채굴자는 셰어를 제출할 때마다 3.125 BTC / 500만 ≒ 63 sats를 즉시 지급받는다. 여기서 수수료를 제외하고 받으므로 실제로 받는 금액은 약 61 sats가 될 것이다.

PPS에서 주목할 것이 몇 가지 있다. PPS 보상 방식은 보상을 분배할 때 수수료 인센티브는 분배하지 않는다. 채굴 보상은 새롭게 발행되는 비트코인 블록 보상에 수수료 인센티브가 더해져 있다고 했다. 하지만 PPS 보상 분배 방식은 수수료 인센티브는 분배하지 않고 블록 보상만 분배한다.

PPS 방식은 또한 채굴 풀에서 실제로 블록이 채굴되든 안 되든 셰어당 보상을 지급하는 구조다. 따라서 채굴 풀이 운이 안 좋아서 채굴 풀에 참여하고 있는 채굴자들이 블록 채굴에 계속 성공하지 못하고 있으면 채굴 풀은 손해를 본다. 앞의 예시에서 실제로 10 이하의 카드를 뽑는 사람은 별로 없다고 해보자. 채굴자들이 11 이상 100 이하의 카드만 잔뜩 뽑으면 채굴 풀은 보상은 없는 채로 채굴자들에게 계속 0.3 BTC씩 줘야 한다. 만약 11 이상 100 이하의 카드를 뽑은 채굴자가 연속으로 11번 이상 나온다면 채굴 풀은 손실 상태로 들어간다. 채굴자는 안정적으로 수익을 얻을 수 있지만, 채굴 풀 입장에서는 이런 리스크가 있으므로 PPS 보상 방식의 채굴 풀은 일반적으로 수수료가 높은 편이다.

PPS를 이해했다면 FPPS(또는 PPS+) 보상 방식은 이해하기 쉽다. FPPS는 Full Pay-Per-Share의 약자로, '셰어당 전부 지급'이라는 뜻이다. PPS 보상 방식은 분배에서 수수료 인센티브는 제외하고, 블록 보상만 분배한다고 했다. FPPS는 수수료 인센티브까지 분배하는 것이다. 블록당 수수료 인센티브를 통계 내, 셰어당 수수료 인센티브 예상치까지 계산한다. 만약 블록 보상이 3.125 BTC고, 수수료 인센티브가 평균적으로 0.075 BTC라고 해보자. 그러면 총채굴 보상은 3.2 BTC가 된다. 셰어 제출 가변 난이도가 일반 채굴 난이도보다 500만 배 쉽다면 FPPS에서 셰어당 보상은 64 sats가 될 것이다(3.2 BTC / 500만). 여기서 수수료를 제외하면 셰어당 62 sats 정도를 받게 될 것이다. FPPS

는 채굴 풀이 수수료까지 분배하므로 채굴자는 매우 안정적으로 수익을 얻을 수 있지만, 채굴 풀 운영의 리스크는 더 커진다. 그러므로 수수료가 더 높은 편이다.

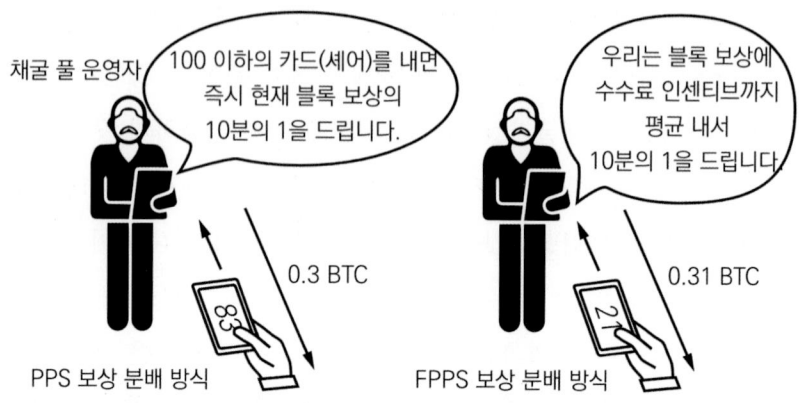

PPLNS는 Pay-Per-Last N Shares의 약자로, '마지막 N개의 셰어당 지급'의 약자다. 앞에서 PPS나 FPPS는 채굴 풀에서 블록이 발견되든 안 되든 셰어를 제출하면 무조건 보상을 주기 때문에 운이 없는 경우 채굴 풀이 단기적으로 손실을 볼 수도 있는 구조라고 했다. PPLNS는 채굴 풀에서 블록이 실제로 발견될 때만 보상을 분배한다. 따라서 채굴 풀은 좀 더 안정적으로 운영할 수 있고, 채굴자들은 반대로 보상 주기가 조금 안정적이지 않을 수 있다. 채굴 풀의 운이 안 좋아서 채굴 풀에서 블록이 잘 발견되지 않으면 채굴자들은 보상을 긴 주기로 받게 될 수도 있다. 거꾸로 채굴 풀의 운이 좋아서 채굴 풀에서 블록 발견이 잘 되면 비교적 짧은 주기로 계속 보상을 받을 수 있다. PPLNS는 블록이 발견될 때 최근에 N개의 셰어를 제출한 채굴자들에게만 보상을 분배한다. 앞의 예시로 돌아와 0부터 9999까지의 카드를 뽑는 게임에서 10 이하의 카드를 뽑으면 작업증명에 성공하는 게임이 있다고 해보자. 채굴 풀은 100 이하의 카드를 뽑으면 그 셰어를 전부 다 내라고 했다. 만약 이 채굴 풀의 참여자 중 누군가 10 이하의 카드를 뽑으면 그 셰어를 포함해 최근에 채굴 풀에 제출된 10개의 셰어를 기준으로 보상을 분배한다. 만약 내가 셰어를 찾지 못해 제출 못 하고 있다가 최근에 2개의 셰어를 제출했다면 채굴 보상의 20%를 가져가는 것이다.

PPLNS 보상 방식은 채굴 풀이 손해를 볼 가능성이 없이 안정적으로 운영이 가능하므로 수수료가 낮다. 그러나 채굴자들에게는 리스크가 있다. 만약에 계속 셰어를 많이 제출해도 이 채굴 풀에서 블록이 발견 안 되면 계속 보상을 못 받을 수도 있다. 그러다가 내가 셰어를 발견 못 하는 때에 채굴 풀에서 블록이 채굴된다면 내가 제출한 셰어에 대한 보상을 못 받을 수도 있다. 만약 내가 셰어(100 이하의 카드)를 제출했는데 채굴 풀에서 계속 10 이하의 카드를 못 찾고 11 이상 100 이하의 셰어만 제출되고 있다고 해보자. 그 뒤로 14개의 셰어가 더 제출되었을 때 비로소 채굴 풀의 누군가가 10 이하의 카드를 제출했다고 해보자. 그러면 그 카드를 포함해서 10개의 셰어만을 바탕으로 기여도를 평가하므로 마지막으로부터 15번째에 있는 내 셰어는 기여도를 평가받지 못하고 보상을 못 받게 된다. 현실적인 예시로 돌아와서, 현재 비트코인 채굴 보상이 수수료 인센티브를 합했을 때 3.2 BTC라고 해보자. 셰어 제출 가변 난이도가 일반 채굴 난이도보다 500만 배 낮다면 채굴 풀에서 블록이 발견되었을 때 최근 500만 개의 셰어에 보상이 분배된다. 이때 기여도가 평가되는 마지막 N개의 셰어(방금 예시에서는 500만 개)를 '셰어 윈도우'라고 한다.

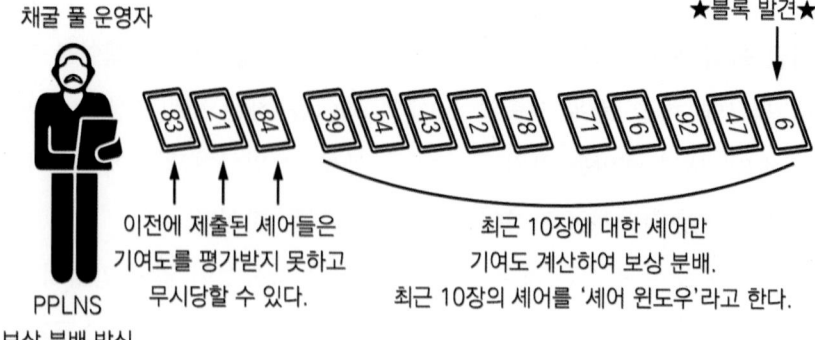

보상 분배 방식

오션 풀이 최초로 도입한 TIDES 보상 방식은 채굴 풀이 운이 안 좋을 경우 채굴자들의 기여도가 사라질 수도 있는 PPLNS 보상 방식의 단점을 해결한 방식이다. TIDES는 Transparent Index of Distinct Extended Shares의 약자로, 번역하면 '각각의 확장된 셰어의 투명한 지표'이다. 좀 더 풀어쓰면 개별 셰어의 기여도를 투명하게 평가하는 보상 구조라고 할 수 있겠다.

TIDES 보상 방식은 일반적인 셰어 윈도우의 크기를 8배로 늘린 방식이다. 따라서 내가 제출한 셰어는 평균적으로 8번에 걸쳐 보상을 나누어 받게 된다.

앞의 예시로 돌아와서 0부터 9999의 카드를 뽑는데, 10 이하의 카드를 뽑으면 작업증명에 성공하는 것이고, 채굴 풀은 100 이하의 카드(셰어)를 뽑으면 전부 다 내라고 했다고 해보자. 이런 상황에서는 셰어 난이도가 채굴 난이도보다 10배 더 쉬우므로 보통 셰어가 10장 제출되면 평균적으로 1번 채굴에 성공한다. PPLNS는 최근 셰어 10개에 대해 분배를 하지만, TIDES 방식은 최근 80개 셰어에 대해 분배를 한다. 만약 작업증명에 성공하면 3 BTC를 받는데, 내가 처음 이 채굴 풀에 참여해 셰어를 1개 발견했다고 해보자. 그러다가 이 채굴 풀에서 블록이 발견되면 나는 3 BTC의 80분의 1인 0.0375 BTC를 보상으로 받게 된다. 여기서 수수료를 제외하면 보통 0.037 BTC 정도를 받게 될 것이다. 그런데 이 보상을 받았다고 끝이 아니다. 셰어 윈도우의 크기가 8배이기 때문에 채굴 풀에서 다음 블록이 발견되었을 때 내가 제출한 셰어에 대한 보상 0.037 BTC를 또 받을 수 있다. 즉, 1번 제출한 셰어를 평균적으로 8번에 걸쳐 나누어 받는 것이다.

← 최신
내가 발견하고 제출한 셰어들: 점점 뒤로 밀리게 될 것이다.
셰어 윈도우 (80장)
윈도우 밖으로 밀리면 기여도 계산에서 제외된다.
오래됨 →

TIDES 보상 분배 방식

만약 내 기여도가 10%라고 해보자. 채굴 풀에 10개의 셰어가 제출될 때 그중에는 평균적으로 내 셰어가 평균적으로 1개 포함되어 있는 것이다. 주기적으로 딱딱 다른 사람들이 9개의 셰어를 제출할 때마다 내가 1개의 셰어를 제출한다고 해보자. 그러면 처음에는 채굴 풀에서 블록이 발견되면 나는 3 BTC의 80분의 1인 0.037 BTC (수수료 제외)를 받게 된다. 그런데 채굴 풀에서 다음 블록을 발견할 때는 내 셰어가

80개 중에 2개 포함되어 있다(다른 사람들이 9개의 셰어를 제출할 때 나는 1개를 제출하기 때문이다). 그러면 나는 0.074 BTC를 받게 된다. 그다음 블록을 발견할 때 나는 또 1개의 셰어를 더 제출한 상황이므로 80개 중에 내 셰어는 3개가 있다. 이런 식으로 TIDES 방식은 처음에는 보상을 적게 받다가 점점 보상을 많이 받아 일정한 수준에 이르게 된다.

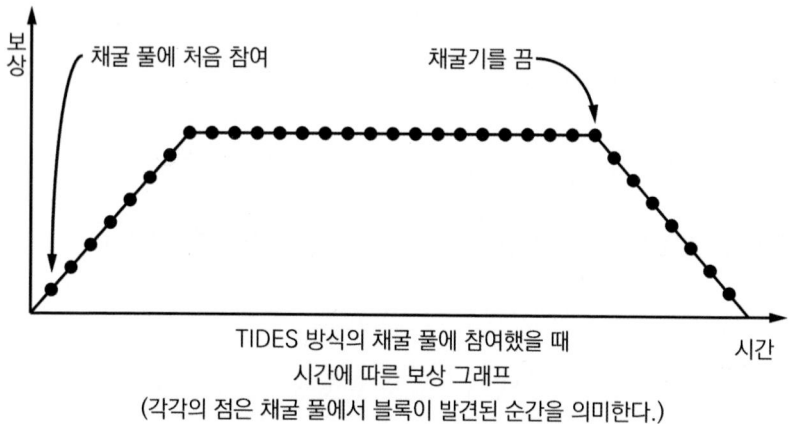

TIDES 방식의 채굴 풀에 참여했을 때
시간에 따른 보상 그래프
(각각의 점은 채굴 풀에서 블록이 발견된 순간을 의미한다.)

채굴 풀은 평균적으로 10개의 셰어가 제출될 때마다 한 개의 블록을 발견해야 한다. 그러나 채굴 풀이 정말 몹시 운이 안 좋으면 셰어가 80개 제출되었는데도 작업증명에 성공(10 이하의 카드를 찾는 것)을 못 할 수도 있다. 하지만 이럴 확률은 매우 희박할 것이라고 예상할 수 있다. 따라서 TIDES 방식은 PPLNS 방식과 달리 내 셰어에 대한 기여도가 사라질 가능성이 매우 낮다. 실제로 TIDES 보상 방식을 쓰는 오션 풀의 경우 내가 제출한 셰어에 대한 보상을 한 번도 못 받을 확률은 0.0335%다. TIDES 보상 방식에서 윈도우의 크기는 PPLNS의 셰어 윈도우 크기의 8배라고 했지만, 이 크기는 비트코인의 난이도 조정 메커니즘에 따라 조금씩 변한다.

## 스트라텀 프로토콜

채굴 풀에 참여하려면 내 채굴기가 채굴 풀과 통신을 해야 한다. 이때 채굴기는 채굴 풀에서 지속적으로 갱신되는 블록 템플릿을 받아와야 하고, 그러면서 셰어를 계속 제출해야 한다. 블록 템플릿은 논스값이 비어 있는 아직 완성되지 않은 블록의 구조를 말한다.

비트코인 초창기에는 채굴기가 풀 노드와 직접 JSON-RPC를 통해 통신했다. 하지만 이 방식은 실시간 대량 통신에 적합하지 않다. 따라서 채굴 풀의 요구에 맞는 전용 프로토콜이 필요했다. 이 문제를 해결하기 위해 개발된 것이 스트라텀 프로토콜stratum protocol이다.

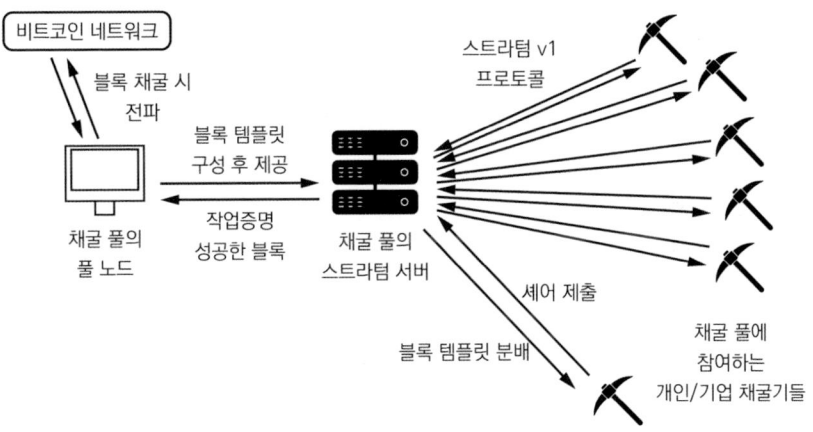

스트라텀 프로토콜은 TCP 연결을 통해 채굴기와 채굴 풀 서버가 실시간으로 데이터를 주고받는 구조다. 간단하게 설명하자면, 채굴기가 채굴 서버에 구독 요청을 보낸다. 채굴기 계정이 인증되면 채굴 풀 서버가 채굴기에게 블록 템플릿을 계속 전송한다. 그러면 채굴기는 유효한 셰어를 제출한다.

이 과정에서 서버는 채굴기의 해시레이트에 따라 적절한 셰어 난이도를 자동으로 조절한다. 이를 가변 난이도Vardiff라고 한다. 셰어 난이도를 조절하지 않는 경우를 생각해 보자. 채굴기의 해시레이트에 비해 셰어 제출 난도가 너무 낮으면(쉬우면) 셰어를 너무 자주 제출해서 서버에 과부하가 걸릴 수 있고, 셰어 제출 난도가 너무 높으면(어려우면) 셰어를 거의 못 내서 기여도 측정이 제대로 안 될 것이다. 그래서 기본 난이도부터 시작해서 셰어 제출 빈도를 기반으로, 가변 난도를 점진적으로 조절한다.

처음 등장한 스트라텀 프로토콜을 스트라텀 v1이라 하는데, 여기에는 몇 가지 문제점이 있다. 먼저 TCP 통신 과정이 암호화되어 있지 않다. 따라서 중간자 공격에 취약하다. 또한 채굴자에게 블록 템플릿 구성 권한이 없으므로 채굴 중앙화 문제가 있다. 스트라텀 v1은 BIP 제안 없이 비공개적으로 개발되었기 때문에 이러한 문제점들이 있었던 것이다. 그래서 스트라텀 v2가 등장했는데 DEMAND 풀에서 최초로 스트라텀 v2 방식을 도입했다. 스트라텀 v2부터는 암호화된 통신을 지원한다. 채굴자가 풀 노드를 운영할 경우 블록 템플릿 구성 권한을 직접 가져올 수도 있고, 다른 노드에게서 블록 템플릿을 받아올 수도 있다. 하지만 스트라텀 v2는 기존에 중앙화 채굴 모델이었던 스트라텀 v1을 개선하여 나온 것이기 때문에 비효율이 존재했고, 이 때문에 처음부터 채굴 분산화를 위해 설계된 다텀 프로토콜이 등장했다. 이에 대해서는 바로 다음 절에서 자세히 알아보자.

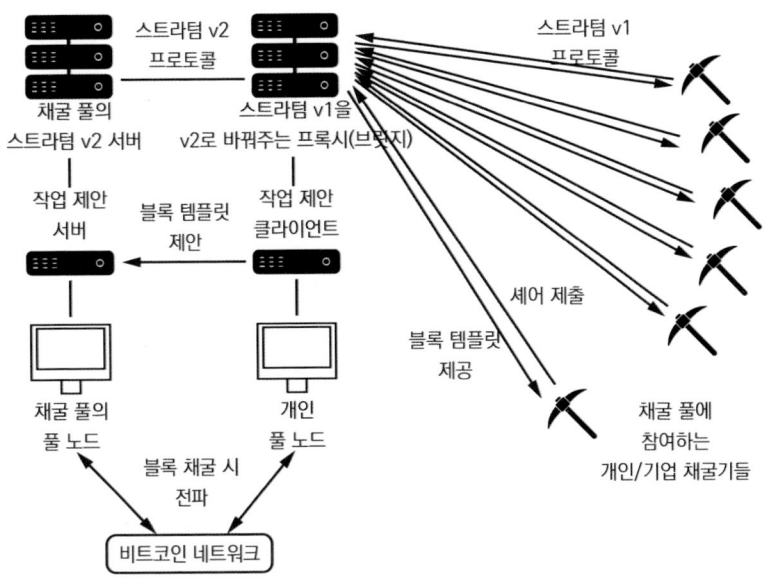

### 채굴 풀의 한계

채굴 풀은 간접민주주의(대의민주주의)와도 같다. 간접민주주의는 개인들이 선거를 통해 입법자를 뽑으면, 입법자가 법을 제정하는 권한을 갖는 형태를 말한다. 간접민주주의의 단점은 명확하다. 일단 선출된 입법자가 시민들의 의지에 반하는 법들을 마구 입법할 수 있기 때문이다. 따라서 간접민주주의는 진정한 민주주의라기 보다는 효율성과 어느 정도 타협한 민주주의라고 할 수 있다. 역사 속에서 많은 선출자들이 간접민주주의의 한계를 이용하여 독재로 전환했다. 로마의 카이사르나 나치의 히틀러 모두 정당한 선출 과정을 통해 선출된 뒤, 자신들의 독재를 위한 법을 입법하여 민주주의를 훼손하였다.

채굴 풀도 간접민주주의 형태와 같다. 채굴자들은 어떤 채굴 풀에 참여할지 선택할 수 있다. 그러나 일단 채굴 풀에 참여하고 나면 블록의 구성 권한은 채굴 풀 운영자가 모두 갖게 된다. 채굴 풀에 참여한 채굴자는 채굴 풀 운영자가 만든 블록 템플릿을 수동적으로 받을 수밖에 없다. 그 블록 템플릿에서 논스값만을 변경해 보며 작업증명을 한다.

만약 채굴 풀 운영자가 비트코인 네트워크에 해가 되는 블록을 구성했다고 해보자. 그러면 해당 채굴 풀에 참여한 채굴자들은 그 블록을 채굴할 것이다. 그런 사실이 밝혀지면 해당 채굴 풀에 참여하고 있는 채굴자들은 다른 채굴 풀로 옮기고, 풀 노드들은 그 블록을 거부할 수 있다. 그렇다고는 해도 일단 이런 일이 일어나면 네트워크 분리가 일어나는 등 네트워크 불안이 야기될 수 있다. 채굴자들의 소중한 해시레이트가 악의적인 블록 생성에 쓰일 수도 있는 것이다.

솔로 채굴도 마찬가지다. 대부분의 솔로 채굴자들은 CK풀이나 퍼블릭 풀에 참여하는데, 이것도 채굴 풀이다. 블록을 채굴한 당사자가 보상의 대부분을 가져가는 솔로 채굴 보상 방식일 뿐이다. 보상의 '전부'가 아니라 '대부분'이라고 한 이유는 채굴 풀이 수수료 명목으로 전체 블록 보상의 1-3% 정도를 가져가기 때문이다. 당연히 블록의 구성 권한은 CK풀이나 퍼블릭 풀에게 있다. CK풀이나 퍼블릭 풀에 참여하는 솔로 채굴자들은 채굴 풀 운영자가 악의적인 블록을 생성하지 않을 것이라는 신뢰에 기대야 한다. 물론 이런 방식이 아니라 자신의 풀 노드가 직접 블록 템플릿을 구성하고 솔로 채굴을 할 수 있게 해주는 퍼블릭 풀의 오픈 소스 소프트웨어도 있다.

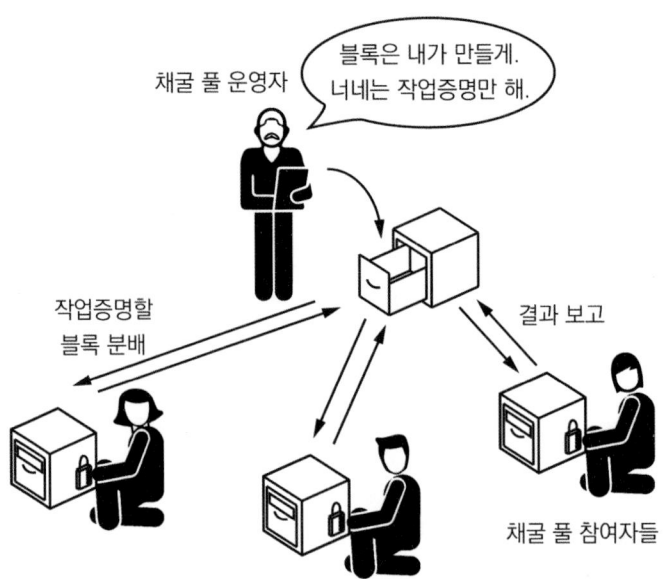

## 다텀과 채굴 주권

그렇다면 채굴 주권을 지키기 위해서는 직접 풀 노드를 돌려 퍼블릭 풀 소프트웨어를 이용해 자신의 채굴기와 연결하고, 솔로 마이닝을 하는 방법밖에 없을까? 보상을 분배하는 채굴 풀에 참여하고 싶다면 채굴 주권을 포기해야 할까? 이 문제를 해결하기 위해 다텀DATUM이 나왔다.

   다텀은 자신의 풀 노드가 직접 블록 템플릿을 구성할 수 있게 해준다. 채굴기는 다텀을 이용해 풀 노드와 연결된다. 그러면 채굴기는 풀 노드가 만든 블록 템플릿을 이용해 채굴할 수 있게 된다. 만약 다텀의 개념이 여기서 끝났다면 보상을 분배하는 채굴 풀은 불가능하고, 솔로 채굴만 가능했을 것이다.

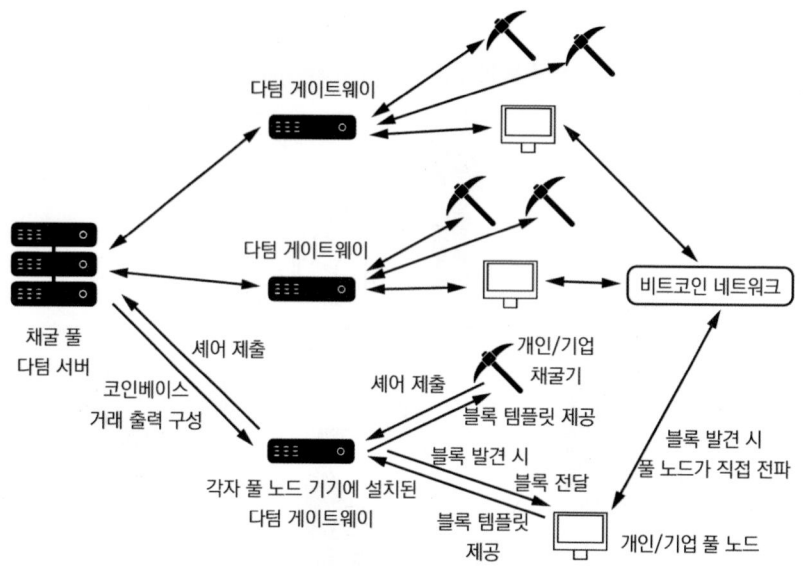

보통 채굴 풀이 블록 템플릿의 구성 권한을 갖는 이유는 채굴 보상이 지급될 주소 설정 때문이다. 일단 채굴 보상이 채굴 풀에게 주어져야 채굴 풀이 채굴자들에게 보상을 분배할 수 있다. 따라서 다템은 채굴 풀이 코인베이스 거래(채굴 보상이 주어지는 거래)를 구성할 수 있는 권리를 갖게 할 수 있다. 채굴자들이 돌리는 풀 노드에서 블록 템플릿이 만들어지면, 그 블록 템플릿은 먼저 오션 풀이라는 채굴 풀로 간다. 오션 풀은 채굴 보상이 주어지는 코인베이스 보상 주소만 수정하고 다시 풀 노드의 다템 앱으로 보낸다. 그러면 다템은 비로소 채굴기에게 블록 템플릿을 보내주고, 채굴기가 그 블록 템플릿으로 채굴하게 되는 것이다. 채굴기가 채굴하면서 얻은 결과는 다시 다템을 이용해 채굴 풀에게 보내진다. 정리하면, 다템은 블록의 구성 권한을 채굴자(채굴자가 돌리는 풀 노드)가 갖되, 채굴 보상 주소만 채굴 풀이 바꿀 수 있도록 허용한다.

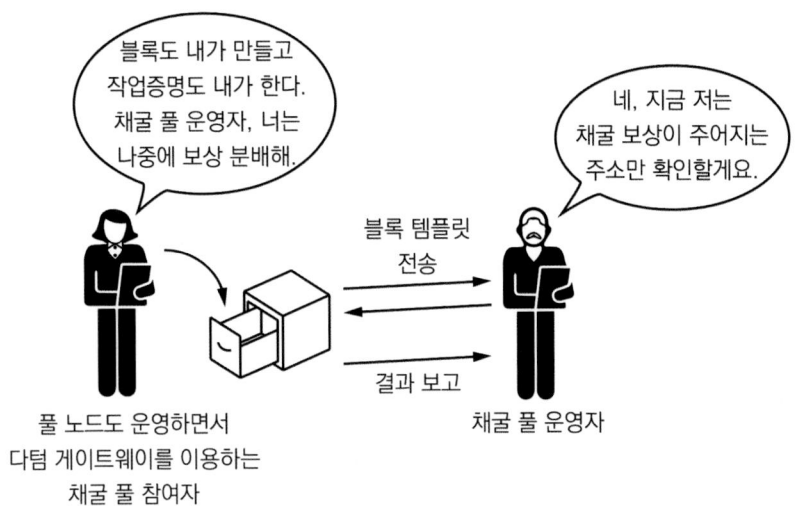

## 홈 채굴의 의미

공장처럼 거대한 규모로 돌아가는 대형 채굴장을 생각해 보자. 냉각 설비를 갖춘 데이터 센터, 저렴한 전력 공급 계약, 대규모 장비 투자. 이와 비교하여 가정에서의 소규모 채굴은 상대적으로 이익이 적다. 홈 채굴은 산업용 전기보다 비싼 전기 요금을 지불해야 하고 냉각 환경도 열악하며, 장비의 유지·보수에도 어려움이 따른다. 따라서 수익을 내는 것은 노하우가 필요한 일이다.

수익을 기대하기보다 손해를 최소화하며 채굴하는 것으로 관점을 바꿔볼 수도 있다. 겨울철 난방 대용으로 채굴기를 이용하거나, 재생 에너지를 이용한 자가발전 설비와 연계할 수도 있다. 이러한 자가발전은 특히 중요한데, 에너지 생산도 개인이 자율적으로 하는 첫걸음이 되기 때문이다. 또한 다텀을 통해 자신의 풀 노드와 채굴기를 연결하여 좀 더 독립적으로 채굴할 수도 있다. 이러한 홈 채굴자들은 비트코인 네트워크에서 매우 중요하다. 이들 각각의 해시레이트가 미약하다고 하더라도, 이들이 네트워크에 기여하는 것은 무시할 수가 없다. 이들은 채굴 풀이 비트코인 사용자에게 도움이 되지 않는 내용들을 지지하거나 거래들을 검열할 경우 얼마든지 다른 채굴 풀로 이동할 수가 있다. 따라서 채굴 풀의 중앙화를 견제한다. 게다가 다팀을 통해 자신의 풀 노드와 채굴기를 연결하는 경우 채굴이 분산화되어 네트워크 전체의 자율성이 올라간다.

채굴은 비트코인 네트워크를 보호하는 행위다. 따라서 홈 채굴자들은 자신이 직접 에너지를 써서 네트워크를 보호하는 사람들이다. 또한, 중앙화된 권력 없이 비트코인이 만들어지는 데 기여한다. 이러한 행위는 단순한 이윤 논리를 넘어선 진정한 금융 주권의 실천이다.

# | 비트엑스 감마 601로 솔로 채굴하기, 채굴 풀 참여하기

**준비물**

1. 비트엑스 감마 601 (스탠드 포함)

2. 5V 30W 이상 전원선

비트엑스 감마 601은 전압 5V에 20W 이상 안정적인 전력 공급이 필요하다. 따라서 5V에 6A 정도 되는 어댑터가 필요하다. 멀티플러그 어댑터(돼지코)를 쓰는 것은 개인적으로 추천하지 않는다. 채굴기는 무엇보다 안정적인 전력 공급이 중요한데 멀티플러그 어댑터가 헐거운 경우 전력이 안정적으로 공급되지 않을 수 있다. 그러면 채굴기까지 망가질 수 있다. 따라서 한국형 플러그에 사용 가능한 5V 6A 어댑터를 따로 구해서 사용하는 것을 추천한다. 다음 사진을 참고하라.

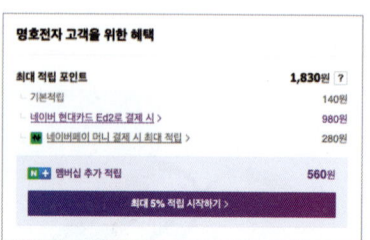

## 3. 스마트폰, PC

비트엑스를 설정할 때 스마트폰이 필요하다. 펌웨어 업데이트 등을 할 때는 PC가 있는 것이 편하다.

**비트엑스 스탠드 조립 및 전원 연결**

스탠드가 있다면 먼저 스탠드 조립을 해주자. 다음 사진에 보이는 네 귀퉁이에 나사를 돌려 연결해 주면 된다.

이제 전원을 연결한다.

처음에 전원을 연결하면 LCD 화면에 여러 가지 정보들이 뜨며 지나갈 것이다.

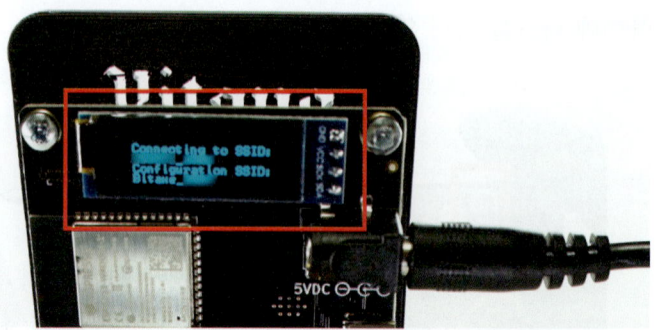

## 비트엑스 네트워크 연결

비트엑스를 와이파이에 연결해 보자. 연결할 와이파이는 2.4GHz여야 하고, 5GHz와 통합되어 있는 스마트 와이파이면 안 된다. 스마트폰의 와이파이 설정 창에서 Bitaxe_???? 로 되어 있는 와이파이를 연결한다. 그리고 왼쪽 위 메뉴 버튼 → [Network]를 누른다.

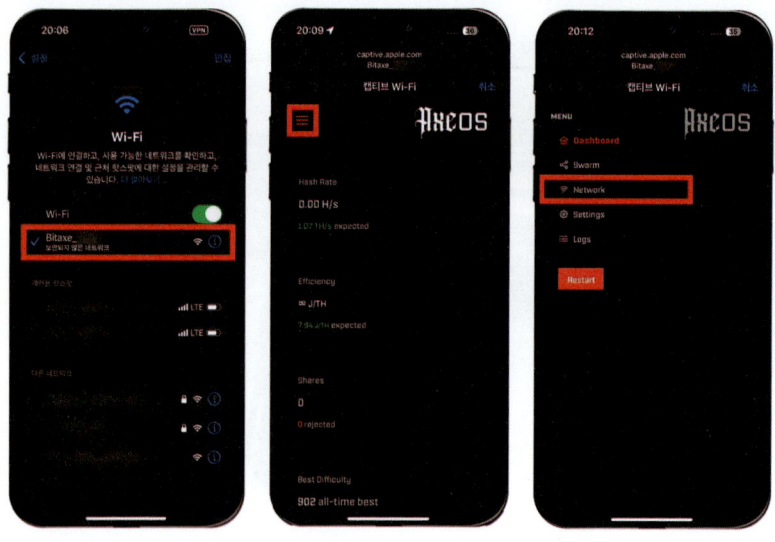

'Hostname'은 아무거나 입력해도 된다. 'WiFi SSID'는 연결할 와이파이 이름을 입력하면 된다. 집에서 쓰는 2.4GHz 와이파이 이름을 입력한다. 이때 대소문자, 공백 등 오타에 주의하여 입력한다. 'WiFi Password'에는 입력한 와이파이의 비밀번호를 입력하면 된다.

그다음 [Save]를 누르고 왼쪽 위 메뉴 버튼 → [Restart]를 누른다. 비트엑스는 항상 설정 변경 후 [Restart]까지 눌러야 변경한 설정이 저장된다.

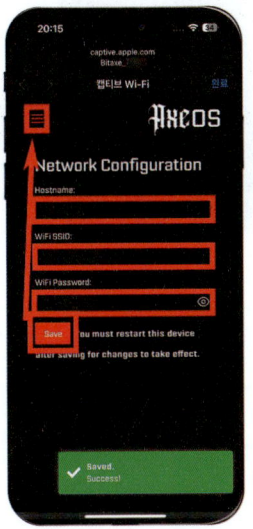 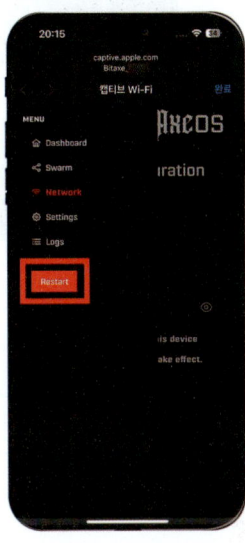

**비트엑스 펌웨어 업데이트**

와이파이에 성공적으로 연결되면 로컬 IP 주소가 할당된다. 비트엑스의 LCD 화면을 보면 로컬 IP 주소가 나온다. 이것을 먼저 확인한다.

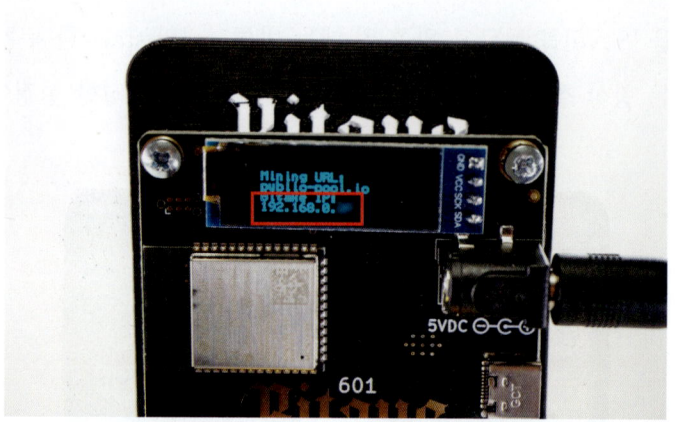

인터넷 주소창에 로컬 IP 주소를 입력한다.

왼쪽의 [Settings] 탭으로 들어가 스크롤을 맨 아래로 내린다. 'Latest Release' 옆에 있는 [Check]를 누른다. (2.5.0보다 최신 버전일 경우 왼쪽의 [Update] 탭을 누르고 똑같이 진행하면 된다.)

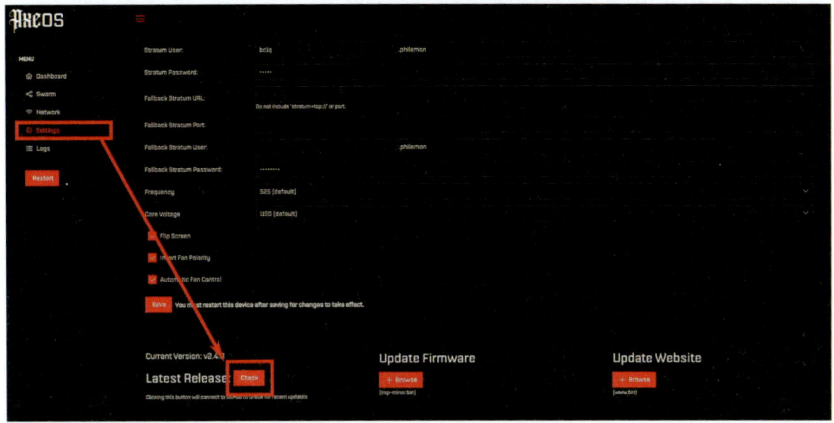

최신 버전이 아니라면 아래 펌웨어 파일을 다운로드할 수 있는 링크가 나타난다. esp-miner.bin 파일과 www.bin 파일 둘 다 다운로드한다.

'Update Firmware' 아래 있는 [Browse]를 누른다. 그다음 esp-miner.bin 파일을 선택한다.

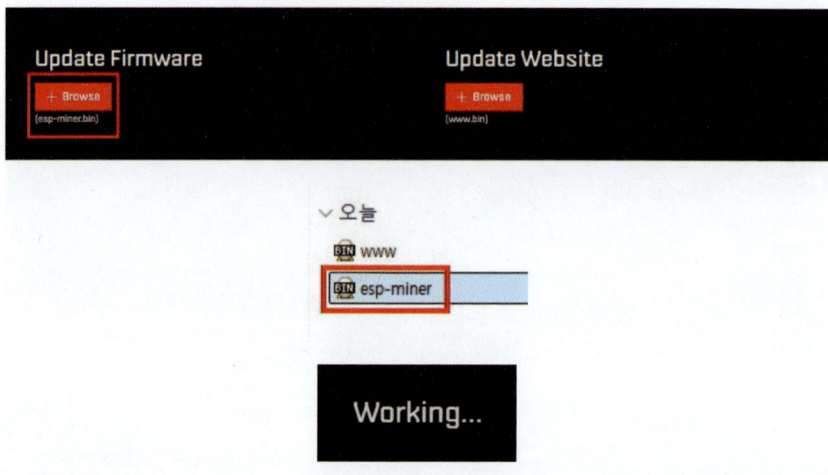

'Update Website' 아래 있는 [Browse]도 누른다. 그다음 www.bin 파일을 선택한다.

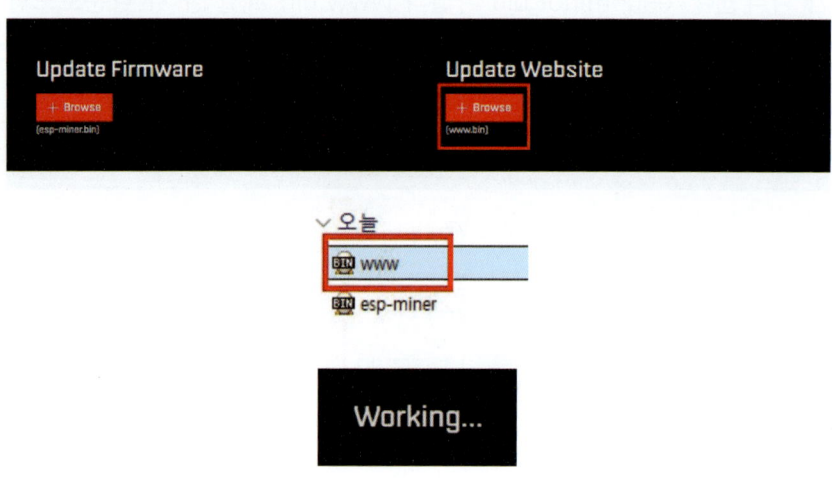

다 되었으면 [Save]를 누르고 [Restart]를 누른다.

## 솔로 채굴 설정하기(ckpool)

풀 노드가 없는데 솔로 채굴을 하려는 경우 '솔로 풀'을 이용해야 한다. 솔로 풀에는 대표적으로 'ckpool'과 '퍼블릭 풀'이 있다. 여기서는 ckpool을 이용해 솔로 채굴 설정하는 방법을 알아보자.

[Pool] 탭에 들어간다. 'Stratum Host'에는 solo.ckpool.org를 입력한다. 'Stratum Port'에는 3333을 입력한다. 'User'에는 '보상을 받을 비트코인 주소.채굴기 이름(자기 마음대로)'을 입력하면 된다. 채굴기 이름 없이 비트코인 주소만 입력해도 된다. 여기서 비트코인 주소에 오타가 나면 블록을 채굴해도 보상이 엉뚱한 곳으로 갈 수 있으니 꼭 잘 확인하자. 'Password'에는 영어 소문자 'x' 한 글자를 입력하면 된다.

그 아래에 'Fallback Pool Configuration'으로 똑같은 입력창이 있다. 이 부분은 만약 입력한 풀과 제대로 연결이 안 될 경우에 대비해 다른 연결할 곳을 입력하는 칸이다.

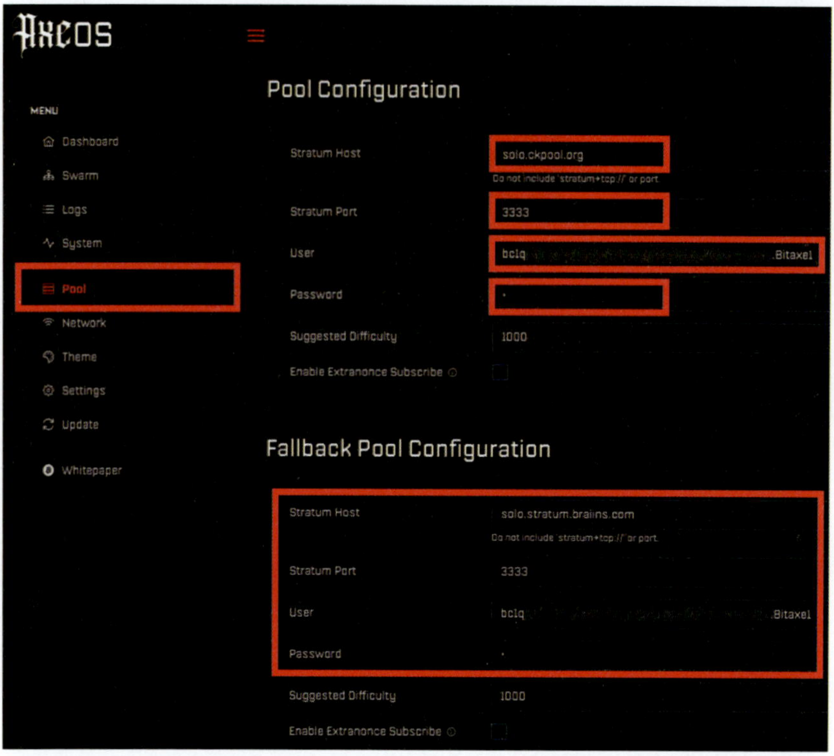

입력했다면 스크롤을 내려 [Save]를 누르고 [Restart]를 누른다. 꼭 [Restart]까지 누르자.

이전에는 ckpool이 솔로 풀 중 네트워크 연결이 안정적이라는 평이 많았다. 그런데 최근 ckpool 네트워크 연결이 안정적이지 못해 다른 풀

에 연결해야 했던 사례가 있었다. 그럴 경우 다음 솔로 풀 중 선택해서 연결하면 된다.

### ck풀

Stratum Host: solo.ckpool.org

Stratum Port: 3333

User: 보상받을 비트코인 주소(.채굴기 이름-선택사항)

Password: x (영어 소문자)

다음 링크에서 확인: https://solo.ckpool.org/

### 퍼블릭 풀

Stratum Host: public-pool.io

Stratum Port: 21496

User: 보상받을 비트코인 주소(.채굴기 이름-선택사항)

Password: x (영어 소문자)

다음 링크에서 확인: https://web.public-pool.io/#/

### 브레인스 솔로 풀

Stratum Host: solo.stratum.braiins.com

Stratum Port: 3333

User: 보상받을 비트코인 주소(.채굴기 이름-선택사항)

Password: x (영어 소문자)

다음 링크에서 확인: https://solo.braiins.com/stats

## 익명 솔로 풀

Stratum Host: stratum.solomining.io

Stratum Port: 7777

User: 보상받을 비트코인 주소(.채굴기 이름-선택사항)

Password: x (영어 소문자)

다음 링크에서 확인:

https://btc.solomining.io/#statMining

## 채굴 풀 참여하기(브레인스 풀)

솔로 채굴보다는 꾸준히 비트코인이 들어오는 것을 원하는 사람도 있을 것이다. 그런 경우 채굴 풀에 참여하면 된다. 채굴 풀은 여러 사람이 모여 블록을 채굴하고, 기여도에 따라 보상을 나눠 갖는 구조다.

 이번에는 브레인스 풀에 참여하는 방법을 알아보자. 브레인스 풀은 비트코인 최초의 채굴 풀이다. 예전에 처음 등장했을 때는 이름이 슬러시 풀이었는데 브레인스 풀로 이름을 바꿨다. 브레인스 풀은 라이트닝 네트워크로 비트코인 보상을 받는 것도 가능하다.

 먼저 브레인스 풀에 가입해 보자. 이메일을 이용해 가입할 것이다. 다음 링크에 접속한다.

https://pool.braiins.com/login

오른쪽 위 [Signup(회원가입)] 버튼을 누른다.

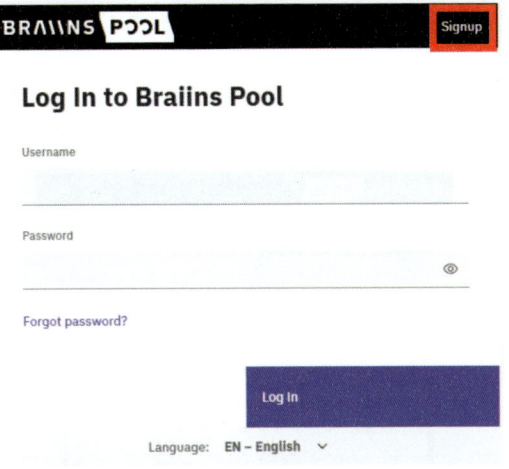

'Email'에는 인증을 받을 이메일을 입력한다. 'Username'에는 닉네임을 입력하면 된다(참고로 브레인스 풀은 로그인할 때 이메일이 아니라 유저네임과 비밀번호로 로그인한다). 'Create Password'와 'Repeat Password'에는 똑같은 비밀번호를 입력하면 된다.

그러면 인증 이메일이 발송되었다는 안내창이 뜬다.

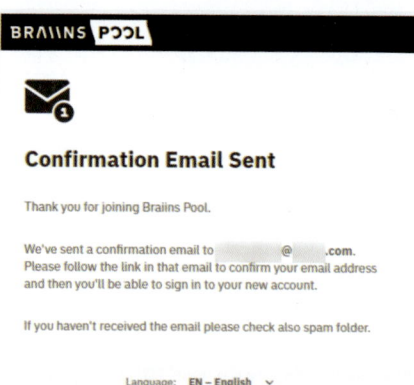

이메일에 로그인하고 메일함을 보면 다음과 같은 이메일이 와있는 것을 볼 수 있다. [Confirm your email]을 누른다.

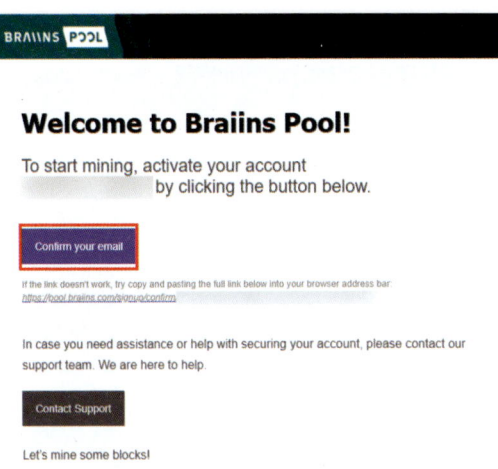

그러면 브레인스풀 웹사이트로 이동될 것이다. [Login to continue]를 누른다.

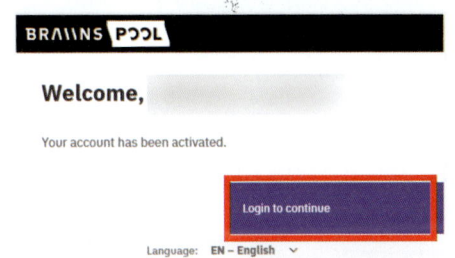

로그인 정보를 입력한다. 이때 이메일이 아니라 Username (닉네임)을 입력해야 한다. 퍼즐을 풀라는 창이 뜨면 슬라이드 버튼을 움직여 퍼즐을 푼다.

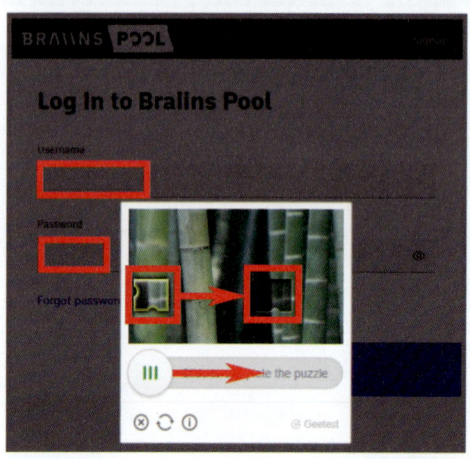

왼쪽 탭에서 [Workers]를 누르고 [Connect Workers]를 누른다.

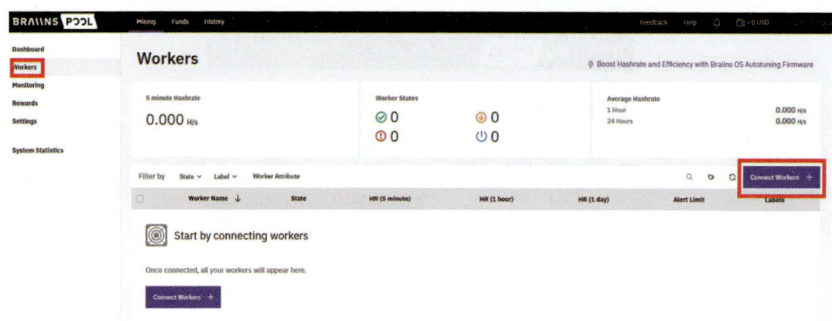

그러면 입력해야 하는 정보들이 뜰 것이다. 다음 정보들을 비트엑스 설정 창에 그대로 입력한다.

Stratum Host: stratum.braiins.com

Stratum Port: 3333

User: 브레인스 풀 userID에 쓰여 있는 내용(.채굴기 이름-선택사항)

Password: 브레인스 풀 password에 쓰여 있는 비밀번호

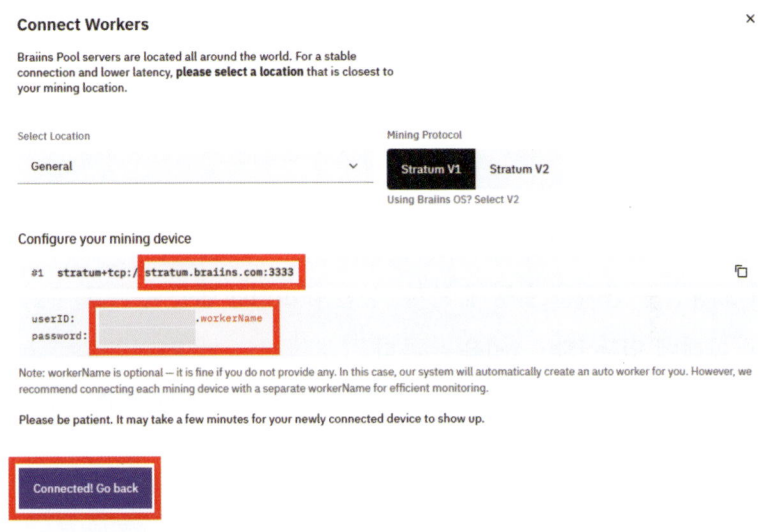

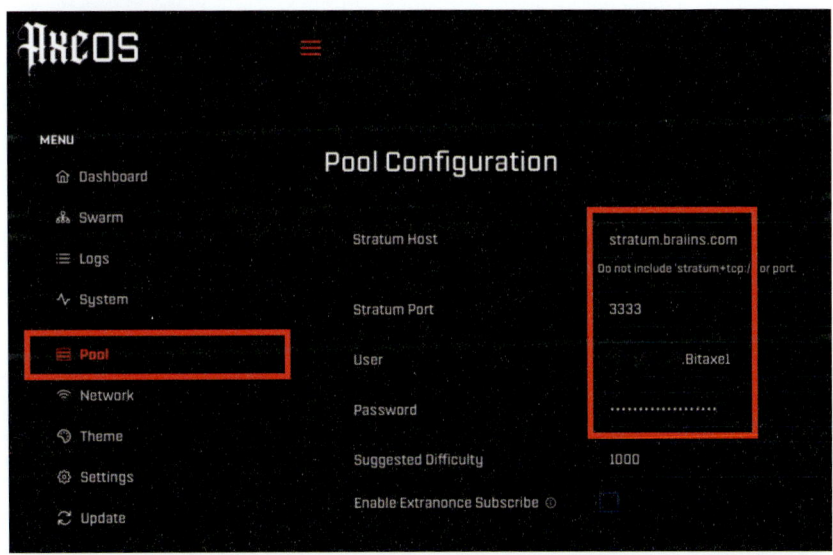

다 되었으면 [Save]를 누르고 [Restart]를 누른다.

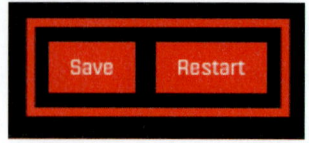

이제 시간이 좀 지나 채굴기가 셰어를 제출하면 브레인스 채굴 풀에 채굴기가 연결되었을 것이다.

**라이트닝 네트워크로 보상받기(브레인스 풀)**

이제 보상받는 방식을 설정해 보자. 상단 [Funds] 탭을 누르고 'Payout rule' 아래에 있는 [Set up]을 누른다.

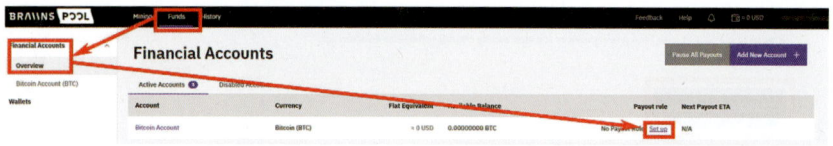

그러면 보상받는 방법을 설정하는 창이 나온다. 여기서 [Lightning Payout]을 누른다. 'Lightning Address'에는 보상을 받을 라이트닝 주소를 입력한다. 'Threshold Value'는 해당 금액(sats) 이상이 쌓이면 라이트닝 주소로 보상을 받겠다는 뜻이다. 너무 적은 금액으로 설정하면 너무 자주 라이트닝 보상을 받게 될 것이고, 너무 큰 금액으로 설정하면 보상을 너무 느리게 받게 되니 적당한 금액을 설정하자.

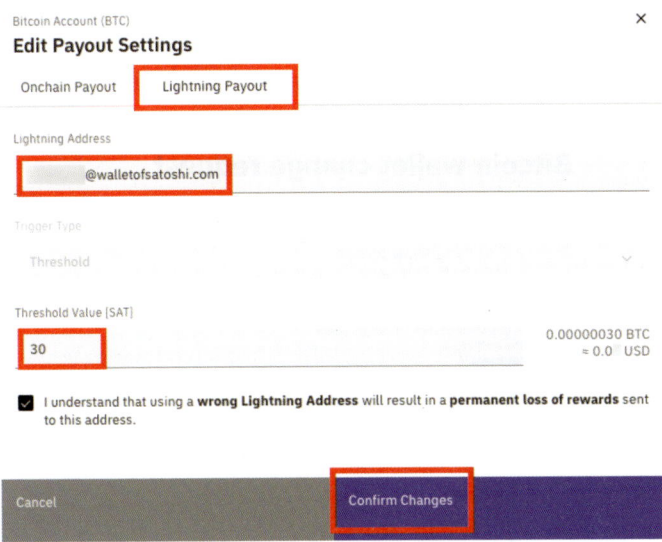

[Confirm Changes]를 누르면 비밀번호를 입력하는 창이 뜬다. 비밀번호를 입력하고 [Authenticate]를 누르면 이메일 인증을 위해 이메일을 보냈다는 안내문이 뜬다.

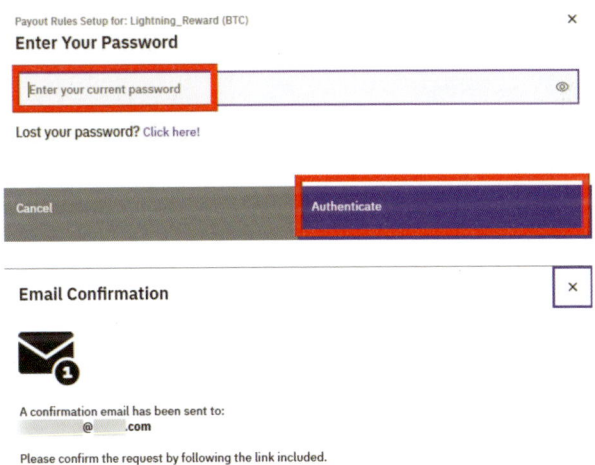

이메일을 확인하면 인증 이메일이 와있을 것이다. [Change Wallet]을 누르면 인증이 완료된다.

이메일 인증까지 마쳤다면 이제 설정한 사토시가 쌓일 때마다 채굴 보상이 들어올 것이다.

# | 아발론 나노 3로 솔로 채굴하기, 채굴 풀 참여하기

## 준비물

### 1. 아발론 나노 3

### 2. 28V 5A C타입 한국형 플러그 어댑터

아발론 나노 3의 전원 규격은 28V에 최대 140W (5A)다. 보통 유럽형 플러그 어댑터가 함께 오는데 이것을 사용하는 것은 추천하지 않는다. 채굴기는 무엇보다 안정적인 전력 공급이 중요한데 플러그가 헐거운 경우 전력이 안정적으로 공급되지 않을 수 있다. 그러면 채굴기까지 망가질 수 있다. 따라서 한국형 플러그에 사용 가능한 28V 5A 어댑터를 따로 구해서 사용하는 것을 추천한다. 140W C타입 어댑터는 노트북 어댑터 중에 많이 있다. 다음 사진을 참고하라.

## 3. 스마트폰, PC

아발론 나노 3를 설정할 때 앱을 설치해야 하므로 스마트폰이 필요하다.

**아발론 나노 3 전원 연결**

어댑터에는 Type-C1 선을 꽂는다. 반대쪽은 아발론 나노 3에 선을 꽂는다.

그러면 전원이 들어온다.

## 아발론 나노 3 설정하기

아발론 나노 3는 앱을 이용하면 쉽게 설정할 수 있다. 앱스토어에서 'Avalon Family'를 검색해 앱을 다운로드한다. 블루투스 연결을 [허용]한다. 오른쪽 위에 있는 [Skip]을 누른다.

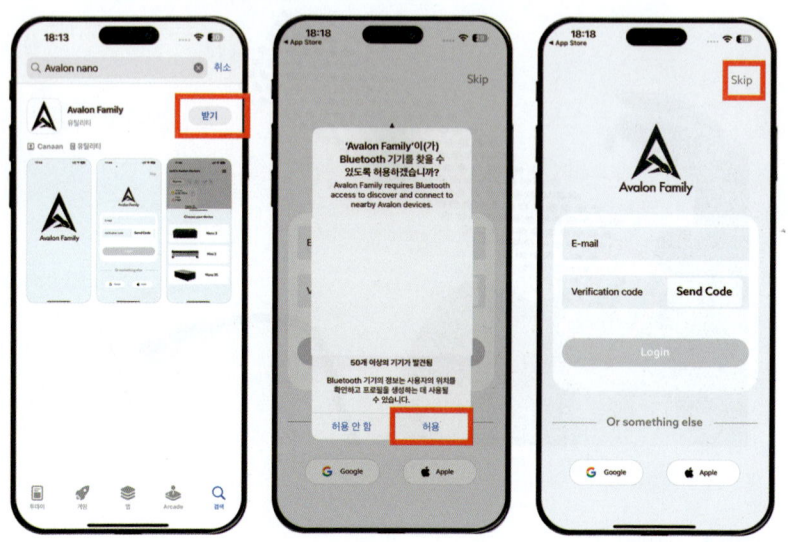

[Add]를 누른다. 앱이 위치 사용 권한을 요청하면 허용한다.

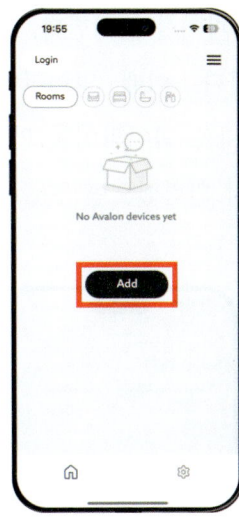 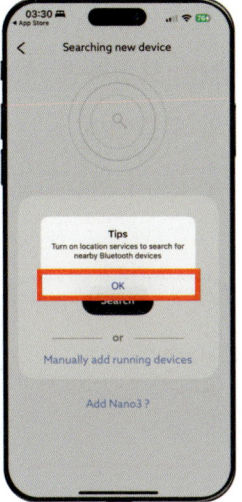 

우리는 나노 3를 연결할 것이므로 [Add Nano3?]를 누른다. 다른 모델인 경우 [Search]를 누르면 된다.

그다음에 와이파이 설정에 들어가서 [heater_nano_????]를 누른다. 선택했으면 앱으로 돌아와 [Next step]을 누른다.

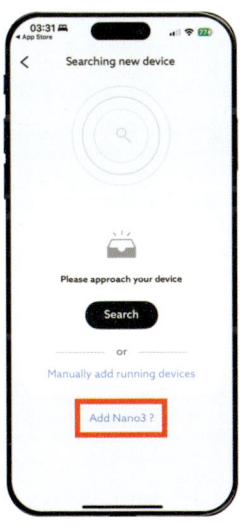  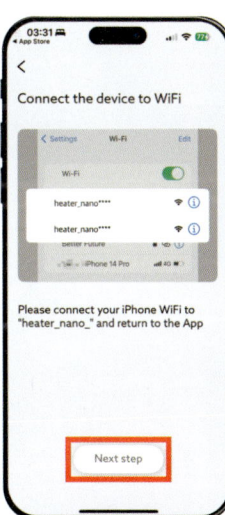

[Select WiFi]를 누르고 집에서 사용하는 와이파이를 선택한다. 로컬 네트워크 기기 검색 권한을 요청하면 허용한다. 이때 와이파이는 2.4GHz여야 하고, 5GHz와 통합되어 있는 스마트 와이파이면 안 된다. 와이파이를 선택하고 와이파이 비밀번호까지 입력했으면 [Save]를 누른다.

잘 연결되었다는 안내문이 뜰 것이다. 만약 연결에 실패하면 스마트폰의 와이파이가 [heater_nano_????]로 연결되었는지 확인해 보고, 처음부터 다시 시도해 보자. 연결이 되었다면 다시 원래 집에서 사용하는 와이파이를 연결한다.

잘 연결되었다면 아발론 기기를 선택할 수 있다. 앱에서 기기를 선택하고 [Work mode]에 들어간다. 여기서 채굴 모드를 설정할 수 있다. [High]는 기기 온도를 정말 차갑게 관리하지 않으면 기기가 금방 망가진다. 아발론 나노 3의 경우 특히 이런 사례가 많으니 조심하자. [Medium]이나 [Low]를 선택하는 것이 좋다. [High]는 전력을 많이 쓰며 비트코인 해시레이트가 올라가고, 반대로 [Low]는 전력을 적게 쓰며 해시레이트가 내려간다.

참고로 'Light control'에서 불빛 색상도 변경 가능하다. 은은하고 따듯한 주황색 조명으로 해놓으면 기분이 좋아진다.

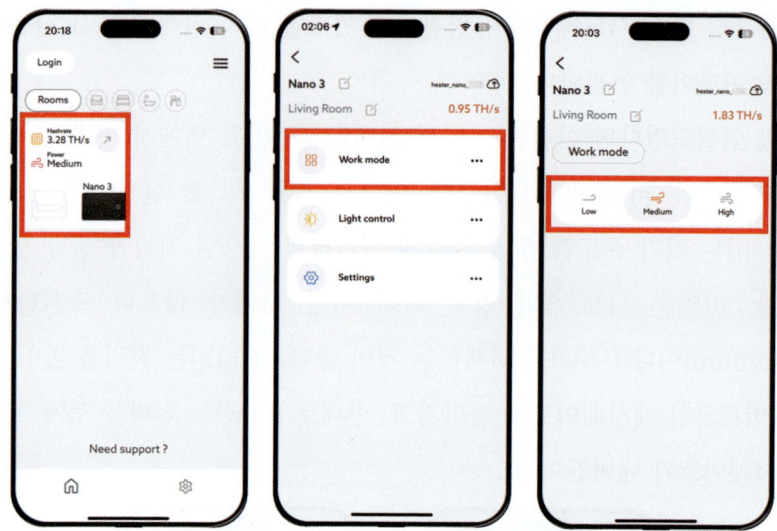

**솔로 채굴 설정하기(ckpool)**

지금부터는 컴퓨터에서 설정을 해보도록 하겠다. 모바일 앱에서 계속 설정하는 것도 가능하다(모바일의 경우 [Settings] → [Pool Config]에 들어가면 된다).

와이파이에 성공적으로 연결되었다면 아발론 기기에 로컬 IP 주소가 할당되었을 것이다. 아발론의 LCD 화면을 보면 화면이 넘어가다가 이 로컬 IP 주소가 나올 것이다. 컴퓨터에서 로컬 IP 주소를 인터넷 주소창에 입력한다.

처음에 어떤 입력창이 나타난다. 초기에는 ID와 비밀번호 둘 다 'root'이다.

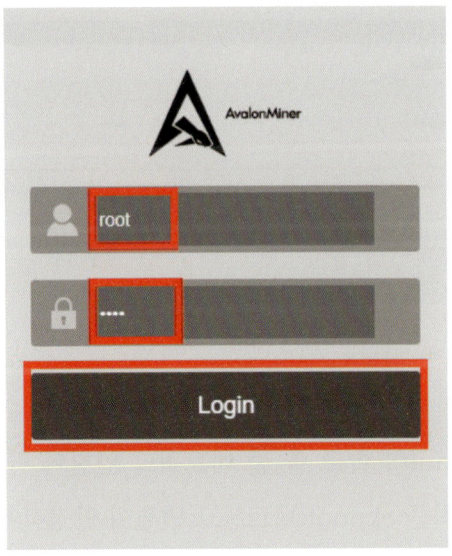

왼쪽 탭에서 [Configuration]을 선택한다. Pool 0과 Pool 1, Pool 2가 있다. 기본적으로는 Pool 0에 입력하면 된다. Pool 1은 Pool 0과의 연결에 실패했을 때 연결하는 것이고, Pool 1도 연결에 실패하면 Pool 2와 연결을 시도한다.

풀 노드를 돌리지 않는 경우 솔로 채굴을 하기 위해서는 솔로 풀에 참여해야 한다. 대표적인 솔로 풀인 'ckpool'에 참여하는 방법을 알아보겠다.

'Address'에는 stratum+tcp://solo.ckpool.org:3333을 입력한다. 'Worker'에는 '채굴 보상받을 주소(.채굴기 이름-선택 사항)'를 입력한다. 이때 보상받을 주소에 오타가 나지 않도록 주의하자. 오타가 나면 채굴에 성공했는데도 엉뚱한 주소로 보상이 갈 수 있다. 'Password'는 영어 소문자로 'x' 한 글자 입력하면 된다.

입력했다면 [Save]를 누르고 [Reboot]를 누른다. 꼭 [Reboot]까지 눌러야 설정이 저장된다.

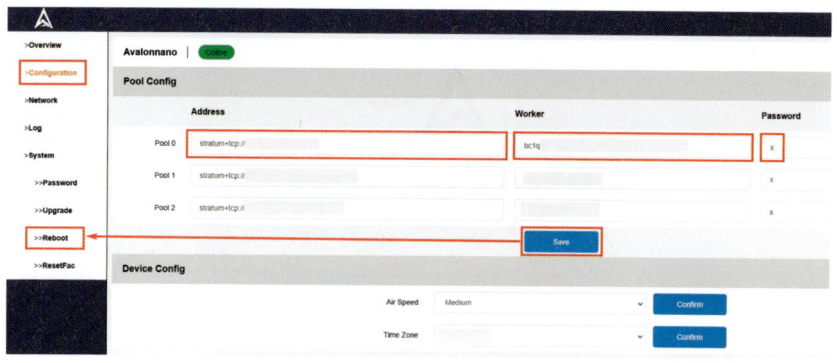

이전에는 ckpool이 솔로 풀 중 네트워크 연결이 안정적이라는 평이 많았다. 그런데 최근 ckpool 네트워크 연결이 안정적이지 못해 다른 풀

에 연결해야 했던 사례가 있었다. 그럴 경우 다음 솔로 풀 중 선택해서 연결하면 된다.

### ck풀

Address: stratum+tcp://solo.ckpool.org:3333

Worker: 보상받을 비트코인 주소(.채굴기 이름-선택사항)

Password: x (영어 소문자)

다음 링크에서 확인: https://solo.ckpool.org/

### 퍼블릭 풀

Address: stratum+tcp://public-pool.io:21496

Worker: 보상받을 비트코인 주소(.채굴기 이름-선택사항)

Password: x (영어 소문자)

다음 링크에서 확인: https://web.public-pool.io/

### 브레인스 솔로 풀

Address: stratum+tcp://solo.stratum.braiins.com:3333

Worker: 보상받을 비트코인 주소(.채굴기 이름-선택사항)

Password: x (영어 소문자)

다음 링크에서 확인: https://solo.braiins.com/stats

## 익명 솔로 풀

Address: stratum+tcp://stratum.solomining.io:7777

Worker: 보상받을 비트코인 주소(.채굴기 이름-선택사항)

Password: x (영어 소문자)

다음 링크에서 확인:

https://btc.solomining.io/#statMining

## 채굴 풀 참여하기(브레인스 풀)

솔로 채굴보다는 꾸준히 비트코인이 들어오는 것을 원하는 사람도 있을 것이다. 그런 경우 채굴 풀에 참여하면 된다. 채굴 풀은 여러 사람이 모여 블록을 채굴하고, 기여도에 따라 보상을 나눠 갖는 구조다.

이번에는 브레인스 풀에 참여하는 방법을 알아보자. 브레인스 풀은 비트코인 최초의 채굴 풀이다. 예전에 처음 등장했을 때는 이름이 슬러시 풀이었는데 브레인스 풀로 이름을 바꿨다. 브레인스 풀은 라이트닝 네트워크로 비트코인 보상을 받는 것도 가능하다.

먼저 브레인스 풀에 가입해 보자. 이메일을 이용해 가입할 것이다. 다음 링크에 접속한다.

https://pool.braiins.com/login

오른쪽 위 [Signup(회원가입)] 버튼을 누른다.

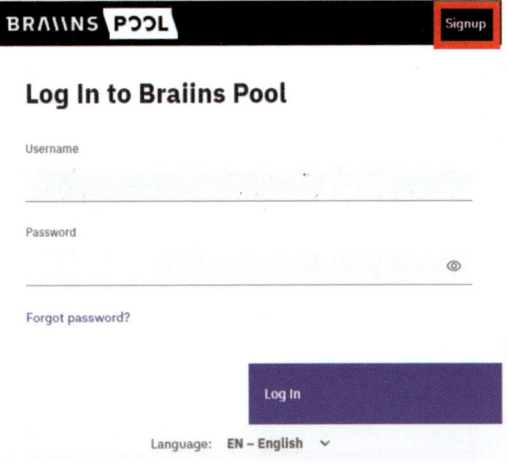

'Email'에는 인증을 받을 이메일을 입력한다. 'Username'에는 닉네임을 입력하면 된다(참고로 브레인스 풀은 로그인할 때 이메일이 아니라 유저네임과 비밀번호로 로그인한다). 'Create Password'와 'Repeat Password'에는 똑같은 비밀번호를 입력하면 된다.

그러면 인증 이메일이 발송되었다는 안내창이 뜬다.

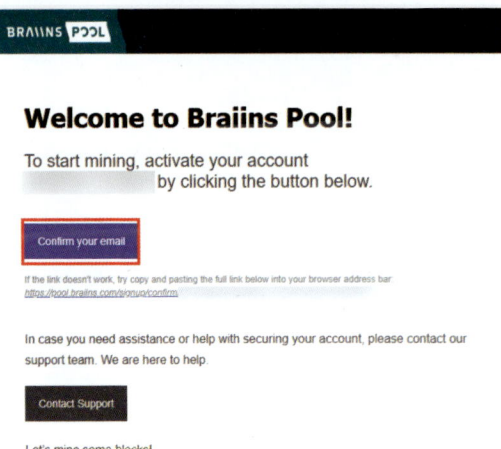

이메일에 로그인하고 메일함을 보면 다음과 같은 이메일이 와있는 것을 볼 수 있다. [Confirm your email]을 누른다.

그러면 브레인스풀 웹사이트로 이동될 것이다. [Login to continue]
를 누른다.

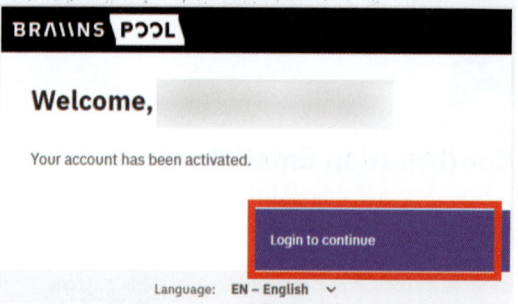

로그인 정보를 입력한다. 이때 이메일이 아니라 Username (닉네임)
을 입력해야 한다. 퍼즐을 풀라는 창이 뜨면 슬라이드 버튼을 움직여 퍼
즐을 푼다.

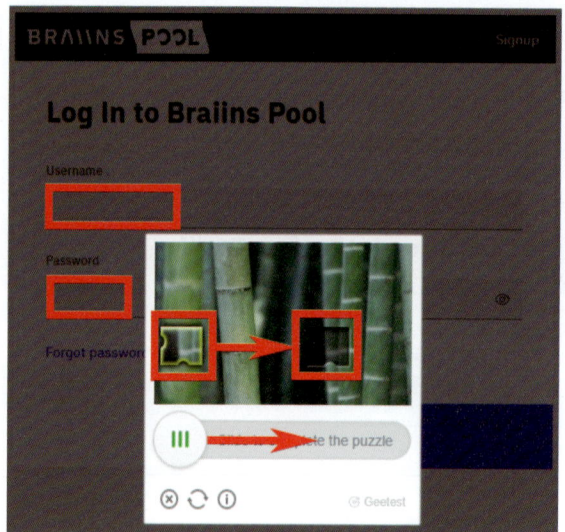

왼쪽 탭에서 [Workers]를 누르고 [Connect Workers]를 누른다.

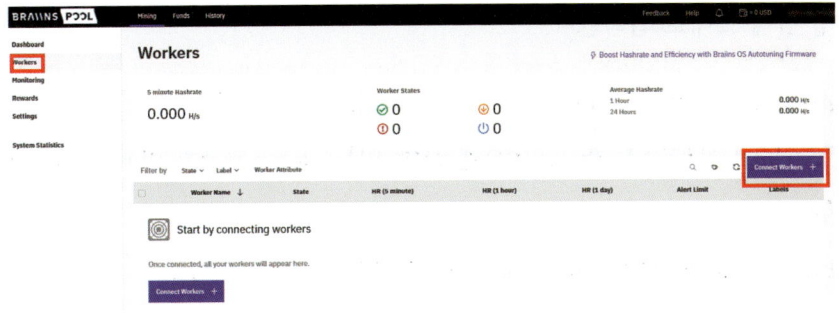

그러면 입력해야 하는 정보들이 뜰 것이다. 다음 정보들을 아발론 설정 창에 그대로 입력한다.

Address: stratum+tcp://stratum.braiins.com:3333

Worker: 브레인스 풀 userID에 쓰여 있는 내용(.채굴기 이름-선택 사항)

Password: 브레인스 풀 password에 쓰여 있는 비밀번호

다 되었으면 [Save]를 누르고 꼭 [Reboot]를 누르자.

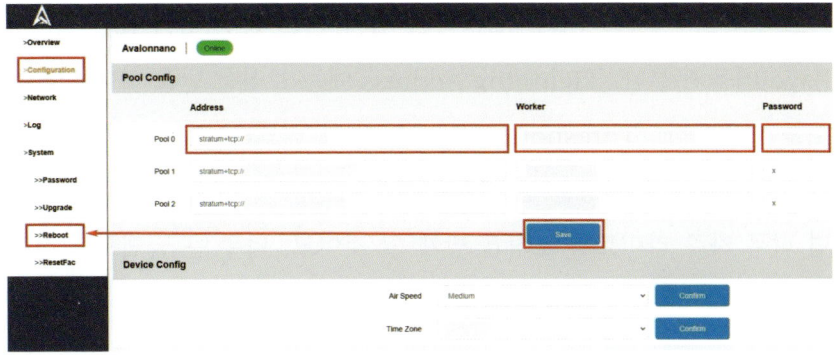

이제 브레인스 풀 채굴 풀에 연결되었을 것이다.

**라이트닝 네트워크로 보상 받기(브레인스 풀)**

이제 보상받는 방식을 설정해 보자. 상단 [Funds] 탭을 누르고 'Payout rule' 아래에 있는 [Set up]을 누른다.

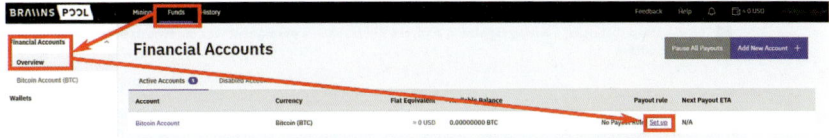

그러면 보상받는 방법을 설정하는 창이 나온다. 여기서 [Lightning Payout]을 누른다. 'Lightning Address'에는 보상을 받을 라이트닝 주소를 입력한다. 'Threshold Value'는 해당 금액(sats) 이상이 쌓이면 라이트닝 주소로 보상을 받겠다는 뜻이다. 너무 적은 금액으로 설정하면 너무 자주 라이트닝 보상을 받게 될 것이고, 너무 큰 금액으로 설정하면 보상을 너무 느리게 받게 되니 적당한 금액을 설정하자.

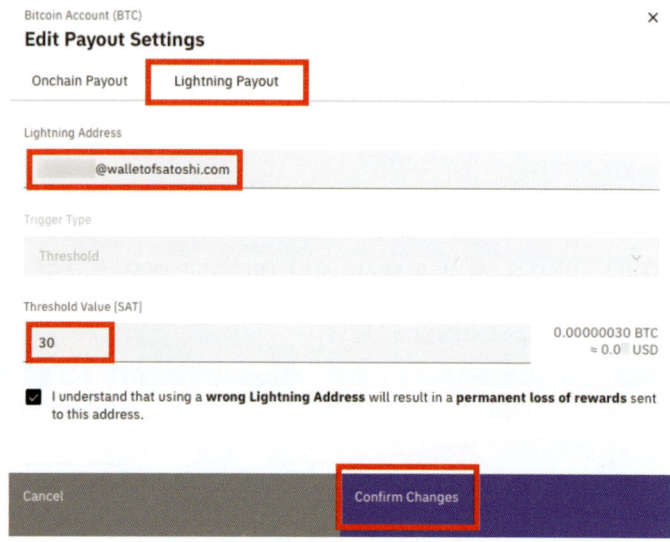

[Confirm Changes]를 누르면 비밀번호를 입력하는 창이 뜬다. 비밀번호를 입력하고 [Authenticate]를 누르면 이메일 인증을 위해 이메일을 보냈다는 안내문이 뜬다.

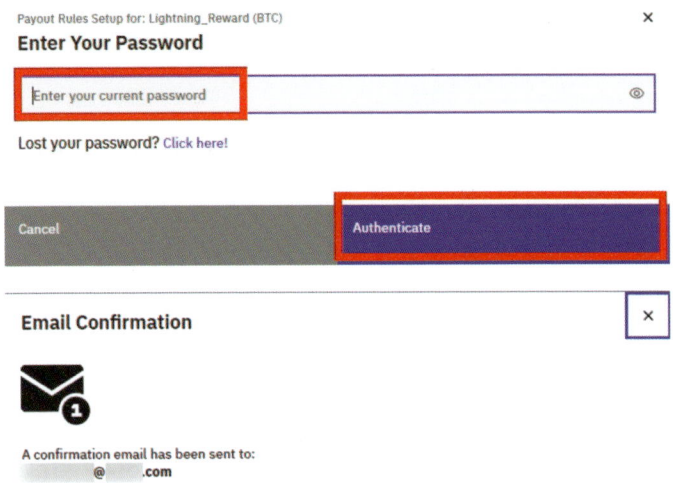

이메일을 확인하면 인증 이메일이 와있을 것이다. [Change Wallet]을 누르면 인증이 완료된다.

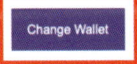

이메일 인증까지 마쳤다면 이제 설정한 사토시가 쌓일 때마다 채굴 보상이 들어올 것이다.

## | 다팀으로 풀 노드와 채굴기 연결하기

### 비트코인 노츠 설치

엄브렐OS에서는 다팀 설정을 쉽게 할 수 있다. 지금부터는 다팀 설정을 하고 솔로 마이닝과 풀 채굴을 하는 방법을 각각 알아보자.

다팀을 설치하려면 비트코인 노츠Bitcoin Knots가 먼저 깔려있어야 한다. 엄브렐을 설치하면 풀 노드가 되기 위해 비트코인 노드Bitcoin Node(비트코인 코어) 혹은 비트코인 노츠를 설치했을 것이다.

비트코인 노츠를 설치했다면 이번 단계는 건너뛰어도 된다. 비트코인 노드를 설치했던 경우에는 다팀을 설정하기 위해 노츠를 또 깔아야 한다. 그런데 비트코인 노드와 노츠는 블록 데이터 디렉토리를 공유하지 않는다. 무슨 뜻이냐면 블록 용량이 700GB를 초과하는 현재, 비트코인 노드와 노츠를 둘 다 다운로드하면 블록 용량이 총 1.4TB가 넘어가게 된다는 뜻이다. 이를 막기 위해서는 노츠에서 가지치기pruning 설정을 해야 한다. 하나씩 차근차근 해보자.

엄브렐OS에서 노츠를 먼저 설치하자.

설치가 다 되었다면 [열기]를 누른다.

이제 노츠에서 가지치기 설정을 해줄 것이다. 하단 [Settings] → 상단 [Optimization]을 누르고, 'Prune Old Blocks'를 1GB로 설정한다. 그리고 [Save changes]를 누르면 블록 크기가 1GB 이상으로 올라가지 않는다.

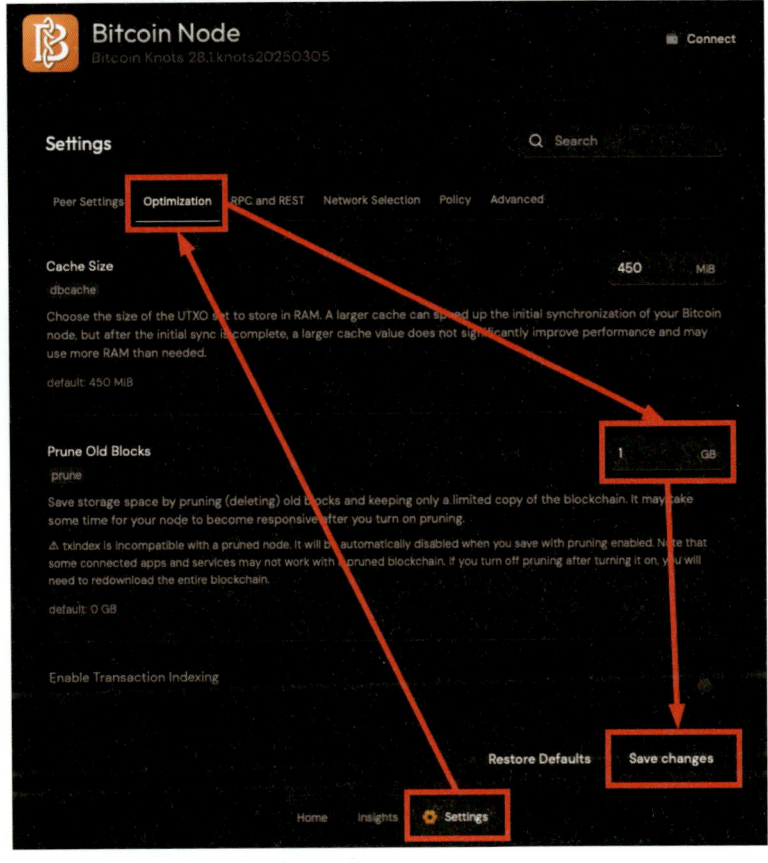

이제 블록 데이터가 100% 동기화될 때까지 기다리자. IBD (초기 블록 다운로드)를 해봤다면 알겠지만, 이 과정은 하루에서 길게는 일주일까지도 걸릴 수 있다.

그런데 왜 비트코인 코어가 아니라 노츠를 사용할까? 노츠가 어떤 거래를 블록에 포함시킬지, 블록 템플릿을 사용자의 입맛에 따라 구성하기가 비트코인 노드(코어)보다 훨씬 쉽기 때문이다. 자세한 이유는 '3부. 풀 노드 운영 가이드'에서 '비트코인 노드(코어) 또는 노츠 설치' 절과 '노츠의 사용자 정책 설정' 절을 참고하라.

### 다팀 설치

노츠가 100% 동기화되었다면 이제 설레는 마음으로 다팀을 다운로드하자. 노츠를 설치해야 한다는 안내문이 뜰 것이다. 우리는 이미 노츠를 설치했으니 계속 진행하면 된다.

이제 다텀을 실행해 보면 사용자명과 비밀번호 창이 뜬다. 이 비밀번호는 설정을 변경할 때 필요할 수도 있으니 미리 복사 버튼을 눌러 복사해 놓는다. 그다음에 [DATUM 열기]를 누른다.

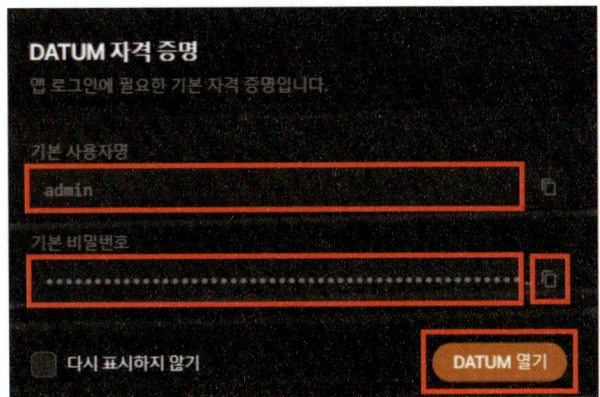

그러면 다음과 같은 화면이 나온다.

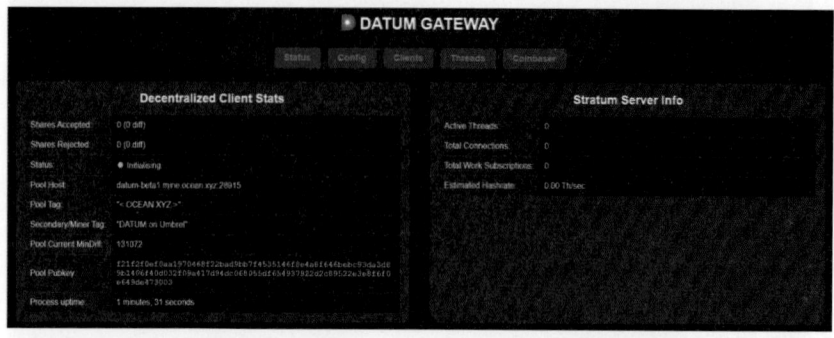

### 다텀에서 솔로 채굴 설정하기

솔로 채굴을 하기 위한 다텀 설정 방법에 대해 알아보자. 위의 탭에서 [Config]를 눌러 설정 창으로 들어온다.

'Bitcoin Address'에는 보상을 받을 비트코인 온-체인 주소를 입력한다. 이때 오타가 나지 않도록 주의하자.

'Coinbase Tag'에는 자신이 설정하고 싶은 문구를 설정하면 된다. 사토시 나카모토가 제네시스 블록에 심었던 문구도 이 코인베이스 태그에 심겨 있던 것이다.

솔로 채굴로 설정하려면 'Collaborative reward sharing'을 [never (non-pooled only)]로 설정한다. 다 입력했으면 [Save]를 누른다.

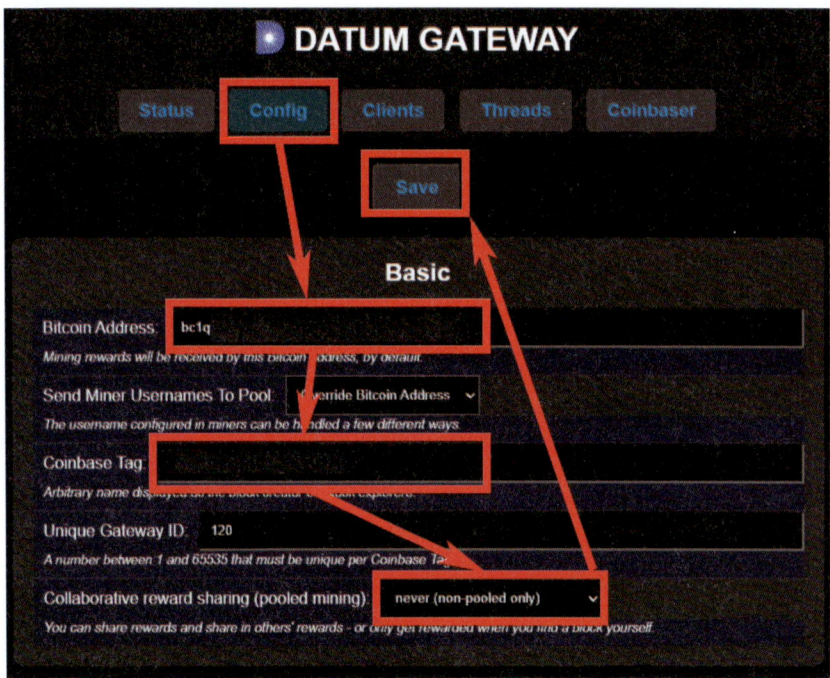

만약 로그인하라는 창이 뜨면 앞에서 복사했던 사용자명과 비밀번호를 붙여넣는다. (※ 주의: 참고로 현재 애플의 사파리 브라우저에서는 다텀의 사용자명과 비밀번호 입력이 안 되는 것으로 확인되고 있다. 아무래도 http 접속이라 암호화된 전송이 아니기 때문에 데이터 전송이 막히는 것으로 추측된다. 따라서 다텀 설정 변경을 위해서는 크롬이나 파이어폭스 같은 다른 웹 브라우저에서 시도하길 바란다.)

성공적으로 변경됐다는 창이 나오면 [Continue]를 누른다. (이 화면이 안 나오기도 한다. 그러면 바로 다텀 재시작을 하면 된다.)

다팀을 재시작해야 한다. 엄브렐 홈에서 다팀 아이콘에 우클릭을 하고 [다시 시작]을 누른다.

## 비트엑스를 다팀에 연결하기

이제 비트엑스를 다팀에 연결하기 위해서는 풀 노드의 로컬 IP 주소를 알기만 하면 된다. 주소창에 입력했을 때 엄브렐 접속이 되는 IP 주소(192.168.???.???)를 뜻한다. 'Stratum Host'에 자신의 엄브렐 풀 노드 로컬 IP 주소를 입력한다. 'Stratum Port'에는 23334를 입력한다. 'User'에는 'Bitcoin Address'에 입력한, 채굴 보상을 받을 주소를 입력한다. 'Password'에는 'x'를 입력한다.

그 아래에 'Fallback Pool Configuration'으로 똑같은 입력창이 있다. 이 부분은 만약 입력한 풀과 제대로 연결이 안 될 경우에 대비해 다른 연결할 곳을 입력하는 칸이다.

Stratum Host: 192.168.???.???

Stratum Port: 23334

User: Bitcoin Address에 입력한 비트코인 주소(.채굴기 이름-선택사항)

Password: x

입력했으면 [Save]를 누르고 [Restart]를 눌러 비트엑스를 재시작한다.

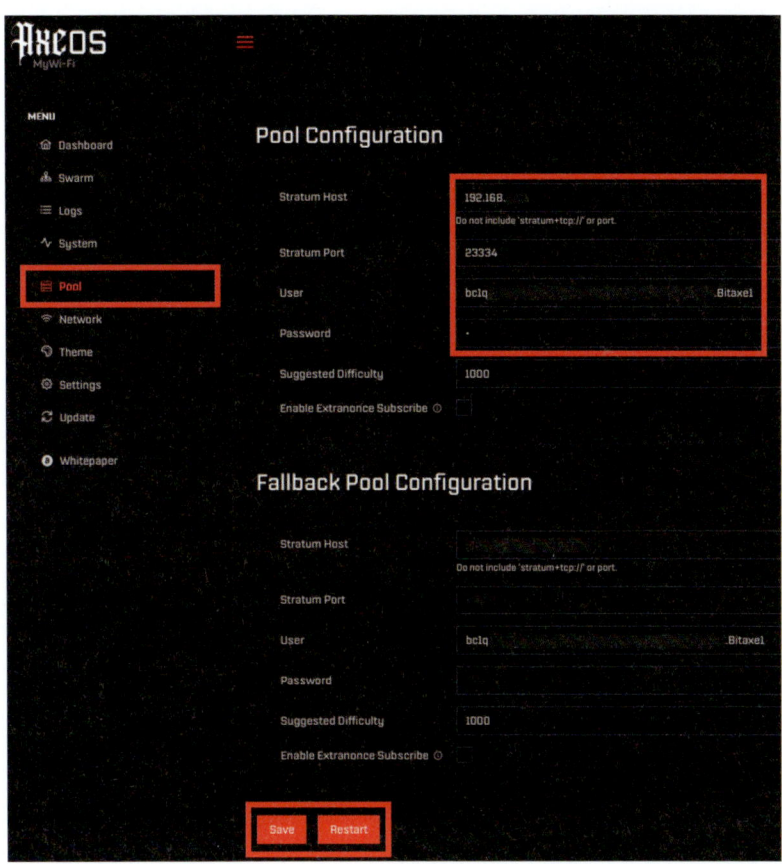

6부 • 홈 채굴 가이드

## 아발론 나노 3를 다팀에 연결하기

아발론 나노 3를 내 다팀 게이트웨이로 연결하는 것도 비트엑스 설정 방법과 똑같다. 웹 인터페이스에서 초기 ID와 비밀번호는 둘 다 'root'이다.

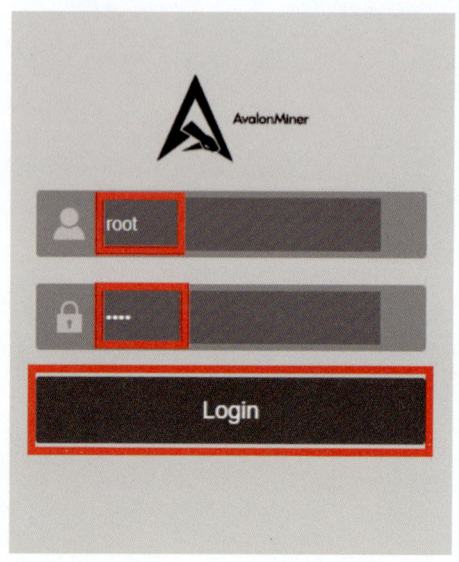

　Pool 0에 있는 설정만 하면 된다. 'Address'에는 'stratum+tcp://' 다음에 내 풀 노드의 로컬 IP 주소를 입력하고 뒤에 ':23334'를 붙인다. 'Worker'에는 'Bitcoin Address'에 입력한, 채굴 보상을 받을 주소를 입력한다. 마지막으로 'Password'는 'x'를 입력한다.

Address: stratum+tcp://192.168.???.???:23334

Worker: Bitcoin Address에 입력한 비트코인 주소(.채굴기 이름-선택 사항)

Password: x

그다음에 [Save]를 누르고 [Reboot]를 눌러 아발론 나노 3를 재시작한다.

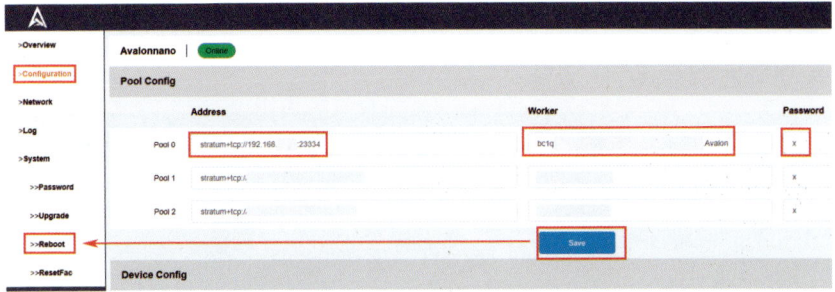

## 채굴이 잘 되는지 확인하기

이제 다시 엄브렐에서 다팀에 접속해 보고 채굴기들이 다팀 게이트웨이에 잘 연결됐는지, 잘 돌아가고 있는지 확인해 보자.

[Status] 창에서 전체적인 내용을 확인할 수 있다. 솔로 채굴로 설정했다면 'Status'는 Non Pooled Mode가 되어 있어야 한다. 'Pool Host'는 N/A로 되어있는지 확인하자. 그리고 코인베이스 태그가 잘 설정되었는지 확인하자. 'Pool Pubkey'는 채굴 풀 모드에서만 사용되는 정보이므로 무시해도 된다.

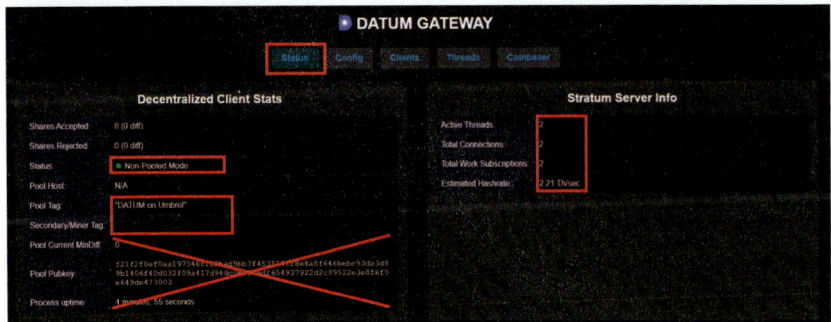

'Clients' 창과 'Threads' 창에서 다텀 게이트웨이에 연결된 채굴기들의 상태를 확인할 수 있다. 참고로 다텀에서 표시하는 채굴기들의 해시레이트는 Share 제출 빈도로 판단하기 때문에 정확하지는 않고, 계속 변하는 것을 알 수 있다.

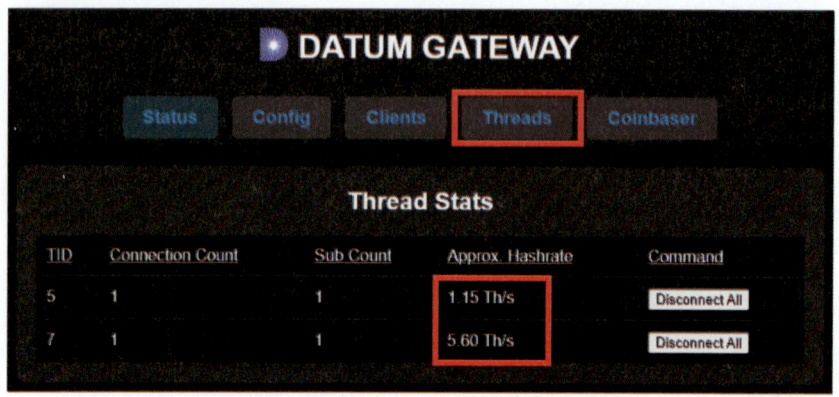

마지막으로 제일 중요한 부분을 확인하자. 'Coinbaser' 창에서 채굴 보상이 주어질 주소를 확인하자. 이 부분이 잘못되면 작업증명에 성공해도 보상이 엉뚱한 곳으로 갈 수 있다.

이렇게 해서 다텀을 이용해 솔로 채굴 모드로 설정하는 것이 완료되었다.

## 다텀을 이용하여 채굴 풀(오션 풀) 참여하기

다텀의 매력은 자신이 블록 구성 권한을 가지면서 보상을 나눠 갖는 채굴 풀에 참여할 수 있게 하는 데 있다. 다텀을 통해 오션 풀OCEAN POOL에 참여하는 방법에 대해 알아보자.

뒤에서 살펴보겠지만 만약 채굴 보상을 라이트닝 네트워크로, 오션 풀에서 블록을 채굴할 때마다 받고 싶다면 메시지 서명을 해야 한다. 에어-갭 지갑 중에서는 시드사이너가 메시지 서명을 하기에 편하다(2025년 8월 기준, 키스톤은 오션 풀에서 보여주는 메시지에 서명하는 것에 실패했다. 콜론(:) 문자를 제대로 인식 못 하기 때문인 것으로 보인다). 모바일 핫월렛에서는 블루월렛 지갑(워치-온리 말고 블루월렛에서 생성한 핫월렛 지갑)을 이용하는 것이 편하고, 엄브렐에서 하려면 라이트닝 노드(온-체인 주소)로 하는 것이 편하다.

## 블루월렛에서 생성된 지갑 주소 사용

블루월렛을 이용한 방법부터 설명하겠다. 블루월렛에 들어가 오른쪽 위 [+] 버튼을 누른다. 지갑 이름을 설정하고(채굴 보상받는 용도 등) [생성하기]를 누른다. 이때 오른쪽 위 점 세 개를 누르면 직접 주사위를 굴려서 생성할 수도 있다. 니모닉을 백업하고 아래에 있는 [네, 기록했습니다.]를 누른다.

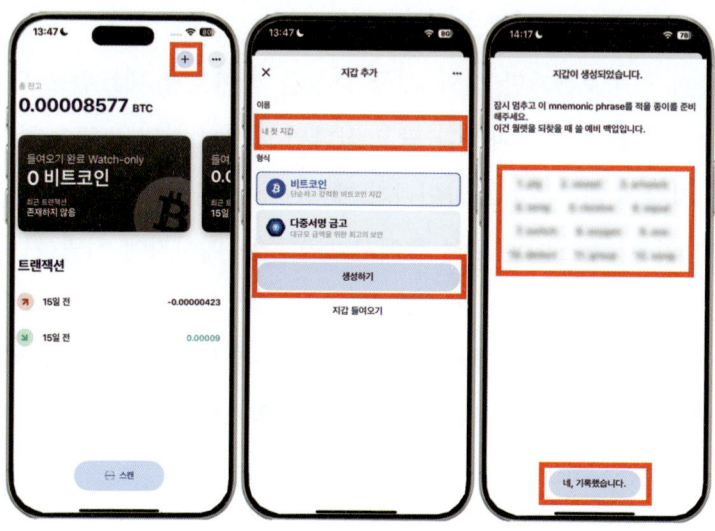

블루월렛에서 생성된 지갑은 파란색이다. 지갑을 누르고 [받기]를 누른다. 여기 나오는 주소를 'Bitcoin Address'로 설정한다. (오타를 방지하기 위해 주소를 복사한 뒤 붙여넣는 것을 추천한다. 블루월렛에서는 주소를 누르면 자동으로 복사가 된다.)

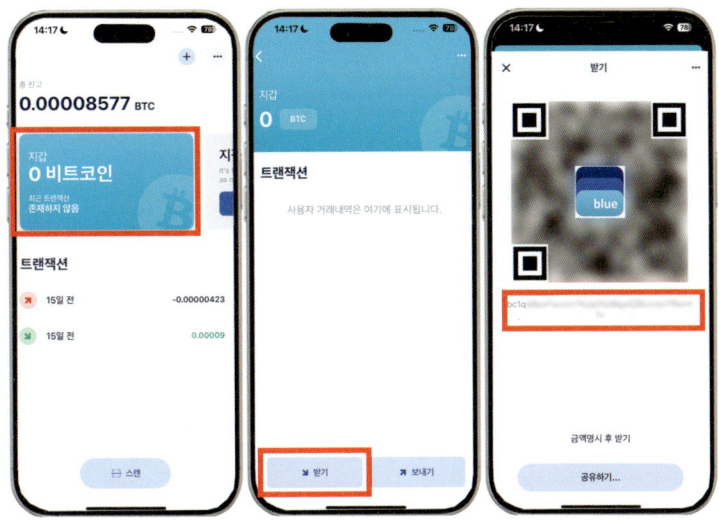

## 라이트닝 노드에서 생성된 온-체인 주소 사용

엄브렐에서 라이트닝 노드(LND)를 이용하는 방법도 있다. 라이트닝 노드를 운영 중이라면 라이트닝 노드의 온-체인 주소를 채굴 보상을 받을 주소로 설정하면 된다.

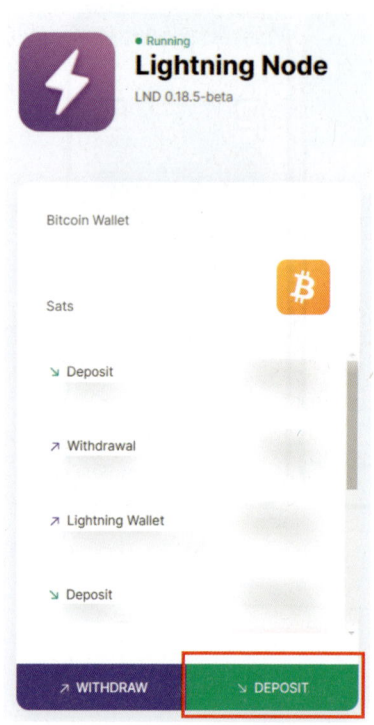 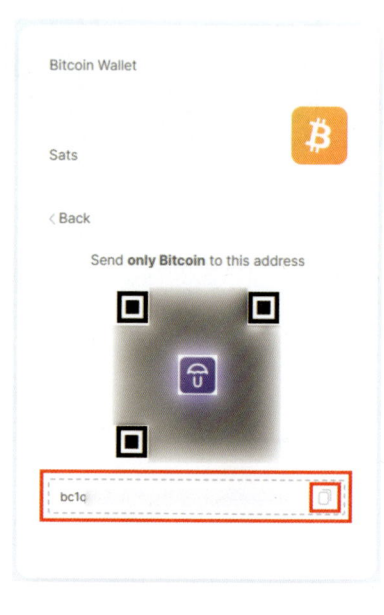

## 다텀 설정하기

이제 다텀 앱으로 들어온다. 맨 위의 탭에서 [Config]를 눌러 설정 창으로 들어온다.

'Bitcoin Address'에는 보상을 받을 비트코인 온-체인 주소를 입력한다. 이때 오타가 나지 않도록 주의하자. 메시지 서명 기능을 이용하려면 앞서 블루월렛이나 라이트닝 노드에서 생성한 주소를 이용하는 것이 좋다.

'Coinbase Tag'는 자신이 설정하고 싶은 문구를 설정하면 된다. 사토시 나카모토가 제네시스 블록에 심었던 문구도 이 코인베이스 태그에 심겨 있던 것이다.

오션 채굴 풀에 참여하려면 'Collaborative reward sharing'을 [require (pooled mining only)]로 설정한다. 다 입력했으면 [Save]를 누른다.

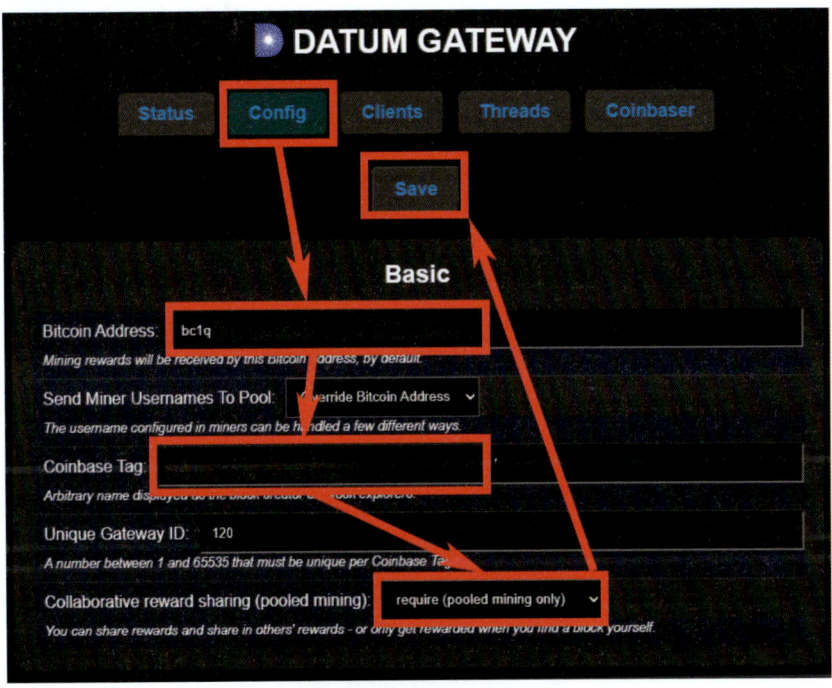

만약 로그인하라는 창이 뜨면 앞에서 복사했던 사용자명과 비밀번호를 붙여넣는다. (※ 주의: 참고로 현재 애플의 사파리 브라우저에서는 다팀의 사용자명과 비밀번호 입력이 안 되는 것으로 확인되고 있다. 아무래도 http 접속이라 암호화된 전송이 아니기 때문에 데이터 전송이 막히는 것으로 추측된다. 따라서 다팀 설정 변경을 위해서는 크롬이나 파이어폭스 같은 다른 웹 브라우저에서 시도하길 바란다.)

다팀을 재시작해야 한다. 엄브렐 홈에서 다팀 아이콘에 우클릭을 하고 [다시 시작]을 누른다.

오션 풀에서 채굴할 때 자신이 설정한 코인베이스 태그는 어떻게 삽입되는 것일까? 다음 사진은 멤풀 웹사이트에서 오션 풀을 검색했을 때 나오는 오션 풀에서 채굴된 블록 정보 화면이다. 여기서 코인베이스 태그 부분을 보면 풀 태그Pool Tag인 〈OCEAN.XYZ〉 다음에 사용자들이 각자 입력한 보조 태그Secondary Tag가 있는 것을 볼 수 있다. 만약 자신이 블록을 채굴하면 자신이 설정했던 코인베이스 태그가 이런 방식으로 블록에 영원히 실리는 것이다.

## 비트엑스를 다팀에 연결하기

이제 비트엑스를 다팀에 연결하기 위해서는 풀 노드의 로컬 IP 주소를 알기만 하면 된다. 주소창에 입력했을 때 엄브렐 접속이 되는 IP 주소 (192.168.???.???)를 뜻한다. 'Stratum Host'에 자신의 엄브렐 풀 노드 로컬 IP 주소를 입력한다. 'Stratum Port'에는 23334를 입력한다. 'User'에는 'Bitcoin Address'에 입력한, 채굴 보상을 받을 주소를 입력한다. 'Password'에는 'x'를 입력한다.

그 아래에 'Fallback Pool Configuration'으로 똑같은 입력창이 있다. 이 부분은 만약 입력한 풀과 제대로 연결이 안 될 경우에 대비해 다른 연결할 곳을 입력하는 칸이다.

Stratum Host: 192.168.???.???

Stratum Port: 23334

User: Bitcoin Address에 입력한 비트코인 주소(.채굴기 이름-선택사항)

Password: x

입력했으면 [Save]를 누르고 [Restart]를 눌러 비트엑스를 재시작한다.

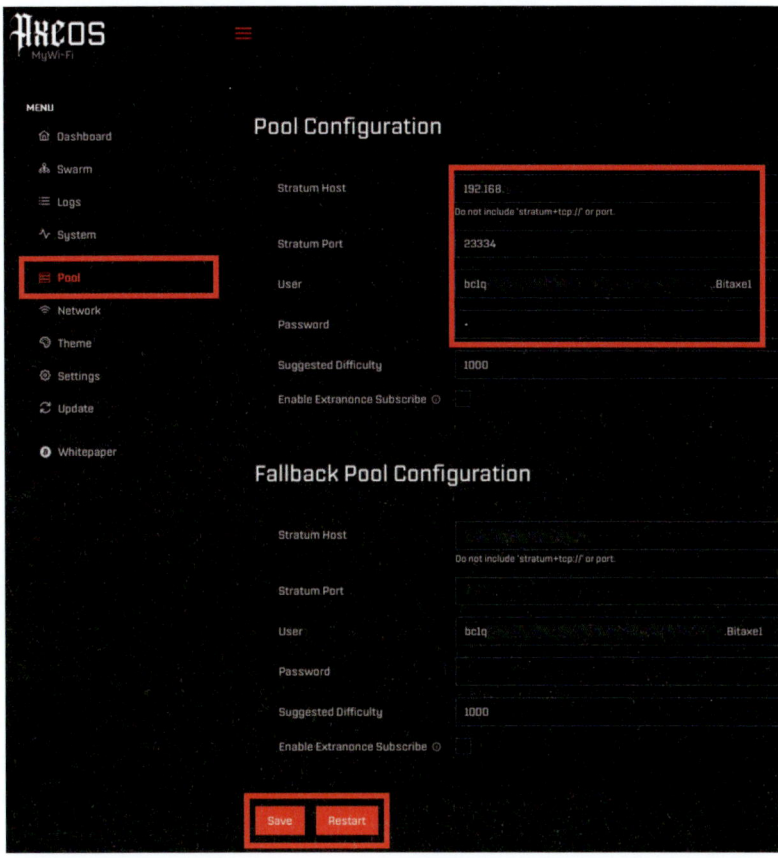

## 아발론 나노 3를 다텀에 연결하기

아발론 나노 3를 내 다텀 게이트웨이로 연결하는 것도 비트엑스 설정 방법과 똑같다. 웹 인터페이스에서 초기 ID와 비밀번호는 둘 다 'root' 이다.

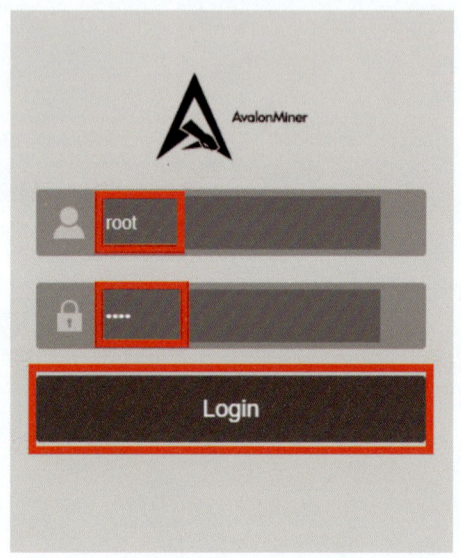

 Pool 0에 있는 설정만 하면 된다. 'Address'에는 stratum+tcp:// 다음에 내 풀 노드의 로컬 IP 주소를 입력하고 뒤에 :23334를 붙인다. 'Worker'에는 'Bitcoin Address'에 입력한, 채굴 보상을 받을 주소를 입력한다. 마지막으로 'Password'는 'x'를 입력한다.

Address: stratum+tcp://192.168.???.???:23334

Worker: Bitcoin Address에 입력한 비트코인 주소(.채굴기 이름-선택 사항)

Password: x

그다음에 [Save]를 누르고 [Reboot]를 눌러 아발론 나노 3를 재시작한다.

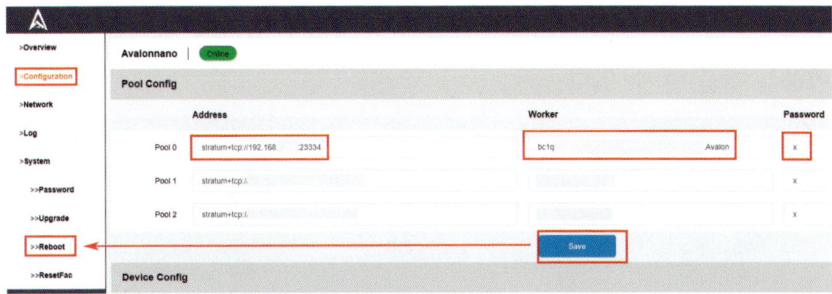

## 채굴이 잘 되는지 확인하기

지금부터는 채굴기들이 다텀 게이트웨이에 잘 연결됐는지 확인하고, 오션 풀 웹사이트에서 채굴 풀에 잘 참여하고 있는지 확인해 볼 것이다.

먼저 엄브렐 다텀 앱에 접속해 보자. [Status] 창에서 전체적인 내용을 확인할 수 있다. 'Status'는 초록색 점과 함께 'Connected and Ready'가 되어 있어야 한다. 코인베이스 태그도 잘 설정되었는지 확인하자.

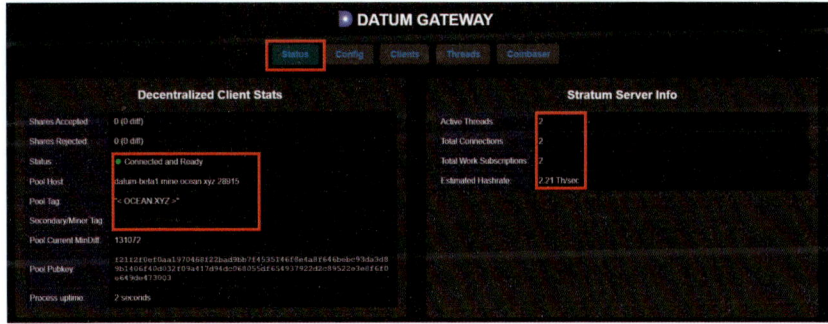

'Clients' 창과 'Threads' 창에서 다텀 게이트웨이에 연결된 채굴기들의 상태를 확인할 수 있다. 참고로 다텀에서 표시하는 채굴기들의 해시레이트는 셰어 제출 빈도로 판단하기 때문에 정확하지는 않고, 계속 변하는 것을 알 수 있다.

마지막으로 블록의 코인베이스 보상의 출력 부분을 확인해 보자. 이 출력은 채굴 풀인 오션 풀이 구성 권한을 갖는다.

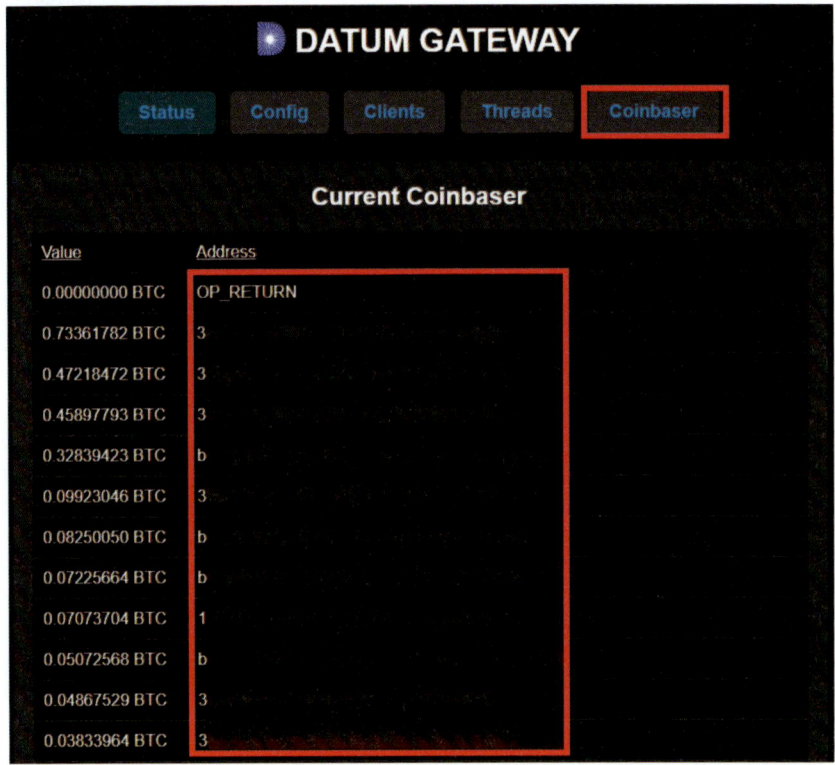

이제 오션풀 웹사이트에 들어가서 채굴 풀에 잘 참여가 되고 있는 건지 확인해 보자. 다음 링크에 들어간다.

https://ocean.xyz/dashboard

스크롤을 조금만 내려보면 'Contributors'를 검색할 수 있는 창이 나온다. 여기에 자신이 채굴 보상을 받기로 설정했던 비트코인 주소를 입력한다. 그리고 옆의 화살표 버튼을 눌러보자.

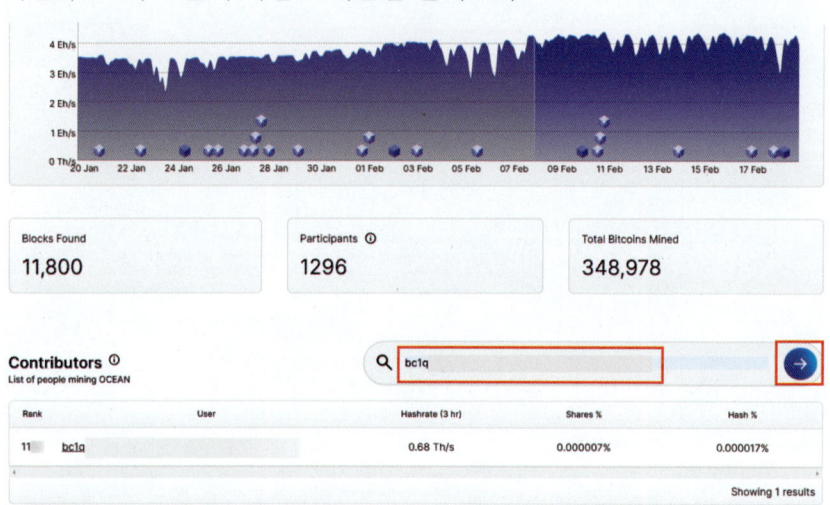

그러면 대시보드가 나온다.

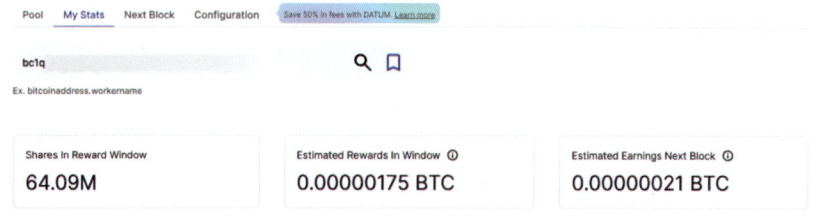

스크롤을 조금만 아래로 내려보자. 'Workers'에서 채굴기들이 잘 연결되었는지 확인할 수 있다. 'Nickname'에 내가 설정한 채굴기 이름이 잘 뜬다면 된 것이다. 'Status'가 Offline이라면 조금 기다려보면 된다. Share가 제출되어야 Online으로 바뀌기 때문이다. 해시레이트도 정확하지는 않다는 것을 알 수 있다. 'Nickname'에 채굴기가 추가됐다면 연결된 것으로 보아도 된다.

| Nickname | Status | Last Share | Hashrate (60s) | Hashrate (3hr) | Earnings |
|---|---|---|---|---|---|
| Total | Online | 2025-02-18 13:17 | 28.15 Th/s | 0.68 Th/s | 0.00000011 BTC |
| Avalon | Online | 2025-02-18 13:17 | 18.76 Th/s | 0.36 Th/s | 0.00000000 BTC |
| Bitaxe1 | Online | 2025-02-18 13:17 | 9.38 Th/s | 0.31 Th/s | 0.00000000 BTC |

스크롤을 조금 더 내려보자. 문제가 있다. 'Estimated Time Until Minimum Payout'을 보자. 이것은 최소 보상을 받기까지 걸리는 예상 시간이다. 그런데 지금 이 칸이 76년으로 표시된다. 채굴 보상을 76년 뒤에나 받을 수 있다니 이건 너무하지 않은가?

**Additional Info**

| | | |
|---|---|---|
| Share Log % | Estimated Earnings Per Day | Lifetime Earnings |
| 0.000007% | 0.00000037 BTC | 0.00000011 BTC |
| Unpaid Earnings | Estimated Payout Next Block | Estimated Time Until Minimum Payout |
| 0.00000011 BTC | Below threshold | 76 years |
| Blocks Found | | |
| 0 | | |

### 라이트닝 지갑으로 채굴 보상 받기

홈 마이닝의 경우 하루에 채굴되는 양이 기껏해야 수십-수백 sats이므로 온-체인으로 보상을 받기에는 금액이 너무 적다. 따라서 라이트닝 네트워크로 받는 것이 좋다. 라이트닝 네트워크로는 오션 풀에서 블록을 채굴할 때마다 sats를 전송받을 수 있기 때문이다.

참고로 오션 풀의 온-체인 지급 기준은 다음과 같다. 일단 오션 풀이 가져가는 수수료는 1%다. 보통 수수료는 2%지만, 오션 풀은 다팀 이용을 장려하기 위해 다팀 게이트웨이를 통해 채굴 풀에 연결된 경우 수수료를 1%만 가져간다.

만약 쌓인 보상이 1,048,560 sats가 넘으면 오션 풀에서 다음 블록이 채굴될 때 내가 설정한 온-체인 주소로 보상이 즉시 전송된다. 내가 설정한 온-체인 주소가 코인베이스 출력에 포함되어 직접적으로 보내지는 것이다.

쌓인 보상이 65,535 sats를 넘은 경우 채굴 풀과 연결이 끊긴 지 일주일이 지나면 내가 설정했던 온-체인 주소로 보상이 전송된다. 그러나 하루에 몇백 sats가 쌓이는 홈 마이닝의 경우 65,535 sats를 쌓기도 쉬운 일이 아니다. 따라서 지금부터는 라이트닝 네트워크로 채굴 보상을 받는 방법에 대해 알아볼 것이다.

오션 풀에서 라이트닝 네트워크로 채굴 보상을 받으려면 이용하는 라이트닝 노드가 Bolt12 오퍼Offer 기능을 지원해야 한다. 오퍼 기능이란 보통 1시간이면 만료되는 인보이스와 다르게 시간이 지나도 계속 받을 수 있는 결제 요청이다. 그런데 2025년 8월 기준 LND는 이 오퍼 생성 기능을 지원하지 않는다. 라이트닝 수탁 서비스인 월렛 오브 사토시 앱도 오퍼 생성 기능을 지원하지 않는다.

따라서 현재는 오퍼 생성 기능을 지원하는 코어 라이트닝CLN, Core Lightning(이하 CLN)을 이용하여 직접 라이트닝 노드를 운영하는 수밖에 없다. 라이트닝 지갑인 피닉스 지갑은 오퍼 생성 기능을 지원하기는 하지만, Description 설정이 불가능해서 오션 풀에서 라이트닝 지갑 주소로 전송받을 수 없다. 하지만 점차 Bolt12 오퍼 기능을 지원하는 라이트닝 서비스들이 많아질 것이다.

또한 오션 풀은 이메일을 포함한 일체의 개인정보를 받지 않기 때문에 라이트닝 네트워크로 받는 설정을 하는 과정에서 메시지 서명이 필요하다. 블루월렛에서 생성한 지갑이나 LND 라이트닝 노드에서는 메시지 서명을 쉽게 할 수 있다. 에어-갭 지갑의 경우 스패로우 워치-온리 지갑의 [Tools] → [Sign/Verify Message] 기능을 이용하여 메시지 서명을 할 수 있다. 2025년 8월 기준으로 키스톤은 스패로우 지갑이 생성하는 메시지를 읽기는 하지만 제대로 읽지는 못했다. 시드사이너는 메시지 서명 기능이 제대로 작동했다.

메시지 서명은 시드사이너와 스패로우를 사용하는 방법, 블루월렛(핫월렛)으로 생성한 지갑 주소를 사용하는 방법, 라이트닝 노드의 온체인 주소를 사용하는 방법을 서술하겠다. 또한, 다음 가이드는 '4부. 라이트닝 노드 운영 가이드'가 어느 정도 숙지된 사람들을 대상으로 쓰였다.

오션 풀 웹사이트의 대시보드에서 내 비트코인 주소를 검색하고, [Configuration]을 누른다. 'Lightning Payouts' 밑에 'Amount: –', 'Description: –' 부분이 보일 것이다. 그 밑의 문서 모양 버튼을 눌러 복사한다.

## 코어 라이트닝(CLN)으로 Offer 생성하기

이제 라이트닝 노드인 CLN을 이용해 Offer를 생성해야 한다. 따라서 CLN을 운영해야 한다. CLN은 백업이 까다로우므로 LND를 중점으로 해서 라이트닝 노드를 운영하고, 자신이 운영하는 CLN과 LND를 채널로 연결하는 것도 하나의 방법이다. CLN의 백업 방법은 4부의 'CLN을 설치하는 경우' 절을 참고하라.

필자는 미리 운영 중인 라이트닝 노드(LND) 측에서 새로 개설한 CLN과 채널을 열고 CLN의 인바운드 유동성을 확보해 놓았다. 과정은 다음과 같다. 먼저 CLN을 설치한다.

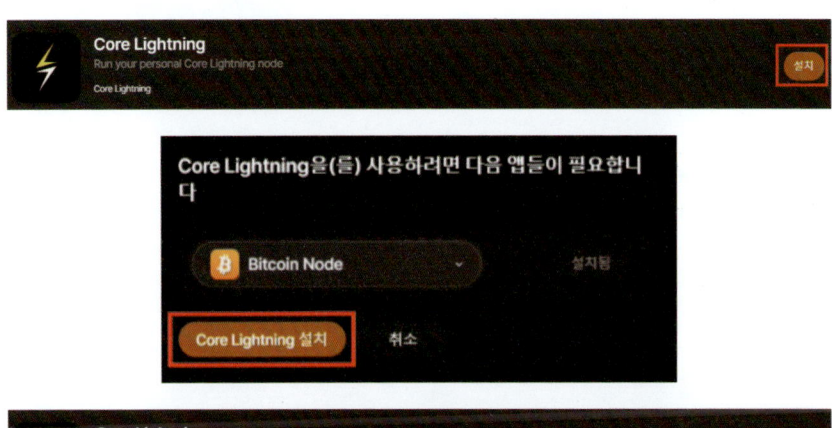

CLN과 비트코인 풀 노드 동기화가 다 될 때까지 시간이 조금 걸릴 수 있다. 동기화가 다 되면 CLN에서 우측 상단의 [Settings] → [Show node ID]를 누르고 노드 ID 옆 문서 모양의 복사 버튼을 눌러 노드 ID를 복사한다.

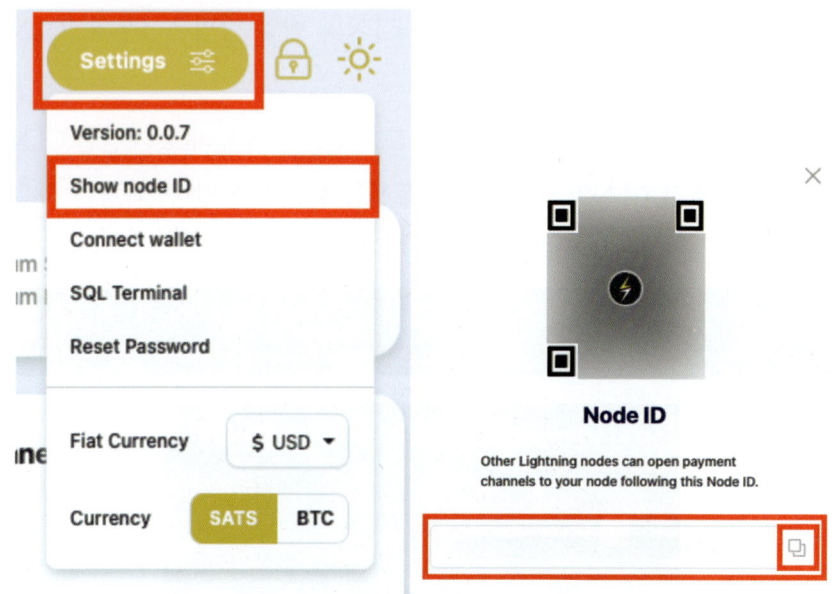

이제 자신이 운영하는 LND에서 이 CLN 노드를 피어로 추가하고, 채널을 개설하면 된다. LND 노드에서 피어를 추가하고 채널을 개설하는 방법은 '4부. 라이트닝 노드 운영 가이드'를 참고하라. CLN 측의 인바운드 유동성이 있어야 채굴 보상을 받을 수 있다. 또한, 지금처럼 오션 풀에서 라이트닝 네트워크로 채굴 보상을 받기 원하는 경우에는 LND에서 bfx-lnd0 혹은 bfx-lnd1 등의 노드와 채널을 맺으면 좋다. 해당 노드를 통해 채굴 보상이 전송되기 때문이다. 그러나 bfx 채널은 라우팅 시 아웃바운드가 안 차는 경향이 있고, 어차피 다른 채널의 라우팅을 통해 채굴 보상을 받을 수도 있으므로 잘 선택하길 바란다. bfx 노드들의 채널 개설 최소 용량은 약 100만 sats이다.

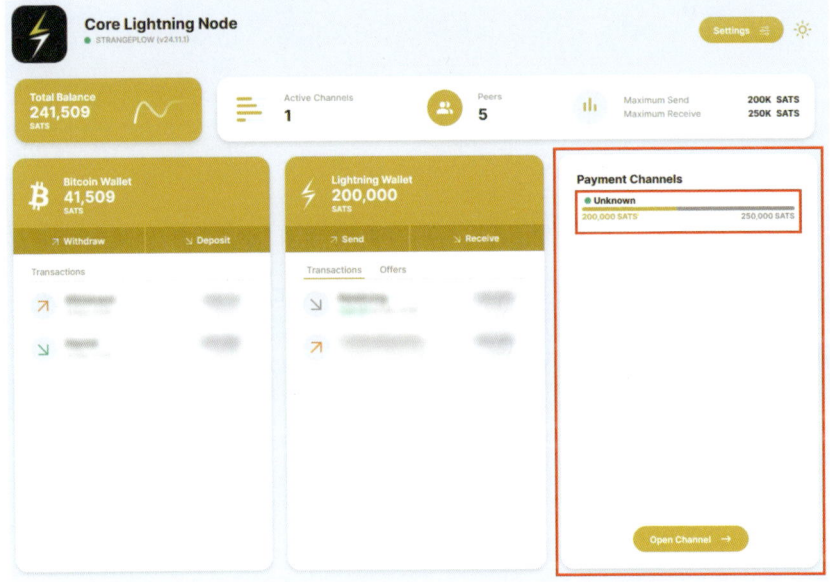

이제 CLN에서 가운데 있는 'Lightning Wallet' 아래의 [Receive]를 누른다.

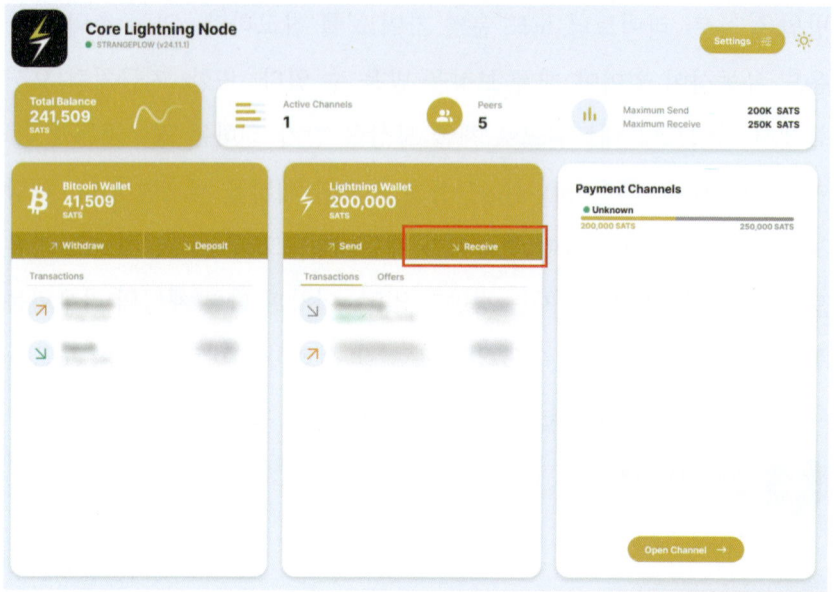

[Offer]를 선택하고, 'Desciption'에 앞에서 오션 풀 웹사이트에서 복사했던 Description 데이터를 붙여넣기 한다. 그다음 아래에 있는 [Generate Offer]를 누른다.

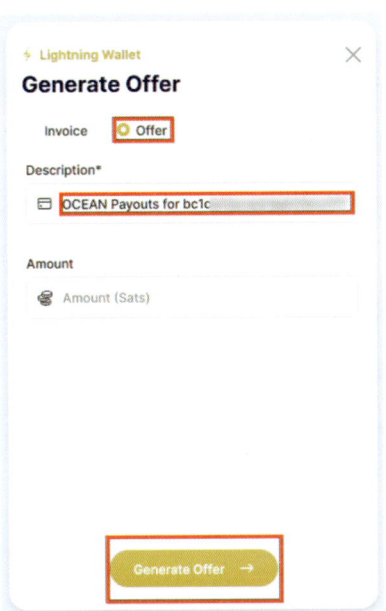

밑에 뜨는 Offer를 복사한 뒤 오션 풀 웹사이트의 'Lightning BOLT12 Offer' 칸에 붙여넣기 한다. 그 밑에 있는 [GENERATE]를 누른다.

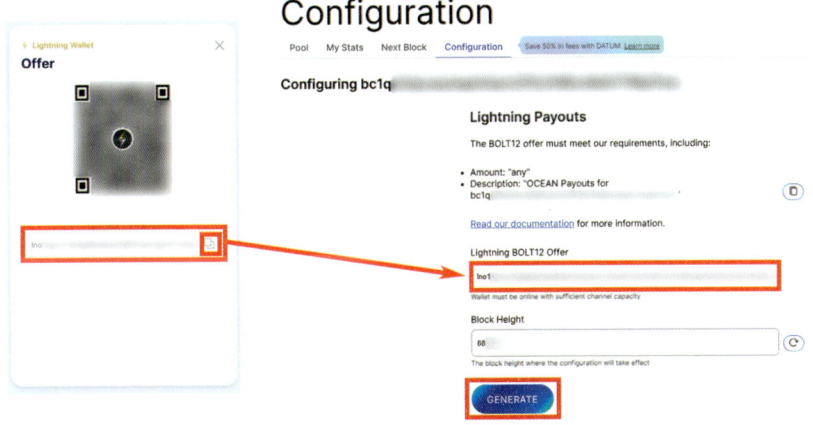

## 메시지 서명하기

이제 메시지 서명만 하면 설정이 끝난다. 메시지 서명이란 메시지를 개인키로 서명한 것을 제시함으로써 내가 해당 주소의 개인키를 갖고 있다는 것을 증명하는 방법이다.

[GENERATE]를 눌렀다면 아래 어떤 문구가 나올 것이다. [Copy]를 눌러 이 텍스트를 복사한다.

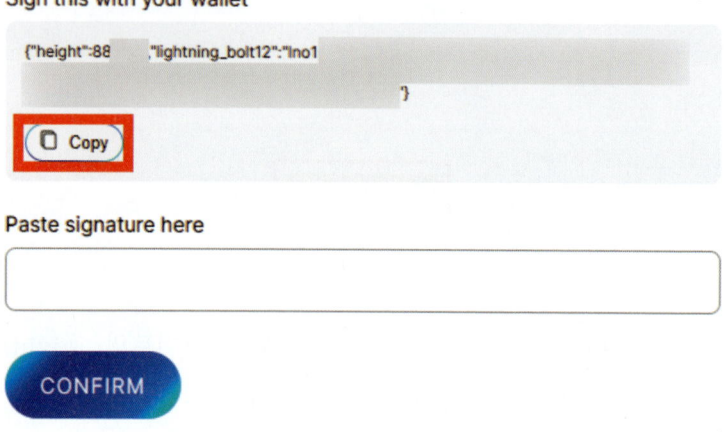

이제 에어-갭 지갑의 주소를 사용할 때(스패로우 워치-온리), 블루월렛(핫월렛)에서 생성한 주소를 사용할 때, 라이트닝 노드(LND)의 온-체인 주소를 사용할 때, 각각 어떻게 서명하는지 살펴볼 것이다.

에어-갭 지갑에 있는 주소를 보상 주소로 설정한 경우 PC에서 스패로우 워치-온리 지갑을 이용해 서명할 수 있다. 그러나 일부 에어-갭 지갑은 ':' 문자를 인식하지 못해 서명이 제대로 안 되니 참고하자. 키스톤은 홑따옴표를 붙이든 \를 이용하든 메시지 서명에 실패했다. 시드사이너는 제대로 작동되는 것을 확인했다. 시드사이너는 스패로우에서 보여주는 QR 코드를 스캔하면 바로 메시지 서명 창이 뜨며 니모닉을 입력하면 서명이 생성된다. 이를 웹캠으로 읽어오면 된다. 당연히 스패로우와 연동된 에어-갭 지갑에 속하는 비트코인 주소가 보상 주소로 설정되어 있어야 한다.

스패로우 상단의 [Tools] → [Sign/Verify Message]를 누른다.

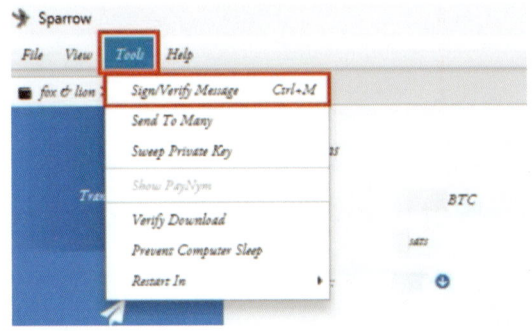

보상 주소를 설정하고, 메시지에 오션 풀 웹사이트에서 복사했던 메시지인 {height: …} 데이터를 붙여넣는다. 그다음 왼쪽 아래에 있는 [Sign by QR]을 누른다.

이 QR 코드를 에어-갭 지갑(시드사이너 등)으로 읽고 에어-갭 지갑에서 표시하는 서명을 읽어오면 된다. 시드사이너의 경우 니모닉을 입력하거나 시드 QR을 스캔한 뒤 바로 스캔하면 된다.

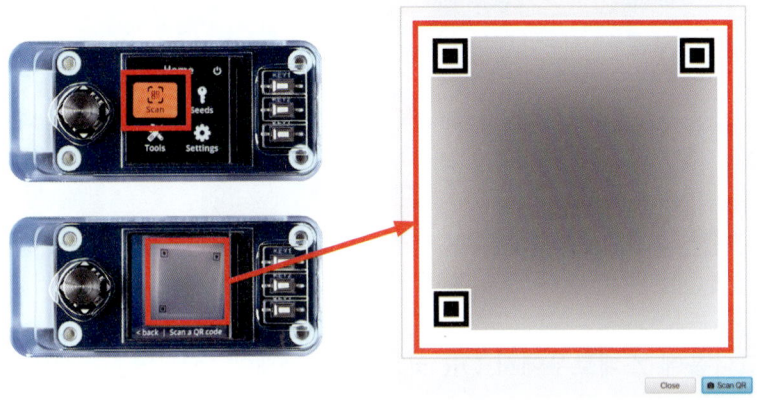

만약 메시지 서명 기능을 안 켰다는 안내문이 나올 때는 고급 설정에서 메시지 서명 기능을 켜고 다시 스캔하면 된다.

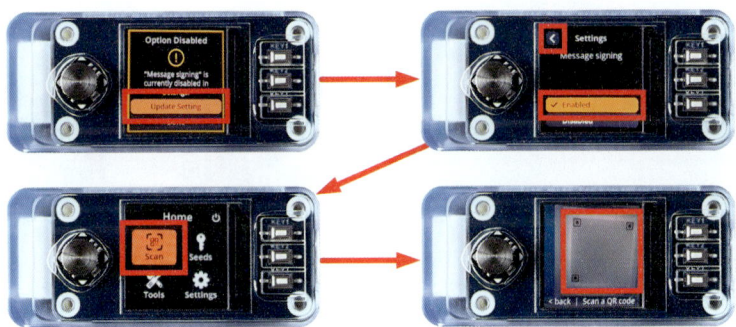

스캔이 제대로 되었다면 MFP가 나온다. 계속 다음을 누르면 서명 정보가 담긴 QR 코드가 나온다.

그다음에 스패로우에서 QR 코드 화면 아래에 있는 [Scan QR]을 눌러 웹캠을 통해 읽어오면 된다.

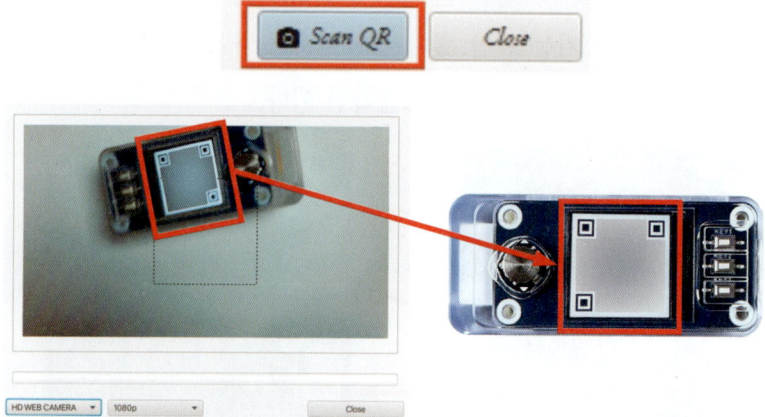

그다음 서명 부분을 복사한다. 참고로 아래에 있는 [Verify]를 누르면 서명이 올바른지 검증할 수 있다. 복사한 서명을 오션 풀 웹사이트에 붙여넣으면 된다.

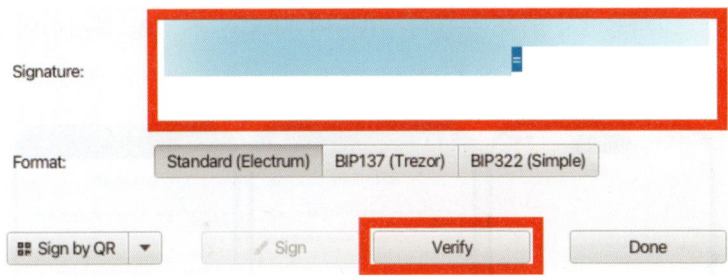

이제 블루월렛에서 생성한 주소를 사용한 경우를 살펴보자. 보상을 받을 곳으로 설정한 주소가 당연히 블루월렛 지갑에 속해 있어야 한다. 블루월렛에서 생성했던 지갑을 누르고 오른쪽 위 점 세 개를 누른다.

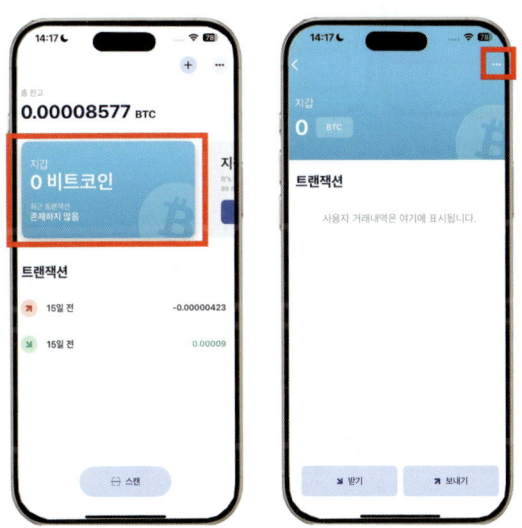

아래로 스크롤하여 [메시지 사인/검증]을 누르고, 맨 위에 보상받을 것으로 설정했던 주소를 입력한다. 그리고 서명은 비우고 그다음 칸에 오션 풀 웹사이트에서 복사했던 메시지인 데이터 {height: … }를 붙여 넣는다. 그다음 [서명]을 누른다. 서명이 나오면 서명을 복사하여 오션 풀 웹사이트에 붙여넣으면 된다.

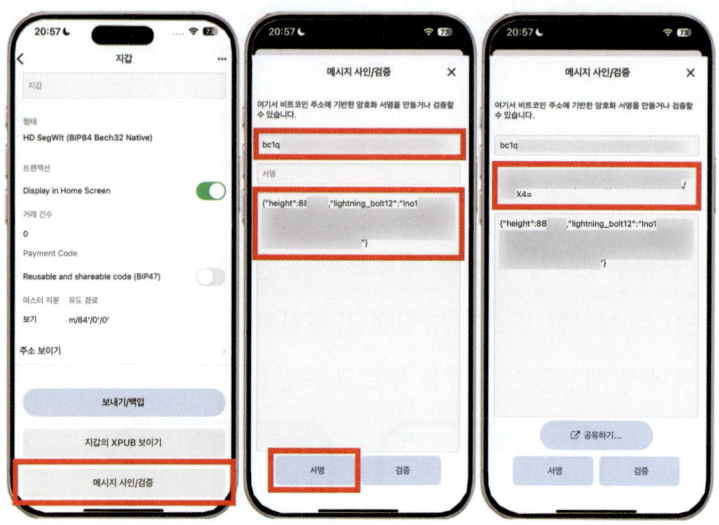

라이트닝 노드에서는 메시지 서명 기능을 이용하기 위해 터미널로 들어가야 한다. 엄브렐 홈 → 설정 → 고급 설정: [열기] → 터미널: [열기] → [앱 선택] → [Lightning Node]에 들어간다.

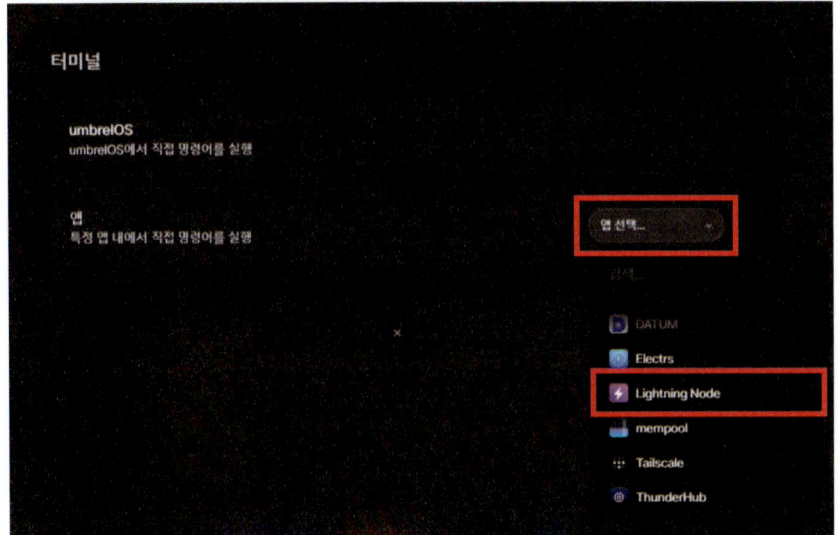

이제 터미널에 명령어를 쳐야 한다. 명령어는 다음과 같다.

```
lncli wallet addresses signmessage --address
  [보상 설정한 비트코인 주소] --msg '[메시지{"height":…}]'
```

주의할 점이 있다. 메시지인 {height: …}를 홑따옴표로 감싸야 한다. 따라서 명령어는 아래와 같은 형태가 될 것이다.

```
lncli wallet addresses signmessage --address
  bc1q…… --msg '{"height":……}'
```

명령어를 치고 엔터를 누른다.

그러면 서명이 나올 것이다. 서명 부분을 드래그하여 복사한다. 컴퓨터에서는 Ctrl + C 버튼이 안 먹히므로 마우스 오른쪽 클릭을 하고 복사를 눌러야 한다. 이렇게 나온 서명을 오션 풀 웹사이트에 붙여넣으면 된다.

오션 풀 웹사이트에 서명을 붙여넣은 뒤 [CONFIRM]을 누른다.

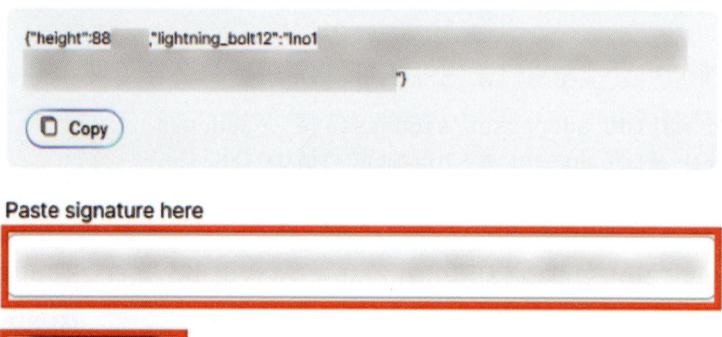

서명이 올바르다면 아래와 같은 화면이 나온다. 'Configuration accepted'가 뜨면 올바르게 설정된 것이다. 제대로 설정되었는지 확인하고 싶다면 아래 [View configuration history]를 눌러서 확인할 수 있다.

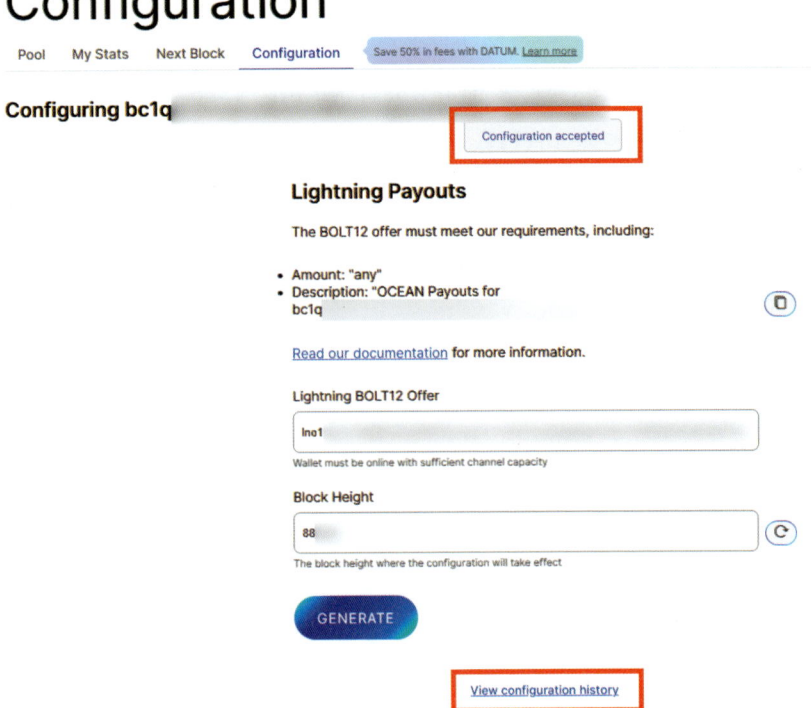

이렇게 해서 다텀으로 채굴 풀(오션 풀)에 참여하고, 라이트닝 네트워크로 보상을 받는 방법까지 설정했다. 보상은 오션 풀에서 블록을 채굴할 때마다 주어진다.

**마무리하며**

여기까지 따라오면서 당신은 돈을 저축해 보기도, 사용해 보기도 했다. 네트워크에 직접 참여하고, 전 세계에서 일어나는 모든 비트코인의 거래 장부를 직접 보유하고 업데이트했다. 누구도 신뢰하지 않고 스스로 잔액을 조회했다. 거래와 블록을 독립적으로 검증하고 전파했다. 네트워크를 직접 확장하고 보호했다.

이 책과 함께한 시간과 경험이 당신을 진정한 자유로 이끄는 데 도움이 되었기를 진심으로 바란다.

비트코인 사용 가이드

# 부록

# | 부록 1. 기기별 니모닉 생성 알고리즘

**니모닉 생성 알고리즘 검증**

이 부록은 기기에서 생성되는 니모닉의 규칙이 무엇인지 궁금한 사람들을 위해 쓰였다. 주사위를 굴려서 니모닉을 생성했다고 하더라도 기기가 그 주사위값을 바탕으로 니모닉을 제대로 계산했는지 궁금할 수 있다. 의심해 보자면 기기가 내가 준 랜덤한 주사위값을 무시하고, 해커가 탈취할 수 있는 니모닉을 줬을 수도 있는 것이 아닌가?

기기를 의심하고 검증하는 것은 좋다. 그러나 니모닉 생성 알고리즘을 검증할 때는 주의할 점이 있다. 검증에 사용한 니모닉은 사용하면 안 된다. 왜냐하면 검증 과정에서 니모닉이나 엔트로피를 온라인에 입력할 것이기 때문이다.

니모닉 생성 알고리즘을 검증할 수 있는 웹사이트에는 이안콜먼(https://iancoleman.io/bip39/)이나 런미어비트코인(https://learnmeabitcoin.com/) 등이 있다. 이는 모두 온라인 웹사이트이므로 여기서 생성된 니모닉은 사용하면 안 된다. 시중에는 니모닉을 이안콜먼에서 생성해서 사용해야 한다는 잘못된 인식이 일부 퍼져 있다. 절대 아니다. 에어-갭 기기에서 주사위를 던져 생성할 수 있는 니모닉을 두고, 온라인 웹사이트에서 생성해 준 니모닉을 사용할 필요가 전혀 없다. 오히려 온라인에서 생성해 준 니모닉은 사용하면 안 된다. 웹사이트를 다운로드하고 오프라인에서 생성하면 괜찮은 것은 아닌지 왈가왈부하기도 하는데, 그 이후에 기기가 온라인에 연결된다면 나도 모르게 남아있는 니모닉 생성 로그가 온라인에 유출될지도 모르는 일이다. 이런 일을 방지하려면 노트북을 하나 사고 오프라인에서 니모닉을 생성한 뒤 노트북을 완전히 파괴해야 하는데 이는 매우 비효율적인 행위다. 다시 말하지만 주사위값을 바탕으로 니모닉을 생성해 주는 에어-갭 기기를 두고 이런 일을 벌일 필요가 없다.

지금부터는 이 책에서 다뤘던 기기별 니모닉 생성 알고리즘에 대해 알아볼 것이다. 각 기기의 니모닉 생성 알고리즘은 조금씩 달라서 같은 주사위값을 입력해도 다른 니모닉이 나올 수 있다. 그래도 이 니모닉들은 모두 주사위값을 기반으로 나오므로 주사위값이 랜덤하다면 모두 안심할 수 있다.

## 키스톤 3 프로 기기의 니모닉 생성 알고리즘

키스톤 3 프로에서는 입력 받은 주사위 수열에서 6을 0으로 변경한다. 예를 들어 주사위값으로 12345'6'을 입력하면 기기 내부에서 12345'0'으로 변환하는 것이다. 이렇게 변환된 수열을 UTF-8로 인식해 SHA256 함수를 돌린다. 이렇게 나온 해시값을 엔트로피로 사용한다. 해시값은 256비트인데 니모닉 24단어를 생성한 경우 256비트를 모두 엔트로피로 사용하고, 니모닉 12단어를 생성한 경우 앞의 128비트만 엔트로피로 사용한다. 이 엔트로피를 비트로 인식하여 SHA256 함수를 돌려 앞부분만 취하면 체크섬이 나온다. 12단어는 체크섬으로 맨 앞 4비트를, 24단어는 체크섬으로 맨 앞 8비트를 사용한다. 이후에 체크섬이 뒤에 붙은 엔트로피 2진수를 11비트씩 끊고, 니모닉에 대응하면 된다. 이진수와 니모닉 단어 대응표는 부록 2에 있다.

예를 들어 주사위 결과가 다음과 같았다고 해보자.

11111111 22222222 33333333 44444444 55555555 66666666 11

(이런 식으로 주사위값을 입력해 나온 무작위성이 낮은 니모닉을 사용하면 안 된다. 주사위를 직접 굴려 랜덤하게 나온 값을 사용해야 한다. 무작위성이 부족한 니모닉에 비트코인을 보내면 해커가 비트코인을 탈취할 수 있다. 이미 이런 니모닉을 스캔하고 있는 사람들이 있기 때문이다.) 6을 0으로 변환하면 다음처럼 될 것이다.

`11111111 22222222 33333333 44444444 55555555 00000000 11`

이 수열을 UTF-8로 인식해 SHA256 함수로 한 번 돌린다. 다음 '온라인 툴즈' 웹사이트에서 해시 함수를 돌려볼 수 있다('Input Encoding'에서 [UTF-8]이 선택되어 있어야 하고, 띄어쓰기 없이 입력해야 한다).

https://emn178.github.io/online-tools/sha256.html

여기서는 12단어를 추출할 것이므로 해싱 결과의 절반만 사용한다. 앞의 32자리만 사용한다.

`B0287C083DD608EB4F053821BD7C1BDA`

이를 이진수로 변환하면 다음과 같다(런미어비트코인 웹사이트에서 [Technical] → General → [Hexadecimal]을 이용하면 편리하다).

`1011000010100001111100000010000011110111010110000010001110101101001111000001010011000001000011011110101111100000 1101111011010`

체크섬을 계산하기 위해 엔트로피의 HEX 값을 SHA256 함수로 돌린다. `B0287C083DD608EB4F053821BD7C1BDA`를 온라인 툴즈 웹사이트에 입력하는데, 'Input Encoding'에서 [Hex]가 선택되어 있어야 한다.

그러면 결과가 2611CDCA…가 나온다. 맨 앞의 2만 취한다. 0x2는 이진수로 0010이다. 이 값이 체크섬이 된다. 이진수 엔트로피 뒤에 체크섬을 붙이고 11자리씩 끊으면 다음처럼 된다.

```
10110000001 01000011111 00000010000 01111011101
01100000100 01110101101 00111100000 10100111000
00100001101 11101011111 00000110111 10110100010
```

이 값을 니모닉 영어 단어에 대응시키면 다음과 같다. (검증에 사용한 니모닉은 절대 사용하면 안 된다.)

```
rabbit dumb acoustic knife gauge interest
despair poem canvas typical alone reform
```

이안콜먼 웹사이트에서는 'Mnemonic Length'에서 [12 Words] 혹은 [24 Words]를 선택하고 오른쪽에서 'Dice [1-6]'을 선택한 뒤 주사위 엔트로피를 입력하면 키스톤의 니모닉 생성 알고리즘을 검증할 수 있다.

## 시드사이너 기기의 니모닉 생성 알고리즘

시드사이너 기기는 키스톤 3 프로와 다르게 입력 받은 주사위 수열에서 6을 그대로 사용한다. 이 수열을 UTF-8로 인식해 SHA256 함수를 돌리고, 해시값을 엔트로피로 사용한다. 해시값은 256비트인데 니모닉 24단어를 생성한 경우 256비트를 모두 엔트로피로 사용하고, 니모닉 12단어를 생성한 경우 앞의 128비트만 엔트로피로 사용한다. 엔트로피를 비트로 인식하여 SHA256 함수를 돌려 앞부분만 취하면 체크섬이 나온다. 12단어는 체크섬으로 맨 앞 4비트를, 24단어는 체크섬으로 맨 앞 8비트를 사용한다. 이후에 체크섬이 뒤에 붙은 엔트로피 2진수를 11

비트씩 끊고, 니모닉에 대응하면 된다. 이진수와 니모닉 단어 대응표는 부록 2에 있다.

예를 들어 주사위 결과가 다음과 같았다고 해보자.

`11111111 22222222 33333333 44444444 55555555 66666666 11`

(이런 식으로 주사위값을 입력해 나온 무작위성이 낮은 니모닉을 사용하면 안 된다. 주사위를 직접 굴려 랜덤하게 나온 값을 사용해야 한다. 무작위성이 부족한 니모닉에 비트코인을 보내면 해커가 비트코인을 탈취할 수 있다. 이미 이런 니모닉을 스캔하고 있는 사람들이 있기 때문이다.)

이 수열을 UTF-8로 인식해 SHA256 함수로 한 번 돌린다. 다음 '온라인 툴즈' 웹사이트에서 해시 함수를 돌려볼 수 있다('Input Encoding'에서 [UTF-8]이 선택되어 있어야 하고, 띄어쓰기 없이 입력해야 한다).

https://emn178.github.io/online-tools/sha256.html

12단어를 추출할 것이므로 해시값 결과의 절반만 사용한다. 앞의 32자리만 사용한다.

`D7E84B3E8515E5D92D727027067C3D30`

이를 이진수로 변환하면 다음과 같다(런미어비트코인 웹사이트에서 [Technical] → General → [Hexadecimal]을 이용하면 편리하다).

`1101011111101000010010110011111010000101000101011110010111`
`0110010010110101110010011100000010011100000110011111000011`
`110100110000`

체크섬을 계산하기 위해 엔트로피의 HEX 값을 SHA256 함수로 돌린다. `D7E84B3E8515E5D92D727027067C3D30`을 온라인 툴즈 웹사이트에 입력하는데 'Input Encoding'에서 [Hex]가 선택되어 있어야 한다.

그러면 결과가 `F46AC192…`가 나온다. 맨 앞의 숫자인 `F`만 취한다. `0xF`는 이진수로 `1111`이다. 이 값이 체크섬이 된다. 이진수 엔트로피 뒤에 체크섬을 붙이고 11자리씩 끊으면 다음처럼 된다.

```
11010111111 01000010010 11001111101 00001010001
01011110010 11101100100 10110101110 01001110000
00100111000 00110011111 00001111010 01100001111
```

이 값을 니모닉 영어 단어에 대응시키면 다음과 같다. (검증에 사용한 니모닉은 절대 사용하면 안 된다.)

```
subject drastic soul any furnace uncle
remind evoke check crop aunt giggle
```

이안콜먼 웹사이트에서는 'Mnemonic Length'에서 [12 Words] 혹은 [24 Words]를 선택하고 오른쪽에서 'Base 10 [0-9]'를 선택한 뒤 주사위 엔트로피를 입력하면 시드사이너의 니모닉 생성 알고리즘을 검증할 수 있다.

## 블루월렛에서의 니모닉 생성 알고리즘

블루월렛에서 니모닉을 생성할 때는 해시 함수를 돌리지 않고 주사위값을 바로 이진수 엔트로피로 만든다. 주사위값의 1은 '00'으로, 2는 '01'로, 3은 '10'으로, 4는 '11'로, 5는 '0'으로, 6은 '1'로 변환한다. 12단어는 128비트가 될 때까지, 24단어는 256비트가 될 때까지 주사위값을 입력받는다. 이렇게 만들어진 엔트로피를 비트로 인식하여

SHA256 함수를 돌려 앞부분만 취하면 체크섬이 나온다. 12단어는 체크섬으로 맨 앞 4비트를, 24단어는 체크섬으로 맨 앞 8비트를 사용한다. 이후에 체크섬이 뒤에 붙은 엔트로피 2진수를 11비트씩 끊고, 니모닉에 대응하면 된다. 이진수와 니모닉 단어 대응표는 부록 2에 있다.

예를 들어 주사위 결과가 다음과 같았다고 해보자.

```
111111111111 222222222222 333333333333 444444444444
555555555555 666666666666 1111
```

(이런 식으로 주사위값을 입력해 나온 무작위성이 낮은 니모닉을 사용하면 안 된다. 주사위를 직접 굴려 랜덤하게 나온 값을 사용해야 한다. 무작위성이 부족한 니모닉에 비트코인을 보내면 해커가 비트코인을 탈취할 수 있다. 이미 이런 니모닉을 스캔하고 있는 사람들이 있기 때문이다.)

주사위값을 바로 이진수 엔트로피로 바꾸면 다음처럼 된다.

```
000000000000000000000000 010101010101010101010101
101010101010101010101010 111111111111111111111111
000000000000 111111111111 00000000
```

체크섬을 계산하기 위해 엔트로피의 HEX 값을 SHA256 함수로 돌린다(이진 비트를 HEX 값으로 전환할 때는 런미어비트코인 웹사이트에서 [Technical] → General → [Hexadecimal]을 이용하면 편리하다). `000000555555AAAAAAFFFFFF000FFF00`을 온라인 툴즈 웹사이트에 입력하는데, 'Input Encoding'에서 [Hex]가 선택되어 있어야 한다.

그러면 결과가 `B510F259`...가 나온다. 맨 앞의 숫자인 B만 취한다. `0xB`는 이진수로 `1011`이다. 이 값이 체크섬이 된다. 앞의 이진수 엔트로피에 체크섬을 붙이고 11자리씩 끊으면 다음처럼 된다.

```
00000000000 00000000000 00010101010 10101010101
01011010101 01010101010 10101011111 11111111111
11111111000 00000000011 11111111110 00000001011
```

이 값을 니모닉 영어 단어에 대응시키면 다음과 같다. (검증에 사용한 니모닉은 절대 사용하면 안 된다.)

```
abandon abandon best primary follow fetch
program zoo yellow about zone accident
```

이안콜먼 웹사이트에서는 'Mnemonic Length'에서 [Use Raw Entropy]를 선택하고 오른쪽에서 'Dice [1-6]'을 선택한다. 그리고 주사위 엔트로피에서 1은 6으로, 2는 1로, 3은 2로, 4는 3으로, 5는 4로, 6은 5로 입력하면 블루월렛의 니모닉 생성 알고리즘을 검증할 수 있다.

# | 부록 2. 니모닉 복구 방법 및 니모닉 목록

**BIP-39 목록 설명**

이 장의 뒤에 나오는 표는 BIP-39에서 정의되어 있는 표준 니모닉 목록이다. 이 부록은 입문자가 철판 등에 백업된 니모닉을 복구할 수 있게 하기 위해 쓰였다. 니모닉 목록의 번호는 두 가지 종류가 있는데 하나는 1부터 시작해서 2,048로 끝나는 사람이 보는 번호이고, 하나는 0부터 시작해서 2,047로 끝나는 표준 인덱스의 십진법이다. 따라서 번호나 인덱스 십진법으로 니모닉을 구분하는 경우 상당한 혼동이 있을 수 있으므로 니모닉은 반드시 영어 단어, 혹은 이진법(비트)으로 기억해야 한다.

BIP-39에서는 니모닉 한글 단어도 명시해 놓았는데, 대부분의 지갑에서 한글 니모닉을 지원하지 않으므로 호환성이 낮고, 시중의 교육 자료 또한 대부분 영어 니모닉을 기준으로 작성되어 있다. 따라서 영어 단어 목록을 더 추천한다. 실제로 몇몇 문서나 기기들은 비영어 니모닉 목록을 권장하지 않거나, 위험성이 있다고 경고하고 있다. 영어가 정말 어려운 사람들을 위해 니모닉 표에 한글 니모닉 목록도 병기했지만 웬만하면 영어 단어로 백업할 것을 권한다.

**니모닉 복구 전 주의 사항**

만약 당신이 사랑하는 사람으로부터 비트코인이 있다는 말과 함께 의문의 철판 혹은 종이 메모 등을 받았다면, 그건 비트코인을 사용할 수 있는 니모닉 단어의 백업일 가능성이 크다.

니모닉을 복구할 때는 반드시 다음 주의 사항을 준수하라.

1. 복구한 니모닉 단어는 아무에게도 알려주지 않는다. 도움을 요청할 사람에게도 알려주면 안 된다.
2. 복구한 니모닉 단어는 절대 온라인에 연결된 기기에 입력하지 않는다.
3. 니모닉 단어를 복구할 때는 주변에 카메라가 있는 어떠한 전자기기도 없는 채로 진행한다.
4. 복구 과정에서 니모닉 단어를 소리 내어 읽지 않는다.

주의 사항을 읽어보면 느껴지겠지만 이 니모닉은 절대로 노출되어서는 안 된다. 인터넷에 연결된 기기, 즉 스마트폰이나 PC 등에 입력하는 것만으로도 해커들의 타깃이 될 수 있다. 복구할 때 혹시나 주변에 카메라가 있지는 않은지 살펴보고 다음의 복구 과정을 따라야 한다. 또한,

마이크가 있는 기기 앞에서 실수로 니모닉을 소리 내어 읽지 않도록 주의해야 한다. 그만큼 니모닉의 보안은 중요하다.

왜냐하면 니모닉을 다른 누군가가 아는 순간, 소중한 비트코인이 탈취당할 수 있기 때문이다. 사랑하는 사람이 니모닉을 전해줬다면, 거기에는 그 사람이 자신의 시간을 희생해 모은 비트코인이 들어있을 가능성이 크다. 그런 비트코인을 사소한 실수로 날리면 안 된다.

이제 복구 과정에 대해 알아보자. 보통 니모닉 백업은 다음의 3가지 방법을 통해 한다. 우리는 이 백업을 보고 거꾸로 복구를 해야 하므로, 이 중 어떤 방법으로 백업되어 있는 것인지를 먼저 파악해야 한다.

### ① 영단어 4자리로 백업되어 있는 경우

4자리의 영단어가 12개, 혹은 24개 있는 경우가 있다. 이런 경우 니모닉 단어 복구가 매우 쉽다. 니모닉 단어는 2,048개의 영어 단어 중 하나인데 이 영어 단어들은 앞의 4자리가 겹치는 경우가 없다. 따라서 4글자만 있어도 전체 단어를 유추할 수가 있다. 무슨 뜻이냐면 'abandon' 이 단어 목록에 있으면 'abandoned'라는 단어는 목록에 있을 수가 없다. 왜냐하면 앞의 4글자 aban이 겹치기 때문이다. 따라서 4글자만 있어도 단어가 무엇인지 알 수 있다. 'aban'만 적혀 있어도 해당 단어가 'abandon'인 것을 알 수 있는 것이다.

따라서 4글자만 백업되어 있다면 뒤의 표에서 전체 단어를 찾아내면 된다. 이 과정을 12개 단어, 혹은 24개 단어에 전부 적용하면 된다.

다음의 예시를 보고 어떻게 복구하는지 보자.

철판에 1번 단어는 'donk'라고 되어있다. 이제 표를 보고 'donk'로 시작하는 단어를 찾으면 된다.

| 번호 | 십진법 | 이진법 | 영어 단어 | 한글 단어 |
|---|---|---|---|---|
| 520 | 519 | 0①0000000①①① | domain | 무지개 |
| 521 | 520 | 0①000000①000 | donate | 무척 |
| 522 | 521 | 0①000000①00① | donkey | 문구 |
| 523 | 522 | 0①000000①0①0 | donor | 문득 |
| 524 | 523 | 0①000000①0①① | door | 문법 |

표에서 찾아보니 'donk'로 시작하는 영어 단어는 'donkey'뿐이다. 그러면 이것이 첫 번째 니모닉 단어다.

철판에 2번 단어는 'pupi'로 되어 있다. 표를 보고 'pupi'로 시작하는 단어를 찾아보자.

| 번호 | 십진법 | 이진법 | 영어 단어 | 한글 단어 |
|---|---|---|---|---|
| 1390 | 1389 | 10101101101 | pumpkin | 일회용 |
| 1391 | 1390 | 10101101110 | punch | 임금 |
| 1392 | 1391 | 10101101111 | pupil | 임무 |
| 1393 | 1392 | 10101110000 | puppy | 입대 |
| 1394 | 1393 | 10101110001 | purchase | 입력 |

표에서 찾아보니 'pupi'로 시작하는 영어 단어는 'pupil'뿐이다. 이것이 두 번째 니모닉 단어다.

세 번째 니모닉 단어는 뒤의 표에서 한 번 직접 찾아보자. 'sibl'로 시작하는 단어를 찾아봐야 한다. 세 번째 니모닉 단어의 정답은 'sibling'이다.

니모닉을 복구할 준비가 되었다면 사랑하는 사람이 남긴 니모닉을 복구해 보자. 복구할 때는 절대 카메라가 없는 곳에서 하고 복구 과정에서 생기는 메모는 최소화하라. 필자는 이런 과정에서 메모를 한 종이는 찢은 뒤 물에 불려 먹는다. 그 정도로 중요한 정보다.

## ② 이진법(비트)으로 백업되어 있는 경우

이진법(비트)으로 백업되어 있는 경우가 있다. 보통 이런 경우에는 어떤 점이 찍혀있을 텐데, 이것만 봐서는 이게 무엇인지 감을 잡기가 어려워 당황할 수 있다. 이것도 니모닉 단어 목록이다. 보통 11개의 구멍을 뚫을 수 있는 공간이 있고, 이런 11개의 구멍이 12개, 혹은 24개가 있을 것이다.

이것을 읽는 방법은 간단하다. 이것은 0과 1로 이루어진 이진법 정보다. 구멍이 안 뚫려있으면 ⓪, 구멍이 뚫려있으면 ❶로 읽으면 된다. 우리의 목표는 이렇게 0과 1로 이루어진 정보를 사람이 읽을 수 있는 영어 단어로 변환하는 것이다.

만약 11개 칸 중에 구멍이 맨 뒤에 연속으로 3개 뚫려있다면 이 정보는 ⓪⓪⓪⓪⓪⓪⓪⓪❶❶❶이라는 정보다. 뒤에 나오는 표에서 이 이진법 옆에 있는 영어 단어를 찾으면 된다. 실제로 표에서 찾아보면 복구한 영어 단어는 'abstract'가 된다. 이 과정을 반복해 순서대로 12개 단어, 혹은 24개 단어를 찾아내면 된다.

다음의 예시를 보고 어떻게 복구하는지 보자. 세로 열에서 2048 열은 무시하면 된다. 그러면 1024, 512, 256, 128, 64, 32, 16, 8, 4, 2, 1로 총 11개의 열이 있다.

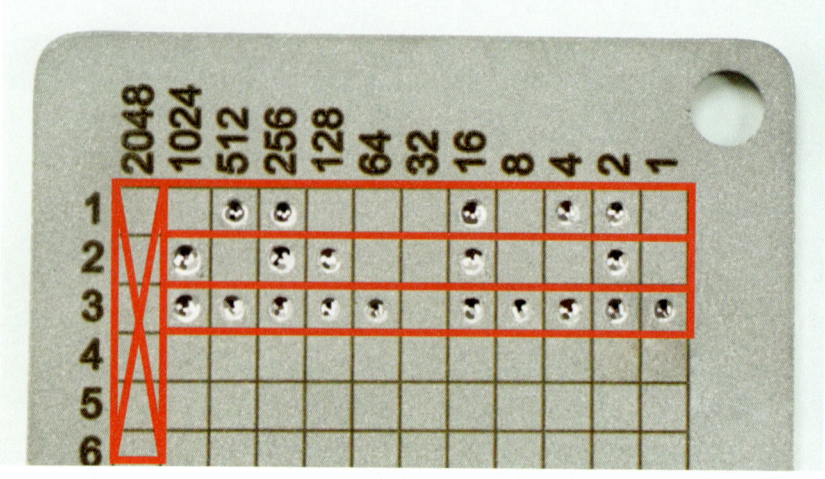

첫 번째 행의 이진 비트를 읽으면 01100010110이다. 아무것도 없는 칸을 0으로, 구멍이 뚫려있는 부분을 1로 읽으면 된다. 이제 표에서 ⓞ❶❶ⓞⓞⓞ❶ⓞ❶❶ⓞ을 찾아보자.

| 번호 | 십진법 | 이진법 | 영어 단어 | 한글 단어 |
|---|---|---|---|---|
| 789 | 788 | ⓞ❶❶ⓞⓞⓞ❶ⓞ❶ⓞⓞ | glad | 상상 |
| 790 | 789 | ⓞ❶❶ⓞⓞⓞ❶ⓞ❶ⓞ❶ | glance | 상식 |
| 791 | 790 | ⓞ❶❶ⓞⓞⓞ❶ⓞ❶❶ⓞ | glare | 상업 |
| 792 | 791 | ⓞ❶❶ⓞⓞⓞ❶ⓞ❶❶❶ | glass | 상인 |
| 793 | 792 | ⓞ❶❶ⓞⓞⓞ❶❶ⓞⓞⓞ | glide | 상자 |

이에 해당하는 영어 단어는 'glare'이다. 이것이 첫 번째 니모닉 단어다.

철판에서 두 번째 행의 이진 비트를 읽으면 10110010010이다. 이제 표에서 ❶⓪❶❶⓪⓪❶⓪⓪❶⓪을 찾아보자.

| 번호 | 십진법 | 이진법 | 영어 단어 | 한글 단어 |
|---|---|---|---|---|
| 1425 | 1424 | ❶⓪❶❶⓪⓪❶⓪⓪⓪⓪ | rare | 잔뜩 |
| 1426 | 1425 | ❶⓪❶❶⓪⓪❶⓪⓪⓪❶ | rate | 잔치 |
| 1427 | 1426 | ❶⓪❶❶⓪⓪❶⓪⓪❶⓪ | rather | 잘못 |
| 1428 | 1427 | ❶⓪❶❶⓪⓪❶⓪⓪❶❶ | raven | 잠깐 |
| 1429 | 1428 | ❶⓪❶❶⓪⓪❶⓪❶⓪⓪ | raw | 잠수함 |

이에 해당하는 영어 단어는 'rather'이다. 이것이 두 번째 니모닉 단어다.

세 번째 니모닉 단어는 뒤의 표에서 한 번 직접 찾아보자. 111110011111의 이진 비트에 해당하는 영어 단어를 찾아야 한다. 세 번째 니모닉 단어의 정답은 'winner'이다.

니모닉을 복구할 준비가 되었다면 사랑하는 사람이 남긴 니모닉을 복구해 보자. 복구할 때는 절대 카메라가 없는 곳에서 하고 복구 과정에서 생기는 메모는 최소화하라. 필자는 이런 과정에서 메모를 한 종이는 찢은 뒤 물에 불려 먹는다. 그 정도로 중요한 정보다.

### ③ 영단어 4자리 순서로 백업되어 있는 경우

세로축에는 영어 알파벳이 있고, 가로축으로는 12개 혹은 24개의 큰 열, 그리고 그 열 안에 각각 다시 4개의 열이 있다면 이것은 영단어 4자리 순서가 백업된 것이다. 이러한 유형은 점이 찍혀 있어서 두 번째 백업 유형인 이진법으로 백업되어 있는 것인가 헷갈릴 수 있지만, 이것은 오히려 첫 번째 백업 유형인 영어 단어 4자리 백업과 비슷하다. 따라서 영어 단어를 읽는 방법만 알면 복구가 쉽다.

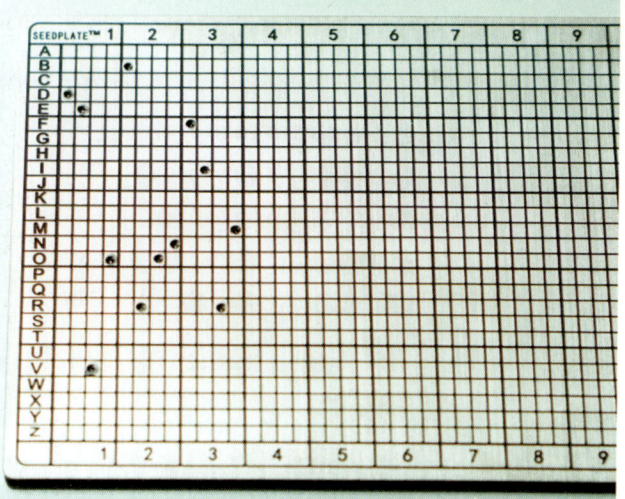

 4개의 열에서 첫 번째 열은 첫 번째 문자를 의미한다. 따라서 첫 번째 열에서 점이 A행에 찍혀 있다면, 이것은 첫 번째 문자가 a인 것을 의미한다. 두 번째 열에서 점이 B행에 찍혀 있다면, 두 번째 문자가 b라는 것을 의미한다. 세 번째 열에서 점이 S행에 찍혀 있다면, 세 번째 문자가 s라는 것을 의미한다. 네 번째 열에서 점이 T행에 찍혀 있다면, 네 번째 문자가 t라는 것을 의미한다. 이어서 보면 'abst'가 된다.

 이제 이 4개의 문자를 가지고, 단어를 찾아내면 된다. 첫 번째 백업 유형에서 설명했던 것을 다시 설명하겠다. 니모닉 단어는 2,048개의 영어 단어 중 하나인데 이 영어 단어들은 앞의 4자리가 겹치는 경우가 없다. 따라서 4글자만 있어도 전체 단어를 유추할 수가 있다. 무슨 뜻이냐면 'aban don'이 단어 목록에 있으면 'aban doned'라는 단어는 목록에 있을 수가 없다. 왜냐하면 앞의 4글자 aban이 겹치기 때문이다. 따라서 4글자만 있어도 단어가 무엇인지 알 수 있다. 'aban'만 적혀 있어도 해당 단어가 'abandon'인 것을 알 수 있는 것이다. 이제 뒤의 표에서 첫 4자리가 'abst'로 시작하는 단어를 찾으면 되는데, 해당 단어는 'abstract'이다. 이 과정을 반복해 12개, 혹은 24개 단어를 찾아내면 된다.

다음의 예시를 보고 어떻게 복구하는지 보자. 첫 번째 단어를 읽어 보자. 1열에는 D행에 점이 찍혀 있다. 2열에는 E행에 점이 찍혀 있다. 3열에는 V행에 점이 찍혀 있다. 4열에는 O행에 점이 찍혀 있다. 이것을 순서대로 읽으면 'devo'가 된다. 이제 표에서 'devo'로 시작하는 영어 단어를 찾는다.

| 번호 | 십진법 | 이진법 | 영어 단어 | 한글 단어 |
| --- | --- | --- | --- | --- |
| 485 | 484 | ○○●●●●○○●○○ | develop | 모니터 |
| 486 | 485 | ○○●●●●○○●○● | device | 모델 |
| 487 | 486 | ○○●●●●○○●●○ | devote | 모든 |
| 488 | 487 | ○○●●●●○○●●● | diagram | 모범 |
| 489 | 488 | ○○●●●●○●○○○ | dial | 모습 |

'devo'로 시작하는 단어는 'devote'뿐이다. 이것이 첫 번째 니모닉 단어다.

두 번째 단어를 읽어 보자. 1열에는 B행에 점이 찍혀 있다. 2열에는 R행에 점이 찍혀 있다. 3열에는 O행에 점이 찍혀 있다. 4열에는 N행에 점이 찍혀 있다. 이것을 순서대로 읽으면 'bron'이 된다. 이제 표에서 'bron'으로 시작하는 영어 단어를 찾는다.

| 번호 | 십진법 | 이진법 | 영어 단어 | 한글 단어 |
|---|---|---|---|---|
| 228 | 227 | ○○○●●●○○○●● | broccoli | 극복 |
| 229 | 228 | ○○○●●●○○●○○ | broken | 극히 |
| 230 | 229 | ○○○●●●○○●○● | bronze | 근거 |
| 231 | 230 | ○○○●●●○○●●○ | broom | 근교 |
| 232 | 231 | ○○○●●●○○●●● | brother | 근래 |

'bron'으로 시작하는 단어는 'bronze'뿐이다. 이것이 두 번째 니모닉 단어다.

세 번째 단어는 직접 읽어 보고, 뒤의 표에서 한 번 찾아보자. 세 번째 니모닉 단어의 정답은 'firm'이다.

니모닉을 복구할 준비가 되었다면 사랑하는 사람이 남긴 니모닉을 복구해 보자. 복구할 때는 절대 카메라가 없는 곳에서 하고 복구 과정에서 생기는 메모는 최소화하라. 필자는 이런 과정에서 메모를 한 종이는 찢은 뒤 물에 불려 먹는다. 그 정도로 중요한 정보다.

니모닉을 복구했다면 이 니모닉을 바로 지갑에 복구하는 것보다는 일단 다른 니모닉으로 지갑을 사용해 보며 비트코인 사용법에 익숙해지길 바란다. 비트코인은 중앙 관리자가 없으므로 자신이 모든 책임을 져야 하는 돈이다. 이해가 미흡한 상태에서 사소한 실수를 저질러 비트코인을 날리지 않도록 주의해야 한다. 따라서 서명과 복구 연습을 충분히 한 뒤에 사랑하는 사람이 남긴 니모닉으로 지갑을 복구하길 권한다.

비트코인은 자유의 돈이다. 사랑하는 사람이 당신에게 다른 자산이 아닌 비트코인을 남긴 것은 당신이 슬퍼하기보다는 분명 자유롭고 행복하기를 바라는 마음에서였을 것이다. 비트코인에는 당신을 사랑했던 사람의 시간이 담겨 있다. 이제 당신의 시간을 담을 차례다.

| 번호 | 십진법 | 이진법 | 영어 단어 | 한글 단어 | 번호 | 십진법 | 이진법 | 영어 단어 | 한글 단어 |
|---|---|---|---|---|---|---|---|---|---|
| 1 | 0 | 00000000 | abandon | 가격 | 62 | 61 | 00111101 | amateur | 거울 |
| 2 | 1 | 00000001 | ability | 가끔 | 63 | 62 | 00111110 | amazing | 거짓 |
| 3 | 2 | 00000010 | able | 가난 | 64 | 63 | 00111111 | among | 거품 |
| 4 | 3 | 00000011 | about | 가능 | 65 | 64 | 01000000 | amount | 걱정 |
| 5 | 4 | 00000100 | above | 가득 | 66 | 65 | 01000001 | amused | 건강 |
| 6 | 5 | 00000101 | absent | 가르침 | 67 | 66 | 01000010 | analyst | 건물 |
| 7 | 6 | 00000110 | absorb | 가뭄 | 68 | 67 | 01000011 | anchor | 건설 |
| 8 | 7 | 00000111 | abstract | 가방 | 69 | 68 | 01000100 | ancient | 건조 |
| 9 | 8 | 00001000 | absurd | 가상 | 70 | 69 | 01000101 | anger | 건축 |
| 10 | 9 | 00001001 | abuse | 가슴 | 71 | 70 | 01000110 | angle | 걸음 |
| 11 | 10 | 00001010 | access | 가운데 | 72 | 71 | 01000111 | angry | 검사 |
| 12 | 11 | 00001011 | accident | 가을 | 73 | 72 | 01001000 | animal | 검토 |
| 13 | 12 | 00001100 | account | 가이드 | 74 | 73 | 01001001 | ankle | 게시판 |
| 14 | 13 | 00001101 | accuse | 가입 | 75 | 74 | 01001010 | announce | 게임 |
| 15 | 14 | 00001110 | achieve | 가장 | 76 | 75 | 01001011 | annual | 겨울 |
| 16 | 15 | 00001111 | acid | 가정 | 77 | 76 | 01001100 | another | 견해 |
| 17 | 16 | 00010000 | acoustic | 가족 | 78 | 77 | 01001101 | answer | 결과 |
| 18 | 17 | 00010001 | acquire | 가죽 | 79 | 78 | 01001110 | antenna | 결국 |
| 19 | 18 | 00010010 | across | 각오 | 80 | 79 | 01001111 | antique | 결론 |
| 20 | 19 | 00010011 | act | 각자 | 81 | 80 | 01010000 | anxiety | 결석 |
| 21 | 20 | 00010100 | action | 간격 | 82 | 81 | 01010001 | any | 결승 |
| 22 | 21 | 00010101 | actor | 간부 | 83 | 82 | 01010010 | apart | 결심 |
| 23 | 22 | 00010110 | actress | 간섭 | 84 | 83 | 01010011 | apology | 결정 |
| 24 | 23 | 00010111 | actual | 간장 | 85 | 84 | 01010100 | appear | 결혼 |
| 25 | 24 | 00011000 | adapt | 간접 | 86 | 85 | 01010101 | apple | 경계 |
| 26 | 25 | 00011001 | add | 간판 | 87 | 86 | 01010110 | approve | 경고 |
| 27 | 26 | 00011010 | addict | 갈등 | 88 | 87 | 01010111 | april | 경기 |
| 28 | 27 | 00011011 | address | 갈비 | 89 | 88 | 01011000 | arch | 경력 |
| 29 | 28 | 00011100 | adjust | 갈색 | 90 | 89 | 01011001 | arctic | 경복궁 |
| 30 | 29 | 00011101 | admit | 갈증 | 91 | 90 | 01011010 | area | 경비 |
| 31 | 30 | 00011110 | adult | 감각 | 92 | 91 | 01011011 | arena | 경상도 |
| 32 | 31 | 00011111 | advance | 감기 | 93 | 92 | 01011100 | argue | 경영 |
| 33 | 32 | 00100000 | advice | 감소 | 94 | 93 | 01011101 | arm | 경우 |
| 34 | 33 | 00100001 | aerobic | 감수성 | 95 | 94 | 01011110 | armed | 경쟁 |
| 35 | 34 | 00100010 | affair | 감자 | 96 | 95 | 01011111 | armor | 경제 |
| 36 | 35 | 00100011 | afford | 감정 | 97 | 96 | 01100000 | army | 경주 |
| 37 | 36 | 00100100 | afraid | 갑자기 | 98 | 97 | 01100001 | around | 경찰 |
| 38 | 37 | 00100101 | again | 강남 | 99 | 98 | 01100010 | arrange | 경치 |
| 39 | 38 | 00100110 | age | 강당 | 100 | 99 | 01100011 | arrest | 경향 |
| 40 | 39 | 00100111 | agent | 강도 | 101 | 100 | 01100100 | arrive | 경험 |
| 41 | 40 | 00101000 | agree | 강력히 | 102 | 101 | 01100101 | arrow | 계곡 |
| 42 | 41 | 00101001 | ahead | 강변 | 103 | 102 | 01100110 | art | 계단 |
| 43 | 42 | 00101010 | aim | 강북 | 104 | 103 | 01100111 | artefact | 계란 |
| 44 | 43 | 00101011 | air | 강사 | 105 | 104 | 01101000 | artist | 계산 |
| 45 | 44 | 00101100 | airport | 강수량 | 106 | 105 | 01101001 | artwork | 계속 |
| 46 | 45 | 00101101 | aisle | 강아지 | 107 | 106 | 01101010 | ask | 계약 |
| 47 | 46 | 00101110 | alarm | 강원도 | 108 | 107 | 01101011 | aspect | 계절 |
| 48 | 47 | 00101111 | album | 강의 | 109 | 108 | 01101100 | assault | 계층 |
| 49 | 48 | 00110000 | alcohol | 강제 | 110 | 109 | 01101101 | asset | 계획 |
| 50 | 49 | 00110001 | alert | 강조 | 111 | 110 | 01101110 | assist | 고객 |
| 51 | 50 | 00110010 | alien | 같이 | 112 | 111 | 01101111 | assume | 고구려 |
| 52 | 51 | 00110011 | all | 개구리 | 113 | 112 | 01110000 | asthma | 고궁 |
| 53 | 52 | 00110100 | alley | 개나리 | 114 | 113 | 01110001 | athlete | 고급 |
| 54 | 53 | 00110101 | allow | 개방 | 115 | 114 | 01110010 | atom | 고등학생 |
| 55 | 54 | 00110110 | almost | 개별 | 116 | 115 | 01110011 | attack | 고무신 |
| 56 | 55 | 00110111 | alone | 개선 | 117 | 116 | 01110100 | attend | 고민 |
| 57 | 56 | 00111000 | alpha | 개성 | 118 | 117 | 01110101 | attitude | 고양이 |
| 58 | 57 | 00111001 | already | 개인 | 119 | 118 | 01110110 | attract | 고장 |
| 59 | 58 | 00111010 | also | 객관적 | 120 | 119 | 01110111 | auction | 고전 |
| 60 | 59 | 00111011 | alter | 거실 | 121 | 120 | 01111000 | audit | 고집 |
| 61 | 60 | 00111100 | always | 거액 | 122 | 121 | 01111001 | august | 고춧가루 |

| 번호 | 십진법 | 이진법 | 영어 단어 | 한글 단어 | 번호 | 십진법 | 이진법 | 영어 단어 | 한글 단어 |
|---|---|---|---|---|---|---|---|---|---|
| 123 | 122 | 00000001111010 | aunt | 고통 | 184 | 183 | 00000010011011 | black | 구름 |
| 124 | 123 | 00000001111011 | author | 고향 | 185 | 184 | 00000010011100 | blade | 구멍 |
| 125 | 124 | 00000001111100 | auto | 곡식 | 186 | 185 | 00000010011101 | blame | 구별 |
| 126 | 125 | 00000001111101 | autumn | 곡물 | 187 | 186 | 00000010011110 | blanket | 구분 |
| 127 | 126 | 00000001111110 | average | 골짜기 | 188 | 187 | 00000010011111 | blast | 구석 |
| 128 | 127 | 00000001111111 | avocado | 골프 | 189 | 188 | 00000010100000 | bleak | 구성 |
| 129 | 128 | 00000010000000 | avoid | 공간 | 190 | 189 | 00000010100001 | bless | 구속 |
| 130 | 129 | 00000010000001 | awake | 공개 | 191 | 190 | 00000010100010 | blind | 구역 |
| 131 | 130 | 00000010000010 | aware | 공격 | 192 | 191 | 00000010100011 | blood | 구입 |
| 132 | 131 | 00000010000011 | away | 공군 | 193 | 192 | 00000010100100 | blossom | 구청 |
| 133 | 132 | 00000010000100 | awesome | 공급 | 194 | 193 | 00000010100101 | blouse | 구체적 |
| 134 | 133 | 00000010000101 | awful | 공기 | 195 | 194 | 00000010100110 | blue | 국가 |
| 135 | 134 | 00000010000110 | awkward | 공동 | 196 | 195 | 00000010100111 | blur | 국기 |
| 136 | 135 | 00000010000111 | axis | 공무원 | 197 | 196 | 00000010101000 | blush | 국내 |
| 137 | 136 | 00000010001000 | baby | 공부 | 198 | 197 | 00000010101001 | board | 국립 |
| 138 | 137 | 00000010001001 | bachelor | 공사 | 199 | 198 | 00000010101010 | boat | 국물 |
| 139 | 138 | 00000010001010 | bacon | 공식 | 200 | 199 | 00000010101011 | body | 국민 |
| 140 | 139 | 00000010001011 | badge | 공업 | 201 | 200 | 00000010101100 | boil | 국수 |
| 141 | 140 | 00000010001100 | bag | 공연 | 202 | 201 | 00000010101101 | bomb | 국어 |
| 142 | 141 | 00000010001101 | balance | 공원 | 203 | 202 | 00000010101110 | bone | 국왕 |
| 143 | 142 | 00000010001110 | balcony | 공장 | 204 | 203 | 00000010101111 | bonus | 국적 |
| 144 | 143 | 00000010001111 | ball | 공짜 | 205 | 204 | 00000010110000 | book | 국제 |
| 145 | 144 | 00000010010000 | bamboo | 공책 | 206 | 205 | 00000010110001 | boost | 국회 |
| 146 | 145 | 00000010010001 | banana | 공통 | 207 | 206 | 00000010110010 | border | 군대 |
| 147 | 146 | 00000010010010 | banner | 공포 | 208 | 207 | 00000010110011 | boring | 군사 |
| 148 | 147 | 00000010010011 | bar | 공항 | 209 | 208 | 00000010110100 | borrow | 군인 |
| 149 | 148 | 00000010010100 | barely | 공휴일 | 210 | 209 | 00000010110101 | boss | 궁극적 |
| 150 | 149 | 00000010010101 | bargain | 과목 | 211 | 210 | 00000010110110 | bottom | 권리 |
| 151 | 150 | 00000010010110 | barrel | 과일 | 212 | 211 | 00000010110111 | bounce | 권위 |
| 152 | 151 | 00000010010111 | base | 과장 | 213 | 212 | 00000010111000 | box | 권투 |
| 153 | 152 | 00000010011000 | basic | 과정 | 214 | 213 | 00000010111001 | boy | 귀국 |
| 154 | 153 | 00000010011001 | basket | 과학 | 215 | 214 | 00000010111010 | bracket | 귀신 |
| 155 | 154 | 00000010011010 | battle | 관객 | 216 | 215 | 00000010111011 | brain | 규정 |
| 156 | 155 | 00000010011011 | beach | 관계 | 217 | 216 | 00000010111100 | brand | 규칙 |
| 157 | 156 | 00000010011100 | bean | 관광 | 218 | 217 | 00000010111101 | brass | 균형 |
| 158 | 157 | 00000010011101 | beauty | 관념 | 219 | 218 | 00000010111110 | brave | 그날 |
| 159 | 158 | 00000010011110 | because | 관람 | 220 | 219 | 00000010111111 | bread | 그냥 |
| 160 | 159 | 00000010011111 | become | 관련 | 221 | 220 | 00000011000000 | breeze | 그늘 |
| 161 | 160 | 00000010100000 | beef | 관리 | 222 | 221 | 00000011000001 | brick | 그러나 |
| 162 | 161 | 00000010100001 | before | 관습 | 223 | 222 | 00000011000010 | bridge | 그룹 |
| 163 | 162 | 00000010100010 | begin | 관심 | 224 | 223 | 00000011000011 | brief | 그릇 |
| 164 | 163 | 00000010100011 | behave | 관점 | 225 | 224 | 00000011000100 | bright | 그림 |
| 165 | 164 | 00000010100100 | behind | 관찰 | 226 | 225 | 00000011000101 | bring | 그제서야 |
| 166 | 165 | 00000010100101 | believe | 광경 | 227 | 226 | 00000011000110 | brisk | 그토록 |
| 167 | 166 | 00000010100110 | below | 광고 | 228 | 227 | 00000011000111 | broccoli | 극적 |
| 168 | 167 | 00000010100111 | belt | 광장 | 229 | 228 | 00000011001000 | broken | 극히 |
| 169 | 168 | 00000010101000 | bench | 광주 | 230 | 229 | 00000011001001 | bronze | 근거 |
| 170 | 169 | 00000010101001 | benefit | 괴로움 | 231 | 230 | 00000011001010 | broom | 근교 |
| 171 | 170 | 00000010101010 | best | 굉장히 | 232 | 231 | 00000011001011 | brother | 근래 |
| 172 | 171 | 00000010101011 | betray | 교과서 | 233 | 232 | 00000011001100 | brown | 근로 |
| 173 | 172 | 00000010101100 | better | 교문 | 234 | 233 | 00000011001101 | brush | 근무 |
| 174 | 173 | 00000010101101 | between | 교복 | 235 | 234 | 00000011001110 | bubble | 근본 |
| 175 | 174 | 00000010101110 | beyond | 교실 | 236 | 235 | 00000011001111 | buddy | 근원 |
| 176 | 175 | 00000010101111 | bicycle | 교양 | 237 | 236 | 00000011010000 | budget | 근육 |
| 177 | 176 | 00000010110000 | bid | 교육 | 238 | 237 | 00000011010001 | buffalo | 근처 |
| 178 | 177 | 00000010110001 | bike | 교장 | 239 | 238 | 00000011010010 | build | 글씨 |
| 179 | 178 | 00000010110010 | bind | 교직 | 240 | 239 | 00000011010011 | bulb | 글자 |
| 180 | 179 | 00000010110011 | biology | 교통 | 241 | 240 | 00000011010100 | bulk | 금강산 |
| 181 | 180 | 00000010110100 | bird | 교환 | 242 | 241 | 00000011010101 | bullet | 금고 |
| 182 | 181 | 00000010110101 | birth | 교훈 | 243 | 242 | 00000011010110 | bundle | 금년 |
| 183 | 182 | 00000010110110 | bitter | 구경 | 244 | 243 | 00000011010111 | bunker | 금메달 |

| 번호 | 십진법 | 이진법 | 영어 단어 | 한글 단어 | 번호 | 십진법 | 이진법 | 영어 단어 | 한글 단어 |
|---|---|---|---|---|---|---|---|---|---|
| 245 | 244 | | burden | 금액 | 306 | 305 | | change | 낱말 |
| 246 | 245 | | burger | 금연 | 307 | 306 | | chaos | 내년 |
| 247 | 246 | | burst | 금요일 | 308 | 307 | | chapter | 내용 |
| 248 | 247 | | bus | 금지 | 309 | 308 | | charge | 내일 |
| 249 | 248 | | business | 긍정적 | 310 | 309 | | chase | 냄비 |
| 250 | 249 | | busy | 기간 | 311 | 310 | | chat | 냄새 |
| 251 | 250 | | butter | 기관 | 312 | 311 | | cheap | 냇물 |
| 252 | 251 | | buyer | 기념 | 313 | 312 | | check | 냉동 |
| 253 | 252 | | buzz | 기능 | 314 | 313 | | cheese | 냉면 |
| 254 | 253 | | cabbage | 기독교 | 315 | 314 | | chef | 냉방 |
| 255 | 254 | | cabin | 기둥 | 316 | 315 | | cherry | 냉장고 |
| 256 | 255 | | cable | 기록 | 317 | 316 | | chest | 넥타이 |
| 257 | 256 | | cactus | 기름 | 318 | 317 | | chicken | 넷째 |
| 258 | 257 | | cage | 기법 | 319 | 318 | | chief | 노동 |
| 259 | 258 | | cake | 기본 | 320 | 319 | | child | 노란색 |
| 260 | 259 | | call | 기분 | 321 | 320 | | chimney | 노력 |
| 261 | 260 | | calm | 기쁨 | 322 | 321 | | choice | 노인 |
| 262 | 261 | | camera | 기숙사 | 323 | 322 | | choose | 녹음 |
| 263 | 262 | | camp | 기술 | 324 | 323 | | chronic | 녹차 |
| 264 | 263 | | can | 기억 | 325 | 324 | | chuckle | 녹화 |
| 265 | 264 | | canal | 기업 | 326 | 325 | | chunk | 논리 |
| 266 | 265 | | cancel | 기온 | 327 | 326 | | church | 논문 |
| 267 | 266 | | candy | 기운 | 328 | 327 | | cigar | 논쟁 |
| 268 | 267 | | cannon | 기원 | 329 | 328 | | cinnamon | 놀이 |
| 269 | 268 | | canoe | 기적 | 330 | 329 | | circle | 농구 |
| 270 | 269 | | canvas | 기준 | 331 | 330 | | citizen | 농담 |
| 271 | 270 | | canyon | 기침 | 332 | 331 | | city | 농민 |
| 272 | 271 | | capable | 기혼 | 333 | 332 | | civil | 농부 |
| 273 | 272 | | capital | 기획 | 334 | 333 | | claim | 농업 |
| 274 | 273 | | captain | 긴급 | 335 | 334 | | clap | 농장 |
| 275 | 274 | | car | 긴장 | 336 | 335 | | clarify | 농촌 |
| 276 | 275 | | carbon | 길이 | 337 | 336 | | claw | 높이 |
| 277 | 276 | | card | 김밥 | 338 | 337 | | clay | 눈동자 |
| 278 | 277 | | cargo | 김치 | 339 | 338 | | clean | 눈물 |
| 279 | 278 | | carpet | 김포공항 | 340 | 339 | | clerk | 눈썹 |
| 280 | 279 | | carry | 깍두기 | 341 | 340 | | clever | 뉴욕 |
| 281 | 280 | | cart | 깜빡 | 342 | 341 | | click | 느낌 |
| 282 | 281 | | case | 깨달음 | 343 | 342 | | client | 늑대 |
| 283 | 282 | | cash | 깨소금 | 344 | 343 | | cliff | 능동적 |
| 284 | 283 | | casino | 껍질 | 345 | 344 | | climb | 능력 |
| 285 | 284 | | castle | 꼭대기 | 346 | 345 | | clinic | 다방 |
| 286 | 285 | | casual | 꽃잎 | 347 | 346 | | clip | 다양성 |
| 287 | 286 | | cat | 나들이 | 348 | 347 | | clock | 다음 |
| 288 | 287 | | catalog | 나란히 | 349 | 348 | | clog | 다이어트 |
| 289 | 288 | | catch | 나머지 | 350 | 349 | | close | 다행 |
| 290 | 289 | | category | 나물 | 351 | 350 | | cloth | 단계 |
| 291 | 290 | | cattle | 나침반 | 352 | 351 | | cloud | 단골 |
| 292 | 291 | | caught | 나흘 | 353 | 352 | | clown | 단독 |
| 293 | 292 | | cause | 낙엽 | 354 | 353 | | club | 단맛 |
| 294 | 293 | | caution | 난방 | 355 | 354 | | clump | 단순 |
| 295 | 294 | | cave | 날개 | 356 | 355 | | cluster | 단어 |
| 296 | 295 | | ceiling | 날씨 | 357 | 356 | | clutch | 단위 |
| 297 | 296 | | celery | 날짜 | 358 | 357 | | coach | 단점 |
| 298 | 297 | | cement | 남녀 | 359 | 358 | | coast | 단체 |
| 299 | 298 | | census | 남대문 | 360 | 359 | | coconut | 단추 |
| 300 | 299 | | century | 남매 | 361 | 360 | | code | 단편 |
| 301 | 300 | | cereal | 남산 | 362 | 361 | | coffee | 단풍 |
| 302 | 301 | | certain | 남자 | 363 | 362 | | coil | 달갈 |
| 303 | 302 | | chair | 남편 | 364 | 363 | | coin | 달러 |
| 304 | 303 | | chalk | 남학생 | 365 | 364 | | collect | 달력 |
| 305 | 304 | | champion | 낭비 | 366 | 365 | | color | 달리 |

| 번호 | 십진법 | 이진법 | 영어 단어 | 한글 단어 | 번호 | 십진법 | 이진법 | 영어 단어 | 한글 단어 |
|---|---|---|---|---|---|---|---|---|---|
| 367 | 366 | | column | 닭고기 | 428 | 427 | | cube | 마당 |
| 368 | 367 | | combine | 담당 | 429 | 428 | | culture | 마라톤 |
| 369 | 368 | | come | 담배 | 430 | 429 | | cup | 마련 |
| 370 | 369 | | comfort | 담요 | 431 | 430 | | cupboard | 마무리 |
| 371 | 370 | | comic | 담임 | 432 | 431 | | curious | 마사지 |
| 372 | 371 | | common | 답변 | 433 | 432 | | current | 마약 |
| 373 | 372 | | company | 답장 | 434 | 433 | | curtain | 마요네즈 |
| 374 | 373 | | concert | 당근 | 435 | 434 | | curve | 마을 |
| 375 | 374 | | conduct | 당분간 | 436 | 435 | | cushion | 마음 |
| 376 | 375 | | confirm | 당연히 | 437 | 436 | | custom | 마이크 |
| 377 | 376 | | congress | 당장 | 438 | 437 | | cute | 마중 |
| 378 | 377 | | connect | 대규모 | 439 | 438 | | cycle | 마지막 |
| 379 | 378 | | consider | 대낮 | 440 | 439 | | dad | 마찬가지 |
| 380 | 379 | | control | 대단히 | 441 | 440 | | damage | 마찰 |
| 381 | 380 | | convince | 대답 | 442 | 441 | | damp | 마흔 |
| 382 | 381 | | cook | 대도시 | 443 | 442 | | dance | 막걸리 |
| 383 | 382 | | cool | 대략 | 444 | 443 | | danger | 막내 |
| 384 | 383 | | copper | 대량 | 445 | 444 | | daring | 막상 |
| 385 | 384 | | copy | 대륙 | 446 | 445 | | dash | 만남 |
| 386 | 385 | | coral | 대문 | 447 | 446 | | daughter | 만두 |
| 387 | 386 | | core | 대부분 | 448 | 447 | | dawn | 만세 |
| 388 | 387 | | corn | 대신 | 449 | 448 | | day | 만약 |
| 389 | 388 | | correct | 대응 | 450 | 449 | | deal | 만일 |
| 390 | 389 | | cost | 대장 | 451 | 450 | | debate | 만점 |
| 391 | 390 | | cotton | 대전 | 452 | 451 | | debris | 만족 |
| 392 | 391 | | couch | 대접 | 453 | 452 | | decade | 만화 |
| 393 | 392 | | country | 대중 | 454 | 453 | | december | 많이 |
| 394 | 393 | | couple | 대책 | 455 | 454 | | decide | 말기 |
| 395 | 394 | | course | 대출 | 456 | 455 | | decline | 말씀 |
| 396 | 395 | | cousin | 대충 | 457 | 456 | | decorate | 말투 |
| 397 | 396 | | cover | 대통령 | 458 | 457 | | decrease | 맘대로 |
| 398 | 397 | | coyote | 대학 | 459 | 458 | | deer | 망원경 |
| 399 | 398 | | crack | 대한민국 | 460 | 459 | | defense | 매년 |
| 400 | 399 | | cradle | 대합실 | 461 | 460 | | define | 매달 |
| 401 | 400 | | craft | 대형 | 462 | 461 | | defy | 매력 |
| 402 | 401 | | cram | 덩어리 | 463 | 462 | | degree | 매번 |
| 403 | 402 | | crane | 데이트 | 464 | 463 | | delay | 매스컴 |
| 404 | 403 | | crash | 도대체 | 465 | 464 | | deliver | 매일 |
| 405 | 404 | | crater | 도덕 | 466 | 465 | | demand | 매장 |
| 406 | 405 | | crawl | 도둑 | 467 | 466 | | demise | 맥주 |
| 407 | 406 | | crazy | 도망 | 468 | 467 | | denial | 먹이 |
| 408 | 407 | | cream | 도서관 | 469 | 468 | | dentist | 먼저 |
| 409 | 408 | | credit | 도심 | 470 | 469 | | deny | 먼지 |
| 410 | 409 | | creek | 도움 | 471 | 470 | | depart | 멀리 |
| 411 | 410 | | crew | 도입 | 472 | 471 | | depend | 메일 |
| 412 | 411 | | cricket | 도자기 | 473 | 472 | | deposit | 며느리 |
| 413 | 412 | | crime | 도저히 | 474 | 473 | | depth | 며칠 |
| 414 | 413 | | crisp | 도전 | 475 | 474 | | deputy | 면담 |
| 415 | 414 | | critic | 도중 | 476 | 475 | | derive | 멸치 |
| 416 | 415 | | crop | 도착 | 477 | 476 | | describe | 명단 |
| 417 | 416 | | cross | 독감 | 478 | 477 | | desert | 명령 |
| 418 | 417 | | crouch | 독립 | 479 | 478 | | design | 명예 |
| 419 | 418 | | crowd | 독서 | 480 | 479 | | desk | 명의 |
| 420 | 419 | | crucial | 독일 | 481 | 480 | | despair | 명절 |
| 421 | 420 | | cruel | 독창적 | 482 | 481 | | destroy | 명칭 |
| 422 | 421 | | cruise | 동화책 | 483 | 482 | | detail | 명함 |
| 423 | 422 | | crumble | 뒷모습 | 484 | 483 | | detect | 모금 |
| 424 | 423 | | crunch | 뒷산 | 485 | 484 | | develop | 모니터 |
| 425 | 424 | | crush | 딸아이 | 486 | 485 | | device | 모델 |
| 426 | 425 | | cry | 마누라 | 487 | 486 | | devote | 모든 |
| 427 | 426 | | crystal | 마늘 | 488 | 487 | | diagram | 모범 |

| 번호 | 십진법 | 영어 단어 | 한글 단어 | 번호 | 십진법 | 영어 단어 | 한글 단어 |
|---|---|---|---|---|---|---|---|
| 489 | 488 | dial | 모습 | 550 | 549 | dwarf | 민주 |
| 490 | 489 | diamond | 모양 | 551 | 550 | dynamic | 믿음 |
| 491 | 490 | diary | 모임 | 552 | 551 | eager | 밀가루 |
| 492 | 491 | dice | 모조리 | 553 | 552 | eagle | 밀리미터 |
| 493 | 492 | diesel | 모집 | 554 | 553 | early | 밑바닥 |
| 494 | 493 | diet | 모퉁이 | 555 | 554 | earn | 바가지 |
| 495 | 494 | differ | 목걸이 | 556 | 555 | earth | 바구니 |
| 496 | 495 | digital | 목록 | 557 | 556 | easily | 바나나 |
| 497 | 496 | dignity | 목사 | 558 | 557 | east | 바늘 |
| 498 | 497 | dilemma | 목소리 | 559 | 558 | easy | 바닥 |
| 499 | 498 | dinner | 목숨 | 560 | 559 | echo | 바닷가 |
| 500 | 499 | dinosaur | 목적 | 561 | 560 | ecology | 바람 |
| 501 | 500 | direct | 목표 | 562 | 561 | economy | 바이러스 |
| 502 | 501 | dirt | 몰래 | 563 | 562 | edge | 바탕 |
| 503 | 502 | disagree | 몸매 | 564 | 563 | edit | 박물관 |
| 504 | 503 | discover | 몸무게 | 565 | 564 | educate | 박사 |
| 505 | 504 | disease | 몸살 | 566 | 565 | effort | 박수 |
| 506 | 505 | dish | 몸속 | 567 | 566 | egg | 반대 |
| 507 | 506 | dismiss | 몸짓 | 568 | 567 | eight | 반드시 |
| 508 | 507 | disorder | 몸통 | 569 | 568 | either | 반말 |
| 509 | 508 | display | 몹시 | 570 | 569 | elbow | 반발 |
| 510 | 509 | distance | 무관심 | 571 | 570 | elder | 반성 |
| 511 | 510 | divert | 무궁화 | 572 | 571 | electric | 반응 |
| 512 | 511 | divide | 무더위 | 573 | 572 | elegant | 반장 |
| 513 | 512 | divorce | 무덤 | 574 | 573 | element | 반죽 |
| 514 | 513 | dizzy | 무릎 | 575 | 574 | elephant | 반지 |
| 515 | 514 | doctor | 무슨 | 576 | 575 | elevator | 반찬 |
| 516 | 515 | document | 무엇 | 577 | 576 | elite | 받침 |
| 517 | 516 | dog | 무역 | 578 | 577 | else | 발가락 |
| 518 | 517 | doll | 무용 | 579 | 578 | embark | 발걸음 |
| 519 | 518 | dolphin | 무조건 | 580 | 579 | embody | 발견 |
| 520 | 519 | domain | 무지개 | 581 | 580 | embrace | 발달 |
| 521 | 520 | donate | 무척 | 582 | 581 | emerge | 발레 |
| 522 | 521 | donkey | 문구 | 583 | 582 | emotion | 발목 |
| 523 | 522 | donor | 문득 | 584 | 583 | employ | 발바닥 |
| 524 | 523 | door | 문법 | 585 | 584 | empower | 발생 |
| 525 | 524 | dose | 문서 | 586 | 585 | empty | 발음 |
| 526 | 525 | double | 문제 | 587 | 586 | enable | 발자국 |
| 527 | 526 | dove | 문학 | 588 | 587 | enact | 발전 |
| 528 | 527 | draft | 문화 | 589 | 588 | end | 발톱 |
| 529 | 528 | dragon | 물가 | 590 | 589 | endless | 발표 |
| 530 | 529 | drama | 물건 | 591 | 590 | endorse | 밤하늘 |
| 531 | 530 | drastic | 물결 | 592 | 591 | enemy | 밥그릇 |
| 532 | 531 | draw | 물고기 | 593 | 592 | energy | 밥맛 |
| 533 | 532 | dream | 물론 | 594 | 593 | enforce | 밥상 |
| 534 | 533 | dress | 물리학 | 595 | 594 | engage | 밥솥 |
| 535 | 534 | drift | 물음 | 596 | 595 | engine | 방금 |
| 536 | 535 | drill | 물질 | 597 | 596 | enhance | 방면 |
| 537 | 536 | drink | 물체 | 598 | 597 | enjoy | 방문 |
| 538 | 537 | drip | 미국 | 599 | 598 | enlist | 방바닥 |
| 539 | 538 | drive | 미디어 | 600 | 599 | enough | 방법 |
| 540 | 539 | drop | 미사일 | 601 | 600 | enrich | 방송 |
| 541 | 540 | drum | 미술 | 602 | 601 | enroll | 방식 |
| 542 | 541 | dry | 미역 | 603 | 602 | ensure | 방안 |
| 543 | 542 | duck | 미용실 | 604 | 603 | enter | 방울 |
| 544 | 543 | dumb | 미움 | 605 | 604 | entire | 방지 |
| 545 | 544 | dune | 미인 | 606 | 605 | entry | 방학 |
| 546 | 545 | during | 미팅 | 607 | 606 | envelope | 방해 |
| 547 | 546 | dust | 미혼 | 608 | 607 | episode | 방향 |
| 548 | 547 | dutch | 민간 | 609 | 608 | equal | 배경 |
| 549 | 548 | duty | 민족 | 610 | 609 | equip | 배꼽 |

| 번호 | 십진법 | 이진법 | 영어 단어 | 한글 단어 | 번호 | 십진법 | 이진법 | 영어 단어 | 한글 단어 |
|---|---|---|---|---|---|---|---|---|---|
| 611 | 610 | | era | 배달 | 672 | 671 | | fault | 본사 |
| 612 | 611 | | erase | 배드민턴 | 673 | 672 | | favorite | 본성 |
| 613 | 612 | | erode | 백두산 | 674 | 673 | | feature | 본인 |
| 614 | 613 | | erosion | 백색 | 675 | 674 | | february | 본질 |
| 615 | 614 | | error | 백성 | 676 | 675 | | federal | 볼펜 |
| 616 | 615 | | erupt | 백인 | 677 | 676 | | fee | 봉사 |
| 617 | 616 | | escape | 백제 | 678 | 677 | | feed | 봉지 |
| 618 | 617 | | essay | 백화점 | 679 | 678 | | feel | 봉투 |
| 619 | 618 | | essence | 버릇 | 680 | 679 | | female | 부근 |
| 620 | 619 | | estate | 버섯 | 681 | 680 | | fence | 부끄러움 |
| 621 | 620 | | eternal | 버튼 | 682 | 681 | | festival | 부담 |
| 622 | 621 | | ethics | 번개 | 683 | 682 | | fetch | 부동산 |
| 623 | 622 | | evidence | 번역 | 684 | 683 | | fever | 부문 |
| 624 | 623 | | evil | 번지 | 685 | 684 | | few | 부분 |
| 625 | 624 | | evoke | 번호 | 686 | 685 | | fiber | 부산 |
| 626 | 625 | | evolve | 벌금 | 687 | 686 | | fiction | 부상 |
| 627 | 626 | | exact | 벌레 | 688 | 687 | | field | 부엌 |
| 628 | 627 | | example | 벌써 | 689 | 688 | | figure | 부인 |
| 629 | 628 | | excess | 범위 | 690 | 689 | | file | 부작용 |
| 630 | 629 | | exchange | 범인 | 691 | 690 | | film | 부장 |
| 631 | 630 | | excite | 범죄 | 692 | 691 | | filter | 부정 |
| 632 | 631 | | exclude | 법률 | 693 | 692 | | final | 부족 |
| 633 | 632 | | excuse | 법원 | 694 | 693 | | find | 부지런히 |
| 634 | 633 | | execute | 법적 | 695 | 694 | | fine | 부친 |
| 635 | 634 | | exercise | 법칙 | 696 | 695 | | finger | 부탁 |
| 636 | 635 | | exhaust | 베이징 | 697 | 696 | | finish | 부품 |
| 637 | 636 | | exhibit | 벨트 | 698 | 697 | | fire | 부회장 |
| 638 | 637 | | exile | 변경 | 699 | 698 | | firm | 북부 |
| 639 | 638 | | exist | 변동 | 700 | 699 | | first | 북한 |
| 640 | 639 | | exit | 변명 | 701 | 700 | | fiscal | 분노 |
| 641 | 640 | | exotic | 변신 | 702 | 701 | | fish | 분량 |
| 642 | 641 | | expand | 변호사 | 703 | 702 | | fit | 분리 |
| 643 | 642 | | expect | 변화 | 704 | 703 | | fitness | 분명 |
| 644 | 643 | | expire | 별도 | 705 | 704 | | fix | 분석 |
| 645 | 644 | | explain | 별명 | 706 | 705 | | flag | 분야 |
| 646 | 645 | | expose | 별일 | 707 | 706 | | flame | 분위기 |
| 647 | 646 | | express | 병실 | 708 | 707 | | flash | 분필 |
| 648 | 647 | | extend | 병아리 | 709 | 708 | | flat | 분홍색 |
| 649 | 648 | | extra | 병원 | 710 | 709 | | flavor | 불고기 |
| 650 | 649 | | eye | 보관 | 711 | 710 | | flee | 불과 |
| 651 | 650 | | eyebrow | 보너스 | 712 | 711 | | flight | 불교 |
| 652 | 651 | | fabric | 보라색 | 713 | 712 | | flip | 불꽃 |
| 653 | 652 | | face | 보람 | 714 | 713 | | float | 불만 |
| 654 | 653 | | faculty | 보름 | 715 | 714 | | flock | 불법 |
| 655 | 654 | | fade | 보상 | 716 | 715 | | floor | 불빛 |
| 656 | 655 | | faint | 보안 | 717 | 716 | | flower | 불안 |
| 657 | 656 | | faith | 보자기 | 718 | 717 | | fluid | 불이익 |
| 658 | 657 | | fall | 보장 | 719 | 718 | | flush | 불행 |
| 659 | 658 | | false | 보전 | 720 | 719 | | fly | 브랜드 |
| 660 | 659 | | fame | 보존 | 721 | 720 | | foam | 비극 |
| 661 | 660 | | family | 보통 | 722 | 721 | | focus | 비난 |
| 662 | 661 | | famous | 보편적 | 723 | 722 | | fog | 비닐 |
| 663 | 662 | | fan | 보험 | 724 | 723 | | foil | 비둘기 |
| 664 | 663 | | fancy | 복도 | 725 | 724 | | fold | 비디오 |
| 665 | 664 | | fantasy | 복사 | 726 | 725 | | follow | 비로소 |
| 666 | 665 | | farm | 복숭아 | 727 | 726 | | food | 비만 |
| 667 | 666 | | fashion | 복습 | 728 | 727 | | foot | 비명 |
| 668 | 667 | | fat | 복음 | 729 | 728 | | force | 비밀 |
| 669 | 668 | | fatal | 본격적 | 730 | 729 | | forest | 비바람 |
| 670 | 669 | | father | 본래 | 731 | 730 | | forget | 비빔밥 |
| 671 | 670 | | fatigue | 본부 | 732 | 731 | | fork | 비상 |

| 번호 | 십진법 | 이진법 | 영어 단어 | 한글 단어 | 번호 | 십진법 | 이진법 | 영어 단어 | 한글 단어 |
|---|---|---|---|---|---|---|---|---|---|
| 733 | 732 | | fortune | 비용 | 794 | 793 | | glimpse | 상점 |
| 734 | 733 | | forum | 비율 | 795 | 794 | | globe | 상처 |
| 735 | 734 | | forward | 비중 | 796 | 795 | | gloom | 상추 |
| 736 | 735 | | fossil | 비타민 | 797 | 796 | | glory | 상태 |
| 737 | 736 | | foster | 비판 | 798 | 797 | | glove | 상표 |
| 738 | 737 | | found | 빌딩 | 799 | 798 | | glow | 상품 |
| 739 | 738 | | fox | 빗물 | 800 | 799 | | glue | 상황 |
| 740 | 739 | | fragile | 빗방울 | 801 | 800 | | goat | 새벽 |
| 741 | 740 | | frame | 빗줄기 | 802 | 801 | | goddess | 색깔 |
| 742 | 741 | | frequent | 빛깔 | 803 | 802 | | gold | 색연필 |
| 743 | 742 | | fresh | 빨간색 | 804 | 803 | | good | 생각 |
| 744 | 743 | | friend | 빨래 | 805 | 804 | | goose | 생명 |
| 745 | 744 | | fringe | 빨리 | 806 | 805 | | gorilla | 생물 |
| 746 | 745 | | frog | 사건 | 807 | 806 | | gospel | 생방송 |
| 747 | 746 | | front | 사계절 | 808 | 807 | | gossip | 생산 |
| 748 | 747 | | frost | 사나이 | 809 | 808 | | govern | 생선 |
| 749 | 748 | | frown | 사냥 | 810 | 809 | | gown | 생신 |
| 750 | 749 | | frozen | 사람 | 811 | 810 | | grab | 생일 |
| 751 | 750 | | fruit | 사랑 | 812 | 811 | | grace | 생활 |
| 752 | 751 | | fuel | 사립 | 813 | 812 | | grain | 서랍 |
| 753 | 752 | | fun | 사모님 | 814 | 813 | | grant | 서른 |
| 754 | 753 | | funny | 사물 | 815 | 814 | | grape | 서명 |
| 755 | 754 | | furnace | 사방 | 816 | 815 | | grass | 서민 |
| 756 | 755 | | fury | 사상 | 817 | 816 | | gravity | 서비스 |
| 757 | 756 | | future | 사생활 | 818 | 817 | | great | 서양 |
| 758 | 757 | | gadget | 사설 | 819 | 818 | | green | 서울 |
| 759 | 758 | | gain | 사슴 | 820 | 819 | | grid | 서적 |
| 760 | 759 | | galaxy | 사실 | 821 | 820 | | grief | 서점 |
| 761 | 760 | | gallery | 사업 | 822 | 821 | | grit | 서쪽 |
| 762 | 761 | | game | 사용 | 823 | 822 | | grocery | 서클 |
| 763 | 762 | | gap | 사월 | 824 | 823 | | group | 석사 |
| 764 | 763 | | garage | 사장 | 825 | 824 | | grow | 석유 |
| 765 | 764 | | garbage | 사전 | 826 | 825 | | grunt | 선거 |
| 766 | 765 | | garden | 사진 | 827 | 826 | | guard | 선물 |
| 767 | 766 | | garlic | 사촌 | 828 | 827 | | guess | 선배 |
| 768 | 767 | | garment | 사춘기 | 829 | 828 | | guide | 선생 |
| 769 | 768 | | gas | 사탕 | 830 | 829 | | guilt | 선수 |
| 770 | 769 | | gasp | 사투리 | 831 | 830 | | guitar | 선원 |
| 771 | 770 | | gate | 사흘 | 832 | 831 | | gun | 선장 |
| 772 | 771 | | gather | 산길 | 833 | 832 | | gym | 선전 |
| 773 | 772 | | gauge | 산부인과 | 834 | 833 | | habit | 선택 |
| 774 | 773 | | gaze | 산업 | 835 | 834 | | hair | 선풍기 |
| 775 | 774 | | general | 산책 | 836 | 835 | | half | 설거지 |
| 776 | 775 | | genius | 살림 | 837 | 836 | | hammer | 설날 |
| 777 | 776 | | genre | 살인 | 838 | 837 | | hamster | 설렁탕 |
| 778 | 777 | | gentle | 살짝 | 839 | 838 | | hand | 설명 |
| 779 | 778 | | genuine | 삼계탕 | 840 | 839 | | happy | 설문 |
| 780 | 779 | | gesture | 삼국 | 841 | 840 | | harbor | 설사 |
| 781 | 780 | | ghost | 삼십 | 842 | 841 | | hard | 설악산 |
| 782 | 781 | | giant | 삼월 | 843 | 842 | | harsh | 설치 |
| 783 | 782 | | gift | 삼촌 | 844 | 843 | | harvest | 설탕 |
| 784 | 783 | | giggle | 상관 | 845 | 844 | | hat | 섭씨 |
| 785 | 784 | | ginger | 상금 | 846 | 845 | | have | 성공 |
| 786 | 785 | | giraffe | 상대 | 847 | 846 | | hawk | 성당 |
| 787 | 786 | | girl | 상류 | 848 | 847 | | hazard | 성명 |
| 788 | 787 | | give | 상반기 | 849 | 848 | | head | 성별 |
| 789 | 788 | | glad | 상상 | 850 | 849 | | health | 성인 |
| 790 | 789 | | glance | 상식 | 851 | 850 | | heart | 성장 |
| 791 | 790 | | glare | 상업 | 852 | 851 | | heavy | 성적 |
| 792 | 791 | | glass | 상인 | 853 | 852 | | hedgehog | 성질 |
| 793 | 792 | | glide | 상자 | 854 | 853 | | height | 성함 |

| 번호 | 십진법 | 이진법 | 영어 단어 | 한글 단어 | 번호 | 십진법 | 이진법 | 영어 단어 | 한글 단어 |
|---|---|---|---|---|---|---|---|---|---|
| 855 | 854 | 01101010110 | hello | 세금 | 916 | 915 | 01110010011 | include | 수업 |
| 856 | 855 | 01101010111 | helmet | 세미나 | 917 | 916 | 01110010100 | income | 수염 |
| 857 | 856 | 01101011000 | help | 세상 | 918 | 917 | 01110010101 | increase | 수영 |
| 858 | 857 | 01101011001 | hen | 세월 | 919 | 918 | 01110010110 | index | 수입 |
| 859 | 858 | 01101011010 | hero | 세종대왕 | 920 | 919 | 01110010111 | indicate | 수준 |
| 860 | 859 | 01101011011 | hidden | 세탁 | 921 | 920 | 01110011000 | indoor | 수집 |
| 861 | 860 | 01101011100 | high | 센터 | 922 | 921 | 01110011001 | industry | 수출 |
| 862 | 861 | 01101011101 | hill | 센티미터 | 923 | 922 | 01110011010 | infant | 수컷 |
| 863 | 862 | 01101011110 | hint | 셋째 | 924 | 923 | 01110011011 | inflict | 수필 |
| 864 | 863 | 01101011111 | hip | 소규모 | 925 | 924 | 01110011100 | inform | 수학 |
| 865 | 864 | 01101100000 | hire | 소극적 | 926 | 925 | 01110011101 | inhale | 수험생 |
| 866 | 865 | 01101100001 | history | 소금 | 927 | 926 | 01110011110 | inherit | 수화기 |
| 867 | 866 | 01101100010 | hobby | 소나기 | 928 | 927 | 01110011111 | initial | 숙녀 |
| 868 | 867 | 01101100011 | hockey | 소년 | 929 | 928 | 01110100000 | inject | 숙소 |
| 869 | 868 | 01101100100 | hold | 소득 | 930 | 929 | 01110100001 | injury | 숙제 |
| 870 | 869 | 01101100101 | hole | 소망 | 931 | 930 | 01110100010 | inmate | 순간 |
| 871 | 870 | 01101100110 | holiday | 소문 | 932 | 931 | 01110100011 | inner | 순서 |
| 872 | 871 | 01101100111 | hollow | 소설 | 933 | 932 | 01110100100 | innocent | 순수 |
| 873 | 872 | 01101101000 | home | 소속 | 934 | 933 | 01110100101 | input | 순식간 |
| 874 | 873 | 01101101001 | honey | 소아과 | 935 | 934 | 01110100110 | inquiry | 순위 |
| 875 | 874 | 01101101010 | hood | 소용 | 936 | 935 | 01110100111 | insane | 숟가락 |
| 876 | 875 | 01101101011 | hope | 소원 | 937 | 936 | 01110101000 | insect | 술병 |
| 877 | 876 | 01101101100 | horn | 소음 | 938 | 937 | 01110101001 | inside | 술집 |
| 878 | 877 | 01101101101 | horror | 소중히 | 939 | 938 | 01110101010 | inspire | 숫자 |
| 879 | 878 | 01101101110 | horse | 소지품 | 940 | 939 | 01110101011 | install | 스님 |
| 880 | 879 | 01101101111 | hospital | 소질 | 941 | 940 | 01110101100 | intact | 스물 |
| 881 | 880 | 01101110000 | host | 소풍 | 942 | 941 | 01110101101 | interest | 스스로 |
| 882 | 881 | 01101110001 | hotel | 소형 | 943 | 942 | 01110101110 | into | 스승 |
| 883 | 882 | 01101110010 | hour | 속담 | 944 | 943 | 01110101111 | invest | 스웨터 |
| 884 | 883 | 01101110011 | hover | 속도 | 945 | 944 | 01110110000 | invite | 스위치 |
| 885 | 884 | 01101110100 | hub | 속옷 | 946 | 945 | 01110110001 | involve | 스케이트 |
| 886 | 885 | 01101110101 | huge | 손가락 | 947 | 946 | 01110110010 | iron | 스튜디오 |
| 887 | 886 | 01101110110 | human | 손길 | 948 | 947 | 01110110011 | island | 스트레스 |
| 888 | 887 | 01101110111 | humble | 손녀 | 949 | 948 | 01110110100 | isolate | 스포츠 |
| 889 | 888 | 01101111000 | humor | 손님 | 950 | 949 | 01110110101 | issue | 슬쩍 |
| 890 | 889 | 01101111001 | hundred | 손등 | 951 | 950 | 01110110110 | item | 슬픔 |
| 891 | 890 | 01101111010 | hungry | 손목 | 952 | 951 | 01110110111 | ivory | 습관 |
| 892 | 891 | 01101111011 | hunt | 손뼉 | 953 | 952 | 01110111000 | jacket | 습기 |
| 893 | 892 | 01101111100 | hurdle | 손실 | 954 | 953 | 01110111001 | jaguar | 승객 |
| 894 | 893 | 01101111101 | hurry | 손질 | 955 | 954 | 01110111010 | jar | 승리 |
| 895 | 894 | 01101111110 | hurt | 손톱 | 956 | 955 | 01110111011 | jazz | 승부 |
| 896 | 895 | 01101111111 | husband | 손해 | 957 | 956 | 01110111100 | jealous | 승용차 |
| 897 | 896 | 01110000000 | hybrid | 솔직히 | 958 | 957 | 01110111101 | jeans | 승진 |
| 898 | 897 | 01110000001 | ice | 솜씨 | 959 | 958 | 01110111110 | jelly | 시각 |
| 899 | 898 | 01110000010 | icon | 송아지 | 960 | 959 | 01110111111 | jewel | 시간 |
| 900 | 899 | 01110000011 | idea | 송이 | 961 | 960 | 01111000000 | job | 시골 |
| 901 | 900 | 01110000100 | identify | 송편 | 962 | 961 | 01111000001 | join | 시금치 |
| 902 | 901 | 01110000101 | idle | 쇠고기 | 963 | 962 | 01111000010 | joke | 시나리오 |
| 903 | 902 | 01110000110 | ignore | 쇼핑 | 964 | 963 | 01111000011 | journey | 시댁 |
| 904 | 903 | 01110000111 | ill | 수건 | 965 | 964 | 01111000100 | joy | 시리즈 |
| 905 | 904 | 01110001000 | illegal | 수년 | 966 | 965 | 01111000101 | judge | 시멘트 |
| 906 | 905 | 01110001001 | illness | 수단 | 967 | 966 | 01111000110 | juice | 시민 |
| 907 | 906 | 01110001010 | image | 수돗물 | 968 | 967 | 01111000111 | jump | 시부모 |
| 908 | 907 | 01110001011 | imitate | 수동적 | 969 | 968 | 01111001000 | jungle | 시선 |
| 909 | 908 | 01110001100 | immense | 수면 | 970 | 969 | 01111001001 | junior | 시설 |
| 910 | 909 | 01110001101 | immune | 수명 | 971 | 970 | 01111001010 | junk | 시스템 |
| 911 | 910 | 01110001110 | impact | 수박 | 972 | 971 | 01111001011 | just | 시아버지 |
| 912 | 911 | 01110001111 | impose | 수상 | 973 | 972 | 01111001100 | kangaroo | 시어머니 |
| 913 | 912 | 01110010000 | improve | 수석 | 974 | 973 | 01111001101 | keen | 시월 |
| 914 | 913 | 01110010001 | impulse | 수술 | 975 | 974 | 01111001110 | keep | 시인 |
| 915 | 914 | 01110010010 | inch | 수시로 | 976 | 975 | 01111001111 | ketchup | 시일 |

| 번호 | 십진법 | 이진법 | 영어 단어 | 한글 단어 | 번호 | 십진법 | 이진법 | 영어 단어 | 한글 단어 |
|---|---|---|---|---|---|---|---|---|---|
| 977 | 976 | | key | 시작 | 1038 | 1037 | | like | 씨앗 |
| 978 | 977 | | kick | 시장 | 1039 | 1038 | | limb | 아가씨 |
| 979 | 978 | | kid | 시절 | 1040 | 1039 | | limit | 아나운서 |
| 980 | 979 | | kidney | 시점 | 1041 | 1040 | | link | 아드님 |
| 981 | 980 | | kind | 시중 | 1042 | 1041 | | lion | 아들 |
| 982 | 981 | | kingdom | 시즌 | 1043 | 1042 | | liquid | 아쉬움 |
| 983 | 982 | | kiss | 시집 | 1044 | 1043 | | list | 아스팔트 |
| 984 | 983 | | kit | 시청 | 1045 | 1044 | | little | 아시아 |
| 985 | 984 | | kitchen | 시합 | 1046 | 1045 | | live | 아울러 |
| 986 | 985 | | kite | 시험 | 1047 | 1046 | | lizard | 아저씨 |
| 987 | 986 | | kitten | 식구 | 1048 | 1047 | | load | 아줌마 |
| 988 | 987 | | kiwi | 식기 | 1049 | 1048 | | loan | 아직 |
| 989 | 988 | | knee | 식당 | 1050 | 1049 | | lobster | 아침 |
| 990 | 989 | | knife | 식량 | 1051 | 1050 | | local | 아파트 |
| 991 | 990 | | knock | 식료품 | 1052 | 1051 | | lock | 아프리카 |
| 992 | 991 | | know | 식물 | 1053 | 1052 | | logic | 아픔 |
| 993 | 992 | | lab | 식빵 | 1054 | 1053 | | lonely | 아홉 |
| 994 | 993 | | label | 식사 | 1055 | 1054 | | long | 아흔 |
| 995 | 994 | | labor | 식생활 | 1056 | 1055 | | loop | 악기 |
| 996 | 995 | | ladder | 식초 | 1057 | 1056 | | lottery | 악몽 |
| 997 | 996 | | lady | 식탁 | 1058 | 1057 | | loud | 악수 |
| 998 | 997 | | lake | 식품 | 1059 | 1058 | | lounge | 안개 |
| 999 | 998 | | lamp | 신고 | 1060 | 1059 | | love | 안경 |
| 1000 | 999 | | language | 신규 | 1061 | 1060 | | loyal | 안과 |
| 1001 | 1000 | | laptop | 신념 | 1062 | 1061 | | lucky | 안내 |
| 1002 | 1001 | | large | 신문 | 1063 | 1062 | | luggage | 안녕 |
| 1003 | 1002 | | later | 신발 | 1064 | 1063 | | lumber | 안동 |
| 1004 | 1003 | | latin | 신비 | 1065 | 1064 | | lunar | 안방 |
| 1005 | 1004 | | laugh | 신사 | 1066 | 1065 | | lunch | 안부 |
| 1006 | 1005 | | laundry | 신세 | 1067 | 1066 | | luxury | 안주 |
| 1007 | 1006 | | lava | 신용 | 1068 | 1067 | | lyrics | 알루미늄 |
| 1008 | 1007 | | law | 신제품 | 1069 | 1068 | | machine | 알코올 |
| 1009 | 1008 | | lawn | 신청 | 1070 | 1069 | | mad | 암시 |
| 1010 | 1009 | | lawsuit | 신체 | 1071 | 1070 | | magic | 암컷 |
| 1011 | 1010 | | layer | 신화 | 1072 | 1071 | | magnet | 압력 |
| 1012 | 1011 | | lazy | 실감 | 1073 | 1072 | | maid | 앞날 |
| 1013 | 1012 | | leader | 실내 | 1074 | 1073 | | mail | 앞문 |
| 1014 | 1013 | | leaf | 실력 | 1075 | 1074 | | main | 애인 |
| 1015 | 1014 | | learn | 실례 | 1076 | 1075 | | major | 애정 |
| 1016 | 1015 | | leave | 실망 | 1077 | 1076 | | make | 액수 |
| 1017 | 1016 | | lecture | 실수 | 1078 | 1077 | | mammal | 앨범 |
| 1018 | 1017 | | left | 실습 | 1079 | 1078 | | man | 야간 |
| 1019 | 1018 | | leg | 실시 | 1080 | 1079 | | manage | 야단 |
| 1020 | 1019 | | legal | 실장 | 1081 | 1080 | | mandate | 야옹 |
| 1021 | 1020 | | legend | 실정 | 1082 | 1081 | | mango | 약간 |
| 1022 | 1021 | | leisure | 실질적 | 1083 | 1082 | | mansion | 약국 |
| 1023 | 1022 | | lemon | 실천 | 1084 | 1083 | | manual | 약속 |
| 1024 | 1023 | | lend | 실체 | 1085 | 1084 | | maple | 약수 |
| 1025 | 1024 | | length | 실컷 | 1086 | 1085 | | marble | 약점 |
| 1026 | 1025 | | lens | 실태 | 1087 | 1086 | | march | 약품 |
| 1027 | 1026 | | leopard | 실패 | 1088 | 1087 | | margin | 약혼녀 |
| 1028 | 1027 | | lesson | 실험 | 1089 | 1088 | | marine | 양념 |
| 1029 | 1028 | | letter | 실현 | 1090 | 1089 | | market | 양력 |
| 1030 | 1029 | | level | 심리 | 1091 | 1090 | | marriage | 양말 |
| 1031 | 1030 | | liar | 심부름 | 1092 | 1091 | | mask | 양배추 |
| 1032 | 1031 | | liberty | 심사 | 1093 | 1092 | | mass | 양주 |
| 1033 | 1032 | | library | 심장 | 1094 | 1093 | | master | 양파 |
| 1034 | 1033 | | license | 심정 | 1095 | 1094 | | match | 어둠 |
| 1035 | 1034 | | life | 심판 | 1096 | 1095 | | material | 어려움 |
| 1036 | 1035 | | lift | 쌍둥이 | 1097 | 1096 | | math | 어른 |
| 1037 | 1036 | | light | 씨름 | 1098 | 1097 | | matrix | 어젯밤 |

| 번호 | 십진법 | 이진법 | 영어 단어 | 한글 단어 | 번호 | 십진법 | 이진법 | 영어 단어 | 한글 단어 |
|---|---|---|---|---|---|---|---|---|---|
| 1099 | 1098 | | matter | 어쨌든 | 1160 | 1159 | | movie | 연휴 |
| 1100 | 1099 | | maximum | 어쩌다가 | 1161 | 1160 | | much | 열기 |
| 1101 | 1100 | | maze | 어쩐지 | 1162 | 1161 | | muffin | 열매 |
| 1102 | 1101 | | meadow | 언니 | 1163 | 1162 | | mule | 열쇠 |
| 1103 | 1102 | | mean | 언덕 | 1164 | 1163 | | multiply | 열심히 |
| 1104 | 1103 | | measure | 언론 | 1165 | 1164 | | muscle | 열정 |
| 1105 | 1104 | | meat | 언어 | 1166 | 1165 | | museum | 열차 |
| 1106 | 1105 | | mechanic | 얼굴 | 1167 | 1166 | | mushroom | 열흘 |
| 1107 | 1106 | | medal | 얼른 | 1168 | 1167 | | music | 염려 |
| 1108 | 1107 | | media | 얼음 | 1169 | 1168 | | must | 엽서 |
| 1109 | 1108 | | melody | 얼핏 | 1170 | 1169 | | mutual | 영국 |
| 1110 | 1109 | | melt | 엄마 | 1171 | 1170 | | myself | 영남 |
| 1111 | 1110 | | member | 업무 | 1172 | 1171 | | mystery | 영상 |
| 1112 | 1111 | | memory | 업종 | 1173 | 1172 | | myth | 영양 |
| 1113 | 1112 | | mention | 업체 | 1174 | 1173 | | naive | 영역 |
| 1114 | 1113 | | menu | 엉덩이 | 1175 | 1174 | | name | 영웅 |
| 1115 | 1114 | | mercy | 엉망 | 1176 | 1175 | | napkin | 영원히 |
| 1116 | 1115 | | merge | 엉터리 | 1177 | 1176 | | narrow | 영하 |
| 1117 | 1116 | | merit | 엊그제 | 1178 | 1177 | | nasty | 영향 |
| 1118 | 1117 | | merry | 에너지 | 1179 | 1178 | | nation | 영혼 |
| 1119 | 1118 | | mesh | 에어컨 | 1180 | 1179 | | nature | 영화 |
| 1120 | 1119 | | message | 엔진 | 1181 | 1180 | | near | 옆구리 |
| 1121 | 1120 | | metal | 여건 | 1182 | 1181 | | neck | 옆방 |
| 1122 | 1121 | | method | 여고생 | 1183 | 1182 | | need | 옆집 |
| 1123 | 1122 | | middle | 여관 | 1184 | 1183 | | negative | 예감 |
| 1124 | 1123 | | midnight | 여군 | 1185 | 1184 | | neglect | 예금 |
| 1125 | 1124 | | milk | 여권 | 1186 | 1185 | | neither | 예방 |
| 1126 | 1125 | | million | 여대생 | 1187 | 1186 | | nephew | 예산 |
| 1127 | 1126 | | mimic | 여덟 | 1188 | 1187 | | nerve | 예상 |
| 1128 | 1127 | | mind | 여동생 | 1189 | 1188 | | nest | 예선 |
| 1129 | 1128 | | minimum | 여든 | 1190 | 1189 | | net | 예술 |
| 1130 | 1129 | | minor | 여론 | 1191 | 1190 | | network | 예습 |
| 1131 | 1130 | | minute | 여름 | 1192 | 1191 | | neutral | 예식장 |
| 1132 | 1131 | | miracle | 여섯 | 1193 | 1192 | | never | 예약 |
| 1133 | 1132 | | mirror | 여성 | 1194 | 1193 | | news | 예전 |
| 1134 | 1133 | | misery | 여왕 | 1195 | 1194 | | next | 예절 |
| 1135 | 1134 | | miss | 여인 | 1196 | 1195 | | nice | 예정 |
| 1136 | 1135 | | mistake | 여전히 | 1197 | 1196 | | night | 예컨대 |
| 1137 | 1136 | | mix | 여직원 | 1198 | 1197 | | noble | 옛날 |
| 1138 | 1137 | | mixed | 여학생 | 1199 | 1198 | | noise | 오늘 |
| 1139 | 1138 | | mixture | 여행 | 1200 | 1199 | | nominee | 오락 |
| 1140 | 1139 | | mobile | 역사 | 1201 | 1200 | | noodle | 오랫동안 |
| 1141 | 1140 | | model | 역시 | 1202 | 1201 | | normal | 오렌지 |
| 1142 | 1141 | | modify | 역할 | 1203 | 1202 | | north | 오로지 |
| 1143 | 1142 | | mom | 연결 | 1204 | 1203 | | nose | 오른발 |
| 1144 | 1143 | | moment | 연구 | 1205 | 1204 | | notable | 오븐 |
| 1145 | 1144 | | monitor | 연기 | 1206 | 1205 | | note | 오십 |
| 1146 | 1145 | | monkey | 연기 | 1207 | 1206 | | nothing | 오염 |
| 1147 | 1146 | | monster | 연락 | 1208 | 1207 | | notice | 오월 |
| 1148 | 1147 | | month | 연설 | 1209 | 1208 | | novel | 오전 |
| 1149 | 1148 | | moon | 연세 | 1210 | 1209 | | now | 오직 |
| 1150 | 1149 | | moral | 연속 | 1211 | 1210 | | nuclear | 오징어 |
| 1151 | 1150 | | more | 연습 | 1212 | 1211 | | number | 오페라 |
| 1152 | 1151 | | morning | 연애 | 1213 | 1212 | | nurse | 오피스텔 |
| 1153 | 1152 | | mosquito | 연예인 | 1214 | 1213 | | nut | 오히려 |
| 1154 | 1153 | | mother | 연인 | 1215 | 1214 | | oak | 옥상 |
| 1155 | 1154 | | motion | 연장 | 1216 | 1215 | | obey | 옥수수 |
| 1156 | 1155 | | motor | 연주 | 1217 | 1216 | | object | 온갖 |
| 1157 | 1156 | | mountain | 연출 | 1218 | 1217 | | oblige | 온라인 |
| 1158 | 1157 | | mouse | 연필 | 1219 | 1218 | | obscure | 온몸 |
| 1159 | 1158 | | move | 연합 | 1220 | 1219 | | observe | 온종일 |

| 번호 | 십진법 | 영어 단어 | 한글 단어 | 번호 | 십진법 | 영어 단어 | 한글 단어 |
|---|---|---|---|---|---|---|---|
| 1221 | 1220 | obtain | 온통 | 1282 | 1281 | parent | 위법 |
| 1222 | 1221 | obvious | 올가을 | 1283 | 1282 | park | 위성 |
| 1223 | 1222 | occur | 올림픽 | 1284 | 1283 | parrot | 위원 |
| 1224 | 1223 | ocean | 올해 | 1285 | 1284 | party | 위험 |
| 1225 | 1224 | october | 옷차림 | 1286 | 1285 | pass | 위협 |
| 1226 | 1225 | odor | 와이셔츠 | 1287 | 1286 | patch | 윗사람 |
| 1227 | 1226 | off | 와인 | 1288 | 1287 | path | 유난히 |
| 1228 | 1227 | offer | 완성 | 1289 | 1288 | patient | 유럽 |
| 1229 | 1228 | office | 완전 | 1290 | 1289 | patrol | 유명 |
| 1230 | 1229 | often | 왕비 | 1291 | 1290 | pattern | 유물 |
| 1231 | 1230 | oil | 왕자 | 1292 | 1291 | pause | 유산 |
| 1232 | 1231 | okay | 왜냐하면 | 1293 | 1292 | pave | 유적 |
| 1233 | 1232 | old | 왠지 | 1294 | 1293 | payment | 유치원 |
| 1234 | 1233 | olive | 외갓집 | 1295 | 1294 | peace | 유학 |
| 1235 | 1234 | olympic | 외국 | 1296 | 1295 | peanut | 유행 |
| 1236 | 1235 | omit | 외로움 | 1297 | 1296 | pear | 유형 |
| 1237 | 1236 | once | 외삼촌 | 1298 | 1297 | peasant | 육군 |
| 1238 | 1237 | one | 외출 | 1299 | 1298 | pelican | 육상 |
| 1239 | 1238 | onion | 외침 | 1300 | 1299 | pen | 육십 |
| 1240 | 1239 | online | 외할머니 | 1301 | 1300 | penalty | 육체 |
| 1241 | 1240 | only | 왼발 | 1302 | 1301 | pencil | 은행 |
| 1242 | 1241 | open | 왼손 | 1303 | 1302 | people | 음력 |
| 1243 | 1242 | opera | 왼쪽 | 1304 | 1303 | pepper | 음료 |
| 1244 | 1243 | opinion | 요금 | 1305 | 1304 | perfect | 음반 |
| 1245 | 1244 | oppose | 요일 | 1306 | 1305 | permit | 음성 |
| 1246 | 1245 | option | 요즘 | 1307 | 1306 | person | 음식 |
| 1247 | 1246 | orange | 요청 | 1308 | 1307 | pet | 음악 |
| 1248 | 1247 | orbit | 용기 | 1309 | 1308 | phone | 음주 |
| 1249 | 1248 | orchard | 용서 | 1310 | 1309 | photo | 의견 |
| 1250 | 1249 | order | 용어 | 1311 | 1310 | phrase | 의논 |
| 1251 | 1250 | ordinary | 우산 | 1312 | 1311 | physical | 의문 |
| 1252 | 1251 | organ | 우선 | 1313 | 1312 | piano | 의복 |
| 1253 | 1252 | orient | 우승 | 1314 | 1313 | picnic | 의식 |
| 1254 | 1253 | original | 우연히 | 1315 | 1314 | picture | 의심 |
| 1255 | 1254 | orphan | 우정 | 1316 | 1315 | piece | 의외로 |
| 1256 | 1255 | ostrich | 우체국 | 1317 | 1316 | pig | 의욕 |
| 1257 | 1256 | other | 우편 | 1318 | 1317 | pigeon | 의원 |
| 1258 | 1257 | outdoor | 운동 | 1319 | 1318 | pill | 의학 |
| 1259 | 1258 | outer | 운명 | 1320 | 1319 | pilot | 이것 |
| 1260 | 1259 | output | 운반 | 1321 | 1320 | pink | 이곳 |
| 1261 | 1260 | outside | 운전 | 1322 | 1321 | pioneer | 이념 |
| 1262 | 1261 | oval | 운행 | 1323 | 1322 | pipe | 이놈 |
| 1263 | 1262 | oven | 울산 | 1324 | 1323 | pistol | 이달 |
| 1264 | 1263 | over | 울음 | 1325 | 1324 | pitch | 이대로 |
| 1265 | 1264 | own | 움직임 | 1326 | 1325 | pizza | 이동 |
| 1266 | 1265 | owner | 웃어른 | 1327 | 1326 | place | 이렇게 |
| 1267 | 1266 | oxygen | 웃음 | 1328 | 1327 | planet | 이력서 |
| 1268 | 1267 | oyster | 워낙 | 1329 | 1328 | plastic | 이론적 |
| 1269 | 1268 | ozone | 원고 | 1330 | 1329 | plate | 이름 |
| 1270 | 1269 | pact | 원래 | 1331 | 1330 | play | 이민 |
| 1271 | 1270 | paddle | 원서 | 1332 | 1331 | please | 이발소 |
| 1272 | 1271 | page | 원숭이 | 1333 | 1332 | pledge | 이별 |
| 1273 | 1272 | pair | 원인 | 1334 | 1333 | pluck | 이불 |
| 1274 | 1273 | palace | 원장 | 1335 | 1334 | plug | 이빨 |
| 1275 | 1274 | palm | 원피스 | 1336 | 1335 | plunge | 이상 |
| 1276 | 1275 | panda | 월급 | 1337 | 1336 | poem | 이성 |
| 1277 | 1276 | panel | 월드컵 | 1338 | 1337 | poet | 이슬 |
| 1278 | 1277 | panic | 월세 | 1339 | 1338 | point | 이야기 |
| 1279 | 1278 | panther | 월요일 | 1340 | 1339 | polar | 이용 |
| 1280 | 1279 | paper | 웨이터 | 1341 | 1340 | pole | 이웃 |
| 1281 | 1280 | parade | 위반 | 1342 | 1341 | police | 이월 |

| 번호 | 십진법 | 영어 단어 | 한글 단어 | 번호 | 십진법 | 영어 단어 | 한글 단어 |
| --- | --- | --- | --- | --- | --- | --- | --- |
| 1343 | 1342 | pond | 이윽고 | 1404 | 1403 | quarter | 자극 |
| 1344 | 1343 | pony | 이익 | 1405 | 1404 | question | 자동 |
| 1345 | 1344 | pool | 이전 | 1406 | 1405 | quick | 자랑 |
| 1346 | 1345 | popular | 이중 | 1407 | 1406 | quit | 자부심 |
| 1347 | 1346 | portion | 이튿날 | 1408 | 1407 | quiz | 자식 |
| 1348 | 1347 | position | 이틀 | 1409 | 1408 | quote | 자신 |
| 1349 | 1348 | possible | 이혼 | 1410 | 1409 | rabbit | 자연 |
| 1350 | 1349 | post | 인간 | 1411 | 1410 | raccoon | 자원 |
| 1351 | 1350 | potato | 인격 | 1412 | 1411 | race | 자율 |
| 1352 | 1351 | pottery | 인공 | 1413 | 1412 | rack | 자전거 |
| 1353 | 1352 | poverty | 인구 | 1414 | 1413 | radar | 자정 |
| 1354 | 1353 | powder | 인근 | 1415 | 1414 | radio | 자존심 |
| 1355 | 1354 | power | 인기 | 1416 | 1415 | rail | 자판 |
| 1356 | 1355 | practice | 인도 | 1417 | 1416 | rain | 작가 |
| 1357 | 1356 | praise | 인류 | 1418 | 1417 | raise | 작년 |
| 1358 | 1357 | predict | 인물 | 1419 | 1418 | rally | 작성 |
| 1359 | 1358 | prefer | 인생 | 1420 | 1419 | ramp | 작업 |
| 1360 | 1359 | prepare | 인쇄 | 1421 | 1420 | ranch | 작용 |
| 1361 | 1360 | present | 인연 | 1422 | 1421 | random | 작은딸 |
| 1362 | 1361 | pretty | 인원 | 1423 | 1422 | range | 작품 |
| 1363 | 1362 | prevent | 인재 | 1424 | 1423 | rapid | 잔디 |
| 1364 | 1363 | price | 인종 | 1425 | 1424 | rare | 잔뜩 |
| 1365 | 1364 | pride | 인천 | 1426 | 1425 | rate | 잔치 |
| 1366 | 1365 | primary | 인체 | 1427 | 1426 | rather | 잘못 |
| 1367 | 1366 | print | 인터넷 | 1428 | 1427 | raven | 잠깐 |
| 1368 | 1367 | priority | 인하 | 1429 | 1428 | raw | 잠수함 |
| 1369 | 1368 | prison | 인형 | 1430 | 1429 | razor | 잠시 |
| 1370 | 1369 | private | 일곱 | 1431 | 1430 | ready | 잠옷 |
| 1371 | 1370 | prize | 일기 | 1432 | 1431 | real | 잠자리 |
| 1372 | 1371 | problem | 일단 | 1433 | 1432 | reason | 잡지 |
| 1373 | 1372 | process | 일대 | 1434 | 1433 | rebel | 장관 |
| 1374 | 1373 | produce | 일등 | 1435 | 1434 | rebuild | 장군 |
| 1375 | 1374 | profit | 일반 | 1436 | 1435 | recall | 장기간 |
| 1376 | 1375 | program | 일본 | 1437 | 1436 | receive | 장래 |
| 1377 | 1376 | project | 일부 | 1438 | 1437 | recipe | 장례 |
| 1378 | 1377 | promote | 일상 | 1439 | 1438 | record | 장르 |
| 1379 | 1378 | proof | 일생 | 1440 | 1439 | recycle | 장마 |
| 1380 | 1379 | property | 일손 | 1441 | 1440 | reduce | 장면 |
| 1381 | 1380 | prosper | 일요일 | 1442 | 1441 | reflect | 장모 |
| 1382 | 1381 | protect | 일월 | 1443 | 1442 | reform | 장미 |
| 1383 | 1382 | proud | 일정 | 1444 | 1443 | refuse | 장비 |
| 1384 | 1383 | provide | 일종 | 1445 | 1444 | region | 장사 |
| 1385 | 1384 | public | 일주일 | 1446 | 1445 | regret | 장소 |
| 1386 | 1385 | pudding | 일찍 | 1447 | 1446 | regular | 장식 |
| 1387 | 1386 | pull | 일체 | 1448 | 1447 | reject | 장애인 |
| 1388 | 1387 | pulp | 일치 | 1449 | 1448 | relax | 장인 |
| 1389 | 1388 | pulse | 일행 | 1450 | 1449 | release | 장점 |
| 1390 | 1389 | pumpkin | 일회용 | 1451 | 1450 | relief | 장차 |
| 1391 | 1390 | punch | 임금 | 1452 | 1451 | rely | 장학금 |
| 1392 | 1391 | pupil | 임무 | 1453 | 1452 | remain | 재능 |
| 1393 | 1392 | puppy | 입대 | 1454 | 1453 | remember | 재빨리 |
| 1394 | 1393 | purchase | 입력 | 1455 | 1454 | remind | 재산 |
| 1395 | 1394 | purity | 입맛 | 1456 | 1455 | remove | 재생 |
| 1396 | 1395 | purpose | 입사 | 1457 | 1456 | render | 재작년 |
| 1397 | 1396 | purse | 입술 | 1458 | 1457 | renew | 재정 |
| 1398 | 1397 | push | 입시 | 1459 | 1458 | rent | 재채기 |
| 1399 | 1398 | put | 입원 | 1460 | 1459 | reopen | 재판 |
| 1400 | 1399 | puzzle | 입장 | 1461 | 1460 | repair | 재학 |
| 1401 | 1400 | pyramid | 입학 | 1462 | 1461 | repeat | 재활용 |
| 1402 | 1401 | quality | 자가용 | 1463 | 1462 | replace | 저것 |
| 1403 | 1402 | quantum | 자격 | 1464 | 1463 | report | 저고리 |

| 번호 | 십진법 | 이진법 | 영어 단어 | 한글 단어 | 번호 | 십진법 | 이진법 | 영어 단어 | 한글 단어 |
|---|---|---|---|---|---|---|---|---|---|
| 1465 | 1464 | | require | 저곳 | 1526 | 1525 | | salt | 정오 |
| 1466 | 1465 | | rescue | 저녁 | 1527 | 1526 | | salute | 정원 |
| 1467 | 1466 | | resemble | 저런 | 1528 | 1527 | | same | 정장 |
| 1468 | 1467 | | resist | 저렇게 | 1529 | 1528 | | sample | 정지 |
| 1469 | 1468 | | resource | 저번 | 1530 | 1529 | | sand | 정치 |
| 1470 | 1469 | | response | 저울 | 1531 | 1530 | | satisfy | 정확히 |
| 1471 | 1470 | | result | 저절로 | 1532 | 1531 | | satoshi | 제공 |
| 1472 | 1471 | | retire | 저축 | 1533 | 1532 | | sauce | 제과점 |
| 1473 | 1472 | | retreat | 적극 | 1534 | 1533 | | sausage | 제대로 |
| 1474 | 1473 | | return | 적당히 | 1535 | 1534 | | save | 제목 |
| 1475 | 1474 | | reunion | 적성 | 1536 | 1535 | | say | 제발 |
| 1476 | 1475 | | reveal | 적용 | 1537 | 1536 | | scale | 제법 |
| 1477 | 1476 | | review | 적응 | 1538 | 1537 | | scan | 제삿날 |
| 1478 | 1477 | | reward | 전개 | 1539 | 1538 | | scare | 제안 |
| 1479 | 1478 | | rhythm | 전공 | 1540 | 1539 | | scatter | 제일 |
| 1480 | 1479 | | rib | 전기 | 1541 | 1540 | | scene | 제작 |
| 1481 | 1480 | | ribbon | 전달 | 1542 | 1541 | | scheme | 제주도 |
| 1482 | 1481 | | rice | 전라도 | 1543 | 1542 | | school | 제출 |
| 1483 | 1482 | | rich | 전망 | 1544 | 1543 | | science | 제품 |
| 1484 | 1483 | | ride | 전문 | 1545 | 1544 | | scissors | 제한 |
| 1485 | 1484 | | ridge | 전반 | 1546 | 1545 | | scorpion | 조각 |
| 1486 | 1485 | | rifle | 전부 | 1547 | 1546 | | scout | 조건 |
| 1487 | 1486 | | right | 전세 | 1548 | 1547 | | scrap | 조금 |
| 1488 | 1487 | | rigid | 전시 | 1549 | 1548 | | screen | 조깅 |
| 1489 | 1488 | | ring | 전용 | 1550 | 1549 | | script | 조명 |
| 1490 | 1489 | | riot | 전자 | 1551 | 1550 | | scrub | 조미료 |
| 1491 | 1490 | | ripple | 전쟁 | 1552 | 1551 | | sea | 조상 |
| 1492 | 1491 | | risk | 전주 | 1553 | 1552 | | search | 조선 |
| 1493 | 1492 | | ritual | 전철 | 1554 | 1553 | | season | 조용히 |
| 1494 | 1493 | | rival | 전체 | 1555 | 1554 | | seat | 조절 |
| 1495 | 1494 | | river | 전통 | 1556 | 1555 | | second | 조정 |
| 1496 | 1495 | | road | 전혀 | 1557 | 1556 | | secret | 조직 |
| 1497 | 1496 | | roast | 전후 | 1558 | 1557 | | section | 존댓말 |
| 1498 | 1497 | | robot | 절대 | 1559 | 1558 | | security | 존재 |
| 1499 | 1498 | | robust | 절망 | 1560 | 1559 | | seed | 졸업 |
| 1500 | 1499 | | rocket | 절반 | 1561 | 1560 | | seek | 졸음 |
| 1501 | 1500 | | romance | 절약 | 1562 | 1561 | | segment | 종교 |
| 1502 | 1501 | | roof | 절차 | 1563 | 1562 | | select | 종로 |
| 1503 | 1502 | | rookie | 점검 | 1564 | 1563 | | sell | 종류 |
| 1504 | 1503 | | room | 점수 | 1565 | 1564 | | seminar | 종소리 |
| 1505 | 1504 | | rose | 점심 | 1566 | 1565 | | senior | 종업원 |
| 1506 | 1505 | | rotate | 점원 | 1567 | 1566 | | sense | 종종 |
| 1507 | 1506 | | rough | 점점 | 1568 | 1567 | | sentence | 종합 |
| 1508 | 1507 | | round | 점차 | 1569 | 1568 | | series | 좌석 |
| 1509 | 1508 | | route | 접근 | 1570 | 1569 | | service | 죄인 |
| 1510 | 1509 | | royal | 접시 | 1571 | 1570 | | session | 주관적 |
| 1511 | 1510 | | rubber | 접촉 | 1572 | 1571 | | settle | 주름 |
| 1512 | 1511 | | rude | 젓가락 | 1573 | 1572 | | setup | 주말 |
| 1513 | 1512 | | rug | 정거장 | 1574 | 1573 | | seven | 주머니 |
| 1514 | 1513 | | rule | 정도 | 1575 | 1574 | | shadow | 주먹 |
| 1515 | 1514 | | run | 정류장 | 1576 | 1575 | | shaft | 주문 |
| 1516 | 1515 | | runway | 정리 | 1577 | 1576 | | shallow | 주민 |
| 1517 | 1516 | | rural | 정말 | 1578 | 1577 | | share | 주방 |
| 1518 | 1517 | | sad | 정면 | 1579 | 1578 | | shed | 주변 |
| 1519 | 1518 | | saddle | 정문 | 1580 | 1579 | | shell | 주식 |
| 1520 | 1519 | | sadness | 정반대 | 1581 | 1580 | | sheriff | 주인 |
| 1521 | 1520 | | safe | 정보 | 1582 | 1581 | | shield | 주일 |
| 1522 | 1521 | | sail | 정부 | 1583 | 1582 | | shift | 주장 |
| 1523 | 1522 | | salad | 정비 | 1584 | 1583 | | shine | 주전자 |
| 1524 | 1523 | | salmon | 정상 | 1585 | 1584 | | ship | 주택 |
| 1525 | 1524 | | salon | 정성 | 1586 | 1585 | | shiver | 준비 |

| 번호 | 십진법 | 이진법 | 영어 단어 | 한글 단어 | 번호 | 십진법 | 이진법 | 영어 단어 | 한글 단어 |
|---|---|---|---|---|---|---|---|---|---|
| 1587 | 1586 | | shock | 줄거리 | 1648 | 1647 | | social | 짐작 |
| 1588 | 1587 | | shoe | 줄기 | 1649 | 1648 | | sock | 집단 |
| 1589 | 1588 | | shoot | 줄무늬 | 1650 | 1649 | | soda | 집안 |
| 1590 | 1589 | | shop | 중간 | 1651 | 1650 | | soft | 집중 |
| 1591 | 1590 | | short | 중계방송 | 1652 | 1651 | | solar | 짜증 |
| 1592 | 1591 | | shoulder | 중국 | 1653 | 1652 | | soldier | 찌꺼기 |
| 1593 | 1592 | | shove | 중년 | 1654 | 1653 | | solid | 차남 |
| 1594 | 1593 | | shrimp | 중단 | 1655 | 1654 | | solution | 차라리 |
| 1595 | 1594 | | shrug | 중독 | 1656 | 1655 | | solve | 차량 |
| 1596 | 1595 | | shuffle | 중반 | 1657 | 1656 | | someone | 차림 |
| 1597 | 1596 | | shy | 중부 | 1658 | 1657 | | song | 차별 |
| 1598 | 1597 | | sibling | 중세 | 1659 | 1658 | | soon | 차선 |
| 1599 | 1598 | | sick | 중소기업 | 1660 | 1659 | | sorry | 차츰 |
| 1600 | 1599 | | side | 중순 | 1661 | 1660 | | sort | 착각 |
| 1601 | 1600 | | siege | 중앙 | 1662 | 1661 | | soul | 찬물 |
| 1602 | 1601 | | sight | 중요 | 1663 | 1662 | | sound | 찬성 |
| 1603 | 1602 | | sign | 중학교 | 1664 | 1663 | | soup | 참가 |
| 1604 | 1603 | | silent | 즉석 | 1665 | 1664 | | source | 참가름 |
| 1605 | 1604 | | silk | 즉시 | 1666 | 1665 | | south | 참새 |
| 1606 | 1605 | | silly | 즐거움 | 1667 | 1666 | | space | 참석 |
| 1607 | 1606 | | silver | 증가 | 1668 | 1667 | | spare | 참여 |
| 1608 | 1607 | | similar | 증거 | 1669 | 1668 | | spatial | 참외 |
| 1609 | 1608 | | simple | 증권 | 1670 | 1669 | | spawn | 참조 |
| 1610 | 1609 | | since | 증상 | 1671 | 1670 | | speak | 찻잔 |
| 1611 | 1610 | | sing | 증세 | 1672 | 1671 | | special | 창가 |
| 1612 | 1611 | | siren | 지각 | 1673 | 1672 | | speed | 창고 |
| 1613 | 1612 | | sister | 지갑 | 1674 | 1673 | | spell | 창구 |
| 1614 | 1613 | | situate | 지경 | 1675 | 1674 | | spend | 창문 |
| 1615 | 1614 | | six | 지극히 | 1676 | 1675 | | sphere | 창밖 |
| 1616 | 1615 | | size | 지금 | 1677 | 1676 | | spice | 창작 |
| 1617 | 1616 | | skate | 지급 | 1678 | 1677 | | spider | 창조 |
| 1618 | 1617 | | sketch | 지능 | 1679 | 1678 | | spike | 채널 |
| 1619 | 1618 | | ski | 지름길 | 1680 | 1679 | | spin | 채점 |
| 1620 | 1619 | | skill | 지리산 | 1681 | 1680 | | spirit | 책가방 |
| 1621 | 1620 | | skin | 지방 | 1682 | 1681 | | split | 책방 |
| 1622 | 1621 | | skirt | 지붕 | 1683 | 1682 | | spoil | 책상 |
| 1623 | 1622 | | skull | 지식 | 1684 | 1683 | | sponsor | 책임 |
| 1624 | 1623 | | slab | 지역 | 1685 | 1684 | | spoon | 챔피언 |
| 1625 | 1624 | | slam | 지우개 | 1686 | 1685 | | sport | 처벌 |
| 1626 | 1625 | | sleep | 지원 | 1687 | 1686 | | spot | 처음 |
| 1627 | 1626 | | slender | 지적 | 1688 | 1687 | | spray | 천국 |
| 1628 | 1627 | | slice | 지점 | 1689 | 1688 | | spread | 천둥 |
| 1629 | 1628 | | slide | 지진 | 1690 | 1689 | | spring | 천장 |
| 1630 | 1629 | | slight | 지출 | 1691 | 1690 | | spy | 천재 |
| 1631 | 1630 | | slim | 직선 | 1692 | 1691 | | square | 천천히 |
| 1632 | 1631 | | slogan | 직업 | 1693 | 1692 | | squeeze | 철도 |
| 1633 | 1632 | | slot | 직원 | 1694 | 1693 | | squirrel | 철저히 |
| 1634 | 1633 | | slow | 직장 | 1695 | 1694 | | stable | 철학 |
| 1635 | 1634 | | slush | 진급 | 1696 | 1695 | | stadium | 첫날 |
| 1636 | 1635 | | small | 진동 | 1697 | 1696 | | staff | 첫째 |
| 1637 | 1636 | | smart | 진로 | 1698 | 1697 | | stage | 청년 |
| 1638 | 1637 | | smile | 진료 | 1699 | 1698 | | stairs | 청바지 |
| 1639 | 1638 | | smoke | 진리 | 1700 | 1699 | | stamp | 청소 |
| 1640 | 1639 | | smooth | 진짜 | 1701 | 1700 | | stand | 청춘 |
| 1641 | 1640 | | snack | 진찰 | 1702 | 1701 | | start | 체계 |
| 1642 | 1641 | | snake | 진출 | 1703 | 1702 | | state | 체력 |
| 1643 | 1642 | | snap | 진통 | 1704 | 1703 | | stay | 체온 |
| 1644 | 1643 | | sniff | 진행 | 1705 | 1704 | | steak | 체육 |
| 1645 | 1644 | | snow | 질문 | 1706 | 1705 | | steel | 체중 |
| 1646 | 1645 | | soap | 질병 | 1707 | 1706 | | stem | 체험 |
| 1647 | 1646 | | soccer | 질서 | 1708 | 1707 | | step | 초등학생 |

| 번호 | 십진법 | 영어 단어 | 한글 단어 | 번호 | 십진법 | 영어 단어 | 한글 단어 |
|---|---|---|---|---|---|---|---|
| 1709 | 1708 | stereo | 초반 | 1770 | 1769 | tag | 캠퍼스 |
| 1710 | 1709 | stick | 초밥 | 1771 | 1770 | tail | 캠페인 |
| 1711 | 1710 | still | 초상화 | 1772 | 1771 | talent | 커튼 |
| 1712 | 1711 | sting | 초순 | 1773 | 1772 | talk | 컨디션 |
| 1713 | 1712 | stock | 초여름 | 1774 | 1773 | tank | 컬러 |
| 1714 | 1713 | stomach | 초원 | 1775 | 1774 | tape | 컴퓨터 |
| 1715 | 1714 | stone | 초저녁 | 1776 | 1775 | target | 코끼리 |
| 1716 | 1715 | stool | 초점 | 1777 | 1776 | task | 코미디 |
| 1717 | 1716 | story | 초청 | 1778 | 1777 | taste | 콘서트 |
| 1718 | 1717 | stove | 초콜릿 | 1779 | 1778 | tattoo | 콜라 |
| 1719 | 1718 | strategy | 촛불 | 1780 | 1779 | taxi | 콤플렉스 |
| 1720 | 1719 | street | 총각 | 1781 | 1780 | teach | 콩나물 |
| 1721 | 1720 | strike | 총리 | 1782 | 1781 | team | 쾌감 |
| 1722 | 1721 | strong | 총장 | 1783 | 1782 | tell | 쿠데타 |
| 1723 | 1722 | struggle | 촬영 | 1784 | 1783 | ten | 크림 |
| 1724 | 1723 | student | 최근 | 1785 | 1784 | tenant | 큰길 |
| 1725 | 1724 | stuff | 최상 | 1786 | 1785 | tennis | 큰딸 |
| 1726 | 1725 | stumble | 최선 | 1787 | 1786 | tent | 큰소리 |
| 1727 | 1726 | style | 최신 | 1788 | 1787 | term | 큰아들 |
| 1728 | 1727 | subject | 최악 | 1789 | 1788 | test | 큰어머니 |
| 1729 | 1728 | submit | 최종 | 1790 | 1789 | text | 큰일 |
| 1730 | 1729 | subway | 추석 | 1791 | 1790 | thank | 큰절 |
| 1731 | 1730 | success | 추억 | 1792 | 1791 | that | 클래식 |
| 1732 | 1731 | such | 추진 | 1793 | 1792 | theme | 클럽 |
| 1733 | 1732 | sudden | 추천 | 1794 | 1793 | then | 킬로 |
| 1734 | 1733 | suffer | 추측 | 1795 | 1794 | theory | 타입 |
| 1735 | 1734 | sugar | 축구 | 1796 | 1795 | there | 타자기 |
| 1736 | 1735 | suggest | 축소 | 1797 | 1796 | they | 탁구 |
| 1737 | 1736 | suit | 축제 | 1798 | 1797 | thing | 탁자 |
| 1738 | 1737 | summer | 축하 | 1799 | 1798 | this | 탄생 |
| 1739 | 1738 | sun | 출근 | 1800 | 1799 | thought | 태권도 |
| 1740 | 1739 | sunny | 출발 | 1801 | 1800 | three | 태양 |
| 1741 | 1740 | sunset | 출산 | 1802 | 1801 | thrive | 태풍 |
| 1742 | 1741 | super | 출신 | 1803 | 1802 | throw | 택시 |
| 1743 | 1742 | supply | 출연 | 1804 | 1803 | thumb | 탤런트 |
| 1744 | 1743 | supreme | 출입 | 1805 | 1804 | thunder | 터널 |
| 1745 | 1744 | sure | 출장 | 1806 | 1805 | ticket | 터미널 |
| 1746 | 1745 | surface | 출판 | 1807 | 1806 | tide | 테니스 |
| 1747 | 1746 | surge | 충격 | 1808 | 1807 | tiger | 테스트 |
| 1748 | 1747 | surprise | 충고 | 1809 | 1808 | tilt | 테이블 |
| 1749 | 1748 | surround | 충돌 | 1810 | 1809 | timber | 텔레비전 |
| 1750 | 1749 | survey | 충분히 | 1811 | 1810 | time | 토론 |
| 1751 | 1750 | suspect | 충청도 | 1812 | 1811 | tiny | 토마토 |
| 1752 | 1751 | sustain | 취업 | 1813 | 1812 | tip | 토요일 |
| 1753 | 1752 | swallow | 취직 | 1814 | 1813 | tired | 통계 |
| 1754 | 1753 | swamp | 취향 | 1815 | 1814 | tissue | 통과 |
| 1755 | 1754 | swap | 치약 | 1816 | 1815 | title | 통로 |
| 1756 | 1755 | swarm | 친구 | 1817 | 1816 | toast | 통신 |
| 1757 | 1756 | swear | 친척 | 1818 | 1817 | tobacco | 통역 |
| 1758 | 1757 | sweet | 칠십 | 1819 | 1818 | today | 통일 |
| 1759 | 1758 | swift | 칠월 | 1820 | 1819 | toddler | 통장 |
| 1760 | 1759 | swim | 칠판 | 1821 | 1820 | toe | 통제 |
| 1761 | 1760 | swing | 침대 | 1822 | 1821 | together | 통증 |
| 1762 | 1761 | switch | 침묵 | 1823 | 1822 | toilet | 통합 |
| 1763 | 1762 | sword | 침실 | 1824 | 1823 | token | 통화 |
| 1764 | 1763 | symbol | 칫솔 | 1825 | 1824 | tomato | 퇴근 |
| 1765 | 1764 | symptom | 칭찬 | 1826 | 1825 | tomorrow | 퇴원 |
| 1766 | 1765 | syrup | 카메라 | 1827 | 1826 | tone | 퇴직금 |
| 1767 | 1766 | system | 카운터 | 1828 | 1827 | tongue | 튀김 |
| 1768 | 1767 | table | 칼국수 | 1829 | 1828 | tonight | 트럭 |
| 1769 | 1768 | tackle | 캐릭터 | 1830 | 1829 | tool | 특급 |

| 번호 | 십진법 | 이진법 | 영어 단어 | 한글 단어 | 번호 | 십진법 | 이진법 | 영어 단어 | 한글 단어 |
|---|---|---|---|---|---|---|---|---|---|
| 1831 | 1830 | | tooth | 특별 | 1892 | 1891 | | unaware | 하드웨어 |
| 1832 | 1831 | | top | 특성 | 1893 | 1892 | | uncle | 하룻밤 |
| 1833 | 1832 | | topic | 특수 | 1894 | 1893 | | uncover | 하반기 |
| 1834 | 1833 | | topple | 특징 | 1895 | 1894 | | under | 하숙집 |
| 1835 | 1834 | | torch | 특히 | 1896 | 1895 | | undo | 하순 |
| 1836 | 1835 | | tornado | 튼튼히 | 1897 | 1896 | | unfair | 하여튼 |
| 1837 | 1836 | | tortoise | 티셔츠 | 1898 | 1897 | | unfold | 하지만 |
| 1838 | 1837 | | toss | 파란색 | 1899 | 1898 | | unhappy | 하천 |
| 1839 | 1838 | | total | 파일 | 1900 | 1899 | | uniform | 하품 |
| 1840 | 1839 | | tourist | 파출소 | 1901 | 1900 | | unique | 하필 |
| 1841 | 1840 | | toward | 판결 | 1902 | 1901 | | unit | 학과 |
| 1842 | 1841 | | tower | 판단 | 1903 | 1902 | | universe | 학교 |
| 1843 | 1842 | | town | 판매 | 1904 | 1903 | | unknown | 학급 |
| 1844 | 1843 | | toy | 판사 | 1905 | 1904 | | unlock | 학기 |
| 1845 | 1844 | | track | 팔십 | 1906 | 1905 | | until | 학년 |
| 1846 | 1845 | | trade | 팔월 | 1907 | 1906 | | unusual | 학력 |
| 1847 | 1846 | | traffic | 팝송 | 1908 | 1907 | | unveil | 학번 |
| 1848 | 1847 | | tragic | 패션 | 1909 | 1908 | | update | 학부모 |
| 1849 | 1848 | | train | 팩스 | 1910 | 1909 | | upgrade | 학비 |
| 1850 | 1849 | | transfer | 팩시밀리 | 1911 | 1910 | | uphold | 학생 |
| 1851 | 1850 | | trap | 팬티 | 1912 | 1911 | | upon | 학술 |
| 1852 | 1851 | | trash | 퍼센트 | 1913 | 1912 | | upper | 학습 |
| 1853 | 1852 | | travel | 페인트 | 1914 | 1913 | | upset | 학용품 |
| 1854 | 1853 | | tray | 편견 | 1915 | 1914 | | urban | 학원 |
| 1855 | 1854 | | treat | 편의 | 1916 | 1915 | | urge | 학위 |
| 1856 | 1855 | | tree | 편지 | 1917 | 1916 | | usage | 학자 |
| 1857 | 1856 | | trend | 편히 | 1918 | 1917 | | use | 학점 |
| 1858 | 1857 | | trial | 평가 | 1919 | 1918 | | used | 한계 |
| 1859 | 1858 | | tribe | 평균 | 1920 | 1919 | | useful | 한글 |
| 1860 | 1859 | | trick | 평생 | 1921 | 1920 | | useless | 한꺼번에 |
| 1861 | 1860 | | trigger | 평소 | 1922 | 1921 | | usual | 한낮 |
| 1862 | 1861 | | trim | 평양 | 1923 | 1922 | | utility | 한눈 |
| 1863 | 1862 | | trip | 평일 | 1924 | 1923 | | vacant | 한동안 |
| 1864 | 1863 | | trophy | 평화 | 1925 | 1924 | | vacuum | 한때 |
| 1865 | 1864 | | trouble | 포스터 | 1926 | 1925 | | vague | 한라산 |
| 1866 | 1865 | | truck | 포인트 | 1927 | 1926 | | valid | 한마디 |
| 1867 | 1866 | | true | 포장 | 1928 | 1927 | | valley | 한문 |
| 1868 | 1867 | | truly | 포함 | 1929 | 1928 | | valve | 한번 |
| 1869 | 1868 | | trumpet | 표면 | 1930 | 1929 | | van | 한복 |
| 1870 | 1869 | | trust | 표정 | 1931 | 1930 | | vanish | 한식 |
| 1871 | 1870 | | truth | 표준 | 1932 | 1931 | | vapor | 한여름 |
| 1872 | 1871 | | try | 표현 | 1933 | 1932 | | various | 한쪽 |
| 1873 | 1872 | | tube | 품목 | 1934 | 1933 | | vast | 할머니 |
| 1874 | 1873 | | tuition | 품질 | 1935 | 1934 | | vault | 할아버지 |
| 1875 | 1874 | | tumble | 풍경 | 1936 | 1935 | | vehicle | 할인 |
| 1876 | 1875 | | tuna | 풍속 | 1937 | 1936 | | velvet | 함께 |
| 1877 | 1876 | | tunnel | 풍습 | 1938 | 1937 | | vendor | 함부로 |
| 1878 | 1877 | | turkey | 프랑스 | 1939 | 1938 | | venture | 합격 |
| 1879 | 1878 | | turn | 프린터 | 1940 | 1939 | | venue | 합리적 |
| 1880 | 1879 | | turtle | 플라스틱 | 1941 | 1940 | | verb | 항공 |
| 1881 | 1880 | | twelve | 피곤 | 1942 | 1941 | | verify | 항구 |
| 1882 | 1881 | | twenty | 피망 | 1943 | 1942 | | version | 항상 |
| 1883 | 1882 | | twice | 피아노 | 1944 | 1943 | | very | 항의 |
| 1884 | 1883 | | twin | 필름 | 1945 | 1944 | | vessel | 해결 |
| 1885 | 1884 | | twist | 필수 | 1946 | 1945 | | veteran | 해군 |
| 1886 | 1885 | | two | 필요 | 1947 | 1946 | | viable | 해답 |
| 1887 | 1886 | | type | 필자 | 1948 | 1947 | | vibrant | 해당 |
| 1888 | 1887 | | typical | 필통 | 1949 | 1948 | | vicious | 해물 |
| 1889 | 1888 | | ugly | 핑계 | 1950 | 1949 | | victory | 해석 |
| 1890 | 1889 | | umbrella | 하늘 | 1951 | 1950 | | video | 해설 |
| 1891 | 1890 | | unable | 하늘 | 1952 | 1951 | | view | 해수욕장 |

| 번호 | 십진법 | 이진법 | 영어 단어 | 한글 단어 | 번호 | 십진법 | 이진법 | 영어 단어 | 한글 단어 |
|---|---|---|---|---|---|---|---|---|---|
| 1953 | 1952 | | village | 해안 | 2014 | 2013 | | wing | 환자 |
| 1954 | 1953 | | vintage | 핵심 | 2015 | 2014 | | wink | 활기 |
| 1955 | 1954 | | violin | 핸드백 | 2016 | 2015 | | winner | 활동 |
| 1956 | 1955 | | virtual | 햄버거 | 2017 | 2016 | | winter | 활발히 |
| 1957 | 1956 | | virus | 햇볕 | 2018 | 2017 | | wire | 활용 |
| 1958 | 1957 | | visa | 햇살 | 2019 | 2018 | | wisdom | 활짝 |
| 1959 | 1958 | | visit | 행동 | 2020 | 2019 | | wise | 회견 |
| 1960 | 1959 | | visual | 행복 | 2021 | 2020 | | wish | 회관 |
| 1961 | 1960 | | vital | 행사 | 2022 | 2021 | | witness | 회복 |
| 1962 | 1961 | | vivid | 행운 | 2023 | 2022 | | wolf | 회색 |
| 1963 | 1962 | | vocal | 행위 | 2024 | 2023 | | woman | 회원 |
| 1964 | 1963 | | voice | 향기 | 2025 | 2024 | | wonder | 회장 |
| 1965 | 1964 | | void | 향상 | 2026 | 2025 | | wood | 회전 |
| 1966 | 1965 | | volcano | 향수 | 2027 | 2026 | | wool | 횟수 |
| 1967 | 1966 | | volume | 허락 | 2028 | 2027 | | word | 횡단보도 |
| 1968 | 1967 | | vote | 허용 | 2029 | 2028 | | work | 효율적 |
| 1969 | 1968 | | voyage | 헬기 | 2030 | 2029 | | world | 후반 |
| 1970 | 1969 | | wage | 현관 | 2031 | 2030 | | worry | 후춧가루 |
| 1971 | 1970 | | wagon | 현금 | 2032 | 2031 | | worth | 훈련 |
| 1972 | 1971 | | wait | 현대 | 2033 | 2032 | | wrap | 훨씬 |
| 1973 | 1972 | | walk | 현상 | 2034 | 2033 | | wreck | 휴식 |
| 1974 | 1973 | | wall | 현실 | 2035 | 2034 | | wrestle | 휴일 |
| 1975 | 1974 | | walnut | 현장 | 2036 | 2035 | | wrist | 흉내 |
| 1976 | 1975 | | want | 현재 | 2037 | 2036 | | write | 흐름 |
| 1977 | 1976 | | warfare | 현지 | 2038 | 2037 | | wrong | 흑백 |
| 1978 | 1977 | | warm | 혈액 | 2039 | 2038 | | yard | 흑인 |
| 1979 | 1978 | | warrior | 협력 | 2040 | 2039 | | year | 흔적 |
| 1980 | 1979 | | wash | 형부 | 2041 | 2040 | | yellow | 흔히 |
| 1981 | 1980 | | wasp | 형사 | 2042 | 2041 | | you | 흥미 |
| 1982 | 1981 | | waste | 형수 | 2043 | 2042 | | young | 흥분 |
| 1983 | 1982 | | water | 형식 | 2044 | 2043 | | youth | 희곡 |
| 1984 | 1983 | | wave | 형제 | 2045 | 2044 | | zebra | 희망 |
| 1985 | 1984 | | way | 형태 | 2046 | 2045 | | zero | 희생 |
| 1986 | 1985 | | wealth | 형편 | 2047 | 2046 | | zone | 흰색 |
| 1987 | 1986 | | weapon | 혜택 | 2048 | 2047 | | zoo | 힘껏 |
| 1988 | 1987 | | wear | 호기심 | | | | | |
| 1989 | 1988 | | weasel | 호남 | | | | | |
| 1990 | 1989 | | weather | 호랑이 | | | | | |
| 1991 | 1990 | | web | 호박 | | | | | |
| 1992 | 1991 | | wedding | 호텔 | | | | | |
| 1993 | 1992 | | weekend | 호흡 | | | | | |
| 1994 | 1993 | | weird | 혹시 | | | | | |
| 1995 | 1994 | | welcome | 홀로 | | | | | |
| 1996 | 1995 | | west | 홈페이지 | | | | | |
| 1997 | 1996 | | wet | 홍보 | | | | | |
| 1998 | 1997 | | whale | 홍수 | | | | | |
| 1999 | 1998 | | what | 홍차 | | | | | |
| 2000 | 1999 | | wheat | 화면 | | | | | |
| 2001 | 2000 | | wheel | 화분 | | | | | |
| 2002 | 2001 | | when | 화살 | | | | | |
| 2003 | 2002 | | where | 화요일 | | | | | |
| 2004 | 2003 | | whip | 화장 | | | | | |
| 2005 | 2004 | | whisper | 화학 | | | | | |
| 2006 | 2005 | | wide | 확보 | | | | | |
| 2007 | 2006 | | width | 확인 | | | | | |
| 2008 | 2007 | | wife | 확장 | | | | | |
| 2009 | 2008 | | wild | 확정 | | | | | |
| 2010 | 2009 | | will | 환갑 | | | | | |
| 2011 | 2010 | | win | 환경 | | | | | |
| 2012 | 2011 | | window | 환영 | | | | | |
| 2013 | 2012 | | wine | 환율 | | | | | |

## 비트코인 사용 가이드

개인 지갑, 결제, 풀 노드, 라이트닝 노드, 노스터, 홈 채굴 가이드

| | | | |
|---|---|---|---|
| **지은이** | 필레몬 | **감수** | HYPE |
| **촬영** | 바우키스 | | |
| **발행처** | 익스토스 | **출판신고** | 제2025-000004호 |
| **ISBN** | 979-11-990974-1-4 | | |

**지은이 이메일** philemon21@proton.me
PGP 지문: 8A0D 6362 9F84 AE54 AB88 7B38 1CF2 BE96 A09B 2047
PGP 공개키: https://keybase.io/philemon21/pgp_keys.asc

**출판사 문의 이메일** ikstos@proton.me

| 정가 고시 | 인쇄 | 발행 | BTC 정가 | KRW 정가 | 원화 M2 통화량 | BTC-KRW 환율 |
|---|---|---|---|---|---|---|
| 초판 1쇄 | 2025. 5. 13. | 2025. 6. 5. | 16,102 sats | 30,800원 | 4,231.6조(25. 2.) | 144,875,000 |
| 2판 1쇄 | 2025. 9. 8. | 2025. 9. 22. | 21,000 sats | 42,500원 | 4,307.5조(25. 6.) | 155,001,000 |
| | | | | | 원화 희석률 -1.76% | 원화 절하율 -6.53% |

소비자는 도서 판매처가 해당 화폐를 지불받는다는 전제하에, 비트코인과 원화 중 원하는 화폐로 자유롭게 지불할 수 있습니다. 출판사 익스토스는 소비자가 자유롭게 선택할 권리를 존중합니다.

정가 변경 시, 원화 가격은 M2 통화량(한국은행)과 BTC-KRW 환율(업비트 시가)을 기반으로 측정합니다. 인쇄일을 기준으로 M2 통화량과 BTC-KRW 환율에 따라 상대적인 원화 가격을 측정하고, 두 가지 측정 방법에 따라 산출된 가격 중 더 높은 가격이, 변경되는 원화 표시 정가가 됩니다.

Ⓒ 필레몬, 2025. No rights reserved.
『비트코인 사용 가이드』 제2판은 2025년 필레몬에 의해 CC0 1.0 Universal에 따라 퍼블릭 도메인에 헌정되었습니다. 누구든지 전재, 복제, 이용을 자유롭게 할 수 있습니다.

본 책은 저자와 계약한 출판사 익스토스가 제작한 유일한 공식판입니다. 출판사 익스토스는 저자의 원문을 변조하지 않고 그대로 본 책을 인쇄했음을 확인합니다.